U0686702

革命文献与民国时期文献
保护计划

成果

国家图书馆 编

民国时期图书总目

经济

（一）

国家图书馆出版社

图书在版编目（CIP）数据

民国时期图书总目．经济：全四册 / 国家图书馆编．—北京：国家图书馆出版社，2023.12

ISBN 978-7-5013-7417-5

Ⅰ．①民…　Ⅱ．①国…　Ⅲ．①经济学—图书目录—中国—民国　Ⅳ．①Z812.6

中国版本图书馆 CIP 数据核字（2022）第 003597 号

书　　名　民国时期图书总目·经济（全四册）
著　　者　国家图书馆　编
责任编辑　赵　嫄
助理编辑　闫　悦
封面设计　陆智昌

出版发行　国家图书馆出版社（北京市西城区文津街7号　100034）
（原书目文献出版社　北京图书馆出版社）
010-66114536　63802249　nlcpress@nlc. cn（邮购）
网　　址　http://www. nlcpress. com
排　　版　京荷（北京）科技有限公司
印　　装　河北三河弘翰印务有限公司
版次印次　2023年12月第1版　2023年12月第1次印刷

开　　本　787 × 1092　1/16
印　　张　158
字　　数　4000千字
书　　号　ISBN 978-7-5013-7417-5
定　　价　1500.00元

革命文献与民国时期文献整理出版

编纂委员会

《民国时期图书总目》编委会

主　编：熊远明

副主编：张志清　陈　力

执行主编：马　静　王　洋

编　委（按姓氏笔画排列）：

于爱君　王　龙　王开学　王玉梅　孔德超

艾尼瓦尔·艾力　石　梅　卢　丹　叶建勤

吕　毅　吕艳丽　任　竞　全　勤　刘　俊

刘杰民　刘细文　刘盛强　杜　凯　李　培

杨雨师　杨春宇　肖学智　吴爱云　何亚睿

何振作　辛　欣　张海翔　陈　坚　陈　超

金以林　周宇青　钟　琼　贺美华　秦小燕

倪俊明　黄　晨　章　雷　彭　银　詹利华

廖晓飞　魏成光

本卷编委会

主　编：韩　玲

编　委（按姓氏笔画排列）：

王　洋　卢　璐　刘　瑛　莫　菲

出版说明

《民国时期图书总目》主要收录 1911 年 1 月至 1949 年 9 月我国出版的中文图书，酌情收录这段时间内国外出版的中文图书，是一部大型的回溯性书目。

基于目前普查情况统计，在这段时期里，我国出版的中文图书有 20 余万种。20 世纪 80—90 年代，北京图书馆（今国家图书馆）曾编过一套《民国时期总书目》，主要收录了北京图书馆、上海图书馆和重庆图书馆收藏的中文图书，并补充了一些其他图书馆的藏书，基本上反映了这段时期中文图书的出版概貌。《民国时期总书目》由原北京图书馆参考研究部自 1961 年开始组织编纂，编委和顾问主要成员包括田大畏、王润华、邱崇丙、朱光暄等，1985 年开始分卷册陆续出版，为民国时期的书目存录、学术研究和文献保护提供了便利。前辈专家学者以严谨求实的工作作风，为民国时期文献整理和保护事业做出的卓越贡献，值得我们永远铭记。感念于斯，我们深知责任重大，只有砥砺前行，在前辈专家学者工作的基础上不断充实和完善其内容，争取为广大读者提供一部可供参考利用的书目。

《民国时期图书总目》是在参与民国时期文献普查的各个机构的大力支持下，依托"民国时期文献联合目录"，并吸收了全国图书馆联合编目中心各省级成员馆、"大学数字图书馆国际合作计划"(China Academic Digital Associative Library, CADAL) 的主要高校成员馆以及一些专业图书馆等民国时期文献主要收藏机构的书目数据编纂而成。在收书范围、书目分类、著录方式及编纂体例上，大体延续了《民国时期总书目》的做法，同时根据目前书目数据的实际情况进行了一些调整。从书目的完整性、藏书机构的代表性等各方面都较《民国时期总书目》有了显著的提高。此外，本书目一大特色是待陆续出版完成后将实现与"民国时期文献联合目录"线上数据联动，以满足在数字时代大背景下读者对于民国时期文献数据的实时便捷查找、识别、选择和获取等需求。

本书目基本依据《中国图书馆分类法》(第四版)体系，按学科分为哲学，宗教，社会科学总论，政治，法律，军事，经济，文化、科学、教育、体育，语言文字，文学理论、世界文学、外国文学，中国文学，艺术，历史、地理，自然科学（基础科学），医药卫生，农业科学，工业技术、交通运输、航空航天、环境科学，综合性图书 18 卷，将分卷陆续出版。

随着时代的发展和技术的进步，图书馆编目工作发生了巨大变化，编目方式由卡片目录发展为机读目录，各藏书机构间的书目交流也日趋频繁和便捷。如何以海量的机读格式书目数据为基础，编纂一部大型的印刷本回溯性书目，对于编纂人员来说充满挑战，实施过程复杂且动态，不易掌控，而且这部书目涉及的藏书机构多、书目数据量大、图书版本情况复杂、涉及学科范围广，并且有一些图书破损严重，著录信息无从查起，需要编纂人员考证或推测，加之编纂人员水平有限，一定会有错误或不当之处，敬请读者批评指正。

本书编委会

2018 年 4 月

前　言

民国时期是中国历史上一个短暂但又十分重要的时期。这一时期，社会变化剧烈，学术思想活跃，留下了大量文献，包括图书、期刊、报纸、档案、日记、手稿、票据、传单、海报、图片及声像资料等。这些文献是反映民国时期政治、经济、社会、文化、军事等方面情况的重要资料。但是，由于种种原因，民国时期文献老化、损毁现象严重，亟待抢救与保护。自20世纪80年代以来，民国时期文献日益受到关注，抢救、保护与开发利用工作逐步展开，并取得了阶段性成果。

为了进一步促进民国时期文献的保护和利用，2011年，国家图书馆联合国内部分文献收藏单位策划了“民国时期文献保护计划”，希望通过文献普查、海内外文献征集与整理出版、文献保护技术研究等工作的开展，加强民国时期文献的原生性和再生性保护。这一计划，得到了文化部（今文化和旅游部）、财政部的大力支持，并于2012年正式启动。

项目开展以来，在各收藏单位以及相关专家学者的大力支持下，各方面工作均取得了重要成果。在文献普查方面，建成“民国时期文献联合目录”系统，收录国家图书馆等22家大型文献收藏机构的书目数据30余万条，馆藏数据60余万条。在此基础上，2015年2月，《民国时期图书总目》编纂工作正式启动，力争全面揭示普查成果，提供给社会各界使用。为了做好这项工作，我们制订了《〈民国时期图书总目〉实施方案》，确定了客观著录图书信息的原则，界定了文献收录时间，规范了编纂体例与工作细则等。

《民国时期图书总目》是一部收集、整理民国时期图书的大型工具书，收录1911年1月至1949年9月除线装古籍以外在我国出版的中文图书，并酌情收录这段时间内国外出版的中文图书。

北京图书馆（今国家图书馆）曾于20世纪80年代中期陆续整理出版了一套联合目录性质的《民国时期总书目》，被学者广泛使用。为使书目更加丰富完整、资料来源更加可靠、著录更加详细准确、分类更加合理，我们在充分吸收《民国时期总书目》成果的基础上，对书目及著录内容进行了大量的补充和校订，收藏单位数量也大大增加。

《民国时期图书总目》按学科分卷出版，同时还将发行《民国时期图书总目》数据库版，并随时补充、订正，以方便读者查检使用。

陈力
2018 年 4 月

凡　例

一、收录范围

1. 本书目主要收录 1911 年 1 月至 1949 年 9 月我国出版的中文图书，酌情收录这段时间内国外出版的中文图书。

2. 连续出版的丛书、多卷书涉及 1911 年前或 1949 年 10 月后的卷次，酌情收录；同一著作，1911 年前的版本不予收录。

3. 期刊、报纸、少数民族文字图书及线装书等不在本书目收录范围。

二、著录项目

1. 著录内容：顺序号、题名、责任说明、版本、出版发行、形态细节、丛书、提要及附加说明、馆藏标记，共 9 个项目。

（1）顺序号：每个条目有 5 位数字序号，各卷依条目顺序单独编号。

（2）题名：包括正题名、副题名、分辑题名、交替题名、外文题名等。正题名、外文题名单独著录，其他题名信息一律置于正题名后的圆括号内，之间按性质用空格隔开（交替题名单独列出）。三种及以下的合订书，依次著录各题名，其间用中圆点隔开。三种以上的合订书，正题名著录第一种，其他题名在附注中说明。

（3）责任说明：包括责任者名称和责任方式。责任方式包括著、译、编等。责任说明之间以空格隔开，不同责任者的合订书，责任说明之间用中圆点隔开。

（4）版本：包括版次、版本的附加说明等。"初版"不予著录。

（5）出版发行：包括出版地（或发行地、经售地点）、出版者（或发行者、印刷者、经售者）、出版时间（或发行时间、印刷时间）等。发行者为个人的，在发行者个人名称后著录 [发行者]。

（6）形态细节：包括册数、页数、开本、装帧等。图书中分段表示的页码，用加号相连。开本依据普查数据著录的载体尺寸和民国时期的通用纸型标准转换，并参照《民国时期总书目》进行整理。特殊尺寸以厘米（cm）为单位著录，个别数据缺失尺寸信息。普通平装本不著录装帧形式。

（7）丛书：包括丛书名、丛书编号等，丛书责任者不予著录。丛书项置于出版发行项后的圆括号内，有多个丛书名时，分别置于各自的圆括号内。

（8）提要及附加说明：包括图书的内容提要、适用范围、题名及责任者的补充说明以及其他著录内容的补充说明。同一条目内容相同的，只保留一个提要及附加说明。根据普查数据的实际情况，有部分书目提要及附加说明原缺。

（9）馆藏标记：按条目著录提供馆藏数据的收藏单位简称，以汉语拼音排序。此外，本书还收录了部分来自《民国时期总书目》和其他来源的书目信息，因为无对应普查馆，所以无馆藏标记。

2. 著录标准：依照中文图书著录规则，以题名页、版权页为主要信息源，同时参考其他信息源。以客观著录为基本原则，对相关内容进行必要的规范化处理。原书著录项目缺漏，经编者考证后酌情补充，加方括号以示区别。未能详考补充者，以缺省方式处理。

三、分类与编排

1. 本书目按学科分卷，分册编辑出版。按照书目数量的多寡一个学科编成一册或多册；或由若干学科合成一册。

2. 本书目分类和类目设置主要依据《中国图书馆分类法》（第四版），并结合各卷收录图书的具体情况进行调整。

3. 本书目类目不作交替和互见。凡属学科界限不清或有争议者，一般归入上一级类目或按照主要内容归类。

4. 本书目把《四部丛刊》《丛书集成》和《四部备要》三套丛书统一放在“综合性图书”卷。

5. 本书目各卷在划分类目的基础上，依次按照题名、责任者和出版者三个项目汉语拼音音序编排。三个项目完全相同的，原则上合并为一个条目，计为一种；三个项目相同但内容差异较大的，可析为单独条目。

6. 同一条目下的不同版本，按出版时间先后排序，同时兼顾版次顺序。出版发行信息不全的版本，放在最后。

7. 在编排上，为集中同一责任者的同一作品，凡使用不同笔名和署名，以及有不同中译名的外国原著者，一般选用当时较常见的署名，不拘于本名和标准译名，必要时在附注中说明。

四、索引及用字

1. 本书目各卷都附有汉语拼音为序的题名索引以及题名首字汉语拼音检索表。

2. 本书目使用的汉字除了按规定必须使用的繁体字和异体字外，均以现行的简化字为标准。

本卷编制说明

一、本卷主要收录1911年1月至1949年9月我国出版的经济方面的中文图书，并酌情收录这段时间内国外出版的此类图书，共计19760种24137个版本。

二、本卷分总论，经济学，世界各国经济概况、经济史、经济地理，经济计划与管理，农业经济，工业经济，交通运输经济，旅游经济，邮电经济，贸易经济，财政、金融11个类目，在11个类目下，又分为马克思主义政治经济学（总论）、经济学基本问题等56个细目。

三、本卷收录的图书归类主要依据《中国图书馆分类法》（第四版），并根据民国时期图书具体情况分编。凡属学科界限不清或有争议者，一般归入上一级类目或按照主要内容归类。

四、经济论文和报告的抽印本、单行本，均予以收录。

五、本卷基本依题名、责任者、出版者相同的原则划分条目，每一条目计为一种。部分出版者名称不同但具有沿革关系，考虑到作品的完整性，亦酌情将其合并为一个条目。各解放区新华书店，由于业务上独立性较强，作为不同出版者处理。

六、各类目图书的排序，原则上以正题名、责任者、出版者三个项目的汉语拼音音序编排。同一条目下的不同版本，按出版时间排序，兼顾版次顺序；个别出版发行信息不全的图书，放在该条目的最后。

七、书目编纂以客观著录文献信息为基本原则，但为了给读者提供更多丰富有效的信息，对于古代责任者的朝代、外国责任者的国别、原名形式等，即使规定信息源上没有，亦尽可能予以补充。亦对部分著录内容实施必要的规范化处理，如对责任者形式、责任方式、尺寸等进行信息转换与人为统一。

八、部分图书无题名页、版权页等著录信息源，或破损严重，因此某些著录项目存在空缺，或由编纂者推测考证后加方括号注明。

九、参加本卷编辑工作的还有：张新宇、延卫平、朱芊、罗梦怡、蔡晓璐、李静、李伟、赵楠、谢鹏飞、朱武、周建清、张燕。

本卷收藏单位简称表

收藏单位简称	收藏单位全称
安徽馆	安徽省图书馆
北大馆	北京大学图书馆
北师大馆	北京师范大学图书馆
长春馆	长春市图书馆
重庆馆	重庆图书馆
川大馆	四川大学图书馆
大理馆	大理白族自治州图书馆
大连馆	大连图书馆
大庆馆	大庆市图书馆
东北师大馆	东北师范大学图书馆
福建馆	福建省图书馆
复旦馆	复旦大学图书馆
甘肃馆	甘肃省图书馆
广东馆	广东省立中山图书馆
广西馆	广西壮族自治区图书馆
贵州馆	贵州省图书馆
桂林馆	广西壮族自治区桂林图书馆
国家馆	国家图书馆
河南馆	河南省图书馆
黑龙江馆	黑龙江省图书馆
湖北馆	湖北省图书馆
湖南馆	湖南图书馆
华东师大馆	华东师范大学图书馆
惠州馆	惠州市图书馆
吉大馆	吉林大学图书馆
吉林馆	吉林省图书馆（吉林省少年儿童图书馆）
江西馆	江西省图书馆
近代史所	中国社会科学院近代史研究所

续表

收藏单位简称	收藏单位全称
辽大馆	辽宁大学图书馆
辽东学院馆	辽东学院图书馆
辽宁馆	辽宁省图书馆
辽师大馆	辽宁师范大学图书馆
柳州馆	柳州市图书馆
南大馆	南京大学图书馆
南京馆	南京图书馆
内蒙古馆	内蒙古自治区图书馆
宁夏馆	宁夏回族自治区图书馆
农大馆	中国农业大学图书馆
青海馆	青海省图书馆
清华馆	清华大学图书馆
人大馆	中国人民大学图书馆
山东馆	山东省图书馆
山西馆	山西省图书馆
陕西馆	陕西省图书馆
上海馆	上海图书馆（上海科学技术情报研究所）
绍兴馆	绍兴图书馆
首都馆	首都图书馆
四川馆	四川省图书馆
天津馆	天津图书馆
武大馆	武汉大学图书馆
西交大馆	西安交通大学图书馆
西南大学馆	西南大学图书馆
云南馆	云南省图书馆
浙大馆	浙江大学图书馆
浙江馆	浙江图书馆
中科图	中国科学院文献情报中心

说明：

1. 本表按收藏单位简称汉语拼音音序排序。

2. 简称规则：公共图书馆一般以行政区划名称加“馆”字简称，如吉林省图书馆简称为“吉林馆”；高校图书馆以高校简称加“馆”字简称，如北京大学图书馆简称为“北大馆”；其他类型图书馆以常用简称为准，如中国科学院文献情报中心简称为“中科图”。

3. 本书目中所收录的首都图书馆的部分馆藏，来源于“北京市公共图书馆联合目录”。

目　录

第四册

总 论

00001
悲欢离合（工商常识） 张振玉编著
南京：正中书局，1936，45 页，32 开（国民说部 第 6 集 国民生产经济集 9）
收藏单位：重庆馆、南京馆、首都馆

00002
财商年鉴（1926—1928、1930—1932、1934） 北平财政商业专科学校编
北平：北平财政商业专科学校，[1927—1935]，7 册（104+140+135+58+96+220+165 页），16 开，精装
本书内容包括：校史、教职员、学生名录等。书中题名：财商学院年鉴。责任者、出版者曾为：北京财政商业专门学校。
收藏单位：国家馆

00003
财商专科学校同学录 [北平] 财政商业专科学校编
北平：[北平] 财政商业专科学校，1937，[110] 页，横 32 开，精装

00004
工商丛刊 工商部工商访问局编辑
上海：工商部工商访问局，[1930]，4 册（106+56+102+83 页），32 开
本书为该刊第 1—4 辑合订本。各辑内容依次为：《劳资协调》《中东铁路问题》《商会法、工商同业公会法诠释》《国际间现金流动状况》。
收藏单位：重庆馆、广东馆、桂林馆、国家馆、黑龙江馆、湖南馆、吉林馆、江西馆、近代史所、南京馆、宁夏馆、上海馆、首都馆、天津馆、浙江馆

00005
工商学院丛书 天津工商学院主编
天津工商学院，1937，1 册
收藏单位：上海馆

00006
工商知识 罗思为主编
[南昌]：出版者不详，1947，1 册，25 开
本书为该刊总 37—42 号合订本。
收藏单位：江西馆

00007
广东省立法商学院概览（民国三十七学年度） [广东省立法商学院编]
广州：广东省立法商学院，1948，油印本，1 册，13 开，环筒页装
本书共 12 部分，内容包括：本院史略、行政组织（附本院组织系统表）、班级及课程、施教概况、资料室、训导概况等。附本院现章汇辑 9 种。
收藏单位：国家馆

00008
国家与经济生活 国际联盟世界文化合作院编 王凤仪译
上海：世界文化合作中国协会筹备委员会，1936.7，18+308 页，22 开（世界文化合作中国协会丛书）
本书内容包括：演说与讨论、各国研究团体送缴本会议之备忘录、附录等。为 1932 年国际关系科学研究团体米兰会议记录。
收藏单位：安徽馆、重庆馆、东北师大馆、广东馆、广西馆、国家馆、河南馆、湖南馆、吉林馆、江西馆、近代史所、南京馆、上海馆、天津馆、浙江馆

00009
国立上海商学院第二届毕业纪念刊 国立上海商学院编
[上海]：国立上海商学院，1934.9，160 页，16 开，精装
本书共 13 部分，内容包括：院史与级史、导师、本院概况、本院团体活动、本级毕业同学留真等。
收藏单位：国家馆

00010
国立上海商学院教职员学生通讯录（二十五年度） 国立上海商学院教务处编
[上海]：国立上海商学院教务处，1936，25页，16开
本书全部为表。表项包括：姓名、性别、年龄、籍贯、通讯处、备注等。
收藏单位：国家馆

00011
国立上海商学院学程纲要 国立上海商学院教务处编
上海：国立上海商学院教务处，1936，52页
收藏单位：南京馆

00012
国立上海商学院学生自治会成立特刊 国立上海商学院学生自治会出版股编
上海：国立上海商学院学生自治会出版股，1932.12，36页，16开

00013
国立上海商学院一览 国立上海商学院编
[上海]：国立上海商学院，1936，176页，16开
本书共13部分，内容包括：院史、本院三年来设施概况、组织大纲、学程纲要、学生通则、现任教职员一览、历届毕业生一览等。
收藏单位：广东馆、国家馆、湖南馆、近代史所、南京馆、上海馆、浙江馆

00014
国立上海商学院院务报告（中华民国廿五年度上学期） 出版课编辑
上海：国立上海商学院，1936，108页，16开
本书共9部分：学历、四年来之国立上海商学院、院务、统计、校闻、函电、公告、特载、附录。
收藏单位：上海馆

00015
国立上海商学院招生简章 [国立上海商学院教务处编]
上海：国立上海商学院教务处，1939，6页，32开
收藏单位：南京馆

00016
建立忠实的学风为复兴民族之基础 裴复恒讲
上海：国立上海商学院出版部，1934.10，22页，32开
本书共5部分：学风是国家盛衰的基本原因、忠于做人、忠于职务、忠于国家民族、本学院应先树立新学风以为全国倡。据作者在该学期第一次纪念周上的训话词编成。为《国立上海商学院院务半月刊》特刊。
收藏单位：国家馆、湖南馆、南京馆

00017
经济财政合编 李杞芳著
出版者不详，[1919]，[205]页，23开（韶州讲武堂讲义）
本书共3部分：经济学、货币论、银行论。据中日经济学者的著作编成。

00018
经济财政学纲要教程 彭瑞夫编述
军需学校初级干部训练班，1945，170页，32开
本书共3篇：总论、经济学之基本概念、财政学之基本概念。
收藏单位：重庆馆

00019
经济常识 刘光华著
上海：商务印书馆，1929.10，100页，32开（万有文库 第1集185）（商学小丛书）
上海：商务印书馆，1932，100页，32开（商学小丛书）
上海：商务印书馆，1933.5，再版，100页，32开（商学小丛书）
上海：商务印书馆，1934，再版，100页，32开（万有文库 第1集185）（商学小丛书）
上海：商务印书馆，1934.6，3版，100页，32

开（商学小丛书）

上海：商务印书馆，1935.5，5版，100页，32开（商学小丛书）

本书共6章：经济与自然、现代经济组织、需求与供给的调节、富的保存及增殖、货币现象、银行与信用。

收藏单位：安徽馆、长春馆、重庆馆、大理馆、大连馆、东北师大馆、广东馆、广西馆、贵州馆、国家馆、河南馆、黑龙江馆、湖南馆、吉林馆、江西馆、辽大馆、辽师大馆、柳州馆、南京馆、内蒙古馆、宁夏馆、上海馆、天津馆、浙江馆

00020

经济常识　卢勋编

中央陆军军官学校成都分校政训科，[1927—1949]，38页，32开

本书共4章：经济与经济生活、经济学的基本概念、民生主义的经济、民生主义经济与其他经济之比较。

收藏单位：重庆馆

00021

经济常识　彭迪先著

华北书店，1942.3，94页，36开

本书共5章：绪论、个别的生产机构、社会的生产机构、金融机构、国际经济机构。

收藏单位：重庆馆、国家馆

00022

经济常识　谢鑫编讲

出版者不详，[1943]，60页，25开（梧州尚信会计职业学校讲义）

本书共5章：总论、平时的经济状态、战时的经济状态、经济改造的路径、国民经济建设。

收藏单位：重庆馆

00023

经济常识　杨荫溥主编　朱义农校订

上海：经济书局，1935—1937，1—3版，7册，22开

本书为上海《新闻报》“经济常识”栏短文汇编。分7册，每册1集，共7集，内容包括：《通货膨胀》（杨荫溥）、《海关金单位》（冯克昌）、《标金结价》（包玉墀）、《合伙》（杨荫溥）、《遗产税》（王逢壬）等。

收藏单位：安徽馆、重庆馆、东北师大馆、广东馆、广西馆、贵州馆、桂林馆、国家馆、河南馆、黑龙江馆、吉林馆、江西馆、近代史所、辽大馆、辽宁馆、南京馆、宁夏馆、上海馆、首都馆、天津馆、浙江馆

00024

经济常识教材　经济部　财政部编

经济部、财政部，1940.7，45+150页，16开

本书内容包括：《普通经济常识教材》《国民公约》《特殊经济问题教材》《封锁敌区交通办法》《战区及接近战区合作事业推进办法纲要》等。

收藏单位：国家馆

00025

经济工作手册　毛泽东等著

沈阳：东北书店，1949.5，103页，32开

本书收文13篇，内容包括：《两三年内完全学会经济工作》（毛泽东）、《发展工业的劳动政策与税收政策》（陈伯达）、《掌握布尔塞维克领导经济的方法》（古萨洛夫）、《政治工作是巩固经济成绩的条件》（斯·饶尔宁）、《苏维埃威力底经济基础》（A. 李昂捷夫）等。

收藏单位：长春馆、东北师大馆、国家馆、山东馆、山西馆

00026

经济工作文件汇编　晋察冀边区贸易公司选辑

晋察冀边区贸易公司，1946.8，60页，32开

本书收文7篇，内容包括：《论合作社》（毛泽东）、《两三年内完全学会经济工作》（毛泽东）、《论经济工作人员的任务》（斯大林）、《新的环境和新的经济建设任务》（斯大林）、《关于新经济政策和市场关系》（斯大林）等。

收藏单位：国家馆

00027

经济科学大辞典 高希圣 郭真编

上海：科学研究社，1934.8，484+18+17 页，25 开，精装

上海：科学研究社，1934.11，再版，20+484+35 页，25 开，精装

上海：科学研究社，1935.10，3 版，20+484+18+17 页，25 开，精装

本书收经济原理、经济思想、财政学、商业学、经济学等方面的名词、术语约 3000 条，按每词首字的笔画数排序。附中国经济科学书目、西文索引。

收藏单位：安徽馆、重庆馆、广西馆、贵州馆、国家馆、湖南馆、吉林馆、江西馆、近代史所、南京馆、宁夏馆、山西馆、上海馆、绍兴馆、首都馆、天津馆、西南大学馆、浙江馆、中科图

00028

经济科学论丛 王亚南著

赣县（赣州）：中华正气出版社，1943.10，198 页，32 开

本书收文 10 篇，内容包括：《经济科学论》《政治经济学上的人》《政治经济学上的自然》《政治经济学上的法则》《经济学与哲学》等。

收藏单位：重庆馆、贵州馆、江西馆、南京馆、内蒙古馆、浙江馆

00029

经济论衡 许涤新著

上海：耕耘出版社，1947，91 页，32 开

上海：耕耘出版社，1949.6，3 版，91 页，32 开

本书收文 5 篇：《刷净俗流学派的灰尘》《是“社会价值”还是劳动价值？》《关于购买力平价说》《所谓人性论》《全体主义是什么东西？》。

收藏单位：长春馆、重庆馆、东北师大馆、广东馆、国家馆、吉林馆、近代史所、辽宁馆、内蒙古馆、山西馆、上海馆、首都馆、天津馆、云南馆、浙江馆

00030

经济生活 刘南陔编

上海：商务印书馆，1933，58 页，32 开

上海：商务印书馆，1934.10，再版，58 页，32 开（小学生文库 第 1 集 经济类）

上海：商务印书馆，1935，3 版，58 页，32 开（小学生文库 第 1 集 经济类）

重庆：商务印书馆，1944.10，40 页，32 开

本书共 10 章，内容包括：什么叫做经济生活、野蛮人的经济生活、文明人的经济生活、家庭生活与经济生活、社会生活与经济生活、规则的经济生活与不规则的经济生活等。

收藏单位：重庆馆、广东馆、广西馆、国家馆、河南馆、湖南馆、江西馆、辽宁馆、南京馆、内蒙古馆、上海馆、首都馆

00031

经济问答 潘世杰等编

上海：经济书局，1936.9，129 页，23 开

本书内容包括：购买力之意义、游资之解释、复本位制、毛利与会计年度、外人何以反对增加关税等。

收藏单位：重庆馆、广西馆、河南馆、辽宁馆、南京馆、上海馆、浙江馆

00032

经济新闻 朱照编

朱照 [发行者]，[1940—1949]，89 页，18 开

本书内容包括：国际贸易与外汇、交易所、股票与债券、投资与投机、套利买卖等。目录页题名：经济新闻讲义。

收藏单位：国家馆

00033

经济学术论纲 周宪文著

上海：大众出版社，1946.8，279 页，32 开

本书为论文集。分 6 篇：理论经济篇、战争经济篇、工业经济篇、中国经济篇、战时经济篇、海外经济篇。共 30 章，内容包括：经济学组织议、经济与战争、工业礼赞、民生主义的今天与明天、精兵与精税、中国之命运与南洋等。

收藏单位：东北师大馆

00034
经济学术论纲　周宪文著
上海：中华书局，1948.7，190页，32开（文化与经济丛刊5）
本书较之大众出版社版，删除了第5篇：战时经济篇。
收藏单位：重庆馆、东北师大馆、广西馆、国家馆、湖南馆、辽大馆、南京馆、上海馆、西南大学馆

00035
经济用语便览　庄其昌　陈荣富著
台北：东方出版社，1947.2，2册，32开
本书为汉日英对照。分两篇："银行、公司、合作社篇""一般经济篇"。词条按日文字母排序。
收藏单位：南京馆、浙江馆

00036
李权时经济论文集　李权时著
上海：世界书局，1929.11，202页，32开（经济学丛书）
本书收著者发表在《东方杂志》《复旦季刊》等报刊上的论文10篇，内容包括：《斯密亚丹学说之批评》《价值论之研究》《公私经济利害一致论》《经济的人生观》《资本主义果较社会主义为浪费乎》等。
收藏单位：安徽馆、重庆馆、广东馆、广西馆、贵州馆、国家馆、湖南馆、吉林馆、江西馆、南京馆、山西馆、天津馆、浙江馆

00037
论经济工作与任务　（苏）斯大林（И. В. Сталин）等著
出版者不详，1947，1册，32开
收藏单位：吉林馆

00038
论贫富　周宪文著
上海：中华书局，1948.6，164页，32开（文化与经济丛刊1）
本书为文集。内容包括：《人心不古论》《论文人相轻》《谈知足》《谈富贵》《说贫》等。
收藏单位：重庆馆、东北师大馆、广东馆、广西馆、国家馆、湖南馆、辽大馆、南京馆、内蒙古馆、宁夏馆、山西馆、上海馆、西南大学馆、浙江馆、中科图

00039
上海高级商业学校缘起及计划　国立上海商学院毕业同学会编
上海：国立上海商学院毕业同学会，[1911—1949]，19页，32开

00040
实用经济辞典　黄清野编
上海：学生书局，1946.12，478页，32开
收藏单位：大庆馆、东北师大馆、湖南馆、辽宁馆、上海馆

00041
实用经济辞典　卫伯等著
上海：九州书局，1937，478页，32开
收藏单位：广东馆

00042
实用经济学大纲　彭迪先著
大连：大众书店，1946.5，再版，127页，32开（青年自学丛书）
本书共5章：绪论、个别的生产机构、社会的生产机构、金融机构、国际经济机构。
收藏单位：长春馆、国家馆、辽大馆、辽宁馆、南京馆、山东馆

00043
实用经济学大纲　彭迪先著
东北书店，1946，121页，32开（青年自学丛书）
收藏单位：东北师大馆、黑龙江馆

00044
实用经济学大纲　彭迪先著
重庆：生活书店，1940.7，175页，32开（青

年自学丛书）
重庆：生活书店，1940.8，再版，175 页，32 开（青年自学丛书）
重庆：生活书店，1945.11，胜利后 1 版，175 页，25 开（青年自学丛书）
上海：生活书店，1946，胜利后 2 版，175 页，32 开（青年自学丛书）
上海：生活书店，1947.1，胜利后 3 版，175 页，32 开（青年自学丛书）
香港：生活书店，1948.3，胜利后 4 版，175 页，32 开（青年自学丛书）

收藏单位：重庆馆、广东馆、广西馆、贵州馆、国家馆、黑龙江馆、江西馆、辽宁馆、南京馆、内蒙古馆、宁夏馆、山东馆、上海馆、首都馆、天津馆、浙江馆、中科图

00045
实用经济学大纲 彭迪先著
桂林：自学书店，1942.11，175 页，36 开（青年自学丛书）

收藏单位：重庆馆、广东馆、国家馆、湖南馆

00046
唐庆增经济论文集 唐庆增著
上海：商务印书馆，1930.4，271 页，22 开，精装（中国经济学社丛书）
上海：商务印书馆，1933.3，国难后 1 版，271 页，22 开，精装（中国经济学社丛书）
上海：商务印书馆，1933.8，312 页，22 开（中国经济学社丛书）

本书收文 30 篇，内容包括：《今日国中经济学家之责任》《今日我国商人应有之觉悟》《商人与经济理论》《经济学原理教法管窥》《柏拉图之经济思想》等。

收藏单位：重庆馆、东北师大馆、广东馆、贵州馆、国家馆、湖南馆、江西馆、近代史所、辽大馆、南京馆、内蒙古馆、山西馆、上海馆、首都馆、天津馆、浙江馆

00047
唐庆增经济演讲集 唐庆增著
上海：世界书局，1933.5，339 页，32 开（中华学艺社丛书）

本书收文 28 篇，内容包括：《经济学之基本观念》《研究经济学之方法》《经济与教育》《中国之妇女与经济》《何谓生产》等。

收藏单位：重庆馆、东北师大馆、广东馆、广西馆、贵州馆、国家馆、湖南馆、吉林馆、辽宁馆、南京馆、内蒙古馆、西南大学馆、浙江馆

00048
唐庆增最近经济论文集 唐庆增著
上海：民智书局，1933.8，312 页，22 开

本书收文 30 篇，内容包括：《经济学与现代文明》《研究经济学指南》《经济学自修指导》《经济学与社会学》《经济学与政治学》等。

收藏单位：重庆馆、国家馆、南京馆、首都馆、天津馆

00049
土地·房屋·工商业问答 全一毛编著
[兰州]：新生书店，1949.7，22 页，32 开（人民知识丛书）

本书分两部分：土地房屋工商业、恢复和发展工业生产改革之关系。

收藏单位：广西馆

00050
无政府主义的曙光（一九四九年新经济改革理论，方案与技术） 伏朗霍夫著
出版者不详，1949，1 册，32 开

本书收文 5 篇：《物理学的经济学》《八一九的考验》《中国是共产党的问题》《到自由社会主义之路》《无政府主义者的哲学批判》。

收藏单位：国家馆、上海馆、浙江馆

00051
现代财政经济评论集 范祥善编辑
上海：世界书局，1930.1，[276] 页，32 开（现代新文库 6）
上海：世界书局，[1930.8]，再版，[276] 页，32 开（现代新文库 6）

本书收文 22 篇，内容包括:《中国经济上之根本问题》（马寅初）、《思想与经济》（马寅初）、《新中国的经济政策》（李权时）、《从经济上观察中国的社会政治》（杨端六）、《经济学中之历史学派》（唐庆增）等。

收藏单位：重庆馆、广东馆、广西馆、国家馆、江西馆、近代史所、上海馆、浙江馆

00052

现代经济思潮 张素民编译

上海：大夏大学商学院，1939.2，162 页，32 开（大夏大学商学院讲义）

本书收录欧美经济论文摘要 23 篇，内容涉及专卖权、资本供给、失业、统制经济、缩短劳动时间等。

00053

杨杏佛讲演集 杨杏佛讲

上海：商务印书馆，1927.6，238+57+74 页，22 开

上海：商务印书馆，1933.5，国难后 1 版，238+57+74 页，22 开

本书分 3 卷：劳动问题、实业改造、效率经济与安全。第 1 卷共 5 章：绪论、妇女和儿童劳动问题、血汗制、贫乏与工资及失业问题、罢工与同盟抵制。第 2—3 卷共收录演讲稿 15 篇，内容包括:《政治与实业》《中国未来之实业》《工程学与近世文明》《科学的办事方法》《个人经济与新文化》等。

收藏单位：安徽馆、重庆馆、广东馆、广西馆、贵州馆、国家馆、湖南馆、江西馆、辽大馆、辽宁馆、南京馆、宁夏馆、上海馆、天津馆、浙江馆、中科图

00054

英德法经济名辞

出版者不详，[1911—1949]，油印本，297 页，13 开，精装

收藏单位：国家馆

00055

英汉经济辞典 何士芳编

外文题名：A dictionary of economic terms

上海：商务印书馆，1934.2，349 页，32 开，精装

上海：商务印书馆，1934.5，2 版，349 页，32 开，精装

上海：商务印书馆，1939.11，4 版，349 页，32 开

本书附经济名词缩略语、各国度量衡表、世界钱币制度之现状。

收藏单位：重庆馆、国家馆、湖南馆、吉林馆、辽大馆、南京馆、宁夏馆、陕西馆、首都馆、浙江馆、中科图

00056

中华政治经济学会会刊（第 1 期） 楼桐荪 [等] 编

南京：中华政治经济学会会刊委员会，1934.12，28 页，32 开

本书内容包括：同工同酬与男女平等、第二届北平年会纪录、第三届理事会第一次会议纪录等。编者原题：楼桐孙。

收藏单位：国家馆

00057

中华政治经济学会会务汇报（第 3 号） 中华政治经济学会编

[南京]：中华政治经济学会，[1930—1939]，42 页，32 开

本书内容包括：本会汇报第一号及第二号摘要、第一届年会论文目录、第二届理事会议决案件表、会员名录等。

收藏单位：国家馆

00058

最近经济思想的批评 许涤新著

上海：耕耘出版社，1949，91 页，32 开

北平：耕耘出版社，1949，2 版，91 页，32 开

本书内容同《经济论衡》。

收藏单位：重庆馆、东北师大馆、国家馆、江西馆、天津馆

经济学

00059
初步经济学 沈叔钦著
广州：岭南大学、南大书局，1934，336页，16开
本书共8编：经济学根本的观念、社会经济生活的基础、生财、用财、分财、易财、政府的经济服务、社会经济组织。

00060
纯正经济学·财政学·应用经济学 政法学社编
[长沙]：政法学社，1913，再版，3册（96+166+70页），23开（政法述义7—9）
本书为合订本。《纯正经济学》（罗超）分6编：总论、生产论、交换论、分配论、消费论、财政论。《财政学》（黄敦怿）分两部分：绪论、本论，本论部分共两章：国家财政论、联合国家及地方自治团体之财政。《应用经济学》（罗超）分3部分：农业政策、商业政策、工业政策。
收藏单位：重庆馆、广东馆、国家馆、江西馆、首都馆、浙江馆

00061
大学经济课程指导 唐庆增著
上海：民智书局，1933.10，168页，16开（大学生指导丛书）
本书共10章，内容包括：经济学之重要、今日研究经济学之青年何以失败、论青年选修课程有审慎之必要、如何能明了各学程之性质、选科之标准等。
收藏单位：重庆馆、河南馆、南京馆、浙江馆

00062
傅克思氏经济学 宋任译述
上海：泰东图书局，1914.8，186页，22开
上海：泰东图书局，1924，3版，186页，23开
上海：泰东图书局，1928.2，4版，186页，22开
上海：泰东图书局，1929.5，5版，186页，23开，精、平装
本书共5编：绪言、生产论、交易论、分配论、消费论。据《国民经济学》（傅克思）并参考意、英等经济学者著作译成。封面题名：国民经济学。
收藏单位：安徽馆、重庆馆、广西馆、国家馆、河南馆、湖南馆、江西馆、南京馆、上海馆、首都馆、浙江馆

00063
高等经济学
出版者不详，[1934—1949]，油印本，1册，16开
本书分两编：序论、本论。第1编共7讲，内容包括：经济学之研究对象、经济学之研究方法、经济学之流派、经济学之最近趋势等。书中题名：高等经济学讲义。
收藏单位：国家馆

00064
高等经济学大纲 赵兰坪编著
中央政治学校，[1929—1946]，274页，16开，精装
本书共3部分：总论、欲望及其满足、生产要素和土地劳动资本组织。
收藏单位：重庆馆

00065
高级商业经济学教科书 陆渭介等著
上海：沪江商学院，[1932—1949]，252页，32开（沪江商学院讲义）
本书共8章。前3章简论经济与经济学原理，分析现代经济生活的历史背景及中国的经济状况；第4—8章分别论述消费、生产、交换及货币与银行问题。封面题名：经济教科书。
收藏单位：上海馆

00066
给那后来的 （英）罗斯金（John Ruskin）著 陈友生译

外文题名: Unto this last
上海: 开明书店, 1930.9, [19]+138 页, 32 开

本书收文 4 篇:《荣誉的根源》《富的矿脉》《人间的审判者啊》《按照价值》。附关于拉斯金与本书。著者原题: 拉斯金。

收藏单位: 重庆馆、广东馆、广西馆、贵州馆、国家馆、华东师大馆、吉林馆、近代史所、南京馆、山西馆、上海馆、天津馆、西南大学馆

00067
基特经济学 (法)吉德(Charles Gide)著 王建祖译
上海: 商务印书馆, 1928.6, 15+592 页, 25 开(中国经济学社丛书)
上海: 商务印书馆, 1929.10, 再版, 15+592 页, 25 开(中国经济学社丛书)
上海: 商务印书馆, 1931.4, 3 版, 15+592 页, 25 开, 精装(中国经济学社丛书)
上海: 商务印书馆, 1933.3, 国难后 1 版, 15+592 页, 25 开(中国经济学社丛书)
上海: 商务印书馆, 1937.3, 国难后 2 版, 15+592 页, 25 开, 精装(中国经济学社丛书)
长沙: 商务印书馆, 1938, 国难后 3 版, 2 册(592 页), 25 开(中国经济学社丛书)

本书共 4 卷: 生产、流通(交易)、分配、消费。著者原题: 基特。

收藏单位: 安徽馆、重庆馆、东北师大馆、甘肃馆、广东馆、广西馆、贵州馆、桂林馆、国家馆、河南馆、湖南馆、江西馆、辽大馆、辽宁馆、南京馆、内蒙古馆、宁夏馆、上海馆、首都馆、天津馆、浙江馆、中科图

00068
季特经济学纲要 (法)吉德(Charles Gide)著 侯哲安译
上海: 太平洋书店, 1931.10, 164 页, 32 开

本书共 7 章: 欲望与工作、交换与价值、货币、财产与遗产、地租与利息、工资与利润、竞争与合作。著者原题: 季特。

收藏单位: 广东馆、广西馆、贵州馆、桂林馆、国家馆、河南馆、湖南馆、南京馆、山西馆、上海馆、西南大学馆、浙江馆

00069
金融界服务基本知识 李权时等著
上海: 世界书局, 1934.8, 1 册, 32 开, 精装
上海: 世界书局, 1935.6, 再版, 1 册, 32 开, 精装

本书共 6 章: 绪论、消费论、生产论、交易论、分配论、财政论或公共经济论。

收藏单位: 重庆馆、东北师大馆、广东馆、广西馆、贵州馆、国家馆、湖南馆、吉林馆、江西馆、辽大馆、南京馆、天津馆、西南大学馆、浙江馆

00070
经济本质论 周宪文著
上海: 商务印书馆, 1937.6, 268 页, 32 开, 精装(学艺丛书 24)

本书收文 8 篇:《商品本质论》《货币本质论》《资本本质论》《恐慌本质论》《经济学本质论》《经济学目的论》《应常的经济学与应变的经济学》《军扩经济学》。

收藏单位: 重庆馆、广东馆、广西馆、国家馆、辽大馆、南京馆、上海馆、天津馆

00071
经济大意 包文澜著
奉天(沈阳): 奉天书店, 1943, 204 页, 32 开

收藏单位: 辽宁馆

00072
经济大意 [日]小泽肇著
新京(长春): 满洲行政学会, 1941.9, 184 页, 32 开

本书共 9 章, 内容包括: 统制经济之原理、价格理论、生产经济学、配给组织论、金融论、财政论等。

收藏单位: 吉大馆

00073
经济法则概念之发展 刘絜敖著
出版者不详, 1936.10, 22 页, 16 开

本书共7章，内容包括：专制政治论、黑格尔学说、功利学说、马克思学说等。为《民族杂志》第4卷第10期抽印本。

00074
经济概论 段麟郊著
中央陆军军官学校武汉分校政治训练处，1929.10，102页，32开（中央陆军军官学校政训处政治丛书1）
中央陆军军官学校武汉分校政治训练处，1930.10，82页，22开（中央陆军军官学校政训处政治丛书1）

本书共6章：经济学一般的概念、资本主义经济的构造、社会主义的经济状态、以民生主义的观点批评资本主义和社会主义的经济思想、产业落后的中国经济、民生主义的经济组织。

收藏单位：国家馆

00075
经济概论 邝振翎等编
中央陆军军官学校政治训练处，1929.4，228页，32开（中央陆军军官学校政训处政治丛书8）
中央陆军军官学校政治训练处，1930，再版，228页，32开（中央陆军军官学校政训处政治丛书8）

本书共5讲：总论、价值、生产、交换、分配论。

收藏单位：安徽馆、重庆馆、国家馆、河南馆、吉林馆、江西馆、南京馆、人大馆、上海馆、西南大学馆

00076
经济概论 李权时编
上海：中华书局，1932.8，3版，190页，22开（新中华教科书）
上海：中华书局，1940，189页，32开（新中华教科书）

本书为高级商科职业学校用书。共7编：绪论、消费论、生产论、交易论、分配论、公共经济论、世界经济论。封面题名：新中华经济概论。

收藏单位：江西馆、南京馆

00077
经济概论 朱通九编著
上海：世界书局，1933.7，292页，窄25开（高中商科教本）
上海：世界书局，1934，297页，窄25开（高中商科教本）

本书共7编：绪论、消费论、生产论、交易论、分配论、公共经济论、世界经济论。

收藏单位：重庆馆、东北师大馆、贵州馆、华东师大馆、吉林馆、南京馆、首都馆、浙江馆

00078
经济概论
[上海法科大学]，[1919—1949]，168+134页，22开（上海法科大学讲义）

本书内容包括：生产之要素、人的生产要素劳动、物的生产要素、生产与营业之组织等。其他题名：法科大学经济学。

收藏单位：浙江馆

00079
经济概论讲义 何乃文编
广东省地方行政干部训练团，1941，38页，32开（金融类）

本书共6章，内容包括：经济学之性质、欲望与经济、经济发达之顺序、生产论等。

收藏单位：重庆馆

00080
经济概要 胡祖同编
上海：商务印书馆，1914，162页，25开
上海：商务印书馆，1916，3版，162页，25开，精装
上海：商务印书馆，1920.1，7版，162页，25开
上海：商务印书馆，1921，9版，162页，25开
上海：商务印书馆，1922.6，10版，162页，25开
上海：商务印书馆，1926，14版，[17]+161页，

25 开
上海：商务印书馆，1928.3，15 版，162 页，窄 25 开
上海：商务印书馆，1928.12，16 版，161 页，25 开

本书为中学校及师范学校用书。文言体，加圈点。共 5 编：总论、生产论、交易论、分配论、消费论。

收藏单位：安徽馆、重庆馆、东北师大馆、甘肃馆、桂林馆、国家馆、河南馆、江西馆、南京馆、内蒙古馆、首都馆、浙江馆

00081
经济概要 中央陆军军官学校军官高等教育班编
中央陆军军官学校军官高等教育班，[1928—1949]，74 页，32 开

本书简述各派经济思想并介绍统制经济和民生主义等。

00082
经济教程 汤鸿庠编
陆军特种兵联合分校，[1911—1949]，68 页，36 开（政治讲义 甲类 4）

本书分上、下两编：经济学原理、中国经济问题。

收藏单位：重庆馆

00083
经济教程 童秀明 张研田编
中央军校第七分校，[1941]，[12]+136 页，32 开

本书分上、下两编：经济学大意、战时经济。

收藏单位：重庆馆

00084
经济科学大纲（俄）波格达诺夫（A. Bogdanov）著 施复亮译
上海：大江书铺，1929.6，订正本，10+546 页，32 开
上海：大江书铺，1929.9，再版，订正本，10+546 页，32 开
上海：大江书铺，1930.4，3 版，订正本，10+546 页，32 开
上海：大江书铺，1930.4，4 版，订正本，10+546 页，32 开
上海：大江书铺，1931.2，5 版，订正本，10+546 页，32 开
上海：大江书铺，1932.7，6 版，订正本，10+546 页，32 开
上海：大江书铺，1933.2，7 版，订正本，10+546 页，32 开

本书分 3 编：自然自足社会、商业社会、社会化的有组织的社会。共 10 章，内容包括：族长宗法社会、封建社会、奴隶制度、商业资本主义、金融资本主义时代等。据赤松克磨的日译本转译。书中题名：订正经济科学大纲。译者原题：施存统。

收藏单位：安徽馆、长春馆、重庆馆、东北师大馆、广东馆、桂林馆、国家馆、河南馆、黑龙江馆、湖南馆、吉林馆、近代史所、辽大馆、南京馆、内蒙古馆、山西馆、首都馆、浙江馆、中科图

00085
经济科学大纲（俄）波格达诺夫（A. Bogdanov）著 施复亮译
上海：开明书店，1935，8 版，[订正本]，10+546 页，32 开
上海：开明书店，1947.4，9 版，[订正本]，10+546 页，32 开

收藏单位：安徽馆、重庆馆、广东馆、广西馆、贵州馆、桂林馆、国家馆、吉林馆、江西馆、南京馆、上海馆、首都馆、浙江馆

00086
经济科学大纲（俄）波格达诺夫（A. Bogdanov）著 施复亮译
[上海]：新青年社，1927.1，565 页，32 开（新青年社丛书）

收藏单位：重庆馆、国家馆、黑龙江馆、湖北馆、江西馆、辽大馆、天津馆、西南大学馆

00087

经济科学概论　（俄）波格达诺夫（A. Bogdanov）著　周佛海译

外文题名：A short course of economic science

上海：商务印书馆，1927.4，366+16页，22开（经济丛书）

上海：商务印书馆，1933.6，国难后1版，366+16页，22开（经济丛书）

上海：商务印书馆，1935.2，国难后2版，366+16页，22开

本书附经济学的新生命。著者原题：波达诺夫。

收藏单位：重庆馆、东北师大馆、广东馆、广西馆、贵州馆、国家馆、黑龙江馆、湖南馆、吉大馆、吉林馆、江西馆、辽大馆、辽宁馆、南京馆、宁夏馆、上海馆、天津馆、西南大学馆、浙江馆

00088

经济科学基础　符泽初著

重庆：拔提书店，1948，134页，32开

本书结合世界经济现状概述生产、分配、价值、价格、通货等问题。

收藏单位：广东馆、南京馆

00089

经济科学基础　符泽初著

重庆：民间报社，1946，50页，32开（民间社会丛书5）

本书分两编："论物、值与价""论生产与分配"。第2编共4章：思想演变、地利与地租、人工与工资、资本与利息。

收藏单位：广西馆、国家馆、吉林馆、南京馆

00090

经济理论之基础知识　周佛海编

上海：新生命书局，1930.1，10+336页，32开（社会科学常识丛刊11）

上海：新生命书局，1931，再版，10+336页，32开（社会科学常识丛刊11）

上海：新生命书局，1932.9，3版，10+336页，32开（社会科学常识丛刊11）

上海：新生命书局，1933，4版，10+336页，32开（社会科学常识丛刊11）

本书分3部分：绪论、本论、编者的话。本论共5篇：经济进化的概说、生产的理论、交换的理论、货币的理论、分配的理论。主要据河上肇在日本京都帝国大学的授课讲义编成。

收藏单位：安徽馆、重庆馆、东北师大馆、广西馆、桂林馆、国家馆、河南馆、黑龙江馆、湖南馆、江西馆、近代史所、南京馆、内蒙古馆、宁夏馆、上海馆、首都馆、天津馆、浙江馆

00091

经济浅说　杨庆同　王诲初著

上海：商务印书馆，1927.10，102页，36开（百科小丛书146）

本书共7章：需要和工作、交易和价值、货币、财产与遗产、赁银和利息、工资和余利、竞争与合作。

收藏单位：安徽馆、重庆馆、广东馆、广西馆、桂林馆、国家馆、河南馆、吉林馆、江西馆、南京馆、山东馆、上海馆、天津馆、浙江馆

00092

经济浅说　周伯棣编

上海：中华书局，1935.10，58页，32开（初中学生文库）（中华文库 初中第1集）

上海：中华书局，1936，再版，58页，32开（初中学生文库）（中华文库 初中第1集）

上海：中华书局，1941.1，4版，58页，32开（初中学生文库）（中华文库 初中第1集）

上海：中华书局股份有限公司，1947.12，58页，32开（初中学生文库）（中华文库 初中第1集）

本书共10章，内容包括：经济与经济学、经济学之分类、今日的社会及其经济要素、资本之意义及种类、交换与货币等。

收藏单位：安徽馆、重庆馆、广东馆、广西馆、桂林馆、国家馆、黑龙江馆、湖南馆、惠州馆、江西馆、辽宁馆、南京馆、内蒙古馆、上海馆、绍兴馆、首都馆、天津馆、浙

江馆

00093
经济思想 马寅初讲
浙江财务人员养成所，1932.6，200+44 页，18 开

本书论述资本主义与社会主义、共产主义的区别以及价值、消费、分配等相关经济思想。附马寅初先生讲演、浙江之营业税、银行法、统税条例。

收藏单位：浙江馆

00094
经济思想与社会改造 顾季高著
出版者不详，1935.8，22 页，16 开

本书为《民族杂志》第 3 卷第 8 期抽印本。

00095
经济问答 周定宇编述
上海：南华书店，1933，88 页，32 开（新编各科常识 1）

00096
经济学 常云楣编著
上海：法科大学，[1926—1930]，134 页，22 开

收藏单位：广东馆

00097
经济学 傅坚白编
陆军大学，[1911—1949]，2 册，16 开

收藏单位：广东馆

00098
经济学 黄可权编
上海：丙午社，1912，331 页，大 32 开（法政讲义 第 1 集）

收藏单位：南京馆

00099
经济学 黄岩 王克宥讲述
浙江财务人员养成所，1931.6，246 页，18 开

本书内容包括：经济学之定义、人类经济之根本要因、欲望、财富等。

收藏单位：南京馆、浙江馆

00100
经济学 [军政部会计处计政讲习班编]
军政部会计处计政讲习班，1941，171 页，32 开

本书共 5 编：总论、生产论、交易论、分配论、消费论。

收藏单位：重庆馆

00101
经济学 李权时著
上海：黎明书局，1930.1，227 页，32 开（高中用书）（青年学术讲座 第 1 种）
上海：黎明书局，1931.4，再版，227 页，32 开（高中用书）（青年学术讲座 第 1 种）
上海：黎明书局，1932.9，3 版，227 页，32 开，精装（高中用书）（青年学术讲座 第 1 种）
上海：黎明书局，1934，4 版，227 页，32 开（高中用书）（青年学术讲座 第 1 种）
上海：黎明书局，1936.3，5 版，227 页，32 开（高中用书）（青年学术讲座 第 1 种）
上海：黎明书局，1937，6 版，227 页，32 开（高中用书）（青年学术讲座 第 1 种）

本书共 5 章：绪论、人类的消费经济行为、人类的生产经济行为、人类的交易经济行为、人类的分配经济行为。

收藏单位：北师大馆、重庆馆、东北师大馆、广东馆、广西馆、国家馆、河南馆、江西馆、南京馆、内蒙古馆、上海馆、西南大学馆、浙江馆

00102
经济学 李佐庭编辑
上海：丙午社，1911.3，再版，332 页，22 开（法政讲义 第 1 集 6）
上海：丙午社，1912，3 版，332 页，22 开（法政讲义 第 1 集 6）

本书为文言体，加圈点。共 5 卷：绪论、纯正经济学泛论、价值成立论、价值之变动、价值消灭论。

收藏单位：国家馆、南京馆、绍兴馆

00103
经济学　刘秉麟编
上海：商务印书馆，1929，再版，12+385 页，32 开，精装
上海：商务印书馆，1929.11，5 版，12+385 页，32 开

本书共 5 编：绪论、经济社会的变化及各国经济状况、经济的理论、公共财政、经济问题。

收藏单位：安徽馆、重庆馆、桂林馆、国家馆、湖南馆、吉林馆、浙江馆

00104
经济学　刘秉麟编辑
长沙：商务印书馆，1939.2，改订 1 版，232 页，32 开，精装
长沙：商务印书馆，1940，改订 2 版，232 页，36 开
长沙：商务印书馆，1941，改订 3 版，232 页，36 开
上海：商务印书馆，1947.6，改订 4 版，231 页，25 开

本书为职业学校教科书。分 4 编：绪编、经济社会的变化及各国经济状况、经济的理论、公共财政。共 13 章，概论经济学的定义、范围、研究方法以及经济学的派别等，从史的角度阐明经济社会的变化，并介绍各国的经济状况，分述消费、生产、交易、分配与国家财政等问题。

收藏单位：重庆馆、广东馆、桂林馆、国家馆、江西馆、上海馆、绍兴馆

00105
经济学　刘懋初编
广州：天香书屋，1935.9，468 页，32 开

本书内容包括：金银、货币、汇兑、证券、经济学派及政策等。书中题名：实用经济学。

00106
经济学　萧纯锦编述
上海：商务印书馆，1929.3，26+398 页，22 开，精装
上海：商务印书馆，1931，再版，26+398 页，21 开，精装
上海：商务印书馆，1932.9，国难后 1 版，26+398 页，22 开，精装

本书为文言体，加圈点。共 21 章，内容包括：经济学之性质、经常竞争之价、独占价、生产费、生产业之集中、营业与赢利、货币、银行等。

收藏单位：重庆馆、东北师大馆、广东馆、广西馆、贵州馆、国家馆、湖南馆、江西馆、近代史所、辽大馆、南京馆、宁夏馆、首都馆、浙江馆

00107
经济学　徐令誉编述
陆军大学，1943，42+78 页，23 开

本书分两编。第 1 编共 4 章：总论、各种经济学派、人类社会经济发展过程、封建制社会之产生与货币经济；第 2 编共 4 章：论生产与生产机构及消费、价值与价格、货币与资本、论分配。

收藏单位：南京馆、内蒙古馆

00108
经济学　杨汝梅著
上海：中华书局，1930.4，324 页，22 开，精装
上海：中华书局，1930.11，再版，24+324 页，22 开
上海：中华书局，1931.9，3 版，324 页，22 开
上海：中华书局，1933.10，4 版，324 页，22 开
上海：中华书局，1936.12，5 版，324 页，22 开，精装

本书共 3 编：总论、本论、近代经济上之重要问题。第 1 编共 4 章：经济及经济学、各种经济学派之态度、现代经济生活、经济活动之前提；第 2 编共 4 章：生产论、交易、分配、消费；第 3 编共 8 章，内容包括：现代经济组织与社会阶级之关系、俄国新经济政策之评论、欧战后世界金融中心移动论之两派、民生主义内之经济中心问题、货币问题与民

生之关系等。版权页题名：民生主义经济学。

收藏单位：安徽馆、重庆馆、东北师大馆、广东馆、广西馆、桂林馆、国家馆、河南馆、黑龙江馆、湖南馆、江西馆、南京馆、内蒙古馆、山西馆、天津馆、浙江馆

00109

经济学 杨汝梅著

出版者不详，1929，344 页，22 开

收藏单位：安徽馆、重庆馆

00110

经济学 赵兰坪编著

上海：商务印书馆，1928.3，13+180 页，22 开（职业学校教科书）

上海：商务印书馆，1928，再版，13+180 页，23 开（职业学校教科书）

上海：商务印书馆，1929.4，3 版，13+180 页，32 开，精装（职业学校教科书）

上海：商务印书馆，1931，5 版，13+180 页，23 开（职业学校教科书）

上海：商务印书馆，1932.8，国难后 1 版，13+180 页，32 开（职业学校教科书）

上海：商务印书馆，1933，国难后 2 版，13+180 页，32 开（职业学校教科书）

上海：商务印书馆，1935.5，国难后 4 版，13+180 页，22 开（职业学校教科书）

长沙：商务印书馆，1938.10，国难后 7 版，13+180 页，32 开，精装（职业学校教科书）

[长沙]：商务印书馆，1940，国难后 9 版，13+180 页，32 开（职业学校教科书）

长沙：商务印书馆，1940，国难后 10 版，13+180 页，36 开（职业学校教科书）

[长沙]：商务印书馆，1940.12，国难后 11 版，13+171 页，32 开（职业学校教科书）

上海：商务印书馆，1946.10，15 版，13+171 页，32 开，精装（职业学校教科书）

[上海]：商务印书馆，1947.5，16 版，13+171 页，32 开（职业学校教科书）

上海：商务印书馆，1947.7，17 版，13+171 页，32 开，精装（职业学校教科书）

本书分 6 篇：总论、生产论、流通、分配、消费论、近代经济思潮。

收藏单位：安徽馆、重庆馆、东北师大馆、广东馆、广西馆、国家馆、河南馆、湖南馆、吉林馆、江西馆、近代史所、辽大馆、南京馆、内蒙古馆、绍兴馆、首都馆、浙江馆

00111

经济学 赵兰坪编著

金华：正中书局，[1941]，339 页，32 开（青年基本知识丛书）

重庆：正中书局，1943.1，339 页，32 开（青年基本知识丛书）

重庆：正中书局，1943.4，12 版，339 页，32 开（青年基本知识丛书）

赣县（赣州）：正中书局，1944.7，339 页，32 开，精装（青年基本知识丛书）

重庆：正中书局，1944，14 版，339 页，32 开（青年基本知识丛书）

重庆：正中书局，1944.10，16 版，339 页，32 开（青年基本知识丛书）

重庆：正中书局，1945，18 版，340 页，32 开（青年基本知识丛书）

上海：正中书局，1946.10，6 版，339 页，32 开（青年基本知识丛书）

上海：正中书局，1946.11，11 版，339 页，大 16 开（青年基本知识丛书）

上海：正中书局，1946.11，16 版，339 页，32 开（青年基本知识丛书）

上海：正中书局，1946，339 页，32 开（青年基本知识丛书）

上海：正中书局，1947.12，26 版，339 页，32 开，精装（青年基本知识丛书）

本书共 7 篇：总论、需要论、生产论、流通论、所得论、近代经济思潮、中国经济的改进。附怎样学习经济学。

收藏单位：安徽馆、重庆馆、东北师大馆、广东馆、广西馆、桂林馆、国家馆、湖南馆、江西馆、辽大馆、南京馆、绍兴馆、首都馆、武大馆、西南大学馆

00112

经济学 中国图书公司编辑

出版者不详，1912，136 页，25 开

本书分 5 章论述消费、生产、交易、分配等经济行为。

收藏单位：浙江馆

00113

经济学

出版者不详，[1911—1949]，油印本，113 页，32 开

本书共 7 章：补充材料、前资本主义社会经济、商品与货币、资本主义生产的实质、工资、资本主义再生产与资本积累、资本的流通过程。

收藏单位：国家馆

00114

经济学（京师法律学堂笔记） [熊元楷] [熊元襄编]

北京：安徽法学社，1914.12，4 版，146 页，25 开（法律丛书 21）

[北京]：安徽法学社，1930 印，146 页，25 开（法律丛书 21）

本书共 5 编：总论、生财、交易、析分、用财。版权页题名：经济学通论。

收藏单位：安徽馆、南京馆、首都馆

00115

经济学（京师法律学堂笔记） 熊元楷　熊元襄编

北京：华盛印书局，1913.8，3 版，146 页，22 开（法律丛书 21）

收藏单位：重庆馆、国家馆

00116

经济学 ABC　李权时著

上海：ABC 丛书社，1928.6，123 页，36 开（ABC 丛书）

上海：ABC 丛书社，1929.1，再版，123 页，32 开（ABC 丛书）

上海：ABC 丛书社，1930.4，4 版，123 页，32 开，精装（ABC 丛书）

上海：ABC 丛书社，1930.10，5 版，123 页，32 开，精装（ABC 丛书）

上海：ABC 丛书社，1931.8，6 版，123 页，32 开（ABC 丛书）

上海：ABC 丛书社，1932.5，7 版，123 页，32 开，精装（ABC 丛书）

上海：ABC 丛书社，1933，8 版，123 页，32 开（ABC 丛书）

上海：ABC 丛书社，1934，9 版，123 页，32 开（ABC 丛书）

上海：ABC 丛书社，1935.10，10 版，123 页，32 开（ABC 丛书）

本书共 6 章：绪论、消费论、生产论、交易论、分配论、财政论或公共经济论。

收藏单位：安徽馆、重庆馆、广东馆、广西馆、桂林馆、国家馆、湖南馆、吉大馆、江西馆、辽大馆、南京馆、内蒙古馆、宁夏馆、首都馆

00117

经济学 ABC　李权时著

上海：世界书局，1937，3 版，123 页，32 开

上海：世界书局，1937.2，12 版，123 页，32 开

收藏单位：重庆馆、上海馆

00118

经济学财政学纲要　何永鸿　李特栽编

新中国出版社，1944.10，38+24 页，32 开（新中国经济学会丛书）

收藏单位：江西馆

00119

经济学常识　谢彬著

上海：太平洋书店，1929.9，160 页，32 开

上海：太平洋书店，1930，160 页，32 开

本书共 7 章：经济学的定义、经济学的范围、研究经济学的方法、经济学派别、经济社会变化的程序、中国经济状况、现代经济行为的批判。

收藏单位：重庆馆、广西馆、国家馆、湖南馆、南京馆、上海馆、浙江馆

00120

经济学常识　许育英编著　晋绥军政民各级干部训练委员会审定

民族革命出版社，1939.12，34 页，32 开（民族革命教材 21）

本书为初级中学用书。

收藏单位：重庆馆

00121

经济学常识问答 周定宇编

上海：南华图书局，1929.8，88 页，32 开

本书收录经济学常识问题 165 个。分 6 编：总论编、生产编、交易编、分配编、消费编、财政编。

收藏单位：广东馆、江西馆、天津馆

00122

经济学辞典 柯柏年 杜国庠 王慎名编

上海：南强书局，1933.11，654+40 页，32 开，精装

本书收录经济学名词、术语 1100 余条，按部首及笔画数排列。附字划索引、外国文索引。编者"杜国庠"原题：吴念慈。

收藏单位：安徽馆、重庆馆、东北师大馆、国家馆、黑龙江馆、湖南馆、吉林馆、江西馆、近代史所、南京馆、内蒙古馆、宁夏馆、山西馆、上海馆、首都馆、天津馆、浙江馆

00123

经济学辞典 路锡三编

香港：中华书局，1937.6，再版，1 册，25 开，精装

收藏单位：重庆馆

00124

经济学辞典 赵玉林 王化中主编

北平：中国经济出版社，1937.6，874 页，25 开，精装

收藏单位：安徽馆、重庆馆

00125

经济学辞典 周宪文主编

上海：中华书局有限公司，1937.6，981+176+86 页，32 开，精装

昆明：中华书局，1940.5，再版，79+981+176 页，32 开，精装

本书收录经济学名词、术语 6000 余条，按每词第一字的笔画数排列。附世界各国货币一览表、各国度量衡制与中国标准制比较表等。

收藏单位：广东馆、广西馆、贵州馆、国家馆、黑龙江馆、湖南馆、吉林馆、江西馆、辽宁馆、南京馆、内蒙古馆、宁夏馆、上海馆、首都馆、天津馆、浙江馆、中科图

00126

经济学大纲 陈家瓒著

长沙：厚生会计讲习所，1934，18+160 页，25 开

本书分 3 编，共 15 章。第 1 编概述经济的基础观念，个人经济、国家经济和国民经济，国民经济的发展等；第 2 编论述与生产有关的生产要素、企业、土地、劳动、资本等问题；第 3 编介绍与流通有关的货币、信用、价格、所得等问题。

收藏单位：国家馆、湖南馆

00127

经济学大纲 （日）河上肇著

经济学社，1949.9，548 页，32 开

本书分 4 篇：商品及货币、资本的生产进程、资本的流通进程、资本的总进程。共 16 章，内容包括：货币、剩余价值的生产、资本的周转、商业资本及商业利润、金融资本等。

收藏单位：安徽馆、东北师大馆、广东馆、辽宁馆、南京馆、绍兴馆、天津馆

00128

经济学大纲 （日）河上肇著 陈启修译

上海：乐群书店，1929.4，12+6+597 页，32 开

上海：乐群书店，1929.5，再版，12+6+597 页，32 开

上海：乐群书店，1931.5，3 版，12+6+597 页，32 开

本书分上、下两篇：资本家社会的解剖、资本家的经济学的发展。上篇共 4 章：商品及货币、资本的生产进程、资本的流通进程、

资本的总进程。据著者在日本京都帝国大学的授课讲义译出。译者原题：陈豹隐。

收藏单位：重庆馆、广东馆、广西馆、贵州馆、桂林馆、国家馆、河南馆、湖南馆、吉林馆、江西馆、近代史所、辽大馆、南京馆、内蒙古馆、宁夏馆、上海馆、绍兴馆、首都馆、浙江馆、中科图

00129
经济学大纲 黄兆栋著
广州：广东省党部国民印刷厂，1943.8 重印，改订再版，196 页，25 开
广州：广东省党部国民印刷厂，1946 印，再版，196 页，25 开

本书论述消费、生产、流通、分配、现代经济制度及经济学史等。

收藏单位：广东馆、南京馆

00130
经济学大纲 陶因述
出版者不详，[1940—1949]，1 册，25 开

本书分 4 编：绪论、生产论、交换论、分配。第 1 编共 4 章：经济的意义、经济学研究对象、经济学的分科、经济进化的阶段；第 2 编共 3 章：生产的概念、生产的技术条件、生产的社会形态；第 3 编共 5 章，内容包括：价值论、供求的法则、生产费与价格等；第 4 编共 5 章，内容包括：个人所得及社会所得、利润、利息等。

收藏单位：重庆馆、贵州馆、国家馆

00131
经济学大纲 吴世瑞著
出版者不详，[1911—1949]，830 页，大 32 开

收藏单位：湖南馆、南京馆

00132
经济学大纲 （美）伊利（Richard Theodore Ely）著 郭大力译
上海：世界书局，1933.9，802 页，22 开，精装
上海：世界书局，1934，再版，802 页，23 开，精装
上海：世界书局，1935，3 版，802 页，25 开，精装

本书分 4 编：绪论、原理与问题、产业劳动与政府统制的问题、公共财政。共 37 章，内容包括：经济学的性质与范围、经济社会的进化、美国的经济发展、生产、消费、价值与价格、分配是一个经济问题、营业组织、公共支出、公共收入等。据原著 1930 年增订 5 版译出。著者原题：依利。

收藏单位：安徽馆、重庆馆、东北师大馆、广东馆、广西馆、贵州馆、国家馆、黑龙江馆、湖南馆、吉林馆、江西馆、南京馆、宁夏馆、上海馆、首都馆、天津馆、浙江馆

00133
经济学大纲 赵兰坪编著
上海：商务印书馆，1934.1，10+331 页，22 开，精装
上海：商务印书馆，1935.4，再版，10+331 页，22 开
[上海]：商务印书馆，1938.2，4 版，10+331 页，22 开
长沙：商务印书馆，1939.2，5 版，331 页，25 开
长沙：商务印书馆，1940.10，6 版，331 页，25 开
长沙：商务印书馆，1941，249 页，21 开
重庆：商务印书馆，1943，249 页，21 开
成都：商务印书馆，1943，249 页，21 开，精装
重庆：商务印书馆，1944.11，增订版，182 页，25 开
重庆：商务印书馆，1945.5，增订 2 版，182 页，25 开，精装
上海：商务印书馆，1946.9，增订版，182 页，25 开
重庆、上海：商务印书馆，1947.5，增订 3 版，182 页，25 开
重庆、上海：商务印书馆，1948.8，增订 4 版，182 页，25 开，精装

本书分 5 篇：总论、欲望与需要、生产论、流通论、所得论。第 1 篇共 4 章：经济

学概论、经济生活、经济定律、经济学之研究法及其研究门类；第 2 篇共 3 章：欲望、效用、需要；第 3 篇共 5 章：生产概论、土地、劳动、资本、产业组织；第 4 篇共 5 章：流通概论、价值、价格、货币、银行；第 5 篇共 4 章：地租、工资、利息、利润。

收藏单位：安徽馆、长春馆、重庆馆、东北师大馆、广东馆、广西馆、贵州馆、桂林馆、国家馆、河南馆、黑龙江馆、湖南馆、江西馆、辽宁馆、南京馆、内蒙古馆、首都馆、天津馆、西南大学馆、浙江馆

00134

经济学大意　邓世隆编述

出版者不详，[1911—1949]，112 页，22 开

本书内容包括：何谓经济学、经济学上的重要观念、生产要论、交换要论、分配要论等。其他题名：经济学大意讲义。

收藏单位：浙江馆

00135

经济学大意　（日）津村秀松著　彭耕译

上海：群益书社，1915.12，13+129 页，25 开

上海：群益书社，1916.12，再版，14+129 页，25 开

上海：群益书社，1928，6 版，164 页，64 开

本书分 5 编：总论、生产论、交易论、分配论、消费。共 25 章，内容包括：欲望、经济行为、生产、交易、价值、分配、地租、消费论等。为《国民经济学原论》摘要。

收藏单位：安徽馆、国家馆、上海馆、浙江馆

00136

经济学大意　刘秉麟编

出版者不详，[1911—1949]，104 页，22 开

本书内容包括：经济学上的重要观念、生产论、交易论、分配论、消费论等。其他题名：经济学大意讲义。

收藏单位：内蒙古馆、浙江馆

00137

经济学大意（第 4 期 前期）　漆意若编

[浙江省地方自治专修学校]，[1911—1949]，110 页，22 开

收藏单位：浙江馆

00138

经济学的基本原理　（法）吉德（Charles Gide）著　楼桐荪译

上海：国立编译馆，1934.1，181 页，22 开

上海：国立编译馆，1935.4，再版，181 页，21 开

上海：国立编译馆，1935.5，3 版，181 页，22 开

本书共 7 章：需要及工作、交换及价值、货币、私产及遗产、佃租及利贷、佣工制及利润、竞争与合作。著者原题：季特，译者原题：楼桐孙。

收藏单位：安徽馆、重庆馆、东北师大馆、广东馆、广西馆、桂林馆、国家馆、湖南馆、江西馆、南京馆、山西馆、上海馆、首都馆、天津馆、武大馆、西南大学馆、浙江馆

00139

经济学的基本原则　龙家骧著

上海：大东书局，1933.9，10+104 页，32 开（社会科学基础丛书）

本书共 9 章，内容包括：经济学的定义、经济财物之分析、经济财物之交换、货币、生产的要素等。

收藏单位：北师大馆、重庆馆、广东馆、广西馆、国家馆、湖南馆、江西馆、近代史所、南京馆、天津馆、西南大学馆、浙江馆

00140

经济学的实际智识　（日）高桥龟吉著　巴克译

上海：联合书店，1929，24+284 页，32 开

上海：联合书店，1930.2，28+284 页，32 开

本书共 8 章，内容包括：经济现象与自然、现代经济组织之基础、需要供给之无意识的调节、富的保存及增殖、货币现象、银行信用等。

收藏单位：重庆馆、桂林馆、国家馆、吉

林馆、近代史所、南京馆、上海馆、首都馆、天津馆、浙江馆

00141

经济学概论 （美）费尔柴尔（F. R. Fairchild）等著 巫宝三 杜俊东编译

外文题名：Elementary economics

上海：商务印书馆，1937.1，[995] 页，22 开，精装（大学丛书 教本）

上海：商务印书馆，1937.3，再版，[995] 页，22 开，精装（大学丛书 教本）

长沙：商务印书馆，1938，再版，[995] 页，32 开（大学丛书 教本）

上海：商务印书馆，1947.5，3 版，[995] 页，25 开（大学丛书 教本）

上海：商务印书馆，1947.11，4 版，[995] 页，25 开（大学丛书 教本）

上海：商务印书馆，1948，5 版，2 册（[995+20] 页），25 开，精装（大学丛书 教本）

上海：商务印书馆，1948.8，6 版，2 册（[995+20] 页），25 开（大学丛书 教本）

本书共 8 编：经济组织、价格论、货币银行及交换、工商业组织问题、财富与所得的分配、政府经济学、劳工问题、经济制度的改革。附英汉名词对照表、引得。据原著 1930 年改订版编译。

收藏单位：安徽馆、重庆馆、东北师大馆、广东馆、贵州馆、国家馆、黑龙江馆、湖南馆、辽大馆、内蒙古馆、宁夏馆、上海馆、首都馆、西南大学馆、浙江馆

00142

经济学概论 马寅初著

国民政府军事委员会政治部，1938，14+270 页，32 开（军事学校战时政治教程）

本书共 7 篇：概论、价值论、消费论、生产论、交换论、分配论、结论。

收藏单位：重庆馆、广东馆、国家馆、湖南馆、吉大馆、江西馆、南京馆

00143

经济学概论 马寅初著

重庆：商务印书馆，1943.1，11+203 页，32 开

赣县（赣州）：商务印书馆，1943.6，11+203 页，32 开，精装

重庆：商务印书馆，1943.9，4 版，11+203 页，36 开

重庆：商务印书馆，1943.12，5 版，11+203 页，36 开

赣县（赣州）：商务印书馆，1944.3，3 版，11+203 页，32 开

赣县（赣州）：商务印书馆，1944.8，5 版，11+203 页，32 开

重庆：商务印书馆，1945，6 版，11+203 页，36 开

重庆：商务印书馆，1946，7 版，11+203 页，36 开

上海：商务印书馆，1946.2，11+203 页，32 开（新中学文库）

上海：商务印书馆，1946.7，再版，11+203 页，32 开（新中学文库）

上海：商务印书馆，1946.12，3 版，11+203 页，32 开（新中学文库）

上海：商务印书馆，1947，4 版，11+203 页，32 开（新中学文库）

上海：商务印书馆，1947.9，增订 5 版，18+282 页，22 开（大学丛书）

上海：商务印书馆，1947，增订 6 版，18+282 页，22 开（大学丛书）

上海：商务印书馆，1948.2，增订 7 版，18+282 页，22 开（大学丛书）

上海：商务印书馆，1948.8，增订 8 版，18+282 页，22 开（大学丛书）

上海：商务印书馆，1948.8，增订 9 版，18+282 页，22 开（大学丛书）

上海：商务印书馆，1949，8 版，11+203 页，32 开（新中学文库）

本书较 1938 年版补充了边际效用替代率、无异曲线、物品之适度分配、资本之适用积累等新内容，篇数不变。

收藏单位：安徽馆、长春馆、重庆馆、东北师大馆、广东馆、广西馆、贵州馆、国家馆、河南馆、黑龙江馆、湖南馆、吉林馆、江西馆、近代史所、辽大馆、辽东学院馆、辽宁馆、南京馆、内蒙古馆、陕西馆、上海馆、绍兴馆、首都馆、天津馆、西南大学馆、

浙江馆

00144
经济学概论 唐庆增编著
上海：世界书局，1933.9，11+344 页，25 开
本书共 6 编：绪论、消耗、生产、分配、交易、财政。
收藏单位：安徽馆、重庆馆、东北师大馆、广东馆、贵州馆、国家馆、湖南馆、吉林馆、江西馆、辽大馆、南京馆、首都馆、浙江馆

00145
经济学概论 杨道腴著
重庆：国民书店，1927.2，54 页，32 开
本书共 5 章：总论、资本主义经济的构造方面、资本主义之发生和发展、社会主义的经济状态、中国经济发展之束缚。
收藏单位：重庆馆、国家馆

00146
经济学概论 杨道腴著
上海：泰东图书局，1927.10，再版，86 页，50 开
收藏单位：安徽馆、广东馆、湖南馆

00147
经济学概论 杨道腴著
重庆：新蜀报社，1926.9 重印，54 页，36 开
收藏单位：重庆馆

00148
经济学概论 杨道腴著
中央军事政治学校政治部宣传科，1926，49 页，32 开（政治讲义 4）
中央军事政治学校政治部宣传科，1927.6，54 页，32 开
中央军事政治学校政治部宣传科，1927.9，再版，54 页，32 开
中央军事政治学校政治部宣传科，1928.8，3 版，64 页，32 开
收藏单位：安徽馆、桂林馆、国家馆、河南馆、江西馆、近代史所、南京馆、浙江馆

00149
经济学概论 （美）伊利（Richard Theodore Ely）著 熊崇煦 章勤士译
外文题名：Outlines of economics
上海：商务印书馆，1913，3 版，1 册，22 开，精装
上海：商务印书馆，1916.10，4 版，1 册，22 开
上海：商务印书馆，1924，5 版，[417] 页，21 开，精装
本书分 4 编：历史之序论、私经济学、公经济学、经济学史。第 1 编共 11 章，内容包括：野蛮人之经济生活、文明人之经济生活、英国之工业革命、美国经济史之注意、经济学研究对象之性质等；第 2 编共 4 部：生产论、交换论、分配论、消费论；第 3 编共 3 部：论公工业并及国家与私企业之关系、公支出、公收入；第 4 编共 4 章：绪论、上古中古之经济思想、近世之经济思想、最近经济学者。
收藏单位：重庆馆、贵州馆、国家馆、南京馆、首都馆、浙江馆

00150
经济学概论 英国平民联盟编 丁振一译
上海：南强书局，1929.4，[12]+238 页，32 开
本书共 12 章，内容包括：现代之生产、工资、交换、银行、产业恐慌等。据日译本转译。
收藏单位：重庆馆、广东馆、桂林馆、国家馆、近代史所、上海馆、天津馆、浙江馆

00151
经济学概论 张治中等编
陆军军官学校政治部，1947，282 页，32 开（经济教程 第 1 集）
收藏单位：广东馆

00152
经济学概论 邹敬芳著
上海法学编译社，1931.9，158 页，25 开（经济政治丛书）
上海法学编译社，1937，3 版，158 页，25 开

（经济政治丛书）

本书共4部分：总论、生产论、交换论、分配论。

收藏单位：北师大馆、重庆馆、国家馆、湖南馆、吉林馆、南京馆、山西馆

00153

经济学概论讲义　商务印书馆函授学校商业科编

上海：商务印书馆函授学校商业科，[1911—1949]，2册，36开

本书共5章：绪论、消费论、生产论、交易论、分配论。分25部分，内容包括：经济学的定义、消费、劳力、价值、货币、分配、利润等。

00154

经济学概要　孙怀仁编

上海：财务学校，1948，228页，32开

收藏单位：广东馆

00155

经济学概要　张一凡编

上海：三民图书公司，1948，124页，25开

本书共6篇：总论、需要论、生产论、流通论、所得论、近代经济学的派别。

收藏单位：江西馆

00156

经济学概要（考试准备）　郭成信编著

上海：世界书局，1929，2册（77+[106]页），50开（社会经济概要丛书）

上海：世界书局，1929.11，再版，2册（[77]+106页），50开（社会经济概要丛书）

本书为经济学问题解答。

收藏单位：重庆馆、南京馆、浙江馆

00157

经济学纲要　石抗鼎著

中国比较法学院，[1943.8]，164页，25开（中国比较法学院讲义）

中国比较法学院，1944.9，再版，164页，25开（中国比较法学院讲义）

本书分5编：绪论、消费论、生产论、交易论、分配论。

收藏单位：上海馆

00158

经济学纲要　王严编

上海：南京书店，1933，12+98页，32开（中学生升学准备丛书9）

本书共5章：总论、生产论、交易论、分配论、消费论。

收藏单位：北师大馆、国家馆、吉林馆、内蒙古馆

00159

经济学纲要　张和著

上海法学社，1928.12，139页，50开（考试丛书2）

上海法学社，1929.3，再版，139页，50开（考试丛书2）

上海法学社，1929，3版，138页，50开（考试丛书2）

上海法学社，1931.6，4版，139页，50开（考试丛书2）

本书为经济学考试参考用书。共6章：引论、生产论、交易论、分配论、消费论、公共经济论。

收藏单位：安徽馆、国家馆、黑龙江馆、江西馆、南京馆、陕西馆、浙江馆

00160

经济学纲要　周伯棣编

上海：中华书局，1937，152页，32开（中华百科丛书）

香港：中华书局，1938，再版，152页，32开（中华百科丛书）

上海：中华书局，1940.8，3版，152页，32开（中华百科丛书）

上海：中华书局，1941，4版，152页，32开（中华百科丛书）

本书共4章：绪论、价值与价格、生产及其要素、分配与所得。附参考书目、中文名词索引、西文名词索引。

收藏单位：重庆馆、广东馆、国家馆、河

南馆、江西馆、南京馆、宁夏馆、上海馆、首都馆、西南大学馆、浙江馆

00161
经济学纲要 朱伯康著
重庆：中国文化服务社，1943.12，10+10+312页，32开（青年文库）
重庆：中国文化服务社，1944.9，再版，10+10+312页，32开（青年文库）
上海：中国文化服务社，1946.4，10+10+312页，32开（青年文库）
上海：中国文化服务社，1946.9，2版，10+10+312页，32开（青年文库）
上海：中国文化服务社，1947.5，3版，10+10+312页，32开（青年文库）

本书分5编：导论、生产、交换（货物流通）、分配、消费。共21章，内容包括：国民经济发展之条件、生产要素之汇集、信用与银行、交易所、景气与恐慌等。附学说史。

收藏单位：重庆馆、大庆馆、东北师大馆、广东馆、桂林馆、国家馆、河南馆、湖南馆、吉林馆、南京馆、宁夏馆、首都馆、天津馆、西南大学馆、浙江馆

00162
经济学各论 （日）盐谷廉 （日）坂口直马著 王我臧译述
上海：商务印书馆，1912，3版，168页，22开
上海：商务印书馆，1913.5，4版，168页，22开
上海：商务印书馆，1914.4，5版，168页，25开

本书为日本甲种商业学校教科书。分4编：货币论、银行论、外国贸易论、外国汇兑论。第1编共5章，内容包括：铸造货币、货币之流通、不换纸币等；第2编共9章，内容包括：存款、期票贴现、汇兑、农工信用、恐慌等；第3编共5章，内容包括：关税及奖励金、外国贸易学说、自由保护贸易之沿革等；第4编共7章，内容包括：汇兑行情、异常之汇兑行情、裁定汇兑、银行之汇兑事务等。

收藏单位：国家馆、湖南馆、内蒙古馆、首都馆、天津馆、浙江馆

00163
经济学各论表解 上海科学书局编辑所编
上海科学书局，1913.4，58页，50开（法律政治经济学表解丛书）

本书共4章：货币论、银行论、外国贸易论、外国汇兑论。

收藏单位：浙江馆

00164
经济学讲授大纲 江文敏讲述
陆军大学，1948，328页，32开

本书分3编。第1编共3章：总论、各种经济学派、人类社会经济发展过程；第2编共5章，内容包括：价值与价格、论分配、论金融资本与恐慌等；第3编共4章：中国经济在帝国主义侵入后之变动、中国近代企业之发展与中国国民经济概况、帝国主义在中国之经济势力、第一次世界大战后之世界经济形势与现状。书中题名：经济学讲义。

收藏单位：国家馆、南京馆

00165
经济学讲演大纲 姚铁心编
出版者不详，[1911—1949]，38页，32开

本书共6章：经济背景、基本观念、消费论、生产论、分配论、交易论。

00166
经济学讲义 赵兰坪著
[陆军大学校]，[1933]，430页，18开

本书分5篇：总论、欲望与需要、生产论、流通论、所得论。书中题名：陆军大学校经济学讲义。

收藏单位：南京馆、浙江馆

00167
经济学讲义 中央陆军军官学校政治训练处编
中央陆军军官学校政治训练处，[1928—1949]，128页

收藏单位：南京馆

00168
经济学讲义　周锡经编
出版者不详，1914，23+466 页，23 开
本书为文言体，加圈点。分 6 编论述国民经济发展的主要条件及生产、交易、分配、消费等问题。

00169
经济学教程　高夷吾编述
治安总署陆军军需训练班，1940.9，150 页，18 开
本书分 5 编论述经济学的基本概念以及生产、交易、分配、消费诸论。“分配论”据《经济学》（赵兰坪）第 4 篇编成。
收藏单位：国家馆

00170
经济学教程　李斯彦编著
中央军校政治部，1944.5，99 页，36 开（中央军校驻川军需训练班教程）
本书共 5 篇：绪论、生产论、消费论、交换论、分配论。
收藏单位：重庆馆、贵州馆

00171
经济学教程　汪杨时编
中央陆军军官学校，1937，312 页，25 开
本书为大学用书。分 5 编：总编、消费论、生产论、交易论、分配论。共 23 章，内容包括：经济学概念、效用、需要、劳动、资本、价值、价格、工资等。
收藏单位：重庆馆、广东馆、湖南馆、南京馆

00172
经济学教程　杨汝梅述
军需学校，1929，344 页，大 32 开
本书附经济学参考书之批评。
收藏单位：南京馆

00173
经济学教程　张又惺编
中央陆军军官学校，1941.1，[28]+318 页，32 开（黄埔丛书 第 10 辑 5）
本书分上、下两卷：经济学原理、中国经济问题。上卷论述经济学的基本概念及消费、生产、交换、分配等；下卷介绍中国经济特征及中国财政、金融、农业、工业、贸易、交通等方面战前及战时的情况。
收藏单位：安徽馆、重庆馆、国家馆、湖南馆、江西馆、辽宁馆、南京馆

00174
经济学精义　（法）萨伊（Jean Baptiste Say）著　郑学稼译
外文题名：Catechism of political economy
上海：商务印书馆，1934.4，133 页，32 开（汉译世界名著）
上海：商务印书馆，1939.5，再版，133 页，32 开（汉译世界名著）
本书共 25 章，内容包括：论财富之构成及货币之功用、论生产物之效用与价值、论资本及土地、论工资利息及地租、论私人的消费、论公共的消费等。据英译本转译。
收藏单位：安徽馆、重庆馆、东北师大馆、广东馆、广西馆、贵州馆、国家馆、河南馆、黑龙江馆、湖南馆、辽大馆、南京馆、上海馆、首都馆、天津馆、浙江馆、中科图

00175
经济学理论　（英）杰文斯（William Stanley Jevons）著　郭大力译
外文题名：Theory of political economy
上海：中华书局，1936.8，[42]+208 页，22 开，精装
上海：中华书局，[1940—1945]，[42]+208 页，22 开
上海：中华书局，1948.4，3 版，[40]+208 页，23 开
本书共 8 章：导论、快乐与痛苦论、效用论、交换论、劳动论、地租论、资本论、结论。附数理经济学简论。著者原题：斯坦勒·耶方斯。
收藏单位：重庆馆、东北师大馆、广东馆、广西馆、贵州馆、桂林馆、国家馆、河南馆、湖南馆、吉大馆、辽大馆、南京馆、

内蒙古馆、上海馆、天津馆、西南大学馆、浙江馆

00176
经济学名词 国立编译馆编订
上海：正中书局，1946.9，53 页，16 开
上海：正中书局，1947.7，2 版，54 页，16 开

本书为汉英对照。收录经济学大学教本中有关经济学原理、经济史、经济思想史等方面的名词共 3625 个。由教育部于 1941 年 11 月公布。

收藏单位：安徽馆、长春馆、东北师大馆、广东馆、广西馆、桂林馆、国家馆、河南馆、江西馆、辽大馆、辽宁馆、南京馆、内蒙古馆、山西馆、上海馆、天津馆、浙江馆、中科图

00177
经济学浅说 杨庆同 王诲初著
上海：商务印书馆，1931.4，88 页，32 开（万有文库第 1 集 184）（百科小丛书）
上海：商务印书馆，1934.10，国难后 1 版，88 页，32 开（百科小丛书）

本书著者"王诲初"原题：王晦初。

收藏单位：安徽馆、重庆馆、大理馆、大连馆、大庆馆、东北师大馆、广东馆、广西馆、贵州馆、桂林馆、国家馆、黑龙江馆、湖南馆、江西馆、辽大馆、辽师大馆、南京馆、内蒙古馆、宁夏馆、上海馆、天津馆、西南大学馆、浙江馆

00178
经济学提要 赵兰坪著
重庆：大东书局，1945.8，142 页，32 开（社会科学提要丛书）
上海：大东书局，1946.4，再版，142 页，36 开（社会科学提要丛书）
上海：大东书局，1946.12，3 版，142 页，36 开（社会科学提要丛书）
上海：大东书局，1947.2，4 版，142 页，36 开（社会科学提要丛书）
上海：大东书局，1947.10，5 版，142 页，32 开（社会科学提要丛书）

本书共 5 编：总论、需要论、生产论、流通论、所得论。

收藏单位：安徽馆、重庆馆、广东馆、广西馆、桂林馆、国家馆、河南馆、湖南馆、吉林馆、南京馆、上海馆、绍兴馆、天津馆、浙江馆

00179
经济学体系之新区分 刘絜敖著
出版者不详，1936.8，19 页，16 开

本书为《民族杂志》第 4 卷第 8 期抽印本。

00180
经济学通论 刘朗泉编述
浙江省地方干部训练团，1940，82 页，32 开

本书共 16 讲，内容包括：基本观念、生产论之一（生产要素）、交换论之一（价格论上）、分配论之一（地租）、分配论之二（利息）等。

收藏单位：重庆馆、浙江馆

00181
经济学问答 陈宗劭编
上海：会文堂书局，1914.2，石印本，[82] 页，44 开，环筒页装

本书为经济学考试参考用书。共 3 部分：价值成立论、价值变动论、价值消灭论。

收藏单位：重庆馆、南京馆

00182
经济学问答 毛起鹇编著
上海：大东书局，1930.1，142 页，50 开（百科常识问答丛书 8）
上海：大东书局，1933.12，3 版，142 页，50 开（百科常识问答丛书 1）

本书为经济学考试参考用书。共解答有关问题 164 个。分 6 编：经济底基础观念、生产底概念、交易的概念、分配底概念、消费底概念、公共经济学底概念。

收藏单位：北师大馆、广东馆、国家馆、河南馆、湖南馆、南京馆、天津馆、浙江馆

00183
经济学问答　钱释云编
上海：三民图书公司，1932，4版，11+101页，36开（各科常识问答丛书）
上海：三民图书公司，1935.4，增订4版，101页，32开（各科常识问答丛书）
上海：三民图书公司，1936.4，增订5版，101页，32开（各科常识问答丛书）
上海：三民图书公司，1937，101页，36开（各科常识问答丛书）

本书共解答有关问题158个。分5部分：经济学概论、生产论、消费论、交易论、分配论。

收藏单位：安徽馆、重庆馆、广东馆、广西馆、国家馆、江西馆、南京馆、浙江馆

00184
经济学问答　上海法学编译社编著
上海：会文堂新记书局，1931.2，再版，[14]+94页，25开（法政问答丛书）
上海：会文堂新记书局，1937，4版，[14]+94页，25开（法政问答丛书）

本书共解答有关问题124个。分4部分：总论、价值成立论（即生产论）、价值变动论（即交换论）、价值消灭论（即消费论）。据日本小林丑三郎原著编译。

收藏单位：安徽馆、桂林馆、国家馆、首都馆

00185
经济学问答　文公直主编
上海：大中华书局，1936.2，135页，32开

收藏单位：浙江馆

00186
经济学新论　（日）安部矶雄著　曾毅译
上海：太平洋书店，1927.7，10+193页，25开
上海：太平洋书店，1928.3，再版，194页，32开
上海：太平洋书店，1928，4版，194页，32开
上海：太平洋书店，1929.4，5版，194页，32开

本书共4章：生产、分配、交换、消费。第1章共7节，内容包括：生产之意义、劳动、资本、企业之形势等；第2章共6节，内容包括：地租、利息、利润等；第3章共6节，内容包括：价值、货币、国际贸易等；第4章共7节，内容包括：需要之原则、有利之消费、生产与消费等。

收藏单位：安徽馆、重庆馆、广东馆、广西馆、桂林馆、国家馆、河南馆、湖南馆、吉大馆、吉林馆、江西馆、南京馆、山西馆、上海馆、首都馆、西南大学馆、浙江馆

00187
经济学新论　（美）黑兹利特（Henry Hazlitt）著　宋桂煌译
外文题名：Economics in one lesson
上海：商务印书馆，1948.7，242页，32开

本书共24章，内容包括：战争破坏的后果、公用事业无异赋税、赋税打击生产、政府贷款有伤生产、保护关税的得失、入超与出超、最低工资法等。

收藏单位：重庆馆、东北师大馆、广东馆、广西馆、贵州馆、国家馆、黑龙江馆、辽大馆、辽宁馆、南京馆、首都馆、西南大学馆、浙江馆

00188
经济学新论　李权时著
长沙：商务印书馆，1938.7，2册，22开
长沙：商务印书馆，1940.5，2版，2册，22开
长沙：商务印书馆，1941.10，5版，2册（524页），25开

本书分5编：绪论、消费论、生产论、分配论、交易论。第1编共11节，内容包括：经济学之性质范围与定义、经济学之研究方法、经济学之派别、经济学之分部、经济学与经济术之调和等；第2编共7章，内容包括：人类之欲望、消费之定义与种类、消费律与消费原则、奢侈与节俭等；第3编共7章，内容包括：生产要素概论、土地论、资本论等；第4编共8章，内容包括：地租论、工资论、利息论、租税论、财富及所得分配之不

均等；第5编共9章，内容包括：交易之意义起因及工具、价值与价格论、供需律、钱币论、商业循环等。

收藏单位：重庆馆、甘肃馆、广西馆、贵州馆、国家馆、河南馆、江西馆、南京馆、上海馆、首都馆、浙江馆

00189
经济学新论　邵敬勋著
西安：新中国出版社，1948.3，10+220页，32开

本书共4篇：绪论、生产与消费、价值与交换、分配（或所得）论。第1篇共3章：经济学的意义及其目的、经济进化的原动力、经济学的研究方法；第2篇共7章，内容包括：生产概况、劳动、土地、资本等；第3篇共4章：流通概念、价值与价格、货币、信用；第4篇共6章，内容包括：利润、利息、地租等。

收藏单位：重庆馆

00190
经济学研究　孙雄著
武昌：时中书社，1925，[12]+146页，25开

本书为文言体，加圈点。论述价格、物价、货币理论。著者原题：孙同康。

收藏单位：国家馆

00191
经济学研习提纲　沈志远著
上海：生活·读书·新知上海联合发行所，1949.6，210页，32开

本书共34课，内容包括：原始共产社会的经济形态、货币及其职能、封建社会的经济形态、单纯商品经济（上、下）等。

收藏单位：北师大馆、长春馆、重庆馆、东北师大馆、吉林馆、南京馆、绍兴馆、天津馆、浙江馆

00192
经济学要览　东方法学会编纂
上海：泰东图书局，1914.7，再版，156页，50开（法政要览丛书 第16编）

本书分5编：总论、生产论、交易论、分配论、消费论。第1编共7章，内容包括：欲望、财、经济行为、经济、国民经济发展之要件等；第2编共5章：生产、土地、劳动、资本、企业；第3编共6章，内容包括：交易、价值、价格等；第4编共5章，内容包括：所得、利子、利润等；第5编共两章：消费、恐慌。

收藏单位：首都馆

00193
经济学要论　王石英著
南京：王石英，1947.12，96页，32开

本书共5篇：绪论、生产论、消费论、交换论、分配论。第1篇共3章：经济学的意义及其目的、经济学研究的方法和范围、经济思想与经济制度；第2篇共5章，内容包括：土地、劳动、资本等；第3篇共4章：消费的意义及种类、欲望与需要、财货与效用、消费的标准；第4篇共5章，内容包括：价值、价格、货币等；第5篇共5章，内容包括：地租、工资、利息等。

收藏单位：安徽馆、国家馆、吉林馆、南京馆

00194
经济学要论
河南省训练团，1947印，104页，32开

收藏单位：河南馆

00195
经济学要义　杨振先著
福建省银行金融研究室，[1941]，148页，32开（银行基础智识丛书）

本书共5编，内容包括：生产、交易、分配等。

收藏单位：安徽馆、重庆馆、国家馆

00196
经济学要旨　（法）吉德（Charles Gide）著　李璜译
上海：中华书局，1924.2，131页，32开（少

年中国学会丛书）

上海：中华书局，1924.10，再版，131页，32开（少年中国学会丛书）

上海：中华书局，1926.6，3版，131页，32开，精装（少年中国学会丛书）

上海：中华书局，1927.6，4版，131页，32开（少年中国学会丛书）

上海：中华书局，1929.4，6版，132页，32开（少年中国学会丛书）

上海：中华书局，1930，7版，131页，32开（少年中国学会丛书）

本书共7章：需要与工作、交换与价值、货币、私产与承继、租赁与利贷、劳银与赢利、互竞与合作。

收藏单位：重庆馆、广西馆、桂林馆、国家馆、河南馆、湖南馆、江西馆、南京馆、山西馆、上海馆、天津馆、浙江馆

00197

经济学与其他社会科学 （美）奥格本（William Fielding Ogburn）（美）哥登卫塞（Alexander A. Goldenweiser）主编 朱亦松译述

上海：商务印书馆，1947.4，90页，25开（社会科学及其相互关系论 第2编）

本书收文8篇，内容包括:《经济学与人类学》(N.S.B.Gras)、《经济学与伦理学》(J.A.Hobson)、《经济学与历史学》(E.R.A.Seligman)、《经济学与法律学》(R.I.Hale)、《经济学与政治学》(C.L.King)等。

收藏单位：重庆馆、东北师大馆、广西馆、桂林馆、国家馆、黑龙江馆、吉林馆、辽大馆、辽宁馆、南京馆、内蒙古馆、上海馆、首都馆、浙江馆

00198

经济学与统计学 卢郁文 祁德华编述

军需学校，1935.6，120+242页，18开，精装

本书分两部分：经济学、统计学。第1部分共3编：经济生活的基本条件、现代经济的解剖、现代经济的转形；第2部分共4编：绪论、统计图表法、次数分配、各论。附统计法等。

收藏单位：国家馆

00199

经济学原理 丁洪范编

出版者不详，[1911—1949]，油印本，190页，23开，环筒页装

本书共4编：经济的机构、价格的决定、财富与效益的分配、现代经济问题。

收藏单位：重庆馆

00200

经济学原理 （日）福田德三著 陈家瓒译

上海：晓星书店，1930—1933，2册（[194+420]页），22开

上海：晓星书店，1932.9，再版，3册（181+183+194页），22开

本书共5卷：总论、生产总论、劳动、资本、资本的组织。初版分两册：总论及生产篇、流通篇。再版分3册：总论、生产篇（上、下）。

收藏单位：重庆馆、广东馆、国家馆、湖南馆、吉林馆、南京馆、上海馆、首都馆、浙江馆

00201

经济学原理 邝振翎编

中央陆军军官学校政治训练处，1931.6，10+110页，25开（政治教程10）

本书共7章：经济、经济形态、经济组织、经济学、生产的理论、交换的理论、分配的理论。

收藏单位：重庆馆、国家馆、黑龙江馆、湖南馆、南京馆、浙江馆

00202

经济学原理 李权时著

上海：东南书店，1930.3，3版，[734]页，24开（复旦大学丛书）

收藏单位：重庆馆、东北师大馆、广西馆、南京馆、上海馆、浙江馆

00203
经济学原理　李权时著
上海：民智书局，1932，28+610 页，23 开（社会科学丛书）
上海：民智书局，1933.8，再版，30+610 页，23 开（社会科学丛书）
上海：民智书局，1935，3 版，610 页，22 开
收藏单位：安徽馆、长春馆、重庆馆、东北师大馆、广东馆、国家馆、江西馆、内蒙古馆、山西馆、上海馆、绍兴馆、天津馆

00204
经济学原理　刘秉麟编著
上海：商务印书馆，1919，12+197 页，25 开
上海：商务印书馆，1919.3，再版，12+197 页，25 开
上海：商务印书馆，1924，5 版，12+197 页，25 开
上海：商务印书馆，1925.12，6 版，12+197 页，25 开
上海：商务印书馆，1926.5，7 版，12+197 页，32 开
上海：商务印书馆，1927.9，8 版，修订本，12+212 页，32 开
上海：商务印书馆，1928.11，9 版，修订本，12+212 页，32 开
上海：商务印书馆，1931.3，10 版，12+212 页，32 开
上海：商务印书馆，1932.8，国难后 1 版，修订本，212 页，32 开，精装
上海：商务印书馆，1933.6，国难后 2 版，修订本，212 页，32 开
上海：商务印书馆，1935，国难后 3 版，12+212 页，25 开
本书为文言体，加圈点。分 5 部：绪论、生产、财富之流转、分配、消费。第 1 部共 9 节，内容包括：经济学之目的、经济学之公例、经济学之发达、人之欲望、财富等；第 2 部共两编：生产之要素、生产之方法；第 3 部共 5 章：交易、硬币、纸币、国际贸易、信用；第 4 部共两编：各种分配之制度、各种之收入；第 5 部共两章：消费与耗费之分别、储蓄。
收藏单位：安徽馆、重庆馆、广东馆、广西馆、桂林馆、国家馆、河南馆、湖南馆、江西馆、南京馆、内蒙古馆、首都馆、西南大学馆、浙江馆

00205
经济学原理　卢勋　黄刚编
军需学校，[1911—1949]，366 页，32 开
本书概述经济学基本原理及各经济学派，着重论述生产、交换、所得及其经济法则。
收藏单位：重庆馆、广东馆、南京馆

00206
经济学原理　潘源来著
长沙：国立湖南大学出版组，1948.5，204 页，25 开（国立湖南大学丛书）
长沙：国立湖南大学出版组，1948.7，再版，204 页，25 开（国立湖南大学丛书）
本书共 21 章，内容包括：偏好尺度、需要、生产效能之增进、市场、供给、价格之相互关系等。
收藏单位：重庆馆、国家馆、湖南馆、南京馆、浙江馆

00207
经济学原理　王沿津编著
贵阳：文通书局，1942.11，[12]+282 页，25 开（大学丛书）
上海：文通书局，1948.2，211 页，25 开（大学丛书）
本书共 10 编，内容包括：经济学总说、经济史概略、经济制度、经济学之基本概念、经济学原理等。
收藏单位：重庆馆、广东馆、贵州馆、国家馆、湖南馆、南京馆、内蒙古馆、宁夏馆、上海馆、绍兴馆、西南大学馆

00208
经济学原理　吴世瑞著
上海：商务印书馆，1935.12，2 册（26+577+25 页），22 开，精装（大学丛书 教本）
上海：商务印书馆，1936.2，再版，2 册（26+577+25 页），22 开，精装（大学丛书 教本）

上海：商务印书馆，1936.11，3 版，2 册（26+577+25 页），22 开（大学丛书 教本）
上海：商务印书馆，1937.6，4 版，2 册（26+577+25 页），22 开，精装（大学丛书 教本）
上海：商务印书馆，1940，8 版，2 册（26+577+25 页），22 开（大学丛书 教本）
长沙：商务印书馆，1941，9 版，2 册（26+577+25 页），23 开（大学丛书 教本）
成都：商务印书馆，1943.11，2 册（26+577+25 页），25 开（大学丛书 教本）
成都：商务印书馆，1943，4 版，2 册（26+577+25 页），25 开（大学丛书 教本）
上海：商务印书馆，1946.2，9 版，2 册（26+577+25 页），25 开（大学丛书 教本）
上海：商务印书馆，1947.1，10 版，2 册（26+577+25 页），25 开（大学丛书 教本）
上海：商务印书馆，1947，再版，1 册（26+362 页），22 开（大学丛书 教本）
上海：商务印书馆，1948.1，12 版，2 册（26+577+25 页），25 开（大学丛书 教本）

本书共 5 编：序论、消费论、生产论、价值论、分配论。第 1 编共 3 章：经济学之性质、经济制度、经济学上各种基本概念；第 2 编共 6 章，内容包括：欲望之分析、物品用途之选择、消费者之剩余等；第 3 编共 9 章，内容包括：分工、实业区域、大规模之生产、生产力递减原则、生产中之危机等；第 4 编共 9 章，内容包括：市场之分析、价值之概念、价值之起因与比量、供给之分析、独占与独占价值等；第 5 编共 10 章，内容包括：论地租、地租问题、论工资、工资问题、论利润等。

收藏单位：安徽馆、重庆馆、东北师大馆、广东馆、广西馆、贵州馆、桂林馆、国家馆、河南馆、黑龙江馆、湖南馆、吉林馆、江西馆、辽大馆、南京馆、内蒙古馆、山西馆、上海馆、首都馆、西南大学馆、浙江馆

00209

经济学原理 （美）伊利（Richard Theodore Ely）（美）威克（George Ray Wicker）著 郭瑞璋译

北平：汇文合作社，1929.3，424 页，32 开（北京汇文学校丛书）
北平：汇文合作社，1934.6，再版，428 页，32 开（北京汇文学校丛书）

本书分 3 卷：绪论、经济史纲、经济学理。第 1 卷共 3 章：经济学之性质、经济之主要分部、现时社会与经济界之基本制度；第 2 卷共 6 章，介绍欧洲工业革命前后及美国近代工业发展的历史，并简释推动经济发展的原动力；第 3 卷共 4 部分：消费、生产、货品之移转（交易）、分配。著者“伊利”原题：埃徕，“威克”原题：韦克。

收藏单位：安徽馆、重庆馆、国家馆

00210

经济学原理 （美）伊利（Richard Theodore Ely）（美）威克（George Ray Wicker）著 伍康成 林秉中译

外文题名：Elementary principles of economics
上海：世界出版合作社，1933.12，440 页，25 开
上海：世界出版合作社，1935，再版，440 页，25 开

本书分 4 编：绪论、经济史概略、经济学原理、公共财政学。共 34 章，内容包括：经济学的性质、经济学的主要分类、社会和经济秩序中的基本制度、工业时代、需要、岁出与岁入等。附论文讨论和辩论的题目、土地经济学。据原书 1926 年第 4 次改订版译出。著者“威克”原题：威葛。

收藏单位：安徽馆、重庆馆、东北师大馆、广东馆、贵州馆、桂林馆、国家馆、湖南馆、江西馆、南京馆、上海馆

00211

经济学原理 余天休编著

北平：北华印刷局，1933.3，390+54 页，32 开

本书共 9 卷：导言、经济史略、消费、生产、交易、分配、经济问题、结论、附录。

收藏单位：国家馆

00212

经济学原理 张人价著

长沙：宇宙书局，1948，18+253 页，25 开

收藏单位：广西馆、国家馆

00213
经济学原理　[张师亮编译]
[北平民国学院]，[1911—1949]，284页，16开
收藏单位：北师大馆、国家馆

00214
经济学原理　浙江实业厅编
浙江实业厅，1925，181页，32开（浙江实业厅权度检定传习所讲义）

00215
经济学原理
中央政治学校，[1929—1946]，364页，21开，精装
本书共5篇，内容包括：总论、欲望与需要、流通论等。
收藏单位：重庆馆

00216
经济学原理纲要　刘星乘编著
开封：建华印刷所，1935.6，186页，16开
本书共5编：绪论、消费论、生产论、流通论、分配论。
收藏单位：河南馆、近代史所

00217
经济学原理讲义　符致逵编
出版者不详，[1911—1949]，288页，16开
收藏单位：东北师大馆、南京馆

00218
经济学原理十讲（上册）　陈启修著
北平：好望书店，1931.9，294页，25开
本书共5讲，内容包括：经济学的意义、资本经济的意义、资本经济制下的经济现象（营业和企业、市场组织、各种经济活动的相互关系）等。著者原题：陈豹隐。
收藏单位：重庆馆、国家馆、吉林馆、南京馆、首都馆

00219
经济学原理题解　王传会著
上海：文业书店，1936.7，124页，32开
本书为经济学考试参考用书。共解答有关问题105个。分5章：绪论、生产论、交易论、分配论、消费论。
收藏单位：人大馆

00220
经济学原理·西洋通史讲义　杜叔林　何竹淇编述
北平：中国大学，1933，2册（100+28页），16开
本书为合订本。《经济学原理》共7章，内容包括：商品生产与商品的价值、价值形态与货币、剩余价值的生产、资本的蓄积与再生产、利润与生产价格等。《西洋通史讲义》内容包括：叙论、黑暗时代、罗马之亡及日耳曼之迁移等。
收藏单位：国家馆

00221
经济学原论　张与九著
重庆：商务印书馆，1943.11，[14]+396页，25开
重庆：商务印书馆，1944.3，再版，[14]+396页，25开
本书共6编：总论、价值及价格论、通货论、生产论、分配论、消费论。第1编共5章，内容包括：经济及经济学、财、经济社会等；第2编共7章，内容包括：价值、经济价值之成立、价格等；第3编共7章，内容包括：通货之成立、通货之职能、通货制度、通货价值等；第4编共5章：生产、劳动、资本、企业、再生产；第5编共7章，内容包括：分配、工资、利润、利息等；第6编共5章，内容包括：消费、经济繁荣之变动、支出等。
收藏单位：重庆馆、东北师大馆、广西馆、贵州馆、桂林馆、国家馆、南京馆、武大馆、西南大学馆

00222
经济学原论 张则尧编著
上海：中华书局，1948.9，234页，22开
本书为大学用书。共5篇：序论、生产论、交换论、分配论、经济发展论。第1篇共两章：经济、经济学；第2篇共4章：生产之概念、人的生产要素（劳动）、物的生产要素、企业；第3篇共4章：价值、价格、货币、金融；第4篇共4章：分配及所得之概念、工资、资本利得、地租；第5篇共两章：经济之发展、景气变动与恐慌。
收藏单位：重庆馆、桂林馆、国家馆、江西馆、南京馆、上海馆、浙江馆

00223
经济学原论 张之杰著
北平三民学社、太原法政专门学校图书馆，1930.8，2册，32开，精装（三民学社丛书）
北平三民学社、太原法政专门学校图书馆，1932.1，增修再版，20+618页，22开（三民学社丛书）
本书共5编：总论、消费论、生产论、交易论、分配论。第1编共6章，内容包括：经济学之概念、经济行为、经济原则等；第2编共5章，内容包括：欲望、财物、效用等；第3编共6章，内容包括：土地、劳动、企业等；第4编共9章，内容包括：价值、价格、货币、恐慌、国际贸易等；第5编共6章，内容包括：地租、工资、利息等。
收藏单位：国家馆、山西馆

00224
经济学原论 邹敬芳著
上海：法学编译社，1930.5，280页，25开（法学丛书1）
上海：法学编译社，1932，2版，280页，25开（法学丛书1）
上海：法学编译社，1933.4，280页，25开，精装（法学丛书1）
本书论述经济学基本原理。共4编：总论、生产论、交换论、分配论。
收藏单位：广东馆、广西馆、桂林馆、国家馆、河南馆、黑龙江馆、南京馆、宁夏馆、山西馆、上海馆、首都馆、浙江馆

00225
经济原论 李芳编述 宗哲校订
北京：北京大学出版部，1919.12，14+336页，22开
本书共5编：总论、生产、交易、分配、消费。第1编共5章，内容包括：经济学之意义、国民经济之根源、国民经济之基础等；第2编共5章，内容包括：总说、土地、人工等；第3编共7章，内容包括：总说、价值、价格等；第4编共6章，内容包括：地租、庸资、利息等；第5编共3章：本质、分量、恐慌。
收藏单位：国家馆

00226
经济原论 钟赓言编著
北京：朝阳大学，1920，372页，32开（朝阳大学法律科讲义）
本书共6编："经济学之根本概念""经济学之定义、分科及研究方法""财货之生产""财货之循环""财货之分配""财货之消费"。

00227
经济原论表解 胡愿深编
上海科学书局，1912.8，94页，50开（法律政治经济学表解丛书）
本书共4章：经济史之序论、私经济学、公经济学、经济学史。
收藏单位：南京馆、上海馆、浙江馆

00228
经济原论讲义 徐钧溪编
[上海]：法科大学，[1926—1949]，152页，25开
本书分两编：绪论、生产论。
收藏单位：浙江馆

00229
经济哲学 陈东达著
北平：北京大学，1947，90页，16开（国立

北京大学法学院讲义）

本书共 4 章：序论、哲学之社会科学化、哲学之生活科学化、使历史变动之力。

收藏单位：国家馆

00230

劳动者经济学 （英）麻克司泰著　巴克译

外文题名：A worker looks at economics

上海：乐华图书公司，1930.1，176 页，32 开

本书共 10 章，内容包括：理解经济学之必要、商品与其价值、新旧货币、资本与其秘密、凭银、自由竞争与独占等。据日译本转译。

收藏单位：重庆馆、广西馆、国家馆、南京馆、上海馆、首都馆、浙江馆

00231

历史与经济组织 （日）石滨知行著　曾仲谋译

广州：方圆社，1936.11，149 页，32 开（方圆丛书 1）

本书共 4 章："导言""经济·经济组织""关于经济与历史的关系底诸学说""物质史观与修正派的经济史观"。

收藏单位：广东馆、国家馆

00232

论政治学与经济学之关系 （英）科尔（George Douglas Howard Cole）原著　徐渭津译述

外文题名：Some relations between political and economic theory

上海：商务印书馆，1936.9，106 页，32 开（社会科学小丛书）

本书共 7 章：绪论、专制政治论者的学说、黑智尔学说、功利学说、马克斯学说、政治科学、结论。著者原题：柯尔。

收藏单位：重庆馆、东北师大馆、广东馆、广西馆、贵州馆、国家馆、黑龙江馆、湖南馆、吉林馆、江西馆、南京馆、上海馆、首都馆、浙江馆

00233

民生经济学 　江公正著

北平：江公正，1947.8，74 页，32 开

本书共 7 章，内容包括：民生经济概念之起源、民生经济之真意义、民生经济学之新定义、民生经济学之新分类等。

收藏单位：国家馆、首都馆

00234

穆勒经济学原理 （英）穆勒著　郭大力译

外文题名：Principles of political economy with some of their applications to social philosophy

上海：世界书局，1936.3，[23]+904 页，25 开

本书共 5 篇：生产、分配、交换、社会进步对于生产与分配之影响、论政府之影响。据原书 1871 年第 7 版译出。

收藏单位：重庆馆、东北师大馆、广西馆、贵州馆、国家馆、湖南馆、吉林馆、江西馆、辽大馆、南京馆

00235

平民大学经济学讲义 　王文俊讲述

出版者不详，[1911—1949]，210 页，25 开

本书讲述经济学之根本观念、经济之进化、经济进化之基础、经济学之意义及其分科、生产论等问题。封面题名：经济学。

收藏单位：重庆馆

00236

少年经济学讲话 　崔尚辛著

上海：开明书店，1937，139 页，25 开（开明少年丛书）

上海：开明书店，1939.5，再版，139 页，32 开（开明少年丛书）

上海：开明书店，1947.2，3 版，139 页，36 开（开明少年丛书）

上海：开明书店，1949.3，4 版，139 页，36 开（开明少年丛书）

本书分 4 讲。共 33 部分，内容包括：为什么我们要研究经济学、商品的两面、交换的故事、怎样从事资本的生产、帝国主义与殖民地、中国经济的现状、中国的出路等。

收藏单位：重庆馆、广东馆、桂林馆、国

家馆、黑龙江馆、湖南馆、吉林馆、辽宁馆、南京馆、上海馆、天津馆、浙江馆

00237

社会的经济基础　寿勉成著

上海：世界书局，1929，79页，32开（社会学丛书4）

上海：世界书局，1933.5，再版，79页，32开（社会学丛书4）

本书共10章，内容包括：经济现象的分析、社会现象的分析、社会本体的经济基础、社会组织的经济基础、社会革命的经济基础等。

收藏单位：安徽馆、重庆馆、广东馆、广西馆、贵州馆、桂林馆、国家馆、河南馆、湖南馆、吉大馆、江西馆、南京馆、内蒙古馆、上海馆、首都馆、天津馆、西南大学馆、浙江馆

00238

社会经济丛刊（1）　施复亮编译

上海：泰东图书局，1922.1，1册，32开（黎明学会丛书 时潮系1）

上海：泰东图书局，1926，4版，[232]页，32开（黎明学会丛书 时潮系1）

上海：泰东图书局，1927.8，5版，1册，32开（黎明学会丛书 时潮系1）

上海：泰东图书局，1928.10，6版，1册，32开（黎明学会丛书 时潮系1）

上海：泰东图书局，1934，3版，42页，32开（黎明学会丛书 时潮系1）

上海：泰东图书局，1939，6版，1册，32开（黎明学会丛书 时潮系1）

本书收文4篇：《劳动问题》（北泽新次郎）、《社会主义底进化》（河上肇）、《见于〈共产党宣言〉中底唯物史观》（河上肇）、《劳动经济论》。附《考茨基底劳农政治反对论》（山川均）。编译者原题：施存统。

收藏单位：重庆馆、东北师大馆、广东馆、国家馆、湖南馆、吉林馆、江西馆、近代史所、南京馆、宁夏馆、上海馆、浙江馆

00239

社会经济概论　马哲民编著

上海：大东书局，1931.7，270页，25开

本书分上、下两编：社会经济的构成及其变革、社会经济之史的发展。共11章，内容包括：社会与经济、社会经济构成之几个前提、社会的经济基础、社会经济之变革、古代奴隶制度的社会经济、资本主义社会的经济等。

收藏单位：安徽馆、重庆馆、广东馆、广西馆、国家馆、湖南馆、吉林馆、江西馆、南京馆、上海馆、天津馆、浙江馆

00240

社会经济学　陈家瓒译述

上海：群益书社，1913.12，3版，517页，22开，精装

上海：群益书社，1933，3版，517页，22开，精装

本书分上、下两卷。上卷共两编：经济学上之根本概念、经济学之定义并其分科；下卷为纯正经济学，共3编：财货之生产、财货之循环、财货之分配。

收藏单位：上海馆、首都馆

00241

社会经济学　寿勉成著

寿勉成，1946.8，388页，22开

寿勉成，1947.12，再版，388页，22开

本书共3篇：社会经济要义、生产、分配。共12章，内容包括：社会经济的要素、生产的制度、所得的分配、所得的分析、经济理想与经济问题、经济政策合理化等。

收藏单位：安徽馆、重庆馆、广东馆、广西馆、国家馆、河南馆、湖南馆、近代史所、辽大馆、辽宁馆、南京馆、上海馆、浙江馆

00242

社会经济学　伍纯武著

上海：商务印书馆，1936.5，12+503页，22开，精装（经济丛书）

本书分3部分：价值论、论生产、论分配。第1部分共3篇：价值论的发生与演进、

价值论的分类及批评、论价格；第 2 部分共两篇：生产要素、生产组织；第 3 部分共 3 篇：工资论、利润与利息、论地租。

收藏单位：重庆馆、东北师大馆、桂林馆、国家馆、湖南馆、吉林馆、江西馆、辽大馆、辽宁馆、南京馆、宁夏馆、上海馆、首都馆、浙江馆

00243
社会经济学概论 徐宗泽著
上海：圣教杂志社，1934，26+206 页，32 开

本书为文言体，加标点。共 5 章：生产论、交易论、分配论、消费论、中国经济状况。附经济学思想史概观。

收藏单位：国家馆、内蒙古馆、上海馆

00244
社会学与经济学 （法）莫尼尔（René Maunier）著 龙家骧译
上海：中华书局，1932.11，166 页，22 开（社会科学丛书）

本书共两篇：从来的学者对于经济学与法律学及其他社会科学之关系所曾发表过的意见、现在的概念。第 1 篇共两章：经济学与社会学之混淆、经济学与社会学之分离；第 2 篇共 6 章，内容包括：经济学与社会形态学之关系、经济学与语言学之关系、经济学与审美学之关系等。

收藏单位：重庆馆、广西馆、桂林馆、国家馆、黑龙江馆、湖南馆、江西馆、辽宁馆、南京馆、内蒙古馆、宁夏馆、上海馆、西南大学馆、浙江馆

00245
社会之经济基础 （意）罗利亚（A. Loría）著 陈震异译
外文题名：The economic foundations of society
上海：商务印书馆，1922.6，418 页，32 开（共学社社会经济丛书）
上海：商务印书馆，1926，再版，418 页，32 开（共学社社会经济丛书）
上海：商务印书馆，1927，3 版，418 页，32 开（共学社社会经济丛书）
上海：商务印书馆，1933，国难后 1 版，418 页，32 开（共学社社会经济丛书）

本书内容包括：道德之经济基础、法律之经济基础、政治之经济基础等。

收藏单位：安徽馆、重庆馆、东北师大馆、广东馆、广西馆、桂林馆、国家馆、河南馆、黑龙江馆、湖南馆、吉大馆、吉林馆、江西馆、辽大馆、南京馆、宁夏馆、上海馆、首都馆、天津馆、西南大学馆、浙江馆

00246
什么是经济学 陈陟编
上海经纬书局，[1911—1949]，94 页，64 开（经纬百科丛书 1）

本书分两部分：总论、本论。总论共 7 节，内容包括：经济学是什么、经济学的部门、欲望、财富等；本论共 4 章：生产、交换、分配、消费。

收藏单位：南京馆

00247
生聚经济学 陈家瓒著
长沙：厚生会计讲习所，1933.8，[18]+160 页，23 开

00248
生聚经济学 陈家瓒著
上海：晓星书店，1933，14+160 页，25 开

本书分 3 篇：总论、生产、流通。第 1 篇共 4 章，内容包括：经济的基础观念、国民经济的发达、经济学的意义等；第 2 篇共 6 章，内容包括：生产总论、生产的要素、企业等；第 3 篇共 5 章，内容包括：货币及信用、价格、所得等。

收藏单位：国家馆、上海馆

00249
实用经济学 （日）高桥龟吉著 施复亮 周伯棣译
上海：春秋书店，1930.8，13+595 页，32 开

本书以日本经济为背景，阐述商品生产、资本与劳动、物价、市场、财政干预与金融政策、私有制与财富积累等理论问题。分 3

篇：生产底机构、交换配给及分配底机构、财富底蓄积及利用底机构。译者“周伯棣”原题：周白棣。

收藏单位：重庆馆、广东馆、国家馆、吉林馆、山西馆、首都馆、天津馆、浙江馆

00250

实用经济学 （日）高桥龟吉著 施复亮 周伯棣译

上海：新生命书局，1931.9，13+595 页，32 开

收藏单位：东北师大馆、桂林馆、国家馆、湖南馆、南京馆、山西馆、上海馆

00251

私立福建协和大学农业经济系经济学原理纲要 陈兴乐编

福建协和大学出版课，1941，32 页，22 开

本书其他题名：经济学原理纲要。

收藏单位：国家馆

00252

私立浙江法政专门学校经济部讲义录 私立浙江法政专门学校编

私立浙江法政专门学校，[1911—1949]，[104] 页，23 开（第 1 年第 3 号）

本书共收录讲义 8 种，内容包括：法学通论、国法学、经济学等。

00253

通俗经济学 （日）川上贯一著 林文译

上海：潮锋出版社，1948.5，战后初版，278 页，32 开

本书为马克思《资本论》的通俗讲解。共 8 篇：价值、剩余价值之生产、工资、资本之再生产与蓄积、利润与生产价格、商业资本与借贷资本、地租、金融资本之形成。

收藏单位：长春馆、重庆馆、东北师大馆、广东馆、广西馆、桂林馆、国家馆、辽大馆、辽宁馆、上海馆、天津馆、浙江馆

00254

现代经济学的基本智识 （法）吉德（Charles Gide）著 无刚译

上海：光华书局，1930，111 页，25 开

上海：光华书局，1936.8，再版，111 页，32 开

本书共 7 章：欲望和劳资、交换和价值、货币、所有权和遗产继承权、赁金和利息、工银和利润、结合。著者原题：季特。

收藏单位：重庆馆、广西馆、贵州馆、国家馆、南京馆、内蒙古馆、上海馆、浙江馆

00255

协力主义政治经济学 （法）吉德（Charles Gide）著 陶乐勤译

上海：泰东图书局，1920.11，3 册（748 页），25 开

上海：泰东图书局，1923.8，4 版，3 册（748 页），22 开

上海：泰东图书局，1928.3，5 版，3 册（748 页），22 开

上海：泰东图书局，1929.5，6 版，3 册（748 页），23 开

本书详细阐述资本循环过程中各环节的理论问题。共 4 卷：生产、流通、分配、消费。著者原题：季特。封面题名：季特经济学。

收藏单位：安徽馆、重庆馆、东北师大馆、广东馆、广西馆、国家馆、河南馆、黑龙江馆、湖南馆、江西馆、辽大馆、南京馆、上海馆、首都馆、浙江馆

00256

新经济学概论 嘉士培著 张铭鼎译

上海：民智书局，1934.6，244 页，32 开（经济名著丛书）

本书共 10 章，内容包括：价值说、货币说、资本剩余价值及资本蓄积、工资说、资本主义的一般危机等。

收藏单位：重庆馆、南京馆、浙江馆

00257

新经济学概论 汤城编著

上海：三民书店，1929.6，138 页，32 开

本书共 5 章：绪论、生产、分配、交换、

消费。

收藏单位：重庆馆、国家馆、南京馆、内蒙古馆、上海馆、浙江馆

00258

新经济学问答　（俄）波格达诺夫（A. Bogdanov）著　陶伯译

上海：泰东图书局，1929，277页，32开

上海：泰东图书局，1930.3，再版，277页，32开

上海：泰东图书局，1932，3版，277页，32开

本书为问答形式。分两编：一般的概念、经济的发展。第1编共8章，内容包括：生产、协作、占有、社会的维持与发展、经济学之研究法及其意义等；第2编共6章，内容包括：自然经济、交换的发展、交换经济、商业资本主义等。

收藏单位：重庆馆、国家馆、江西馆、山东馆、上海馆、首都馆、浙江馆

00259

新社会经济原论草案　林东辰著　林曙光译

高雄：大中华青年公论社，1947.9，48页，32开（青年丛书4）

本书共7章：绪论、经济社会的进化、生产要素、富有机会均等社会的建设、中国经济社会障碍的索究、从破灭到永存之道、结论。

收藏单位：国家馆

00260

新中华经济概论　李权时编

上海：新国民图书社，1931.8，190页，25开

上海：新国民图书社，1932.8，3版，190页，25开

上海：新国民图书社，1932.8，5版，190页，25开

收藏单位：重庆馆、桂林馆、河南馆、湖南馆、内蒙古馆、上海馆

00261

应用经济学　（日）高桥龟吉著　高乔平译

上海：世界书局，1930.6，263页，32开（经济学丛书）

本书共8章：一国的繁荣和自然、现代经济组织的基本、需要供给的无意识调节、需要供给的意识的调节、富的保存及增殖、货币现象（上、下）、银行和信用。

收藏单位：安徽馆、重庆馆、东北师大馆、广东馆、桂林馆、国家馆、湖南馆、南京馆、首都馆、天津馆、西南大学馆、浙江馆

00262

政治经济的基本原理　（法）吉德（Charles Gide）著　楼桐荪译述

上海：法政大学，1927.1，140页，23开

本书共7章：需要及工作、交换及价值、货币、私产及遗产、佃租及利贷、佣工制及利润、竞争与协作。著者原题：查理季特，译述者原题：楼桐孙。

收藏单位：吉林馆、南京馆、浙江馆

00263

政治经济学　（法）吉德（Charles Gide）著　区克宣译

上海：北新书局，1936.5，255页，25开

本书据著者《政治经济学原理》（修订本）的“绪论”及第1卷中“生产的要素”“生产的组织”两部分编译。译者原题：区克暄。

收藏单位：重庆馆、国家馆、南京馆

00264

政治经济学　（法）吉德（Charles Gide）著　陶乐勤译

上海：泰东图书局，1929.5，6版，3册，大32开

本书内容包括：绪论、生产、流通、分配、消费。

收藏单位：南京馆

00265

政治经济学概论　杨道腴著

出版者不详，1926，22+38页

本书共两部分：政治学概论、经济学概

论。“政治学概论”部分共5讲：“政治　国家”“团体　中央集权与地方分权”“政体　人民参政的方式”“人民的权利”“党”；“经济学概论”部分共5章：“总论”“资本主义的构造方面”“资本主义之发生和发展”“社会主义的经济状态”“中国经济发展之束缚”。

收藏单位：近代史所

00266

政治经济学概论　[恽代英等编]

中央政治学校政治部宣传科，1928，[85]页，32开

收藏单位：吉林馆

00267

政治经济学科讲纲　中央警官学校第三分校编

中央警官学校第三分校，1947，68页，36开（中央警官学校第三分校讲义）

本书共7部分：校长言行讲纲、政治学讲纲、经济学讲纲、中国政治史讲纲、社会调查讲纲、四权行使讲纲、地方自治讲纲。

收藏单位：重庆馆

00268

政治经济学科讲授纲要　中央警官学校研究部编

中央警官学校研究部，1947.3，76页，32开

收藏单位：安徽馆、内蒙古馆、天津馆

00269

政治原理与经济原理之关系　（英）科尔（George Douglas Howard Cole）原著　孟云峤译

上海：生活书店，1936.12，115页，32开

上海：生活书店，1938，再版，115页，32开

本书共7章，内容包括：绝对主义者的主张、黑格尔主义、功利主义、马克斯主义等。著者原题：柯尔。

收藏单位：安徽馆、重庆馆、东北师大馆、广东馆、贵州馆、国家馆、黑龙江馆、湖南馆、吉林馆、江西馆、南京馆、上海馆、首都馆、西南大学馆、浙江馆

00270

自修经济学初步　尚辛著

浙东文化工作社，[1940—1949]，42页，32开（初学社会科学丛书）

本书共10部分，内容包括：“什么叫做经济?”“经济学是讲些什么东西的?”“交换是怎样进行的?”“价格为什么有涨落?”“货币是怎样长成的?”等。

收藏单位：国家馆

马克思主义政治经济学（总论）

00271

大众经济学问答　萧达编著

上海：三户书店，1939.9，3版，170页，32开

本书共9章：经济学是什么、商品生产、货币、资本主义的榨取、工资、资本的再生产和积蓄、资本家间剩余价值的分配、地租、资本主义的危机。

收藏单位：广西馆、湖南馆

00272

大众政治经济学　（苏）列昂节夫（Лев Абрамович Леонтьев）著　吴大琨　庄纪尘合译

上海：文化编译社，1936.11，10+390页，32开，精装

上海：文化编译社，1937，再版，10+390页，25开

上海：文化编译社，1937，3版，10+390页，25开

上海：文化编译社，1938.9，4版，10+390页，32开

本书共11章，内容包括：社会是怎样发展到资本主义的、商品生产、资本主义剥削的本质、资本家中剩余价值之分配、资本主义与农业、资本主义下底再生产与危机、帝国主义等。著者原题：莱渥铁爱夫。

收藏单位：重庆馆、广东馆、国家馆、河南馆、湖南馆、上海馆、首都馆、浙江馆

00273
大众资本论 王思华著
[汉口]：生活书店，1937，179页，22开
[汉口]：[生活书店]，1938.7，179页，22开
上海：生活书店，1947.2，胜利后1版，179页，25开
本书收文4篇：《商品与货币》《剩余价值与资本》《工资论》《资本的蓄积过程》。著者原题：王右铭。为《资本论》（马克思）的解说。
收藏单位：重庆馆、东北师大馆、广东馆、广西馆、贵州馆、桂林馆、国家馆、黑龙江馆、吉林馆、辽宁馆、南京馆、山西馆、上海馆、首都馆、中科图

00274
恩格斯论"资本论" （德）恩格斯（Friedrich Engels）著 （德）闵斯（Leonard Emil Mins）选编 章汉夫 许涤新译
上海：读书生活出版社，1939.1，166页，32开
重庆[等]：读书生活出版社，1940.3，再版，166页，32开
上海：读书出版社，1947.3，3版，160页，32开
哈尔滨：读书出版社，1948.7，126页，32开（资本论研究丛书）
本书内容包括：《资本论》书评、《资本论》第一卷提纲、商品与货币、货币转化为资本、绝对剩余价值的生产、相对剩余价值的生产、对生产剩余价值进一步探论等。据1936年莫斯科出版的英译本译出。
收藏单位：长春馆、重庆馆、东北师大馆、贵州馆、国家馆、河南馆、吉大馆、吉林馆、近代史所、辽宁馆、南京馆、山东馆、上海馆、绍兴馆、天津馆、西南大学馆

00275
工钱劳动与资本 （德）马克思（K. Marx）著 袁让译
广州：国光书店，1926，再版，54页，32开
本书据恩格斯修订过的1861年柏林德文版，并参考1902年纽约英文版译出。
收藏单位：广西馆

00276
工钱劳动与资本 （德）马克思（K. Marx）著 袁让译
上海：人民出版社，1921.12，54页，32开（马克思全书2）
收藏单位：广东馆

00277
工资价格及利润 （德）马克思（K. Marx）著 朱应祺译
上海：世界文化出版社，1949.7，再版，88页，36开（马列主义丛书）
本书共14章，内容包括：工资腾贵对于生产物分量及价格的影响、工资的涨跌对于货币增减的影响、需要供给的法则、劳动力等。为马克思于1865年6月26日在国际劳动总务委员会会议上所作的演说，据Bernstein翻译的德文版译出。
收藏单位：东北师大馆、国家馆、湖北馆、吉林馆

00278
工资劳动与资本 （德）马克思（K. Marx）著 朱应会 朱应祺译
上海：世界文化出版社，1949.7，再版，88页，36开（马列主义丛书）
收藏单位：广东馆、国家馆、湖北馆、南京馆、天津馆

00279
工资劳动与资本 （德）马克思（K. Marx）著 朱应祺 朱应会合译
上海：泰东图书局，1929.5，87页，32开（马克斯研究丛书5）
收藏单位：重庆馆、国家馆、吉林馆、南京馆、人大馆、上海馆、浙江馆

00280
共产主义圣经的秘密 居浩然著
国防部政工局，[1940—1949]，20页，32开（思想丛书）

本书对马克思的《资本论》进行研究。共3卷：资本之生产过程、资本的流通过程、资本主义生产的总过程。

收藏单位：国家馆、南京馆

00281

雇佣劳动与资本 （德）马克思（K. Marx）著 沈志远译

上海：生活·读书·新知三联书店，1947.8，3版，15+43页，32开（世界名著译丛）

上海：生活·读书·新知三联书店，1949.8，17+51页，32开（马列主义理论丛书）

本书共8部分，内容包括：怎样决定商品底价格、工资是怎样决定的、资本底性质和资本底增殖、雇佣劳动和资本底关系等。据1933年莫斯科俄文版《马克思选集》译出。

收藏单位：贵州馆、国家馆、湖北馆、吉林馆、南京馆

00282

雇佣劳动与资本 （德）马克思（K. Marx）著 沈志远译

上海、重庆：生活书店，1939.8，51页，32开（世界名著译丛7）

重庆：生活书店，1939.11，2版，17+51页，32开（世界名著译丛7）

重庆：生活书店，1945，胜利后1版，21+51页，32开（世界名著译丛7）

[上海]：生活书店，1947，51页，32开（世界学术名著译丛）

上海、重庆：生活书店，1947.6，胜利后3版，11+33页，32开（世界学术名著译丛）

上海、重庆：生活书店，1947.8，东北版，43页，32开（世界学术名著译丛）

上海、重庆：生活书店，1947.8，胜利后3版，51页，32开（世界学术名著译丛）

上海：生活书店，1948，再版，51页，32开

大连：生活书店，1949.7，再版，17+51页，32开（马列文库10）

收藏单位：东北师大馆、福建馆、广东馆、广西馆、贵州馆、国家馆、河南馆、湖北馆、吉林馆、近代史所、南京馆、宁夏馆、山东馆、山西馆、天津馆、浙江馆、中科图

00283

雇佣劳动与资本 （德）马克思（K. Marx）著 沈志远译

[北京]：实践出版社，1949.8，51页，32开

收藏单位：广东馆

00284

广义政治经济学（第1卷） 许涤新著

香港：新中国书局，1949，316页，22开

本书共5章：导论、原始共产社会、奴隶制度、封建制度、商品与货币。

收藏单位：湖北馆

00285

价值价格及利润（又名，工资、价格和利润） （德）马克思（K. Marx）著 李季译

外文题名：Value, price and profit

上海：商务印书馆，1922，99页，32开（世界丛书）

上海：商务印书馆，1924.8，再版，16+99页，32开（世界丛书）

本书著者原题：马克斯。

收藏单位：重庆馆、广西馆、国家馆、吉林馆、陕西馆、上海馆、天津馆

00286

价值价格与利润 （德）马克思（K. Marx）著 王学文等译

上海等：生活书店，1946，94页，32开（世界学术名著译丛）

上海等：生活书店，1947.1，2版，95页，32开（世界学术名著译丛）

[上海等]：生活书店，1947.2，95页，32开

大连：生活书店，1948.6，86页，32开（马列文库3）

哈尔滨：生活书店，1948.9，86页，32开（马列文库）

上海：生活书店，1948，胜利后3版，95页，32开（世界学术名著译丛）

大连：生活书店，1949.7，再版，86页，32开（马列文库3）

收藏单位：安徽馆、长春馆、东北师大馆、广东馆、广西馆、国家馆、河南馆、吉

林馆、青海馆、山东馆、山西馆、上海馆、天津馆、浙江馆

00287
经济学　薛暮桥著
上海：生活·读书·新知联合发行所，1949.6，211页，大16开
本书共14章，内容包括：政治经济学的基本概念、原始共产社会和奴隶社会、封建社会、资本主义社会的诞生、商品和劳动等。
收藏单位：国家馆、宁夏馆、首都馆

00288
经济学　薛暮桥著
桂林：新知书店，1940.2，211页，32开
[上海]：新知书店，1946.3，再版，110页，32开（中国化科学丛书）
[上海]：新知书店，1946.5，211页，32开（中国化科学丛书）
上海：新知书店，1947，3版，211页，32开（新知丛书4）（新青年学习丛书）（中国化科学丛书）
[大连]：新知书店，1948，再版，110页，32开（中国化科学丛书）
收藏单位：重庆馆、东北师大馆、广东馆、广西馆、贵州馆、桂林馆、国家馆、黑龙江馆、近代史所、南京馆、内蒙古馆、山东馆、上海馆、首都馆

00289
经济学初步　赵冬垠著
重庆：生活书店，1939.11，61页，36开（社会科学初步丛刊）
重庆：生活书店，1940.4，再版，61页，40开（社会科学初步丛刊）
上海：生活书店，1946.5，胜利后1版，72页，40开（新知识初步丛刊）
上海：生活书店，1947.3，胜利后2版，72页，40开（新知识初步丛刊）
本书共8部分：商品世界、价值、货币、价值法则、资本家世界、资本家赚的钱是从哪里来的、劳动力的价值、利润率平均化法则及剩余价值的分配。
收藏单位：北师大馆、长春馆、重庆馆、广西馆、国家馆、河南馆、江西馆、南京馆、绍兴馆

00290
经济学初级读本　胡绳修正
汉口：新知书店，1938.9，13页，36开
汉口：新知书店，1938.10，2版，50页，36开
重庆：新知书店，1939.4，3版，50页，36开
本书简释政治经济学原理。共6章，内容包括：没有人能够只靠自己的劳动而生活、劳动造成价值、厂主怎样发了财的等。
收藏单位：重庆馆、广东馆、国家馆、浙江馆

00291
经济学的基本概念　（德）波洽特（J. Borschardt）著　严灵峰译
上海：春秋书店，1930，265页，32开
上海：春秋书店，1932，再版，265页，32开
本书共19章，内容包括：成本费加利润、平均利润率、价值即劳动的生产物、马克思的劳动价值论、价格的形成等。著者原题：博洽特。
收藏单位：重庆馆、广东馆、国家馆、湖南馆、吉林馆、江西馆、上海馆、首都馆、天津馆、浙江馆

00292
经济学的基本概念　（德）波洽特（J. Borschardt）著　严灵峰译
上海：新生命书局，1932.9，再版，265页，32开
本书著者原题：博洽特。
收藏单位：东北师大馆、广西馆、桂林馆、内蒙古馆、人大馆、山西馆

00293
经济学概论　黄宪章编
上海：现代书局，1934.3，378页，22开
上海：现代书局，1948.7，9版，增订本，378页，25开（大学丛书）
本书运用马克思主义经济学观点，剖析

资本主义经济制度诸问题。共 5 编：总论、生产论、流通论、分配论、金融资本。

收藏单位：重庆馆、广西馆、国家馆、黑龙江馆、湖南馆、吉林馆、江西馆、南京馆、上海馆

00294

经济学讲话　陈启修讲演

北平：好望书店，1933.11，1006 页，25 开，精装

北平：好望书店，1934.8，订正再版，14+1028 页，25 开

北平：好望书店，1937.9，订正 3 版，14+1028 页，大 16 开

本书按马克思《资本论》的顺序，阐述剩余价值、利润与资本理论问题。共 6 篇：绪论、价值论、剩余价值论、平均利润论、资本蓄积论、资本经济扬弃论。讲演者原题：陈豹隐。

收藏单位：安徽馆、重庆馆、东北师大馆、桂林馆、国家馆、湖南馆、辽大馆、南京馆、内蒙古馆、宁夏馆、山西馆、首都馆、天津馆、浙江馆、中科图

00295

经济学讲话　狄超白撰

上海：生活·读书·新知三联书店，1949.6，191 页，36 开（新中国青年文库）

本书为经济学基本知识的通俗讲解。共 11 讲：绪论、商品价值、价值形态与货币、资本剩余价值、工资、资本的再生产和蓄积、利润及生产价格、商业资本及商业利润、借贷资本与信用、地租、本书底总结。

收藏单位：重庆馆、广东馆、国家馆、南京馆、内蒙古馆、绍兴馆、天津馆、云南馆

00296

经济学讲话（通俗本）　狄超白著

上海：新知书店，1937，191 页，32 开

[大连]：新知书店，1948.11，197 页，32 开（新青年自学丛书）

收藏单位：安徽馆、长春馆、重庆馆、东北师大馆、广东馆、广西馆、国家馆、宁夏馆、浙江馆

00297

经济学讲话（通俗本）　狄超白著

长春：新中国书局，1949.4，再版，191 页，32 开

收藏单位：重庆馆、国家馆、河南馆、吉林馆、辽宁馆、天津馆、西南大学馆

00298

经济学教程　（苏）拉比杜斯（I. Lapidus）著　温健公等译

北平：骆驼丛书出版部，1934.9，7 版，2 册（238+150 页），32 开（骆驼丛书 3）

本书分 3 篇："生产""货币""货币之资本化　剩余价值的生产"。共 12 章，内容包括：商品的二重性、形成商品的劳动之特性、价值形态、货币机能、货币之资本化等。著者原题：拉比托斯。

收藏单位：国家馆、浙江馆

00299

经济学教程　李方进著

桂林：文化供应社，1941.10，252 页，32 开

桂林：文化供应社，1942.2，再版，252 页，32 开

香港：文化供应社，1946.9，252 页，32 开

上海：文化供应社，1947.11，再版，252 页，32 开

上海：文化供应社，1949，新 1 版，211 页，25 开

本书共 10 讲：什么是经济学、资本主义以前的社会经济形态、商品与货币、剩余价值与资本、工资、再生产与资本的积蓄、利润、地租、帝国主义与殖民地经济、资本主义的经济危机。

收藏单位：安徽馆、北师大馆、重庆馆、东北师大馆、广东馆、广西馆、贵州馆、桂林馆、国家馆、黑龙江馆、湖南馆、江西馆、辽宁馆、南京馆、宁夏馆、天津馆、浙江馆

00300

经济学教程　（苏）列宁（Владимир Ильич

Ленин）著　高希圣　郭真译
上海：神州国光社，1932，446 页，22 开
上海：神州国光社，1934.7，2 版，446 页，22 开
上海：神州国光社，1946.11，再版，446 页，25 开
上海：神州国光社，1949.3，3 版，446 页，25 开
上海：神州国光社，1949.8，4 版，446 页，22 开

本书为列宁经济学论著摘编，共 8 部分：马克思主义的本质、资本主义以前的经营形式和达到资本主义之过渡的经营形式、工业上资本主义的发展、农业上资本主义的发展、市场论、地租论、帝国主义、从资本主义到社会主义的过渡时代。著者原题：乌里亚诺夫。

收藏单位：长春馆、重庆馆、东北师大馆、广西馆、贵州馆、桂林馆、国家馆、吉林馆、近代史所、南京馆、内蒙古馆、宁夏馆、陕西馆、上海馆、首都馆、天津馆、浙江馆

00301
经济学教程　（苏）列宁（Владимир Ильич Ленин）著　高希圣　郭真译
上海：言行出版社，1940.2，446 页，25 开

收藏单位：重庆馆、广东馆、国家馆、黑龙江馆、江西馆、山西馆、上海馆

00302
经济学教程初编　孔另境著
上海：永祥印书馆，1945.8，64 页，36 开（青年知识文库 第 1 辑 5）
上海：永祥印书馆，1947，再版，64 页，50 开（青年知识文库 第 1 辑 5）

本书总论人类经济发展的历史。共 8 章，内容包括：自给经济的崩坏、农奴制及奴隶所有制的发生及消灭、都市手工业制度的勃兴、商人的活动等。著者原题：东方曦。

收藏单位：重庆馆、东北师大馆、广东馆、桂林馆、国家馆、南京馆、上海馆、浙江馆

00303
经济学教程二编　孔另境著
上海：永祥印书馆，1946，107 页，50 开（青年知识文库 第 2 辑 2）
上海：永祥印书馆，1948.3，2 版，107 页，36 开（青年知识文库 第 2 辑 2）

本书共 9 章，内容包括：原始的蓄积、协业、机械及大工业、货币的流通、资本主义生产的流通等。著者原题：东方曦。

收藏单位：重庆馆、东北师大馆、广东馆、桂林馆、国家馆、吉林馆、南京馆、上海馆、浙江馆

00304
经济学教程三编　孔另境著
上海：永祥印书馆，1947.4，88 页，50 开（青年知识文库 第 3 辑 6）

本书共 4 章：信用、独占、金融资本的成立、帝国主义。附研究经济科学的重要性、历来关于资本的俗见及其真实的含义、什么是资本主义、批判资本主义的两大体系。著者原题：东方曦。

收藏单位：东北师大馆、桂林馆、国家馆、上海馆、浙江馆

00305
经济学批判　（德）马克思（K. Marx）著　李季译
上海：政治经济研究会，1932.3，3 版，270 页，32 开

收藏单位：安徽馆、国家馆、山东馆

00306
经济学批判　（德）马克思（K. Marx）著　刘曼译
上海：乐群书店，1930.5，338 页，32 开

本书即《政治经济学批判》。共两章：商品、货币或单纯流通。附经济学批判绪言。据 1904 年 Stone 英译本转译。著者原题：马克斯。

收藏单位：重庆馆、东北师大馆、广东馆、国家馆、近代史所、宁夏馆、山东馆、上海馆、首都馆、天津馆、浙江馆

00307
经济学入门 （苏）米哈列夫斯基（Фаддей Ильич Михалевский）著　李达译
上海：乐华图书公司，1930.4，438 页，32 开
上海：乐华图书公司，1932，再版，438 页，32 开
上海：乐华图书公司，1933.5，3 版，438 页，32 开

本书分上、下两篇：实际之部、理论之部。共 13 章，内容包括：资本家社会的生产、劳动力、经营主、商业、价值、剩余价值等。

收藏单位：重庆馆、广西馆、贵州馆、桂林馆、国家馆、河南馆、湖北馆、湖南馆、吉大馆、内蒙古馆、宁夏馆、山西馆、首都馆、浙江馆、中科图

00308
经济学入门 （苏）米哈列夫斯基（Фаддей Ильич Михалевский）著　朱镜我译
上海：神州国光社，1930.4，2 册（183+271 页），32 开（社会科学名著丛刊）
上海：神州国光社，1933.2，再版，2 册（183+271 页），32 开
上海：神州国光社，1937，2 册（183+271 页），32 开

收藏单位：重庆馆、东北师大馆、广东馆、广西馆、桂林馆、国家馆、河南馆、黑龙江馆、湖南馆、南京馆、内蒙古馆、上海馆、首都馆、天津馆、西南大学馆、浙江馆

00309
经济学入门（上下合卷）（苏）米哈列夫斯基（Фаддей Ильич Михалевский）著　朱镜我译
上海：言行出版社，1939.5，2 册，32 开
上海：言行出版社，1940，再版，2 册（183+271 页），32 开

收藏单位：东北师大馆、甘肃馆、广东馆、贵州馆、国家馆、首都馆

00310
论马克思《资本论》（苏）列昂节夫（Лев Абрамович Леонтьев）著　徐坚译
上海：实践出版社，1949.4，195 页，32 开（资本论研究丛书）

本书共 3 章：马克思《资本论》的重要性、《资本论》的一般特征、《资本论》著作过程的主要阶段。附人名备考。著者原题：李昂吉叶夫。

收藏单位：国家馆、上海馆

00311
论马克思资本论 （苏）列昂节夫（Лев Абрамович Леонтьев）著　徐坚译
哈尔滨：新中国书局，1949.4，东北版，195 页，32 开（资本论研究丛书）

收藏单位：东北师大馆、贵州馆、国家馆、绍兴馆、西交大馆、西南大学馆

00312
马格斯资本论入门　马尔西（M. E. Marcy）原著　李汉俊译
国光书店，[1911—1949]，60 页，32 开

本书共 8 部分：劳动者把什么东西卖给资本家、商品底价值、物价、利润是怎样得的、便宜的物价与多的利益、贵的物价与专卖物价、工银、缩短劳动时间。据远藤无水日译本《通俗马格斯资本论》转译。

00313
马格斯资本论入门　马尔西（M. E. Marcy）原著　李汉俊译
社会主义研究社，1920.9，54 页，32 开（社会主义研究小丛书 2）

收藏单位：吉大馆、绍兴馆、浙江馆

00314
马格斯资本论入门　马尔西（M. E. Marcy）著　李汉俊译
北京：文化印务局，1920.9，60 页，32 开

收藏单位：重庆馆、国家馆、近代史所

00315
马格斯资本论入门　马尔西（M. E. Marcy）著　李汉俊译
上海：新文化书社，[1920]，54 页，32 开

上海：新文化书社，1949，54 页，32 开
收藏单位：国家馆、黑龙江馆、辽大馆

00316
马克思的经济学说 （德）考茨基（Karl Johann Kautsky）著　铎梅译
上海：神州国光社，1949.4，411 页，32 开
收藏单位：上海馆

00317
马克思的资本论 （苏）列昂节夫（Лев Абрамович Леонтьев）著　王强译
上海、南京：正风出版社，1949.9，260 页，25 开
本书共 3 章：马克思的资本论的重要性、资本论的一般特征、马克思制作资本论的里程碑。附参考文献、人名索引。著者原题：列昂捷也夫。
收藏单位：长春馆、东北师大馆、广东馆、国家馆、南京馆、绍兴馆、天津馆

00318
马克思底经济学说（通俗的叙述及解说） （德）考茨基（Karl Johann Kautsky）著　汪馥泉译
上海：神州国光社，[1930.5]，51+411 页，32 开（社会科学名著丛刊）
上海：神州国光社，1932.7，再版，51+411 页，32 开（社会科学名著丛刊）
上海：神州国光社，1949，51+411 页，32 开（社会科学名著丛刊）
本书共 3 编："商品・货币・资本""剩余价值""工资与资本收入"。据高畠素之日译本《资本论解说》转译。
收藏单位：重庆馆、广东馆、广西馆、贵州馆、桂林馆、国家馆、黑龙江馆、山东馆、首都馆、中科图

00319
马克思经济学说 （德）考茨基（Karl Johann Kautsky）著　陈溥贤译
上海：商务印书馆，1920.9，[415] 页，32 开（共学社马克思研究丛书）
上海：商务印书馆，1920.12，再版，[415] 页，32 开（共学社马克思研究丛书）
上海：商务印书馆，1921.4，3 版，[415] 页，32 开（马克思研究丛书）
上海：商务印书馆，1922，4 版，[415] 页，32 开（马克思研究丛书）
上海：商务印书馆，1924.12，5 版，[415] 页，32 开，精装
上海：商务印书馆，1926.6，6 版，[415] 页，32 开（共学社马克思研究丛书）
上海：商务印书馆，1927.6，7 版，[415] 页，32 开（共学社马克思研究丛书）
本书著者原题：柯祖基。
收藏单位：重庆馆、东北师大馆、广东馆、桂林馆、国家馆、吉大馆、江西馆、南京馆、宁夏馆、山东馆、上海馆、西南大学馆、浙江馆、中科图

00320
马克思主义经济学 （日）河上肇著　李季译
上海：人民出版社，1932.4，173 页，32 开
本书共 6 部分，内容包括：当做科学看的马克思主义经济学、在简单的商品流通内被含有的恐慌之可能性、在资本家的生产诸关系内部的生产诸力之发展等。
收藏单位：国家馆

00321
马克思主义经济学 （日）河上肇著　温盛光译
上海：启智书局，1928.11，132 页，32 开（社会科学丛书 2）
上海：启智书局，1930，再版，132 页，32 开（社会科学丛书 2）
本书共 5 部分，内容包括：科学的马克思主义经济学、在单纯商品流通中含有的恐慌可能性、在资本家的各种生产关系内部各种生产力之发展等。据著者《马克思主义讲座》第 6 册译出。
收藏单位：重庆馆、东北师大馆、广东馆、国家馆、湖南馆、南京馆、上海馆

00322
马克思主义经济学基础理论　（日）河上肇著　李达等译
上海：昆仑书店，1930.6，402 页，32 开
上海：昆仑书店，1930.11，再版，402 页，32 开
上海：昆仑书店，1937.6，3 版，402 页，32 开
上海：昆仑书店，1938，4 版，402 页，32 开

本书分上、下两篇：马克思主义之哲学的基础、马克思主义经济学的出发点。上篇共 3 章：唯物论、辩证法、史的唯物论（唯物史观）；下篇共两章：商品、交换过程。

收藏单位：重庆馆、东北师大馆、广东馆、贵州馆、桂林馆、国家馆、黑龙江馆、湖南馆、近代史所、辽大馆、南京馆、宁夏馆、山东馆、山西馆、上海馆、首都馆、天津馆、浙江馆、中科图

00323
马克思资本论大纲　（日）山川均著　陆志青译
上海：未明社，1930.8，207 页，32 开

本书共 8 篇，内容包括：商品与货币、货币至资本的变形、绝对的剩余价值之生产、相对的剩余价值之生产等。

收藏单位：国家馆、浙江馆

00324
马克思资本论之研究　饶孟任著
饶孟任 [发行者]，[1911—1919]，44 页，16 开

本书共 8 章：绪言与研究之方法、马克思与黑智儿之比较、马克思与卢梭之比较、马克思主义应纠正之意义、马克思主义已施行之国家、马克思之经济主义、马克思之工价主义、马克思价值赢余及劳动集合主义。

收藏单位：国家馆

00325
马克斯的经济概念　（德）柯诺（Heinrich Cunow）著　朱应祺　朱应会译
上海：商务印书馆，1929，2 版，95 页，32 开（马克斯研究丛书）

本书共 9 章，内容包括：马克斯之经济概念、生产与交换、生产关系之意义、生产力与生产条件、经济生产过程之构成要素等。著者原题：柯诺氏。

收藏单位：国家馆

00326
马克斯的经济概念　（德）柯诺（Heinrich Cunow）著　朱应祺　朱应会译
上海：泰东图书局，1928.4，36+96 页，32 开（马克斯研究丛书）
上海：泰东图书局，1929，再版，36+96 页，32 开（马克斯研究丛书）

收藏单位：重庆馆、东北师大馆、广东馆、国家馆、黑龙江馆、南京馆、西南大学馆、浙江馆

00327
马克斯底经济学说　（德）考茨基（Karl Johann Kautsky）著　铎梅译
社会科学研究社，1949.4，13+411 页，32 开
社会科学研究社，1949.6，2 版，13+411 页，32 开

本书共 3 篇：商品 · 货币 · 资本、剩余价值、工资与资本收入。

收藏单位：东北师大馆、广东馆、黑龙江馆、吉大馆、辽大馆、南京馆、天津馆、武大馆

00328
马克斯工资价格及利润　（德）马克思（K. Marx）著　朱应祺　朱应会合译
上海：泰东图书局，1929.4，108 页，32 开（马克思研究丛书 4）

收藏单位：重庆馆、东北师大馆、国家馆、吉林馆、人大馆、浙江馆

00329
马克斯经济学原理　（美）翁特曼（E. Untermann）著　周佛海译
外文题名：Marxian economics
上海：商务印书馆，1923.4，318 页，32 开（新智识丛书 18）

本书共20章，内容包括：什么是资本、劳动与资本、没有资本的社会、商品和货币、罗马底商人资本、地租等。

收藏单位：重庆馆、国家馆、湖南馆

00330

马克斯学说概要 （日）高畠素之著　施复亮译

上海：商务印书馆，1922.4，100页，32开（新时代丛书3）

上海：商务印书馆，1923，14版，100页，32开（新时代丛书4）

本书共5章：马克斯及其近时批评家、唯物史观、马克思主义经济学、资本主义生产及其破灭、共产主义观。译者原题：施存统。

收藏单位：重庆馆、国家馆、近代史所

00331

马克斯主义经济论初步问答 （日）河上肇著　潘敬业编译

华北编译社，1933.4，118页，32开

本书以问答形式撰写。共7章：当作资本主义社会之细胞的商品之分析、当作价值之实体的社会劳动、剩余价值之出所、商品化之劳动力、劳动时间延长工钱不落、产业合理化劳动能率之增进、资本主义社会之穷途。据著者《第二贫乏物语》摘译。

收藏单位：重庆馆、广东馆、国家馆、天津馆

00332

马克斯主义经济学 （美）翁特曼（E. Untermann）著　刘曼译

外文题名：Marxian economics

上海：乐群书店，1930.3，14+310页，32开

收藏单位：国家馆、南京馆、上海馆、西南大学馆、中科图

00333

马克斯主义经济学大纲 （日）河上肇著　江伯玉译

出版者不详，1932.5，102页，25开

本书共5章，内容包括：简单的商品流通里所含的恐慌底可能性、资本家的生产诸关系底内部里的生产诸力之发展、竞争之间独占的转化等。据著者《马克思主义讲座》第2册摘译。

收藏单位：国家馆

00334

马克斯资本论浅释 （英）恩麦特（W. H. Emmett）著　程次敏译

上海：社会问题研究社，1930.5，[22]+310页，22开（社会科学名著译丛）

本书阐释《资本论》第1卷的基本理论。共8编，内容包括：商品与货币、货币之变为资本、绝对剩余价值之生产、相对剩余价值之生产、工资等。封面题名：资本论浅释。著者原题：恩麦提。

收藏单位：重庆馆、东北师大馆、广东馆、辽宁馆、内蒙古馆、上海馆、天津馆、西南大学馆

00335

社会变革底必然性 （日）河上肇著　沈绮雨译

上海：创造社出版部，1928.10，69页，42开

上海：创造社出版部，1929.4，再版，69页，42开

本书共8章，内容包括：必要劳动与剩余劳动、商品的科学分析、商品劳动力底考察、资本家的剩余价值的来源、劳资间阶级成长之必然性等。

收藏单位：东北师大馆、国家馆、上海馆、浙江馆

00336

社会发展简史·政治经济学 （苏）列昂节夫（Лев Абрамович Леонтьев）著　[解放社编辑部摘录]

北平：解放社，1949.7，122+452页，25开，精装（干部必读）

本书据著者《政治经济学初学读本》第2—3章及《社会科学简明教程》第2讲“社会发展史”第4—6节摘编。

收藏单位：重庆馆、东北师大馆、广东

馆、国家馆

00337
社会主义经济学　（日）河上肇著　邓毅译
上海：大光书局，1936，158页，32开
上海：大光书局，1936.3，再版，158页，32开
本书共5部分，内容包括：科学的马克思主义经济学、简单的商品所含有的恐慌之可能性、在资本家的生产诸关系的内部生产诸力之发展等。
收藏单位：重庆馆、河南馆

00338
社会主义经济学　（日）河上肇著　邓毅译
上海：光华书局，1929.7，158页，32开
上海：光华书局，1930，再版，158页，32开
收藏单位：重庆馆、广东馆、桂林馆、国家馆、黑龙江馆、吉林馆、上海馆、天津馆、西南大学馆、浙江馆

00339
什么是政治经济学？　（苏）史蒂班诺夫主讲　陆一远译
上海：乐群书店，1930.11，260页，32开
本书收录作者关于政治经济学问题的讲话及布哈林、奥森斯基等14人就该问题与他的论辩。
收藏单位：近代史所、山东馆、上海馆

00340
通俗经济学讲话　狄超白著
上海：新知书店，1936.4，154页，32开（新知丛书 第1辑 3）
上海：新知书店，1936.5，再版，154页，32开（新知丛书 第1辑 3）
上海：新知书店，1936.9，3版，增订本，158页，32开（新知丛书 第1辑 3）
上海：新知书店，1936.11，4版，158页，32开（新知丛书 第1辑 3）
汉口：新知书店，1938.2，5版，158页，32开（新知丛书 第1辑 3）
上海：新知书店，1938.11，6版，154页，32开（新知丛书 第1辑 3）
重庆［等］：新知书店，1939.4，7版，154页，32开（新知丛书 第1辑 3）
上海：新知书店，1939.6，8版，158页，32开（新知丛书 第1辑 3）
本书共11讲：绪论、商品价值、价值形态与货币、剩余价值和资本、工资、资本的再生产和积蓄、利润及生产价格、商业资本及商业利润、借贷资本与信用、地租、资本主义世界的末日。
收藏单位：安徽馆、重庆馆、广东馆、广西馆、贵州馆、桂林馆、国家馆、河南馆、湖北馆、湖南馆、江西馆、近代史所、南京馆、内蒙古馆、首都馆、天津馆、浙江馆

00341
通俗资本论　（德）马克思（K. Marx）原著　（德）波洽特（J. Borschardt）编　李季译
上海：社会科学社，1929，3版，[30]+344+14页，22开
本书共24章，内容包括：商品价格及利润、利润及商品的交换、劳动力的买卖、剩余价值是怎样起源的、资本的蓄积等。附《马克思危机说的本质》（波洽特）。据1922年德文第4版译出。编者原题：博洽德。
收藏单位：重庆馆、国家馆、吉林馆、江西馆、山西馆、上海馆、浙江馆

00342
通俗资本论　（德）马克思（K. Marx）原著　（德）波洽特（J. Borschardt）编　李季译
上海：学用社，1949.1，14+436+18页，32开
上海：学用社，1949.4，再版，14+436+18页，32开
收藏单位：安徽馆、东北师大馆、国家馆、辽大馆、山东馆、山西馆、上海馆、绍兴馆、首都馆、天津馆、浙江馆

00343
通俗资本论　（德）马克思（K. Marx）原著　（德）波洽特（J. Borschardt）编　李季译
［上海］：［亚东图书馆］，1926.6，[42]+436+18页，32开
［上海］：［亚东图书馆］，1926.7，再版，[42]+

436+18 页，32 开
[上海]：[亚东图书馆]，1927，3 版，[42]+436+18 页，22 开
上海：[亚东图书馆]，1927.3，4 版，[42]+436+18 页，32 开
上海：亚东图书馆，1937.6，5 版，[42]+436+18 页，32 开
　　收藏单位：重庆馆、甘肃馆、广东馆、广西馆、贵州馆、桂林馆、国家馆、吉林馆、南京馆、宁夏馆、山西馆、上海馆、绍兴馆、首都馆、浙江馆

00344
通俗资本论读本　（日）川上贯一著　林文译
上海：潮锋出版社，1937.4，18+278 页，25 开
上海：潮锋出版社，1939.11，战时版，278 页，25 开
　　本书共 8 篇：价值、剩余价值之生产、工资、资本之再生产与蓄积、利润与生产价格、商业资本与借贷资本、地租、金融资本之形成。日文原著名：资本论读本。
　　收藏单位：重庆馆、贵州馆、国家馆、吉林馆、内蒙古馆、天津馆

00345
现代经济学　（日）山川均　（日）田所照明著　巴克译
上海：启智书局，1929，156 页，32 开
　　本书共 6 章：绪论、商品生产、价值、剩余价值、生产方法底变革、资本底发生。
　　收藏单位：重庆馆、东北师大馆、广西馆、江西馆、南京馆、上海馆、浙江馆

00346
现代经济学　石英编
上海：现代书店，1929.8，156 页，32 开（社会科学丛书 4）
上海：现代书店，1930.4，再版，156 页，32 开（社会科学丛书 4）
　　收藏单位：安徽馆、重庆馆、东北师大馆、桂林馆、国家馆、吉林馆、南京馆、内蒙古馆、上海馆、首都馆、浙江馆

00347
现代经济学　石英编
张鑫山 [发行者]，1937，156 页，32 开
　　收藏单位：重庆馆、贵州馆

00348
现代经济学概论　何永年编译
上海：春潮书局，1929.11，316 页，32 开
　　本书分 3 编，共 10 章：价值、货币、剩余价值、工资、生产价格与利润之理论、地租、生产集中、市场与恐慌、信托事业、财政资本。
　　收藏单位：国家馆、南京馆、上海馆、浙江馆

00349
新版大众政治经济学　（苏）列昂节夫（Лев Абрамович Леонтьев）著　李洛克译
重庆 [等]：新知书店，1939.5，10+424 页，32 开
　　本书共 11 章，内容包括：商品生产、资本主义剥削底实质、资本家瓜分剩余价值的情形等。著者原题：莱渥铁爱夫。
　　收藏单位：重庆馆、国家馆、南京馆

00350
新经济学　胡明译
香港：星群书店，1941，59 页，36 开（时代知识丛书 2）
　　收藏单位：广东馆

00351
新经济学　（德）卢森堡（R. Luxemhurg）著　陈寿僧译　胡汉民校订
上海：中国新文社，1927.3，314 页，32 开
上海：中国新文社，1928.10，再版，26+314 页，25 开
　　本书共 6 章：国民经济学是什么、经济史（一、二）、商品生产、赁银法则、资本主义经济的诸倾向。1925 年由保罗·维利据著者在德国社会民主党学校的讲稿整理出版。
　　收藏单位：安徽馆、长春馆、重庆馆、东北师大馆、广东馆、广西馆、桂林馆、国家

馆、湖南馆、江西馆、近代史所、南京馆、宁夏馆、上海馆、天津馆、浙江馆

00352
新经济学ABC 杨明山著
上海：乐华图书公司，1931，再版，154页，25开
上海：乐华图书公司，1934.5，3版，153页，25开
本书共4章：序论、经济学的根本概念、资本主义经济、资本主义经济的发展。
收藏单位：广东馆、江西馆、内蒙古馆、浙江馆

00353
新经济学大纲 沈志远著
北平：北平经济学社，1934.5，16+683页，22开
北平：北平经济学社，1936，3版，16+683页，22开
北京：北平经济学社，1938，4版，增订本，16+683页，23开
北京：北平经济学社，1939.1，5版，增订本，16+683页，22开
收藏单位：安徽馆、重庆馆、东北师大馆、广西馆、桂林馆、国家馆、河南馆、湖南馆、吉林馆、南京馆、首都馆、浙江馆、中科图

00354
新经济学大纲 沈志远著
北平：生活·读书·新知三联书店，1949.8，解放版，13+691页，22开
本书共11编，内容包括：前资本主义诸经济形态、单纯商品经济、资本与剩余价值论、工资论、利润论、信贷金融论等。
收藏单位：重庆馆、东北师大馆、广东馆、国家馆、河南馆、辽宁馆、内蒙古馆、首都馆、天津馆

00355
新经济学大纲 沈志远著
重庆[等]：生活书店，1940.12，增订7版，12+605页，32开
重庆[等]：生活书店，1945.10，胜利后第1版，12+605页，32开
大连：生活书店，1947，12+605页，32开
重庆：生活书店，1947.10，胜利后增订2版，12+605页，32开
重庆：生活书店，1947.11，增订12版，[441]页，32开（新中国大学丛书）
本书分上、下两篇：商品资本主义经济、社会主义计划经济。共11编，内容包括：劳动价值论、资本与剩余价值论、工资论、利润论、地租论、过渡时期与社会主义论、计划经济与经济政策等。
收藏单位：东北师大馆、甘肃馆、国家馆、河南馆、江西馆、山东馆、山西馆、上海馆、首都馆

00356
新经济学纲要 启扬编
上海：中华书局，1949.7，196页，32开
本书共16章，内容包括：商品、货币的资本化、绝对剩余价值、相对剩余价值、工资等。
收藏单位：东北师大馆、国家馆、南京馆、上海馆、天津馆

00357
新经济学讲话 邓克生著
华北书店，1943，2册，36开，环筒页装
本书共10讲：几个基本的认识、资本主义没有出世的时候、从商品讲到货币、关于剩余价值、工资与失业问题、剩余价值的瓜分、再生产与资本的蓄积和集中、资本循环与经济慌恐、帝国主义、社会主义的苏联经济。
收藏单位：重庆馆、国家馆

00358
新经济学讲话 邓克生著
韬奋书店，1946，2册，32开
收藏单位：重庆馆、广东馆、国家馆、河南馆、南京馆、山西馆

00359

新经济学讲话　邓克生著

桂林：写读出版社，1940.10，18+231 页，32 开

桂林：写读出版社，1942，再版，2 册（253 页），32 开

收藏单位：重庆馆、广东馆、国家馆、湖南馆、吉林馆、江西馆、辽大馆、南京馆、宁夏馆、上海馆

00360

新经济学讲话　邓克生著

上海：新知书店，1946，再版，253 页，32 开

收藏单位：黑龙江馆、山东馆

00361

新经济学之任务　（日）河上肇著　钱铁如译

上海：昆仑书店，1930.3，86 页，32 开

本书收文两篇：《经济学之任务》《经济与权力》。

收藏单位：安徽馆、重庆馆、广东馆、桂林馆、国家馆、湖南馆、吉林馆、近代史所、南京馆、上海馆、天津馆、浙江馆

00362

新社会科学讲话　（日）河上肇著　雷敢译

北平：朴社，1936.4，326 页，32 开

本书收录著者于 1929 年春至 1930 年夏连续发表于《改造杂志》的文章，共 19 篇，内容包括：《辩证法的唯物论（总论）》《辩证法的唯物论的批判之批判》《可惊的贫富的悬隔》《剩余价值》《当作商品的劳动力》等。

收藏单位：重庆馆、国家馆、湖南馆

00363

新兴经济学研究　杨明山著

上海：乐华图书公司，1929.11，10+154 页，32 开

本书共 4 章：序论、经济学的一些基本概念、资本主义经济、资本主义经济的发展。

收藏单位：重庆馆、桂林馆、国家馆、江西馆、南京馆、内蒙古馆、首都馆、天津馆、浙江馆

00364

学生底马克思　（英）艾威林（Edward Aveling）著　吴曲林译

外文题名：The students' Marx: an introduction to the study of Karl Marx' Capital

上海：联合书店，1930.2，245 页，32 开

上海：联合书店，1930.4，再版，245 页，32 开，精装

本书为《资本论》第 1 卷缩写本，共 8 篇：商品与货币、货币（M）之资本（C）化、绝对剩余价值底生产、相对剩余价值底生产、绝对和相对剩余价值底生产、工资、资本底蓄积、所谓原始蓄积。著者原题：爱德华·耶费宁。

收藏单位：重庆馆、东北师大馆、广东馆、国家馆、黑龙江馆、江西馆、近代史所、上海馆、浙江馆

00365

研习资本论的准备　沈志远编

光华书店，1947，87 页，32 开

收藏单位：重庆馆

00366

研习资本论的准备　沈志远著

上海：生活书店，1946，胜利后 1 版，87 页，32 开（资本论研究丛书）

上海：生活书店，1947.2，胜利后 2 版，87 页，32 开

上海、重庆：生活书店，1947，东北版，87 页，32 开（资本论研究丛书）

大连：生活书店，1949.4，87 页，32 开（资本论研究丛书）

本书共 5 部分：马克思如何写作《资本论》、恩格斯在《资本论》上的劳作、《资本论》底主要内容及其意义、布尔乔亚的批评与修正主义的曲解、怎样研习《资本论》。附《马克思底〈资本论〉》（恩格斯）、《资本家的积蓄之历史的倾向》（马克思）等。

收藏单位：长春馆、重庆馆、东北师大馆、广东馆、贵州馆、国家馆、河南馆、黑龙江馆、湖北馆、湖南馆、吉大馆、吉林馆、江西馆、南京馆、宁夏馆、山东馆、山西馆、

上海馆、首都馆、天津馆、云南馆

00367
研习资本论入门　沈志远编
重庆[等]：生活书店，1939，95页，36开（青年自学丛书）
重庆[等]：生活书店，1940，再版，95页，36开（青年自学丛书）
收藏单位：重庆馆、广东馆、广西馆、贵州馆、国家馆

00368
怎样研究资本论　（苏）亚尔帕里著　许涤新译
重庆[等]：读书生活出版社，1940，74页，32开
上海：读书出版社，1947，3版，74页，32开（资本论研究丛书）
大连：读书出版社，1949，74页，32开（资本论研究丛书）
本书共3章：理解资本论所必需底预备知识、价值形态底发展、商品生产社会的分析。
收藏单位：安徽馆、长春馆、重庆馆、东北师大馆、广东馆、广西馆、国家馆、吉大馆、吉林馆、南京馆、山东馆、山西馆、上海馆、西南大学馆

00369
哲学底贫困　（德）马克思（K. Marx）撰　何思敬译
北京：解放社，1949.9，320页，32开
本书共两章：一个科学的发见、政治经济学底形而上学。附关于劳动货币、关于自由贸易问题等。
收藏单位：东北师大馆、广东馆、国家馆、南京馆、山西馆、陕西馆、天津馆

00370
哲学之贫乏　（德）马克思（K. Marx）著　许德珩译
北平：东亚书局，1932.7，210页，22开
上海：东亚书局，1937，210页，25开
上海：东亚书局，1937.6，再版，210页，25开
本书共两章：一个科学的发现、经济的形而上学。附马克思对于蒲鲁东的批评、经济学批判中之摘录、自由贸易问题。
收藏单位：重庆馆、东北师大馆、广东馆、贵州馆、国家馆、吉林馆、南京馆、陕西馆、上海馆、首都馆、天津馆、西南大学馆、中科图

00371
哲学之贫困　（德）马克思（K. Marx）著　杜竹君译
上海：水沫书店，1929.10，230页，32开
上海：水沫书店，1930.10，再版，230页，32开
收藏单位：安徽馆、重庆馆、东北师大馆、贵州馆、国家馆、河南馆、吉林馆、江西馆、近代史所、南京馆、内蒙古馆、山东馆、上海馆、天津馆、西南大学馆、浙江馆

00372
哲学之贫困　（德）马克思（K. Marx）原著　杜竹君译
上海：作家书屋，1946.5，230页，32开
上海：作家书屋，1947.10，再版，230页，32开
上海：作家书屋，1949，3版，230页，32开
收藏单位：东北师大馆、广东馆、广西馆、贵州馆、国家馆、吉林馆、南京馆、内蒙古馆、山西馆、首都馆、天津馆

00373
政治经济大纲　瓦里夫松著　王季子译述
上海：联合书店，1930.4，322页，32开
本书共14章，内容包括：氏族公社之权威、封建社会、商业资本主义时代、剩余价值、工资、资本、地租等。
收藏单位：重庆馆、桂林馆、国家馆、吉林馆、上海馆、天津馆、浙江馆

00374
政治经济学　（波）第克石坦著　野江译述
大众读物编刊社，[1937—1939]，23页，32

开（通俗大众自学丛书 第 1 辑 2）

本书分 6 章介绍剩余价值学说。

收藏单位：国家馆

00375

政治经济学 （苏）拉比杜斯（I. Lapidus）（苏）奥斯特罗维采诺夫（K. Ostrovityanov）著　陆一远译

上海：江南书店，1929，371 页，32 开

本书内容包括：价值是商品经济底调剂者、剩余价值底生产、工资、利润论与生产价格论、商业资本与商业利润等。著者"拉比杜斯"原题：拉皮多斯，"奥斯特罗维采诺夫"原题：阿斯托罗维将诺夫。

收藏单位：重庆馆、广东馆、国家馆、近代史所、内蒙古馆、上海馆、天津馆、浙江馆

00376

政治经济学 （苏）拉比杜斯（I. Lapidus）（苏）奥斯特罗维采诺夫（K. Ostrovityanov）著　周维渥译

[上海]：春秋书店，1932.11，2 册（461+564 页），32 开

本书共 10 篇，内容包括：价值是商品经济底调剂者、剩余价值底生产、工资、利润论与生产价格论、地租、帝国主义与资本主义底崩坏等。著者"拉比杜斯"原题：拉皮多斯，"奥斯特罗维采诺夫"原题：阿斯托罗维将诺夫。

收藏单位：重庆馆、东北师大馆、桂林馆、国家馆、河南馆、湖南馆、辽大馆、首都馆

00377

政治经济学 （苏）列昂节夫（Лев Абрамович Леонтьев）著

八路军军政杂志社，1940.8，2 册，大 32 开

本书共 11 章，内容包括：商品生产、资本主义剥削底实质、农业中的资本主义、资本主义制度的复生产和危机等。著者原题：列翁节夫。

收藏单位：国家馆

00378

政治经济学 （苏）列昂节夫（Лев Абрамович Леонтьев）著

大众印书馆，1941，320 页，36 开

收藏单位：国家馆

00379

政治经济学 （苏）列昂节夫（Лев Абрамович Леонтьев）著

东北书店，1946.11 重版，405 页，32 开

东北书店，1947，10+328 页，32 开

东北书店，1948，10+328 页，32 开，精装

东北书店，1949，3 版，328 页，32 开

收藏单位：东北师大馆、国家馆、辽宁馆、山东馆、天津馆

00380

政治经济学 （苏）列昂节夫（Лев Абрамович Леонтьев）著

华东新华书店，1949，364 页，32 开

收藏单位：安徽馆、山东馆

00381

政治经济学 （苏）列昂节夫（Лев Абрамович Леонтьев）著

外文题名：Political economy, a beginner's course

威县：冀南新华书店，1949.7，12+456 页，32 开，精装

收藏单位：国家馆、山东馆

00382

政治经济学 （苏）列昂节夫（Лев Абрамович Леонтьев）著

解放社，1936，388 页，32 开

解放社，1938.10，2 版，388 页，32 开

解放社，1944.1，2 册（230+261 页），32 开

解放社，1948.10，再版，2 册（230+261 页），32 开

解放社，1949.3，3 版，2 册（230+261 页），36 开

解放社，1949.4，2 册（222+261 页），32 开

解放社，1949.7，再版，2 册（222+261 页），32 开

收藏单位：安徽馆、重庆馆、东北师大馆、广东馆、国家馆、河南馆、湖南馆、近代史所、南京馆、宁夏馆、山东馆、山西馆、天津馆、中科图

00383
政治经济学 （苏）列昂节夫（Лев Абрамович Леонтьев）著
辽东建国书社，1946.4，125 页，32 开
收藏单位：东北师大馆、国家馆、吉林馆、辽宁馆、南京馆、山东馆

00384
政治经济学 （苏）列昂节夫（Лев Абрамович Леонтьев）著
南京新华书店，1949.5，再版，129 页，32 开
收藏单位：国家馆

00385
政治经济学 （苏）列昂节夫（Лев Абрамович Леонтьев）著
苏北新华书店，1949，313 页，32 开（干部必读）
收藏单位：广东馆、国家馆

00386
政治经济学 （苏）列昂节夫（Лев Абрамович Леонтьев）撰
太岳新华书店，1949，1 册
收藏单位：国家馆、宁夏馆

00387
政治经济学 （苏）列昂节夫（Лев Абрамович Леонтьев）著
[莫斯科]：外国工人出版社，1936，460 页，32 开，精装
收藏单位：重庆馆、贵州馆、国家馆、南京馆

00388
政治经济学 （苏）列昂节夫（Лев Абрамович Леонтьев）著
延安[等]：西北新华书店，1949，2 册（222+188 页），36 开
收藏单位：重庆馆、宁夏馆

00389
政治经济学 （苏）列昂节夫（Лев Абрамович Леонтьев）著
新华日报馆华北分馆，[1940]，392 页，32 开
收藏单位：国家馆

00390
政治经济学 （苏）列昂节夫（Лев Абрамович Леонтьев）撰
北平：新华书店，1949，1 册（11+406 页），36 开（干部必读）
北平：新华书店，1949.5，再版，2 册（222+261 页），36 开（干部必读）
收藏单位：安徽馆、重庆馆、南京馆、内蒙古馆、山西馆

00391
政治经济学 （苏）列昂节夫（Лев Абрамович Леонтьев）著
大连：新中国书局，1949，10+328 页，36 开（干部学习丛书 第 1 辑）
收藏单位：重庆馆、山东馆、天津馆

00392
政治经济学 （苏）列昂节夫（Лев Абрамович Леонтьев）著
中国人民解放军华北军区政治部，1949，279 页，32 开
收藏单位：重庆馆、国家馆

00393
政治经济学 （苏）列昂节夫（Лев Абрамович Леонтьев）著
开封[等]：中原新华书店，1949，289 页，32 开
收藏单位：重庆馆、广东馆、国家馆、辽宁馆、南京馆、山东馆

00394
政治经济学 （苏）列昂节夫（Лев Абрамович

Леонтьев）著
出版者不详，1939，412 页，32 开
出版者不详，[1911—1949]，200+184 页，32 开，环筒页装
收藏单位：重庆馆、国家馆、山东馆、上海馆

00395
政治经济学 （苏）列昂节夫（Лев Абрамович Леонтьев）著 刘选萃 汤建勋编
桂林：前导书局，1937.7，57 页，36 开（世界名著缩本丛刊）

00396
政治经济学 薛暮桥著
大连：大众书店，1946.10，再版，96 页，32 开
本书共 6 章：原始共产社会、奴隶社会、封建社会、资本主义社会（上、下）、社会主义社会的诞生。
收藏单位：国家馆、首都馆

00397
政治经济学 薛暮桥著
沈阳：东北书店，1949.4，92 页，32 开
收藏单位：国家馆

00398
政治经济学 薛暮桥著
沈阳：东北新华书店辽东总分店，1949，4 版，103 页，32 开
收藏单位：国家馆、辽宁馆

00399
政治经济学 薛暮桥著
哈尔滨：光华书店，1948，东北版，118 页，32 开（青年学习丛书）
收藏单位：国家馆、河南馆、吉林馆、天津馆

00400
政治经济学 薛暮桥著
邯郸：华北新华书店，1948，160 页，32 开
北平：华北新华书店，1949，103 页，32 开
收藏单位：广东馆、国家馆、辽宁馆、南京馆、山东馆、山西馆

00401
政治经济学 薛暮桥著
华东新华书店，1948，再版，122 页，32 开（中学暂用课本及青年自学读物）

00402
政治经济学 薛暮桥著
华中新华书店，[1946]，74 页，32 开
华中新华书店，1949.3，再版，74 页，32 开
华中新华书店，1949，3 版，修正本，92 页，32 开
收藏单位：国家馆、天津馆

00403
政治经济学 薛暮桥著
冀东新华书店，1949，103 页，32 开
收藏单位：天津馆

00404
政治经济学 薛暮桥著
河间：冀中新华书店，[1946]，再版，94 页，32 开
收藏单位：国家馆

00405
政治经济学 薛暮桥著
临沂：山东新华书店，1946.5，4 版，96 页，32 开
[临沂]：山东新华书店，1948，修正本，92 页，32 开
[临沂]：山东新华书店，1949，3 版，重排本，130 页，36 开
收藏单位：重庆馆、国家馆、河南馆、南京馆、山东馆、浙江馆

00406
政治经济学 薛暮桥撰
太行新华书店，1949，1 册，32 开
收藏单位：国家馆、河南馆、山西馆

00407
政治经济学　薛暮桥著
太岳新华书店，1949，121 页，32 开
太岳新华书店，1949，再版，121 页，32 开
收藏单位：重庆馆、国家馆、山西馆

00408
政治经济学　薛暮桥著
[延安等]：西北新华书店，1949，160 页，32 开
收藏单位：重庆馆、天津馆

00409
政治经济学　薛暮桥著
北平：新华书店，1949，160 页，32 开
[北平]：新华书店，1949.3，再版，160 页，32 开
[北平]：新华书店，1949，3 版，160 页，32 开
收藏单位：重庆馆、国家馆、河南馆、湖南馆、吉林馆、南京馆、山西馆、天津馆、云南馆

00410
政治经济学　薛暮桥著
[北平等]：新中国书局，[1948]，179 页，36 开
收藏单位：广东馆

00411
政治经济学　薛暮桥著　皖北人民行政公署教育处审定
皖北新华书店，1949.7，91 页，32 开
收藏单位：国家馆

00412
政治经济学（第 1 卷）（苏）拉比杜斯（I. Lapidus）（苏）奥斯特罗维采诺夫（K. Ostrovityanov）著　季陶达译
北平：寒微社，1935.9，8 版，26+458 页，25 开
北平：寒微社，1936，8 版，16+434 页，25 开
本书共 9 篇，内容包括：前于资本主义的结构、商品、货币、剩余价值与资本、工资、资本的再生产与积蓄、资本的循环与回转等。著者原题：拉奥二氏，译者原题：陶达。
收藏单位：安徽馆、重庆馆、桂林馆、国家馆、辽大馆、南京馆、上海馆、首都馆、中科图

00413
政治经济学（下）（苏）拉比杜斯（I. Lapidus）（苏）奥斯特罗维采诺夫（K. Ostrovityanov）著　周维渥译
北平：东方书店，1930，468 页，32 开
本书内容包括第 7—10 篇：地租、资本积累和资本主义关系底再生产、帝国主义与资本主义底崩坏、过渡时期底经济。
收藏单位：国家馆

00414
政治经济学 ABC（人是怎样生活的？）（波）第克石坦著　质生译
上海：光华书局，1930，64 页，32 开
收藏单位：重庆馆、国家馆、黑龙江馆

00415
政治经济学初学读本（苏）列昂节夫（Лев Абрамович Леонтьев）著　张仲实译
新华书店，1949.9，484 页，25 开
本书附《关于讲授政治经济学的几个问题》（苏昂诺夫）。
收藏单位：安徽馆、重庆馆、东北师大馆、国家馆

00416
政治经济学大纲　胡明著
上海：上海杂志公司，1947.8，179 页，32 开（自我教育丛书）
上海：上海杂志公司，1949.3，2 版，179 页，32 开（自我教育丛书）
上海[等]：上海杂志公司，1949.7，3 版，179 页，32 开（自我教育丛书）
本书共 3 篇：前资本主义各种制度、资本制度、共产制度。
收藏单位：重庆馆、东北师大馆、广西馆、国家馆、黑龙江馆、吉林馆、南京馆、陕西馆、上海馆、首都馆、天津馆

00417
政治经济学大纲 （苏）史威特罗夫 （苏）伯尔德尼罗夫著 高希圣 郭真译
上海：北新书局，1930，37+576 页，32 开
本书共 11 章，内容包括：经济学的基本概念、金融资本时代以前的资本主义、金融资本和帝国主义、战争和资本主义的命运、经济形态的发达、苏维埃权力和苏维埃共和国的国家构成等。
收藏单位：上海馆、首都馆

00418
政治经济学大纲二十六讲
出版者不详，1928，石印本，742 页，24 开，精装
收藏单位：国家馆

00419
政治经济学基础教程 （苏）列昂节夫（Лев Абрамович Леонтьев）著 胡明译
上海：光明书局，1945.3，战后 1 版，449 页，32 开 [（社会科学名著译丛）]
上海：光明书局，1946.10，战后 2 版，449 页，32 开（社会科学名著译丛）
上海：光明书局，1947，战后 3 版，449 页，32 开（社会科学名著译丛）
上海：光明书局，1948.6，战后 4 版，449 页，32 开（社会科学名著译丛）
上海：光明书局，1949.1，战后 5 版，449 页，32 开（社会科学名著译丛）
上海：光明书局，1949，战后 6 版，449 页，32 开（社会科学名著译丛）
本书共 15 章，内容包括：前阶层社会、前资本主义的榨取形态、商品生产、货币、再生产及恐慌等。著者原题：列昂捷也夫。
收藏单位：安徽馆、重庆馆、广东馆、广西馆、国家馆、河南馆、湖南馆、吉林馆、南京馆、首都馆、西南大学馆

00420
政治经济学基础教程 （苏）列昂节夫（Лев Абрамович Леонтьев）著 胡明译
经济学会，1937.1，630 页，25 开
经济学会，1937.2，2 版，630 页，25 开
经济学会，1937.12，3 版，订正本，715 页，25 开
经济学会，1938.4，4 版，订正本，715 页，25 开
经济学会，1938.11，5 版，订正本，715 页，25 开
经济学会，1939.3，6 版，订正本，678 页，25 开
经济学会，1939.10，7 版，订正本，678 页，25 开
收藏单位：安徽馆、重庆馆、广东馆、国家馆、湖南馆、山西馆、上海馆

00421
政治经济学讲话 （苏）列昂节夫（Лев Абрамович Леонтьев）著 张仲实译
上海：生活书店，1937.1，657 页，25 开
上海：生活书店，1937.2，增订再版，673 页，25 开
上海：生活书店，1937.3，增订 3 版，673 页，25 开
上海：生活书店，1938.5，3 版，增订本，[684] 页，25 开
上海：生活书店，1939.1，增订 5 版，684 页，25 开
本书附《一九三六年世界经济状况的鸟瞰》（瓦尔加）、关于几个名词的译法及其他等。著者原题：A. 李昂吉叶夫。
收藏单位：安徽馆、重庆馆、东北师大馆、广东馆、广西馆、贵州馆、桂林馆、国家馆、黑龙江馆、湖南馆、江西馆、辽大馆、南京馆、宁夏馆、山西馆、上海馆、绍兴馆、首都馆、中科图

00422
政治经济学讲话 王学文 王子野编
晋察冀边区点滴社，1941，石印本，112 页，32 开
本书分上、下两编。上编收文 11 篇，内容包括：《政治经济学是什么?》（王学文、王子野）、《政治是什么?》（尚格东）、《古代社会的经济》（王学文）等；下编收文 7 篇，内容包括：《鸦片战争前夜的中国封建经济》（丁

冬放)、《半殖民地中国资本主义的产生》(丁冬放)、《陕甘宁边区的政治经济是否是新民主主义的》(罗迈)等。

收藏单位：国家馆

00423

政治经济学教程　(苏)拉比杜斯(I. Lapidus)(苏)奥斯特罗维采诺夫(K. Ostrovityanov)著　李达　熊得山译

[北平]：笔耕堂书店，1932—1933，2册(10+595页)，25开

北平：笔耕堂书店，1933.9，再版，595页，25开

[北平]：笔耕堂书店，1936，3版，595页，25开

本书共8篇，内容包括：价值论、剩余价值的生产、工资、资本的再生产与积蓄、利润及生产价格论、商业资本及商业利润等。著者"拉比杜斯"原题：拉比托斯，"奥斯特罗维采诺夫"原题：渥斯特罗维查诺夫。

收藏单位：重庆馆、东北师大馆、广东馆、贵州馆、国家馆、南京馆、上海馆、首都馆、浙江馆

00424

政治经济学教程　王思华著

哈尔滨：新中国书局，1949.3，245页，32开(社会科学丛书)

长春：新中国书局，1949.6，再版，246页，32开(社会科学丛书)

本书共5篇：资本主义以前社会的经济、资本主义经济、帝国主义与资本主义总危机、中国经济、社会主义经济。

收藏单位：重庆馆、东北师大馆、国家馆、吉林馆、辽宁馆、山东馆、天津馆

00425

政治经济学教程(上册)(苏)拉比杜斯(I. Lapidus)(苏)奥斯特罗维采诺夫(K. Ostrovityanov)著　张仲实　樊英译

上海：商务印书馆，1936.12，16+520页，22开(中山文库)

上海：商务印书馆，1938.3，3版，16+520页，22开(中山文库)

本书著者"拉比杜斯"原题：拉皮杜斯，"奥斯特罗维采诺夫"原题：奥斯特洛威强诺夫。

收藏单位：广东馆、国家馆、湖南馆、辽大馆、浙江馆、中科图

00426

政治经济学教学上的几个问题　(苏)列昂节夫(Лев Абрамович Леонтьев)著　施建生译

外文题名：Political economy in the Soviet Union

上海：中华书局，1949，56页，32开(新时代小丛书20)

本书共5部分：小引、政治经济学底定义问题、原始公产制度问题、如何分析资本主义问题、社会主义底经济法则问题。著者原题：列昂捷也夫。

收藏单位：安徽馆、重庆馆、国家馆、吉林馆、辽宁馆、南京馆、云南馆

00427

政治经济学论丛　(德)马克思(K. Marx)(德)恩格斯(Friedrich Engels)著　王学文等译

沈阳：东北书店，1949.3，154页，32开(马恩丛书6)

本书内容包括：雇佣劳动与资本、价值价格与利润、马克思底《资本论》、资本家的积蓄之历史的倾向、马克思底《政治经济学批判》等。

收藏单位：东北师大馆、国家馆、黑龙江馆、辽宁馆、山东馆、天津馆

00428

政治经济学论丛　(德)马克思(K. Marx)(德)恩格斯(Friedrich Engels)合著　王学文等译

解放社，1939.3，172页，32开(马恩丛书6)

收藏单位：东北师大馆、国家馆、南京馆、山西馆

00429
政治经济学论丛　（德）马克思（K. Marx）（德）恩格斯（Friedrich Engels）著　王学文等译
济南：山东新华书店，1949，196 页，32 开
　　收藏单位：广东馆、国家馆、湖南馆、江西馆、南京馆、内蒙古馆、天津馆

00430
政治经济学论丛　（德）马克思（K. Marx）（德）恩格斯（Friedrich Engels）著　王学文等译
[上海]：生活书店，1939.4，172 页，32 开
[上海]：生活书店，1939.7，3 版，172 页，32 开
　　收藏单位：贵州馆、国家馆、南京馆

00431
政治经济学论丛　（德）马克思（K. Marx）著　吴黎平译
重庆[等]：生活书店，1939.4，172 页，32 开
　　收藏单位：贵州馆、国家馆、南京馆

00432
政治经济学名词解释　上海师大公共政治理论组编辑
上海师大公共政治理论组，1941.11，277 页，32 开
上海师大公共政治理论组，1946.9，277 页，32 开
　　收藏单位：重庆馆

00433
政治经济学批判　（德）马克思（K. Marx）著　郭沫若译
上海：群益出版社，1947.3，294 页，32 开（沫若译文集之四）
香港：群益出版社，1949.4，294 页，32 开
上海：群益出版社，1949，294 页，32 开
　　本书共 3 部分：商品、货币或单纯流通、政治经济学批判导论。著者原题：卡尔·马克思。
　　收藏单位：长春馆、东北师大馆、国家馆、吉林馆、南京馆、内蒙古馆、山西馆、上海馆、首都馆

00434
政治经济学批判　（德）马克思（K. Marx）著　郭沫若译
上海：神州国光社，1931.2，228+42 页，32 开
上海：神州国光社，1932.7，再版，228+42 页，32 开
上海：神州国光社，1939.5，重排本，294 页，32 开
　　收藏单位：安徽馆、广东馆、广西馆、贵州馆、国家馆、黑龙江馆、吉林馆、江西馆、南京馆、宁夏馆、上海馆、首都馆、天津馆、浙江馆

00435
政治经济学批判　（德）马克思（K. Marx）著　郭沫若译
上海：言行出版社，1939，重排版，294 页，32 开
　　收藏单位：广东馆、国家馆、山西馆、天津馆

00436
政治经济学浅说　（苏）列昂节夫（Лев Абрамович Леонтьев）著
上海：原理出版社，[1911—1949]，39 页，36 开

00437
政治经济学之基本的程序　（俄）波格达诺夫（A. Bogdanov）著　贝天峰译
北平：震东印书馆，[1911—1949]，242 页，32 开
　　本书为问答体。分两编：一般概念、经济的发展。第 1 编内容包括：什么是政治经济学、生产、协作、占有等；第 2 编内容包括：自然经济、商业资本主义、社会主义制度等。
　　收藏单位：东北师大馆、国家馆、河南馆、湖南馆、首都馆

00438
资本论（第1卷）（德）马克思（K. Marx）著 玉枢 右铭译
世界名著译社，1936.6，12+744页，25开
本卷介绍资本的生产过程。共7篇：商品与货币、货币的资本化、绝对的剩余价值的生产、相对剩余价值之生产、绝对的的相对的剩余价值之生产、工资、资本的蓄积过程。附关于本书第一句译文的商榷。
收藏单位：广东馆、国家馆、天津馆

00439
资本论（第1卷 第1分册）（德）马克思（K. Marx）著 陈启修译
上海：昆仑书店，1930.3，190+236页，32开
上海：昆仑书店，1935.3，再版，190+236页，32开
[上海]：昆仑书店，1941.3，236页，32开
收藏单位：东北师大馆、广东馆、广西馆、国家馆、吉林馆、南京馆、山东馆、上海馆、天津馆、浙江馆

00440
资本论（第1卷 第1分册）（德）马克思（K. Marx）著 吴半农译
上海：商务印书馆，1934，35+198页，大32开
本书共两部分："德文第1、2版序言""《资本论》第1卷第1、2篇：商品与货币、货币之资本化"。
收藏单位：天津馆

00441
资本论（第1卷 第2—3分册）（德）马克思（K. Marx）著 潘冬舟译
北平：东亚书局，1932—1933，2册（[424]+[498]页），32开
本书第2分册内容为《资本论》第1卷第2—3篇：货币之转化为资本、绝对的剩余价值之生产；第3分册内容为《资本论》第1卷第4篇：相对的剩余价值之生产。附本书专用名词中西文字对照表、正误表。为续陈启修译《资本论》第1卷第1分册。
收藏单位：东北师大馆、广东馆、广西馆、国家馆、南京馆、上海馆、天津馆、西南大学馆、浙江馆

00442
资本论（第1卷 上册）（德）马克思（K. Marx）著 王思华 侯外庐译
北平：国际学社，1932.9，276页，22开
北京：国际学社，1943，276页，32开
本书为《资本论》第1卷前3篇：商品及货币、货币的资本化、绝对的剩余价值之生产。据德文第4版译出。译者"王思华"原题：王慎明。
收藏单位：国家馆、山西馆、上海馆、天津馆

00443
资本论（补遗勘误）
上海：读书出版社，[1947]，64页，32开
本书内容包括：《〈资本论〉第1卷补遗》、《资本生产物的商品》（彭迪先译）、《〈资本论〉第1、2、3卷的勘误表》（郭大力）、译者跋等。
收藏单位：广东馆、广西馆、国家馆、南京馆

00444
资本论（政治经济学批判）（德）马克思（K. Marx）著 郭大力 王亚南译
汉口、重庆：读书生活出版社，1938.8，3册（661+430+766页），22开，精装
上海：读书出版社，1947.4，再版，3册（661+430+766页），22开，精装
[哈尔滨]：读书出版社，1948.8—1949.5，3册，大32开，精装
本书共3卷：资本的生产过程、资本的流通过程、资本主义生产的总过程。著者原题：卡尔·马克思。
收藏单位：东北师大馆、广东馆、广西馆、贵州馆、国家馆、湖北馆、湖南馆、吉林馆、辽宁馆、南京馆、宁夏馆、青海馆、上海馆、西南大学馆、浙江馆、中科图

00445
资本论（政治经济学批判 第1—2卷）（德）马克思（K. Marx）著 郭大力 王亚南译
光华书店，1948.8，2册，22开，精装
收藏单位：东北师大馆、国家馆

00446
资本论（政治经济学批判 第2—3卷）（德）马克思（K. Marx）著 郭大力 王亚南译
上海：生活书店，1938.9，2册，大32开，精装
收藏单位：中科图

00447
资本论大纲 （日）高畠素之著 施复亮译
上海：大江书铺，1930.12，20+668页，32开
本书共4部：剩余价值底生产、剩余价值底实现、剩余价值底分配、资本制生产底崩坏。书名原题：马克思经济学。
收藏单位：广西馆、贵州馆、国家馆、吉林馆、山东馆、西南大学馆

00448
资本论大纲 （日）高畠素之著 施复亮译
上海：神州国光社，1932.7，20+668页，32开
上海：神州国光社，1932.12，再版，20+668页，32开
收藏单位：重庆馆、桂林馆、国家馆、湖南馆、近代史所、南京馆、天津馆

00449
资本论大纲 （日）山川均著 傅烈译
上海：辛垦书店，1930.3，265页，32开
上海：辛垦书店，1933，再版，265页，32开
本书共8篇，内容包括：商品及货币、由货币向资本的变形、绝对的剩余价值底生产、相对的剩余价值底生产等。
收藏单位：重庆馆、东北师大馆、广东馆、贵州馆、国家馆、河南馆、黑龙江馆、江西馆、辽宁馆、南京馆、陕西馆、上海馆、西南大学馆、浙江馆

00450
资本论的文学构造 （苏）聂奇金纳著 郑易里译
汉口：读书生活出版社，1938.7，138页，32开
上海：读书出版社，1947，137页，32开（资本论研究丛书）
上海：读书出版社，1947.3，3版，137页，32开（资本论研究丛书）
长春：读书出版社，1949.5，108页，32开（资本论研究丛书）
本书论述《资本论》的文学艺术价值。共9章，内容包括：资本论的艺术性、资本论的热情、艺术的具体化、具象的表现、人格化了的资本等。
收藏单位：长春馆、重庆馆、广东馆、广西馆、贵州馆、国家馆、河南馆、湖北馆、吉林馆、辽宁馆、南京馆、内蒙古馆、山东馆、山西馆、上海馆、首都馆、天津馆、西南大学馆

00451
资本论概要 （英）恩麦特（W. H. Emmett）著 汤澄波译
上海：远东图书公司，1929.10，378页，28开
本书阐释《资本论》第1卷的基本理论。共8篇，内容包括：商品与货币、货币之资本化、绝对剩余价值之生产、相对剩余价值之生产等。
收藏单位：重庆馆、东北师大馆、广东馆、国家馆、吉林馆、上海馆、天津馆

00452
资本论概要 （德）考茨基（Karl Johann Kautsky）原著 （日）石川准十郎译述 洪涛译
上海：神州国光社，1930.6，11+273页，32开
上海：神州国光社，1933.1，再版，11+273页，32开
本书共5编：劳动价值及剩余价值、剩余价值的生产、工资及资本蓄积、资本的循环

及回转、平均利润与生产价格。

收藏单位：重庆馆、东北师大馆、国家馆、吉林馆、江西馆、辽大馆、南京馆、上海馆、首都馆、天津馆、浙江馆

00453

资本论概要　（德）考茨基（Karl Johann Kautsky）著　（日）石川准十郎改编　洪涛译

[上海]：言行社，1938.11，273页，32开（大学文库1）

上海：言行社，1940.5，11+273页，32开

收藏单位：重庆馆、东北师大馆、国家馆、吉林馆、山西馆、上海馆

00454

资本论简明教程　（英）艾威林（Edward Aveling）著　哲民译

上海：洪波出版社，1940.5，10+245页，36开

本书著者原题：亚特华耶费宁。

收藏单位：广西馆

00455

资本论节要　（德）波洽特（J. Borschardt）编

南京：肇文书店，1930.3，274页，25开

本书附马克思恐慌说的本质。

收藏单位：辽大馆、南京馆、浙江馆

00456

资本论解说　（德）波洽特（J. Borschardt）著　李云译

上海：昆仑书店，1929.11，436页，32开

上海：昆仑书店，1929，436+18页，25开

本书共24章，内容包括：利润及商品的交换、劳动力的买卖、剩余价值是怎样起源的、增加剩余价值的方法、货币、商人的活动等。附马克思危机说的本质。

收藏单位：重庆馆、东北师大馆、国家馆、吉林馆、江西馆、近代史所、辽师大馆、南京馆、宁夏馆、山东馆、上海馆、天津馆、浙江馆

00457

资本论解说　（德）考茨基（Karl Johann Kautsky）原著　戴季陶译　胡汉民补译

上海：民智书局，1927.10，308页，25开

上海：民智书局，1929，再版，[22]+308页，25开

本书共3篇："商品　货币　资本""剩余价值""工银及资本所得"。据日译本转译。

收藏单位：安徽馆、重庆馆、东北师大馆、广东馆、广西馆、桂林馆、国家馆、湖北馆、江西馆、近代史所、南京馆、内蒙古馆、宁夏馆、天津馆、西南大学馆、浙江馆

00458

资本论解说　王思华著

北平：生活·读书·新知三联书店，1949，32+165页，32开

收藏单位：吉林馆

00459

资本论解说　王思华著

[哈尔滨]：新中国书店，1949.7，再版，32+165页，36开（资本论研究丛书）

收藏单位：安徽馆、重庆馆、东北师大馆、国家馆、天津馆

00460

资本论解说　王思华著

哈尔滨：新中国书局，1949.3，165页，36开（资本论研究丛书）

本书共4篇：商品与货币、剩余价值与资本、工资论、资本的蓄积过程。

收藏单位：长春馆、东北师大馆、国家馆、黑龙江馆、吉林馆、辽宁馆、内蒙古馆、山东馆、山西馆、上海馆

00461

资本论入门　（日）石川准十郎著　洪涛译

社会科学研究社，1949.4，273页，32开

社会科学研究社，1949.6，再版，273页，32开

本书围绕《资本论》第1卷，逐章提出其中的核心问题并加以解释。

收藏单位：长春馆、重庆馆、东北师大馆、贵州馆、国家馆、吉林馆、首都馆、天津馆、浙江馆

00462
资本论入门（第1卷）（日）河上肇著　刘野平译
上海：晨曦书店，1929.9，2册（225+191页），32开
本书为马克思《资本论》第1卷首篇“商品与货币”部分的解说。共3部分：序说、商品、交换过程。
收藏单位：重庆馆、贵州馆、国家馆、上海馆、首都馆

00463
《资本论》提纲（德）恩格斯（Friedrich Engels）著　何锡麟译
沈阳：东北书店，1949.3，159页，32开（马恩丛书9）
本书内容包括：关于《资本论》的评论、《资本论》第二卷序言、《资本论》提纲、《资本论》第3卷补遗等。
收藏单位：东北师大馆、国家馆、吉林馆、天津馆

00464
《资本论》提纲（德）恩格斯（Friedrich Engels）著　何锡麟译
出版者不详，1939.11，165页，25开（马恩丛书9）
收藏单位：国家馆、南京馆

00465
资本论通信集（德）马克思（K. Marx）（德）恩格斯（Friedrich Engels）著　郭大力译
重庆[等]：读书生活出版社，1939.4，151页，32开
上海、重庆：读书出版社，1947.3，再版，151页，32开（资本论研究丛书）
上海：读书出版社，1947.3，3版，151页，25开（资本论研究丛书）
本书收录马克思与恩格斯之间的通信及马克思、恩格斯分别给库格曼和丹尼尔孙的书信等，共25封。附《〈资本论〉评述》（恩格斯）、《评瓦格纳〈经济学教程〉》（马克思遗稿）、《〈资本论〉第3卷补》（恩格斯遗稿）。
收藏单位：重庆馆、广东馆、贵州馆、国家馆、湖北馆、南京馆、天津馆

经济学基本问题

00466
财产进化论（法）拉法格（Paul Lafargue）著　李希贤译
外文题名：The evolution of property
上海：商务印书馆，1925.8，151页，32开（新智识丛书）
本书共5章：现代财产之形式、原始共产制、家族或血族的集产制、封建的财产、资本的财产（或资产阶级的财产）。
收藏单位：重庆馆、东北师大馆、国家馆、河南馆、江西馆、辽宁馆、南京馆、首都馆、天津馆、浙江馆

00467
财产起源论（英）列文斯基著　陈适译
上海：公民书局，1921.7，90页，32开（公民丛书经济类 经济类 第3种）
本书为文言体。共4章：绪论、财产之起源、村落共产制之起源及发达、结论。
收藏单位：南京馆、浙江馆

00468
财产之起源与进化（法）拉法格（Paul Lafargue）著　杨伯恺译
上海：辛垦书店，1932.5，374页，32开
上海：辛垦书店，1936.5，2版，374页，32开
本书共5章：现代财产底形式、原始的公有制度、家族的集产制度、封建的财产、有产者的财产。附希腊土地财产底起源。著者原题：拉发格。

收藏单位：重庆馆、东北师大馆、广东馆、广西馆、国家馆、河南馆、湖南馆、吉林馆、江西馆、近代史所、南京馆、上海馆、首都馆、天津馆、西南大学馆、浙江馆

00469
财富的分配 （美）克拉克（J. B. Clark）著 黄澹哉 高中暇译述
外文题名：Distribution of wealth: a theory of wages, interests and profits
上海：商务印书馆，1934.7，506+13页，32开，精装（汉译世界名著）
上海：商务印书馆，1935.3，4册，32开（万有文库 第2集 119）（汉译世界名著）

本书分4册，共26章，内容包括：待分配而解决的几个问题、实际的分配是社会组织的结果、资本的增多是由于品质的增加、经济因果的理论、动态社会中的静态标准等。

收藏单位：安徽馆、重庆馆、大理馆、大连馆、东北师大馆、广东馆、广西馆、贵州馆、国家馆、河南馆、黑龙江馆、湖南馆、江西馆、辽大馆、南京馆、内蒙古馆、宁夏馆、上海馆、浙江馆、中科图

00470
财富之成立及其分配 （法）杜尔哥（Anne-Robert-Jacques Turgot）著 林光澂译
外文题名：Reflections on the formation and the distribution of riches
上海：商务印书馆，1936.8，102页，32开（汉译世界名著）

本书附堵哥信札之摘录。据英译本转译。著者原题：堵哥。

收藏单位：重庆馆、广东馆、贵州馆、国家馆、湖南馆、吉林馆、江西馆、辽大馆、南京馆、内蒙古馆、上海馆、首都馆、西南大学馆、浙江馆

00471
财货本性论 张允溪著
上海：新世纪出版社，1948，186页，32开

本书共11章，内容包括：财货的意义、财货的种类、各类财货演进的程序、财货的形式与实质、财货的效用及其价值与价格、财货的所有权问题等。

收藏单位：北师大馆、南京馆、上海馆

00472
分配经济学 （英）霍布森（J. A. Hobson）著 夏道平译
外文题名：Economics of distribution
长沙：商务印书馆，1941.4，205页，25开
重庆：商务印书馆，1944，190页，25开

本书共10章，内容包括：市场价格之决定、生产者与消费者的租、长期价格与价值之决定、劳动力的议价等。著者原题：霍勃生。

收藏单位：重庆馆、广东馆、广西馆、贵州馆、国家馆、辽大馆、南京馆、内蒙古馆、宁夏馆、上海馆、浙江馆、中科图

00473
分配论 （美）卡佛尔（T. N. Carver）著 张素民 伍康成译
外文题名：Distribution of wealth
上海：黎明书局，1933.10，[18]+218页，25开（社会科学名著译丛）

本书共7章：价值、报酬递减律、财富与所得的形式、工资、地租、利息、利润。

收藏单位：安徽馆、重庆馆、东北师大馆、贵州馆、国家馆、河南馆、湖南馆、吉林馆、江西馆、辽大馆、南京馆、内蒙古馆、上海馆、西南大学馆、浙江馆

00474
分配论 李权时著
上海：东南书店，1929.7，再版，177页，25开（经济丛书）

本书共8章：分配论的意义及其内容、工资论、地租论、利息论、利润论、租税论、财富及所得分配之不均及其原因、财富及所得的分配如何可使之均。

收藏单位：重庆馆、国家馆、南京馆

00475
分配论 （英）马歇尔（Alfred Marshall）著

刘秉麟译
外文题名: Distribution
上海: 商务印书馆, 1922.3, 18+200 页, 32 开 (共学社社会经济丛书)
上海: 商务印书馆, 1925.12, 再版, 18+200 页, 32 开 (共学社社会经济丛书)
上海: 商务印书馆, 1927.10, 3 版, 18+200 页, 32 开 (共学社社会经济丛书)
上海: 商务印书馆, 1933, 国难后 1 版, 18+200 页, 25 开 (共学社社会经济丛书)

本书为文言体, 加标点。共 11 章, 内容包括: 分配之概测、人工之应得、资本之息、资本与营业力之利、地租、土地之使用等。为马歇尔《经济学原理》第 6 部分。目录页题名: 公有收入分配论。著者原题: 马沙。

收藏单位: 安徽馆、重庆馆、东北师大馆、广东馆、贵州馆、国家馆、河南馆、湖南馆、江西馆、近代史所、辽大馆、南京馆、宁夏馆、上海馆、首都馆、天津馆、西南大学馆、浙江馆

00476
分配论 ABC 殷寿光著
上海: ABC 丛书社, 1928.9, 106 页, 32 开 (ABC 丛书)
上海: ABC 丛书社, 1929, 再版, 106 页, 32 开 (ABC 丛书)

本书分上、下两编: 原论、本论。共 8 章: 编者致辞、论所得、现在的分配制度、社会主义的分配制度、论地租、工资、论利息、论利润。

收藏单位: 安徽馆、重庆馆、东北师大馆、广东馆、广西馆、贵州馆、国家馆、河南馆、湖南馆、江西馆、南京馆、内蒙古馆、宁夏馆、上海馆、绍兴馆、浙江馆

00477
富之研究 (英) 坎南 (Edwin Cannan) 著 史维焕 陶因译
外文题名: Wealth: a brief explanation of the causes of economic welfare
上海: 商务印书馆, 1924.7, 260 页, 22 开, 精装 (经济名著 3)
上海: 商务印书馆, 1927, 再版, 260 页, 22 开, 精装 (经济名著)

本书共 14 章, 内容包括: 经济学研究的题目、孤立人之富和社会之富的根本的条件、人口、社会制度等。著者原题: 康澜。

收藏单位: 重庆馆、广东馆、广西馆、桂林馆、国家馆、河南馆、湖南馆、吉林馆、江西馆、辽大馆、辽宁馆、南京馆、内蒙古馆、宁夏馆、山西馆、上海馆、天津馆、浙江馆、中科图

00478
各时代社会经济结构表解
太平洋出版社, 1949.9, 1 册, 32 开

本书用图表的形式说明各时代的社会经济结构。表项包括: 生产性质、生产形式、协作形式、生产单位、生产技术、剩余生产品及掠夺、分配形式与交换等。

收藏单位: 浙江馆

00479
国民经济 邓太年著
昆明: 崇文印书馆, 1945.5, 38 页, 32 开

收藏单位: 南京馆

00480
国民所得概论 巫宝三编著
重庆: 正中书局, 1945.3, 85 页, 32 开 (中国人民科学社丛刊)
上海: 正中书局, 1946, 85 页, 32 开 (中国人民科学社丛刊)

本书共 3 章: 国民所得的意义、估计国民所得的方法、国民所得估计所受的限制及其应用。各章后有附注。

收藏单位: 重庆馆、广东馆、贵州馆、国家馆、湖南馆、吉林馆、江西馆、辽大馆、南京馆、天津馆、浙江馆

00481
价值论 张素民著
上海: 世界书局, 1934.9, 99 页, 25 开
上海: 世界书局, 1936, 再版, 99 页, 25 开
上海: 世界书局, 1936.8, 3 版, 99 页, 32 开

本书讲授西方各经济学派的价值学说。共6章：导言、古典派之价值论、批评派之价值论、奥国派之价值论、新古典派之价值论、异端派之价值论。

收藏单位：安徽馆、重庆馆、东北师大馆、贵州馆、国家馆、河南馆、湖南馆、江西馆、南京馆、陕西馆、上海馆、首都馆、浙江馆

00482

价值论的分析　杨振先著

厦门大学，1933.7，52页，16开

本书为《厦门大学学报》第1卷第3期抽印本。

收藏单位：国家馆

00483

近世经济政策之思潮　（奥）菲里波维（Eugen Philippovich）著　王恒译

上海：学术研究会，[1923.12]，160页，32开（学术研究会丛书9）

上海：学术研究会，1927，再版，160页，32开（学术研究会丛书9）

上海：学术研究会，1929，3版，160页，32开，精装（学术研究会丛书9）

本书为文言体，加圈点。共6章：经济的自由主义、保守主义、社会主义、社会政策、农民党、经济政策思潮之现状。据日译本转译。著者原题：非利波伊基。

收藏单位：安徽馆、重庆馆、东北师大馆、国家馆、湖南馆、吉林馆、江西馆、近代史所、南京馆、宁夏馆、浙江馆

00484

经济分析与经济政策　（英）米德（J. E. Meade）著　殷锡琪译

重庆：中国农民银行经济研究处，1942.9，348页，32开（世界经济名著选译2）

本书共5编：失业问题、竞争与独占、国民所得与分配、各原始生产因素之供给、国际间之问题。

收藏单位：重庆馆、广东馆、贵州馆、国家馆、吉林馆、辽大馆、南京馆、山西馆、上海馆、天津馆、浙江馆、中科图

00485

经济建设　王维骃译著

上海：光明通讯出版社，1946，176页，32开

本书共两部分：序、特种报告书。第1部分共6章：引言、生产能力与经济制度、经济平衡之性质、经济计划之步骤、结论与建议之概略、美国各委员之意见书与但书；第2部分共8章，内容包括：生产能力及有效需要、货币政策与公益事业、价格制度之性质与需要、货币政策与货币本位、购买力之伸缩等。

收藏单位：北师大馆、东北师大馆、国家馆、吉林馆、内蒙古馆、上海馆

00486

经济学的理论方法与历史方法　刘絜敖著

出版者不详，[1930—1949]，1册，16开

本书共5部分，内容包括："古典学派之方法论——理论方法之发展""历史学派之方法论——历史方法之发展""理论方法与历史方法之调和的倾向"等。

收藏单位：国家馆

00487

经济学的性质与意义　（美）罗宾斯（Lionel Robbins）著　黄澹哉译述

外文题名：An essay on the nature and significance of economic science

长沙：商务印书馆，1938，166页，32开（汉译世界名著）

本书共6章：经济学的主题、目标与手段、经济的数量的相对性、经济综合的性质、经济综合与实际状况、经济学的意义。著者原题：洛宾斯。

收藏单位：大庆馆、广西馆、贵州馆、桂林馆、国家馆、吉林馆、近代史所、南京馆、上海馆、首都馆、浙江馆

00488

经济学方法论　（英）凯恩斯（John Neville Keynes）著　柯柏年译

外文题名：Scope and method of political economy

上海：南强书局，1929，185 页，32 开

本书共 6 章：导言、经验法、演绎法、数学法、历史法、统计法。据原著 1917 年第 4 版译出。著者原题：凯尼斯。

收藏单位：重庆馆、广东馆、国家馆、河南馆、吉林馆、近代史所、南京馆、山西馆、上海馆、绍兴馆、首都馆、天津馆、浙江馆、中科图

00489

经济学方法论 刘絜敖著

上海：商务印书馆，1937.5，11+296 页，25 开（大学丛书）

本书共 12 章，内容包括：理论与历史、价值判断、理念范型、经济法则、现象学的方法等。

收藏单位：重庆馆、东北师大馆、广西馆、贵州馆、国家馆、河南馆、湖南馆、江西馆、辽大馆、辽宁馆、南京馆、内蒙古馆、宁夏馆、上海馆、首都馆、浙江馆

00490

经济学方法论引论 刘絜敖著

出版者不详，[1911—1949]，[36] 页，16 开

00491

经济学历史方法论 （法）胡洛斯基（L. Wolowski）（德）罗齐尔（W. Rorcher）原著 郑学稼译

外文题名：Historical method in political economy

上海：商务印书馆，1936.1，105 页，32 开（汉译世界名著）

本书收文两篇：《经济学之历史方法》（胡洛斯基）、《经济学方法论》（罗齐尔）。据 John J. Labor 的英译本转译。

收藏单位：重庆馆、东北师大馆、广东馆、贵州馆、国家馆、河南馆、黑龙江馆、湖南馆、吉林馆、近代史所、辽大馆、辽宁馆、南京馆、上海馆、首都馆、浙江馆

00492

经济学绪论 （英）凯恩斯（John Neville Keynes）著 王亚南译

上海：民智书局，1933.3，288 页，22 开（经济名著丛书 3）

本书共 10 章，内容包括：论经济学对于道德及实践之关系、论经济学对于一般社会学的关系、论经济学上之定义、论经济学上的演绎法、论经济学与经济史等。著者原题：克赖士。

收藏单位：重庆馆、国家馆、南京馆、上海馆、浙江馆、中科图

00493

经济学研究法 （日）金井延著 康宝忠译

上海：民主图书公司印刷所，1913，30 页，32 开

00494

经济学研究法 朱通九著

上海：黎明书局，1930，56 页，32 开（黎明小丛书）

本书共 5 部分：导言、经济现象、经济学的科学方法的重要、经济学的科学方法、结论。

收藏单位：重庆馆、广东馆、广西馆、国家馆、湖南馆、江西馆、辽大馆、南京馆、内蒙古馆、上海馆、西南大学馆、浙江馆

00495

经济演进法则导言 李恭律著

长沙：李恭律，1937.2，32 页，22 开

本书共 5 部分，内容包括：何谓经济、生产是怎样演进的、分配是怎样演进的等。原载于《东方杂志》第 31 卷第 1 期“三十周年纪念号”。原著题名：经济进化法则的研究。

收藏单位：重庆馆、广东馆、国家馆、湖南馆、江西馆、南京馆、上海馆、浙江馆

00496

经济政策 王渔邨编

上海：中华书局，1936.1，160 页，32 开（中华百科丛书）

上海：中华书局，1940，再版，[12]+160 页，32 开（中华百科丛书）

上海：中华书局，1941.2，3 版，[12]+160 页，

32 开（中华百科丛书）

本书共 6 章：绪论、商业资本时代的经济政策、工业资本主义时代的经济政策、金融资本主义时代的经济政策、当前各资本主义国家的经济政策、苏俄的经济政策。附中文名词索引、西文名词索引。

收藏单位：安徽馆、重庆馆、东北师大馆、广西馆、国家馆、河南馆、黑龙江馆、南京馆、上海馆、浙江馆

00497

经济政策大全 益友社编译

天津：益友社，1916，644 页，23 开，精装

本书共 5 编：农业政策、工业政策及社会政策、商业政策、交通政策、殖民政策。据《经济政策》（大石定吉）编译。

收藏单位：山西馆、天津馆

00498

经济政策纲要 （日）河津暹著 洪涛译述

上海：华通书局，1931.3，212 页，25 开（华通经济学丛书）

本书共 5 章：经济政策之意义、经济思潮之变迁及经济政策之基础、农业政策、工业政策、商业政策。

收藏单位：重庆馆、广东馆、国家馆、湖南馆、吉林馆、南京馆

00499

经济政策纲要 （日）河津暹原著 尹凤阁译

北平：金华印书局，1937.1，130 页，25 开

收藏单位：国家馆

00500

经济政策纲要 周宪文著

上海：中华书局，1931.1，138 页，22 开（社会科学丛书）

上海：中华书局，1933.1，再版，138 页，22 开（社会科学丛书）

上海：中华书局，1936.9，3 版，138 页，22 开（社会科学丛书）

收藏单位：重庆馆、广东馆、广西馆、贵州馆、国家馆、河南馆、湖南馆、吉林馆、江西馆、辽大馆、南京馆、内蒙古馆、陕西馆、上海馆、西南大学馆、浙江馆、中科图

00501

经济政策论 余国雄著

上海：余国雄［发行人］，1944.8，70 页，32 开

本书共 4 章：绪论、本论、各论、结论。绪论共 4 节：经济政策之意义、目标、手段、基础；本论共 5 节：农业、工业、商业、财政、货币金融政策；各论共 4 节：资本主义、社会主义、法西斯主义、三民主义之经济政策。

收藏单位：重庆馆、国家馆、南京馆

00502

经济政策社会政策（最新编订） 钱释云 武葆岑编校

上海：三民公司，[1931]，22+16 页，32 开

本书为问答体。共收录问题 28 个，内容包括："经济政策的意义怎样?""经济理论和经济政策的关系怎样?""亚丹斯密理论的出发点怎样?""劳动保险有几种?""什么是劳动组合?"等。

收藏单位：国家馆

00503

经济政策学原理 （日）那须皓著 彭道夫译

上海：商务印书馆，1934，272 页，32 开（社会科学小丛书）

上海：商务印书馆，1935.5，再版，272 页，32 开（社会科学小丛书）

本书分两编：经济政策学之本质、生产政策原理。第 1 编共 3 章：经济政策与社会理想、经济政策学之诸问题、经济价值文化价值与经济政策；第 2 编共 4 章：生产政策在经济政策中所占之地位、生产的社会的意义及生产政策的分类、经济财生产之文化的批判、限界效用和生产政策的关系。

收藏单位：重庆馆、东北师大馆、广东馆、广西馆、贵州馆、国家馆、河南馆、湖南馆、江西馆、南京馆、山西馆、上海馆、浙江馆

00504
经济政策要论　覃寿公译著
北京：覃寿公［发行者］，1913.9，再版，增订本，[18]+330 页，25 开
本书为文言体，加圈点。共 9 编：总论、货币政策、银行政策、运输交通政策、农业政策、工业政策、商业政策、殖民政策、社会政策。
收藏单位：重庆馆、国家馆、人大馆、上海馆、首都馆

00505
经济制度
出版者不详，[1911—1949]，石印本，185 页，16 开，环筒页装
本书内容包括：经济制度、经济学上各种基本概念、消费论等。
收藏单位：广西馆、国家馆

00506
经济制度私有与公有之得失　吴贯因著
一真中外印字行，1921.5，94 页，18 开
本书为文言体，加圈点。共 4 章：财产私有制度、财产共有制度、土地制度、国家之经济制度。
收藏单位：国家馆、首都馆

00507
静态经济学与动态经济学　刘絜敖著
出版者不详，1936.9，26 页，16 开
本文共 6 部分，内容包括：认静态与动态适相当于理论与实际、认静态与动态为理论经济学之两部门、认静态与动态为方法论上之两种认识手段等。为《民族杂志》第 4 卷第 9 期抽印本。

00508
科学的经济学方法论　刘及辰著
北平：时代文化社，1936，140 页，32 开
本书共两章：经济学的对象、经济学的方法论。书前有绪论，论述唯物论与观念论的本质及黑格尔辩证法与唯物辩证法的本质。附《加尔经济学的"端绪"论》（刘及辰）、《〈资本论〉的研究方法之唯物论基础》（河上肇）。
收藏单位：国家馆、近代史所、南京馆、上海馆、天津馆

00509
劳动价值说易解　（德）马克思（K. Marx）著　西流译
上海：亚东图书馆，1938.10，74 页，32 开
本书共 9 部分，内容包括：价值与劳动、劳动力、剩余价值的生产、取得利润的方法、剩余价值的分配等。为《工资、价格和利润》（马克思）第 6—14 章，据堺利彦日译本转译。
收藏单位：上海馆

00510
论广义政治经济学　（苏）帕石克夫著　李伟译
上海：新知书店，1937，62 页，32 开（翻译小丛书 3）
本书论述政治经济学研究的对象、范围，以及政治经济学与经济政策、经济意识之关系等。
收藏单位：重庆馆、桂林馆、吉林馆、浙江馆

00511
马克思主义经济学方法论　（德）科因（G. Cohn）著　陈宝骅　邢墨卿译
北平：新生命书局，1930.6，180 页，32 开
本书共 4 章：理论经济学的对象、抽象的科学之理论经济学、经济学上的唯物论、马克思主义经济学是辩证的科学。
收藏单位：重庆馆、广西馆、国家馆、吉林馆、南京馆、宁夏馆、上海馆、首都馆、西南大学馆

00512
社会分工论　（法）涂尔干（Émile Durkheim）著　王力译
上海：商务印书馆，1934.4，5 册（50+10+576 页），32 开，精装（汉译世界名著）

上海：商务印书馆，1935，5 册（50+10+576 页），32 开（万有文库 第 2 集 700）（汉译世界名著）

本书共 3 卷：分工的作用、原因与条件、变态的形式。译者原题：王了一。

收藏单位：安徽馆、重庆馆、大理馆、大连馆、东北师大馆、福建馆、广西馆、贵州馆、国家馆、河南馆、黑龙江馆、湖南馆、江西馆、辽大馆、辽师大馆、柳州馆、南京馆、内蒙古馆、宁夏馆、上海馆、绍兴馆、天津馆、武大馆、西南大学馆、浙江馆

00513

社会价值论 谌小岑著

重庆：商务印书馆，1944，158 页，25 开（中山文化教育馆研究丛书）

本书分上、下两编：中国革命与世界历史行程、价值学说史的发展。上编共 20 部分，内容包括：实业革命、土地、资本主义、生产性之进步、消费者与社会价值等；下编共 6 部分，内容包括：价值学说史略、马克思主义的价值理论、社会价值论简说等。附社会价值论的历史哲学与方法论等。

收藏单位：重庆馆、广东馆、广西馆、国家馆、黑龙江馆、吉大馆、近代史所、南京馆

00514

社会价值论 谌小岑著

重庆：中山文化教育馆，1941.6，154 页，25 开（中山文化教育馆研究丛书）

重庆：中山文化教育馆，1941.7，再版，154 页，25 开（中山文化教育馆研究丛书）

收藏单位：重庆馆、广东馆、广西馆、贵州馆、国家馆、吉林馆、江西馆、南京馆、内蒙古馆、西南大学馆、浙江馆

00515

社会经济形态 （苏）拉苏莫夫斯基（Razumovsky）著 沈志远译

[天津]：读者书店，[1939—1949]，62 页，32 开

本书共两部分：关于社会经济形态的一般学说、社会经济形态底发展过程。译自苏联《大苏维埃百科全书》。

收藏单位：国家馆、宁夏馆

00516

社会经济形态 （苏）拉苏莫夫斯基（Razumovsky）著 沈志远译

北平：华北大学，1949，85 页，32 开

收藏单位：国家馆

00517

社会经济形态 （苏）拉苏莫夫斯基（Razumovsky）著 沈志远译

外文题名：Socially-economic formation

上海：华东新华书店，1949.4，62 页，32 开

收藏单位：广东馆、国家馆、山东馆

00518

社会经济形态 （苏）拉苏莫夫斯基（Razumovsky）著 沈志远译

华中新华书店，1949，62 页，32 开

收藏单位：重庆馆、贵州馆

00519

社会经济形态 （苏）拉苏莫夫斯基（Razumovsky）著 沈志远译

上海：生活书店，1938.10，100 页，32 开（百科小译丛 2）

上海：生活书店，1939.3，再版，100 页，30 开（百科小译丛 2）

上海：生活书店，1939，3 版，100 页，32 开（百科小译丛 2）

上海：生活书店，1939，4 版，100 页，32 开（百科小译丛 2）

上海：生活书店，1946.4，胜利后 1 版，100 页，32 开（百科小译丛 2）

上海：生活书店，1948.11 翻印，再版，62 页，32 开

上海：生活书店，1948，胜利后 2 版，100 页，32 开（百科小译丛 2）

长春：生活书店，1949.4，东北再版，100 页，25 开（百科小译丛 2）

上海：生活书店，1949，62 页，32 开

收藏单位：北师大馆、重庆馆、东北师大馆、广东馆、广西馆、桂林馆、国家馆、河南馆、黑龙江馆、湖南馆、吉林馆、江西馆、近代史所、南京馆、内蒙古馆、宁夏馆、山东馆、山西馆、首都馆

00520
社会经济形态 （苏）拉苏莫夫斯基（Razumovsky）著 沈志远译
苏北新华书店，1949，47页，32开
扬州：苏北新华书店，1949.8，1册，32开
收藏单位：广东馆、国家馆、南京馆

00521
社会经济形态 （苏）拉苏莫夫斯基（Razumovsky）著 沈志远译
无锡：苏南新华书店，1949，56页，32开
收藏单位：安徽馆、国家馆、山东馆、绍兴馆

00522
社会经济形态 （苏）拉苏莫夫斯基（Razumovsky）著 沈志远译
中原新华书店，1949.3，62页，32开
收藏单位：国家馆

00523
社会所得变迁函数的分析（马克思的再生产学说的一推进） 樊弘编
北平：北京大学出版部，1948.12，10页，16开（国立北京大学五十周年纪念论文集 法学院）
收藏单位：广东馆、上海馆

00524
生产建设论 郭大力著
福州：经济科学出版社，1947.2，252页，25开（中国学术丛书）
本书共10章，内容包括：论发展生产的方法与目的、论生产问题不单纯是技术问题、论国家在生产建设上的位置、论银行、论货币政策等。
收藏单位：广东馆、黑龙江馆、吉林馆、近代史所、上海馆、首都馆

00525
生产力与生产关系 李含章 雷用中译
北平：导群书店，1932，175页，32开
本书主要介绍生产诸力与生产诸关系研究大纲。附人类是“制造工具的动物”、由猿进化到人类过程中劳动的任务、生产是最基本的原动力等32种。
收藏单位：北师大馆、重庆馆、广西馆、国家馆、湖南馆、天津馆、浙江馆

00526
生产力与生产关系 邬孟晖著
上海：励群书店，1929.4，98页，50开（引擎丛书）
本书共6章：达尔文主义与马克思主义、从猿猴到人类、人类社会与地理环境、生产力、社会学分析之出发点、生产关系。
收藏单位：重庆馆、东北师大馆、国家馆、吉林馆

00527
生产论 李权时著
上海：东南书店，1928，151页，22开（经济丛书）
上海：东南书店，1929，再版，151页，32开（经济丛书）
上海：东南书店，1930，4版，151页，23开，精装（经济丛书）
本书共7章：生产的意义和方式、生产要素概论、土地论、劳力论、资本论、企业论、社会和政治组织论。
收藏单位：重庆馆、国家馆、南京馆、浙江馆

00528
剩余价值学说概要 （日）高畠素之著 吕一鸣译
上海：北新书局，1929.6，72页，32开
本书解说马克思的剩余价值理论。共9章，内容包括：货币的资本化、剩余价值从何处产出的呢、商品式的劳动力、劳动力的价

值、剩余价值率等。版权页题名：剩余价值学说概论。

收藏单位：重庆馆、国家馆、黑龙江馆、江西馆、南京馆

00529

剩余价值学说史　（德）马克思（K. Marx）著　郭大力译

[上海]：实践出版社，1949.5，3 卷（16+406+10+711+14+592 页），23 开（世界学术名著译丛）

本书分 3 卷：剩余价值学说之起源至亚当斯密、论里嘉图、政治经济学批判遗稿。第 1 卷共两篇："重农主义派：其先驱和同时人""亚当斯密和生产劳动的概念"；第 2 卷共 4 篇：剩余价值与利润、地租、资本蓄积与恐慌、杂述；第 3 卷共 7 篇，内容包括：马尔萨斯、里嘉图学派的解体、建立在里嘉图理论基础上的反对论等。

收藏单位：广东馆、贵州馆、吉林馆、上海馆、天津馆

00530

剩余价值学说史　（德）马克思（K. Marx）著　郭大力译

长春：新中国书局，1949.6 重印，3 册（406+711+592 页），23 开（马列主义理论丛书）

收藏单位：东北师大馆、广西馆、国家馆、山西馆、天津馆、西南大学馆、中科图

00531

剩余价值学说史　（德）马克思（K. Marx）原撰　（德）考茨基（Karl Johann Kautsky）编辑　郭大力译

北平：三联书店，1949.8 重印，3 册（406+707+589 页），25 开

上海：生活·读书·新知联合发行所，1949，3 册（406+711+592 页），25 开（世界学术名著译丛）

上海：生活·读书·新知联合发行所，1949 重印，3 册（406+711+592 页），23 开（马列主义理论丛书）

收藏单位：重庆馆、广东馆、贵州馆、国家馆、吉林馆、内蒙古馆、山西馆、西南大学馆、云南馆、中科图

00532

食品经济学　蔡文森编译

上海：商务印书馆，1922，117 页，32 开

上海：商务印书馆，1924，再版，117 页，32 开

本书共 3 篇：泛论、廉价生活之学理、各种食品之营养价值。

收藏单位：重庆馆、国家馆、湖南馆、内蒙古馆、上海馆、首都馆、浙江馆

00533

通俗剩余价值论（社会科学之部）（日）河上肇著　钟古熙译　施复亮校

上海：神州国光社，1932.6，3 版，61 页，32 开

本书介绍马克思剩余价值学说。

收藏单位：重庆馆、上海馆、浙江馆

00534

现代各家经济学说方法论之分析　刘絜敖著

出版者不详，[1911—1949]，[17] 页，16 开

00535

消费论　李权时著

上海：东南书店，1928.9，138 页，22 开（经济丛书）（复旦大学丛书）

上海：东南书店，1929.4，再版，138 页，22 开（经济丛书）

上海：东南书店，1930，4 版，增订本，152 页，23 开（经济丛书）（复旦大学丛书）

本书共 8 章，内容包括：消费论在经济学上的地位、人类的欲望、消费的定义和种类、消费律和消费原则、奢侈与节俭等。

收藏单位：重庆馆、国家馆、河南馆、上海馆、浙江馆

00536

新经济学方法论　（苏）宽恩著　彭桂秋译

上海：春秋书店，1932.5，138 页，32 开

本书共 4 章：理论政治经济学的对象、理

论经济学是抽象的科学、政治经济学中之唯物论、马思克主义的政治经济学是辩证的科学。

收藏单位：重庆馆、桂林馆、国家馆、首都馆、中科图

00537
新经济学方法论　（苏）宽恩著　彭桂秋译
上海：南强书局，1929.9，138 页，32 开

收藏单位：重庆馆、广西馆、桂林馆、国家馆、近代史所、内蒙古馆、上海馆、天津馆、浙江馆

00538
新经济学方法论　粟寄沧著
世界经济研究会，1934.8，168 页，32 开

本书阐述马克思主义经济学的方法论。共 7 章，内容包括：生产关系、生产力与生产关系的辩证法、广义的经济学与狭义的经济学等。

收藏单位：国家馆

00539
研究劳工问题的基本观念　刘鸿逊著
[北平]：[光启学会]，[1935—1937]，[8] 页，16 开

本书为《新北辰》抽印本。

收藏单位：国家馆

00540
怎样发展国家资本
出版者不详，[1913—1949]，108 页，25 开

收藏单位：江西馆

00541
怎样研究政治经济学　柳湜著
东北书店，1946.10，122 页，36 开（青年自学丛书）

本书收录著者写给儿子的 13 封家书，内容包括：政治经济学所研究的是什么、我们研究的意义、辩证法在这里也有用、也少不得史的唯物论、商品拜物教等。

收藏单位：长春馆、重庆馆、国家馆、南京馆、宁夏馆、天津馆

00542
怎样研究政治经济学　柳湜著
上海：生活书店，1937.3，173 页，32 开（青年自学丛书 第 2 辑）
汉口、上海：生活书店，1937.11，再版，173 页，36 开（青年自学丛书 第 2 辑）
汉口：生活书店，1938.5，3 版，173 页，36 开（青年自学丛书 第 2 辑）
重庆：生活书店，1939.4，再版，173 页，36 开（青年自学丛书 第 2 辑）
重庆：生活书店，1939.10，7 版，173 页，36 开（青年自学丛书 第 2 辑）
上海、重庆：生活书店，1946.4，胜利后 1 版，148 页，36 开（青年自学丛书）
上海：生活书店，1946，胜利后 2 版，148 页，36 开（青年自学丛书）
上海：生活书店，1947，胜利后 3 版，148 页，36 开（青年自学丛书）
香港：生活书店，1948.5，胜利后 4 版，153 页，25 开（青年自学丛书）

本书附记选择读物谈。

收藏单位：重庆馆、广东馆、贵州馆、桂林馆、国家馆、河南馆、湖北馆、湖南馆、吉林馆、江西馆、南京馆、宁夏馆、山西馆、上海馆、首都馆、浙江馆

00543
怎样研究政治经济学　柳一成编
上海：一心书店，1937，71 页，50 开（万有小丛书）

收藏单位：广东馆

00544
政治经济学方法论　（苏）阿贝支加乌斯（苏）杜科尔著　莫耐军译
上海：一般书店，1937.5，291 页，32 开

本书共 10 章，内容包括：当做生产诸关系底理论表现看的政治经济学诸范畴、广义政治经济学和狭义政治经济学、生产诸关系、生产关系和生产力的相互关系、卡尔的方法和古典派经济学等。

收藏单位：重庆馆、广东馆、广西馆、国家馆、吉林馆、上海馆、西南大学馆、浙江馆

00545
政治经济学方法论　（苏）拉比杜斯（I. Lapidus）著　吴清友译
上海：神州国光社，1933.4，86 页，32 开（社会科学名著丛刊）
上海：神州国光社，1936.3，4 版，86 页，32 开（社会科学名著丛刊）
上海：神州国光社，1949，84 页，32 开
上海：神州国光社，1949，再版，84 页，32 开

本书共 4 章：辩证法的一般定律与政治经济学方法论、辩证法的抽象作用及其对于政治经济之意义、历史唯物论与政治经济方法论、商品拜物教与政治经济学的方法论。附本篇自修参考材料、译后记。著者原题：拉皮多士。1933 年版著者还有奥斯特罗维采诺夫，原题：渥斯托洛维迁诺夫。

收藏单位：重庆馆、东北师大馆、广东馆、贵州馆、国家馆、黑龙江馆、辽大馆、南京馆、山西馆、上海馆、天津馆、浙江馆

00546
政治经济学方法论　（苏）拉比杜斯（I. Lapidus）著　吴清友译
上海：言行社，1940.5，84 页，32 开

收藏单位：重庆馆、国家馆、近代史所、上海馆

00547
资本肯定论　（奥）柏姆－巴维克（Eugen von Böhm-Bawerk）著　曾迪先译
外文题名：Positive theory of capital
上海：商务印书馆，1937.3，36+569 页，32 开，精装（汉译世界名著）

本书共 7 编：资本的性质和观念、当作生产工具的资本、价值论、价格论、现在与未来、利息底来源、利率问题。著者原题：E. V. Bohm-Bawerk。

收藏单位：重庆馆、大庆馆、东北师大馆、广东馆、贵州馆、国家馆、河南馆、湖南馆、吉林馆、江西馆、辽大馆、辽宁馆、南京馆、宁夏馆、上海馆、首都馆、浙江馆、中科图

00548
资本问题　吴应图编　方饮照校
上海：中华书局，1926.4，110 页，25 开（常识丛书 第 13 种）
上海：中华书局，1927.9，再版，110 页，25 开，精装（常识丛书 第 13 种）
上海：中华书局，1929.4，3 版，109 页，36 开（常识丛书 第 13 种）

本书共 7 章，内容包括：资本之意义、资本之种类、资本之构成、资本之效用、资本聚集之必然倾向等。

收藏单位：安徽馆、重庆馆、广东馆、广西馆、国家馆、湖南馆、吉林馆、江西馆、南京馆、内蒙古馆、上海馆、首都馆、浙江馆

前资本主义社会生产方式

00549
封建、半封建和资本主义　薛暮桥著
上海：黑白丛书社，1937，78 页，32 开（黑白丛书 6）
上海：黑白丛书社，1937，再版，78 页，36 开（黑白丛书 6）

本书共 4 节：封建社会、资本主义的发展过程、资本主义社会、帝国主义与殖民地社会。

收藏单位：重庆馆、广东馆、贵州馆、桂林馆、国家馆、吉林馆、近代史所、南京馆、内蒙古馆、浙江馆

00550
封建剥削　周守正著
香港：新中国书局，1949.6，92 页，36 开（新中国百科小丛书）

本书共 5 部分：封建的剥削关系、半封建的剥削关系、封建和半封建的剥削方式、为什么要消灭封建的剥削、新民主主义的经济

制度。

收藏单位：东北师大馆

00551

封建制度农奴制度及商业资本之本质　（苏）杜博洛夫斯基著　吴清友译

[上海]：言行出版社，1938，232页，32开（大学文库1）

本书另一译本即《“亚细亚”生产方法，封建制度，农奴制度及商业资本之本质问题》。

收藏单位：国家馆

00552

先资本主义的社会经济形态论　李达著

香港：生活书店，1948，196页，22开

本书内容包括：绪论、本论。绪论共两部分：经济学的对象、范围；本论共3章：原始社会、奴隶制、封建的经济形态。为著者《经济学大纲》的第1分册。

收藏单位：重庆馆、广西馆、国家馆、湖北馆、湖南馆、南京馆、内蒙古馆、山西馆、上海馆、天津馆、武大馆、西南大学馆、浙江馆、中科图

00553

“亚细亚”生产方法，封建制度，农奴制度及商业资本之本质问题　（苏）杜博洛夫斯基原著　吴清友翻译

上海：神州国光社，1933.3，232页，22开（中国社会史论战丛书6）

上海：神州国光社，1936.1，再版，232页，32开（中国社会史论战丛书6）

本书共8章，内容包括：“亚细亚”生产方法问题、东方诸民族的社会制度基础、封建制度、农奴制度、商业及高利贷资本的作用问题等。

收藏单位：重庆馆、东北师大馆、广东馆、桂林馆、国家馆、河南馆、吉大馆、辽大馆、山西馆、首都馆、浙江馆

资本主义社会生产方式

00554

比较经济制度　（美）洛克斯（W. N. Loucks）（美）霍德（J. W. Hoot）著　陈瘦石译述

外文题名：Comparative economic system

赣县（赣州）：商务印书馆，1944.3，2册（337+352页），32开（中山文库）

重庆：商务印书馆，1944.8，再版，2册（337+352页），25开（中山文库）

重庆：商务印书馆，1945.4，2册（337+352页），32开（中山文库）

本书共7编：导言、乌托邦主义先驱者、马克思的社会主义与共产主义学说、现代社会主义与共产主义、苏联经济、义德法西斯主义、消费合作运动。附共产党宣言、一九三六年社会党党纲、一九三六年共产党党纲、苏维埃社会主义共和国联盟宪法、劳动宪章、民族社会主义德意志劳工党纲领、国家紧急应付法（授权法案）、国家新机构法。

收藏单位：安徽馆、长春馆、重庆馆、广东馆、广西馆、贵州馆、桂林馆、国家馆、湖南馆、吉林馆、江西馆、南京馆、内蒙古馆、浙江馆

00555

剥削论批判　彭巴克原著　黄曼如译述

重庆：中国文化服务社，1940，110页，32开

本书共3章：剥削论史的发展、罗柏托斯的剥削理论的批判、马克思的剥削理论的批判。

收藏单位：重庆馆、广东馆、桂林馆、国家馆、吉林馆、南京馆、武大馆

00556

财政资本论　（德）希法亭（Rudolf Hilferding）著　王伯平译

上海：神州国光社，1931.8，411页，25开

本书分上、下两卷。上卷共两篇：“货币

与信用”“资本动员　虚设资本”；下卷共 3 篇：财政资本及自由竞争之限制、财政资本与危机、财政资本之经济政策。著者原题：希尔费丁。

收藏单位：安徽馆、重庆馆、东北师大馆、国家馆、吉林馆、江西馆、近代史所、辽大馆、南京馆、上海馆、首都馆

00557

帝国主义　徐懋庸著

冀南新华书店，[1930—1949]，24 页，36 开

本书共 7 节：帝国主义及其基本特征、生产的集中和垄断、银行的新作用和财政资本、资本的输出、资本家集团间的世界分割、列强间的世界分割、帝国主义怎样是腐化和垂死的资本主义。

收藏单位：国家馆、山东馆

00558

帝国主义的基础知识　马哲民著

上海：新生命书局，1929.2，108 页，32 开（新生命丛书第 2 种）

上海：[新生命书局]，1929.5，再版，108 页，32 开（新生命丛书第 2 种）

本书共 5 章：资本主义生产法则的本质、产业与金融资本之集中、独占市场的竞争、帝国主义的政治组织、战后帝国主义之形势及前途。

收藏单位：安徽馆、东北师大馆、广东馆、国家馆、湖南馆、江西馆、南大馆、南京馆、内蒙古馆、浙江馆

00559

帝国主义的性质之研究　漆树芬著

重庆：新文化社，[1911—1949]，42 页，36 开

本书共 4 章：柯芝克斯氏之工业资本政策的帝国主义论、赫鲁发丁氏之金融资本政策的帝国主义论、列宁氏之资本主义最后阶级的帝国主义论、巴布曾氏之钢铁政策的帝国主义论。

收藏单位：重庆馆

00560

帝国主义经济基础的剖解　（苏）宽恩著　彭桂秋译

上海：沪滨书局，1931，201 页，32 开

本书共 4 章：资本之动员、银行之新作用、资本主义的垄断、帝国主义。书中题名：财政资本。

收藏单位：重庆馆

00561

帝国主义论　（苏）布鲁克等著　钟原昭译

上海：上海杂志公司，1937.5，230 页，25 开

上海：上海杂志公司，1937，2 版，230 页，25 开

本书共 9 章，内容包括：生产的积集和独占、资本的输出、不平衡发展的法则、帝国主义和劳动阶级、资本主义的总危机等。译自《苏联大百科全书》第 27 卷“帝国主义”条目，据列宁《帝国主义论》的理论体系补充事实材料编成。

收藏单位：广东馆、国家馆、河南馆、近代史所、南京馆、宁夏馆、人大馆、上海馆、首都馆、西南大学馆、中科图

00562

帝国主义论　（苏）列宁（Владимир Ильич Ленин）著

大连：光华书店，1948.1，176 页，32 开（马列文库 1）

本书共 10 部分，内容包括：生产集中与垄断、银行及其新作用、财政资本与财政寡头、资本输出、列强分割世界等。

收藏单位：长春馆、国家馆、近代史所

00563

帝国主义论　（苏）列宁（Владимир Ильич Ленин）著

皖北新华书店，1949.6，133 页，32 开

收藏单位：国家馆、南京馆

00564

帝国主义论　（苏）列宁（Владимир Ильич Ленин）著

新华书店，1949，126 页，32 开（马列文库 1）

收藏单位：国家馆、湖北馆

00565

帝国主义论　（苏）列宁（Владимир Ильич Ленин）著

［北平等］：新中国书局，1949.4，176 页，32 开（干部学习丛书第 1 辑）

收藏单位：重庆馆、国家馆、吉林馆、南京馆、宁夏馆、山东馆、上海馆、天津馆、西南大学馆

00566

帝国主义论　（苏）列宁（Владимир Ильич Ленин）著

上海：野耕书店，1949，63 页，32 开（马列主义丛书 3）

收藏单位：贵州馆、国家馆、绍兴馆

00567

帝国主义论　（苏）列宁（Владимир Ильич Ленин）著

中原新华书店，1949.3，176 页，32 开

收藏单位：广东馆、国家馆、河南馆、近代史所、山东馆、陕西馆

00568

帝国主义论　（苏）列宁（Владимир Ильич Ленин）著　刘野平译

上海：启智书局，1929，176 页，32 开

收藏单位：安徽馆、重庆馆、国家馆、江西馆、近代史所、山东馆、上海馆、浙江馆

00569

帝国主义论　（苏）列宁（Владимир Ильич Ленин）著　世界政治·世界经济研究院增订　吴清友译

［上海］：［新知书店］，1937，增订本，409 页，22 开

桂林［等］：新知书店，1939.3，再版，增订本，409 页，22 开

收藏单位：安徽馆、东北师大馆、广东馆、广西馆、贵州馆、国家馆、吉林馆、江西馆、南京馆、宁夏馆、山西馆、陕西馆、上海馆、首都馆、浙江馆、中科图

00570

帝国主义论读本　章汉夫著

上海：一般书店，1937.3，144 页，32 开（新青年百科丛书 1）

上海：一般书店，1937.5，再版，190 页，36 开（新青年百科丛书 1）

本书共 7 章：从自由竞争到独占、金融资本和金融寡头政治、资本输出、国际的独占瓜分了世界、帝国主义列强瓜分世界、帝国主义是资本主义的最高阶段、对各家帝国主义论的批判。

收藏单位：重庆馆、广东馆、国家馆、吉林馆、江西馆、陕西馆、西南大学馆、浙江馆

00571

帝国主义没落期之经济　（苏）瓦尔加（E. C. Варга）著　宁敦五译述

上海：昆仑书店，1929.5，241 页，32 开

上海：昆仑书店，1929.11，再版，241 页，32 开

本书共 11 章，内容包括：资本主义制的不安定性、内的矛盾及合理化、新技术及其经济的结果、独占的形成与夺取世界市场的斗争、国家资本主义等。附各国生产情况、失业人数、工资、工业化程度的统计图表等。著者原题：伐尔加，译述者原题：宁敦伍。

收藏单位：重庆馆、东北师大馆、广东馆、桂林馆、国家馆、江西馆、近代史所、南京馆、上海馆、浙江馆

00572

帝国主义浅说　中国青年社编辑

国光书店，1926，再版，33 页，32 开

国光书店，1926.11，3 版，50 页，32 开

本书共 5 部分：资产阶级对于帝国主义的解释、帝国主义的真意义、资本主义的特性、帝国主义的特性、帝国主义的矛盾点。

收藏单位：广东馆、国家馆、湖南馆、吉

林馆、近代史所

00573
帝国主义浅说 中国青年社编辑
海口：海南书店，1927，50 页，32 开
收藏单位：湖南馆、吉林馆、人大馆

00574
帝国主义是什么 千家驹著
华北新华书店，1943.1，51 页，64 开
收藏单位：国家馆

00575
帝国主义是什么 千家驹著
[桂林]：文化供应社，1940，52 页，50 开（青年新知识丛刊）
桂林：文化供应社，1940.12，再版，52 页，42 开（青年新知识丛刊）
本书共 17 节，内容包括：几种错误的解释、资本主义的基础是商品生产、生产的集中、资本的输出、大战后的世界等。
收藏单位：重庆馆、广东馆、贵州馆、国家馆、南京馆

00576
帝国主义是资本主义底最高阶段 （苏）列宁（Владимир Ильич Ленин）著
佳木斯：东北书店，1949.3，152 页，32 开
本书为东北政委会教育部规定初中二年级、高中二年级政治课参考书。共 10 部分，内容包括：生产集中与垄断、银行及其新作用、财政资本与财政寡头、资本输出、对帝国主义的批评等。
收藏单位：国家馆

00577
帝国主义是资本主义底最高阶段 （苏）列宁（Владимир Ильич Ленин）著
华东新华书店，1948.9，170 页，32 开
收藏单位：北师大馆、广东馆、国家馆、山东馆

00578
帝国主义是资本主义底最高阶段 （苏）列宁（Владимир Ильич Ленин）著
冀鲁豫新华书店，1949.1，137 页，32 开（干部学习丛书）
收藏单位：国家馆

00579
帝国主义是资本主义底最高阶段 （苏）列宁（Владимир Ильич Ленин）著
解放社，1946.6，192 页，32 开
解放社，1948.9，137 页，32 开
解放社，1948.12，138 页，32 开
解放社，1949.7，173 页，25 开
解放社，1949.9，华中版，173 页，25 开
收藏单位：重庆馆、东北师大馆、广东馆、广西馆、贵州馆、国家馆、黑龙江馆、湖北馆、吉林馆、辽宁馆、内蒙古馆、青海馆、山东馆、山西馆、陕西馆、首都馆、天津馆、中科图

00580
帝国主义是资本主义底最高阶段 （苏）列宁（Владимир Ильич Ленин）著
苏北新华书店，1949.4，119 页，32 开
收藏单位：国家馆、南京馆

00581
帝国主义是资本主义底最高阶段 （苏）列宁（Владимир Ильич Ленин）著
[莫斯科、列宁格勒]：[苏联外国工人出版社]，[1938]，156 页，32 开（列宁丛书）
收藏单位：国家馆、吉林馆、西交大馆

00582
帝国主义是资本主义底最高阶段 （苏）列宁（Владимир Ильич Ленин）著
[延安等]：西北新华书店，1949.7，166 页，32 开
收藏单位：重庆馆、国家馆、天津馆

00583
帝国主义是资本主义底最高阶段 （苏）列宁（Владимир Ильич Ленин）著
北平：新华书店，1949.4，再版，138页，32开
上海：新华书店，1949.8，151页，32开
收藏单位：国家馆、河南馆、湖北馆、绍兴馆

00584
帝国主义是资本主义底最高阶段（通俗的论述） （苏）列宁（Владимир Ильич Ленин）著
莫斯科：外国文书籍出版局，1947，166页，32开
莫斯科：外国文书籍出版局，1949，119页，22开
收藏单位：重庆馆、东北师大馆、国家馆、近代史所、南京馆、宁夏馆、山东馆、山西馆、天津馆、西南大学馆

00585
帝国主义与国际经济 吴其祥著
上海：新生命书局，1929.9，12+348页，32开
上海：新生命书局，1930.5，再版，12+348页，32开
本书共11章：帝国主义在历史上的演进、关于帝国主义实质的理论、帝国主义经济的基础、原料品及食粮的需求、寻求商场、对外投资、帝国主义与国际纷争、欧战的损失及战费的筹集、战后欧洲经济的崩颓、欧洲经济重新建设问题、战后国际形势的转变与帝国主义的将来。
收藏单位：安徽馆、重庆馆、东北师大馆、广东馆、广西馆、国家馆、湖南馆、吉林馆、江西馆、南京馆、宁夏馆、天津馆、西南大学馆

00586
帝国主义之基础知识 马哲民著
上海：新生命书局，1929.2，108页，25开（社会科学常识丛刊2）
上海：新生命书局，1929，再版，108页，32开（社会科学常识丛刊2）
收藏单位：安徽馆、北师大馆、重庆馆、东北师大馆、广东馆、广西馆、国家馆、江西馆、近代史所、内蒙古馆、宁夏馆、陕西馆、上海馆、浙江馆

00587
帝国主义——资本主义底最高阶段 （苏）列宁（Владимир Ильич Ленин）著 王唯真译
重庆[等]：生活书店，1939.7，202页，32开（世界名著译丛6）
重庆：生活书店，1939.11，再版，203页，32开（世界名著译丛）
收藏单位：广东馆、贵州馆、吉林馆、南京馆、内蒙古馆、天津馆、西南大学馆

00588
独占价格与价值 （苏）莫蒂列夫（B. E. Мотылев）作 庆德苇译
上海：中华书局，1949，47页，32开（新时代小丛书8）
上海：中华书局，1949，再版，47页，32开（新时代小丛书8）
收藏单位：北师大馆、重庆馆、东北师大馆、广东馆、国家馆、湖北馆、吉林馆、辽宁馆、南京馆、山东馆、首都馆、天津馆

00589
供求论 （英）亨德森（Hubert D. Henderson）原著 纪文勋译述
重庆：商务印书馆，1945.4，126页，32开（剑桥经济便册之一）
上海：商务印书馆，1947.8，126页，32开（社会科学小丛书）
本书共10章：经济的世界、供求的一般定律、效用和消费的边际、成本及生产边际、联合需求与供给、土地、冒险及企业、资本、劳工、生产的实际成本。著者原题：韩德森。
收藏单位：重庆馆、东北师大馆、广东馆、广西馆、贵州馆、桂林馆、国家馆、黑龙江馆、吉林馆、辽大馆、辽宁馆、南京馆、上海馆、首都馆、西南大学馆、浙江馆

00590
古典学派的恐慌学说 （日）谷口吉彦著 陈敦常译
上海：商务印书馆，1935.9，14+266页，32开（社会科学小丛书）

本书分两编："绪论 恐慌事实的发展与理论的发展""本论 古典派经济学中的各种恐慌学说"。内容包括：过渡的恐慌之发展、古典派诸学者之历史的社会的存在与恐慌事实、史伊的销路说、詹姆士密尔的需给均衡说、李加图的生产无限说、马尔萨斯之一般的过剩说、西斯孟第的所得不足说等。

收藏单位：重庆馆、大庆馆、广东馆、广西馆、桂林馆、国家馆、河南馆、黑龙江馆、湖南馆、吉大馆、吉林馆、江西馆、辽大馆、辽宁馆、南京馆、上海馆、绍兴馆、首都馆、天津馆、浙江馆、中科图

00591
何谓帝国主义 李达著
重庆：新文化社，[1911—1949]，10页，32开

本书讲解资本主义发达的经过及其最终如何转变为帝国主义。

收藏单位：重庆馆

00592
价值论概要 （英）司马特（William Marshall Smart）著 邹宗儒 何学尼译 章植校阅
外文题名：An introduction to the theory of value
上海：黎明书局，1931.12，116页，32开

本书共15章，内容包括：价值的分析、效用与价值的区别、限界效用、主观的交换价值、价格理论、生产费用、从限界生产物到生产费用等。

收藏单位：重庆馆、广西馆、桂林馆、国家馆、湖南馆、吉林馆、江西馆、辽大馆、南京馆、上海馆、天津馆、西南大学馆、浙江馆

00593
价值学说发展史大纲 江理中著
[北京]：江理中[发行者]，1937.1，215页，25开
[北京]：江理中[发行者]，1938.1，215页，25开

本书共8章，内容包括：重商学派的价值学说、重农学派的价值学说、正统学派的价值学说、李加图的价值学说之争论、新正统学派的价值学说等。

收藏单位：国家馆、辽大馆、南京馆、首都馆、中科图

00594
价值学说史 （德）李卜克内西（Wilhelm Liebknecht）（苏）卢彬（Исаак Ильич Рубин）等著 孙寒冰 林一新译
上海：黎明书局，1933.5，29+452+13页，22开（社会科学名著译丛）

本书分上、下两篇：价值学说之史的发展、各派价值学说之批评。附《论李加图和一般古典派经济学说之基本特点》（卢彬）、《蒲哈林论奥地利学派的价值论》。著者"李卜克内西"原题：李卜克拉西。

收藏单位：安徽馆、重庆馆、东北师大馆、广东馆、广西馆、国家馆、黑龙江馆、湖南馆、吉林馆、辽大馆、辽宁馆、南京馆、宁夏馆、山西馆、天津馆、西南大学馆、浙江馆、中科图

00595
价值学说之发展 廖品极编著
成都：国立四川大学经济研究部，1948.4，144页，32开（经济理论丛书）

本书共9章，内容包括：亚当斯密价值学说的概观、劳动价值学说之发展、生产费用价值理论之发展、界限效用价值学说之发展、供需均衡价值理论之发展、制度主义思潮里的价值理论等。附亚当斯密以来价值学说发展理路表、中西文参考书籍名目。

收藏单位：重庆馆、国家馆

00596
价值与剩余价值 赵冬垠著
上海：生活·读书·新知上海联合发行所，1949.7，72页，36开（新中国百科小丛书）

本书共8部分，内容包括：商品世界、价

值、货币、价值法则、劳动力的价值等。

收藏单位：重庆馆、东北师大馆、广东馆、桂林馆、国家馆、天津馆

00597

金融资本论 （日）猪俣津南雄著　林伯修译

上海：创造社出版部，1928.10，344 页，32 开

上海：创造社出版部，1929，再版，344 页，32 开

本书分 3 篇："货币·资本·信用""金融资本""金融资本的政策"。共 15 章，内容包括：银行与产业企业、公司企业与股份资本、银行利润与银行资本、独占、资本输出等。

收藏单位：重庆馆、东北师大馆、桂林馆、国家馆、吉林馆、南京馆、上海馆、首都馆、天津馆、浙江馆、中科图

00598

金融资本论 （日）猪俣津南雄著　林伯修译

上海：江南书店，1930，3 版，344 页，32 开

收藏单位：贵州馆、国家馆、上海馆、西南大学馆

00599

近代资本主义进化论 （英）霍布森（J. A. Hobson）著　傅子东译

外文题名：Evolution of modern capitalism

上海：商务印书馆，1930.4，6 册，32 开（万有文库 第 1 集 189）

上海：商务印书馆，1933.11，1 册，32 开，精装（汉译世界名著）

本书共 18 章，内容包括：近代资本主义的起源、机械产业发达的顺序、近代企业的规模和结构、行业和市场的结构、机械和产业疲滞、文明和产业的发达、二十世纪的产业等。

收藏单位：安徽馆、重庆馆、大理馆、大连馆、东北师大馆、广西馆、贵州馆、国家馆、黑龙江馆、湖南馆、惠州馆、江西馆、辽大馆、辽师大馆、柳州馆、南京馆、内蒙古馆、宁夏馆、上海馆、绍兴馆、首都馆、天津馆、西南大学馆、浙江馆

00600

近世经济发展之研究 （美）科恩（Herman Cahn）著　洪涛译

外文题名：Capital today

上海：泰东图书局，1930.4，304 页，32 开

本书共 7 章，内容包括：货币底起原及其机能、现代的信用组织、产业资本底循环、产业底集中等。据小栗庆太郎的日译本转译，并参照《金融资本论》（希法亭）增补内容。

收藏单位：重庆馆、东北师大馆、桂林馆、国家馆、湖南馆、吉林馆、南京馆、上海馆、天津馆、浙江馆

00601

近世资本主义发展史 （法）施亨利（Henri Eugène Sée）著　胡纪常译

上海：新月书店，1927.11，12+286 页，25 开

上海：新月书店，1930，修正再版，18+300 页，25 开

本书共 9 章，内容包括：中古资本主义之发端、近世初叶之资本主义、十六世纪海外贸易及殖民事业与资本主义之发展、十七世纪之商业资本主义与金融资本主义、十九世纪资本主义之发展等。本书 1927 年版译者原题：胡鸿勋。

收藏单位：重庆馆、东北师大馆、国家馆、黑龙江馆、湖南馆、吉林馆、江西馆、近代史所、南京馆、山西馆、上海馆、天津馆、西南大学馆、浙江馆、中科图

00602

经济的帝国主义 （英）乌尔夫（Leonard Wolf）著　古有成译

南京：拔提书店，[1929—1949]，113 页，36 开（社会科学名著）

收藏单位：国家馆、湖南馆、吉林馆

00603

经济的帝国主义 （英）乌尔夫（Leonard Wolf）著　石光落译

上海：北新书局，1929，94 页，32 开

本书共 4 章：导言、经济的帝国主义之在非洲、经济的帝国主义之在亚洲、因与果。

著者原题：武尔夫。

收藏单位：重庆馆、广西馆、国家馆、吉林馆、江西馆、浙江馆

00604

经济帝国主义论 （英）乌尔夫（Leonard Wolf）著 谢义伟译

外文题名：Economic imperialism

上海：商务印书馆，1931.4，66 页，32 开（万有文库 第 1 集 138）（百科小丛书）

上海：商务印书馆，1933.7，66 页，32 开（百科小丛书）

上海：商务印书馆，1935，再版，66 页，32 开（万有文库 第 1 集 138）（百科小丛书）

本书著者原题：华尔富。

收藏单位：安徽馆、重庆馆、大理馆、大连馆、大庆馆、东北师大馆、广东馆、广西馆、贵州馆、国家馆、黑龙江馆、湖南馆、江西馆、辽大馆、辽师大馆、南京馆、内蒙古馆、宁夏馆、上海馆、天津馆、西南大学馆、浙江馆

00605

经济危机论初步 关梦觉著

重庆：生活书店，1940.8，55 页，36 开（社会科学初步丛刊）（新知识初步丛刊）

上海：生活书店，1948，胜利后 1 版，55 页，48 开（新知识初步丛刊）

本书共 5 章，内容包括：资本主义的病源、资本主义的经济危机、资本主义的总危机等。

收藏单位：重庆馆、国家馆、吉大馆、吉林馆、南京馆、内蒙古馆、上海馆、西南大学馆

00606

经济现象的体系 陈启修编

上海：乐群书店，1929.6，126 页，32 开

上海：乐群书店，1929.8，再版，126 页，32 开

上海：乐群书店，1932，4 版，116 页，32 开

本书为初学者介绍经济学的基础知识。共 9 章，内容包括：资本经济的来历和意义、资本经济现象的基础、资本经济下的经营、资本经济下的市场等。编者原题：陈豹隐。

收藏单位：重庆馆、东北师大馆、广东馆、桂林馆、国家馆、河南馆、湖南馆、近代史所、南京馆、内蒙古馆、宁夏馆、山西馆、上海馆、首都馆、天津馆、西交大馆、西南大学馆、浙江馆、中科图

00607

经济学的价值判断问题 刘絜敖著

出版者不详，[1911—1949]，[12] 页，16 开

00608

经济学读本 王达夫著

重庆[等]：读书出版社，1940.3，99 页，32 开

重庆[等]：读书出版社，1940，再版，99 页，32 开

重庆[等]：读书出版社，1940.10，3 版，99 页，32 开

重庆：读书出版社，1941，4 版，99 页，32 开

重庆：读书出版社，1945.8，5 版，99 页，32 开

本书分 10 章。共 30 课，内容包括：什么是经济学、资本主义的本质、资本主义的榨取和积蓄、帝国主义的特征、帝国主义是资本主义的最后阶段等。

收藏单位：重庆馆、广东馆、广西馆、贵州馆、国家馆、南京馆、内蒙古馆

00609

经济学读本 王达夫著

桂林：新光书店，1941.1，4 版，99 页，32 开

收藏单位：重庆馆、国家馆

00610

经济循环 俞铨编

中央政治学校，[1929—1949]，149 页，16 开

收藏单位：南京馆

00611

经济组织论 （日）北泽新次郎著 吴斐丹译

上海：商务印书馆，1937.4，352页，22开，精装（经济丛书）

本书共7章：现代经济组织的开展、机械生产对于社会的影响、为经济组织一机构的工资制度、劳动银行与劳动公会的新经济战术、产业合理化与劳动者阶级、大企业的发达与金融资本、经济统制的理论与实际。据著者《产业组织论》改订增补编成。

收藏单位：安徽馆、东北师大馆、贵州馆、国家馆、黑龙江馆、吉林馆、江西馆、辽大馆、南京馆、上海馆、首都馆、天津馆、西南大学馆、浙江馆

00612

景气学 张梁任著

上海：国立编译馆，1934.5，179页，22开

本书对资本主义经济危机进行理论分析研究。共3编：经济变动之现象分析及景气和危机之今昔观、危机与景气之原因、景气探究与景气政策。

收藏单位：重庆馆、广东馆、广西馆、桂林馆、国家馆、河南馆、湖南馆、吉林馆、江西馆、辽宁馆、南京馆、内蒙古馆、上海馆、天津馆、西南大学馆、浙江馆、中科图

00613

利润学说之史的发展 刘絜敖著

出版者不详，[1911—1949]，1册，16开

收藏单位：南京馆

00614

利润制度的替代 （德）韦伯（Max Weber）著

重庆：中周出版社，1944.9，70页，64开（中周百科丛书 第1辑）

本书共16部分，内容包括：工资制度、自由工作、销售机构、社会主义赛竞、生产者的分析等。

收藏单位：重庆馆、广东馆、南京馆

00615

两大学派的价值理论研究 樊弘著

国立中央研究院社会科学研究所，[1920—1929]，100页，16开

本书共4章：价值理论的意义、劳动价值理论派的各家学说、限界效用价值理论派的各家学说、关于经济价值理论之两派学说的批评。为《社会科学杂志》抽印本。

收藏单位：安徽馆、国家馆

00616

论帝国主义 徐懋庸著

香港：南海出版社，1948.7，38页，36开（社会科学小丛书 第2辑3）

收藏单位：上海馆、西交大馆

00617

论列宁的《帝国主义是资本主义的最高阶段》 （苏）得佛尔根（И. Л. Дворкин）著 李少甫译

上海：中华书局，1949.9，52页，32开（新时代小丛书18）

收藏单位：重庆馆、东北师大馆、国家馆、湖北馆、吉林馆、南京馆

00618

论资本主义 刘芝明著

华中新华书店九分店，[1946—1949]，35页，32开

收藏单位：国家馆、山东馆

00619

论资本主义 刘芝明著

河间：冀中新华书店，1947.7，42页，32开

本书分上、下两部：资本主义、帝国主义。上部共4章：简单商品经济与资本主义商品经济、价值与价格、资本主义的剥削的实质、资本主义生产集中过程；下部为《论帝国主义》（徐懋庸）。

收藏单位：国家馆、河南馆、山东馆、天津馆、中科图

00620

论资本主义 刘芝明著

香港：南海出版社，1948，33页，38开（社会科学小丛书 第2辑2）

收藏单位：内蒙古馆、上海馆

00621

论资本主义 刘芝明著

上海、重庆：新知书店，1946.6，72 页，36 开

收藏单位：安徽馆、长春馆、广东馆、桂林馆、国家馆、河南馆、黑龙江馆、湖南馆、吉大馆、吉林馆、辽宁馆、山东馆、上海馆、绍兴馆

00622

马克思剩余价值学说之批判的研究 邵林书著

浙江反省院，1937.3，54 页，32 开（浙江反省院丛书 1）

本书共 5 部分，内容包括：剩余价值之理论体系及其矛盾之显示、矛盾的展开、矛盾的根源等。

收藏单位：国家馆、湖南馆、南京馆、上海馆、天津馆、浙江馆

00623

没落期的资本主义 （英）柯尔曼著 绍明译

上海：启智书局，1929.2，88 页，32 开

本书共 4 章：现代资本联合运动、资本联合运动的发长、资本联合运动与社会的关系、政策问题。

收藏单位：国家馆、吉大馆、南京馆、上海馆

00624

企业的结合 （英）科尔曼（G. M. Colman）原著 蔡庆宪译述

外文题名：Capitalist combines

上海：大东书局，1929.9，78 页，32 开

本书共 4 章：今日结合的运动、结合运动的发达、结合和社会的关系、关于结合运动应采政策的问题。

收藏单位：重庆馆、广东馆、国家馆、湖南馆、南京馆、上海馆、浙江馆

00625

商情循环概论 （美）密契尔（W. C. Mitchell）著 陈炳权编译

外文题名：Business cycles

南京：正中书局，1935.8，41+13 页，32 开

本书概论资本主义经济周期。共 12 节，内容包括：商情循环之进展及发现、资料之来源、时间数列之分析、特种循环及商情循环、膨胀状态等。著者原题：米哲尔。

收藏单位：重庆馆、贵州馆、国家馆、湖南馆、江西馆、南京馆、浙江馆

00626

商业循环 李权时著

上海：商务印书馆，1929，119 页，32 开（万有文库 第 1 集 664）（商学小丛书）

上海：商务印书馆，1933.7，119 页，32 开（商学小丛书）

上海：商务印书馆，1934.1，再版，119 页，32 开（商学小丛书）

本书共 6 章，内容包括：世界各国关于商业循环的事实、商业循环之各种学说、商业循环之真正原因等。

收藏单位：安徽馆、重庆馆、大理馆、大连馆、东北师大馆、广东馆、广西馆、贵州馆、国家馆、河南馆、黑龙江馆、湖南馆、江西馆、辽大馆、辽宁馆、辽师大馆、柳州馆、南京馆、内蒙古馆、宁夏馆、陕西馆、上海馆、首都馆、天津馆、武大馆、西南大学馆、浙江馆

00627

商业循环学说 （美）汉森（A. H. Hansen）著 陈振骅译

外文题名：Business-cycle theory

上海：商务印书馆，1936.7，219 页，32 开（社会科学小丛书）

本书共 8 章，内容包括：商业循环学说之分类、资本主义分配制度之为商业循环之原因、福斯德及卡秦斯的理论之与资本主义分配学说之比较、资本主义的生产方法之为商业循环之原因等。著者原题：汉生。

收藏单位：重庆馆、广东馆、广西馆、贵

州馆、国家馆、湖南馆、吉大馆、辽大馆、南京馆、上海馆、首都馆、浙江馆

00628
商业循环之理论（上） 赵迺抟著
出版者不详，[1936]，[39] 页，16 开
本书论述商业循环与经济制度的关系、商业循环学说等理论问题。为《北京大学社会科学季刊》第 6 卷第 2 期抽印本。

00629
什么叫帝国主义 漆南薰著
出版者不详，[1911—1949]，10 页，25 开，环筒页装
本书共 6 章，内容包括：打倒帝国主义之先决问题、帝国主义之特质、资本主义生存发达上之二个重要条件、帝国主义及于我国之影响等。封面题名：甚么叫帝国主义。
收藏单位：重庆馆

00630
什么是帝国主义 陆明著
大连：大众书店，1946.11，20 页，32 开
大连：大众书店，1948.11，再版，16 页，32 开（大众通俗丛书 9）
本书共 10 课，内容包括：资本主义与帝国主义、生产的集中与独占、银行的新作用与金融资本、资本的输出、苏联社会主义的建立等。
收藏单位：国家馆、南京馆、山东馆、上海馆

00631
什么是帝国主义 陆明著
香港：东方出版社，1939，20 页，32 开（东方大众丛书）
香港：东方出版社，1946.6，胜利后初版，20 页，32 开（通俗丛书 2）
收藏单位：东北师大馆、国家馆、吉林馆、江西馆、上海馆、天津馆

00632
什么是帝国主义 陆明著
辽东建国书社，[1948]，15 页，64 开
收藏单位：国家馆、浙江馆

00633
生产过剩与恐慌 （德）洛贝尔图斯（J. K. Rodbertus）著 郭大力译
外文题名：Overproduction and crises
上海：中华书局有限公司，1935.8，12+76 页，25 开
本书共两章：华克希曼的理论、洛伯尔图的理论。著者原题：洛伯尔图。
收藏单位：重庆馆、东北师大馆、广东馆、贵州馆、国家馆、湖南馆、吉林馆、江西馆、辽大馆、内蒙古馆、上海馆、天津馆、浙江馆

00634
世界经济与帝国主义 （苏）布哈林（Н. И. Бухарин）著 杨伯恺译
上海：辛垦书店，1930，303 页，32 开
上海：辛垦书店，1934，再版，289 页，32 开
本书共 4 篇：世界经济与资本国际化的过程、世界经济与资本国家化的过程、帝国主义即资本主义竞争之扩张的再生产、世界经济之将来与帝国主义。
收藏单位：重庆馆、东北师大馆、广东馆、广西馆、国家馆、黑龙江馆、辽宁馆、南京馆、内蒙古馆、上海馆、首都馆、西南大学馆、浙江馆、中科图

00635
瓦尔加批判 （苏）拉甫捷夫等著 何疆译
[北平等]：新华书店，1949.9，24 页，36 开（新华时事丛刊）
本书收文两篇：《关于一个经济学问题的论战》（依・拉甫捷夫）、《反对关于帝国主义的著作中的改良主义倾向》（E・瓦尔加）。
收藏单位：重庆馆、国家馆、山东馆、陕西馆、绍兴馆、天津馆

00636
现代殖民地经济论 （苏）达摄夫斯基著 贝叶译

上海：新知书店，1937.2，105 页，32 开（翻译小丛书 2）

本书收文两篇。第 1 篇共 3 章：宗主国对殖民地的财政束缚之强化、宗主国与殖民地商业联系的增进、列强夺取半殖民地市场斗争的尖锐化；第 2 篇共 4 章：前资本主义剥削形式的加强、愈益加重的税捐压迫、殖民地生产品价格的变动、殖民地和宗主国商品价格的分歧。

收藏单位：重庆馆、国家馆、内蒙古馆、西南大学馆、浙江馆

00637

现代资本主义　（德）桑巴特（Werner Sombart）著　季子译

上海：商务印书馆，1936.8—1937，4 册，22 开（中山文库）

上海：商务印书馆，1937，再版，4 册，25 开（中山文库）

本书分两卷。第 1 卷内容包括：绪论、前资本主义的经济、现代资本主义的历史基础等；第 2 卷内容包括：绪论、经济行为的精神与形态、市场、交通状况、货物的出卖等。

收藏单位：重庆馆、东北师大馆、广东馆、广西馆、国家馆、黑龙江馆、湖南馆、近代史所、辽大馆、南京馆、内蒙古馆、宁夏馆、上海馆、首都馆、浙江馆

00638

新经济学入门（资本主义社会之解剖）　伍尔模著　龚彬译

上海：北新书局，1929.8，12+140 页，32 开

本书共 5 章，内容包括：从单纯商品生产到资本主义的商品生产、独占资本主义与帝国主义、世界大战后的国际资本主义等。

收藏单位：重庆馆、桂林馆、国家馆、河南馆、绍兴馆

00639

增订资本制度解说　（日）山川均著　施复亮译

上海：新东方书店，1928.10，81 页，32 开

本书共 16 章，内容包括：资本主义的生产、经济组织底变迁、经济组织进化底法则、劳动力成了商品、资本制度底浪费等。译者原题：施存统。

收藏单位：国家馆、江西馆、上海馆、浙江馆

00640

正统学派的价值学说　（日）波多野鼎著　杨及玄译

上海：商务印书馆，1934，217 页，22 开，精装（经济丛书）

本书共 3 章：亚当·斯密的价值学说、理嘉图的价值学说、马耳沙斯和米尔的价值学说。据著者《价值学说史》（3 卷本）第 1 卷译出。

收藏单位：重庆馆、广东馆、国家馆、湖南馆、吉林馆、辽大馆、南京馆、内蒙古馆、上海馆、首都馆、天津馆、西南大学馆、浙江馆、中科图

00641

资本本质论　周宪文著

上海：暨南大学，[1936]，39 页，16 开

本书论述资本的形成、循环过程及资本与资本主义社会等问题。为《暨南学报》第 2 卷第 1 号抽印本。

00642

资本的集中　（英）科尔曼（G. M. Colman）著　曾豫生译

外文题名：Capitalist combines

上海：神州国光社，1934.12，87 页，32 开

本书共 4 节：资本的联合运动的现状、资本联合运动的发生、联合和社会的关系、政策问题。

收藏单位：重庆馆、国家馆、南京馆、陕西馆

00643

资本的集中　（英）科尔曼（G. M. Colman）著　曾豫生译

外文题名：Capitalist combines

上海：远东图书公司，1929，87 页，32 开

收藏单位：安徽馆、重庆馆、广西馆、国家馆、吉林馆、上海馆

00644
资本的利润及资本的产生　彭守朴译
[上海]：马克思主义研究会，1923.5，28页，32开
收藏单位：国家馆

00645
资本家的联合战线　（英）科尔曼（G. M. Colman）著　冯谷如译
外文题名：Capitalist combines
南京：南京书店，1931.10，76页，32开
本书共4章：现在之合并运动、合并运动发生之原因、合并运动与社会、政策问题。
收藏单位：广东馆、国家馆、河南馆、上海馆

00646
资本节制原论　朱剑农著
重庆：国民图书出版社，1945.3，205页，32开
本书共5章：节制资本的必要、节制资本的目的与途径、发达国家资本、节制私人资本、保护私人资本。
收藏单位：广西馆

00647
资本论　（日）小泉信三著　霜晓译
北平：青春书店，1930.5，84页，36开
本书简要说明资本的产生、构成成分，国民资本的再生产及资本的增加等，并介绍洛柏图斯的恐慌和资本学说。

00648
资本与利息　（奥）柏姆－巴维克（Eugen von Böhm-Bawerk）著　何昆曾　高德超译
上海：商务印书馆，1948.1，1册，25开（中山文库）
本书共7编：利息问题的发展、生产力学说、效用学说、忍欲学说、劳动学说、剥削学说、少数学说。著者原题：庞巴维克。
收藏单位：重庆馆、广西馆、贵州馆、国家馆、黑龙江馆、湖南馆、辽大馆、辽宁馆、南京馆、山西馆、陕西馆、上海馆、首都馆、西南大学馆、浙江馆

00649
资本制度的根本问题（工钱制度）（苏）克鲁泡特金（P. A. Kropotkin）著　张白艮译
北京：北新书局，1927.5，50页，50开（社会经济小丛书4）
本书共4部分：代议制度和工钱、集产党的工钱制度、不平等的报酬、平等工钱与自由共产主义。
收藏单位：重庆馆

00650
资本制度浅说　（日）山川均著　施复亮译
广州：国光书店，1926，106页，32开
广州：国光书店，1928，106页，32开
收藏单位：重庆馆、广东馆、国家馆、近代史所

00651
资本制度浅说　（日）山川均著　施复亮译
上海书店，1925，75页，32开
上海书店，1925.10，3版，75页，32开
上海书店，1925，4版，75页，32开
上海书店，1927.5印，75页，32开
本书译者原题：施存统。
收藏单位：广东馆、国家馆、近代史所、南京馆、浙江馆

00652
资本主义　刘芝明著
冀南新华书店，[1947]，21页，32开
本书即著者的《论资本主义》。
收藏单位：山东馆、浙江馆

00653
资本主义　刘芝明著
上海：生活·读书·新知上海联合发行所，1949，33页，36开（新中国百科小丛书）
收藏单位：重庆馆、东北师大馆、广东馆、国家馆、天津馆

00654
资本主义的发展及其没落 朱其华编 陶希圣校订
上海：新生命书局，1929.5，214 页，32 开（新生命丛书乙种）
上海：新生命书局，1929.10，再版，214 页，32 开

本书共 11 节，内容包括：资本主义的历史任务、资本主义经济学的创立、资本主义崩溃的必然性、社会意识的质化、欧洲经济的衰落等。

收藏单位：重庆馆、广东馆、广西馆、国家馆、河南馆、湖南馆、吉林馆、江西馆、近代史所、南京馆、宁夏馆、陕西馆、天津馆、西南大学馆、浙江馆

00655
资本主义的将来 （德）桑巴特（Werner Sombart）著 张梁任译
上海：商务印书馆，1933.10，53+38 页，32 开（社会科学小丛书）
上海：商务印书馆，1935.5，增订再版，38+39+13 页，22 开，精装

本书共 3 章。第 1 章叙述资本主义现状及变化，认为当代资本主义是后期资本主义时代；第 2 章讨论资本主义的未来，主张改革，认为资本主义经济亦须实行计划经济；第 3 章论述当代世界经济关系问题。附《仲伯德在经济学上之地位及其学说体系》（张梁任）。原著据著者于 1932 年 2 月 29 日在德国货币及信用经济研究委员会上的演讲词编成。著者原题：仲伯德。

收藏单位：安徽馆、重庆馆、东北师大馆、广东馆、广西馆、贵州馆、桂林馆、国家馆、河南馆、黑龙江馆、湖南馆、江西馆、近代史所、南京馆、上海馆、天津馆、西南大学馆、浙江馆、中科图

00656
资本主义的解剖 [（日）山川均著] 崔物齐译述
上海：光华书局，1927.2，110 页，32 开

本书共 15 部分，内容包括：资本主义的生产、生产和消费的矛盾、人类浪费的制度、社会的生产和个人的所有的矛盾、社会的改造等。

收藏单位：重庆馆、广东馆、广西馆、国家馆、湖南馆、江西馆、近代史所、陕西馆、上海馆、绍兴馆、天津馆

00657
资本主义发展的不平衡律 吴清友著
上海：生活书店，1937.7，189 页，36 开（青年自学丛书 第 2 辑）
上海：生活书店，1937.11，再版，189 页，36 开（青年自学丛书 第 2 辑）
上海[等]：生活书店，1940.6，3 版，189 页，36 开（青年自学丛书 第 2 辑）

本书共 5 章：绪论、发展不平衡律在资本主义各种阶段上的表现、资本主义发展不平衡的决定因素、伊里奇与资本主义发展的不平衡律、结论。

收藏单位：重庆馆、贵州馆、国家馆、南京馆、宁夏馆、上海馆

00658
资本主义发展底最高阶段帝国主义 （苏）列宁（Владимир Ильич Ленин）著
延安：解放社，1943.8，251 页，32 开

收藏单位：重庆馆、近代史所、山东馆

00659
资本主义合理化的各种问题 （日）高村洋一著 温盛光译
上海：启智书局，1929，100 页，32 开

本书共 9 章，内容包括：资本主义的合理化的方法、资本主义的合理化的结果、资本主义的合理化和熟练劳动者、资本主义的合理化和妇人劳动者、资本主义的合理化的困难等。

收藏单位：安徽馆、国家馆、江西馆、南京馆、上海馆、浙江馆

00660
资本主义经济新危机的开始 （苏）瓦尔加（E. C. Варга）著 金戈译
汉口：大众出版社，1938.5，49 页，32 开（中

苏文化杂志社丛书）

本书论述 1929—1937 年美国经济危机循环期中美国工业、农业、商业的衰落以及对其他资本主义国家经济的影响。

收藏单位：重庆馆、广西馆、国家馆、南京馆、上海馆、浙江馆

00661

资本主义经济学与社会主义经济学之认识 曾济宽讲 朱品彦 朱文江笔记

国立西北技专学术演讲会，1941.5，油印本，12 页，16 开，环筒页装（国立西北技艺专科学校学术演讲 第 1 集）

本书共 3 部分：资本主义与社会主义之意义、资本主义经济学之组织内容、社会主义经济学概要。

收藏单位：国家馆

00662

资本主义经济之剖视 沈志远著

上海：生活·读书·新知联合发行所，1949.8，112 页，36 开（社会科学基础读本 4）

上海：生活·读书·新知联合发行所，1949，2 版，112 页，42 开

本书共 6 部分，内容包括：资本主义的生产与积累、资本主义的经济危机、帝国主义与资本主义总危机等。

收藏单位：重庆馆、东北师大馆、国家馆、湖北馆、天津馆

00663

资本主义评论 孙雄著

武昌：经济研究社，1930，再版，52 页，22 开

本书共 5 章：序论、资本主义之利益、资本主义之弊害、资本主义之利弊比较、结论。著者原题：孙同康。

收藏单位：国家馆

00664

资本主义浅说 戴渭清编

上海：中央图书局，1927.7，119 页，32 开

本书共 6 章：什么叫资本主义、资本主义怎样产生的、资本主义的经济构造、资本主义的帝国侵略、资本主义的崩坏、资本主义与我国。

收藏单位：安徽馆、重庆馆、上海馆

00665

资本主义社会的解剖 （日）山川均 [等] 著 张我军译

北平：青年书店，1933.3，401 页，32 开

本书收文 6 篇：《资本主义的观念》（田边忠男）、《资本主义的精神》（本位田祥男）、《资本主义的本质与形成》（林癸未夫）、《资本主义之社会学的考察》（高田保马）、《末期的资本主义》（高桥龟吉）、《资本主义批评》（山川均）。

收藏单位：国家馆、天津馆

00666

资本主义社会之解剖 益田 丰彦 冬木译 刘野平重译

民声书局，1929.8，126 页，32 开

本书共 5 章，内容包括：从单纯商品生产到资本主义的商品生产、垄断的资本主义与帝国主义等。

收藏单位：重庆馆、国家馆、辽大馆、上海馆

00667

资本主义是什么 杨荣国著

桂林：文化供应社，1941.7，再版，56 页，64 开（青年新知识丛刊）

本书共 10 节，内容包括：资本主义的产生与发展、资本主义的矛盾、资本主义的基本特征、资本主义的经济恐慌、资本主义的意识形态等。

收藏单位：贵州馆、南京馆

00668

资本主义向下期的经济 （英）斯脱拉奇（John Strachey）著 刘涟译

上海：新人出版社，1941.2，154 页，32 开

本书介绍资本主义后期的经济特征。共 5 章：独占、国家主义、不稳定的货币、恐慌、

回到市场。为《未来的争霸战》中的一部分。著者原题：约翰·斯德拉奇。

收藏单位：广东馆

00669
资本主义之将来　宗伯特著　段麟壹译
中山图书社，1934.5，32 页，32 开

本书共 3 章：绪论、统制经济（一名计划经济）、资本主义之将来。

收藏单位：浙江馆

00670
资本主义之玄妙　（日）山川均著　吕一鸣译
北京：北新书局，1927.6，81 页，32 开

本书共 15 部分，内容包括：资本主义的生产、经济组织的变迁、劳动力的商品化、资本制度的浪费、人类浪费的制度、所争的生活等。据原著修订 5 版译出。

收藏单位：重庆馆、国家馆、吉林馆、江西馆、内蒙古馆、上海馆、浙江馆

00671
资本主义总危机与资产阶级政治经济学　（俄）特拉赫金堡（И. А. Трахтенберг）作　李少甫译
上海：中华书局，1949，76 页，32 开（新时代小丛书 17）

本书论述资本主义经济危机中的完全就业问题。

收藏单位：重庆馆、国家馆、辽宁馆、南京馆

00672
最后阶段的资本主义　（苏）列宁（Владимир Ильич Ленин）著　章一元译
上海：春潮书局，1930.1，182 页，32 开

本书著者原题：乌利亚诺夫。

收藏单位：重庆馆、东北师大馆、广东馆、国家馆、湖南馆、吉林馆、南京馆、上海馆

社会主义社会生产方式

00673
按劳分配能消除剥削制度造成公道社会问答　太原绥靖公署主任办公处编
太原绥靖公署主任办公处，1936.8，10 页，25 开

收藏单位：山西馆

00674
按劳取酬——社会主义的分配原则　（苏）里雅萍著
天津：读者书店，1949.4，11 页，32 开

收藏单位：国家馆、辽宁馆、山东馆

00675
从资本主义到社会主义　（英）霍布森（J. A. Hobson）著　李荣廷译
太原青年会，1933，48 页

本书共 17 章，内容包括：生产不足与消费减低、储蓄的新限制、剩余收入的误用等。

收藏单位：山西馆

00676
计划经济与非计划经济　（英）吴顿（Barbara Wootton）著　王世宪译
外文题名：Plan or no plan
上海：商务印书馆，1936.12，282 页，22 开，精装（经济丛书）
上海：商务印书馆，1937.4，再版，282 页，22 开，精装（经济丛书）

本书共 6 章，内容包括：非计划经济之性质、苏俄计划经济之性质、计划经济成功之条件等。

收藏单位：安徽馆、重庆馆、东北师大馆、广西馆、桂林馆、国家馆、河南馆、湖北馆、湖南馆、吉林馆、辽大馆、南京馆、内蒙古馆、宁夏馆、山西馆、武大馆、西南大学馆、浙江馆

00677
列宁与斯大林是社会主义政治经济学的创造者 （苏）柯兹洛夫（Г. А. Козлов）著 李少甫译
上海：中华书局，1949，49 页，32 开（新时代小丛书 25）
收藏单位：北师大馆、重庆馆、广东馆、广西馆、国家馆、湖北馆、吉林馆、辽宁馆、南京馆、云南馆

00678
论列斯创造的社会主义政治经济学 （苏）列昂节夫（Лев Абрамович Леонтьев）著 施滨译
沈阳：东北书店，1949.4，46 页，32 开
本书收录演讲稿 5 篇：《列宁和斯大林乃是社会主义政治经济学的创始人》《社会主义经济法则底性质》《苏维埃国家对于经济的作用》《准备采用社会主义生产方式的一些基本问题》《社会主义国民经济制度的一些基本问题》。
收藏单位：重庆馆、东北师大馆、广东馆、国家馆、黑龙江馆、湖北馆、吉林馆、南京馆、内蒙古馆、宁夏馆、山东馆、天津馆

00679
论列斯创造的社会主义政治经济学 （苏）列昂节夫（Лев Абрамович Леонтьев）著 施滨译
沈阳：东北新华书店，1949.5，再版，45 页，32 开
收藏单位：重庆馆、国家馆

00680
论列斯创造的社会主义政治经济学 （苏）列昂节夫（Лев Абрамович Леонтьев）著 施滨译
皖北新华书店，1949，44 页，32 开
收藏单位：天津馆

00681
论列斯创造的社会主义政治经济学 （苏）列昂节夫（Лев Абрамович Леонтьев）著 施滨译
香港：新民主出版社，[1949]，57 页，32 开
收藏单位：吉林馆

00682
论社会主义财产 （苏）柯锡列夫（Ф. П. Кошелев）著 达克译
大连：光华书店，1948.12，44 页，36 开（社会科学小译丛 2）
哈尔滨：光华书店，1949.1，再版，44 页，32 开（社会科学小译丛）
北平[等]：新中国书局，1949.7，再版，44 页，32 开（社会科学小丛书）
本书共 6 节，内容包括：生产关系与财产形式、社会主义所有制发生的道路、社会主义制度下的个人财产等。著者原题：柯舍列夫。
收藏单位：长春馆、重庆馆、国家馆、湖南馆、吉大馆、辽宁馆、南京馆、天津馆

00683
论社会主义财产 （苏）柯锡列夫（Ф. П. Кошелев）著 达克译
扬州：苏北新华书店，1949，30 页，32 开
本书著者原题：柯舍列夫。
收藏单位：国家馆

00684
社会计划经济制度 （英）克里浦斯（Stafford Cripps）著 彭莲棠译
上海：大东书局，1947.6，10+134 页，32 开
本书共 14 章，内容包括：社会主义之发生、自由之本质与国民财富之合理分配、资本主义对国民财富分配之不当、资本主义下无社会主义者所希冀之和平、社会主义的生产分配计划之基本原理等。
收藏单位：重庆馆、国家馆、河南馆、辽大馆、南京馆、上海馆、天津馆、西南大学馆

00685
社会主义经济学史 （日）住谷悦治著 宁敦五译
上海：昆仑书店，1929.10，135 页，32 开
本书按学派及国别论述资本主义与社会主

义经济学说的发展史。共3篇：经济学史的概观、前期资本主义与社会主义经济学说的发展、后期资本主义与社会主义经济学说的发展。

收藏单位：重庆馆、国家馆、湖南馆、南京馆、上海馆、首都馆、天津馆

00686

社会主义下劳动的新刺激与工资 （苏）马涅维奇（Е. Л. Маневич）著 王易今译

上海：中华书局，1949，40页，32开（新时代小丛书24）

本书论述新制度下的社会主义生产关系。

收藏单位：重庆馆、国家馆、湖北馆、辽宁馆

00687

社会主义与资本主义 （英）庇古（Arthur Cecil Pigou）著 高平叔 周华章译

外文题名：Socialism versus capitalism

重庆：中华书局，1944.9，56页，32开

上海：中华书局，1947，再版，56页，32开

本书共9章，内容包括：国民财富与所得的分配、生产资源的分派、失业问题、利润与技术效率、经济行为的刺激问题等。

收藏单位：重庆馆、广东馆、广西馆、贵州馆、国家馆、黑龙江馆、湖南馆、吉林馆、南京馆、上海馆、首都馆、武大馆、浙江馆

00688

新民主主义的经济 许涤新著

上海：生活·读书·新知上海联合发行所，1949.6，154页，36开（新中国青年文库）

本书共8章：新民主主义的历史条件、新民主主义经济的性质、耕者有其田、合作社、国家经济、私人资本主义、新民主主义经济诸范畴、新民主主义经济的法则及其倾向。

收藏单位：广东馆、国家馆、湖北馆、南京馆、天津馆

00689

新民主主义经济论 许涤新著

[海口]：海南出版社，1948，125页，36开（社会科学小丛书）

收藏单位：广东馆

00690

新民主主义经济论 许涤新著

中外出版社，1948，82页，32开

中外出版社，1948，97页，48开（社会科学小丛书第2辑4）

收藏单位：北师大馆、重庆馆、国家馆、吉林馆、近代史所、天津馆

00691

新民主主义与中国经济 许涤新著

香港：新潮社，1949.8，再版，50页，32开

本书共5部分：新民主主义经济的性质、耕者有其田是发展工商业的前提、为什么要平均分配土地、消灭垄断资本与建设新民主主义经济、城市经济的改造。

收藏单位：重庆馆、近代史所

00692

学习“关于东北经济构成及经济建设的基本方针的提纲草案”的参考文件 政策研究室编

政策研究室，[1943—1949]，182页，32开

本书收文18篇，内容包括：《马克思、恩格斯论从资产阶级手中夺取一切资本》《列宁论使无产阶级在与不彻底的资产阶级作斗争中束缚着手足的危险从何处而来》《列宁论与资产阶级斗争的新方式及为全国统计和监督而斗争的意义》《列宁论粮食税》《列宁论合作社》等。

00693

转形期的经济学 （苏）布哈林（Н. И. Бухарин）著 潘怀素译

上海：北新书局，1930.4，220页，32开

本书共11章，内容包括：世界资本主义底构造、资本主义体系底崩坏、新建设之一般的前提、平民执政之下的生产行政制度、过渡期中资本主义之经济学的范畴等。据德文版转译。著者原题：蒲哈林。

收藏单位：重庆馆、国家馆、江西馆、近代史所、上海馆、天津馆、西南大学馆

00694
转形期底经济理论 （日）山川均著　施复亮　钟复光译
上海：新生命书局，1933.2，149页，32开
本书共3章：资本主义经济底特质及其发展底倾向、资本主义发展底最高阶段、转向社会主义的过渡期底经济。
收藏单位：重庆馆、广西馆、国家馆、江西馆、南京馆、宁夏馆、上海馆、天津馆、浙江馆

00695
转形期经济学 （苏）布哈林（Н. И. Бухарин）著　向省吾译
上海：乐华图书公司，1930.4，[20]+271页，32开
本书共11章，内容包括：世界资本主义的构造、资本主义体制的崩坏、社会的转形过程中的城市与农村、转形期之一般的组织形态、过渡期间的“经济外”的强制等。据德文版转译。
收藏单位：重庆馆、东北师大馆、广西馆、桂林馆、国家馆、湖南馆、吉林馆、江西馆、近代史所、南京馆、上海馆、天津馆、浙江馆、中科图

00696
资本主义及社会主义 （德）波雷（L. Pohle）著　曹伟民译
北平今生社，1933.5，再版，180页，32开（今生社丛书1）
本书共两章：现代经济组织之基础与社会主义、社会主义对于现代经济秩序的批评。共10节，内容包括：个人主义的经济秩序与其发生、企业与劳动生产合作、通论、失业、个人主义与社会主义的经济上的生产力等。
收藏单位：国家馆

00697
资本主义与社会主义　林伯修著
外文题名：Capitalism and socialism
上海：青年协会书局，1933.7，22页，48开（社会问题小丛书3）
本书概述资本主义与社会主义的基本特性，并论述社会主义的优越性。
收藏单位：重庆馆

00698
资本主义与社会主义 （美）塞利格曼（Edwin Robert Anderson Seligman）（美）倪埃林（Scott Nearing）著　岑德彰译
上海：商务印书馆，1923.1，46页，32开（百科小丛书7）
上海：商务印书馆，1923，再版，46页，32开（百科小丛书7）
上海：商务印书馆，1925，3版，46页，32开（百科小丛书7）
上海：商务印书馆，1926.11，4版，46页，32开（百科小丛书7）
本书主要收录塞利格曼关于资本主义的辩辞、答辩、结论，倪埃林关于社会主义的辩辞、答辩、结论。著者“塞利格曼”原题：塞里格门，“倪埃林”原题：尼林。
收藏单位：安徽馆、重庆馆、广东馆、广西馆、国家馆、湖南馆、江西馆、近代史所、南京馆、内蒙古馆、山东馆、首都馆、天津馆、西南大学馆

共产主义社会生产方式

00699
共产党底计画 （苏）布哈林（Н. И. Бухарин）著　太柳译
上海、汉口：长江书店，1927.3，3版，118页，32开（康民尼斯特丛书 第1种）
汉口：长江书店，1937，再版，118页，32开（康民尼斯特丛书 第1种）
本书共20章，内容包括：资本制度之罪恶、共同生产和共同分配、无政府主义和共产主义、国有土地的共同耕种、万国的解放等。
收藏单位：重庆馆、上海馆

00700
共产党底计画 （苏）布哈林（Н. И. Бухарин）

著　太柳译
广州：人民出版社，1921.12，112 页，32 开（康民尼斯特丛书 第 1 种）
　　收藏单位：广东馆

00701
共产党礼拜六　（苏）列宁（Владимир Ильич Ленин）著　王静译
广州：人民出版社，1922.1，36 页，32 开（列宁全书 第 3 种）
　　本书论述“用革命精神从事工作”的“共产主义义务星期六”劳动。其他题名：伟大的创举。
　　收藏单位：广东馆、首都馆

00702
伟大的创举·怎样组织比赛　（苏）列宁（Владимир Ильич Ленин）著
莫斯科：外国文书籍出版局，1949，47 页，25 开
　　本书收文两篇:《伟大的创举》《怎样组织比赛》。据国家政治书籍出版局 1946 年版《列宁文选（两卷集）》（马恩列学院）第 2 卷译出。
　　收藏单位：重庆馆、贵州馆、国家馆、南京馆、内蒙古馆、山西馆、绍兴馆、天津馆

经济学分支科学

00703
比较经济学总论　周宪文著
上海：中华书局，1948.5，126 页，32 开（文化与经济丛刊 4）
　　本书共 7 篇，内容包括：导言、什么叫做经济学、经济学讲些什么、怎样研究经济学等。
　　收藏单位：重庆馆、广西馆、桂林馆、国家馆、吉林馆、辽大馆、辽宁馆、南京馆、内蒙古馆、宁夏馆、上海馆

00704
计学家言　章宗元著
天津：经济学会，1918.5，1 册，22 开
　　本书为文言体，加圈点。论述个人持家生财之道及有关的经济理论。共 8 部分：用财篇、生财篇、交易篇、泉币篇、专利篇、通商篇、分财篇、理财篇。
　　收藏单位：北师大馆、国家馆、上海馆、天津馆、浙江馆

00705
家庭经济　漆士昌编著
南京：正中书局，1936.5，169 页，32 开（女子与家庭丛书）
金华：正中书局，1942，再版，169 页，32 开（女子与家庭丛书）
上海：正中书局，1947.11，169 页，32 开
　　本书分上、下两编：经济的基础知识、家庭经济。共 11 章，内容包括：经济的意义、生产的意义、分配的意义、家庭的收入、消费的合理化等。
　　收藏单位：重庆馆、广东馆、贵州馆、国家馆、湖南馆、南京馆、上海馆、西南大学馆

00706
家庭经济新论　谢彬著
上海：太平洋书店，1929.9，92 页，32 开
　　本书共 9 章，内容包括：收入、支出、衣食住的经济、申论储蓄、申论奢侈等。附各国农工家庭生活费表。
　　收藏单位：安徽馆、重庆馆、广西馆、贵州馆、国家馆、河南馆、浙江馆

00707
家庭经济学　何静安著
上海：商务印书馆，1935.9，25+435 页，25 开（浙江大学丛书）
上海：商务印书馆，1936.3，再版，25+435 页，25 开（浙江大学丛书）
长沙：商务印书馆，1940，3 版，25+435 页，25 开（浙江大学丛书）
　　本书共 13 章，内容包括：家庭功用、家

庭进款、家庭预算、衣、食、经常费等。

收藏单位：安徽馆、重庆馆、广西馆、贵州馆、国家馆、湖南馆、江西馆、南京馆、首都馆、西南大学馆、浙江馆

00708

经济生活实践法 裴小楚著

上海：慧协书店，1940.9，265 页，32 开（成名与致富丛书 第 2 种）

本书内容包括：经济在生活上的重要性、开始我们的新生活、负担家庭生活的注意点、劳工阶级的生活、个人生活的经济支配等。

收藏单位：长春馆、广东馆、贵州馆、国家馆、首都馆

00709

经济学解 （德）桑巴特（Werner Sombart）著 王毓瑚译

上海：商务印书馆，1937.5，428 页，32 开，精装（汉译世界名著）

上海：商务印书馆，1939，428 页，32 开，精装（万有文库 第 2 集 101）（汉译世界名著）

本书即《三种国民经济学》。分 3 卷：经济学之现状、三种经济学、整个经济之学。共 18 章，内容包括：取材之不定、释义之不定、命名之不定、规制经济学、整序经济学、理解经济学、经济综论之组列等。

收藏单位：安徽馆、长春馆、重庆馆、大理馆、大连馆、大庆馆、东北师大馆、广东馆、广西馆、贵州馆、国家馆、河南馆、黑龙江馆、湖南馆、江西馆、近代史所、辽大馆、辽师大馆、柳州馆、南京馆、内蒙古馆、宁夏馆、上海馆、绍兴馆、浙江馆

00710

日用经济学 （英）彭森（T. H. Penson）著 靳蕲译述

外文题名：The economics of everyday life

上海：商务印书馆，1937.1，1 册，25 开（社会科学小丛书）

本书分 4 编：绪论、所得之来源、买卖、个人之所得。共 14 章，内容包括：经济学之对象、生产努力之本质、生产努力之要件、交易之条件、交易之机械、分配问题等。附继续研究用书简表。著者原题：彭森爵。

收藏单位：重庆馆、广东馆、广西馆、贵州馆、国家馆、河南馆、湖南馆、吉林馆、辽大馆、南京馆、上海馆、天津馆、浙江馆

00711

实用一家经济法 邵飘萍编纂

上海：商务印书馆，1917，[12]+164 页，50 开（妇女丛书 第 1 集 第 1 编）

上海：商务印书馆，1917，再版，164 页，50 开（妇女丛书 第 1 集 第 1 编）

上海：商务印书馆，1921，4 版，10+164 页，50 开（妇女丛书 第 1 集 第 1 编）

上海：商务印书馆，1924，6 版，[12]+164 页，50 开（妇女丛书 第 1 集 第 1 编）

上海：商务印书馆，1925，7 版，[12]+164 页，42 开（妇女丛书 第 1 集 第 1 编）

上海：商务印书馆，1927.1，8 版，10+164 页，32 开（妇女丛书 第 1 集 第 1 编）

本书共 8 编。内容包括：家事经济之根本、家族将来之幸福策、家庭之良苦、负债及其整理法、金钱与个人之关系、一身一家之独立等。

收藏单位：重庆馆、国家馆、河南馆、内蒙古馆、首都馆、天津馆、浙江馆

00712

实用一家经济法 邵飘萍编纂

上海：商务印书馆，1933.10，国难后 1 版，[12]+84 页，32 开（家庭丛书）

上海：商务印书馆，1934.4，国难后 2 版，[12]+84 页，32 开（家庭丛书）

上海：商务印书馆，1935.2，国难后 3 版，[10]+84 页，32 开（家庭丛书）

上海：商务印书馆，1935.6，国难后 4 版，84 页，50 开（家庭丛书）

收藏单位：安徽馆、重庆馆、广东馆、广西馆、国家馆、江西馆、南京馆、首都馆、西南大学馆

经济思想史

00713

班色论合作主义　（法）都德班色（A. Daudé-Bancel）著　彭师勤译

重庆：合作与农村出版社，1943.6，70页，32开

本书共4章：绪论合作主义及其渊源、消费合作、生产合作、他种合作运动。

收藏单位：重庆馆、广西馆、贵州馆、国家馆、南京馆、西南大学馆

00714

从生产经济学到信用经济学　（日）土田杏村著　刘家筠译

上海：华通书局，1931.4，330页，22开

本书共8章，内容包括：从费边主义到达格拉斯主义的产生、达格拉斯主义及其争论、达格拉斯主义研究补说、哈特斯勒氏的共同社会信用论、美国劳动者银行的意义及其发达等。

收藏单位：北师大馆、重庆馆、广东馆、广西馆、桂林馆、国家馆、吉林馆、辽宁馆、南京馆、山西馆、天津馆

00715

当代经济理论　徐毓枬著

上海：商务印书馆，1949.3，148页，25开（大学丛书）

本书共4部分：凯恩斯就业通论简述、就业通论以前的皮古教授之就业理论、一般均衡经济学导论（席克斯价值与资本之直接分析）、厂商分析（部份均衡经济学之重要一章）。

收藏单位：重庆馆、东北师大馆、贵州馆、桂林馆、国家馆、吉林馆、辽大馆、辽宁馆、南京馆、内蒙古馆、上海馆、首都馆、天津馆

00716

德意志经济思想史　（日）加田哲二著　周承福译

上海：神州国光社，1932.4，25+476页，22开

本书共22章，内容包括：官房主义之经济思想、德意志资本主义之成立、古典哲学之社会观、德意志曼切斯达学派、社会主义之萌芽等。

收藏单位：安徽馆、重庆馆、广东馆、广西馆、国家馆、吉林馆、江西馆、近代史所、南京馆、上海馆、浙江馆、中科图

00717

二十世纪的经济学说　（匈）温格尔（Theo Surányi-Unger）著　宋家修译

上海：商务印书馆，1936.5，11+342页，22开

本书共4篇：最近各派经济学说的哲学渊源、德语诸国经济学的发展、法意经济学的发展、英美经济学的发展。据英译本转译。

收藏单位：安徽馆、重庆馆、东北师大馆、广东馆、贵州馆、国家馆、黑龙江馆、湖南馆、吉大馆、吉林馆、江西馆、近代史所、南京馆、内蒙古馆、上海馆、首都馆、天津馆、浙江馆、中科图

00718

放任主义告终论　（英）凯恩斯（John Maynard Keynes）著　杭立武译

上海：平凡书局，1930.6，60页，32开

本书反对自由放任主义的观点，主张国家应该干预经济生活。著者原题：坎恩斯。

收藏单位：重庆馆、国家馆、上海馆

00719

富民策　（英）马林（W. E. Macklin）著　李玉书译

上海：美华书馆，1911，76+64页，22开（马氏丛书）

本书分上、下两卷。共32章，内容包括：各家富国策辩、论本不养工、论地、论工、论银号、论天下各国之地、论格致之学等。据美国亨利·乔治（Henry George）《进

步与贫困》编译。

收藏单位：国家馆、湖南馆、人大馆、上海馆、中科图

00720

高夫曼论合作诸类型及其关系　（德）高夫曼（H. Kaufmann）著　彭师勤译

上海：合作与农村出版社，1944.12，28页，32开

本书内容包括：消费合作社的制度、消费合作社和消费者其他的合作社、消费合作社与劳动合作社等。

收藏单位：重庆馆、贵州馆

00721

各国经济思潮之变迁　萧志仁编述

北京：内务部编译处，[1921]，176页，18开

本书共29章，内容包括：最古及古代之经济状态、中世纪之经济思潮、近世纪经济之发达、自然主义及重农学派、欧洲大战时期之经济状况、战后各国之经济趋势等。

收藏单位：国家馆、近代史所、辽宁馆、南京馆、人大馆

00722

各国现代经济学说及组织　中央训练团党政高级训练班编

中央训练团党政高级训练班，1943.6，73页，36开

本书收文6篇：《总论》（陈豹隐）、《英国经济学说及组织》（赵兰坪）、《苏联经济学说及组织》（邵力子）、《法国经济学说及组织》（许德珩）、《德义经济学说及组织》（朱偰）、《中国经济学说及组织》（陈豹隐）。

收藏单位：重庆馆、辽宁馆、南京馆、内蒙古馆

00723

工业主义的未来　严庄著

出版者不详，1928.1，82页，16开

收藏单位：南京馆

00724

孤立国　（德）屠能（J. H. von Thünen）著　顾绥禄译　高信校订

南京：正中书局，1937.2，10+585页，22开（地政学院丛书）

上海：正中书局，1947.9，10+585页，25开（地政学院丛书）

本书分上、下两卷。内容包括：孤立国之形成、孤立国与实际之比较、赋税对于农事之作用、符合自然之工资及其与利率及地租之比例等。书中题名：孤立国对于农业及国民经济之关系。

收藏单位：重庆馆、东北师大馆、广东馆、贵州馆、国家馆、湖南馆、华东师大馆、辽大馆、南京馆、宁夏馆、山西馆、上海馆、首都馆、天津馆、西南大学馆、浙江馆

00725

管子经济思想　黄汉著

上海：商务印书馆，1936.9，181页，32开（百科小丛书）

本书共10章，内容包括：管子经济思想之基础、货币学说、财政政策、工业政策、商业政策、分配与消费等。

收藏单位：安徽馆、重庆馆、大庆馆、东北师大馆、贵州馆、国家馆、河南馆、湖南馆、江西馆、辽大馆、辽宁馆、南京馆、内蒙古馆、宁夏馆、陕西馆、首都馆、浙江馆、中科图

00726

管子之统制经济（一名，最古统制经济制度）　俞凤韶著

温州：[中华铸字制版印刷厂]，1944，85+12页，32开

本书共10章，内容包括：管子关于经济理论之纲要、大夫与商贾、社会制度、国用等。附《读俞寰澄先生著管子之统制经济》（王季思）。著者原题：俞寰澄。

收藏单位：国家馆、上海馆、首都馆、浙江馆

00727

国富论 （英）亚当·斯密（Adam Smith）著 郭大力 王亚南译

上海：神州国光社，1931—1932，2册（466+611页），25开

收藏单位：重庆馆、广东馆、桂林馆、国家馆、河南馆、湖南馆、江西馆、辽大馆、辽师大馆、上海馆、首都馆、天津馆、西南大学馆、浙江馆

00728

国富论 （英）亚当·斯密（Adam Smith）著 郭大力 王亚南译

上海：中华书局，1936.4，2册（466+611页），25开

上海：中华书局，1936.11，再版，2册（466+611页），23开

本书分上、下两卷。上卷内容包括：分工论、论货币之起原及其效用、资本利润论、土地地租论、论各种资本用途、论富之自然的进步等；下卷内容包括：商业主义或重商主义的原理、论限制从外国输入国内能生产的货物、论支还、论殖民地等。

收藏单位：重庆馆、广西馆、贵州馆、桂林馆、国家馆、黑龙江馆、近代史所、辽大馆、南京馆、内蒙古馆、山西馆

00729

国富论 （英）亚当·斯密（Adam Smith）著 刘光华译

南京：民智书局，1934.5，250页，24开

本书据Ashley节选本译出。

收藏单位：南京馆

00730

国富论学说述原 赵迺抟著

出版者不详，[1936—1949]，16页，16开

本书介绍《国富论》撰述的经过和其中各学说的来源。

00731

国家经济学 （德）李斯特（F. List）著 王开化译述

外文题名：The national system of political economy

上海：商务印书馆，1927，2册（390页），22开，精装（经济名著）

上海：商务印书馆，1929，2册（390页），32开（万有文库 第1集 182）（汉译世界名著）

上海：商务印书馆，1929，再版，2册（390页），22开，精装

上海：商务印书馆，1930，2册（390页），32开（万有文库 第1集 182）（汉译世界名著）

上海：商务印书馆，1933.5，国难后1版，2册（390页），22开，精装（经济名著）

上海：商务印书馆，1934.7，2册（390页），32开（万有文库 第1集 182）（汉译世界名著）

上海：商务印书馆，1935.4，国难后2版，2册（390页），22开，精装（经济名著）

本书共4编：历史、学说、学派、政治。著者原题：李士特。

收藏单位：安徽馆、重庆馆、大理馆、大连馆、东北师大馆、广东馆、广西馆、贵州馆、桂林馆、国家馆、河南馆、黑龙江馆、湖南馆、吉林馆、江西馆、辽大馆、辽师大馆、南京馆、内蒙古馆、宁夏馆、上海馆、首都馆、天津馆、西南大学馆、浙江馆、中科图

00732

合作的历史、组织及原理 （法）吉德（Charles Gide）著 郭竞武译

上海：南华图书局，1929.7，190页，36开

本书共11章，内容包括：合作的起源、合作的定义分类和术语、合作原则、合作与其它社会运动的区别、合作理论、合作发展简史、各国合作的现状等。著者原题：查理·季特。

收藏单位：重庆馆、江西馆

00733

合作的哲学 侯哲安著

重庆：合作与农村出版社，1944，24页，36开

本书共8部分，内容包括：何谓合作的哲学、连锁论与哲学体系、连锁论与科学体系

等。著者原题：侯哲莽。

收藏单位：重庆馆、广西馆、南京馆

00734

合作概论讲义纲要 侯哲安著

侯哲安，1940.7，1册，32开

本书共5编：合作主义的起源、合作运动的先驱及其思想、合作主义的基础知识、合作主义的比较研究、各国合作制度。著者原题：侯哲莽。

收藏单位：国家馆、南京馆

00735

合作纲要 （美）韦拔斯（James Peter Warbasse）著 尹让能译

上海：大东书局，1929.11，218页，32开

本书共8章，内容包括：现代状况的批评、对于拟定救济方法的批评、合作的经济学、合作的社会方面和经济方面、实现的方法等。

收藏单位：安徽馆、重庆馆、广东馆、国家馆、吉林馆、江西馆、辽宁馆、南京馆、上海馆、天津馆、浙江馆

00736

合作共和国 （法）波亚桑（Ernest Poisson）原著 张则尧 吴植模译

南京：中国合作图书用品生产合作社，1947，再版，80页，32开（合作评论社丛书）

本书共4部分：合作的科学理论、合作共和国及其结果、合作共和国实现的限界、合作共和国的实现。书前有代序《波亚桑合作共和国之理想及其批判》（张则尧）。

收藏单位：国家馆、吉林馆、南京馆、浙江馆

00737

合作经济初步研究法 郑厚博撰

南京市工业生产合作社图书文具生产部，1947，22页，32开

南京市工业生产合作社图书文具生产部，1947.7，2版，22页，32开

收藏单位：南京馆、首都馆

00738

合作经济论 佛格（G. Fauquet）著 彭师勤译

昆明：中国合作事业协会云南省分会，1942，2册，32开（合作专刊3）

本书分上、下两册：通论之部、注释之部。上册共5部分：绪言、各种合作社之共同特征、合作社之完整化、个人独立与集体行动、国营主义与合作；下册共3部分：合作制度之两个要案、论合作法则之应用、单位利润与全部利润——合作的超利润。

收藏单位：安徽馆、国家馆

00739

合作经济论 黄玉明 汪洪法著

[广州]：国立中山大学出版组，1944.1，166页，25开

本书共4篇：合作的发展及其沿革、合作的原则及其种类、各种合作的本质及其机能、合作的价值与效果及与其他主义的比较。

收藏单位：重庆馆

00740

合作经济思想史 （罗）姆拉德拉兹（G. Mladenatz）著 彭师勤译

南京：中国经济书刊生产合作社，1947.12，改订译本，228页，25开

本书共8章，内容包括：合作的原始方式与近代合作运动的诞生、先驱者、实行家、国际合作组织、合作经济制度等。

收藏单位：重庆馆、贵州馆、国家馆、湖南馆、辽大馆、南京馆、浙江馆

00741

合作经济学 陈仲明 罗虔英著

上海：中国合作经济研究社，1947，193页，25开

本书共10章，内容包括：合作经济的实践诸法则、人类合作意识的发生发展与转化、合作经济思想的演进、合作经济企业的演进、中国合作经济发展史等。

收藏单位：安徽馆、重庆馆、广东馆、国家馆、黑龙江馆、南京馆、上海馆

00742
合作经济学　寿勉成著
上海：世界书局，1929.11，120页，32开（经济学丛书）
上海：世界书局，1933.6，再版，120页，32开（经济学丛书）
本书共7章：绪论、消费者、生产、分配、消费、合作经济的实施方法、三民主义的方法与合作经济。
收藏单位：安徽馆、重庆馆、东北师大馆、广东馆、贵州馆、国家馆、湖南馆、江西馆、南京馆、上海馆、天津馆、浙江馆

00743
合作经济学导论　沈经保著
出版者不详，1938，265页，32开
本书共11章：合作原理、合作与其他社会运动之异同、合作运动之起源与发展、合作之效能与限制、最先合作理论家及其理想、合作社之分类、信用合作、运销合作、购买合作、利用合作、合作社之组织与经营。
收藏单位：重庆馆

00744
合作经济学导论　四川省农村合作指导人员训练所编
四川省农村合作指导人员训练所，1937.11，265页，32开
收藏单位：重庆馆、国家馆

00745
合作经济与世界和平　（美）韦拔斯（James Peter Warbasse）著　朱凤鸣译
南京：中国合作事业协会，1947，94页，32开
本书共14章，内容包括：战争与和平之对照、合作之意义、民主对于和平之重要、自动与强迫之对照、以合作教育为经济政策等。
收藏单位：重庆馆、国家馆、吉林馆、南京馆、首都馆

00746
合作理论　侯哲安著
上海：黎明书局，1933.4，214页，32开
上海：黎明书局，1937.6，修正再版，314页，32开
本书共8章，内容包括：合作主义的哲学基础、合作主义的社会观、合作主义的利润观、合作主义者的人生观、中国合作运动的理论问题等。附世界合作大事年表。著者原题：侯哲莽。
收藏单位：安徽馆、长春馆、重庆馆、东北师大馆、广东馆、广西馆、贵州馆、国家馆、河南馆、湖南馆、江西馆、辽大馆、辽宁馆、内蒙古馆、陕西馆、首都馆、天津馆、浙江馆

00747
合作理论　侯哲安撰
上海：商务印书馆，1937，313页，32开
收藏单位：南京馆

00748
合作理论之体系　侯哲安著
重庆：合作与农村出版社，1942，228页，32开
南京：合作与农村出版社，1947.8，再版，164页，32开
本书共5章：合作主义的建立、合作的宇宙论、合作的社会论、合作的理想目标、合作主义的方略。著者原题：侯哲莽。
收藏单位：重庆馆、东北师大馆、广西馆、贵州馆、国家馆、湖南馆、南京馆、武大馆

00749
合作论　（英）克雷吞（Joseph Clayton）著　徐渭津译
外文题名：Co-operative movement
上海：商务印书馆，1924.4，121页，32开（新智识丛书）
上海：商务印书馆，1927.6，再版，121页，32开（新智识丛书）
上海：商务印书馆，1931，3版，121页，25开（新智识丛书）
本书共9章括：绪言、历史、合作分配、

合作生产、劳工合伙与红利分享、农业合作、大陆上的合作者、教育事业、结论。

收藏单位：安徽馆、重庆馆、广西馆、国家馆、河南馆、湖南馆、江西馆、近代史所、辽大馆、南京馆、内蒙古馆、首都馆、浙江馆

00750

合作论 邵天挺著

兰溪：商科职业学校，1931.6，再版，91+40页，32开

本书论述合作原理。附浙江省合作社规程、浙江省合作社章程样式。

00751

合作论 邹敬芳著

上海：启智书局，1929.12，166页，22开

本书分两编：总论、合作的理论与实际。第1编共两章：产业进化之一瞥、资本制度的解剖；第2编共4章：合作主义的概念、消费合作、生产合作、信用合作。著者原题：邹振方。

收藏单位：北师大馆、国家馆、天津馆、浙江馆

00752

合作是节俭制度 沃尔夫（Henry W. Wolff）著 朱承洵译

外文题名：Cooperation as a thrift institution

成都：普益协社出版部，1927.11，32页，32开（普益丛书1）

本书共15部分，内容包括：合作的起源、合作的意义、消费合作、合作与贸易、合作教育、合作的管理等。

收藏单位：重庆馆、国家馆、南京馆、首都馆

00753

合作思想史 （罗）姆拉德拉兹（G. Mladenatz）著 彭师勤译

重庆：中国合作学社，1944，314页，32开（世界合作名著译丛）

本书共6章，内容包括：合作的原始方式与近代合作运动的诞生、先驱者、实行家、国际组织等。

收藏单位：重庆馆、广东馆、国家馆、江西馆、南京馆、上海馆、首都馆、浙江馆

00754

合作先驱傅立叶 （法）吉德（Charles Gide）著 徐日琨译

上海：世界书局，1936.9，141页，32开（世界合作名著）

本书共6章，内容包括：农业操作应当怎样、受薪工作、在何种范围内合作运动有关于傅立叶等。

收藏单位：重庆馆、贵州馆、国家馆、河南馆、湖南馆、吉林馆、江西馆、辽大馆、南京馆、上海馆、浙江馆、中科图

00755

合作学发凡 伍玉璋著

成都：普益协社，1941.3，34页，32开（普益研究小丛书）

本书分上、中、下3篇。上篇共两部分：合作之科学研究的意义、合作有成为科学的理由；中篇共3部分：合作解、合作学解、合作科学解；下篇共两部分：合作学之编纂大纲、注解。

收藏单位：重庆馆、贵州馆、国家馆、吉林馆、辽大馆、南京馆、首都馆、浙江馆

00756

合作要义 谭天愚著

汉口：汉光印书馆，1937.4，84页，32开

本书共6部分：合作之意义、合作之历史、合作之哲理、合作之分类、合作之组织与经营、合作与农村。附合作社法。

收藏单位：长春馆、河南馆

00757

合作与其他社会运动 （俄）道图门慈（V. F. Totomiants）著 王世颖译

上海：中国合作学社，1930.3，34页，32开（合作小丛书 总论之部2）

上海：中国合作学社，1933.11，再版，34页，

32 开（合作小丛书 总论之部 2）

本书内容包括：合作底意义、合作具有经济的目的、合作分配、合作信用、合作生产、合作与社会主义、合作与国家、合作与阶级斗争、合作与无政府主义、合作与国营企业等。据英译本转译。著者原题：W. Totomianz。

收藏单位：重庆馆、国家馆、吉林馆、南京馆、人大馆、浙江馆

00758

合作与社会 徐旭著

北京：中华书局，1949.9，216 页，32 开

本书共 4 章：我们人类的社会、合作是资本主义社会的产物、各种不同经济结构社会的合作、中国社会的性质及其合作运动。

收藏单位：安徽馆、重庆馆、东北师大馆、国家馆、吉大馆、辽大馆、南京馆、上海馆

00759

合作与主要经济问题 寿勉成著

上海：中国合作学社，1929.7，59 页，32 开（合作丛书）

本书为《合作经济学》补充本。共 12 部分：合作与价值问题、合作与价格问题、合作与货币问题、合作与财产问题、合作与盈余问题、合作与工资问题、合作与利息问题、合作与地租问题、合作与财政问题、合作与生产问题、合作与消费问题、合作与储蓄问题。

收藏单位：安徽馆、重庆馆、广东馆、国家馆、吉林馆、江西馆、南京馆、浙江馆

00760

合作原理 寿勉成著

上海：中国合作学社，1928.10，28 页，32 开（合作小丛书 历史之部 1）

上海：中国合作学社，1929，再版，28 页，32 开（合作小丛书 总论之部 1）

上海：中国合作学社，1930，28 页，25 开（合作小丛书 总论之部 1）

上海：中国合作学社，1933.2，4 版，28 页，32 开（合作小丛书 总论之部 1）

本书共 5 章：合作与社会组织、合作与社会哲学、合作与社会科学、合作与社会问题、合作与社会改造。

收藏单位：安徽馆、重庆馆、广西馆、国家馆、吉林馆、江西馆、南京馆、上海馆、首都馆、浙江馆

00761

合作原理 王世颖编著

［东南合作印刷厂］，[1911—1949]，26 页，16 开（中国合作经济函授学校讲义）

本书共 4 章：合作之哲学、合作之本质、合作之机能、合作运动之和谐。

收藏单位：国家馆

00762

合作原理

出版者不详，[1911—1949]，油印本，[18] 页，16 开，环筒页装

本书论述合作的定义、原则，合作事业的分类、历史与现状等。

收藏单位：重庆馆

00763

合作原理比较研究 （法）吉德（Charles Gide）著 彭师勤译

上海：中华书局，1935.3，260 页，22 开（社会科学丛书）

上海：中华书局，1940.4，再版，260 页，25 开

本书共 8 编：合作主义纲领、经济学家、社会主义者、同业组合主义者、宗教社会主义、工钱制问题、国际商业问题、合作社与政府的关系。著者原题：查理·季特。

收藏单位：安徽馆、重庆馆、东北师大馆、广东馆、广西馆、贵州馆、国家馆、湖南馆、辽大馆、辽宁馆、南京馆、内蒙古馆、首都馆、天津馆、西南大学馆、浙江馆

00764

合作原理纲要 王世颖撰

出版者不详，[1911—1949]，油印本，31 页，18 开，环筒页装

收藏单位：国家馆

00765
合作主义 侯哲安著
上海：黎明书局，1938.7，56页，32开
本书共3篇：合作主义基础理论纲领、合作社的组织与经营、合作化实验区方案。著者原题：侯哲莽。
收藏单位：安徽馆、重庆馆、东北师大馆、国家馆、吉林馆、南京馆

00766
合作主义 孙锡麒著
上海：商务印书馆，1924.4，2册（333页），32开（新智识丛书）
上海：商务印书馆，1927.8，再版，2册（333页），32开（新智识丛书）
上海：商务印书馆，1928.11，3版，333页，25开（新智识丛书）
上海：商务印书馆，1930.12，4版，333页，32开（新智识丛书）
本书共14章，内容包括：合作主义底定义、合作萌芽时代、消费合作社底组织及其经营、批发合作社、全国合作联合会、各国消费合作运动概观等。
收藏单位：安徽馆、重庆馆、东北师大馆、广东馆、广西馆、国家馆、河南馆、湖南馆、吉大馆、吉林馆、江西馆、南京馆、绍兴馆、浙江馆、中科图

00767
合作主义 （美）韦拔斯（James Peter Warbasse）著 张昌忻 冯和法 陆国香译
上海：卿云图书公司，1930.3，216页，32开（民众丛书4）
本书共8章：现社会秩序的批判、各派社会主义的批判、合作的经济、合作的社会状况和经济状况、实行的方案、合作的缺点和困难、合作的利益、合作是为全人类的。著者原题：华伯士。
收藏单位：东北师大馆、广西馆、国家馆、湖南馆、江西馆、南京馆、首都馆、天津馆

00768
合作主义的三大信条 侯哲安讲
上海：合作与农村出版社，1940.10，再版，26页，32开（合作与农村小丛书）
上海：合作与农村出版社，1942.1，3版，22页，32开（合作与农村小丛书）
本书从政治、经济、哲学3个方面阐述合作主义理论。讲者原题：侯哲莽。
收藏单位：重庆馆、江西馆、南京馆

00769
合作主义概论 侯哲安著
上海：黎明书局，1940.11，再版，52页，32开
本书共4编：合作主义的起源、合作主义的基础知识、合作主义的比较研究、各国合作制度。书前有代序《怎样研究合作主义》。著者原题：侯哲莽。
收藏单位：重庆馆、国家馆、辽大馆、南京馆、西南大学馆

00770
合作主义纲领 侯哲安著
上海：合作与农村出版社，1941，修正7版，40页，36开
本书共7部分：定义、特质、理想目标、合作社的事业、合作社实践、合作社的利益、合作社的联合。著者原题：侯哲莽。
收藏单位：重庆馆、湖南馆、首都馆

00771
合作主义纲领 侯哲安著
上海：黎明书局，1937.7，修正5版，14+77页，25开
上海：[黎明书局]，1938.2，战时6版，石印本，6页，32开，环筒页装
本书著者原题：侯哲莽。
收藏单位：安徽馆、长春馆、重庆馆、国家馆、吉大馆、吉林馆

00772
合作主义纲领 侯哲安著
上海：社会书店，1932.6，64页，32开

上海：社会书店，1933.12，2 版，64 页，32 开
上海：社会书店，1935.12，3 版，64 页，32 开
上海：社会书店，1936.8，4 版，66 页，32 开

本书著者原题：侯哲莽。

收藏单位：重庆馆、广东馆、广西馆、国家馆、湖南馆、江西馆、天津馆、浙江馆

00773

合作主义纲要 钱然编著

上海法学社，1929.7，148 页，50 开（考试丛书）

本书共 10 章，内容包括：合作主义的利益、合作主义进展史、消费合作、生产合作、信用合作、国际合作等。

收藏单位：安徽馆、重庆馆、国家馆、天津馆

00774

合作主义通论 王世颖著

上海：世界书局，1927，62 页，25 开
上海：世界书局，1928.5，再版，62 页，32 开
上海：世界书局，1929.3，3 版，62 页，25 开

本书共 7 章：引言、农业合作之意义及其分类、消费合作、生产合作、信用合作、合作小史、各个为全体全体为各个。

收藏单位：重庆馆、广东馆、广西馆、国家馆、河南馆、江西馆、南京馆、内蒙古馆、天津馆、浙江馆

00775

合作主义文选（第 1 卷）（法）吉德（Charles Gide）著 楼桐荪 马心楚译

出版者不详，[1920—1949]，32 页，32 开

本书收文 3 篇：《结社是自然界的公律》《合作主义的党纲》《合作主义之比较研究》。

收藏单位：国家馆、南京馆

00776

合作主义与劳动问题 翁渭民著

上海：现代书局，1927，86 页，32 开

本书论述合作事业的意义及其与劳动者的利益关系。

收藏单位：北师大馆、重庆馆、广西馆、国家馆、河南馆、吉林馆、江西馆、内蒙古馆、上海馆

00777

合作主义原论 侯哲安著

上海：太平洋书店，1930.1，130 页，32 开

本书收文 3 篇：《合作主义的哲学基础》《合作主义的经济组织》《合作主义与社会问题》。第 1、3 两篇曾发表于《中国合作学社月刊》。著者原题：侯哲莽。

收藏单位：重庆馆、广西馆、国家馆、吉大馆、江西馆、南京馆、上海馆、首都馆、天津馆、浙江馆

00778

亨利乔治学说之研究 严继光著

重庆：中山文化教育馆，1940.6，14+170 页，25 开（中山文化教育馆研究丛书）

本书共 3 篇：亨利·乔治传略、亨利·乔治学说、乔治学说之影响及其批评。

收藏单位：长春馆、重庆馆、广东馆、贵州馆、国家馆、吉林馆、南京馆、宁夏馆、上海馆、武大馆、西南大学馆

00779

互助学在中国群治上之研究（甲篇） 张行恕著

北平：世界社，1932.8，2 册（28+38 页），32 开

本书内容包括：田赋、钱币、职役、学校、社郊、兵制等。

收藏单位：南京馆

00780

节制资本 寿勉成讲

南京：盐务缉私督察人员训练班，[1911—1949]，10 页，32 开（党义 5）

收藏单位：南京馆

00781

金威廉的合作思想 孙寒冰著

上海：中国合作学社，1930.3，53 页，32 开（合作小丛书 研究之部 2）
南京：中国合作学社，1933.11，再版，53 页，32 开（合作小丛书 研究之部 2）

本书共两部分：金威廉的一生、金威廉的

合作学说摘要。

收藏单位：安徽馆、重庆馆、广东馆、国家馆、湖南馆、南京馆、浙江馆

00782

进步与贫困 （美）乔治（Henry George）著 樊弘译 陶孟和校

外文题名：Progress and poverty

上海：商务印书馆，1930.10，5册，32开（万有文库 第1集 207）（汉译世界名著）

本书共10编，内容包括：工资与资本、人口与食物、分配的公律、这个问题解决了、解决的方法、这个解决方法的公正、这个解决方法的效果等。书前有著者的传略等。著者原题：佐治。

收藏单位：安徽馆、重庆馆、大理馆、大连馆、东北师大馆、广西馆、贵州馆、国家馆、黑龙江馆、湖南馆、江西馆、辽大馆、辽师大馆、内蒙古馆、宁夏馆、上海馆、绍兴馆、天津馆、浙江馆

00783

进步与贫困纲要 （英）波斯特（L. F. Post）著 汤澄波译

上海：三民公司，1927.3，3版，34+16页，32开（经济丛书）

本书为乔治《进步与贫困》的解说。共10篇，内容包括：工值与资本、人口与供给品、分配定律、救济方法、人类进步之定律等。附《亨利·乔治传略》（刘树柏译）。

收藏单位：广西馆、国家馆、江西馆、天津馆、浙江馆

00784

近代经济思想史 朱通九 金天锡著

上海：黎明书局，1932.4，315页，22开（国立暨南大学法学院丛书）

本书共4章：古典学派或正统学派、社会主义派、历史学派、界限效用学派或奥大利学派。附1491—1931年年表及中外文参考书目。

收藏单位：重庆馆、东北师大馆、广东馆、广西馆、国家馆、河南馆、湖南馆、江西馆、近代史所、上海馆、首都馆、天津馆、西南大学馆、浙江馆、中科图

00785

近代经济思想史纲 区克宣编

上海：乐群书店，1929.12，154页，32开

本书共4编：自由主义派、自由主义派的后继者、社会主义派、现代的经济学派与各国的经济思潮。

收藏单位：重庆馆、国家馆、河南馆、吉林馆、宁夏馆、上海馆、天津馆、西南大学馆、浙江馆

00786

近代经济思想之三大派别 杨定宇著

上海：南京书店，1932.10，46+11页，32开

本书介绍英国亚当·斯密（正统学派）、德国李斯特（历史学派）、马克思（社会主义学派）3人的经济学说。附重要经济学著作之介绍。

收藏单位：国家馆、湖南馆、吉林馆、上海馆、浙江馆

00787

近代经济学说史 沈志远著

上海：生活书店，1937.12，465页，23开

上海：生活书店，1938.2，再版，465页，22开

本书共9章：导论、重商主义底发生与发展、重农学派、亚丹斯密、达微·李嘉图、古典学派之没落、所谓经济浪漫主义、空想社会主义的经济思想、普鲁东主义。

收藏单位：安徽馆、重庆馆、广东馆、广西馆、贵州馆、国家馆、河南馆、黑龙江馆、湖南馆、吉林馆、江西馆、近代史所、辽大馆、南京馆、内蒙古馆、宁夏馆、山东馆、上海馆、首都馆、西南大学馆、中科图

00788

近代经济学说史大纲 沈志远著

重庆：国讯书店，1944.12，增订本，316页，22开（国讯学术丛书）

本书共10章，内容包括：重商主义学说、重农主义学说、古典学派（正统学派）、社会主义学派底经济学说、历史学派、奥大利学

派、英美学派等。

收藏单位：重庆馆、广东馆、国家馆、黑龙江馆、吉林馆、近代史所、宁夏馆、上海馆

00789
近代经济学说史纲 沈志远著
上海：生活书店，1947.8，316页，22开（新中国大学丛书）
上海[等]：生活书店，1948.5，再版，316页，22开（新中国大学丛书）

收藏单位：重庆馆、国家馆、湖南馆、吉林馆、南京馆、绍兴馆、首都馆、天津馆、浙江馆

00790
近代欧洲经济学说 赵兰坪编
外文题名：The economic theory of modern Europe
上海：商务印书馆，1928.1，295页，22开，精装（经济丛书）
上海：商务印书馆，1929.10，再版，295页，22开（经济丛书）
上海：商务印书馆，1933，国难后1版，295页，22开，精装（经济丛书）

本书共10章，内容包括：亚丹史密斯之经济学说、马尔萨斯之经济学说、李加图之经济学说、初期社会主义者之经济学说、李士特之经济学说、约翰穆勒之经济学说、国家社会主义者之经济学说、马克斯之经济学说等。

收藏单位：安徽馆、重庆馆、东北师大馆、广东馆、广西馆、贵州馆、国家馆、吉林馆、江西馆、辽宁馆、南京馆、内蒙古馆、宁夏馆、山西馆、天津馆、浙江馆、中科图

00791
近代欧洲经济学说 赵兰坪编
出版者不详，[1927]，324页，16开

收藏单位：重庆馆、内蒙古馆

00792
近代西方经济学家及其理论 （苏）卢彬（Исаак Ильич Рубин）著 严灵峰译
上海：新生命书局，1933.7，456页，22开

本书共5编：奥本海马的经济理论、斯托兹曼与政治经济学中的社会方法、亚门与政治经济学中的社会方法、贝特利及其企图对马克思价值论之社会的解说、利富曼的经济学理论。著者原题：鲁滨。

收藏单位：安徽馆、重庆馆、东北师大馆、广东馆、贵州馆、桂林馆、国家馆、湖南馆、吉林馆、江西馆、近代史所、辽宁馆、南京馆、山西馆、陕西馆、上海馆、首都馆、天津馆

00793
近代资本主义经济思潮批判 刘及辰编著
重庆[等]：生活书店，1939.9，338页，25开（新中国学术丛书3）
上海[等]：生活书店，1948.4，再版，338页，22开

本书共6篇，内容包括：古典经济学说的批判、没落期的古典经济学说的批判、历史学派经济学说的批判等。附最近社会主义学者的歪曲理论的批判。

收藏单位：安徽馆、重庆馆、东北师大馆、广东馆、广西馆、贵州馆、桂林馆、国家馆、湖南馆、近代史所、辽大馆、辽宁馆、南京馆、内蒙古馆、山西馆、上海馆、天津馆、浙江馆、中科图

00794
近世经济思想史 [中央陆军军官学校武汉分校编]
中央陆军军官学校武汉分校，1931.10，108页，22开

本书共4篇：资本主义过渡时期的经济思想、资本主义发展时期的经济思想、资本主义成熟时期的经济思想、资本主义崩溃时期的经济思想。

收藏单位：国家馆

00795
近世经济思想史论 （日）河上肇著 李培天译
上海：学术研究会，1920.9，250页，32开

（学术研究会丛书 1）
上海：学术研究会，1922.2，再版，250 页，32 开（学术研究会丛书 1）
上海：学术研究会，1924.10，3 版，188 页，32 开（学术研究会丛书 1）
上海：学术研究会，1927.3，4 版，188+12 页，25 开（学术研究会丛书 1）
上海：学术研究会，1928.11，再版，188 页，32 开（学术研究会丛书 1）
[上海]：学术研究会，1930.7，6 版，188 页，32 开（学术研究会丛书 1）

本书为文言体，加圈点。收录演讲稿 3 篇：《亚丹·斯密士》《马尔萨士与黎加多》《加尔·马克思》。

收藏单位：重庆馆、东北师大馆、广东馆、广西馆、国家馆、湖南馆、江西馆、南京馆、内蒙古馆、上海馆、绍兴馆、西南大学馆、浙江馆、中科图

00796
近世欧洲经济思想史　王学文著
上海：乐华图书公司，1930.10，84 页，32 开

本书共 3 章：重农学派、正统学派、社会主义学派。

收藏单位：重庆馆、广西馆、国家馆、吉林馆、人大馆、上海馆

00797
经济史观　（美）塞利格曼（Edwin Robert Anderson Seligman）著　陈石孚译
外文题名：Economic interpretation of history
上海：商务印书馆，1920.10，90+77 页，32 开（世界丛书）
上海：商务印书馆，1921.12，3 版，90+77 页，32 开，精、平装（世界丛书）
上海：商务印书馆，1922.11，4 版，90+77 页，32 开（世界丛书）
上海：商务印书馆，1926，5 版，90+77 页，32 开（世界丛书）
上海：商务印书馆，1928.7，6 版，90+77 页，32 开（世界丛书）
上海：商务印书馆，1933.1，国难后 1 版，90+77 页，32 开（世界丛书）

本书分上、下卷：经济史观的历史、经济史观的批评。共 12 章，内容包括：早年的历史哲学、这个学说的哲学的先导、这个学说的产生和发达、自由与必须、这个学说的夸张等。

收藏单位：安徽馆、重庆馆、东北师大馆、广东馆、广西馆、国家馆、湖南馆、吉林馆、江西馆、近代史所、南京馆、内蒙古馆、宁夏馆、山西馆、上海馆、天津馆、西南大学馆、浙江馆

00798
经济思潮史　（日）小林丑三郎著　高一涵译
北大新潮社，1929.5，再版，112 页

本书内容包括：贵金主义及重商政策、自然主义及重农学派、勤劳主义及自由贸易策、人口论、地租论、劳金基本说及救贫策、社会主义、国家社会主义、社会改良主义等。据小林丑三郎《经济学评论》第 1 编及《经济思潮史》编译。

收藏单位：近代史所

00799
经济思潮史　（日）小林丑三郎著　高一涵译
北京：北京大学新知书社，1921.7，120 页，32 开

收藏单位：北师大馆、重庆馆、国家馆、近代史所、南京馆、山西馆

00800
经济思潮小史　（法）吉德（Charles Gide）著　李泽彰译
外文题名：The various economic schools
上海：商务印书馆，1923.1，40 页，36 开（百科小丛书 19）
上海：商务印书馆，1923.10，再版，40 页，32 开（百科小丛书 19）
上海：商务印书馆，1925.11，3 版，40 页，36 开（百科小丛书 19）
上海：商务印书馆，1931.4，33 页，32 开（万有文库 第 1 集 186）（百科小丛书）
上海：商务印书馆，1935.6，国难后 1 版，33 页，32 开（百科小丛书）

重庆：商务印书馆，1945.2，26页，32开（百科小丛书）

本书分两部分：依方法论来区分的各学派、依问题的解答来区分的各学派。第2部分共5章：自由主义派、社会主义派、国家社会主义派、基督教社会改良主义派、社会联带关系主义派。著者原题：基特。

收藏单位：安徽馆、重庆馆、大理馆、大连馆、大庆馆、东北师大馆、复旦馆、广东馆、广西馆、贵州馆、国家馆、河南馆、黑龙江馆、湖南馆、吉林馆、江西馆、辽大馆、辽师大馆、柳州馆、南京馆、内蒙古馆、宁夏馆、山东馆、上海馆、首都馆、西南大学馆、浙江馆

00801

经济思想发展史　金天锡编著

南京：正中书局，1937.6，[19]+575+37页，22开（社会科学丛书）

上海：正中书局，1946，575+37页，25开

上海：正中书局，1947.6，4版，575+37页，25开

本书为大学用书。共3编：资本主义经济思想、社会主义经济思想、现代经济思潮。第1编共4章：重商主义与重农学派、古典学派、历史学派、界限效用学派；第2编共3章：空想社会主义、国家社会主义、科学社会主义与其他；第3编共3章：资本主义、社会主义、统制经济。附经济史与经济思想史年表、人名索引等。

收藏单位：安徽馆、重庆馆、东北师大馆、贵州馆、国家馆、湖南馆、辽大馆、南京馆、山西馆、上海馆、首都馆、西南大学馆、浙江馆

00802

经济思想发展史·近代经济学说史纲　金天锡编著·沈志远著

上海书店，1946，影印本，2册（575+316页）页，32开（民国丛书 第2编 经济类34）

本书为合订本。《经济思想发展史》共3编：资本主义经济思想、社会主义经济思想、现代经济思潮。《近代经济学说史纲》共10章，内容包括：重商主义学说、重农主义学说、古典学派（正统学派）、社会主义学派底经济学说、历史学派、英美学派等。

收藏单位：山西馆

00803

经济思想十二讲　（日）安倍浩著　李大年译

上海：启智书局，1929.9，482页，32开（社会科学丛书5）

上海：启智书局，1935，2版，482页，32开

本书分上、下两卷。共12讲，内容包括：重商主义、重农主义、亚丹·斯密士的《国富论》、马尔萨斯的人口论、马克斯的劳动的价值说、罗贝尔图的租金论、拉萨尔的工银铁律论等。

收藏单位：重庆馆、东北师大馆、广东馆、贵州馆、桂林馆、国家馆、河南馆、吉林馆、江西馆、近代史所、辽宁馆、南京馆、西南大学馆、浙江馆

00804

经济思想史　（日）出井盛之著　刘家鋆译

上海：联合书店，1929.11，142页，32开

本书论述经济思想的发展过程。共8章：序说、前学说时代、重农学派、古典主义学派、历史主义学派、社会主义学派、界限主义学派、最近的经济学。

收藏单位：安徽馆、重庆馆、国家馆、辽大馆、内蒙古馆、上海馆

00805

经济思想史　（俄）道图门慈（V. F. Totomiants）著　卫惠林译

上海：民智书局，1930.7，264页，32开

本书共18章，内容包括："经济史观——诸旧民族的经济生活：中国，印度，希腊""古希腊哲学家，历史家的经济思想；罗马的经济制度""中世商业，银行，当铺，与商业联盟"等。著者原题：Totomientz。

收藏单位：重庆馆、广西馆、国家馆、湖南馆、南京馆、上海馆、浙江馆

00806
经济思想史 邓毅生著
邓毅生，1935，221 页，32 开
本书共 8 章，内容包括：重商主义、重农学派、亚当·斯密、大卫·李嘉图、古典派的余业等。
收藏单位：重庆馆、广西馆、国家馆、上海馆

00807
经济思想史 （美）韩讷（Lewis H. Haney）著 臧启芳译
外文题名：History of economic thought
上海：商务印书馆，1925.1，[72]+791 页，22 开，精装（经济名著 6）
上海：商务印书馆，1926.1，再版，1 册，22 开，精装（经济名著 6）
上海：商务印书馆，1927.7，3 版，[72]+791 页，22 开，精装（经济名著 6）
上海：商务印书馆，1930，4 版，[72]+791 页，22 开（经济名著）
上海：商务印书馆，1933.1，国难后 1 版，[72]+791 页，22 开，精装（经济名著）
本书共 4 部分：总论、经济学未成科学以前之经济思想、经济学成为科学后之进化、十九世纪下半期各主要经济学派通论。附人名索引、名词索引。
收藏单位：安徽馆、重庆馆、东北师大馆、广东馆、广西馆、桂林馆、国家馆、黑龙江馆、湖南馆、吉林馆、江西馆、近代史所、辽大馆、辽宁馆、辽师大馆、南京馆、内蒙古馆、山西馆、上海馆、绍兴馆、天津馆、浙江馆、中科图

00808
经济思想史 （法）吉德（Charles Gide）（法）李斯特（Charles Rist）著
[北平]：朝阳学院，[1929—1949]，108 页，25 开，环筒页装（朝阳学院讲义）
本书共 3 章。为《经济思想史》第 1 编“经济学之奠基者”。著者“吉德”原题：查理·基德，“李斯特”原题：查理·理斯特。
收藏单位：长春馆、重庆馆

00809
经济思想史 邝振翎编
中央陆军军官学校政治训练处，1932.4，102 页，32 开（政治教程 16）
收藏单位：南京馆

00810
经济思想史 （苏）卢彬（Исаак Ильич Рубин）著 沈韵琴译
上海：新生命书局，1931.10，[26]+436+[25] 页，25 开
上海：新生命书局，1934.7，再版，[26]+436+[25] 页，22 开（新生命高等文库）
本书共 5 篇：重商主义及其没落、重农学派、亚丹·斯密、大卫·李嘉图、古典派的没落。附参考书举略、人名索引、名词释义。著者原题：鲁滨。
收藏单位：安徽馆、重庆馆、东北师大馆、国家馆、河南馆、黑龙江馆、湖南馆、辽大馆、南京馆、山西馆、上海馆、首都馆、西南大学馆、浙江馆、中科图

00811
经济思想史 （奥）史盘（Othmar Spann）著 詹文浒译
外文题名：The history of economics
上海：世界书局，1933.6，[20]+403 页，25 开，精装
本书共 12 章，内容包括：重商主义前期的经济学、重商制度、个人主义者的自然权利说、转到重农制度的路、重农主义者等。著者原题：鄂斯曼·斯班。
收藏单位：重庆馆、东北师大馆、广东馆、国家馆、湖南馆、吉林馆、江西馆、近代史所、辽大馆、南京馆、上海馆、首都馆、浙江馆

00812
经济思想史 （美）斯科特（William A. Scott）著 李炳焕 黄澹哉 黄俊升译
外文题名：The development of economics
上海：黎明书局，1936.4，18+594 页，22 开（社会科学名著译丛）

本书分4编：古典学派经济学的背景、古典学派经济学的发展、古典学派经济学的早期批评家、经济学的改造。共28章，内容包括：导言、重商主义、原富的分析、旧历史学派、社会主义者、过去五十年中的特征等。

收藏单位：安徽馆、重庆馆、东北师大馆、广东馆、国家馆、湖南馆、吉林馆、辽大馆、辽宁馆、南京馆、上海馆、首都馆、天津馆、西南大学馆、浙江馆

00813
经济思想史　王次南[著]
[北平]：民国大学出版部，1936，157页
收藏单位：近代史所

00814
经济思想史　（日）小林丑三郎著　周宪文　柯瀛译述
广州、香港：中华书局，1938，366页，22开（社会科学丛书）
上海、广州：中华书局，1947.9，再版，366页，22开（社会科学丛书）
广州：中华书局，1948.10，366页，22开（社会科学丛书）

本书共33章，内容包括：经济思想的发展、贵金及重商主义、自然及重农学派、社会主义等。

收藏单位：重庆馆、东北师大馆、广东馆、国家馆、辽大馆、辽宁馆、南大馆、南京馆、上海馆、西南大学馆、浙江馆、中科图

00815
经济思想史　翟士煊编
[成都]：国立四川大学，[1927—1949]，182页，23开，环筒页装

本书共7编，内容包括：古代之经济思想、中世之经济思想、近世经济思想之曙光、古典学派之经济思想、社会主义学派之经济思想等。

收藏单位：重庆馆

00816
经济思想史　张毓珊著
长沙：商务印书馆，1940.1，274页，32开
长沙：商务印书馆，1940.10，再版，274页，32开
上海：商务印书馆，1947.7，3版，274页，25开

本书共20章，内容包括：古代的经济思想、中古时代的经济思想、重商主义、悲观主义者、密尔等。

收藏单位：重庆馆、广西馆、贵州馆、国家馆、黑龙江馆、湖南馆、江西馆、辽大馆、宁夏馆、上海馆、首都馆、浙江馆

00817
经济思想史　朱通九　金天锡著
上海：黎明书局，1932.4，315页，大32开（国立暨南大学法学院丛书）
收藏单位：南京馆

00818
经济思想史（第1册）　彭迪先著
外文题名：History of economic thought
成都：国立四川大学经济系，1948.2，10+250页，18开

本书共5篇："古代""中世""近世第一期""近世第二期——古典学派的经济思想""近世第三期——历史学派的经济思想"。

收藏单位：东北师大馆、国家馆、吉林馆、中科图

00819
经济思想史（下册）
[安徽大学]，[1911—1949]，[134]页，32开（安徽大学讲义）
收藏单位：南京馆

00820
经济思想小史　蔡庆宪著
上海：大东书局，1929.6，108页，32开（近代经济丛书1）
上海：大东书局，1932.10，再版，107页，25开（近代经济丛书1）

本书共3编：总论、经济学未成科学以前的经济思想、经济学成为科学以后的经济思

想。

收藏单位：广东馆、国家馆、河南馆、江西馆、辽大馆、上海馆、天津馆、浙江馆

00821
经济思想之发展及背景讲授纲要·总裁言行高级教程讲授纲要·政治科学与中国政治 张杰孙　张孔继编述
陆军步兵学校政治部，1946，3册（20+8+26页），36开

本书为合订本。

收藏单位：重庆馆

00822
经济思想主潮（原名，经济学上之主要学说）（日）高畠素之著　朱一民译
上海：乐群书店，1930.1，154页，32开

本书共4篇：斯密士国富论、马尔萨斯人口论、里加图地租论、马克司资本论。

收藏单位：重庆馆、国家馆、黑龙江馆、南京馆、上海馆、浙江馆

00823
经济学及赋税之原理（英）李嘉图（David Ricardo）著　郭大力　王亚南译
外文题名：The principles of political economy and taxation
上海：中华书局，1936.4，19+338页，25开
上海：中华书局，1936.12，再版，19+388页，25开

收藏单位：重庆馆、东北师大馆、甘肃馆、广东馆、广西馆、贵州馆、国家馆、黑龙江馆、吉大馆、江西馆、南京馆、内蒙古馆、西南大学馆、浙江馆

00824
经济学及赋税之原理（又名，政治经济学和赋税原理）（英）李嘉图（David Ricardo）著　郭大力　王亚南译
外文题名：The principles of political economy and taxation
上海：神州国光社，1931.1，19+388页，32开，精装
上海：神州国光社，1932.10，4版，19+388页，32开

本书共32章，内容包括：价值论、地租论、矿山地租论、工资论、利润论、赋税论等。

收藏单位：安徽馆、重庆馆、桂林馆、国家馆、江西馆、辽大馆、南京馆、山西馆、首都馆、天津馆、浙江馆

00825
经济学及税之原理（英）李嘉图（David Ricardo）著　陈作梁译
上海：华通书局，1931.7，308页，22开

收藏单位：国家馆、吉林馆、辽大馆、南京馆、首都馆

00826
经济学前史（日）高桥诚一郎著　熊子骏译述
上海：商务印书馆，1936.11，2册（24+1062+33页），32开，精装（汉译世界名著）
上海：商务印书馆，1937，再版，2册（24+1062+33页），32开（汉译世界名著）

本书分3编：古代、中世、近世。第1编共6章：财富观、货币及价格论、关于征取利息的意见、职业论、奴隶制度论、社会思想；第2编共5章：社会思想及所有权观念、正价论、禁止利息之意见、奴隶论、货币学说；第3编共5章：贸易论、货币及价格学说、利息论、人口学说、财产论。

收藏单位：安徽馆、重庆馆、东北师大馆、广东馆、广西馆、贵州馆、桂林馆、国家馆、河南馆、黑龙江馆、湖南馆、吉林馆、近代史所、辽大馆、南京馆、内蒙古馆、宁夏馆、上海馆、绍兴馆、首都馆、天津馆、西南大学馆、浙江馆

00827
经济学上的主要学说（上册）（日）高畠素之著　邓绍先译
上海：华通书局，1929.11，82页，32开（民众文库）

本书共两章：斯密司的国富论、马尔萨斯

的人口论。

收藏单位：广西馆、国家馆、江西馆、南京馆、天津馆

00828

经济学史　（法）吉德（Charles Gide）（法）李斯特（Charles Rist）著　王建祖译述

外文题名：History of economic doctrines

上海：商务印书馆，1923.9，285页，22开，精装（经济名著1）

上海：商务印书馆，1925.10，再版，285页，22开（经济名著1）（经济丛书社丛书3）

上海：商务印书馆，1926.10，3版，285页，22开，精装（经济名著1）

上海：商务印书馆，1928.10，4版，285页，22开，精装（经济名著1）

上海：商务印书馆，1931.1，5版，285页，32开，精装（经济名著1）

上海：商务印书馆，1934.2，国难后1版，285页，22开，精装（经济名著1）

上海：商务印书馆，1935，国难后2版，295页，22开，精装（经济名著）

本书为文言体，加圈点。分3卷：创始者、批评及反对者、自由说之继续。第1卷共3章：农宗（施德）、亚当士密（理士）、悲观派（施德）；第2卷共5章，介绍西斯蒙第、圣西门、傅立叶、李斯特、普鲁东的经济学思想；第3卷共两章："乐观者"（施德）、"正宗派之最盛及始衰　约翰司徒华穆勒之学说"（施德）。著者"吉德"原题：基特，"李斯特"原题：里斯脱。

收藏单位：安徽馆、重庆馆、东北师大馆、广东馆、广西馆、国家馆、湖南馆、吉林馆、江西馆、近代史所、辽大馆、辽宁馆、南京馆、山西馆、上海馆、首都馆、天津馆、浙江馆、中科图

00829

经济学史　王亚南著

上海：民智书局，[1933]，16+20+333页，22开（社会科学丛书）

本书分上、下两卷。共6篇：绪论、重农学派、正统学派、历史学派、马克斯主义学派、限界效用学派。附最近各国经济思想之概观。

收藏单位：安徽馆、国家馆、辽大馆、天津馆、浙江馆

00830

经济学史　（日）小川市太郎著　李祚辉译述

上海：太平洋书店，1929.7，10+324页，32开

上海：太平洋书店，1931.2，再版，10+324页，32开

本书分4章论述古代、中世、近世、最近代西方经济学说的发展。

收藏单位：重庆馆、贵州馆、国家馆、河南馆、湖南馆、江西馆、近代史所、南京馆、上海馆、天津馆、西南大学馆、浙江馆

00831

经济学史　（爱尔兰）英格拉姆（John Kells Ingram）著　胡泽　许炳汉译

外文题名：History of political economy

上海：商务印书馆，1930.4，4册（94+104+120+75页），32开，精装（万有文库 第1集187）（汉译世界名著）

上海：商务印书馆，1932.11，1册（94+104+120+75页），25开（汉译世界名著）

上海：商务印书馆，1933.9，16+393页，22开，精装（大学丛书 教本）

上海：商务印书馆，1934.7，再版，4册（94+104+120+75页），32开（万有文库 第1集187）（汉译世界名著）

上海：商务印书馆，1935.7，再版，16+393页，22开，精装（大学丛书 教本）

上海：商务印书馆，1939.9，4册（393页），25开（万有文库 第1、2集简编500种70）（汉译世界名著）

本书共8章，内容包括：上古、中古、历史学派、奥国学派及近世之发展等。原载于《英国大百科全书》第9版。著者原题：因格拉门。

收藏单位：安徽馆、长春馆、重庆馆、大连馆、大庆馆、东北师大馆、广东馆、广西馆、贵州馆、国家馆、河南馆、黑龙江馆、

湖南馆、江西馆、辽大馆、柳州馆、南京馆、内蒙古馆、宁夏馆、上海馆、绍兴馆、首都馆、天津馆、西南大学馆、浙江馆、中科图

00832
经济学史大纲　黄曦峰编
上海：开明书店，1933.11，452页，25开
本书分两部分：经济学前史、经济学的成立。第1部分共3编：上古的经济思想、中古的经济思想、经济思想之近代式的转移；第2部分共3编：古典经济学、社会主义经济学、历史学派及奥斯特利亚学派。
收藏单位：重庆馆、广西馆、国家馆、南京馆、上海馆、首都馆、西南大学馆、浙江馆、中科图

00833
经济学史概论　（日）北泽新次郎原著　周佛海译述
上海：商务印书馆，1924.11，162页，25开
上海：商务印书馆，1930，再版，162页，22开
本书共3编：古代、中世、近世。第1编共两章：希腊时代之经济思想、罗马时代之经济思想；第2编共两章：中世之经济的环境及社会的环境、经济思想之诸问题；第3编共13章，内容包括：重商主义、重农主义、亚丹斯密与正统学派、墺大利学派、现在经济思想之倾向等。据著者在日本早稻田大学的授课讲义编成。
收藏单位：重庆馆、广西馆、国家馆、湖南馆、吉林馆、江西馆、南京馆、天津馆、浙江馆

00834
经济学史纲要　（美）比吉洛（Karl Worth Bigelow）著　齐植璐译
外文题名：The history and prospects of the social sciences: economics
上海：中华书局，1937.5，152页，32开（现代经济丛书）
上海：中华书局，1941，2版，152页，32开（现代经济丛书）
上海：中华书局，1941.2，3版，152页，32开（现代经济丛书）
本书共6章：引言、斯密亚丹以前之经济学说、古典派经济学、社会主义的潮流、现代经济学说之主潮、经济学的前途。著者原题：毕吉娄。
收藏单位：北师大馆、重庆馆、贵州馆、桂林馆、国家馆、湖南馆、吉林馆、江西馆、辽大馆、南京馆、内蒙古馆、上海馆、西南大学馆、浙江馆

00835
经济学说评论　（英）坎南（Edwin Cannan）著　潘源来译述
外文题名：Review of economics theory
上海：商务印书馆，1937.1，[16]+483页，22开，精装（经济丛书）
上海：商务印书馆，1937.4，再版，[16]+483页，22开，精装（经济丛书）
本书共14章，内容包括：经济理论之来源、经济理论之名称、生产论、合作对于生产之影响、收入之分类与分配等。著者原题：阚南。
收藏单位：安徽馆、重庆馆、东北师大馆、广东馆、广西馆、桂林馆、国家馆、黑龙江馆、湖南馆、吉林馆、辽大馆、南京馆、宁夏馆、首都馆、浙江馆

00836
经济学说史　（日）出井盛之著　雷通群译述
上海：商务印书馆，[1929]，123页，32开（社会科学丛书）
上海：商务印书馆，1930，123页，32开（社会科学丛书）
本书共8章，内容包括：学说以前时代、重农主义学派、古典主义学派、历史主义学派、社会主义学派等。
收藏单位：安徽馆、重庆馆、广东馆、广西馆、国家馆、江西馆、辽大馆、南京馆、浙江馆

00837
经济学说史　（奥）史盘（Othmar Spann）著

陈清华译
上海：商务印书馆，1934.3，20+267 页，22 开，精装（大学丛书 教本）
上海：商务印书馆，1935.8，3 版，20+267 页，22 开，精装（大学丛书 教本）
长沙：商务印书馆，1939.3，3 版，20+267 页，22 开（大学丛书 教本）
上海：商务印书馆，1947，4 版，20+267 页，22 开（大学丛书 教本）

本书共 12 章，内容包括：重商主义、个人主义之天赋人权说、重商主义以前之过渡、德国之经济学、社会主义之演化等。

收藏单位：安徽馆、长春馆、重庆馆、东北师大馆、广东馆、广西馆、贵州馆、国家馆、黑龙江馆、湖南馆、辽大馆、南京馆、宁夏馆、人大馆、上海馆、首都馆、天津馆、浙江馆

00838
经济学说史　（奥）史盘（Othmar Spann）著　区克宣译
上海：大东书局，1932.8，348 页，25 开（现代文化丛书）

收藏单位：重庆馆、国家馆、江西馆、南京馆、上海馆、天津馆、西南大学馆

00839
经济学说史　张之杰著
太原：晋新书社，1930，300+24 页，32 开（三民学社丛书）
太原：晋新书社，1935.2，修订再版，352 页，22 开（三民学社丛书）

本书附五大经济学家年谱。

收藏单位：重庆馆、国家馆、山西馆

00840
经济学说史纲要　安绍芸著
上海：世界书局，1929.11，92 页，32 开（经济学丛书）

本书共 8 章：绪论、重农学派、亚丹斯密及其原富、马尔萨的人口论、李嘉图及其分配论、约翰密尔、历史学派、限界学派。

收藏单位：安徽馆、重庆馆、广东馆、广西馆、国家馆、湖南馆、江西馆、南京馆、山西馆、上海馆、天津馆、浙江馆

00841
经济学说之危机　（奥）史盘（Othmar Spann）著　萧虞廷译
重庆：独立出版社，1942.6，68 页，32 开

本书共 3 部：斯班之讲词、辩论、斯班之结语。著者原题：斯班。

收藏单位：安徽馆、重庆馆、广东馆、国家馆、吉林馆、南京馆、上海馆、浙江馆

00842
经济学之成立及其发展　侯外庐著
[北平]：国际学社，1935.6，168 页，25 开

本书共两章："经济学的黎明期——重农学派""经济学的科学地发展时期——正统学派"。

收藏单位：国家馆

00843
经济原论　萧伟信编
出版者不详，[1911—1949]，114 页，16 开

收藏单位：南京馆

00844
经济之四种基本形态　（奥）史盘（Othmar Spann）著　王毓瑚译述
上海：商务印书馆，1935.8，75 页，22 开

本书收文两篇：《个体主义的及全体主义的国民经济学之系统思想》《经济之四种基本形态》。译自著者论文集《死的科学与活的科学》。

收藏单位：重庆馆、东北师大馆、广东馆、广西馆、贵州馆、桂林馆、国家馆、黑龙江馆、湖南馆、吉林馆、近代史所、南京馆、上海馆、首都馆、武大馆、浙江馆、中科图

00845
经理人才革命论　（英）柏恩汉（J. Burnham）著　郑学稼译
外文题名：The managerial revolution or what is

happening in the world now
上海：大东书局，1948，222 页，32 开

本书分 17 章论述资本主义的替代物仍是一个有阶级、有剥削的社会。

收藏单位：重庆馆、广东馆、吉林馆

00846
经世释义 萧一山等著 经世学社三台分社编
经世学社三台分社，1944，24 页，36 开，环筒页装

本书内容包括：萧一山在“九一八”事变后、大力提倡“经世”之学、在文中阐释经世之义、提高国家的经济、赈济民众等。

收藏单位：重庆馆

00847
就业引论 （英）罗萍荪著 杨桂和译
重庆：中国农民银行经济研究处，1942.9，98 页，32 开（世界经济名著选译 3）

本书共 13 章，内容包括：绪论、投资与储蓄、扩张倍数、投资的变动、节约的变动、一般认为救济失业的方法等。

收藏单位：重庆馆、广东馆、国家馆、吉林馆、辽大馆、南京馆、人大馆、上海馆

00848
凯恩斯之经济学说 金国宝著
上海：中和印刷厂，1949.3，117 页，25 开

本书共 17 章，内容包括：凯恩斯之生平与著作、分析之方法与学说之大意、消费欲、投资与储蓄、资本边际效能、利率学说、价格学说、工资学说、经济扩张与扩张差额、金融管制问题、凯恩斯与商业循环、凯恩斯与社会政策等。

收藏单位：国家馆、南京馆、首都馆

00849
克氏的经济学说 诚言著
重庆：平明书店，1938.11，28 页，50 开（克鲁泡特金小丛书 5）

本书简要介绍《田园工厂手工场》（克鲁泡特金）。

00850
孔子的经济理论 王守直著
文光印刷社，1940.7，36 页，32 开

本书共 3 部分：孔子时代的社会背影、孔子的经济理论、结论。

收藏单位：国家馆

00851
老子、商君经济思想 熊梦著
北京：志学社，1925.11，32+24 页，32 开

本书简述老子、商鞅的生平及经济思想。共 3 章：前论、本论、附论。书前有《许行学发微序》（吴又陵）、《评墨子经济思想》（章行严）。

收藏单位：国家馆

00852
李士特经济学说与传记 刘秉麟著
上海：商务印书馆，1925.11，126 页，25 开（经济丛书社丛书 11）
上海：商务印书馆，1931.4，再版，126 页，22 开（经济丛书社丛书 11）

本书共 4 章：一八一五年至一八四八年时之德国经济状况与李士特、十八世纪和十九世纪时之思潮与李士特、李士特之学说、李士特之生涯。

收藏单位：安徽馆、重庆馆、川大馆、东北师大馆、广东馆、广西馆、贵州馆、国家馆、河南馆、吉林馆、江西馆、南京馆、宁夏馆、山西馆、首都馆、天津馆、武大馆、浙江馆

00853
理嘉图 刘秉麟著
上海：商务印书馆，1926.1，70 页，36 开（百科小丛书 105）
上海：商务印书馆，1930.10，61 页，32 开（万有文库第 1 集 934）（百科小丛书）

本书共 4 章：理嘉图之经济上根本观念及其学说之背景与影响、理嘉图之哲学上根据和自由主义的关系、理嘉图之经济上公例和社会主义的关系、理嘉图之行状及其著作。

收藏单位：安徽馆、长春馆、重庆馆、大

理馆、大连馆、东北师大馆、广东馆、广西馆、贵州馆、国家馆、黑龙江馆、湖南馆、惠州馆、江西馆、辽大馆、辽师大馆、南京馆、内蒙古馆、宁夏馆、山东馆、上海馆、绍兴馆、首都馆、天津馆、武大馆、西南大学馆、浙江馆

00854
历史学派经济学　朱谦之著
上海：商务印书馆，1933.2，331 页，32 开
上海：商务印书馆，1933.8，再版，331 页，32 开

本书共 5 章：绪论、历史学派的根本观念、历史学派的国民经济学、历史学派的经济发达阶段说、历史学派批评的批评。

收藏单位：重庆馆、广东馆、广西馆、桂林馆、国家馆、河南馆、黑龙江馆、湖南馆、吉林馆、近代史所、辽大馆、南京馆、内蒙古馆、山西馆、上海馆、绍兴馆、首都馆、天津馆、武大馆、浙江馆

00855
连锁论　（法）吉德（Charles Gide）著　彭师勤译
南京：正中书局，1937.2，49+198 页，32 开，精装（合作丛书）
重庆：正中书局，1944.7，3 版，49+10+198 页，32 开（合作丛书）
上海：正中书局，1947.11，49+10+198 页，32 开（合作丛书）

本书共 9 章，内容包括：连锁观念的苏生、连锁一词的历史和意义、连锁的面面观、遗传中的连锁、连锁与经济学家、连锁与伦理等。

收藏单位：重庆馆、东北师大馆、广东馆、广西馆、贵州馆、国家馆、湖南馆、吉林馆、江西馆、辽大馆、南京馆、宁夏馆、上海馆、首都馆、天津馆、武大馆、西南大学馆、浙江馆

00856
连锁与合作主义　侯哲安著
[重庆]：合作与农村出版社，1947.6，55 页，32 开

本书收录有关合作问题的讲稿 10 篇，内容包括：《释连锁哲学》《世界文化的趋向及其前途》《世界文化的重建与连锁学说》《世界合作学说及其趋向》《谈合作文化》《合作问题》等。附合作课税讲授研究纲要。著者原题：侯哲莽。

收藏单位：贵州馆、湖南馆、上海馆、武大馆

00857
连锁哲学　侯哲安著
上海：合作与农村出版社，1941.10，26 页，32 开
上海：合作与农村出版社，1944.10，再版，72 页，32 开
南京：合作与农村出版社，1947，3 版，78 页，32 开

本书共 8 章，内容包括：古代哲学中的连锁观、近世哲学中的连锁观、连锁论的科学论证、连锁论的基本观点等。著者原题：侯哲莽。

收藏单位：安徽馆、重庆馆、广东馆、广西馆、贵州馆、国家馆、湖南馆、吉林馆、辽大馆、南京馆、陕西馆、西南大学馆

00858
列宁经济说集　（苏）杜夫莱斯基等编
成都：四川经济学会，[1933—1937]，1 册，32 开，精装

收藏单位：南京馆

00859
列宁经济学　（苏）列宁（Владимир Ильич Ленин）著　（苏）杜夫莱斯基等编　四川经济学会译
出版者不详，[1924]，[369] 页，32 开

本书为列宁经济学论著摘编，内容包括：马克思主义的本质、前资本主义的经营形态与向资本主义过渡的经营形态、工业上的资本主义、农业上的资本主义的发达、市场论等。

收藏单位：东北师大馆、江西馆

00860

列宁斯大林论社会主义经济建设 解放社编辑部编

新华书店，1949，2版，2册（614+741页），25开

新华书店，1949.9，2册（614+741页），25开，精装（干部必读）

本书共6部分：准备和实现十月社会主义革命的时期、外国武装干涉和国内战争时期、过渡到恢复国民经济的和平工作时期、为社会主义的国家工业化而斗争、为农业集体化而斗争、为完成社会主义建设而斗争。

收藏单位：东北师大馆、国家馆、山西馆

00861

列宁斯大林论社会主义经济建设

解放社，1949，东北3版，2册（614+741页），25开（干部必读）

解放社，1949.9，2册（614+741页），25开（干部必读）

收藏单位：贵州馆、国家馆、黑龙江馆、青海馆、山东馆、山西馆、陕西馆

00862

论合作制 （苏）列宁（Владимир Ильич Ленин）著

莫斯科：外国文书籍出版局，1949，12页，25开

本书据莫斯科1946年版《列宁文选（两卷集）》（马恩列学院）第2卷编辑。

收藏单位：安徽馆、重庆馆、东北师大馆、贵州馆、国家馆、黑龙江馆、湖北馆、辽宁馆、南京馆、内蒙古馆、绍兴馆

00863

马恩列斯论经济问题

香港：新民主出版社，1948.8，216页，32开

本书收文19篇，内容包括：《马克思、恩格斯论从资产阶级手中夺取一切资本》《列宁论使无产阶级在与不澈底的资产阶级作斗争中束缚着手足的危险从何而来》《列宁论与资产阶级斗争的新方式及为全国统计和监督而斗争的意义》《列宁论合作制》等。

收藏单位：国家馆、天津馆

00864

马克思及其地租论 李显承著

重庆：独立出版社，1942.6，73页，32开

本书共6部分：马克思传略、马克思哲学批判、马克思经济学说评述、马克思的地租论（一、二）、马克思地租论及马克思地租论的提示与批判。

收藏单位：重庆馆、广西馆、国家馆、吉林馆、南京馆、宁夏馆、武大馆、浙江馆

00865

马克思经济学批评 毛一波著

上海：出版合作社，1927.8，57页，36开

本书内容涉及资本、价值、剩余价值、资本集中、资本主义的衰败等基本理论。

收藏单位：广西馆、国家馆、上海馆

00866

马克思经济学说的发展 （日）河西太一郎 （日）猪俣津南雄 （日）向坂逸郎著 萨孟武 樊仲云 陶希圣译

上海：新生命书局，1929.11，186+214+138页，22开

上海：新生命书局，1931.5，再版，186+214+138页，22开，精、平装

上海：新生命书局，1933.5，3版，186+214+138页，22开

本书收文3篇：《农业理论的发展》（河西太一郎著，萨孟武译）、《金融资本与帝国主义》（猪俣津南雄著，樊仲云译）、《人口理论》（向坂逸郎著，陶希圣译）。

收藏单位：重庆馆、东北师大馆、广西馆、贵州馆、桂林馆、国家馆、黑龙江馆、近代史所、辽大馆、南京馆、上海馆、首都馆、天津馆、浙江馆、中科图

00867

马克思主义体系之崩溃 （奥）柏姆－巴维克（Eugen von Böhm-Bawerk）著 汪馥泉译

上海：黎明书局，1934.7，160页，25开（社会科学名著译丛）

本书共 5 章：价值及剩余价值的理论、平均利润率及生产价格的理论、矛盾的问题、马克思学说体系中的谬误、松巴脱底拥护论。著者原题：庞巴卫克。

收藏单位：重庆馆、广西馆、国家馆、河南馆、江西馆、南京馆、西南大学馆、浙江馆

00868

马克思主义与土地改革　（德）达马斯基（Adolf Damaschke）著　傅英伟译

南京：中德书局，[1930]，61 页，22 开

本书共 3 部分：导言、马克思主义、路径及目的。

收藏单位：重庆馆、国家馆

00869

马克斯价值论的批判　朱剑农著

浙江反省院，1937.6，78 页，32 开（浙江反省院丛书 2）

本书共 8 章：引言、劳动价值说之史的探究、马克斯劳动价值说的谬妄、奥国学派的反动、价值论的调和与真诠、剩余价值的内容、剩余价值的批评、结论。著者原题：朱剑侬。

收藏单位：重庆馆、国家馆、河南馆、湖南馆、南京馆、上海馆、浙江馆

00870

马先尔的经济学说　郑学稼著

上海：神州国光社，1931.10，164 页，32 开

本书共 9 章：马先尔的传记、马先尔经济思想的背景、经济学的本质和对象、马先尔的方法论、马先尔的消费论、马先尔的生产论、马先尔的“自然不能飞跃”学说、马先尔的价值论、马先尔的分配论。

收藏单位：重庆馆、广西馆、桂林馆、国家馆、南京馆、人大馆、上海馆、首都馆、浙江馆

00871

马先尔的新古典派经济学　郑学稼著

重庆：南方印书馆，1943.3，126 页，32 开

收藏单位：重庆馆、东北师大馆、广东馆、桂林馆、国家馆、吉林馆、辽大馆、南京馆、上海馆、西南大学馆、浙江馆

00872

马先尔经济学说及其批判　（苏）勃流名著　季陶达译

北平：好望书店，1935.8，138 页，25 开

本书共 5 章：引言、需求论、短长时期论、生产率底三定律、生产费论。据著者《政治经济学中之主观学派》节译。译者原题：陶达。

收藏单位：重庆馆、国家馆、南京馆、人大馆、首都馆

00873

马先尔之经济学说　褚葆一编

上海：商务印书馆，1947.4，119 页，32 开

上海：商务印书馆，1948.1，再版，119 页，32 开

本书共 5 章：马先尔之生平、马先尔研究经济学之态度、马先尔之价值论、马先尔之分配论、马先尔经济学说论评。

收藏单位：安徽馆、重庆馆、东北师大馆、贵州馆、桂林馆、国家馆、河南馆、黑龙江馆、湖南馆、吉林馆、辽大馆、辽宁馆、南京馆、宁夏馆、上海馆、首都馆、西南大学馆、浙江馆

00874

马谢尔经济学原理　（英）马歇尔（Alfred Marshall）著　刘君穆译

外文题名：The principles of economics

上海：民智书局，1932，2 册（18+522+24+610 页），25 开（经济名著丛书 1）

本书分上、下两卷。共 6 编，内容包括：若干基本法则、欲望与其满足、生产要素需要、国民所得之分配等。附物物交换、地方税的归属等。著者原题：马谢尔。

收藏单位：重庆馆、东北师大馆、广东馆、国家馆、江西馆、辽大馆、南京馆、山西馆、天津馆、浙江馆

00875
美国经济学的新发展　刘絜敖著
出版者不详，1936.6，1 册，16 开
本书共 12 部分，内容包括：现代美国经济学发达之渊源、现代美国经济学的派别、美国边际效用学派、古典保守学派、价格经济学派等。为《民族杂志》第 4 卷第 6 期抽印本。

00876
孟子经济思想　李福星著
北京：北京交通大学月刊社，1926.7，18 页，22 开（交大月刊社丛书 1）
本书分 4 章：绪论、本论、杂论、结论。绪论共 3 节：孟子传略、孟子哲学、时代背景；本论共 6 节，内容包括：大同主义、农本主义、租税问题等。
收藏单位：北师大馆、国家馆、首都馆

00877
民生主义经济学　吕调阳著
桂林：立体出版社，1941.8，19+12+361 页，32 开
桂林：立体出版社，1942.7，再版，[32]+361 页，32 开
本书共 6 部分：民生主义经济学总论、民生主义经济学的生产理论、民生主义经济学的消费理论、民生主义经济学的交易理论、民生主义经济学的分配理论、民生主义经济学表解与说明。
收藏单位：重庆馆、广西馆、桂林馆、国家馆、湖南馆、吉林馆、江西馆、南京馆、浙江馆

00878
民生主义经济学　吕调阳著
上海：中国文化服务社，1948.11，19+12+361 页，32 开
收藏单位：重庆馆、国家馆、吉林馆、浙江馆

00879
民生主义经济学　周金声著
周金声，1943.7，16+34+730 页，32 开
本书分上、下两编：总论、本论。共 10 章，内容包括：什么叫民生主义经济学、民生主义的平时经济战时经济国防经济论、以民生史观来观察经济进化的史实、民生主义经济学与近代经济学说史、民生主义的生产论、民生主义的分配论等。
收藏单位：重庆馆、国家馆

00880
民生主义经济学体系　祝世康著　民生主义经济学社编
重庆：国语千字报社，1944，82 页，32 开（民生主义经济学社民生小丛书 2）
本书共 7 章，内容包括：经济学与文化系统、资本主义经济学的缺陷、共产主义经济学的检讨、近时欧西经济学的趋势、民生主义经济学的体系等。
收藏单位：国家馆、南京馆

00881
墨子经济思想　熊梦著
北京：志学社，1925.9，2 版，84 页，32 开
本书共 8 章：总论、墨子之欲望论、墨子之生产论、墨子之人口论、墨子之交易论、墨子之分配论、墨子之消费论、墨子经济思想之评论。
收藏单位：安徽馆、重庆馆、国家馆、湖南馆、吉大馆、上海馆

00882
穆勒论合作的中立性问题　（德）穆勒著　彭师勤译
重庆：合作与农村出版社，1944，石印本，4 页，32 开，环筒页装
本书论述消费合作社的中立性及与社会主义的关系。书中题名：消费合作与社会民主主义。
收藏单位：重庆馆、国家馆

00883
欧美经济学史　赵迺抟编著
正中书局，1948.11，574 页，25 开
本书为大学用书。共 6 编：重商主义与重

农主义、英国经济思想、美国经济思想、德国经济思想、奥国经济思想、法国经济思想。附欧美经济学史之文献、中文欧美经济学史参考书、研究中国经济思想史之文献。

收藏单位：重庆馆、辽大馆、南京馆、内蒙古馆、上海馆、浙江馆

00884

欧美经济学说史 （法）吉德（Charles Gide）（法）李斯特（Charles Rist）著 陈汉平 于锡来译

上海：神州国光社，1932.5，2 册（315+296 页），25 开，精装

本书上册分两编：经济学之奠基者、反对者。第 1 编共 3 章：重农学派（基德原著）、亚丹斯密（理士特）、悲观主义者（基德）；第 2 编共 5 章，内容包括：西思蒙第及批评家之起源（理士特）、李士特与国家经济学（理士特）、蒲鲁东及一八四八年的社会主义（理士特）等。据英译本转译。著者“吉德”原题：基德，“李斯特”原题：理斯特。

收藏单位：安徽馆、重庆馆、广西馆、国家馆、河南馆、辽大馆、辽宁馆、南京馆、山西馆、上海馆、首都馆、天津馆、中科图

00885

庞巴卫克的经济学说（正资本论及资本与利息） 郑学稼著

上海：黎明书局，1932.7，[28]+408+10 页，22 开

本书共 10 章，内容包括：绪论、资本的性质及概念、当为生产工具的资本、价值论、价格论、利息成立的理由、庞巴卫克学说总批判等。附英汉人名索引及汉英人名对照表。

收藏单位：广东馆、广西馆、贵州馆、桂林馆、国家馆、湖南馆、江西馆、近代史所、南京馆、宁夏馆、上海馆、西南大学馆、浙江馆、中科图

00886

评阎伯川先生的物产证券与按劳分配的学说·阎锡山先生的哲学研究批评大纲 王思华著

出版者不详，1939，50 页，25 开，环筒页装

收藏单位：国家馆

00887

普产主义大纲初草 胡汝麟著

北京：普产协会，1927.5，68 页，17 开（普产协会丛书 1）

本书分两编：普产原理、普产制度。共 7 节：人类天性在经济上之要求、时代潮流与经济制度之关系、中国现在之经济情势、产业所有之分类、经济发展之形式、关于私有产业之规定、关于公有产业及公共经济机关之规定。

收藏单位：吉林馆

00888

全体主义学派的经济学说 刘絜敖著

出版者不详，[1929—1949]，[19] 页，16 开

本书共 3 部分：1929 年 5 月 4 日著者在柏林作关于经济学之危机的演词、Dannkmann 等四位学者对斯氏演词观点的辩驳意见、斯氏对上述反对意见的辩解。

00889

三民主义物劳学说之相关性 陈玉烽著

物产证券研究社，1930.6，18 页，32 开

收藏单位：南京馆

00890

三民主义与合作运动

北平各界扩大宣传联席会议，1931.7，288 页，32 开（宣传丛书）

本书内容包括：合作原理、世界合作运动鸟瞰、各国合作事业概况等。附北平市合作运动之具体计划和合作运动宣传纲要。

收藏单位：广西馆、南京馆

00891

三民主义之合作理论与实施 陈燮林著

经济部合作事业管理局湖南省安化合作实验区，1940.7，124 页，25 开

本书共 8 章，内容包括：合作之意义、三民主义与合作运动、民族主义之合作观、民

权主义之合作观、三民主义之大同社会等。

收藏单位：国家馆、湖南馆

00892

桑弘羊及其战时经济政策 马元材著

[重庆]：中国文化服务社，1944.3，106 页，32 开（中国财政学会丛书）

本书分上、下两篇：前论、本论。前论共 6 部分，内容包括：一个四十年的长期反侵略战争、桑弘羊之战争拥护论、战前之财政准备与民生情况等；本论共 9 部分，内容包括：国营商业主义之理论、统一币制、盐铁专卖、均输与平准、国际贸易等。

收藏单位：重庆馆、国家馆、吉大馆、吉林馆、南京馆、内蒙古馆、西南大学馆

00893

社会法学派的经济学说 刘絜敖著

出版者不详，1936.11，13 页，16 开

本书共 4 部分：导言、社会法学派之发生、狄尔的基础理论、经济与法律之关系。原载于《民族杂志》第 4 卷第 11 期。

00894

社会经济学撮要 （瑞典）卡塞尔（Karl Gustav Cassel）著 林光澂译

上海：商务印书馆，1933，96 页，32 开（社会科学丛书）

上海：商务印书馆，1933，再版，96 页，32 开（社会科学丛书）

本书共 4 章：经济学之目的与方法、经济学与价格论、稀少原理与成本观念、货币理论。原著据著者在伦敦大学的演讲词编成。著者原题：加塞尔。

收藏单位：重庆馆、甘肃馆、广东馆、广西馆、国家馆、黑龙江馆、湖南馆、吉林馆、江西馆、辽大馆、南京馆、上海馆、首都馆、西南大学馆、浙江馆

00895

什么是合作？ （美）韦拔斯（James Peter Warbasse）著 温崇信译

外文题名：What is cooperation

上海：中国合作学社，1929.7，188 页，32 开（合作丛书）

本书共 8 章：现代社会秩序的批评、各种社会补救方法的批评、合作经济学、合作之社会的和政治的现象、实现的方法、合作之缺点及困难、合作的利益、包罗万象的合作运动。

收藏单位：安徽馆、重庆馆、广东馆、广西馆、国家馆、河南馆、黑龙江馆、湖南馆、吉林馆、江西馆、南京馆、内蒙古馆、上海馆、西南大学馆、浙江馆

00896

十九二十世纪经济学说史 （苏）佩阑（П. А. Берлин）著 杨心秋译

上海：黎明书局，1933.7，232 页，32 开（社会科学名著译丛）

本书分 4 章分析历史学派、心理学派、数学派、美国学派的经济理论。

收藏单位：安徽馆、重庆馆、东北师大馆、广西馆、贵州馆、国家馆、黑龙江馆、吉林馆、江西馆、辽大馆、南京馆、上海馆、首都馆、天津馆、西南大学馆、浙江馆、中科图

00897

世界合作思想十讲 侯哲安著

重庆：正中书局，1945.4，225 页，32 开

上海：正中书局，1946.4，225 页，32 开

本书共 10 讲，内容包括：世界合作思想概观、早期的合作思想、尼墨学派、汉堡学派、英美学派、生产合作学派、近代合作思潮的趋向等。是《连锁哲学》与《合作理论体系》的姐妹篇。著者原题：侯哲葊。

收藏单位：安徽馆、重庆馆、东北师大馆、广东馆、广西馆、国家馆、河南馆、湖南馆、江西馆、辽大馆、辽宁馆、南京馆、山东馆、天津馆、浙江馆、中科图

00898

世界合作运动诸先驱及其思想 侯哲安著

重庆：合作与农村出版社，[1942]，62 页，32 开

本书概述各主要合作理论家、事业者的生平及思想。著者原题：侯哲莽。

收藏单位：安徽馆、重庆馆、贵州馆、国家馆、西南大学馆

00899

世界经济学说要义（第 1 卷） 周宪文编

上海：中华书局，1939.12，10+400 页，32 开，精装

本书近似辞典，按人物中译姓名笔画排序，介绍世界近代著名经济学家的学说要点。

收藏单位：广西馆、国家馆、河南馆、辽大馆、南京馆、上海馆、浙江馆

00900

松柏特的理解经济学 刘絜敖著

出版者不详，1936.7，12 页，16 开

本书共 5 部分：松柏特之生涯与著作、经济学之三系别、理解之概念、理解之种类、结语——理解之限界。为《民族杂志》第 4 卷第 7 期抽印本。

00901

孙中山先生经济学说 赵可任编著

南京：正中书局，1935.7，210 页，25 开

南京：正中书局，1936.8，再版，210 页，25 开

重庆：正中书局，1942.12，5 版，210 页，25 开

重庆：正中书局，1943.4，7 版，210 页，25 开

上海、南京：正中书局，1946.11，210 页，25 开

本书共 8 章：总论、价值、货币、资本的积累、生产方法的改变、分配、金融资本、恐慌。

收藏单位：长春馆、重庆馆、东北师大馆、广东馆、广西馆、国家馆、河南馆、湖南馆、吉大馆、吉林馆、江西馆、辽大馆、辽宁馆、南京馆、宁夏馆、山西馆、上海馆、绍兴馆、首都馆、天津馆、浙江馆

00902

泰西经济思想史 文公直著

上海：三民书店，1929.6，158 页，25 开

本书共 4 章：经济学及经济思想之定义、经济思想发展历史之纲要、近代经济思想之发展、结论。附经济学中的相对名辞之析义、中西经济思想历史之比较。

收藏单位：北师大馆、东北师大馆、广西馆、国家馆、江西馆、辽宁馆、天津馆、浙江馆

00903

田园工厂手工场 （苏）克鲁泡特金（P. A. Kropotkin）著 汉南译

外文题名：Fields factories, and workshops

上海：自由书店，1929.5，464 页，32 开（克鲁泡特金全集 8）

本书共 9 章，内容包括：工业的地方分散、农业的可能性、小工业及工业村、精神劳动和肉体劳动等。附英国的海外投资、俄国工业的发达、印度的棉业等。内容多发表于《十九世纪杂志》。

收藏单位：重庆馆、广西馆、国家馆、南京馆、上海馆

00904

通俗经济思想史要（社会科学之部） 金天锡编著

上海：神州国光社，1932.1，73 页，36 开

本书共两章：资本主义经济学、社会主义经济学。

收藏单位：重庆馆、内蒙古馆、上海馆、浙江馆

00905

晚清五十年经济思想史 赵丰田撰

北京：哈佛燕京学社，1939.8，320 页，16 开

本书分 4 篇：晚清经济状况、国民经济改良诸说、国家经济改良诸说、附论。共 12 章，内容包括：农本说、重商说、除弊政说、行预算说、康有为之经济理想等。

收藏单位：国家馆、吉林馆、江西馆、近代史所、辽大馆、辽宁馆、南京馆、山西馆、上海馆、天津馆、西南大学馆

00906

晚清五十年经济思想史述评 秦佩珩著

出版者不详，[1939]，9 页，16 开

本书为《晚清五十年经济思想史》（赵平田）的书评。为《燕京大学经济学报》第 1 期抽印本。

收藏单位：国家馆

00907

晚周诸子经济思想史　熊梦著

上海：商务印书馆，1930.9，189 页，32 开（国学小丛书）

上海：商务印书馆，1936.7，国难后 1 版，176 页，32 开，精、平装（国学小丛书）

本书共 7 章：导论、诸子思想之考原及其勃兴之原故、道家思想、儒家思想、墨家思想、法家思想、晚周思想补遗。

收藏单位：安徽馆、长春馆、重庆馆、东北师大馆、广东馆、贵州馆、国家馆、河南馆、湖南馆、江西馆、辽大馆、辽宁馆、南京馆、内蒙古馆、山西馆、上海馆、绍兴馆、首都馆、浙江馆、中科图

00908

五十年来美国经济思潮的主流——制度经济学派　赵迺抟著

北平：北京大学出版部，1948.12，11 页，16 开

本书介绍并评述制度经济学派的理论。

收藏单位：上海馆

00909

物观经济学史　（日）住谷悦治著　熊得山译

上海：昆仑书店，1929.10，[14]+362 页，32 开

本书内容包括：经济学史研究的立场、产业革命与资本主义的展开、反击的时代——重农学派等。

收藏单位：重庆馆、国家馆、湖南馆、南京馆、山西馆、上海馆、首都馆

00910

西洋经济思想　郭大力著

上海：中华书局，1949.9，224 页，32 开

本书共 9 章：经济思想的性质、亚里斯多德、重商主义与重农主义、亚当·斯密、里嘉图、里嘉图和马尔萨斯的对立及二者在经济思想上的合流、主观学派、历史学派、马克思。

收藏单位：长春馆、重庆馆、东北师大馆、甘肃馆、贵州馆、国家馆、江西馆、辽大馆、上海馆、首都馆、天津馆、浙江馆

00911

西洋经济思想史　吴希庸著

出版者不详，1943，油印本，121 页，18 开，环筒页装

本书共 8 篇，内容包括：经济学的奠基者、悲观派与乐观派、实现主义的反动、经济学整理与修正等。

收藏单位：国家馆

00912

西洋经济思想史　邹敬芳著

上海法学社，1930.7，300 页，25 开

本书介绍各个历史时期西洋经济学派的人物、著作以及代表思想。共 6 章：导言、古代、中世、近世、最近代、结论。

收藏单位：国家馆、南京馆、天津馆

00913

西洋经济思想史　邹敬芳编

上海：新建设书店，1929.9，[16]+300 页，25 开

收藏单位：重庆馆、湖南馆、江西馆

00914

西洋五大经济学家　唐庆增著

上海：黎明书局，1930.5，54 页，32 开

本书共 6 章：总论、亚丹斯密斯、斯穆勒、马克斯、巴维克、及逢斯。附参考书目举要。据著者授课讲义修订编成。

收藏单位：重庆馆、广东馆、广西馆、国家馆、湖南馆、江西馆、上海馆、西南大学馆、浙江馆

00915

先秦经济思想史　甘乃光著

外文题名：Economic thought of ancient China

上海：商务印书馆，1926.1，138页，32开（国学小丛书）
上海：商务印书馆，1927.3，再版，138页，32开（国学小丛书）
上海：商务印书馆，1929.10，114页，32开（万有文库 第1集 188）（国学小丛书）
上海：商务印书馆，1929，再版，114页，22开（万有文库 第1集）（国学小丛书）
上海：商务印书馆，1930.4，3版，138页，32开（国学小丛书）
上海：商务印书馆，1933.4，国难后1版，114页，32开（国学小丛书）
上海：商务印书馆，1934.5，国难后2版，114页，32开（国学小丛书）
上海：商务印书馆，1934.7，114页，32开（万有文库 第1集 188）（国学小丛书）
上海：商务印书馆，1939.12，114页，25开（万有文库 第1、2集简编500种 71）（国学小丛书）

本书共9章：导论、老子、孔子、墨子、孟子、先秦的社会主义思想、荀子、管子、结论。据著者在岭南大学讲授"中国经济思想史"课程的讲稿编成。

收藏单位：安徽馆、长春馆、重庆馆、大理馆、大连馆、大庆馆、东北师大馆、广东馆、广西馆、贵州馆、国家馆、河南馆、黑龙江馆、湖南馆、吉林馆、江西馆、辽大馆、辽师大馆、柳州馆、南京馆、内蒙古馆、宁夏馆、上海馆、绍兴馆、天津馆、西南大学馆、浙江馆

00916

现代各国经济学说　陈岱孙讲　中央训练团党政高级训练班编

中央训练团党政高级训练班，1944.2，21页，32开

本书简介机械的个人主义派、制度学派、福利学派、集体经济制度之经济学说等。

00917

现代经济的基本问题　（俄）普列汉诺夫（Г. В. Плеханов）著　李麦麦译

社会科学研究会，1930.5，184页，32开

本书为1908年版《马克思主义的基本问题》早期译本。附《马克思传》（列宁）。著者原题：蒲列汉诺夫。

收藏单位：国家馆

00918

现代经济思想　（美）霍门（Paul T. Homan）著　于树生译

外文题名：Contemporary economic thought

上海：商务印书馆，1935.10，407页，32开，精、平装（万有文库 第2集 102）（汉译世界名著）
长沙：商务印书馆，1939，简编版，5册（[407]页），36开（万有文库 第2集 102）（汉译世界名著）
上海：商务印书馆，1939.12，5册（407页），25开（万有文库 第1、2集简编500种 68）（汉译世界名著）
上海：商务印书馆，1947.3，再版，407页，32开（新中学文库）（汉译世界名著）

本书共7章：绪论、克拉克、樊勃伦、马雪尔、霍勃生、密丘尔、现今思潮。

收藏单位：安徽馆、长春馆、重庆馆、大理馆、大连馆、东北师大馆、广东馆、广西馆、贵州馆、国家馆、河南馆、黑龙江馆、湖南馆、江西馆、辽大馆、辽东学院馆、辽师大馆、柳州馆、南京馆、内蒙古馆、宁夏馆、上海馆、首都馆、西南大学馆、浙江馆、中科图

00919

现代经济思想　王云五　李圣五主编　叶元龙等著

上海：商务印书馆，1933.12，97页，42开（东方文库续编）
上海：商务印书馆，1934，再版，97页，50开（东方文库续编）

本书为东方杂志社三十周年纪念刊。收文4篇：《马先尔的价值论》（叶元龙）、《马克斯主义的根本错误》（T. H. Carver）、《马克斯派哲学的价值和缺点》（H. J. Laski）、《罗去戴尔原则》（季特）。

收藏单位：重庆馆、大庆馆、广东馆、贵

州馆、国家馆、河南馆、黑龙江馆、湖南馆、辽大馆、南京馆、内蒙古馆、宁夏馆、天津馆、浙江馆

00920
现代经济学论　（日）波多野鼎著　彭迪先译
上海：商务印书馆，1936.8，15+327 页，25 开（社会科学小丛书）
本书共 6 章：卡尔·门格尔、赍巴卫克、库拉克、马谢尔、薰伯达、卡塞尔。
收藏单位：安徽馆、重庆馆、东北师大馆、广东馆、广西馆、贵州馆、国家馆、河南馆、湖南馆、吉林馆、南京馆、上海馆、首都馆、浙江馆

00921
现代经济之批判　（苏）托洛茨基（Лев Давидович Троцкий）著　陈启修译
上海：文艺书局，1931.5，338 页，25 开
本书论述商品的交换与价值问题。内容包括：商品、货币或单纯流通等。附经济学批判绪言。译者原题：陈豹隐。
收藏单位：广东馆、国家馆

00922
现代经济组织　（美）马沙尔（L. C. Marshall）（美）里昂（L. S. Lyon）编　郑合成译述
外文题名：Our economic organization
上海：商务印书馆，1935.12，12+477 页，32 开（社会科学小丛书）
本书收录课题 25 个，内容包括：社会财源与经济组织、资本制度的农工业的兴起、现代贸易和商业组织的兴起、集中管理联合及独占、经济活动的南针、货币在经济组织中的作用、自然利源的适当的利用等。
收藏单位：安徽馆、重庆馆、广东馆、贵州馆、国家馆、湖南馆、吉林馆、近代史所、辽大馆、南京馆、内蒙古馆、宁夏馆、上海馆、天津馆、浙江馆

00923
现代社会经济思想问题　（日）土田杏村原著　查士骥译
上海：大东书局，1931.2，256 页，32 开
本书共 9 章：社会与意台沃劳琪、现今思想问题的发生、社会是什么、政治社会与经济社会、理想主义与社会问题（一、二）、唯物辩证法及其批评（一、二）、社会主义与安那琪主义。著者原题：土思杏村。
收藏单位：重庆馆、广东馆、国家馆、湖南馆、江西馆、南京馆、农大馆、陕西馆、上海馆、绍兴馆、天津馆、西南大学馆、浙江馆

00924
现代中国经济思想　李权时编
上海：中华书局，1934.1，152+10 页，32 开（中华百科丛书）
本书共 6 章：绪论、现代中国经济思想之关于消费论者、现代中国经济思想之关于生产论者、现代中国经济思想之关于交易论者、现代中国经济思想之关于分配论者、现代中国经济思想之关于经济理论与经济事实的关系者。各章后附思考题。附名词索引。
收藏单位：重庆馆、东北师大馆、广东馆、广西馆、贵州馆、国家馆、河南馆、黑龙江馆、湖南馆、吉林馆、江西馆、南京馆、内蒙古馆、宁夏馆、山西馆、天津馆、浙江馆、中科图

00925
现社会病态的分析及其治法　阎锡山讲　山西省政府编
山西省政府，1948.7，22 页，32 开
收藏单位：南京馆

00926
协作　（法）吉德（Charles Gide）著　楼桐荪译
上海：商务印书馆，1925.1，392 页，22 开，精装（经济名著 5）
上海：商务印书馆，1927，再版，392 页，22 开，精装（经济名著 5）
上海：商务印书馆，1931.5，3 版，392 页，22 开，精装（经济名著 5）
上海：商务印书馆，1932.10，国难后 1 版，392

页，22开，精装（经济名著5）

本书收录著者宣传有关协作主义理论的演讲稿12篇:《协作主义与法国工党》《协作主义的前途》《协作主义在经济改革上应负的任务》《以连带思想为经济的政策》《连带思想在各协社中的实行》《协作主义的仇敌》《协作主义的十二德》《消费者的朝统》《竞争呢还是协作》《废除利润》《社会的寄生》《万国协作联盟》。著者原题：查理·季特。

收藏单位：安徽馆、重庆馆、东北师大馆、广东馆、广西馆、贵州馆、国家馆、河南馆、湖南馆、吉林馆、江西馆、近代史所、辽大馆、辽宁馆、南京馆、上海馆、首都馆、天津馆、浙江馆、中科图

00927

新合作主义（一名，尼墨学派）（法）吉德（Charles Gide）著 姚絅章译

重庆：中国合作学社，1943.12，176页，32开（世界合作名著译丛）

本书共9章，内容包括：尼墨学派之起源、尼墨学派以前的法国合作运动、合作联盟之发轫、分裂、尼墨学派与阶级斗争等。著者原题：查理·季特。

收藏单位：重庆馆、贵州馆、国家馆、河南馆、吉大馆、上海馆、浙江馆

00928

新经济思想史（苏）卢彬（Исаак Ильич Рубин）著 季陶达译

北平：好望书店，1932.6，16+342+41页，25开

本书共5编：重商主义及其崩溃、重农学派、亚丹斯密士、达皮·李嘉图、古典派的崩溃。附名词、地名索引等。据原著1930年第4版译出。著者原题：鲁平，译者原题：陶达。

收藏单位：重庆馆、广西馆、国家馆、近代史所、辽大馆、宁夏馆、山西馆、上海馆、首都馆、天津馆、浙江馆

00929

新社会经济学（法）波亚桑（Ernest Poisson）著 张则尧 吴植模译

中国合作图书社，1940.6，107页，32开

本书共4部：合作的科学理论、合作共和国及其结果、合作共和国实现的限界、合作共和国的实现。

收藏单位：重庆馆、贵州馆、国家馆、吉林馆、江西馆、南京馆、浙江馆、中科图

00930

新演绎学派经济学（日）荒木光太郎著 刘弈译

上海：联合书店，1929.11，196页，32开

本书共4篇：概论、奥太利学派的体系、奥太利学派的沿革、奥太利学派的发展。

收藏单位：重庆馆、桂林馆、国家馆、河南馆、内蒙古馆、上海馆、天津馆、西南大学馆

00931

亚丹斯密 刘秉麟著

外文题名：Adam Smith

上海：商务印书馆，1924，170页，32开（百科小丛书）

上海：商务印书馆，1926.1，126页，36开（百科小丛书104）

上海：商务印书馆，1926，126页，36开（新中学文库）

上海：商务印书馆，1930.4，107页，32开（万有文库第1集937）（百科小丛书）

上海：商务印书馆，1933.4，国难后1版，107页，32开（百科小丛书）

上海：商务印书馆，1934.7，再版，170页，32开（万有文库 第1集937）（百科小丛书）

上海：商务印书馆，1939.12，107页，25开（万有文库 第1、2集简编500种456）（百科小丛书）

重庆：商务印书馆，1945，86页，32开（百科小丛书）

本书共4章：一七六〇年前后之英伦经济状况与亚丹斯密、十七世纪和十八世纪哲学上经济学上之思潮与亚丹斯密、亚丹斯密的行状及著作、亚丹斯密之经济学说。

收藏单位：安徽馆、长春馆、重庆馆、大

理馆、大连馆、东北师大馆、甘肃馆、广东馆、广西馆、贵州馆、桂林馆、国家馆、河南馆、黑龙江馆、湖南馆、吉林馆、江西馆、近代史所、辽大馆、辽宁馆、辽师大馆、南京馆、内蒙古馆、宁夏馆、上海馆、首都馆、天津馆、西南大学馆、浙江馆

00932

亚当斯密前经济思想史 袁贤能[著]

天津：达仁学院，1940，1册，25开（达仁经济研究丛书）

本书共10章，内容包括：导言、柏拉图、亚里士多德、任诺风、古代的自然主义、基督教的精神等。

收藏单位：东北师大馆、国家馆

00933

盐铁论 （汉）桓宽著 （清）张敦仁考证

上海：商务印书馆，1934，107页，32开（国学基本丛书简编）

上海：商务印书馆，1934，202页，32开，精装（国学基本丛书）

上海：商务印书馆，1934.8，再版，202+20+26页，32开，精装（国学基本丛书）

上海：商务印书馆，1936.9，107+20页，32开（万有文库 第2集99）（国学基本丛书）

上海：商务印书馆，1936.10，3版，107页，32开（国学基本丛书简编）

长沙：商务印书馆，1939，107页，32开（万有文库 第1、2集）

上海：商务印书馆，[1940]，1册，32开（国学基本丛书简编）

本书为文言体，加圈点。分10卷，共60篇。据光绪十七年长沙思贤讲舍刻王先谦校本刊行。

收藏单位：安徽馆、重庆馆、大理馆、大连馆、大庆馆、东北师大馆、广西馆、贵州馆、国家馆、河南馆、黑龙江馆、湖南馆、惠州馆、江西馆、辽大馆、辽宁馆、辽师大馆、柳州馆、内蒙古馆、宁夏馆、上海馆、绍兴馆、首都馆、天津馆、浙江馆、中科图

00934

盐铁论（节本） 唐庆增编

长沙：商务印书馆，1938，24+139页，32开（中学国文补充读本）

本书为中学国文补充读本。分导言、节本盐铁论（10卷）两部分。

收藏单位：重庆馆、广东馆、贵州馆、国家馆、吉林馆、辽大馆、南京馆、山西馆、首都馆、浙江馆

00935

养民经济论 刘耀燊著

曲江（韶关）：民族文化出版社，1941.12，87页，25开（青年丛书）

本书共6章：导论、养民的生产经济、养民的分配经济、养民的交换经济、养民的消费经济、结论。

收藏单位：重庆馆、广西馆、国家馆、吉林馆、南京馆

00936

一般经济史概论 （日）野村兼太郎著 葛次弓译

北京：佩文斋书店，1941.7，236页，25开

本书分3编：古代、中世、近世。第1编共5章：原始时代、氏族时代、古代亚洲社会、古代都市国家、罗马帝国；第2编共5章，内容包括：农村经济之变化、二大商业圈、德意志商业之发展等；第3编共5章，内容包括：资本主义制度之成立、英吉利资本主义之成熟、独占资本主义等。

收藏单位：长春馆、东北师大馆、国家馆

00937

以社会问题为中心的经济思想史的展开 （日）北泽新次郎著 温盛光译

上海：启智书局，1929.8，280页，32开

本书共8章，内容包括：希腊的经济思想、圣法学的经济思想、科学的社会主义与马克思等。封面题名：经济思想史的展开。

收藏单位：重庆馆、东北师大馆、广东馆、国家馆、江西馆、近代史所、南京馆、西南大学馆、浙江馆

00938
友爱的合作经济学 （日）贺川丰彦原著 许无愁 程伯群译
外文题名：Brotherhood economics
上海：广学会，1940，146 页，32 开
本书共 9 章：目前混乱的出路、基督与经济、唯物观经济学的谬误、交易的哲学、历代以来的友爱主义、近代合作事业运动、行动上的友爱合作、合作社性的国家、世界和平建设在友爱之上。附英汉名词对照。
收藏单位：安徽馆、广东馆、国家馆、河南馆、吉林馆、辽宁馆、上海馆

00939
有闲阶级的经济理论 （苏）布哈林（Н. И. Бухарин）著 郑侃译
上海：水沫书店，1930.5，357 页，25 开
本书共 6 章：限界效用说及马克斯主义之方法论的基础、价值论、价值论（续前）、利润论、利润论（续前）、结论。附理论的协调政策。
收藏单位：重庆馆、桂林馆、国家馆、河南馆、黑龙江馆、吉大馆、近代史所、上海馆、绍兴馆、天津馆、浙江馆

00940
有闲阶级经济学批判 （苏）布哈林（Н. И. Бухарин）著 刘曼译
上海：乐群书店，1930.1，323 页，32 开
收藏单位：安徽馆、重庆馆、东北师大馆、国家馆、吉林馆、辽大馆、南京馆、上海馆、浙江馆

00941
有闲阶级论（社会制度之经济学的研究） （美）凡勃伦（Thorstein Bunde Veblen）著 胡伊默译
上海：中华书局，1936.5，306 页，22 开（社会科学丛书）
本书共 14 章，内容包括：金钱的竞争、显著的闲暇、金钱的生活程度、趣味底金钱的准则、免除劳动与保守主义、古代特性的保存、宗教的信仰、高等学问成为金钱文化底表现之一等。
收藏单位：重庆馆、东北师大馆、广东馆、广西馆、贵州馆、国家馆、黑龙江馆、湖南馆、吉林馆、江西馆、辽宁馆、南京馆、内蒙古馆、宁夏馆、山西馆、上海馆、首都馆、天津馆、浙江馆、中科图

00942
原富 （英）亚当·斯密（Adam Smith）著 严复译
外文题名：An inquiry into the nature and causes of the wealth of nations
上海：商务印书馆，1929.10，9 册，36 开（万有文库 第 1 集 183）
上海：商务印书馆，1930，978+80 页，32 开（严译名著丛刊）
上海：商务印书馆，1931，978+80 页，32 开，精装（严译名著丛刊）
上海：商务印书馆，1933.1，国难后 1 版，3 册（978+80 页），32 开（严译名著丛刊）
本书为文言体，加圈点。分 5 部，从分工开始，依次论述交换、货币、价值、价格、工资、利润、地租、资本、各国财富的进步、重商主义、重农主义、财政等问题。著者原题：亚丹斯密。
收藏单位：安徽馆、长春馆、重庆馆、大理馆、大连馆、东北师大馆、广东馆、广西馆、贵州馆、桂林馆、国家馆、河南馆、黑龙江馆、湖南馆、吉林馆、江西馆、辽大馆、辽东学院馆、辽师大馆、柳州馆、南京馆、内蒙古馆、宁夏馆、山西馆、上海馆、首都馆、天津馆、西南大学馆、浙江馆

00943
原富 （英）亚当·斯密（Adam Smith）著 严复译
上海：统一书店，1930.10，再版，2 册（16+310+421 页），25 开
收藏单位：安徽馆、国家馆、湖南馆、辽大馆、宁夏馆、首都馆、天津馆

00944
战后经济学说 李正文著

上海、香港：新知书店，1948.9，73 页，36 开（新认识丛书 第 1 辑 6）

本书共 4 章：绪论、放任派经济学说、凯恩斯经济学说、结论。

收藏单位：重庆馆、桂林馆、国家馆

00945

战后经济学之趋势 朱通九著

上海：黎明书局，1930.3，43 页，32 开（黎明小丛书）

本书共 3 部分：绪言、经济学之过去、经济学之将来。

收藏单位：重庆馆、广西馆、国家馆、湖南馆、吉大馆、南京馆、上海馆、西南大学馆、浙江馆

00946

政治经济学史（卷 1）（苏）罗森别格（Д. И. Розенберг）著 李侠公译

上海：商务印书馆，1937，522 页，25 开（中山文库）

本书共 10 讲，内容包括：政治经济学底产生（政治经济学史概论）、重商主义底产生和发展、毕蒂以后的经济思想发展、重农主义者等。著者原题：罗忍伯尔格。

收藏单位：重庆馆、广西馆、国家馆、江西馆、辽大馆、南京馆、内蒙古馆、上海馆、西南大学馆

00947

政治经济学史（上卷）（苏）罗森别格（Д. И. Розенберг）著 张季荪 刘亚生译

上海：上海杂志公司，1938.12，269 页，25 开（社会科学名著大系）

本书共 6 章，内容包括：经济学史的一般特征、重商主义的成立和发展、重商主义的解体和古典学派的成立、培蒂以后经济学思想的发展等。著者原题：D. 洛森堡。

收藏单位：重庆馆、广西馆、国家馆、南京馆、上海馆

00948

政治经济学史大纲 王亚南著

上海：中华书局，1949.7，[27]+600 页，23 开

本书为大学用书。共 6 篇，内容包括：政治经济学史研究绪论、政治经济学前史、说明的经济理论体系、辩护的经济理论体系等。

收藏单位：重庆馆、东北师大馆、国家馆、河南馆、辽大馆、南京馆、山西馆、上海馆、首都馆、天津馆、浙江馆

00949

政治经济学史教程（上册）（苏）罗森别格（Д. И. Розенберг）著 张季荪 刘亚生译

上海：上海杂志公司，1939.1，再版，269 页，25 开（社会科学名著大系）

上海：上海杂志公司，1949.1，269 页，25 开

收藏单位：重庆馆、东北师大馆、广东馆、贵州馆、国家馆、湖南馆、近代史所

00950

中国初期的合作思想 林嵘等著

重庆：合作评论社，1943.4，104 页，32 开（合作评论社丛书 1）

本书收文 4 篇：《孙中山先生的合作思想》（李敬民）、《薛仙舟先生的合作思想》（林嵘）、《汤巷园先生的合作思想》（侯哲葊）、《覃寿公先生的合作思想》（林嵘）。

收藏单位：安徽馆、重庆馆、东北师大馆、广东馆、广西馆、国家馆、南京馆、内蒙古馆、上海馆

00951

中国大学经济思想史讲义 马哲民 刘济闾编述

出版者不详，[1917—1949]，118+118 页，16 开

本书共两部分：《西洋经济思想史》（马哲民编述）、《经济史讲义大纲》（刘济闾编述）。

收藏单位：重庆馆

00952

中国古代经济思想及制度（日）田崎仁义著 王学文译

上海：商务印书馆，1936.1，346 页，22 开，精装

上海：商务印书馆，1936，再版，346 页，22 开，精装

本书共 6 编，内容包括：封建制度发生期、周礼及其封建组织、周礼之土地制度等。

收藏单位：安徽馆、重庆馆、东北师大馆、广西馆、贵州馆、国家馆、黑龙江馆、湖南馆、吉林馆、江西馆、近代史所、辽大馆、南京馆、上海馆、首都馆、天津馆、西南大学馆、浙江馆

00953

中国近百年经济思想 夏炎德著

上海：商务印书馆，1948.8，202 页，32 开

本书共 7 章：绪言、清代重臣的富强政策、驻外使节的洋务献议、维新志士的变法理想、官商巨子的实业方案、革命领袖的民生主义、结论。附中国经济思想之轮廓、中国近三十年来经济学之进步、中国抗战期间经济研究之成绩。

收藏单位：重庆馆、东北师大馆、广东馆、国家馆、湖南馆、吉林馆、近代史所、辽大馆、南京馆、上海馆、中科图

00954

中国经济思想史 孔德编

出版者不详，[1911—1949]，47 页，16 开

收藏单位：南京馆

00955

中国经济思想史（上卷） 唐庆增著

上海：商务印书馆，1936.3，11+411 页，22 开，精装（大学丛书 教本）

上海：商务印书馆，1936.3，再版，11+411 页，23 开，精装（大学丛书 教本）

上海：商务印书馆，1936.7，3 版，11+411 页，22 开，精装（大学丛书 教本）

本书共 10 编：绪论、老孔以前之经济思想、儒家、道家、墨家、法家、农家及其他各家、政治家与商人、史书与经济思想、结论。

收藏单位：重庆馆、东北师大馆、广东馆、广西馆、贵州馆、国家馆、黑龙江馆、湖南馆、吉林馆、近代史所、辽大馆、南京馆、内蒙古馆、宁夏馆、山西馆、上海馆、首都馆、浙江馆、中科图

00956

中国经济思想小史 李权时著

上海：世界书局，1927.7，93 页，32 开

上海：世界书局，1929.1，3 版，93 页，32 开

本书共 4 章：中国历来经济思想之关于经济制度及分配者、中国历来经济思想之关于欲望及消费者、中国历来经济思想之关于生产人口及租税者、中国历来经济思想之关于交易货币及唯物论者。

收藏单位：重庆馆、广东馆、广西馆、国家馆、湖南馆、江西馆、南京馆、天津馆、西南大学馆、浙江馆

00957

中国经济学说 蒋中正著

广东政治季刊社，1944.1，50 页，50 开

收藏单位：重庆馆、吉林馆

00958

中国经济学说 蒋中正著

国民政府军事委员会委员长侍从室，1943.3，62 页，32 开

收藏单位：安徽馆、重庆馆、国家馆、江西馆、近代史所、南京馆、上海馆

00959

中国经济学说 蒋中正著

［上海］：经济新闻社，[1943—1949]，42 页，25 开

收藏单位：安徽馆、江西馆

00960

中国经济学说 蒋中正著

［南昌］：连锁书店，1944，66 页，18 开

本书共 5 部分：中国经济学的定义与范围、中西经济学说的分别、中国古来的经济规模、民生主义之经济原理、将来的经济思想。

收藏单位：国家馆、湖南馆、江西馆

00961
中国经济学说　蒋中正著
[崇安（武夷山）]：全国合作社物品供销处东南分处，1943.12，30页
收藏单位：国家馆

00962
中国经济学说　蒋中正著
社会部劳动局，1944.8，46页，32开（劳动训练丛书1）
收藏单位：重庆馆、南京馆

00963
中国经济学说　蒋中正著
上饶：真实出版社，1943.10，32页，32开（革命建国丛书）
收藏单位：安徽馆、重庆馆、国家馆

00964
中国经济学说　蒋中正著
上海：中国合作书报出版社，1945.10，32页，32开
收藏单位：国家馆、辽宁馆、上海馆

00965
中国经济学说　蒋中正著
永安（三明）：中国文化服务社，1943.11翻印，62页，32开
收藏单位：安徽馆、长春馆、重庆馆、国家馆、江西馆

00966
中国经济学说　蒋中正著
韶关：中国文化事业局，1944.4，29页，25开
收藏单位：广西馆、贵州馆、江西馆

00967
中国经济学说　蒋中正著
上海：中华图书公司出版社，1945，32页，32开
收藏单位：首都馆

00968
中国经济学说　蒋中正著
中央训练团，1943.12，46页，32开
收藏单位：国家馆、湖南馆、浙江馆

00969
中华普产协会宣言
[中华普产协会]，1929.6，21页，32开
本宣言于1929年4月由中华普产协会通过。
收藏单位：天津馆

00970
中山经济思想研究集　岭南大学经济学会编辑
上海：民义书局，1927，[114]页，32开
本书收文7篇，内容包括：《中山平均地权论释》（廖仲恺）、《平均地权论》（陈仲伟）、《单税制之理论及批评》（朱则）、《单税制在中国之经过》（章履刚）等。附中山平均地权论汇录。
收藏单位：近代史所、南京馆

00971
中山经济思想研究集　岭南大学经济学会编辑
上海：三民公司，1926.9，[114]页，32开
上海：三民公司，1926，3版，[114]页，32开
上海：三民公司，1927.3，4版，[114]页，32开
收藏单位：东北师大馆、湖南馆、浙江馆

00972
中山经济思想研究集　三民公司编辑
上海：三民公司，1927.4，5版，[114]页，32开
收藏单位：重庆馆、东北师大馆、广西馆、桂林馆、江西馆、南京馆

00973
中山先生经济思想的研究
出版者不详，[1936—1949]，78页，32开（江苏反省院小丛书）
本书共5章，介绍孙中山经济思想的发

生及其哲学基础、民生经济的原理及民生主义的理想制度、平均地权、节制资本等。

收藏单位：重庆馆

00974

中心思想（阎司令长官对高级将领第九次军事会议讲话） 阎锡山讲

抗战复兴出版社，1939，4 版，26 页，32 开

抗战复兴出版社，1939，5 版，24 页，32 开

抗战复兴出版社，1940，6 版，12 页，32 开

本书附如何才能迎头赶上、各种经济制度下加大预算之研究。

收藏单位：国家馆、南京馆

00975

重农学派理论底创设者法郎士·开纳——其生平及学说 （苏）卢彬（Исаак Ильич Рубин）著　季陶达译

北平：寒微社，1932.6，108 页，32 开

本书共 6 章：十八世纪中叶法国国民经济的情形、开纳行传及重农学派史略、重农主义者底经济政策、纯生品的学说、开纳底"经济学图表"、重农主义者底社会阶级的立场。著者原题：鲁平。

收藏单位：广西馆、国家馆、西南大学馆

00976

重商制度及其历史意义 （德）施穆勒（Gustav Schmoller）著　郑学稼译

外文题名：Mercantile system and its historical significance

上海：商务印书馆，1936.1，130 页，32 开（汉译世界名著）

本书共 8 部分，内容包括：经济演进之各阶段、乡村、市镇、民族国家等。附十八世纪中普鲁士的丝业、霍亨索伦朝诸王及领地。据英译本译出。

收藏单位：重庆馆、东北师大馆、广西馆、贵州馆、国家馆、湖南馆、吉林馆、近代史所、辽大馆、辽宁馆、南京馆、宁夏馆、山西馆、上海馆、天津馆、西南大学馆、浙江馆、中科图

00977

资本主义经济学之史的发展 （日）河上肇著　林植夫译述

上海：商务印书馆，1928.3，15+391 页，22 开，精装（经济丛书）

上海：商务印书馆，1931，再版，15+391 页，22 开，精装（经济丛书）

上海：商务印书馆，1933.2，国难后 1 版，15+页，22 开，精装（经济丛书）

上海：商务印书馆，1945，15+391 页，23 开，精装（经济丛书）

本书共 5 章：亚丹·斯密之先锋、亚丹·斯密、马尔萨斯及里加图、边沁及詹姆士·穆勒、约翰·斯图亚特·穆勒（附喀莱尔及纳斯钦）。附个人主义（资本主义）及社会主义。

收藏单位：安徽馆、重庆馆、东北师大馆、广东馆、广西馆、贵州馆、国家馆、河南馆、湖南馆、近代史所、辽大馆、辽宁馆、南京馆、内蒙古馆、山西馆、首都馆、西南大学馆、浙江馆

00978

最新合作概论 杨伟昌著　张岚　周孝钧校

南京：中国合作事业协会，1941.12，182 页，32 开（中国合作事业协会丛书）

本书共 12 章，内容包括：合作的本质、合作的理想、合作事业与经济体制、合作社的组织及机构、信用合作、贩卖合作、购买合作、利用合作、合作教育等。

收藏单位：国家馆、吉林馆、南京馆

00979

最新经济思潮史 （日）小林丑三郎著　邝摩汉　徐冠译

北京：舆论报社，1922.1，246 页，32 开（经济丛书 1）

本书共 28 章，内容包括：经济思潮之勃兴、贵金及重商政策、自然及重农学派、自由产业及贸易主义、独立及革命思潮等。

收藏单位：安徽馆、东北师大馆、广东馆、国家馆、南京馆、宁夏馆、山西馆、上海馆、首都馆、天津馆

世界各国经济概况、经济史、经济地理

世界经济、国际经济关系

00980
1929年世界经济及经济政策 （苏）瓦尔加（E. C. Bapra）著 葛乔译
上海：辛垦书店，1930.5，374页，32开
本书分两季：一九二九年第一季、一九二九年第二季。共8部，内容包括：一九二八年的世界经济、独占形成底诸问题、新农业恐慌等。著者原题：伐尔加。
收藏单位：重庆馆、广东馆、国家馆、近代史所、南京馆、西南大学馆、浙江馆

00981
不景气之世界 宋春舫译著
上海：四新出版部，1934.12，108页，32开（海光丛书 第1辑）
本书共15章，内容包括：英国、美国、法国、北欧诸国、一九三二年七月以后、不景气与未来战争之推测、螺旋式的不景气问答等。
收藏单位：重庆馆、广东馆、国家馆、上海馆、浙江馆

00982
大众经济学讲话 黄宇桢著
上海：中国图书杂志公司，1939.4，254页，25开
上海：中国图书杂志公司，1940.1，再版，254页，25开
本书收录有关中外经济问题的论文24篇，内容包括：《对各国保护政策之批评》《中国妇女劳动问题》《中国农民金融问题》《中国茶业之研讨》《计划经济与统制经济》《明日的美利坚》《商学研究及商学改造》等。
收藏单位：北师大馆、重庆馆、贵州馆、国家馆、辽大馆、南京馆

00983
第二次世界大战之经济后果 （美）洛温（L. L. Lorwin）著 程希孟译
外文题名：Economic consequence of Second World War
重庆：商务印书馆，1944.11，11+372页，25开（中山文库）
上海：商务印书馆，1946.2，11+372页，22开（中山文库）
本书共5篇：纳粹的背景、民主的背景、如果纳粹胜利、如果民主各国胜利、战后调整工作的因素。
收藏单位：安徽馆、长春馆、重庆馆、东北师大馆、广东馆、桂林馆、国家馆、河南馆、黑龙江馆、湖南馆、吉林馆、江西馆、辽大馆、辽宁馆、南京馆、山西馆、上海馆、天津馆、浙江馆、中科图

00984
第一次大战后世界经济史导论 戴（J. P. Day）著 谭寿清译
外文题名：An introduction to world economic history since the Great War
重庆：商务印书馆，1943.11，116页，32开
赣县（赣州）：商务印书馆，1944.6，116页，36开
本书共9章，内容包括：第一次物价狂落、第一次贬值、良机逝去、一九三八年的世界大局等。
收藏单位：重庆馆、东北师大馆、广东馆、国家馆、吉林馆、江西馆、近代史所、南京馆、宁夏馆、上海馆、浙江馆

00985
二次大战的军事技术与经济 （苏）瓦尔加（E. C. Bapra）（苏）比洛夫（Perov）等著 祝百英译
重庆：复旦大学文摘出版社，1940.2，68页，32开

本书共3篇：各国总形势、日本的战时经济、第二次大战准备的表解。

收藏单位：重庆馆、广东馆、贵州馆、国家馆、湖南馆、近代史所、上海馆、浙江馆

00986

非常时期之统制经济论　[（日）水岛穗一著]　龚心印译

上海、汉口：启智书局，1936.3，202页，32开（湖南育才中学丛书3）

上海、汉口：启智书局，1936，再版，202页，32开（湖南育才中学丛书3）

本书分前、后两篇：世界非常时期的开展、非常时期的产业统制。前篇内容包括：小引、美国果有领导国际协调的资格乎、美国恐慌与欧洲危机、国际政局之爆发与日本的影响等；后篇内容包括：小引、日本产业之统制法、对于罗斯福指导原理之批判、非常时期的产业统制论等。附《就战时工业动员诉诸美国国民》（D. F. 跌威斯）。

收藏单位：重庆馆、桂林馆、国家馆、湖南馆、南京馆

00987

封锁政策（1914—1919）（美）柏穆理著　邵挺译

出版者不详，1927.8，1册，16开

收藏单位：南京馆

00988

各国经济情况预测概述　李蕃著

国民政府统计局，[1911—1949]，30页，16开

本书简述20世纪30年代前后，美、英、法、意、比、波兰、瑞典、荷兰、德、奥、苏等国家的经济预测与研究工作。

收藏单位：国家馆

00989

各国经济史　（日）野村兼太郎等著　陈天鸥等译

上海：新生命书局，1929.8，1册，18开，精装

上海：新生命书局，1930.3，再版，1册，22开，精装

上海：新生命书局，1933.3，3版，1册，22开，精装

本书由6个单行本合订成册：《英国经济史》（野村兼太郎著，陈天鸥译）、《美国经济史》（丸冈重尧著，张韶舞、谭振民译）、《德国经济史》（石滨知行著，郭伯棠译）、《法国经济史》（平贞藏著，郭成信译）、《俄国经济史》（嘉治隆一著，萨孟武译）、《日本经济史》（野吕荣太郎著，樊仲云译）。

收藏单位：安徽馆、重庆馆、东北师大馆、广东馆、广西馆、国家馆、黑龙江馆、湖南馆、江西馆、近代史所、辽大馆、辽宁馆、南京馆、山西馆、上海馆、首都馆、天津馆、浙江馆

00990

各国统制经济政策　郑独步著

上海：商务印书馆，1937.1，333页，25开（中山文库）

上海：商务印书馆，1937.4，再版，333页，25开（中山文库）

本书共8章：统制经济的概念、统制经济的基础问题、意大利统制经济、苏俄统制经济、日本统制经济、美国统制经济、德国统制经济、中国统制经济。

收藏单位：安徽馆、重庆馆、东北师大馆、广东馆、贵州馆、国家馆、黑龙江馆、湖南馆、吉林馆、南京馆、宁夏馆、上海馆、首都馆、西南大学馆、浙江馆

00991

各国战时生活必需品分配制度　张公辉著

重庆：国民图书出版社，1943.8，154页，32开

本书分6章介绍英国、美国、苏联、德国、意大利、日本战时生活必需品分配制度。附我国党政机关公务员工及其家属生活必需品定量分售实施办法、美国的物价统制与定量分配。

收藏单位：安徽馆、长春馆、重庆馆、广

东馆、贵州馆、国家馆、黑龙江馆、吉林馆、南京馆、内蒙古馆、宁夏馆、陕西馆、上海馆、西南大学馆、浙江馆

00992
工业原料抑军需原料 （英）柏伦谋（A. Plummer）著 郑太朴译
外文题名：Raw materials or war materials
长沙：商务印书馆，1939.2，176页，32开（社会科学小丛书）

本书共11章，内容包括：不满意的诸国之要求、原料之分配及支配、小麦与糖、中国之被侵犯、战争之警报等。

收藏单位：重庆馆、广东馆、广西馆、贵州馆、国家馆、湖南馆、吉林馆、江西馆、南京馆、上海馆

00993
国际关系与经济 林懿民 萨孟武著
上海：商务印书馆，1926.7，52页，36开（百科小丛书112）

本书共6章，内容包括：国际法律关系之起原与经济、国际法律组织之破坏与经济、永久的国际组织与经济等。附国民之国际的发言权。

收藏单位：重庆馆、广东馆、广西馆、国家馆、河南馆、江西馆、内蒙古馆、山东馆、上海馆、天津馆、西南大学馆

00994
国际集团经济 赵一萍著
上海：生活书店，1934.9，90页，32开

本书共5部分：集团经济的基础与意义、英帝国的集团经济、美国的集团经济、法国的集团经济、日本的集团经济运动。

收藏单位：重庆馆、广东馆、国家馆、湖南馆、吉林馆、江西馆、山西馆、上海馆、西南大学馆、浙江馆

00995
国际经济的理论与问题 （日）谷口吉彦著 陈寿琦译
上海：商务印书馆，1937，12+305页，32开（社会科学小丛书）

本书共5篇：绪论、国际间的商品移动、国际间的资本移动、国际间的劳动移动、结论。

收藏单位：重庆馆、广东馆、广西馆、贵州馆、国家馆、河南馆、湖南馆、辽大馆、辽宁馆、南京馆、宁夏馆、上海馆、天津馆、西南大学馆、浙江馆

00996
国际经济地理 冯光武编著
广州：蔚兴印刷场，1947.5，272页，32开

本书分8章叙述美、苏、中、英各国的资源与富力的比较及因经济地理所引起的政治斗争等。

收藏单位：首都馆

00997
国际经济改造问题 章涚生编著
重庆：独立出版社，1939.2，96页，50开（战时国际小丛书）

本书讨论世界经济现状、危机、斗争焦点、改造的原则和途径等。

收藏单位：重庆馆、广东馆、湖南馆、上海馆

00998
国际经济概论 周伯棣编
上海：中华书局，1936.4，166页，32开（中华百科丛书）
上海：中华书局，1940，再版，166页，32开（中华百科丛书）
昆明：中华书局，1941.2，3版，166页，32开（中华百科丛书）
上海：中华书局，1948.9，增订本，112页，32开

本书共11章，内容包括：国际分业与国际商业、国际价格论、关税的进化、国际间的资本移动、金银之国际的移动等。附世界贸易的动向、世界银需给表、中国外债一览表等。增订本增加两章：劳动之国际的移动、国际贷借与国际收支。

收藏单位：重庆馆、广东馆、广西馆、贵

州馆、国家馆、黑龙江馆、吉大馆、江西馆、辽大馆、辽宁馆、南京馆、内蒙古馆、宁夏馆、上海馆、天津馆、西南大学馆、浙江馆

00999
国际经济教授大纲　高信编著　傅胜蓝著
出版者不详，[1932—1949]，218 页，25 开
本书论述欧战后至 1932 年期间世界各国经济概况和各国经济关系。
收藏单位：浙江馆

01000
国际经济教授大纲·国际经济讲演集　高信编著·傅胜蓝著
出版者不详，[1932]，2 册（[638] 页），23 开
本书为合订本。第 1 册论述欧战后至 1932 年间世界各国经济概况和各国经济关系；第 2 册为著者于 1932 年在军事委员会政训研究班上的演讲词，讲述资本主义发生和发展略史。
收藏单位：湖南馆

01001
国际经济论　陈永泽著
北平：中国大学，1935，1 册，16 开
收藏单位：南京馆

01002
国际经济问题　（日）堀江归一著　陈家瓒译述
上海：商务印书馆，1928.9，198 页，22 开，精装（经济丛书）
上海：商务印书馆，1933.1，国难后 1 版，198 页，22 开，精装（经济丛书）
本书为著者演讲稿及论文汇编。共 10 章，内容包括：世界和平与国民经济并国际经济、从世界经济上所见之日内瓦会议、对外债务废弃问题、欧洲经济复兴问题、世界和平与对华经济政策、英国之银行合并等。
收藏单位：安徽馆、重庆馆、东北师大馆、广东馆、广西馆、贵州馆、国家馆、湖南馆、吉林馆、江西馆、辽大馆、辽宁馆、南京馆、内蒙古馆、宁夏馆、上海馆、首都馆、天津馆、浙江馆、中科图

01003
国际经济现势　钱俊瑞　李凡夫著
大众文化社，1936.11，90 页，32 开（大众文化丛书 第 1 辑 第 3 种）
本书共 4 章：一九二九年至三三年的大恐慌、经济萧条的特质、特种萧条与恐慌的周期性、由特种萧条到特种好况。
收藏单位：安徽馆、重庆馆、广西馆、国家馆、河南馆、华东师大馆、南京馆、内蒙古馆、上海馆

01004
国际经济学　（英）哈罗德（Roy Forbes Harrod）著　黄澹哉译述
外文题名：International economics
上海：商务印书馆，1936.7，201 页，32 开（社会科学小丛书）
本书共 9 章，内容包括：国外贸易的获利、可得与实在的利益、比较价格水平线、国外汇兑、贸易差额等。著者原题：哈洛德。
收藏单位：长春馆、重庆馆、东北师大馆、广东馆、广西馆、贵州馆、国家馆、河南馆、湖南馆、南京馆、上海馆

01005
国际经济战略　三田同学会编　熊得山译
上海：商务印书馆，1935.3，344 页，22 开，精装（经济丛书）
本书分总论、各论两篇。总论共 4 部分：国际经济战略论、国际经济战略的四形态、社会主义的战略——从斗争到妥协、资本主义的战略；各论共 6 章，内容包括：伦敦国际经济会议、联盟经济、统制经济论、战时统制经济论等。
收藏单位：安徽馆、重庆馆、国家馆、河南馆、黑龙江馆、湖南馆、吉林馆、江西馆、辽大馆、辽宁馆、南京馆、内蒙古馆、宁夏馆、上海馆、浙江馆

01006
国际经济政治学原理　张琴抚编著

上海：开明书店，1933.9，354页，25开
上海：开明书店，1937.3，再版，354页，25开

本书共4编：国际经济政治发展的基本趋势、战后资本主义恐慌第一时期、战后资本主义恐慌第二时期、战后资本主义恐慌第三时期。附十五年的“和平”时期和二十六次的战争。

收藏单位：安徽馆、重庆馆、广西馆、国家馆、湖南馆、吉林馆、江西馆、南京馆、上海馆、首都馆、天津馆、西南大学馆、浙江馆

01007
国际经济状况　刘泮珠编述
出版者不详，[1911—1949]，380页，25开

本书共7章，概述世界各国的经济问题。

收藏单位：重庆馆、湖南馆、南京馆、宁夏馆

01008
国际经济总论　（日）堀江归一著　王首春译
上海：商务印书馆，1927.12，247页，22开，精装（经济丛书）
上海：商务印书馆，1933.2，国难后1版，247页，22开，精装（经济丛书）

本书共8章：闭关经济、国际共通经济、外国贸易和国际借贷、外国贸易和国际共通经济、国际经济和日本的贸易、国际间的货币问题、兑换制度和正货政策、国际金融的中心点。

收藏单位：安徽馆、重庆馆、东北师大馆、广东馆、广西馆、贵州馆、国家馆、黑龙江馆、湖南馆、吉大馆、吉林馆、辽宁馆、南京馆、内蒙古馆、宁夏馆、山西馆、上海馆、首都馆、天津馆、西南大学馆、浙江馆、中科图

01009
国际问题经济的观察　章渊若著
上海：民智书局，1929.8，18+176页，32开

本书共8部分：总论、欧洲之部、近东与中东、斐洲与澳洲、美帝国主义与南美问题、日本之发展与太平洋问题、中国国际问题经济的危机、三民主义与世界经济问题。书前有著者序。

收藏单位：安徽馆、重庆馆、东北师大馆、广西馆、国家馆、湖南馆、吉林馆、江西馆、南京馆、人大馆、首都馆、浙江馆

01010
国际原料问题之检讨　钟兆璇著
国立武汉大学，[1942]，[26]页，16开

本书为《国立武汉大学社会科学季刊》第8卷第1期单行本。

收藏单位：重庆馆

01011
国民经济指南　华光新闻社编
北平：华光新闻社，1935，32+539页，32开

本书收录《国民经济建设运动之意义及其实施》（蒋中正）、宪草修正全文、国民经济指南、中央政府组织概要、国民政府直辖各机关、地方政府组织概要等。

收藏单位：国家馆、南京馆、天津馆

01012
国内外经济概况　李光　湛志远编述
中央军校政治训练处，1933.4，154页，32开

本书共两部分：中国经济概况、最近国际经济概况。第1部分共5章：总论、中国的农业、中国的工业、中国的商业、中国的财政和金融概况；第2部分共8章，内容包括：绪论、经济破产之德意志、力图恢复之法兰西、日趋衰落之英国资本主义、掌握世界经济权威之美利坚等。

收藏单位：安徽馆

01013
海光经济论文集　宋春舫　蔡南桥编
上海：四社出版部，1934.9，2册（157+168页），32开（海光丛书 第1辑）

本书收文36篇，内容包括：《世界经济恐慌中的几个困难问题》（宋春舫）、《未来之世界战争及其经济结果的预测》（宋春舫）、《玩把戏中的美国》（章植）、《信用分析之研究》

（朱继珊）、《中国银行业的危机》（郑人杰）等。

收藏单位：重庆馆、东北师大馆、国家馆、南京馆、上海馆、浙江馆

01014

建设地理新论　任美锷著

重庆：商务印书馆，1946.2，135 页，32 开

上海：商务印书馆，1946.6，135 页，32 开

上海：商务印书馆，1947，再版，135 页，32 开（新中学文库）

上海：商务印书馆，1947.12，3 版，135 页，32 开（新中学文库）

本书共 12 部分，内容包括：地理研究与经济建设、工业区位理论的研究、战后中国的工业中心、中国西南国防工业区域的轮廓、钢铁工业区位的地理研究等。

收藏单位：安徽馆、长春馆、重庆馆、东北师大馆、复旦馆、广东馆、广西馆、贵州馆、国家馆、河南馆、黑龙江馆、湖南馆、吉林馆、江西馆、辽大馆、辽东学院馆、辽师大馆、柳州馆、南京馆、内蒙古馆、宁夏馆、上海馆、首都馆、西南大学馆、浙江馆、中科图

01015

交战各国之国民生活　华北政务委员会总务厅情报局编

华北政务委员会总务厅情报局，1943.12，38 页，32 开（时局丛书 21）

本书内容包括：德国国民生活的强化、义大利国民生活的紧张、美国后方生活的衰颓、英国国民生活的穷迫、苏联国民生活的低下。

收藏单位：国家馆

01016

今日世界的经济危机　黄沙编译

上海：大路出版社，1938，120 页，32 开

本书收文 7 篇，内容包括：《各国经济危机总览》（E. Varga Pravda）、《美国经济的危机》（E. Varga Pravda）、《英国经济的危机》（孙静工）、《法国经济的危机》（都莱士）、《德国经济的危机》（K. Velikanov）等。附《俄国经济概况》（S. M. Teitelbaum）。

收藏单位：上海馆、浙江馆

01017

今日世界经济的危机　吕茫编

上海：中流书店，1939，120 页，32 开

收藏单位：国家馆、吉林馆、近代史所

01018

近代外国经济史　姚嘉椿编

出版者不详，[1911—1949]，1 册，16 开

收藏单位：南京馆

01019

近世欧美经济史　宓汝卓著

上海：爱文书局，1928.10，113 页，23 开

本书分 8 章论述近代欧美经济、产业发展的背景和经过，重点论述英国的产业革命、苏维埃社会主义经济、欧战前各资本主义国家经济的发展。

收藏单位：山西馆、浙江馆

01020

近五十年来的经济帝国主义与国际关系　范勒特（Achille Viallate）著　蒋国炎译

上海：新世纪书局，1930.10，198 页，32 开

本书概述 19 世纪末至 20 世纪初世界经济变迁。分两编：“工业主义的勃兴——扩大——协和及联盟”“大战及其结果”。

收藏单位：重庆馆、吉大馆、南京馆、上海馆、浙江馆

01021

经济丛编（第 1—6 册）

国务院，1920.2，6 册，22 开

本书为译文集。第 1 册收录《英国战时财政现况》《英国新五厘国库债券及财政部证券之成绩》《英国宣战后关于通商产业及海运之设施》等；第 2 册收录《英国政费节约纪略》《各国战时财政概况》《各国之中国研究机关》等；第 3 册收录《今次世界战争各国之战费及财源要览》等；第 4 册收录《世界金融中心移动撮要》《英国关于战后经营各种

委员会》《巴黎里昂银行经济调查局》等；第5册收录《我国造船业之调查》《我国贸易与日本》《各国战时利得税制》等；第6册收录《最近各国市营事业之趋势》《战时战后之物价》《俄国纸币问题》等。

收藏单位：东北师大馆、国家馆、近代史所、辽大馆、首都馆、天津馆

01022

经济丛编（第7—8册）

经济调查局，1921，2册，22开

本书为译文集。第7册收录《南美三大国阿根廷巴西智利输入外资发展实业之成绩》《战前及战后之法国制铁业》《美国战时金融政策》等；第8册收录《通商贸易总览》等。

收藏单位：国家馆、近代史所、首都馆

01023

经济地理　胡焕庸著

重庆：桂秀君[发行者]，1944.9，300页，32开

本书分上、下两编：世界之部、中国之部。上编共24章，内容包括：气候与自然植物、稻谷、糖、烟草、丝、石油等；下编共24章，内容包括：地形、气候、农业区域、人口、铁路、水道等。

收藏单位：重庆馆、广东馆、国家馆、南京馆、浙江馆

01024

经济地理　胡焕庸编著

上海：正中书局，1948.4，333页，25开

收藏单位：安徽馆、重庆馆、广东馆、国家馆、辽大馆、南京馆、内蒙古馆、宁夏馆、首都馆

01025

经济地理概论　安徽大学编

安徽大学，[1911—1949]，38页，16开

收藏单位：国家馆

01026

经济地理概论　罗介邱编

出版者不详，[1912—1949]，70页，16开

收藏单位：南京馆

01027

经济地理学　鲍文熙著

上海：世界书局，1949.9，178页，25开（银行学会银行丛书）

本书共8章：经济地理学之意义、经济地理学之基础、主要经济区域之划分、植物及动物之分布、人类经济生活之典型、农牧业与渔业、矿业与工业、商业与运输。

收藏单位：东北师大馆、国家馆、上海馆

01028

经济地理学　归鉴明著

成都：经济评论社，1942，2册（278页），36开

成都：经济评论社，1943.5，增订版，2册（302页），36开

本书分3编：导论、世界之资源及交通、世界重要国家之经济概况。共28章，介绍经济地理学之发展、定义、分类、研究方法，米谷、麦类、煤、石油等资源及美国、英国、苏联等世界重要国家之资源及产业等。

收藏单位：重庆馆、国家馆、南京馆

01029

经济地理学大纲　夏承法　冯达夫编译

上海：开明书店，1931.1，338页，32开

上海：开明书店，1933.9，再版，338页，32开

本书分3编：商品的生成和分布、商品的移动和交通、商品的市场和交换。据《经济地理学概论》（野口保市郎）编译。

收藏单位：安徽馆、重庆馆、广东馆、贵州馆、国家馆、河南馆、南京馆、山西馆、上海馆、首都馆、天津馆、西南大学馆、浙江馆

01030

经济地理学导论　张丕介著

上海：商务印书馆，1947.6，238页，25开

本书分上、下两编：经济之地理基础、经

济之地理分布。共8章，内容包括：空间与地位、经济之自然条件、人与经济、生产、工艺与工业、商业等。

收藏单位：重庆馆、广东馆、广西馆、国家馆、河南馆、黑龙江馆、湖南馆、辽大馆、辽宁馆、南京馆、上海馆、西南大学馆、中科图

01031

经济地理学导言 （日）黑正岩著 张宏英译述

上海：商务印书馆，1937.3，191页，32开（社会科学小丛书）

本书共7章：经济地理学的成立过程、经济地理学的概念、经济地理学的研究方法、经济地域设定法、经济地理的分布要素、地域的分业原理、地域的分业与原费优越。

收藏单位：重庆馆、东北师大馆、广东馆、国家馆、河南馆、湖南馆、吉林馆、近代史所、辽大馆、南京馆、内蒙古馆、上海馆、西交大馆、浙江馆

01032

经济地理学概论 蔡源明著

上海：商务印书馆，1934.10，288页，22开

上海：商务印书馆，1935.5，再版，288页，22开

上海：商务印书馆，1940.10，3版，288页，25开

长沙：商务印书馆，1940.11，4版，288页，25开

本书分3编：绪论、环境论、地带论。第1编共5部分：经济地理学之概念、史的考察、本质与分类、经济地理学之领域、交替作用；第2编共3部分：气圈与经济、陆圈与经济、水圈与经济；第3编共两部分：文化等级与经济等级、经济地带。

收藏单位：重庆馆、东北师大馆、广东馆、广西馆、贵州馆、国家馆、湖南馆、江西馆、辽大馆、南京馆、上海馆、首都馆、浙江馆、中科图

01033

经济地理学与商品地理 黄玉明著

大光报社，1944，124页，32开

本书共12章，内容包括：经济地理学的概念、经济地理的研究范围、饮料植物、橡胶及工业纤维等。

收藏单位：重庆馆

01034

经济地理学原理 （日）川西正鉴著 刘润生译

上海：世界书局，1934.4，31+431页，25开，精装

上海：世界书局，1935.9，再版，31+431页，25开，精装

本书共3编：理论科学的经济地理学、原始环象与存在经济人的交互作用、文化环象与经济人的交互作用。

收藏单位：安徽馆、重庆馆、东北师大馆、广东馆、广西馆、贵州馆、国家馆、湖南馆、吉林馆、江西馆、近代史所、辽大馆、南京馆、山西馆、上海馆、天津馆、西南大学馆

01035

经济地理学原理 （德）施密特（P. H. Schmidt）著 许逸超译

重庆：商务印书馆，1946.10，247页，25开

上海：商务印书馆，1947.6，247页，25开

本书共两卷：经济之地理前提、经济之地理分布。第1卷共3编：经济地理基本观念、经济之自然条件、人类为经济之柱石；第2卷共6编：物产取给、物品制造、商业、富源、经济与移民、移出与殖民。封面题名：经济地理。

收藏单位：安徽馆、重庆馆、广东馆、广西馆、国家馆、湖南馆、辽大馆、辽宁馆、南京馆、内蒙古馆、山西馆、上海馆、天津馆、西南大学馆、浙江馆

01036

经济地理学原理 王庸著

外文题名：Principles of economic geography

上海：商务印书馆，1926.9，172 页，25 开（新智识丛书）
上海：商务印书馆，1931，再版，172 页，32 开（新智识丛书）

本书分两编：经济地理要素分论、经济生活概要。第 1 编共 9 章：经济地理学之定义及其要素、物产与气候、地势与物产、土壤与物产、原动力之分配、民族与才力、康健与作业之气候的影响、交易之地理基础、运输之地理基础；第 2 编共 7 章：渔牧业、温带农业、热带农业、林业、矿业、工业、商业。

收藏单位：重庆馆、广东馆、广西馆、国家馆、河南馆、湖南馆、辽大馆、南京馆、内蒙古馆

01037
经济地理学总论 王炳勋著
北京：国立华北编译馆，1943.2，258 页，32 开（现代知识丛书）

本书共 7 章，内容包括：经济地理学之本质、经济地域之形成、资源与经济地域等。

收藏单位：国家馆、辽大馆、南京馆、首都馆、天津馆、浙大馆、中科图

01038
经济地理与国际问题 韩亮仙编著
外文题名：The economical geography and the international problems
上海：民智书局，1928.5，28+392 页，22 开

本书分上、下两编：总论、各论。总论共 4 章：绪论、经济发展的四时期、现代国民经济的发展、国际分工与国际互相依赖；各论共 6 章："绪论""美利坚集团——北美合众国 中美和南美加拿大""大不列颠集团——英国 英属澳大利亚 英殖民地印度""远东集团 中国 日本""苏联集团""法兰西集团——法国——法国殖民地及附属地——德国"。

收藏单位：安徽馆、长春馆、重庆馆、东北师大馆、广东馆、国家馆、河南馆、湖北馆、湖南馆、江西馆、近代史所、辽大馆、南京馆、上海馆、首都馆、天津馆、西南大学馆、浙江馆、中科图

01039
经济建国论 毕云程著
上海：生活书店，1932.4，87 页，32 开
上海：生活书店，1932.12，再版，87 页，32 开
上海：生活书店，1934，3 版，87 页，32 开

本书共 10 部分，内容包括：世界的趋势和中国的前途、全世界经济恐慌的总原因、经济上的民主制度等。附崇实君中国经济上之又一出路、庄泽宣博士来函。著者原题：毕新生。

收藏单位：安徽馆、重庆馆、广东馆、广西馆、贵州馆、国家馆、湖南馆、江西馆、近代史所、辽大馆、南京馆、内蒙古馆、上海馆、天津馆、浙江馆

01040
经济讲座第一集 中央银行经济研究处编辑
重庆：中央银行经济研究处，1943.12，264 页，22 开（中央银行经济研究处丛书）

本书收录中央银行经济研究处于 1942—1943 年间举办的经济讲座讲演稿 26 篇，内容包括：《战时生产建设》（吴敬恒）、《当前之粮食问题》（徐堪）、《当前物价问题》（何浩若）、《战时节储运动》（刘功芸）、《当前之工商管理问题》（王云五）等。

收藏单位：安徽馆、重庆馆、东北师大馆、广东馆、国家馆、南京馆、内蒙古馆

01041
经济论集 姚仲拔著
上海银行周报社，1922.11，170 页，32 开

本书收文 18 篇，内容包括：《世界银市之过去未来及吾国之关系》《筹设上海银行交换所之提议》《英国所得税制沿革概略》《上海银行公会代兑中法钞券纪略》《太平洋会议中吾国经济问题之商榷》《人民实行管理财政之必要》《吾国之商业外交与太平洋商务会议》《今后世界经济竞争之趋势》等。

收藏单位：河南馆、湖南馆、上海馆、浙江馆

01042
经济史 马哲民著

上海：南强书局，1929.4，84页，32开（新社会科学丛书5）
上海：南强书局，1930，再版，84页，32开（新社会科学丛书5）

本书共5章：绪论、原始共产时代、古代奴隶经济时代、中世农奴经济时代、资本主义经济时代。

收藏单位：安徽馆、北师大馆、重庆馆、广西馆、国家馆、近代史所、南京馆、内蒙古馆、宁夏馆

01043
经济史概论　黄通编
上海：中华书局，1931.1，120页，22开（社会科学丛书）
上海：中华书局，1932.10，再版，120页，22开（社会科学丛书）

本书共5章：绪论、孤立家内经济时代、都市经济时代、国民经济时代、资本主义之发达。

收藏单位：重庆馆、东北师大馆、广东馆、广西馆、国家馆、黑龙江馆、吉大馆、吉林馆、江西馆、辽大馆、辽宁馆、南京馆、内蒙古馆、陕西馆、上海馆、天津馆、浙江馆

01044
经济史概论　郑合成编述
出版者不详，[1911—1949]，270页，32开

本书论述原始社会、古代社会、中古封建制度时代、资本主义时代的经济发展史。

收藏单位：重庆馆

01045
经济史概要　刘伯刚编
上海：乐华图书公司，1929.12，134页，32开

本书简论西方经济制度发展史。共4篇：原始社会、古代社会、封建社会、资本主义社会。

收藏单位：重庆馆、广西馆、国家馆、南京馆、天津馆

01046
经济史纲　（日）石滨知行著　施复亮　周伯棣译
上海：大江书铺，1931.5，209页，32开（百科文库）
上海：大江书铺，1932.6，再版，209页，32开（百科文库）

本书共5章：序说、原始社会、古代社会（立脚于奴隶制度上的诸国）、中世封建社会、资本主义社会。译者“周伯棣”原题：周白棣。

收藏单位：重庆馆、广东馆、广西馆、国家馆、吉大馆、南京馆、宁夏馆、山西馆、首都馆、天津馆、浙江馆

01047
经济史纲　（日）石滨知行著　施复亮　周伯棣译
上海：开明书店，1937.5，再版，209页，32开

收藏单位：重庆馆、广东馆、广西馆、国家馆、江西馆、西南大学馆

01048
经济史学原论　罗仲言著
长沙：经济新潮社，1947.12，132页，32开（国立西北大学经济学系丛书）

本书共4篇：导论、全元论、史期论、史型论。附经济哲学、经济新潮创刊词等。

收藏单位：重庆馆、东北师大馆、广西馆、国家馆、吉林馆、南京馆

01049
经济通史（卷1）（德）柯诺（Heinrich Cunow）著　吴觉先译
上海：商务印书馆，1936.1，20+770页，32开，精装（汉译世界名著）

本书共20章，内容包括：澳大利亚人之土地所有关系、加里福尼亚印第安人之经济生活、北美草原区印第安人底生活方式、伊洛奎族之经济制度、南北美洲之经济的比较等。

收藏单位：重庆馆、大庆馆、东北师大馆、广西馆、贵州馆、国家馆、河南馆、湖

南馆、吉林馆、近代史所、辽大馆、南京馆、内蒙古馆、山西馆、上海馆、首都馆、浙江馆

01050

经济危机之出路　（波）麦林拉斯基（Feliks Młynarski）著　于树生译

外文题名：Credit and peace: a way out of the crisis

上海：商务印书馆，1936.2，64页，32开（社会科学小丛书）

本书共5章：绪论、危机之特殊原因、将来之普遍问题、危机之出路、信用与和平。

收藏单位：重庆馆、广东馆、广西馆、贵州馆、桂林馆、国家馆、河南馆、黑龙江馆、湖南馆、吉林馆、近代史所、辽大馆、南京馆、上海馆、浙江馆

01051

经济政策　洪孟博编

上海政法学院，[1912—1949]，270页，16开

收藏单位：南京馆

01052

经济政策　罗敦伟讲述

中央政治学校，[1929—1946]，212页，16开

收藏单位：南京馆

01053

救贫丛谈　（日）河上肇著　杨山木译述

外文题名：Talks on the prevention of poverty

上海：商务印书馆，1920.12，96页，32开

上海：商务印书馆，1921，再版，96页，32开

上海：商务印书馆，1925.3，3版，96页，25开

上海：商务印书馆，1926.11，4版，96页，25开

本书分上、中、下3编：现今各国穷人之现势、多数穷人发生之原因、救济穷困之方法。附主要食物之组成及热量表。

收藏单位：重庆馆、广东馆、贵州馆、国家馆、河南馆、湖南馆、南京馆、内蒙古馆、宁夏馆、上海馆、首都馆、天津馆、浙江馆

01054

矿物与世界和平　（美）李斯（C. K. Leith）等著　叶良辅译

外文题名：World minerals and world peace

上海：正中书局，1947.12，111页，32开

本书分3编：自然的与商业的趋势、政治的与经济的控制之近代趋势、展望将来。共12章，内容包括：世界矿产之增加、工业所需之新兴矿物、目前各国之矿物地位、矿物局势之持久性、商业政策、原料之获得等。

收藏单位：重庆馆、广东馆、国家馆、上海馆、天津馆

01055

李百强经济论文集（第1集）　李百强著

上海商报社，1935.2，117页，32开（上海商报丛书）

本书收录著者于1933—1934年间发表在《上海商报》《经济周刊》上的论文16篇，内容包括：《财政与建设的连环性》《苏俄第一次五年实业计划之回顾》《江浙渔业之过去及其将来之发展》《世界棉市之观察》《世界麦市之现状》《统制经济论》等。

收藏单位：广东馆、国家馆、华东师大馆、近代史所、上海馆

01056

立体的纯经济史分期的方法论　郭诚德著

上海：郭诚德[发行者]，1948.4，79页，32开

本书共22章，内容包括：立体的纯经济史分期表、分期的界限是相对的、“立体”的意义、纯经济阶段阶梯、主纯经济阶段与副纯经济阶段、纯经济阶段与纯经济政策等。

收藏单位：重庆馆、广东馆、国家馆、近代史所、内蒙古馆、上海馆、首都馆

01057

列强经济策略　李卓敏讲述

国防研究院，1943.3，16页，32开

收藏单位：南京馆

01058
列强战争经济力　国民出版社编
金华：国民出版社，1940.6，144 页，32 开（国际新知丛书）

本书分甲、乙两部：总论、分论。共 11 部分，内容包括：概况的考察、列强军需资源一瞥、英法德之耐战力、英国之战争能力、法国战争经济力及其运用、德国战时经济力等。

收藏单位：安徽馆、重庆馆、国家馆、江西馆、上海馆、浙江馆

01059
伦敦会议的悲剧　祝伯英著
上海：生活书店，1933.8，69 页，36 开（时事问题丛刊 5）

本书共 10 部分，内容包括：国际合作与资本独占、会议之构造及其议题、贸易与关税、货币战争、白银问题、国际合作开发中国等。

收藏单位：重庆馆、广西馆、贵州馆、国家馆、湖南馆、吉林馆、南京馆、人大馆、山西馆、上海馆、天津馆、浙江馆

01060
伦敦经济会议散后之各国　诸青来 [著]
出版者不详，[1933]，6 页，25 开

收藏单位：国家馆

01061
论世界危机　非昔等著
上海：世界知识社，1948.6，100 页，32 开

本书收文 6 篇，内容包括：《论世界危机》（非昔）、《论美国援外总法案》（范承祥）、《美国援助日本复兴》（李纯青）、《分裂德国政策的现阶段》（石啸冲）等。

收藏单位：重庆馆、东北师大馆、广东馆、广西馆、桂林馆、国家馆、黑龙江馆、湖南馆、吉林馆、近代史所、辽宁馆、南京馆、上海馆、绍兴馆、首都馆、天津馆、西南大学馆、浙江馆

01062
论战后世界经济　（苏）阿鲁玖仰（B. M. Арутюнян）著　移模译
上海：时代出版社，1948.12，54 页，42 开

本书共 3 章：苏联战后经济复兴和发展、新人民民主国家战后经济复兴建设底成就、资本主义国家战后经济发展底几个问题。为著者于 1948 年 2 月 24 日在联合国社会与经济理事会第六届大会上的演说词。

收藏单位：重庆馆、东北师大馆、广东馆、国家馆、黑龙江馆、湖北馆、辽宁馆、南京馆、内蒙古馆、山东馆、上海馆、天津馆

01063
论资本主义总危机　（苏）马斯连尼柯夫（П. В. Масленікаў）著　林秀译
[天津]：知识书店，1949.5，20 页，32 开（知识文选 13）

本书共 3 部分：从第一次大战到第二次大战、第二次大战的特质及其后果、反民主阵营的削弱及其前途。

收藏单位：东北师大馆、国家馆、近代史所、辽宁馆、南京馆、山西馆、天津馆

01064
马寅初经济论文集　马寅初著
上海：作家书屋，1945.11，330 页，22 开
上海：作家书屋，1947.1，2 版，340 页，25 开

本书收文 35 篇，内容包括：《经济力量集中之途径与运用之范围》《意大利之经济统制》《我国预算法币与工业之连锁关系》《中国之银行制度》等。

收藏单位：安徽馆、重庆馆、东北师大馆、广东馆、广西馆、国家馆、黑龙江馆、湖南馆、近代史所、辽大馆、南京馆、内蒙古馆、上海馆、绍兴馆、首都馆、天津馆、武大馆、西南大学馆、浙江馆、中科图

01065
马寅初经济论文集（第 1 集）　马寅初著
上海：商务印书馆，1932.12，731 页，25 开

本书共 14 部分，内容包括：关于票据法

三篇、关于交易所法与公司法二篇、关于平均地权三篇、关于停止金本位三篇、关于商标与商标法三篇、关于营业税六篇等。

收藏单位：重庆馆、东北师大馆、广东馆、广西馆、贵州馆、国家馆、河南馆、黑龙江馆、湖南馆、江西馆、辽大馆、辽师大馆、南京馆、内蒙古馆、上海馆、首都馆、浙江馆、中科图

01066

美英法意德的经济统制　（日）北泽新次郎著　蔡弃民译

长沙：商务印书馆，1940.12，417页，36开

本书共8章：绪论、美国经济政策之基调及其变迁、美国农业政策最近之趋势、罗斯福通商政策之检讨、英国自由贸易政策之告终、输入比额制度与法国经济、意大利之贸易政策与经济制裁、德意志之统制贸易政策与国民经济。

收藏单位：重庆馆、广东馆、国家馆、湖南馆、近代史所、南京馆、上海馆、浙江馆

01067

民族革命与世界政治　王恒著

上海：启智书局，1930，102页，32开

本书阐明国际经济关系之大要，供当局者制定对外经济政策参考。

收藏单位：重庆馆

01068

南洋建设与澳洲危机　国民新闻社译述

上海：国民新闻图书印刷公司，1943.4，156页，32开（国民新闻丛书20）

本书收文20篇，内容包括：《南洋的工业政策》《南洋资源的重要性》《建设中爪哇现状》《生活在盘谷》《泰国透视》《澳洲战时体制》等。

收藏单位：国家馆、近代史所、上海馆

01069

欧战以来世界经济大势　傅无退编

上海：新中国建设学会出版科，1933.8，218页，22开（新中国建设学会丛书7）

本书共15章，内容包括：世界经济大恐慌、赔款问题、洛桑会议、关税障壁问题、经济恐慌克服策、白银与中国等。

收藏单位：重庆馆、东北师大馆、广东馆、国家馆、吉林馆、江西馆、近代史所、辽大馆、南京馆、西南大学馆、浙江馆

01070

欧洲与美洲　（美）汎格尔著　杨罗夫译

上海：申江书店，1931.2，145页，25开

本书论述第一次世界大战后欧洲与美洲的经济关系。共8部分：欧美经济的相互关系、世界经济中心移至美洲、亚美利加贸易之扩大、世界的债主与世界的仲间人、争夺原料市场的争斗、欧洲经济之恢复、亚美利加帝国主义在欧洲的利益、欧洲托拉斯化与亚美利加帝国主义。

收藏单位：国家馆、吉林馆

01071

欧洲与美洲　（美）汎格尔著　杨罗夫译

上海：星光书店，1931.12，改版，145页，27开

01072

贫乏论（原名，贫乏物语）（日）河上肇著　李凤亭译

上海：泰东图书局，1920.7，54页，25开（新人丛书1）

上海：泰东图书局，1923.7，3版，54页，25开（新人丛书1）

本书阐述现代社会的贫乏状态、产生贫乏的原因及救治方法等。

收藏单位：江西馆、宁夏馆、浙江馆

01073

贫穷研究　周毓英著

南京社会旬报社，1942.10，74页，32开

本书介绍马尔萨斯和马克思的贫穷论。共5篇：导论、贫穷之个人的责任、贫穷之社会的责任、贫穷之国家的责任、贫穷的消灭。附《贫穷原因论》（张健人译）。

收藏单位：国家馆、南京馆

01074
贫穷与浪费　（英）魏式士（Hartley Withers）著　于树生译
外文题名：Poverty and waste
上海：商务印书馆，1934.10，115 页，32 开（社会科学小丛书）
上海：商务印书馆，1935，再版，115 页，32 开（社会科学小丛书）

本书共 9 章，内容包括：绪论、财富之总和、资本之立场、雇主之两难、劳工、消费者与常识等。

收藏单位：重庆馆、大庆馆、广东馆、广西馆、国家馆、吉林馆、南京馆、上海馆、天津馆、浙江馆

01075
贫穷之漩涡　（英）哲密孙（Jamieson B. Hurry）著　许善斋等译
外文题名：Poverty and its vicious circles
上海：广学会，1927.6，206 页，22 开

本书共 3 编：贫穷循环的害处、恶劣循环的效果、寻求甚么方法破坏这恶劣环境。著者原题：赫娄哲密孙。

收藏单位：国家馆、河南馆

01076
求是斋经济论集　诸青来著
上海：中国图书服务社，[1938]，262 页，22 开

本书共 5 部分：通论、财政、币制、金融、农政。通论共 7 部分，内容包括：经济绝交平议、何谓经济侵略、统制经济与中国等；财政共 14 部分，内容包括：民国财政之前途、内国公债问题、统一与财政、中国财政的过去与未来、出口税则评论等；币制共 8 部分，内容包括：论金券条例、采用金银并行制、法币的前途等；金融共 9 部分，内容包括：修正中国银行则例刍议、银行法平议、白银问题平议等；农政内容为：奖进自耕农议。

收藏单位：东北师大馆、广东馆、国家馆、近代史所、南京馆、宁夏馆、上海馆

01077
人类经济进化史略　（美）伊利（Richard Theodore Ely）（美）威克（George Ray Wicker）著　邵光谟译　黎明学会校审
上海：泰东图书局，1922.6，103 页，32 开（经济学系 1）
上海：泰东图书局，1926，3 版，103 页，25 开
上海：泰东图书局，1928.4，4 版，103 页，32 开（经济学系 1）

本书共 5 章：序论、工业发达以前各时期、工业时期、英国的工业时期、美国的工业时期。据《经济学原理》第 2 编译出。

收藏单位：安徽馆、重庆馆、广西馆、国家馆、河南馆、湖南馆、上海馆、首都馆、西南大学馆、浙江馆

01078
日本觊觎中的东亚共荣圈　中央宣传部国际宣传处编译
金华：正中书局，1942.8，94 页，32 开（国际问题小丛书 5）

本书共 8 章：越南的经济概况、泰国的经济概况、马来半岛的经济概况、荷印的经济概况、菲律宾的经济概况、澳洲的经济概况、新西兰的经济概况、印度的经济概况。

收藏单位：重庆馆、国家馆、吉林馆、江西馆、辽宁馆、南京馆、浙江馆

01079
社会经济发展史　（德）莱姆斯（Wilhelm Reimes）著　李季译
上海：亚东图书馆，1929.6，373 页，32 开
上海：亚东图书馆，1932.5，再版，373 页，32 开
上海：亚东图书馆，1933，再版，373 页，32 开
上海：亚东图书馆，1934.4，再版，373 页，32 开
上海：亚东图书馆，1939，3 版，373 页，32 开
上海：亚东图书馆，1949.7，4 版，373 页，32 开

本书共 6 讲，内容包括：劳动是人类社会

的基础、从原始共产主义到古代日耳曼的马克经济、古代社会的奴隶经济等。

收藏单位：重庆馆、广东馆、广西馆、贵州馆、国家馆、河南馆、湖南馆、江西馆、近代史所、辽大馆、辽宁馆、南京馆、宁夏馆、上海馆、首都馆、西南大学馆、中科图

01080

社会经济史 （德）韦伯（Max Weber）著 郑太朴译述

上海：商务印书馆，1936.9，4册，32开，精装（万有文库 第2集 105）（汉译世界名著）

上海：商务印书馆，1936.11，385页，32开，精装（汉译世界名著）

上海：商务印书馆，1937.3，再版，385页，32开，精装（汉译世界名著）

本书共4章：家计氏族村及庄园制度、资本主义发展开始以前之工业及矿业、前资本主义时代的财货及货币之流通、近代资本主义之起源。书前有概念的解说。

收藏单位：安徽馆、重庆馆、大理馆、大连馆、大庆馆、东北师大馆、广东馆、广西馆、贵州馆、桂林馆、国家馆、河南馆、黑龙江馆、湖南馆、江西馆、辽大馆、辽师大馆、柳州馆、南京馆、内蒙古馆、宁夏馆、山西馆、上海馆、首都馆、西南大学馆、浙江馆

01081

十九世纪经济史 侯厚培编著

上海：世界书局，1929.11，155页，32开（经济学丛书）

本书记述自英国工业革命至十九世纪末欧美经济发展的历史。共11章，内容包括：工业革命以前之经济状况、工业革命之影响、拿破仑战后各国商业政策之变迁、十九世纪末期之商业恐慌、普法战争时代之德法两国等。

收藏单位：北师大馆、重庆馆、东北师大馆、广东馆、广西馆、国家馆、河南馆、湖南馆、吉林馆、江西馆、南京馆、山西馆、上海馆、天津馆、浙江馆

01082

实业革命史 赫斯摩痕著 陈明宪译

上海：群众图书公司，[1929]，94页，32开（新时代丛书 10）

本书论述欧美实业革命的发生、经过及其对欧洲大陆的影响等。

收藏单位：河南馆、南京馆、上海馆、天津馆、浙江馆

01083

实业革命史 林子英撰述

外文题名：History of the industrial revolution

上海：商务印书馆，1928.6，184页，32开（新时代史地丛书）

上海：商务印书馆，1929.10，184页，32开（万有文库 第1集 949）（新时代史地丛书）

上海：商务印书馆，1933.4，国难后1版，184页，32开（新时代史地丛书）

上海：商务印书馆，1934，国难后2版，184页，32开（新时代史地丛书）

上海：商务印书馆，1934，再版，184页，32开（万有文库 第1集 949）（新时代史地丛书）

上海：商务印书馆，1939.9，184页，25开（万有文库 第1、2集简编 500种 469）（新时代史地丛书）

本书共9章，内容包括：实业革命前之欧洲经济状况、十八世纪中叶之英国经济状况、十八世纪之欧洲经济思想、美国之实业革命、实业革命之影响等。

收藏单位：安徽馆、长春馆、重庆馆、大理馆、大连馆、大庆馆、东北师大馆、广东馆、广西馆、贵州馆、国家馆、黑龙江馆、湖南馆、吉大馆、吉林馆、江西馆、近代史所、辽大馆、辽东学院馆、辽宁馆、南京馆、内蒙古馆、宁夏馆、上海馆、绍兴馆、首都馆、天津馆、西南大学馆、浙江馆、中科图

01084

世界产业大全 （日）牧野辉智著 冯达夫译

上海：中华书局，1932，2册（628页），25开

本书介绍全球的产业分布、生产状况、发展趋势等。共6编：农业、畜牧业、林业、

水产业、矿业、工业。

收藏单位：安徽馆、重庆馆、广东馆、广西馆、贵州馆、国家馆、河南馆、黑龙江馆、湖南馆、吉林馆、江西馆、辽宁馆、南京馆、内蒙古馆、上海馆、首都馆、天津馆

01085

世界产业交通统计表 京师总商会工商调查处编辑

北京：京师总商会工商调查处，1921.10，86页，16开

本书共3部分：世界统计表、附录、中国统计表。第1部分共43个表，内容包括：世界各国熟地面积表、世界米产额表、世界棉花产额表、世界铜产额表、世界煤产额表、世界各国铁路表、世界大港表等；第2部分共3个表：世界大都市表、欧洲都市距离表、列强人民职业表；第3部分共11个表，内容包括：对外贸易表、开采矿山表、全国电话表、全国邮政表、全国商船表等。

收藏单位：国家馆、首都馆

01086

世界大战后的资本集中 鲁宾斯坦（M. Rubinstein）著 李华译

上海：南强书局，1929.10，15+206页，32开

本书共9章：大战后的资本集中、资本集中的基本元素、“舆论生产”的集中、集中资本在国会与国家机关中的势力、资本的国际化、美国的托辣斯与欧洲的殖民地化、企业家的组织、近世资本集中的基本倾向、结论。著者原题：鲁宾斯泰。

收藏单位：安徽馆、重庆馆、广东馆、桂林馆、国家馆、吉林馆、近代史所、上海馆、首都馆、浙江馆

01087

世界的社会及经济史大纲 （德）韦伯（Max Weber）著 周咸堂译

周咸堂[发行者]，1934，284页，22开

本书内容包括：到资本主义底发达开始止的工业及矿业、前资本主义时代的商业及交换、近代资本主义的起源等。著者原题：马克思威培。

收藏单位：重庆馆、国家馆

01088

世界的重要资源 许逸超编

上海：中华书局，1948.2，82页，32开（中华文库 初中第1集）

本书共7章：铀、石油、水力、煤、铁、盐、特种金属矿物。

收藏单位：重庆馆、广东馆、广西馆、桂林馆、国家馆、黑龙江馆、湖南馆、江西馆、南京馆、内蒙古馆、上海馆、绍兴馆

01089

世界的资源 张白衣著

长沙：商务印书馆，1939.2，86页，32开（国际时事问题丛书）

本书共5章：世界资源地理的分布与世界经济的构成、世界资源会议与世界殖民地再分割、世界军需资源地理的分布与世界战争、世界资源的有限与未来资源饥饿的恐慌、解决世界资源问题诸方法的提议。

收藏单位：重庆馆、广东馆、广西馆、国家馆、湖南馆、吉林馆、江西馆、上海馆

01090

世界富源 （苏）拔图也夫著 贾钟尧译

北平：癸酉编译会，1935.4，182页，32开

本书共5章，内容包括：总论世界资本主义的原料问题、动力原料的来源、冶金工业与金属制造业的原料等。

收藏单位：广东馆、国家馆、首都馆

01091

世界各国新经济政策 郑斌著

外文题名：Study on new economic policies

上海：商务印书馆，1928.6，117页，32开（新时代史地丛书）

上海：商务印书馆，1929.4，再版，117页，32开（新时代史地丛书）

上海：商务印书馆，1931，117页，32开（万有文库 第1集209）（新时代史地丛书）

上海：商务印书馆，1933.3，国难后1版，117

页，32 开（新时代史地丛书）

本书共 8 章，内容包括：新经济政策之基础、新经济政策之源流、资本主义经济组织、法美诸国之新经济政策、新经济政策之归宿等。

收藏单位：安徽馆、重庆馆、大理馆、大连馆、东北师大馆、广东馆、广西馆、贵州馆、国家馆、黑龙江馆、湖南馆、吉林馆、江西馆、辽大馆、辽师大馆、柳州馆、南京馆、内蒙古馆、宁夏馆、上海馆、首都馆、天津馆、西南大学馆、浙江馆

01092

世界各国中央经济机关之概况　（德）林德（E. Lindner）著　章骏锜译

上海：中华书局，1937.7，198 页，32 开（国际丛书）

上海：中华书局，1940.2，再版，198 页，32 开（国际丛书）

本书应国联秘书厅经济关系组委托编写。共 5 部分：欧洲各国中央经济机关之概况、美洲各国中央经济机关之概况、非洲各国中央经济机关之概况、澳洲各国中央经济机关之概况、亚洲各国中央经济机关之概况。

收藏单位：重庆馆、广东馆、广西馆、国家馆、湖南馆、江西馆、辽大馆、南京馆、上海馆、首都馆、浙江馆

01093

世界和平之经济基础　（英）米德（J. E. Meade）著　陆元诚译

重庆：中国文化服务社，1944.4，120 页，32 开（青年文库）

重庆：中国文化服务社，1944.10，再版，120 页，32 开（青年文库）

本书共 10 章，内容包括：自由经济与计划经济、国际货币制度、变动的汇兑率、国际贸易、国际资金流动问题等。

收藏单位：重庆馆、广东馆、国家馆、吉林馆、南京馆

01094

世界集团经济论　（日）蜡山政道原著　沈钟灵编译

南京、上海：正中书局，1936.1，133 页，32 开（时代丛书）

本书分上、下两编：集团经济的实情、集团经济的批判。上编共 4 章：英帝国的集团经济、泛美的集团经济、泛欧的集团经济、苏联的集团经济；下编共 3 章：集团经济的特征、环绕日本帝国主义与集团经济的交错、恐慌对策的集团经济。较其他译本增译日本同盟经济部分。著者原题：腊山政道。

收藏单位：重庆馆、东北师大馆、广东馆、贵州馆、国家馆、湖南馆、吉林馆、南京馆、宁夏馆、天津馆、浙江馆

01095

世界经济常识　（日）小岛精一著　王炳勋　舒贻上合译

北京：国立华北编译馆，1941.12，13+376 页，32 开（现代知识丛书）

本书共 4 篇：第一次大战前世界经济之基本构造、第一次世界大战后世界经济之特质、世界战时经济之发展、由民族自决而广域经济。

收藏单位：国家馆、河南馆、吉林馆、辽大馆、辽宁馆、南京馆、宁夏馆、上海馆、首都馆、天津馆、中科图

01096

世界经济地理　樊仲云编

上海：南强书局，1929.4，96 页，32 开（新社会科学丛书 7）

上海：南强书局，1930，再版，96 页，32 开（新社会科学丛书 7）

本书共 5 章：绪论、经济发展的历史、今日的世界、五大经济群、结论。

收藏单位：安徽馆、重庆馆、广东馆、广西馆、国家馆、南京馆、内蒙古馆、山西馆

01097

世界经济地理　傅角今编著

重庆：商务印书馆，1944.4，228 页，25 开（国立复旦大学丛书）

重庆：商务印书馆，1945，再版，228 页，25 开（国立复旦大学丛书）

上海：商务印书馆，1947.10，增订4版，342+11页，25开（国立复旦大学丛书）
上海：商务印书馆，1948.7，增订5版，342+11页，25开（国立复旦大学丛书）
上海：商务印书馆，1948，增订6版，342+11页，25开（国立复旦大学丛书）

本书共4编："世界主要资源之地理分布""世界劳动力及消费力之地理分布""世界运输力之地理分布""结语——世界经济现况之总检讨"。书前有绪论。

收藏单位：重庆馆、东北师大馆、广东馆、广西馆、贵州馆、国家馆、湖南馆、吉林馆、辽大馆、辽宁馆、辽师大馆、南京馆、内蒙古馆、宁夏馆、首都馆、西南大学馆、浙江馆

01098
世界经济地理　胡焕庸著
重庆：青年书店，1939.2，272页，32开

本书共24章，内容包括：气候与自然植物、麦类（其他杂粮附）、稻谷、饮料（树胶附）、糖、羊毛（畜产附）、林产、石油、水力、交通、世界贸易概论等。

收藏单位：重庆馆、东北师大馆、广东馆、国家馆、河南馆、湖南馆、吉林馆、江西馆、南京馆、山西馆、陕西馆、上海馆、首都馆、西南大学馆、浙江馆、中科图

01099
世界经济地理　林熙春编
中央政治学校，[1929—1946]，326页，16开

收藏单位：南京馆

01100
世界经济地理　盛叙功编
上海：中华书局，1949.7，272页，32开

本书共24章，内容包括：气候与自然植物、作物分布与地方经济、稻谷、糖、烟草等。

收藏单位：安徽馆、东北师大馆、广东馆、国家馆、辽大馆、南京馆、上海馆、首都馆、天津馆

01101
世界经济地理　苏继庼著
上海：商务印书馆，1930.10，235页，32开（万有文库 第1集899）（新时代史地丛书）

本书按国别介绍世界各地经济地理。共6编：绪论、亚洲各国、欧洲各国、非洲各国、大洋洲各国、美洲各国。

收藏单位：安徽馆、重庆馆、大理馆、贵州馆、国家馆、黑龙江馆、湖南馆、江西馆、辽大馆、辽师大馆、内蒙古馆、宁夏馆、上海馆、天津馆、西南大学馆、浙江馆

01102
世界经济地理概要　刘穆编
上海：上海远东图书公司，1929.7，10+347页，32开（远东社会科学丛书）

本书共两部："总论——国际分工与互赖""各国分论"。第1部共5章：世界农业与重要农产品在国际上的贸易、燃料与世界经济问题、世界金属工业的趋势、国际贸易的现状、世界交通的发展；第2部共6章：美国帝国主义的突进、英国经济霸权的逝去、战后法国经济的发展与其问题、战后的德国与其复兴、日本帝国主义的发展、苏联的地理与社会主义。

收藏单位：重庆馆、广西馆、国家馆、江西馆、南京馆、内蒙古馆、上海馆、首都馆、天津馆

01103
世界经济地理纲要　（俄）哈拉宾著　大众文化社译
人民出版社，1932.2，3版，129页，32开（大众文化丛书）

收藏单位：重庆馆、国家馆

01104
世界经济地理纲要　（俄）哈拉宾著　中外研究学会译
上海：华兴书局，1930.2，129页，32开（中外丛书）

本书共12章，内容包括："五大集团——美国""五大集团——大英帝国""五大集

团——法国”等。附五大集团的团表。

收藏单位：重庆馆、广东馆、国家馆、近代史所、南京馆、西南大学馆

01105

世界经济地理讲话 思慕著

上海：生活书店，1936.8，190页，36开（青年自学丛书）

上海：生活书店，1936.11，再版，190页，36开（青年自学丛书）

上海：生活书店，1937，3版，190页，36开（青年自学丛书）

重庆：生活书店，1939，190页，36开（青年自学丛书）

重庆：生活书店，1939.10，3版，190页，36开（青年自学丛书）

本书分上、下两编，共12章：绪论、现阶段世界经济的特征与经济地理、资源的分布与国际竞争、国际贸易与资本输出、殖民地与殖民地的分割、交通的世界化与对于交通路支配的竞争、美国集团、英帝国集团、日本集团、法国集团、德意集团、苏联。

收藏单位：重庆馆、广东馆、广西馆、贵州馆、国家馆、湖南馆、吉林馆、江西馆、南京馆、内蒙古馆、上海馆、首都馆、西南大学馆

01106

世界经济地理讲座 胡明编著

上海：光华出版社，1947.5，战后新版，2册（1152页），32开

上海：光华出版社，1947.8，战后新版再版，2册（1152页），32开

上海：光华出版社，1949，战后新版订正本，2册（1152页），32开

本书共5篇：世界经济地理总论、亚洲经济地理分论、美洲经济地理分论、澳洲经济地理分论、非洲经济地理分论。1949年之后的版本新增第6篇：欧洲经济地理分论。

收藏单位：安徽馆、重庆馆、东北师大馆、广东馆、广西馆、国家馆、河南馆、黑龙江馆、湖南馆、近代史所、辽师大馆、南京馆、内蒙古馆、山西馆、上海馆、首都馆、天津馆、西南大学馆、浙江馆

01107

世界经济地理讲座 （苏）维特威尔（И.А.Витвер）著 胡明译

上海：光明书局，1939.6，27+765页，25开

上海：光明书局，1940.4，再版，27+765页，25开

本书以自然地理为纲领，阐述世界资源分布和产业配置。共6篇：资本主义世界总论、欧罗巴洲、亚美利加洲、亚细亚洲、阿非利加洲、澳大利亚洲。

收藏单位：重庆馆、东北师大馆、广东馆、广西馆、国家馆、南京馆、首都馆、西南大学馆、浙江馆

01108

世界经济地理教程 （苏）密努斯金（苏）坡利斯主编 胡曲园 傅于琛译

上海：昆仑书店，1937，416+69页，32开

本书为苏联中级以上学校教本。共两部：世界经济概要、各国分论。据苏联经济研究所出版的《世界经济地理》译出。

收藏单位：重庆馆、广东馆、贵州馆、国家馆、河南馆、南京馆、宁夏馆、首都馆、浙江馆

01109

世界经济发达史 彭世亮编

群治法政专门学校，[1932]，136页，22开

收藏单位：广东馆

01110

世界经济发展史论 （日）野村兼太郎著 徐文波译

上海：商务印书馆，1933.12，172页，32开（万有文库 第1集257）（百科小丛书）

上海：商务印书馆，1934.3，171页，25开（百科小丛书）

本书共5章：绪论、商业资本时代、工业资本时代、金融资本时代、结论。

收藏单位：安徽馆、重庆馆、大理馆、大连馆、东北师大馆、贵州馆、国家馆、河南

馆、黑龙江馆、湖南馆、江西馆、辽大馆、辽师大馆、南京馆、内蒙古馆、宁夏馆、上海馆、天津馆、西南大学馆、浙江馆

01111
世界经济发展之趋势　符泽初著
重庆：民间报重庆总社，1946.4，24页，32开（民间社会丛书4）
本书共3章：世界经济发展之趋势、将来之经济制度、战后之经济问题。
收藏单位：广西馆、南京馆

01112
世界经济概观　沈志渊著
上海：青年协会书局，1934.11，32页，48开（社会问题小丛书16）
本书共5部分：本篇的问题、技术底进步、独占底发展、国家资本主义底倾向、结语。
收藏单位：重庆馆

01113
世界经济概况　江世义编
上海：法政学社，1930，166页，22开
本书共8章：经济学说之分派、国际经济政策、国际生产情形、国际经济之交易、经济制度与经济平衡、殖民地商业政策、各国关税制度论、世界各国经济现状。
收藏单位：重庆馆、广东馆、国家馆、河南馆、湖南馆、南京馆、天津馆

01114
世界经济概论　陈邦国编译
上海：神州国光社，1931.4，227页，32开
本书共5章：绪论、地理环境与人类经济、世界经济的发展与世界地理之分工、战前世界的分割、大战在世界经济中所引起的变更。据苏联白郎斯基《经济地理》第1部分《世界经济纲要》的主体部分编译。
收藏单位：重庆馆、广东馆、广西馆、贵州馆、国家馆、江西馆、南京馆、上海馆、天津馆、西南大学馆、浙江馆

01115
世界经济概论　江世义著
上海：神州国光社，1931，166页，25开
收藏单位：山西馆

01116
世界经济概论
出版者不详，[1918—1949]，62页，22开
收藏单位：浙江馆

01117
世界经济会议　刘惠之编
上海：申报，1933.9，1册，32开（申报丛书28）
本书分上、下两卷。上卷内容包括：以世界经济会议为中心的列国利害的错综、论世界经济会议、世界经济会议的检讨等；下卷内容包括：华盛顿会谈、华盛顿预备会商的结果、世界经济会议的经过。附《申报》时评，内容包括：世界经济会议、华盛顿炉边谈话与远东、华盛顿谈话与中国、罗斯福与石井菊次郎、世界经济会议开幕、世界经济会议与中国之影响等。
收藏单位：安徽馆、重庆馆、国家馆、江西馆、近代史所、上海馆、西南大学馆、浙江馆、中科图

01118
世界经济会议之回顾　陈君慧著
北平：社会调查所，[1933]，19页，16开
本书依据资本制度立场观察经济复兴之步骤、与国际关系之关联，冀以阐明此次伦敦经济会议之意义及失败之影响。为《社会科学杂志》第4卷第4期抽印本。
收藏单位：重庆馆

01119
世界经济机构总体系　（英）科尔（George Douglas Howard Cole）著　王搏今　王渔邨合译
外文题名：The intelligent man's guide through world chaos
上海：中华书局，1939.8，2册（868页），32

开（现代经济丛书）
上海：中华书局，1941.2，再版，2 册（868 页），32 开（现代经济丛书）

本书共 13 章，内容包括：世界危机之引论、世界战争之经济的结果、经济发展的两世纪、经济制度之理论与实际、对外贸易与财政制度、经济组织等。附史大林与威尔士谈话记。

收藏单位：安徽馆、重庆馆、东北师大馆、广东馆、广西馆、贵州馆、国家馆、吉林馆、辽大馆、南京馆、西南大学馆、浙江馆

01120
世界经济恐慌　胡適编
出版者不详，1935，38 页，32 开

收藏单位：广东馆

01121
世界经济恐慌　萧月宸著
大众文化社，1936.8，90 页，32 开（大众文化丛书第 1 辑第 6 种）

本书共 3 章：经济危机的概念、现时经济危机发生的背景、世界经济危机之发展及其现状。

收藏单位：重庆馆、国家馆、南京馆、山东馆、上海馆

01122
世界经济恐慌之解剖　（英）爱恩济格（Paul Einzig）著　陆桂祥编译
外文题名：World economic crisis: 1929—1932
上海：申报社，1933.6，88 页，32 开（申报丛书 27）

本书共 4 章：绪论、恐慌成因、出路、将来展望。

收藏单位：广西馆、国家馆、湖南馆、江西馆、上海馆、浙江馆

01123
世界经济论　（日）高山洋吉著　高希圣译
上海：平凡书局，1929，90 页，32 开（平凡丛书 1）

本书共 3 章：资本主义稳定的现阶段、主要资本主义国家的现势、中国革命和世界资本主义。

收藏单位：重庆馆、广东馆、广西馆、国家馆、黑龙江馆、南京馆、上海馆、首都馆、天津馆、浙江馆

01124
世界经济论　（日）生岛广治郎著　陈怀德译
南京：正中书局，1936.11，249 页，25 开（社会科学丛刊）
南京：正中书局，1939.4，再版，249 页，25 开（社会科学丛刊）

本书共 6 章：一九二九年以来世界经济的瞰视、世界经济的长成与发展、世界经济之农业构造与其变动、世界经济之原料产业的构造与其变动、世界经济之工业构造与其变动、世界贸易的构造变动。

收藏单位：重庆馆、广东馆、贵州馆、国家馆、湖南馆、吉林馆、江西馆、辽大馆、南京馆、天津馆、浙江馆

01125
世界经济论丛　张韶舞编
中央陆军军官学校政治训练处，1930，12+464 页，32 开（中央陆军军官学校政训处政治丛书 29）

本书收文 17 篇，内容包括：《欧洲联邦运动之经济的背景》（张韶舞译）、《国际银行成立的意义及其前途》（文圣举）、《最近世界经济的趋势》（文圣律）、《世界资本主义之崩坏的趋向》（张韶舞）、《世界经济中的国际分工》（高晶斋）等。

收藏单位：重庆馆、国家馆、黑龙江馆、西南大学馆、浙江馆

01126
世界经济史　（日）野村兼太郎等著　凌璧如译
上海：中华书局，1932.10，5 册（[753] 页），32 开

本书由 5 个单行本合订成册：《英国经济史》（野村兼太郎著，陈天鸥译）、《美国经济

史》(丸冈重尧著，张韶舞、谭振民译)、《德国经济史》(石滨知行著，郭伯棠译)、《法国经济史》(平贞藏著，郭成信译)、《俄国经济史》(嘉治隆一著，萨孟武译)。

收藏单位：安徽馆、重庆馆、东北师大馆、广东馆、广西馆、贵州馆、国家馆、河南馆、黑龙江馆、湖南馆、吉林馆、江西馆、辽大馆、辽宁馆、南京馆、内蒙古馆、山西馆、上海馆、首都馆、天津馆、西南大学馆、浙江馆

01127
世界经济史纲 彭迪先著
上海：生活·读书·新知三联书店，1949.9，15+413 页，22 开(新中国大学丛书)

本书分 3 篇："概论""各论·各国资本主义发达史""结论·资本主义的发展及其矛盾的严重化"。共 16 章，内容包括：原始共产主义、古典奴隶社会、英国资本主义发展史、法国资本主义发展史、资本主义的发展及其基本矛盾等。

收藏单位：国家馆、江西馆、云南馆、浙江馆

01128
世界经济史纲 彭迪先著
上海：生活书店，1948.5，413 页，22 开(新中国大学丛书)

收藏单位：安徽馆、重庆馆、广西馆、国家馆、吉林馆、辽大馆、南京馆、首都馆

01129
世界经济史略 蔡庆宪编译 陶乐勤校订
上海：全民书局，1929.5，208+20 页，32 开

本书共 6 章，内容包括：采拾经济时期、耕畜游牧经济时期、定居村庄经济时期、市镇经济时期、都会经济时期等。

收藏单位：重庆馆、国家馆、湖南馆、吉林馆、天津馆、浙江馆

01130
世界经济衰沉的解剖 谷春帆著
上海：开明书店，1933.10，132 页，32 开

本书剖析 1929 年开始的资本主义国家经济危机。共 4 章：衰沉酝酿时期、经济衰沉的原因、衰沉期内、恢复呢还是毁灭。

收藏单位：国家馆、湖南馆、江西馆、南京馆、上海馆、首都馆、西南大学馆、浙江馆、中科图

01131
世界经济统计 胡焕庸 黎立容编
重庆：青年书店，[1940]，303 页，横 16 开

本书收录各类统计表 108 种。除各国面积、人口、货币等统计资料外，主要分生产统计、贸易统计两部分。生产统计为 1929—1938 年间数字，分年列出，反映 1930 年以前世界经济衰落前的状况及以后的变迁；贸易统计为 1936—1938 年间的数字。

收藏单位：重庆馆、国家馆、南京馆、上海馆、首都馆、西南大学馆、浙江馆

01132
世界经济危机 沈贯雷编
上海：上海中外研究会，1932.4，107 页，32 开

本书共 5 章：引言、世界资本主义总危机的发展和深入、苏联社会主义建设胜利和帝国主义的节节进攻苏联、层出不穷蟊贼组织和反革命"工业党"的审判、结论。

收藏单位：首都馆

01133
世界经济危机 沈志远编
上海：中华书局，1935.6，278 页，32 开(国际丛书)
上海：中华书局，1936.9，再版，278 页，32 开(国际丛书)

本书共 4 章：周期律的经济危机、资本主义之一般危机、战后一般危机底三个时期、现时世界经济危机。

收藏单位：安徽馆、重庆馆、广东馆、国家馆、黑龙江馆、湖南馆、吉大馆、吉林馆、江西馆、辽大馆、辽宁馆、南京馆、内蒙古馆、宁夏馆、上海馆、天津馆、浙江馆

01134
世界经济危机与武装进攻苏联　沈贯雷编著
[威县（邢台）]：春耕书店，1931.8，107页，32开
本书共5章，内容包括：引言、世界资本主义总危机的发展和深入、苏联社会主义建设胜利和帝国主义的节节进攻苏联等。
收藏单位：安徽馆、国家馆、吉林馆、上海馆

01135
世界经济现势讲话　申报月刊社编
上海：申报月刊社，1935.9，150页，32开（申报月刊社丛书12）
本书共7讲：《世界经济现势总观》（孙怀仁）、《世界经济恐慌中的新现象》（张仲实）、《各国的挽救恐慌策与苏联的计划经济》（姜君辰）、《世界各国贸易及关税政策》（武堉干）、《各国赤字财政之膨胀》（张原）、《各国金融恐慌与货币战争》（章乃器）、《世界经济发展的总趋势》（钱亦石）。
收藏单位：江西馆、南京馆、上海馆、绍兴馆、首都馆、天津馆、浙江馆

01136
世界经济现状与展望　孙静工著
上海：上海杂志公司，1937.4，140页，32开（国际时事丛书1）
本书共8部分：从恐慌到特种萧条、现时经济恐慌的特点、主要资本主义国家工业生产概况、世界贸易之落后、农业恐慌之发展、失业问题、和平建设中的苏联、前途的展望。
收藏单位：重庆馆、广东馆、广西馆、贵州馆、国家馆、近代史所、辽大馆、南京馆、上海馆、浙江馆

01137
世界经济学　（日）作田庄一著　熊子骏译
上海：商务印书馆，1933，357页，32开（经济学全集60）
上海：商务印书馆，1937.5，405页，32开（社会科学小丛书）
本书共5章：世界经济之研究、世界经济之成立、世界经济交通、世界生产分业、世界消费分益。
收藏单位：东北师大馆、广东馆、广西馆、贵州馆、国家馆、湖南馆、吉林馆、辽大馆、辽宁馆、南京馆、上海馆、浙江馆、中科图

01138
世界经济与产业合理化　曾广勋编著
上海：社会书店，1932.4，1册，25开
本书分上、下两编：世界经济之转变、产业合理化。上编共6章，内容包括：世界经济之转变、列强在太平洋岸投资之转变、美国资本主义之暗影等；下编共5章，内容包括：产业合理化之本质、欧美各国之产业合理化、日本之产业合理化等。书前有序论《最近世界经济的鸟瞰》。
收藏单位：重庆馆、东北师大馆、贵州馆、国家馆、湖南馆、江西馆、南京馆、山西馆、上海馆、天津馆、西南大学馆、浙江馆、中科图

01139
世界经济与国际政治（一九三三年）　社会科学研究会编
社会科学研究会，1934.5，468页，25开
本书分上、下两篇：世界经济之部、国际政治之部。上篇共5章，内容包括：一九三二年世界经济的遗产、世界经济恐慌的新阶段、世界经济会议及其后世界经济的动向等；下篇共两章：一九三三年国际政治的剖视、一九三三年国际政治的总检讨及其展望。附日本帝国主义的危机、一九三三年古巴革命的检讨、最近帝国主义国家军备竞赛的鸟瞰、法国政治不安的分析。
收藏单位：安徽馆、重庆馆、东北师大馆、国家馆、黑龙江馆、近代史所、南京馆

01140
世界经济与国际政治（一九三四年）　国际政治经济研究会编
[天津]：国际政治经济研究社，1935.8，252页，25开

本书分上、下两篇：世界经济之部、国际政治之部。上篇共两章：一九三四年的世界经济、一九三四年的中国经济；下篇共3章：一九三四年国际关系的分析、苏联和平运动的迈进、一九三四年的各国革命运动。附美国承认菲律宾独立问题、本书引得等。

收藏单位：重庆馆、东北师大馆、南京馆、首都馆、天津馆

01141

世界经济与国际政治（一九三五年第一、二、三季度） 国际政治经济研究会编

天津：国际政治经济研究社，1935，2册（110+158页），32开

本书概述一九三五年第一季的中国经济、太平洋的国际政治、欧洲的国际政治及第二、三季度世界经济和国际政治形势等。

收藏单位：国家馆、近代史所、上海馆

01142

世界经济与经济政策 （苏）瓦尔加（E. C. Bapra）著　李一氓译

上海：水沫书店，1929，407页，32开

上海：水沫书店，1930.2，再版，407页，32开

本书共4季。第一季至4月20日止，第二季至7月10日止，第三季至10月25日止，第四季至1929年1月15日止。每季包含"一般之部"和"特殊之部"，概述该段时间世界经济概况、经济大事、经济政策述评及德、法、意、英、美、日等国的经济综论。据著者《一九二八年世界经济与经济政策》英译本转译。

收藏单位：北师大馆、重庆馆、东北师大馆、国家馆、湖南馆、吉林馆、江西馆、近代史所、辽大馆、辽宁馆、南京馆、内蒙古馆、宁夏馆、上海馆、首都馆、天津馆、西南大学馆、浙江馆、中科图

01143

世界经济与经济政策（一九三二年第一季） （苏）瓦尔加（E. C. Bapra）著　郑群彦译

北平：北平书局，1932.7，120页，32开（青年出版合作社经济丛书第2卷1）

本书共3部分：构成世界政治中心的日本帝国主义、特殊之部、一般之部。第1部分内容包括：日本农业及农民状况、日本工业的发展、日本国外贸易等；第2部分内容包括：春季季节改善落空、价格加跌与农业恐慌、克罗结公司的崩溃等；第3部分内容包括：德国、法国、意国、英国、美国等。

收藏单位：国家馆、近代史所、首都馆

01144

世界经济与经济政策（一九三二年第二季） （苏）瓦尔加（E. C. Bapra）著　高苗译

长风书店，1932.12，148页，32开

本书共3章：德国复兴的经济基础、一般之部、特殊之部。第1章内容包括："生产价值的分配：资产阶级与无产阶级的斗争""利润的分配：工业资本与信用资本的对立""恐慌的出路是资本家的？还是革命者的？"；第2章内容包括：恐慌固定的增高、洛桑会议等；第3章内容包括：德国、法国、波兰、英国、美国等。

收藏单位：首都馆

01145

世界经济与世界大战 章少秋著

上海：辛垦书店，1936.10，234页，32开（世界大战丛书2）

本书共5章："战后世界经济的复兴及其矛盾""空前大恐慌的到来——一九二九至一九三三年""各国挽救恐慌的经济政策""世界经济的现阶段""世界经济到何处去"。

收藏单位：重庆馆、东北师大馆、广西馆、贵州馆、国家馆、江西馆、近代史所、南京馆、西南大学馆、浙江馆

01146

世界经济之机构与景气变动 （德）华毓曼（Ernst Wagemann）著　孙怀仁译述

上海：商务印书馆，1936.5，2册，22开（中山文库）

长沙：商务印书馆，1940.8，再版，2册（22+

265+247 页），25 开（中山文库）

本书共 11 编，内容包括：世界经济之经济组织、经济组织与景气变动、国民经济中之景气系列之世界经济的依存关系、国际交易之循环与其景气变动、根据经济组织的景气变动之诊断等。附指标构成之技术、统计表。

收藏单位：安徽馆、重庆馆、东北师大馆、广东馆、广西馆、国家馆、黑龙江馆、湖南馆、近代史所、辽大馆、南京馆、上海馆、浙江馆

01147

世界经济之理论与世界经济概观　余祥森译

上海：华通书局，1933.6，186 页，32 开（世界经济问题讲座 第 1 辑 3）

本书分前、后两篇：世界经济之理论、世界经济概观。前篇共 3 章：世界经济思想之发展、关于世界经济之诸学说、资本主义与世界经济；后篇共两章：世界经济之机构、战后之世界经济。

收藏单位：东北师大馆、国家馆、黑龙江馆、辽宁馆、南京馆、武大馆、浙江馆

01148

世界经济制度改革之潮流

出版者不详，[1930—1939]，10 页，16 开

收藏单位：国家馆

01149

世界经济总危机　（苏）瓦尔加（E. C. Варга）等著　梁香等译

[香港]：光华书屋，1947.5，76 页，32 开（世界新著译丛 3）

[上海]：光华书屋，1949，75 页，32 开（世界新著译丛）

本书收文 6 篇：《资本主义总危机时代的特征》（瓦尔加著，梁香译）、《日益迫近的资本主义经济危机》（瓦尔加著，南薰译）、《美国战后经济恐慌》（J.S. 艾伦著，执之译）、《发展中的美国经济萧条》（R.J. 潘特斯著，杜若译）、《谈虎色变的经济危机》（R.J. 潘特斯著，张挚译）、《美国当前经济趋向》（美国劳工研究会编写，赵成新译）。

收藏单位：广东馆、广西馆、国家馆、吉林馆、山西馆、上海馆

01150

世界倾销问题　刘秉麟　潘源来著

上海：商务印书馆，1935.9，200 页，32 开（万有文库 第 2 集 163）（现代问题丛书）

上海：商务印书馆，1935.10，200 页，32 开（现代问题丛书）

上海：商务印书馆，1935.11，再版，200 页，32 开（现代问题丛书）

本书共 9 章，内容包括：倾销之意义、倾销之起源及其发展、倾销之种类、倾销之影响及其结果、各国货物在中国倾销之状况与中国农工商业衰落之原因等。附财政部筹备开征倾销税之经过、铁道部呈请举办倾销税之原文。

收藏单位：安徽馆、重庆馆、大理馆、大连馆、广东馆、广西馆、贵州馆、桂林馆、国家馆、黑龙江馆、湖南馆、吉林馆、江西馆、辽大馆、辽师大馆、南京馆、内蒙古馆、宁夏馆、陕西馆、绍兴馆、首都馆、天津馆、武大馆、西南大学馆、浙江馆

01151

世界统制经济问题　何炳贤　侯厚吉著

上海：商务印书馆，1937.2，174 页，32 开（现代问题丛书）

上海：商务印书馆，1937.4，再版，174 页，32 开（现代问题丛书）

上海：商务印书馆，1937，174 页，32 开（万有文库 第 2 集 120）（现代问题丛书）

长沙：商务印书馆，1938，再版，174 页，36 开（现代问题丛书）

本书共 7 章：绪论、英国的统制经济、美国的统制经济、日本的统制经济、德国的统制经济、意大利的统制经济、苏联的计画经济。

收藏单位：安徽馆、重庆馆、大理馆、大连馆、大庆馆、东北师大馆、广东馆、广西馆、贵州馆、国家馆、河南馆、黑龙江馆、湖南馆、江西馆、近代史所、辽大馆、辽师

大馆、南京馆、内蒙古馆、宁夏馆、天津馆、浙江馆

01152
世界往何处去（最近各国经济现势确报）
（日）东川嘉一原辑　立华译
上海：[良友图书印刷公司]，1931，82页，16开（世界经济丛刊1）

本书共4部分：人民阵线胜利的国家、人民阵线开始发展的国家、法西斯蒂独裁下的国家、其他各小国。附《资本怯退的姿态》（东川嘉一）、《法国之黄金政策——世界经济之威胁》（冢本义雄）、《德国说："赔款已付清了"》（冢本义雄）、《法国黄金外交之胜利》（Raymond Leslie Buell）、《英国停止恢复金本位的回顾与展望》（S. Palmer Harman）。

收藏单位：广西馆、上海馆

01153
世界往那里去　柳乃夫著
上海：当代青年出版社，1937.1，146页，36开（当代青年丛书 第1辑）
上海：当代青年出版社，1937.2，再版，146页，36开（当代青年丛书 第1辑）

本书共6章，内容包括：几句闲话、拆穿西洋镜、医不好的老病等。

收藏单位：重庆馆、甘肃馆、国家馆、近代史所、山西馆、首都馆

01154
世界危机的分析　粟寄沧著
社会科学研究会，1934，[14]+468页，25开

本书共3篇：世界恐慌的由来及其结果、世界恐慌中的资本主义各国、没有恐慌的苏联。附一九三三年第一季世界经济恐慌的决算与展望、世界经济会议的失败与帝国主义列强间对立的尖锐化、各国景气统计图表。

收藏单位：安徽馆、国家馆、近代史所、南京馆、首都馆、浙江馆

01155
世界危机·一九三六年　（日）小岛精一著　周天放　汪向宸译
上海：中华书局，1934，12+200页，32开
上海：中华书局，1936，再版，12+200页，32开

本书共16部分，内容包括：世界经济的现状及其前途、美国的景气本质及其反动性、日本下期经济界的展望、伦敦会议决裂的最后、决裂的形势等。

收藏单位：重庆馆、东北师大馆、广东馆、广西馆、国家馆、黑龙江馆、湖南馆、江西馆、近代史所、辽大馆、辽宁馆、内蒙古馆、山西馆、上海馆、绍兴馆、天津馆、浙江馆

01156
世界原料与殖民地问题　英国皇家国际关系学会著　史国纲译
外文题名：Raw materials and colonies
上海：商务印书馆，1937.3，153页，32开（万有文库第2集）（现代问题丛书）
长沙：商务印书馆，1938.4，54+153页，32开（现代问题丛书）
上海：商务印书馆，1939.9，54+153页，25开（万有文库 第1、2集简编500种64）（现代问题丛书）

本书分两编："世界原料生产和殖民地原料生产""原料的取给问题：现在的和可能的限制"。附"德意志、意大利和日本的国际收支对照表""主要国际限制计划的摘要""重要食粮世界生产量百分（比）"等。

收藏单位：安徽馆、重庆馆、大理馆、大连馆、大庆馆、东北师大馆、广西馆、贵州馆、国家馆、黑龙江馆、湖南馆、江西馆、近代史所、辽大馆、辽师大馆、南京馆、内蒙古馆、宁夏馆、上海馆、天津馆、浙江馆、中科图

01157
世界战争与世界经济　李次民编
长沙：商务印书馆，1940.12，97页，32开

本书共15节，内容包括：第一次世界大战的耗损数字、德国的赔款、战后全欧经济之惨状、合理化与世界经济的形态、世界经济恐慌的到来、1933—1937年世界军需景气

与工业生产指数之关连等。

收藏单位：重庆馆、贵州馆、国家馆、南京馆

01158
世界战争与世界经济　王亚南著
曲江（韶关）：新建设出版社，1942，34 页，32 开（时事小丛书 7）

本书共 6 部分："历史・法则・预言""在世界经济基础上进行的世界战争""在世界经济机构里产生的世界战争""第一次大战与世界经济问题""从德日两国社会经济组织中发出的战争""第二次世界大战的现实及其展望"。

收藏单位：重庆馆、国家馆

01159
世界政治经济地理学　黎际涛著
出版者不详，[1911—1949]，[276] 页，16 开

本书从地球、地表、气候、人类分布入手，介绍世界经济地理，并论国际贸易状况以及全世界的石油与各国的石油战。

收藏单位：国家馆

01160
世界之复兴　（英）沙尔泰（A. Salter）著　史国纲译
外文题名：Recovery: the second effort
[上海]：商务印书馆，[1934.1]，379 页，32 开，精装（汉译世界名著）
上海：商务印书馆，1935.3，3 册，32 开，精、平装（万有文库 第 2 集 104）（汉译世界名著）
上海：商务印书馆，1936.2，22+379 页，32 开，精装（汉译世界名著）
上海：商务印书馆，1936.8，再版，22+379 页，32 开，精装（汉译世界名著）
上海：商务印书馆，1936.9，3 册，32 开（万有文库 第 2 集 104）

本书共 4 篇：现在的情况、经济上和金融上的改组、政治背景、改革实行计划概论。

收藏单位：安徽馆、重庆馆、大理馆、大连馆、东北师大馆、广东馆、广西馆、贵州馆、桂林馆、国家馆、河南馆、黑龙江馆、湖南馆、江西馆、辽大馆、辽师大馆、柳州馆、南京馆、内蒙古馆、宁夏馆、上海馆、首都馆、天津馆、西南大学馆、浙江馆

01161
世界之经济利源与制造业　周志骅编
上海：商务印书馆，1934.8，23+15+807 页，22 开，精装
上海：商务印书馆，1935，再版，22+15+807 页，25 开

本书分上、下两编：总论、分论。总论共 10 章，内容包括：世界经济利源之分配、交通与利源之开发、人类能力与利源以及制造业之发展、外国投资之需要等；分论共 40 章，内容包括：钢铁、石油、煤、铜、铅、棉花、丝、羊毛、橡皮、米等。附五十年来中国对外贸易价额表等。

收藏单位：安徽馆、重庆馆、广东馆、广西馆、贵州馆、国家馆、河南馆、黑龙江馆、湖南馆、吉大馆、吉林馆、江西馆、近代史所、辽大馆、辽宁馆、南京馆、宁夏馆、首都馆、浙江馆、中科图

01162
世界之经济危机及其解救之方法　（英）沙尔泰（A. Salter）等著　陈德峤　王邦贵译
上海：黎明书局，1935.8，144 页，22 开

本书收文 6 篇：《世界经济恐慌发生的原因及其解救的方法》《英国的特殊困难问题》《解救目前财政恐慌的方法》《解救经济恐慌的方法及今后我们所应走的途径》《救济失业与复兴实业》《批评与结论》。

收藏单位：重庆馆、西南大学馆、浙江馆

01163
世界之现状　杨东莼编
上海：昆仑书店，1929，141 页，32 开
上海：昆仑书店，1929.4，再版，141 页，32 开，精装
上海：昆仑书店，1929.9，3 版，141 页，32 开

本书共 9 部分：一般的经济状况、革命后第十一年的苏俄、共和十年后的新德国、法西斯蒂统治下的意大利的第七年、一年来的

法国情况、日本、老大的英国、黄金时代的美国、目前国际外交与各国对立的尖锐化。

收藏单位：安徽馆、重庆馆、广东馆、广西馆、国家馆、河南馆、江西馆、近代史所、南京馆、内蒙古馆、宁夏馆、首都馆、天津馆、浙江馆

01164

世界主要物产及工商业　冯达夫著

上海：亚细亚书局，1935.5，211 页，32 开（基本知识丛书 1）

本书共 4 编：世界的主要物产、世界的主要工业、世界的主要商业、综述。

收藏单位：重庆馆、广西馆、河南馆、上海馆、天津馆、浙江馆

01165

世界主要物产及工商业　冯达夫著

上海：中国文化服务社，1936.3，再版，211 页，32 开（基本知识丛书 1）

收藏单位：重庆馆、大庆馆、广东馆、河南馆、湖南馆、江西馆、南京馆

01166

世界资本主义经济之现势　（日）丸冈重尧著　佘叔奎译

上海：太平洋书店，1928.3，62 页，50 开（社会问题丛书）

上海：太平洋书店，1928.10，再版，62 页，50 开（社会问题丛书）

本书共 11 部分，内容包括：大战前欧洲经济之位置、欧洲资本主义经济衰退底内的事情、通货膨胀通过的影响、致欧洲资本主义经济衰退底外的事情、购买力底世界的减少、殖民地及后进国的工业化、美国资本主义的发展等。

收藏单位：重庆馆、贵州馆、国家馆、吉林馆、上海馆、首都馆、浙江馆

01167

世界资本主义总危机中的经济状况　时事问题研究会编

抗战书店，1941.5，227 页，32 开（战争中的世界丛书）

本书共 7 章：第一次世界大战后资本主义的矛盾的发展与资本主义总危机、一九二〇年至一九二一年的经济危机、资本主义暂时稳定时期中的经济状况、一九二九年至一九三二年的经济危机、资本主义暂时稳定的终结、绵亘多年的特种萧条、一九三七年以后新的经济危机。

收藏单位：重庆馆、国家馆、辽大馆、山东馆

01168

世界资源要览　日本东亚问题研究会编　冯何清译

永安（三明）[等]：改进出版社，1941.3，173 页，32 开（改进文库 9）

本书共 8 部分：英国、法国、美国、德国、意大利、日本、苏联、世界资源综合表。

收藏单位：重庆馆、广东馆、贵州馆、桂林馆、国家馆、湖南馆、吉林馆、江西馆、近代史所、南京馆、宁夏馆

01169

世界资源与未来战争　徐卓英译述　中山文化教育馆编

上海：上海杂志公司，1937.8，200 页，32 开（国际时事丛书）

本书共 12 章，内容包括：野心国的要求之检讨、世界原料品之生产分配与管理、小麦与食糖、非铁质的金属原料、橡皮问题、对华侵略之意义等。

收藏单位：重庆馆、广东馆、贵州馆、国家馆、近代史所、南京馆、内蒙古馆、宁夏馆、上海馆、首都馆

01170

太白楼经济丛刊（第 1 卷）　江昌绪著

重庆：民生书局，1936.3，107 页，32 开

本书收文 11 篇，内容包括：《复兴农村与合作运动》《合作的真义及其哲学基础》《近年日本经济发展的原因》《中日亲善之提议》《经济研究的重要》等。

收藏单位：重庆馆

01171
太平洋各国经济概况 （美）菲尔特（Frederick V. Field）著 王成组等译
外文题名：Economic handbook of the Pacific area
上海：商务印书馆，1936.8，791页，22开，精装
长沙、上海：商务印书馆，1938.4，791页，25开，精、平装

本书共9章：人口、土地利用、食物的出产和消耗、运输、财政、资本的流动、贸易、破产、农业及棉织业。

收藏单位：重庆馆、东北师大馆、广东馆、广西馆、贵州馆、国家馆、湖南馆、吉林馆、江西馆、辽大馆、辽宁馆、南京馆、内蒙古馆、宁夏馆、山西馆、陕西馆、上海馆、浙江馆

01172
太平洋问题之经济的分析 高信［著］
出版者不详，[1932]，12—19页，16开

本书内容包括：太平洋问题发生的原因、太平洋之争霸战等。

收藏单位：国家馆

01173
太平洋诸国的经济斗争与二次大战 傅任达著
北平：佩文斋，1934，14+530页，32开

本书共8章，内容包括：太平洋的发展过程、眼前的太平洋问题、太平洋列强的经济现状及对外政策、太平洋殖民地及半殖民地的现状、暴风雨之前的中华民族等。书前有绪论《研究太平洋问题的前提》《帝国主义与国际政治经济的转变》等。

收藏单位：重庆馆、广东馆、广西馆、国家馆、湖南馆、南京馆、内蒙古馆、上海馆、首都馆、西南大学馆、中科图

01174
太平洋资源战 叶俊 吴寄安编译 张居仁 李仲南校订
外文题名：War for the Pacific resources
上海：中国商报馆，1941.3，216页，32开

本书为美日双方发表的有关太平洋问题的文章选译汇编。共6辑：东亚经济势力圈、越南之政治与经济现状、荷印之军事与经济现状、菲岛概述、今日之澳洲与新西兰、太平洋战争之观测。

收藏单位：东北师大馆、国家馆、近代史所、中科图

01175
同盟经济 （日）蜡山政道著 查士骥译
上海：华通书局，1933.6，162页，32开（华通讲座）（世界经济问题讲座 第1辑6）

本书共6章：英帝国同盟经济、泛美同盟经济、泛欧同盟经济、苏联同盟经济、同盟经济底特征、为恐慌对策的同盟经济。为日本评论社出版的《现代经济学全集》第29卷的后半部分，删去了其中的日本同盟经济部分。

收藏单位：重庆馆、贵州馆、国家馆、吉林馆、辽宁馆、浙江馆

01176
统制经济 （法）西格夫利德（A. Siegfried）等著 黄子度译
上海：商务印书馆，1936.2，178页，22开，精装（经济丛书）
上海：商务印书馆，1936.7，再版，178页，22开，精装（经济丛书）
长沙：商务印书馆，1938.5，3版，178页，22开（经济丛书）

本书论述美国、德国、意大利、苏俄的统制经济，并得出有关统制经济的结论。

收藏单位：安徽馆、重庆馆、东北师大馆、广东馆、贵州馆、国家馆、河南馆、黑龙江馆、湖南馆、吉林馆、近代史所、辽大馆、南京馆、内蒙古馆、上海馆、天津馆、浙江馆

01177
统制经济常识 于捷锋编著
上海：中国联合出版公司，1943.6，199页，32开

本书共7章：统制经济之本质、统制经济之实践、日本之统制经济、统制经济在各国、

日本在华之统制经济、我国之统制经济、物资统制与物资配给。

收藏单位：广东馆、国家馆、上海馆

01178

统制经济的基础知识 （日）井关孝雄著 宋斐如 盛导吾译

上海：民智书局，1933.10，14+254页，32开（民智百科丛书）

本书共4部分：关于统制经济的概念、统制经济本部论、统制经济的原则（统制的方法）、统制经济的目标及范围（统制的客体）。附各国现行经济统制本部法案。

收藏单位：重庆馆、广东馆、国家馆、辽大馆、南京馆、浙江馆

01179

统制经济概论 陈积芝著

中国经济研究会，[1939]，18页，16开（中国经济研究会丛刊2）

本书论述自由经济与统制经济、战争与统制经济、政治组织与统制经济的实施、统制经济实施的时间问题等。

收藏单位：吉林馆、上海馆

01180

统制经济概论 张淳著

社会局救济院，1942.11，10+186页，32开

本书共8编，内容包括：物资统制及金融统制、物价统制、配给统制、贸易统制、企业统制等。

收藏单位：东北师大馆、国家馆、辽宁馆、首都馆

01181

统制经济论 （日）井关孝雄著 刘国义译

上海：商务印书馆，1934.9，214页，32开（社会科学小丛书）

上海：商务印书馆，1935.5，再版，214页，32开（社会科学小丛书）

收藏单位：安徽馆、重庆馆、东北师大馆、广西馆、桂林馆、国家馆、河南馆、江西馆、南京馆、上海馆、西南大学馆、浙江馆

01182

统制经济论（民国三十二年度） 国立新民学院编

国立新民学院，[1943]，128页，16开

本书共4章：统制经济之生成与发展、统制经济之类别、统制经济之方式、各国实施统制经济的概况。

收藏单位：国家馆

01183

统制经济论评 蒋元煦编著

上海：黎明书局，1936.1，284页，25开

本书共4编：资本主义的计划经济论、法西斯主义的计划经济论、苏联的计划经济、“计划经济论”的可能性与不可能性。附计划经济世界会议的诸报告、苏联在五年计划下的再建（图表）。

收藏单位：重庆馆、东北师大馆、广西馆、贵州馆、国家馆、河南馆、湖南馆、吉林馆、江西馆、南京馆、陕西馆、上海馆、西南大学馆、浙江馆

01184

统制经济研究 李权时著

上海：商务印书馆，1937.3，411页，22开

本书分两部分：统制经济总论、统制经济各论。收录著者相关论文40余篇，内容包括：《统制经济的前瞻与后顾》《欧战时英国之战时财政》《发达国民经济与心理革命》等。

收藏单位：安徽馆、重庆馆、东北师大馆、广东馆、贵州馆、国家馆、河南馆、黑龙江馆、湖南馆、吉林馆、江西馆、辽大馆、南京馆、上海馆、天津馆、浙江馆、中科图

01185

统制经济与物价 郭庆芳[著]

新京（长春）：益智书店，1942.8，196页，32开

新京（长春）：益智书店，1943，196页，32开

本书共18章，内容包括：统制经济概说、

物价概说、统制经济下之物价、物价为经济现象之中心、需要供给与物价、生产费与物价等。

收藏单位：东北师大馆、国家馆

01186
统制经济之理论与实际　李菊时著
上海：新中国建设学会，1934.5，676页，22开（新中国建设学会丛书14）

本书共15章，内容包括：统制经济的意义、统制经济理论的进展、统制经济勃兴的原因、统制经济的目标、统制经济的内容、德意志、意大利、苏维埃、英吉利、美利坚、法兰西、日本等。附内政部粮食管理政策草案全文、四中全会统制全国粮食提案全文、农村复兴会改进中国农业计划全文、统制煤业原则提案全文。

收藏单位：重庆馆、桂林馆、国家馆、湖南馆、吉林馆、江西馆、辽大馆、南京馆、绍兴馆、首都馆、浙江馆、中科图

01187
统制经济之理论与实际　杨宗朴编译
中国文化服务社河南分社，1943，112页，32开

收藏单位：河南馆

01188
外国经济史　姚嘉椿编
出版者不详，[1911—1949]，2册，16开

收藏单位：南京馆

01189
西洋经济史　张又悭著
上海：中国文化服务社，1948.1，147页，32开（青年文库）

本书共3编：绪论、前资本主义时代、资本主义时代。书前有《悼张又悭教授》（关吉玉）、《三弟又悭事略》（孟闻）、《张著西洋经济史出版弁言》（朱伯康）等。

收藏单位：重庆馆、东北师大馆、广东馆、国家馆、辽大馆、南京馆、天津馆

01190
现代经济动态　经世学艺社编
上海：世界书局，1939.4，245页，25开

本书分两部分：国内之部、国外之部。共收文17篇，内容包括：《抗战期中之我国金融》（程绍德）、《我国法币价值前途的预测》（沈宗濂）、《我国之战时金融政策》（王相秦）、《抗战前后我国之工业》（汪庆麟）、《抗战声中西南建设问题》（吴予达）、《广西省经济概况》（吴予达）、《战时日本军需关系工业之检讨》（李志道）、《英国汇兑管理之技术问题》（许斯文）、《一九三八年度苏联财政之检讨》（张菊生）等。

收藏单位：安徽馆、重庆馆、广东馆、贵州馆、国家馆、黑龙江馆、江西馆、南京馆、上海馆、浙江馆

01191
现代经济问题　屈凤梧等编
中央陆军军官学校，[1935]，284页，23开
中央陆军军官学校，1936，352页，23开

本书分上、下两编：中国之部、外国之部。上编共6章：农村复兴问题、工业经济问题、交通经济问题、商业经济问题、金融问题、财政问题；下编共4章：世界各国经济问题概论、货币问题、国际贸易问题、关税问题。

收藏单位：安徽馆、重庆馆、南京馆、内蒙古馆、上海馆

01192
现代经济新论　交通大学上海交通管理学院经济学会编辑
上海：广益书局，1931.4，2册，22开（交通大学上海交通管理学院经济学会丛书1）

本书分上、下卷。共16编，内容包括：金贵银贱问题之讨论、英美德法日五国中央银行考、实行声中之杨格计划、东省产业之现势、英德美三国救济失业方法之概观等。

收藏单位：重庆馆、广西馆、国家馆、黑龙江馆、湖南馆、南京馆

01193
现代经济政策之趋势　（苏）托洛茨基（Лев Давидович Троцкий）著　瞿秋白译
上海：南华书店，1930，254+256 页，25 开
本书共 4 篇：战后世界资本主义之稳定问题、战后世界资本主义之资本的集中问题、世界资本主义之合理化问题、世界资本主义之帝国主义问题。著者原题：杜洛茨基。
收藏单位：东北师大馆、国家馆、黑龙江馆、近代史所

01194
现代世界经济大势　（苏）库里塞尔著　耿济之译
上海：中华书局，[1924.4]，234 页，32 开（新文化丛书）
上海：中华书局，1926.3，再版，234 页，32 开（新文化丛书）
上海：中华书局，1927.3，3 版，234 页，25 开（新文化丛书）
上海：中华书局，1928.3，4 版，234 页，32 开，精装（新文化丛书）
上海：中华书局，1929，5 版，234 页，32 开（新文化丛书）
上海：中华书局，1932.10，6 版，234 页，32 开（新文化丛书）
本书共 14 章，介绍第一次世界大战前后的世界经济状况，内容以各国统计材料为主。其他题名：战前战后世界经济大要和 1923 年初的情形。
收藏单位：重庆馆、广东馆、广西馆、贵州馆、国家馆、河南馆、黑龙江馆、湖南馆、江西馆、辽宁馆、南京馆、内蒙古馆、天津馆、浙江馆

01195
现代世界经济概论　王渔邨编
上海：中华书局，1936.4，226 页，32 开（国际丛书）
本书分两编：绪论、世界经济状况。第 1 编共 3 章：政治与经济、现代政治经济之特征及其缺陷、现代政治经济体系的破坏；第 2 编共 8 章：战后经济形势、国际战债与赔款问题、货币战争与关税问题、贸易与金融惨况、工业与农业的破局、劳动工资与失业问题、经济恐慌之救济防策、苏俄经济。
收藏单位：重庆馆、广东馆、贵州馆、桂林馆、国家馆、吉林馆、辽宁馆、南京馆、内蒙古馆、上海馆、武大馆、浙江馆

01196
现代世界经济讲话　胡明著
上海：光明书局，1940.5，464 页，25 开
本书分 3 篇：世界经济两大体制的理论基础、战后世界经济的历史行程、现代世界经济的分析。第 1 篇共两章：什么是资本主义、什么是社会主义；第 2 篇共 15 章，内容包括：战后世界经济发展的各阶段、帝国主义大战埋伏了资本主义的总危机、资本主义总危机的一般特征、资本主义的萧条也变质了、资本主义世界又成熟了新经济恐慌等；第 3 篇共 15 章，内容包括：资本积蓄、物质生产力的发展、工业生产、生产设备的利用、劳动力的利用等。
收藏单位：重庆馆、广东馆、国家馆、湖南馆、江西馆、辽大馆、南京馆、宁夏馆、上海馆

01197
现代世界经济史纲要　伍纯武著
上海：商务印书馆，1937.12，10+346 页，25 开（大学丛书 教本）
上海：商务印书馆，1946，再版，10+346 页，23 开（大学丛书 教本）
本书共 17 章，内容包括：现代社会经济组织之本质及其来历、西欧产业革命的经过、西欧产业革命的影响、蒸汽时代之英国经济、蒸汽时代之法德经济、美国国民经济之发展时代、俄国资本主义经济之发展、日本资本主义的发达、最高阶段资本主义的分析、苏联经济之史的发展、中国现代经济史的发展及其前途等。
收藏单位：重庆馆、东北师大馆、广东馆、广西馆、贵州馆、国家馆、黑龙江馆、吉林馆、南京馆、上海馆、天津馆、西南大学馆、浙江馆

01198
现代统制经济之研究　孟广厚编译
上海：中华书局，1938，240 页，32 开（现代经济丛书）
上海：中华书局，1941，再版，240 页，32 开（现代经济丛书）

本书共 11 章：统制计划之起源及其发展、咖啡之统制计划、小麦之统制计划、砂糖之统制计划、美棉之统制计划、橡皮之统制计划、锡之统制计划、限制计划发生之原因、世界商业繁荣期间限制计划之经济原理、世界商业萧条时期限制计划之经济原理、调节物价之经济原理。据 *Markets and men: A study of artificial control schemes in some primary industries*（J. W. F. Rowe）编译。

收藏单位：重庆馆、广东馆、国家馆、辽大馆、辽宁馆、南京馆、上海馆、浙江馆

01199
现阶段资本主义的研究　（苏）瓦尔加（E. C. Bapra）等著　章汉夫等译
上海：世界学术社，1937.6，264 页，25 开（世界学术译丛）

本书收录《世界经济的回顾与展望》（瓦尔加著，章汉夫译）、《葡萄牙和西班牙事件》（瓦尔加著，潘惠田译）、《一九三六第四季资本主义国家的经济》（瓦尔加著，梁简恒译）、《“帝国主义论”研究》（瓦尔加著，孙冶芳等译）、《论资本输出问题》（V. 茄伊著，贝叶译）、《论独占与物价高涨》（V. 西里勃列可夫著，健夫、柳仁合译）等。据英译本、日译本重译。

收藏单位：安徽馆、重庆馆、东北师大馆、广东馆、国家馆、湖南馆、吉林馆、辽大馆、南京馆、陕西馆、上海馆、首都馆、天津馆、西南大学馆、浙江馆、中科图

01200
象真世界经济地图　陈铎编制
上海：中华书局，1939，32 页，10 开，精装

本书收录地图 16 幅，内容包括：世界全图、亚细亚洲、日本及南洋群岛等。

收藏单位：重庆馆、近代史所、南京馆

01201
协商及参战各国与德国之和平条约暨议定书第十部经济条款
出版者不详，[1919]，折 88 页，20 开，环筒页装

本书收录第 264—312 条经济条款。所涉条约于 1919 年 6 月 28 日在凡尔赛宫签署。

01202
新经济的道路　马寅初等著
上海：文汇报馆，1947，51 页，25 开（文汇丛刊第 5 辑）

本书收录上海《文汇报》附刊（包括 6 个周刊和《星期座谈》）所载有关国内外经济状况的时评 20 篇，内容包括：《英国经济大势》（陶大镛）、《内战财政的真面目》（龙成志）、《当前的财政与法币》（杨培新）、《替日内瓦的贸易会议推流年》（娄立斋）、《被动的经济政策》（姚大均）等。

收藏单位：重庆馆、广西馆、贵州馆、国家馆、近代史所、南京馆、上海馆

01203
新经济地理学　（日）高桥次郎著　周宋康译
昆明：中华书局，1939.8，16+312 页，32 开（地理丛书）
昆明：中华书局，1941.5，再版，16+312 页，32 开（地理丛书）

本书共 4 编：新经济地理学的方法论、现代经济社会之主导的地理的契约、资本主义社会、苏维埃联邦。

收藏单位：重庆馆、国家馆、辽大馆、南京馆、上海馆、浙江馆

01204
新英国与新世界之建设计划　（英）珀登（C. B. Purdom）著　周谷城译
外文题名：The new order
重庆：独立出版社，1943.12，210 页，32 开（战后世界建设研究丛书）

本书讨论战后英国及全世界复兴、改造计划，论点集中于国家、社会、民族 3 方面，即国家重政治、重民权，社会重经济、重民

生，民族素质首重文化教育等。

收藏单位：安徽馆、重庆馆、东北师大馆、广东馆、桂林馆、国家馆、黑龙江馆、吉林馆、南京馆、内蒙古馆、上海馆、浙江馆

01205

业治论（世界两大经济体制论争之路解答） 邓芷灵著

上海：民生书局，1947.3，34 页，32 开（社会经济丛书 1）

收藏单位：南京馆

01206

一九二九年的世界经济与经济政策（上卷）

（苏）瓦尔加（E. C. Варга）著 李一氓译

上海：神州国光社，1930.5，292+16 页，32 开

本书共两季。第 1 季（迄至 4 月 15 日）共 4 部分：1928 年世界经济概观、独占形成的问题、总论、分论；第 2 季（迄至 7 月 15 日）共 4 部分："杨格计划之发展、意义、内容与将来""新农业危机""总论""分论"。

收藏单位：广西馆、国家馆、南京馆、上海馆、首都馆、西南大学馆、浙江馆

01207

一九三二年世界重要国家经济状况 沈光沛编

出版者不详，1933.4，47 页，16 开（《国际贸易导报》附刊 1）

本书共 5 篇：欧洲之部、中欧之部、斯干狄挪维及巴尔干半岛之部、英帝国之部、美洲及东方之部。

收藏单位：国家馆、上海馆

01208

一九三四年第一季世界各国经济总算 张白衣著

出版者不详，[1933]，15 页，16 开

本书共 8 部分：概观、英国、德国、法国、意国、苏联、日本、结论。附中华民国国有铁路道清线旅客列车暂行简明时刻表。

收藏单位：国家馆

01209

一九三五年的世界经济 龙大均编著

上海：商务印书馆，1936.6，137 页，32 开（一九三五年世界概况丛书）

本书分上、中、下 3 部分：世界经济概观、列强的经济动态、结论。第 1 部分内容包括：世界经济的现阶段、世界经济的分野、世界的工业、世界的贸易、世界的货币战争等；第 2 部分分述美、英、法、德、意、苏、日各国的经济状况。

收藏单位：安徽馆、重庆馆、东北师大馆、广东馆、广西馆、国家馆、河南馆、湖南馆、吉林馆、江西馆、辽大馆、南京馆、宁夏馆、上海馆、天津馆、西交大馆、浙江馆

01210

英美国防经济 吴半农讲

国防研究院，1943.1，18 页，32 开

收藏单位：南京馆

01211

英美日产业问题 欧阳瀚存著

上海：中华书局，1930.8，226 页，32 开

本书共 4 部分：英国产业之改造、美国产业之发展与合理化、日本之产业革命、日本之产业概况。

收藏单位：重庆馆、广东馆、广西馆、国家馆、河南馆、黑龙江馆、湖南馆、吉林馆、江西馆、辽大馆、南京馆、陕西馆、上海馆、天津馆、浙江馆

01212

战后的资本主义——帝国主义的新阶段 陶大镛著

上海：生活·读书·新知上海联合发行所，1949，172 页，32 开（新中国青年文库）

上海：生活·读书·新知上海联合发行所，1949，再版，172 页，32 开（新中国青年文库）

本书共 10 章，内容包括：美国的独占资本与金融寡头、战后美国的经济扩张、英国的独占资本与经济危机、西欧资本主义的破产、战后资本主义世界的基本矛盾等。

收藏单位：重庆馆、东北师大馆、广东馆、国家馆、吉大馆、吉林馆、辽宁馆、宁夏馆、绍兴馆、天津馆

01213
战后欧美各国社会经济政策　谢劲健著
上海：商务印书馆，1948.4，10+522 页，32 开
本书分 4 编：美国战后社会经济政策、英国战后社会经济政策、苏联战后社会经济政策、法国战后社会经济政策。共 17 章，内容包括：战后社会经济政策之背景、战后之一般社会经济政策、战后之对外经济政策等。
收藏单位：重庆馆、东北师大馆、广东馆、广西馆、贵州馆、国家馆、黑龙江馆、湖南馆、吉林馆、近代史所、辽大馆、南京馆、山西馆、上海馆、首都馆、浙江馆

01214
战后世界经济发展的两条道路　华北新华书店编辑部编辑
华北新华书店，1947.8，61 页，32 开（国际问题参考资料 第 7 辑）
本书收文 5 篇:《一年来世界经济鸟瞰》（娄立斋）、《分道扬镳的两个世界经济体系》（岳光）、《资本主义世界经济危机的原因》（阿尔吉尔）、《苏联一年来的建设》（什之）、《一年来苏联农业建设》（吴清友）。
收藏单位：重庆馆、国家馆、吉大馆、吉林馆、山西馆、天津馆

01215
战后世界经济周期的动向　（苏）瓦尔加（E. C. Bapra）著　岳光译
上海：野草出版社，1946.1，26 页，32 开
本书简述第二次世界大战后各国经济的发展趋势，尤其是工业周期的动向。译自《世界经济与世界政治》。
收藏单位：广东馆、吉林馆、山西馆、上海馆

01216
战后世界之改造问题　（美）康德乃夫（J. B. Condliffe）著　张德昌译
外文题名：Agenda for a postwar world
重庆：独立出版社，1934，132 页，32 开（战后世界建设研究丛书）
重庆：独立出版社，1944.2，132 页，32 开（战后世界建设研究丛书）
本书共 11 章，内容包括：一个民主的和平、改造的阶段、经济合作之政治基础、社会安全的意义、农产过剩之处置、债务及复员等。附主要农产品存货及价格混合指数、欧洲小麦平均价格及入口量。
收藏单位：安徽馆、重庆馆、广东馆、广西馆、桂林馆、国家馆、吉林馆、南京馆、上海馆、西南大学馆、浙江馆

01217
战后世界资本主义研究　巴克编著
上海：明日书店，1929，2 册，25 开
本书分上、下两卷，共 4 篇：战后世界资本主义之稳定问题、战后世界资本主义之资本的集中问题、世界资本主义之合理化问题、世界资本主义之帝国主义问题。
收藏单位：安徽馆、北师大馆、重庆馆、广东馆、贵州馆、国家馆、黑龙江馆、湖南馆、吉林馆、江西馆、近代史所、南京馆、内蒙古馆、上海馆、首都馆、天津馆、西南大学馆、中科图

01218
战后世界资本主义与苏联经济的比较研究（上册）　李含章编著
北平：导群书店，[1932]，384 页，24 开
本书分两编：战后世界资本主义的经济概况（1918—1923）、战时世界资本主义的暂时稳定（1923—1928）。第 1 编共两章：世界大战的总结算、战后经济的严重恐慌；第 2 编共 3 章：产业合理化的意义、产业合理化的实行方法、产业合理化的结果。
收藏单位：湖南馆、近代史所、上海馆、天津馆、中科图

01219
战后资本主义经济矛盾（兼论未来经济恐慌特点）（苏）门德苏著　李正文译

上海：耕耘出版社，1946，95页，32开

本书共13部分，内容包括：战后资本主义的剧烈不平衡发展、战争对经济的影响、英美两国的经济复员、资本主义世界经济的脱节、未来世界经济恐慌的特点等。封面及书名页题：苏联瓦尔加主编。

收藏单位：重庆馆、东北师大馆、广西馆、国家馆、吉林馆、柳州馆、上海馆、首都馆

01220
战后资本主义经济之变化　（苏）瓦尔加（E. C. Bapra）著　吴清友译
上海[等]：生活书店，1947.10，356页，25开

本书共15章，内容包括：资本主义国家经济中国家作用之增长、战时资本主义国家中经济的调整与无计划性、战时生产和资本的集中与集合、资本主义国家战时经济中贫穷化的倾向、战时人民消费之减缩、战时资本主义世界经济之瓦解与对外贸易之变化、国际分工减少的倾向及其后果等。

收藏单位：安徽馆、重庆馆、广东馆、国家馆、近代史所、南京馆、上海馆、首都馆、西南大学馆、浙江馆

01221
战时经济丛论　（美）John Ahlers著　蔡之华译
上饶：战地图书出版社，1941.4，117页，32开

本书分3部分：中国之部、日本之部、欧美及其他。第1部分内容包括：法币稳定的因素、上海经济争霸战、上海股票市场景气论等；第2部分内容包括：三井王国的透视、三井在政治上的潜力、惨落中的日本航业等；第3部分内容包括：香港与欧战、美元的前途、战时的东方丝业市场等。

收藏单位：安徽馆、重庆馆、国家馆、吉林馆、江西馆、南京馆、上海馆、浙江馆

01222
战时资源统制　沈雷渔编著
上海：正中书局，1939.4，61页，32开（战时民众训练小丛书）

本书共10章，内容包括：战时的工业统制、战时的农业统制、战时的消费和分配统制、战时的劳动统制、战时的财政和金融统制等。

收藏单位：国家馆

01223
张孝若演讲集　张孝若著
出版者不详，[1924.5]，112页，22开

本书收录著者演说词5篇，内容包括：四月二十日在上海总商会之演说、四月二十五日在南京秀山公园之演说、五月一日在南通更俗剧场之演说等。

收藏单位：东北师大馆、国家馆、近代史所、上海馆、天津馆

01224
中国国民党实业讲演集　中国国民党中央执行委员会实业部辑
上海：民智书局，1924.12，94页，32开
上海：民智书局，1925.6，再版，94页，32开
上海：民智书局，1926.3，3版，94页，32开
上海：民智书局，1926.5，4版，94页，32开
上海：民智书局，1927.4，5版，94页，32开

本书收录《大战前后之欧美实业状况》（邵元冲）、《中国实业的现状及产业落后的原因》（廖仲凯）等。

收藏单位：安徽馆、重庆馆、广东馆、广西馆、国家馆、河南馆、黑龙江馆、湖南馆、近代史所、上海馆、天津馆、浙江馆

01225
中和经济论　戴锡琨著
[昆明]：开智印刷公司，1935.4，26+78页，32开
[昆明]：开智印刷公司，1936.5，再版，增订本，1册，22开

本书为文言体，加标点。共3篇：世界经济论、中国经济论、呼之即出之世界大同。

收藏单位：重庆馆、广西馆、国家馆、湖南馆、江西馆、南京馆、上海馆、浙江馆

01226
中和经济论　戴锡琨著
出版者不详，1940.4，3 版，162 页，24 开
出版者不详，[1911—1949]，162 页，10 开
收藏单位：重庆馆、广东馆、南京馆

01227
中日经济合作之真义　大民会宣传部编
南京：大民会总本部，1940.1，8 页，50 开（大民会小丛书 17）
收藏单位：南京馆

01228
中日战争后世界经济动态　欧阳辉编
汉口：光明书局，1938.5，126 页，32 开
本书共 4 编：世界一般经济的新危机、日本的泥腿也触到了经济的地震、抗战后中国经济的动态、苏联经济在迈进中。
收藏单位：重庆馆、东北师大馆、广东馆、广西馆、贵州馆、国家馆、湖南馆、近代史所、南京馆、上海馆、浙江馆

01229
中日战争与世界经济　（苏）瓦尔加（E. C. Bapra）著　无心译
上海：译报图书部，1939.1，100 页，22 开
本书共 3 部分：中日战争与日本经济、世界底后顾与前瞻、分论。
收藏单位：安徽馆、桂林馆、国家馆、吉林馆、近代史所、南京馆、上海馆、浙江馆

01230
中外经济年报　张肖梅主编
上海：中国国民经济研究所，1939，1 册，16 开，精装（中外经济拔萃月刊丛书）
本书共两部分：国内之部、国外之部。“国内之部”共 10 章，内容包括：战时经济政策之胎动、战争的经济外交之展开、国地财政之战时设施、破坏与建设之农业经济等；“国外之部”共 7 章，内容包括：美国之新经济恐慌与新复兴政策、法国经济危机之分析与补救、矛盾百出之德国备战经济、绝望年度之意大利自给经济、日本经济之矛盾与恐怖等。附民国二十七年份国内经济大事日志。
收藏单位：重庆馆、国家馆、湖南馆、近代史所、南京馆、上海馆

01231
中外经济年报（第 2 回）　张肖梅主编
上海：中国国民经济研究所，1940，[544] 页，16 开（中外经济拔萃月刊丛书 4）
本书共 3 部分：国内之部、国外之部、统计之部。“国内之部”共 15 章，内容包括：战时产业之振兴与组织之调查、战时交通建设概况及政策、战时之农业与后方之农村、贸易统制之进程与贸易动态、日本对华之经济企图等；“国外之部”共 8 章，内容包括：欧战之经济背景及经济战事、德国战时经济之推演、苏联经济之伟大成就及其雄姿等；“统计之部”内容包括：景气统计、贸易统计、船舶统计、国际商品等。
收藏单位：重庆馆、国家馆、近代史所、辽大馆、南京馆、上海馆

01232
中外经济年报（第 3 回 续编）　张肖梅主编
[上海]：世界书局，1941.7，[835] 页，22 开
本书共 13 编：总述、经济行政及其公团、财政、国际收支、通货、物价、金融、投资市场、工矿产业、农业及粮食、贸易、交通建设、世界经济。
收藏单位：重庆馆、广东馆、国家馆、湖南馆、辽大馆、南京馆、首都馆

01233
中西社会经济发展史论（第 1 编 世界历史学说新论）　余精一著
泰和：东西文化社，1944.11，218 页，25 开
本书共 4 章：历史观演进诸阶段、唯物史观学说批判、亚细亚生产方法批判、历史发展二元论。
收藏单位：长春馆、重庆馆、东北师大馆、国家馆、江西馆、南京馆、上海馆

01234
中西社会经济发展史论（第 2 编 中国农业社

会史论） 余精一著
南京：东西文化社，1945，[24]+492 页，25 开
本书共 5 章：史前史概论、三代奴隶社会说批判、三代封建社会论、秦汉至清社会性质、近百年社会性质。
收藏单位：安徽馆、重庆馆、东北师大馆、广东馆、国家馆、江西馆、辽大馆、南京馆、浙江馆、中科图

01235
资本主义世界新形势 张铁生等著译
香港：新中出版社，1947.8，111 页，25 开（理实丛刊）
本书收文 11 篇，内容包括：《杜鲁门主义的经济根源》（思慕）、《英国的经济战略论》（沈志远译）、《独占资本在战败的德国》（崔石藕译）、《世界资本主义总危机》（章铁生译）、《马克斯主义和现代经济思想》（胡仲持译）等。
收藏单位：重庆馆、国家馆、黑龙江馆、吉林馆、近代史所、南京馆、上海馆、首都馆、天津馆

01236
资本主义与统制经济 周宪文著
上海：中华书局，1933.10，120 页，32 开
本书共 3 章：资本主义与统制经济、晚近欧美列强的统制经济运动、最近日本的统制经济运动。附中国统制经济论、中国农业统制论、谷贱伤农与食粮专卖。
收藏单位：安徽馆、重庆馆、广东馆、广西馆、桂林馆、国家馆、湖南馆、吉林馆、江西馆、近代史所、辽大馆、辽宁馆、南京馆、内蒙古馆、上海馆、首都馆、浙江馆

01237
资源战争 巴尔著 汪吉人编译
上海：国民图书编译社，[1936—1949]，304 页，32 开
本书共 5 篇：动力资源、矿物资源、纤维资源及橡胶、给养资源、世界列强的资源准备。
收藏单位：国家馆、吉林馆、辽大馆、上海馆

01238
最近各国经济之趋势 黄醒初编
上海：大中书局，1930.2，270 页，32 开
上海：大中书局，1933.5，2 版，270 页，32 开
本书共 11 章，内容包括：英国经济状况、美国经济状况、日本经济状况、苏俄经济状况、德国经济状况、法国经济状况、意大利经济状况、世界纠纷与世界经济、列强对华政策的内幕及其冲突等。
收藏单位：重庆馆、国家馆、江西馆、近代史所、南京馆、宁夏馆、浙江馆

01239
最近各国经济状况纪实 李作栋著
北京：经济学会，1916.12，72 页，22 开
本书分两篇：概论、各论。“概论”共两章：绪论、欧战开始前后各国经济界所起恐慌之事实；“各论”共 5 章：英国、德国、法国、北美合众国、结论。
收藏单位：国家馆

01240
最近国际经济概况 张磬佛著
[上海法政学院]，[1929—1949]，1 册，18 开（上海法政学院讲义）
本书共 26 章。分 7 编，内容包括：绪论、国际经济与国民经济、商国主义、大战后国际经济各个时期、社会主义国家的经济建设等。

01241
最近世界各国经济之转变 管怀琮编
上海：华通书局，1933.6，160 页，36 开（华通讲座）（世界经济问题讲座 第 1 辑 2）
本书共 6 章：世界经济之转变、英国近年来农工商业之转变、美国近年来农工商业之转变、德国近年来农工商业之转变、中国近年来农工商业之转变、苏联近年来农工商业之转变。
收藏单位：重庆馆、国家馆、吉林馆、近代史所、辽宁馆、南京馆、山西馆、上海馆、浙江馆

01242
最近世界经济恐慌真相　戴蔼庐著
上海：良友图书印刷公司，1932.1，53 页，64 开（一角丛书 18）
上海：良友图书印刷公司，1932，2 版，53 页，64 开（一角丛书 18）
本书共 5 部分：经济恐慌之原因、经济恐慌和美国资本主义的发达、经济恐慌和苏俄“五年计画”的成功、经济恐慌的种种现象、救济的方法。
收藏单位：广东馆、国家馆、江西馆、天津馆、浙江馆

01243
最近世界经济论丛　新闻报馆编
上海：新闻报馆，1945.7，108 页，32 开（新闻报丛书 1）
本书收文 10 篇，内容包括:《世界经济关系之再建设》(伏国仁)、《协约国战后金融计划之检讨》(麦静铭)、《欧洲经济前途之蠡测》(匡祖衡)、《中国经济再建设论》(卫敬瑗)、《中国战后经济之蠡测》(毛旬生)等。
收藏单位：东北师大馆、国家馆、南京馆、内蒙古馆、中科图

01244
最近世界经济与经济政策　刘穆编
上海：北新书局，1929.1，161 页，32 开（社会科学丛书）
本书共 4 部分：“一九二七年的世界经济”“印度——英帝国的枢轴”“世界经济总论”“各国分论”。
收藏单位：重庆馆、广东馆、广西馆、国家馆、河南馆、黑龙江馆、近代史所、首都馆、浙江馆

01245
最近世界实业通志　（美）立宾科特（Isaac Lippincott）著　刘君木译
外文题名：The economic resources and industries of the world
上海：民智书局，1931.6，[32]+720 页，25 开
本书分 3 篇：世界富源和产业发展的因素、世界富源的分配和开发、各国之富源与发展。第 1 篇内容包括：今日世界的商业和工业、人力、制度等；第 2 篇内容包括：世界的铁的富源、煤、煤油与自然瓦斯等；第 3 篇内容包括：美国和加拿大的富源与发展、拉丁美洲的富源与发展、英帝国的富源、亚洲的富源与产业等。
收藏单位：安徽馆、重庆馆、广东馆、广西馆、国家馆、吉林馆、江西馆、近代史所、南京馆、上海馆、天津馆、浙江馆

01246
最近之世界资本主义经济（1913—1932 上卷）　吕振羽著
北平：北平书局，1932.7，334 页，32 开（青年出版合作社经济丛书 第 1 卷）
本书共两部分。第 1 部分论述第一次世界大战后的经济恐慌、资本主义产业合理化运动与经济复兴的情形，并介绍苏联新经济政策和第一个五年计划；第 2 部分专论 1929 年世界经济危机和资本主义各种基本矛盾的发展。
收藏单位：重庆馆、东北师大馆、国家馆、湖南馆、近代史所、上海馆

01247
最近之世界资本主义经济（1913—1932 下卷）　翦伯赞著
北平：北平书局，1932.8，[14]+407 页，32 开（青年出版合作社经济丛书 第 1 卷）
本书为上卷的续编。共两部分：在恐慌中所表现的资本主义临没的象征、市场再分割的企图与第二次世界大战。
收藏单位：重庆馆、东北师大馆、国家馆、湖南馆、近代史所、绍兴馆

中国经济

01248
CC 豪门资本内幕　经济资料社编
沈阳：光华书店，1948.12，43 页，32 开（光

华丛刊）

收藏单位：国家馆、天津馆

01249

CC 豪门资本内幕　经济资料社编

香港：小吕宋书店，1947.11，42 页，32 开（内幕新闻丛刊）

哈尔滨：小吕宋书店，1948.11，43 页，32 开（光华丛刊 13）

香港：小吕宋书店，1949.2，再版，30 页，32 开（内幕新闻丛刊）

本书共 3 部分：二陈的金融事业、二陈的工商业、历程与战术。书前有千家驹序。原载于香港出版的《经济通讯》。

收藏单位：长春馆、重庆馆、东北师大馆、国家馆、吉大馆、近代史所、辽宁馆、南京馆、山东馆、山西馆、上海馆、天津馆、浙江馆、中科图

01250

TV 买办资本解剖　经济研究会编

经济研究会，1948.11，64 页，32 开

收藏单位：国家馆、黑龙江馆

01251

TV 宋豪门资本内幕　经济资料社编

香港：小吕宋书店，1948.1，62 页，32 开（内幕新闻丛刊）

香港：小吕宋书店，1949.2，2 版，38 页，32 开（内幕新闻丛刊）

本书共 4 部分：宋子文的崛起、宋财阀的金融与实业、胜利以来的宋财阀、宋的辞职与被封为西南王。

收藏单位：国家馆、湖南馆、吉林馆、南京馆、宁夏馆、上海馆、天津馆、武大馆

01252

哀哉热河（满铁经济待查会报告）　汤尔和译

出版者不详，1933.10，40 页，22 开

本书叙述热河的经济概况，内容包括：耕地荒废农民逃亡、逃难人的去处、农业自然的条件、农产物及收货量、农民耕作及所有状况、苛捐杂税的累加等。

收藏单位：国家馆、湖南馆、近代史所、宁夏馆、上海馆、首都馆

01253

安徽建设厅一年来之概况　安徽省建设厅编

安徽省建设厅，1930.3，14 页，16 开

本书简述该厅 1929 年度业务工作概况。

收藏单位：国家馆

01254

安徽建设现况　安徽省政府建设厅编

安徽省政府建设厅，1935.4，21 页，16 开

本书简要介绍安徽省 1935 年建设公路、水利，发展农业、畜业、林业、工业等方面的情况。

01255

安徽全省建设会议特刊　安徽省政府建设厅编

安徽省政府建设厅，1928.7，146+18 页，16 开

本书内容包括：特载、宣言、提案、法规、公牍、统计、议事录等。

收藏单位：安徽馆、国家馆、近代史所、南京馆

01256

安徽省建设厅扩大专门会议汇编　安徽省建设厅编

安徽省建设厅，1930，[342] 页，16 开

本书共 14 部分，内容包括：宣言、法规、演说、议案、审查报告、会议记录、工作报告、论文选载等。

收藏单位：安徽馆、广东馆、国家馆、天津馆

01257

安徽省近年重要建设之进度　安徽省政府建设厅编

安徽省政府建设厅，1937.11，6 页，32 开

收藏单位：南京馆

01258
安徽省五年建设计划　安徽省政府编
安徽省政府，1946.1，48+30页，18开，环筒页装
本书共3部分：政治建设部门、经济建设部门、教育文化建设部门。附安徽省五年建设计划分年完成限度表。
收藏单位：安徽馆、国家馆

01259
安徽推行基层经济建设办法　安徽省建设厅编
安徽省建设厅，1943.2，66页，36开（经济丛刊6）
本书共5部分：序言（储应时）、确定基层经济建设基本方针分县制订三年实施计划案、安徽省各县基层经济建设三年实施计划编制办法、安徽省乡镇造产实施细则（附表）、安徽省乡镇造产委员会组织章程。
收藏单位：安徽馆、重庆馆、国家馆、吉林馆、南京馆

01260
安徽战时经济建设论丛　安徽省建设厅秘书室编
安徽省建设厅，1945.4，112页，36开，环筒页装（经济丛刊14）
本书内容包括：安徽省之农业建设、跃进中的安徽工业、当前本省的经济建设问题、迎接第二十届国际合作节、安徽战时水利事业等。
收藏单位：贵州馆、上海馆

01261
百色县基本国势调查总报告　广西省政府统计处编
［广西省政府统计处］，1947，134页
收藏单位：桂林馆、近代史所

01262
半年来蒋匪区的经济情势　经济研究会编
经济研究会，1948.8，78页，32开（参考资料乙第2号）
本书共两部分：半年来蒋匪区的经济情势、半年来的世界经济情势。附半年来广州经济的回顾。
收藏单位：广东馆、国家馆、吉大馆

01263
半殖民地的中国经济概观　马仲孚　谢和赓著
桂林：大成书局，1934.12，190页，32开
本书共5章：中国产业经济之发展概况、中国买办布尔乔亚之概述、中国农村经济之概略、中国对外贸易之概说、中国经济之性质及其前途。
收藏单位：广西馆、国家馆

01264
包宁线包临段经济调查报告书　铁道部财务司调查科查编
铁道部财务司调查科，[1931]，[270]页，18开（铁道部经济丛书）
本书为1931年5月铁道部组织经济调查队对包宁线包临段沿线及附近地区（包头、安北、五原、临河4个县）进行经济调查的成果之一。共10部分：总述、地理篇、人口篇、物产篇、交通篇、水利篇、农业篇、垦务篇、工商篇、社会概况篇。
收藏单位：重庆馆、广东馆、广西馆、国家馆、南京馆、上海馆、首都馆

01265
保护发展工商业　毛泽东等著
中国人民解放军华东军区政治部，1948.8，14页，64开
本书收录毛泽东《论目前形势与我们的任务》中的一段、山东省政府布告及其他与工商业有关的资料等。
收藏单位：南京馆、山东馆

01266
暴日最近之经济侵略与东北　柳亚之著
上海：东北研究社，1935.3，[32]+206+32页，22开
本书共9章，内容包括：沈变之前因后

果、沈变前后日本之经济变化、日本人口过剩说之研究、日本对于殖民事业之野心、日本对于东北交通事业之野心等。附日方所谓悬案之事实真相。

收藏单位：重庆馆、国家馆、湖南馆、吉林馆、江西馆、近代史所、上海馆

01267

北京市工商业指南 正风经济社编

北京：北京市商会商业旬刊、正风商业经济评论，1939.7，240页，16开（商业经济丛刊1）

本书共23部分，内容包括：实体类、金融经济类、文化商业类、服装类、饮食类、医药类、交通旅行类等。书前有本市沿革略考、本市内外城及四郊人口总统计等。

收藏单位：北师大馆、国家馆

01268

北京特别市工商业统计一览（1938） 北京特别市公署社会局第二科调查统计股编制

北京特别市公署社会局第二科调查统计股，1938，20页，18开

本书共3部分：本市工商业事变前后比较统计、本市工商业现在情形、本市日本工商业。

收藏单位：国家馆

01269

北京物质委员会报告书 北京物质委员会编

北京物质委员会，[1938]，66页，18开

本书共6部分，内容包括：物质委员会章程、物质委员会委员及顾问、重要日用品购运协助办法及细则、物质委员会会议录摘要等。

收藏单位：国家馆、近代史所

01270

北满概观 哈尔滨满铁事务所编 汤尔和译述

上海：商务印书馆，1937.5，16+419页，22开

收藏单位：安徽馆、重庆馆、东北师大馆、广东馆、广西馆、贵州馆、国家馆、黑龙江馆、湖南馆、江西馆、辽大馆、南京馆、内蒙古馆、宁夏馆、山西馆、上海馆、天津馆、西南大学馆

01271

北满与东省铁路 东省铁路经济调查局编

哈尔滨：东省铁路经济调查局，1927.12，438页，16开，精装

收藏单位：长春馆、东北师大馆、广东馆、国家馆、黑龙江馆、吉林馆、近代史所、辽大馆、辽宁馆、南京馆、上海馆、西南大学馆、中科图

01272

北宁铁路沿线经济调查报告 北宁铁路经济调查队调查编辑

北宁铁路管理局，1937.12，6册（2122页），18开

本书分上、下两编。上编共5章：总论、丰台段调查、天津段调查、唐山段调查、山海关段调查；下篇共15章，内容包括：本路沿线棉花调查、猪运调查、煤运调查、渔业调查、盐业调查、高粱酒业调查、陶瓷业调查、海运调查、塘沽码头调查、本路沿线长途汽车调查等。

收藏单位：广东馆、国家馆、吉林馆、近代史所、辽宁馆、天津馆

01273

北平生活费之分析 陶孟和著

外文题名：Livelihood in Peiping

上海：社会调查所，1930.10，92页，22开（社会研究丛刊6）

上海：社会调查所，1933.9，国难后1版，92页，22开（社会研究丛刊6）

本书共9章：绪论、调查之范围与步骤、名词之解释、工人家庭之普通情形、收入与支出、食品消费、住宅家具与衣服、人力车夫、小学教员。附四十八家六个月内各种食品之消费量与所含之滋养料、十二家小学教员家庭一个月内各种食品之消费量与所含之滋养料、四十八家中两个家庭衣服用具调查

表。

收藏单位：安徽馆、重庆馆、东北师大馆、甘肃馆、广东馆、广西馆、贵州馆、国家馆、湖南馆、吉大馆、吉林馆、江西馆、近代史所、南京馆、内蒙古馆、陕西馆、首都馆、天津馆、浙江馆、中科图

01274

北平市工商业概况 池泽汇等编

外文题名：A survey of industry and commerce of the city of Peiping

北平市社会局，1932.12，12+696 页，25 开

本书共 5 编：特品、服饰、饮食、器用、杂项。

收藏单位：重庆馆、国家馆、黑龙江馆、吉林馆、辽宁馆、南京馆、上海馆、首都馆、天津馆、中科图

01275

北平市经济金融交通概况 联合征信所平津分所北平办事处编

联合征信所平津分所北平办事处，1947.7，48 页，25 开

本书共 4 章：绪言、一般经济状况及工商业、金融业、交通业。附各行业名录。

收藏单位：国家馆、近代史所、南京馆、上海馆

01276

本年应做的建设工作 戴季陶著

出版者不详，1931.1，石印本，16 页，32 开

本书共 3 部分：交通事业、教育建设、水利工程。著者原题：戴传贤。

收藏单位：国家馆

01277

本省经济计划要旨 浙江省衢县区保长训练班编

浙江省衢县区保长训练班，[1936.2]，26 页，32 开

本书收录浙江省经济计划实施通则、计划纲要。

收藏单位：上海馆

01278

边区政报（58 生产专号） 晋冀鲁豫边区政府编辑

晋冀鲁豫边区政府，1946，83 页，32 开

本书收 20 余篇研究边区生产问题的文章。

收藏单位：国家馆

01279

编制上海生活费指数之商榷 盛俊著

财政部驻沪调查货价处，1926.12，23 页，32 开

本书共 4 部分：何谓指数、何谓生活费、生活费指数之目的何在、生活费指数应包含若干品类。

收藏单位：国家馆、上海馆、浙江馆

01280

察哈尔建设厅二十年份统计年报 察哈尔省建设厅编

察哈尔省建设厅，[1930—1939]，198 页，18 开

本书全部为表。收录该省 16 个县概况、交通、水利、农林、垦牧、矿业、工商业等方面的统计资料。

收藏单位：广东馆、国家馆、南京馆、浙江馆

01281

察哈尔经济调查录 李延墀 杨实编

上海：新中国建设学会出版科，1933.11，218 页，25 开（新中国建设学会丛书 9）

本书共 7 章：绪论、农业、工业、商业、矿业、其他、结论。

收藏单位：重庆馆、广西馆、国家馆、吉林馆、江西馆、近代史所、绍兴馆、首都馆、天津馆、中科图

01282

察哈尔全省建设会议特刊 察哈尔省建设厅秘书处编

察哈尔省建设厅秘书处，1932.9，[180] 页，16 开

本书内容包括：插图、章则、公牍、图表、讲演词、会议纪录、议决案等。

收藏单位：广东馆、国家馆

01283

察哈尔省建设厅职员录 察哈尔省建设厅秘书处编

察哈尔省建设厅秘书处，1935.4，12 页，22 开，环筒页装

本书全部为表。附本省各中等学校校长一览表、本省各县县督学一览表、本省各县教育委员会一览表等。

收藏单位：国家馆

01284

察哈尔省建设厅周年工作概要 察哈尔省建设厅编

察哈尔省建设厅，[1931—1939]，34 页，23 开

本书记录该厅主管之省属交通、水利、农林、垦牧、矿业、工商业等各项建设事业的工作情况。所涉时间为 1931 年 1—12 月。

收藏单位：南京馆

01285

察哈尔省统计年表 察哈尔省建设厅编

[察哈尔省建设厅]，1936，1 册，16 开

收藏单位：南京馆

01286

察南万安县产业概况

万安县公署，1942，油印本，203 页，18 开，环筒页装

本书共 24 章，内容包括：总说、交通及通信、农业气象、农具、畜产、造林事业、产业奖励措施并经营状况等。

收藏单位：国家馆

01287

察省建设事业概况统计 察哈尔省建设厅编

察哈尔省建设厅，1934.8，[102] 页，16 开

本书共 7 部分：交通概况统计、水利概况统计、农业概况统计、林业概况统计、垦牧概况统计、矿业概况统计、工商概况统计。

收藏单位：国家馆

01288

察绥蒙民经济的解剖 察南政厅官房资料科编

张家口：察南政厅官房资料科，1941.2，174 页，22 开

收藏单位：国家馆

01289

察绥蒙民经济的解剖 贺扬灵著

上海：商务印书馆，1935.1，316 页，22 开，精装（内政研究会边政丛书 2）

本书共 12 章，内容包括：察绥蒙民的生产方式及其关系、察绥垦地展拓的历程及其动向、察绥蒙民的生产量、河套的移垦与屯垦、王公生活与旗署收入、蒙民的家庭经济及其生活、蒙民被剥削的横断面等。附察绥经济的一般统计、本书参考资料目录。

收藏单位：安徽馆、长春馆、重庆馆、东北师大馆、广东馆、广西馆、贵州馆、国家馆、河南馆、吉林馆、江西馆、辽大馆、南京馆、山西馆、上海馆、绍兴馆、天津馆、浙江馆、中科图

01290

昌化经济 程梓彬 马锡恩编著

浙西民族文化馆，1942，150 页，18 开（浙西抗建丛刊 22）

本书收文两篇：《昌化经济调查报告》（程梓彬）、《昌化农村特定调查报告》（马锡恩）。第 1 篇共 13 章，内容包括：社会情况与人民生活、抗战前后的农业、在衰落中的商业、家庭手工业与集体小工业、开展中的合作事业等；第 2 篇共 5 部分，内容包括：昌化农村的土地分配与使用问题、战时的昌化农村经济等。

收藏单位：广东馆、国家馆、南京馆、浙江馆

01291

长江下游的日本经济独占组织（各种经济密约及密件） 陶希圣编

中央宣传部秘书处文化驿站总管理处，1940.5，91页，32开

本书共6部分，内容包括：引言、经济的既成事实之事例（一、二）、上述事例的特点、无结果的汪日经济谈判等。

收藏单位：重庆馆、国家馆、南京馆、内蒙古馆、上海馆、浙江馆

01292

长宁县经济概况

出版者不详，[1911—1949]，手抄本，6页，16开，环筒页装

本书共8部分：土地、人口、教育、物产、商业、交通、金融、赋税。

收藏单位：重庆馆

01293

长期抗战的经济策略　高叔康著

重庆：中山文化教育馆，1938.5，30页，36开（抗战丛刊32）

本书共5部分：长期抗战的基本意义、经济与战争、敌人的经济战略、我们应有的经济战略、结论。

收藏单位：重庆馆、国家馆、吉大馆、吉林馆、南京馆

01294

长期善后事业概述　善后事业委员会保管委员会秘书处编

善后事业委员会保管委员会秘书处，1948.6，27页，25开

本书共10部分：沿革、中国农业机械公司、乡村工业示范处、渔业善后物资管理处、机械农垦管理处、水运大队、船舶修理厂、药物制造计划、其他工作、结语。

收藏单位：重庆馆、国家馆、南京馆、上海馆、西交大馆

01295

长沙经济调查　平汉铁路管理局经济调查组编

汉口：平汉铁路管理局经济调查组，1937.1，178页，16开（平汉丛刊 经济类3 长渝计划线经济调查特辑7）

本书共3编：概述、长沙之工厂、长沙运出运入大宗货品分述。

收藏单位：重庆馆、国家馆、首都馆、西南大学馆、中科图

01296

成都市生活费之研究　杨蔚著

外文题名：Cost of living in Chengtu Szechwan, China

[金陵大学农学院]，[1940]，86页，22开，环筒页装（研究丛刊5成都号）

本书共4部分：概论、家庭人口与收入、家庭支出、成都市生活费指数之变迁（民国二十六年一月至民国二十八年七月）。附英文摘要、勘误表。

收藏单位：国家馆、南京馆、上海馆

01297

成渝路区之经济地理与经济建设　王成敬著

重庆：四川省银行经济研究处，1945.5，114页，18开（四川经济研究专刊2）

本书共8章，内容包括：本区经济活动之自然背景、土地利用、矿产资源之分布与产销、制造业、交通、人口与经济聚落之分布情况等。

收藏单位：重庆馆、广东馆、国家馆、黑龙江馆、吉林馆、近代史所、辽大馆、辽宁馆、南京馆、首都馆、武大馆、西南大学馆、中科图

01298

持久战与国民生活　刘孤帆著

上海[等]：上海杂志公司，1937.12，56页，36开（大时代丛书4）

上海[等]：上海杂志公司，1938.1，56页，32开（大时代丛书4）

本书共5部分："我们为什么要作持久战？""持久抗战几个必要的条件""战争对于国民生活的影响""怎样解决国民生活问题？""结论"。

收藏单位：安徽馆、重庆馆、广东馆、广西馆、贵州馆、桂林馆、国家馆、吉林馆、

江西馆、南京馆、上海馆、浙江馆

01299

崇德经济建设概要 崇德县政府编

崇德县政府，1949.2，66页，18开

本书概论崇德县农林、水利、交通等门类的经济建设内容。

收藏单位：浙江馆

01300

重庆工人家庭生活程度 社会部统计处编

社会部统计处，1945.7，103页，22开（社会调查与统计 第5号）

本书大部分为调查统计表。为1941年10月对重庆地区240个工人家庭调查后的资料汇编。

收藏单位：重庆馆、甘肃馆、国家馆、吉林馆、南京馆

01301

重庆经济调查 平汉铁路管理局经济调查组编

汉口：平汉铁路管理局经济调查组，1937.1，1册，16开（平汉丛刊 经济类 3 长渝计划线经济调查特辑 1）

本书分甲、乙两编：概述、大宗出入口货品分述。甲编共4部分：重庆之经济范围、工商业概况、金融概况、水陆交通；乙编内容包括：煤、药材、烟叶、丝、黑木耳、棉纱、五金、纸烟等。为分期载于该路月刊的《长渝铁路沿线经济调查分析报告》合订本。

收藏单位：重庆馆、国家馆、吉林馆、首都馆、中科图

01302

重庆经济概况 中国银行编辑

重庆中国银行，1934.1，180页，32开（四川丛刊 3）

本书共5章：绪论、政局、金融、贸易、工业及农业。所涉时间为1922—1931年。

收藏单位：重庆馆、东北师大馆、国家馆、吉林馆、近代史所、上海馆、天津馆、浙江馆、中科图

01303

处理敌伪产业概况报告书 东北敌伪事业资产统一接收委员会编

出版者不详，1947.2，44页，大32开

收藏单位：南京馆

01304

处理敌伪产业有关法令简编

出版者不详，[1911—1949]，油印本，1册，16开，环筒页装

本书收录各种办法、训令、电令等共29条。

收藏单位：重庆馆

01305

川康滇边区国防经济建设意见书 军事委员会委员长西昌行辕编

军事委员会委员长西昌行辕，1946.7，[30]页，10开

本书全部为表。收录有关少数民族事务、交通、矿业、农业、工商业、治安等方面的建设意见。

收藏单位：国家馆

01306

川康建设问题 崔昌政著

重庆：国民图书出版社，1941.4，134页，32开

本书共11部分：川康建设之重要性、川康建设之优越条件、川康建设之先决问题、川康建设之准备工作、川康建设之指导原则、川康之农业建设问题、川康之工业建设问题、川康之财政建设问题、川康之民生建设问题、川康教育建设问题、其他有关川康建设问题。

收藏单位：安徽馆、重庆馆、广东馆、国家馆、吉林馆、南京馆、武大馆

01307

川康经济建设计划草案 西南经济建设研究所编

西南经济建设研究所，1939，1册，16开

本书分农业、工业、矿业3大类，共20部门，内容包括沿革、现状、计划3部分。

收藏单位：重庆馆、南京馆、中科图

01308
川康经济建设计划大纲草案　川康经济建设委员会秘书处草拟
[川康经济建设委员会]，[1940—1949]，油印本，1册，10开，环筒页装
本书共6部分：总说、农林（水利）、矿业、交通、金融、垦殖。
收藏单位：国家馆

01309
川康经济建设计划审查意见书　西南经济建设研究所编
西南经济建设研究所，1940，油印本，1册，16开，环筒页装
本书分农业、矿业两部门，介绍其经济建设的原计划及审查意见等。附修正川康农业建设资金表、修正川康矿业建设资金表。
收藏单位：重庆馆、中科图

01310
川康经济建设计划总摘要　西南经济建设研究所编
西南经济建设研究所，1940，油印本，1册，16开，环筒页装
本书共4章：总述、农业、矿业、工业。
收藏单位：重庆馆、广东馆、南京馆

01311
川康经济建设委员会第一次大会纪录　川康经济建设委员会第一次大会编
川康经济建设委员会第一次大会，[1941]，277页，16开
本书共14部分，内容包括：委员长训词、吴主席达铨开会演词、陈副秘书长介生报告、四川省政府经济建设报告、西康省政府经济建设报告等。
收藏单位：广东馆、贵州馆、国家馆、南京馆、中科图

01312
川康经济建设委员会第一次全体委员会议决议案办法表　川康经济建设委员会编
川康经济建设委员会，[1940—1949]，油印本，1册，16开，环筒页装
收藏单位：国家馆

01313
川康经济建设委员会第一次全体委员会议提案类编　川康经济建设委员会编
川康经济建设委员会，[1940—1949]，油印本，1册，10开，环筒页装
收藏单位：国家馆

01314
川康经济建设五年计划大纲草案　川康经济建设委员会秘书处编拟
[川康经济建设委员会秘书处]，1941.11，3册
本书共10部分：农林、工业、矿业、交通、水利、贸易、金融、卫生、土地、垦殖。附起草人名表及经费预算表。
收藏单位：重庆馆、近代史所、南京馆

01315
川南经济建设计划审查意见书　西南经济建设研究所编
西南经济建设研究所，1940.3，油印本，1册，16开
收藏单位：南京馆

01316
川西边事辑览　谢培筠编
重庆：新民印书馆，1935.2，116页，16开
本书共8编：理番遁西林业纪、松理茂懋产金区域调查纪、松理茂懋汶药材调查纪、理汶茂懋四县抚绥崇三屯屯土之现状、松潘草地分类纪、经营草地概论、视察松潘草地日记、屯区交通纪。
收藏单位：重庆馆、东北师大馆、广东馆、国家馆、吉林馆、南京馆、上海馆、中科图

01317
创造中国新经济制度之计划　冯锐著

广东省建设厅农林局，1931.10，106 页，23 开

本书共 5 部分：今日中国何以需要一新经济制度、新经济制度所应用之四大原则、新经济制度所应用之方法、新经济制度整个之组织、新经济制度计划实施办法。

收藏单位：广东馆、广西馆

01318

春节宣传讲话要点　辽北省委宣传部编

[辽北省委宣传部]，1949，12 页，32 开

收藏单位：辽宁馆

01319

从工业化之程度观察目前中国之经济性质　吴半农编

[北平]：清华周刊社，1932.11，17 页，16 开

收藏单位：南京馆

01320

从国际经济观察中日关系　袁钊著

外文题名：The economical relation between China and Japan

南京：正中书局，1933.5，48 页，32 开（日本研究会小丛书 9）

南京：正中书局，1933.10，再版，48 页，32 开（日本研究会小丛书 9）

本书共 6 部分：绪言、贸易关系、企业投资关系、赔债关系、赔款关系、结论。

收藏单位：重庆馆、国家馆、江西馆、南京馆、人大馆、上海馆、天津馆

01321

从经济上观察列强在华角逐之现势（并推测其前程）（日）尾崎秀实著　章澄若译

出版者不详，[1936]，复写本，[10] 页，16 开

本书共 8 部分，内容包括：大上海的印象、列强资本在华活跃的姿态、列强在华投资与贸易之实相、英美日三强在华竞争之现势、美国之对华政府与日美之角斗等。为《中国社会》第 2 卷第 4 期抽印本。

收藏单位：国家馆

01322

从总裁指示论西北建设　张聿飞著

重庆：现代评坛社，1943.8，60 页，32 开（抗建丛刊 2）

本书收文 4 篇：《从总裁指示论西北建设》《西北当前的教育问题》《西北国防经济建设在甘肃》《实业计划与兰州》。附《开发西北的方针》。

收藏单位：重庆馆、国家馆、南京馆

01323

大东亚共荣圈与华北之经济地位　（日）森信美著　华北学会译

北京：新民印书馆，1942.8，28 页，25 开

收藏单位：国家馆

01324

大东亚战争二周年中国经济进展概况　大东亚战争两周年特刊编辑委员会编

上海：新闻报馆发行科，1943.12，109 页，25 开

收藏单位：国家馆、南京馆、上海馆

01325

大柳州"计划经济"实验市建设计划草案　邱致中编

广西省政府，[1943—1949]，89 页，16 开，环筒页装

本草案涉及工矿、农林、商业、交通、财政、金融、劳动安排、水利、市政等门类。

收藏单位：桂林馆、国家馆

01326

大上海工商汇刊　申时广告公司编

上海：申时广告公司，1935.6，[152] 页，8 开

本书为汉英对照。收文 25 篇，内容包括：《建设中的大上海》《上海之金融机构》《上海华商航业》《本年春季上海之纱花市场》《上海对外贸易的动向》等。

01327

大潼铁路经济调查报告书　铁道部业务司调查科编

铁道部业务司调查科，[1934]，152页，16开（铁道部经济丛书）

本书共10章，内容包括：大潼铁路沿线之人口、大潼铁路沿线之农业与农产、大潼铁路沿线之工业与工艺品、大潼铁路沿线之矿业与矿产、大潼铁路沿线之商业、山西之交通、大潼铁路沿线之捐税等。

收藏单位：国家馆、浙江馆

01328

大小凉山开发方案　江应梁编著

昆明：云南省民政厅边疆行政设计委员会，1944.9，22页，32开（云南省民政厅边政丛刊2）

本书共9章，内容包括：凉山现状、确定开发原则、川滇康三省合组凉山建设委员会、化凉山为内域、移内地人民入凉山屯垦等。附大小凉山略图。

收藏单位：北师大馆、国家馆、南京馆

01329

大小凉山开发概论　任映沧著

康定（甘孜）：西南夷务丛书社，1947.10，211页，16开（西南夷务丛书 第2分册）

本书分上、下两卷：雷马屏峨利病书、实施军区屯垦开发雷马屏峨大小凉山十年计划书。上卷共3编：地理述要、物产与产业、垦殖开发概论；下卷共5章：绪论、总纲、军区屯垦计划、解放夷区奴隶与经济开发计划、开发之效益与经费估计。

收藏单位：重庆馆、东北师大馆、国家馆、吉林馆、近代史所、辽师大馆、南京馆、天津馆、西南大学馆、中科图

01330

大众经济讲话　黄芦木编著

上海：博文书店，1939.11，12+172页，32开

本书共4辑：大众经济的基本认识、中国经济动态、中国在货币上的抗战、上海市场的阴影。

收藏单位：广东馆、桂林馆、国家馆、宁夏馆

01331

当前经济的根本问题（一个历史派经济学者的看法）　陈啸江著

重庆：史学书局，1944，93页，32开

本书共8部分，内容包括：论目前经济理论家之所蔽、高级农业社会经济规律在中国近百年史中的作用、解决办法的原则、解决办法的内容、他日工业化的必要前件等。附“东方经济结构”与“东方文化”、抗战期中一个合理的薪给公式。

收藏单位：重庆馆、东北师大馆、复旦馆、国家馆、吉林馆、近代史所、南京馆、上海馆、中科图

01332

当前经济问题之商榷　王绍成编

太原：王绍成，1948.1，80页，32开

本书为报刊汇编。共7个专题：经济建设、生产建设之基本问题、物价、财政、土地、利用外资、租税。

收藏单位：南京馆、上海馆

01333

到经济建设之路　吴醒亚讲述

上海市社会局，1935.10，238页，25开（上海市社会局丛书）

本书分上、中、下3编：中国经济现状、最近列强经济政策之趋向、到经济建设之路。共10章，内容包括：农业、工业、金融商业、运输业、资本主义国家的经济政策、苏维埃社会主义联邦的经济政策、民族危机中我国经济的出路统制经济建设、实施统制的根本问题等。

收藏单位：广东馆、国家馆、上海馆

01334

德国全国实业联合会中国考查团报告书　编译德实业视察团报告委员会编译

编译德实业视察团报告委员会，1935.4，[12]+244页，16开

本书共11章：中国之政治发展、中国经济问题之鸟瞰、法制、财政、币制、私人经济、银行制度、交通、发展中国电气事业之

意见、中国机器事业、矿业及冶金业。

收藏单位：安徽馆、重庆馆、东北师大馆、广东馆、桂林馆、国家馆、湖南馆、江西馆、近代史所、南京馆、上海馆、天津馆、浙江馆

01335

德国全国实业协会中国实业考察团第二次意见书

出版者不详，[1911—1949]，石印本，194页，12开

收藏单位：南京馆

01336

邓主任论川康建设 邓晋康著 关文栋辑录

成都：新新新闻报馆文化服务部，[1941.10]，62页，32开

本书共9部分，内容包括：安定后防与建设川康、川康的地位与建设的时机、建设川康的态度、建设川康的主张、川康建设资源举例等。附邓主任三年来之言论要点。

收藏单位：重庆馆、国家馆、吉林馆

01337

敌寇对我北部六省经济开发的失败 国民政府军事委员会政治部编

国民政府军事委员会政治部，1941.3，40页，50开

本书论述日寇对我国北部"经济开发"的政策、机构，对于该地区资源的掠夺情况以及开发计划的失败等。

收藏单位：重庆馆、广东馆

01338

敌寇对我中部四省"以战养战"的阴谋 秉中编著

国民政府军事委员会政治部，1941，55页，64开

本书内容包括：华中振兴公司的解剖、日梁密约、敌寇经济掠夺的手段、敌寇经济掠夺的失败等。

收藏单位：重庆馆、广东馆、南京馆

01339

敌寇在山西经济侵略概况 特种经济调查处编

重庆：特种经济调查处，1940.8，油印本，1册，16开

收藏单位：南京馆

01340

敌寇战时经济统制 中央调查统计局特种经济调查处编

中央调查统计局特种经济调查处，1941.12，油印本，1册，16开

本书共8章：财政、金融、外汇、农业、企业、劳工、贸易、物价。

收藏单位：国家馆、南京馆

01341

敌人在我沦陷区的经济掠夺 郑伯彬著

重庆：国民图书出版社，1941.3，64页，32开

本书共5部分，内容包括：引言、敌人在我沦陷区经济掠夺的范围与方法、所谓"开发"事业的前途等。所用材料除实地调查所得外，多取自日伪文件和报刊。

收藏单位：安徽馆、重庆馆、广东馆、贵州馆、国家馆、吉林馆、近代史所、辽大馆、辽宁馆、南京馆、上海馆、武大馆、西南大学馆、浙江馆

01342

敌人在浙西之经济侵略 浙西税务处编

浙西税务处，1939.5，1册，16开

收藏单位：南京馆

01343

敌统制华中沦陷区经济之最近发展（第10号）

出版者不详，[1911—1949]，油印本，1册，16开

收藏单位：南京馆

01344

敌伪对华北经济统治概观

中央调查统计局特种经济调查处，1942.8，1册，16开（敌伪经济参考资料56）

收藏单位：南京馆

01345

敌伪经济侵略下之浙西　特种经济调查处编

重庆：特种经济调查处，1941.10，1册，16开

本书附敌寇统制下之上海棉市华北敌营各煤矿组合近况第二十二号。

收藏单位：南京馆

01346

敌伪在我沦陷区域经济统制动态　国防最高委员会　对敌经济封锁委员会编

国防最高委员会、对敌经济封锁委员会，1941.5，99页，32开（国防最高委员会对敌经济封锁委员会调查专报3）

本书共4章：绪论、敌伪经济统制声中几项毒辣手段、敌伪经济统制机构与运用、敌伪经济统制近况。

收藏单位：国家馆、南京馆

01347

敌我一年来经济战　匡正宇著

抗建出版社，1940，46页，25开

本书共5篇：泛论经济战、攻守姿态、战斗内幕、敌方策略的转变、战斗给予我们教训。

收藏单位：江西馆

01348

地方建设讲义　西康省地方行政干部训练团编

西康省地方行政干部训练团，1941，20页，36开

本书共4讲：地方建设之意义、地方建设与国防民生之关系、本省经济地理之概况、本省经济之重要设施与步骤。

收藏单位：重庆馆

01349

地方建设图案　金惠著

台湾省行政长官公署宣委会，1947.1，43页，32开

本书共10章，内容包括：土地改革、农业改进、经济改善、合作组织、民生建设、教育设施、财政来源等。

收藏单位：重庆馆、国家馆、河南馆、吉林馆、江西馆、南京馆

01350

地方建设行政讲义　邓中雄等编述

安徽省地方行政干部训练团，1940，13+14页，36开

本书共两部分：交通及地方建设、农林及农村经济。

收藏单位：重庆馆

01351

地方经济概况调查注意事项　经济部全国经济调查委员会编

经济部全国经济调查委员会，1947.8，9页，32开

收藏单位：国家馆、吉林馆、南京馆

01352

地方经济建设　中国国民党中央执行委员会训练委员会编

中国国民党中央执行委员会训练委员会，1942，146页，32开

本书共7章，内容包括：地方经济建设的初步工作、地方经济建设事业、民生主义社会的创造、地方经济建设中的几个问题等。

收藏单位：重庆馆、东北师大馆、国家馆、江西馆、南京馆、西南大学馆、浙江馆

01353

帝国主义经济侵略下之中国　杨先钧著

上海：太平洋书店，1929.5，118页，36开（建设文库 经济类）

本书共6部分：进出口贸易中之外商势力、外商在华设厂之计画及其概况、沿海及内河航线之洋商势力、列强对华铁路投资竞争之概况、外国银行在华之特殊势力、吾人所受经济侵略损失数目之统计。

收藏单位：重庆馆、广西馆、贵州馆、国家馆、湖南馆、近代史所、南京馆

01354
帝国主义经济侵略中国史略 邓定人著
上海：东南书局出版部，1927.5，174页，32开

本书共11章，内容包括：从古代到南京条约、从南京条约到天津条约、从马关条约到辛丑条约、从辛丑条约到辛亥革命、从巴黎和会到万县惨案等。附中外缔约各国一览表、中外不平等条约年表。

收藏单位：国家馆、湖南馆、上海馆

01355
帝国主义铁蹄下的中国 漆树芬著
上海：孤军杂志社，1925.10，66+454页，22开
上海：孤军杂志社，1925，再版，66+454页，22开

本书分总论、各论两编。总论共5章：甚么叫帝国主义呢、甚么叫资本主义呢、近代国家组织之解剖、帝国主义在我国之史的发展、我国条约特质之分析；各论共3篇：商埠论、交通论、国际投资论。目录页题名：经济侵略下之中国。

收藏单位：安徽馆、重庆馆、东北师大馆、广东馆、国家馆、湖南馆、辽大馆、宁夏馆、上海馆、绍兴馆、首都馆、西南大学馆

01356
帝国主义铁蹄下的中国 漆树芬著
上海：光华书局，1925.10，66+454页，22开
上海：光华书局，1925.11，再版，66+454页，23开，精装
上海：光华书局，1926.3，3版，66+454页，22开
上海：光华书局，1928.4，4版，66+454页，25开
上海：光华书局，1929.2，5版，70+454页，25开
上海：光华书局，1929.6，6版，[74]+454页，23开
上海：光华书局，1932.9，9版，[74]+454页，23开

收藏单位：安徽馆、重庆馆、东北师大馆、甘肃馆、广东馆、广西馆、贵州馆、国家馆、黑龙江馆、湖南馆、江西馆、辽大馆、辽师大馆、南京馆、宁夏馆、山西馆、首都馆、浙江馆

01357
第二次全国生产会议大会纪录
[重庆]：[第二次全国生产会议秘书处]，1943，油印本，1册，18开

本书内容包括：行礼如仪、报告事项、讨论事项等。会议于1943年6月7日召开。

收藏单位：国家馆

01358
第二次全国生产会议会员手册 第二次全国生产会议秘书处编
重庆：第二次全国生产会议秘书处，1943，32页，32开，环筒页装

本书内容包括：组织规程、会议日程、出席人员名录等。该会由经济部、农林部召集，以增进战时物资生产为目的。

收藏单位：贵州馆、南京馆

01359
第二次全国生产会议收到各业报告书 陈丰镐等撰写 第二次全国生产会议筹备委员会编
[重庆]：第二次全国生产会议筹备委员会，1943，油印本，1册，16开，环筒页装

本书内容包括：制造业报告、纺织业报告、酒精业报告、冶炼业报告、民营无线电事业之概况、电器制造报告书、后方民营机器工业过去及现在概况报告等。

收藏单位：重庆馆

01360
第二次全国生产会议提案（工业 第1册） 余名钰等撰写 第二次全国生产会议筹备委员会编

[重庆]：第二次全国生产会议筹备委员会，1943，油印本，1册，16开，环筒页装

本书内容包括：改善工业贷款办法增强抗建力量案、请推广合作生产以卡物价而利抗战案、推广钢铁用途以免生产过剩案、当前染料工业之困难及如何改进案等。

收藏单位：重庆馆

01361

第二次全国生产会议提案（工业 第2册） 俞松筠等撰写　第二次全国生产会议筹备委员会编

[重庆]：第二次全国生产会议筹备委员会，1943，油印本，1册，16开，环筒页装

本书内容包括：当前印刷工业之困难及如何改进案、当前火柴工业之困难及如何改进案、当前文具工业之困难及如何改进案、加强工业合作以发展民族工业改进工业生产案等。

收藏单位：重庆馆

01362

第二次全国生产会议提案目录杂项等　第二次全国生产会议筹备委员会编

[重庆]：第二次全国生产会议筹备委员会，1943，油印本，1册，16开，环筒页装

本书内容包括：提案目录、第一次大会程序单、第二次全国生产会议开幕仪式及议程、会员招待办法、第二次全国生产会议出席人员录、第二次全国生产会议审查委员会分组名单、第二次全国生产会议各业专家名单等。

收藏单位：重庆馆

01363

第二次全国生产会议提案审查报告（第一、三、四组）

[重庆]：[第二次全国生产会议筹备委员会]，[1943]，油印本，3册，16开

收藏单位：广东馆

01364

第二次全国生产会议总报告　第二次全国生产会议秘书处编

[重庆]：第二次全国生产会议秘书处，1943.6，354页，16开

本书内容包括：会议始末纪要、训词及演词、章则、会员及职员、议案、杂俎等。

收藏单位：重庆馆、国家馆、吉林馆、南京馆、中科图

01365

第六、七年倭寇经济侵略　中央调查统计局特种经济调查处编

中央调查统计局特种经济调查处，1945.5，108页，18开

本书记录1943—1944年间日寇对我国经济侵略的事实及其经济体制、侵略政策的变化。共4篇：总论、产业、财政金融、交通。

收藏单位：国家馆、浙江馆

01366

第六战区接管日方物资委员会工作纪实　第六战区接管日方物资委员会编

第六战区接管日方物资委员会，1946.7，1册，16开

本书汇辑抗战胜利后接收湖北省（主要为武汉地区）日伪物资的有关资料。共9部分，内容包括：报告书、规程、职员表、会议录、文电、布告、统计材料等。

收藏单位：安徽馆、重庆馆、广东馆、贵州馆、国家馆、吉林馆、近代史所、首都馆、浙江馆

01367

第三回日华蒙北京经济恳谈会报告书　东亚经济恳谈会等编

东亚经济恳谈会，1943.9，182页，22开

本书内容包括：开会宗旨、开会纲要、提案及发言人名单、第一部会（矿工业部会）、第二部会（农业部会）、第三部会（物资交流部会）等。

收藏单位：国家馆、近代史所

01368

第三战区技术人员通讯录　第三战区经济委员会编

第三战区经济委员会，[1941]，92 页，22 开

本书收录该战区下属江西、福建、浙江、安徽等地农、工、矿、交通水利行业技术人员通讯录。

收藏单位：国家馆、南京馆

01369

第三战区经济委员会二十九年度工作报告

[第三战区经济委员会]，[1941]，油印本，1 册，16 开

收藏单位：南京馆

01370

第三战区经济委员会卅年二月份工作报告

[第三战区经济委员会]，[1942]，油印本，1 册，16 开

收藏单位：南京馆

01371

第四种国家的出路 吴景超著

上海：商务印书馆，1937.2，237 页，32 开

本书共 4 章：导言、经济建设、人口政策、分配问题。收文 16 篇，内容包括:《世界上的四种国家》《提高生活程度的途径》《中国农民的生活程度与农场》《中国的人口问题》《新税制与新社会》等。

收藏单位：安徽馆、重庆馆、东北师大馆、广东馆、贵州馆、国家馆、河南馆、湖南馆、近代史所、辽宁馆、南京馆、陕西馆、上海馆、首都馆、天津馆、中科图

01372

第五届七中全会经济审查报告及提案

出版者不详，[1940]，油印本，1 册，16 开

收藏单位：南京馆

01373

第五年之倭寇经济侵略 中央调查统计局特种经济调查处编

中央调查统计局特种经济调查处，1943，112 页，16 开

本书记录 1942 年日寇对我国经济侵略的事实及其经济体制、侵略政策的变化等。共 4 篇：总论、物资、财政与金融、交通。目录页题名：抗战第五年之倭寇经济侵略。

收藏单位：重庆馆、国家馆、湖南馆、南京馆、中科图

01374

第五战区经济委员会第一次委员会议纪录

第五战区经济委员会编

第五战区经济委员会，[1940]，158 页，32 开

本书共 5 部分：讲词、报告、会议纪录、提案、附录。附录会议规则、文电、委员一览表。

收藏单位：国家馆

01375

滇黔桂资料（1 工矿金融） 第四野战军南下工作团总团部调查研究组编

第四野战军南下工作团总团部调查研究组，1949，130+6 页，32 开

收藏单位：国家馆

01376

滇省经济最近概况

出版者不详，[1911—1949]，1 册，大 16 开

收藏单位：上海馆

01377

滇西经济地理 张印堂撰著

[昆明]：国立云南大学西南文化研究室，1943.7，16+148 页，32 开（西南研究丛书）

本书为著者与资源委员会合作调查滇缅铁路沿线经济地理后所作的报告。共 8 章：调查之路线与范围、沿线经济发展的地理基础、滇缅铁路在启发滇西经济事业上的重要、滇缅铁路在我国国际交通上所占地位之重要、沿线经济发展之现状及其展望、沿线的经济中心区、滇缅铁路沿线与滇缅沿边的问题、结论。

收藏单位：重庆馆、国家馆、吉林馆、南京馆、浙江馆、中科图

01378

调查报告（第 1—4 编） 河北省政府建设厅

编
河北省政府建设厅，1928.12，4 册，18 开

本书为第 1—4 编合订本：河务、路政、农矿、工商。第 1 编收录永定河、北运河、南运河、大清河、子牙河、蓟运河的河务之调查报告；第 2 编收录平古路、平门路、平津路、平河路、津保路等的路政之调查报告；第 3 编收录宛平县、蓟县、霸县、涿县、良乡县等地的农林渔垦牧等行业之调查报告；第 4 编收录大兴县、宛平县、固安县等地工商业概况。

收藏单位：重庆馆、广东馆、国家馆、近代史所、南京馆、首都馆、天津馆

01379
调查琼崖实业报告书　[彭程万等编]
琼州：海南书局，[1926]，[132] 页，16 开

本书为作者于 1919 年奉西南军政府命令对海南岛的实业进行考察后所作的调查报告。内容包括：交通调查报告书、黎情调查报告书、森林调查报告书、农产调查报告书、矿产调查报告书、盐田调查报告书等。封面题名：琼崖实业。

收藏单位：国家馆、近代史所

01380
调查条款
出版者不详，[1911—1949]，93 页，22 开

本书共 5 编：赋税、盐务、币制银行、实业、庶政。

收藏单位：国家馆

01381
调查湘鄂资源报告书
出版者不详，[1911—1949]，石印本，1 册，16 开，环筒页装

本书共 3 部分：内兵工原料、建设地点、水路运输。附湖南省炼锌厂概况、湖南省炼铝厂概况、湖南铁煤钨锰磺等矿之调查。

收藏单位：重庆馆

01382
定县经济调查一部分报告书　李景汉等编
河北省县政建设研究院，1934.10，18+424 页，22 开，精装

本书全部为该县经济调查统计表。共 14 部分，内容包括：绪言、全县农作物面积及产量、煤油运销、煤炭运销等。

收藏单位：重庆馆、国家馆、湖南馆、近代史所、南京馆、上海馆、西南大学馆、浙江馆

01383
东北的产业　徐嗣同编
上海：中华书局，1932.7，116 页，32 开（东北研究丛书）

本书共 8 章：绪论、东北的农业、东北的矿业、东北的林业、东北的畜牧、东北的水产、东北的工业、结论。封面题名：日本帝国主义侵略下东北的产业。

收藏单位：重庆馆、广东馆、广西馆、国家馆、黑龙江馆、湖南馆、吉大馆、吉林馆、江西馆、近代史所、南京馆、陕西馆、上海馆

01384
东北的资源　詹自佑著
上海：东方书店，1946.9，234 页，32 开（东北经济丛书 1）

本书共 6 章：绪论、农产资源、矿产资源、林产资源、水产与畜产资源、结论。

收藏单位：安徽馆、重庆馆、东北师大馆、广东馆、广西馆、国家馆、河南馆、黑龙江馆、湖南馆、吉林馆、江西馆、近代史所、辽大馆、辽宁馆、南京馆、内蒙古馆、宁夏馆、山西馆、陕西馆、上海馆、首都馆、天津馆、西南大学馆、浙江馆、中科图

01385
东北经济地理简编　陈述彭编著
上海：正中书局，1948.10，85 页，32 开

本书共 10 章：区域鸟瞰、自然环境、生活空间、衣食资源、燃料动力、重要矿藏、大豆木材、交通贸易、工业潜力、经济区域。

收藏单位：黑龙江馆、吉林馆、南京馆、上海馆

01386
东北经济概况 雷雨著
上海：东方书店，1932，1册，16开
收藏单位：广西馆

01387
东北经济概况 雷雨编
北平：西北书局，1932.12，1册，16开
本书共8章：东北的地理、财政、金融、铁道、航空运输、航运、贸易、产业概况。
收藏单位：广西馆

01388
东北路矿森林问题 陈觉著
外文题名：The questions of railways, minings and forests in north-eastern China
上海：商务印书馆，1933.12，178页，32开（万有文库 第1集 172）
上海：商务印书馆，1934.1，178页，32开（新时代史地丛书）
本书共3章：东北铁路问题、东北矿产问题、东北森林问题。
收藏单位：安徽馆、重庆馆、大理馆、大连馆、东北师大馆、广东馆、广西馆、贵州馆、国家馆、河南馆、黑龙江馆、湖南馆、惠州馆、江西馆、近代史所、辽大馆、辽师大馆、柳州馆、南京馆、内蒙古馆、宁夏馆、上海馆、首都馆、天津馆、西南大学馆、浙江馆

01389
东北失地之经济概况 张其昀编
南京：钟山书局，1933.10，73页，32开（钟山学术讲座1）
南京：钟山书局，1933.11，2版，73页，32开（钟山学术讲座1）
本书介绍“九一八”事变后东北失地的经济地理概况。
收藏单位：重庆馆、国家馆、江西馆、南京馆、上海馆

01390
东北四省建设方案及纲领（附说明书） 国立东北大学草拟
国立东北大学，1942.12，56页，32开
本书共7部分：东北四省建设方案概略、东北四省收复前预备工作纲领、东北四省收复后整理工作纲领、东北四省建设计画纲领、拟订东北四省建设收复前预备工作纲领之说明、拟订东北四省收复后整理工作纲领之说明、拟订东北四省建设计画纲领之说明。
收藏单位：东北师大馆、国家馆、辽宁馆、南京馆

01391
东北在我国经济上的价值 王维新著
北平：外交月报社，1934，346页，22开（外交丛书 经济类）
本书共9章，列述我国东北的富源及日寇侵占前工、农、商、矿、林各业的经济实力，并与其他省份作比较，阐明东北沦亡使我国经济上遭受的巨大损失。
收藏单位：重庆馆、广东馆、国家馆、湖南馆、辽大馆、上海馆

01392
东北之经济资源 王成敬著
上海：商务印书馆，1947.12，139页，32开
本书共6章：序言、农产、林产、矿产、水产及畜产、结论。书中的统计数据主要来自日本人占领东北后所作的调查。
收藏单位：重庆馆、东北师大馆、广东馆、贵州馆、国家馆、河南馆、黑龙江馆、湖南馆、吉林馆、江西馆、近代史所、辽大馆、南京馆、内蒙古馆、宁夏馆、陕西馆、上海馆、首都馆、天津馆、西南大学馆、浙江馆、中科图

01393
东三省果为日本之生命线耶 东北问题研究会[编]
[北平]：东北问题研究会，[1930—1939]，50页，32开
本书为抗日宣传册。驳斥“东三省为日本生命线”的错误言论，指出东北作为中国固有领土对中国发展的重要意义，并论述日

本侵略东三省的根本原因在于掠夺资源，进而吞并东亚。所辑资料截至 1929 年。

收藏单位：重庆馆、国家馆、江西馆、上海馆、浙江馆

01394

东三省经济调查录 中国银行总管理处编

中国银行总管理处，1919，16+312 页，22 开

本书介绍奉天、营口、安东、大连、吉林等地的金融、货币、农工商业、运输等情况。

收藏单位：东北师大馆、广东馆、国家馆、黑龙江馆、吉林馆、辽宁馆、首都馆、天津馆、浙江馆、中科图

01395

东三省经济实况概要 连濬编著

上海：华侨实业社，1931.10，458 页，16 开

上海：华侨实业社，1931.11，再版，458 页，16 开

本书共 15 章，内容包括：地势、沿革、俄人之东侵及中东铁路之内容、日人之西进、东北之农业、东北之牲畜及畜产等。附尼布楚条约、中俄北京续约、中日马关和约等不平等条约及田中奏章等 45 种。封面及逐页题名：东三省经济实况揽要。

收藏单位：重庆馆、东北师大馆、国家馆、黑龙江馆、湖南馆、南京馆、上海馆

01396

东三省物产资源与化学工业 日本工业化学会满洲支部辑 沈学源译

上海：商务印书馆，1936.7，2 册（26+715 页），25 开（中山文库）

本书为日本对我国东三省资源的调查及研究报告。共 12 编，内容包括：资源、油脂工业、食品及酿造工业、畜产工业、纤维工业、制盐工业、窑业、金属工业等。

收藏单位：安徽馆、重庆馆、广西馆、国家馆、黑龙江馆、湖南馆、吉林馆、南京馆、内蒙古馆、宁夏馆、上海馆、天津馆、浙江馆

01397

东省刮目论 （日）藤冈启著 汤尔和译

上海：商务印书馆，1930.4，216 页，22 开，精装（东省丛刊）

上海：商务印书馆，1933.3，国难后 1 版，216 页，22 开，精装（东省丛刊）

本书共 5 章：从日本所见之东省、从历史上所见之东省、从地理上所见之东省、从富源上所见之东省、开发富源必要之诸政策。附内蒙古之现状与将来、山东之新形势与日本等。

收藏单位：安徽馆、重庆馆、大庆馆、东北师大馆、广东馆、广西馆、贵州馆、国家馆、河南馆、黑龙江馆、湖南馆、吉林馆、江西馆、近代史所、辽大馆、辽宁馆、辽师大馆、南京馆、内蒙古馆、上海馆、天津馆、西南大学馆

01398

洞庭湖平原初步建设方案

出版者不详，1947，油印本，1 册，16 开

收藏单位：南京馆

01399

对敌经济封锁法令汇编 浙江省政府暨浙江省国民抗敌自卫团总司令部行署编

浙江省政府暨浙江省国民抗敌自卫团总司令部行署，1940.3，128 页，32 开（浙西经济反封锁丛刊 4）

收藏单位：南京馆

01400

对华门户开放主义 陶汇曾著

上海：商务印书馆，1926.1，84 页，36 开（百科小丛书 87）

上海：商务印书馆，1928.7，再版，72 页，32 开（百科小丛书 87）

上海：商务印书馆，1930.10，72 页，32 开（万有文库第 1 集 157）（百科小丛书）

上海：商务印书馆，1933.10，国难后 1 版，72 页，32 开（百科小丛书）

上海：商务印书馆，1935.1，国难后 2 版，72 页，32 开（百科小丛书）

本书共3章：门户开放主义之起源、门户开放主义之发达、门户开放主义之内容。

收藏单位：安徽馆、重庆馆、大理馆、大连馆、大庆馆、东北师大馆、广东馆、广西馆、贵州馆、桂林馆、国家馆、河南馆、黑龙江馆、湖南馆、江西馆、近代史所、辽大馆、辽师大馆、柳州馆、南京馆、内蒙古馆、宁夏馆、陕西馆、上海馆、首都馆、天津馆、西南大学馆、浙江馆

01401

对六全代会决议之三大经济政策的商榷 何尚著

出版者不详，[1945]，72页，32开

本书共3篇：关于土地政策纲领、关于农业政策纲领、关于工业政策纲领。

收藏单位：国家馆

01402

对日经济绝交

出版者不详，[1929]，102页，16开

本书共4部分：本党为什么主张对日经济绝交、经济绝交与日本的关系、经济绝交的方法与手段、民众对中国国民党应有的认识。附日货调查表。

收藏单位：重庆馆、广东馆、国家馆、南京馆、上海馆

01403

对日经济绝交根本之商榷 杨子嘉著

出版者不详，[1928.6]，32页，32开

本书内容包括：调查日货、对日国际商业竞争、抵制日货之宣传、全国经济之联合等。

收藏单位：广西馆、上海馆

01404

对日经济绝交须知

出版者不详，[1920—1929]，48页，32开

本书共4章：日本之对华经济侵略与吾人应有之觉悟、对日经济绝交史的考察与吾人所得的教训、对日经济绝交的组织步骤及方法、日货之调查鉴别及抵制。

收藏单位：南京馆、上海馆

01405

鄂西生产建设之计划与推行 国民政府军事委员会委员长行辕第三处编

武昌：国民政府军事委员会委员长行辕第三处，1936.5，74页，23开（鄂西政治丛刊5）

本书内容包括：鄂西农村状况、农产矿产调查、生产建设之计划与推行等。

01406

二年来之南汇建设 江苏南汇县政府建设科编

江苏南汇县政府建设科，1935.6，180页，16开

本书共6编：水利、公路、桥梁、电气、市政、实业。书后有杂俎，内容包括：南汇县建设经费收支报告表等。

收藏单位：国家馆、南京馆、上海馆、中科图

01407

二十年来之中国经济研究 方显廷著

出版者不详，1946，手抄本，1册，16开

收藏单位：国家馆

01408

二十四年开始的江西建设路线 文群著

出版者不详，[1935—1949]，7页，16开

收藏单位：南京馆

01409

二十五年份全国经济委员会主持之西北建设事业概况 全国经济委员会西北办事专员办公处编

全国经济委员会西北办事专员办公处，[1937]，72页，22开

本书内容包括：引言、交通、水利、卫生、农牧、农业合作、棉产改进、造林等。

收藏单位：东北师大馆、国家馆、南京馆

01410

二十五年来北京之物价工资及生活程度 孟天培 （美）甘博（Sidney David Gamble）著 李景汉译

外文题名：Prices, wages and the standard of living in Peking: 1900—1924

北京：北京大学出版部，1926.10，104页，16开，精装（社会调查丛书）

本书研究北京城内（不含四郊）1900—1924年间普通工人的生活情况。共5章：物价、家庭生活费的分配及指数、铜元兑换、工资及实际工资、结论。附二十五年来大事表。

收藏单位：国家馆、吉林馆、近代史所、天津馆

01411

二十五年来中国之工商　孔祥熙著

孔祥熙，[1930—1939]，18页，16开

本书概述国民政府成立以来25年间中国工商业的发展概况。

收藏单位：重庆馆、国家馆、浙江馆

01412

二十五年五月份上海工商业异动报告　中国征信所编

上海：中国征信所，1936，50页，16开

01413

发计概要讲义　陈宝琳编

广西地方行政干部训练委员会，[1911—1949]，162页，32开

收藏单位：广东馆

01414

发展福建全省经济之具体计划　林荣向编

[福州]：林荣向，[1933]，50页，25开

本书共4章：闽省经济概况及其危机、闽省固有物产及其衰落之原因、发展经济具体计划、结论。附该省北部重要渔区、公路公债还本付息、农户田地、主要作物、工业产品等统计表7种。系作者应福州《国光日报》征文所拟。

收藏单位：国家馆

01415

飞跃中的西南建设　国民出版社编

金华：国民出版社，1939.9，106页，32开（国民知识丛书第1辑）

金华：国民出版社，1939.10，3版，106页，32开（国民知识丛书第1辑）

金华：国民出版社，1939.10，4版，106页，32开（国民知识丛书第1辑）

本书共6章：序论、四川、西康、云南、贵州、广西。

收藏单位：安徽馆、重庆馆、广东馆、国家馆、吉大馆、江西馆、近代史所、南京馆、上海馆、首都馆、西南大学馆

01416

非常时期的经济建设　陈希豪著

[重庆]：独立出版社，1939，90页，32开

本书共8章：总论、建设资金的筹集、建设的机关与建设的人才、农业建设、工矿建设、交通与运输、战区的经济建设、结论。

收藏单位：重庆馆、东北师大馆、广西馆、贵州馆、国家馆、湖南馆、南京馆、浙江馆

01417

非常时期之经济　王惠中编

上海：中华书局，1937.3，100页，32开（非常时期丛书）

上海：中华书局，1937.8，再版，100页，32开（非常时期丛书）

上海：中华书局，1938.7，3版，100页，32开（非常时期丛书）

本书讨论战时经济问题。共4章：非常时期之经济的意义与范围、如何充实军需、如何维持国民经济、国家总动员。

收藏单位：安徽馆、重庆馆、东北师大馆、广东馆、广西馆、贵州馆、桂林馆、国家馆、江西馆、辽大馆、南京馆、内蒙古馆、宁夏馆、天津馆、浙江馆

01418

非常时期之经济问题　陈行著

出版者不详，[1936.10]，7页，16开

本书简论备战时期人力、财力、物力3方面的准备问题。

01419
非常时期之经济政策　罗敦伟著
上海：中华书局，1937.4，156页，32开（中国新论社非常时期丛书）
上海：中华书局，1937.7，再版，156页，32开（中国新论社非常时期丛书）
[上海]：中华书局，1938.7，3版，156页，25开（中国新论社非常时期丛书）

本书共7部分：绪论、经济政策的基础理论、非常时期经济政策两大支柱、非常时期主要经济政策、非常时期经济政策与国防、中国经济结构的本质、中国非常时期经济政策。

收藏单位：安徽馆、重庆馆、东北师大馆、广东馆、贵州馆、桂林馆、国家馆、黑龙江馆、江西馆、辽大馆、辽宁馆、南京馆、内蒙古馆、绍兴馆、天津馆、西南大学馆

01420
非常时期之中国经济　谭桂荣编著
长沙：明明书店，1938.1，406页，32开

收藏单位：南京馆

01421
非常时期之中国经济问题　王雨桐著
出版者不详，[1936.9]，12页，16开

本书简论备战时期我国的一般经济问题和财政、金融问题。

01422
非常时期中国经济问题研究　中国经济研究社编
上海：开文书局，1937.3，188页，32开

本书分两部分：非常时期经济问题、非常时期中国金融问题研究。第1部分收文6篇，内容包括:《非常时期的经济问题》（马寅初）、《战时经济》（杨荫溥）、《中国国防经济政策》（刘振东）等；第2部分收文4篇，内容包括：《非常时期中国的金融问题》（李炳焕）、《论战时的纸币发行》（余捷琼）等。

收藏单位：安徽馆、重庆馆、东北师大馆、国家馆、近代史所、首都馆、天津馆、中科图

01423
奉天经济统计年报　（日）加藤治雄编
奉天商工公会，1940，229页，16开

本书全部为表。收录1938年间沈阳市人口、通货、金融、贸易、物价、仓库、土建等统计数据。书前有奉天经济概况。附农产物收获预想、奉天铁西工业地区工场一览表等。

收藏单位：国家馆

01424
涪陵经济调查　平汉铁路管理局经济调查组编
汉口：平汉铁路管理局经济调查组，1937.1，88页，16开（平汉丛刊 经济类3 长渝计划线经济调查特辑2）

本书分甲、乙两编：概述、大宗出入口货品分述。甲编共4部分：涪陵之经济范围、工商业概况、金融概况、水陆交通；乙编内容包括：大宗出口货品分述、大宗入口货品分述等。附勘误表。

收藏单位：重庆馆、国家馆、中科图

01425
福建建设报告　福建省政府建设厅编
福建省政府建设厅，[1934—1936]，11册，22开

本书为合订本。第1册共4部分：公路、电讯、闽江、汽车；第2册共5部分：长乐溉田、船舶管理所、闽江运输处、闽江验船处、各县水利；第3册共4部分：本省征工、本省射击场、省会工务、厦门工务；第4册共3部分：度量衡、小保险储蓄业、参加台湾博览会；第5册：省会自来水初步计划；第6册共两部分：农林、测候；第7册：矿务；第8册：长乐农场水稻试验报告；第9册：调查福建北路茶业报告；第10册：福建茶产之研究；第11册：诏浦场盐业调查报告。所涉时间为1934年2月至1936年9月。

收藏单位：重庆馆、广东馆、国家馆、浙江馆、中科图

01426
福建经济发展的途径 朱代杰著
福建省政府建设厅经济研究室，1946.10，24页，窄25开

本书共8部分，内容包括：土地与人口、山地耕作之不经济、民生之困苦、有富源而未开发、怎样改进农业等。

收藏单位：辽宁馆、陕西馆

01427
福建经济概况 福建省政府建设厅编 朱代杰 季天祜主编
福建省政府建设厅，1947.9，328页，25开
福建省政府建设厅，1948.8，修订再版，408页，窄25开

本书共12章：自然环境、农业、特产、渔盐业、工业、矿业、交通、水利、财政、金融、贸易、未来发展之展望。

收藏单位：东北师大馆、广东馆、国家馆、湖南馆、近代史所、柳州馆、南京馆、上海馆、首都馆、天津馆、浙江馆

01428
福建经济问题研究（第1辑） 福建省政府建设厅经济研究室编
福建省政府建设厅经济研究室，1947.3，205页，25开

本书内容包括:《福建经济发展的途径》（朱代杰）、《福建经济区域的划分》（董秉祺）、《福建经建资金筹措的途径》（方振经）、《福建金融建设与工业化》（董秉祺）、《清流县农村借贷概述》（王振邦）等。

收藏单位：福建馆、广东馆、贵州馆、国家馆、河南馆、湖南馆、江西馆、辽宁馆、内蒙古馆、山西馆、上海馆、天津馆、浙江馆

01429
福建经济研究 福建省政府秘书处统计室编辑
福建省政府秘书处统计室，1940.9，2册（252+344页），25开（福建调查统计丛书2）

本书上册共5部分：一般经济、地理、人口、农业、工业；下册共6部分：贸易、财政、金融、特产、盐业、交通。

收藏单位：重庆馆、东北师大馆、福建馆、广东馆、贵州馆、国家馆、湖南馆、江西馆、近代史所、辽宁馆、南京馆、浙江馆

01430
福建省安溪县政府三十一年度工作报告 安溪县政府编
安溪县政府，1943，34页，16开

本书内容包括：民政、财政、教育、建设、军事等。

收藏单位：福建馆

01431
福建省二十六年经济建设计画 [福建省经济建设计划委员会编]
[福建省经济建设计划委员会]，[1937]，32页，42开

本书为陈仪在1937年元旦庆祝会上所作的报告。内容侧重于经济建设的实施计划。

收藏单位：福建馆

01432
福建省复员计划提要 福建省政府编
福建省政府，1945.12，46页，18开

本书共7部分：民政、财政、教育、建设、社会、保安、会计。

收藏单位：福建馆

01433
福建省建设厅二十四年度工作报告 福建省建设厅编
[福建省建设厅]，[1935]，232页，23开

本书内容包括：交通、水利、实业、市政等。

01434
福建省经济建设汇览 福建省经济建设计划委员会宣传处编
福建省经济建设计划委员会宣传处，1941.4，80页，18开

本书收文17篇，内容包括:《福建省经济

建设五年计划纲要》(陈仪)、《福建人事行政之改进》(陈景烈)、《新县制下之福建县政》(高登艇)、《福建之财政改革》(严家淦)、《福建之文化建设》(郑贞文)等。附福建省经济建设计划委员会组织规程、福建省经济建设计划委员会办事细则、本会成立之经过。

收藏单位：福建馆、国家馆、吉林馆、辽宁馆、南京馆

01435

福建省经济建设计划委员会的任务与方针

福建省经济建设计划委员会资料室编

福建省经济建设计划委员会资料室，1942.10，28页，25开

本书共4部分：本省经建会的任务与方针、行政设计的设计、省政设计的原则和方法、计划政治的特质及其先决问题。

收藏单位：福建馆、南京馆

01436

福建省经济建设计划委员会之过去与现在

福建省经济建设计划委员会资料室编

福建省经济建设计划委员会资料室，1942.10，1册，25开

本书附本会组织规程、林秘书长出席本会第二次全体委员会大会报告、福建省三年建设计划大纲、本会现任职员一览表。

收藏单位：南京馆

01437

福建省经济建设五年计划（草案） 福建省政府建设厅编

福建省政府建设厅，1947.6，[318]页，16开

本书分两部分：总论、分论。总论共8部分，内容包括：编订经过、建设目标与重点、建设方式与原则、建设机构、建设成果与收益等；分论共8部分，内容包括：农业、工业、矿业、交通、水利、金融贸易等。附福建省经济建设方案、五年计划纲要等4种。

收藏单位：福建馆、广东馆、国家馆、吉林馆、首都馆、中科图

01438

福建省经济建设五年计划草案论纲 季天祜著

福建省政府新闻处，1948.6，24页，32开

01439

福建省经济建设五年计划第一年实施计划方案 [福建省经济建设委员会编]

[福建省经济建设委员会]，[1940]，油印本，1册，16开

本书共4部分：准则、时间进度、范围、内容。

收藏单位：福建馆

01440

福建省经济建设五年计划第二年实施计划方案 [福建省经济建设计划委员会编]

[福建省经济建设计划委员会]，[1941]，油印本，1册，16开

本书为表格式，分农业、工业等部门。

收藏单位：福建馆

01441

福建省经济建设五年计划纲要 陈仪著

出版者不详，[1940]，10页，32开

本书介绍该省1940—1944年经济建设计划。共6部分：经建的目的与原则、经建的机构、事业的选择、分期计划、经营方式与经营要素、经费的筹措与分配。附福建省经济建设计划委员会组织规程。

收藏单位：国家馆、南京馆

01442

福建省经济统计手册（民国三十五年辑） 福建省政府统计室编

福建省政府统计室，1946.12，168页，40开

本书共6部分："土地与人口""水利·农业与特产""渔·盐·矿业""工业·商业与物价""交通""财政·金融·田粮"。

收藏单位：福建馆、辽宁馆

01443

福建省抗战损失调查团厦门等七市县抗战损失调查报告 福建省抗战损失调查团编

福建省政府，1945.12，22页，32开

本书为福建省厦门、金门、漳浦、海澄、云霄、诏安、东山7县市，抗战期间公私财产直接损失的调查报告。共4部分：一般报告、调查经过及其结果、各地抗战损失数字提要、调查感想与意见。

收藏单位：国家馆、南京馆

01444

福建省龙溪县政府三十年度工作概况报告　龙溪县政府编

龙溪县政府，1942.2，22页，16开

本书共12部分，内容包括：民政、财政、教育、建设、军事等。

收藏单位：福建馆

01445

福建省沦陷区抗战损失调查汇报（包括流窜县份）　福建省政府编

福建省政府，1946.1，174页，横18开

本书全部为表。共5部分：说明、各县总表、人口伤亡、财产遗失、财产损失详表等。

收藏单位：重庆馆、国家馆、近代史所、中科图

01446

福建省侨民生产建设会议汇编　福建省侨民生产建设会议编

福建省侨民生产建设会议，1942.11，152页，25开

本书共9部分，内容包括：开会经过、本会议宣言、本会议规程、会议纪录、决议案、演词等。

收藏单位：福建馆、国家馆、近代史所

01447

福建省三年建设计划大纲　福建省政府编

福建省政府，1942.8，12页，32开

本书共4部分：总纲、省方面、县（市）方面、乡（镇）方面。每方面分3部分：政治建设、经济建设、文化建设。

收藏单位：福建馆

01448

福建西南路矿计划　郑华著

出版者不详，1933.1，43页，16开

本书共10章，内容包括：漳厦铁路经过略述、福建西南经济情况、福建西南森林之利益、西南铁路路线之选定及工程费之估计、招股办法及进行之步骤等。

收藏单位：上海馆、天津馆

01449

[福建增产计划资料]　[徐吾行辑]

出版者不详，[1949]，复写配油印本，2册，大16开

本书由8个文件合订成册：福建省棉花增产计划、福建省外销茶种推广计划、专卖事业机构与地方建设机构应有之联系及其联系方案、福建省稻米增产计划、福建省外销茶改进计划、福建省蔗糖运销计划草案、救济仙游糖业之意见、福建省油桐推广计划。

收藏单位：福建馆

01450

福建战时经济论　徐天胎编

出版者不详，[1940]，106页，32开

收藏单位：福建馆

01451

福建之省营事业　福建省银行等编

福建省经济建设计划委员会出版处，1941.4，97页，32开（福建省经济建设计划委员会经济建设丛书）

本书共5节：省银行、贸易公司、运输公司、企业公司、公沽局。

收藏单位：重庆馆、福建馆、南京馆

01452

福州等五市县沦陷损失调查　福建省政府编

福建省政府，1945.9，[28]页，18开

本书所述5市县为福州市、林森县、连江县、长乐县、福清县。

收藏单位：国家馆

01453
阜东县直第三次机关生产委员会决议　阜东县直机关生产委员会颁布
阜东县直机关生产委员会，1945.6，10 页，32 开
　　收藏单位：国家馆

01454
赴日参观记　邓峙冰编纂
上海总商会赴日参观团，1926，176 页，24 开
上海总商会赴日参观团，1927.2，再版，176 页，22 开
　　本书记录上海总商会 1926 年 5 月 20 日至 6 月 15 日赴大坂电气博览会及工厂参观的经过。共 7 部分，内容包括：赴日参观团之组织、日程、招待会、讲演会、恳谈会、对于新闻记者之谈话、丛载。
　　收藏单位：河南馆、湖南馆、华东师大馆、上海馆

01455
复兴绍兴一周年纪念刊　绍兴县乡镇联合会秘书处辑
绍兴县乡镇联合会秘书处，1942.4，92 页，16 开
　　本书内容包括：复兴纪念之部、各种会议之部、工作报告之部等。
　　收藏单位：浙江馆

01456
复员以来资源委员会工作述要　资源委员会编
资源委员会，1948.1，50 页，16 开
　　本书共 6 章，内容包括：沿革组织及事业分布状况、基本方针及服务信条、两年来工作概况等。
　　收藏单位：广东馆、国家馆、湖南馆、江西馆、近代史所、南京馆、山西馆、上海馆、浙江馆、中科图

01457
甘青宁经济纪略　中央银行经济研究处编
上海：中央银行经济研究处总务科，1935.1，98 页，18 开
　　本书共 11 章：土地及人口、交通、物产、金融、商业、工业、林牧、农垦及水利、地方财政、社会生计、今后之建设。
　　收藏单位：国家馆、南京馆、人大馆、上海馆

01458
甘肃建设　甘肃省政府建设厅编
甘肃省政府建设厅，1934，415 页
　　收藏单位：近代史所

01459
甘肃经济建设方案
出版者不详，[1911—1949]，6 页，16 开
　　本书共 3 部分：方针、实施要领、实施办法。
　　收藏单位：国家馆

01460
甘肃省八县市三年来公务员生活费指数　甘肃省政府统计室编
甘肃省政府统计室，1944.4，71 页，16 开
　　本书全部为表。共 38 部分，内容包括：甘肃省八县市公务员生活费指数比较图、各县市公务员生活费总指数比较、各县市公务员生活费分类指数比较、兰州市公务员生活费总值、酒泉县公务员生活费指数等。
　　收藏单位：甘肃馆、国家馆、吉林馆、南京馆

01461
甘肃省各县经济概况（第 1 集）　甘肃省银行经济研究室编
[兰州]：甘肃省银行经济研究室，1942，164 页，18 开
　　本书辑录天水、岷县、定西、渭源、固原、陇西、秦安、平凉、夏河、西峰、甘谷、徽县、榆中、武山、张家川、临夏、碧口、文县、泾川、礼县、清水 21 个县、镇的经济调查资料。
　　收藏单位：重庆馆、国家馆、近代史所

01462
甘肃省建设事业辑要（三十年度） 甘肃省政府编
甘肃省政府，1942.1，30 页，32 开
本书共 7 部分：建设之方针与原则、农田水利、农林畜牧、矿业、工业、合作、交通。附驿运。
收藏单位：国家馆、南京馆、西南大学馆

01463
甘肃省经济概况 [甘肃省政府编]
[甘肃省政府]，1944，220 页，16 开
本书共 6 章：绪论、矿业、农业、畜牧业、工业、商业。
收藏单位：国家馆

01464
甘肃省西南部调查记 戈定邦著
出版者不详，[1939]，17 页，16 开
本书介绍甘肃省西南部兰州、临夏、临洮等地的地理状况、经济动植物资源与开发利用、地区的民族构成及风俗等。所辑资料截至 1938 年。
收藏单位：国家馆

01465
干部读物（第 2 辑） 邯郸市委会宣传部编
邯郸市委会宣传部，[1947—1949]，39 页，32 开
本书辑录有关工商业政策的文章。共 6 个主题，内容包括：毛泽东论工商业政策与职工政策、任弼时论保护工商业的政策、中国工运当前的任务等。
收藏单位：国家馆

01466
赣政十年（赣省十年经济建设） 杨绰庵编
出版者不详，1941.12，54 页，13 开
本书共 16 部分，内容包括：农业、矿业、工业、商业、市政、军事、社会福利、行政管理、战后城乡复兴准备等。
收藏单位：国家馆、南京馆、上海馆、西南大学馆

01467
各省市各项革新与建设（第 1—5 集） 中国国民党中央执行委员会统计处编
中国国民党中央执行委员会统计处，1930.4，5 册（44+39+30+32+26 页），横 16 开（中国国民党中央执行委员会统计处报告 第 3 类 第 3 号）
本书第 1—5 集分别为：天津特别市、浙江省、南京特别市、上海特别市、湖南省。内容全部为统计报表，统计项目包括：财政、公用、教育、土地等。统计所涉时间为 1928—1930 年。
收藏单位：广东馆、国家馆、南京馆、上海馆

01468
各省市经济建设一览 实业部统计处编
南京：实业部总务司第四科，1937.1，450 页，16 开，精装
本书收文 26 篇，内容包括：《省市建设的分工与协作》（罗敦伟）、《江苏省之经济建设》（沈百先）、《湖南省之经济建设》（余籍传）、《山东省之经济建设》（张鸿烈）、《云南省经济建设概况》（张邦翰）等。
收藏单位：重庆馆、广东馆、国家馆、吉林馆、南京馆、宁夏馆、上海馆、浙江馆

01469
工商部各直辖机关高级职员一览表 工商部编
工商部，[1948]，手抄本，[47] 页，16 开
收藏单位：国家馆

01470
工商部工商访问局职员录 工商部工商访问局编
[上海]：工商部工商访问局，1929.10，6 页，32 开
收藏单位：国家馆

01471
工商部工作报告暨计画概略
工商部，[1928]，10+48 页，22 开

本书共两部分：过去工作概况、现在计划概略。第1部分共13章，内容包括：拟定工商业及劳工行政法规、改进国内劳工地位及状况、办理国际劳工事项、奖励工业技术、整理对外贸易等；第2部分共10章，内容包括：完成工商业及劳工行政法规、统一全国度量衡、检查出入口商品、改善对外贸易关系事项、增进劳工法益等。

收藏单位：国家馆、首都馆

01472

工商部民国十九年七月份工作报告表

[工商部]，1930，油印本，1册，16开，环筒页装

收藏单位：国家馆

01473

工商部全国花纱布管理委员会同仁通讯录

工商部全国花纱布管理委员会编

工商部全国花纱布管理委员会，[1911—1949]，38页，16开

本书为该委员会正副主任、委员及秘书处等机构人员通讯录。项目包括：处别、职别、姓名、别号、性别、年龄、籍贯等。

收藏单位：上海馆

01474

工商部行政计划纲要（民国十八年十至十二月、十九年）

工商部，[1929—1930]，油印本，5册，13开，环筒页装

本书每季度1册，每年4册。

收藏单位：国家馆

01475

工商部职员录　工商部总务司文书科编

工商部总务司文书科，1930.3，51页，32开

01476

工商部职员名册　工商部人事室编

工商部人事室，1937，油印本，[80]页，16开

收藏单位：国家馆

01477

工商管理工作的方针和政策　薛暮桥著

晋察冀边区贸易公司，1946翻印，80页，32开

本书为著者在日本投降前对山东解放区工商管理工作所作的总结报告。共5部分：工作方针检讨、货币政策、贸易政策、税收工作、公营工矿事业。

收藏单位：北师大馆、国家馆、近代史所

01478

工商会议报告录（中华民国二年一月）　工商部编

北京：工商部，1913.3，[1014]页，18开，精装

本书为会议议案及文件汇编。共5项：插图、文牍、职员表及决算表、开会式及演说、议案。

收藏单位：安徽馆、广东馆、国家馆、湖南馆、华东师大馆、近代史所、南京馆、上海馆、天津馆

01479

工商会议总结报告

出版者不详，1948.6，钢笔抄本，5页，23×16cm

本书系作者参加该会时的个人记录。

收藏单位：国家馆

01480

工商机关管理须知（上海市商会工商业复兴委员会小组会议建议书2）　骆清华等著

上海市商会，[1911—1949]，4页，16开

本书收录管理须知10条，内容包括：生产方法应切实研究、生产成品应制定标准、生产量度应根据统计、办理事务应避免积压、办公处所应合理设置、新进职工应施行训练等。

收藏单位：国家馆

01481

工商纪要（河北省政府周年纪念特刊）　工商厅编

河北省工商厅，[1929]，222 页，16 开

本书内容包括：办理国货运动情形、调查各县钞票情形、征集工商部国货陈列馆征品情形、调解石门大兴纱厂劳资纠纷之经过、调查各县工商业情形等。

收藏单位：国家馆、近代史所、首都馆

01482

工商俱乐部运动的理论与实际　朱乃康著

江西省工商俱乐部，1940，16 页，25 开（现代经建丛书 1）

收藏单位：江西馆

01483

工商俱乐部运动与现代化的经济建设　鄢廷和著

江西省工商俱乐部，1940.11，26 页，32 开（现代经济丛书 2）

本书共 4 部分："泥足"与"铁汉"、大彼得作风、必经的路线、新建设引擎。

收藏单位：国家馆、江西馆

01484

工商史料　上海机制国货工厂联合会编辑部编

上海机制国货工厂联合会发行部，1935—1936，190 页，32 开

本书介绍上海 43 家工厂、商社、公司的创办、生产、经营及发展史。所汇集的史料来自《机制国货工厂联合会会刊》。

收藏单位：安徽馆、广东馆、国家馆、南京馆、宁夏馆、天津馆

01485

工商手册　上海机联会编辑部编

上海机联会编辑部，1948.1，140 页，36 开，精装

01486

工商手册　上海机制国货工厂联合会 [编]

上海机制国货工厂联合会，1936.1，396 页，64 开，精装

收藏单位：南京馆

01487

工商手册　史应中编著

桂林力报馆，1943.10，473 页，32 开

收藏单位：广西馆、桂林馆、湖南馆

01488

工商手册　章乃器主编　中国工业经济研究所编

上海：工商经济出版社，1947.12，增订版，[1286] 页，32 开，精装

本书介绍工商业各项业务的内容和处理办法，并编入有关的法规和章程。共 7 编：工商组织、工商管理、权益保障、金融贸易、交通运输、工商捐税、工商计算。

收藏单位：长春馆、东北师大馆、广东馆、广西馆、国家馆、黑龙江馆、湖南馆、吉林馆、江西馆、近代史所、辽大馆、南京馆、上海馆、首都馆、天津馆、浙江馆

01489

工商手册　章乃器主编　中国工业经济研究所编

重庆：中国全国工业协会等，1944.6，[1565] 页，32 开，精装

收藏单位：重庆馆、东北师大馆、广东馆、国家馆、黑龙江馆、湖南馆、江西馆、近代史所、辽大馆、南京馆、内蒙古馆、宁夏馆、上海馆

01490

工商特刊　工商月报社编

上海：工商月报社，1947，43 页，25 开

收藏单位：广东馆

01491

工商统计　姚肖廉著

[江西计政人员训练所]，[1913—1949]，162 页，25 开（江西裕民银行行员训练所丛书）

本书为江西计政人员训练所讲义。共 5 篇：工商统计概论、工商经营统计、工商实况统计、工商变动统计、工商统计研究。

收藏单位：江西馆

01492

工商统计大纲（统计类） 国民政府工商部编

国民政府工商部，1928.7，[56] 页，22 开（工商特刊 2）

本书内容包括：全国工商统计暂行规则、工商部全国工商调查报告规则、工商统计机关之设置、工商调查方法等。

收藏单位：国家馆、辽宁馆

01493

工商问题之研究 中国工商管理协会编

中国工商管理协会，1931.9，168 页，32 开（中国工商管理协会丛刊 3）

本书收录有关工商问题及科学管理方面的文章 9 篇：《救济新工业应提倡同业合并》（刘鸿生）、《原料问题》（邹秉文）、《改良丝茧推销之我见》（王晓籁）、《资金运用之管见》（资耀华）、《科学管理之内容》（庆炎）、《科学管理法沿革概略》（国松丰著，庆炎译）、《时间研究》（国松丰著，庆炎译）、《日本纺织业之技术合理化》（庆炎译）、《德国经济合理化之本质观》（庆炎译）。

收藏单位：国家馆、上海馆

01494

工商行政概论 四川省训练团编

四川省训练团，1940，18 页，36 开（区训练班教材）

本书共 6 章，内容包括：工商行政之意义、工商行政之内容、现行工商政策概要、本省工业行政实施概况等。

收藏单位：重庆馆

01495

工商宣传大纲 [中国国民党福建省党务指导委员会宣传部编]

中国国民党福建省党务指导委员会宣传部，[1911—1949]，19 页，25 开

本书共两部分：工人宣传大纲、商人宣传大纲。

收藏单位：福建馆

01496

工商业家的出路 许涤新著

香港：新民主出版社，1949.3，78 页，32 开

本书收录论著 8 篇，内容包括：《耕者有其田是发展工商业的前提》《消灭垄断资本与建设新民主主义经济》《关于官僚资本的逃遁与变形》《城市经济的改造》《论城市的社会改革》等。

收藏单位：东北师大馆、国家馆、吉大馆、吉林馆、南京馆、宁夏馆、上海馆

01497

工商业团体手册 王涤初 蒋庆庄编

上海：工商出版社，1947.5，177 页，16 开

本书共两部分：工商业团体组织须知、重要法令与释例。

收藏单位：上海馆

01498

工商业政策问题（之一至之七）

出版者不详，[1911—1949]，30 页，32 开

01499

工商业政策与劳动政策 太岳新华书店编

太岳新华书店，1948.5，62 页，32 开

本书共 14 章，内容包括：工业建设总论、铁路建设、公路建设、商船建设、航空建设、衣服工业等。

收藏单位：国家馆、宁夏馆

01500

工商业政策与职工政策 毛泽东等著 中共华东中央局编

华东新华书店，1948，38 页，36 开

本书内容包括：《论工商业政策与职工政策》（毛泽东）、《中国共产党中央委员会发布“五一”劳动节口号》、《坚持职工运动的正确路线反对“左”倾冒险主义》（新华社社论）、《论保护工商业的政策》（任弼时）、《发展工业的劳动政策与税收政策》（陈伯达）等。

收藏单位：重庆馆、湖南馆、山东馆

01501
工商业政策与职工政策　中共华北中央局编
渤海新华书店，1948.8，40 页，32 开
　　收藏单位：国家馆、宁夏馆、山东馆

01502
工商业政策与职工政策　中共华北中央局编
华北新华书店，1948.6，37 页，64 开
华北新华书店，1948.8，再版，37 页，32 开
　　收藏单位：国家馆、河南馆、南京馆、山东馆、山西馆、天津馆

01503
工商业政策与职工政策　中共华北中央局编
华中新华书店，1948.11，53 页，64 开
　　收藏单位：国家馆

01504
工商业政策与职工政策　中共华北中央局编
太行新华书店，1949.1，增订版，65 页，32 开
　　收藏单位：近代史所、山东馆

01505
工商业政策与职工政策选辑　[中共华北中央局编]
晋绥新华书店晋南分店，[1948—1949]，48 页，36 开
　　收藏单位：重庆馆

01506
工商政策　刘揆一著
出版者不详，1913.3，38 页，大 32 开
　　收藏单位：南京馆

01507
工商政策与劳资问题　伍天峙编著
南京：新光出版社，1949.6，94 页，32 开
　　本书共 6 章，内容包括：劳动政策与制度、劳资问题、金融政策、对内贸易与对外贸易等。
　　收藏单位：重庆馆、华东师大馆、南京馆、浙江馆

01508
工商政策与职工运动　丁坚编
大连：大众书店，1949.2，236 页，32 开（工业生产丛书 3）
　　本书共 3 部分：工商政策、企业管理、职工运动。第 1 部分内容包括:《论工商业政策》（毛泽东）、《重要的问题在善于学习》（陈伯达）、《工商业政策》（任弼时）等；第 2 部分内容包括:《什么是企业化》（山东《大众日报》）、《企业管理中一个极其重要的改革》（《东北日报》社论）等；第 3 部分内容包括：《解放区职工运动的任务》（《解放日报》社论）、《切实执行劳大决议迅速开展东北职工运动》（《东北日报》社论）等。
　　收藏单位：重庆馆、广东馆、国家馆、辽宁馆、南京馆、山东馆、浙江馆

01509
工商政策与职工政策选辑　晋绥新华书店晋南分店辑
晋绥新华书店晋南分店，1948，48 页，32 开
　　本书内容包括:《毛泽东论工商业政策与职工运动》《任弼时论保护工商业的政策》等。
　　收藏单位：国家馆

01510
工商职工学习手册　季坚著
上海：生活学习社，1949.7，55 页，32 开（学习丛书 2）
　　本书内容包括:“工商学习小组怎样来组织?”“工人阶级怎样来认识为自己服务?”“工商政策，劳资问题名词浅释”等。
　　收藏单位：华东师大馆

01511
工业政策与职工政策　毛泽东等著
华中新华书店，1949，36 页，36 开
　　本书其他版本题名：工商业政策与职工政策。
　　收藏单位：重庆馆

01512

共产党怎样对付工商界　时事资料社编译部编

时事资料出版社，1949.3，72页，36开

本书评论当时解放区的工商业政策。共10章，内容包括：中共“新民主主义”的经济路线、毛泽东的工商业政策、共产区里的劳资规定、解放区内的工商业实况、中共如何对付平津工商界等。

收藏单位：国家馆、吉林馆、人大馆、上海馆、浙江馆

01513

关于保护工商业政策文献　工商业会议秘书处编

工商业会议秘书处，[1948—1949]，40页，32开

本书内容包括：中国共产党中央委员会发布“五一”劳动节口号，晋冀鲁豫局、晋察冀局、晋察冀政委会等单位的指示，毛泽东、任弼时、陈伯达等同志的论述，新华社、晋察冀日报的社论、时评等。

收藏单位：南京馆

01514

关于保护工商业政策文献

中原新华书店，1948.10，46页，32开

本书收文11篇，内容包括：《新民主主义的经济纲领》（毛泽东）、《对工商业政策》（任弼时）、《发展工业的劳动政策与税收政策》（陈伯达）、《与济南人民约法七章》、《东北局关于公营企业中职员问题的决定》等。

收藏单位：重庆馆、河南馆、南京馆

01515

关于成立中央直属机关经济建设部工作的初步方案　邓洁草拟　朱德总司令审阅

出版者不详，1948.7，油印本，7页，16开

本书共3部分：方针任务、组织机构、进行步骤。

收藏单位：国家馆

01516

关于发展生产劳资两利政策的几点说明　李立三著

东北书店，[1949]，13页，32开

本书共3部分：“为什么只有发展生产，才能达到劳资两利？”“为什么只有实行劳资两利政策，才能达到发展生产的目的？”“怎样实行劳资两利的政策”。

收藏单位：长春馆、国家馆

01517

关于发展生产劳资两利政策的几点说明　李立三著

天津：读者书店，1949.8，16页，36开

收藏单位：国家馆、湖北馆、辽宁馆、南京馆、宁夏馆、天津馆

01518

关于发展生产劳资两利政策的几点说明　李立三著

[天津]：知识书店，1949.8，14页，32开（知识文选14）

收藏单位：重庆馆、东北师大馆、广东馆、国家馆、辽宁馆、南京馆、山东馆

01519

关于工商业的政策　陈伯达等著

香港：中国出版社，1948.5，[56]页，32开

本书收文14篇，内容包括：《在晋绥干部会议上的讲话》（毛泽东）、《关于工商业政策》（毛泽东）、《发展工业的劳动政策与税收政策》（陈伯达）、《坚持职工运动正确路线反对“左”倾冒险主义》（新华社）、《解放区的工业政策》（刘宁一）等。

收藏单位：广东馆

01520

关于工商业政策　毛泽东等著

出版者不详，1948，69页，32开

本书为伪装本。封面及目录页题名：秉烛后谈（周作人）。

01521
关于太行区经济工作历史研究的总结 王兴让著
出版者不详，1945.4，16页，32开
收藏单位：国家馆

01522
关于太行区经济建设工作的检查和决定
出版者不详，[1911—1949]，1册，32开
收藏单位：国家馆

01523
官僚资本论 许涤新著
香港：南洋书店，1947.7，148页，32开
大连：南洋书店，1948.11，132页，32开（社会科学丛书）
本书共7章：官僚资本的社会根源、中国官僚资本的发展、官僚资本的类型、官僚资本的活动方式、中国式的独占资本、官僚资本充满着矛盾、官僚资本是民主政治的障碍。
收藏单位：安徽馆、重庆馆、东北师大馆、国家馆、湖南馆、吉大馆、宁夏馆、山东馆、山西馆

01524
广东的建设问题 邓彦华讲
广东建设厅编辑处，1929.9，16页，22开
本书共3部分："建设是什么""建设些什么东西?""怎样去建设?"。为作者的演讲词。
收藏单位：国家馆

01525
广东访日经济视察团报告书 广东访日经济视察团编
广州：广东访日经济视察团，[1939]，[60]页，16开
本书共10部分，内容包括：序文、视察日记、观察日记、参观概况、会晤日华人士名录、训词等。
收藏单位：国家馆

01526
广东建设 广东省政府秘书处编译室编
广东省政府秘书处编译室，[1942]，93页，32开（广东省政丛书4）
本书共7部分：绪言、行政组织、农林、工业、矿业、交通、合作。附该省工程、工商、垦殖、水利等各类贷款办法、条例等20种。
收藏单位：重庆馆、国家馆、吉林馆、南京馆、浙江馆

01527
广东建设纲领 广东省政府建设厅编辑处编
广东省政府建设厅编辑处，1929.8，132页，16开，精装
本书内容包括：广东省政府建设厅造产初期物质建设纲领、广东省政府建设厅造产初期物质建设纲领总表（一、二）、广东省政府建设厅造产初期物质建设按年经费分配总表。
收藏单位：国家馆

01528
广东建设纲领 邵元冲讲演
广州：政治会议广州分会编辑股，1928，23页，32开
本书介绍广东建设纲领的前提、要点等。
收藏单位：广西馆

01529
广东建设实况 广东建设厅编
广东建设厅，1930，56页
本书内容包括：绪言、工作经过、市政之改造等。书中题名：十八年度之广东建设实况。
收藏单位：首都馆

01530
广东建设统计 广东省政府建设厅统计室制
广东省政府建设厅统计室，1947.11，1册，16×26cm，活页装
本书收录图表124种。共14类，内容包括：工业、商业、度量衡、矿业、农林、畜牧、水利、渔盐等。
收藏单位：国家馆、南京馆

01531
广东建设统计（工商类 三十五年） 广东省政府建设厅统计室编制
广东省政府建设厅，[1946]，油印本，1 册，横 16 开
收藏单位：国家馆

01532
广东建设统计撮要 广东省政府建设厅统计室编
广东省政府建设厅第一科，1948，12 页，27×19cm
本书全部为表。共 8 部分：经费、交通、水利、工商业、矿业、合作、度政、渔盐。
收藏单位：重庆馆、国家馆、南京馆

01533
广东经济发展史 曾仲谋著
广东省银行，[1942]，340 页，32 开（广东省银行经济丛书 第 2 种）
本书共 6 章：序论、广东农业经济的发展过程、广东工业经济的发展过程、广东商业经济的发展过程、广东金融经济的发展过程、广东经济发展的前瞻。附广东蚕丝工厂概况表、广东手工玻璃工厂概况表。
收藏单位：重庆馆、国家馆、吉林馆、南京馆、浙江馆

01534
广东经济纪实 刘懋初编
刘懋初，1934.5，360 页，32 开
本书共 8 章，介绍广东的土地及人口，以及矿业、农业、工业、海产、盐业、蚕业、航业发展状况。
收藏单位：重庆馆、国家馆、近代史所

01535
广东经济年鉴（二十九年度） 广东经济年鉴编纂委员会编
广东省银行经济研究室，1941，2 册（[1293]+[1420] 页），25 开，精装
本书大部分为图表。上册共 12 章：经济地理、土地、人口、经济历史、机关组织、交通、农业、林业、水利、合作事业、粮食、盐业；下册共 9 章：渔业、工业、商业、矿业、贸易、财政、金融、经济法规、物价指数。附一年来经济大事记、广东省政府廿九年度行政设计与考核工作概况（关于财政金融经济建设部份）。
收藏单位：重庆馆、广西馆、桂林馆、国家馆、近代史所、南京馆、上海馆

01536
广东经济年鉴续编（三十年度） 广东经济年鉴编纂委员会编
广东省银行经济研究室，1942，[1512] 页，25 开，精装
本书共 14 章：农业、林垦、工业、商业、财政、金融、合作、粮食、盐业、贸易、交通、水利、物价指数、经济法规。
收藏单位：国家馆

01537
广东两年来建设事业之回顾 陈元瑛编
广东建设厅，[1935]，1 册，23×30cm，精装
本书主要为图表及图片。共 3 部分：生产建设、交通建设、其他建设。所涉时间为 1932 年 6 月至 1934 年 7 月。
收藏单位：国家馆、近代史所、南京馆、上海馆、浙江馆

01538
广东省基本工业特殊工业农村副业调查报告书 国民经济建设运动委员会广东分会编
国民经济建设运动委员会广东分会，1937.4，164 页，16 开
本书共 4 编：绪言、基本工业、特殊工业、农村副业。
收藏单位：中科图

01539
广东省经济统计 [李健升编]
广州：国民印刷所，1939.8，146 页，18 开
本书全部为表。为该省的经济统计资料，所涉时间为抗战前。
收藏单位：国家馆、南京馆

01540
广东省五年建设计划纲要　广东省五年建设计划起草委员会编
出版者不详，[1911—1949]，油印本，1 册，16 开
收藏单位：南京馆

01541
广东省战时三年建设计划
广东省政府，1942，88 页，16 开
本书内容包括：纲领、政治建设、社会建设、经济建设、教育建设等。该计划由广东省政府第九届委员会会议通过，第 433 次会议修正通过。
收藏单位：上海馆

01542
广东省政府建设厅（第 2 集 矿业专号）　广东建设厅编
广东建设厅技术室矿冶组，1936.6，[650] 页，18 开
本书内容包括：论著、计划、试探、视察、调查、工作日记、转载、本省各重要矿区现况等。收录《广东钢铁厂计划释疑》（何致虔）、《暂拟开采八字岭初步施工计划》（张君整）、《试探琼崖昌江县石禄山铜矿报告书》（方干谦）等。附广东全省地质图及广东全省矿产分布图。
收藏单位：国家馆、湖南馆、南京馆

01543
广东实业投资指南
广东省政府，[1943]，127 页，16 开
本书共 12 章，内容包括：兴办实业之意义、今日兴办实业之有利因素、政府奖助发展国内实业之概况、广东省急待投资之实业、兴办工业之途径、开发矿产之途径、经营垦殖之途径、投资兴办水利工程之途径、发展渔业之途径等。附非常时期工矿业奖励暂行条例、水利贷款补充办法、修正工厂登记规则、矿业法、矿业法施行细则等 25 种。
收藏单位：国家馆

01544
广东实业之现在及将来　广东建设厅编
外文题名：Industrial project and scheme of Kwangtung province
广东建设厅，1930.4，132 页，16 开
本书共 10 部分：矿务、蚕丝、公路、林业、电政、工业、国际贸易、农业、水产事业、治河。
收藏单位：国家馆

01545
广东战时建设概要　广东省政府建设厅编
广东省政府建设厅，1943.4，48 页，16 开
本书共 7 部分：引言、农业建设、农田水利建设、工业建设、矿业建设、合作建设、交通建设。附广东省三十二年度扩大春耕厉行垦殖计划大纲。
收藏单位：国家馆、吉林馆、近代史所、南京馆

01546
广西工商概要及工商行政　陈锡朋编
广西县政公务员政治训练班，1938.6，74 页，34 开
本书共 3 章：省营工厂、自来水厂及电力厂、商业建议。
收藏单位：重庆馆

01547
广西建设　梁上燕编著　广西省地方行政干部训练团教务处第二股主编
广西省地方行政干部训练团，1942.3，108 页，32 开
本书介绍广西建设的理论体系与建设的发展过程。

01548
广西建设纲领　[广西省政府编]
广西省政府，[1935]，8 页，32 开
广西省政府，[1930—1939]，11 页，32 开
收藏单位：重庆馆、广西馆、国家馆、湖南馆、南京馆、上海馆

01549

广西建设纲领基本认识概论 [广西省政府编]

[广西省政府],1945 印,22 页,32 开

本书共 6 部分:我们的政治武器、客观形势之分析、为争取三民主义的革命正统而奋斗、现阶段中国革命运动的性质、革命的主力、三自政策及其实践。

收藏单位:吉林馆

01550

广西建设纲领浅释 中华民国国民革命抗日救国军第四集团军总政训处编

中华民国国民革命抗日救国军第四集团军总政训处,[1936—1949],60 页,64 开

本书分上、下两篇:理论的基本认识之部、实际的条文之部。

收藏单位:桂林馆

01551

广西建设集评

[南京]:[大公报],[1935],290 页,32 开

本书收录 1934 年 4 月至 1935 年 2 月间有关广西建设的报刊文章 13 篇,内容包括:《粤桂写影》(冷观)、《广西现实政治概况》(红叶)、《广西之新建设》(此庵)、《广西民团考察纪要》(徐志明)、《新广西的乌托邦——垦殖水利试办区》(雨林)、《广西之教育》(侯鸿鉴)、《大可注意的广西司法改制》(陈盛清)等。

收藏单位:重庆馆、东北师大馆、广东馆、广西馆、桂林馆、国家馆、河南馆、湖南馆、江西馆、近代史所、南京馆、上海馆、首都馆

01552

广西建设施政纲要 陈雄讲述

广西县政公务员政治训练班,[1937—1949],68 页,32 开(广西县政公务员政治训练班讲义)

本书共 6 章:总论、农林建设、农林经济建设、工商建设、矿业建设、交通建设。

收藏单位:重庆馆、国家馆、南京馆

01553

广西建设史大纲 苏永编

广西省训练团,1947.4,36 页,32 开

本书内容包括:引言、广西建设的目标与动向、广西建设进程、回顾与展望。

收藏单位:桂林馆

01554

广西建设特刊(第 1—2 号) 广西建设厅编

广西建设厅,1932,2 册(340+315 页),16 开

本书为第 1—2 号合订本。第 1 号共 11 部分:图画、论著、译述、特载、计划、调查、法规、参考资料、公牍、工作概况、统计;第 2 号共 11 部分:图画、论著、特载、计划、调查、法规、参考资料、公牍、工作概况、统计、会议录。

收藏单位:甘肃馆、广东馆、国家馆、南京馆

01555

广西建设厅同人录 广西建设厅编

出版者不详,1928.12,14 页,22 开

收藏单位:国家馆

01556

广西建设研究会会务汇刊(第 3 期) 广西建设研究会编

桂林:广西建设研究会,1938.12,114 页,16 开

收藏单位:南京馆

01557

广西建设研究会三周年纪念册 广西建设研究会编

[桂林]:广西建设研究会,1940,87 页,32 开

本书共 7 部分,内容包括:本会二周年纪念全体摄影、本会同仁纪念词、本会三年来工作报告、本会职员暨研究员名册等。

收藏单位:重庆馆、贵州馆、国家馆、南京馆、浙江馆

01558
广西建设应该走的路线　广西省政府编译委员会编
广西省政府编译委员会，1940，145页，32开
收藏单位：广东馆、桂林馆、南京馆

01559
广西建设与抗战　亢真化著
南宁：民团周刊社，1938.6，28页，32开（基本认识丛刊第1辑7）
本书共4部分：真理的显露、从广西建设的最高原则说起、广西建设在抗战中的力量、广西建设与保证抗战胜利的两个基本条件的解决。
收藏单位：国家馆、黑龙江馆、南京馆

01560
广西建设之理论与实施　黄旭初著
南宁：民团周刊社，1938.7，30页，32开（基本认识丛刊第1辑5）
收藏单位：广东馆、广西馆、贵州馆、国家馆、吉林馆、宁夏馆、山西馆

01561
广西经济出路讨论集　广西工商局选辑
广西工商局，1934.6，188页，32开（广西工商丛书第1种）
本书分上、下两篇：征文选录、经济问题论战。收文15篇，内容包括：《广西经济出路应注重工商而保护农业刍议》（曾宪章）、《广西经济出路应注重农业以促进工商》（吕韵扬、莫甘霖）、《广西经济出路应注重农业以促进工商抑注重工商以保护农业》（梁建民）、《关于广西经济出路问题》（曾宪章）、《探讨的探讨》（梁金生）等。所辑论文主要选自南宁《民国日报》副刊。
收藏单位：重庆馆、国家馆、近代史所

01562
广西经济地理　张先辰著
桂林：文化供应社，1941.11，249页，25开
本书共10章：自然地理、人口与民族、农产、林产、垦殖水利、矿产、工业、交通、都邑与贸易、广西经济地理与经济建设问题。
收藏单位：安徽馆、重庆馆、广东馆、贵州馆、桂林馆、国家馆、湖南馆、吉林馆、辽宁馆、南京馆、宁夏馆、山西馆、首都馆、西南大学馆

01563
广西经济建设　刘士衡讲　亢真化速记
广西公务人员政治训练班，[1911—1949]，38页，32开
收藏单位：广东馆

01564
广西经济建设
出版者不详，[1927—1949]，48页，32开（中华民国国民革命抗日救国军第四集团军干部政治训练班讲义）
本书分上、下两篇。上篇内容包括：前言、经济建设与整个政治路线的关系、中国国民经济崩溃中的各个现象等；下篇内容包括：总论、过去的概况等。
收藏单位：桂林馆

01565
广西经济建设手册　广西省政府建设厅统计室编
广西省政府建设厅统计室，1947.1，144页，32开
本书以统计表的形式说明广西省战时的损失。内容包括：战时损失、土地、气候、人口、交通、电讯、工业、手工业、水电、对外贸易、矿、农作等。
收藏单位：重庆馆、广东馆、桂林馆

01566
广西经济建设诸问题　胡学林等著
出版者不详，1948，190页，32开
收藏单位：广东馆、桂林馆

01567
广西经济问题纲要　龙家骧著
南宁：广西印刷厂，1934，78页，16开

本书介绍广西省外贸均衡、币制、资本筹集等方面的问题。

收藏单位：重庆馆、广东馆、南京馆、中科图

01568

广西考察团报告 中国工程师学会广西考察团编

中国工程师学会，[1937]，1 册，16 开，精装

本书为广西省 1935 年 7—8 月统计数据报告。共两部分：总论、结论。总论内容包括：电力、电讯（附录）、机械、化工（附录）、桐油、水利、矿冶、公路桥梁、市政工程、土地测量等。逐页题名：中国工程师学会广西考察团报告。

收藏单位：国家馆、上海馆、首都馆、中科图

01569

广西省复兴建设办法要领 广西省政府秘书处编译室编

广西省政府秘书处编译室，1946.2，30+68 页，32 开

本书共 5 章：基本认识、经济建设、政治建设、教育与文化建设、社会建设。附黄主席对于广西省复兴建设办法要领之重要说明、广西省复兴建设办法要领之实施办法。

收藏单位：桂林馆、国家馆、宁夏馆

01570

广西省概况 广西省政府统计室编

[广西省政府统计室]，1936，246 页，16 开

本书共 6 部分：统计行政、统计论著、调查报告、统计资料、重要经济概说、统计消息。

收藏单位：重庆馆

01571

广西省工商业团体概况 广西工商局编

广西工商局，1934.7，21 页，32 开（广西工商丛书 第 2 种）

本书共 3 部分：工商业团体注册经过情形及概况、工会、工商同业公会与商会统计。

收藏单位：广西馆、国家馆

01572

广西省基层经济建设纲要 广西省政府编

广西省政府，1941，12 页，32 开

收藏单位：南京馆

01573

广西省经济调查报告 林家骧著

财政部直接税署经济研究室，1945，62 页，22 开（中国直接税税务丛刊 5）

收藏单位：广东馆

01574

广西省经济概况 千家驹 韩德章 吴半农编著

上海：商务印书馆，1936.2，239 页，22 开（国立中央研究院社会科学研究所丛刊 第 8 种）

上海：商务印书馆，1937.2，2 版，239 页，22 开（国立中央研究院社会科学研究所丛刊 第 8 种）

本书共 5 章：总论、农业之部、工业之部、金融之部、对外贸易之部。

收藏单位：重庆馆、东北师大馆、广东馆、贵州馆、国家馆、湖南馆、吉林馆、江西馆、辽大馆、辽宁馆、辽师大馆、南京馆、内蒙古馆、宁夏馆、山西馆、陕西馆、上海馆、首都馆、浙江馆、中科图

01575

广西省抗战损失调查统计 广西省政府统计室编

广西省政府统计室，1946.12，82 页，16 开（统计丛书 第 4 种）

本书全部为表。共 11 部分：概况、人口伤亡、财产总损失、人民财产损失、机关团体财产损失、公务员役财产损失、交通事业损失、工业及公用事业损失、矿业损失、合作社损失、桂南十九县沦陷损失。书前有《广西省抗战损失调查经过》及各县沦陷与恢复日期记录。

收藏单位：国家馆、辽宁馆、南京馆

01576
广西省三十五年度经济建设施政要领　阚宗骅编
广西省地方行政干部训练团，1946.4，14页，32开
本书共两部分：本省经济建设之目标、本年度经济建设施政纲要。
收藏单位：桂林馆

01577
广西实业调查团专刊　广西实业调查团编辑
广西实业调查团，[1911—1949]，32页，32开
收藏单位：广东馆

01578
广西实业概况调查报告书（第1部 柳江区）　[广西省实业院编]
南宁：广西省实业院，1928.10，石印本，1册，16开（广西实业院印刷物 第5种）
本书介绍马平县、柳城县、三江县、融县等地的位置、地势、气候、耕地状况、工业、矿业等。
收藏单位：桂林馆、国家馆

01579
广西实业院十六年度院务进行计划书　[广西省实业院编]
南宁：广西省实业院，1927.11，石印本，33页，18开（广西实业院印刷物 第1种）
本书共11部分，内容包括：院之成立及现状、院之宗旨及事业范围、院之耕地整理及分配、农务部之工作计划、林务部之工作计划、畜牧部之工作计划、调查部之工作计划、推广部之工作计划等。
收藏单位：国家馆

01580
广西实业院十七年度院务进行计划书　[广西省实业院编]
南宁：广西省实业院，1928，石印本，28页，18开（印刷物 第1种2）
收藏单位：国家馆

01581
广西之建设　李宗仁等著
桂林：广西建设研究会，1939.10，861页，22开（广西建设研究会丛书2）
本书分5辑：总论、政治建设、经济建设、文化建设、广西建设研究会概览。共收文46篇，内容包括：《新广西的成长》（李宗仁）、《三自政策》（白崇禧）、《三种精神与一个政策》（邱昌渭）、《近年来之广西经济建设》（陈雄）、《广西文化建设的展望》（黄旭初）、《广西建设研究会成立之旨趣》（李宗仁）等。
收藏单位：重庆馆、贵州馆、桂林馆、国家馆、吉林馆、江西馆、近代史所、南京馆、内蒙古馆、宁夏馆、上海馆、中科图

01582
广州工商年鉴　陆万良等编
广州工商出版社，1947.3，164页
本书内容包括：商业概况、工业概况、金融概况、工商组织法规、商品检查法规、兵役法等。
收藏单位：湖南馆、近代史所

01583
广州工商年鉴　叶云笙主编　谢汝诚等编辑
广州：工商年鉴出版社，1946.4，92页，16开
本书内容包括：广州全貌、机关团体及学校、税则、交通、自由职业、厂商行号调查等。
收藏单位：近代史所

01584
广州工商业指南　广州工商业指南出版社编
广州工商业指南出版社，1946.11，218页，16开
本书共25部分，内容包括：市区概况、名胜古迹调查、机关一览、团体一览、轮船管理办法、进出口贸易须知、取缔条例、市民声请登记程序等。
收藏单位：重庆馆、国家馆

01585
广州区一月来经济管制工作概况 行政院广州区经济管制督导员办公处编
行政院广州区经济管制督导员办公处，1948.9，26 页，16 开
本书共 8 部分：本处之组织、收兑金银外币、检查工作、管制物价、物资调节、筹划增加生产、推广外围工作、结论。附物价侨汇变动表、收兑金银外币数额、收兑通天单数额、出口结汇数额等图表 7 种。
收藏单位：国家馆、南京馆

01586
广州市六百人力车夫生活状况之调查 伍锐麟著
岭南大学社会学系社会调查所，1940.4，30 页，16 开
本书共 22 部分，内容包括：广州市六百人力车夫调查经过、广州市历年人力手车数目及手车制度、车夫籍贯、车夫年龄、居住广州年数、拉车年数、教育程度、婚姻状况、子女人数、子女的教育、车夫未拉车前职业、工作及休息时间分配、收入情形、支出情形、收支比对等。
收藏单位：国家馆

01587
贵阳市工商行名录 杜若之编
重庆：逸文社，1942.10，107 页，32 开
收藏单位：国家馆

01588
贵阳市工商业调查录 贵阳市政府编辑室编
贵阳市政府，1944，1 册，16 开（贵阳市政小丛书 1）
本书共 3 编：行名录、调查录、法规。附贵阳城区市街道图、新旧街名对照表、旧新街名对照表等。
收藏单位：重庆馆

01589
贵州工商业 贵州省地方行政干部训练委员会编
贵州省地方行政干部训练委员会，1940.11，72 页，46 开
贵州省地方行政干部训练委员会，1942.1，46 页，32 开
本书共 4 章：前言、贵州企业公司、本省资源与重工业之发展、本省手工业现状。
收藏单位：重庆馆、贵州馆

01590
贵州建设概况 贵州省建设厅编
贵州省建设厅，1941.10，102 页，42 开
本书共 16 部分，内容包括：本省建设系统表、本省公路交通概况、本省公路营运概况、本省水道交通概况、本省城乡区间电话网设置概况、本省无线电总分台设置概况、本省农业改进所概况、本省矿业行政概况等。书前有贵州省政府建设厅所作重要签注。
收藏单位：重庆馆、广东馆、国家馆、南京馆、天津馆

01591
贵州经济 张肖梅编著
上海[等]：中国国民经济研究所，1939.7，1 册，18 开，精装（西北经济资料丛书 2）
上海：中国国民经济研究所，1939，再版，1 册，16 开，精装（西南经济资料丛书 2）
本书共 17 章，内容包括：经济之自然赋予与利用、政治之行政区划及其机构、疆界与土地、人口之今昔及其民族之分布、交通建设之现状与今后计划、农村经济之实况与农业合作、农业之产销与推广及其改进计划等。
收藏单位：重庆馆、东北师大馆、甘肃馆、广东馆、贵州馆、国家馆、吉林馆、近代史所、辽大馆、南京馆、首都馆、天津馆

01592
贵州经济地理 丁道谦著
重庆：商务印书馆，1946.1，233 页，32 开
本书共 7 章：自然地理、人民、交通运输、农村经济、工业及工业的分布、都邑与贸易、贵州经济地理与经济建设问题。
收藏单位：重庆馆、广东馆、贵州馆、国

家馆、吉林馆、近代史所、南京馆、内蒙古馆、西南大学馆、中科图

01593
贵州经济概观　钱德升编
出版者不详，[1942]，139页，32开
本书共8章：自然环境、人口状况、资源概观、交通设施、矿业、农业、工业、商业。
收藏单位：贵州馆、国家馆

01594
贵州经济图解　张肖梅编著
上海：中国国民经济研究所，1939.7，1册，16开
重庆：中国国民经济研究所，1939.11，再版，1册，16开，精装
本书介绍贵州省的自然经济状况、行政区划、疆界与土地、人口及民族分布、交通、农村经济、森林及副业、地质构造与矿产、工商业概况、财政收支、金融货币及经济法规等。
收藏单位：重庆馆

01595
贵州经济研究　丁道谦著
贵阳：中央日报，1941.4，212页，32开
本书分上、下两编：总论、分论。总论共8部分，内容包括：开发贵州经济问题、论贵州内在资本的逃避、贵州游资之筹集问题、硬币在黔流通之现况及其对于开发西南经济之影响、贵州银行与地方金融等；分论共两部分：工业之部、农业之部。
收藏单位：重庆馆、广东馆、贵州馆、国家馆、近代史所、南京馆、天津馆、浙江馆

01596
贵州全省实业展览会专刊　贵州省建设厅编
贵州建设厅，1931.1，338页，18开
本书内容包括：宣言、训词、纪事、出品征集、审查报告、条例规章、文书摘要、统计图表等。
收藏单位：广东馆、国家馆、南京馆、中科图

01597
贵州省建设厅施政纲要、工作概况　贵州省建设厅编
贵州省建设厅，1930.12，52页，25开
本书共6部分，内容包括：关于路政事项、关于水利事项、关于工商事项、关于车运事项等。附各项计划、各项事业发展计划及相关图表。
收藏单位：广西馆、贵州馆、国家馆

01598
贵州之面面观　黄若愚译
出版者不详，[1911—1949]，[14]页，16开
收藏单位：广东馆

01599
国防经济建设最高设计机构其需要及建立步骤　谭炳训著
出版者不详，1939，12页，25开
本书共4部分：设计机构之需要、设计机构之特质及任务、以苏美日三国为例、建立步骤。
收藏单位：国家馆

01600
国防经济讲话　石西民著
汉口：生活书店，1938.6，104页，36开
汉口：生活书店，1938，再版，104页，36开
本书共11部分，内容包括：战争与国民经济的关系、战争与资源、国防工业建设问题、怎样树立战时金融政策、战时财政问题、关于限制购买外汇、战时农业政策、战时统制贸易问题、战时交通政策等。
收藏单位：重庆馆、东北师大馆、甘肃馆、广东馆、广西馆、贵州馆、桂林馆、国家馆、湖南馆、吉林馆、江西馆、南京馆、宁夏馆、上海馆、浙江馆

01601
国防与经济·道德与科学　胡秋原编著
汉口：时代日报发行部，[1938]，170页，32开（时代日报丛刊）
本书为《时代日报》社论第7—8集合

刊。第7集收录《武汉与广州》《论苏俄外交政策》《时局概说》《咬牙切齿艰苦抗战》《蒋委员之谈话》等；第8集收录《对外贸易的几个问题》《整肃军纪促进军民合作》《抗日建国战争周年之辞》《民族的道德》《工商建国》等。

收藏单位：重庆馆、贵州馆、国家馆

01602

国父实业计划研究报告 国父实业计划研究会编

[重庆]：国父实业计划研究会，1943.8印，[360]页，16开

本书为中国工程师学会国父实业计划研究会于1941年组织学者专家编写的研究报告。收录铁路、机车、公路、自动车、水利、商船、筑港、服装工业、食品工业、机械工业、矿冶等项的建设计划概要或有关基本数据。

收藏单位：重庆馆、国家馆、吉林馆、南京馆、上海馆、浙江馆

01603

国父实业计划研究分会沪京镇浙四支会会员录 国父实业计划研究分会上海支会编

自由论坛报，1947.12，42页，56开

01604

国父实业计划要义 彭学沛讲

中央训练团党政训练班，1943.4，26页，32开（中央训练团党政训练班讲演录）

本书共5部分：著述时期、缘起、特点、内容、结论。附各国实业比较、国父实业计划要义等。

收藏单位：重庆馆、国家馆、湖南馆、江西馆、南京馆

01605

国父实业计画广播演讲集（第1集） 国民实业计划研究会编

重庆：国民实业计划研究会，1943.8，56页，32开

本书收录广播稿10篇，内容包括：《国父实业计划之要义》（陈立夫）、《实业建设的必要》（翁文灏）、《抗战建国中之桥梁工程》（茅以升）、《物质建设应有之认识与准备》（徐恩曾）、《事业计划之水利建设》（沈百先）等。

收藏单位：重庆馆、广西馆、国家馆

01606

国际经济战争与中国 褚汇宗著

上海：黎明书局，1936.12，31+19+758页，32开

本书共11章，内容包括：国际经济战争与中国、世界资源再分割问题与中国、列强劫掠下之中国经济、国际货币战争与中国、列强经济专家来华之检讨、实施统制贸易与管理汇兑之商榷等。

收藏单位：重庆馆、东北师大馆、广东馆、广西馆、国家馆、湖南馆、吉林馆、江西馆、近代史所、南京馆、上海馆、首都馆、西南大学馆

01607

国家根本建设大纲 建设学会编

[北京]：[建设学会]，1924.12，8页

收藏单位：近代史所

01608

国家总力战论 张白衣著

重庆：商务印书馆，1944.8，276页，32开

本书分两编：国力论、机构论。共13章，内容包括：国家总力战原理、敌我国力之评价、日本军需资源论、日本兵力资源论、日本劳务资源论、中国国家总力战参谋总部论、中国战时技术参谋本部论、中国战时政治参谋本部论等。

收藏单位：重庆馆、国家馆、湖南馆、吉林馆、柳州馆、南京馆

01609

国联对华技术的援助

出版者不详，1933，29页，32开

本书共3部分：国联对华技术的援助、国联与中国之技术合作、秘书长备忘录。

收藏单位：江西馆、天津馆

01610
国民参政会川康建设期成会报告
出版者不详，[1940]，44 页，16 开

本书共 5 部分：法规、常务会员会议之经过、各办事处成立之经过、各办事处工作报告、秘书处工作报告。所涉时间为 1939—1940 年。

收藏单位：重庆馆、国家馆、南京馆

01611
国民参政会川康建设期成会工作报告　国民参政会川康建设期成会秘书处编
国民参政会川康建设期成会秘书处，1940—1942，57+92+80 页，18 开

本书内容包括：法规、常务会员会议之经过、各办事处工作报告、秘书处工作报告、本会职员等。所涉时间为 1940 年 4 月至 1942 年 7 月。

收藏单位：国家馆、吉林馆、南京馆

01612
国民参政会川康建设视察团报告书　国民参政会川康建设视察团编
国民参政会川康建设视察团，1939.8，496 页，16 开

本书共 7 篇，内容包括：东路组视察报告、南路组视察报告、西路组视察报告、北路组视察报告、西康组视察报告等。

收藏单位：重庆馆、广东馆、国家馆、吉林馆、近代史所、南京馆、上海馆、中科图

01613
国民参政会经济动员策进会工作报告　国民参政会经济动员策进会秘书处编
国民参政会经济动员策进会秘书处，1943.9，86 页，16 开

本书共 4 部分：法规、本会历次会议经过、总会秘书处暨各区办事处工作报告、附录。

收藏单位：国家馆、南京馆

01614
国民参政会经济建设策进会工作报告　国民参政会经济建设策进会秘书处编
国民参政会经济建设策进会秘书处，1944.9，100 页，18 开
国民参政会经济建设策进会秘书处，1945.9，64 页，18 开

本书共两部分：法规、总会秘书处暨各区办事处工作报告。

收藏单位：桂林馆、国家馆、近代史所、南京馆、上海馆、首都馆

01615
国民参政议会第二次大会决议各案经济部办理情形报告　经济部编
经济部，1938，油印本，1 册，16 开

收藏单位：南京馆

01616
国民党地区的饥荒与经济危机　唐守愚等编
华中新华书店，1946，58 页，32 开

本书为报刊文章汇编。共 5 部分，内容包括：国民党地区的饥荒种种、饥荒是怎样造成的、怎样解救饥荒等。

收藏单位：国家馆、山东馆

01617
国民经济建设　刘耀燊著
中央军校特别组，1937，82 页，16 开

收藏单位：广东馆

01618
国民经济建设（上册）　福建省政府教育厅编
福建省政府教育厅，[1935]，73 页，32 开（国民师范学校讲义）

收藏单位：国家馆、宁夏馆

01619
国民经济建设方案　吴成著
出版者不详，[1936]，48 页，32 开

本书共 4 部分：引言、确定国民经济建设方案之准则、国民经济建设实施方案、结论。

收藏单位：国家馆

01620
国民经济建设概要 汪洪法编著
南京：前途书局，1937.3，162 页，22 开（国民经济建设丛书）
南京：前途书局，1937.3，再版，162 页，23 开（国民经济建设丛书）
南京：前途书局，1937.4，3 版，162 页，23 开（国民经济建设丛书）
南京：前途书局，1937.5，4 版，162 页，22 开（国民经济建设丛书）

本书共 3 篇：经济基本原则、中国国民经济衰落的现状及其原因、中国国民经济建设之途径。

收藏单位：安徽馆、重庆馆、东北师大馆、国家馆、湖南馆、吉林馆、江西馆、南京馆、内蒙古馆

01621
国民经济建设精义 董修甲著
上海：中华书局，1937.6，186 页，32 开（现代经济丛书）
昆明：中华书局，1940.1，再版，186 页，32 开（现代经济丛书）

本书共 11 章，内容包括：国民经济之意义、我国国民经济之特质、我国国民经济之现状、协助农工商业之发展的经济现状、我国国民经济建设之范围等。附章则、报告。

收藏单位：安徽馆、重庆馆、广东馆、国家馆、湖南馆、吉林馆、江西馆、南京馆、内蒙古馆、上海馆、西南大学馆、浙江馆

01622
国民经济建设要论 葛定华编著
南京：正中书局，1937.4，348 页，32 开

本书共 9 章：国民经济建设总论、振兴农业、鼓励垦牧、开发矿产、提倡征工、促进工业、调节消费、流畅货运、调整金融。书前有《国民经济建设运动之意义及其实施》（蒋介石）。附国民经济建设委员会总章。

收藏单位：重庆馆、东北师大馆、国家馆、江西馆、近代史所、南京馆、浙江馆

01623
国民经济建设要论 中央陆军军官学校特别训练班编
中央陆军军官学校特别训练班，1939.3，194 页，32 开

本书以葛定华《国民经济建设要论》为蓝本编写。

收藏单位：重庆馆

01624
国民经济建设运动 贵州省地方行政干部训练委员会编
贵州省地方行政干部训练委员会，1943.3，14 页，34 开

本书内容包括：国民经济建设的范围、建设运动的开展、抗战中的经济建设运动及展望等。

收藏单位：重庆馆

01625
国民经济建设运动 罗敦伟讲
庐山暑期训练团军训组，1937，78 页，32 开

本书共 3 讲：发起之经过、意义及工作、一年来之实际建设。

收藏单位：重庆馆、湖南馆、江西馆

01626
国民经济建设运动 三民主义青年团中央团部编
三民主义青年团中央团部，1940.4，150 页，32 开（训练丛书 8）

本书共 4 部分：国民经济建设运动之意义及其实施、物质建设之要义、合作与国民经济建设、战时节约。附中央团部办公费节约办法。

收藏单位：重庆馆、国家馆、吉林馆、南京馆、人大馆

01627
国民经济建设运动 粟显运著
[重庆]：国民图书出版社，1941.3，58 页，32 开

本书共 10 章，内容包括：振兴农业、鼓

励垦牧、开发矿业、提倡征工、调整金融等。

收藏单位：重庆馆、广东馆、贵州馆、国家馆、河南馆、吉林馆、南京馆、浙江馆

01628

国民经济建设运动 翁文灏讲

[中央训练团]，1940.10，16页，32开（中央训练团党政训练班讲演录）

中央训练团，1941.5，18页，32开（中央训练团党政训练班讲演录）

[中央训练团]，1942.5，17页，32开（中央训练团党政训练班讲演录）

本书分两部分：原则、实施。第2部分共6章，内容包括：实施总则、农业、商业、水利等。

收藏单位：安徽馆、重庆馆、广东馆、广西馆、国家馆、江西馆、南京馆

01629

国民经济建设运动 吴景超讲

中央训练团党政训练班，1942.11，12页，32开（中央训练团党政训练班讲演录）

中央训练团党政训练班，1943.3，12页，32开（中央训练团党政训练班讲演录）

本书共5部分：工业化是中心的工作、农矿等部门如何与促进工业相配合、连系各生产部门的关键在交通、资本问题的解决、结论。

收藏单位：重庆馆、贵州馆、国家馆、南京馆、西南大学馆

01630

国民经济建设运动 训练总监部国民军事教育处编

训练总监部国民军事教育处，[1935.8]，77页，64开（军训政治丛书8）

本书收录《蒋委员长训勉各省官兵政协致力国民经济建设电》《国民经济建设运动之意义及其实施》等。附国民经济建设的基本工作、国民经济建设的几个实际问题。

收藏单位：重庆馆、宁夏馆

01631

国民经济建设运动 中国问题研究会编

上海：中国问题研究会，1937，190页，32开（中国问题研究丛书5）

本书为论文集。共3部分：国民经济建设运动的发动与进展、国民经济建设运动的重要理论、国民经济建设之意义。收录《国民经济建设运动之意义及其实施》《国民经济建设问题》《国民经济建设的任务和方法》《谈经济建设》《国民经济建设运动》等。附国民经济建设运动委员会章程。

收藏单位：重庆馆、广东馆、贵州馆、国家馆、近代史所、南京馆、宁夏馆、上海馆、天津馆、西南大学馆

01632

国民经济建设运动 周列范著

浙江省警察训练所政训处，1937.5，24页，64开（警察政训小丛书）

本书概述国民经济建设的意义及其实施方法。

01633

国民经济建设运动纲要 甘肃省地方行政干部训练委员会 中国国民党中央执行委员会训练委员会西北干部训练团编

甘肃省地方行政干部训练委员会、中国国民党中央执行委员会训练委员会西北干部训练团，[1940]，34页，36开

本书为干部训练业务教程。共3篇：国民经济建设运动、战时经济建设、甘肃省经济建设。

收藏单位：重庆馆

01634

国民经济建设运动纲要 刘泮珠编述

四川省训练团，1941，27页，36开（四川省训练团讲义）

本书讲述国民经济建设运动的含义、认识、内容、实施办法等。

收藏单位：重庆馆、广西馆

01635
国民经济建设运动纲要　汪洪法编
广东省地方行政干部训练团，1940.11，20页，32开
本书简述国民经济建设的目标、意义及实施步骤。
收藏单位：重庆馆

01636
国民经济建设运动委员会山东省分会成立大会专刊　国民经济建设运动委员会山东省分会编辑
国民经济建设运动委员会山东省分会，1937.1，190页，16开
本书共5部分：插图、分会宣言、分会职员录、分会各组人员姓名录、大会纪录。
收藏单位：国家馆、南京馆

01637
国民经济建设运动委员会山东省分会成立会议案　国民经济建设运动委员会山东省分会编
国民经济建设运动委员会山东省分会，1936.12，[138]页，16开，环筒页装
本书收录有关该省农业、水利、工商、矿业、交通、财政、土地等方面的38个建设提案。

01638
国民经济建设运动委员会章程　国民经济建设运动委员会总会编
国民经济建设运动委员会山东省分会，1936.6，44页，32开
本书收录该会总会章程及分会章程。
收藏单位：重庆馆、广东馆、国家馆、南京馆

01639
国民经济建设运动要义　中国国民党中央执行委员会训练委员会编
中国国民党中央执行委员会训练委员会，1941.4，62页，32开（训练丛书15）
本书共7章：概说、国民经济建设之要项（上、下）、国民经济建设运动之业务、国民经济建设运动的实际效果（战前、抗战以来）、结论。
收藏单位：安徽馆、广东馆、广西馆、国家馆、黑龙江馆、湖南馆、吉林馆、南京馆、武大馆

01640
国民经济建设运动之理论与实际
中国国民党中央执行委员会宣传部，1936.9，318页，25开
本书收文16篇，内容包括：《国民经济建设运动之意义及其实施》（蒋中正）、《国民经济建设的重要》（林森）、《建设国家应该从什么方面着手》（孔祥熙）、《中国之经济建设》（马寅初）、《国民经济建设运动》（刘大钧）等。
收藏单位：安徽馆、重庆馆、广东馆、国家馆、近代史所、南京馆、宁夏馆

01641
国民经济建设运动之意义及其实施　[蒋中正讲]
重庆：青年书店，[1935]，18页，32开
重庆：青年书店，1940.1，再版，18页，32开
本书为作者在1935年“双十节”上的演讲词。共8部分：导言、国民经济建设运动与新生活运动之关系、国民经济必须提倡一种普遍的运动之原因、国民经济建设运动之涵义、国民经济建设运动应有之目标、国民经济建设运动之实施要项、国民经济建设运动之初步工作步骤、结论。
收藏单位：安徽馆、重庆馆、国家馆、江西馆、南京馆

01642
国民经济建设运动之意义及其实施　[蒋中正讲]
重庆：中国国民党中央执行委员会宣传部，1943.12，18页，64开（总裁著述及各种训词8）
本书收录作者于1939年5月16日在全

国生产会议上所作的《生产与抗战》讲话词。

收藏单位：重庆馆、贵州馆、国家馆、南京馆、首都馆、天津馆

01643

国民经济建设运动之意义及其实施　[蒋中正讲]

中央训练团，[1939]，26页，64开

收藏单位：重庆馆、国家馆、湖南馆

01644

国民经济建设运动之意义及其实施　中国国民党安徽省党部编

中国国民党安徽省党部，1936.11，141页，32开（中国国民党安徽省党部宣传丛书8）

本书收录蒋中正、吴鼎昌等人发表的文章11篇。

收藏单位：安徽馆

01645

国民经济建设运动之意义及其实施　中央组织部党员训练处选辑

[重庆]：中央秘书处文化驿站总管理处，1941.1，34页，64开（总裁言论选辑9）

收藏单位：国家馆

01646

国民经济建设之基础　汪洪法著

上海：商务印书馆，1937，372页，22开

本书共4篇：本书之目的和研究的范围、中国的富源及其生产之估计、妨碍中国国民经济发展的诸因素、中国国民经济建设的意见与方案。

收藏单位：重庆馆、东北师大馆、广东馆、贵州馆、国家馆、河南馆、湖南馆、吉林馆、近代史所、辽大馆、南京馆、宁夏馆、山西馆、西南大学馆、浙江馆

01647

国民经济建设之途径　董修甲著

上海：生活书店，1936.9，292页，32开

本书共3编：国民经济建设之途径、国民经济建设运动中之都市建设途径、国民经济建设运动中之公路理财途径。

收藏单位：安徽馆、重庆馆、东北师大馆、广西馆、贵州馆、国家馆、湖南馆、吉林馆、近代史所、辽大馆、辽宁馆、南京馆、西南大学馆、浙江馆

01648

国难期间经济之设计　徐青甫著

徐青甫[发行者]，[1932]，106页，22开

本书共3部分："金融方面的对策 十四条""物品方面的对策""进行程序 各附说明"。

收藏单位：广西馆、国家馆、近代史所、上海馆、浙江馆

01649

国难期中几个重大经济问题及财政问题之检讨　陈长蘅著

出版者不详，[1931—1945]，11页，16开

本书为著者在中国经济学社某届年会上的论文，主要研究抗战时期我国的人口和财政问题。

01650

国内经济崩溃与中国工商业　方潮声等著

[香港]：南方论坛社，[1948]，76页，25开

本书收录专论11篇，内容包括：《国内经济崩溃与工商界》《关于中美双边协定》等。

收藏单位：广东馆

01651

国内经济概况（卅十年上半期至卅三年上半期）　中央银行经济研究处编

中央银行经济研究处，[1942—1945]，7册，16开

本书每年两期。内容包括：财政、金融、物价动态、生产建设、对外贸易、各地市况、沦陷区经济等。

收藏单位：安徽馆、重庆馆、广东馆、贵州馆、国家馆、吉林馆、江西馆、近代史所、南京馆、上海馆、首都馆、浙江馆

01652

哈尔滨特别市工商业调查统计集（中华民国三十六年度） 哈尔滨特别市政府编

哈尔滨特别市政府，[1948]，2 册（187+22+121+23 页），26×26cm，精装

本书全部为表。分上、下两册：工业之部、商业之部。上册收录民国三十六年工业概况表、工业资本金分类统计表、工业资本金分级统计表等；下册收录民国三十六年商业概况表、商业资本金分类统计表、商业资本金分级统计表等。

收藏单位：国家馆

01653

海军司令部舟山区专员办公处移交苏浙皖区敌伪产业处理局驻浙办事处宁波分处接收敌遗舟山物资清册

出版者不详，[1911—1949]，1 册，16 开

收藏单位：浙江馆

01654

海南岛之产业 林缵春编著

海口：琼崖农业研究会，1946.4，220 页，32 开（琼崖农业研究会丛书 3）

本书共 8 章：地理及人口概况、交通、气候、农业、林业、矿业、产业之展望、日人在本岛产业之开发。附开发琼崖意见书。

收藏单位：国家馆、吉林馆、近代史所、上海馆

01655

海南岛资源之开发 陈植编著

上海：正中书局，1948.11，323 页，25 开

本书共 14 章，内容包括：总论、重要资源之调查、农林计划、开矿及制铁计划、盐业及其附属化学工业计划、工业计划、电气事业计划、电信事业计划、铁路事业计划等。

收藏单位：重庆馆、东北师大馆、国家馆、黑龙江馆、近代史所、辽大馆、南京馆、上海馆、西南大学馆

01656

汉代经济地理

出版者不详，1943，油印本，1 册，16 开，环筒页装

收藏单位：国家馆

01657

杭州市经济调查（上、下编） 建设委员会调查浙江经济所统计课编

杭州：建设委员会调查浙江经济所，1932.10，1 册（276+682 页），18 开

本书为 1931 年调查报告。分上、下两编。上编共 5 部分：史地篇、市政篇、文化教育篇、交通运输篇、农业篇；下编共 5 部分：丝绸篇、工业篇、商业篇、金融篇、社会篇。附杭州市形势图、杭州市分区图。

收藏单位：重庆馆、广东馆、国家馆、吉林馆、近代史所、南京馆、宁夏馆、山西馆、上海馆、首都馆、天津馆、浙江馆

01658

杭州市经济之一瞥 魏颂唐等编

杭州：浙江财务人员养成所经济调查处，1932.9，107 页，25 开

本书共 10 部分：沿革、人口、土地、交通、财政、金融业、工业、商业、农村经济、公用事业。

收藏单位：重庆馆、上海馆、浙江馆

01659

杭州市社会经济统计概要（十七至二十一年份） 杭州市政府社会科编

杭州市政府，1929.7—1933.7，5 册，16 开

本书全部为表。内容包括：农业统计、工业统计、商业统计、劳资纠纷统计、茶业统计、粮食统计等。

收藏单位：近代史所、上海馆、浙江馆、中科图

01660

河北省工商统计（民国十八年份） 河北省实业厅编

河北省实业厅，1931.5，[521] 页，16 开

本书全部为图表。收录该省 1929 年度工业、商业、劳工等方面的统计资料。

收藏单位：国家馆、近代史所、南京馆、天津馆、中科图

01661
河北省建设厅统计概览（第1—3次 民国十八至二十年度） 河北省建设厅第一统计室编
河北省建设厅，1930—1932，3册，29×32cm
本书全部为表。收录该厅总务、河务、路政、电政、测量等方面的统计资料。统计时间为1929年7月至1932年6月。
收藏单位：广西馆、国家馆、浙江馆

01662
河北省实业厅现行章则汇刊 河北省实业厅秘书处编
河北省实业厅秘书处，1933.11，244页，18开
本书收录河北省政府实业厅办事细则、河北省实业厅实业设计委员会组织章程、河北省立各农事试验场分区指导办法、河北省农产陈列所组织规程、河北省治蝗暂行简章等。
收藏单位：国家馆、天津馆

01663
河北省实业统计（农工商矿 民国二十年份） 河北省实业厅视察处编
河北省实业厅第四科，1934.8，[472]页，18开
本书共6部分：农业、工业、商业、金融类、合作社、矿业类。
收藏单位：国家馆、天津馆

01664
河北省政府建设厅半年工作撮要 河北省政府建设厅编
河北省政府建设厅，1929.1，302页，16开
本书共9部分：关于提案及报告案事项、关于河务事项、关于路政事项、关于电政事项、关于测政事项、关于农林垦植事项、关于矿业事项、关于技术调查及其他整顿事项、关于研究党义事项。
收藏单位：国家馆、首都馆

01665
河南建设概况（民国十九至廿十、廿二、廿五年度） 河南省建设厅编
河南省建设厅，[1931—1937]，4册，16开
本书内容包括：农林、水利、交通、市政、工商、矿务、工作报告等。
收藏单位：安徽馆、广东馆、国家馆、湖南馆、南京馆、上海馆、首都馆、浙江馆

01666
河南建设工作述要（民国十九、廿十年度） [河南省建设厅编]
河南省建设厅，[1932]，40页，16开
本书共6部分：交通、水利、农林、工商、市政、矿务。
收藏单位：国家馆

01667
河南建设事业实施须知 龚浩编
[河南省政府建设厅]，1939.1，81页，32开
本书共10项，内容包括：农林事业、水利事业、公路事业、手工业、商业、矿业、合作事业等。附二十八年河南人民工作之趋向等。
收藏单位：国家馆

01668
河南建设述要 河南省政府建设厅编
河南省政府建设厅，[1942]，[308]页，16开
本书共8章：农林、水利、工业、商业、矿业、公路、电讯、合作。所涉时间为1939年11月至1941年10月。
收藏单位：东北师大馆、国家馆、南京馆、浙江馆

01669
河南建设述要 张静愚讲述
[河南省政府建设厅]，1935.1，2册，大16开
本书分上、下两册。上册分上、下两编：建设厅、各种委员会。上编共7章：公路、水

利、电话、市政、农林、矿业、工商业；下编共 5 章：农业倡导委员会、工业倡导委员会、建教合作设计委员会、农村合作委员会、整理水道改良土壤委员会。下册共 8 章：农林、水利、工业、商业、矿业、公路、电讯、合作。

收藏单位：国家馆

01670

河南省地方概况报告　国民经济研究所具拟

国民经济研究所，[1936]，打印本，1 册，16 开（总第 8 号 工业门地方类 第 8 号）

本书为开封、洛阳、安阳、沁阳、修武、商丘等 15 个县的地方概况调查核算报告。

收藏单位：重庆馆、中科图

01671

河南省黄泛区重建计划纲要

河南省黄泛区复兴建设指导委员会，1947.4，16 页，32 开

本书共 10 部分，内容包括：泛区灾情概述、泛区重建原则、保甲编组、建村计划等。附河南省黄泛区复兴建设计划概要等。

收藏单位：国家馆

01672

河南省黄泛区复兴建设指导委员会计划章则简编

出版者不详，[1911—1949]，18 页，16 开

收藏单位：南京馆

01673

河南省经济调查报告　崔宗埙编著

财政部直接税署经济研究室，1945.2，42 页，25 开（中国直接税税务丛刊 4）

本书共 19 部分，内容包括：位置及面积、地势、山脉、水系、县制、重要都市、交通、农业、矿业、工业、商业、金融业、税务等。

收藏单位：重庆馆、中科图

01674

河南镇平县地方建设工作报告　镇平县地方建设促进委员会 [编]

镇平县地方建设促进委员会，1936，40 页，22 开

本书介绍该县过去和最近工作概况、工作目标等。

收藏单位：广西馆

01675

河南最近建设计划述要　河南省政府建设厅编

[开封]：河南省政府建设厅，1940.3，102 页，32 开

本书共 8 部分：推进合作事业、励行农业推广、举办改良柞蚕、营造嵩邙森林、倡导改良棉纺、开发农田水利、整修省县电话、改善公路交通。附浚河筑堤施工简要计划、建造河南全省森林计划等。

收藏单位：重庆馆、贵州馆、国家馆、西南大学馆

01676

后汉食货志长编　苏诚鉴编著

上海：商务印书馆，1947.12，117 页，32 开

本书汇集《后汉书》《续汉书》《东观汉记》《太平御览》等 10 余种古籍中有关后汉经济史的资料。分 8 个专题：民生概况、国家财政、农田水利、工艺贸易、钱币、户口、货殖、经济思想。

收藏单位：重庆馆、东北师大馆、广东馆、贵州馆、国家馆、辽大馆、南京馆、上海馆、首都馆

01677

后套实业调查记　朴学齐著

北京：中华西北协会，1923.10，[48] 页，22 开（西北丛书 第 2 种）

本书共 16 部分，内容包括：气候、地质、地势、土匪、军队、鸦片等。书前有绥远特别区图、五原县渠图。附兴办后套实业管见及办法等。

收藏单位：北师大馆、国家馆、近代史所、内蒙古馆

01678

湖北建设概况　谭岳泉编

湖北省政府建设厅，1948，134 页，16 开

本书内容包括：交通、工商业、农田水利等。

收藏单位：天津馆

01679

湖北建设概况　熊亨灵编

湖北建设厅，1929.12，204 页，18 开

本书介绍该省 1928 年 4 月至 1929 年 5 月间，交通、水利、农林、工商业、矿业、市政等项目的建设概况。

收藏单位：国家馆

01680

湖北建设最近概况　湖北省政府建设厅编

湖北省政府建设厅，1933.2，[827] 页，16 开

本书共 4 部分：插图、序、凡例、类次。“类次”内容包括：厅内行政、路政、电政、市政、农政、矿政等。附湖北省政府建设厅自二十一年四月起至二十二年二月二十八日止十个月大事表、湖北省政府建设厅二十二年度实施计划及进展表等。

收藏单位：广西馆、国家馆、湖南馆、近代史所、南京馆、上海馆、浙江馆、中科图

01681

湖北全省实业志　魏宗莲督纂　胡焕宗编辑

湖北实业厅，[1920]，[506] 页，18 开

本书共 6 章：农业、森林、渔牧、工业、商务、矿政。

收藏单位：国家馆、近代史所

01682

湖北省建设厅职员录　湖北省建设厅第一科制

湖北省建设厅第一科，1941.1，1 册，16 开

本书为湖北省建设厅附属机关暨合办矿业机关主办人员姓名表。

收藏单位：南京馆

01683

湖北省经济建设计划实施纲要

湖北省政府，1942.10，12 页，32 开

本计划内容包括：总则、农林、水利、工业、矿业、建筑、交通、合作、贸易、金融等。于 1942 年 10 月 2 日由省政府委员会第 424 次会议决议通过，同年 10 月 30 日公布施行。

收藏单位：国家馆、南京馆

01684

湖北省抗战期中民生主义经济政策实施概况　湖北省政府编

湖北省政府，[1945] 印，156 页，32 开（经济丛书 4）

本书共 3 章：概论、实施概况、结论。所辑资料截至 1942 年。

收藏单位：国家馆、南京馆

01685

湖北省抗战期中民生主义经济政策之实施

湖北省政府编

[湖北省政府]，1942，150 页，32 开

湖北省政府，1942.7，再版，134 页，32 开

本书共 4 部分：增加生产、征购实物、物物交换、凭证分配。附修正合作社经办食盐配销业务实施要点。书前有代序《抗战期中之民生主义经济》。

收藏单位：重庆馆、国家馆、吉林馆、南京馆

01686

湖北省民生主义经济政策凭证分配之实施

湖北省政府编

湖北省政府，1943.3，130 页，32 开

本书共 4 部分：前言、实施经过、结论、实施办法。第 2 部分内容包括：分配机构之建立、物资之储备与供应等；第 4 部分收录湖北省战时试行生活必需品凭证分配制度通则等法规。

收藏单位：安徽馆、重庆馆、国家馆、南京馆

01687

湖北省三十二年度各县经济建设事业实施方案　湖北省政府编

湖北省政府，1943.1，112页，32开

本书共3部分：说明、纲要、办法。“纲要”分水利、农林、交通、工商4部分；“办法”部分内容包括：湖北省三十二年度粮食增产实施计划、湖北省荒地垦殖办法、湖北省造林实施办法等。

收藏单位：国家馆、南京馆、浙江馆

01688

湖北省三十一年度推进各县经济建设事业计划办法及表报汇编 湖北省政府编

湖北省政府，1942.1，102页，32开

本书共7部分，内容包括：公共造产、农林水利、交通、小工业等。附湖北省政府办理农贷及战区农贷实施纲要。

收藏单位：重庆馆、广东馆、国家馆、南京馆

01689

湖北省实施民生主义经济政策法令汇编 湖北省政府编

湖北省政府，1943，194页，32开（经济丛书3）

收藏单位：广东馆、南京馆

01690

湖北省政府工作总报告建设部份

湖北省政府，1939.8，油印本，1册，16开

收藏单位：南京馆

01691

湖北武昌县青山实验区户口与经济调查报告 王倘 薛建吾编

武汉：湖北省立教育学院，1936.1，248页，24开（湖北省立教育学院丛刊）

本书为1935年湖北省立教育学院学生在作者指导下完成社会调查实习后所作的报告书。共4章：绪论、全区户口状况、七乡经济状况、结论。

收藏单位：西南大学馆、浙江馆

01692

湖南建设统计（民国二十四年 矿业编） 湖南省建设厅编

湖南省建设厅，[1936]，19页，8开

收藏单位：南京馆

01693

湖南建设统计（民国二十四年 农业编） 湖南省建设厅编

湖南省建设厅，[1936]，27页，8开

收藏单位：南京馆

01694

湖南经济建设计划简明表（农田水利部份） 湖南省政府建设厅编

湖南省政府建设厅，1946.8，30页，22开

本书全部为表。内容包括：省营柴下咀农场、续办大型农田水利、恢复水文事业、水灌登记、办理水力发电等。

收藏单位：国家馆、湖南馆、浙江馆

01695

湖南全省第二次扩大行政会议湖南省建设厅工作报告 余籍传报告

湖南省建设厅，1940.11，50页，16开

本书共10部分：农业、工业、商业、矿业、交通运输、电讯、水利、合作、会计、其他。

收藏单位：重庆馆、国家馆

01696

湖南省各县市经济概况（2） 王彦编述

耒阳（衡阳）：王彦[发行者]，1943.4，226页，窄25开（湖南省银行经济丛书）

本书分14编对湖南省各县市人口状况、物资、交通、工商业等进行调查，供省银行业务工作参考用。

收藏单位：重庆馆、湖南馆

01697

湖南省建设汇编 湖南省建设厅编辑

湖南省建设厅，1941，3册，18开

本书共12篇，内容包括：建设厅、农林、水利、合作事业、工业、商业、矿业等。每编分沿革、组织、经费等。

收藏单位：重庆馆、广东馆、国家馆、湖南馆、南京馆

01698
湖南省建设计划大纲 [湖南省政府建设厅编]
湖南省政府建设厅，1947.9，10+230 页，16 开
本书共 4 部分：总纲、经济建设、政治建设、文化建设。第 2 部分内容包括：交通、水利、工业、农业等；第 3 部分内容包括：财政、警政、地政、卫生、社政等；第 4 部分内容包括：中等教育、高等教育、社会教育等。
收藏单位：国家馆、湖南馆、吉林馆、南京馆、浙江馆

01699
湖南省建设厅三十年度工作计划
湖南省建设厅，[1940]，油印本，1 册，16 开，环筒页装
收藏单位：国家馆

01700
湖南省抗战损失统计 湖南省统计室编
湖南省统计室，1946.12，196 页，19×16cm
本书收录表格 139 种，分 3 类：沦陷及轰炸地区、人口伤亡、财产损失。附湖南省抗战期间实征壮丁人数表、湖南省政府抗战期间搬迁情形表。所涉时间为 1937 年 7 月 7 日至 1945 年 8 月 10 日。
收藏单位：国家馆、湖南馆、中科图

01701
湖南省沅资流域规划发展计划草案 湖南省政府沅资流域规划发展委员会编
湖南省政府沅资流域规划发展委员会，1946.7，48 页，16 开
本书共 3 部分：导言、沅水流域规划发展初步草案、资水流域规划发展初步草案。
收藏单位：国家馆、湖南馆、南京馆、上海馆、天津馆、中科图

01702
华北工商政策
出版者不详，1949.3，23 页，25 开（工商法规编印专刊 5）
本书收录《共产区域对于工商业》《关于工商业政策报告》《土地法大纲》《保护产业、保障人权十团体之表示》《保护工商业文告》等。

01703
华北经济概论 （日）田中忠夫著 姜般若译
北平：北京出版社，1936.4，174 页，32 开
本书共 8 章：华北的自然环境、华北的社会环境、华北的国际环境、华北经济之历史的发展及其本质上之特征、华北农业、华北的工业、华北财政、华北经济恐慌的深刻化。
收藏单位：重庆馆、国家馆、湖南馆、近代史所、辽宁馆、上海馆、首都馆、天津馆

01704
华北开发事业之概观 （日）富田幸左卫门著
北京：北支那开发株式会社，1943.12，50 页，22 开
本书共 4 部分：战力增强与华北、华北开发事业之将来等。附开发华北产业之关系会社。
收藏单位：国家馆、南京馆

01705
华北人民政府各部门专业工作会议报告选编 华北人民政府秘书厅编
华北人民政府秘书厅，1949.9，126 页，16 开
本书内容包括：农业部张副部长在华北首届农业生产会议上的报告、华北首届农业生产会议总结报告、华北卫生工作会议总结报告、平山县卫生实际工作总结等。
收藏单位：内蒙古馆、山西馆、天津馆

01706
华北人民政府关于机关生产的决定 华北人民政府颁布
华北人民政府，1949.1，油印本，2 页，26×38cm，26×19cm

收藏单位：国家馆

01707
华北实业统计（二十九年度） 华北政务委员会实业总署编
华北政务委员会实业总署，1941，油印本，1册，26×32cm
收藏单位：国家馆

01708
华北五省经济与英日 周默秋著
上海：现代国际社，1937.3，[16]+272页，22开（现代国际丛书）
本书共9章：总论、农业、工业、矿业、交通、英日在华北之经济特权、华北之英日贸易、我国关税制度、走私问题。
收藏单位：重庆馆、贵州馆、国家馆、江西馆、近代史所、南京馆、山西馆、上海馆、浙江馆

01709
华北政务委员会实业总署统计图表 实业总署编
实业总署，1940，油印本，1册，横9开
本表所涉时间为1940年4—9月。
收藏单位：国家馆

01710
华北中日经济提携问题之我见 李荣廷著
出版者不详，1935，14页，22开
本书共8部分：前言、提携之要件、提携之初步、可提携之事业、提携事业之组织与管理、中日经济提携与政治军事关连之危险性、由中日经济提携而论及中日外交关系、结论。
收藏单位：国家馆

01711
华侨经济复员复兴问题 丘斌存著
重庆：新时代社，1946.10，314页，32开（新时代华侨经济专刊）
本书共8章，内容包括：序言、华侨经济由黄金时代至不景气与摧残至复员复兴、华侨经济复员复兴之中心任务、华侨经济复员复兴之教育文化与人才、华侨经济复员复兴之机构等。
收藏单位：重庆馆、国家馆、吉林馆、近代史所、南京馆

01712
华侨投资广东实业要览 广东省政府粤侨事业辅导委员会编
广东省政府粤侨事业辅导委员会，1947.3，129页，32开
本书共6章：工业、动力、矿业、农业、渔业、交通事业。
收藏单位：广西馆、近代史所

01713
华日人名录 （日）堀新太郎编
大连：华日人名录编纂所，1930.3，4版，[1185]页，32开，精装
本书收录中国各大城市的中日工商业行名录。

01714
华商行名录（三十六至三十七年）
上海：全国工商业调查所，1947.7—1948，2册，16开，精装
收藏单位：广东馆、广西馆、国家馆、南京馆

01715
华洋交通录（民国十六、十八年） 工商月报社编
[上海]：工商月报社，[1929]，2册（[1870]+[1736]页），16开，精装
本书为汉英对照。收录上海市中外工商业行名录。附电政录、进出口税录等。

01716
华洋交通录全书（民国十九年）
出版者不详，[1930]，[2000]页，16开，精装

01717
华语经济读本 （日）小林几次郎编

东京：大阪屋号书店，1942.10，再版，82页，32开

本书分3类：单句类、单文类、论文类。论文类共9部分，内容包括：工资、中国银货的进出口、买办、外汇投机、战时物价统制论等。

收藏单位：国家馆

01718

皇明经济文录（蓟州编、宣府编、大同编）（明）魏焕等著　（明）万表辑

出版者不详，1935.5重印，221页，32开（国学文库 第19编）

本书共3编：蓟州编、宣府编、大同编。“蓟州编”收文27篇，内容包括：《蓟州》《预防边患事》《兀良哈》《为传报夷情事》《女直》等；“宣府编”收文15篇，内容包括：《宣府镇》《宣大修边事宜》《独石边务事》《宣大车战》等；“大同编”收文16篇，内容包括：《大同论》《大同经略》《军饷事》《复修边防》《云中纪变》等。据《皇明经济文录》（明刊本每半叶十行二十二字）重印。

收藏单位：国家馆、近代史所、辽宁馆、清华馆

01719

皇明经济文录（九边编、辽东编）（明）魏焕等著　（明）万表辑

出版者不详，1934.8重印，144页，32开（国学文库 第14编）

本书分两编：九边编、辽东编。“九边编”收文10篇，内容包括：《九边通考》《保塞》《长城》《北胡》《赋税》等；“辽东编”收文29篇，内容包括：《辽东总论》《辽东镇》《辽东保障》《辽东经略》《与元主书》等。据《皇明经济文录》（明刊本每半叶十行二十二字）重印。

收藏单位：国家馆、近代史所

01720

黄泛区复兴计划概要　黄泛区复兴局编

黄泛区复兴局，1948.6，20页，32开

本书分3部分：概述、计划、结论。计划部分共5方面：水利、农业、交通、工业、村镇设计与改善。

收藏单位：广东馆、国家馆、南京馆

01721

黄旭初先生之广西建设论　亢真化编

南宁：建设书店，1938.9，162页，32开（民团周刊社乙种丛书2）（广西建设丛书 第3种）

本书共9章：广西建设纲领、广西建设之理论体系、广西建设之基本政策、广西建设的社会动力、推行新政须用新人、基层建设与基层干部、广西建设之实施、广西建设实施之检讨、结论。

收藏单位：重庆馆、东北师大馆、广西馆、国家馆、南京馆、人大馆

01722

会务丛刊　国民经济建设运动委员会总会编辑

南京：国民经济建设运动委员会总会，1937.1，90页，22开（国民经济建设运动委员会总会甲种丛刊 第1册）

本书共3部分：章则、报告、论著。“论著”收文3篇：《蒋委员长二十四年八月九日成都通电》（蒋中正）、《国民经济建设运动之意义及其实施》（蒋中正）、《国民经济建设运动之意义》（吴鼎昌）。附国民经济建设运动委员会总分会会长委员专员职员录等。

收藏单位：广东馆、国家馆、近代史所、南京馆、上海馆

01723

机联集　天虚我生著

上海：机制国货工厂联合会，[1933—1936]，4册，25开，环筒页装

本书收录《工人常识问题》《生意经》《谈谈小本经营的事业》《救济失业的我见》《工业常识答案》《机制纸浆救济手工业之我见》《以家养店以店养家》《工商界的福音》《我之企业谈》《战区失业的救济》《战后的国货工厂》等。摘自《机联会刊》第31—62期。

收藏单位：国家馆

01724
基层经济建设　广西省政府建设厅农业管理处编著
广西省地方行政干部训练团，1942.3，33页，32开
本书为广西省地方行政干部训练团各区训练班教材。共8课，讲述基层经济建设的原理。
收藏单位：桂林馆、南京馆

01725
基层经济建设　黄旭初著
桂林：民团周刊社，1941.9，89页，32开
本书共4部分：民生主义之初步、广西基层经济建设与民生主义、建设之中心工作、公共造产的实施。附广西省基层经济建设纲要、广西省基层经济建设纲要说明（附表解）。
收藏单位：广东馆、国家馆、湖南馆、南京馆

01726
基层经济建设概论
广西民团干部学校，[1935—1949]，102页，32开
本书为广西民团干部学校教本、经济建设教程。共5章：绪论、经济建设之初步工作、建设纲领与施政计划、工作的原则与方法、结论。
收藏单位：桂林馆、湖南馆

01727
基始集　赵曾珏著
上海：大东书局，1948.7，203+20页，25开
本书共3编：经济建设与工业问题、电机工程、科学及其它。附著者四十自述。
收藏单位：重庆馆、东北师大馆、广东馆、广西馆、桂林馆、国家馆、南京馆

01728
基始集　赵曾珏著
丽水：浙江省手工业指导所，1940.9，1册，22开
收藏单位：重庆馆、广东馆、桂林馆、国家馆、江西馆、近代史所、南京馆、上海馆、浙江馆

01729
几种工商业　黄紫轩等编
浙江省立民众教育馆推广部，1931.7，26页，32开（民众生计小丛书2）
本书内容包括：我国的蚕丝业、我国的煤、我国桐油业的将来、瑞典的火柴业等。
收藏单位：浙江馆

01730
济宁市经济概况　晋冀鲁豫边区冀南银行总行辑
晋冀鲁豫边区冀南银行总行，1946.6，21页，32开
收藏单位：国家馆

01731
冀中对敌经济斗争经验初步总结　冀中区党委二届财经会议秘书处编
冀中区党委二届财经会议秘书处，1947.8，油印本，31页，32开
本书所涉时间为1947年1—6月。
收藏单位：国家馆

01732
冀中行署周化民同志在工商业会议关于工商业负担“实物保本”问题的发言（参考资料）
出版者不详，1948.6，6页，32开

01733
假使日本受了经济封锁　石决明著
上海：大时代出版社，1937，34页，32开（抗战小文库）
本书共4部分：“对日经济封锁果有可能乎？”“经济封锁后的日本国民经济”“经济封锁后的日本军需资源”“经济封锁后列强及我国应取手段”。
收藏单位：广西馆、国家馆、江西馆、南

京馆、浙江馆

01734
建国方略的研究（实业计划简明表）　陈毅夫著
社会科学研究会，1928.12，50 页，32 开
收藏单位：南京馆

01735
建设大纲草案　孙科著
铁道部，[1911—1949]，16 页，16 开，环筒页装（铁道部丛刊 1）
本草案共 24 条。分 5 部分：原则、计画、预算、程序、集资。附建设大纲草案的说明。
收藏单位：国家馆、南京馆

01736
建设广西复兴中国之途径
出版者不详，[1911—1949]，36 页，36 开
收藏单位：广西馆

01737
建设海南岛刍议　徐逸樵著
出版者不详，1945.7，32 页，32 开
本书共 5 部分：建设之理由、建设之目标、建设之前提、建设纲领、结论。建设纲领共 8 章：关于政治者、关于教育者、关于农业者、关于林业者、关于水利者、关于交通者、关于工矿者、关于社会者。
收藏单位：国家馆

01738
建设计划　广东建设厅编辑处编
广东建设厅编辑处，1930，124+292 页，22 开（建设丛书 1）
本书分上、下两编：民国十九年（十八年度下半年、十九年度上半年）广东建设厅预定各种建设按月进度、各种建设计划。上编内容包括：电政、市政、农业、矿业、森林、水产、蚕桑、工业、商业等；下编内容包括：完成广东公路省道干线计划、整理航政最近计划、热带农事试验场设置计划、广东省地方桑蚕试验场计划、改良稻作表证计划等。
收藏单位：国家馆、近代史所、浙江馆

01739
建设纪要（河北省政府周年纪念特刊）　河北省政府建设厅编
河北省政府建设厅，1929，[240] 页，18 开
本书内容包括：关于提议事项、关于河务事项、关于路政事项、关于电政事项、关于测政事项、关于农林垦植事项、关于矿业事项、关于技术调查及其他事项等。
收藏单位：国家馆、南京馆、中科图

01740
建设论集　谭炳训著
力学书店，1939.11，110 页，23 开
力学书店，[1941]，118 页，22 开
本书收文 6 篇，内容包括：《初步国防工业建设计划大纲》《新兴科学之计划经济》《苏联经济建设之体系》等。
收藏单位：贵州馆、江西馆、南京馆、上海馆

01741
建设人员谈话会纪录　河南省公署建设厅编
河南省公署建设厅，1940.11，32 页，16 开
收藏单位：南京馆

01742
建设三年计划提要
出版者不详，[1943]，[124] 页，18 开
本书共 5 部分：建设三年计划要旨、计划提要、经费筹划、建设三年计划总表、建设三年计划需款分配图。附计划简要说明、兴辟苏北垦区新运河说帖（附履勘报告书及实施计划方案）、东太湖浚垦计划大纲等 6 种。
收藏单位：国家馆

01743
建设腾龙边区各土司地意见书　方克胜著
出版者不详，[1942—1949]，66 页，32 开
收藏单位：国家馆

01744
建设统计 湖南省建设厅编
湖南省建设厅，1939.10，112 页，横 16 开
湖南省建设厅，1940.12，121 页，横 16 开

本书为该省财务、农林、水利、工矿、合作事业、商业、交通等方面的统计。

收藏单位：国家馆、江西馆

01745
建设统计汇报 广东省建设厅统计室编
广东省建设厅统计室，1942，油印本，1 册，16 开

本书内容包括：三十年下半年度本厅行政组织及现有公务员人数统计、本厅及直属机关现职人数及薪俸数比较、本厅职员任免统计等。

收藏单位：重庆馆

01746
建设委员会工作报告（民国二十四年） 国民政府建设委员会编
国民政府建设委员会，[1936]，24 页，16 开

收藏单位：南京馆

01747
建设委员会工作计划概要 建设委员会编
南京：建设委员会，1930.10，82 页，22 开

本书共 3 部分：水利计划、电气计划、其他计划。第 1 部分内容包括：水利行政方针、治理黄河计划、永定河治本计划等；第 2 部分内容包括：电气行政方针、东南区电气建设计划、黄河下游电气建设计划等；第 3 部分内容包括：长兴煤矿扩充计划、开发淮南煤矿计划、设立纸厂计划等。

收藏单位：重庆馆、国家馆、南京馆、上海馆、天津馆、浙江馆

01748
建设委员会工作纪要 建设委员会秘书处编
[南京]：建设委员会秘书处，1930.2，72 页，16 开

本书分上、下两编：本会、直辖机关。共 10 章，内容包括：行政工作概况、电气事业、水利事业、其他国营事业、首都电厂、长兴煤矿、华北水利委员会、太湖流域水利委员会等。

收藏单位：国家馆、南京馆、上海馆、天津馆

01749
建设委员会视察员手册 建设委员会编
[南京]：建设委员会，1929.12，[42] 页，25 开

本书共 15 部分，内容包括：建设委员会组织法、训政期间本会工作表、电气事业处过去重要工作、水利处过去重要工作、本会与各机关合作概况等。

收藏单位：国家馆

01750
建设委员会训政时期工作分配年表 建设委员会秘书处编
[南京]：建设委员会秘书处，1929.10，54 页，18 开

本书收录该会 1929—1930 年间水利、电力、矿业、造林、制造等方面的建设项目。

收藏单位：国家馆、上海馆、天津馆、中科图

01751
建设委员会之工作 建设委员会编
[南京]：建设委员会，[1929]，40 页，32 开（建设小丛刊 7）

本书共 3 章：绪言、本会已举办之建设事业、本会已计划之建设事业。

收藏单位：国家馆、南京馆、天津馆、浙江馆

01752
建设委员会职员录 建设委员会编
[南京]：建设委员会，1930.6，38 页，25 开，环筒页装
[南京]：建设委员会，1934.9，30 页，32 开，环筒页装
[南京]：建设委员会，1935.10，32 页，32 开，环筒页装

[南京]：建设委员会，1936.11，26页，32开，环筒页装

本书收录建设委员会委员长、委员、秘书长、参事室、秘书室、事业处、本会职员派直辖机关服务人员等人员名录。

收藏单位：国家馆、南京馆、上海馆

01753

建设西北甘青宁三省刍议　杨劲支著

南京：京华印书馆，1932.10，224页，25开，精装（西北丛书）

南京：京华印书馆，1934.3，再版，224页，25开（西北丛书）

本书共10章，内容包括：甘青宁三省与西北各地之关系、西北各地与国家施政之关系、西北交通之敷设、河流之疏浚、甘青宁三省之开发、省政之改革等。附南京青海间记事。

收藏单位：重庆馆、广东馆、国家馆、吉林馆、南京馆、上海馆、西南大学馆、浙江馆、中科图

01754

建设新贵州浅说　杨森著

贵阳：贵州省政府秘书处，1947.1，34页，32开（新贵州丛书3）

本书共12部分，内容包括：进化、筑路、造林、禁烟、变俗等。

收藏单位：贵州馆、国家馆、湖南馆、南京馆

01755

建设新贵州之理论与实践　杨森著

贵阳：贵州省政府秘书处，1946.9，14+124页，32开（新贵州丛书1）

[贵阳]：贵州省政府秘书处，1947.1，再版，118页，32开（新贵州丛书1）

本书分上、下两编：理论之部、实践之部。上编共两章：导言、建设新贵州的理论根据——发动两大精神动力；下编共3章：力行三大改造、实现四大建设、结论。

收藏单位：长春馆、重庆馆、贵州馆、国家馆、湖南馆、吉大馆、南京馆、首都馆

01756

建设摘要　龚学遂讲

江西省县政人员训练所，1935，82页

本书重点讲述江西省建设问题，内容包括：物质建设与国民经济、以建设求统一、本省建设中心工作、几个建设问题、地质与矿业等。附江西各县矿物产地数量统计表。

收藏单位：江西馆

01757

建设中的新中国　中华出版社编

上海：中华出版社，1940.5，190页，32开

本书共6章：中国之新姿态、中国金融之建设、进步中的农业、中国民族工业之新生与发展、工业合作运动的推进、交通建设概况及政策。书名页题：上海胜利书社出版。

收藏单位：国家馆

01758

建设中的中国　安明著

外文题名：China under reconstruction

[上海]：青年协会书局，1934.8，34页，36开（社会问题小丛书9）

本书共4部分：建设之现阶段的意义、全国经济委员会所担负之使命、两年来建设之成果及其现状、银公司与建设前途。

收藏单位：国家馆、人大馆

01759

建设中国西部刍议　钟云鹤著

钟云鹤，[1946]，36页，32开

本书共16部分，内容包括：从地图上看中国、东部与西部之比较观及西部资源概况、西部在抗战中表现之重要性、从美苏前例谈到中国西部建设、西部建设之价值等。附四川主要物产资源表。

收藏单位：重庆馆、国家馆

01760

建设中之新中国　大晚报编

上海：大晚报，1936，80页，8开

本书为纪念上海市政府成立十周年编印。

01761
建设座谈（第 1 集） 广东建设委员会编
广东建设委员会，1947.7，126 页，25 开（建设研究丛书）

本书收录广东省就粮食、工业、合作事业、教育文化、青年就业等问题举行的 10 余次座谈会的会议记录。

01762
江北建设特刊 江北县县政府建设科编
江北县县政府建设科，1934.9，[292] 页，16 开

本书内容包括：行政、事业、调查、统计、专载。

收藏单位：重庆馆、国家馆、近代史所、西南大学馆

01763
江北县基本国势调查总报告（简编） 国民政府主计处统计局编
国民政府主计处统计局，1947.4，油印本，70 页，16 开，环筒页装

本书内容包括：办理经过、人力、资力、生产、分配运销、政治、人民生活的统计结果分析、统计表等。

收藏单位：重庆馆、国家馆、南京馆

01764
江苏 江苏省政府建设厅编
江苏省政府建设厅，1928.11，16 页，16 开

本书收录该省生产及物产等方面的统计资料。附《这一笔钱是我们应当花的么？》。

收藏单位：上海馆

01765
江苏省各县建设人员录 凌志斌编
[镇江]：祥丰印刷所，1934.10，56 页，32 开

本书收录江苏省 6 个县建设局、26 个县建设科、28 个县建设股的职员名录。

收藏单位：国家馆

01766
江苏省建设报告
[江苏省政府建设厅]，1936，油印本，1 册，16 开，环筒页装

本书共 9 部分：水利、公路、电讯、市政、农林、渔矿、蚕桑、合作、工商。

收藏单位：重庆馆

01767
江苏省建设厅二十年度业务概要 江苏省建设厅编辑委员会编
江苏省建设厅，1932，[610] 页，18 开

本书共 8 编：水利、公路、交通管理、各县市政、省会建设、电气、经济、行政。附江苏省建设厅县建设指导工程师制度概要。

收藏单位：国家馆、近代史所、南京馆、上海馆、西南大学馆、中科图

01768
江苏省建设厅二十一年度施政方针 [江苏省建设厅编]
[江苏省建设厅]，[1932]，16 页，50 开

本书共 5 部分：水利、公路、电业、市政、行政。书中题名：江苏省建设厅二十一年度施政方针简明报告。

收藏单位：国家馆、上海馆

01769
江苏省建设厅建设行政进行程序及办法
[江苏省建设厅]，[1911—1949]，1 册，50 开

本书共两部分：事业方面、行政方面。第 1 部分内容包括：建筑公路之程序及办法、扩充电话事业之程序与方法等；第 2 部分内容包括：慎重各县建设局长之人选、设置县建设指导工程师、各县组织建设讨论会等。

收藏单位：国家馆

01770
江苏省建设行政人员会议专刊 江苏省政府建设厅秘书处编
江苏省政府建设厅公报室，1929.1，145 页，16 开

本书内容包括：会议纪录、议案、江苏省

公路路线图、江苏省各县公路路线表、章则等。

收藏单位：国家馆、近代史所、南京馆、中科图

01771
江苏省农矿厅十七年度上半期工作报告　江苏省农矿厅编
江苏省农矿厅，[1928]，112 页，8 开，精装

本书共 3 章：组织、工作、经费。附江苏省农矿厅经管款项收支报告。

收藏单位：国家馆、近代史所、上海馆、浙江馆

01772
江苏省农矿厅十七年度下半期工作报告　江苏省农矿厅编
江苏省农矿厅，[1928]，170 页，8 开

本书共 19 章，报告该厅棉作、稻作、垦务、蚕业、渔业、林业、矿业、合作事业、农业推广等工作的进展情况。

收藏单位：安徽馆、国家馆

01773
江苏省实业进行概况　江苏建设厅编
江苏建设厅，[1933]，6 页，16 开

本书内容包括：整理省县实业机关、现在省县实业机关维持之概况、矿业行政概况、工商行政概况等。

收藏单位：上海馆

01774
江苏省实业视察报告书　江苏省长公署第四科编
江苏省长公署第四科，1919.12，368 页，16 开，精装

本书共 4 部分：总说及实业视察暂行条例视察细则、正编、附编、各种一览表。

收藏单位：东北师大馆、国家馆、河南馆、辽宁馆、南京馆、首都馆、天津馆、浙江馆

01775
江苏省实业行政报告书（中华民国二年 第一届）　江苏省行政公署实业司编
江苏省行政公署实业司，1914.6，[624] 页，16 开

本书为各机关报告资料汇编。共 11 编：总说、总务、农业、工务、矿务、商政、电政、邮政、路政、航政、省有营业。

收藏单位：东北师大馆、国家馆、吉林馆、近代史所、南京馆、上海馆、首都馆、天津馆、中科图

01776
江苏省苏北滨海垦区开发计划书
江苏省建设厅，1947.2，1 册，32 开

收藏单位：南京馆

01777
江苏省主要实业实施方案　江苏省实业厅编
江苏省实业厅，1932.7，[67] 页，16 开

本书共 3 编：食粮、棉纱、蚕丝。

收藏单位：国家馆、吉林馆、南京馆、上海馆、首都馆、浙江馆

01778
江西建设汇刊　江西省建设厅编
[南昌]：江西省建设厅，1930.1，[340] 页，16 开

本书辑录有关该省建设的档牍资料。共 10 部分：绪言、插图、施政方针及步骤、工作报告、计划、法规、调查、统计、公牍撮要、附录。

收藏单位：广东馆、国家馆、湖南馆、近代史所、南京馆、天津馆

01779
江西建设三年计划　江西省建设厅编
江西省建设厅，1932.12，408 页，16 开

本书共 5 部分，内容包括：本厅经过概况及今后三年内拟办事项、本厅直属各机关经过情形及今后三年的建设计划、本厅暨直属各机关概况表等。

收藏单位：广东馆、国家馆、江西馆、南

京馆、上海馆、中科图

01780
江西建设事业概要
出版者不详，[1938—1949]，1 册，25 开
收藏单位：江西馆

01781
江西经济统计图　江西省政府经济委员会编制
江西省政府经济委员会，1933.12，[52] 页，横 8 开（江西省政府经济委员会特刊 2）
本书有附表，内容为该省自清同治初年以来的进出口统计资料。
收藏单位：安徽馆、国家馆、湖南馆、南京馆、天津馆

01782
江西经济问题　江西省政府经济委员会编
南昌：江西省政府经济委员会，1934.7，584 页，22 开（江西省政府经济委员会汇刊 第 1 集）
本书内容包括：概论、人口、农业、粮食、茶业、工业、矿业、渔业、贸易等。
收藏单位：重庆馆、广东馆、国家馆、湖南馆、南京馆、天津馆、浙江馆、中科图

01783
江西经建服务简报　杨绰庵编
合群印刷厂，1943.12，1 册，13 开
本书共 5 部分：建设之首要在民生、实现民生主义的工作方针、工作检讨（附照片及图表）、会计简报、体验与观感。
收藏单位：国家馆、南京馆

01784
江西省建设纲领暨五年建设计划　江西省政府设计考核委员会编
江西省政府设计考核委员会，1947.1，160 页，16 开
本书全部为表。内容包括：伦理建设、社会建设、政治建设、经济建设、文化建设等。所涉时间为 1947—1951 年。
收藏单位：重庆馆、国家馆、近代史所、辽宁馆、南京馆

01785
江西省建设厅事业纲领及其施行程序　江西省建设厅编
江西省建设厅，1929.5，23 版，44 页，16 开
本书涉及农业、林业、水产业、水利垦务、农业推广、工业、商业等事项。
收藏单位：国家馆

01786
江西省抗战损失调查总报告　江西省政府统计处编
江西省政府统计处，1946.4，132 页，16 开
本书大部分为表。共 3 部分：办理经过、统计结果、附录。
收藏单位：广东馆、国家馆、南京馆

01787
江西省农矿工商调整委员会工作报告　江西省农矿工商调整委员会编
出版者不详，1937，161 页，25 开
收藏单位：广东馆

01788
江西省生产建设九大计划
出版者不详，[1913—1949]，16 页，16 开
收藏单位：江西馆

01789
江西省战后城乡复兴事业研究委员会概况
江西省战后城乡复兴事业委员会编
江西省战后城乡复兴事业委员会，1942.1，28 页，64 开
收藏单位：南京馆

01790
江西省政府建设厅抗战中建设工作报告　杨绰庵著
江西省政府建设厅，1940.12，120 页，25 开
本书共 3 章：前提、根据、进展。
收藏单位：重庆馆、广东馆、贵州馆、国

家馆、江西馆、南京馆、浙江馆、中科图

01791
江西实业企图概要　江西省建设厅编
江西省建设厅，1932.10，40页，16开
本书涉及发展水电事业，修筑铁路，建造水泥厂、陶瓷厂、纺纱厂等。

01792
江西五年经济建设计划草案
出版者不详，[1933—1949]，油印本，1册，13开
收藏单位：上海馆

01793
江西之实业调查与统计　卫士生编著　实业部统计长办公处编
出版者不详，1935.6，129页，16开
本书共14部分：绪言、农业、矿业、渔业、畜牧、林业、垦业、工业、商业、合作、水利、交通、度量衡、结论与建议。为《实业统计》双月刊第3卷第3号抽印本。
收藏单位：重庆馆、国家馆、南大馆、中科图

01794
蒋匪财政状况概述　中情部研究科编写
中情部研究科，[1911—1949]，28页，16开
收藏单位：国家馆

01795
蒋介石的经济危机　中国问题研究社编
华北新华书店，1946.7，63页，32开（中国问题研究丛书5）
本书收文7篇，内容包括：《内战威胁下的中国经济》（纪明等）、《一年来中国经济的总结》（千家驹）、《民族工业崩溃的一年》（张锡昌）、《九万三千亿的大预算》（杨深）、《一九四七年的经济展望》（马寅初等）等。
收藏单位：重庆馆、国家馆、河南馆、黑龙江馆、吉林馆、近代史所、山东馆、浙江馆、中科图

01796
蒋、宋、孔、陈罪恶史
出版者不详，[1949]，29页，32开
本书叙述蒋、宋、孔、陈“四大家族”的发家史及掠夺、破坏中国经济的罪恶史。
收藏单位：国家馆

01797
交通录　陈民生编
广州：[陈民生]，[1911—1949]，420页，18开，精装
本书介绍广州市的商店、工厂和交通情况。大部分篇幅为广告。

01798
接管台湾工商交通之基本方针（陈长官指示之一）　[陈仪著]
[台湾行政干部训练班]，1945.2，9页，32开
本书为著者在中央训练团台湾行政干部训练班交通组讨论会上的讲话词。
收藏单位：上海馆

01799
接收处理敌伪物资清查团工作总报告　接收处理敌伪物资清查团编
接收处理敌伪物资清查团，[1947]，96页，16开
本书共6部分：序言、编辑要旨、清查团组织经过、各区清查团工作报告、建议与工作检讨、附录。
收藏单位：广东馆、国家馆、湖南馆、吉林馆、南京馆、上海馆、浙江馆、中科图

01800
节储实践会说明　全国节约建国储蓄劝储委员会江西分会编著
全国节约建国储蓄劝储委员会江西分会，1941.3，14页，25开
收藏单位：江西馆

01801
节储手册（上）　全国节约建国储蓄劝储委员

会编
全国节约建国储蓄劝储委员会，1941，297页，64开
本书内容包括：节约的重要和怎样来节约、我国战时推进储蓄事业概况、节约运动大纲等。
收藏单位：重庆馆、南京馆

01802
节约储金说明 江西省国民精神总动员协会著
江西省国民精神总动员协会，1940.10，22页，25开
收藏单位：江西馆

01803
节约献金救国运动的文件 冯玉祥著
出版者不详，[1944.8]，128页，32开
本书收录宣传节约献金救国的书信12封以及中国国民节约献金救国运动总会、分会章程等。
收藏单位：南京馆、上海馆

01804
节约消费 朱元懋编著
正中书局，1938.3，33页，42开（抗战常识讲话）（战时国民义务）
本书共5部分：为什么要节约消费、食品的节约消费、衣服的节约消费、住居的节约消费、行动的节约消费。
收藏单位：重庆馆、国家馆

01805
节约须知 北京特别市公署宣传处编
北京特别市公署宣传处，1942.5，32页，32开（时局丛书3）
本书内容包括：节约的意义、裕源节流的实践、严守时刻、我们应该储蓄等。
收藏单位：国家馆、首都馆

01806
节约与建国
中国国民党中央执行委员会宣传部，1947.10，32页，32开
收藏单位：南京馆

01807
节约与抗战建国 孟锦华编著
浙江省抗日自卫委员会战时教育文化事业委员会，1938.9，108页，32开（抗战建国丛书7）
本书共9章，内容包括：节约的意义、节约运动与国计民生、中国历代各家节约的主张、战时节约的方法与实施、节约抗战建国的实例等。附节约刻苦与提高人民生活、节约运动与抗战建国、统制消费、粮食节约。
收藏单位：国家馆、江西馆、南京馆、内蒙古馆、人大馆、绍兴馆、浙江馆

01808
节约运动 四川省政府编
[四川省政府]，1936，26页，32开，环筒页装
本书内容包括：节约实施办法案、四川省政府节约实施通令、四川省节约运动施行简则等。
收藏单位：重庆馆

01809
节约运动实施办法 国民经济建设委员会总会 新生活运动促进总会节约运动联合办事处编
[南京]：国民经济建设委员会总会、新生活运动促进总会节约运动联合办事处，1936.9，32页，22开
本书内容包括：目的、时期、项目及方法、步骤、附则、附件等。
收藏单位：重庆馆、国家馆、湖南馆、南京馆、内蒙古馆、上海馆、浙江馆

01810
节约运动特辑 黄埔出版社编
中央陆军军官学校，1939.1，58页，64开（黄埔小丛书20）
收藏单位：重庆馆、南京馆

01811
解放后的上海工商业　金学成等编
上海：中国建设印务股份有限公司，1949.9，60页，16开
本书共5部分，内容包括：解放后上海工商大事记、上海经济上的重要问题概述、上海主要工业情况等。书前有上海市区轮廓图。
收藏单位：广东馆、国家馆、近代史所

01812
解放区工商政策　新民主主义经济研究社编
香港：新民主主义经济研究社，1949.5，62页，32开
本书共7章，内容包括：工商业的总政策、职工运动、共产党友党十团体对中共工商业政策之表示等。
收藏单位：上海馆

01813
今日工商之路　严凌编
上海：经济周报社，1947.7，104页，32开（工商经济丛书1）
本书为青年会工商经济研究会主办的工商经济讲座讲稿汇编。共9讲，内容包括：目前工商业不景气的原因、当前的工业问题、当前的商业问题、当前的财政问题等。
收藏单位：重庆馆、国家馆、华东师大馆、柳州馆、南京馆、内蒙古馆、上海馆、天津馆

01814
金碧余墨　施嘉干著
上海：新华顾问工程师事务所，[1949]，50页，22开
本书收文5篇：《云南实业对于政府新经建计划应有之认识》《改善民生从当前两大工业做起》《再谈滇越铁路问题》《西南初步建设方案与钢铁工业》《旅美观感》。
收藏单位：国家馆

01815
金华县经济调查　金华县商会编
金华县商会，1935.1，100页，36开
本书全部为表。内容包括：农业经济调查、工业经济调查、商业经济调查、矿业经济调查、公用经济调查等。
收藏单位：复旦馆、上海馆、浙江馆

01816
金融资本主义与中国　吴寿彭著
上海：神州国光社，1934.11，95页，36开
本书共9节，内容包括：外国金融资本之窥探、中国将为世界过胜资本之尾闾、外国资本在中国的已成势力、各国金融资本在华势力之衡量、中国在世界金融资本之中、引用外国资本必需在民主主义的原则之下等。
收藏单位：重庆馆、贵州馆、国家馆、湖南馆、华东师大馆、上海馆

01817
金融资本主义与中国　吴寿彭著
上海：远东图书公司，1929.2，95页，25开
收藏单位：安徽馆、广东馆、国家馆、湖南馆、吉林馆、近代史所、南京馆、上海馆、浙江馆

01818
金沙江区域调查纲目　金沙江工程处编
出版者不详，1941，50页，32开
本书内容包括：社会人事调查、经济调查工程资料之搜集等。
收藏单位：重庆馆

01819
津市经济情况参考资料　天津市人民政府工商局研究室编
天津市人民政府工商局研究室，1949，7册，16开
本书介绍该市粮食、津纺、市企等行业半年工作概况。
收藏单位：国家馆、天津馆

01820
紧急动员起来全力支援战争完成生产任务
冀东新华书店，[1948]，19页，32开
本书为1948年冬学政治教材。共8课，

内容包括：我们已经接近全国胜利了、人民解放军秋季攻势的大胜利、全力支援战争一切为了胜利、发财致富过好日子、组织起来劳动互助拨换工等。

收藏单位：国家馆、吉林馆、宁夏馆、山东馆

01821

近代中国经济社会　贾植芳著

上海：棠棣出版社，1949.9，297 页，25 开

本书共 4 编：清代国家之一般论述、清代国家之经济政策、清代社会构成、清末产业的诸系列。

收藏单位：安徽馆、东北师大馆、国家馆、辽大馆、内蒙古馆、天津馆

01822

近代中国经济史　钱亦石编著

[上海]：生活书店，1939.4，308 页，32 开

本书共 5 章：中国经济发展过程的鸟瞰、帝国主义与中国经济的影响、中国近代企业的发展过程、中国国民经济的概况、帝国主义在中国的经济势力。据作者在上海暨南大学和法政学院任教时的讲义编成。

收藏单位：重庆馆、广东馆、贵州馆、国家馆、湖南馆、吉大馆、近代史所、南京馆、上海馆、首都馆、中科图

01823

近年来国人对于福建经济问题研究总述　徐吾行著

福建省研究院社会科学研究所，1947，1 册，16 开

收藏单位：福建馆

01824

晋绥边区行署关于机关生产节约的指示　晋绥行署颁行

晋绥行署，1944.3，油印本，9 页，32 开

收藏单位：国家馆

01825

晋绥社会经济调查统计社年刊　晋绥社会经济调查统计社编

太原：晋绥社会经济调查统计社，1935.12，1 册，16 开

本书分 6 部分：插像、题词、插图、论著、调查统计、专载。“论著”部分收文 7 篇，内容包括：《美国白银政策之研究》（虚心）、《晋绥农村经济之滞塞与对策》（冷红）、《造产之重要性及其途径》（阎锡山）、《从货币谈到法币》（丁鸿逵）等。附本社成立之经过等。

收藏单位：国家馆

01826

京粤京湘两线安徽段芜湖市县经济调查报告书　铁道部财务司调查科查编

铁道部财务司调查科，[1931]，145—259 页，16 开（铁道部经济丛书）

本书为 1930 年铁道部经济调查队对芜湖地区所作的调查报告。共 10 篇：地理篇、人口篇、物产篇、交通篇、农业经济篇、矿业经济篇、工业经济篇、商业经济篇、社会概况篇、地方财政篇。

收藏单位：重庆馆、国家馆、南京馆、上海馆、首都馆

01827

京粤线安徽段经济调查总报告书　铁道部财务司调查科查编

铁道部财务司调查科，[1929]，344 页，16 开（铁道部经济丛书）

本书为 1929 年 5 月铁道部经济调查队对该段沿线及附近地区所作（当涂及休宁等 13 个县）的调查报告。共 10 部分：总述、地理、人口篇、物产篇、交通篇、农业经济篇、矿业经济篇、工业经济篇、商业经济篇、社会概况。

收藏单位：安徽馆、重庆馆、贵州馆、国家馆、南京馆、上海馆、首都馆

01828

京粤线福建段福州市县经济调查报告书　铁道部财务司调查科查编

铁道部财务司调查科，[1933]，1 册，16 开

（铁道部经济丛书）

本书内容包括：地理篇、人口篇、物产篇、交通篇、农业经济篇、林业经济篇、渔业经济篇、工业经济篇、商业经济篇、社会概况篇、地方财政篇等。

收藏单位：重庆馆、福建馆、广东馆、国家馆、吉林馆、南京馆、上海馆、首都馆、浙江馆、中科图

01829

京粤线福建段经济调查报告书　铁道部业务司调查科编

铁道部业务司调查科，[1933]，198 页，16 开（铁道部经济丛书）

本书为 1929 年 5 月铁路部经济调查队对该路段及附近地区（包括福建省沿海及内陆 22 个县）所作的调查报告。共 5 篇：工业篇、商业篇、物产篇、交通篇、杂述篇。

收藏单位：重庆馆、福建馆、桂林馆、国家馆、河南馆、南京馆、上海馆、中科图

01830

京粤线浙江段经济调查总报告书　铁道部财务司调查科查编

铁道部财务司调查科，[1930]，1 册，18 开（铁道部经济丛书）

本书为 1929 年 5 月铁道部经济调查队对京粤线浙江段及附近地区 21 个县所作调查的报告。共 11 部分：总述、地理篇、人口篇、物产篇、交通篇、农业经济篇、矿业经济篇、工业经济篇、商业经济篇、地方财政篇、社会概况篇。

收藏单位：重庆馆、国家馆、南京馆、上海馆、首都馆、浙江馆

01831

京粤沿线经济志略　陈震异编

铁道部，1929，1 册，32 开

本书记载安徽、浙江、福建、广东、广西、贵州等省份下属各县的地理位置、人口、物价、工资、生产情况等。

收藏单位：首都馆、西交大馆

01832

京粤支线浙江段杭州市县经济调查报告书

铁道部财务司调查科查编

铁道部财务司调查科，[1930]，10+176 页，16 开（铁道部经济丛书）

本书共 9 篇：地理篇、户口篇、物产篇、农业经济篇、工业经济篇、商业经济篇、交通篇、社会概况篇、地方财政篇。所辑资料截至 1930 年初。

收藏单位：重庆馆、国家馆、南京馆、首都馆

01833

经济部报告　[经济部编]

经济部，[1940]，油印本，11 页，16 开，环筒页装

本书内容包括：奖助工业法规之修订、后方工业之发展、物资的管制、水道运输与灌溉等。

收藏单位：国家馆

01834

经济部报告　经济部编

经济部，1941.10，30 页，18 开

本书共 6 部分：引言、国营事业之发展、民营事业之奖助、省营事业之调整、物资及物价之管制、生产数量与困难情形。

收藏单位：国家馆、近代史所

01835

经济部答复案（关于经济区域及公家工厂技术工人案等）　[经济部编]

经济部，[1940]，油印本，1 册，16 开，环筒页装

本书为经济部答复参议员询问案的记录。内容包括：经济区域及公家工厂技术工人案、矿产品出口成本问题、煤焦定价问题、酒精厂商不堪二重出厂税案等。

收藏单位：国家馆

01836

经济部答复案（关于政府管制物价案等）

[经济部编]

经济部，[1942]，油印本，1 册，16 开，环筒页装

本书为经济部答复参议员询问案的记录。内容包括：关于物价管制、抗战建国与工业发展、地方经济问题等。

收藏单位：国家馆

01837

经济部第二期战时工作实施方案 经济部编

经济部，[1939]，12+66 页，18 开

本书为 1939—1940 年度工作实施方案。内容包括：总纲、农林、矿业、工业、商业、水利等。

收藏单位：安徽馆、国家馆、南京馆

01838

经济部第二期战时行政计划 经济部编

经济部，[1939]，18 页，16 开

本书内容包括：总纲、农林、矿业、工业、商业、水利等。

收藏单位：安徽馆、国家馆、南京馆

01839

经济部对第三届国民参政会第一次大会各询问案之答复

经济部，[1941]，油印本，1 册，18 开，环筒页装

本书为经济部对该次大会各询问案的答复。内容包括：桂省锡价案之答复、关于河南经济建设案之答复、物价取何种政策案之答复等。

收藏单位：国家馆

01840

经济部对于参政员询问案之答复

经济部，[1940]，油印本，1 册，13 开，环筒页装

本书收录关于物价问题、敌货问题、物价贸易政策及工业投资等问题之答复案等。

收藏单位：国家馆

01841

经济部对于第三届国民参政会第二次大会决议案办理情形报告表

经济部，[1944]，油印本，1 册，18 开，环筒页装

收藏单位：国家馆

01842

经济部二十八年工作进度报告 经济部编

经济部，1939—1940.2，2 册，18 开

本书分上、下期，各 6 部分：总纲、农林、矿业、工业、商业、水利。

收藏单位：广东馆、国家馆、南京馆

01843

经济部二十八年上半年度工作总检阅报告表 经济部编

经济部，[1939]，油印本，1 册，16 开

本书收录农林、矿业、工业、商业、水利等的工作报告。

收藏单位：国家馆

01844

经济部工矿商业复员计划

经济部，[1945]，油印本，1 册，16 开，环筒页装

本书分 3 章：计划纲要、计划正文、计划准备。第 1 章共两部分：工作要点、计划总表；第 2 章共 18 部分，内容包括：后方国营工矿业调整计划、后方民营工矿事业调整计划、调整进出口贸易计划、恢复外销物资生产计划、省营企业调整计划等；第 3 章共 3 部分：接收机构准备、人员器材准备、敌后工作准备。

收藏单位：国家馆

01845

经济部工作报告概要 经济部编

经济部，[1941]，油印本，34 页，16 开

经济部，[1941—1945]，油印本，34 页，16 开

本书内容包括：促进工矿事业、工矿生产状况、管理物资及物价等。

收藏单位：国家馆、南京馆

01846
经济部工作计划（三十至三十四年度）
经济部，1941—1945，油印本，1册，18开，环筒页装
收藏单位：重庆馆、国家馆、南京馆、中科图

01847
经济部工作简报　经济部[编]
经济部，[1946]，油印本，14页，16开，环筒页装
本书共6部分，内容包括：保障收复区法人之合法利益、集中主持敌伪资产之接收及处理、敌伪产业价值之初步估计、初步建置重要事业等。
收藏单位：国家馆、南京馆

01848
经济部合办事业总表　经济部合办事业监理委员会编
经济部合办事业监理委员会，1929.10，油印本，2册，16开
收藏单位：南京馆

01849
经济部冀热察绥区特派员办公处会计室工作报告书　彭树青述
经济部，1947.1，140页，16开
本书大部分为表。共11部分，内容包括：本处接收各单位动态要略、本室成立经过、本室组织情形、本室人事之派用、工作人员之分配等。
收藏单位：国家馆、南京馆

01850
经济部三十年度工作计划
经济部，1941，油印本，1册，18开，环筒页装
本书共8部分：绪言、经济管制与辅导、矿业、工业、电业、商业、合作事业及农村金融、水利。
收藏单位：国家馆

01851
经济部三十一年度工作计划
经济部，[1942]，油印本，1册，16开，环筒页装
本书共两部分：普通政务计划、特别建设计划。第1部分共6章：经济管制、企业、矿业、工业、电业、商业；第2部分共17章，内容包括：资源委员会、中央工业试验所、矿冶研究所、农本局、平价购销处、商标局、商品检验局等。附表。
收藏单位：国家馆、南京馆

01852
经济部三十二年度施政计划
经济部，[1943]，油印本，1册，13开，环筒页装
本书共6部分：编订法规、国营事业、民营事业、物资管制、注册登记及检验、调查研究及试验。附经济部三十二年度施政计划进度表、经济部主管三十二年度岁出经常门常时部份概算书、经济部主管三十二年度经济建设费岁出概算书等7种。
收藏单位：国家馆、南京馆

01853
经济部三十三年度工作计划
经济部，1944，油印本，1册，16开，环筒页装
本书共5部分：法规编订、工矿生产、工矿奖助、工矿研究、物资管制。附经济部三十三年度工作计划简明表、工作计划分月进度表、工作计划与经费概算互检表。
收藏单位：重庆馆、国家馆、南京馆、中科图

01854
经济部三十四年度工作计划
经济部，1944，油印本，1册，16开，环筒页装
本书共3部分：修订经济法规、筹维战后计划、厘定工业标准。附分月进度表。
收藏单位：国家馆

01855
经济部资源委员会工作报告　经济部资源委员会编
经济部资源委员会，[1941.11]，32 页，32 开
　　本书共 4 部分：总述、关于政策方针之执行情形者、关于中心工作之实施进度与成效者、关于工作过程中所感之缺点与困难者。附表 17 种。
　　收藏单位：广东馆、国家馆、南京馆

01856
经济部资源委员会卅三年度工作实施计划
经济部资源委员会编
经济部资源委员会，[1944]，油印本，1 册，32 开，环筒页装
　　本书收录该会 1944 年度工作计划纲要。共 5 部分：计划提要、计划正文、工作计划简明表、工作计划分季进度表、重工业建设专款概算表。
　　收藏单位：国家馆、南京馆

01857
经济参考资料（工业）　中央商业处编
北平：中央商业处，1949，836 页
　　收藏单位：东北师大馆、国家馆、近代史所

01858
经济参考资料（蒋管区经济紧急措施方案实施前后）
[冀鲁豫区财经办事处]，1947，10+95 页
　　收藏单位：广东馆、近代史所

01859
经济参考资料（矿业）　中央商业处编
北平：中央商业处，1949，2 册（656 页），16 开
　　本书分上、下两册：金属矿、非金属矿。
　　收藏单位：东北师大馆、国家馆、近代史所

01860
经济参考资料（农业）　中央商业处编
北平：中央商业处，1949，444 页，18 开
　　收藏单位：东北师大馆、国家馆

01861
经济参考资料（皮毛）　中央人民政府贸易部编
北平：中央人民政府贸易部，1949，132 页，16 开
　　收藏单位：国家馆

01862
经济地理　卢世延编
出版者不详，[1911—1949]，110 页，16 开（福建省县政人员训练所讲义）
　　收藏单位：广东馆

01863
经济地理与中国问题　韩亮仙著
南京：韩亮仙 [发行者]，1934.1，246 页，22 开
　　本书共 7 章，内容包括：中国三大河流系统的经济意义、中国的海岸线与对外贸易、中国农村经济与农民问题、中国产业资本（包括国外资本）的发振等。
　　收藏单位：重庆馆、广西馆、国家馆、湖南馆、江西馆、近代史所、南京馆

01864
经济动员论　军事委员会办公厅第四处编
南京：军用图书社，1937.1，90 页，36 开
　　本书共 9 节，内容包括：经济动员、预测之战争、防御计划、战时之食粮、平时经济及国防经济等。
　　收藏单位：安徽馆、重庆馆、广东馆、南京馆

01865
经济动员与节约运动　罗敦伟著
军事委员会政治部，1942.2，90 页，32 开（时事问题 14）
　　本书共 5 章：经济动员的必要性、经济动员与经济统制、战时节约的理论、战时节约的方法、强制节约的实例。

收藏单位：重庆馆、国家馆、南京馆、上海馆

01866
经济动员与统制经济　刘大钧著
长沙：商务印书馆，1939.1，172页，25开（国民经济研究所丛书3）
本书论述抗战时期我国实行经济统制的经过。共10章，内容包括：抗战期中之法币与外汇统制、再论外汇统制、统制消费、战时物价统制、欧美各国之统制贸易等。附中国今后应采之经济统制政策。
收藏单位：安徽馆、重庆馆、广东馆、贵州馆、桂林馆、国家馆、吉林馆、南京馆、浙江馆

01867
经济封锁　顾翊群讲
中央训练团党政训练班，1940.5，116页，32开（中央训练团党政训练班讲演录）
本书简论抗战期间日寇对我国的经济封锁及我国进行的反封锁斗争。
收藏单位：广东馆

01868
经济封锁与反封锁　常奥定著
出版者不详，[1943]，56页，23开
本书内容包括：经济封锁与反封锁的意义、经济封锁在战争中的重要性、敌人怎样对我经济封锁等。
收藏单位：重庆馆、广东馆、南京馆

01869
经济改革方案
行政院新闻局，1947.8，14页，32开
本书共3部分：关于金融者、关于生产建设者、关于财政者。
收藏单位：安徽馆、长春馆、重庆馆、广东馆、广西馆、贵州馆、桂林馆、国家馆、吉林馆、江西馆、近代史所、辽宁馆、南京馆、陕西馆、上海馆、首都馆、天津馆、中科图

01870
经济改革方案
中国农民银行总管理处，[1911—1949]，18页，16开
本书内容包括：经济改革方案、有关经济改革方案提案要点表、有关经济提案之处理办法案等。
收藏单位：安徽馆、重庆馆

01871
经济改革方案实施办法草案修正本
出版者不详，1948，油印本，1册，16开，活页装
本草案涉及金融、生产建设（包括农业、工业、商业、交通等）、财政3方面。
收藏单位：国家馆

01872
经济改革方案特辑　余行鲁编
中国全国工业协会江西会，1947.5，38页，25开
收藏单位：江西馆

01873
经济概要　杨东莼　陈彦舜著
上海：北新书局，1937.5，226页，25开
本书为高中教材。共7章：中国社会经济之特质、中国之农业、中国之工业、中国之商业、中国之金融、中国之财政、中国经济之改造。
收藏单位：广东馆、国家馆、吉林馆、南京馆、浙江馆

01874
经济概要　张务源编
江苏省区长训练所，[1912—1949]，1册，32开（江苏省区长训练所政治丛书9）
收藏单位：南京馆

01875
经济革命救国论　徐青甫著
杭州：浙江经济学会，1932.4，12+404页，22开

本书共 4 编：我国现状与成此纷扰之原因、我对于经济上之观感、我之救国方策及其施行程序、予拟方策之释疑。

收藏单位：重庆馆、东北师大馆、广东馆、国家馆、湖南馆、江西馆、近代史所、南京馆、内蒙古馆、天津馆、浙江馆、中科图

01876

经济革命救国论 徐青甫著

杭州：中国农民银行，1936.1，2 版，12+404 页，22 开

收藏单位：安徽馆、重庆馆、国家馆、江西馆、上海馆、浙江馆

01877

经济革命救国论的要旨 徐青甫讲

浙江财务人员养成所，[1932]，36 页，22 开

本书封面题名：徐青甫演讲稿。

收藏单位：浙江馆

01878

经济革命论的要旨 徐青甫著

杭州：浙江经济学会，[1932]，48 页，22 开

本书共 7 章：通则、产制、收购、运输、销售、罚则、附则。为著者《经济革命救国论》的要点。

收藏单位：重庆馆、广东馆、国家馆、河南馆、湖南馆、近代史所、南京馆、山西馆、上海馆、首都馆、浙江馆

01879

经济工作参考材料（第 1 辑） 太岳区经济局调查研究室编

太岳新华书店，1946.6，48 页，32 开

本书内容包括：两三年内完全学会经济工作、关于发展私人资本主义、民国三十五年边区行政工作方针、戎副主席关于民国三十五年经济和财政工作的发言等。

收藏单位：国家馆

01880

经济合作问题 中国国民党中央执行委员会宣传部编

中国国民党中央执行委员会宣传部，1940，72 页，42 开（中央宣传部丛书）

本书收文 10 篇，内容包括：《中日经济合作应有之认识》（褚民谊）、《论中日经济关系之新趋向》（陶希圣）、《中日经济合作与中国经济改造》（《中华日报》社评）、《和平战争与中国经济》（曾芝生）等。

收藏单位：国家馆、南京馆、上海馆

01881

经济建设 党军社编

党军社，1942.2，47 页，32 开（训练丛书 6）

本书节录蒋中正于 1935 年 9 月 16 日在峨嵋军训团的演讲词。共 4 章：经济建设要义、实业计划、钱币革命、国防十年计划书。

收藏单位：重庆馆、国家馆、内蒙古馆

01882

经济建设 夏含华编述

南昌：文化书店，[1911—1949]，147 页，32 开（扫荡丛书 12）

本书内容包括：农业、林业、矿业、工业、道路、水利、商港商埠建设、移民问题等。

收藏单位：广东馆、吉林馆、南京馆

01883

经济建设 中央执行委员会训练委员会编辑

连城：建国出版社，1942.3，85 页，32 开

本书共 3 章：经济建设要义、实业计划、钱币革命。

收藏单位：重庆馆

01884

经济建设 中国经济学社编

外文题名：Economic organization

上海：商务印书馆，1929.11，300 页，22 开（中国经济学社社刊 第 2 卷）

上海：商务印书馆，1933.12，国难后 1 版，300 页，22 开（中国经济学社社刊 第 2 卷）

上海：商务印书馆，1935.5，国难后 2 版，300 页，22 开（中国经济学社社刊 第 2 卷）

本书共8部分：卷首、经济一般、财政系统、赋税制度、金融货币、经济教育、交通经济、附载。附本社会务纪录。

收藏单位：安徽馆、重庆馆、东北师大馆、广东馆、广西馆、国家馆、河南馆、湖南馆、吉林馆、江西馆、近代史所、辽大馆、南京馆、内蒙古馆、宁夏馆、上海馆、天津馆、浙江馆

01885
经济建设概论　广西省政府教育厅[编]
广西省政府教育厅，1937.8，112页，32开

本书为该省地方经济建设教程。

收藏单位：桂林馆

01886
经济建设计划大纲　周亚卫著
出版者不详，[1940.10]，238页，32开

本书为著者依据《建国大纲》精神草拟的《经济建设计划大纲稿案》的总纲部分。共10条，内容包括：计划本质、计划要领、经济种分、经济建设方针、经济建设一般目标等。附建国总案要旨、政区案、中央机关及地方机关组织案、经济方针论。

收藏单位：重庆馆、广东馆、国家馆、南京馆、上海馆

01887
经济建设论　吴大琨著
南平：国民出版社，1944.5，124页，32开（《中国之命运》研究丛书）

本书共7章，内容包括：中国过去经济建设之检讨、抗战以来中国经济建设之进展、当前中国的经济建设与物价问题、今后中国经济建设之诸问题等。附国际通货协定与中国。

收藏单位：安徽馆、福建馆、国家馆、湖南馆、吉林馆、南京馆、内蒙古馆、上海馆、西交大馆、浙江馆

01888
经济建设论　朱伯康著
重庆：青年出版社，1944.12，138页，22开（青年丛书）

本书共10章：经济建设之理论根据、国民经济建设、交通建设、工业建设、农业建设、财政金融建设、国际贸易建设、经济建设中保护关税问题、经济建设中利用外资问题、结论。

收藏单位：安徽馆、重庆馆、东北师大馆、广东馆、贵州馆、国家馆、吉林馆、南京馆、上海馆

01889
经济建设论　朱伯康著
上海：中国文化服务社，1946.12，182页，32开（青年文库）

收藏单位：国家馆、南京馆、天津馆

01890
经济建设手册（1—6号）
出版者不详，1939.4，[66]页，32开，活页装

本书收录有关工农业、矿业建设的规章6种：中国经济建设纲领草案、组织须知、罗致人才须知、拟具计划须知、执行计划须知、管理事业须知。

收藏单位：国家馆、南京馆

01891
经济建设特刊　山东省政府建设厅编
山东省政府建设厅，1941.1，石印本，99页，18开

本书内容包括：民生主义经济建设的特质、中国农村经济的出路、中国合作运动的发展、帝国的经济现状与前途、建立经济情报之我见等。

收藏单位：广东馆、国家馆、近代史所

01892
经济建设问题
出版者不详，[1911—1937]，手抄本，1册，13开

本书内容包括：合作与实业合理化、水力问题、解决食粮问题与稻作改良等。

收藏单位：桂林馆

01893
经济建设要义·敌情研究　广东省教育厅编
广东省教育厅，[1940—1945]，2 册（14+46 页），32 开（小学教员暑期训练班补充教材 4）

本书为合订本。《经济建设要义》共 8 部分，内容包括：经济建设的意义、经济建设的主要方案、实业计划的要目、国民经济建设运动与实业计划、研究经济建设结论等。

收藏单位：国家馆

01894
经济建设与查田运动　毛泽东著
莫斯科、列宁格勒：苏联外国工人出版社，1934.6，45 页，32 开

本书内容包括：粉碎六次“围剿”与苏维埃经济建设任务（在南部十七县经济建设大会上的报告）、查田运动是广大区域内的中心重大任务、查田运动的初步总结等。

收藏单位：国家馆

01895
经济建设运动之实施方法　翁文灏讲
中央训练团党政训练班，1939，22 页，32 开（中央训练团党政训练班讲演录）

本书内容包括：国家观念的重要、经济生产的重要、工作的重要等。

收藏单位：重庆馆

01896
经济建设在西战场　陈适怀编著
民族革命出版社，1939.12，142 页，32 开（战地文化丛书 4）

本书共 3 章：抗战中经济建设的动向、经济建设在西战场、对目前经济建设应有的认识。附山西省抗战期内县村负担办法、晋察冀边区行政委员会制定合理负担实施办法。

收藏单位：重庆馆、国家馆

01897
经济建设之途径　祝世康著
新亚洲书局，1931.5，86 页，32 开

本书共 6 章：绪言、中国之经济病象、经济建设之意义、经济机关之需要、经济设计之要点、结论。

收藏单位：国家馆、南京馆、上海馆、浙江馆

01898
经济救国新策　宋海楼著
宋海楼 [发行者]，1932.1，[92] 页，23 开

本书论述实行经济救国关键在于采取 3 种政策：解决民生问题、改革盐政、实行禁烟。

01899
经济救国与缩小省区　宋渊源著
出版者不详，1934.7，修订版，38 页，22 开

收藏单位：广东馆、南京馆

01900
经济救国之研究　曾仰丰著
曾仰丰，1928.4，25 页，32 开

本书回顾我国经济发展的历史，探讨经济救国的道路。

收藏单位：上海馆

01901
经济抗战论　汪德余编著
上海：言行社，1940.1，74 页，32 开

本书共 4 章：中国经济抗战的急需、新经济抗战的计划、中国生产合作事业及其经营法、中国生产合作与妇女。

收藏单位：广东馆、国家馆、人大馆

01902
经济论丛　陈炳权著
广州大学，1938.2，386 页，22 开

本书收文 22 篇，内容包括：《商情循环》《资本主义国家的工商》《欧战后世界输出贸易之增进》《中国经济复兴运动》《银行业务与一般统计》《五年来南京物价之涨落》《中国最近工业概况》等。

收藏单位：国家馆、近代史所

01903
经济论丛　交通大学上海交通管理学院经济学会编辑
上海：广益书局，1929.11，2册（298+292页），22开（交通大学上海交通管理学院经济学会丛书1）
本书内容包括:《中山铁路计划之分析》（吴禄增）、《今后我国国有铁路运价之使命》（沈奏廷）、《一九二六年中东铁路概况》（褚同吉）、《我国今后之铁路政策论》（在中）、《世界交通事业之鸟瞰》（陈汝善）等。
收藏单位：安徽馆、甘肃馆、国家馆、湖南馆、江西馆、南京馆、上海馆、天津馆、浙江馆

01904
经济论丛　汪洪法　李超桓　刘佐人等著
广东省地方行政干部训练委员会（团），1942.7，154页，32开（地方行政丛刊2）
本书内容包括:《广东工业建设问题》（李超桓）、《农业上的三个基本政策》（汪洪法）、《发展战时农业的基本工作》（蓝天照）、《运用专卖制度与健全战时财政》（林猷甫）、《论地税上之地价》（余群宗）等。
收藏单位：重庆馆、广西馆、国家馆、南京馆

01905
经济论丛　杨寿标著
南昌：中国兴业出版股份有限公司，1948.1，226页，32开
本书收文17篇，内容包括:《农村经济与调查统计》《田赋酌征实物之检讨》《我国农业金融问题之总检讨》《国防建设与发展农业经济》《国家总动员与节约运动》等。
收藏单位：广东馆、贵州馆、国家馆、吉林馆、南京馆

01906
经济论丛　袁榜先编
出版者不详，[1948]，186页，25开
收藏单位：江西馆

01907
经济漫谈　施复亮著
重庆：文聿出版社，1944，96页，32开
本书内容包括：尝试一下、怎样写法、谈些什么、请求读者、考经济系等。
收藏单位：重庆馆、广东馆、贵州馆、国家馆、吉林馆、近代史所、宁夏馆、上海馆

01908
经济密报（17、19、27）　冀中财经办事处[编]
冀中财经办事处，1946.7，4张，8开
收藏单位：国家馆

01909
经济年报（第1卷）（日）阿部义信编
南京：日本商工会议所，1942.6，124页，16开
本书全部为统计表。共15部分，内容包括：南京人口动态、南京物价指数表并百分比率表、南京营业许可统计表、昭和十六年度市况概况等。
收藏单位：国家馆

01910
经济年鉴　耿世贤编
奉天（沈阳）：满蒙产业经济调查会，1934.3，14+430+752页，16开，精装
本书记录日伪统治时期我国东三省的地理、农业、工业、商业情况。
收藏单位：国家馆、辽宁馆、天津馆

01911
经济侵略下之中国　漆树芬著
上海：光华书局，1930，6版，454页，22开
上海：光华书局，1930.4，7版，70+454页，22开
上海：光华书局，1933.1，10版，66+454页，22开
上海：光华书局，1942，9版，454页，22开
本书分两部分：总论、各论。第1部分共5章，内容包括：甚么叫帝国主义呢、帝国主义在我国之史的发展、我国条约特质之分析

等；第2部分共3编：商埠论、交通论、国际投资论。书名页题：帝国主义铁蹄下的中国。

收藏单位：安徽馆、长春馆、重庆馆、东北师大馆、广西馆、国家馆、江西馆、辽东学院馆、宁夏馆、上海馆、绍兴馆、浙江馆

01912

经济侵略与中国（原名，帝国主义与中国）

高尔松　高尔柏编

中国经济研究会，[1926]，328页，32开

本书收录论述帝国主义侵略中国的短文24篇，内容包括:《帝国主义浅说》(一峰)、《何谓帝国主义》(李达)、《帝国主义侵略中国之各种方式》(屈维它)、《帝国主义侵略中国的实况》(萧楚女)、《中国已脱离了国际帝国主义侵略的危险么?》(张国焘)、《帝国主义与义和团运动》(彭述之)、《辛丑条约与帝国主义》(周恩来)、《反帝国主义运动与国民党》(瞿秋白)、《反帝国主义运动》(韩觉民)等。

收藏单位：安徽馆、重庆馆、国家馆、江西馆、浙江馆

01913

经济审查委员会审查报告　经济审查委员会编

经济审查委员会，[1945—1949]，[24]页，16开

01914

经济史参考材料　傅筑夫编

中央政治学校，1934.1，256页，16开

收藏单位：南京馆

01915

经济提携概要　中华东亚联盟协会汕头分会编纂

汕头：中华东亚联盟协会汕头分会，1941.8，10页，32开

收藏单位：南京馆

01916

经济通讯社一周年纪念特刊　孟月镜　沈道一主编

绍兴：经济通讯社，1946.10，20页，16开

本书内容包括：经济社成立周年谈绍兴商运、一年来平水茶叶之概况、本邑之电气事业等。

收藏单位：国家馆、南京馆、浙江馆

01917

经济统计（民国二十七至三十、三十二至三十六年）　经济部统计处编制

经济部统计处，1941—1947，油印本，6册，横16开

本书民国二十七至三十年为1册，其余每年1册。全部为统计表，内容包括矿业、工业、电业、商业等。

收藏单位：重庆馆、国家馆、南京馆、中科图

01918

经济统计汇编

中国联合准备银行调查室，1938，56页，16开

收藏单位：南京馆

01919

经济统计图　浙江省合作金库调查组制

[浙江省合作金库调查组]，[1930—1939]，14幅，25×39cm，活页装

本书内容包括：1938年法币对各国货币汇率变动图、白银出口平衡税税率变动图、上海汇划市场汇划率变动图、公债价格变动图、出口货物价格变动图及各国对华贸易比较图等。

收藏单位：国家馆

01920

经济统计图表一览　浙江财务人员养成所编

浙江财务人员养成所，[1928—1949]，1册，20×27cm

收藏单位：浙江馆

01921

经济统计摘要　王毓霖编

北平：友联中西印字馆，[1935]，13+300 页，18 开，精装

本书全部为表。分两部分：本国之部、世界之部。各部内容包括：土地人口、农业、矿产、工商业、林牧渔、铁路交通、财政金融、国际贸易、物价指数及生活费指数等。

收藏单位：重庆馆、东北师大馆、广东馆、桂林馆、国家馆、河南馆、湖南馆、吉大馆、江西馆、近代史所、辽大馆、南京馆、内蒙古馆、宁夏馆、上海馆、首都馆、天津馆、浙江馆、中科图

01922
经济文丛　薛暮桥等著
苏中第四行政区专员公署财经处，1945.10，34 页，32 开

本书为干部业务参考材料之一。收文 5 篇，内容包括：《论新民主主义经济》《货币斗争的几个重要问题》《山东对敌经济斗争的巨大胜利》等。

收藏单位：南京馆

01923
经济问题研究资料
出版者不详，[1940—1945]，油印本，2 册（34+38 页），32 开

本书内容包括：国内经济大势与改革之必要、当前的财政危机、抗战后苏英美对我国借款等。介绍抗日根据地、边区及大后方的工业、农业发展，人民生活改善调查，征粮工作等各种经济工作情况研究。

收藏单位：国家馆

01924
经济问题与财政问题　毛泽东著
大众日报社，1943.12，93 页，64 开

本书为毛泽东 1942 年 12 月在陕甘宁边区高级干部会议上所作的报告。共 10 部分，内容包括：关于过去工作的基本总结、关于发展农业、关于发展畜牧业、关于发展军队的生产事业、关于粮食工作等。

收藏单位：国家馆、山东馆

01925
经济问题与财政问题　毛泽东著
佳木斯 [等]：东北书店，1946.11，175 页，32 开
佳木斯 [等]：东北书店，1949.3，175 页，32 开

收藏单位：重庆馆、东北师大馆、国家馆、黑龙江馆、吉林馆、近代史所、南京馆、宁夏馆、山东馆、陕西馆、天津馆

01926
经济问题与财政问题　毛泽东著
华北新华书店，1947.4，228 页，32 开

收藏单位：安徽馆、国家馆、山西馆、浙江馆

01927
经济问题与财政问题　毛泽东著
冀鲁豫书店，1944.7，184 页，32 开

收藏单位：国家馆

01928
经济问题与财政问题　毛泽东著
胶东联合社，1943.12，56 页，32 开

收藏单位：国家馆、南京馆、山东馆

01929
经济问题与财政问题　毛泽东著
延安：解放社，1942.12，234 页，32 开
延安：解放社，1944.1，订正再版，234 页，32 开

收藏单位：重庆馆、国家馆、南京馆、山东馆、山西馆、西南大学馆

01930
经济问题与财政问题　毛泽东著
晋察冀边区行政委员会，1943.12 翻印，油印本，62 页，32 开

收藏单位：国家馆

01931
经济问题与财政问题　毛泽东著
晋察冀日报社，1943，68 页，32 开

收藏单位：国家馆

01932
经济问题与财政问题 毛泽东著
临沂［等］：山东新华书店，1946.6，171页，32开
收藏单位：国家馆、辽宁馆、南京馆、山东馆

01933
经济问题与财政问题 毛泽东著
上海合众出版社，1946，78页，32开
收藏单位：吉林馆、南京馆

01934
经济问题与财政问题 毛泽东著
苏北新华书店，1949.6，178页，32开
收藏单位：国家馆、南京馆

01935
经济问题与财政问题 毛泽东著
延安：新华书店，1944，60页，32开
上海：新华书店，1946，78页，32开
收藏单位：河南馆、近代史所、南京馆、山西馆、浙江馆

01936
经济问题与财政问题 毛泽东著
张家口：新华书店晋察冀分店，1946，80页，32开
收藏单位：贵州馆

01937
经济问题与财政问题 毛泽东著
［香港］：新民主出版社，1943.12，64页，32开
香港：新民主出版社，1946.3，60页，32开
香港：新民主出版社，1947.8，再版，217页，32开
香港：新民主出版社，1949.7，3版，217页，32开
收藏单位：重庆馆、广东馆、国家馆、山东馆

01938
经济问题与财政问题 毛泽东著
智慧出版社，1949.5，63页，32开（智慧丛书4）
本书附论合作社、组织起来、论合作社的方针、二三年内完全学会经济工作。
收藏单位：安徽馆、南京馆、绍兴馆

01939
经济问题与财政问题 毛泽东著
中共晋绥分局，1944，56页，32开
收藏单位：国家馆、山西馆

01940
经济问题与财政问题 毛泽东著
中共晋绥总学委会，[1943.4]，139页，25开
收藏单位：重庆馆

01941
经济问题与财政问题 毛泽东著
中共中央北方局，[1942—1949]，139页，32开
收藏单位：国家馆

01942
经济问题与财政问题 毛泽东著
开封：中原新华书店，1949.2，176页，32开
收藏单位：国家馆、湖北馆、山东馆

01943
经济问题与财政问题 毛泽东著
出版者不详，[1942—1949]，38页，32开
收藏单位：浙江馆

01944
经济新措施的意义与成效 中国国民党中央执行委员会宣传部编
中国国民党中央执行委员会宣传部，1947.10，25页，32开
本书为提请国民党三中全会会议讨论研究的方案之一，内容包括：农业、工业、商业、交通、增产物质稳定物价等。
收藏单位：重庆馆、广东馆、国家馆、吉

林馆、辽宁馆、南京馆、天津馆

01945
经济行政 翁文灏等著
[中央政治学校]，[1929—1946]，311+31页，大32开（中央政治学校公务员训练部高等科讲义）

本书收录演讲词、讲义等20种，内容包括：《经济建设要旨》（翁文灏）、《经济行政机关之组织》（吴景超）、《农产改良与推广》（沈宗瀚）、《工矿业行政》（欧阳仑）等。

收藏单位：南京馆

01946
经济行政 中央训练委员会编辑
中央训练委员会，1943.8，234页，32开

本书为县各级干部人员训练教材。共8章：绪论、经济行政机关之组织与沿革、工业行政、矿业行政、商业行政、工矿调整与工商业奖助、物资管制、重要同业工会及商会之组设与管制。附经济部组织法、工厂法、矿业法等。

收藏单位：重庆馆、东北师大馆、甘肃馆、广东馆、广西馆、贵州馆、国家馆、湖南馆、吉林馆、江西馆、陕西馆、西南大学馆

01947
经济行政 [中央政治学校编]
[中央政治学校]，[1929—1946]，311+32页，18开（中央政治学校公务员训练部高等科讲义）

本书内容包括：经济建设要旨、经济行政机关之组织与职务、农产改良与推广、我国今日之合作运动等。

收藏单位：国家馆

01948
经济游击战 国民出版社编辑
金华：国民出版社，1939.9，2版，58页，32开（国民知识丛书 第1辑）
金华：国民出版社，1939，3版，58页，32开（国民知识丛书 第1辑）
金华：国民出版社，1939.10，4版，58页，32开，精装（国民知识丛书 第1辑）

本书共6章：绪论、战区的经济政策与经济战略、战区的金融政策、战区的财政政策、战区的经济建设、经济游击队。

收藏单位：重庆馆、国家馆、江西馆、近代史所、南京馆、西南大学馆

01949
经济与建设（太湖东南第二期清乡地区） 清乡委员会驻浙办事处第五处秘书室编辑
杭州：豫泰和印刷纸号，1943，2册，16开

本书分弁言、论文、演词、调查、统计等部分。内容包括：太湖东南第二期清乡地区全图、《经济建设与民生问题》、《清乡运动与经济复兴》、太湖东南第二期清乡地区田地价格调查表等。

收藏单位：国家馆、上海馆、浙江馆

01950
经济政策（初稿） 林葆忠编著
出版者不详，[1940—1949]，54页，32开（福建省地方行政干部训练团社会工作人员训练班讲稿2）

本书收文4篇：《中国国民党经济政策》《钱币政策》《粮食问题与粮食政策》《贸易政策》。

收藏单位：国家馆、南京馆

01951
经济政策参考资料 翁文灏等著
中央训练团党政高级训练班，1944.2，124页，32开

本书收文8篇，内容包括：《中国经济建设概论》（翁文灏）、《中国经济建设的前瞻》（翁文灏）、《中国经济革新的回顾与前瞻》（翁文灏）、《关于中国工业化的几个问题》（翁文灏）、《中国应当建设的工业区与工业》（吴景超）、《战后应采之经济政策及工业政策》（陈伯庄）等。

收藏单位：贵州馆、国家馆、南京馆

01952
经济政策概论 郑里镇编
广州：原道印刷所，1948，118 页，36 开
收藏单位：广东馆

01953
经济政策意见书 国民经济研究所具拟
[国民经济研究所]，[1934—1949]，3 册（938 页），16 开
本书分 3 部分：货币政策、金融政策、商业政策。第 1 部分共 7 章，内容包括：稳定物价之检讨与今后之物价政策、低廉资金政策、设立货币金融管理委员会之建议等；第 2 部分共 11 章，内容包括：中央银行之资本组织及其今后之业务方针、设立金融管理局之建设、银行资本之合并集中与各地金融之均衡发展、设立不动产抵押银行、确立农业金融制度等；第 3 部分共 4 章：引言、国内商业、国外商业、实施商业政策之机构。
收藏单位：国家馆

01954
经济政策与职工政策 智慧出版社编
智慧出版社，1949.6，28 页，36 开（智慧丛书 5）
本书共 3 部分：新民主主义的经济政策、新民主主义的职工政策、职工运动当前任务的决议。
收藏单位：北师大馆、南京馆

01955
经济之研究 广州岭南大学经济学会编辑
广州：岭南大学经济学会，1928.6，1 册，16 开
收藏单位：上海馆

01956
经济资料辑要（第 1 辑 矿业类） 立法院经济及资源委员会编
立法院经济及资源委员会，1948.11，115 页，32 开
本书共 17 部分：概况、钢铁、锰、钨、铜、铅锌、铝、锡、锑、金银、汞、食盐、石膏、硫、水泥、煤、石油。
收藏单位：国家馆、南京馆、首都馆

01957
经济作战论 颜悉达著
重庆：拔提书店，1944.6，63 页，32 开
本书共 5 章：经济作战之意义、经济作战之原则、经济作战之史的分析、中日经济作战之回顾、经济作战之应付方案。
收藏单位：重庆馆、国家馆、南京馆

01958
经建概况
出版者不详，[1911—1949]，165 页，大 32 开
收藏单位：南京馆

01959
经建四则 中国经济建设协会编
中国经济建设协会，[1940]，30 页，25 开（中国经建协会丛刊 1）
本书内容包括：罗致人才须知、拟具计划须知、执行计划须知、管理事业须知。
收藏单位：重庆馆、国家馆、南京馆

01960
经建五论 陈伯庄著
重庆：中国经济建设协会，1943.9，86 页，32 开
重庆：中国经济建设协会，1944，再版，86 页，32 开
本书共 5 部分：总论、农业、工矿业、交通、国际经济。
收藏单位：重庆馆、广东馆、贵州馆、国家馆、湖南馆、吉林馆、辽大馆、南京馆、宁夏馆、上海馆、首都馆、浙江馆

01961
精简节约运动汇辑 河南军区政治部编
河南军区政治部，[1940—1949]，32 页，32 开
收藏单位：国家馆

01962
九江经济调查 江西省政府经济委员会编
南昌：江西省政府经济委员会，1934.7，92页，18开（江西省政府经济委员会丛刊6）
本书内容包括：引言、概说、土地、人口、物产、工业、商业、贸易、金融、财政、交通、劳工等。
收藏单位：重庆馆、国家馆、上海馆

01963
九一八后我国之损失 日本评论社编辑
外文题名：National loss after 9.18
南京：正中书局，1933.6，30页，32开（日本研究会小丛书15）
本书共4部分：前言、九一八后东北损失统计、一二八沪变损失统计、结语。
收藏单位：重庆馆、广西馆、国家馆、江西馆、南京馆、人大馆、上海馆、天津馆

01964
救穷策 陈小蝶提议
出版者不详，[1911—1949]，4页，16开
收藏单位：上海馆

01965
救危三策 覃寿公著
北京：华国印书局，1916.8，122页，25开
本书内容包括：军队问题、交通问题、农业问题等。
收藏单位：国家馆、近代史所、南京馆、人大馆

01966
就经济战斗力推论中日战争胜负的关键 林通经著
上海：南华出版社，1938.10，58页，32开
本书共5节：经济战争在现代国际战争中的地位、经济战斗力与经济含蓄力、中日经济含蓄力的比较、中日经济战斗力的比较、中日战争全局胜负的关键。附对抗敌人的经济掠夺。
收藏单位：北师大馆、广东馆、国家馆、吉林馆、南京馆、武大馆

01967
开发川南大凉山之计划 蜀子著
出版者不详，[1911—1949]，[14]页，16开
收藏单位：广东馆

01968
开发四川资源方案 四川省动员委员会资源组编
四川省动员委员会资源组，1938.6，[78]页，16开，环筒页装
本书共4部分：动力资源、金属资源、化学资源、服装资源。
收藏单位：重庆馆、国家馆、近代史所

01969
开发西北计画书 刘镇华著
出版者不详，[1931]，74页，18开
本书共4章：经营西北之必要、交通线之计画、农工交通各业分期进行方案、结论。
收藏单位：重庆馆、东北师大馆、国家馆、黑龙江馆、辽宁馆、南京馆、山西馆、首都馆

01970
开发西北实业计划 张人鉴著
北平：张人鉴，1934.1，10+342页，22开
本书共10章，内容包括：开发西北之理由、开发西北先决问题、西北富藏之调查、采冶计划、交通建设计划、农林畜牧改良计划等。附西北矿业概况、西北每年输入货物表、新疆每年输入输出货物表等。
收藏单位：甘肃馆、国家馆、河南馆、南京馆、上海馆、天津馆、中科图

01971
开发西北协会第三届理事会工作概况 开发西北协会编
[南京]：开发西北协会，1936.8，8页，16开
本书收录该会1934—1936年间的工作报告。内容包括：增设分会及通讯处、发行月刊专刊及小丛书、调查与通讯等。
收藏单位：南京馆

01972

开发西北协会第三届年会会议录　开发西北协会编

[南京]：开发西北协会，1936.9，36页，16开

本书内容包括：会议纪录、提案、讲演词、大会宣言等。附出席会员姓名录、年会秘书处职员录。

收藏单位：甘肃馆、南京馆、上海馆

01973

开发西北协会第一届年会报告书　开发西北协会编

南京：开发西北协会，[1933]，66页，18开

本书收录序言、会议录、演词报告提案杂录等。"演词报告提案杂录"部分内容包括：本会简章修正全文、恢复西北大学案原文、促进西北民众教育案原文、禁绝西北鸦片案原文、在上海设立分会案原文等。

收藏单位：国家馆、近代史所、南京馆

01974

开发西北协会会员录　开发西北协会编

[南京]：开发西北协会，1934.6，102页，22开

本书全部为表。项目包括：姓名、别号、籍贯、学历、现职、组别、通信处等。

收藏单位：国家馆

01975

开发西北与设计问题　时伯斋著

北平：时伯斋，1934，16页，32开

收藏单位：国家馆

01976

开发西北之先决问题　马霄石著

出版者不详，1933.9，69页，32开

收藏单位：国家馆、华东师大馆、吉林馆、南京馆

01977

开发西南与抗战建国　陈正祥编著

重庆：独立出版社，1939.6，52页，50开（抗战建国小丛书）

重庆：独立出版社，1940，7版，52页，50开（抗战建国小丛书）

本书共9部分，内容包括：今日西南地位的重要及其开发的必然性、开发西南声中的教育改革、开发西南声中的造林问题、开发西南声中的畜牧问题等。

收藏单位：重庆馆、贵州馆、国家馆、南京馆

01978

开发荥经天全资源补助后方国防建议书　王锡圭著

出版者不详，[1911—1949]，58页，18开，环筒页装

本书共3章：荥经金属资源之分析、荥经天全化学资源之分析、荥经动力资源之分析。

收藏单位：重庆馆

01979

开发资源与西南新经济建设　张国瑞著

桂林：西南导报社，1939.11，112页，32开

桂林：西南导报社，1939.12，再版，112页，32开

本书收文7篇:《如何建设西南》《今日开发西南之先决条件》《我们需要一个西南最高的经济计划机关》《西南工业建设的动力问题》《调整战时西南贸易政策之商榷》《一年来西南经济建设之检讨》《今后西南新经济建设之途径》。其中大多曾在《西南导报》第1—2卷上发表过。

收藏单位：重庆馆、广东馆、国家馆、湖南馆、吉林馆、江西馆、近代史所、南京馆

01980

抗日经济战略　寿进文著

重庆：中山文化教育馆，1938.5，36页，32开（抗战丛刊31）

本书共6部分：炮火下的我国国民经济、敌人经济侵略的新阴谋、怎样展开我们的经济攻防战、在抗战中发展民族经济、战时一般经济对策述评、结论。

收藏单位：重庆馆、国家馆、南京馆

01981
抗战八年之川康后防　邓锡侯著
川康绥靖主任公署秘书处，1946.1，92页，32开（邓晋康先生讲演辑录1）
本书共24部分，内容包括：返川抵蓉答记者问、对记者谈川康军政措施之要、告川康民众书、目前四川的几个实际问题、国内外战争形势与我们的责任等。
收藏单位：重庆馆、近代史所、内蒙古馆、宁夏馆

01982
抗战建国纲领与广西建设纲领　孙治公著
南宁：民团周刊社，1939.6，50页，32开（丙种丛刊第1种）（基本认识丛刊第2辑7）
本书共7部分，内容包括：政治纲领、经济纲领、文化纲领、军事纲领、外交纲领等。
收藏单位：安徽馆、重庆馆、广东馆、国家馆

01983
抗战建国与计划经济　韩祖德著
出版者不详，[1937]，32页，32开
本书简述抗战期间的计划经济问题。内容包括：如何实行计划经济、军需独立之计划、如何发展农村经济、开发全国矿产、国营工业类别等。
收藏单位：国家馆

01984
抗战建国之经济建设工作报告
经济部，1938.6，65页，32开
收藏单位：南京馆

01985
抗战建国中交通财政经济金融各界人员之职责　蒋中正[著]
重庆：中央秘书处文化驿站总管理处，1943.6，32页，64开
本书为著者在党政训练班毕业典礼上的讲话词。内容包括："中国建国能否成功，完全取决于经济能否健全发展""推进经济建设，是实行主义最有效的方法，希望大家发挥革命精神，运用科学方法，完成任务""大家要时刻警惕，廉隅自守，扫除财政、金融、经济、交通各界过去的积弊，造成新的风气，树立新的信仰"等。
收藏单位：重庆馆、南京馆

01986
抗战建国中四川经济建设之动向　陈筑山著
成都：四川省政府建设厅编审股，1940.10，34页，32开（四川建设丛书1）
本书简述战时四川省建设的重要性及建设目标，介绍推动四川经济建设的主要机构部门。
收藏单位：重庆馆、广东馆

01987
抗战经济言论集　童逊瑗等编
上海：新时代书店，1938.5，150页，22开
本书收录《中日战事与中国财政》（孔祥熙）、《论战事金融》（章乃器）、《日本经济上危机之解剖》（陈博生）等。
收藏单位：广东馆、江西馆、浙江馆

01988
抗战经济政策论　魏友棐著
上海：大公报馆代办部，1938.8，再版，120页，32开
本书共8章：总论、抗战期的财政、抗战期的金融、抗战期的国际收支、抗战期的工业、抗战期的农业、现行抗战经济政策批判、结语。
收藏单位：重庆馆、广东馆、国家馆、湖南馆、南京馆

01989
抗战期间日人在华北的产业开发计划　郑伯彬编著
南京：资源委员会经济研究所，1947.10，110页，22开（资源委员会经济研究所丛刊2）
本书共6章，内容包括：第一次五年计划以前的各种计划、华北产业开发第一次五年计划、宫本计划与第二次五年计划等。
收藏单位：重庆馆、广东馆、国家馆、吉

林馆、近代史所、南京馆、山西馆、浙江馆、中科图

01990
抗战期间浙江省建设事业概况　浙江省政府建设厅技术室编
浙江省政府建设厅技术室，1939.4，38页，16开

本书共5章，内容包括：建设事业概况、基层经济组织之建立、今后施政方针等。

收藏单位：国家馆、南京馆、上海馆、浙江馆

01991
抗战期中各地工商营业统计报告（1四川成都区营利事业统计报告）　孙邦治著
财政部所得税事务处，[1939]，18页，22开（财政评论社丛书）

本书内容包括：本区经济概况、营利事业概况、回顾与展望等。统计数据截至1939年9月15日。

收藏单位：国家馆

01992
抗战期中各地工商营业统计报告（2广西贺县区二十七年度工商营利事业统计报告）　李昂鸣著
财政部所得税事务处，[1939]，15页，22开（财政评论社丛书）

本书内容包括：本区经济概况、营利事业概况、回顾与展望。

收藏单位：国家馆

01993
抗战损失调查办法及查报须知附表　行政院抗战损失调查委员会拟
湖南省政府教育厅，1945.9，19页，36开

收藏单位：湖南馆

01994
抗战损失调查办法·抗战损失查报须知　行政院赔偿委员会编
[行政院赔偿委员会]，1945.9，36页，32开
行政院赔偿委员会，1947.1，36页，32开

本书为合订本。《抗战损失调查办法》共8条。《抗战损失查报须知》共14部分，内容包括：抗战损失之范围、人口伤亡调查办法、公私财产直接损失分类、财产直接损失查报方法、间接损失查报方法等。附各种损失报告单、统计报表。

收藏单位：安徽馆、广东馆、国家馆

01995
抗战损失调查委员会组织规程·抗战损失调查办法及查报须知　行政院抗战损失调查委员会编
行政院抗战损失调查委员会，1944，44页，32开

收藏单位：广东馆、国家馆、近代史所、南京馆、上海馆

01996
抗战以来的经济　翁文灏著
重庆：胜利出版社，1942.11，84页，32开（抗建丛书第2辑）

本书共5章：绪论、工矿业内迁运动、大后方的工矿业、物资管制、对敌经济战。

收藏单位：重庆馆、广东馆、贵州馆、国家馆、吉大馆、吉林馆、南京馆、西南大学馆、浙江馆、中科图

01997
抗战以来敌寇对我经济侵略概观　陈介生编
出版者不详，1940.5，100页，32开
出版者不详，[1911—1949]，油印本，1册，16开，环筒页装

本书共3章：财政与金融、经济、交通。

收藏单位：重庆馆、东北师大馆、广东馆、国家馆、南京馆、天津馆

01998
抗战以来之经济建设　翁文灏讲
中央训练团党政训练班，1940.10，12页，25开（中央训练团党政训练班讲演录）

本书分两部分：坚强自己、打击敌人。第1部分共3点：重工业的建设、输出贸易的奖

励、推进食衣自给；第 2 部分共 3 点：禁运资敌、查禁敌货、沦陷区域游击破坏。

收藏单位：重庆馆、国家馆、南京馆

01999

抗战以来之经济建设　翁文灏等著

出版者不详，[1941]，558 页，32 开

本书分两部分：经济类、教育类。收录《抗战以来之经济建设》（翁文灏）、《战时金融》（孔祥熙）、《中国现行税制》（徐堪）、《中国土地问题》（马寅初）、《中国粮食问题》（蒋介石）、《战时教育方针要目》（张伯苓）等。

收藏单位：国家馆

02000

抗战与国防经济建设　马哲民等著

汉口［等］：生活书店，1938.6，102 页，32 开（救亡文丛 11）

本书分 5 部分：经济政策、经济建设、工业问题、财政问题、农业生产。收文 13 篇，内容包括：《抗战中的经济政策》（马哲民）、《战时财政经济问题》（黎百强）、《抗战过程中的经济危机与解救》（陈长蘅）、《最后国防经济的建设》（罗敦伟）、《速建设西南》（董时进）、《战时工业问题》（孙怀仁）、《建立强大的国防工业》（《新华日报》）等。

收藏单位：安徽馆、重庆馆、贵州馆、国家馆、黑龙江馆、湖南馆、吉林馆、近代史所、辽大馆、南京馆、内蒙古馆、山西馆、上海馆

02001

抗战与经济　独立出版社编辑

汉口：独立出版社，1938.5，85 页，32 开（战时综合丛书）

汉口：独立出版社，1938.12，6 版，85 页，32 开（战时综合丛书 第 1 辑）

汉口：独立出版社，1939.2，83 页，32 开

本书共 8 章：绪论、最后国防经济的建设、非常时期之经济政策、我国现行战时经济施政与批评、战时经济行政的调整、抗战过程中的经济危机与解救、长期抗战后方经济财政应取之途径、中国战时国民经济建设计划。附经济动态汇志。

收藏单位：重庆馆、东北师大馆、广东馆、国家馆、湖南馆、吉大馆、吉林馆、江西馆、近代史所、南京馆、宁夏馆、上海馆、武大馆、西南大学馆

02002

抗战与经济统制　张素民著

长沙：商务印书馆，1937.12，45 页，32 开（抗战小丛书）

长沙：商务印书馆，1938，3 版，45 页，32 开（抗战小丛书）

长沙：商务印书馆，1938.3，4 版，45 页，32 开（抗战小丛书）

本书共 6 部分，内容包括：战时经济统制之必要、战时经济统制与平时经济统制、中国的战时经济统制等。

收藏单位：安徽馆、重庆馆、广东馆、广西馆、贵州馆、国家馆、河南馆、江西馆、南京馆

02003

抗战与民生　许涤新著

汉口：抗敌救国丛书社，1938.3，69 页，32 开（抗敌救国丛书）

本书共 6 章：怎样争取抗战的最后胜利、改善民生可使动员民众更顺利的进行、改善民生与民族团结、民众生活的现状及其改善的方法、改善人民生活的前提、改善民生如何着手进行。

收藏单位：安徽馆、重庆馆、广东馆、贵州馆、桂林馆、国家馆、吉林馆、江西馆、南京馆、上海馆、中科图

02004

抗战与生产　独立出版社编辑　马寅初等执笔

汉口：独立出版社，1938.6，74 页，32 开（战时综合丛书）

重庆：独立出版社，1938，再版，74 页，32 开（战时综合丛书 第 1 辑）

重庆：独立出版社，1939.2，71 页，32 开

本书共 11 章，内容包括：战时的国防生产、非常时期银行界的责任、如何调整我国对外贸易、如何调整战时商业、调整后方交通与抗战前途、抗战必须工业化等。

收藏单位：安徽馆、重庆馆、东北师大馆、甘肃馆、广东馆、贵州馆、国家馆、湖南馆、吉林馆、江西馆、南京馆、内蒙古馆、武大馆、西南大学馆

02005

抗战与消费统制　独立出版社编

重庆：独立出版社，1938.12，64 页，32 开（战时综合丛书第 2 辑）

重庆：独立出版社，1939.2，6 版，64 页，32 开（战时综合丛书 第 2 辑）

本书共 13 章，内容包括：节约运动的真谛、抗战与节约、战时物力消费统制问题、长期抗战与物力消费统制等。

收藏单位：重庆馆、广东馆、贵州馆、国家馆、湖南馆、江西馆、南京馆、上海馆、武大馆、西南大学馆、浙江馆

02006

抗战与中国国民经济建设　周金声著

西安：说论社，1938.9，174 页，32 开（说论社丛书 6）

本书共 9 章，内容包括：战前国际资本帝国主义与中国经济的关系、战前的中国国民经济状态、战前的中国国民经济复兴与运动、抗战与中国国民经济建设前途、抗战以来中国国民经济的动态、非常时期的各部门的经济政策等。

收藏单位：国家馆

02007

抗战与自给自足　教育部民众读物编审委员会编

重庆：正中书局，1938.8，24 页，50 开（非常时期民众丛书 第 4 集 1）

本书共 4 部分：炮声响了、一篇旧账、自给自足的问题、当前的办法。

收藏单位：重庆馆、广东馆、国家馆

02008

抗战中的民生问题　莫湮著

汉口：光明书局，1937.12，62 页，25 开（民族解放丛书）

汉口：光明书局，1938，再版，62 页，32 开（民族解放丛书）

本书共 4 章：争取抗战胜利和改善民众生活、怎样才能改善民众生活、改善民生的先决问题、结论。

收藏单位：北师大馆、重庆馆、广东馆、广西馆、贵州馆、国家馆、近代史所、南京馆、陕西馆、上海馆、首都馆、浙江馆、中科图

02009

抗战中的中国经济　时事问题研究会编

抗战书店，1940，36+656 页，32 开（抗战的中国丛刊 2）

本书共 8 编，内容包括：抗战中的农村、抗战中的工业、抗战中的交通事业、抗战中的对外贸易、抗战中的金融与币制等。

收藏单位：东北师大馆、湖南馆、近代史所、山东馆、山西馆、中科图

02010

抗战中广西建设概况　广西各界抗敌后援会编

广西各界抗敌后援会，[1937—1949]，32 页，32 开

本书涉及政治、军事、经济、教育、党务等方面。

02011

抗战中经济建设（抗战以来工业及交通实施概况）　朱世珩编

军训部游击干部训练班，1939.9，31 页，32 开

本书共 3 章：绪言、最近经济建设实况与计划、结论。

收藏单位：广东馆、吉大馆

02012

抗战中经济建设之途径　莫萱元编著

重庆：中国文化服务社，1940.4，50页，32开

本书共8节，内容包括：如何振兴农业、如何发展工业、如何促进对外贸易、如何调整国内商业、如何发展交通等。

收藏单位：安徽馆、重庆馆、东北师大馆、贵州馆、国家馆、吉林馆、南京馆、浙江馆

02013
抗战中之经济建设　潘应昌编著
重庆：独立出版社，1939.6，55页，50开（抗战建国小丛书）

本书共9部分：绪言、经济行政机构之调整、抗战中之统制金融办法、充实外汇与发展对外贸易、战时交通之维持与发展情形、工厂内迁与内地新工业基础之树立、发展农业生产、战时统制经济的实施、结论。

收藏单位：安徽馆、重庆馆、贵州馆、国家馆、南京馆、陕西馆、浙江馆

02014
抗战中之经济建设　潘应昌编著
金华：国民出版社，1939.9，2版，58页，50开
金华：国民出版社，1939.10，3版，58页，32开

收藏单位：国家馆、江西馆、浙江馆

02015
考察人员手册　福建省经济建设计划委员会编
福建省经济建设计划委员会，1942，1册，大64开

收藏单位：南京馆

02016
孔兼部长就职十周年纪念文辑　财政部编
中央信托局印制处，1943.11，1册，36开

本书收文22篇，内容包括：《十年来之财务行政》《十年来之国库》《十年来之关税》《十年来之盐政》《二年来之专卖事业》《十年来之地方财政》《十年来之财务统计》《花纱布管制之概况》等。

收藏单位：安徽馆、重庆馆、广东馆、国家馆、近代史所、南京馆、内蒙古馆、山西馆、上海馆、天津馆、浙江馆、中科图

02017
昆明市概况　中国人民解放军西南服务团研究室编
中国人民解放军西南服务团研究室，1949，115页，32开（昆明市参考资料1）

本书介绍该市的基本概况及税政、金融贸易、农林水利、文化教育等情况。

收藏单位：重庆馆

02018
兰州之工商业与金融　潘益民编
上海：商务印书馆，1936.4，181页，22开（中央银行丛刊）

本书内容包括：兰市概况、工业篇、商业篇、金融篇。

收藏单位：重庆馆、东北师大馆、广东馆、贵州馆、国家馆、河南馆、黑龙江馆、湖南馆、吉林馆、江西馆、辽大馆、南京馆、宁夏馆、山西馆、上海馆、天津馆、武大馆、浙江馆、中科图

02019
烂头岛开发　吴曦等编
香港：天下通讯社，1941.6，[56]页，30开

本书附烂头岛开垦图、烂头岛全图。

02020
浪费、贫穷与救亡　武尚权著
外文题名：Waste, poverty and salvation on national destruction
北平：佩文斋人文书店，1936.8，14+332页，18开

本书共3编：贫穷的主要因素、中国的一切浪费、救亡的非常政策。

收藏单位：重庆馆、国家馆、南京馆

02021
劳动政策和工商业政策选集　胶东新华书店

编

胶东新华书店，1948.8，33 页，32 开

本书收文 6 篇，内容包括:《毛主席著作中对工商政策指示的摘要》(《解放日报》社论)、《关于发展私人资本主义》(《解放日报》社论)、《坚持职工运动的正确路线反对“左”倾冒险主义》(新华社社论)、《发展工业的劳动政策与税收政策》(陈伯达)等。

收藏单位：重庆馆、国家馆、山东馆

02022

老河口经济概况　金陵大学农学院农业经济系编

南京：[金陵大学农学院农业经济系]，1934.5，油印本，14 页，32 开（豫鄂皖赣四省农村经济调查初步报告 第 4 号）

收藏单位：近代史所、中科图

02023

老河口支线经济调查　平汉铁路管理局经济调查组编

汉口：平汉铁路管理局经济调查组，1937.2，[230] 页，18 开（平汉丛刊 经济类 2 支线经济调查特辑 1）

本书分两编：总述、分述。第 1 编共 5 节：报告内容、路线里程、客运估计、货运估计、客货运进款；第 2 编共 6 部分：老河口经济调查报告、樊城经济调查报告、枣阳经济调查报告、随县经济调查报告、安陆经济调查报告、鄂北之交通报告。

收藏单位：重庆馆、广东馆、国家馆、近代史所、南京馆、首都馆、天津馆、西南大学馆、中科图

02024

李德邻先生论广西建设与复兴中国　钱实甫编辑

南宁：建设书店，1939.4，92 页，32 开（民团周刊社乙种丛书 2）（广西建设丛书 第 1 种）

本书共 4 章：广西建设概论、广西建设的具体方法、广西建设的根本精神、广西建设对于抗战的贡献。第 1 章附广西建设纲领。

收藏单位：安徽馆、东北师大馆、国家馆、吉林馆、近代史所、南京馆

02025

历代浪费及节约资料

湖北省政府，[1942—1948]，20 页，32 开

本书收录汉代至清代有关浪费及节约的资料，供简政参考。原文写于 1941 年，载于《大公报》。

收藏单位：南京馆

02026

历代实业史　查德基编

武进：培梓学社，1920.10，54 页，32 开

收藏单位：南京馆

02027

厉行消费节约　[行政院新闻局编]

行政院新闻局，1947.9，16 页，32 开

本书共 8 部分，内容包括：厉行节约消费办法纲要、私人使用汽车限制办法、筵席消费节约实施办法、厉行节约消费检查办法、节约督导委员会组织规程等。

收藏单位：安徽馆、长春馆、重庆馆、大庆馆、广东馆、广西馆、贵州馆、桂林馆、国家馆、河南馆、湖南馆、吉林馆、江西馆、近代史所、南京馆、上海馆、首都馆、武大馆、浙江馆、中科图

02028

联合国经济暨社会理事会临时重建破坏区域小组委员会远东组经济部分资料　经济统计处编

经济统计处，1946.12，油印本，1 册，16 开

本书共 13 部分，内容包括：全国工矿厂场资本及职工数统计、全国主要工矿产量统计、长春吉林接收厂矿概况统计、全国主要工矿产品统计、长春吉林接收工矿产品统计等。

收藏单位：广东馆

02029

联总物资与中国战后经济　丁文治著

行政院善后救济总署，1948.8，41 页，25 开（行政院善后救济总署丛书）

本书共 6 章，内容包括：联总善后救济基金、联总的中国方案、行总的救济业务及其效果等。

收藏单位：重庆馆、国家馆、南京馆、上海馆、中科图

02030

廉俭救国说　曾纪芬述　聂云台撰

上海：国光印书局，1933，3 版，52 页，32 开

上海：国光印书局，1934.5，5 版，101 页，32 开

上海：[国光印书局]，1935.5，6 版，86 页，32 开

本书内容包括：奢俭与国家之关系、拟发起布衣会启、改造新观念提倡义务心说、格物致知儒释一贯说等。撰者原题：聂其杰。

收藏单位：安徽馆、北大馆、重庆馆、国家馆、河南馆、湖南馆、江西馆、近代史所、南京馆、内蒙古馆、宁夏馆、上海馆、首都馆、浙江馆

02031

梁山县实业考察员报告书

出版者不详，1934.8，26 页，23 开

本书收录该县各纸厂调查资料。

收藏单位：重庆馆

02032

两广工商经济特辑　工商部广州工商辅导处编纂委员会编

工商部广州工商辅导处编纂委员会，1948.10，[413] 页，16 开

本书共 10 部分，内容包括：广东各区工商经济调查、两广工矿商电各业摘述、广州区登记工厂一览、工业专论、广州区登记工厂一览、工商法规释要等。

收藏单位：国家馆、近代史所、上海馆、中科图

02033

两淮水利盐垦实录　胡焕庸编订

南京：国立中央大学地理系，1934.12，272 页，16 开

本书详述两淮流域水、盐资源的开发和利用，港口建设和农业发展情况。共 5 编：纪程、水利、连云港、盐务、垦务。

收藏单位：重庆馆、国家馆、湖南馆、江西馆、近代史所、南京馆、清华馆、上海馆、浙江馆

02034

两年来之浙江建设概况　浙江省政府建设厅编

浙江省政府建设厅，1929，1 册，16 开

本书共 6 章：总纲、交通、水利（附塘工）、农矿、工商、经费。

收藏单位：广东馆、国家馆、湖南馆、上海馆、首都馆、天津馆、浙江馆

02035

两年来中国抗战区经济调查　钱承绪编著

上海：中国经济研究会，1941.3，[210] 页，18 开

本书收录调查报告 9 篇：《福建战后之经济调查》《川康湘桂采金概况》《福建木材之采伐》《四川改良蚕丝概况》《江西泰和蚕桑的调查》《浙江冬耕及二十八年棉产估计》《江西农业所受战事之影响》《广西今日土地的清理》《广西整理全省矿产纪要》。

收藏单位：国家馆

02036

两三年内完全学会经济工作　毛泽东等著

苏南出版社，1945.4，74 页，20×14cm（团结丛书 第 7 辑 1）

本书收录毛泽东、李富春等同志的论述，延属地委通知，《解放日报》社论及其他有关资料。

收藏单位：南京馆

02037

两三年内完全学会经济工作　毛泽东著

中共晋绥分局，1945.2，6 页，32 开

本书为著者于 1945 年 1 月 10 日在劳动英雄模范工作者大会上的演讲词。

收藏单位：山西馆

02038

两粤建设与西北开发 钱承绪编

上海：中国经济研究会，1940，1 册，16 开

本书收录《重刊冯锐先生减少广东入超增加生产计划》《西北移民垦殖计划》《广西经济建设计划》《开发西北计划》等。

收藏单位：国家馆

02039

列强在华经济的政治的势力及其外交政策 吕一鸣编译

北京、上海：北新书局，1927.5，62 页，32 开

北京：北新书局，1927，再版，62 页，32 开

北京：北新书局，1929，3 版，62 页，32 开

本书共两部分：列强在华经济的政治的势力、环绕中国的英美日的外交。

收藏单位：重庆馆、广东馆、国家馆、江西馆、近代史所、南京馆、首都馆、武大馆

02040

列强在华经济斗争 （日）原胜著 石炎译

上海：世界编译社，1937.3，220 页，32 开

本书共 10 章，内容包括：英国对华工作的现阶段、美国对华工作的现阶段、英国在华经济势力的解剖、美国在华经济势力的解剖、法国在华经济势力的解剖等。

收藏单位：重庆馆、广东馆、国家馆、湖南馆、江西馆、辽宁馆、上海馆、武大馆、西南大学馆、浙江馆

02041

列强在华势力概观 日本世界经济批判会编 郑虚舟译

上海：良友图书印刷公司，[1931]，100 页，32 开

本书共 3 章：英国资本在华之支配机构、日本资本在华之支配机构、美国资本在华之支配机构。

收藏单位：安徽馆、广东馆、吉林馆、江西馆、人大馆、上海馆、天津馆

02042

列强在中国之经济侵略 徐之圭著

上海：太平洋书店，1929，76 页，36 开（建设文库 经济类）

本书共 57 部分，内容包括：铁路利权之争夺、美国之提倡中国门户开放、日俄战争之激成、银行团之协调、国际的公债、中外合办银行等。

收藏单位：安徽馆、广西馆、贵州馆、国家馆、湖南馆、人大馆

02043

列强支配中国的经济网 何干之 李凡夫著

大众文化出版社，1936.8，78 页，32 开（大众文化丛书 第 1 辑 第 23 种）

大众文化出版社，1937，2 版，78 页，窄 36 开（大众文化丛书 第 1 辑 第 23 种）

本书共 4 章：帝国主义与中国、日本支配中国的经济网、英国支配中国的经济网、美国在中国的经济地位。

收藏单位：重庆馆、广西馆、国家馆、南京馆

02044

临时华北经济悬谈会报告书（中文本） 东亚经济悬谈会华北本部编译委员会编辑

北京：东亚经济悬谈会华北本部，1942.1，55 页，22 开

本书内容包括：临时华北经济悬谈会开会宗旨、临时华北经济悬谈会中国官署出席人名单、开会辞、关系官厅代表讲演、各地民间代表意见发表等。

收藏单位：国家馆

02045

菱湖建设协会第一期建设计划书（农业部门增订本） 菱湖建设协会编

菱湖建设协会，[1948]，11 页，25 开

本书为《菱湖建设协会第一期五年建设

计划书》的增订本。共两部分：蚕桑、渔业。

收藏单位：上海馆

02046

菱湖建设协会第一期五年建设计划书　菱湖建设协会编

菱湖建设协会，[1948]，30 页，18 开

本书为 1948—1952 年浙江省吴兴县菱湖区农业、工业、交通、教育、社会福利等事业的发展计划书。

收藏单位：上海馆

02047

领袖关于生产问题之训词

全国生产会议，1939.5，104 页，18 开

本书共 14 部分，内容包括：现代国家的生命力、“全国总动员”的要义、物质建设之要义、国民自救救国之要道、抗战周年纪念日告全国军民书等。

收藏单位：国家馆、南京馆

02048

刘自乾先生建设新西康十讲　刘自乾著

建康书局，1943.11，648 页，32 开

本书共 10 讲，内容包括：建设新西康的基本认识、建设新西康的理论体系、建设新西康的三化政策、建设新西康的三进原则、建设新西康的四力政纲等。

收藏单位：东北师大馆、国家馆、吉林馆、宁夏馆、上海馆、首都馆、西南大学馆

02049

六个月来平民经济实施概况　太原市平民经济执行委员会编

太原市平民经济执行委员会，1947.12，19 页，36 开

02050

六十年来之岭东纪略　萧冠英编

广州：中华工学会，1925.5，159 页，10 开

本书共 16 章，内容包括：贸易、工业、矿产、农业及土地价值、汕头近海之渔业、金融及度量衡等。

收藏单位：复旦馆、国家馆、近代史所

02051

龙溪县政府三十一年度工作概况报告　钟日兴编

[龙溪县政府]，[1943]，1 册，16 开

收藏单位：福建馆

02052

陇海全线调查（民国二十一年份）　陇海铁路车务处商务课编

郑州：陇海铁路车务处商务课，1933.8，[349] 页，32 开

本书共 11 章，内容包括：本路沿线出产及名胜古迹图、调查报告、客票价目表、货物运价表、本路沿线出产概况表、各站附近乡镇调查表、河南省公路一览表等。

收藏单位：重庆馆、国家馆、南京馆、天津馆、浙江馆

02053

陇海铁路甘肃段经济调查报告书　铁道部业务司商务科查编

铁道部业务司商务科，[1935—1949]，128 页，16 开（铁道部经济丛书）

本书涉及该段沿线之人口、农业、工业、矿业、商业等。

收藏单位：国家馆、河南馆、湖南馆、南京馆、上海馆、浙江馆、中科图

02054

陇海铁路潼宝段沿线经济调查　陕西省银行经济研究室编

陕西省银行经济研究室，1942.9，80 页，18 开（陕西省银行经济研究室丛刊 1）

本书涉及该段沿线潼关、华阴、渭南、兴平、武功等 14 个县的地理环境、物产、商业、农业等。

收藏单位：国家馆、南京馆、陕西馆、中科图

02055

陇海铁路西兰线陕西段经济调查报告书　铁

道部业务司商务科编
铁道部业务司商务科，[1935—1949]，[180]页，16开（铁道部经济丛书）

本书内容包括：地理、人口、农业与农产、棉业与棉产、矿业与矿产、工业与工艺品、商业等。

收藏单位：广东馆、国家馆、河南馆、湖南馆、上海馆、中科图

02056
沦陷区经济概述之一 李崇年编著
李崇年，1945.8，131页，22开

收藏单位：重庆馆、国家馆、南京馆

02057
论拜金主义 周宪文著
上海：中华书局，1948.5，132页，32开（文化与经济丛刊3）

本书收文20篇，内容包括：《论拜金主义》《论三民主义共和国》《官僚资本与官僚企业》《资本主义与社会革命》《自治财政的理论问题》《论法治精神》等。

收藏单位：重庆馆、东北师大馆、广东馆、国家馆、辽大馆、南京馆、宁夏馆、上海馆、武大馆、西南大学馆

02058
论工商业政策 华东人民革命大学教务处编
华东人民革命大学教务处，1949.6，71页，32开（学习参考材料5）

本书收文12篇，内容包括：《论工商业政策》（毛泽东）、《对工商业的政策》（任弼时）、《保护国家财产保护公共财产》（《东北日报》社论）、《在沈阳工人代表大会上的讲话》（陈云）等。附《企业管理民主化是改进生产的重要保证》（《东北日报》社论）、临清事件经过。

收藏单位：重庆馆

02059
论工商业政策 解放社辑
沈阳：东北新华书店，1949.7，121页，32开

收藏单位：东北师大馆、国家馆、辽宁馆

02060
论工商业政策 解放社编
冀鲁豫新华书店，1949.6，97页，32开（中国共产党政策选辑1）

收藏单位：国家馆、山东馆

02061
论工商业政策 解放社编
冀南新华书店，1949.6，121页，32开（中国共产党政策选辑1）

收藏单位：国家馆、河南馆、宁夏馆、山东馆、天津馆、浙江馆

02062
论工商业政策 解放社编
山东新华书店，1949，86页，32开

收藏单位：安徽馆、重庆馆、国家馆、山东馆

02063
论工商业政策 解放社编
无锡：苏南新华书店，1949.7，71页，32开

收藏单位：国家馆

02064
论工商业政策 解放社编
太岳新华书店，[1949]，112页，32开

收藏单位：国家馆

02065
论工商业政策 解放社编
[北京]：新华书店，1949.5，121页，32开
[天津]：新华书店，1949.5，1册，32开
[北京]：新华书店，1949，再版，121页，32开
[上海]：新华书店，1949.6，121页，32开
[上海]：新华书店，1949.6，121页，32开
[江西]：新华书店，1949.6，82页，32开
[北京]：新华书店，1949.6，3版，121页，32开
[汉口]：新华书店，1949.7，华中版，1册，32开
[广东]：新华书店，1949.10，1册，32开

[重庆]：新华书店，1949，104页，32开
[江西]：新华书店，1949，再版，82页，32开

收藏单位：重庆馆、国家馆、河南馆、吉林馆、近代史所、南京馆、内蒙古馆、宁夏馆、山东馆、山西馆、天津馆、西交大馆

02066
论工商业政策　中共中央中原局宣传部编
中原新华书店，1949.5，80页，32开

收藏单位：重庆馆、国家馆、南京馆、天津馆

02067
论共同纲领的经济政策　读者书店编委会编
天津：读者书店，1949，44页，32开

收藏单位：国家馆

02068
论官僚资本　马寅初等著
[广州]：综合出版社，1946.5，60页，32开（战后经济小丛书 第2种）

本书收录《论官僚资本》《漫谈官僚资本》《战后官僚资本的抬头》《官僚资本剖析》等。

收藏单位：东北师大馆、广西馆

02069
论华北经济及其前途　方显廷著
[天津]：南开大学经济研究所，1936.7，74页，16开

本书论述华北的地理环境、土地、人口、农产、矿产工业、交通、金融、财政等，并论及华北的经济前途。

收藏单位：重庆馆、南京馆

02070
论蒋管区经济的崩溃　许涤新著
苏中韬奋书店，1947.7，48页，32开（时事学习参考丛书 第2辑）

本书揭露国民党当局发动内战，导致蒋管区经济崩溃的种种事实，并指出当局发布的“经济紧急措施方法”无法挽救其崩溃的命运。

收藏单位：国家馆

02071
论节约　读者书店辑
天津：读者书店，1949.9，33页，32开

本书收文5篇，内容包括：《节约是共产主义的特性》（苏联少共《真理报》社论，徐芝延译）、《精简节约的意义》（上海《大公报》社评）、《贯彻整编节约方案到行动中去》（上海《解放日报》社论）等。

收藏单位：东北师大馆、国家馆、黑龙江馆、山西馆、天津馆

02072
论经济战　杨寿标　简贯三著
军事委员会政治部，1941.10，65页，32开（时事问题18）

本书分两篇。第1篇共4部分：经济战的意义与重要性、经济战的几种方式、中日经济战的回顾、对于今后经济战的几个建议；第2篇共5部分，内容包括：经济战的作用、经济战的策略、敌寇经济进攻的情势等。

收藏单位：重庆馆、广东馆、国家馆、湖南馆、吉林馆、南京馆、内蒙古馆

02073
论经济战　杨寿标　简贯三著
重庆：青年书店，1941.12，65页，32开

收藏单位：重庆馆、广东馆

02074
论经济政策与经济建设　毛泽东著
中共湖北省委宣传部，1949印，78页，32开

收藏单位：广东馆、湖北馆

02075
论抗建经济问题　马哲民著
成都：大学印书局，1944.5，94页，18开（大学丛刊1）

本书共9部分，内容包括：论我国战时经济之本质、论我国现阶段的经济建设、论中国之工业化、论我国农村经济问题等。

收藏单位：重庆馆、湖南馆、近代史所

02076

论我国战时经济　吴半农著

[重庆]：生活书店，1940.1，120页，25开

本书为著者的论文汇编。内容包括：《论我国战时经济的进步性》《论游击区与大后方的经济建设》《论当前工业政策》《论战时工业建设》《论战时手工业》《论手工业现代化之途径》《论发展战时贸易之途径》等。

收藏单位：北师大馆、广东馆、广西馆、湖南馆、江西馆、浙江馆

02077

论新民主主义经济　薛暮桥编著

冀南书店，1947.5，54页，32开

本书收录《我们的经济政策》（毛泽东）、《组织起来》（毛泽东）、《论合作社》（毛泽东）、《论新民主主义经济》（薛暮桥）、《中国农业发展的新方向》（薛暮桥）等。

收藏单位：国家馆、山东馆

02078

论新民主主义经济　薛暮桥编著

胶东新华书店，1947.1，增订本，77页，32开

收藏单位：国家馆、山东馆

02079

论新民主主义经济　薛暮桥编著

山东新华书店，1946.3，增订本，53页，32开

山东新华书店，1946.10，增订3版，62页，32开

收藏单位：国家馆、近代史所、山东馆

02080

论中国经济的崩溃　许涤新著

香港：中国出版社，1947.3，60页，32开

本书共3部分："内战中的中国经济""财政与法币的崩溃""国民党能挽救经济崩溃吗?"。

收藏单位：广东馆、国家馆、近代史所、上海馆

02081

骆清华先生言论选　商报丛书编译部编辑

上海：商报出版社，1947.12，再版，72+276页，32开（商报出版社丛书）

本书收录《运用黄金政策之重检讨、战时金融政策之重检讨》《商报之回顾与前瞻》《为请颁布经济紧急措施建议上海市商会文》《论职业代表制》《经济改革方案》等。附工商经济法令、新商业登记法草案等。

收藏单位：东北师大馆、广东馆、广西馆、国家馆、黑龙江馆、湖南馆、吉林馆、南京馆、上海馆、天津馆

02082

马凌甫经济讲话　马凌甫著

出版者不详，[1935]，42页，22开

本书内容包括：国民经济建设的研究、国民经济建设运动之意义及其实施、土地问题与农村合作的关系。

收藏单位：河南馆

02083

马寅初战时经济论文集　马寅初著

重庆：作家书屋，1945.5，320页，25开

本书收录著者于1935年1月至1940年11月间发表的经济学论文33篇，内容包括：《经济力量集中之途径与运用之范围》《意大利之经济统制》《我国预算法币与工业制连锁关系》《中国之银行制度》《统一公债之检讨》等。

收藏单位：安徽馆、重庆馆、广东馆、国家馆、河南馆、近代史所、南京馆、山西馆、上海馆、首都馆、西南大学馆

02084

满蒙经济大观　（日）藤冈启著　吴自强译

上海：民智书局，1929.12，10+16+266页，22开

本书附内蒙古之现状及将来、山东之新形势和我国等。

收藏单位：安徽馆、重庆馆、广东馆、广西馆、国家馆、河南馆、湖南馆、吉林馆、江西馆、近代史所、南京馆、山西馆、上海

馆、首都馆、天津馆、浙江馆

02085
满洲产业经济大观　（日）斋藤直基知编
满洲产业调查会，1943.6，923 页，25 开
本书共 4 章，内容包括：统制经济、资源与开发等。
收藏单位：辽宁馆、人大馆

02086
满洲经济统计年报　（日）佐田弘治郎编
[大连]：南满洲铁道株式会社，1927.6，32 页，16 开
收藏单位：南京馆

02087
满洲实业集　赵尔巽[编]
明志阁，[1911—1945]，29 页，22 开
收藏单位：广东馆

02088
满洲拓植公社章程　满洲拓植公社编
满洲拓植公社，[1932—1939]，8 页，16 开
本章程共 43 条，分 7 章。
收藏单位：国家馆

02089
毛泽东论经济政策经济建设　毛泽东等著
中共湖北省委宣传部，1949 翻印，78 页，32 开（学习“二中全会决议”参考文件 2）
本书收文 15 篇，内容包括：《论合作社》（毛泽东）、《组织起来》（毛泽东）、《发展生产的劳动政策与税收政策》（陈伯达）、《关于发展生产劳资两利政策的几点说明》（李立三）、《关于农业社会主义问答》（新华社信箱）等。
收藏单位：重庆馆

02090
毛主席生产建设论文选
新疆军区政治部，[1946]，18 页，32 开
本书收文 5 篇，内容包括：《论合作社》《组织起来》《关于发展合作社》等。
收藏单位：国家馆

02091
美国援华救济联合会事工概况（一九四一年至一九四八年度）　美国援华救济联合会驻华办事处编
美国援华救济联合会驻华办事处，[1949.8]，33 页，32 开
本书论述美国援华救济联合会之缘起、诞生、宗旨、募捐运动、在华财务之管理工作概况等。美国援华救济联合会又名美国私人救济团体联合会。
收藏单位：上海馆

02092
美国援华问题　建国出版社编
[南京]：建国出版社，[1948]，94 页，32 开
本书为战后美国援华问题文献及资料汇编。共 3 部分：美政府援华计划与援华议案的通过、约定书与双边协定、我政府配合美援之措施。
收藏单位：安徽馆、重庆馆、广东馆、广西馆、贵州馆、国家馆、河南馆、吉林馆、江西馆、南京馆、内蒙古馆、上海馆、天津馆

02093
美国远东经济考察团调查中国报告书　美国远东经济考察团原著　实业部国际贸易局摘译
实业部国际贸易局，1936.1，35 页，18 开
本书为 1935 年美国远东经济考察团赴东亚调查经济返美后发表的考察报告的中国部分。内容包括：庚款之利用、长期信用、中国金融之新发展、中国之旧债、发展贸易之机会等。
收藏单位：吉林馆、南京馆、上海馆

02094
美援的三大项目　美国经济合作总署中国分署编
美国经济合作总署中国分署，1949.3，16 页，25 开

本书为汉英对照。宣传美国经济合作总署战后对华经济援助的功绩。共涉及3项：粮食、棉花、石油。

收藏单位：贵州馆

02095

美援运用委员会参考资料

出版者不详，1948，油印本，1册，13开，环筒页装

本书内容包括：行政院美援运用委员会组织规程、三十七年四月三十日顾大使与马歇尔国务卿换文、中美救济协定全文等。

收藏单位：国家馆

02096

门户开放与中国　李祥麟著

上海：商务印书馆，1937.1，349页，32开（新时代史地丛书）

上海：商务印书馆，1937.3，再版，349页，32开（新时代史地丛书）

本书共8章：门户开放主义的一般考察、中国门户开放主义的起源、门户开放主义的发展、门户开放主义的破绽、以门户开放主义为中心之国际关系、华府会议与门户开放主义的确立、九一八事变与门户开放主义的崩溃、结论。

收藏单位：重庆馆、广东馆、广西馆、贵州馆、桂林馆、国家馆、湖南馆、近代史所、辽大馆、辽东学院馆、南京馆、宁夏馆、陕西馆、武大馆、浙江馆

02097

萌芽　蒋经国著　东方文化馆编

上海：东方文化馆，1949.1，44页，32开

收藏单位：上海馆

02098

蒙新青藏经济上之开发最初步计画　丁士源拟

出版者不详，[1911—1949]，30页，36开

本计划内容包括：金矿资源的开发、铁路的修筑、公路的修筑、航空运输的开辟等。

收藏单位：国家馆

02099

民国二十八年我国经济动态之回顾（初稿）

出版者不详，1939，26页，22开

本书共10部分：引言、金融、工业、贸易、农产、交通、地产、矿业、物价、结论。

收藏单位：国家馆

02100

民国二十三年北宁铁路地产课兴业股工作报告　北宁铁路地产课编

北宁铁路地产课，[1934]，44页，16开

本书为北宁铁路沿线物产调查及农、林、果木种植实业开发计划。

收藏单位：国家馆

02101

民国经济史　朱斯煌主编　刘仲廉等编辑

上海：银行周报社、银行学会，1948.1，790页，18开

本书为《银行周报》三十周纪念刊。分3编：论著、统计、经济资料。第1编共5部：金融之部、财政币制之部、农工矿商之部、一般经济之部、战时经济之部；第3编共4部：金融之部、财政与币制之部、其他重要经济资料之部、补充重要资料之部。

收藏单位：安徽馆、长春馆、重庆馆、东北师大馆、广东馆、广西馆、桂林馆、国家馆、黑龙江馆、湖南馆、江西馆、近代史所、辽大馆、柳州馆、南京馆、内蒙古馆、宁夏馆、山西馆、绍兴馆、首都馆、天津馆、浙江馆

02102

民国廿五年全国实业概况　实业部统计处编

南京：实业部统计处，1937.3，192页，22开

本书共4章："农业""工业""商业""矿业、渔牧及林垦"。附本处组织及任务与一年来工作情形。

收藏单位：重庆馆、广东馆、国家馆、湖南馆、吉林馆、江西馆、近代史所、南京馆、内蒙古馆、宁夏馆、陕西馆、上海馆、天津馆、浙江馆、中科图

02103
民国三十年广西经济建设施政纲要　陈雄编
出版者不详，[1941]，42 页，18 开
本书内容包括：各级经济建设要项、本省经济建设概况、当前工作重心推进方法、县政工作人员应有之认识等。
收藏单位：重庆馆

02104
民国十八年一周年间浙江省建设事业之回顾　程振钧著
出版者不详，[1930]，36 页，16 开
收藏单位：浙江馆

02105
民国元年工商统计概要　黄炎培著
上海：商务印书馆，1915.4，89 页，25 开
本书为文言体，加圈点。共 3 部分：工业门、商业门、矿业门。
收藏单位：广西馆、国家馆、江西馆、上海馆、首都馆、天津馆

02106
民力建设　张竞生著
上海：神州国光社，1933.6，67 页，50 开（基本建设 2）
本书论述富国强民之道。共 3 章："利用机器——电力化——艺术的手工业""群力的发展原理与方法——领袖人才""玩要——游艺的场所与方法——储藏力与创造力"。

02107
民生主义的彻底实现　赵芝田笔述　许秀岩校订
抗战复兴出版社，1940，34 页，32 开（理论丛书 8）
抗战复兴出版社，1941，2 版，36 页，32 开
本书共 7 部分：民生主义的提出、民生主义的目的、民生史观、民生主义的社会制度、民生主义的两个办法、民生主义的澈底实现、民生主义按劳分配的大同社会。
收藏单位：国家馆、吉林馆、南京馆、陕西馆

02108
民生主义底经济体系　颜悉达著
重庆：拔提书店，1940.5，64 页，32 开
本书共 10 章，内容包括：中国建国之经济制度、民生主义的哲学观、民生主义的经济原理、民生主义的社会基础、民生主义的本质等。
收藏单位：安徽馆、重庆馆、广西馆、国家馆、湖南馆、吉林馆、江西馆、南京馆、宁夏馆、上海馆

02109
民生主义计划经济　罗敦伟编
重庆：青年书店，1943.7，70 页，32 开
本书共 4 章：民生主义计划经济的必然、节制资本与计划经济、平均地权与计划经济、民生主义计划经济的特质。
收藏单位：安徽馆、重庆馆、广东馆、广西馆、桂林馆、国家馆、黑龙江馆、吉林馆、南京馆、西南大学馆

02110
民生主义经济共管制　夏威著
柳州：大道书社，1943，112 页，25 开（大道丛书 1）
蚌埠：大道书社，[1943—1949]，96 页，32 开
本书共 7 章，内容包括：现代经济制度的主流、民生主义经济的展望、共管制的机构等。
收藏单位：安徽馆、重庆馆、广西馆、贵州馆、国家馆、湖南馆、南京馆、武大馆、浙江馆

02111
民生主义经济体系　颜悉达著
重庆：拔提书店，[1942]，再版，100 页，32 开
本书共 12 章，内容包括：民生主义底哲学观、民生主义底经济原理、民生主义与资本主义、民生主义底社会基础、民生主义与资本主义等。
收藏单位：重庆馆、南京馆、武大馆

02112
民生主义经济政策草案　云大琦著
兴宁书店印务部，[1926—1949]，修正本，12页，16开
　　收藏单位：南京馆、浙江馆

02113
民生主义经济政策之理论体系　范苑声编著
正中书局，1940.3，39页，32开（总理学说研究丛书）
上海：正中书局，1946.2，39页，32开（总理学说研究丛书）
　　本书共4章：民生主义的基本认识、什么是民生主义的哲学基础、民生主义的经济国防、结论。
　　收藏单位：安徽馆、重庆馆、贵州馆、桂林馆、国家馆、江西馆、近代史所、辽宁馆、南京馆、上海馆、天津馆、武大馆、浙江馆

02114
民生主义经济制度之研究　方觉慧　祝世康编著
出版者不详，1941.3，22页，32开
　　本书简述民生主义经济制度及实施方案。内容包括：确立建设基金及运用基金、进行急要生产、实施公平分配、提倡适宜消费、确立建设程序、组织统制机构等。
　　收藏单位：重庆馆、南京馆

02115
民生主义与经济改造　陈宇奇编著
重庆：独立出版社，1939.8，40页，50开（抗战建国小丛书）
重庆：独立出版社，1940.7，8版，40页，50开（抗战建国小丛书）
　　本书共5章：民生主义经济制度之特征、中国经济背景与民生主义、民生主义之经济改造、战时经济改造之原则与实施、民生主义前途之展望。
　　收藏单位：重庆馆、贵州馆、国家馆、南京馆

02116
民生主义政纲政策析论　何举帆编著
福建省银行经济研究室，1946.8，176页，32开（福建省银行经济研究室丛书）
　　本书分3章：绪论、民生主义政纲政策之分析、结论。第2章共10部分，内容包括：战后经济建设总计划、国际经济之合作、租税制度之改革、保障劳工之生活、推广社会福利事业等。
　　收藏单位：贵州馆、桂林馆、国家馆、湖南馆、江西馆、辽宁馆、南京馆、宁夏馆、浙江馆

02117
民生主义资本累积的说明　王平一著
重庆：战争出版社，1940.10，76页，32开
　　本书内容包括：积极制造国家资本之重要、如何取得和运用外国资本、整理国营工业等。
　　收藏单位：国家馆、南京馆

02118
民主与经济建设　沈志远著
成都：大学印书局，1944.12，80页，32开（民主主义百科全书 第2部12）
　　本书共4章：民主政治对于经济建设的意义、政治民主与经济民主、工业化建设与民主、农村经济改造与民主。
　　收藏单位：重庆馆、国家馆

02119
民族革命经济政策　张俊杰编著
民族革命出版社，1939.12，26页，25开
　　本书共5章：民族革命经济政策的目的、民族革命经济政策的意义、民族革命经济政策的路线、民族革命经济政策的内容、结论。
　　收藏单位：国家馆

02120
闽侯县建设计划草案　[闽侯县政府编]
[闽侯县政府]，[1934]，20页，16开
　　本书共5部分：建设工作改进纲要、建筑公路计划、造路计划说明、架设通区电话计划、交通测量队组织条例。
　　收藏单位：福建馆

02121
南北朝经济史　陶希圣　武仙卿著
上海：商务印书馆，1937.2，169页，32开（史地小丛书）
　　本书共6章：绪论、农业与土地制度、租税制度、商业交通与工业、货币问题与对策、政府寺院大族在经济上的冲突。
　　收藏单位：重庆馆、东北师大馆、广东馆、贵州馆、国家馆、河南馆、湖南馆、吉大馆、吉林馆、江西馆、近代史所、辽大馆、辽宁馆、南京馆、内蒙古馆、陕西馆、上海馆、绍兴馆、首都馆、浙江馆

02122
南昌市经济复兴概况　南昌市政府经济复兴委员会编
南昌市政府经济复兴委员会，1942.3，48页，16开
　　本书共8部分：绪言、财政、金融、货币、物资、物价、商业、结语。
　　收藏单位：国家馆、南京馆

02123
南京工商联谊会章程并会员名簿
南京工商联谊会，1943.10，20页，32开
　　收藏单位：南京馆

02124
南京人力车夫生活的分析
南京：国立中央大学，1935.5，70页，16开
　　本书共10章：绪论、普通状况、工作状况、经济状况、家庭状况、卫生状况、教育状况、娱乐状况、调查人之观察、结论。
　　收藏单位：广东馆、国家馆、吉大馆、近代史所、上海馆

02125
南京市各业概况调查（第1集）　首都各界提倡国货委员会调查组编
首都各界提倡国货委员会调查组，1935.10，12+192页，32开
　　本书内容包括：云锦业、缎业、厂布业、绒业、皮革业、丝业等。附景德镇陶业纪事录。
　　收藏单位：安徽馆、南京馆、上海馆

02126
南路实业调查团报告书　广东省建设厅编
广东省建设厅，1933.6，1册，18开
　　本书内容包括：公路、农林、水产、实业行政、工业化学、矿业等。附徐闻中心垦殖农场计划。
　　收藏单位：国家馆、近代史所

02127
廿五年七月份上海工商业异动报告　中国征信所编
出版者不详，1936，54页，16开
　　收藏单位：广东馆

02128
宁强县经济调查团全县经济调查报告书　宁强县经济调查团编
宁强县经济调查团，1943，150+15页，16开，环筒页装
　　本书共10章，内容包括：缘起、行程、地形地质及气候、土壤及田地分布概况、水利及交通等。
　　收藏单位：重庆馆

02129
宁夏省经济概要　陈泽溎著
上海：中国殖边社，1934.8，78页，25开（中国殖边社丛书）
　　本书内容包括：绪言、形势与气候、人口及土地、水利及物产、药材、湖盐、矿产、森林、牧畜、财赋、金融、工业、商业、交通等。
　　收藏单位：国家馆、南京馆、上海馆

02130
宁夏资源志　宁夏省政府编
宁夏省政府，[1946]，134页，18开
　　本书共8章：省区志略、矿产、畜产、农产、园产及特产、林产、植物药材、水产。
　　收藏单位：贵州馆、国家馆、近代史所、

南京馆

02131
农矿部工作报告及行政计划 农矿部[编]
农矿部，[1930]，79页，16开
本书收录该部颁布的法规、章程，并介绍农政、林政、矿政部门的工作概况及行政计划。所涉时间为1929年3月至1930年2月。
收藏单位：南京馆

02132
农矿部训政时期工作分配年表及说明书 农矿部编
[农矿部]，1930，50页，16开
本书收录该部训政时期农政、林政、矿政的工作分配年表及说明书。
收藏单位：湖南馆、南京馆

02133
农矿部政治工作报告 农矿部编
农矿部，[1930—1931]，30页，16开
本书内容包括：法规制定、农业行政、林业行政、矿业行政、其他事项等。所涉时间为1930年3—10月。
收藏单位：南京馆

02134
农矿设计报告书 山东省农矿厅编
山东省农矿厅，1929.2，124页，16开
本书分3部分：农业组、农民组、矿业组。内容包括：山东农业区域之划分及农事试验场之整理及筹设、山东农业之改进计划、山东林业进行三年计划、山东棉业进行三年计划、设计委员会农民组办事细则、农村组织计划、农村教育计划、设立乡村工厂之设计、整理山东矿务暂行规则、山东省政府农矿厅查堪矿区预算表、改良矿产运输办法等。
收藏单位：国家馆、上海馆

02135
农林工商政见宣言 张謇著
出版者不详，[1911—1929]，11页，25开
本书为著者在农林工商部的就职演说。
收藏单位：国家馆

02136
农商部实业行政会议录 农商部编
农商部，[1925—1949]，[202]页，18开
本书共9部分，内容包括：修正实业行政会议章程、开会纪事、刘部长开会辞、执政训辞、事业行政会议会员录等。
收藏单位：国家馆

02137
农商部统计报告 农商部总务厅统计科编
上海：中华书局，1918.1，842页，16开

02138
农商部职员录 农商部总务厅文书科编
农商部总务厅文书科，1923.3，136页，32开，环筒页装
农商部总务厅文书科，1925，106页，25开，环筒页装
本书收录该部参事厅、秘书处、总务厅、矿政司、农林司人员录及电话号码等。
收藏单位：国家馆

02139
农商统计表（中华民国元年至九年，第一至九次） 农商部总务厅统计科编纂
上海：中华书局，1914.6—1924.7，9册，18开，精装
本书内容包括：工业、商业、矿业等。
收藏单位：重庆馆、广东馆、国家馆、吉林馆、近代史所、辽宁馆、内蒙古馆、上海馆、首都馆、天津馆

02140
欧战后之中国经济与教育 徐世昌著
中华书局，1920.10，138页，18开
本书共3章：战后世界之观察、中国之古与今、今后之中国与世界。
收藏单位：重庆馆、东北师大馆、国家馆、山西馆、上海馆、首都馆、天津馆、中科图

02141
陪都工商年鉴　傅润华　汤约生主编
重庆：文信书局，1945.12，[475] 页，22 开

本书分上、中、下部：陪都工商经济总论、陪都工商经济分述、陪都工商经济动态。共 12 编，内容包括：陪都概况、工商机关及工商组织、重要工商业、化工业、工商大事日记等。

收藏单位：重庆馆、东北师大馆、广东馆、国家馆、吉林馆、近代史所、南京馆、内蒙古馆、山西馆、上海馆、天津馆、西南大学馆

02142
彭县西北边区经济考察团报告书　李季伟著
彭县西北边区考察团，[1945]，48 页，16 开

本书考察时间为 1944 年 8 月。内容包括：考察的宗旨、考察的区域和范围、将来的展望等。

收藏单位：重庆馆、国家馆

02143
贫穷论　李敬穆著
北平：光华书局，1930，104 页，32 开（潜春楼丛书 3）

本书分上、中、下 3 编，共 9 章，内容包括：贫穷的意义、中国人生程度底最低限、中国穷人的数目、贫穷发生之原因、合作主义与民生主义等。

收藏单位：国家馆

02144
贫穷问题　邓灌邦著
广州大学法科学院，1933.9，16 页，16 开（广州大学法科丛刊第 7 种）

本书内容包括：贫穷之起因、贫富之对立、教育与贫穷、政治与贫穷问题、中国现代贫穷之原因、贫穷问题之解决等。附各省区人口与农民人口比较表、历年输出入贸易价值统计表、川皖产烟种烟数量表。

收藏单位：国家馆

02145
贫穷问题　柯象峰著
上海：商务印书馆，1937.3，134 页，32 开（万有文库第 2 集 103）（现代问题丛书）

本书共 4 章：贫穷的意义与现状、贫穷的原因、贫穷的影响、贫穷的防止。附习题及参考书目。

收藏单位：安徽馆、重庆馆、大理馆、大连馆、大庆馆、广西馆、国家馆、黑龙江馆、湖南馆、辽大馆、辽师大馆、内蒙古馆、宁夏馆、天津馆、武大馆、浙江馆

02146
平津行名录　天津华北汉英报编
天津：华北汉英报社，1948，1 册，18 开

收藏单位：国家馆、天津馆

02147
平民经济概述　山西省经济管理局编
山西省经济管理局，1948.3，36 页，32 开

本书共 7 部分：平民经济产生的背景、平民经济提出的经过、平民经济的意义目标与任务、平民经济的特质、平民经济的实施、平民经济的机构、平民经济的三个阶段。

收藏单位：安徽馆、广东馆、桂林馆、国家馆、吉林馆、近代史所、南京馆、山西馆、上海馆

02148
青岛工商学会各部暨附属机关组织简则　青岛工商学会编
青岛工商学会，[1911—1949]，28 页，25 开，环筒页装

本书收录组织简则 13 条，内容包括：本会总务部组织简则、本会研究部组织简则、本会调查部组织简则、本会介绍部组织简则、商事咨询处简则等。

收藏单位：国家馆

02149
青岛市工商业概览　青岛市社会局编
青岛市社会局，1932，68 页，13 开，环筒页装

本书大部分为表。内容包括：青岛市进出口贸易概况、进口土货概况、中国工厂概况、本国商场概况等。

收藏单位：国家馆、上海馆、首都馆

02150
青岛市建设成绩概况 青岛市政府编
青岛市政府，[1911—1949]，26 页，28 开，环筒页装

本书内容包括：地方自治、社会行政、财政、土地、公安、卫生、教育文化、港务、工务等。

02151
青岛市社会局农工商统计 青岛市社会局编
青岛市社会局，1936.5，33 页，16 开

本书全部为表。共 4 部分：农工商统计、劳动统计、卫生统计、公益统计。目录页题名：青岛市社会局统计汇编。

收藏单位：国家馆、上海馆

02152
青岛市中国商工总览（民国二十八年度） 青岛特别市公署社会局经济科编
青岛：新民报印务局，1939，423 页，22 开

本书内容包括：商号之部、工厂之部、公司之部、商业机关的名称、代表者姓名、地址、电话等。

收藏单位：首都馆、浙江馆

02153
青岛在华北之地位及其发展之趋势 青岛工商学会编
青岛工商学会，1933.8，7 页，18 开，环筒页装

本书论述青岛的地理位置、自然条件、贸易情况、工商业情况等。附胶海关近十年海关贸易值比较表、青岛市工厂一览表。

收藏单位：广西馆、国家馆、上海馆

02154
青海调查报告之一 马凌甫著 西北实业调查团编
西北实业调查团，1940.6，37 页，32 开

本书共 5 部分：青海之特殊性、青海政治之主要设施、青海人民之主要生业、青海一般物产之调查、建议及总结。

收藏单位：近代史所、上海馆

02155
青海省建设概况 青海省政府建设厅编
青海省政府建设厅，1946.10，[315] 页，16 开

本书共 13 章，内容包括：本厅概况、造林概况、交通概况、畜牧概况、农业概况、工业概况、矿业概况、电气事业概况等。

收藏单位：南京馆

02156
青年节约献金运动 青年出版社编
[重庆]：青年出版社，[1939.5]，81 页，32 开（战时工作丛书）

本书共 5 章：青年节约献金的意义、青年节约献金的方法、战区青年的献金、节约献金的史实与佳话、附录。

收藏单位：重庆馆、贵州馆、桂林馆、国家馆、吉林馆、江西馆、南京馆

02157
青年与经济（蒋主席青年问题言论集） 张耕法编
[上海]：世界书局，1946.9，90 页，32 开

本书收录文章及讲词共 14 篇，内容包括：《中国经济学说》《经济抗战之精神和要务》《抗战建国中财政经济交通人员之责任和成功之要道》《国民自救救国之要道》《国民经济建设运动之意义及其实施》《勉励企业家在艰苦中拥护抗战》《建立国家财政经济的基础及推行粮食与土地政策的决心》《运输统制与运输运动》等。

收藏单位：安徽馆、重庆馆、广西馆、国家馆、河南馆、湖南馆、辽宁馆、南京馆

02158
清乡区经济概况调查报告 清乡委员会经济设计委员会编辑

南京中文仿宋印书馆，1942.7，1册，16开

本书内容包括：吴县特别区经济概况、常熟特别区经济概况、昆山特别区经济概况、太仓特别区经济概况、无锡特别区经济概况、江阴特别区经济概况等。

收藏单位：重庆馆、国家馆、近代史所

02159

请拨美棉麦借款改进青岛农产水利港务实业方案　青岛工商学会拟

青岛工商学会，1933.10，24页，21开，环筒页装

本书内容包括：发展农业、振兴水利、扩张港务、创办纺织厂、流动资本等。

收藏单位：国家馆、南京馆、上海馆

02160

琼崖实业调查团报告书　广东省建设厅编辑股编

广东省建设厅编辑股，1932.12，262页，16开

本书内容包括：琼崖岛五县农艺调查报告、琼崖实业调查团农业组考察土壤水利情形报告、琼崖畜牧兽病调查报告、琼崖昆虫调查报告、琼崖实业调查团森林调查报告书、海南岛渔盐调查报告书、琼崖实业调查团工商调查第一次报告、琼崖公路建设之概况等。

收藏单位：国家馆、近代史所、南京馆、上海馆

02161

琼崖实业问题　陈元柱著

广州：培英印务局，1937.3，70页，32开

本书分两篇：副篇、正篇。正篇共6部分，内容包括：琼崖交通上建设的意见、琼崖农村上建设的意见、琼崖工业上建设的意见等。

收藏单位：国家馆、上海馆

02162

全国工商会议汇编　实业部总务司　实业部商务司编

实业部总务司编辑科，1931.3，[680]页，18开

本书为1930年11月1日在南京召开的全国工商会议资料汇编。共4编，内容包括：全国工商会议之使命、全国工商会议各组议案索引、全国工商会议第一次大会纪录、中央党部代表孙委员科训词、开会词等。附全国工商会议秘书处职员一览。

收藏单位：重庆馆、广东馆、国家馆、湖南馆、吉大馆、吉林馆、辽宁馆、南京馆、上海馆、天津馆、浙江馆、中科图

02163

全国经济调查

出版者不详，[1914—1919]，842页，13开

本书共7部分：农业、森林、渔牧、工业、商业、矿业、附录。

收藏单位：国家馆

02164

全国经济会议议案　卫挺生拟　税务股提出

出版者不详，1928.6，94页，22开

本书为会议参考文件。共9部分，内容包括：改革关税制度案、改革盐税制度案、假定豫算案、改革中央财政官制案、确定教育经费案、整理国债方略案等。

收藏单位：近代史所、南京馆、上海馆

02165

全国经济会议专刊　全国经济会议秘书处编

财政部驻沪办事处，1928，627页，13开，精装

本书共5部分：经济会议筹备情形、开幕典礼纪要、正式会议、休会、附录。

收藏单位：重庆馆、广东馆、广西馆、国家馆、湖南馆、近代史所、南京馆、中科图

02166

全国经济会议专刊（简编本）　全国经济会议秘书处编

财政部驻沪办事处，1928，274页，16开

收藏单位：东北师大馆、国家馆、南京馆

02167

全国经济统制之情况及其效果　叶乐群著

上海：新中国建设学会，1936.5，91+18页，22开（新中国建设学会丛书24）

本书共14章，内容包括：公路建设之进展、水利兴办之失败、棉业统制、粮食经济统制、渔业统制等。附全国经济委员会工作概况及国联与中国技术合作情形。

收藏单位：安徽馆、广东馆、国家馆、吉林馆、南京馆、宁夏馆、浙江馆

02168

全国经济委员会报告汇编（第1集 国联农业专家特赖贡尼报告）　全国经济委员会编

全国经济委员会，1933.4，90页，18开（全国经济委员会丛刊4）

本书内容包括：考察经过纪要、中国农业政策初步研究报告、中国农村合作研究报告等。

收藏单位：广东馆、国家馆、河南馆、近代史所、南京馆、内蒙古馆、宁夏馆、上海馆、首都馆

02169

全国经济委员会报告汇编（第2集 国联技术合作代表拉西曼报告）　全国经济委员会编

全国经济委员会，1934.5，100页，16开（全国经济委员会丛刊9）

本书共11章，内容包括：全国经济委员会之历史、农业、棉业、丝、水利、公路、卫生、教育等。

收藏单位：广东馆、国家馆、近代史所、南京馆、内蒙古馆、上海馆、浙江馆

02170

全国经济委员会报告汇编（第3集 中国与经济恐慌）　全国经济委员会编　沙尔德著

全国经济委员会，1934.5，124页，18开（全国经济委员会丛刊10）

本书共15章，内容包括：世界经济恐慌中之中国、中国银元及他国货币、白银集中上海、国际收付之平准、贸易平准等。

收藏单位：国家馆、近代史所、南京馆、内蒙古馆、上海馆、首都馆、浙江馆、中科图

02171

全国经济委员会报告汇编（第4集 国联蚕丝专家玛利报告）　全国经济委员会编

全国经济委员会，1934.5，66页，18开（全国经济委员会丛刊11）

本书共5部分：视察经过纪要、江浙蚕丝业视察报告、设置中央原种场之建议、山东蚕丝业视察报告、四川蚕丝业视察报告。

收藏单位：广东馆、国家馆、南京馆、内蒙古馆、上海馆、首都馆、浙江馆

02172

全国经济委员会报告汇编（第5集 第七次国际道路会议中国报告）　全国经济委员会编

外文题名：China's report to the Seventh International Road Congress

全国经济委员会，1934.2，[113]页，16开（全国经济委员会丛刊12）

本书共4部分：撰述者名单、编送第七次国际道路会议报告简则、报告、附录。

收藏单位：安徽馆、国家馆、南京馆、内蒙古馆、上海馆、浙江馆

02173

全国经济委员会报告汇编（第6集）　全国经济委员会编

全国经济委员会，1934.12，[40]页，18开（全国经济委员会丛刊15）

全国经济委员会，1935.10，复写本，1册，13开，环筒页装

本书共6部分：公路建设、水利建设、农业建设、棉业统制、蚕丝改良、卫生设施。

收藏单位：国家馆、近代史所、南京馆、上海馆

02174

全国经济委员会报告汇编（第7集）　全国经济委员会编

全国经济委员会，1935.11，[52]页，16开（全国经济委员会丛刊18）

本书共3部分：全国经济委员会工作报告、全国经济委员会二十四年度事业进行计画及经费之支配、全国经济委员会二十四年度水利事业方案。

收藏单位：安徽馆、广东馆、国家馆、近代史所、南京馆、上海馆、浙江馆

02175

全国经济委员会报告汇编（第8集 办理统一全国水利行政事业纪要） 全国经济委员会编

全国经济委员会，1935.12，98页，16开（全国经济委员会丛刊20）

本书共6部分：总述、水利统一之经过、各水利机关之整理、水利计画与测验之集中、水利统一后之水利事业、地方水利之督促指导。

收藏单位：广东馆、国家馆、近代史所、南京馆、上海馆、首都馆

02176

全国经济委员会报告汇编（第9集 国际联合会交通运输组组长哈斯来华考察技术合作报告） 全国经济委员会编

全国经济委员会，1936.1，60页，16开（全国经济委员会丛刊21）

本书共4部分：赴华任务之要义及其范围、留驻南京时所得之印象及资料、旅行各省时所得之印象及资料、一般之观感。

收藏单位：重庆馆、广东馆、国家馆、近代史所、南京馆

02177

全国经济委员会报告汇编（第10集 全国土地调查报告纲要） 全国经济委员会编

全国经济委员会，1937.1，74页，16开（全国经济委员会丛刊25）

全国经济委员会，1937.2，74页，16开（全国经济委员会丛刊25）

本书共8章，内容包括：土地利用、土地分配、租佃制度、土地与农村金融、地价等。

收藏单位：重庆馆、广东馆、贵州馆、国家馆、吉林馆、近代史所、南京馆、上海馆、首都馆

02178

全国经济委员会报告汇编（第11集） 全国经济委员会编

全国经济委员会，1937.2，46页，16开（全国经济委员会丛刊27）

本书共5部分：公路、水利、棉业、蚕丝业、卫生。

收藏单位：广东馆、国家馆、近代史所、上海馆

02179

全国经济委员会报告汇编（第12集 全国水利建设报告） 全国经济委员会编

全国经济委员会，1937.2，28页，16开（全国经济委员会丛刊28）

本书共6部分：淮河水利工程、黄河水利工程、扬子江水利工程、华北水利工程、西北水利工程、其他水利设施。

收藏单位：国家馆、南京馆、上海馆、中科图

02180

全国经济委员会报告汇编（第13集 中国茶业之经济调查报告） 全国经济委员会编

全国经济委员会，1937，216页，16开（全国经济委员会丛刊29）

本书共6章，内容包括：我国重要产茶区域概况、茶之生产、我国之重要茶叶市场等。

收藏单位：广东馆、国家馆、南京馆、上海馆、首都馆

02181

全国经济委员会报告汇编（第14集 民国二十四年全国水利建设报告） 全国经济委员会编

全国经济委员会，1937.2，314页，16开（全国经济委员会丛刊30）

本书共4部分：水政、测验、工程、各省水利。逐页题名：全国水利建设报告。

收藏单位：安徽馆、广东馆、国家馆、近代史所、南京馆、上海馆、中科图

02182
全国经济委员会成立纪要 全国经济委员会编
全国经济委员会，1934.2，[431] 页，16 开（全国经济委员会特刊 7）
本书内容包括：全国经济委员会组织系统图、全国经济委员会报告、修正全国经济委员会组织条例、全国经济委员会公路处暂行组织条例、全国经济委员会公路委员会暂行组织条例、全国经济委员会委员名单等。
收藏单位：广东馆、国家馆、近代史所、南京馆、上海馆、浙江馆

02183
全国经济委员会筹备处工作报告 全国经济委员会编
外文题名：Report on the work of the Preparatory Office of the National Economic Council
全国经济委员会，[1933.10]，1 册，10 开（全国经济委员会特刊 2）
本书附公路处工作报告、工程处工作报告、中央卫生设施实验处工作报告等。
收藏单位：大庆馆、广东馆、国家馆、近代史所、上海馆、天津馆

02184
全国经济委员会第二次会议纪录
出版者不详，1943，油印本，1 册，大 16 开，环筒页装
收藏单位：国家馆

02185
全国经济委员会第十六次会议纪录 [全国经济委员会编]
全国经济委员会，1947，油印本，1 册，16 开，环筒页装
本书内容包括：国营事业管理法草案（审查小组修正本）、国营事业机关员工划一待遇作法意见、审查报告等。
收藏单位：国家馆

02186
全国经济委员会第十四次常务委员会议议程 全国经济委员会编
全国经济委员会，[1911—1949]，油印本，1 册，13 开
收藏单位：上海馆

02187
全国经济委员会二十五年度事业进行计画及经费之支配
全国经济委员会，[1935—1937]，油印本，1 册，13 开
收藏单位：南京馆、上海馆

02188
全国经济委员会工作报告 全国经济委员会编
全国经济委员会，1935.11，22 页，16 开
全国经济委员会，[1948]，172 页，16 开
本书内容包括：公路建设、水利建设、农业建设、棉业建设、蚕丝改良、卫生设施等。
收藏单位：广东馆、国家馆、南京馆、农大馆、上海馆

02189
全国经济委员会会议纪要（第 1—9 集） 全国经济委员会编
全国经济委员会，1933—1936，9 册（42+42+34+66+65+96+307+106+312 页），16 开（全国经济委员会丛刊）
本书第 2 集为七省公路专门委员会第一次会议，第 3 集为工程专门委员会会议，第 4 集为全国经济委员会第二次委员会议，第 5 集为公路委员会第一次会议，第 6—9 集为水利委员会第一至第四次会议。
收藏单位：安徽馆、东北师大馆、国家馆、南京馆、上海馆、天津馆、浙江馆、中科图

02190
全国经济委员会会议议事日程（第二十六至二十八、三十至三十二、三十四、三十七次）· 全国经济委员会会议纪录（第二十五至二十七、二十九至三十一、三十三、三十六次） [全国经济委员会编]

全国经济委员会，1937—1948，油印本，8册，16开，环筒页装

本书为合订本。每册均由本次会议议事日程与上次会议纪录合订而成。

收藏单位：国家馆

02191

全国经济委员会江汉工程局职员录　全国经济委员会江汉工程局编

全国经济委员会江汉工程局，[1937.3]，34页，22开

收藏单位：国家馆

02192

全国经济委员会泾洛工程局职员录　全国经济委员会泾洛工程局编

全国经济委员会泾洛工程局，[1937.1]，12页，22开

收藏单位：国家馆

02193

全国经济委员会卫生实验处职员录　全国经济委员会卫生实验处编

全国经济委员会卫生实验处，[1934.1]，35页，22开，环筒页装

全国经济委员会卫生实验处，[1936.3]，22页，22开

收藏单位：国家馆、南京馆

02194

全国经济委员会西北各项建设事业简要状况汇编　全国经济委员会西北办事处编

全国经济委员会西北办事处，1934，油印本，29页，13开，环筒页装

全国经济委员会西北办事处，1935，油印本，1册，10开，环筒页装

收藏单位：国家馆、南京馆

02195

全国经济委员会章则汇编（第1—5集）　全国经济委员会编

全国经济委员会，1932—1937，5册（38+48+124+148+84页），16开（全国经济委员会丛刊）

本书内容包括：全国经济委员会组织条例、全国经济委员会工程局工务所暂行简则、修正全国经济委员会组织条例、导淮委员会组织法、修正全国经济委员会组织条例等。

收藏单位：广东馆、国家馆、近代史所、南京馆、陕西馆、上海馆、天津馆、浙江馆、中科图

02196

全国经济委员会职员录　全国经济委员会编

全国经济委员会，1933.4，37页，22开

全国经济委员会，1934.7，50页，22开

全国经济委员会，1936.1，73页，22开

全国经济委员会，1937.1，60页，22开

本书收录该会筹备处、公路处、工程处、中央卫生设施实验处等的职员名录。

收藏单位：广东馆、国家馆、近代史所、南京馆、上海馆、天津馆

02197

全国经济委员会最近工作报告　全国经济委员会编

全国经济委员会，[1934.11]，油印本，[18]页，大16开，环筒页装

本书内容包括：关于公路建设事项、关于水利建设事项、关于卫生设施事项、关于农业建设事项、关于棉业建设事项等。

收藏单位：国家馆、南京馆、上海馆

02198

全国生产会议

出版者不详，[1911—1949]，油印本，7册，16开

收藏单位：南京馆

02199

全国生产会议议案

出版者不详，[1939]，[500]页，16开

本书介绍抗战初期召开的一次全国生产会议，提案人有邹秉文、李汉魂、寿勉成等数十人。

02200

全国生产会议总报告 全国生产会议秘书处编

全国生产会议秘书处，1939.8，581 页，16 开

本书共 3 编。内容包括：全国生产会议规程、全国生产会议议事规则、全国生产会议会员录、国民政府主席训词、戴院长致词、全国生产会议议案等。

收藏单位：国家馆、近代史所

02201

全国实业代表会议录 农商部编

农商部，[1911—1949]，160 页，16 开

本书内容包括：实业代表会议章程、实业代表会议议事规则、实业会议干事处职员名录等。

收藏单位：国家馆

02202

人民生活调查表 [江北县统计局编]

[江北县统计局]，1945，6 页，横 18 开

收藏单位：国家馆

02203

人民政府怎样保护工商业

文化出版社，[1948—1949]，57 页，32 开

本书内容包括：纠正公营工厂工资制度、改善公营企业经营管理、确定劳资关系的原则等。

收藏单位：上海馆

02204

人文地理 东北物资调节委员会研究组编

沈阳：东北物资调节委员会，1948.2，170 页，32 开，精装（东北经济小丛书 2）

本书共 3 章：东北人口、东北之地质及土壤、东北气候。

收藏单位：安徽馆、长春馆、重庆馆、东北师大馆、广东馆、国家馆、河南馆、黑龙江馆、吉林馆、辽大馆、辽东学院馆、辽师大馆、宁夏馆、上海馆、首都馆、天津馆、西南大学馆

02205

日本财阀之对华投资·日本财阀之对满投资 国民经济研究所译

[国民经济研究所]，[1911—1949]，26 页，大 32 开

收藏单位：南京馆

02206

日本帝国主义对华经济侵略 侯厚培 吴觉农著

上海：黎明书局，1931.11，12+380 页，22 开

上海：黎明书局，1931，再版，380 页，25 开

本书共 8 章，内容包括：日本对华之经济侵略政策、日本对华之铁路侵略、日本对华之航权侵略、日本对华之农业侵略、日本对华之矿权侵略等。

收藏单位：重庆馆、广东馆、广西馆、贵州馆、国家馆、湖南馆、江西馆、近代史所、上海馆、天津馆、西南大学馆、浙江馆

02207

日本对华经济侵略 邹鲁著

广州：国立中山大学出版部，1935.6，332 页，23 开

本书共 16 章：概论、殖民、领土、关税、铁路、邮政、电政、航政、金融、水产、矿业、林业、农业、工业、商业、结论。附丘式如读后语《正告日本帝国主义》。版权页题名：日本对华经济侵略史。

收藏单位：国家馆、江西馆、上海馆、浙江馆

02208

日本对华经济侵略史 刘世仁著

福州：刘寿天 [发行者]，1938，2 册（110+114 页），22 开

本书共 21 章，内容包括：绪论、日本在华之投资、日本在华之工业、日本在华之矿业、日本在华之铁道、日本统制下之东北经济、日本控制下之华北经济等。

收藏单位：福建馆、广东馆、湖南馆、近代史所

02209
日本对华经济侵略之过去及将来　（日）胜田主计原著　龚德柏译
上海：吴越书店，1928.5，112 页，36 开

本书为著者卸任日本财政大臣后所作的对华经济侵略的供状。共 10 章，内容包括：对于中国金融上之整备改良、对华借款之概要、中国财政顾问问题、中国关税问题等。附日本侵略中国之金融机关一览表。

收藏单位：重庆馆、国家馆、湖南馆、江西馆、南京馆

02210
日本对华经济侵略之检讨　赵毅民编
北平：朝野书店，1932，80 页，32 开

本书共 7 章：绪论、交通侵略、工业上之侵略、商业上之侵略、金融上之侵略、农殖林渔之侵略、结论。

收藏单位：国家馆

02211
日本对华煤铁资源之侵略　吴世汉著
重庆：中国文化服务社，1941，48 页，32 开（国际小丛书）

本书分上、下两篇：煤、铁。上篇共 3 部分：华北煤矿资源开发计划、沦陷后华北煤之现状、沦陷后华中煤之现状；下篇内容包括：华北铁矿开发计划及现状、华中铁矿开发计划及现状等。

收藏单位：安徽馆、重庆馆、广东馆、贵州馆、国家馆、吉林馆、南京馆、浙江馆

02212
日本对华侵略之过去及将来　（日）胜田主计原著　龚德柏译
上海：光华书局，1931.10，再版，112 页，32 开

本书封面题名：日本对华侵略过去及将来。

收藏单位：安徽馆、重庆馆、广西馆、国家馆、吉林馆、近代史所、上海馆、浙江馆

02213
日本发表声明经过及各国反响　[内外通讯社编]
[南昌]：[内外通讯社]，1934，90 页，22 开（内外类编 36、37）

本书共 6 部分：日本声明经过、中国政府之措置、美国之态度、英国之态度、欧洲之态度、中国舆论检阅。

收藏单位：国家馆

02214
日本及陷区经济状况　驻沪调查员纂辑
出版者不详，[1939—1949]，1 册，13 开

收藏单位：首都馆

02215
日本经济与中国东北问题　（日）神原周平著　潘文安　殷师竹译
上海：文艺书局，1932，10+100 页，32 开

收藏单位：安徽馆、北师大馆、国家馆、江西馆、近代史所、上海馆、浙江馆

02216
日本开发华北企图（日本动态之一）　王干一译
上海：一心书店，1938，66 页，36 开

本书收文 4 篇：《华北的资源与其开发》（池田纯久）、《华北经济开发的基调》（乡诚之助）、《华北建设的基础》（安达谦藏）、《华北明朗化与经济工作》（木村增太郎）。选译自日刊《中央公论》华北开发号。

收藏单位：广东馆、广西馆、国家馆、近代史所、浙江馆

02217
日本能“以战养战”吗　国民出版社编
金华：国民出版社，1940.5，102 页，32 开（国民知识丛书）

本书共 9 部分，内容包括：敌寇能“以战养战”吗、敌寇一年来“以战养战”阴谋之总暴露、战地敌人经济掠夺政策之失败、敌寇对占领区域经营的矛盾、敌人在我国北部的经济侵略概况、敌人掠夺我国中部农产物

资实况等。

收藏单位：安徽馆、东北师大馆、广东馆、国家馆、江西馆、南京馆、浙江馆

02218

日本侵华的经济机关 周昌寿等编

重庆：商务印书馆，1939，8页，50开（时代知识小册184）

收藏单位：广东馆

02219

日本侵略东北之新经济政策 王一新著

北平：中华国风社，1932.7，172页，32开（中华国风社丛书2）

本书分两编：九一八前日本之经济侵略、九一八后日本之经济侵略。

收藏单位：国家馆、河南馆、上海馆

02220

日本侵略下之工商地志 胡式编

上海：华风书店，1932.10，88页，64开（国民丛书 第2种）

收藏单位：吉林馆、近代史所、浙江馆

02221

日本侵占区之经济 郑伯彬著

重庆：资源委员会经济研究室，1945.7，352页，32开（资源委员会经济研究室丛刊1）

本书共6章：日本对华经济策略、农业之蜕化、工矿事业之变质、各区金融侵略、贸易之演变及其管制、交通一瞥。附华中区工业概况、华北区工业概况。

收藏单位：重庆馆、广东馆、国家馆、吉林馆、近代史所、南京馆、上海馆、天津馆、浙江馆、中科图

02222

日本人的山东开发计划 （日）松崎雄二郎著 舒贻上译述

济南：山东新报社，1947.11，88页，32开（山东新报丛书2）

本书共9章，内容包括：铁道计划、扩张青岛海港计划、农业计划、棉花增产计划、山东工业发展计划等。

收藏单位：湖南馆、近代史所

02223

日本在东三省经济势力概要 实业部工商访问局编

上海：实业部工商访问局，1931.11，58页，32开

本书共9部分：日本在我东北工业经营之一斑、日本经营下之东省矿产及林产、日本经营下之东省农产及畜牧、日本在华之铁路事业、日本在东北之金融状况、中日合办事业、日本在华投资统计、日本在华经营之工厂数及资本额、旅大概观。

收藏单位：国家馆、江西馆、近代史所、上海馆

02224

日本在华各种经济侵略实况 杨正宇主编

上海华风，1932.10，78页，25开

本书共5章：纺织、矿业、交通、贸易、日本对华贸易的将来。

收藏单位：山西馆、浙江馆

02225

日本在华工商业调查资料 高宗武著

出版者不详，1934，1册，16开

收藏单位：南京馆

02226

日本在华经济势力 实业部编

上海：中华书局，1933.3，48页，16开

本书用图表数字表明日本对华投资情况，如经营纱厂、金融网、掠夺矿产、在华交通网、对华贸易、在华侨民、港埠租界开辟等。附材料来源索引。

收藏单位：重庆馆、东北师大馆、广东馆、湖南馆、江西馆、南京馆、内蒙古馆、上海馆、西南大学馆

02227

日本在华攫取原料之困难 李植泉翻译 刘铁孙审查 刘大钧核定

外文题名：Japan's balance sheet in China
出版者不详，1939.11，晒印本，6张，大16开（中国经济统计研究所 总字第342号 经济门国际类 第12号）
　　收藏单位：上海馆

02228
日本在华文化机关投资事业　高宗武著
出版者不详，1934，1册，16开
　　收藏单位：南京馆

02229
日本在中国经济侵略一览　中国国民党浙江省党部编
中国国民党浙江省党部，1931.12，[30]页，16开（反日宣传小丛书3）
　　本书全部为表。分上、下两编：关于中国全土的、关于东北方面的。共8章，内容包括：中日贸易状况、东北之工业、矿产及林业等。
　　收藏单位：内蒙古馆、上海馆

02230
日本榨取华北　由黎著
重庆：中山文化教育馆，1938.10，40页，36开（抗战丛刊63）
　　本书共8部分：绪论、资源之贫富悬殊、日本如果能榨取华北、日本榨取华北的计划、没收与独占、捉襟见肘的窘态、榨取华北中的障碍、尾语。封面题名：日人榨取华北。
　　收藏单位：重庆馆、国家馆、南京馆

02231
日帝国主义与中国市场　朱少轩著
上海：昆仑书店，1931.12，55页，32开（反日帝国主义丛书4）
　　本书论述日本对中国市场的侵占经过，争夺市场实行经济侵略的状况，并分析日本所遇到的困难和矛盾。
　　收藏单位：重庆馆、广西馆、近代史所

02232
日华经济绝交利害问题　（日）安川雄之助著
出版者不详，1928，16页，22开
　　本书站在帝国主义侵略者的立场上，宣称日华经济绝交与抗拒日货之举，将阻碍两国经济进步并不利东亚和平等。
　　收藏单位：国家馆、湖南馆、近代史所

02233
日寇开发华北的阴谋　刘仁著
汉口：黎明书局，1938.5，68页，32开
　　本书共10部分，内容包括：开发华北的史话、新抢夺程序的开始、东京的决议、资源开发案、日本需要什么等。附日寇开发华北资源调查表。
　　收藏单位：安徽馆、重庆馆、广东馆、国家馆、吉大馆、吉林馆、江西馆、近代史所、南京馆、西南大学馆、浙江馆

02234
日寇在沦陷区的经济掠夺　沈敬亭著
桂林：文化供应社，1940，140页，32开（时事问题丛刊3）
　　本书共8章：绪论、掠夺方式与掠夺机构、资源的掠夺、工业的掠夺与经营、交通的控制与扩张、贸易的统制与垄断、捐税、结论。
　　收藏单位：东北师大馆、广东馆、贵州馆、国家馆、吉林馆、近代史所、浙江馆

02235
日人对我东北言论集　（日）中野正永等著　新中国建设学会编译
上海：新中国建设学会出版科，1932.11，154页，22开
　　收藏单位：安徽馆、重庆馆、东北师大馆、广东馆、广西馆、国家馆、吉林馆、江西馆、辽大馆、辽宁馆、南京馆、首都馆、西南大学馆、浙江馆

02236
日人海盗行为的重演（对敌寇“以战养战”毒计的总检讨）　杜呈祥编著
重庆：独立出版社，1940.2，72页，32开
　　本书分上、下两编，共9章：海盗行为

的重演、我们的损失数字、敌伪的苛捐杂税、“一石两鸟”的毒化及嫖赌政策、巧取豪夺的面面观、敌寇为什么实行“经济开发”、经济侵略的机构、资源的掠夺与市场的独占、敌寇实行经济开发的困难与我们应有的对策。附日寇在南京的抢劫暴行报告。

收藏单位：重庆馆、广西馆、国家馆、黑龙江馆、江西馆、南京馆、中科图

02237
日人眼中之东北经济 （日）小岛精一等著 张其春 夏禹勋译
南京：钟山书局，1933.9，150页，16开（人地学会丛书）

收藏单位：广西馆、国家馆、黑龙江馆、吉林馆、江西馆、近代史所、上海馆

02238
日人之中日经济提携论 江昌绪编
南京：日本评论社，1935.5，94页，32开（日本研究会小丛书84）

本书共5部分：绪言、日本当局的言论、积极提携论、时机尚早论、所谓提携的前提与条件。

收藏单位：重庆馆、国家馆、江西馆、南京馆

02239
如何节约消费与增加生产 中国国民党中央执行委员会宣传部编
中国国民党中央执行委员会宣传部，1940.2，12页，32开
中国国民党中央执行委员会宣传部，1942.11，12页，32开

本书共两部分：节约消费、增加生产。

收藏单位：重庆馆、广西馆、国家馆、吉林馆、江西馆、南京馆、浙江馆

02240
如何认识我国危机 刘及辰著
北平时代知识社，1937.2，130页，32开

本书共6章：导言、产业资本主义的侵略时期、帝国主义的侵略时期（一、二、三）、结论。

收藏单位：广东馆、国家馆、南京馆

02241
三国经济史 陈啸江著
广州：国立中山大学文科研究所，1936，185+42页，18开（国立中山大学文科研究所社会经济史丛书）

本书共10章，内容包括：从不断的变乱说起、地旷人稀的农业生产、工业生产及其他、一般流通的状况、政府的财政等。

收藏单位：重庆馆、国家馆、宁夏馆、首都馆、天津馆、西南大学馆

02242
三国食货志 陶元珍著
上海：商务印书馆，1935.10，140页，22开
上海：商务印书馆，1937，再版，140页，23开

本书共8专题：户口、劳动、土地、农业、货币与物价、交通与都市、工商业、人民生活与国家财政。

收藏单位：重庆馆、东北师大馆、广东馆、广西馆、贵州馆、国家馆、河南馆、湖南馆、吉林馆、江西馆、辽大馆、南京馆、内蒙古馆、山西馆、上海馆、天津馆、浙江馆

02243
三门湾经济志料 魏颂唐编
出版者不详，1946.12，50页，16开

本书内容包括：三门湾调查简报、三门湾辟埠指针、发起开辟三门湾报告书、开辟三门湾问题之商榷等。

收藏单位：浙江馆

02244
三民主义之计划经济 程孝刚著
重庆：国父实业计划研究会，1943.8，132页，32开

本书共两部分：引编苏联计划经济之分析研究、正编三民主义之计划经济。内容包括：计划经济之目的、计划经济之畴范、计划经

济之方略等。

收藏单位：重庆馆、国家馆、吉林馆、上海馆

02245

三民主义之计划经济　程孝刚著

出版者不详，[1941]，107页，32开

收藏单位：贵州馆、国家馆、南京馆

02246

三年来的中国战时经济　翁北溟编　张太风著

力学书店，1940.7，84页，25开（大路半月刊突击丛书）

本书共5篇：绪论、富有弹性的战时财政、脉脉跃动的战时金融、贸易政策之转变及其成效、突飞猛进的后方经济建设。

收藏单位：江西馆、浙江馆

02247

三年来敌伪在第五战区经济掠夺之阴谋与设施　第五战区经济委员会第三组编

出版者不详，[1911—1949]，油印本，1册，32开（经济丛刊1）

收藏单位：南京馆

02248

三十六年度南京市金融工矿交通事业概况

联合征信所南京分所调查组编辑

联合征信所南京分所，1948.4，22页，32开

本书共5部分：金融业、矿业、工业、公用事业、交通事业。

收藏单位：南京馆、上海馆

02249

三十年来之山西（《晋阳日报》卅周年纪念特刊）

[太原]：[晋阳日报社]，1936，174页，16开

本书内容包括：三十年来之山西政制、三十年来山西六政三事与村政之过程及其概要、三十年来山西之司法、三十年来山西之警政、三十年来山西之教育等。

收藏单位：国家馆、南京馆

02250

沙市经济概况　金陵大学农学院农业经济系调查及编制

[南京]：金陵大学农学院农业经济系，1934，油印本，6页，16开

本书共7部分：棉花商业组织、打包厂、汉口商品检验局沙市分处、沙市营业税局、其他主要出口货、棉花运销费用、棉业改良委员会。

收藏单位：国家馆、近代史所、中科图

02251

山东各县建设局长第一次会议特刊　山东各县建设局长第一次会议筹备委员会编

山东省建设厅，[1930]，138页，16开

本书共17部分，内容包括：三厅交议案件及各局长提案、提案审查委员会审查报告、主席团会议纪录、提案审查组会议纪录、各县建设局长会议预备会纪录等。附山东各县建设局长一览表、山东各县建设局长学历百分比例图。

收藏单位：国家馆、首都馆

02252

山东工商报告　山东省政府实业厅编

济南：山东省政府实业厅，1931，1册，16开

本书为有关该省济南市及各重要县镇工厂、商号情况的调查报告。共3编：工业、商业、统计。

收藏单位：国家馆、湖南馆、南京馆、首都馆、中科图

02253

山东解放区的工商业　杨波编

临沂：山东新华书店，1946.4，61页，32开

本书收文9篇，内容包括:《山东对敌经济斗争的巨大胜利》（黎玉）、《山东各解放区的纺织手工业》（薛暮桥）、《从艰苦斗争中发展起来的胶东化学工业》（杨波）、《欣欣向荣的山东工业》（顾膺）、《为群众服务的臧家庄子合作社》（耿骏）、《临沂生产推进社介绍》（张正）等。

收藏单位：国家馆、近代史所、山东馆

02254

山东省各县第四科长二十四年度会议特刊

山东省政府建设厅编辑股编

山东省政府建设厅编辑股，1936.10，344+264页，16开，环筒页装

本书分上、下两编。上编内容包括：召集各县第四科长会议筹备经过、第一二两期第四科长会议纪录、大会决议案；下编内容包括：审核各县建实事项清折摘要指示表、各县农林合作事项清折摘要指示表、各县水利电话气象事项清折摘要指示表等。

收藏单位：广东馆、国家馆、南京馆、浙江馆

02255

山东省建设厅各项事业概况及将来之进行计划　山东省建设厅编

山东省建设厅，1934，68页，22开

本书收录该省路政、长途电话、水利、气象、农林业、度量衡、县行政等项的建设概况及工作计划。

收藏单位：广西馆、国家馆、上海馆、天津馆

02256

山东省建设厅三年来各项事业统计图表　山东省政府建设厅编

山东省政府建设厅，1933.9，1册，16开

本书全部为表。收录1930—1933年该厅主管的公路、电话、水利等事业的统计资料。

收藏单位：广东馆、广西馆、国家馆、河南馆、南京馆、上海馆、首都馆、天津馆、中科图

02257

山东省建设厅厅长张鸿烈就职二周纪念日报告（过去二年之工作概况及将来之改进计画）

[山东省建设厅]，1932.9，30页，22开

本书内容包括：路政、长途电话、水利、他项事业等。

收藏单位：广西馆、国家馆

02258

山东省政府建设厅呈准县有建设分期计划书

[山东省建设厅]，1930，25页

收藏单位：南京馆

02259

山东省政府建设厅第三届第五周年工作报告　山东省建设厅编

山东省建设厅，[1935]，42页，18开

本书内容包括：道路、建筑、水利、农业、林业、垦务、合作事业、工业、劳工、商业等。所涉时间为1934年9月9日至1935年9月9日。

收藏单位：国家馆

02260

山东省政府建设厅施政纲要　山东省建设厅编

山东省建设厅，[1928.12]，40页，16开

本书共10部分，内容包括：水利、河道、港政、公路、铁路、新市、新村等。

收藏单位：国家馆、南京馆、天津馆

02261

山东省政府建设厅现行各项章则　山东省政府建设厅编

济南：山东省政府建设厅，1932.10，200页，22开

本书收录该厅1930年10月至1932年9月间颁布实施的法规61种。

收藏单位：国家馆、河南馆、南京馆、天津馆

02262

山东省政府建设厅现行各项章则汇编　山东省政府建设厅编

山东省政府建设厅，1935，12+392页，22开

本书内容包括：山东省政府建设厅办事细则、山东省政府建设厅考绩规则、山东省政府建设厅图书室管理规则、山东省各县建设特捐监察委员会办事细则、山东省各县气象科员考绩暂行办法等。

收藏单位：重庆馆、国家馆、南京馆、天

津馆

02263
山东省政府农矿厅职员录 山东省政府农矿厅编
济南：山东省政府农矿厅，1928，10页，32开
本书收录该厅及该厅附属机关职员录。
收藏单位：国家馆

02264
山东省政府实业厅周年工作概要 山东省实业厅编
济南：山东省实业厅，1931.9，30页，16开
本书概述该厅1930年9月至1931年8月间在农林、林垦、矿业、工商等方面的工作进展情况。
收藏单位：国家馆、首都馆

02265
山西第一次实业展览会报告书 山西实业厅编
山西实业厅，1919，182页，16开
收藏单位：广东馆

02266
山西建设公报汇刊 山西省建设厅编
山西省建设厅，1932.1，[34]页，16开
本书内容包括：插图、绪言、论著、法规、计划、调查及统计、公牍、特载等。附长途汽车购料问题。所涉时间为1930年4月至1931年12月。
收藏单位：国家馆、南京馆

02267
山西考察报告书 全国经济委员会编辑
全国经济委员会，1936.2，1册，16开（全国经济委员会经济专刊5）
本书共5编：山西工业概况、晋煤炼制汽油问题、山西铁路公路运输、山西水利问题、山西之货币与金融。
收藏单位：重庆馆、东北师大馆、广东馆、国家馆、近代史所、上海馆、首都馆、天津馆

02268
山西平民经济辑要 山西省经济管理局编
山西省经济管理局，1947.9，143页，32开
本书宣传阎锡山的经济办法。共7部分：物价引起的不安、平民经济的提出、平民经济的意义、平民经济的特质、平民经济的各项办法、各县实施平民经济的重心、平民经济的机构。
收藏单位：广东馆、国家馆、近代史所、南京馆、山西馆、上海馆

02269
山西平民经济辑要（续编） 山西省经济管理局编
山西省经济管理局，1947.12，138页，32开
本书附平民经济的理论与实际。
收藏单位：国家馆、吉林馆、山西馆、首都馆

02270
山西省各专署工商科长与专业公司经理联席会议文件 山西省人民政府商业厅编
[山西省人民政府商业厅]，1949，14页，32开
收藏单位：山西馆

02271
山西省经济统计（第1—8次 民国八至十五年份） 山西省长公署统计处编
山西省长公署统计处，1920.11—1930.6，11册，18开
本书全部为表。收录山西省农业、商业、工资、物价、贸易、交通等方面的统计资料。
收藏单位：东北师大馆、国家馆、吉林馆、近代史所、南京馆、天津馆

02272
山西省人民公营事业督理委员董事监察及各县监进会人员选举规则
出版者不详，[1911—1949]，16页，20开

02273
山西省人民公营事业管理章程
出版者不详，[1911—1949]，16 页，20 开
收藏单位：上海馆

02274
山西省政府战时三年建设计划　山西省政府编
山西省政府，[1940—1949]，[46] 页，16 开
本书共两部分：计划概要、计划分类。第 2 部分内容包括：民政、教育、财政、建设、粮政等。
收藏单位：国家馆、南京馆

02275
山西新经济之设施　山西省经济管理局编
山西省经济管理局，1946.6，74 页，32 开
本书共 15 部分，内容包括：新经济产生在战斗中、新经济的目标、完成新经济的先决条件、新经济的基础、建立人民经济合作实行产销合一等。附建经纲领、建经纲领释义等。
收藏单位：贵州馆、国家馆、吉林馆、南京馆

02276
山西政治及经济十年建设计画案　省政设计案第一审查会议决
出版者不详，1932.6，1 册，18 开
本书内容包括：审查省政设计全案意见说明书、山西政治及经济建设大纲案、山西政治及经济建设大纲修正案说明书、整饬吏治计画案、整顿警卫计画案、调查户口计画案等。
收藏单位：国家馆

02277
陕甘宁边区 1943 年以来地方机关生产自给初步总结（草稿）　[陕甘宁边区政府撰写]
[陕甘宁边区政府]，1947，抄本，11 页，18 开
收藏单位：国家馆

02278
陕南商业调察录　萧梅性著
萧梅性，[1932]，80 页，22 开
本书为著者于 1932 年 8 月奉命协同陇海铁路管理局陕西实业考察团赴陕南作实业调查后所写的报告。内容涉及物产、工业、金融、特税、交通、运输、商况等方面。附宝鸡至咸阳地区之间的经济调查。
收藏单位：国家馆

02279
陕西第六区经济建设五年计划　魏席儒编
陕西第六区行政督察专员公署，1941，131 页，16 开
本书分两编：经济建设之缘起及一般概况、本区经济建设五年计划。
收藏单位：广东馆、中科图

02280
陕西建设概况（第 1 辑 民国二十年份）　陕西省建设厅秘书处编辑股编
陕西省建设厅秘书处编辑股，1932，[168] 页，16 开
本书内容包括：农林、工商、矿冶、交通、水利等。附陕西省民国二十年建设计画大纲、陕西全省道路网计画图、陕西全省长途电话网计画图等。
收藏单位：安徽馆、重庆馆、东北师大馆、广东馆、国家馆、南京馆、天津馆、中科图

02281
陕西建设统计报告（第 1 期）　陕西省建设厅编
陕西省建设厅，[1927—1929]，1 册，8 开
收藏单位：国家馆

02282
陕西经济概要　师志真讲述
出版者不详，[1930—1939]，128 页，32 开
本书共 4 章：绪论、陕西经济之自然及人口基础、本省经济之史底发展、本省生产概况。

收藏单位：国家馆

02283
陕西举办各项实业章则　陕西省实业厅编
陕西省实业厅，1923，[68] 页，18 开
本书收录章则 17 种，内容包括：陕西各县劝业所章程、陕西各县劝业所章程施行细则、陕西省地方物品展览会章程、陕北垦务暂行条例、陕北垦务局简章等。
收藏单位：国家馆

02284
陕西省建设厅工作报告　陕西省政府建设厅编
陕西省政府建设厅，1941，38 页，16 开
收藏单位：南京馆

02285
陕西省建设厅建设统计（民国二十三年）　陕西省建设厅编
陕西省建设厅，[1934]，1 册，16 开
本书全部为表。共 28 部分，内容包括：陕西省建设厅历年收发文件统计表、陕西省公路概况统计表、西安市政工程处马路工程统计表、陕西省各县荒地统计表等。
收藏单位：近代史所

02286
陕西省建设厅建设统计（民国二十五年）　陕西省建设厅编
陕西省建设厅，[1936]，1 册
本书全部为表。共 34 部分，内容包括：陕西省建设厅组织系统图、陕西省建设厅职员籍贯年龄统计表、陕西省建设厅职员年龄级别统计表、陕西省已成公路统计表、陕西省各林场工作统计表等。
收藏单位：河南馆、近代史所、南京馆

02287
陕西省经济建设计划草案　陕西省政府编
陕西省政府，[1945—1949]，62 页，32 开
本书为抗战胜利后陕西省建设计划中的经济部分。共 7 章，内容包括：建设纲领、建设程限、建设机构、建设资金等。
收藏单位：国家馆

02288
陕西省六年建设计划纲领　陕西省政府编
陕西省政府，1946.5，88 页，16 开
本书共 4 部分：总纲、政治建设、经济建设、文化建设。
收藏单位：国家馆、南京馆

02289
陕西省十年来之建设　雷宝华著述
南京：西北导报社，1937.4，40 页，16 开
本书记述陕西省 1927—1937 年间的建设概况。共 11 节，内容包括：农村复兴实业之实施、农产之改进、合作事业、度量衡之推进与划一、矿业、工业、交通建设等。
收藏单位：甘肃馆、湖南馆、上海馆、浙江馆

02290
陕西实业考察　陕西实业考察团编著
上海：陇海铁路管理局，1933.10，[575] 页，22 开，精装
本书内容包括：农林、矿产、水利、工商、交通等。附陕西实业考察团筹备始末暨事务概况。
收藏单位：重庆馆、东北师大馆、贵州馆、国家馆、黑龙江馆、吉林馆、南京馆、内蒙古馆、宁夏馆、山西馆、上海馆、首都馆、天津馆、中科图

02291
陕西实业考察便览　陇海铁路局编
陇海铁路局，1932.6，26 页，32 开
本书共 3 部分：陕西实业情形、陇海铁路概况、结论。供陕西实业考察团团员参考用。
收藏单位：上海馆、天津馆

02292
陕西实业考察记　何庆云著
杭州：何庆云，1933.4，72 页，32 开
本书为 1932 年 8 月著者代表中央大学农

学院参加陕西实业考察团后所写的考察记。内容包括：农业、交通、水利、工商、矿业、风俗习惯等。

收藏单位：安徽馆、重庆馆、广东馆、国家馆、吉林馆、上海馆

02293

善后会计民国第一期建设计划书大纲草案

出版者不详，[1911—1949]，122 页，16 开

收藏单位：南京馆

02294

上海厂商会员录

出版者不详，[1938]，32 页

本书所涉时间为 1927 年 6 月至 1938 年 12 月。

02295

上海工人生活程度的一个研究　杨西孟著

北平：社会调查所，1930.8，[158] 页，22 开（社会研究丛刊 9）

本书共两部分：一般的结果、统计表。第 1 部分内容包括：调查的方法、家庭人口及年龄、工作及工资、家庭收入、家庭支出等。附国内各地劳动者生活费表。据上海调查货价处 1927 年 11 月至 1928 年 10 月对上海纱厂 200 余户工人家庭全年的生活调查结果编成。

收藏单位：重庆馆、广东馆、广西馆、国家馆、河南馆、吉林馆、江西馆、辽宁馆、南京馆、上海馆、天津馆、浙江馆、中科图

02296

上海工商汇编　新申报馆编

上海：新申报馆，1938.10，60+168 页，22 开

本书收录上海工商企业名录，涉及人造丝、土木工程师、工程包办、化妆品、毛巾、水果、水电材料等行业。

收藏单位：广东馆、国家馆

02297

上海工商界对于经济问题之意见　立法院经济委员会编

立法院经济委员会，1946.8，34 页，16 开

本书收录中国茶业协会、上海市茶叶输出业同业公会呈文暨推动国茶外销挽救茶业危机节略，上海市商会为请速确立经济政策及金融措施以挽救工商由等。

收藏单位：浙江馆

02298

上海工商界之概况（纸厂与纸业专号）　任退庵编

上海：中国经济研究社，1940.12，191 页，48 开

本书分两编：上海纸厂、上海纸业界。

收藏单位：上海馆

02299

上海工商名录　申报社工商名录编辑室编

上海：申报社，1945，1 册，16 开，精装

本书收录上海工商企业名录。附日商部分、同业公会、同业公会联合会、上海市区内各学校等名录。

收藏单位：南京馆、上海馆

02300

上海工商人名录　中国征信所编

上海：中国征信所，1936.5，202+68 页，22 开，精装

上海：中国征信所，1936.10，再版，202+68 页，23 开，精装

本书附上海杂粮交易所经纪人、上海面粉交易所经济人、上海华商纱布交易所经济人等名录。

收藏单位：重庆馆、东北师大馆、广东馆、广西馆、国家馆、河南馆、吉林馆、江西馆、南京馆、上海馆、天津馆、西南大学馆、中科图

02301

上海工商协进会章程草案　上海工商协进会编

上海工商协进会，1937.6，[10] 页，32 开

本书章程草案共 18 条，分 7 章，内容包括：入会及出会、职员、接受本会委办及咨询

事项等。

收藏单位：上海馆

02302

上海工商业汇编　上海市商会商业月报社编辑

上海市商会商业月报社，1930.7，90+480+34页，23开

上海市商会商业月报社，1933，546页，22开，精装

收藏单位：广东馆、近代史所、上海馆

02303

上海工商业汇编　上海特别市商人团体整理委员会商业月报社编

上海特别市商人团体整理委员会商业月报社，1929.7，[760]页，21开，精装

本书收录厂商名称、所在地址、经理姓名等。

收藏单位：上海馆、浙江馆

02304

上海工商业汇编　上海总商会月报部编

上海总商会月报部，1927.3，473页，22开，精装

本书收录工商业行名、地址、经理姓名等。附会所、领事、律师等名称。

收藏单位：国家馆、上海馆

02305

上海工商业汇编　中国征信所编

外文题名：The industrial and commercial directory of Shanghai: 1937

上海市商会，1937，537页，16开，精装

本书内容包括：检字表、广告索引、附录、名录正文等。

收藏单位：重庆馆、广东馆、国家馆、南京馆、上海馆、浙江馆

02306

上海工商业汇编（牌号索引）　上海总商会月报部编印

上海总商会月报部，1926，473页，22开

02307

上海行名簿　上海行名编行社编

上海行名编行社，1930，[1396]页，16开，精装

本书为汉英对照。按行业编录，收录该市中外厂商的地址、经理姓名等。

收藏单位：国家馆

02308

上海行名录　许晚成主编

上海：龙文书店编辑部，1944.2，1086+134页，32开

本书收录上海各工厂、金融界、商号、服务性行业、同业公会、行政机关、团体等名录。

收藏单位：广东馆、国家馆、近代史所、南京馆、宁夏馆、上海馆

02309

上海暨全国工商行名录　许晚成编

上海：龙文书店编辑部，1943，[1180]页，32开，精装

收藏单位：贵州馆、国家馆、近代史所、南京馆、上海馆

02310

上海暨全国工商业同业公会调查录　许晚成编

上海：龙文书店，1942.11，1册，32开

本书内容包括：上海之部、国内各埠。附法租界烟兑号调查。

收藏单位：贵州馆、南京馆、上海馆

02311

上海建设　吴文华等编辑　上海县建设局编

上海世界书局，1931.6，1册，16开

本书系统阐述上海的城市规划。内容包括：插图、组织、行政、工程、特载、章则、附录等。

收藏单位：重庆馆、近代史所、宁夏馆、上海馆

02312
上海建设专刊（第1辑）
上海：中国战后建设协进会上海分会，1946，1册，16开

本书内容包括：市政施政概况、社会局施政概况、公用事业的前途、工务建设之回顾、财政概况等。

收藏单位：国家馆

02313
上海商工录
上海：日本商工会议所，1941.10，1册，16开，精装

收藏单位：上海馆

02314
上海生活费指数 盛俊主编
外文题名：Cost of living index number in Shanghai
财政部国定税则委员会，1930.6，28+20页，16开（经济统计丛刊4）

本书为汉英对照。附1926年1月至1930年6月上海各月零售物价表。据该市230户家庭的消费值编成。

收藏单位：安徽馆、国家馆、吉林馆、上海馆、浙江馆

02315
上海生活费指数 朱鹤龄著
上海：现代经济通讯社，1949.5，36页，32开（现代经济丛刊第2辑）

本书共3章：物价指数、生活费指数的编制、生活费指数与职工待遇。附生活费指数编制改善办法评述、生活费指数各物品权数、上海市职工生活费指数（1936—1949.2）、上海市批发物价指数（1936—1949.2）。

收藏单位：国家馆、上海馆

02316
上海市参议会要求发还中央机关接收敌伪圈占民产请愿团请愿书
上海市参议会秘书处，1947.9印，14页，16开

本书共7部分，内容包括：请愿书、中央机关接收敌伪圈占民产调查统计表、第三次大会决议案等。

收藏单位：上海馆

02317
上海市各业同业公会理监事名录 上海市商会编
上海市商会，1947，[1015]页，16开，精装

收藏单位：安徽馆、重庆馆、国家馆、吉林馆、上海馆

02318
上海市工人生活程度 上海市政府社会局编
外文题名：Standard of living of Shanghai laborers
上海：中华书局，1934.10，186页，16开，精装

本书共8部分：调查的范围和方法、工人家庭的人口年龄性别和职业、家庭的收入和支出、食物、食物的营养素和发热量、住屋、衣着燃料和杂项、总述。附含有维生素的几种普通食品、平均每家全部用具的分析、上海市工人生活费指数等。

收藏单位：重庆馆、广东馆、国家馆、黑龙江馆、吉林馆、近代史所、辽大馆、辽宁馆、南京馆、上海馆、天津馆、浙江馆、中科图

02319
上海市工商行名录（民国二十八年份） 上海市工商调查所编
上海市工商调查所，[1939]，400页，16开，精装

本书收录工商行号一万余家，以行名首字笔画为序。

02320
上海市工商行名录（民国二十九年份） 杨宪臣 费西畴编
上海市工商调查所，[1940]，545页，16开，精装

本书收录广告索引、营业分类目录、道路指南等。

收藏单位：重庆馆、国家馆、南京馆、上

海馆

02321
上海市工商行名录（民国三十年份） 杨宪臣　费西畴编
上海市工商调查所，[1941]，521+99 页，16 开，精装
本书收录营业分类目录、外商之部、道路指南等。
收藏单位：重庆馆、国家馆

02322
上海市工商行名录（民国三十一年份） 杨宪臣　费西畴编
上海市工商调查所，[1942]，628 页，16 开
收藏单位：国家馆、中科图

02323
上海市工商业概览 工商出版社编
上海：工商出版社，1948.1，338 页，32 开，精装
本书内容包括：上海市工业企业、贸易公司、商行的地址、创立年月、资本总额、负责人姓名、经营范围、产出品种类、企业简史等。
收藏单位：上海馆

02324
上海市股票厂商概览 联合征信所调查组编
上海：联合征信所，1947.2，79 页，32 开
本书介绍上海纺织、内衣、丝绸、化工、百货、文化、地产各业厂商之简史、负责人、资本、业务等，供投资者参考。

02325
上海市行号路图录（一名，商用地图） 林康侯监制
外文题名：Shanghai street directory
上海：福利营业公司，1939—1940，2 册（564+300 页），16 开，精装
上海：福利营业股份有限公司，1947.10，再版，2 册（564+488 页），16 开，精装
本书收录该市工商企业（行号）所在的街道图及主要商业大楼各层平面图，共 200 余幅，并附路名、里号、大楼等索引。
收藏单位：重庆馆、广东馆、广西馆、国家馆、黑龙江馆、江西馆、近代史所、南京馆、宁夏馆、陕西馆、上海馆、浙江馆

02326
上海市节约运动委员会组织规程
出版者不详，[1911—1949]，11 页，32 开
本书附上海市公务员厉行节约办法、上海市节约运动实施纲要、上海市各界节约运动委员会委员名单等。

02327
上海市人力车夫生活状况调查报告书 上海市社会局编
上海市社会局，1934，184 页，32 开
本书共 5 章：绪论、普通状况、工作状况、经济状况、结论。附上海市的人力车问题、武汉人力车夫生活调查报告、杭州人力车夫调查等。
收藏单位：国家馆、上海馆、浙江馆

02328
上海市西侨生活费临时指数 上海公共租界工部局编
上海公共租界工部局，[1940]，24 页，16 开
本书为《国际劳工通讯》第 7 卷第 6 期抽印本。
收藏单位：上海馆

02329
上海特别市农工商局业务报告 上海特别市农工商局编
上海特别市农工商局，1929，[250] 页，16 开，环筒页装
本书内容包括：纪录、计划、法规、经费、业务、文牍等。所涉时间为 1928 年 1—7 月。
收藏单位：安徽馆、国家馆

02330
上海特别市政府农工商局刊物第十辑 上海

特别市政府工商局编
上海特别市政府工商局，1928.3，9页，16开

本书收录奖励工艺品暂行条例及施行细则等。

02331

上海之工商业　杨德惠　董文中编辑
上海：中外出版社，1941.6，298页，22开

本书共3章：工业、商业、工商法规。

收藏单位：国家馆、近代史所、南京馆、上海馆

02332

上海之经济与商业（民国二十九年）　葛自振编
上海：中国商报馆，1940.8—1941.4，2册（210+155页），32开（经济丛书）

本书分上、下期，每期1册。收录上海商情、物价等统计资料。

收藏单位：广东馆、国家馆、南京馆、上海馆

02333

设计要旨　彭学沛讲
中央训练团，1942.9，26页，32开（中央训练团党政训练班讲演录）
中央训练团，1943，26页，32开（中央训练团党政训练班讲演录）

本书共5节：设计的重要、设计的方法、建国设计概论、经济设计、精神建设。

收藏单位：重庆馆、广东馆、贵州馆、国家馆、吉林馆、南京馆

02334

生产建设（政治建设的建议）　曾庆锡编著
上海：艺林书局，1931.4，16+200页，32开
上海：艺林书局，1934，200页，32开
上海：艺林书局，1935，200页，32开

本书共6章：引言、建设的着手、划区后的建设、经济问题、土地和粮食、结论。

收藏单位：广东馆、国家馆、山西馆、上海馆、天津馆、浙江馆

02335

生产建设计划书
出版者不详，1935，油印本，1册，16开

本书内容包括：振兴畜牧计划、江西宁茶复兴计划、创办水泥制造厂计划、酒精制造计划等。

收藏单位：国家馆

02336

生产建设协会缘起·章程　[生产建设协会编]
生产建设协会，1938.12重印，7页，18开

本书附该协会基本会员名录等。

收藏单位：上海馆

02337

生产建设运动　中国文化服务社陕西分社编
[西安]：中国文化服务社陕西分社，1939.12，52页，32开

本书介绍生产建设运动的意义、影响、要点及办法等。

02338

生产建设运动宣传纲要　中央宣传部编辑
军事委员会政治部，1939.6，69页，32开

本书共3部分：生产建设运动之意义及其影响、生产建设运动之要点及其办法、结语及其他。

收藏单位：广东馆、贵州馆、国家馆、江西馆、南京馆

02339

生产文集（第1集）
渤海新华书店，1948.9，32页，36开

本书内容包括：毛主席著作中有关领导群众生产的一些指示、华北解放区的当前任务、把解放区的农业生产提高一步、关于农业社会主义的问答等。

收藏单位：南京馆、山东馆

02340

生产文献　太岳新华书店编
太岳新华书店，1947.3，59页，32开

本书收文14篇，内容包括:《挖了穷根安下富根》(《解放日报》社论)、《要超过以往任何一年》(《解放日报》社论)、《开展职工生产运动》(《解放日报》社论)、《论合作社》(毛泽东)、《组织起来》(毛泽东)、《论合作社的方针》(毛泽东)等。

收藏单位：国家馆、河南馆、南京馆、山西馆

02341
生产文献　王冰编
山东新华书店，1946，98页，32开

本书收文15篇，内容包括:《组织起来》(毛泽东)、《论合作社》(毛泽东)、《论合作社的方针》(毛泽东)、《两三年内完全学会经济工作》(毛泽东)、《军民一齐动手努力开展大生产运动》(黎玉)、《更向前一步》(李富春)等。

收藏单位：国家馆、南京馆、山东馆

02342
生产文选(第1册)　[新华书店编]
胶东新华书店，1945.2，81页，32开

本书为胶东解放区的宣传教育材料。内容包括:《论合作社》(毛泽东)、《组织起来》(毛泽东)、《坚决实现党的生产指示》(黎玉)、《更向前一步》(李富春)等。

收藏单位：东北师大馆、国家馆、山东馆

02343
生活费指数之内容及其应用方法　蔡正雅著
[中国经济研究会]，[1942—1949]，10页，16开(中国经济研究会丛刊1)

本书全部为表。内容包括：指数编制之变更、上海工人生活费指数、上海职员临时生活费指数等。

收藏单位：上海馆

02344
省县实业　曹源松著
上海：大东书局，1948.9，113页，32开(地方行政实务丛书)

本书共9章，内容包括：省县的实业权、省县实业的一般原则、省县实业资本、省县实业组织、省县实业与农村副业等。

收藏单位：重庆馆、广东馆、国家馆、黑龙江馆、南京馆

02345
省营事业监理概况　经济部省营公司监理委员会编
经济部省营公司监理委员会，1941.12，28页，32开(经济部省营公司监理委员会刊物1)

本书共6部分，内容包括：省营事业实施监理之缘由、省营事业监理之要点、省营贸易调整前概况、附录等。

收藏单位：南京馆

02346
十年来贵州经济建设　何辑五编著
南京印书馆，[1947]，402页，22开

本书共10部分：概论、交通、工业、农业、地质矿产、水利、电气事业、气象、贵阳市政、其他。

收藏单位：重庆馆、东北师大馆、贵州馆、国家馆、吉大馆、南京馆、上海馆、西南大学馆

02347
十年来之经济政策　高叔康著
上海：中华书局，1948，52页，32开(经济部成立十周年纪念丛刊 十年来之中国经济)

本书共6部分：序言、战前经济政策、战时经济政策、抗战经济政策、将来的经济政策、结论。

收藏单位：东北师大馆、国家馆、吉林馆

02348
十年来之陕西经济　陕西省银行经济研究室编辑
陕西省银行经济研究室，1942.10，324页，16开

本书共13章，内容包括：地理、农业、特产、矿产、工业、商业、水利、交通、财政等。所涉时间为1932—1942年。

收藏单位：重庆馆、国家馆、吉林馆、近代史所、南京馆、浙江馆

02349
十年来之中国经济　谭熙鸿主编
上海：中华书局，1948.3，3 册（[436]+[455]+[445] 页），32 开（经济部成立十周年纪念丛刊）

本书收录《十年来之棉纺织工业》（李升伯）、《十年来之机器工业》（欧阳仑）、《十年来之商业》（邓翰良）、《十年来之物价》（吴宗汾）、《十年来之物资管制》（龙大均）等。

收藏单位：重庆馆、东北师大馆、广东馆、广西馆、贵州馆、桂林馆、国家馆、吉林馆、辽大馆、南京馆、内蒙古馆、上海馆、首都馆、天津馆、西南大学馆、浙江馆、中科图

02350
十年来之中国经济建设　中央党部国民经济计划委员会主编
南京：扶轮日报社，1937.2，[790] 页，8 开，精装

本书分上、下两篇。上篇共 6 章："铁道""实业""交通""财政""水利　公路　蚕棉""电气事业及其他"；下篇共 22 章，介绍南京、上海、浙江、安徽、江西等地的经济建设。

收藏单位：长春馆、重庆馆、大庆馆、东北师大馆、广东馆、国家馆、湖南馆、辽大馆、南京馆、上海馆、天津馆、西南大学馆、浙江馆

02351
十五年来中国经济　关吉玉编
沈阳：经济研究社辽沈分社，1947.3，194 页，32 开（经济研究社丛书）

本书共 8 章，内容包括：绪言、财政金融、贸易、交通等。附对日宣战文告、工业建设纲领实施原则、敌伪物资接收清查保管处理办法等资料 18 种。

收藏单位：长春馆、东北师大馆、国家馆、辽大馆、辽宁馆、南京馆

02352
时局经济大讲演会讲演集　东亚经济恳谈会编
东亚经济恳谈会，1943，[30] 页，22 开

本书为汉日对照。共 4 部分：开会词、致词、讲演、闭会词。第 3 部分收录讲演词 3 篇，内容包括：《对东亚经济恳谈会之感想与期望》《华北经济之开发现状与将来》等。

收藏单位：国家馆

02353
时事参考资料（第 1 期）　延安时事资料社编
晋察冀日报社，1944.6 翻印，78 页，32 开

本书共 4 部分：最近国内时事述评、国民党征粮政策下的人民负担与粮食损耗、当前大后方民营工业的危机、物价与农工生活（转载）。

收藏单位：东北师大馆、国家馆

02354
实利主义　宣南编译社编
北京：宣南编译社，[1911—1919]，石印本，66 页，22 开

本书共 4 章：外资输入、地产组合、导引富源、整理税则。

收藏单位：国家馆、首都馆

02355
实现民生主义之困难及其解决途径　刘健群著
出版者不详，[1911—1949]，27 页，64 开

02356
实业　张铸　许振著
江苏省区长训练所，[1911—1949]，1 册，大 32 开（江苏省区长训练所政治丛书 23）

本书分 4 部分：蚕业、农业一般之说明、垦荒、矿务。

收藏单位：南京馆

02357
实业部第二次技术会议汇编　实业部编
实业部，1934.12，228 页，16 开

本书收录该会代表在大会上的演说词及有关图表、提案、研究案、决议案等。

收藏单位：南京馆

02358

实业部第一回经济年鉴纪念册　实业部中国经济年鉴编纂委员会编

实业部中国经济年鉴编纂委员会，1933.12，202+73 页，22 开

本书大部分为表。内容包括：经济年鉴编纂委员会章程、工作汇报、会议规则、编辑要点、编订委员会规则等。

收藏单位：广东馆、国家馆、近代史所、南京馆、山西馆、上海馆

02359

实业部第二回经济年鉴纪念册　实业部中国经济年鉴编纂委员会编

实业部中国经济年鉴编纂委员会，1935.9，248 页，22 开

本书共 17 部分，内容包括：年鉴序文、编辑凡例、本年鉴各章编纂人员及机关一览表、工作汇报、编辑要点、通讯专员通讯规约、会议纪录等。

收藏单位：安徽馆、北师大馆、重庆馆、广东馆、贵州馆、国家馆、湖南馆、江西馆、南京馆、山西馆、上海馆、浙江馆

02360

实业部工作报告（二十、二十三至二十五、三十三年度）　实业部编

实业部，[1931—1944]，6 册，16 开

本书内容包括：法令事项、交办事项、主管事务、计划等。

收藏单位：国家馆

02361

实业部职员录　实业部总务司第一科编

[南京]：实业部总务司第一科，1934，94 页，25 开，环筒页装

收藏单位：国家馆

02362

实业概论　张肖梅著

重庆：商务印书馆，1944，226 页，32 开（复兴丛书）

重庆：商务印书馆，1945，再版，226 页，32 开（复兴丛书）

上海：商务印书馆，1946.2，226 页，32 开（复兴丛书）

上海：商务印书馆，1947.2，再版，226 页，32 开（新中学文库）（复兴丛书）

本书共 4 章：现代实业之基本认识、我国实业发展史略、战时后方实业概况、战后实业之复兴。

收藏单位：安徽馆、长春馆、重庆馆、广东馆、广西馆、贵州馆、国家馆、河南馆、黑龙江馆、湖南馆、江西馆、近代史所、辽东学院馆、辽宁馆、柳州馆、南京馆、内蒙古馆、宁夏馆、上海馆、绍兴馆、首都馆、天津馆、西南大学馆、浙江馆、中科图

02363

实业计划　孙文著

上海：国民书店，1926.3，[175] 页，28 开（建国方略 2）

收藏单位：江西馆

02364

实业计划　孙文著

湖南省地方行政干部训练团，1941.1，162 页，32 开

02365

实业计划　孙文著

上海：三民书店，1928.9，5 版，144 页，32 开

收藏单位：湖南馆、辽宁馆

02366

实业计划　孙文著

上海：振华书局，1925，[175] 页，28 开（建国方略 2）

收藏单位：重庆馆

02367
实业计划　孙文著
[上海]：中山书店，1927.7，166页，32开（孙文丛书 方略）（中山丛书 方略）
收藏单位：江西馆

02368
实业计划　孙文著
中山文化书局，[1920—1949]，160页，32开
收藏单位：国家馆、湖南馆

02369
实业计划　孙文著
[中央陆军军官学校特别训练班]，1939，196页，56开（建国方略2）
收藏单位：重庆馆、首都馆

02370
实业计划　孙文著
出版者不详，[1911—1949]，388页，64开
收藏单位：重庆馆

02371
实业计划（又名，实业计画）　孙文著
上海：大成书局，1929，20版，234页，36开（建国方略2）
本书内容包括：交通之开发、商港之开辟、第一至第六计划等。附关于广州至重庆与兰州支线之借款与建筑契约草案、驻京美国公使芮恩施君复函译文等文件、信函6种。其他题名：物质建设。
收藏单位：重庆馆

02372
实业计划（又名，实业计画）　孙文著
重庆：青年书店，[1925—1949]，248页，32开（建国方略2）
重庆：青年书店，1940，4版，248页，32开
重庆：青年书店，1940.8，5版，247页，32开
本书附美国商务总长复函、意大利陆军大臣嘉域利亚将军复函等。其他题名：物质建设。
收藏单位：重庆馆、国家馆、吉林馆、江西馆、南京馆、西南大学馆

02373
实业计划（考试问答一百条）　三民公司编
上海：三民公司，1929.3，再版，64页，32开
上海：三民公司，1929，再版，订正本，64页，36开
上海：三民公司，1929.6，3版，63页，36开
上海：三民公司，1929，3版，订正再版，63页，32开
本书内容包括："第一计划——发展北方的实业""第二计划——发展中部的实业""第三计划——发展南方的实业""第四计划——建设十万英里的铁路""第五计划——发展根本的工业""第六计划——开采各种矿产"等。
收藏单位：重庆馆、国家馆、吉林馆、江西馆、浙江馆

02374
实业计划表解　民团周刊社编
南宁：民团周刊社，1938.8，38页，32开（丙种丛刊6）（常识丛刊第1辑7）
收藏单位：国家馆、江西馆、南京馆

02375
实业计划测验问答一百条　丁岂白编
上海：中华书局，1930.6，68页，25开
收藏单位：湖南馆、江西馆、南京馆

02376
实业计划汇编　中央侨务委员会编
中央侨务委员会，1931.10，178页，32开
本书据孙中山《实业计划》要旨，介绍全国可行投资建设的项目，供海外同胞投资参考用。内容包括：交通、矿务、蚕丝、纺织、渔业、化学工业等。附首都重要实业概略、开发上海工商业意见书、各省亟待开发之重要工业概要等。
收藏单位：北师大馆、国家馆、吉林馆、南京馆

02377
实业计划浅说　中国国民党上海特别市执行委员会编
中国国民党上海特别市执行委员会，1931，50页，32开（预备党员训练丛书）
收藏单位：国家馆

02378
实业计划提要　中国国民党中央执行委员会宣传委员会编
中国国民党中央执行委员会宣传委员会，[1911—1949]，98页，32开（宣传丛刊）
本书共4编：总论、交通之开发、商港之开辟、工业本部之发展及其他。附实业计划铁路系统图等。为孙中山《实业计划》摘要重编本。
收藏单位：重庆馆、东北师大馆、国家馆、江西馆、南京馆、内蒙古馆、上海馆

02379
实业计划问答　曹无逸编著
上海：大东书局，1930.4，14+146页，50开（考试必携百科问答丛书2）
上海：大东书局，1930.12，再版，14+146页，36开（考试必携百科问答丛书2）
收藏单位：重庆馆、广西馆、国家馆、湖南馆、江西馆、天津馆

02380
实业计划问答一百条（考试指南）　文公直编辑
上海：民众书店，1929.10，46页，大64开
上海：民众书店，1930.2，再版，46页，大64开
收藏单位：江西馆

02381
实业计划演讲集　印水心著
上海：中央图书局，1927，79页，48开（建国方略1）
本书为对《实业计划》六大计划的演述。
收藏单位：重庆馆

02382
实业计划与国防　薛贻源著
南京：国民图书出版社，1946.12，42页，32开
本书共5部分：前言、铁路建设计划与国防、海港建设计划与国防、移民计划与国防、结语。
收藏单位：重庆馆、广东馆、国家馆、吉大馆、吉林馆、南京馆

02383
实业计划摘要　刘光华编
上海：商务印书馆，1928.1，81页，50开（新时代民众丛书）
上海：商务印书馆，1928.11，7版，81页，50开（新时代民众丛书）
收藏单位：重庆馆、国家馆、湖南馆、江西馆

02384
实业计划摘要　刘光华编辑
[上海]：新时代教育社，1928，3版，81页，50开（新时代民众丛书）
收藏单位：广东馆

02385
实业计划摘要　刘光华编　吕金录改编
上海：商务印书馆，1933.12，82页，32开（小学生文库 第1集 实业类）
本书为小学生课外读物。
收藏单位：湖南馆、上海馆

02386
实业计划摘要
衢县县政府，1929.10，48页，23开

02387
实业计划之解说　刘泮珠编述
上海：江南美术印刷公司，1932.12，再版，412页，32开（国立交通大学讲义）
收藏单位：上海馆

02388
实业计划之综合研究各论（2 实业计划上之矿冶建设） 朱玉仑 朱泰信讲 中央训练团党政高级训练班编
中央训练团党政高级训练班，1943.6，50 页，32 开
本书共 7 节：矿冶建设与国防民生、中国矿冶资源、抗战以前矿冶建设发展之过程、抗战期间后方矿冶建设之勃兴、战时及战后矿冶建设方针之商讨、战后重要矿冶建设计划、结论。
收藏单位：重庆馆、国家馆、南京馆

02389
实业计划之综合研究各论（2 实业计划之交通建设 铁路） 杨承信讲 中央训练团党政高级训练班编
中央训练团党政高级训练班，1944.4，22 页，32 开（编教 34）
本书共 5 部分：实业计划之铁路计划、铁路计划研究之经过、"中国之命运"与"实业计划"、铁路建设与各方面之关系、实施实业计划之工作。目录页题名：实业计划之交通建设——铁路建设计划。
收藏单位：国家馆

02390
实业计划之综合研究各论（3 实业计划上的城市建设） 朱泰信讲 中央训练团党政高级训练班编
中央训练团党政高级训练班，1944.4，78 页，32 开
收藏单位：南京馆

02391
实业计划之综合研究各论（8 实业计划之工业建设 1） 杨继曾讲 中央训练团党政高级训练班编
中央训练团党政高级训练班，1944.3，7 页，32 开
本书共 3 部分：研究实业计划关于工业建设之要点、实业计划之研究及其补充成为细密之计划在目下已达到之进境、吾人今后应取之途径以达到工业建设之目的。
收藏单位：国家馆

02392
实业计划之综合研究各论（8 实业计划之工业建设 2） 朱玉仑讲 中央训练团党政高级训练班编
中央训练团党政高级训练班，1944.4，22 页，32 开（编教 21）
收藏单位：南京馆

02393
实业计划之综合研究总论（1 政治方面的考察） 陈立夫著
中央训练团党政高级训练班，1944，32 页，32 开（编教 25）
本书内容包括：绪论、理论、问题、结论等。
收藏单位：国家馆、南京馆

02394
实业计划之综合研究总论（2"技术方面之考察"参考资料） 叶秀峰选
中央训练团党政高级训练班，1944.2，132 页，32 开
中央训练团党政高级训练班，1944，96 页，32 开
本书共 11 节，内容包括：实施实业计划设计提要、化学工业计划书总论、化学工业基本数字、煤矿建设计划、矿山机械建设计划、农业建设数字初步计划等。
收藏单位：国家馆、上海馆、天津馆

02395
实业计划综合研究各论（1） 顾毓琇等讲 中央训练团党政高级训练班编
中央训练团党政高级训练班，1943，190 页，32 开
本书收录专论 7 篇：《实业计划上之工业建设与国防教育》（顾毓琇）、《实业计划上之农业建设》（钱天鹤）、《实业计划上之水利建设》（沈百先）、《实业计划上之公路建设》（赵祖康）、《实业计划上之国防工业建设》

（杨继曾）、《实业计划上之电讯建设》（朱一成）、《实业计划上之港埠建设》（邵福昨）。

收藏单位：重庆馆、国家馆、南京馆、内蒙古馆

02396
实业计划综合研究总论　陈启修　黄元彬讲　中央训练团党政高级训练班编
中央训练团党政高级训练班，1943.6，10 页，32 开

本书共两章：实业计划之经济学的考察、实业计划上之钱币革命。讲者“陈启修”原题：陈豹隐。

收藏单位：重庆馆、国家馆、南京馆

02397
实业计画　孙文著
上海：大东书局，1929.1，234 页，32 开（党治训育丛书 第 1 辑 第 7 种）

收藏单位：广西馆、国家馆、上海馆

02398
实业计画　孙文著
上海：广益书局，1945.11，新 1 版，142 页，32 开（建国方略 2）
上海：广益书局，1945，142 页，32 开（建国方略 2）

收藏单位：上海馆

02399
实业计画　孙文著
上海：新时代教育社，1927.5，4 版，195 页，32 开（建国方略 2）

收藏单位：重庆馆、广西馆、国家馆、内蒙古馆、上海馆、天津馆

02400
实业计画　孙文著
上海：中华书局，1935，200 页，32 开（初中学生文库）
上海：中华书局，1947.12，200 页，32 开（初中学生文库）

收藏单位：重庆馆、广西馆、贵州馆、桂林馆、国家馆、黑龙江馆、湖南馆、吉林馆、江西馆、辽大馆、南京馆、内蒙古馆、首都馆、天津馆、中科图

02401
实业计画　孙文著
南京：中央印务局，1947.5，3 版，170 页，32 开（国民必读丛刊 7）

收藏单位：国家馆、吉林馆、南京馆

02402
实业计画　孙文著　李复编辑
长春：大陆书局，1945.12，127 页，32 开（建国方略 2）

收藏单位：吉林馆

02403
实业计画辑要　苏易日编辑
上海：商务印书馆，1929.6，再版，132 页，32 开

本书内容包括：绪论、铁路、治河、大道、电信、商港，并附图 17 幅加以说明。

收藏单位：湖南馆、南京馆

02404
实业计画辑要　苏易日编辑
[上海]：新时代教育社，1928，132 页，32 开
[上海]：新时代教育社，1929，[2 版]，132 页，32 开

收藏单位：重庆馆、广东馆、国家馆、南京馆、上海馆、浙江馆

02405
实业计画水道要论　陈导楷编
上海：商务印书馆，1930.6，172 页，18 开

本书共 3 编：绪论、流域总论、流域各论。

收藏单位：北师大馆、浙江馆

02406
实业计画之理论与实际　吴晦华著
上海：新世纪书局，1930.2，355 页，32 开

本书分两编：绪论、本论。第1编共两章：实业计画之意义及其方法与目的、实业计画进行之途径与原则；第2编共7章，论述实业计画的全般规画及第一至第六计画。附建设大纲草案及其说明。

收藏单位：国家馆、河南馆、湖南馆、江西馆、辽大馆、上海馆、浙江馆

02407

实业讲演集　蒋用宏　刘觉民编校

南京：中央政治学校附设西康学生特别训练班，1931.6，438页，25开（中国国民党中央政治学校附设西康学生特别训练班丛书2）

本书收录《中国工商业之现况与工商业政策》（张轶欧）、《中国农业现状与农业改良》（张心一）、《中国林业问题》（姚传法）、《森林学大意》（皮作琼）等。

收藏单位：安徽馆、国家馆、近代史所、南京馆、上海馆、首都馆

02408

实业讲义　刘世臣编

江苏省区长训练所，[1911—1949]，1册，25开（江苏省区长训练所政治丛书23）

本书内容包括：蚕业、农业一般之说明、垦荒、矿务等。封面题名：实业。

收藏单位：国家馆

02409

实业介绍初编

出版者不详，1940.10，188页，22开

本书共8部分，内容包括：成都市筹设自来水简单说明、在西康及云南原生林区筹设林木公司用科学方法采木造林、种植麻类作物计划、种植金鸡纳计划等。附广东省战时承荒地承垦条例、非常时期华侨投资国内经济事业奖助办法、贵州企业股份有限公司章程等。

收藏单位：国家馆、南京馆

02410

实业介绍续编

出版者不详，[1943]，244页，32开

本书共18部分，内容包括：千亩油桐油茶林场经营计划、设置锯木厂计划纲要、投资农林事业计划纲要、广东省赈济会难民垦殖计划等。附奖助华侨投资国内目前拟办事项六款、农林部战时救济归国侨胞从垦办法、华侨实业股份有限公司招股简章等。

收藏单位：国家馆、南京馆

02411

实业浅说汇刊　农商部编纂处原著　天虚我生重编

上海：交通图书馆，1917，5册（90+92+82+[110]+[170]页），32开

上海：交通图书馆，1918.5，再版，5册（90+92+82+[110]+[170]页），32开

上海：交通图书馆，1923.3，3版，5册（90+92+82+[110]+[170]页），32开，精装

本书为文集，共5集，论述农、林、渔、牧、工、商等各种实业的兴办、经营、管理、现状等及相关产业产品的具体生产制造方法和工艺技术等。

收藏单位：安徽馆、重庆馆、国家馆、河南馆、湖南馆、首都馆

02412

实业浅说汇刊　农商部编纂处原著　天虚我生重编

[上海]：新华书局，1933.5，再版，78+130+34页，32开（实业致富丛书第5集）

收藏单位：江西馆

02413

实业四年计划草案　实业部编

实业部，1933.9，[16]+196页，16开

本书共两部分：工矿组计划、农林组计划。收录煤矿、石油、机械、制糖、造纸、农林、渔牧等项建设计划草案。据中央政府决议，由当时的实业部长陈公博起草。

收藏单位：东北师大馆、国家馆、南京馆、上海馆

02414

实用经济六讲　李六如等编著

哈尔滨：鲁迅文化出版社，1947.11，194 页，32 开（东北财政经济干部学校讲义集）

本书共 6 讲：财政经济总论、粮务、贸易与运输、租税（税务）、银行与金库、财务行政。

收藏单位：东北师大馆、广东馆、国家馆、宁夏馆

02415

实用经济六讲 李六如等编著

长春：新中国书局，1949.4，143 页，32 开（财政经济丛书）

北平：新中国书局，1949，142 页，32 开（财政经济丛书）

收藏单位：重庆馆、东北师大馆、国家馆、湖北馆、南京馆、山东馆、上海馆、天津馆

02416

食货志汇编 （日）菊地清著

大连：南满洲铁道株式会社，1942.2，2 册（1141 页），18 开，精装

本书辑自《史记・平准书》《汉书・食货志》《晋书・食货志》《元史・食货志》《清史稿・食货志》等。

收藏单位：国家馆、吉林馆、近代史所

02417

食货志十五种综合引得 哈佛燕京学社引得编纂处编

外文题名：Combined indices to the economic sections of fifteen standard histories

北京：哈佛燕京学社引得编纂处，1938.3，[25]+441 页，16 开（引得 第 32 号）

本书以载录的人名、官名、地名、山川名、货物名及制度、事件等为辞目，按中国字庋撷法号码编排。内容涉及田制、户调、赋役、丁税、漕运、盐课、币制、矿产、关政、杂捐等多类。

收藏单位：国家馆、吉林馆、江西馆、近代史所、南京馆、首都馆、西南大学馆、中科图

02418

史记货殖传新诠 （汉）司马迁原著 潘吟阁编纂

上海：商务印书馆，1931.5，62 页，32 开（国学小丛书）

收藏单位：重庆馆、广东馆、广西馆、国家馆、湖南馆、上海馆、浙江馆

02419

世界与中国之经济现势 张一凡著

上海：世界书局，1935.6，223+12 页，25 开（内外政治经济编译社丛书）

本书共 8 编：总论、世界财政恐慌之现势、世界农业惶恐之新局面、N.R.A. 运动与美国经济、国际货币战之剧烈化、白银问题之研究、中国金融业的现势、中国金融问题之特殊研究。附民国二十三年度国内经济大事汇要。

收藏单位：安徽馆、重庆馆、东北师大馆、贵州馆、国家馆、江西馆、近代史所、南京馆、上海馆、天津馆、西南大学馆、中科图

02420

世界重工业资源与满洲国 外交部调查司编

新京（长春）：满洲事情案内所，1943，29 页，32 开

本书共 21 部分，内容包括：热源偏在于北方、苏联之资源、国产之铅、世界的贵重品铅等。

收藏单位：国家馆、吉林馆、天津馆

02421

视察行程小册 资源委员会台湾办事处编

出版者不详，[1911—1949]，32 页，大 32 开

收藏单位：南京馆

02422

收复区重建工作 朱宗璧编

国防部新闻局，[1920—1949]，82 页，32 开（军事新闻丛书）

收藏单位：国家馆、湖南馆、吉林馆、南京馆

02423
收复区重建工作教程 朱宗璧编
国防部新闻局，[1920—1949]，82 页，32 开
本书共 8 章，内容包括：总论、恢复地方秩序组训民众、重建地方政治机构、处理土地问题、办理急赈救济难民等。
收藏单位：国家馆、吉林馆、江西馆、南京馆

02424
四川东南山地区之经济地理与经济建设 王成敬著
重庆：四川省银行经济研究处，1944.7，83 页，18 开（四川经济研究专刊 1）
本书共 7 章：绪言、本区经济活动之自然环境、土地利用、工矿资源之分布与采集、交通、人口与经济聚落之分布、本区经济建设之地理设计。
收藏单位：重庆馆、广东馆、贵州馆、国家馆、黑龙江馆、吉林馆、近代史所、辽宁馆、南京馆、天津馆、浙江馆、中科图

02425
四川建设设计 中华平民教育促进会编
[北平]：中华平民教育促进会，1936.12，16 页，18 开
本书共 5 部分：四川在中国的地位与背景、四川今日之特殊重要性、设计委员会之成立、设计委员会之任务、本年度的工作。
收藏单位：国家馆

02426
四川建设厅统计股处理通令调查之程序 四川省政府建设厅秘书室编
四川省政府建设厅秘书室，1938.2，油印本，1 册，16 开
收藏单位：南京馆

02427
四川建设协进会会章 四川建设协进会编
四川建设协进会，[1911—1949]，9 页，36 开
本章则共 32 条，分 9 章，内容包括：总则、会员、组织、代表大会及总会等。附最近工作纲领、县（市）分会目前工作要点、各区联络专员服务简则。
收藏单位：重庆馆

02428
四川建设之检讨与今后应有之努力 蒋中正著
四川省训练团，1940，40 页，72 开（总裁训词）
本书为著者于 1940 年 4 月 29 日在四川省党部纪念周上的训词。
收藏单位：重庆馆、南京馆

02429
四川经济参考资料 张肖梅编著
上海：中国国民经济研究所，1939.1，1 册，16 开，精装
上海：中国国民经济研究所，1939.1，再版，1 册，16 开，精装
本书收录该省颁行的经济法规多种。共 25 章，内容包括：土地、人口、财政、金融市场、农村经济、森林、矿产、工业、贸易统计等。
收藏单位：重庆馆、东北师大馆、广东馆、贵州馆、国家馆、湖南馆、吉林馆、江西馆、辽大馆、南京馆、山西馆、上海馆、首都馆、中科图

02430
四川经济地图集 周立三等编
重庆：中国地理研究所，1946.4，72 页，横 8 开
本书收录地图 72 幅。按行政区域、地形区域、气候区域、植物分布、人口分布、电力分布、工厂分布等编排。
收藏单位：安徽馆、重庆馆、国家馆、湖南馆、近代史所、南京馆、上海馆、浙江馆

02431
四川经济地图集说明 周立三 侯学焘 陈泗桥编
重庆：中国地理研究所，1946.10，131 页，16 开

本书内容包括：四川行政区域、立体地形、地形区域、气候区域、植物分布、耕地密度等。

收藏单位：重庆馆、广东馆、国家馆、河南馆、湖南馆、吉林馆、上海馆、首都馆、西南大学馆、浙江馆

02432

四川经济概况通讯调查手册　四川银行经济研究处编

四川银行经济研究处，1943，74 页，36 开

本书内容包括：征求经济通讯暨通讯调查员缘起、四川省银行经济研究处通讯调查研究计划、四川经济概况通讯调查纲目等。附四川县区地图、四川各县市区乡镇保甲户口表、常用度量衡换算表等。

收藏单位：重庆馆、湖南馆、近代史所

02433

四川经济简易统计　四川省银行经济调查室编

重庆：四川省银行经济调查室，1938.3，13 页，25 开

收藏单位：重庆馆

02434

四川经济建设　中国国民党四川省执行委员会宣传处编辑

中国国民党四川省执行委员会宣传处，1944.8，82 页，32 开

本书收录张群、王季陆等人的演讲词，省临时参议会的经济建设提案，当时报载有关建设成渝铁路、川省粮食库券本息问题及其他经济建设问题的舆论资料。

收藏单位：重庆馆、东北师大馆、国家馆、近代史所、南京馆

02435

四川经济建设提要　胡子昂著

出版者不详，[1937—1945]，19 页，32 开

本书为抗战时期著者在四川各区行政会议上的演讲词。

收藏单位：重庆馆、国家馆

02436

四川经济建设之当前问题　王成敬著

出版者不详，[1945]，[16] 页，16 开

本书共 5 部分：绪言、经济建设的设计问题、人才的延揽与训练问题、资金的运用与筹集问题、结语。

收藏单位：国家馆

02437

四川经济建设之检讨　周济著

中国计政学会，1936.10，30 页，32 开

本书介绍四川省的财政制度、金融设施、工业、农业、交通等。附该会会员消息。

收藏单位：国家馆、南京馆、上海馆

02438

四川经济考察团考察报告（第 1 编 矿产）　西南经济调查合作委员会编

重庆：独立出版社，1939，手抄本，1 册，16 开，环筒页装

本书内容包括：四川矿产概况、四川省之煤矿业、四川各区煤田概况、四川铁业及铁矿业、四川自贡盐火井考察报告、四川水力考察报告、四川之淘金业等。

收藏单位：重庆馆

02439

四川经济考察团考察报告（第 2 编 农林）　西南经济调查合作委员会编

重庆：独立出版社，1940，289 页，32 开

本书收录考察报告 5 篇：《食粮考察报告》《四川棉产考察报告》《四川大麻烟草考察报告》《四川蔗糖调查报告》《四川森林考察报告》。

收藏单位：重庆馆、广东馆、国家馆、近代史所、南京馆、宁夏馆、首都馆、浙江馆

02440

四川经济考察团考察报告（第 4 编 金融 四川内地金融考察报告）　西南经济调查合作委员会编

重庆：独立出版社，1939.12，141+142 页，32 开

本书共 6 部分：绪论、银行业、钱庄业、典当业、货币流通状况、合作金融。附西南经济资料索引。

收藏单位：贵州馆、国家馆、湖南馆、南京馆、内蒙古馆、宁夏馆、山西馆、浙江馆

02441

四川考察报告书　全国经济委员会编

全国经济委员会，1935.9，249 页，16 开（全国经济委员会经济专刊 4）

本书共 3 编：四川之工业与贸易、四川之运输、四川之货币金融与财政。

收藏单位：重庆馆、国家馆、近代史所、上海馆、首都馆

02442

四川考察团报告　中国工程师学会四川考察团编

中国工程师学会，[1936]，1 册，16 开，精装

本书为该考察团于 1934 年 4 月赴川实地考察后编写的报告书。内容包括：公路、铁道、水利、水力、电力、电讯、纺织、糖业、药物制造、地质煤铁概论、煤矿、石油、火井、盐业、钢铁、铜矿、水泥、油漆等。书前有《筹备经过及考察行程》(恽震)。

收藏单位：重庆馆、广东馆、国家馆、湖南馆、吉林馆、近代史所、上海馆

02443

四川农村崩溃实录　施居父主编

成都：民间意识社，1936，100 页，32 开（民间疾苦丛书 1）

收藏单位：南京馆

02444

四川全省生产建设会议报告书　四川省生产建设会议筹备会编

成都：淮新印刷局，1935.1，1 册，16 开

收藏单位：南京馆

02445

四川三台射洪遂宁经济地理考察报告　聂树人　侯春岭合编　杨曾威校

国立东北大学文科研究所，1946.3，35 页，16 开（国立东北大学文科研究史地学部特刊 1）

收藏单位：南京馆

02446

四川省成渝两市自贡井乐山与内江经济状况概要

[成都]：金陵大学文学院政治经济系，1940.5，油印本，63 页，16 开（金陵大学文学院政治经济系经济资料研究室报告 第 1 号）

本书附调查人名单等。

收藏单位：国家馆

02447

四川省各县经济统计报告　财政厅金融统计组编

财政厅金融统计组，[1936]，石印本，4 册，大 16 开，环筒页装

本书共 11 部分，内容包括：四川省成都巴县万县宜宾南充秋季物价比较图、四川省成都巴县万县宜宾南充秋季物价比较表、各县利率分组类数图、各县货币兑换率、各县零售物价表等。所涉时间为 1936 年 7—12 月。

收藏单位：重庆馆、国家馆

02448

四川省建设实验区五年计划草案

[四川省建设实验区]，1946，1 册，13 开，环筒页装

本书共 4 部分：政治建设、经济建设、文化建设、社会建设。

收藏单位：国家馆

02449

四川省建设厅二十年七八九三个月行政计划纲要

出版者不详，[1931]，石印本，2 页，16 开，环筒页装

本书收录该厅有关总务、农林蚕、工商、矿务、水利交通等方面的计划纲要。

收藏单位：重庆馆

02450
四川省建设统计年鉴（第 1 辑） 四川省政府建设厅编
四川省政府建设厅，1941，石印本，1 册，横 16 开
本书全部为表。共 10 部分，内容包括：总类、农业、林业、矿业、工业、商业、交通、水利等。
收藏单位：重庆馆、广东馆、国家馆、近代史所、南京馆、西南大学馆

02451
四川省建设统计提要 四川省政府建设厅秘书室统计股编辑
四川省政府建设厅，1938，[663] 页，横 8 开
本书全部为表。共 10 部分，内容包括：总类、农业、林业、水利、矿业、工业、商业、交通等。
收藏单位：重庆馆、国家馆、近代史所、南京馆、上海馆

02452
四川省经济建设纲要 川康经济建设委员会秘书处编
川康经济建设委员会秘书处，1940.9，10 页，32 开
收藏单位：重庆馆

02453
四川省经济建设纲要 中央训练团编
中央训练团，1940.5，12 页，64 开

02454
四川省经济建设计划 四川经济建设委员会编
四川经济建设委员会，[1945]，1 册，16 开，环筒页装
本书共 6 章：概要、工业建设、交通建设、农业建设、金融建设、技术建设。
收藏单位：重庆馆

02455
四川省经济建设三年计划草案 四川省生产计划委员会编
四川省生产计划委员会，1940.10，[880] 页，16 开
本书共 4 部分：水电、农林、工矿、交通。
收藏单位：重庆馆、国家馆、黑龙江馆、近代史所、南京馆、上海馆、浙江馆、中科图

02456
四川省经济建设三年计划草案（大纲） 四川省生产计划委员会编
四川省生产计划委员会，1940.10，[132] 页，16 开
收藏单位：国家馆

02457
四川省茂县调查统计提要 茂县政府秘书室制
茂县政府秘书室，1941，油印本，3 页，16 开
本书内容包括：茂县各地矿产调查统计表、重要农产概况估计表、各地主要药材产量估计表等。
收藏单位：重庆馆

02458
四川省三十三年度工作计划（建设部分）
[四川省政府建设厅编]
四川省政府建设厅，[1940—1949]，[44] 页，18 开
本书共 8 部分：农林垦殖、水利、工业、矿业、交通、合作、度政、经济调查。附四川省政府三十三年度工作计划简明表。
收藏单位：国家馆

02459
四川省生产统计（第 4 期） 四川省政府统计处编
四川省政府统计处，[1948]，油印本，6 页，16 开，环筒页装
本书全部为表。内容包括：农作物生产量、工矿产品生产量、农作物生产指数、工

矿产品生产指数统计等。所涉时间为 1937 年至 1948 年 9 月。

收藏单位：重庆馆

02460

四川省十六区开发草地刍议 万崇佛著

万崇佛，[1946]，石印本，32 页，25 开，环筒页装

本书介绍四川省西北隅松潘、理番、茂县、汶川、靖化、懋功 6 县的地理形势、人口、民族、宗教信仰、特产、气候等情况，并对开发振兴该区的教育、交通、农业等方面提出设想。共 4 章：绪言、边区大概、应兴之要务、结语。附著者之志愿。

收藏单位：国家馆

02461

四川省政府建设厅办理统计各项规则

四川省政府建设厅，1937.9，油印本，1 册，16 开

收藏单位：南京馆

02462

四川省政府建设厅二十九年度施政报告 四川省政府建设厅编

四川省政府建设厅，[1941]，52 页，18 开

收藏单位：南京馆

02463

四川省政府建设厅秘书室统计股工作摘要

省政府建设厅，[1911—1949]，手写本，1 册，16 开

收藏单位：南京馆

02464

四川省政府建设厅卅一年度施政计划大纲

四川省政府建设厅编辑

四川省政府建设厅秘书室编审股，1942.4，77 页，16 开

收藏单位：南京馆

02465

四川省政府建设厅三十二年度施政计划 四川省政府编

四川省政府，[1940—1949]，28 页，18 开

本书共 14 部分：建设行政、合作、工业、矿业、电业、驿运、公路、农林、垦殖、水利、度政、测候、地质、物价管制。

收藏单位：国家馆

02466

四川省政府建设厅施政纲要 四川省政府建设厅编

四川省政府建设厅，[1936—1949]，48 页，42 开，环筒页装

本书共 3 章：概况、生产建设、交通建设。

收藏单位：国家馆

02467

四川省重要物产分布图 郁祖庆编

成都：四川省立成都实验小学，1939.1，42 页，横 8 开（小学社会科参考资料）

本书收录该省农业、林业、畜牧、矿产分布图 42 张，并有说明及统计表。

收藏单位：国家馆

02468

四川省主要资源 四川省政府建设厅秘书室编审股主编

四川省政府建设厅秘书室编审股，1943，24 页，16 开

本书共 4 部分：粮食、特产、矿产、森林。

收藏单位：国家馆、中科图

02469

四川省资中县经济状况

[成都]：金陵大学文学院政治经济系，1940.5，油印本，40 页，16 开（金陵大学文学院政治经济系经济资料研究室报告 第 2 号）

本书共 12 部分，内容包括：气候、人口、产业、金融、交通与运输、财政、教育等。

收藏单位：国家馆

02470
四川松理茂懋汶抚绥崇八属屯殖九年计划
张石麟署　屯殖督办署 [拟定]
屯殖督办署，1935.3，1 册，22 开，环筒页装

本书分 3 部分：工商业、军事、垦务。

收藏单位：国家馆

02471
四川西北边区物产概况及其开发步骤
出版者不详，[1911—1949]，8 页，36 开

本书简介四川西北边区的地势、人口、重要城镇、物产类别、商业等情况。

收藏单位：重庆馆

02472
四年从政录　陈公博著
上海：商务印书馆，1936.8，251 页，22 开
上海：商务印书馆，1937.3，再版，251 页，22 开

本书为著者于 1932 年 1 月就任实业部部长后的工作实录，并记述有关中国各项实业建设的兴办过程与结果。共 8 部分，内容包括：自己的批评、第一阶段已完成的工作、意外的成就、最使我烦忧的两件事、一般和特殊的困难等。附序四年实业计划初稿、统制经济与组织、中国粮食的自给等。

收藏单位：安徽馆、重庆馆、东北师大馆、国家馆、河南馆、湖南馆、江西馆、辽大馆、南京馆、陕西馆、上海馆、天津馆

02473
四年来的经济建设　中国国民党中央宣传部编
中国国民党中央宣传部，1941.7，18 页，32 开（抗战第四周年纪念小丛书）

本书共 6 部分：引言、奖助工业法规之修订、后方工业之发展、物资的管制、水道运输与灌溉、对敌经济斗争。

收藏单位：重庆馆、贵州馆、国家馆、吉林馆、南京馆、天津馆、浙江馆

02474
四年之倭寇经济侵略　中央调查统计局特种经济调查处编
中央调查统计局特种经济调查处，1941，222 页，16 开

本书收录有关日寇在沦陷区进行经济侵略的调查统计资料。共 5 篇：总论、财政金融、产业、贸易、交通。

收藏单位：重庆馆、广东馆、国家馆、近代史所、南京馆、浙江馆、中科图

02475
宋元经济史　王志瑞编
上海：商务印书馆，1931.2，145 页，32 开（史地小丛书）
上海：商务印书馆，1934.2，国难后 1 版，150 页，32 开（史地小丛书）
上海：商务印书馆，1935.5，国难后 2 版，150 页，32 开（史地小丛书）

本书共 9 章：宋元以前经济状况底追溯、手工业、矿产、交通运输、商业、都市、货币及钞法、农业及土地、租税。

收藏单位：重庆馆、东北师大馆、广东馆、广西馆、国家馆、湖南馆、江西馆、辽大馆、南京馆、山西馆、上海馆、天津馆、浙江馆

02476
宋子文豪门资本内幕　经济资料社编
哈尔滨：光华书店，1948.12，65 页，32 开（光华丛刊 12）

收藏单位：安徽馆、长春馆、重庆馆、东北师大馆、甘肃馆、国家馆、吉大馆、近代史所、南京馆、山东馆、天津馆

02477
苏浙皖区处理敌伪产业审议委员会、苏浙皖区敌伪产业处理局工作报告（中华民国三十五至三十六年）　苏浙皖区处理敌伪产业审议委员会　苏浙皖区敌伪产业处理局编
苏浙皖区处理敌伪产业审议委员会、苏浙皖区敌伪产业处理局，1946.2—1947.1，2 册（68+167 页），25 开

收藏单位：重庆馆、国家馆、南京馆、上海馆

02478

苏浙皖区处理敌伪产业审议委员会、苏浙皖区敌伪产业处理局章则汇编 苏浙皖区敌伪产业处理局秘书处编

苏浙皖区敌伪产业处理局秘书处，1946—1947，5册，25开

本书共5辑，每辑1册。第2辑共7部分：清算类、密报案件类、日侨财产类、出口及托售物资类、平售物品类、其他类、附录，附录苏浙皖区敌伪产业处理各项公告、敌产处理条例、敌产处理条例施行细则等；第3辑共8部分：逆产类、清算类、工厂企业类、房地产类、密报案件类、出售物资类、德韩产业类、其他类；第4辑收录1946年8—12月间颁布的相关规章，附录收复区光复区合作组织整理办法、关于隐匿购买敌伪物资成立刑法上赃物罪之规定、过去外人在华地权清理办法原则等；第5辑附录中央信托局武汉区敌伪产业清理处组织规程等。

收藏单位：重庆馆、国家馆、南京馆、上海馆

02479

绥远省实业视察记 杜延年 孙导五著

北平：万国道德总会，1933.9，88页，18开

本书共6部分：绥远省概况、绥远省各县概况、绥远省矿产一览、二十一年度农林试验场主要作物菜蔬每亩收产比较表、绥西物品现在价目一览、本会移垦绥远计划草案。附绥远省物产全图。

收藏单位：东北师大馆、广东馆、国家馆、河南馆、吉林馆、近代史所、南京馆、武大馆、中科图

02480

孙中山实业计画 孙文著

上海：三民公司，1927.6，再版，208页，32开

上海：三民公司，1929.5重版，208页，32开

收藏单位：桂林馆、国家馆、天津馆

02481

踏进第二年的新赣南建设（《正气日报》元旦增刊） 正气日报馆编

正气日报馆，[1942]，58页，25开

本书收录《确立了基础的政治建设》(周灵钧)、《百万民众劳力的结晶》(黄密)、《前途有无限乐观》(刘连三)、《使不能生产者皆能从事生产》(刘静远)、《争取地方自治迅速完成》(韦安仁)等。

收藏单位：重庆馆、东北师大馆、江西馆、浙江馆

02482

台北县日产处理概况 台湾省日产处理委员会台北县分会编

台湾省日产处理委员会台北县分会，1947，25页，24开

收藏单位：上海馆

02483

台湾参观记录 俞飞鹏著

中央宣传部，[1947]，94页，16开

本书记录俞飞鹏、陈大径、黄本立三人于1947年1月赴台湾参观建设事业的经过。内容包括：农业、农田水利、林业、渔业、工业、港务、盐业等。

收藏单位：安徽馆、重庆馆、广东馆、贵州馆、国家馆、吉林馆、近代史所、南京馆、上海馆

02484

台湾产业界之发达 林履信编

上海：商务印书馆，1947.6，131页，32开

本书共12章，内容包括：台湾的史略和名称、台湾的土地和气候、台湾的民族和人口、台湾的财政和专卖、台湾的商业和金融、台湾的生产业、台湾的运输交通等。附参考书目、中日度量衡对照表。

收藏单位：安徽馆、重庆馆、东北师大馆、广东馆、广西馆、国家馆、黑龙江馆、湖南馆、近代史所、辽大馆、南京馆、宁夏馆、陕西馆、上海馆、中科图

02485

台湾产业经济梗概 刘绍辅著

刘绍辅，1948，56 页，16 开

本书分 8 章概述台湾省的农业、水产业、工业、矿业、林业等经济部门的历史发展和状况。

收藏单位：国家馆、南京馆

02486

台湾建设行政概况　台湾省政府建设厅编

台湾省政府建设厅，1947，64 页，16 开

本书共 11 项，内容包括：建设行政、工业、矿业、商业等。

02487

台湾经济　经济部统计处编

经济部统计处，1946.12，油印本，120 页，16 开，环筒页装

本书共 9 部分，内容包括：自然环境与土地人口、农林及水产业、矿业、工业、电气事业、商业等。

收藏单位：国家馆、南京馆、首都馆

02488

台湾经济生活　（英）格来顿齐夫（A.J. Grajdanzev）著

重庆：大公报馆，1945.4，82 页，32 开（大公报小丛书 第 4 辑）

本书收文 10 篇，内容包括：《以农为本》《主要的副业——捕鱼》《森林，登记等于没收》《工业化了没有?》《金矿及其他》等。书前有台湾经济地图。书中题名：今日台湾。原著由太平洋学会秘书处于 1942 年出版发行。

收藏单位：重庆馆、东北师大馆、广东馆、广西馆、贵州馆、国家馆、黑龙江馆、吉林馆、近代史所、南京馆、内蒙古馆、山西馆、上海馆、首都馆、天津馆、西南大学馆、中科图

02489

台湾经济提要　张泽南编著

台北：天众出版社，1948.5，197 页，25 开，精装

本书共 8 章：自然环境、农业、工业、矿业、渔牧业、贸易、运输业、财政金融。附战灾损害概况、主要参考书目。材料多采自作者编写的《台湾省经济调查报告》《台湾省主要经济统计》《台湾省之米谷与肥料》等报告。

收藏单位：国家馆、近代史所、辽大馆、南京馆、上海馆、首都馆

02490

台湾经济展望　（英）格来顿齐夫（A.J. Grajdanzev）著　联华银行经济研究室译

北平：联华银行经济研究室，1945.11，147 页，22 开

本书共 12 章，内容包括：台湾之天然环境、台湾史略、人口之分布、渔业及林业、工业、交通、台湾之银行、对外贸易等。

收藏单位：重庆馆、东北师大馆、国家馆、近代史所、辽大馆、辽宁馆、上海馆、天津馆、浙江馆

02491

台湾省接收委员会日产处理委员会结束总报告　台湾省接收委员会日产处理委员会编

台湾省接收委员会日产处理委员会，1947.6，177 页，16 开

本书共 5 部分：总论、组织概要、接收经过、处理情形、结束移交情形。附本会历次委员会重要议决案及执行情形录、台湾省日产处理重要法令摘录（附本会办理结束纲要）、台湾省日产处理委员会暨重要职员录。

收藏单位：广东馆、国家馆、南京馆、上海馆、浙江馆、中科图

02492

台湾省经济调查报告　善后救济总署台湾分署经济技正室编

善后救济总署台湾分署经济技正室，1947.5，91 页，16 开

本书共 8 部分：自然环境、农业、工业、矿业、渔牧业、贸易、交通、财政金融。

收藏单位：安徽馆、广东馆、贵州馆、国家馆、河南馆、近代史所、上海馆、天津馆、浙江馆、中科图

02493
台湾省经济调查初稿　台湾省工业研究所技术室编
台湾省工业研究所，1946.5，514 页，16 开
本书大部分为表。内容包括：财政、贸易、工业、矿业、农业、水利、电力、食粮品工业等。并专节记述战前状况和战时的破坏程度，提出恢复与发展计划。
收藏单位：国家馆、南京馆、上海馆、天津馆、西南大学馆

02494
台湾省特产资源统计图
出版者不详，[1911—1949]，1 册，横 16 开
收藏单位：广东馆

02495
台湾省五年经济建设计划总纲
台湾行政长官公署，1946，40 页，32 开
本纲于 1946 年 8 月 2 日在行政长官公署政务会议上通过。

02496
台湾省五年经济建设计划总纲草案·台湾省五年经济建设计划编拟办法草案　台湾省行政长官公署经济委员会编
出版者不详，[1911—1949]，41 页，32 开
收藏单位：上海馆

02497
台湾省政府建设厅施政报告　台湾省政府建设厅编
台湾省政府建设厅，[1948.6]，86 页，16 开
本书共 10 部分，内容包括：概况、工业、矿务、商业、职工管理、公共工程、水利、度量衡等。
收藏单位：国家馆、南京馆

02498
台湾省主要经济统计　善后救济总署台湾分署经济技正室编
善后救济总署台湾分署经济技正室，1946.9，107 页，横 10 开
本书全部为表。内容包括：概况、农业、工矿业、商业、贸易、金融、财政等。
收藏单位：安徽馆、广东馆、贵州馆、国家馆、湖南馆、江西馆、辽宁馆、南京馆、上海馆、天津馆、浙江馆、中科图

02499
台湾收回后之设计　黄朝琴著
黄朝琴，1944.6，52 页，32 开
本书共 12 章，内容包括：军事之布置、人事、行政机关、财政、货币制度等。
收藏单位：国家馆

02500
台湾统计地图　台湾省行政长官公署统计室编
台湾省行政长官公署统计室，1946.12，1 册，横 16 开
本书收录统计地图 88 幅，内容包括：地理、交通、气象、人口、农业、农产、水果、牲畜、森林、水产、矿产、工业、贸易等。
收藏单位：安徽馆、重庆馆、东北师大馆、国家馆、吉林馆、近代史所、南京馆、上海馆、浙江馆

02501
太行区经济调查（第 1 集）　李友九编
太行区党委研究室，1944，98 页，32 开
收藏单位：山西馆

02502
太行区经济建设工作的政策执行检查报告提纲　晋冀鲁豫边区政府编
晋冀鲁豫边区政府，1943.7，19 页，32 开
收藏单位：国家馆

02503
太行区三年来的建设和发展
出版者不详，[1945.3]，32 页，36 开
本书所涉时间为 1942—1945 年。

02504
太行区一九四四年国民经济调查初步研究

晋冀鲁豫边区政府调查研究室，[1945]，58页，32开

本书共4部分：国民财富概况、人民生活与消费、群众负担状况、人民财富的积蓄与如何实现耕三余一。

收藏单位：国家馆、山东馆

02505

太行区银行工商工作参考资料（第1编） 王庆保等编

冀南银行总行工商管理总局，1945，1册

收藏单位：广东馆、近代史所

02506

太行区银行工商工作参考资料（第1编 总类 第2集 历年来重要经济建设会议决议汇集） 冀南银行太行区工商管理总局研究室主编

冀南银行总行工商管理总局，1946.4，353页，32开

本书内容包括：太行区历年来重要经济建设会议决议汇集、山西三专署财经扩大会议、冀太区军政民各界金融座谈会、财经会议（即金融座谈会）、太行分局高干会议等。所涉时间为1940—1945年。据1946年冀南银行总行工商管理总局初版本复印。

收藏单位：广东馆、山西馆

02507

太行区银行工商工作参考资料（第1编 总类 第3集 历年来银行工商工作大事记） 王庆保等编

冀南银行总行工商管理总局，1945，91页，32开

收藏单位：广东馆

02508

太行区银行工商工作参考资料（第1编 总类 第4集 太行区历年来银行工商工作重要统计资料汇集 上） 苏人[等]编辑

冀南银行总行工商管理总局，1946.3，10+202页，32开

本书内容包括：金融货币、工业手工业建设、合作事业等。

收藏单位：国家馆

02509

太行区银行工商工作参考资料（第1编 总类 第4集 太行区历年来银行工商工作重要统计资料汇集 下） 朱剑白[等]编辑

冀南银行总行工商管理总局，1946.4，10+198页，32开

本书内容包括：税收、出入口管理、集市工商业变动、公营商店之经营等。

收藏单位：广东馆、国家馆、山西馆

02510

太行区银行工商工作参考资料（第1编 总类 第5集 太行区历年来各地物价统计） 曹雅斋等编

冀南银行总行工商管理总局，1946，143页，32开

收藏单位：广东馆

02511

太行区银行工商工作参考资料（第2编 金融货币类 第4集 冀南银行工商局会计制度） 王凤来　张济民编著

冀南银行总行工商管理总局，1946.5，168页，32开

本书共8编：绪言、会计科目、传票、帐簿、银行各科之会计、区分支往来、决算、审核。

收藏单位：广东馆

02512

太行区银行工商工作参考资料（第3编 商业贸易类 第1集 太行区贸易工作历年来重要决定指示命令） 冀南银行太行区工商管理总局主编

冀南银行总行工商管理总局，1945.10，106页，32开

本书共两部分：贸易经营之部、粮食工作之部。

收藏单位：山西馆

02513
太行区银行工商工作参考资料（第4编 工业建设类 第1集） 冀南银行太行区行工商管理总局研究室主编
冀南银行总行工商管理总局，1945.10，64页，32开
收藏单位：广东馆、国家馆

02514
太行区银行工商工作参考资料（第5编 金融货币类 第1集 税务工商工作历年来重要决定指示命令） 朱剑白等整理 冀南银行太行区行工商管理总局研究室主编
冀南银行总行工商管理总局，1945，198页，32开
本书辑自该区下属各地历年工作总结报告、统计调查、私人笔记、会议纪录、经济刊物等。
收藏单位：广东馆、国家馆

02515
唐代经济史 陶希圣 鞠清远著
上海：商务印书馆，1936.4，184页，32开（史地小丛书）
本书共8章，内容包括：前代的遗产与隋末之丧乱、田制与农业、水陆商路与都市之发展、工商业之发展、财政制度等。
收藏单位：重庆馆、东北师大馆、广东馆、广西馆、贵州馆、国家馆、湖南馆、江西馆、近代史所、辽大馆、南京馆、内蒙古馆、陕西馆、上海馆、绍兴馆、首都馆、西南大学馆、浙江馆、中科图

02516
唐宋帝国与运河 全汉升著
重庆：商务印书馆，1944.11，127页，25开（国立中央研究院历史语言研究所专刊）
上海：商务印书馆，1946.10，127页，25开（国立中央研究院历史语言研究所专刊）
本书共10章，内容包括：绪论、高宗以后的东都与运河、大唐帝国的极盛与运河、大唐帝国的中衰与运河、大唐帝国的中兴与运河、北宋的立国与运河等。
收藏单位：重庆馆、东北师大馆、广东馆、广西馆、国家馆、黑龙江馆、近代史所、辽大馆、辽东学院馆、辽师大馆、南京馆、山西馆、上海馆、绍兴馆、中科图

02517
唐宋时代扬州经济景况的繁荣与衰落 全汉升著
出版者不详，[1942.1]，[28]页，18开
本书共6部分：绪论、唐代扬州繁荣状况、唐代扬州繁荣的因素、唐末以后扬州衰落状况、唐末以后扬州衰落的因素、结论。
收藏单位：国家馆

02518
塘沽工人调查 林颂河著
北平：社会调查所，1930.3，286页，18开（社会研究丛刊5）
本书共7章：绪论、久大工厂与工人、久大工厂的福利设施、久大住厂工人（选样调查）、久大工人家庭（选样调查）、永利制碱工厂与工人、结论。附久大永利附属医院疾病统计表、久大工友互助会总章、久大永利职员工人共同贩卖所章程、调查表格式。
收藏单位：重庆馆、东北师大馆、广东馆、广西馆、国家馆、河南馆、吉林馆、江西馆、近代史所、辽大馆、上海馆、首都馆、天津馆、浙江馆、中科图

02519
腾龙边区开发方案 云南省政府民政厅边疆行政设计委员会编
云南省政府民政厅边疆行政设计委员会，1944，50页，32开（云南省民政厅边政丛刊3）
本书共13章：本区域概况、行政、土地、垦殖、水利、交通、企业、农林植物、医院卫生、教育文化、国防建设、生活改进、本方案实施办法。
收藏单位：重庆馆、国家馆、南京馆

02520
天北对敌经济封锁战 周必璋编述

浙西民族文化馆，1942.6，108 页，18 开（浙西抗建丛刊 14）

本书内容包括：总论、对敌经济封锁之实施、封锁的成效、敌我经济肉搏、血汗总账等。

收藏单位：南京馆、浙江馆

02521

天成铁路沿线经济调查报告书 天成铁路工程局编

出版者不详，1942，98+80 页，16 开

本书分上、下两部分，介绍天水（甘肃）至成都（四川）铁路沿线的地理、农业、工业及工艺品、畜产、林产、矿产、货物运输等情况。

收藏单位：重庆馆

02522

天津的经济地位 李洛之 聂汤谷编著

经济部冀热察绥区特派员办公处结束办事处驻津办事分处，1948.3，364+32 页，16 开

本书共 4 章：天津在经济上的重要性、八年来日人压榨下的经济状况、接收前天津工业概况、将来的天津经济地位。附图表目录、索引。

收藏单位：安徽馆、广西馆、国家馆、吉大馆、吉林馆、上海馆、首都馆、天津馆、中科图

02523

天津工商业（卷上） 鲁荡平主编

天津特别市社会局，1930.4，1 册，18 开

本书共 11 章：序论、纺织工业、化学工业、饮食品工业、日用品工业、机器工业、服用工业、器具工业、建筑材料工业、印刷工业、杂项工业。

收藏单位：重庆馆、广东馆、国家馆、湖南馆、近代史所、南京馆、浙江馆、中科图

02524

天津市画刊 天津市政府秘书处编译室编

天津市政府秘书处编译室，1948.11，1 册，10 开

本书以照片与统计图表说明天津市政府两年来的建设成就。

收藏单位：广东馆、南京馆、浙江馆

02525

天津市社会及经济行政概况统计 天津市社会局统计室编

天津市社会局统计室，[1948.5]，39 页，横 18 开

收藏单位：国家馆、南京馆、天津馆

02526

天津市主要统计资料手册（第 1 号） 天津市政府统计处编

天津市政府统计处，1947.6，43 页，横 36 开

本书全部为表。共 12 部分：气象土地及人口、地方自治及人民团体、天津市政府及所属机关人员及经费数、工商、金融及贸易、物价、财政、教育及文化、工务及建设、卫生、公用及交通、附录。

收藏单位：国家馆、近代史所、南京馆

02527

天津市主要统计资料手册（第 2 号 工商专号） 天津市政府统计处编

天津市政府统计处，1948.3，131 页，横 18 开

本书全部为表。共 9 部分：土地与人口、工矿及生产、商业、财政及税收、金融、进出口贸易、交通及公用、物价及指数、附录。资料多取自近两年的《天津市政统计月报》及《天津经济统计月报》。

收藏单位：国家馆、近代史所

02528

天津特别市经济特辑（第 1 册）

华北物价处理委员会天津特别市分会、天津特别市公署社会局，1942.9，1 册，22 开

本书共 9 部分，内容包括：协定价格及自肃价格品类、工商同业公会组织表、食粮输入及需要数量表等。

收藏单位：国家馆

02529
天南对敌经济封锁战　汪浩编著
浙西民族文化馆，1941.3，110+32 页，32 开（浙西对敌斗争丛书 9）

本书共 4 章：为什么要实行对敌经济封锁、对敌经济封锁实施基准、对敌经济封锁的实施状况、结论。附单行法规、一般法规。

收藏单位：重庆馆、国家馆、吉林馆、南京馆、浙江馆

02530
铁道部第三届全国铁路沿线出产货品展览会北宁馆专刊　第三届铁展北宁馆筹备处编
第三届铁展北宁馆筹备处，1934.5，1 册，32 开

本书大部分为表。内容包括：北宁路概略、沿革、组织、营业概况、北宁路沿线名迹、北宁路沿线之农业、北宁路沿线之林业、北宁路沿线之矿业、北宁路沿线之工业、北宁路沿线之商业等。书前有北宁路行车时刻表。

收藏单位：广东馆、国家馆、首都馆、浙江馆、中科图

02531
铁道经济调查报告　铁道部业务司调查科编
[铁道部业务司调查科]，1933，3 册

本书分 3 部分：绪言、总述、分篇。第 3 部分共 5 篇：工业篇、商业篇、物产篇、交通篇、杂述篇。

收藏单位：近代史所

02532
统计年报　察哈尔省政府建设厅秘书室编
察哈尔省建设厅，1936，[320] 页，横 16 开

本书共 8 类：总务、交通、水利、矿务、农林、工商、畜牧、附录。

收藏单位：国家馆

02533
统计年报（康德五年度）　齐齐哈尔商工公会编
齐齐哈尔商工公会，1938，42 页，16 开

本书全部为表。共 7 部分，内容包括：土地及人口、物价及劳银、金融事情等。

收藏单位：国家馆

02534
统计资料
太行贸易公司，1947.12，油印本，14 页，18 开

本书收录市场物价统计外汇币值及实物对比表格等 5 种。

收藏单位：国家馆

02535
统一中国的新经济政策　国币代用券提案编纂委员会编
国币代用券提案事务委员会，1930，119 页，16 开
国币代用券提案事务委员会，1930.11，再版，120 页，16 开

本书内容包括：中国宜谨遵总理钱币革命之遗训发行国币代用券以达和平统一之希望、国币代用券与各方面之关系、国币代用券暂行条例草案说明书、国币代用券条例草案释疑、提议请政府实行官办钞券交换法案等。附富国新方案等。

收藏单位：重庆馆、国家馆、近代史所、南京馆、浙江馆

02536
统制国民经济的合法性　王铁夫著
西安：大东书局，1943.7，56 页，32 开

本书共 4 部分：中国社会病源、中国社会组织及其分配法、战时统制国民经济的合法性、对于战时食粮问题的又一解决。

收藏单位：东北师大馆、国家馆、南京馆

02537
统制经济与中国经济建设　黄大中著
上海：开明书局，1937.6，117 页，32 开，精装

本书共 7 章：绪论、统制经济之意义与作用、各国统制经济之成效、中国经济统制与经济建设之关系、中国经济建设之途径、吾

国经济建设与国力之发展、结论。

收藏单位：国家馆

02538

统制经济政策十讲 张之杰讲

出版者不详，[1911—1949]，8页，32开，环筒页装

本书讲述统制经济的10个问题：意义、起因、目的、利益、发达、分途、方法、条件、步骤、组织。

收藏单位：重庆馆

02539

团长最近对于经济之指示 [蒋中正讲] [中央训练团编]

中央训练团，1941.10，275页，64开

收藏单位：贵州馆、南京馆

02540

推动节约运动参考材料辑要 中央组织部编

中央组织部，1939，38页，64开（组训小丛书）

本书内容包括：总裁通电全国党政人员厉行节约、节约运动大纲、节约建国储蓄券条例、节约建国储蓄券红利表等。

收藏单位：重庆馆、南京馆

02541

外国在华之经济侵略 国民外交丛书社编

上海：中华书局，1928.3，45页，50开（国民外交小丛书）

上海：中华书局，1929.10，再版，45页，50开（国民外交小丛书）

本书简论外国对华的直接、间接投资及其对中国经济的侵略和影响。

收藏单位：安徽馆、重庆馆、广东馆、广西馆、国家馆、江西馆、南京馆、内蒙古馆、上海馆

02542

皖北经济概况调查报告 朱一鹗述

安徽地方银行，[1937]，58页，16开（安徽地方银行专刊5）

本书共3部分：概论、皖北农工商业及有关于经济各业之现状并改进意见、结论。附齐亦群先生淮域水道概况等。

收藏单位：安徽馆、国家馆、南京馆

02543

皖南生产会议汇编

安徽省政府皖南行署，1941.7，160页，32开

本书共11部分，内容包括：皖南生产会议纪要、会议日常预定表、提案一览表、会员通讯录、统计等。

收藏单位：安徽馆

02544

皖西经济概况调查报告 朱一鹗述

安徽地方银行经济研究室，[1939]，50页，16开（安徽地方银行经济研究室专刊8）

本书共7部分：概论、农产品、手工业、矿产、商业与交通、农村金融、结论。

收藏单位：国家馆

02545

万县经济调查 平汉铁路管理局经济调查组编

汉口：平汉铁路管理局经济调查组，1937.1，148页，16开（平汉丛刊 经济类3 长渝计划线经济调查特辑3）

本书分甲、乙两编：概况、大宗出入口货品分述。甲编共4部分：万县之经济范围、万县之工商业概况、万县之金融概况、万县之水陆交通；乙编共8部分，内容包括：棉纱、米、盐、纸烟、糖、煤油等。附勘误表。

收藏单位：重庆馆、国家馆、上海馆、西南大学馆、中科图

02546

万县经济概况 萧鸿雁编著

财政部川康区直接税局万县分局，1946，手抄本，148页，16开，环筒页装（川康区直接税局万县分局调查报告专册）

本书共8部分：概述（地理形势、户口统计）、农林、特产产销、工矿、商业、金融、财政、物价。附万县经济地图、万县市区略

图等图表 40 张。据万县分局调查员调查所得的原始资料编成。

收藏单位：重庆馆

02547

王安石的社会思想与经济政策 陶希圣著

出版者不详，[1935]，[23] 页，16 开（北大社会科学季刊 第 5 卷 3）

收藏单位：国家馆

02548

伪满“产业五年计划”概论

出版者不详，[1937.5]，67 页，16 开

本书概述并批判日本帝国主义制定的 1937—1941 年开发东北经济计划。共 5 章：“产业五年计划”的内容、“产业五年计划”的实行机构、煤业的现势及其增产计划、钢铁业的现势及其增产计划、液体燃料与电力开发计划。

收藏单位：湖南馆

02549

伪满时期东北经济统计（1931—1945） 东北财经委员会调查统计处编

[东北财经委员会调查统计处]，1949，1 册，32 开（东北经济参考资料 2）

本书共 13 部分，内容包括：总表、工业、农业、林业、畜产业、水产业、盐业等。

收藏单位：近代史所

02550

伪蒙政治经济概况 察哈尔蒙旗特派员公署[编]

重庆：正中书局，1943.10，102 页，32 开（中国边疆学会丛书 第 1 辑）

收藏单位：重庆馆、东北师大馆、广东馆、国家馆、吉林馆、近代史所、南京馆、上海馆

02551

伪资源委员会 江南问题研究会编

江南问题研究会，1949.3，38 页，32 开（南京调查资料 特篇 3）

本书共 5 部分：沿革、组织及人事、单位介绍、管理机构及服务研究机构产业、所属南京各生产单位或营业所之产业。附南京公逆产调查。

收藏单位：国家馆

02552

伪组织政治经济概况 李超英演讲

重庆：商务印书馆，1943.10，158 页，32 开

赣县（赣州）：商务印书馆，1944.1，158 页，32 开

本书分 4 章：绪论、敌伪政治、敌伪经济、敌伪金融。第 1 章共 4 节，论述敌寇侵略之动机、机构、政策、矛盾；第 2 章共 5 节，内容包括：伪政权之演变、敌伪之政治阴谋、敌伪之社会运动等；第 3 章共 3 节：敌寇经济侵略术之演变、敌寇争夺物资之战术、对策；第 4 章共 4 节：敌寇金融侵略之政策、敌伪破坏金融之方式、我方防御办法、对策。附敌寇之经济作战力、敌寇战时经济体制之发展。

收藏单位：安徽馆、重庆馆、广东馆、广西馆、国家馆、湖南馆、近代史所、南京馆、上海馆、首都馆、天津馆、浙江馆、中科图

02553

魏颂唐偶存稿 魏颂唐著

出版者不详，1927，11+20+8 页，16 开

收藏单位：浙江馆

02554

纹滩管理会四周年纪念特刊 纹滩管理委员会成立四周年纪念特刊编辑室编

纹滩管理委员会成立四周年纪念特刊编辑室，[1911—1949]，220 页，16 开

收藏单位：广东馆

02555

我东北方面日本帝国主义经营事业之现状 国际译报社编译

南京：国际译报社，1933.4，48 页，90 开

收藏单位：江西馆

02556
我国的物产 殷惟和编辑
上海：新中国书局，1932.12，36 页，25 开
收藏单位：江西馆

02557
我国经济建设刍议 潘恩霈著
潘恩霈，1936.3，60 页，22 开
本书共 11 部分，内容包括：我国当前之经济背景、经济建设中之合作问题、经济建设中之农业问题、经济建设中之工业问题、合作银行、经济建设之步骤与设施纲要等。
收藏单位：国家馆

02558
我国经济建设之途径 吴半农著
重庆：中国文化服务社，1941.3，40 页，32 开（国立中央研究院社会科学研究所中国社会经济问题小丛书 第 3 种）
本书共 3 部分：我国经济建设之制度问题、我国经济建设之目标问题、我国经济建设之基本政策问题。
收藏单位：重庆馆、广东馆、贵州馆、国家馆、吉林馆、南京馆、上海馆、浙江馆

02559
我国土地与人口问题之初步比较研究及国民经济建设之政策商榷 陈长蘅编
国民政府主计处统计局，1935.9，33 页，16 开
收藏单位：南京馆

02560
我国西南经济之发展 刘大钧纂辑 / 核定 刘铁孙翻译 陈忠桀审查
出版者不详，1939.6，晒印本，13 张，大 16 开（中国经济统计研究所 总字第 320 号 经济门概况类 第 35 号）
本书译自《英文中国季刊》。
收藏单位：上海馆

02561
我看台湾经济 黄铭 陈霞洲著
上海：金融日报社，1949，216 页，32 开（金融日报社丛刊）
本书共 18 部分，内容包括：台湾自然与经济、台湾社会与经济、台湾金融、台湾动力、台湾交通、台湾农业、台湾工业、台湾商业、台湾矿业、台湾渔业、台湾林业、台湾糖业、台湾茶业、台湾水利等。附强化台湾经济行政刍议。
收藏单位：上海馆、中科图

02562
我们的富源 易希文编著
南京：正中书局，1937.3，211 页，32 开（中国青年丛书）
[重庆]：正中书局，1942.9，再版，211 页，32 开（中国青年丛书）
本书共 16 章，内容包括：米、麦、丝绸、茶、煤、铁、钨、石油、盐、铁路航业等。
收藏单位：安徽馆、重庆馆、东北师大馆、贵州馆、国家馆、河南馆、湖南馆、南京馆、上海馆、浙江馆

02563
我们怎样去干？ 太朴生著
中华文化合作社，[1911—1949]，26 页，32 开（中华文化合作社丛书 2）
本书认为发展大生产是当时国内问题的重心，应建立一个强有力的政权推动大生产，并尽可能向社会主义发展。

02564
无锡工商大集 江苏省工业协会编辑
江苏省工业协会，1948.3，317 页，25 开
本书介绍无锡工商人物、著名工厂、著名商店，并收录工商各业调查等。
收藏单位：安徽馆、国家馆、南京馆

02565
[芜湖第六专保公署调查清册]
出版者不详，[1946]，油印本，[28] 页，18 开
收藏单位：国家馆

02566

芜乍路沿线经济调查（安徽段） 建设委员会调查浙江经济所统计课编辑

杭州：建设委员会调查浙江经济所统计课，1933.11，1册，16开

本书为芜湖、宣城、郎溪、广德及其他市镇的经济调查资料。调查项目包括：概况、土地、户口、物产、交通、工业、商业、贸易、金融、财政、教育等。

收藏单位：重庆馆、国家馆、湖南馆、近代史所、山西馆、上海馆、首都馆、浙江馆、中科图

02567

吾国经济改造的根本问题（在中国经济学社第十届年会开幕时演讲稿） 陈光甫讲

出版者不详，[1934—1949]，20页，16开

收藏单位：上海馆

02568

五年来之广东建设 五年来之广东建设编纂委员会编辑

广东建设厅，[1930.6]，[1050]页，16开，精装

广东建设厅，1931.6，2册，16开

本书分上、下两篇。上篇内容包括：经费、公路、航政、电政、铁路、农业等；下编内容包括：蚕丝、林业、渔业、矿业、商业、市政等。附广东省建设厅造产初期物质建设纲领、民十九年之广东建设、民二十年广东建设施政大纲。

收藏单位：东北师大馆、南京馆、上海馆、天津馆、浙江馆

02569

五十年来之中国经济（中国通商银行创立五十周年纪念册） 中国通商银行编

上海：中国通商银行，1947.4，270页，18开

本书收文15篇，内容包括：《五十年来之中国通商银行》（杜月笙）、《中国通商银行创立五十年纪念感言》（章士钊）、《五十年来之中国金融之演进》（宋汉章）、《五十年来之中国银行业》（杨汉溥）、《二十六年来之中国信托事业》（张白衣）等。附五十年来之中国财政经济大事记（附中国通商银行大事记）。

收藏单位：安徽馆、重庆馆、东北师大馆、广东馆、广西馆、国家馆、黑龙江馆、吉林馆、近代史所、辽大馆、南京馆、内蒙古馆、宁夏馆、上海馆、首都馆、天津馆、浙江馆、中科图

02570

武汉之工商业 实业部国际贸易局编

实业部国际贸易局，1932.7，170页，32开（商埠经济调查丛刊）

本书分两编：特种工业、特种商业。第1编内容包括：纱厂业、织布业、面粉业、榨油业等；第2编内容包括：棉业、桐油业、夏布业、茶业等。附汉口金融业一览表。

收藏单位：长春馆、东北师大馆、广东馆、国家馆、湖南馆、江西馆、近代史所、南京馆、上海馆、天津馆、西交大馆、浙江馆

02571

物质建设 孙文著

国民政府军事委员会政治部，1938.6，180页，32开（抗战建国丛书）

本书即孙中山《实业计划》。

收藏单位：安徽馆、重庆馆、广西馆、国家馆、吉林馆、江西馆、南京馆、上海馆

02572

物质建设 孙文著

航空委员会，1940.6，164页，36开

收藏单位：重庆馆、南京馆

02573

物质建设 孙文著

重庆：黄埔出版社，1938.10，126页，32开（黄埔丛书3）

重庆：黄埔出版社，1939.8，125页，36开（黄埔丛书3）

重庆：黄埔出版社，1940，176页，32开（黄埔丛书第1辑3）

重庆：黄埔出版社，1942，176页，32开

收藏单位：重庆馆、东北师大馆、广西馆、贵州馆、国家馆、河南馆、湖南馆、吉林馆、江西馆、辽宁馆、南京馆

02574
物质建设浅说 陈载耘编
上海：中华书局，1929.6，22页，32开（党义小丛书）
上海：中华书局，1930.3，再版，22页，32开（党义小丛书）
上海：中华书局，1933.11，3版，22页，32开（党义小丛书）
上海：中华书局，1936.11，再版，22页，32开（小朋友文库1）
收藏单位：重庆馆、贵州馆、国家馆、黑龙江馆、湖南馆、吉林馆、江西馆、内蒙古馆、上海馆

02575
物质建设五年计划草案 陈载耘编
出版者不详，[1944—1949]，22页，16开
收藏单位：广西馆

02576
物质救国论 康有为著
上海：长兴书局，1919.6，6版，89页，22开
本书收录短论20篇，内容包括：《彼得学船工》《论欧洲中国之强弱不在道德哲学》《论中国近数十年变法者皆误行》《中国救急之方在于物质》等。
收藏单位：北师大馆、东北师大馆、国家馆、湖南馆、近代史所、辽大馆、南京馆、天津馆

02577
西北 戴季陶等著
南京：新亚细亚学会，1931.10，12+322页，25开（新亚细亚学会边疆丛书）
南京：新亚细亚学会，1932.5，再版，12+322页，25开（新亚细亚学会边疆丛书）
南京：新亚细亚学会，1933，3版，12+322页，25开（新亚细亚学会边疆丛书）
本书收文20篇，内容包括：《向西北猛进的两大意义》（戴季陶）、《开发西北之步骤与方法》（马鹤天）、《西北铁道系统与殖边》（吴龢）等。
收藏单位：重庆馆、东北师大馆、甘肃馆、广西馆、国家馆、河南馆、黑龙江馆、湖南馆、吉林馆、江西馆、近代史所、辽大馆、南京馆、宁夏馆、山西馆

02578
西北建设辑要 谷征祥编
出版者不详，1944，石印本，33页，36开，环筒页装
本书共5部分：西北概况、西北富力、中国国民党殖边政策、建设边疆的先决问题、编后。
收藏单位：重庆馆

02579
西北建设论 汪昭声编著
[重庆]：青年出版社，1943.2，250页，32开
本书共10章：绪论、建设西北应有之认识、西北交通问题、西北水利问题、西北教育问题、西北农林问题、西北畜牧问题、西北工业问题、西北矿业问题、结论。
收藏单位：北师大馆、重庆馆、广东馆、广西馆、贵州馆、国家馆、黑龙江馆、吉林馆、近代史所、南京馆、宁夏馆、上海馆、天津馆、西南大学馆

02580
西北建设论 徐旭著
重庆：中华书局，1944.3，128页，32开
上海：中华书局，1945.11，再版，128页，32开
本书收录专论9篇，内容包括：《论现阶段的西北建设》《论西北工业建设》《论甘肃工业化》《论安多区社会的建设》《论甘肃藏区畜牧社会的建设》等。附藏区漫游散记、西北妇女生活。
收藏单位：安徽馆、重庆馆、东北师大馆、甘肃馆、广东馆、广西馆、贵州馆、国家馆、吉林馆、江西馆、近代史所、辽师大馆、南京馆、上海馆、首都馆、天津馆、浙

江馆、中科图

02581

西北经济(陕甘宁青)　李贻燕讲述

陕西省战时行政人员训练所，[1933—1949]，40页，32开(政治课程讲义)

本书共8章，内容包括：陕甘宁青四省面积人口及县邑的分布、陕甘宁青四省的富源、陕甘宁青四省的财政、陕甘宁青四省的金融、陕甘宁青四省的商业、陕甘宁青四省经济的开发等。

收藏单位：重庆馆、东北师大馆、国家馆

02582

西北经济地理　邬翰芳编著

邬翰芳，1944.1，58页，32开

本书共11部分，内容包括：西北的气候、西北的水利、西北的农林、西北的畜牧及皮毛业、西北的矿业、西北的交通等。

收藏单位：重庆馆、甘肃馆、国家馆、吉林馆、近代史所

02583

西北经济建设论　陈岱孙著

重庆：独立出版社，1939.4，54页，32开(战时综合丛书 第4辑)

本书共7章，内容包括：新疆的经济建设、甘肃的经济建设、青海的经济建设、西北的交通建设等。

收藏单位：重庆馆、甘肃馆、广东馆、贵州馆、国家馆、湖南馆、吉林馆、南京馆、浙江馆

02584

西北经济建设论　陈岱孙著

[南京]：正中书局，1939，54页，32开(战时综合丛书 第4辑)

收藏单位：山西馆

02585

西北局为支持长期自卫战争关于厉行节约的指示(第8号)　西北局颁布

西北局，1946.10，油印本，4页，32开

收藏单位：国家馆

02586

西北生产现状及改进办法　中央银行经济研究处编

中央银行经济研究处，1943，12页，16开(经济情报丛刊 第16辑)

本书共5部分：引言、西北之矿产、西北之农林畜产、西北工业之现状、今后建设西北应注意之点。

收藏单位：重庆馆、国家馆、南京馆

02587

西北问题　任美锷　张其昀　卢温甫著

桂林：科学书店，1943.6，98页，32开

本书收录专论8篇，内容包括：《建设西北平议》(任美锷)、《西北之温度》(卢温甫)、《甘肃省河西区之渠工》(张其昀)、《西北之雨量问题》(卢温甫)等。

收藏单位：重庆馆、贵州馆、桂林馆、国家馆、吉林馆、南京馆、上海馆、西南大学馆

02588

西北小集　朱家骅著

出版者不详，1942，38页，64开

本书收录著者于1941年赴西北各省视察后的演讲词4篇：《西北观感》《到西北去》《西北建设问题与科学化运动》《西北经济建设之我见》。著者原题：朱骝先。

收藏单位：国家馆、南京馆

02589

西北之实况与其开发　张振之编辑

上海：新亚细亚学会，1931，822页，25开(新亚细亚学会丛书)

本书收文20篇，内容包括：《西北文明之再造》(戴季陶)、《开发西北之步骤与方法》(马鹤天)、《蒙新青藏经济交通之初步开发》(丁士源、陈海滨)、《西北铁道系统与殖边》(吴稣)、《开发西北应以畜牧事业为先驱》(彭文和)等。

收藏单位：东北师大馆、甘肃馆、国家

馆、南京馆、中科图

02590

西汉经济史　陶希圣编

上海：商务印书馆，1931.8，88页，32开（中国历史丛书）

上海：商务印书馆，1934.2，国难后1版，84页，32开（史地小丛书）

上海：商务印书馆，1935.4，国难后2版，84页，32开（史地小丛书）

本书共4章：西汉以前的经济、西汉初期的经济、商业发达与土地集中、社会改革与农民革命的爆发。

收藏单位：重庆馆、东北师大馆、广东馆、广西馆、国家馆、河南馆、湖南馆、江西馆、近代史所、辽大馆、辽宁馆、南京馆、内蒙古馆、宁夏馆、上海馆、绍兴馆、首都馆、天津馆、西南大学馆、浙江馆

02591

西汉经济状况　吴春晗编

上海：大东书局，1941.2，82页，32开

本书共12部分，内容包括：绪论、西汉历代的财政、西汉的平民生活、西汉的经济政策、西汉的均产政策、西汉的土地制度、西汉的赋税制度、西汉的货币制度等。附西汉的黄金问题、西汉的移民统计。

收藏单位：重庆馆、广东馆、国家馆、湖南馆、辽大馆、辽宁馆、天津馆

02592

西汉社会经济研究　陈啸江著

上海：新生命书局，1936，[58]+474页，32开（中国社会史丛书8）

本书共12章，内容包括：西汉以前的经济背景、西汉经济展开的三期、西汉生产技术底改革和生产力底飞进、西汉社会支配生产与被支配生产底关系、西汉社会生产关系底转变、从研究西汉经济所见到的中国社会发展的道路等。

收藏单位：东北师大馆、福建馆、广东馆、国家馆、黑龙江馆、近代史所、南京馆、上海馆、首都馆、浙江馆、中科图

02593

西湖博览会江苏省宣传特刊　[江苏省政府编]

江苏省政府，[1929]，[156]页，16开

本书共两部分：建设工商之部、农矿之部。第1部分内容包括：江苏省建设厅成立后大事记、江苏省十八年度建设行政方案、江苏省水利工程之建设，附统计图表；第2部分介绍江苏之林业、蚕业、矿产等。

收藏单位：国家馆、近代史所

02594

西华经济研究所二次报告书　西华经济研究所编

成都：西华经济研究所，1946.1，22页，窄18开

本书分上、下两篇，共12部分，内容包括：研究机关之重要性、经济学与四川本质、本所沿革述略、资料搜集近况、将来计划说略等。

收藏单位：南京馆

02595

西京市公务员生活费指数　陕西省政府统计室编

陕西省政府统计室，1944.5，油印本，1册，16开

本书全部为表。统计项目包括：总指数、食物类、衣着类、房租类等。所涉时间为1943年1—12月。

收藏单位：南京馆

02596

西康经济地理　西康省地方行政干部训练团编

西康省地方行政干部训练团，1941.5，26页，36开

收藏单位：重庆馆

02597

西康经济建设纲领　西康省政府编

西康省政府，[1940—1949]，46页，22开，环筒页装

本纲领为该省政府在抗战胜利后制订的“六年经济建设计划大纲”简表。

收藏单位：重庆馆、国家馆、湖南馆、南京馆

02598

西康省地质调查报告 李承三等编

西康省建设厅，[1939—1949]，30页，16开（西康省建设丛刊 第1辑 第1类）

收藏单位：重庆馆

02599

西康省建设协进会会务年报（第2次） 西康省建设协进会第二届理事会编辑

西康省建设协进会第二届理事会，1948，石印本，90页，18开

本书内容包括：专载、会务报告、会员录、第二届监事职员题名、年会论文等。

收藏单位：重庆馆、国家馆

02600

西康省经济建设概况 西康省地方行政干部训练团编

西康省地方行政干部训练团，1941.5，25页，32开

本书概述该省工、农业等发展概况与发展目标等。

收藏单位：重庆馆

02601

西康省社会经济调查报告 西康社会调查团编纂

西康省建设厅，[1939—1949]，23页，16开（西康省建设丛刊 第1辑 第4类）

本书内容涉及该省康定、道孚、甘孜、泸定等9个区县。

收藏单位：重庆馆

02602

西流 学术丛刊社编

上海：美商华盛顿印刷公司，1940，64页，32开（学术丛刊 第2辑）

本书收文5篇：《马克思经济学的新评价》（L.T）、《中日战争与中国革命》（L.T）、《希特勒与史大林》（译自美国《自由杂志》）、《论游击区的经济基础》（柯大章）、《抗战中的物价问题》（刘海生）。

收藏单位：国家馆

02603

西南建设协会成立纪念专刊 西南建设协会编

西南建设协会，1932，152页，16开

本书收录《中国纺织历史及其地位与其供不应求之概况》（余绍宇）、《刷新政治下之交通事业》（王伯群）、《江巴铁桥计划书》（罗竟中）、《嘉陵江三峡中建设事业一瞥》（黄子裳）等文章及该协会的会务报告、会章、信函、职员录、会员录等资料。

收藏单位：国家馆

02604

西南经济地理 蒋君章著

重庆：商务印书馆，1945.1，396页，32开

重庆：商务印书馆，1945，再版，396页，32开

上海：商务印书馆，1946.5，396页，32开

上海：商务印书馆，1947.2，再版，396页，32开

本书共40部分，内容包括：地形、水系与水利、气候、杂用农作物、畜牧与畜产品及其工业、煤、铁、铜、金、石油、人口与密度、水运、航空与大路等。

收藏单位：安徽馆、长春馆、重庆馆、东北师大馆、广东馆、广西馆、贵州馆、桂林馆、国家馆、河南馆、黑龙江馆、湖南馆、江西馆、近代史所、辽大馆、辽东学院馆、辽宁馆、辽师大馆、南京馆、内蒙古馆、宁夏馆、山西馆、上海馆、首都馆、天津馆、浙江馆、中科图

02605

西南经济地理纲要 蒋君章编著

重庆：正中书局，1943.7，240页，32开

本书共9章，内容包括：西南的自然环境、西南之农业、西南之林牧、西南的矿产、

西南的工业等。

收藏单位：重庆馆、广东馆、国家馆、吉林馆、南京馆、内蒙古馆、宁夏馆、首都馆、西南大学馆

02606
西南经济建设计划大纲草案　刘宗涛著
西南经济建设委员会，1939，34页，10开，环筒页装

本书共3部分：本计划大纲之起源及意义、本计划大纲之组织及业务、结论。

收藏单位：重庆馆

02607
西南经济建设论　独立出版社编
重庆：独立出版社，1939.4，46页，32开（战时综合丛书第4辑）

本书论述该地区战时经济建设。共7章，内容包括：总论、西南经济建设与工业化、西南战时移垦刍议等。

收藏单位：重庆馆、广东馆、贵州馆、桂林馆、国家馆、南京馆、浙江馆

02608
西南经济建设研究　徐德瑞著
重庆：京华印书馆，1940.1，34页，32开

本书共5章：绪论、发展西南交通运输、改良西南农产品、西南工业建设之建议、结论。

收藏单位：贵州馆、国家馆、南京馆

02609
西南经济建设研究所工作讨论会纪录（第1集）　西南经济建设研究所编
西南经济建设研究所，1941，油印本，50页，16开，环筒页装

本书共收录8次工作讨论会会议纪录，内容包括：张所长训话、过去二年森林组工作概况及今后工作（孙章鼎先生报告）、金融材料搜集之经过（赵之敏先生报告）、四年来重庆市趸售物价资料整理之经过（王连仲先生报告）等。

收藏单位：重庆馆

02610
西南经济建设研究所缘起及组织章程　西南经济建设研究所编
西南经济建设研究所，1939.4，7页，25开

本书共3部分：缘起、组织章程、董事名单。

收藏单位：重庆馆、国家馆、南京馆

02611
西南经济建设之刍议　吕持平著
吕持平，[1930—1949]，36页，32开

本书共7章：绪论、原则、工业方面、农业方面、交通及运输、贸易、结论。

收藏单位：国家馆

02612
西南六省社会经济之鸟瞰　余定义编著
中国银行经济研究室，1938.7，63页，16开（中行月刊经济丛刊1）

本书共9部分：引言、土地与人口、农业、工业、矿业、国内外贸易、交通、财政金融、结论。附参考资料索引。本书所述西南六省为：粤、桂、湘、黔、川、滇。

收藏单位：重庆馆、国家馆、近代史所、南京馆、中科图

02613
西南战时经济检讨　徐孤星　陈于逸主编
香港：国际文化编译社，1941.4，16页，16开

本书收录短论及通讯5篇：《论西南物价资金及其经济建设的窘状》（于逸）、《西南经济贫乏的剖视》（何崇廉）、《民食艰难的危机》（黄夏峰）、《重庆战时经济的实况》（陆白虹）、《蜀中秘闻》（胡为）。

收藏单位：国家馆

02614
西区建设计划草案　胡光麃拟
出版者不详，1935，手抄本，16页，14开，环筒页装

本书介绍西区建设的计划大纲和实施办法。附地图及表。

收藏单位：重庆馆

02615

厦门等七市县沦陷损失调查　福建省政府编

福建省政府，1946.1，35 页，16 开

本书所述 7 市县为厦门市、金门县、海澄县、漳浦县、云霄县、诏安县、东山县。

收藏单位：国家馆

02616

厦门工商业大观　工商广告社编纂部编

厦门：工商广告社，1932.6，[320] 页，32 开

本书共 8 章：地理、名胜古迹、市政、交通、工商百业、工商法规、地方行政、工商团体。

收藏单位：广东馆、上海馆

02617

先秦经济史　（日）田崎仁义著　周咸堂译

重庆：商务印书馆，1942.11，108 页，32 开

[南昌]：商务印书馆，1943.4，108 页，32 开

重庆：商务印书馆，1943.8，再版，108 页，32 开

[南昌]：商务印书馆，1944.6，再版，108 页，32 开

重庆：商务印书馆，1945.10，3 版，108 页，36 开

本书共 3 章：序论、封建制度成立以前之社会及经济状态、封建组织之特质及其土地制度。

收藏单位：安徽馆、重庆馆、广东馆、贵州馆、国家馆、黑龙江馆、湖北馆、吉林馆、辽宁馆、南京馆、内蒙古馆、宁夏馆、上海馆、首都馆、武大馆、西南大学馆

02618

显微镜下的日寇　杨哲明编

上海：世界杂志社，1932.1，313 页，16 开

本书内容包括：日本对华的经济侵略政策、日本帝国主义过去侵略我国的情形、日本帝国主义侵略我东北的检阅、日本的政治组织、暴日攫取我东北的三大矿产等。

收藏单位：广东馆、湖南馆、近代史所

02619

县调查应用之一部分表格（报省表格及县内自用表格）　李景汉草拟

出版者不详，[1911—1949]，100 页，16 开

本书收录表格式样 3 种：关于生产及其他一部分普通表格、关于货物运销一部分表格、农家调查一部分表格。附比例选样法原则举例。

收藏单位：重庆馆

02620

现代中国经济教程　许涤新著

哈尔滨：新知书店，1946.11，325 页，32 开（社会科学丛书）

上海：新知书店，1947.1，326 页，32 开（新知丛书 7）

上海：新知书店，1947，再版，326 页，32 开（新知丛书）

大连：新知书店，1948.3，325 页，32 开（社会科学丛书）

哈尔滨：新知书店，1948.11，再版，326 页，32 开（社会科学丛书）

本书共 8 章，内容包括：战前的中国经济、战时经济底动态、战时三种经济政策的分析、战后的经济危机、新民主主义经济的发展等。

收藏单位：长春馆、重庆馆、东北师大馆、广东馆、广西馆、国家馆、河南馆、黑龙江馆、近代史所、辽大馆、南京馆、内蒙古馆、山东馆、山西馆、首都馆、西南大学馆

02621

现代中国经济略史　陈友琴著

上海：三民书店，1928，40 页，50 开（中山大学政治训育丛书 8）

上海：三民书店，1929，4 版，40 页，32 开（中山大学政治训育丛书 8）

本书共 6 部分，内容包括：甚么是中国经济史、我国人口的现象、我国农业的衰落、我国工业的进化等。

收藏单位：安徽馆、重庆馆、江西馆

02622
现代中国经济略史　陈友琴著
广州：商务印书馆，1928.6，40页，50开（国立中山大学政治训育丛书）
　　收藏单位：广西馆、黑龙江馆、湖南馆

02623
现代中国经济略史　陈友琴著
广州：中山大学政治训育部，1927.4，38页，25开（中山大学政治训育丛书10）
广州：中山大学政治训育部，1928.6，40页，50开（中山大学政治训育丛书）
　　收藏单位：重庆馆、国家馆、吉大馆、近代史所、南京馆、上海馆、浙江馆

02624
现代中国经济问题
北平：中国大学，1934，16+66+96页，16开
　　本书收文3篇：《现代中国经济问题》（程导民）、《中国现代政治讲义》（许兴凯）、《社会主义史》。
　　收藏单位：重庆馆

02625
现阶段的华北建设　新闻协会编
北京：新闻协会，[1937—1949]，49页，32开（时局小丛书24）
　　本书共10部分，内容包括：华北的资源及开发、华北金融基础奠定、华北内政制度、华北文教事业、华北食粮自给自足的计划、华北各大都市现况、华北电业突飞猛进等。
　　收藏单位：国家馆、南京馆

02626
乡土重建的一个实验：记实干中的菱湖建设　施星火著
青树出版社，1948.9，19页，大32开
　　收藏单位：南京馆

02627
香港工商业概况（1948）　工商出版社编
香港：工商出版社，1949，82页，16开
　　本书内容包括：《一年来香港工商界的团结与奋斗》（宋明）、《一年来香港商业概况》（公明）、《一年来香港工业概况》（何帆）、《日本贸易开放后与香港工商业》（宗平）、《一年来香港金融市概况》（英冰若）、《1948年工商法令汇辑》等。
　　收藏单位：近代史所

02628
香港经济年鉴（1949）　中国出版社编
香港：中国出版社，[1949]，[357]页，18开，精装
　　本书收录香港金融、商行、百货、居住、五金、服装、饮食、修饰、文化、交通、工厂、娱乐、医药、婚丧等行业名录。
　　收藏单位：国家馆

02629
湘滇线云贵段附近各县经济调查　铁道部编
铁道部财务司调查科，[1930]，86页，16开（铁道部经济丛书）
　　本书为宣威、瓮安、余庆、铜仁、印江、省溪、江口、思南8县的经济调查报告。共8篇：地理、物产、人口、农业经济、交通、工业经济、商业经济、社会概况。
　　收藏单位：重庆馆、国家馆、南京馆、上海馆

02630
湘滇线云贵段经济调查总报告书　铁道部财务司调查科查编
铁道部财务司调查科，[1930]，186页，18开（铁道部经济丛书）
　　本书为1929年5月铁道部组织的经济调查队对该段及附近地区所作的调查报告。共10部分：绪言、总述、地理、人口、物产、交通、农业、工业、商业、社会概况。
　　收藏单位：贵州馆、国家馆、南京馆、首都馆、浙江馆、中科图

02631
湘赣资料之一（工矿、金融）　第四野战军南下工作团总团部调查研究组编
第四野战军南下工作团总团部调查研究组，

1949.6，230 页，32 开

本书附“武汉概况”补遗。

收藏单位：国家馆

02632

湘建十年 湖南省建设厅编

湖南省建设厅，1943.2，232 页，22 开

本书内容包括：交通、电讯、工业、矿业、农业、水利、合作、商业等。所涉时间为 1933—1942 年。

收藏单位：重庆馆、国家馆、湖南馆、近代史所、南京馆、中科图

02633

新工商业手册（新民主主义经济政策城市政策与职工运动） 新社会出版社编

长沙：新社会出版社，1949，115 页，32 开

本书共 3 篇：经济政策与工商业管理、新城市政策、新中国职工运动。

收藏单位：重庆馆、湖南馆

02634

新工商政策及其指示 经济周报社编

[上海]：经济周报社，1948，49 页，32 开

上海：经济周报社，1949.5，57 页，32 开

本书收录文献及资料 9 篇：《解放区的工业政策》《关于发展生产劳资两利政策的几点说明》《企业管理民主化是改进生产的重要保证》《正确执行劳资两利方针》《华北工商会议决议全文》《华北工商会议规定合理税制》《工商会议后华北工商管理的改进》《人民政府是怎样保护工商业的?》《国营事业的处理》。

收藏单位：北师大馆、国家馆、上海馆、天津馆

02635

新广州建设概览

文化出版社，[1945—1949]，1 册，16 开

收藏单位：广西馆

02636

新湖北建设计划大纲 陈诚等拟

湖北省政府秘书处，1941.6，44 页，32 开

湖北省政府秘书处，1942.8，再版，58 页，32 开

本书共 3 项：建设之任务、建设之方针、建设实施之纲要。附《新湖北建设计划旨趣之说明》（陈诚）。

收藏单位：重庆馆、广东馆、国家馆、近代史所、南京馆、首都馆

02637

新会建设特刊 新会县政府建设局编

[新会县政府建设局]，1933.10，110 页，16 开

本书介绍该地历年的建设成绩、工作经过、未完成计划等。共 11 部分，内容包括：照片、题词、例言、论著、报告、城市乡镇、公路等。

收藏单位：近代史所

02638

新疆道里·邮政·电线·盐产·实业全图

出版者不详，[1940]，1 册，大 16 开

收藏单位：长春馆、广东馆、国家馆

02639

新疆建设计画大纲（草案） 行政院新疆建设计划委员会拟

行政院新疆建设计划委员会，1934.12，[360] 页，18 开

本书分 4 类：政治、经济、文化、交通。第 1 类共 11 部分，内容包括：省区问题、移民计画、整理边境计画、筹设法院分期计画等；第 2 类共 10 部分，内容包括：整理赋税计画、整理省钞计画、发展商务计画、提倡工业计画、农业建设计画等；第 3 类共 5 部分：教育计画、宗教问题、礼俗问题、卫生计画、出版计画；第 4 类：交通计画。

收藏单位：重庆馆、国家馆、吉林馆、近代史所、南京馆、上海馆、浙江馆

02640

新疆经济略谈 杨刚毅编

惠民（滨州）：同文印刷社，1935.1，92 页，

32开

本书共9章，内容包括：绪论、新疆农业区域与概况、新疆林业概况、新疆矿产概况、新疆工业概况、新疆与苏联商业关系之检讨等。

收藏单位：国家馆

02641
新疆经营论　蒋君章编著
南京：正中书局，1936.11，148页，25开（史地丛刊）
重庆：正中书局，1939.5，3版，148页，25开（史地丛刊）
上海：正中书局，1947，148页，25开

本书共4章：经营新疆之史的考察、新疆问题的症结、新疆在中国的地位、新疆今后的经营。

收藏单位：重庆馆、东北师大馆、甘肃馆、广西馆、贵州馆、国家馆、河南馆、湖南馆、吉大馆、吉林馆、江西馆、近代史所、辽大馆、辽宁馆、南京馆、宁夏馆、上海馆、天津馆、西南大学馆、中科图

02642
新疆之经济（国立中央研究院西北科学考察团报告）　张之毅著
重庆：中华书局，1945.4，90页，32开
重庆：中华书局，1946.1，再版，90页，32开

本书共8章：地理条件、生产元素、生产质量、生产组织、价格变动、财政金融、商品贸易、意见。

收藏单位：重庆馆、甘肃馆、广东馆、广西馆、贵州馆、国家馆、湖南馆、吉林馆、辽大馆、辽宁馆、宁夏馆、上海馆、首都馆、天津馆、浙江馆

02643
新民主经济论　俞鲤庭著
香港：新民主出版社，1949.7，133页，32开

本书共8章，内容包括：新民主主义经济制度的产生、新民主经济的性质、土地改革及其发展、企业国有政策等。附中国不等同于东南欧等。

收藏单位：广西馆

02644
新民主义经济政策的商榷　秋枫著
香港：北极出版社，1949，再版，86页，32开

本书共8章，内容包括：概论、彻底清算官僚资本、国家资本的构成及任务、工商业政策、贸易政策、农业政策等。

收藏单位：重庆馆

02645
新民主主义的经济与城市工商业政策　新经济研究会编
南京：新民报职工会，[1911—1949]，89页，32开

本书内容包括：新民主主义的经济、中国共产党的工业政策、论城市经济的改造等。

收藏单位：重庆馆、南京馆

02646
新民主主义工商业政策　毛泽东等著　湖南省书报编印生产合作社编
长沙：湖南省书报编印生产合作社，1949，98页，32开

本书收录《不要打乱原来的企业结构》《解放区工业政策》《中国土地法大纲》《新民主主义论》等。

收藏单位：湖北馆、湖南馆、南京馆、山东馆

02647
新民主主义工商政策　毛泽东等著
香港：新民主出版社，1949.1，128页，32开
香港：新民主出版社，1949.3，再版，增订本，189页，32开

本书为文集。共7篇：《经济纲领与指导方针》《保护城市工商业》《税制与贸易》《币制》《工商会议的各项决议》《职工运动与劳资关系》《关于蒋记企业中的职员》。附论大资产阶级与中小资产阶级的区别。

收藏单位：重庆馆、广东馆、国家馆、湖北馆、近代史所、山西馆

02648
新青文献（第1辑） 东江第一支队政治部编
东江第一支队政治部，1949，油印本，49页，32开
收藏单位：广东馆

02649
新琼崖建设言论集（第1集） 琼崖行政干部训练班教育人员暑期集训营编纂处编
琼崖行政干部训练班教育人员暑期集训营编纂处，1946.8，44页，32开
本书收录有关抗战胜利后该地区各方面建设问题的文章。本集共10篇，侧重于治安及教育问题。
收藏单位：国家馆

02650
新区政策与工商业政策 [群众日报社编]
群众日报社，[1948.12]，70页，25开
收藏单位：江西馆、宁夏馆

02651
新生活与国民经济 刘振东著
南京：正中书局，1935.7，60页，32开（新生活丛书）
本书共5章，内容包括：中国国民经济的概观、民生主义与各种主张之比较、实现民生主义的条件等。
收藏单位：重庆馆、广东馆、广西馆、贵州馆、桂林馆、湖南馆、江西馆、南京馆

02652
新时代新建设 陆宗骐著
时代公论社，1947.9，74页，32开
时代公论社，1947，再版，74页，32开
本书收录著者于1946年9月起发表在《时代公论》上的论文，内容包括：《新时代，新建设》《公营实业的检讨》《从京沪现状说到中国政治经济前途》《怎样改进我国的对外贸易》等。
收藏单位：广东馆、国家馆、南京馆

02653
新新疆之建设 吕敢编著
时代出版社，1947.3，108页，32开
本书共6章：建设新新疆的前提、新疆建设的基础、交通、工矿、农林水利、畜牧。
收藏单位：安徽馆、重庆馆、甘肃馆、广东馆、国家馆、湖南馆、吉林馆、江西馆、近代史所、南京馆、宁夏馆

02654
新中国的工商政策 方潮声著
解放出版社，[1949.3]，再版，17页，36开
本书以问答形式，解释和宣传新中国在保护工商业、欢迎技术人员和管理人员参加建设等方面的政策。
收藏单位：上海馆

02655
新中国的经济 怀玉著
九龙：南方书店，1949，34页，32开（南方大众小丛书）
收藏单位：国家馆、天津馆

02656
新中国建设 温宗尧著
温宗尧，1940.3，53页，25开
收藏单位：国家馆、上海馆

02657
新中国建设政策之商榷 王搏沙著
王搏沙，1928.3，54页，32开
本书为文言体。分上、下两篇：今日能建统一之业者谁乎、中国今后适宜之政策为何。封面题：王敬芳著。
收藏单位：国家馆

02658
新中国经济地理教程 陆象贤著
上海：一般书店，1941.1，360页，32开（新现实丛书）
本书共11章，内容包括：自然环境、农业构成、工业经济、交通运输、区域等。
收藏单位：广东馆、贵州馆、国家馆、南

京馆

02659
新中国经济计划大纲（又名，人民股东制度） 张兆理著
太原：晋西北实业公司印刷厂，1935.11，126页，18开，精装
　　收藏单位：国家馆、山西馆、浙江馆

02660
新中国经济计划大纲初稿（又名，人民股东制度） 张兆理著
[太原]：晋新书社，1934.7，74页，32开
　　本书共4章：序论、新中国经济计划大纲的思想概略、纸币政策及人民股东制度、实施之要领。
　　收藏单位：国家馆

02661
新中国经济建设论 陈城著
上海：南华出版社，1938.8，111页，32开（民族复兴丛书）
　　本书内容包括：新中国的经济建设之基本原则、我国经济之实况、新中国经济建设之途径等。
　　收藏单位：广西馆、国家馆

02662
星五聚餐会集锦录 上海商业储蓄银行编
出版者不详，[1933.12]，2册（68+84页），32开
　　本书收录有关中国各行业概况的调查报告40余篇。书前有杨敦甫于1933年所作的演讲辞《星五聚餐会之宗旨及性质》。
　　收藏单位：上海馆

02663
行政会议对经济工作检讨总结与重要决议案 山西省经济管理局编
山西省经济管理局，1943，70页，32开
　　收藏单位：山西馆

02664
行政院敌伪产业处理委员会会议议事日程
[行政院]，1949，油印本，[91]页，16开
　　本书记录第廿二次会议事项，共两部分：报告事项、讨论事项。第2部分收录中央信托局呈请提前结束各区敌伪产业清理处案等20项。附第二十一次会议纪录。会议于1949年1月4日召开。
　　收藏单位：国家馆

02665
行政院第九战区经济委员会30年度工作计划书表 行政院第九战区经济委员会编
[行政院第九战区经济委员会]，1941，油印本，1册，16开
　　收藏单位：南京馆

02666
行政院河北平津区敌伪产业处理局章则汇编（第1—2辑） 行政院河北平津区敌伪产业处理局秘书处编
行政院河北平津区敌伪产业处理局秘书处，1946.10，2册（10+174+12+164页），32开
　　本书内容包括：组织规程、一般处理项目、工商企业类、物资类、地产房屋类、德奥韩侨等财产类、清算类等。第1辑附敌产处理条例、敌产处理条例施行细则等，第2辑附补录修正河北平津区敌伪产业处理局委托中央信托局办理敌伪房产及土地暂行办法等。
　　收藏单位：国家馆、南京馆、首都馆

02667
行政院河北平津区敌伪产业处理局职员录
行政院河北平津区敌伪产业处理局编
行政院河北平津区敌伪产业处理局，1946.10，114页，32开
　　收藏单位：国家馆

02668
修正浙江省三十六年度工作计划纲要 第八区专员公署编
第八区专员公署，1947，油印本，1册，16

开

收藏单位：浙江馆

02669

修正自给自足指示问答·修正生活生产战斗合一指示问答·山西省经济合作社联合社及经济管理社开付合作券办法草案

山西省经济管理局，1943.1，35 页，32 开

收藏单位：南京馆

02670

宣威县经济概况 张圣轩调查 国民经济研究所具拟

[国民经济研究所]，1940，油印本，24 页，18 开，环筒页装

本书共 7 部分，内容包括：宣威县农业、宣威县工业、宣威县矿业、宣威之运输事业、宣威之输出入货物等。

收藏单位：国家馆

02671

学海拾遗（第 1 集） 半隐居士著

出版者不详，1938，手抄本，1 册，32 开，精装

收藏单位：国家馆

02672

学习经济工作 二地委宣传部编印

出版者不详，1949.2，37 页，32 开

收藏单位：南京馆

02673

训政时期六年实业工作分配年表 [实业部编]

实业部，[1928—1948]，88+24 页，16 开

本书收录农矿部和工商部训政时期工作分配年表和说明书。

收藏单位：国家馆、南京馆

02674

阎主任与西北经济考察团谈话纪要 阎锡山讲

太原绥靖公署，1948.2，36 页，32 开

本书附国家的前途及奋斗的目标途径与方法。

收藏单位：南京馆

02675

一年来的临沂生产工作 李隆 耿骏著

山东新华书店，1946.11，36 页，32 开（业务学习丛书）

本书共 5 部分，内容包括：大力发展纺织生产、扶植私营独立手工业者、联合运销等。

收藏单位：山东馆

02676

一年来我国之生产、金融、物价概况 国民参政会经济建设策进会秘书处研究室编

国民参政会经济建设策进会秘书处研究室，1944.8，41 页，16 开

本书分 3 编：生产、金融、物价。第 1 编共 5 部分，内容包括：工矿业生产概况、农业生产概况、当前生产问题之综合观等；第 2 编共 7 部分，内容包括：疏导游资、奖进生产、管理银行、运用黄金政策、防止金融恐慌等；第 3 编共 3 部分，内容包括：零售物价、生活费等。

收藏单位：广东馆、国家馆、吉林馆、南京馆

02677

一年来之安徽建设 安徽省政府建设厅编

安徽省政府建设厅，1933.11，1 册，16 开

本书分 3 编：本厅之部、附属机关之部、各县之部。第 1 编共 9 章，内容包括：路政、水利、市政、电政、农林等；第 2 编共 20 章，内容包括：公路局、水利工程处、省会工务局、省会电话局、稻作改良场等；第 3 编论述桐城县、潜山县、和县、六安县等 58 县的建设事业。所涉时间为 1932 年 9 月至 1933 年 11 月。

收藏单位：安徽馆、重庆馆、国家馆、湖南馆、吉林馆、近代史所、南京馆、上海馆、中科图

02678
一年来之四川经济建设专号　四川省政府建设厅秘书室编审股编
四川省政府建设厅通讯社，1941，274 页，18 开
本书为《建设通讯》特刊。
收藏单位：广东馆

02679
一年来中国经济概况　钱俊瑞　姜君辰　房福安著
上海：申报月刊社，1934.2，120 页，32 开（申报月刊社丛书 5）
上海：申报月刊社，1935.1，3 版，120 页，32 开
本书共 6 部分：导言、对外贸易底检讨、重要工业底状况、农村恐慌、金融市场底动向、结论。
收藏单位：安徽馆、重庆馆、国家馆、湖南馆、吉林馆、江西馆、近代史所、辽宁馆、南京馆、上海馆、天津馆、西南大学馆、浙江馆

02680
一周年工作概况　江苏省农矿厅周年纪念会编
江苏省农矿厅周年纪念会，1929.6，8 页，13 开
本书共 10 部分，内容包括：绪论、各项会议之召集、原有附属机关之改革、农业推广之成效、农业农村之调查等。
收藏单位：国家馆

02681
依据实业计划我国可开发之富源　金心衷编著
青年印刷所，1945，65 页，32 开
本书共 20 部分，内容包括：实业计划述要、江苏及京沪、浙江、安徽、江西、两湖、漠南、青海等。
收藏单位：国家馆、浙江馆

02682
宜昌建设委员会三月来事业概况　国民政府军事委员会委员长行辕第三处编
武昌：国民政府军事委员会委员长行辕第三处，1936.5，58 页，23 开（鄂西政治丛刊 2）
本书介绍该委员会筹设之经过及其事业之一斑。收录于《鄂西政治丛刊》合订本中。
收藏单位：广东馆、中科图

02683
宜山县六年建设计划大纲草案·以宜山县现况拟定肉类生产供给六年计划
出版者不详，[1945]，油印本，1 册，13 开
本书介绍该县政治、经济、文化、交通、建筑等 8 项建设内容。所涉时间为 1946—1952 年。
收藏单位：桂林馆

02684
以行政的眼光观察西北经济建设　左治生著
长江实业银行兰州分行，1943.5，98 页，32 开
本书论述建设主管部门如何以管理者的身份观察与研究西北经济建设。
收藏单位：重庆馆、甘肃馆

02685
议案处理委员会审查报告（第 1 号）
出版者不详，[1911—1949]，油印本，1 册，18 开，精装
收藏单位：广东馆

02686
益友社第四届征求运动特刊　益友社出版委员会编
上海：益友社出版委员会，1940，53 页，22 开

02687
益友社扩大社址征募经费特刊　益友社编
上海：益友社，1946，15 页，32 开

02688

鄞县建设（第 1 集） 鄞县政府建设科编

鄞县政府建设科，1934.11，[508] 页，16 开

本书内容包括：叙言、建设概况、计划调查、会议录、章则等。“建设概况”部分内容包括：县建设经费概况、县道概况、市政建设概况、环城路工程之进展、乡村路政概况、乡村电话概况等。

收藏单位：国家馆、近代史所、宁夏馆、上海馆、浙江馆

02689

英国在华事业货物调查表 沪案救济会编

沪案救济会，1925.7，56 页，32 开

收藏单位：国家馆

02690

英国在中国的经济侵略史 魏胥之著

北京：新民印书馆，1945.5，221 页，16 开（大东亚丛书）

本书共 5 章：绪言、英国资本主义的发生与经济侵略的关系、英国向世界各地经济侵略的起源、英国在中国经济侵略的起源及其演进、结论。

收藏单位：国家馆、中科图

02691

英日美对华经济侵略实况 纪眉译

北平：著者书店，1932.9，70 页，32 开

本书共 3 章：中国市场上英帝国资本支配的机构、中国市场上日帝国资本支配的机构、中国市场上美国资本支配的机构。原为日本世界经济批判会发表于《中央公论》上的文章。

收藏单位：国家馆、西南大学馆

02692

英日侵略及对策 陈震异著

北京：陈震异 [发行者]，1925.8，128 页，23 开

本书共 12 章，内容包括：英日侵略的步骤、从经济学上观察资本主义的三时期、对英军事行动计画、财源管理方法等。

收藏单位：重庆馆、上海馆

02693

永安县经济调查 福建省银行经济研究室编

福建省银行经济研究室，1940.12，207 页，32 开（福建经济调查丛刊）

本书共 7 部分：概述、农业、工业、商业、主要物产、交通、金融。

收藏单位：重庆馆、福建馆、广西馆、国家馆、吉林馆

02694

永川县建设概况 沈鹏编述

永川县政府，1938.9，82 页，32 开

本书共 6 部分：促进生产之实施、修治水利之实况、协助国防建设情形、乡村电话之情况、合作事业之推行、度政之推行。

收藏单位：重庆馆、国家馆

02695

永嘉县第一次经济座谈会各种报告汇编

出版者不详，[1930—1939]，1 册，16 开

本书内容包括：管制物价、社会金融、合作事业、农工商业等。

收藏单位：浙江馆

02696

永嘉县建设行政概况 永嘉县政府建设科编

永嘉县政府建设科，1934.11，1 册，18 开

本书介绍该县 1933 年建设概况，并收录有关报告、计划、调查、统计、法规等。附永嘉县政府建设科职员录等。

收藏单位：国家馆、上海馆、浙江馆

02697

永嘉县建设行政概况（第 2 集） 永嘉县政府建设科编

永嘉县政府建设科，1936.7，[300] 页，18 开

本书介绍该县 1935 年建设概况，并收录有关计划、调查、统计、法规等。

收藏单位：浙江馆

02698
由战时经济到平时经济　伍启元著
上海：大东书局，1946.6，422页，36开（在创丛书）
本书共6篇：一般经济、战时财政、物价统制、外汇金融、由战时经济到平时经济、动荡不安的战后经济。附新外汇办法有关法规。主要篇章原发表在战时各报刊上，后经著者重加整理及补充编印出版。
收藏单位：安徽馆、重庆馆、东北师大馆、广东馆、国家馆、河南馆、黑龙江馆、吉林馆、辽大馆、辽宁馆、南京馆、上海馆、首都馆、浙江馆、中科图

02699
游击区经济问题研究　胡仁奎著
黄河出版社，1939.10，106页，32开（晋察冀边区丛书1）
本书共7部分：绪论、财政、金融、货币、贸易、生产、结论。附从战斗中壮大的晋察冀边区的经济部份、山西省抗战期内县村合理负担办法、晋察冀边区行政委员会制定合理负担实施办法。
收藏单位：重庆馆、广东馆、贵州馆、桂林馆、国家馆

02700
有关经济政策之方案（第1—2辑合订本）
陈果夫著　何仲箫辑
出版者不详，[1940]，182页，64开
本书选辑著者1930年以来提出的经济方案11种，内容包括：粮食跌价救济案、调节民食案、复兴农村案、整理江湖沿岸农田水利办法大纲等。附为根据有土此有财之原则重定法币发行准备案。
收藏单位：重庆馆、国家馆、南京馆

02701
于潜经济调查　邱长虹　沈逸民编
浙西民族文化馆，1942.6，108页，18开（浙西抗建丛刊24）
本书共3篇：一般调查报告、于潜县农村特定调查报告、于潜农村经济实验调查。
收藏单位：广东馆、国家馆、南京馆、浙江馆

02702
渝柳线川黔段经济调查总报告书　铁道部财务司调查科查编
铁道部财务司调查科，1930，182页，16开（铁道部经济丛书）
本书共8篇：地理篇、人口篇、物产篇、农业经济篇、工业经济篇、商业经济篇、交通经济篇、社会概况篇。
收藏单位：重庆馆、贵州馆、国家馆、辽宁馆、南京馆、山西馆、上海馆、首都馆、中科图

02703
豫皖苏泛区复兴计划
行政院新闻局，1947.10，28页，32开
本书为1938年黄河花园口堤决受灾地区复兴计划。内容包括：概述、工作计划、最近工作之一般。
收藏单位：安徽馆、重庆馆、广东馆、广西馆、贵州馆、国家馆、河南馆、湖南馆、吉林馆、江西馆、近代史所、辽宁馆、南京馆、内蒙古馆、上海馆、首都馆、天津馆

02704
豫皖苏区党委关于城镇工作的指示　豫皖苏区党委颁布
中共豫皖四地委西北九委，1949.3翻印，石印本，2张，16开
收藏单位：国家馆

02705
豫皖苏汛区复兴计划纲要　行政院善后救济总署编
行政院善后救济总署，1947.5，58页，16开
本书共5章：概述、第一年工作计划、第二第三年工作计划纲要、经费概算、预期效益。
收藏单位：国家馆、上海馆

02706
乐清县“七一六”事变遭受敌灾人民财产损失及死伤调查表
出版者不详，[1942—1949]，油印本，1册
本书共6部分，内容包括：清江镇人民财产损失调查表、乐成镇被炸损失调查表、各乡镇人民遭灾死伤调查表等。
收藏单位：浙江馆

02707
粤滇线云贵段经济调查总报告书　铁道部财务司调查科查编
铁道部财务司调查科，[1920—1949]，114页，16开（铁道部经济丛书）
收藏单位：重庆馆、国家馆、南京馆、宁夏馆、上海馆、首都馆

02708
粤滇湘滇两线昆明县市经济调查报告书　铁道部财务司调查科编
铁道部财务司调查科，[1929]，[188]页，16开（铁道部经济丛书）
收藏单位：重庆馆、国家馆、南京馆、上海馆、首都馆、浙江馆

02709
粤桂闽区处理敌伪产业审议委员会、粤桂闽区敌伪产业处理局章则汇编　粤桂闽区敌伪产业处理局秘书处编
粤桂闽区敌伪产业处理局秘书处，1946.10，148页，24开
本书内容包括：组织规程及办事细则、处理敌伪产业通则、处理办法分类等。
收藏单位：广东馆、上海馆

02710
粤汉铁路株韶段经济调查报告书　铁道部业务司调查科查编
铁道部业务司调查科，[1933—1949]，1册，16开（铁道部经济丛书）
本书为1933年9月铁道部经济调查队对该段沿线及附近地区所作的经济调查报告。共13篇：总述、人口、地理、陆路交通、水道交通（上、下）、农业、畜牧、林产、地质矿产、工业、商业、结论。
收藏单位：国家馆、湖南馆、南京馆、上海馆

02711
云南工商业概况　云南实业司工商科编
云南大华石印馆，1924，石印本，42页
本书全部为表。共19部分，内容包括：云南各县输出输入物品总值比较图、云南各税关输出输入物品总值比较图、云南全省羊皮产额及价额比较图、云南各县入出一览表、云南全省平民工厂一览表等。
收藏单位：近代史所

02712
云南晋宁县经济概况　赵德民调查
出版者不详，1940，油印本，12页，18开，环筒页装
本书共9部分：本县位置及面积、户口统计、交通、农产、工业、矿业、商业、金融、物价。
收藏单位：国家馆

02713
云南经济　张肖梅编
重庆：中国国民经济研究所，1942.6，1册，16开，精装（西南经济资料丛书3）
本书共22章，内容包括：云南经济环境与经济现状总述、气候与雨量、国界外交与界务勘测、国地政治机构及其政绩、复杂民族之分布及其文化程度、云南之土地、国际交通等。
收藏单位：重庆馆、广东馆、贵州馆、国家馆、吉林馆、近代史所、辽宁馆、南京馆、内蒙古馆、山西馆、天津馆、中科图

02714
云南省经济问题　郭垣编著
[重庆]：正中书局，1939.9，310页，25开（史地丛刊）
[重庆]：正中书局，1940.8，310页，25开（史地丛刊）

本书共9章：人口、农业、工业、矿业、商业、金融、财政、交通、对外贸易。

收藏单位：重庆馆、东北师大馆、广东馆、广西馆、贵州馆、国家馆、湖南馆、吉林馆、江西馆、近代史所、南京馆、宁夏馆、上海馆

02715

云南省开远蒙自两县调查报告　交通银行设计处编辑

交通银行设计处，1940.3，107页，32开

本书介绍两县的形势及自然环境、土地与人口、农林、工矿、商业、交通教育及治安等情况。共3章：开远县、蒙自县、结论。

收藏单位：贵州馆、国家馆、吉林馆、南京馆、中科图

02716

云南省曲靖县经济调查　于锡猷调查　国民经济研究所具拟

[国民经济研究所]，1940，油印本，19页，18开，环筒页装（总第250号）

本书共5部分：曲靖县之交通、曲靖县之金融事业、曲靖县之食粮、曲靖县之工业、新兴事业。

收藏单位：国家馆、中科图

02717

云南省之自然富源　郭垣编著

重庆：正中书局，1940.8，235页，25开（史地丛刊）

本书共9章：绪论、矿藏、土地、森林、牧场、渔业、茶、井盐、糖及其他特产。

收藏单位：重庆馆、东北师大馆、广东馆、贵州馆、国家馆、吉林馆、近代史所、南京馆、宁夏馆、上海馆、首都馆

02718

云南实业改进会讲演录　云南实业改进会编

云南实业改进会，[1923]，154+84页，21开

本书收录该会第1—8次会议演讲录，内容包括：《云南省城附近频年水旱之原因》（陈葆仁）、《云南垦荒问题》（杨钟寿）、《云南棉业谈》（杨文清）、《农民与政治思想》（曹观斗）、《国货救国》（段居）、《最近日本之电气事业》（黄福生）、《过去之金融真象》（刘青藜）、《云南实业之政见》（华封祝）、《云南之经济政策》（张相时）等。附本会历次欢迎各名人欢迎词及演说词。

收藏单位：安徽馆、国家馆

02719

云南实业改进会一览　[云南实业改进会编]

[云南实业改进会]，[1911—1949]，64页，21开

02720

云南实业评议会报告书　云南实业评论会编

云南实业评论会，1921.1，106页，18开

本书记录1920年云南省长会署召集实业界重要人员召开实业评议会的经过情形。内容包括：公牍、规程、议事录、议案、决议案等。

收藏单位：国家馆、首都馆

02721

在冀中城市与工商会议上罗玉川同志关于发展经济建设城市的报告　[中共冀中区党委编]

中共冀中区党委，1948.11，油印本，38页，32开

收藏单位：国家馆

02722

暂编上海生活费指数的说明书　国民政府财政部驻沪调查货价处编

国民政府财政部驻沪调查货价处，1927，16+7页，32开

02723

怎样发展中国的生产能力　陆宗骐著

出版者不详，[1933]，124页，32开

本书共8部分，内容包括：中国现在的生产病状、怎样确定生产事业的建设程序、怎样发展自动的生产事业、怎样提倡生产事业的调协运动等。

收藏单位：广西馆、天津馆

02724
怎样根本解决中国贫弱问题　云峰著
火把社，1937.2，136 页，32 开
本书收文 3 篇：《两年来国内思潮的总检讨》《中国经济研究的研究》《中国经济之性质问题的研究》。书中题名：中国革命的根本问题。
收藏单位：东北师大馆

02725
怎样归乡增产　广东省宣传处 [编]
广州：奇文印务局，1942.6，20 页，64 开
收藏单位：南京馆

02726
怎样领导老百姓生产?　吴祖贻著
七七报社，[1937—1945]，47 页，大 64 开
本书为著者在边区党委宣传会议上的报告。共 3 部分：领导生产在全部党工作中的地位、边区人民生产情绪和生产运动的方针政策、领导生产方法和冬耕如何动手。附固临一个乡的生产检查。
收藏单位：南京馆

02727
怎样领导生产运动　苏中出版社编
苏中出版社，1945.4，111 页，大 64 开（生产运动小丛书）
本书收录中共中央政治局、西北局、淮海区党委等单位的报告，《解放日报》《大众日报》登载的有关文章，刘顺元、于洲等人的论述等。
收藏单位：南京馆

02728
怎样实施经济封锁
新中国出版社，1948.8，18 页，32 开（总体战小丛书 9）
本书为国民党政府坚持内战，对解放区进行经济封锁而编写的小册子。
收藏单位：国家馆、吉林馆、南京馆、天津馆

02729
怎样研究中国经济　钱俊瑞著
上海：生活书店，1936.9，132 页，32 开（青年自学丛书）
上海：生活书店，1936.11，再版，132 页，32 开（青年自学丛书）
上海：生活书店，1937.4，3 版，132 页，36 开（青年自学丛书）
重庆等：生活书店，1940.7，4 版，132 页，36 开（青年自学丛书）
上海、大连：生活书店，1946.2，132 页，36 开（青年自学丛书）
大连：生活书店，1948，132 页，32 开（青年自学丛书）
本书共 7 章，内容包括：第一步读《子夜》、第二步读《中国经济现势讲话》、三把钥匙、农村调查、怎样搜集材料等。
收藏单位：重庆馆、东北师大馆、广东馆、广西馆、贵州馆、国家馆、湖南馆、吉林馆、近代史所、南京馆、内蒙古馆、宁夏馆、山东馆、山西馆、上海馆、绍兴馆、首都馆、天津馆、浙江馆、中科图

02730
战地政治经济　张群讲
中央训练团，1940.5，84+44 页，32 开（中央训练团党政训练班讲演录）
本书共 4 章：战地问题之重要性、敌人侵略战地之指导机关、敌人在战地之政治阴谋及我方设施、敌人在战地之经济阴谋及我方设施。
收藏单位：安徽馆、重庆馆、广东馆、国家馆、吉林馆、近代史所、南京馆

02731
战地政治与经济　顾翊群讲述
[中央训练团党政训练班]，1942.3，62 页，32 开（中央训练团党政训练班讲演录）
本书共 6 章，内容包括：敌寇之传统的对华侵略政策、敌伪对战地政治经济侵略之措施、我方在战地之各种设施及对策、敌伪政

治与经济侵略之结果等。

收藏单位：安徽馆、重庆馆、国家馆、南京馆、浙江馆

02732

战地政治与经济　李超英讲述

[中央训练团党政训练班]，1943.1，96页，32开（中央训练团党政训练班讲演录）

本书共4章：绪论、敌伪政治、敌伪经济、敌伪金融。

收藏单位：重庆馆、广东馆、国家馆、湖南馆

02733

战斗的民族经济学之轮廓　傅双无著

成都：成城出版社，1942，再版，206页，32开

本书内容包括：中国经济机构认识、四个兴亡形态的经济科学诊断、中国经济建设的总法则、世界经济动向所决定的中国革命路线、民族经济学的学习法等。

收藏单位：重庆馆、东北师大馆

02734

战后经济调查会报告书（第一至四次）　国务院战后经济调查会编

国务院，1919.7—1920.2，4册，18开

本书内容包括：规则、建议、调查、文牍、议事录、职员录等。

收藏单位：东北师大馆、国家馆、近代史所、首都馆

02735

战后经济建设论　李仁柳著

上海：中国文化服务社，1947.11，184页，32开（青年文库）

本书共8章，内容包括：我国战时经济建设的检讨、我国战后经济建设的途径、我国产业资本的形成与蓄积问题、我国战后工业建设的实践等。附第一期经济建设原则、工业建设纲领、农业建设纲领、劳工政策纲领、农民政策纲领、土地政策纲领。

收藏单位：重庆馆、大庆馆、广东馆、国家馆、南京馆、首都馆、天津馆

02736

战后经济建设问题试拟

出版者不详，[1939.11]，74页，25开

收藏单位：南京馆、上海馆

02737

战后上海之工商各业　钱承绪编著

上海：中国经济研究会，1940.12，245页，18开

本书共3编：战后经济之鸟瞰、战后工商各业之动态、战后发展动向。

收藏单位：广东馆、国家馆、近代史所

02738

战后十年内培养经济建设干部人才方案草案

出版者不详，[1945—1949]，油印本，61页，18开

收藏单位：广东馆

02739

战后五年国防及经济建设计划草案

出版者不详，[1945—1949]，油印本，49页，16开

收藏单位：南京馆

02740

战后中国建设问题　钱纳水著

重庆：国民图书出版社，1944.11，138页，32开

本书共6部分：伟大的领导、战后中国国防建设与世界和平、战后中国经济建设问题、战后中国秩序回复问题、战后中国民主自由问题、建国途上应当清洗的残渣。

收藏单位：安徽馆、重庆馆、广东馆、国家馆、吉林馆、江西馆、南京馆、内蒙古馆、上海馆、首都馆、西南大学馆

02741

战后中国经济建设　邹启元编

南平：总动员出版社，1944.4，66页，32开（战后问题丛书2）

本书共7章：总论、财政整理、金融建设、工业政策、农业计划、交通复员、对外贸易。

收藏单位：广东馆、国家馆、吉大馆、南京馆、宁夏馆

02742

战后中国经济问题 陈德规著

福州：唯真出版社，1947.7，176页，32开

本书收录《战后国内经济动态》《论"二五减租"的实施》《中国土地资金化问题》《展开工业训练论》《挽救民族工业危机》《自主更生的贸易政策》《中国对外贸易的展望》等。附金融危机的剖视、工业化需要什么、取缔高利贷的认识等。

收藏单位：北师大馆、福建馆

02743

战后中国究应如何建设 卢作孚著

出版者不详，[1946]，52页，42开

本书共6部分，内容包括：胜利以后的希望是建设、建设应以经济为中心、经济建设必须有计划、如何作成整个配合的计划等。

收藏单位：重庆馆、国家馆、南京馆、上海馆

02744

战区经济工作 独立出版社编辑

重庆：独立出版社，1939.11，54页，32开（战时综合丛书 第5辑）

本书共6章：战区的经济战略、树立战区之经济政策、战区的经济建设、展开战区的经济游击战、如何与敌人争取游击战区的资源、怎样树立游击区的农业政策。

收藏单位：重庆馆、广东馆、贵州馆、桂林馆、国家馆、湖南馆、吉林馆、江西馆、南京馆

02745

战时的经济问题与经济政策 王亚南著

汉口：光明书局，1938.2，65页，32开（民族解放丛书）

本书共6章：战时经济与中国经济的战时编制、战时金融财政问题及其对策、战时的内外贸易问题及其对策、战时的工业问题及其对策、战时的农业问题及其对策、中国战时经济的展望。

收藏单位：安徽馆、重庆馆、东北师大馆、广东馆、广西馆、贵州馆、桂林馆、国家馆、湖南馆、江西馆、近代史所、南京馆、山西馆、陕西馆、上海馆、浙江馆

02746

战时的生产统制 陈寿琦编著 吕金录校订

长沙：商务印书馆，1938.5，30页，50开（民众战时常识丛书）

本书共4部分：战时需要些什么、为什么战时要实行生产统制、怎样实施生产统制、结语。

收藏单位：重庆馆、国家馆、南京馆

02747

战时的中国经济 张锡昌等著

桂林：科学书店，1943.7，302页，32开

本书共9部分：绪论、财政、金融、交通、农业、工矿业、贸易、物价、敌我经济战。

收藏单位：重庆馆、广东馆、广西馆、贵州馆、国家馆、吉林馆、上海馆、中科图

02748

战时基层经济建设 梁明政著

南宁：民团周刊社，1938.9，32页，32开（丙种丛刊 第2种）（基层建设丛刊 第4辑 2）

本书共5部分：战时基层经济建设的意义、战时基层经济建设的重要、从事战时基层经济建设应有的认识、本省经济建设的措施及当前应推行的基层经济建设工作、基层干部如何负起战时基层经济建设的责任。

收藏单位：广西馆、国家馆、湖南馆、辽宁馆、南京馆

02749

战时节约

国民精神总动员会，1939印，22页，32开（国民月会讲材丛书 2）

本书共 6 部分：战时节约的意义、战时节约的实施原则、战时节约的实施项目、战时节约的资金运用、战时节约的推行办法、结论。

收藏单位：重庆馆、广西馆、桂林馆、国家馆、吉林馆、江西馆

02750
战时节约
中央训练团，[1938—1949]，28 页，32 开（国民月会讲材丛书）

收藏单位：重庆馆、广东馆

02751
战时节约储蓄　刘涤源编著
重庆：独立出版社，1942.2，88 页，32 开（公民知识丛书）

本书共 6 章：导言、战时节约储蓄的意义、我国战时节约储蓄的特质、我国战时节约储蓄之目的和对象、我国战时节约储蓄之方法、结论。

收藏单位：安徽馆、重庆馆、国家馆、黑龙江馆、吉林馆、南京馆、上海馆

02752
战时节约论　王适著
重庆：中山文化教育馆，1938.12，32 页，42 开（抗战丛刊 76）

本书共 5 部分，内容包括：我们急需实行节约的理由、几点节约理论的解释、论节约方法等。

收藏单位：重庆馆、广西馆、国家馆、吉林馆、南京馆

02753
战时节约·有钱出钱，有力出力！　重庆市政府　重庆市动员委员会编
重庆市政府、重庆市动员委员会，1939.8，2 册（20+30 页），32 开（国民月会讲材丛书 1）

本书为合订本。《有钱出钱，有力出力！》共 8 部分：怎样取得最后胜利、前方抗战、后方生产、人人都有责任、有钱出钱、历史上输财救国的模范人物、节约救国、最后胜利的必然性。

收藏单位：重庆馆、国家馆、南京馆

02754
战时经济参考讲义
出版者不详，[1937—1949]，186 页，大 32 开

收藏单位：南京馆

02755
战时经济大纲
出版者不详，[1937—1949]，42 页，25 开

本书为训练班教程。共 7 讲：战时经济之要素、中国抗战之物质资源、中国战时粮食问题、战时工业、战时金融、国防交通、战时经济统制。

收藏单位：重庆馆

02756
战时经济动态辑要　经济部统计处编
经济部统计处，1947，油印本，110 页，16 开

本书共 7 章，内容包括：经济行政机关之组织与沿革、战时经济之指导原则、战时物资管制等。

收藏单位：国家馆、近代史所、南京馆

02757
战时经济动员计划纲要　沈中临拟述
战时经济问题研究会，1937.6，61 页，32 开

收藏单位：湖南馆、南京馆

02758
战时经济概况　李国良译述
南京：军用图书社，1933.8，140 页，32 开

收藏单位：南京馆

02759
战时经济概论　李国良编译
南京：军用图书社，1932，140 页，32 开

本书共 8 章，内容包括：现代之军备、将来战之形态、战争所及于经济上之直接影响、战时经济政策、战时经济统制之机关等。附

战时经济机构观、列强对于国家总动员准备之概况、日本军需工业动员法。

收藏单位：重庆馆、湖南馆、南京馆、上海馆

02760
战时经济建设　高叔康著
长沙：艺文丛书编辑部，1939.6，79页，32开（艺文丛书16）
长沙：艺文丛书编辑部，1941.1，2版，79页，36开（文史丛书16）

本书共8章：一面抗战与一面建国、为什么要实行计划经济、经济动员与政治动员、民生主义的经济建设、西南与西北的经济建设方针、军需工业的建立、中国工业化问题、发达工业的资本与技术问题。

收藏单位：重庆馆、东北师大馆、广东馆、广西馆、贵州馆、桂林馆、国家馆、湖南馆、南京馆

02761
战时经济建设　翁文灏讲
中央训练团党政训练班，1941.11，20页，32开（中央训练团党政训练班讲演录）
中央训练团党政训练班，1942，19页，32开（中央训练团党政训练班讲演录）

本书共5部分：引言、奖助工业法规之修订、后方工业之发展、经济管制、对敌经济斗争。

收藏单位：安徽馆、重庆馆、广西馆、国家馆、辽宁馆、南京馆、宁夏馆

02762
战时经济建设　姚均编辑
金华：国民出版社，1940.8，26页，32开（地方自治丛书1）

本书共6章：抗战与经济建设、战时经济建设的任务、我国战时的经济建设、农村建设与合作组织、国民经济建设运动与节约运动、当前几个经济问题。

收藏单位：重庆馆、广东馆、国家馆、南京馆、浙江馆

02763
战时经济建设纲要　[山东省地方行政干部训练团编]
山东省地方行政干部训练团，1941，油印本，38页，32开

本书内容包括：中国战时经济建设要义、战时地方经济建设与合作、山东省建设行政概况提要、本省三十年度经济建设工作计划摘要等。

收藏单位：重庆馆

02764
战时经济建设与新中国经济制度　余醒民　周硕磈等著
香港：时代批评社，1940.8，86页，22开（时代丛书经济组1）

本书收录发表在《时代批评》二周年纪念征文特大号上的文章5篇：《中国战时经济政策》（余醒民）、《战后的经济制度与经济建设》（周硕磈）、《战后的经济建设及其体系》（史可京）、《新中国之经济制度与经济政策》（野鹤）、《新中国的经济建设与民生主义》（陈文炎）。

收藏单位：国家馆、宁夏馆、上海馆

02765
战时经济讲话　童玉民著
上海：开明书店，1938.5，167页，32开

本书共11讲，内容包括：什么叫做战时经济、中国战时经济的特征、大都市的沦陷并没有改变我持久战的经济条件、抗战中的中国农村经济、抗战中的中国农业等。

收藏单位：浙江馆

02766
战时经济讲话　吴钟第著
第三战区战地宣传委员会，1942.12，92页，32开（青年综合丛书）

本书共10讲，内容包括：战时经济的特质、战时生产体制、战时消费限制、战时农工问题、战时贸易统制、战时交通建设等。

收藏单位：福建馆、国家馆、南京馆

02767
战时经济教程　张研田著
中央军校第七分校政治部，[1939]，142页，36开
中央军校第七分校政治部，1943，2版，142页，32开
本书共7章，内容包括：经济学之基础知识、战时经济之一般概念、战时工业、战时农业与粮食问题等。
收藏单位：重庆馆、河南馆

02768
战时经济节约　曹立瀛等著
重庆：独立出版社，1939.9，64页，32开（国民经济研究所小丛书）
本书为国联经济财政委员会报告。收文3篇：《战时经济节约》（曹立瀛）、《战时节约的理论与实施》（丁洪范）、《浪费对于国民经济之影响》（唐启贤）。
收藏单位：重庆馆、国家馆、湖南馆、吉林馆、南京馆、西南大学馆

02769
战时经济鳞爪　吴景超著
中国文化服务社，1944.2，152页，32开（青年文库）
上海：中国文化服务社，1945.12，152页，32开（青年文库）
中国文化服务社，1946.1，152页，32开（青年文库）
本书共3章：抗战建国与经济政策、战时国内经济动态、国际战争与经济。
收藏单位：安徽馆、长春馆、重庆馆、广东馆、贵州馆、国家馆、近代史所、辽宁馆、南京馆、山西馆、天津馆、浙江馆

02770
战时经济统制　张恒遇著
出版者不详，[1937—1949]，90页，18开
收藏单位：广东馆

02771
战时经济问题　第四战区政治部编
第四战区政治部，[1937—1949]，10页，32开（抗战问答集 第4辑）
本书以问答形式介绍战时经济问题和当时形势。
收藏单位：国家馆、吉林馆

02772
战时经济问题　中国经济学社编
长沙：商务印书馆，1938.12，[276]页，18开
长沙：商务印书馆，1940.2，2版，426页，25开
本书为中国经济学社第15届年会论文集。共6部分：财政、金融、贸易、农业、经济建设、提案。收文24篇，内容包括：《抗战建国的新经济财政政策》（刘振东）、《抗战建国的金融调整》（丁洪范）、《抗战建国中之农业经济政策》（胡元民）、《西南经济建设问题》（史继焕）等。书前有中国经济学社略史。
收藏单位：重庆馆、广东馆、贵州馆、国家馆、近代史所、南京馆、浙江馆

02773
战时经济问题续集　中国经济学社编
长沙：商务印书馆，1941.1，453页，25开
本书为中国经济学社第15届年会论文集。收文29篇，内容包括：《敌国的战时财政及其与我国的比较》（金天锡）、《抗战以来敌寇对我经济侵略概况》（陈介生）、《对日经济战之前瞻》（许性初）、《战时财政筹款方法之比较》（朱偰）、《外汇统制与外资利用》（李卓敏）等。
收藏单位：重庆馆、湖南馆、中科图

02774
战时经济问题研究　李华飞编著
重庆：战路文化社，1938.5，299页，32开
本书共6章：战时经济之一般、战时金融问题、战时财政问题、战时工业问题、战时农业问题、战时贸易问题。
收藏单位：重庆馆、国家馆、吉林馆、南京馆

02775
战时经济问题与经济政策　王亚南著
汉口：光明书局，1937，65页，36开（民族解放丛书）

本书共6章，内容包括：战时金融财政问题及其对策、战时的工业问题及其对策、战时的农业问题及其对策、中国战时经济的展望等。

收藏单位：广东馆

02776
战时经济学讲话　崔尚辛著
汉口：上海杂志公司，1938.2，58页，32开（大时代丛书14）
[广州]：上海杂志公司，1938.3，再版，58页，32开（大时代丛书14）

本书共12讲：什么叫做经济总动员、战时经济的特性、战时经济动员的前提、战时财政问题、战时金融政策、战时公债政策、战时租税政策、战时纸币政策、战时工业政策、战时商业政策、战时农业政策、中国在抗战中的民生问题。

收藏单位：安徽馆、重庆馆、广东馆、广西馆、贵州馆、国家馆、湖南馆、江西馆、南京馆、上海馆、浙江馆

02777
战时闽西经济鸟瞰　张景松编著
龙岩：闽西日报社，1940.1，36页，32开（闽西日报社经济丛刊1）

本书共9部分：前言、贸易、金融、粮食、交通、纸业、烟业、林业、结论。

收藏单位：国家馆

02778
战时上海经济（第1辑）　汤心仪　王子嘉　王季深等著述
上海经济研究所，1945，276页，32开（上海经济丛书）

本书分上、下两编。上编收文5篇，内容包括：《上海之金融市场》（汤心仪）、《上海之贸易》（潘吟阁）、《上海之企业公司》（陈禾章）等；下编收文8篇，内容包括：《上海之信托业》（朱斯煌）、《上海之房地产业》（王季深）、《上海之纺织业》（王子嘉）、《上海之木材业》（陆廷芳）、《上海之电化业》（李博远）等。

收藏单位：东北师大馆、广东馆、国家馆、近代史所、南京馆、宁夏馆、上海馆、中科图

02779
战时四川经济检讨（上册）　西华经济研究所编
成都：书生书店，1938.7，[86]页，16开（西华经济研究所丛书）

本书收录有关四川经济问题的论文及资料，内容包括：《后方经济对象理解之切需》《如何展开战时经济的研讨》《非常时期四川财政现状鸟瞰》《四川金融经济在非常时期之检讨》等。为成都《民间意识》杂志部分卷期的合订本。

收藏单位：国家馆

02780
战时皖南物产概述　方志农著
第三战区经济委员会驻屯溪办事处，1942，40页，32开（皖南经济丛刊2）

本书内容包括：第三战区经济委员会半年来的工作报告、安徽省经济设施概况、会议记录（1940年份）、提案等。附本会会议规则、本届委员会议有关文电、本会委员一览表。

收藏单位：安徽馆

02781
战时物力财力　朱元懋编著
南京：正中书局，1937，52页，32开（战时民众训练小丛书）
重庆：正中书局，1940.6，6版，52页，32开（战时民众训练小丛书）

本书共5章：什么叫做“战时所需的物力和财力”、战时所需要的是那些东西、有什么方法可以得到这些东西、怎样筹措战时的用费、战时的社会金融需要特别的管理吗。

收藏单位：重庆馆、广西馆、贵州馆、国

家馆、湖南馆、吉林馆、辽宁馆、南京馆

02782
战时西南经济问题　蒋君章编著
重庆：正中书局，1943.7，202 页，25 开（社会科学丛刊）
本书共 6 部分：西南粮食问题、西南棉业问题、西南丝业问题、西南桐油问题、西南茶业问题、西南水业问题。
收藏单位：重庆馆、东北师大馆、广东馆、国家馆、江西馆、南京馆、上海馆、中科图

02783
战时中国经济的轮廓　镜昇著
出版者不详，1944.1，166 页，32 开
本书共 5 章：战时中国经济的特点、战时中国经济底动态、战时中国经济的鸟瞰、敌我经济战的策略、各种经济力量的变动。
收藏单位：重庆馆、广东馆、贵州馆、国家馆、河南馆、吉林馆、江西馆、南京馆、上海馆、首都馆、西南大学馆、中科图

02784
战时中国经济概述
中央陆军军官学校第四分校，[1928—1949]，56 页，36 开
本书共 5 章：战争与经济、中国经济现势概述、战时中国经济的统制、战时中国经济的鸟瞰、中国经济的复兴。
收藏单位：重庆馆

02785
战时中国经济问题　林伦芳编
中央陆军军官学校第四分校政训处，1938.4，204 页
本书共 6 章：战争与中国经济、战时中国财政金融问题、战时中国贸易问题、战时中国工业问题、战时中国农业问题、战时中国经济展望。
收藏单位：近代史所、南京馆

02786
战时中国经济研究　陈松光著
曲江（韶关）：中心出版社，1942.5，272 页，32 开
本书共 9 章：近代战争与经济战、战时的财政与税收、战时的金与贸易、战时的物价、战时的农业、战时的工业、战时的交通运输、战时的经济统制问题、战区的经济问题。附第一次世界大战交战诸国的战费统计。
收藏单位：重庆馆、广东馆、国家馆

02787
战时中国经济研究　方显廷编辑
长沙：商务印书馆，1941.8，206 页，25 开（南开大学经济研究所丛书）
本书共 5 编：一般经济、农业、工业、金融与财政、贸易与交通。收录《中国的经济组织与抗战能力》（李卓敏）、《中国农业经济的趋势》（刘君煌）、《论工业建设》（方显廷）等。
收藏单位：广东馆、贵州馆、南京馆

02788
张厅长就职四周年纪念讲演词
山东省政府建设厅，1934.9，14 页，32 开
本书介绍该省 1931—1934 年间的水利、道路、矿业等建设情况。
收藏单位：国家馆

02789
浙江经济地理　浙江财务人员养成所编
浙江财务人员养成所，1931.6，84 页，18 开
本书共 9 章，内容包括：经济地理之要素、物产与气候、地势与物产、土壤与物产等。
收藏单位：浙江馆

02790
浙江经济调查　建设委员会调查浙江经济所编
[杭州]：建设委员会调查浙江经济所，1931，1 册，16 开
本书为浙江省 9 县经济调查合订本。调

查项目包括：土地、人口、物产、商业、交通、财政、金融等。9县为：建德、云河、富阳、松阳、青田、临海、寿昌、淳安、余姚。

收藏单位：安徽馆、重庆馆、广东馆、国家馆、河南馆、黑龙江馆、近代史所、南京馆、内蒙古馆、上海馆、首都馆、武大馆、浙江馆、中科图

02791

浙江经济调查一览　魏颂唐著

出版者不详，1927，20页，16开

本书为《魏颂唐偶存稿》的一部分。

收藏单位：浙江馆

02792

浙江经济纪略　魏颂唐编

出版者不详，1929.3，1册，22开

本书共75篇，论述杭县、海宁县、富阳县、余杭县、临安县等地的县治沿革、自然环境、资源物产、工农商业等。

收藏单位：安徽馆、北师大馆、重庆馆、东北师大馆、广东馆、贵州馆、国家馆、湖南馆、南京馆、上海馆、绍兴馆、天津馆、浙江馆

02793

浙江经济建设汇编

出版者不详，[1911—1949]，1册，16开

本书分县叙述该省县治沿革、自然环境、资源物产、工农商业等。

收藏单位：浙江馆

02794

浙江经济建设汇刊

出版者不详，[1913—1949]，74页，16开

本书共6部分：论述、农业、特辑、渔业特辑、统计资料、法规。收录《复员以来之浙江公路》（钱豫格）、《复员以来之浙江合作事业》（屠绍桢）、《复员以来之浙江工商矿业》（张廷玉）、《浙江农业推广问题》（施中一）、《浙江渔业建设之推进》（饶用泌）等。

收藏单位：江西馆、南京馆

02795

浙江经济论志索引（民国十八年至二十四年）

浙江省商务管理局　之江文理学院经济系编

[浙江省商务管理局]，1936.6，24页，16开

本书阐述浙江经济问题研究的两个难点："没有完密的统计组织""已刊饰的材料多散见于各种杂志，不易汇集研究"。为《浙江商务》第1卷第6期抽印本。

收藏单位：浙江馆

02796

浙江经济年鉴　浙江省银行经济研究室编

杭州：浙江省银行经济研究室，1948.7，774页，32开，精装

本书大部分为表。共19章，内容包括：气象、土地、人口、财政、粮政、金融、交通、水利、特产、农业等。附杭州市工商团体一览表、有关浙江经济之图书杂志索引、三十六年浙江经济大事记。

收藏单位：重庆馆、东北师大馆、广东馆、广西馆、国家馆、湖南馆、近代史所、辽大馆、南京馆、内蒙古馆、宁夏馆、山西馆、上海馆、绍兴馆、首都馆、天津馆、西南大学馆、浙江馆

02797

浙江经济统计　顾文渊等编

浙江地方银行总行，1941.12，222页，16开（浙江地方银行经济丛刊2）

本书共17部分：疆界与地势、气象、行政区域、面积与人口、农业、水利、林畜、渔业、特产、矿业、工业、商业、度量衡、合作事业、金融、财政、交通。

收藏单位：重庆馆、广东馆、国家馆、近代史所、上海馆、浙江馆

02798

浙江经济学会　浙江经济学会编辑组编

杭州：浙江经济学会出版组，[1911—1949]，1册，18开

收藏单位：浙江馆

02799

浙江经济学会会刊　浙江经济学会编辑组编

杭州：浙江经济学会出版组，1932.1，[50]页，23开

本书收录该会成立经过、改组宣言、公牍、章程、会议录等资料。

02800

浙江省第九区战时物产调整事业概况　浙江省战时物产调整处第九区分处编辑

丽水：浙江省战时物产调整处第九区分处，1938，64页，32开

本书共6部分：本区分处成立经过情形、本区分处督导合作事业情形、本区分处督导农仓事业情形、本区分处督导交易公店事业情形、本区分处办理其他物产调查事业情形、本区各县办理物产调整事业情形。附浙江省战时物产调整处第九区分处组织规程、本区分处十个月来收发文件统计等。

收藏单位：国家馆、浙江馆

02801

浙江省第七区经济建设委员会工作概况　浙江省第七区经济建设委员会编

浙江省第七区经济建设委员会，1943，156页，32开

本书共6部分，内容包括：本会成立之经过及其使命、八月来本会工作概述、本会成立后之影响与效果、本区经济问题之检讨等。附有关该区经济问题的资料33种。

收藏单位：重庆馆、国家馆、浙江馆

02802

浙江省第七区战后建设三年计划纲要　浙江省第七区行政督察专员兼保安司令公署经济建设委员会编

浙江省第七区行政督察专员兼保安司令公署经济建设委员会，1945.10，14页，32开

本书共8方面：农林畜牧、渔、盐、工商矿、水利、合作、交通、市政。

收藏单位：国家馆

02803

浙江省第一期建设计划（十八年度至二十二年度）［浙江省建设厅编］

浙江省建设厅，[1933]，222页，18开

本书共两部分：第一期浙江建设事业经费表、实施计划及预算书。第2部分内容包括：交通、农矿、工商、水利等。

收藏单位：安徽馆、广东馆、国家馆、南京馆、上海馆、天津馆、浙江馆、中科图

02804

浙江省第一区对敌经济封锁处二十九年度工作报告

出版者不详，[1940—1949]，油印本，1册，16开

收藏单位：南京馆

02805

浙江省发展农工业生产计划　［浙江省政府编］

浙江省政府，1939.4，30页，16开

本书分两部分：发展农业生产计划、发展工业生产计划。第1部分共3章：增加食粮生产、发展特产、兴办农田水利；第2部分共两章：推广小工业、创办各种工厂。

收藏单位：广东馆、国家馆、浙江馆

02806

浙江省各县建设工作报告　浙江省建设厅编

浙江省建设厅，1931.6，192页，16开

本书介绍该省杭县、海宁县、嘉兴县、吴兴县、长兴县、鄞县等72县的交通、水利、工商、农林等建设状况。

收藏单位：国家馆、浙江馆

02807

浙江省各县经济调查报告书　［浙江经济学会编］

［杭州］：［浙江经济学会］，[1911—1949]，1册，10开

本书共8章：总论、农业状况、工业状况、商业状况、社会生计状况、财政收支状况、宗教及其他经济事业、结论。

收藏单位：浙江馆

02808
浙江省建设事业概览 浙江省建设厅[编]
浙江省建设厅，1940.7，54页，16开
本书共5部分：绪言、建设机构之安排、事业之成果、今后设施之计划、结论。
收藏单位：国家馆、浙江馆

02809
浙江省建设事业统计图表（第1集） 浙江省建设厅第六科编
浙江省建设厅第六科，1930.7，28页，横16开（统计报告2）
本书收录图表31张，内容包括：浙江省各县人口分布图、浙江省公路及旧县道路线图、浙江省长途电话建设计划图、浙江省航政分区图、浙江省重要虫害分布图（最近三年）等。
收藏单位：国家馆、上海馆、浙江馆、中科图

02810
浙江省建设厅成立初周纪念特刊 浙江省建设厅秘书室编
浙江省建设厅秘书室，1939.10，1册，16开
本书收录《维新政府初周纪念感想》《浙江省初步建设略言》《浙江省政府成立初周纪念感言》等。
收藏单位：国家馆、近代史所、南京馆

02811
浙江省建设厅二十一年年刊 曾养甫等编
浙江省建设厅，1933，[336]页，16开
本书收录有关该省农林水利等建设情况的论著11篇，有关公路、电讯、丝棉等建设计划8篇，1932年全省交通、水利、工商、农矿等方面的工作报告数十篇。附论文9篇。
收藏单位：广东馆

02812
浙江省建设统计（民国二十一至二十三年） [浙江省政府建设厅]
[浙江省政府建设厅]，1933—1937，3册（77+105+115页），横16开
本书全部为图表。内容包括：概况、交通、水利、工商等。
收藏单位：重庆馆、广东馆、国家馆、吉林馆、近代史所、南京馆、上海馆、首都馆、浙江馆、中科图

02813
浙江省经济便览 浙江省连络部第二科编辑
浙江省连络部第二科，1930.12，1册，32开
收藏单位：浙江馆

02814
浙江省经济的鸟瞰和建设计划的概述 浙江省政府设计考核委员会编
浙江省政府设计考核委员会，1949.2，26页，32开
本书介绍该省土地、水产、化学肥料、农业等方面的现况及农林、工矿、交通运输、贸易金融、文化教育、卫生等建设计划。
收藏单位：广东馆、贵州馆、国家馆、湖南馆、南京馆、浙江馆

02815
浙江省经济计划大纲草案
浙江省丽水区保安司令部，1936，47页，32开
收藏单位：广东馆

02816
浙江省经济计划大纲草案
出版者不详，[1911—1949]，30页，16开
本书共6章，内容包括：概论、通则、计划纲要、机构与运用等。
收藏单位：广西馆

02817
浙江省经济建设汇刊 浙江省建设厅编
浙江省建设厅，1948.1，[186]页，16开，精装
本书收录论文26篇及统计资料、法规

等。

收藏单位：国家馆

02818

浙江省临海县建设工作报告

出版者不详，1939.4，油印本，1 册，16 开

收藏单位：南京馆

02819

浙江省廿九年度建设工作报告　浙江省建设厅编

浙江省建设厅，1940.10，68 页，16 开

本书共 8 部分：发展农业生产、发展工业生产、发展并管理特产、健全贸易管理、发展合作事业、发展农业金融、发展交通事业、渔业与矿业。

收藏单位：安徽馆、广东馆、国家馆

02820

浙江省瓯江流域经济建设协会缘起计划草案　林树艺等起草

出版者不详，1946.11，8 页，32 开

收藏单位：南京馆

02821

浙江省三十二年度重要建设工作实施计划汇编　浙江省建设厅编

浙江省建设厅，1943，26 页，32 开

本书内容包括：浙江省 1943 年第九区各县粮食增产实施计划大纲、第五区棉油产销实施计划大纲等。

收藏单位：浙江馆

02822

浙江省三十一年度各县建设中心工作　浙江省建设厅编

浙江省建设厅，1942.1，34 页，32 开

本书介绍该年杭县、海宁县、嘉兴县、吴兴县、长兴县、鄞县等 72 县的交通、水利、工商、农业等建设状况。

收藏单位：浙江馆

02823

浙江省生产会议报告书　浙江省生产会议秘书处编

浙江省生产会议秘书处，[1934]，[732] 页，16 开

本书内容包括：发刊词、演词、浙江省生产会议筹备及开会纪实、法规、浙江省各县物产状况及农村状况报告等。

收藏单位：广东馆、国家馆、近代史所、南京馆、浙江馆、中科图

02824

浙江省十九年度农矿事业实施计划　浙江省政府农矿处编

浙江省政府农矿处，1930.12，46 页，16 开

本书共 20 部分，内容包括：农业推广计划、蚕丝计划、棉业计划、稻麦计划、茶业计划、园艺计划、治虫计划、畜牧兽医计划、农田水利计划等。

收藏单位：广东馆、国家馆、南京馆、上海馆

02825

浙江省五年来建设工作报告　浙江省建设厅编

浙江省建设厅，[1942]，[259] 页，16 开

本书共 4 部分：农业、工业、合作、交通。所涉时间为 1937—1942 年。

收藏单位：国家馆、南京馆、上海馆、浙江馆

02826

浙江省五年来建设工作报告刊误　浙江省建设厅编

[浙江省建设厅]，[1942]，24 页，32 开

收藏单位：浙江馆

02827

浙江省县经济建设纲要　浙江省建设厅编

浙江省建设厅，1941.3，16 页，32 开

本书共 3 部分：基本原则、准备工作、实施要项。

收藏单位：国家馆

02828
[浙江省政府经济建设考察报告]
[浙江省政府]，[1933]，晒图本，1册，13开
本书内容包括：调查浙江温处一带木材报告、调查浙江青田小溪南岸水力发电报告、温州新闻纸厂之全部设计等。
收藏单位：国家馆

02829
浙江省重要建设统计　浙江省建设厅秘书室调查统计股编
浙江省建设厅秘书室调查统计股，1941，油印本，1册，横16开
本书统计时间截至1930年8月底。
收藏单位：国家馆、南京馆、浙江馆

02830
浙西经济调查　李粹龢主编　程梓彬等执笔
浙西民族文化馆，1942.1，152页，18开（浙西抗建丛刊13）
本书共12部分，内容包括：浙西经济调查团的成立经过及其使命、自我教育与工作实习、第一期调查的完成、第二期调查的进行、今后希望、调查计划、调查纲要、调查须知等。所涉时间为1941年6—10月。
收藏单位：广东馆、国家馆、吉林馆、南京馆、上海馆、浙江馆

02831
浙西经济会议汇编
出版者不详，1939.8，24页，10开
本书内容包括：浙江省地方银行代表报告、行署政务处报告等。
收藏单位：浙江馆

02832
浙西沦陷各县现况略述　赵德民调查　国民经济研究所具拟
[国民经济研究所]，1939，油印本，5页，13开（总第108号 一般经济门概况类 第1号）
本书共7部分：浙西沦陷各县名称、各地食米及日用品供需情形、战时被轰炸情形、沦陷各地通行之法币、各地农工商民受害情形、敌军暴行一斑、其他。
收藏单位：国家馆

02833
浙西天北四镇工商业调查统计报告　浙江省政府浙西行署秘书处统计室编
浙西民族文化馆，1943.1，104页，18开（浙西抗建丛刊23）
本书分6部分，内容包括：浙西天北四镇工商业调查统计的动机和对象、浙西天北四镇工商业业务分类、浙西天北四镇工商业调查统计的收获和感想、附表索引等。
收藏单位：浙江馆

02834
浙西战后的建设　郦时言著
民族出版社，1944.11，108页，32开
本书共4部分：政治建设、经济建设、文化建设、其他。
收藏单位：北师大馆、浙江馆

02835
振委会第八区湖南经济调查团报告书
出版者不详，[1938]，油印本，1册，13开，环筒页装
收藏单位：国家馆

02836
征信工商行名录（民国二十二年份 上海之部）　中国征信所编
上海：中国征信所，[1933]，1册，16开，精装
本书为汉英对照。内容包括：工商名录（以英文字母为序）、分类工商业索引、代理人索引、人名录、道路指南、电报挂号索引、附录等。
收藏单位：国家馆、上海馆

02837
征信工商行名录（民国二十三至二十四年份）　中国征信所编
上海：美灵登有限公司，[1934—1935]，1册，

16 开，精装

本书为汉英对照。与通商行名簿合并出版，分上海部分、香港部分。

收藏单位：国家馆

02838

征信工商行名录（民国二十九至三十年份）　中国征信所编

上海：中国征信所，1940—1941，2 册，16 开，精装

收藏单位：内蒙古馆、上海馆

02839

整理中国国民经济意见书　（德）魏悌锡　威廉著　魏立斯等增订

天津：魏悌锡，1933，再版，28 页，16 开

本书为汉英德对照。内容包括：农田耕作、用深耕法开辟地利、种子选择、灌溉、模范农场等。

收藏单位：国家馆、上海馆、首都馆、天津馆

02840

政学系官僚资本的解剖　经济研究会编

经济研究会，1948.11，24 页，32 开（参考资料　乙　第 3 号）

本书论述国民党政学系官僚资本的全盛、中落、复兴。附《试论张群、张嘉璈的财权》。

收藏单位：国家馆、黑龙江馆

02841

政治经济建设方案　朱玖莹编

湖南衡阳互助社，1942.1，1 册，32 开

收藏单位：南京馆

02842

直隶省商品陈列所第一次实业调查记　直隶省商品陈列所编辑

天津：直隶省商品陈列所，[1917]，1 册，10 开

本书内容包括：本省实业史、各区实业调查报告书、物产、人民生活状况、货币交易现状、商业交通机关、实业机关等。

收藏单位：东北师大馆、国家馆、南京馆、天津馆、中科图

02843

职工运动与工商政策　太岳新华书店编

太岳新华书店，1948.5，38 页，32 开

本书收文 4 篇，内容包括：《中国共产党中央委员会发布纪念五一劳动节口号》、《发展工业的劳动政策与税收政策》（陈伯达）、《中共晋冀鲁豫中央局关于工商业政策的指示》等。

收藏单位：重庆馆、国家馆、湖北馆、山东馆、天津馆

02844

职工运动与工商政策　中原新华书店编

中原新华书店，1948.11，18 页，32 开

收藏单位：国家馆、辽宁馆、南京馆

02845

中共工商政策　上海市商会编

上海工商法规发行所，1949.6，增订再版，[44] 页，25 开（工商法规编印专刊 5）

本书内容包括：中共保护工商业文告、工商业问题解答、华北区私人外汇临时管制条例要点、平津人民银行储蓄存款暂行章程等。

02846

中共陕甘宁边区三年建设计划方案研究　中联出版社编

中联出版社，1946.12，56 页，32 开

本书共 3 部分：中共陕甘宁边区经济建设之研究、中共陕甘宁边区文教建设之研究、总结论。

收藏单位：国家馆、吉林馆

02847

中共怎样处理工商业　金陵大学经济学会资料室编

[南京]：金陵大学经济学会资料室，1949.4，76 页，32 开

本书共 7 章，内容包括：工商业的总政

策、职工运动、金融业务、工商业政策与土地改革、共产党友党十团体对中共工商业政策之表示等。

收藏单位：国家馆、吉林馆、辽大馆、南京馆、内蒙古馆、上海馆

02848

中国边疆建设协进会凉山开发公司缘起

出版者不详，[1911—1949]，8页，16开

本书内容包括：凉山开发公司缘起、大小凉山概况、开发纲要、章程。

收藏单位：重庆馆

02849

中国不能以农立国论争 周宪文编

香港：中华书局，1941.8，182页，32开

本书为论文集，内容包括：《中国不能以农立国》（周宪文）、《中国以何立国》（杨开道）、《再论中国不能以农立国》（周宪文）、《再论中国以何立国》（杨开道）、《三论中国不能以农立国》（周宪文）、《中国能以农立国吗？》（杜沧白）、《一个陈旧问题的重新提起》（王亚南）等。附《论中国不宜工业化》（董时进）、《中国可以不工业化乎》（恽代英）、《中国能长为农国乎》（杨杏佛）、《农国辨》（章士钊）等。

收藏单位：重庆馆、广东馆、国家馆

02850

中国产业革命概观 李达编

上海：昆仑书店，1929.1，216页，32开

上海：昆仑书店，1929.9，再版，216页，32开

上海：昆仑书店，1930.5，3版，216页，32开

本书共7章：绪论、农业和农业崩溃的过程、手工业和手工业凋落的过程、近代企业的过程、近代企业的现状、中国境内资本主义之发展、怎样发展中国产业。

收藏单位：重庆馆、大连馆、东北师大馆、广东馆、国家馆、河南馆、黑龙江馆、湖北馆、湖南馆、江西馆、辽大馆、南京馆、内蒙古馆、上海馆、首都馆、天津馆、西南大学馆、浙江馆、中科图

02851

中国产业组织和资本主义的发展 （日）伊藤武雄著 黄逸群译

上海：乐群书店，1930.3，165页，32开

本书共5章：中国的政治状态、产业革命、近代企业发展小史、近代企业现状概观、资本主义在中国的发展。

收藏单位：重庆馆、广东馆、国家馆、近代史所、南京馆、上海馆、西南大学馆

02852

中国的经济情势 西流编译

上海：亚东图书馆，1937.4，82页，36开（太平洋问题丛书）

本书收文两篇：《中国的经济情势》（北平中国经济研究所）、《中国与白银问题》（阿尔库斯）。

收藏单位：重庆馆、广东馆、广西馆、吉林馆、近代史所、南京馆、上海馆、天津馆

02853

中国的生命线——东北 周鲸文著

香港：时代批评社，[1937—1949]，17页，32开

本书介绍中国东北地区的面积、资源、工业基础等，说明东北对中国的重要性，并从军事、政治、发动群众3方面讨论收复东北的途径。

收藏单位：国家馆

02854

中国的新工农业 国民出版社编

金华：国民出版社，1940.6，82页，32开（国民知识丛书 第3辑）

本书共14部分，内容包括：我国工业之发展、新工业之史的演进、适应抗战的新工业经济、抗战后工农业发展的动向、内地的新兴工业、工农业的新建设等。

收藏单位：广东馆、国家馆、辽宁馆、浙江馆

02855

中国的战后建设 王扬编

杜鲁[发行者]，1945.10，26页，36开

本书介绍政府所定战后建设的纲领和各项政策。

02856

中国的资源　张沦波著

上海：世界书局，1947.6，95页，32开（世界集刊）

本书以经济地理学的观点论述我国富源。内容包括：地势、气候、农产品、畜产品、林产品、矿产品、鱼盐、东北的资源等。附中国资源与经济建设。

收藏单位：安徽馆、重庆馆、广东馆、国家馆、吉林馆、南京馆、上海馆、西南大学馆、浙江馆

02857

中国都市经济与农村经济之分析　孟学思编

出版者不详，[1911—1949]，114页，32开（湖南省学生集中训练总队政治训练教材11）

收藏单位：广东馆

02858

中国发展东北之努力　东北问题研究会编

北平：东北问题研究会，[1930—1949]，74页，18开

本书共8部分：引言、移民垦殖、农林及渔业、工业及矿业、交通、贸易及商业、教育、结论。

收藏单位：国家馆、吉林馆、江西馆、上海馆

02859

中国赴菲观光团特刊　晨报编辑部编

上海：新民出版印刷公司，1935.2，49页，16开

本书为1935年中国工商业界观光团的宣传品。内容包括：致菲律宾国民书、观光团之使命、工商业调查资料等。

收藏单位：近代史所

02860

中国改造之先驱者　陆世益著

外文题名：The forerunner in the reconstruction of China

陆世益[发行者]，1921，[21]页，18开

本书为汉英对照。论述山西省资源、人口、政治、经济、教育等方面的优势，并提出改造山西的计划与建议。

收藏单位：国家馆

02861

中国革命的出路　熊得山著

上海：现代中国社，1928.11，108页，32开（现代中国丛书）

本书分上、下两篇：怎样发展国家资本、中国对外贸易的对策。上篇共8节，内容包括：为什么要发展国家资本、个人资本的寿命诊断、中国农业经济凋敝的状况、新式商工业的状况若何等；下篇共7节，内容包括：中国过去的协定关税、英国的自由贸易、大陆的保护贸易等。著者原题：熊子奇。

收藏单位：国家馆

02862

中国革命后的新建设　孙科著

上海：新宇宙书店，1930.2，96页，22开

本书共5部分：三民主义的建设、三民主义的经济建设、革命建设与民生主义、建设大纲草案（附建设大纲草案的说明）、庚关两款筑路计划提案。

收藏单位：广西馆、国家馆、上海馆、浙江馆

02863

中国革命与民生问题　邓文仪著

中央军事政治学校政治部，1927.8，222页，32开（黄埔丛书4）

本书共4部分：论中国革命、革命中之土地问题（平均地权之办法）、革命中之工业问题节制资本之实施、节制资本之实施节制私人资本。

收藏单位：东北师大馆、广西馆、国家馆、辽大馆

02864
中国工程师学会四川考察团铁道报告附录
苏纪忍编
出版者不详，[1934]，35 页，16 开
本书内容包括：绪言、地理、成都至广元沿途各县调查情形等。
收藏单位：国家馆

02865
中国工商管理协会会务周年报告　中国工商管理协会编
中国工商管理协会，[1911—1949]，40 页，18 开
本书介绍该会筹备情形、工作概况及计划等。

02866
中国工商同业公会（附工商营业标幌图式）
阿维那理乌斯编
哈尔滨东省文物研究会，1928.2，78 页
本书内容包括：中国同业公会之要义、中国北京同业公会调查表、结论等。
收藏单位：近代史所

02867
中国工商要览　傅润华　汤约生主编
南京：中国工商年鉴编纂社，1948.6，322 页，25 开，精装
本书分上、中、下 3 部：中国工商经济综述、中国各省工商经济分志、工商应用便览。共 16 编，内容包括：农业、矿业、工业、商业及贸易、财政与金融、交通、长江沿岸区（苏皖赣鄂湘五省）、东北区、工业及劳工法规等。
收藏单位：安徽馆、重庆馆、东北师大馆、广东馆、国家馆、湖南馆、吉林馆、江西馆、近代史所、柳州馆、山西馆、上海馆、中科图

02868
中国工商业的出路　徐仲尧等著
香港：南方论坛社，1948.5，48 页，25 开
本书收文 11 篇，内容包括：《中国工商业的出路》（徐仲尧）、《窒息了的广东工商业》（孟琦）、《南京又减低美货进口税率》（劲）、《进退两难的南洋华侨及其出路》（高松）、《美国走上备战之途》（何文龙）等。
收藏单位：国家馆

02869
中国工商业近年发展之概况　李道南编
上海：国华银行调查部，1932.8，25 页，25 开
本书以统计数字为据，简述国内工商业的进展状况，指出今后与金融界密切合作的重要性。
收藏单位：上海馆

02870
中国公私经济研究机关及其出版物要览　中国国民经济研究所编
上海：中国国民经济研究所，1936.11，176+122 页，32 开
本书分正、附两篇。正篇内容包括：研究机关及其出版物、经济书籍、工业技术等；附篇内容包括：研究机关及其出版物、重要书籍要览、经济丛书及全集等。
收藏单位：广东馆、国家馆、黑龙江馆、近代史所、南京馆、上海馆、天津馆、浙江馆、中科图

02871
中国共产党的工商业政策　中国人民解放军中原军区政治部编
中国人民解放军中原军区政治部，[1945—1949]，30 页，64 开
本书收文 7 篇，内容包括：《新民主主义的经济纲领》（毛泽东）、《中国共产党的工商业政策》（任弼时）、《保卫与发展工商业实施办法》（华北工商业会议决议）、《洛阳工商业显著发展》（《洛阳通讯》）等。
收藏单位：重庆馆、南京馆

02872
中国共产党与抗战经济　冯亦吴著
泰和：胜利出版社江西分社，1943.12，50 页，

32 开（当代史料）

收藏单位：重庆馆、国家馆、江西馆、南京馆

02873

中国古代经济史　（日）田崎仁义著　曹贯一译

[广州]：上海杂志公司，1938.9，161 页，32 开

本书共 3 章：序论、封建制度成立以前的社会及经济状态、封建组织的特质及其土地制度。

收藏单位：重庆馆、东北师大馆、广东馆、广西馆、贵州馆、国家馆、江西馆、南京馆、山西馆、陕西馆、上海馆、浙江馆

02874

中国古代社会经济论丛（第 1 辑）　孙毓棠著

[昆明]：云南全省经济委员会印刷厂，1943，128 页，32 开

本书收录《中国古代社会经济发展之趋势》《战国时代的农业与农民》《汉代的农民》《汉初货币官铸制之成立》等。附《汉代的交通》《汉末魏晋时代社会经济的大动荡》等。

收藏单位：国家馆、辽宁馆

02875

中国国防经济建设　钱俊瑞著

上海：黑白丛书社，1937.1，90 页，25 开（黑白丛书 1）

上海：黑白丛书社，1937.4，再版，90 页，32 开（黑白丛书 1）

上海：黑白丛书社，1938.1，3 版，90 页，36 开（黑白丛书 1）

本书共 3 节：今日中国国防经济建设的基本任务、经济建设的政治前提、各部门经济的建设。

收藏单位：重庆馆、广东馆、贵州馆、国家馆、湖南馆、吉林馆、江西馆、辽大馆、南京馆、内蒙古馆、浙江馆

02876

中国国家经济政策·科学的三民主义概论　曾克夫　天马编著

吉隆坡：唯记兄弟公司，1946.3，17 页，32 开

本书为合订本。《中国国家经济政策》共 3 部分：中国国家经济政策纲领、中国国家经济政策实施大纲、国家经济政策行政系统表。《科学的三民主义概论》共两部分：科学的三民主义总论、科学的三民主义分论。

收藏单位：贵州馆、国家馆、湖南馆、江西馆、南京馆

02877

中国国民经济　中国问题研究会编

上海：中国问题研究会，1937.1，422 页，32 开（中国问题研究丛书 4）

本书内容包括：中国经济之今后、中国经济的挣扎、中国工业恐慌现阶段之分析、中国棉纺织业的新趋势、中国煤业状况一瞥、中国石油概况、民国二十四年的中国农业经济等。

收藏单位：安徽馆、重庆馆、东北师大馆、广东馆、广西馆、贵州馆、国家馆、吉林馆、近代史所、南京馆、上海馆、浙江馆

02878

中国国民经济的改造与建设　方振武著

桂林：农合出版社，1941.9，272 页，32 开

本书共 10 章，内容包括：中国经济社会之特质、中国国民经济之史的检讨、中国国民经济改造的必要性、中国国民经济的建设、中国新农村的建设等。

收藏单位：广东馆、上海馆

02879

中国国民经济概况　何汉文著

上海：神州国光社，1930，622 页，32 开，精装

上海：神州国光社，1932，3 版，622 页，32 开

本书共 6 章：中国的工业状况、中国的农业状况、中国的贸易状况、中国的财政金融状况、中国的交通状况、列强在中国经济侵略的实况。

收藏单位：重庆馆、东北师大馆、广东馆、广西馆、桂林馆、国家馆、湖南馆、吉林馆、江西馆、近代史所、辽大馆、辽宁馆、南京馆、宁夏馆、上海馆、天津馆、西南大学馆、浙江馆、中科图

02880
中国国民经济建设之理论与实施　马灿荣著
军事委员会政治部，1941，266 页，32 开
本书共 4 章：国民经济的基础、国民经济与经济政策、核心建设与国民经济、抗战后经济复员之展望。
收藏单位：重庆馆、广东馆、国家馆、吉林馆、南京馆、天津馆

02881
中国国民经济史　罗仲言著
长沙：经济新潮社，1948，2 册（16+252+290 页），25 开（大学丛书）（国立湖南大学法学院丛书）
本书论述我国自史前至清代各个历史时期的经济状况及经济制度。共 9 编，内容包括："原始经济：史前至夏""封建王国经济：殷与西周""三国两晋南北朝：经济逆潮""隋唐帝国经济""五代宋元：经济均衡之互变"等。
收藏单位：广东馆、国家馆、湖南馆、吉林馆、江西馆、南京馆

02882
中国国民经济史　罗仲言著
重庆：商务印书馆，1944.9，2 册（16+252+290 页），25 开（大学丛书）
上海：商务印书馆，1947.5，2 册（16+252+290 页），25 开（大学丛书）
收藏单位：重庆馆、东北师大馆、广东馆、广西馆、国家馆、河南馆、黑龙江馆、湖南馆、江西馆、近代史所、辽大馆、辽宁馆、内蒙古馆、上海馆、西南大学馆、浙江馆

02883
中国国民经济在条约上所受之束缚　黄荫莱著
上海：交通大学研究所，1936.6，112 页，18 开（交通大学研究所社会经济组专刊 1）
本书共 6 章：最惠国条约、领事裁判权、外人在华经济活动之赋税负担、内河航运、外人在华经济活动之其他自由权、设厂。
收藏单位：安徽馆、重庆馆、国家馆、近代史所、辽宁馆、南京馆、上海馆、西南大学馆

02884
中国国民所得，一九三三　巫宝三主编　汪馥荪等编
上海：中华书局，1947，2 册（174+296 页），22 开（国立中央研究院社会科学研究所丛刊第 25 种）
本书共 3 部：总论、各业所得估计、消费与投资估计。附全国工厂总产值统计表等。
收藏单位：重庆馆、东北师大馆、广东馆、国家馆、辽大馆、辽宁馆、南京馆、内蒙古馆、上海馆、首都馆、浙江馆、中科图

02885
《中国国民所得，一九三三》修正　巫宝三著
出版者不详，[1944—1949]，[61] 页，16 开
本书为《社会科学杂志》第 9 卷第 2 期抽印本。
收藏单位：国家馆、南京馆

02886
中国豪门　中外出版社编
北平：中外出版社，[1947—1949]，152 页，32 开
北平：中外出版社，1949.4，再版，152 页，32 开
本书共 4 部分：TV 宋财团解剖、解剖 CC 豪门资本、政学系官僚资本的解剖、四川财阀的分析。
收藏单位：东北师大馆、国家馆、近代史所、上海馆

02887
中国计划建设学会一览　中国计划建设学会

编
中国计划建设学会，1945.9，36页，32开

本书介绍该学会的组建经过，并收录相关章程、会员名录等。

02888
中国建设协会成立纪念专刊　中国建设协会编辑
[南京]：中国建设协会，1929.12，139页，16开

本书介绍该会创办缘起及其使命，并收录相关会员录、会务报告等。

收藏单位：广东馆、国家馆、湖南馆、近代史所、南京馆、天津馆

02889
中国建设与广西建设（建国之理论与实施上编）　黄旭初著
南宁：建设书店，1939.5，498页，25开（建设文库甲种丛编1）
桂林：建设书店，1941，再版，498页，25开（建设文库甲种丛编1）

本书分上、下两编：中国建设、广西建设。上编共3章：中国革命与中国建设、中国革命的原理、中国建设的方略；下编共5章：三自政策、建设纲领、施政计划、民团制度、基层干部。

收藏单位：安徽馆、重庆馆、广东馆、广西馆、国家馆、南京馆、西南大学馆、浙江馆

02890
中国今后应采之经济统制政策　刘大钧著
[中国经济学社]，[1936.2]，17页，16开

本书内容包括：我国的三种病症、统制经济的需要、管子的统制经济、统制国内外贸易、统制交通事业、统制金融等。为著者发表在中国经济学社第十二届年会上的论文。

收藏单位：重庆馆、国家馆、南京馆、上海馆

02891
中国今日之经济（美）康德乃夫（J. B. Condliffe）著　柯象峰译述
南京：正中书局，1935.9，182页，23开

本书共7章，内容包括：中国人口、中国农业之资源、都市及都市工业之兴起、国际贸易等。附中国最近人口之统计、天津工业之学徒、东三省之国际贸易等统计表。

收藏单位：重庆馆、东北师大馆、广西馆、贵州馆、国家馆、湖南馆、江西馆、南京馆、上海馆、浙江馆

02892
中国今日之经济政策　李作栋编
东京：日清印刷株式会社，1913.8，2册（18+10+491+18+10+148页），22开

本书共5编：会计、货币、国债、银行、租税。各编除论及我国的制度、采取的政策、应用的方法等外，并载录当时颁行的各项法规和条例；另外，对比介绍世界各主要国家的情况。

收藏单位：东北师大馆、国家馆、近代史所、上海馆

02893
中国今日之西南建设问题　马寅初等著
[桂林]：西南导报社，1938.8，117页，32开
桂林：西南导报社，1939.12，再版，155页，32开

本书为论文集。收录《从速开发西南富源》（马寅初）、《如何建设西南》（张国瑞）、《建设西南之一大前提》（张君劢）、《建设西南的必然性及其方案》（陆鼎揆）、《西南交通建设与长期抗战》（韦以黻）、《从战时经济说到西南经济建设》（贾士毅）等。大多曾刊载在《西南导报》等刊物上。

收藏单位：重庆馆、广东馆、国家馆、湖南馆、江西馆、南京馆、上海馆

02894
中国今日之西南建设问题　西南导报社编
桂林：中国建设出版社，1938，155页

收藏单位：近代史所

02895

中国近代产业组织　施文杞编著

上海：全民书局，1931.9，149 页，32 开

本书共 6 章，内容包括：政治概况、中国近代企业发展小史、中国国民经济与帝国主义之关系、中国资产阶级畸形的发展等。

收藏单位：河南馆、湖南馆、江西馆、近代史所

02896

中国近代经济发展史　侯厚培著

上海：大东书局，1929.9，360 页，32 开（近代经济丛书 2）

上海：大东书局，1932，再版，360 页，32 开（近代经济丛书 2）

本书论述 19 世纪中叶后中国经济发展的历史。共 8 章：人口之变迁、农业之情形、机械工业之进步、货币制度之改良、近代银行之发展、国际贸易之发展、近代交通之进步、中国近代之劳动运动。

收藏单位：安徽馆、重庆馆、东北师大馆、广东馆、国家馆、湖南馆、江西馆、辽宁馆、南京馆、山西馆、上海馆、天津馆、西南大学馆、浙江馆、中科图

02897

中国近代经济史纲　陈安仁著

汉口：前进书店，1938.6，214 页，32 开（安仁丛书 51）

本书论述明末清初至民国的经济演变。共 8 章，内容包括：世界近三百年来经济形态概观、明末时的经济状况、民国成立以来的经济状况等。

收藏单位：重庆馆、广东馆、国家馆

02898

中国近代政治经济社会讲演集　谭云山著

重庆：独立出版社，1939.3，76 页，32 开

本书共 4 讲："绪论：中国过去之历史""中国近代政治之变迁""中国近代经济之发展""中国近代社会之演进"。据著者在印度安达拉大学执教期间的演讲稿修订编成。

收藏单位：广东馆、贵州馆、国家馆、湖南馆、南京馆、浙江馆

02899

中国经济　李奇流　罗子青　吴道铖著

上海：汗血书店，1935.4，99 页，32 开（汗血丛书 4）

本书收文 3 篇：《中国国家资本之基础的建设》（李奇流）、《中国统制经济政策》（罗子青）、《战时中国经济之建制》（吴道铖）。

收藏单位：重庆馆、国家馆、近代史所

02900

中国经济　饶荣春编述

空军军官学校，1940.6，62 页，32 开（政治讲义 1）

本书共 8 讲，内容包括：中国经济结构本质与民生主义计划经济、中国土地问题与平均地权、中国民族工业之建设与节制资本、国民经济建设与发达国家资本、中国战时生产建设等。

收藏单位：广东馆、国家馆、浙江馆

02901

中国经济（其发展，其现状及其危机）　李麦麦编译

出版者不详，1929.12，206 页，32 开

本书从农村经济、工业状况和外国资本 3 方面论述中国经济的发展、现状及危机。

收藏单位：近代史所、上海馆、西南大学馆

02902

中国经济病症之解剖与诊断　何廉著

[天津]：南开大学经济研究所，1936，34 页，16 开

收藏单位：重庆馆、首都馆

02903

中国经济大纲　（苏）马札亚尔（Л. Мадьяр）著　徐公达译

上海：新生命书局，1933.2，447 页，25 开

本书共 10 章，内容包括：中国农村经济、中国土地制度、中国行会手工业的命运、手

工工厂的发展、家庭工业与手工艺等。

收藏单位：重庆馆、东北师大馆、广东馆、广西馆、国家馆、黑龙江馆、湖南馆、吉林馆、近代史所、辽大馆、辽宁馆、南京馆、山西馆、上海馆、天津馆、浙江馆、中科图

02904

中国经济的道路 许涤新著

上海：生活书店，1946.9，再版，251 页，32 开

上海：生活书店，1946.12，3 版，251 页，32 开

上海：生活书店，1947.4，2 版，[修订本]，214 页，32 开

上海：生活书店，1947.5，4 版，251 页，32 开

哈尔滨：生活书店，1947.11，东北版，217 页，32 开

本书共 4 章：近百年中国经济的变化、中国底经济结构、中国经济的道路、财政经济政策。附抗战胜利后解放区的土地改革。

收藏单位：安徽馆、重庆馆、东北师大馆、广东馆、广西馆、国家馆、河南馆、黑龙江馆、湖北馆、吉林馆、近代史所、辽大馆、内蒙古馆、宁夏馆、山西馆、上海馆、首都馆、中科图

02905

中国经济的道路 许涤新著

香港：新中国书局，1949.4，修订版，311 页，32 开

本书附论城市的社会改革。

收藏单位：广东馆、国家馆、湖南馆、山西馆

02906

中国经济的分析 孙倬章著

社会科学研究社，1931.9，109 页，32 开

本书共 5 部分："中国资本主义的发展""帝国主义与中国资本主义""中国农村经济""中国既到了资本主义的时代怎么尚有封建势力呢?""机械唯物论的经济学批判"。

收藏单位：浙江馆

02907

中国经济的分析与改造 胡沂生著

上海：世界书局，1946.11，137 页，32 开（世界集刊）

本书共 4 篇：总论、交通矿业、农业、商业。附近世大事年表、中国经济行政机关系统表、主要国度量衡换算表。

收藏单位：安徽馆、重庆馆、广东馆、广西馆、国家馆、河南馆、湖南馆、辽大馆、南京馆、宁夏馆、上海馆、天津馆、西南大学馆、浙江馆

02908

中国经济的改造 陈伯达等著

香港：新民主出版社，1949.5，117 页，32 开

本书共 4 部分：提高农产生产、发展工业生产、改进交通业务、市场管理与国营商业。收录专论 25 篇，内容包括：《把解放区的生产提高一步》（新华社社论）、《不要打乱原来的企业机构》（陈伯达）、《东北铁路管理制度的改革》（1948 年 11 月 15 日新华社电讯）、《临清事件与国营商业》（新华社社论）等。

收藏单位：重庆馆、东北师大馆、广西馆、国家馆、湖南馆、吉林馆、南京馆

02909

中国经济的改造 顾毓琇著

上海：中国编译社，[1948.5]，102 页，32 开

本书收录著者发表在报刊上的论文 12 篇，内容包括：《中国经济的改造》《粮食公有论》《挽救中国工业的危机》《合作自耕的农业建设》等。

收藏单位：国家馆、南京馆、宁夏馆

02910

中国经济的将来 刘大钧纂辑

出版者不详，1940.4，晒印本，15 张，大 16 开（中国经济统计研究所 总字第 371 号 经济门概况类 第 36 号）

收藏单位：上海馆

02911

中国经济的危机及其救济方略 张务源著

开封：新时代印刷局，1935.11，38页，32开

本书共6部分：前言、资源蕴藏的丰富、帝国主义的经济侵略、经济衰落的种种原因、经济救济的方略、结论。

收藏单位：重庆馆、国家馆

02912

中国经济的现势及其动向（中国经济情报一九三六年上半期）（日）滨田峰太郎著　胡一声译

现世界社，1936.11，152页，32开（现世界丛书）

现世界社，1937.1，再版，151页，32开（现世界丛书）

本书共5章：总说、列强资本主义在中国对立的激化、新币制与中国政府的复兴运动、中国的贸易趋向与产业现势、中国财政上的主要问题。

收藏单位：重庆馆、东北师大馆、广东馆、国家馆、湖南馆、辽大馆、南京馆、山西馆、首都馆、浙江馆

02913

中国经济的现状与对策 沈志远编著

重庆：峨嵋出版社，1944，92页，32开

本书收文6篇：《论工业经济建设之途径》（沈志远）、《农村经济的现状与前瞻》（陈泽生）、《战时商业资本底分析》（镜升）、《论物价与财政》（千家驹）、《黄金·通货·物价》（寿进文）、《国际经济合作与利用外资》（陈仲道）。

收藏单位：重庆馆、广东馆、广西馆、贵州馆、国家馆、河南馆、吉林馆、近代史所、南京馆、上海馆

02914

中国经济地理 葛绥成著

出版者不详，[1948]，210页，25开

本书共4篇：绪论、经济地理学要素、经济生活的概要、经济物品的移动和交通。

收藏单位：江西馆

02915

中国经济地理 胡焕庸著

重庆：青年出版社，1941.2，220页，32开（青年史地丛书）

本书共24部分，内容包括：地形、气候、农业区域、人口、铁路、陆路、稻米、小麦、棉花、棉纺织、丝织、茶、煤、铁、石油、抗战以前之对外贸易、抗战以来之对外贸易等。

收藏单位：重庆馆、广东馆、国家馆、吉林馆、南京馆、陕西馆、首都馆、西南大学馆

02916

中国经济地理（苏）卡赞宁原著　焦敏之译

上海：光明书局，1937.4，253页，32开

上海：光明书局，1937.6，再版，253页，32开

上海：光明书局，1938.4，3版，253页，32开

上海：光明书局，1938.8，4版，253页，32开

上海：光明书局，1939.3，5版，253页，32开

上海：光明书局，1940，7版，[10]+253页，32开

上海：光明书局，1948，253页，32开

本书着重阐明自然地理与社会经济的相互关系。共4章：自然地理、人民与交通、农村经济、工业及工业的分布。

收藏单位：重庆馆、东北师大馆、广东馆、广西馆、贵州馆、国家馆、湖南馆、近代史所、辽宁馆、辽师大馆、南京馆、山西馆、上海馆、首都馆、西南大学馆、浙江馆、中科图

02917

中国经济地理 王金绂著

北平：文化学社，1929.8，2册（564+748页），18开

本书共8部分：绪论、黄河沽河流域、长江之江流域、闽江粤江流域、黑龙江辽河流域、喜马拉雅山昆仑山及天山横亘区域、大漠横亘区域、中国经济地理之概观。

收藏单位：安徽馆、重庆馆、东北师大馆、广东馆、国家馆、江西馆、辽大馆、辽

宁馆、辽师大馆、南京馆、上海馆、首都馆、天津馆、西南大学馆、中科图

02918
中国经济地理　吴敬恒等主编
上海：商务印书馆，1929，168 页，32 开（新时代史地丛书）
　　收藏单位：重庆馆、东北师大馆、广西馆、国家馆、江西馆、山西馆、绍兴馆、首都馆、天津馆

02919
中国经济地理　张其昀著
上海：商务印书馆，1930.4，168 页，32 开（万有文库第 1 集 908）（新时代史地丛书）
上海：商务印书馆，1933.11，国难后 1 版，168 页，32 开（万有文库 第 1 集 908）（新时代史地丛书）
上海：商务印书馆，1934.7，168 页，32 开（万有文库第 1 集 908）（新时代史地丛书）
上海：商务印书馆，1935.3，国难后 2 版，168 页，32 开（新时代史地丛书）
　　本书论述中国物产、资源的地理分布、产量、交通运输状况等。共 5 章：食、衣、住、行、工业之原动力。
　　收藏单位：安徽馆、长春馆、重庆馆、大理馆、大连馆、东北师大馆、广东馆、贵州馆、国家馆、河南馆、黑龙江馆、湖南馆、吉林馆、江西馆、辽大馆、辽师大馆、南京馆、内蒙古馆、宁夏馆、上海馆、绍兴馆、天津馆、西南大学馆、浙江馆、中科图

02920
中国经济地理概论　一八学社出版部编辑
上海：一八学社总社，[1911—1949]，[219] 页，22 开
　　收藏单位：首都馆

02921
中国经济地理讲话　胡明编著
[上海]：光华出版社，1949.3，55 页，36 开
　　本书共 7 节：地理环境、居民、农业、工业、运输、区域、帝国主义在中国。为《世界经济地理讲座》中国部分抽印本，据上海光华出版社版重印。
　　收藏单位：国家馆、山东馆

02922
中国经济地理讲义　黎际涛述
出版者不详，[1911—1949]，522 页，16 开

02923
中国经济动向　杨培新著
上海：耕耘出版社，1946，207 页，32 开
　　本书收录著者曾发表于重庆《商务日报》上的经济新闻报道 25 篇，分析 1945 年的中国经济情况，揭露重庆投机市场内幕。
　　收藏单位：安徽馆、重庆馆、东北师大馆、广西馆、贵州馆、国家馆、湖南馆、吉林馆、近代史所、辽宁馆、南京馆、上海馆

02924
中国经济动员论　韩亮仙编著
重庆：国际问题研究会，1939.1，230 页，32 开
　　本书共 6 章，内容包括：中国工业动员、中国农业动员、中国交通运输动员、中国财政金融动员等。
　　收藏单位：重庆馆、贵州馆、国家馆、湖南馆、吉林馆、南京馆、上海馆

02925
中国经济读本　杜鲁人著
上海：现实出版部，1934.9，164 页，25 开（现实丛书）
　　本书共 6 章：民族危机与经济危机、中国经济的半殖民地性、中国经济的半封建性、死路一条的民族资本、第三期中国经济、一九三二至三三年的中国经济。
　　收藏单位：国家馆、近代史所、上海馆

02926
中国经济读本　王渔邨编
上海：一般书店，1937.5，197 页，32 开（新青年百科丛书 5）
　　本书共 6 章，内容包括：中国经济序说、

在总崩溃过程中的农业、破碎支离的工业、买办商业与高利贷性金融等。

收藏单位：重庆馆、东北师大馆、广东馆、国家馆、江西馆、南京馆、上海馆

02927

中国经济改进之途径（俞寰澄演讲稿） 俞凤韶讲

出版者不详，[1935—1949]，50页，32开

本书主张发展中国经济应从农村入手，寓工于农，从开办农村工厂、兴修水利、改良土壤、科学生产等方面着手。共10节，内容包括：几年来的感想、家族制度或宗法社会的经济、重农的历史性及占全国人口最大多数的农民困苦现象等。讲者原题：俞寰澄。

收藏单位：上海馆

02928

中国经济改造 马寅初著

上海：商务印书馆，1935.1，2册（19+706页），22开（大学丛书教本）

上海：商务印书馆，1935.2，2册（19+706页），22开（大学丛书教本）

上海：商务印书馆，1935，再版，19+706页，22开（大学丛书 教本）

上海：商务印书馆，1935.5，3版，19+706页，22开，精装（大学丛书 教本）

本书共37章，内容包括：今日在我国通行之经济学说、个人主义与全体主义、中国经济上之国际地位、改善中国国际贸易之方策等。

收藏单位：安徽馆、重庆馆、东北师大馆、广东馆、广西馆、贵州馆、国家馆、河南馆、湖南馆、吉林馆、江西馆、近代史所、辽大馆、辽师大馆、南京馆、内蒙古馆、宁夏馆、山西馆、上海馆、绍兴馆、首都馆、天津馆、西南大学馆、浙江馆、中科图

02929

中国经济概况 胡茏南编

南京：中央陆军军官学校军官研究班，[1928—1949]，428页，24开

本书论述我国工业、矿业、金融、财政、交通、农业等方面的发展概况。

02930

中国经济概况 邝振翎等编

中央陆军军官学校政训处，1930，404页，32开（中央陆军军官学校政训处政治丛书27）

本书共6章，内容包括：中国农业现状、中国工业现状、中国商业概况、财政及金融概况等。

收藏单位：重庆馆、湖南馆、江西馆、浙江馆

02931

中国经济概况 屈凤梧编

中央陆军军官学校政治训练处，[1928—1949]，144页，32开（政治教程13）

收藏单位：南京馆

02932

中国经济建设 高廷梓著

上海：商务印书馆，1937.10，175页，22开

本书共3篇：交通、财政、农工。

收藏单位：重庆馆、东北师大馆、贵州馆、桂林馆、国家馆、湖南馆、吉林馆、辽大馆、南京馆、上海馆、天津馆、浙江馆

02933

中国经济建设

青年军出版社，[1946]，322页，32开

本书共7章，内容包括：绪论、农业建设问题、工业建设问题、金融建设问题等。

收藏单位：重庆馆、国家馆、河南馆、吉林馆、江西馆、南京馆、上海馆、天津馆

02934

中国经济建设的路线 粟寄沧编

北平：世界日报社，1946.11，106页，32开（世界丛书）

北平：世界日报社，1947.3，2版，106页，32开（世界丛书）

本书收文9篇，内容包括：《我国战后第一期经建原则》（孙科）、《中国经济建设的途径》（甘乃光）、《战后中国经济建设中几个根

本问题》(施复亮)、《自由主义的计划经济》(方显廷)、《论举棋不定的经济政策》(傅筑夫)等。

收藏单位：广西馆、国家馆、近代史所、首都馆

02935

中国经济建设的前途 沈巨尘编

重庆：政论社，1938.7，69页，32开(政论丛书)

本书共3部分：经济建设与资本主义、经济建设与民生主义、经济建设的方针与民生主义的解释。收文16篇，内容包括：《资本主义在中国》(陈独秀)、《民生主义的性质及中国小资产阶级的历史使命》(何兹全)等。

收藏单位：安徽馆、重庆馆、广东馆、贵州馆、国家馆、吉林馆、江西馆、南京馆、宁夏馆、上海馆、天津馆、浙江馆

02936

中国经济建设方案 国际出版社编

外文题名：China's post-war economic reconstruction program

上海：国际出版社，1946.5，再版，13+16页，32开

本书收文两篇：《最高经济委员会成立训词》(蒋介石)、《中国经济发展方案之基本原则》(宋子文)。附最高经济委员会组织条例、本书英文译本。

收藏单位：国家馆、南京馆、上海馆

02937

中国经济建设概论 翁文灏讲

中央训练团党政训练班，1943.3，28页，32开(中央训练团党政训练班讲演录)

中央训练团党政训练班，1944.5，28页，32开(中央训练团党政训练班讲演录)

中央训练团党政训练班，1944，6版，30页，32开(中央训练团党政训练班讲演录)

本书共5部分，内容包括：经济建设与国力、实业计划纲要、战前中国实业概况等。

收藏单位：重庆馆、广东馆、国家馆、河南馆、辽宁馆、南京馆

02938

中国经济建设纲领初稿 中国经济建设协会编

中国经济建设协会，1940.10，230页，16开

本书共10部分：总纲、交通、水利、农业、矿业、工业、都市及建筑、财政、金融、贸易。

收藏单位：重庆馆、国家馆、南京馆、陕西馆、上海馆、中科图

02939

中国经济建设纲领初稿提要 中国经济建设协会编

中国经济建设协会，1943.5，14页，32开

收藏单位：国家馆

02940

中国经济建设讲授纲要 成宅西讲述 中央陆军军官训练团政训处编

中央陆军军官训练团政训处，1940.1，140页，32开

收藏单位：国家馆、河南馆

02941

中国经济建设论丛 翁文灏著

资源委员会秘书处，1943.1，88页，32开

本书收录著者在中央训练团的演讲词5篇：《以农立国，以工建国》《中国经济建设的前瞻》《中国经济建设之轮廓》《战后中国工业化问题》《中国经济建设概论》。

收藏单位：重庆馆、广东馆、国家馆、吉林馆、近代史所、南京馆、上海馆、浙江馆、中科图

02942

中国经济建设问题汇编 [中国经济建设协会编]

中国经济建设协会，1940.1，[62]页，25开

本书分11部分列出中国工、农、矿、交通、水利、贸易等各业建设存在的问题，并征求答案。

收藏单位：国家馆、南京馆、首都馆

02943
中国经济建设协会参考资料（1—5） 中国经济建设协会编
中国经济建设协会，[1930—1939]，[66] 页，22 开
本书收录报刊上登载的有关战时经济建设的文章 5 篇:《中国资源问题》(胡庶华)、《民生主义的经济建设之世界性》(范苑声)、《四川西南区工业化之现在及将来》(罗志如、邢必信、李陵)、《西南煤田之分布与工业中心》(黄汲清)、《区域计划经济》(罗志如、邢必信、李陵)。
收藏单位：国家馆

02944
中国经济建设协会第五届会员大会特刊 中国经济建设协会第五届会员大会编
中国经济建设协会第五届会员大会，1943.10，40 页，16 开
本书内容包括：中国经济建设协会第五届年会开会纪要、讨论会纪录、研究委员会报告等。
收藏单位：国家馆、吉林馆

02945
中国经济建设协会第一次会员大会报告 中国经济建设协会编
中国经济建设协会，[1939]，13 页，25 开
本书内容包括：大会开会纪录、选举第二届理事开票纪录、通过修正会章案纪录等。
收藏单位：国家馆

02946
中国经济建设协会第一年大事记 中国经济建设协会编
中国经济建设协会，1940.4，24 页，25 开
本书共 6 部分，内容包括：本会组织图、本会计划产生程序图、本会职员表等。
收藏单位：国家馆、南京馆

02947
中国经济建设协会概况 中国经济建设协会编
中国经济建设协会，1939.8，14 页，25 开
本书共 3 部分：筹备经过、组织、工作。
收藏单位：国家馆、南京馆

02948
中国经济建设协会会员录 中国经济建设协会编
中国经济建设协会，1943.8，48 页，32 开
收藏单位：国家馆

02949
中国经济建设协会会员通讯处调查录 中国经济建设协会编
中国经济建设协会，1946.10，36 页，32 开
本书分交通、工业、农业等 8 组。
收藏单位：国家馆、上海馆

02950
中国经济建设协会三十一度临时会员大会纪录 中国经济建设协会编
中国经济建设协会，1942，油印本，1 册，16 开，环筒页装
收藏单位：国家馆

02951
中国经济建设协会章程 中国经济建设协会编
中国经济建设协会，1939.8 重印，9 页，25 开
收藏单位：国家馆

02952
中国经济建设与农村工业化问题 翁文灏 顾翊群著
重庆：商务印书馆，1944.6，46 页，32 开（社会经济丛刊）
重庆：商务印书馆，1945.9，再版，46 页，32 开（社会经济丛刊）
上海：商务印书馆，1946.9，46 页，32 开（社会经济丛刊）
本书收文两篇:《中国经济建设概论》(翁文灏)、《中国战后农村工业化问题》(顾翊群)。

收藏单位：安徽馆、重庆馆、东北师大馆、广东馆、国家馆、河南馆、黑龙江馆、湖南馆、江西馆、近代史所、辽宁馆、南京馆、内蒙古馆、宁夏馆、上海馆、天津馆、浙江馆

02953

中国经济建设之概观 吴至信著

出版者不详，[1937]，52 页，16 开

本书共 4 部分，内容包括：中国经济建设运动之发展、经济建设之准备、经济建设之成绩等。为《国际劳工通讯》第 3 卷第 12 期抽印本。

收藏单位：国家馆

02954

中国经济建设之路 吴景超著

重庆：商务印书馆，1943.10，205 页，32 开

重庆：商务印书馆，1944.6，再版，205 页，32 开

本书共 3 章：抗战前的经济建设、几个失败的教训、经济建设的展望。

收藏单位：安徽馆、重庆馆、广东馆、广西馆、贵州馆、国家馆、黑龙江馆、湖南馆、江西馆、近代史所、南京馆、内蒙古馆、上海馆、首都馆、天津馆、浙江馆

02955

中国经济建设之路 吴景超著

重庆：中周出版社，1944.9，74 页，50 开（中周百科丛书 第 1 辑）

本书共 7 部分：国防与民生、国营与民营、自由与统制、内资与外资、工业区与工业、资源问题、资金问题。附《中国工业建设之途径》（蒋介石）、《建立中心力量来保障民生主义的实现》（陈伯庄）。

收藏单位：重庆馆、贵州馆、上海馆、天津馆

02956

中国经济建设之路 杨安德（Arthur N. Young）著 刘镇泉译

外文题名：China's economic and financial reconstruction

上海：商务印书馆，1947.12，106 页，25 开（中央银行经济研究处丛刊）

本书共 7 章：引言、救济和经济复员、财政复员、国内资源、国外资源、国际收支、经济建设的路线。附主要进出口品比较表。

收藏单位：安徽馆、重庆馆、东北师大馆、广东馆、广西馆、国家馆、近代史所、辽大馆、柳州馆、南京馆、山西馆、陕西馆、上海馆、首都馆、浙江馆、中科图

02957

中国经济恐慌与经济改造 章乃器等著

上海：中华书局有限公司，1935.11，128 页，32 开（新中华丛书 社会科学汇刊）

本书收录刊载在《新中华》杂志第 2—3 卷上的论文 7 篇：《中国经济恐慌之观察》（李紫翔）、《中国农业恐慌的特殊性》（胡伊默）、《中国金融业之危机及其救济方案》（尤保耕）、《银价提高与中国货币政策》（培悌）、《市面恐慌及其救济问题》（培悌）、《中国统制经济之检讨》（达生）、《改造中国经济的正路与歧路》（章乃器）。

收藏单位：重庆馆、东北师大馆、广东馆、贵州馆、国家馆、湖南馆、吉林馆、江西馆、近代史所、内蒙古馆、首都馆、天津馆、浙江馆

02958

中国经济论丛 王亚南著

重庆：五十年代出版社，1944，192 页，32 开

本书收录著者于 1942—1943 年间发表在报刊上的论文 9 篇：《当前经济问题与经济计划》《当前经济问题总分析》《当前的货币问题与资本问题》《当前物价与物价管制问题》《中国商业资本论》《中国商业资本与工业资本间的流通问题》《中国农业经济上的技术问题与社会问题》《战时经济的重要性及中国的战时经济政策》《中国工业建设论》。

收藏单位：重庆馆、广东馆、贵州馆、国家馆、河南馆、黑龙江馆、湖南馆、吉林馆、近代史所、南京馆、内蒙古馆、上海馆、首都馆、中科图

02959

中国经济论文集　中国经济情报社编辑

上海：生活书店，[1933.12—1936.12]，3 册（293+343+340 页），32 开

上海：生活书店，1935—1936，再版，2 册（293+343 页），32 开

上海：生活书店，1936，3 版，2 册（293+343 页），32 开

收藏单位：重庆馆、东北师大馆、广东馆、广西馆、贵州馆、国家馆、湖南馆、吉林馆、江西馆、辽大馆、辽宁馆、南京馆、宁夏馆、山西馆、上海馆、首都馆、天津馆、浙江馆

02960

中国经济论战　潘肃编辑　吕梦南校订

上海：长城书店，1932.4，456 页，25 开

本书收录辩论文章 11 篇，内容包括：《中国经济的性质》（潘东周）、《中国的社会到底是什么社会？》（丘旭）、《中国资本主义在中国经济中的地位其发展及其前途》（王昂）、《中国经济的性质是什么？》（思云）、《中国是资本主义的经济还是封建制度的经济？》（严灵峰）等。

收藏单位：广西馆、国家馆、辽师大馆、南京馆、天津馆

02961

中国经济目前之病态及今后之治疗　张嘉璈著

北平：世界编译所，1932，28 页，22 开

收藏单位：国家馆、近代史所、南京馆

02962

中国经济内幕　怀庶著

香港：新民主出版社，1948.8，112 页，32 开

本书介绍官僚及民族资产阶级经营各种企业的经过。共 10 章，内容包括：中国的银行集团、航业阵容、煤矿史话、化学工业中的南吴北范、火柴大王刘鸿生、哀怨的钢铁和机器业、南洋兄弟烟草公司等。

收藏单位：重庆馆、东北师大馆、国家馆、近代史所、辽宁馆、宁夏馆、上海馆、天津馆

02963

中国经济年报（第 1 辑 1934 年）　中国经济情报社编

上海：生活书店，1935.5，264 页，32 开

上海：生活书店，1936.9，再版，264 页，32 开

本书共 8 章，内容包括：绪论、一九三四年中国经济的几个重要问题、贸易、工业、农业等。附中国进出口商品分类问题的商榷等。

收藏单位：安徽馆、重庆馆、东北师大馆、广东馆、贵州馆、国家馆、湖南馆、辽大馆、南京馆、内蒙古馆、山西馆、上海馆、浙江馆

02964

中国经济年报（第 2 辑 1935 年）　中国经济情报社编

上海：生活书店，1936，231 页，32 开

本书共 8 章，内容包括：绪论、一年来的几个重要问题、贸易、工业、农业等。

收藏单位：安徽馆、长春馆、重庆馆、东北师大馆、贵州馆、国家馆、湖南馆、辽大馆、南京馆、山西馆、上海馆、浙江馆

02965

中国经济年鉴（又名：中国经济年鉴第一回）　实业部中国经济年鉴编纂委员会编纂

上海：商务印书馆，1934.5，2 册（[2341]+[2688] 页），21 开，精装

上海：商务印书馆，1935.1，再版，3 册，22 开，精装

本书共 17 章，内容包括：经济行政、地理、人口、财政、金融、农业、租佃制度、林垦等。附全国经济界重要人名录等。

收藏单位：重庆馆、东北师大馆、广东馆、广西馆、贵州馆、国家馆、黑龙江馆、湖南馆、吉林馆、江西馆、近代史所、辽大馆、辽东学院馆、南京馆、内蒙古馆、宁夏馆、山西馆、上海馆、首都馆、天津馆、西南大学馆、浙江馆

02966

中国经济年鉴（1935年 续编） 实业部中国经济年鉴编纂委员会编

上海：商务印书馆，1935.9，3册（[1530]+[1600]+[1190]页），22开，精装

本书共20章，内容包括：经济行政、人口、财政、金融、农业、土地、租佃制度、水利、边疆经济等。附通讯专员一览表、书报介绍。

收藏单位：安徽馆、重庆馆、东北师大馆、广东馆、广西馆、国家馆、黑龙江馆、江西馆、近代史所、辽大馆、辽东学院馆、辽师大馆、南京馆、内蒙古馆、宁夏馆、山西馆、上海馆、首都馆、天津馆、西南大学馆、浙江馆

02967

中国经济年鉴（1936年 第3编） 实业部中国经济年鉴编纂委员会编

上海：商务印书馆，1936.10，2册（3086页），22开，精装

收藏单位：重庆馆、东北师大馆、广东馆、广西馆、贵州馆、国家馆、江西馆、近代史所、辽大馆、南京馆、内蒙古馆、宁夏馆、山西馆、上海馆、首都馆、天津馆、浙江馆

02968

中国经济年鉴（1947） 狄超白主编

外文题名：The Chinese economic yearbook. 1947

香港：太平洋经济研究社，1947.4，[438]页，16开

本书分上、中、下3编，共14篇：工业、矿业、农业、交通、金融、法币与外汇、财政、国际贸易、物价、灾荒与救济、地方经济、中外商约、经济法规、国内外大事日志。

收藏单位：安徽馆、重庆馆、东北师大馆、广西馆、国家馆、黑龙江馆、吉林馆、江西馆、近代史所、辽大馆、南京馆、内蒙古馆、山西馆、上海馆、首都馆、天津馆、西南大学馆、中科图

02969

中国经济年鉴（1948） 狄超白主编

外文题名：The Chinese economic yearbook. 1948

香港：太平洋经济研究社，1948.5，207页，16开

本书共8章：工矿、农业、水利、财政金融、贸易、物价、交通、解放区经济。

收藏单位：东北师大馆、国家馆、黑龙江馆、吉林馆、近代史所、辽宁馆、山西馆、上海馆、中科图

02970

中国经济年刊 叶笑山 董文中编辑

上海：中外出版社，1936，13+277页，16开

本书论述一年来的重要经济事项及农业、矿业、工业、商业、外贸、金融、财政、交通、劳动、华侨经济等方面的问题。

收藏单位：重庆馆、国家馆、首都馆

02971

中国经济——其发展，其现状及其危机 李麦麦编译

上海：沪滨书局，1929.12，206页，32开

收藏单位：重庆馆、国家馆、江西馆、首都馆、浙江馆

02972

中国经济认识决疑 民间意识社编

成都：民间意识社，[1934—1939]，[29]页，16开

本书收录《我们的中国经济认识》（双无）、《民族的被剥削论》（居父）、《封建社会前之康藏》（君亮）、《云南对外贸易危机及其对策》（烈齐）、《魔窟经济学讲话》（白眼）、《西华经济形态的动性分析》（虎变）等。据1934年5月出版的《民间意识》杂志第8—11期合刊本编成。

02973

中国经济社会概论 汪洪法著

曲江（韶关）：新建设出版社，1940.10，161

页，32 开（政治经济社会文化丛书）

本书共 8 章，内容包括：国势概说、中国人的观念与习性、中国人的生活状态与劳动效率等。

收藏单位：重庆馆、湖南馆、江西馆、辽大馆、南京馆

02974

中国经济生产机关一览表 杨家骆著

中国辞典馆，1936，195 页，32 开（民国史稿副刊 1）

本书介绍全国财经机关、企业团体的名称、地址、简况等。

收藏单位：南京馆、上海馆

02975

中国经济史 傅筑夫编著

出版者不详，[1911—1949]，542 页，16 开，精装

收藏单位：南京馆

02976

中国经济史 刘骅南著

南京：爱吾编译馆，1936.2，136 页，25 开（经济丛书）

本书共 4 编：绪论、中国原始时代、上古时代、封建解纽时代。

收藏单位：国家馆、浙江馆

02977

中国经济史 马乘风著

上海：商务印书馆，1937.11，2 册（[14]+320+479 页），25 开（大学丛书 教本）

上海：商务印书馆，1939.8，再版，2 册（[14]+320+479 页），25 开（大学丛书 教本）

本书第 1 册共 4 编：殷商时代、西周时代、春秋时代、战国到秦末。附从西周到隋初之经济简史。为著者 1935 年南京版《中国经济史》第 1 册的增订本。第 2 册共两编：汉代政治经济之史的发展、汉代纯经济过程之横剖。

收藏单位：重庆馆、东北师大馆、甘肃馆、广东馆、广西馆、国家馆、湖南馆、江西馆、辽大馆、南京馆、内蒙古馆、宁夏馆、山西馆、陕西馆、上海馆、首都馆、西南大学馆

02978

中国经济史（第 1 册） 马乘风著

南京：中国经济研究会，1935.5，[18]+556 页，22 开（中国经济研究会丛书）

本书共 4 编：西周时代、春秋时代、战国时代、诸家批判。

收藏单位：重庆馆、东北师大馆、国家馆、近代史所、南京馆、上海馆、首都馆

02979

中国经济史大纲 吴贯因编著

[沈阳]：东北大学出版部，[1923—1949]，204 页，16 开

本书内容包括：经济历史与经济行为、经济之演进、衣食住之进化、经济时期之划分、自然时代、牧畜时代、农业时代、小工业时代、大工业时代、商业之历史、经济进化之蝉联、受地理之影响等。

收藏单位：东北师大馆

02980

中国经济史大纲 周木钧著

上海：立信会计图书用品社，1948.9，82 页，32 开

本书分 11 章论述唐虞、夏商、西周、春秋、战国、嬴秦、西汉、东汉、三国两晋南北朝、隋唐、宋元时代经济发展状况。

收藏单位：重庆馆、国家馆、上海馆、天津馆

02981

中国经济史概要 李权时著

[上海]：中国联合出版公司，1944，217 页，32 开

本书共 15 部分，内容包括：我们为什么要研究经济史尤其是中国经济史、中国经济史究应自何时研究起等。

收藏单位：国家馆、吉林馆、南京馆、上海馆、中科图

02982
中国经济史纲　朱伯康　祝慈寿著
上海：商务印书馆，1946.11，239页，25开（国立中央大学经济学会丛书）
上海：商务印书馆，1947.2，再版，239页，25开（新中学文库）（国立中央大学经济学会丛书）

本书共4编：上古经济、中古经济（上、下）、近代经济。开篇有导论，论述中国历史和经济史各发展阶段的划分问题。

收藏单位：安徽馆、长春馆、重庆馆、东北师大馆、广东馆、广西馆、贵州馆、桂林馆、国家馆、河南馆、黑龙江馆、湖南馆、江西馆、辽大馆、辽东学院馆、辽宁馆、辽师大馆、柳州馆、南京馆、内蒙古馆、宁夏馆、山西馆、上海馆、首都馆、天津馆、浙江馆、中科图

02983
中国经济史稿　李剑农编
新中国书局，1943.1，2册

本书分殷周之际及周代前期、周代后期、两汉时代等阶段介绍中国经济。

收藏单位：湖南馆、南京馆、浙江馆

02984
中国经济史研究　郑合成著
出版者不详，[1943]，[17+523]页，36开

本书共4篇：中国经济生活的起始及其发展、中国封建制度之完成及其转变、政治与经济循环消长的时代、中国经济平衡的破裂时代。

收藏单位：南京馆

02985
中国经济史眼（一名，中国经济史概论）　吴贯因著
上海：联合书店，1930.5，170页，32开

本书共11章，内容包括：经济行为、衣食住之进化、自然时代、牧畜时代、大工业时代、经济进化之蝉联等。

收藏单位：安徽馆、重庆馆、广东馆、广西馆、桂林馆、国家馆、河南馆、湖南馆、江西馆、近代史所、南京馆、山西馆、上海馆、天津馆、西南大学馆、浙江馆、中科图

02986
中国经济危机及其前途　朱其华著
上海：新生命书局，1932.9，492页，25开

本书共6章："农村大破产与全国饥荒""绿色恐怖——匪灾的普通与严重""黑色恐怖——鸦片流毒的深度""工商业衰落与金融危机""财政危机""中国经济的前途"。为《中国社会的经济结构》的姊妹篇。

收藏单位：重庆馆、东北师大馆、广东馆、广西馆、贵州馆、桂林馆、国家馆、吉林馆、江西馆、辽大馆、天津馆、浙江馆

02987
中国经济问题　李天民编
中央陆军军官学校成都分校政训科，[1940—1949]印，52页，32开

本书共5章：前言、现阶段中国经济的畸形状态、中国经济的恐慌与危机、建设中国经济的前提、建设中国经济的方策。

收藏单位：重庆馆、国家馆、河南馆

02988
中国经济问题　卢勋编
上海：天坛书店，1936.8，56页，32开

本书内容涉及中国贸易、重工业、轻工业、农业等方面的经济状况与建设方法等。为作者在中央军校成都分校及1936年度四川学生集训时，讲授中国经济问题的讲稿。

收藏单位：重庆馆、广东馆

02989
中国经济问题　王滨海等著
出版者不详，[1911—1949]，1册，22开

本书收录《中国经济问题讲义》（王滨海）、《国际经济教授大纲》（高信）、《国际经济讲演集》（傅胜蓝）等。

收藏单位：重庆馆、广东馆

02990
中国经济问题　王云五　李圣五主编

上海：商务印书馆，1933.12，63 页，50 开（东方文库续编）
上海：商务印书馆，1934.4，再版，63 页，32 开（东方文库续编）

本书为东方杂志社三十周年纪念刊。收文两篇：《土地分配问题》（诸青来）、《中国经济上的根本问题》（马寅初）。

收藏单位：重庆馆、大庆馆、东北师大馆、广东馆、国家馆、河南馆、黑龙江馆、湖南馆、辽大馆、南京馆、内蒙古馆、宁夏馆、上海馆、天津馆

02991
中国经济问题　张克林讲述
中央航空学校，1935.3，194 页，24 开

本书共 7 章，内容包括：中国经济之一般考察、中国金融与财政问题、中国农村经济问题、工商经济与贸易问题、中国交通经济问题等。

收藏单位：重庆馆

02992
中国经济问题　中国经济学社编
上海：商务印书馆，1929.3，363 页，22 开（中国经济学社社刊第 1 卷）
上海：商务印书馆，1929.11，再版，363 页，22 开（中国经济学社社刊第 1 卷）
上海：商务印书馆，1932.10，国难后 1 版，363 页，22 开（中国经济学社社刊第 1 卷）
上海：商务印书馆，1932，再版，363 页，22 开（中国经济学社社刊第 1 卷）

本书从土地经济、财政、金融货币、地方经济、交通经济等方面介绍中国经济的问题。

收藏单位：安徽馆、重庆馆、广西馆、贵州馆、国家馆、湖南馆、吉林馆、江西馆、近代史所、辽大馆、南京馆、宁夏馆、山西馆、上海馆、天津馆、浙江馆

02993
中国经济问题
出版者不详，1937，176 页，32 开（政治训练教材 7）

收藏单位：湖南馆、近代史所

02994
中国经济问题纲要　李权时著
上海：世界书局，1927.8，75 页，32 开
上海：世界书局，1929，2 版，76 页，32 开

本书共 9 章，内容包括：社会经济问题、政治经济或财政问题、金融经济问题、交通经济问题等。

收藏单位：重庆馆、广东馆、广西馆、国家馆、湖南馆、江西馆、南京馆、首都馆、浙江馆

02995
中国经济问题讲话　钱俊瑞等著
上海：新知书店，1937，101 页，32 开（新知丛书 第 1 辑 7）
汉口：新知书店，1938.8，101 页，32 开（新知丛书 第 1 辑 7）

本书收录《目前研究中国经济的目标》（钱俊瑞）、《列强对华投资问题》（徐雪寒）、《中国金融问题》（骆耕漠）、《中国财政问题》（姜君辰）、《中国工业问题》（徐雪寒）、《中国农业问题》（王渔邨）、《中国交通问题》（骆耕漠）等。

收藏单位：安徽馆、重庆馆、东北师大馆、广东馆、贵州馆、国家馆、江西馆、近代史所、南京馆、西南大学馆、浙江馆

02996
中国经济问题教程　绥靖区乡镇干部训练委员会编
绥靖区乡镇干部训练委员会，[1947]，84 页，32 开

本书为青年军各师绥靖区乡镇干部训练班政治教程。共两部分：说明、中国经济问题讲授纲要。附论文 6 篇：《经济建设之理论根据》（朱伯康）、《中国经济建设概论》（翁文灏）、《中国战后农村工业化问题》（顾翊群）、《论农业经济建设》（朱伯康）、《农业经济改进问题》（汪扬时）、《论工业经济建设》（朱伯康）。

收藏单位：国家馆、河南馆、近代史所

02997

中国经济问题研究　严灵峰著

上海：新生命书局，1931.6，16+249 页，32 开

上海：新生命书局，1931.12，再版，16+249 页，32 开

本书共 3 部分："中国是资本主义的经济还是封建制度的经济?""再论中国经济问题""我们的反批评"。

收藏单位：重庆馆、东北师大馆、广东馆、广西馆、国家馆、黑龙江馆、近代史所、辽大馆、南京馆、宁夏馆、上海馆、天津馆、浙江馆

02998

中国经济问题之研究　金国宝著

上海：中华书局有限公司，1935.6，[12]+252 页，22 开（社会科学丛书）

本书收录著者发表在报刊上的文章 22 篇，涉及币制、财政、金融及票据、银行立法、经济政策及经济建设等问题。

收藏单位：安徽馆、重庆馆、东北师大馆、广东馆、国家馆、黑龙江馆、湖南馆、吉林馆、江西馆、辽宁馆、南京馆、内蒙古馆、上海馆、首都馆、天津馆、西南大学馆、浙江馆

02999

中国经济现况综论　王也愚著

新中国建设出版社，1948.6，92 页，32 开

本书共 8 章，内容包括：现阶段的中国经济、中国农业经济之重要性、中国工业之现况等。

收藏单位：南京馆、上海馆

03000

中国经济现势讲话　千家驹著

香港：经济资料社，1947.5，99 页，32 开

本书收文 12 篇，内容包括：《一九四六年中国经济的总结》《外汇汇率问题》《论美金库券公债的发行》等。

收藏单位：重庆馆、广东馆、广西馆、国家馆、吉林馆、南京馆、上海馆、浙江馆

03001

中国经济现势讲话　孙怀仁等著

上海：申报月报社，1935.1，155 页，32 开（申报月刊社丛书 8）

上海：申报月报社，1935.3，再版，155 页，32 开（申报月刊社丛书 8）

上海：申报月报社，1937.2，4 版，增订本，192+38 页，32 开

本书为论文集。内容包括：《中国经济现势概观》（孙怀仁）、《中国财政金融之现势》（章乃器）、《中国国内外贸易与国际收支的状况》（武堉干）、《工业》（中国经济情报社）、《农业现状》（中国经济情报社）、《交通》（中国经济情报社）、《列强在华经济势力》（中国经济情报社）、《中国国民经济的出路》（钱亦石）。增订本附《中国经济建设之路何在》《中国钢铁业的过去现在和将来》。

收藏单位：安徽馆、重庆馆、东北师大馆、广东馆、贵州馆、国家馆、湖南馆、近代史所、辽大馆、南京馆、宁夏馆、上海馆、首都馆、天津馆、浙江馆、中科图

03002

中国经济小史　霍本智　宋文炳编译

北平：文化学社，1932.6，88 页，32 开

本书共 8 部分：人口、农业、土地制度、商业、工艺、外国贸易、货币、概观。附参考书。

收藏单位：国家馆、河南馆

03003

中国经济学社第八次年会指南　中国经济学社编

中国经济学社，[1931]，[84] 页，32 开

本书内容包括：会议日程、经济学社年会论文题目、经济学社年会演讲题目、中国经济学社社员录、修正中国经济学社社章草案等。所述年会于 1931 年 9 月召开。

收藏单位：宁夏馆

03004

中国经济学社第十届年会指南　中国经济学社编

中国经济学社，[1933]，[30] 页，32 开

本书所述年会于 1933 年 8 月在山东大学举行。

收藏单位：上海馆

03005

中国经济学社第十一届年会指南 中国经济学社编

湖南省政府，1934.8，[92] 页，32 开，精装

本书所述年会于 1934 年 8 月在湖南大学召开。

收藏单位：上海馆

03006

中国经济学社社员录 中国经济学社编

上海：黎明书局，1932.9，56+48 页，窄 32 开

03007

中国经济学社一览 吴肖园编述

中国经济学社，[1935.12]，92 页，22 开

本书共 8 部分，内容包括：本社略史、社章、本社刊物、社员著作等。

收藏单位：东北师大馆、国家馆、南京馆、上海馆、浙江馆

03008

中国经济学社一览 中国经济学社编

中国经济学社，1930，52+17 页，22 开

中国经济学社，[1930—1949]，[116] 页，23 开

本书介绍该学社自 1923 年成立至 1930 年间的发展概况。内容包括：中国经济学社略史、中国经济学社社章、中国经济学社上海分社社章程、中国经济学社杭州分社社章草案等。

收藏单位：国家馆、天津馆

03009

中国经济研究 方显廷编辑

长沙：商务印书馆，1938.2，2 册（[14]+1204 页），22 开，精装（南开大学经济研究所丛书）

长沙：商务印书馆，1938.9，再版，2 册（[14]+1204 页），22 开，精装（南开大学经济研究所丛书）

本书共 8 编：一般经济、农业、土地、合作、工业金融、财政、贸易、交通。

收藏单位：重庆馆、广东馆、广西馆、贵州馆、国家馆、黑龙江馆、吉林馆、辽大馆、辽宁馆、辽师大馆、南京馆、上海馆、首都馆、浙江馆

03010

中国经济研究绪论 任曙编

上海：神州国光社，1932.12，修订版，[60]+339 页，25 开

本书共 7 章：绪论、各派述评、帝国主义与中国经济、中国资本主义问题、中国农村经济问题与农民战争、各派错误的总清算、结论。

收藏单位：重庆馆、广东馆、桂林馆、国家馆、河南馆、吉林馆、辽宁馆、南京馆、宁夏馆、上海馆、浙江馆

03011

中国经济研究绪论 任曙著

[上海]：中国问题研究会，1931，25+425 页，32 开

收藏单位：重庆馆、东北师大馆、广东馆、国家馆、近代史所、上海馆、首都馆、天津馆、浙江馆、中科图

03012

中国经济与财政之出路 陈清初著

兰州：新生书店，1949，108 页，32 开

收藏单位：甘肃馆

03013

中国经济原论 王亚南著

福州：经济科学出版社，1946.1，280 页，32 开（中国学术丛书）

本书共 8 篇，内容包括：中国经济研究总论、中国商品与商品价值形态、中国工资形态、中国资本形态等。附《中国商业资本论》《中国商业资本与工业资本间的流通问题》《中国公经济研究》等。

收藏单位：东北师大馆、福建馆、广西馆、河南馆、吉林馆、江西馆、山西馆、上海馆、中科图

03014
中国经济原论 王亚南著
上海：生活书店，1947.10，314 页，22 开（新中国大学丛书）
上海：生活书店，1948.3，再版，314 页，22 开（新中国大学丛书）
香港：生活书店，1948，2 版，314 页，22 开
收藏单位：重庆馆、福建馆、广东馆、广西馆、国家馆、湖南馆、吉林馆、南京馆、宁夏馆、上海馆、首都馆、浙江馆

03015
中国经济政策 何孟吾著
出版者不详，[1911—1949]，油印本，1 册，16 开
收藏单位：南京馆

03016
中国经济政策论丛 寿勉成编著
南京：正中书局，1936.11，413 页，32 开，精装
本书收录作者于 1927 年起发表在报刊上的论文 26 篇，内容包括：《现代社会经济的体系及今后应有的统制》《计划经济与中国》《如何实行统制经济》等。
收藏单位：安徽馆、重庆馆、广东馆、国家馆、湖南馆、吉林馆、近代史所、辽宁馆、南京馆、上海馆、天津馆、浙江馆、中科图

03017
中国经济政治演进史 王志瑞著
上海：亚细亚书局，1935.5，176 页，32 开
上海：亚细亚书局，1936，再版，176 页，32 开
本书论述中国经济发展与政治制度改革、社会形态变迁的关系。分上、下两编：中国经济的演进、中国政治的演进。
收藏单位：重庆馆、广东馆、吉林馆、辽大馆、南京馆、上海馆、天津馆、西南大学馆、浙江馆

03018
中国经济政治演进史 王志瑞著
上海：中国文化服务社，1936.4，再版，176 页，32 开（基本知识丛书 1）
收藏单位：安徽馆、重庆馆、广西馆、国家馆、湖南馆、吉林馆、近代史所、天津馆

03019
中国经济之出路 施家溥等编
上海：圣约翰大学经济学会出版部，1946.6，22 页，32 开
本书收文 5 篇：《史密斯生平与学说》（李炳华）、《民主经济与经济民主》（张一凡）、《中国经济之出路》（马寅初）、《目前中国经济危机》（章乃器）、《国际货币基金与国际复兴银行》（冀朝鼎）。

03020
中国经济之危机
出版者不详，[1911—1949]，81 页，32 开（湖南省学生集中训练总队政治训练教材 6）
本书共 6 部分，内容包括：国际贸易中所呈现之危机、都市经济中所呈现之危机、财政中所呈现之危机等。
收藏单位：广东馆、湖南馆

03021
中国经济之症结与统制 方显廷著
天津：南开大学经济研究所，1936，[31] 页，16 开
本文分 3 部分论述中国经济之本质、症结与统制。为原载于《政治经济学报》的单行本。
收藏单位：重庆馆、南京馆

03022
中国经济志（安徽省宁国、泾县） 建设委员会经济调查所统计课编
杭州：建设委员会经济调查所，1936.8，52+66 页，16 开
本书收录有关两县沿革、疆域、山脉、

河流、土地、户口、行政区划、交通运输、农业、矿产、工业、商业、贸易、金融、财政、教育文化、社会等的资料。

收藏单位：重庆馆、国家馆、上海馆、首都馆、西南大学馆、浙江馆、中科图

03023

中国经济志（安徽省歙县、休宁县） 建设委员会经济调查所统计课编

杭州：建设委员会经济调查所，1935.5，106+80页，16开

收藏单位：重庆馆、广西馆、国家馆、近代史所、山西馆、上海馆、西南大学馆、浙江馆、中科图

03024

中国经济志（安徽省寿县、霍邱、六安、合肥、舒城、霍山六县合编） 建设委员会经济调查所统计课编

杭州：建设委员会经济调查所，1937.6，252页，16开

本书内容包括：土地篇、交通篇、农业篇、工业篇、商业篇、贸易篇、金融篇、财政篇、教育篇、社会篇等。

收藏单位：国家馆、湖南馆、上海馆、浙江馆

03025

中国经济志（江宁县、当涂县、芜湖县） 建设委员会经济调查所统计课编

杭州：建设委员会经济调查所，1935.1，84页，16开

收藏单位：重庆馆、近代史所、南京馆、上海馆、浙江馆、中科图

03026

中国经济志（南京市） 建设委员会经济调查所统计课编

杭州：建设委员会经济调查所，1934.8，244页，18开

收藏单位：重庆馆、广东馆、国家馆、河南馆、湖南馆、南京馆、上海馆、浙江馆、中科图

03027

中国经济志（浙江省嘉兴、平湖） 建设委员会经济调查所统计课编

杭州：建设委员会经济调查所，1935.8，[200]页，16开

本书附江苏省吴江县震泽镇经济概况。

收藏单位：重庆馆、国家馆、山西馆、上海馆、西南大学馆、浙江馆、中科图

03028

中国经济志（浙江省吴兴、长兴） 建设委员会经济调查所统计课编

杭州：建设委员会经济调查所，1935.2，114+74页，16开

收藏单位：重庆馆、国家馆、湖南馆、近代史所、上海馆、首都馆、西南大学馆、浙江馆、中科图

03029

中国经济诸问题 范子平著

保定：文化前哨社，1936，250页，32开（中国新文化丛书 第1种）

本书共6部分：总论、农村经济问题、财政问题、货币金融问题、实业问题、帝国主义与中国经济。

收藏单位：重庆馆、东北师大馆、国家馆、近代史所、浙江馆

03030

中国劳工生活程度 陶孟和著 中国太平洋国际学会编译

外文题名：Standard of living among Chinese workers

上海：中国太平洋国际学会，1932.8，21页，18开（中国太平洋国际学会丛书）

收藏单位：重庆馆、国家馆、南京馆、上海馆、浙江馆

03031

中国历代生计政策批评 马君武著

上海：中华书局，1930.11，82页，22开

上海：中华书局，1933.5，再版，82页，22开

本书共7部分，内容包括：井田制度、东

汉时代崇儒学用循吏劝农桑之效、王安石新法、历代河渠事业、清代铁路事业等。

收藏单位：重庆馆、东北师大馆、广东馆、广西馆、贵州馆、国家馆、黑龙江馆、湖南馆、吉林馆、江西馆、近代史所、辽大馆、辽宁馆、南京馆、内蒙古馆、山西馆、陕西馆、上海馆、首都馆、天津馆、西南大学馆、浙江馆、中科图

03032

中国历代食货志（一名，中国经济史料）（上篇）　大光书局编译所编辑

上海：大光书局，1936.1，[影印本]，[254]页，16开（史学丛书）

本书为文言体，加圈点。编录明代以前各朝正史中有关“食货”的记载，包括《宋史新编》《元史新编》中的食货志及《史记·平准书》《汉书·货殖列传》等。

收藏单位：安徽馆、广西馆、国家馆、湖南馆、辽大馆、南京馆、上海馆、西南大学馆

03033

中国领土内帝国主义者资本战　（日）长野郎著　丁振一译述

上海：联合书店，1929.10，364页，36开

本书共3部分：列强对华之经济政策、列强之对华贸易、列强之对华投资。著者原题：长野朗。

收藏单位：重庆馆、东北师大馆、广东馆、广西馆、国家馆、河南馆、湖南馆、吉林馆、江西馆、近代史所、内蒙古馆、上海馆、首都馆、西南大学馆、浙江馆、中科图

03034

中国门户开放问题　庄心在著

重庆：正中书局，1939.7，48页，32开（时代丛书）

本书共7部分：成为日本军阀尾巴的东京政界谬论、门户开放原则的重要涵义、理论上日本政策根本与门户开放原则不能相容、事实上日本正在积极进行关闭中国门户、中国抗战便在于维持门户开放原则、各国在华利益的估计与前途的认识、如何方足以维持门户开放原则。

收藏单位：重庆馆、东北师大馆、广东馆、贵州馆、桂林馆、国家馆、吉林馆、江西馆、辽宁馆、南京馆、上海馆、中科图

03035

中国民族自救之路

出版者不详，1934，120页，32开

收藏单位：广东馆

03036

中国农工生产五年计划商榷书　奚九如著

奚九如[发行者]，[1932.3]，11页，21开

收藏单位：上海馆

03037

中国农矿进化意见书　匡山寄叟著

上海进化书社，1934.12，26+10页，32开

本书内容包括：开放南部荒山（军队屯垦）、开浚北部水田（军队开浚）、结论等。

收藏单位：国家馆

03038

中国贫穷问题　柯象峰编著

南京：正中书局，1935.10，416页，25开（社会科学丛刊）

南京：正中书局，1937.3，再版，416页，25开（社会科学丛刊）

上海：正中书局，1947，416页，25开

本书共3编：贫穷之实况、贫穷原因之分析、贫穷之防治。附社会救济事业进行办法大纲草案等。

收藏单位：重庆馆、广东馆、广西馆、贵州馆、国家馆、湖南馆、吉林馆、南京馆、宁夏馆、上海馆、天津馆、浙江馆、中科图

03039

中国上古及中古经济史　吕振羽编

北平：中国大学，1936，368页，16开

本书按历史朝代论述中国古代经济发展过程。内容包括：“殷代的奴隶制度经济”“初期封建制底发展和封建领主的没落过程——

春秋战国"等。封面题名：中国上古经济史，书中题名：中国大学中国上古及中世经济史讲义。

收藏单位：重庆馆

03040
中国社会的经济结构　朱其华著
上海：新生命书局，1931.7，504页，22开
上海：新生命书局，1932.5，再版，504页，22开
上海：新生命书局，1934，3版，504页，23开

本书共10章，内容包括："绪论——中国社会究竟是什么社会""帝国主义对于中国经济的统治作用""帝国主义侵略中国的方法——与封建残余的相互关系"等。

收藏单位：重庆馆、东北师大馆、广东馆、广西馆、贵州馆、国家馆、湖南馆、辽大馆、南京馆、山西馆、陕西馆、天津馆、西南大学馆、浙江馆、中科图

03041
中国社会经济发展史　魏重庆著
出版者不详，[1911—1949]，268页，16开

本书共6章：绪论、商代社会经济、周代社会与经济、西汉时代的社会经济、魏晋南北朝时代的社会经济、隋唐时代的社会经济。

收藏单位：国家馆、首都馆

03042
中国社会经济改造问题研究　王亚南著
上海：中华书局，1949.7，[11]+198页，32开

本书共11章，内容包括：中国社会经济改造之路与中国社会经济改造研究之路、中国经济现况其特质及其研究方法、中国社会经济改造上的自然条件问题、中国社会经济改造上的技术问题、中国社会经济改造上的资本问题、中国社会经济改造上的生产力与生产关系的问题等。

收藏单位：东北师大馆、国家馆、吉林馆、辽大馆、首都馆、天津馆

03043
中国社会经济结构　何干之著
中国文化社，1939.3，150页，32开（中国文化社丛书 第5种）
中国文化社，1939.6，再版，150页，32开（中国文化社丛书 第5种）

本书共5章，内容包括：工业经济、中国金融财政、中国交通问题等。

收藏单位：重庆馆、东北师大馆、广东馆、广西馆、国家馆、黑龙江馆、吉林馆、近代史所、南京馆、山西馆、中科图

03044
中国社会经济史　（日）森谷克己著　陈昌蔚译述
上海：商务印书馆，1936.9，16+400页，32开（各国社会经济史丛书）
上海：商务印书馆，1937.2，再版，16+400页，32开（各国社会经济史丛书）
上海：商务印书馆，1937.3，3版，16+11+400页，32开（各国社会经济史丛书）
上海：商务印书馆，1937，4版，[30]+400页，32开（各国社会经济史丛书）
长沙：商务印书馆，1938.9，5版，16+400页，32开（各国社会经济史丛书）

本书共6篇：原始时代、"未成熟的"封建社会之成立时代、官僚主义的封建制之成立时代、均田制的成立时代、官僚主义的封建制之发展时代、官僚主义的封建制之完成及崩坏时代。

收藏单位：安徽馆、重庆馆、东北师大馆、福建馆、广东馆、广西馆、贵州馆、国家馆、黑龙江馆、湖南馆、吉林馆、江西馆、近代史所、辽大馆、南京馆、宁夏馆、山西馆、上海馆、首都馆、天津馆、西南大学馆、浙江馆、中科图

03045
中国社会经济史　（日）森谷克己著　孙怀仁译
上海：中华书局，1936.11，14+320页，22开，精装
上海：中华书局，1941. 3，再版，[18]+320页，23开
上海：中华书局，1949.8，3版，[18]+320页，

23 开

收藏单位：安徽馆、重庆馆、东北师大馆、广东馆、国家馆、河南馆、黑龙江馆、湖南馆、吉林馆、江西馆、辽大馆、辽宁馆、南京馆、内蒙古馆、山西馆、天津馆、西南大学馆、浙江馆、中科图

03046

中国社会经济史纲　王渔邨著

上海：生活书店，1936.7，[20]+378 页，22 开

上海：生活书店，1937.3，再版，[20]+378 页，22 开

重庆：生活书店，1939.8，3 版，[20]+378 页，32 开

本书共 7 编，内容包括：绪论、原始时代、初期封建社会成立时代等。

收藏单位：安徽馆、重庆馆、东北师大馆、广东馆、广西馆、贵州馆、国家馆、河南馆、黑龙江馆、湖南馆、吉林馆、江西馆、辽大馆、南京馆、首都馆、天津馆、西南大学馆、浙江馆、中科图

03047

中国社会经济史论文稿（第 1 辑）　吴云端著

出版者不详，[1936—1949]，剪贴本，1 册，16 开

本书收文 16 篇，内容包括：《汉代的黄金》《三国时代的货币》《魏晋南北朝时代人民的经济生活》《唐代官僚资本的蓄积》《隋唐时代都市与商业的盛衰》等。

收藏单位：国家馆

03048

中国社会经济史论文稿（第 2 辑）　吴云端著

出版者不详，[1940—1949]，剪贴本，1 册，16 开

本书收文 22 篇，内容包括：《宋代土地分配问题》《宋代农民之诸种相》《明代的社会组织》《明代田赋概述》《清代米价》《清代金融机关》等。

收藏单位：国家馆

03049

中国社会经济史研究的总成绩及其待决问题　陈啸江著

广州：国立中山大学法学院，1937.1，58 页，16 开

本书对近十年中国社会经济史的研究情况进行总结。为《社会科学论丛季刊》第 3 卷第 1 期抽印本。

收藏单位：国家馆

03050

中国社会现状概况　张景远编

浙江十中附小周报社，1931.6，40 页，小 32 开

收藏单位：南京馆

03051

中国生产促进会上海分会成立一周年纪念特刊　中国生产促进会上海分会编

中国生产促进会上海分会，[1947]，26 页，16 开

本书收文 9 篇，内容包括：《今后努力的方向》（毛庆祥）、《一年来会务之回顾与展望》（毛圣栋）、《开放日本对外贸易我国厂商将再遇厄运》（盛公恕）、《节约建国与心理建设》（寿贤襄）等。附本会会员厂商介绍、本会各省市分会一览表。

收藏单位：国家馆

03052

中国生产促进会章程　[中国生产促进会][中国生产促进会北平分会编]

重庆：中国生产促进会，[1943]，12 页，36 开

本章程内容包括：定名、宗旨、会址、会员等。附中国生产促进会北平分会章程。于 1943 年 11 月 4 日第三届会员大会通过实行。

收藏单位：国家馆

03053

中国生产促进会章程·农村改进委员会章程　中国生产促进会编

重庆：中国生产促进会，[1943]，22 页，36

开，环筒页装

本书为合订本。

收藏单位：重庆馆、国家馆、上海馆

03054

中国施行统制经济政策之商榷（中国经济学社第十一届年会论文） 邓峙冰著

[中国经济学社]，1934.8，18页，32开

本书通过分析棉纺织业的实际情况，说明中国经济施行统制的困难，并提出适合中国国情的经济政策。

收藏单位：上海馆

03055

中国实业的现状及产业落后的原因 廖仲恺编

上海：大东书局，1929.1，1册，32开（党治训育丛书 第2辑 第10种）

本书收录《中国实业的现状及产业落后的原因》（廖仲恺）、《大战前后之欧美实业状况》（邵元冲）等。

收藏单位：上海馆

03056

中国实业问题 吴承洛讲述

中央政治学校，[1929—1946]，168页，16开

收藏单位：南京馆

03057

中国实业要论 金廷蔚著

上海：商务印书馆，1925.10，183页，25开

本书共21章，内容包括：蚕丝及丝织物业、茶业、钢铁业、煤矿业、石油业、毛织业、制糖业等。

收藏单位：重庆馆、广西馆、国家馆、河南馆、湖南馆、吉林馆、江西馆、辽师大馆、南京馆、内蒙古馆、上海馆、首都馆、天津馆、浙江馆

03058

中国实业志 实业部国际贸易局编

实业部国际贸易局，1933—1937，5册，22开，精装

本套书为全国实业调查报告成果。调查内容包括江苏、浙江、山东、湖南、山西5省的历史沿革、自然环境、经济概况等。

收藏单位：安徽馆、重庆馆、大庆馆、东北师大馆、广东馆、广西馆、贵州馆、国家馆、黑龙江馆、湖南馆、江西馆、近代史所、辽大馆、辽东学院馆、辽宁馆、南京馆、内蒙古馆、宁夏馆、山西馆、上海馆、首都馆、天津馆、西南大学馆、浙江馆、中科图

03059

中国统制经济论 罗敦伟著

上海：新生命书局，1934.5，467页，25开（中国社会问题研究会丛书1）（新生命高等文库）

上海：新生命书局，1935.9，再版，468页，22开（中国社会问题研究会丛书1）

本书共15章，分上、下两编：通论、各论。上编内容包括：统制经济基础理论、世界统制经济的动向、中国经济构造的特质、中国统制经济的必然性、中国统制政策的纲领、统制经济实施的程序等；下编内容包括：农村复兴与统制政策、钢铁铜及石油的统制、发展机械工业计划等。附《苏俄统制经济的实施》（宗华）、《最近美国产业复兴运动》（谢劲健）。

收藏单位：安徽馆、重庆馆、东北师大馆、广东馆、桂林馆、国家馆、黑龙江馆、湖南馆、江西馆、近代史所、辽大馆、南京馆、山西馆、上海馆、天津馆、西南大学馆、中科图

03060

中国统制经济问题 罗敦伟讲演 彭加礼笔记

罗敦伟，1936.5，18页，16开

本书共3部分：导言、中国统制经济的条件问题、统制的实施问题。

收藏单位：国家馆、南京馆

03061

中国统制经济政策的新纲要 郑江南著

国魂书店，1938，27页，25开（国论经济丛刊61）

本书收录农业、工业、商业3方面的统制政策。

收藏单位：国家馆

03062

中国西北部之经济状况　（苏）克拉米息夫（V. Karamyshev）著　王正旺译

外文题名：Mongolia and western China: social and economic study

上海：商务印书馆，1933.7，19+224页，22开（实业丛书）

上海：商务印书馆，1934.4，再版，19+223页，22开（实业丛书）

上海：商务印书馆，1935.6，3版，19+223页，22开（实业丛书）

本书共8章，内容包括：蒙甘新为进出口之市场、蒙甘新之贸易中心、中国之西部、运输问题等。

收藏单位：安徽馆、重庆馆、东北师大馆、广东馆、贵州馆、国家馆、河南馆、黑龙江馆、湖南馆、吉林馆、江西馆、辽大馆、辽宁馆、南京馆、宁夏馆、山西馆、上海馆、首都馆、天津馆、西南大学馆、浙江馆

03063

中国现代经济史　施复亮撰著

上海：良友图书印刷公司，1932.3，12+404页，22开（现代中国史丛书）

本书共9章，内容包括：帝国主义与中国经济、近代企业底发展过程、近代交通底发展、近代工业底发展等。

收藏单位：安徽馆、重庆馆、广西馆、国家馆、吉林馆、近代史所、辽大馆、辽宁馆、南京馆、首都馆、天津馆

03064

中国新经济政策　关础君著

广州：经济研究社，1948.10，42页，32开

本书为经济建国研究试用书。共4章：我国经济概论、三十年来我们经济政策检讨、新经济政策应具备的条件、政策的实施应有计划。附抗战建国论文。

收藏单位：广西馆

03065

中国新经济政策　吴鼎昌著

天津：国闻周报社，1927，50页，22开

天津：国闻周报社，1928.1，增改再版，150页，22开（国闻周报社丛书2）

天津：国闻周报社，1931，3版，150页，32开（国闻周报社丛书2）

本书共5章：总论、生产、分配、结论、附论。附创设中国经济议会、新金融制度。著者原题：前溪。

收藏单位：安徽馆、重庆馆、东北师大馆、广东馆、国家馆、河南馆、湖南馆、南京馆、上海馆、首都馆、浙江馆

03066

中国新经济政策刍议　寿勉成著

[南昌]：金融与合作出版社，[1911—1949]，18页，32开

收藏单位：南京馆

03067

中国新事业之一斑

出版者不详，1915，128页，32开

本书为中国工矿交通事业摄影集，供美国巴拿马万国博览会宣传用。

03068

中国应有之五年经济建设计划　郑元瑞著

[南京]：金陵日报社，1937.5，16页，16开（金陵日报丛书1）

本书共3篇：计划原则及应用方法、中国应有之五年经济建设计划大纲、按年进度之计划。第2篇主要分土地、劳力、资本运筹等方面。

收藏单位：国家馆

03069

中国与国联技术合作　沈立人著

上海：生活书店，1933.10，54页，36开（时事问题丛刊11）

本书共4部分：中国与国联技术合作之经过、日本之反对技术合作、技术合作与国联、技术合作与中国。

收藏单位：重庆馆、国家馆、湖南馆、南京馆、上海馆、浙江馆

03070
中国战后经济建设计划 张圣奘著
出版者不详，[1945—1949]，油印本，103页，16开，环筒页装
本书共9部分，内容包括：交通计划、重工业计划、轻工业计划、土地政策及农业计划、财政计划及新金融政策、商业政策及国际贸易计划、保护华侨政策等。
收藏单位：重庆馆

03071
中国战后经济建设论文选辑 中央训练团编
中央训练团，1947，442页，32开（复员军官训练丛书1）
本书内容包括：《中国工业建设之途径》（蒋介石）、《中国经济建设之轮廓》（翁文灏）、《经济建设应有的准备》（伍启元）、《战后建设的经济》（吴大业）、《中国工业化之型式》（顾毓瑔）等。
收藏单位：国家馆、黑龙江馆、湖南馆、近代史所、辽宁馆

03072
中国战后经济问题研究 方显廷著
重庆：商务印书馆，1945.11，257页，25开
上海：商务印书馆，1946.2，257页，25开
上海：商务印书馆，1947.5，再版，257页，25开
本书收录南开大学经济研究所发表的有关论文24篇。分5编：国际经济与中国、经济政策、工业区位、币制外汇、对外贸易。
收藏单位：安徽馆、重庆馆、东北师大馆、广东馆、广西馆、贵州馆、桂林馆、国家馆、河南馆、黑龙江馆、湖南馆、江西馆、近代史所、辽大馆、辽宁馆、南京馆、上海馆、天津馆、西南大学馆、浙江馆、中科图

03073
中国战时的经济 邬竟成 张亦父著
中央陆军军官学校第三分校，[1928—1949]，68页，32开
本书分5章论述中国战时的财政、金融、粮食、贸易等问题。
收藏单位：重庆馆

03074
中国战时经济 关吉玉编著
重庆：国民政府军事委员会委员长行营，1936.10，20+658页，25开
本书共7编：中国战时财政、中国战时金融、中国战时粮食、中国战时贸易、中国战时公路运输、中国战时工业、中国战时统制机关之组织计划。
收藏单位：安徽馆、重庆馆、东北师大馆、广东馆、国家馆、湖南馆、吉林馆、江西馆、近代史所、南京馆、上海馆、中科图

03075
中国战时经济建设 沈雷春 陈禾章编著
上海：世界书局，1940.12，1册，32开
本书从农业、工业、矿业、交通4个方面分述我国在抗日战争期间的经济建设情况。
收藏单位：东北师大馆、广东馆、国家馆、湖南馆、南京馆、上海馆

03076
中国战时经济建设 中国国民党中央执行委员会训练委员会编辑
杭州：正中书局，1940.10，126页，32开
收藏单位：国家馆、江西馆、南京馆、浙江馆

03077
中国战时经济建设论 粟寄沧著
重庆：青年书店，1939.9，169页，32开
重庆：青年书店，1940，再版，169页，32开
本书共6章，内容包括：战时的工业建设、战时的农业建设、战时的交通建设等。附全国生产会议宣言等。
收藏单位：安徽馆、重庆馆、东北师大馆、广东馆、广西馆、贵州馆、国家馆、湖南馆、吉林馆、江西馆、南京馆、宁夏馆、上海馆、西南大学馆、浙江馆

03078

中国战时经济建设问题　中国国民党中央执行委员会训练委员会编

金华：国民出版社，1940.8，100页，32开

本书共5章：农业建设问题、工业建设问题、财政金融建设问题、交通建设问题、战区经济问题。书后有结语。附中国国民党第五届中央执行委员会第五次全体会议关于战时经济之重要决议、中国国民党第五届中央执行委员会第六次全体会议关于战时经济之重要决议。

收藏单位：安徽馆、重庆馆、广西馆、国家馆、江西馆、南京馆、上海馆、浙江馆

03079

中国战时经济建设问题　中国国民党中央执行委员会训练委员会编

中国国民党中央执行委员会训练委员会，1940，162页，32开

收藏单位：重庆馆、广西馆、贵州馆、国家馆、江西馆、浙江馆

03080

中国战时经济讲话　千家驹著

上海：开明书店，1939.12，167页，32开

本书共11讲，内容包括：什么叫做战时经济、中国战时经济的特征、大都市的沦陷并没有改变我持久战的经济条件、抗战中的中国农村经济、抗战中的中国工业、抗战中的中国对外贸易等。

收藏单位：重庆馆、广东馆、广西馆、贵州馆、国家馆、湖南馆、吉林馆、江西馆、近代史所、南京馆、宁夏馆、浙江馆、中科图

03081

中国战时经济教程　姜庆湘著

桂林：科学书店，1943.1，234页，32开

本书共11章，内容包括：战时经济的重要性、中日战时经济的比较、中国战时经济的几个特性、抗战以来的中国农村经济、中国战时经济的前途等。

收藏单位：重庆馆、广东馆、广西馆、国家馆、湖南馆、近代史所、南京馆、浙江馆

03082

中国战时经济论　卢勋编著　军需学校计政人员训练班编

军需学校计政人员训练班，1940，104页，36开

本书内容包括：战时工业论、战时农业论、战时交通论、战时金融论等。

收藏单位：安徽馆、重庆馆、南京馆

03083

中国战时经济特辑　叶笑山　董文中编辑

上海：中外出版社，1939.1，328页，16开

本书共10章：一般经济、战时之农业、战时之矿业、战时之工业、战时之商业、战时之金融、战时之财政、战时之对外贸易、战时之交通、战时之资源问题。

收藏单位：东北师大馆、国家馆、近代史所、辽宁馆、上海馆、中科图

03084

中国战时经济特辑（续编）　董文中编辑

上海：中外出版社，1940.1，474页，16开

收藏单位：重庆馆、东北师大馆、国家馆、近代史所、辽大馆、辽宁馆、上海馆、中科图

03085

中国战时经济问题　唐学乾编著

中央陆军军官学校第三分校，1940.3，50页，27开

本书共3部分：绪论、战时经济建设、战时经济防御。第2部分论述战时农业、工业、贸易、财政、金融、交通等方面的建设情况，第3部分论述日寇在金融、贸易、产业、税捐等方面对我国的侵犯、破坏及政府采取的对策等。

收藏单位：安徽馆、重庆馆、广东馆

03086

中国战时经济问题　中国国民党中央执行委员会训练委员会编

中国国民党中央执行委员会训练委员会，1943.12，126 页，32 开（训练教程 17）

本书共 9 章：绪论、战时工矿问题、战时农林问题、战时财政问题、战时金融问题、战时贸易问题、战时交通问题、战时物价问题、战地经济问题。

收藏单位：安徽馆、重庆馆、东北师大馆、广东馆、贵州馆、国家馆、吉林馆、辽宁馆、南京馆、浙江馆

03087

中国战时经济问题 中国问题研究会编

上海：中国问题研究会，1936，372 页，32 开（中国问题研究丛书 2）

本书共 3 部分：二次大战前夜之各国经济准备、战时经济问题在中国、欧战时各国之经济政策。

收藏单位：重庆馆、东北师大馆、广东馆、广西馆、贵州馆、国家馆、近代史所、山西馆、天津馆、西南大学馆

03088

中国战时经济问题研究 粟寄沧著

桂林：中新印务股份有限公司出版部，1942.11，276 页，32 开（中国战时经济问题研究丛书）

本书收文 18 篇，内容包括：《今后的经济建设》《国营实业与战时经济建设》《战时中国工业建设的途径》《吾国战时工业建设的回顾与前瞻》《论战时粮食管理政策》《论战时租税政策》《论战时盐专卖制的实施》等。

收藏单位：重庆馆、广东馆、广西馆、贵州馆、桂林馆、国家馆、湖南馆、吉林馆、江西馆、南京馆、上海馆

03089

中国战时经济政策 曹贯一著

长沙：商务印书馆，1939.11，148 页，32 开

长沙：商务印书馆，1940.12，再版，148 页，32 开

本书共 13 章，内容包括：战时经济政策的意义及必要性、战时经济政策的原理与执行、对日抗战与我国经济政策、战时财政政策、战时金融政策、沦陷区经济政策等。

收藏单位：重庆馆、广东馆、广西馆、国家馆、湖南馆、南京馆

03090

中国战时经济之检讨 中央电讯社出版委员会编

出版者不详，1944，70 页，32 开

本书为中央电讯社《时事通信》第 25 期抽印本。

收藏单位：广东馆

03091

中国战时经济志 陈禾章等编著

上海：世界书局，1941，[1146] 页，32 开，精装（中国金融年鉴社丛书）

本书共 7 章：中国战时的经济政策、中国战时的财力动员、中国战时的金融政策、中国战时的产业动员、中国战时的交通建设、中国战时的贸易状况、中国战时的社会生活。附中国战时法规、中国战时重要经济文献、中国战时重要经济统计。

收藏单位：东北师大馆、国家馆、辽大馆、南京馆、上海馆

03092

中国战时生产促进会缘起及章程 中国战时生产促进会编

重庆：中国战时生产促进会，[1938—1949]，15 页，36 开

本书附中国战时生产促进会团体会员入会表。

收藏单位：重庆馆、南京馆

03093

中国战时资源问题 胡庶华著

[重庆]：青年书店，1938.8，124 页，32 开

重庆：青年书店，1939.12，再版，124 页，32 开

收藏单位：重庆馆、广东馆、广西馆、贵州馆、国家馆、湖南馆、吉林馆、江西馆、近代史所、南京馆、山西馆、上海馆、西南大学馆、浙江馆

03094
中国之经济地位统计图　社会调查所编制　陶孟和　杨西孟审定
北平：社会调查所，1931，1 册，横 16 开
北平：社会调查所，1933，再版，1 册，横 16 开

本书共 7 部分：人口及土地、富源及出产、工业、交通、对外贸易、财政及金融、外人投资。

收藏单位：重庆馆、广东馆、国家馆、河南馆、湖南馆、江西馆、南京馆、上海馆、首都馆、浙江馆、中科图

03095
中国之农业与工业　（英）陶内（R. H. Tawney）著　陶振誉编译
南京：正中书局，1937.3，229 页，25 开（社会科学丛刊）

本书为著者应太平洋国际学会及国联教育考察团委托编写的调查研究报告。共 6 章：导言、农业组织、农民问题、农村发展之可能性、新旧工业制度、政治与教育。

收藏单位：重庆馆、广西馆、贵州馆、国家馆、河南馆、江西馆、近代史所、南京馆、上海馆、浙江馆

03096
中国之指数　冯华年编
[天津]：南开大学经济学院，[1935]，[106] 页，16 开

本书共 4 节：中国指数之沿革、中国指数之分析、现仍续编之指数、现已停编之指数。原载于《经济统计季刊》第 1 卷第 4 期。

收藏单位：国家馆、辽宁馆、上海馆

03097
中国之资源　钱承绪编
上海：中国经济研究会，1940，320 页，16 开

本书收文 10 篇:《中国矿业调查报告》《中国之钨矿及其经营》《华锡之产销及世界锡市》《广东省各类矿产分布概况》《湖南锑矿及其经营概况》《中国桐油之产销》《四川盐业之检讨》《战前后中国之纺织业》《战时四川之棉业检讨》《广东三角洲蔗植调查报告》。

收藏单位：国家馆

03098
中国殖边社一览　中国殖边社编
上海：中国殖边社，[1931—1949]，31 页，32 开

本书内容包括：章则、计划书、志愿书等。

收藏单位：吉林馆、上海馆

03099
中国资本问题　李宏略著
曲江（韶关）：民族文化出版社，1942，74 页，32 开（青年丛书）

本书共 7 章，内容包括：资本问题的基本概念、资本的经济机能、欧美资本主义国家的资本问题等。

收藏单位：重庆馆、东北师大馆、国家馆、南京馆

03100
中国资本主义发达史　（日）长野郎著　胡雪译
上海：中华书局有限公司，1936.5，370 页，22 开（社会科学丛书）

本书共 6 章：引论、促进资本主义发达之主要原因、阻碍资本主义发达之主要原因、中国资本主义发达之实况、中国资本主义之特殊性、资本主义发达之将来。著者原题：长野朗。

收藏单位：重庆馆、东北师大馆、广东馆、广西馆、桂林馆、国家馆、黑龙江馆、湖南馆、吉林馆、辽宁馆、南京馆、内蒙古馆、宁夏馆、上海馆、天津馆、西南大学馆、浙江馆

03101
中国资本主义史　郭真著
上海：平凡书局，1929.9，94 页，32 开（平凡丛书 2）

本书共 4 章：绪论、中国资本主义之史的

发展、中国资本主义的现势、结论。

收藏单位：重庆馆、东北师大馆、国家馆、近代史所、南京馆、宁夏馆、上海馆、天津馆

03102

中国资本主义史 郭真著

上海：中学生书局，1933.2，94页，32开

收藏单位：重庆馆、湖南馆、西南大学馆

03103

中国资本主义之发展 朱其华著

上海：联合书店，1929.12，476页，25开

上海：联合书店，1930.2，2版，476页，25开

本书共11章，内容包括：近世资本主义的发端、中国产业落后及不能发展的原因、国内近代工业发展的趋势、农业经济的崩溃及其影响、关税制度的束缚、帝国主义操纵下的金融事业、世界资本主义的崩溃与中国资产阶级的幻灭等。著者原题：朱新繁。

收藏单位：安徽馆、重庆馆、东北师大馆、广东馆、国家馆、湖南馆、吉林馆、江西馆、近代史所、辽大馆、辽师大馆、南京馆、山西馆、上海馆、首都馆、天津馆、西南大学馆、中科图

03104

中华工商研究会章程 中华工商研究会编

上海：中华工商研究会，1917，12页，21开

03105

中华民国三十六年度资源委员会工作计划

资源委员会，1945.10，油印本，[162]页，16开

本书共两部分：行政部分工作计划、营业部分工作计划。第1部分含计划提要及计划表，第2部分分电力、煤业、石油、金属矿业等门类。

收藏单位：南京馆

03106

中华民国十八年湖南全省赋税国防警察司法统计概要 湖南全省地方自治筹备处编

湖南全省地方自治筹备处，1931，1册，9开（湖南全省地方自治筹备处调查报告4）

收藏单位：近代史所、首都馆

03107

中华民国十八年湖南全省农矿工商业统计概要 湖南全省地方自治筹备处编

湖南全省地方自治筹备处，1931，1册，横6开（湖南全省地方自治筹备处调查报告2）

本书全部为统计图表。分4部分：农业、矿业、商业、工业。附湖南各县农产东佃关系一览表、湖南各县外国人商业一览表。

收藏单位：国家馆、湖南馆、近代史所、首都馆

03108

中华民国十九年江苏省农矿行政报告 江苏省农矿厅编

江苏省农矿厅，1931.4，1册，16开

本书共7部分，内容包括：农业、蚕业、渔业、矿业等。为1930年江苏省政治工作总报告中的一部分。

收藏单位：国家馆、近代史所、上海馆

03109

中华民国政府与美利坚合众国政府间关于经济援助之协定 中华民国国民政府外交部编

中华民国国民政府外交部，1948.7，18+18页，18开

本协定共12条，有附件及换文。于1948年7月3日在南京签订，同日生效。

收藏单位：广东馆、国家馆、吉林馆、南京馆、上海馆

03110

中华民族自救救国计划 吴尊任著

出版者不详，[1911—1949]，44页，32开

本书收录著者草拟的中国经济开发计划及中华民族开发经济自救国会章程。

03111

中华游美实业团报告 农商部著

上海：商务印书馆，1916.8，70页，16开，

精装

本书内容包括：游程一览表、游程日记、团长张振勋致谢美国各商会演说词、美国二十五大都市及檀香山岛概况、纽约欢迎中华游美实业团纪事等。实业团由黄炎培、余日章、聂其杰等17人组成，游历时间为1916年5月3日至6月30日。

收藏单位：国家馆、南京馆、陕西馆、上海馆

03112

中美经济服务社　中国建设服务社编

上海：中国建设服务社，[1946]，10页，32开

本书内容包括：中美服务社简则、基本单位表和人员表等。

收藏单位：吉林馆

03113

中日财力之比较　刘大钧著

上海市民地方维持会交际组，[1932—1949]，16页，32开（国难小丛书）

本书概述日本财政、贸易、军费等情况，略及我国兵力、财力。

收藏单位：上海馆

03114

中日的经济关系（华北之部）　钱承绪编著

上海：中国经济研究会，1940.8，158页，18开

本书叙述日本对中国经济的侵略及在华北地区各行业中所设立的企业、公司情况。内容包括：序言、投资公司、金融业、仓库业、进出口业等。

收藏单位：国家馆

03115

中日华北经济提携（调查专报）

出版者不详，1935.11，147页，32开

本书为各报刊登载的有关短文汇编。

收藏单位：重庆馆

03116

中日经济关系论　郭真编译

上海：北新书局，1929.6，122页，32开

本书分上、下两篇。上篇内容包括：日本经济发展原因的消灭、日本精工业发展的困难等；下篇内容包括：从贸易上观察中日经济关系、中日间物品交换的状况等。据《日本经济的现状》（高桥龟吉）、《中日经济关系论》（长永正义）两文编译。

收藏单位：重庆馆、东北师大馆、广西馆、桂林馆、国家馆、河南馆、江西馆、近代史所、内蒙古馆、陕西馆、上海馆、浙江馆

03117

中日经济提携　骆耕漠著

上海：黑白丛书社，1937.3，65页，32开（黑白丛书2）

上海：黑白丛书社，1937.4，再版，65页，32开（黑白丛书2）

上海：黑白丛书社，1938，65页，36开（黑白丛书2）

收藏单位：安徽馆、重庆馆、东北师大馆、广西馆、贵州馆、国家馆、湖南馆、江西馆、近代史所、南京馆、内蒙古馆、上海馆、西南大学馆、浙江馆

03118

中日经济提携论　黄鹤著

兴亚社，1939.3，40页，32开（东亚新秩序丛书 第2辑）

本书共两部分：中日经济提携论、参考资料。

收藏单位：国家馆、南京馆

03119

中日经济战　刘耀燊著

曲江（韶关）：新建设出版社，1941.3，114页，32开（政治经济社会文化丛书）

本书共5章：中日的经济战争与经济战略、中日货币战、资源争夺战、其他方面的经济战、敌人经济战的失败与我们应有的对策。

收藏单位：重庆馆、广东馆、广西馆、国

家馆、南京馆

03120
中日战时经济之比较　陈安仁著
赣县（赣州）：中华正气出版社，1943.7，56页，32开
本书共4章：中日战时资源之比较、中日战时工业之观察、中日战时财政之比较、经济战争决定胜利的形态。
收藏单位：重庆馆、广东馆、湖南馆、江西馆、近代史所、南京馆、天津馆

03121
中日战争与中国经济　伍启元著
长沙：商务印书馆，1940.1，153页，36开
长沙：商务印书馆，1941，2版，153页，32开
本书共10部分，内容包括：中日战争与中国农业、中日战争与中国工业、中日战争与中国商业、中日战争与中国财政、论战时通货膨胀、中日战争与中国外汇等。
收藏单位：重庆馆、广东馆、广西馆、贵州馆、桂林馆、国家馆、吉林馆、南京馆

03122
中日之战时资源问题　项江著
上海：今日出版社，1937.7，65页，32开（日本研究丛书2）
上海：今日出版社，1937.12，再版，52页，32开（日本研究丛书2）
本书共13部分，内容包括：战争和资源、吸血虫的日本、对华侵略的新纪录、华北石炭生产的现状等。
收藏单位：重庆馆、广东馆、贵州馆、桂林馆、国家馆、江西馆、南京馆、内蒙古馆、首都馆、浙江馆

03123
中山实业计划概要　黄旭初编著
上海：世界书局，1929.5，137页，42开（考试准备党义概要丛书）
收藏单位：重庆馆、国家馆、吉林馆、天津馆

03124
中山实业浅说　万扶风编
上海：中央图书局，1927.4，127页，32开
上海：中央图书局，1927.5，再版，127页，32开
收藏单位：重庆馆、广西馆、桂林馆、江西馆、南京馆、宁夏馆、上海馆、浙江馆

03125
中山先生实业计画图解　秦翰才编
昆明：中华书局，1940.5，49页，横10开（经济建设丛书）
本书附中山先生实业计画关系文件图解。
收藏单位：国家馆、南京馆、上海馆

03126
中外经济关系　外交评论社主编
南京：正中书局，1936.10，184页，32开（外交丛书）
本书收文8篇：《中国与各国之经济关系》（李权时）、《美国白银政策及对于我国之影响》（顾宝衡）、《美国提高银价对于中国经济之影响》（程绍德）、《最近二十年来日本对华贸易政策的分析》（武堉干）、《中法经济关系之鸟瞰》（袁钊）、《今日中国经济困难之主要症结》（赵兰坪）、《调整中外经济与挽救入超之方法》（徐佐）、《我国法币政策与对外贸易之展望》（胡善恒）。
收藏单位：重庆馆、贵州馆、国家馆、湖南馆、吉林馆、近代史所、南京馆、陕西馆、上海馆、天津馆、浙江馆、中科图

03127
中央国民经济计划委员会工作报告（中国国民党第五届中央执行委员会第二次全体会议）
出版者不详，1936.7，5页
本书共3部分：编制事项、征集及调查事项、会议事项。
收藏单位：近代史所

03128
中央暨各省市经济建设事业一览　国民经济建设运动委员会总会编辑

[南京]：国民经济建设运动委员会总会，1937.2，138页，22开（国民经济建设运动委员会总会乙种丛刊 第1册）

本书共3部分：交通、水利、实业。

收藏单位：广东馆、贵州馆、国家馆、近代史所、南京馆、上海馆、浙江馆

03129

中印公路之经济地理　严德一著

北平：中国边政协会，1947.10，50页，32开（边疆政教丛书）

本书共4部分：自然环境、人文概况、地方经济、外交与边疆问题。附中印路沿线人文概况简表、中印路沿线地方经济概况表、中印路沿线交通运输调查简表、中印公路测勘路线略图、中印公路测勘纵剖面缩图。

收藏单位：国家馆、中科图

03130

中原经济建设计划草案　中原供应所编

中原供应所，1947，31页，16开

本书共13部分，内容包括：缘起、河南经济概论、中原分区建设研究、河南物价与陇海铁路之关系、开封燃料供应研究及其应有措施等。

收藏单位：国家馆

03131

主要官僚资本企业　江南问题研究会编

江南问题研究会，1949.3，41页，32开（上海调查资料 商业篇1）

本书附联营企业。

收藏单位：内蒙古馆、上海馆

03132

驻美代表办事处三十五年度工作报告

出版者不详，[1946]，16页，16开

收藏单位：广东馆

03133

转变期的中国　何干之著

上海：[上海杂志公司]，1937.5，4版，144页，32开（当代青年丛书 第1辑）

上海：上海杂志公司，1937.9，5版，144页，36开

汉口：上海杂志公司，1938.2，6版，144页，32开（当代青年丛书 第1辑）

汉口：上海杂志公司，1938.6，7版，144页，32开（当代青年丛书 第1辑）

上海：上海杂志公司，1940.5，10版，144页，32开

本书共8章：本书的界限与任务、农村公社与封建经济的停滞、专制主义与手工业、中国资本主义的发展过程、在歧路上的中国经济、中国解放运动的特质、实践的动力与实践的联合、国难与统一救亡运动。

收藏单位：安徽馆、重庆馆、广西馆、贵州馆、国家馆、湖北馆、湖南馆、近代史所、南京馆、宁夏馆、山西馆、上海馆、首都馆、西南大学馆、中科图

03134

追击及反攻　严灵峰著

上海：曾献声[发行者]，1932.11，251页，32开（中国社会史论战丛书3）

本书对联共（布）在中国社会经济结构、革命的性质等问题上的理论观点进行攻击。共6部分：再论经济结构中之“领导”问题、“封建的剥削”与地租、资本主义化和殖民地化、革命的性质与所谓“非资本主义的前途”、新兴经济在哪里、买办的商业资本和一般的商业资本。

收藏单位：重庆馆、广东馆、桂林馆、国家馆、南京馆、首都馆、浙江馆

03135

资本主义国际与中国　章乃器编译

上海：申报，1933，87页，32开（申报丛书31）

本书共5章：绪言、资本主义的形态、资本主义当前的危机、资本主义的前瞻、资本主义国际间的矛盾与中国。

收藏单位：国家馆、湖南馆、江西馆、近代史所、上海馆

03136
资源及产业 东北物资调节委员会研究组编
沈阳：东北物资调节委员会，1947，2 册（174+136 页），25 开，精装（东北经济小丛书 1）
本书上册共 5 章：农业、林业、畜产、水产、关于开发之构想。下册分 3 编：总论、分论、结论。总论共 5 章：东北资源概要、东北产业概要、伪满之经济机构、统制方式、产业开发之阶段；分论共两章：重工业部门、轻工业部门；结论共两章：东北产业在我国所占之地位、东北产业开发之目标。
收藏单位：安徽馆、长春馆、重庆馆、东北师大馆、广东馆、国家馆、河南馆、黑龙江馆、吉林馆、辽大馆、辽东学院馆、辽师大馆、南京馆、内蒙古馆、宁夏馆、上海馆、天津馆、西南大学馆

03137
资源委员会答案
[资源委员会]，[1935—1949]，油印本，1 册，大 16 开
收藏单位：国家馆

03138
资源委员会答覆参政员询问案
[资源委员会]，[1935—1949]，油印本，15 页，大 16 开，环筒页装
收藏单位：国家馆

03139
资源委员会东北各事业主要人员录 资源委员会东北办事处编
资源委员会东北办事处，1948.8，12 页，16 开
收藏单位：南京馆

03140
资源委员会附属机关每月工作电报办法
[资源委员会]，[1935—1949]，重订版，75 页，16 开
收藏单位：广东馆、南京馆

03141
资源委员会工作报告
[资源委员会]，1947，油印本，123 页，16 开
收藏单位：南京馆

03142
资源委员会规章续编 资源委员会秘书处编
资源委员会秘书处，1939.9，油印本，4 册，16 开
收藏单位：广东馆、南京馆

03143
资源委员会及附属机关各单位及职员名称中英文对照表 [资源委员会编]
[资源委员会]，[1935—1949]，6 页，16 开
收藏单位：重庆馆

03144
资源委员会及附属机关组织章程规章索引 秘书处法制组编
[资源委员会]，1942.1，油印本，20 页，16 开
收藏单位：南京馆

03145
资源委员会经济研究所之沿革与现状 资源委员会编
资源委员会，1949.5，油印本，1 册，16 开
本书介绍资源委员会于统计处时期、经济研究室时期、经济研究所时期 3 个阶段的历史。共两部分：引言、余言。
收藏单位：广东馆

03146
资源委员会三十八年度营业概算及计划纲要 资源委员会编
资源委员会，[1949]，266 页，24 开
收藏单位：重庆馆

03147
资源委员会三十七年下半年度概算及施政计划纲要 资源委员会编

资源委员会，[1948—1949]，4 页，16 开
收藏单位：吉林馆

03148
资源委员会三十七年下半年度施政计划及概算 资源委员会编制
资源委员会，[1948—1949]，70 页，22 开
本书分 11 部分介绍电力事业、煤业、石油事业、金属矿业等经营情况。
收藏单位：广东馆、国家馆、江西馆、南京馆

03149
资源委员会三十七年下半年度营业概算及说明 资源委员会编制
资源委员会，[1948—1949]，40 页，22 开
收藏单位：重庆馆、广东馆、国家馆、吉林馆

03150
资源委员会台湾各事业工作简报 资源委员会台湾办事处编
[资源委员会台湾办事处]，1947.9，115 页，22 开
本书共 13 部分，收录台湾铜矿筹备处、台湾铝业公司筹备处等机构的工作简报。
收藏单位：上海馆

03151
资源委员会台湾各事业一览 资源委员会台湾办事处编
资源委员会台湾办事处，1947.10，31 页，25 开
本书大部分为表。附中央驻台机关一览表、台湾省政府所属各机关主要人员一览表、台湾省营各事业一览表。
收藏单位：国家馆

03152
资源委员会职员便览 资源委员会秘书处编
资源委员会秘书处，1944，14 页，36 开
本书介绍资源委员会的工作程序、纪律规定、福利待遇等。
收藏单位：重庆馆

03153
资源委员会职员暨附属机关主持人员录 资源委员会人事室编
资源委员会，1947.3，92 页，25 开
本书共两部分：本会之部、附属机关之部。本会之部内容包括：委员长、副委员长、委员等；附属机关之部内容包括：电业类、煤业类、石油类等。
收藏单位：国家馆、南京馆

03154
资源委员会职员录 资源委员会人事处编
资源委员会人事处，[1945.4]，90 页，32 开
收藏单位：国家馆

03155
资中与内江调查报告 中国农民银行总行编
中国农民银行总行，1936.5，42 页，18 开
本书内容包括：形胜、交通、治安、县政概况、经济、金融、农村、其他社会情形等。
收藏单位：国家馆

03156
自动节约与强制节约 夏忠群著
重庆：独立出版社，1941.1，58 页，32 开
本书共 7 章，内容包括：战时为什么要节约、战时节约的目的、何种物品的节约能够直接增加抗战力量、自动节约与强制节约等。附节约运动大纲。
收藏单位：安徽馆、重庆馆、广东馆、贵州馆、桂林馆、国家馆、吉林馆、近代史所、南京馆、上海馆、浙江馆

03157
自贡计划经济实验区建设意见书 邱致中著
川康建设协会，1940.12，86 页，窄 21 开
本书共 8 部分：导言、实验区之都市计划、实验区之工业计划、实验区之农业计划、实验区之商业计划、实验区之行政计划、实验区之文化计划、结语。
收藏单位：重庆馆、广东馆、国家馆、吉

林馆、南京馆

03158
自食其力的经济建设　黄钟讲
南京：京华印书馆，[1929]，36 页，32 开
收藏单位：国家馆、江西馆

03159
总裁经济建设言论概要　中央组织部编著
重庆：中央秘书处文化驿站总管理处，1941.4，60 页，32 开（组训丛书）
本书共 7 章，内容包括：经济建设之初步工作、国家经济建设、国民经济建设、战时经济建设等。附总裁有关经济建设言论 5 篇。
收藏单位：重庆馆、国家馆、河南馆、湖南馆、南京馆、内蒙古馆、浙江馆

03160
总理实业计划表解分图　项衡方编纂
永安（三明）[等]：改进出版社，1941.6，1 册，18 开（建设丛刊 1）
永安（三明）[等]：改进出版社，1941.8，再版，1 册，16 开（建设丛刊 1）
永安（三明）、沙县（三明）：改进出版社，1943.12，再版，1 册，16 开（建设丛刊 1）
本书收录表 13 种、图 20 幅，分两部分：表解之部、分图之部。
收藏单位：安徽馆、重庆馆、东北师大馆、福建馆、贵州馆、国家馆、湖南馆、江西馆、近代史所、南京馆、内蒙古馆、浙江馆

03161
总理实业计划研究会第四次谈话会　总理实业计划研究会编
总理实业计划研究会，1942，油印本，1 册，16 开，环筒页装
本书内容包括：讨论自动车基本数字案、讨论电讯基本数字案、讨论水利建设中水力部门基本数字案、讨论文化用品基本数字案等。该会议于 1942 年 4 月 7 日召开。
收藏单位：重庆馆

03162
总理实业计划要义　陈立夫讲
中央训练团，1941，23 页，32 开（中央训练团党政训练班讲演录）
中央训练团，1942.7，24 页，32 开（中央训练团党政训练班讲演录）
中央训练团，1943，23 页，32 开（中央训练团党政训练班讲演录）
本书共 4 部分：绪言、理论、内容、结论。
收藏单位：重庆馆、国家馆、吉林馆、南京馆

03163
总理实业计划之价值　田鹏著
武昌：民智书局，1929.4，76 页，32 开
本书共 6 章：总论、实业计划的内容概要、实业计划在军事上的价值、实业计划在经济上的价值、实业计划在政治上的价值、结论。
收藏单位：湖南馆、南京馆

03164
总理实业计划之研究　蒋静一著
重庆：国民图书出版社，1943.5，296 页，32 开（党义丛书）
本书共 7 章：概论、总理实业计划之面面观、实业建设的重心、中国实业开发几个很重要问题、交通建设、农业建设、工业建设。
收藏单位：重庆馆、东北师大馆、广东馆、广西馆、国家馆、湖南馆、吉林馆、近代史所、柳州馆、南京馆、上海馆、首都馆、天津馆、西南大学馆、浙江馆

03165
总理实业计画表解　欧阳缨编
武昌：亚新地学社，1929.5，石印本，53+11 页，18 开
武昌：亚新地学社，1931.5，再版，石印本，53+11 页，18 开
本书收录表 53 个，内容包括：实业计画译者题名表、实业计画分类表、篇首各节提要表、实业计画途径表、国营实业原则表等。

收藏单位：国家馆、湖南馆、近代史所、浙江馆

03166
总理遗教与国防经济　彭学沛讲述
国防研究院，1942.12，16页，32开
本书共15部分，内容包括：建国设计、平时经济与战时经济、国防中心、工业中心、国际交通、西北建设、自给自足政策和代用品、劳资仲裁、币制问题等。
收藏单位：南京馆

03167
总目序文　东北物资调节委员会研究组编辑
[沈阳]：东北物资调节委员会，[1947]，18页，32开（东北经济小丛书）
本书介绍东北经济小丛书所收录的图书20种，门类包括：资源及产业、人文地理、农产、林产、畜产、化学工业、水泥等。
收藏单位：重庆馆、东北师大馆、国家馆、黑龙江馆、吉林馆、辽宁馆、辽师大馆、南京馆、上海馆、天津馆

03168
最近汉口工商业一斑　张寿波编纂
上海：商务印书馆，1911.8，1册，16开，精装
本书共8章，内容包括：地理、交通、汉口之现在及将来、工业等。附汉口精制糖输入之研究等。
收藏单位：国家馆、近代史所

03169
最近华北新经济学概论　经济委员会编
经济委员会，1939，174页，32开
本书共8章：华北的自然环境、华北的社会环境、华北的国际环境、华北经济之历史的发展及其本质上之特征、华北农业、华北的工业、华北财政、华北经济恐慌的深刻化。
收藏单位：国家馆

03170
最近西南经济概观　（苏）鲍勃洛芙斯基著　叶树芳译
浙西民族文化馆，1941.8，42页，32开
本书收录著者访华报道3篇：《最近广西经济概观》《最近云南经济概观》《最近西康经济概观》。原载于苏联《世界经济与世界政治》杂志。
收藏单位：上海馆、浙江馆

03171
最近之东北经济与日本　王雨桐著
上海：新中国建设学会，1933.12，[328]页，22开（新中国建设学会丛书12）
[上海]：[新中国建设学会]，1934，[328]页，22开（新中国建设学会丛书12）
本书共9章，内容包括：日本人口过剩说之研究、日本对于殖民事业之野心、日本操纵东北财政之计划等。附日方所谓悬案之事实真相等。
收藏单位：重庆馆、广东馆、广西馆、国家馆、江西馆、近代史所、上海馆、首都馆、西南大学馆、浙江馆、中科图

03172
最近之经济建设　翁文灏讲
中央训练团党政训练班，1942.11，16页，32开（中央训练团党政训练班讲演录）
中央训练团党政训练班，1943，16页，32开（中央训练团党政训练班讲演录）
本书共4部分：引言、奖助工业法规之修订、后方工业之发展、经济管制。
收藏单位：重庆馆、贵州馆、国家馆、南京馆

03173
最新物质建设精解　白眉初著
北平：建设图书馆，1931.8，2册（440+506页），18开
本书诠释孙中山《建国方略》物质建设篇。书前有中山事略、中山自传、中山年表。
收藏单位：重庆馆、广东馆、国家馆、湖南馆、南京馆、上海馆、首都馆、天津馆

各国经济

03174
1946—1950苏联国民经济恢复和发展的五年计划图表　苏联国立政治文献出版局编　东北财经委员会调查统计处译绘
沈阳：东北新华书店，1949.9，45页，横8开，精装
本书内容包括：苏联国民经济复兴与发展的五年计划的基本任务、生产增长与基本建设计划、提高人民生活的物质与文化水准的计划、各加盟共和国国民经济恢复与发展的计划等。
收藏单位：广东馆、国家馆、近代史所、内蒙古馆

03175
保加利亚底经济发展　斯达罗杜勃夫斯卡亚著　冯犁译
北平：中外出版社，1949.9，36页，36开（新民主国家介绍丛书）
收藏单位：重庆馆、东北师大馆、广东馆、国家馆、山西馆、天津馆

03176
崩溃途中之敌国　史迈班编
第九战区司令长官司令部参谋处，1940，38页，32开
收藏单位：广东馆

03177
崩溃中的日本经济实况　孙筱默　陈希蕃著
广东省银行经济研究室，1938.9，107页，32开（广东省银行经济丛刊 第5种）
本书共8章：绪论、财政、金融、生产、贸易、物价、农工、结论。
收藏单位：重庆馆、国家馆、南京馆

03178
崩溃中之日本经济　独立出版社编辑
重庆：独立出版社，1939，59页，32开（战时综合丛书 第5辑）
本书共6章：现阶段日本财政经济的危机、日本产业构成的大动摇、崩溃中的日本中小商工业、战时日本的农村问题、日本物价问题的剖视、日本经济总崩溃的前夕。
收藏单位：重庆馆、国家馆、湖南馆、吉林馆、南京馆、中科图

03179
波兰计划经济　东北财经委员会调查统计处译
沈阳：东北财经委员会调查统计处，1949，36页，16开
本书论述波兰战后重建的各项工作。
收藏单位：重庆馆

03180
不断提高的苏联人民生活水准　（苏）布拉金斯基（Б. И. Брагинский）（苏）维庚齐耶夫（А. А. Викентьев）著　毕慎夫译
北平：五十年代出版社，1949，88页，32开
收藏单位：东北师大馆、国家馆、辽宁馆

03181
长期建设与日本国力
东洋文化研究所，1939.6，62页，32开
收藏单位：南京馆

03182
长期战与日本经济力　宣传部对敌宣传研究委员会编
宣传部对敌宣传研究委员会，1938.3，23页，25开（敌情研究资料 第1辑）
本书收录登载于《大公报》的文章两篇：《日本的经济力能作持久战吗?》（邵毓麟）、《日本经济上危机之解剖》（陈博生）。
收藏单位：贵州馆、国家馆、江西馆

03183
长期战争与日本经济　张白衣著
上海：黎明书局，1938.5，80页，32开
汉口：黎明书局，1938.6，80页，32开

本书共7章：长期战争与日本财政、长期战争与日本产业、长期战争与日本金融、长期战争与日本贸易、长期战争与日本资源、长期战争与日本证券、长期战争与日本民生。

收藏单位：重庆馆、广东馆、广西馆、贵州馆、国家馆、吉大馆、吉林馆、南京馆、浙江馆

03184

从经济立场检讨美日外交前途　钟朴生编著

航空委员会政治部，1939.12，31页，32开（政治丛书1）

本书共6部分：前言、美国对日投资之质量的研究、美日贸易中美棉输日之现状、日本生丝输美之倚赖性及其展望、美国军需资源及其出路问题、结论。

收藏单位：重庆馆、国家馆

03185

从苏俄建设想到孙总理的建国方略　胡汉民著

上海：华通书局，1933.5，107页，32开（华通讲座）（世界经济问题讲座 第1辑1）

本书共4部分：研究苏俄建设的意义、战时共产主义与新经济政策之检讨、五年计划的实际及其批判、五年计划与建国方略。

收藏单位：广西馆、国家馆、上海馆、浙江馆

03186

脆弱的日本　丞基著

上海：今日出版社，1937.7，42页，32开（日本研究丛书1）

上海：今日出版社，1937.12，再版，42页，32开（日本研究丛书1）

本书共8部分，内容包括：由日德协定说起、钢铁饥馑和军需工业、为什么要扩充生产力、日本的贸易景气、日本怎样依存中国等。

收藏单位：重庆馆、东北师大馆、广东馆、广西馆、贵州馆、国家馆、江西馆、南京馆、天津馆、西南大学馆

03187

大东亚共荣圈与经济繁荣之原则　陈际宪著

北京：新民印书馆，1944.12，191页，16开（大东亚丛书）

收藏单位：国家馆、吉大馆、吉林馆、南京馆

03188

大东亚经济建设原理　（日）谷口吉彦讲（日）长崎亨译

太平书局，1943.11，90页，32开

本书共10章，内容包括：世界战争的经济意义、帝国主义的批评、东亚集团经济的批评等。

收藏单位：国家馆

03189

大东亚民族解放战下之南方资源

上海：新闻报馆发行科，1944.5，53页，25开

收藏单位：安徽馆、国家馆

03190

大战后美国的经济　（苏）瓦尔加（E. C. Bapra）著　郭成信译

上海：世界学会，1930.3，51页，25开（世界学会丛书）

本书引用各种统计资料，从工农业、金融及资本输出等方面，分析研究第一次世界大战后，美国经济迅速发展的原因及其帝国主义的本质。共9部分，内容包括：美国财富的要素、美国的农业、自耕农和大工业家间的斗争、美国的工业等。

收藏单位：重庆馆、国家馆、南京馆、上海馆、天津馆、浙江馆

03191

大战前后欧洲之经济问题　（英）普赖斯（Philips M. Price）著　曹盛德译

北平：震东印书馆，1930.9，253页，32开（新民丛书1）

本书共13章，内容包括：英国工业史中过去之危机、大战前夜英国之资本输出、战

后解决生产危机之企图、战后解决债务问题之企图、新工业革命与国内市场等。

收藏单位：东北师大馆、国家馆、河南馆、南京馆、天津馆、西南大学馆

03192

大战以来的欧洲经济概况　（美）奥格（Frederic Austin Ogg）（美）沙普（W. R. Sharp）著　傅子东译

上海：乐群书店，1929，384+50+35页，32开

本书共6章，内容包括：战时的工业和海运、过去十年间的劳动经济、劳动运动和社会政治、战中和战后的财政问题等。著者“沙普”原题：沙尔蒲。

收藏单位：长春馆、重庆馆、东北师大馆、广东馆、国家馆、湖南馆、吉林馆、江西馆、近代史所、辽大馆、南京馆、上海馆、首都馆、天津馆、浙江馆、中科图

03193

大正十一年下关商业会议所统计年表

下关商业会议所，1922，56页，16开

收藏单位：国家馆

03194

德国重整军备与其经济情势　（日）圆地与四松著　萧启文译

北平：集文印书局，1935.6印，46页，32开

本书共7部分，内容包括：爆弹后之欧洲政局、德国国民失业与就业、德国救济事业与租税减免等。

收藏单位：国家馆

03195

德国的危机　（匈）伊凡·拉嘉斯（Ivan Lajos）著　伍叔民译

昆明：棠棣社，1940.4，151页，32开

本书共10章，内容包括：德国的计划、速战、食粮、军备工业、油、财政、美国等。附清算德意志、德国必败论。

收藏单位：重庆馆、贵州馆、国家馆、浙江馆

03196

德国国防经济　包可永讲述

国防研究院，1943.1，50页，32开

收藏单位：南京馆

03197

德国国家指导经济　（德）E. R. 斐勃著　龚积芝译

永安（三明）：改进出版社，1943.5，55页，32开（改进文库18）

本书共两部分：国家与经济关系之历史诸形态、德国社会主义诸形态。

收藏单位：安徽馆、重庆馆、福建馆、广西馆、国家馆、江西馆、南京馆

03198

德国经济部长沙荷特在柯尼斯堡之演词　（德）沙荷特讲

出版者不详，[1930—1939]，15页，22开

收藏单位：国家馆

03199

德国经济与战争之关系　德国东方通信社编辑

德国东方通信社，1915，68页，25开

本书共6章，内容包括：战前德国国民经济之发展、英国抗德国之经济战争、战时德国经济之设备、德国战时之工业等。

收藏单位：国家馆

03200

德国经济之复兴　（美）安格尔（James W. Angell）著　黄菩生译

外文题名：Recovery of German

上海：民智书局，[1930]，449页，25开

上海：民智书局，1931.2，449页，25开

本书共11章，内容包括：由革命到维尔赛、赔款通币激增与崩溃、杜威斯计划与德国之复兴、主要的制造业、杨格计划和德国的前途等。附欧战和条约的损失、人口、机械、纺织、国民所得和国民积蓄等16种。

收藏单位：重庆馆、广东馆、广西馆、国家馆、南京馆、上海馆、浙江馆

03201
德国实业发达史　（美）哈渥著　吴之椿译
外文题名：Development of modern industry in Germany
上海：商务印书馆，1917，183 页，32 开（新智识丛书）
上海：商务印书馆，1923.2，2 版，183 页，32 开（新智识丛书 7）
上海：商务印书馆，1925.2，3 版，183 页，25 开（新智识丛书）
上海：商务印书馆，1931.4，4 版，183 页，32 开（新智识丛书）

本书分两编：德意志近来实业发达之范围、德意志近来实业发展之原因。共 8 章，内容包括：实业发展之大概、一八七一年以前之德国经济状况、各种实业之发展、德人实业之才能等。

收藏单位：重庆馆、广东馆、国家馆、河南馆、湖南馆、吉林馆、江西馆、辽宁馆、南京馆、内蒙古馆、宁夏馆、上海馆、首都馆、浙江馆

03202
德国往那里去　（美）克尼克尔波克（H. R. Knickerbocker）著　袁文彬译
上海：申报馆，1933，282 页，32 开（申报丛书 30）

本书为著者赴德国考察偿还债务能力所作的报告。共 15 章，按著者所经城市逐一记述，对当时德国各派政治力量、政治局势、经济形势等详加分析后作出估计。据 Frauz Fein 德译本转译。

收藏单位：国家馆、江西馆、上海馆、浙江馆

03203
德国在华文化经济事业调查
出版者不详，[1911—1949]，1 册，16 开

收藏单位：南京馆

03204
德国最近之实业与经济　周明泰编辑
天津：华新印刷局，1923，138 页，22 开

本书为文言体，加标点。共 10 章，内容包括：总论、煤产、钢铁、机器与电业、农产、航业、金融等。

收藏单位：国家馆、上海馆、首都馆

03205
德意志之战时经济　（瑞典）卡塞尔（Karl Gustav Cassel）著　陈灿重译
[北京]：北京大学法科出版部，1918.4，10+90 页，16 开

本书共 7 章：绪论、劳力、工业、农业经济、消费状况、国际汇兑、财政问题。附德国之战时经济年表。据日译本转译。著者原题：嘉塞尔。

收藏单位：国家馆、首都馆

03206
敌国经济破产之自供　广东省政府秘书处编译室编译
广东省政府秘书处，1940.7，78 页，32 开

本书收录日文杂志《东洋经济》《中央公论》《日本评论》登载的论文 5 篇：《电力恐慌下之日本产业》（赵伟雄译）、《通货膨胀下的日本战时经济》（蓝天照译）、《日本物价危机的总检讨》（陈鲁慎译）、《日本制钢业的衰败》（陈松光译）、《目前日本的米荒与鱼荒》（华固译）。

收藏单位：重庆馆、国家馆、吉林馆、南京馆

03207
敌国民生活之苦闷　军令部第二厅第一处编
出版者不详，[1911—1949]，油印本，1 册，16 开

收藏单位：南京馆

03208
敌国中小商工业的破灭　韦特孚著
重庆：中山文化教育馆，1940.1，24 页，36 开（抗战丛刊 99）

收藏单位：重庆馆、广东馆、广西馆、国家馆、湖南馆、南京馆

03209
帝国主义经济侵略下的非洲和亚洲 （英）伍尔夫（L. Woolf）著 骆笑帆译 粟豁蒙校
上海：大东书局，1931.6，108页，32开

本书共4章：绪论、帝国主义经济侵略下的非洲、帝国主义经济侵略下的亚洲、原因与结果。

收藏单位：重庆馆、广东馆、国家馆、湖南馆、江西馆、辽大馆、南京馆、上海馆、天津馆、西南大学馆、浙江馆

03210
第二次世界大战中的经济问题 （英）爱恩济格（Paul Einzig）著 杨承芳译
桂林：文化供应社，1940.3，10+120页，32开（世界大战丛刊4）

本书共10章，内容包括：上次世界大战的教训、在第二次世界大战中如何应用上次大战的教训、战争与生产、战争与消费、战争与对外贸易、战争与国家预算、战争与货币政策等。附欧战开始时参战各国经济政策。著者原题：爱因锡。

收藏单位：重庆馆、广东馆、广西馆、国家馆、湖南馆、吉林馆、江西馆

03211
第二次世界大战中美国生产力之研究（国防经济的借镜） 陈浴新著
星云书屋，1946.1，382页，22开

本书共7章：美国国土与资源、美国的人的资源、美国的产业与贸易、美国的军需工业、美国的输送力、美国战时统制经济、美国战时财政金融。

收藏单位：安徽馆、重庆馆、东北师大馆、福建馆、广东馆、国家馆、黑龙江馆、湖南馆、吉林馆、近代史所、辽宁馆、南京馆、上海馆、首都馆、中科图

03212
第二次世界大战中之经济问题 （英）爱恩济格（Paul Einzig）著 刘支藩摘译
重庆：独立出版社，1940，79页，32开

本书著者原题：恩锡克。

收藏单位：安徽馆、重庆馆、贵州馆、国家馆、吉林馆、南京馆、内蒙古馆、宁夏馆、上海馆、天津馆

03213
第二次五年计划 林伯修著
上海：良友图书印刷公司，1932，57页，64开（一角丛书38）
上海：良友图书印刷公司，1933.5，再版，57页，64开，精装（一角丛书38）

本书共10部分，内容包括：第一次五年计画的结果、第二次五年计画的根本任务、第二次五年计画的具体内容的梗概等。

收藏单位：广东馆、江西馆、上海馆、浙江馆

03214
第二届五年计划第一年度之任务（莫罗托夫报告之梗概） 杨华波译
南京：国际译报社，1933，46页，32开

本书内容包括：工业及劳动生产性之提高、农业与收入率之增加、城市乡村间之商品交换等。

收藏单位：广西馆、浙江馆

03215
第三个五年计划（在联共十八次代表大会上关于发展苏联国民经济的第三个五年计划的报告和结论）（苏）莫洛托夫（Вячеслав Михайлович Молотов）著
播种社，1939.11，117页，32开

本书共6部分：第二个五年计划底总结、苏联底基本经济任务、进一步的提高国民经济的计划、进一步提高劳动者物质生活水平和文化水平的计划、第三个五年计划底意义、结论。

收藏单位：广西馆、国家馆、吉林馆

03216
第一个五年计划的总结与第二个五年计划的前途 （苏）斯大林（И. В. Сталин）（苏）莫洛托夫（Вячеслав Михайлович Молотов）著

中华书局，1933.8，112 页，25 开

本书内容包括：拟定苏联国民经济第二个五年经济计划的指令、第一个五年计划的总结、第二个五年计划的任务等。著者“斯大林”原题：斯达林。

收藏单位：北师大馆、重庆馆、国家馆

03217

调查日本实业暨经济情形报告书 江苏实业厅编

无锡：江苏实业厅，1919.12，1 册，16 开

本书内容包括：日本实业概况、日本重要工商业、日本重要物产等。

收藏单位：河南馆、南京馆

03218

东亚经济恳谈会第三回大会座长报告 [东亚经济恳谈会编]

东亚经济恳谈会，1942，69 页，25 开

本书内容包括：大会日程概要、大会程序、大会出席者名簿、大会座长报告议事录等。该会于 1941 年 12 月召开。

收藏单位：国家馆

03219

东印度与华侨经济发展史 丘守愚编著

北平：正中书局，1947.9，437 页，25 开

本书共 9 章：土地与人民、农林业、外人农业、印度尼西亚人之农业、矿业、工业、商业、东印度各岛经济之发展、东印度华侨之经济。

收藏单位：安徽馆、重庆馆、东北师大馆、国家馆、河南馆、湖南馆、近代史所、辽大馆、南京馆、上海馆、天津馆、浙江馆

03220

对日经济制裁与国际战争 刘耀燊著

汉口：前卫社，1937.11，46 页，32 开

汉口：前卫社，1937.12，再版，46 页，32 开

本书共 4 章：绪言、日本经济资源对外的依存性、对日裁制的客观条件、我们所应采取的对策。

收藏单位：重庆馆、广东馆、南京馆、人大馆

03221

俄国革命与五年计划 （苏）托洛茨基（Лев Давидович Троцкий）著 刘仁静译

上海：新生命书局，1933.7，233 页，32 开

本书内容包括：十月革命之历史的意义、苏联经济中的危机、特米多的危险、苏俄革命与国际形势等。译者原题：刘镜园。

收藏单位：东北师大馆、国家馆、湖南馆、江西馆

03222

俄国社会经济史 （日）小林良正著 顾志坚译

上海：商务印书馆，1936.11，379 页，32 开（各国社会经济史丛书）

上海：商务印书馆，1937.2，再版，379 页，32 开（各国社会经济史丛书）

上海：商务印书馆，1937.3，3 版，379 页，32 开（各国社会经济史丛书）

本书共 4 编：古代奴隶制社会构成、农奴制社会构成、资本制社会构成、新社会构成之建设。

收藏单位：安徽馆、重庆馆、东北师大馆、广东馆、广西馆、贵州馆、桂林馆、国家馆、黑龙江馆、湖南馆、吉林馆、江西馆、近代史所、辽大馆、辽宁馆、南京馆、内蒙古馆、宁夏馆、山西馆、天津馆、西南大学馆、浙江馆

03223

俄国新经济政策 黎史雯著

出版者不详，[1920—1949]，60 页，32 开

本书为著者对苏联十月革命后经济政策的评论。

收藏单位：广东馆、广西馆、国家馆、湖南馆

03224

俄国新经济政策 王国源译述

三民出版部，1926，再版，40 页，25 开

三民出版部，1927.3，再版，59 页，25 开

收藏单位：国家馆、湖南馆、近代史所

03225
俄国新经济政策 张云伏编著
上海：新建设书店，1929.9，296页，25开

本书共11章，内容包括：苏俄的经济概况、十月革命后经济政策的变迁、农业、工业、运输与交通、国内及国外贸易、合作运动等。

收藏单位：重庆馆、南京馆、上海馆

03226
俄国资本主义的发展 （苏）列宁（Владимир Ильич Ленин）著 曹葆华译
解放社，1949，599页，25开

收藏单位：东北师大馆、广东馆、国家馆、湖北馆、吉林馆、辽宁馆、南京馆、天津馆

03227
俄国资本主义的发展 （苏）列宁（Владимир Ильич Ленин）著 彭苇秋 杜畏之译
上海：新生命书局，1930—1933，2册（[731]页），25开
上海：新生命书局，1934，3版，2册（[731]页），22开

本书共8章：民粹派经济学者理论上的错误、农民的分化、地主们从劳役经济到资本主义经济之转变、商业性的农业之发达、在工业中资本主义发展的第一阶段、资本主义手工作坊及资本主义的家庭工艺、大机器工业之发展、国内市场的形成。附企业之不同等级表、莫斯科省小农民工业统计对照表、欧俄工厂作坊工业统计对照表、欧俄工厂作坊工业之最主要的中心（表两份）、非批评之批评。即《俄国资本主义的发展（大工业的国内市场之形成过程）》，据莫斯科国家出版社1925年版译出。著者原题：乌里雅诺夫。

收藏单位：重庆馆、东北师大馆、广东馆、桂林馆、国家馆、黑龙江馆、吉林馆、江西馆、宁夏馆、上海馆、西南大学馆、浙江馆

03228
俄国资本主义的发展（上册）（苏）列宁（Владимир Ильич Ленин）著 杜畏之译
上海：春秋书店，1930.10，18+12+370页，25开

收藏单位：国家馆、南京馆、山西馆

03229
俄国资本主义发展（对大工业的国内市场形成的过程）（苏）列宁（Владимир Ильич Ленин）著 焦敏之译
上海：棠棣出版社，1948.12，24+584页，25开（中苏文化协会丛书）
上海：棠棣出版社，1949.7，再版，24+584页，25开（中苏文化协会丛书）

本书附非批判的批判。据俄文版《列宁全集》第4版译出。

收藏单位：东北师大馆、广东馆、广西馆、贵州馆、国家馆、黑龙江馆、南京馆、内蒙古馆、宁夏馆、山东馆、山西馆、上海馆、绍兴馆、天津馆

03230
俄罗斯经济史总说 陈人鹤讲述
时代出版社，1926.7，16页，32开

收藏单位：上海馆

03231
俄罗斯经济状况 刘秉麟编
上海：商务印书馆，1925.7，55页，36开（百科小丛书80）
上海：商务印书馆，1926.11，再版，55页，44开（百科小丛书80）

本书共7章：总论、各大经济区、富源、交通、国外贸易、工业、财政。

收藏单位：安徽馆、重庆馆、广东馆、广西馆、国家馆、河南馆、湖南馆、江西馆、南京馆、内蒙古馆、山东馆、陕西馆、上海馆、首都馆、天津馆、西南大学馆、浙江馆

03232
发展苏联国民经济的第三个五年计划的决议[一九三八年至一九四二年 根据莫洛托夫的报

告联共党（布）第十八次代表大会一致通过的决议］ 戈宝权译
重庆：新华日报馆，1939.7，53页，32开（新群丛书32）

本书共4部分：第二个五年计划的总结和第三个五年计划的基本任务、第三个五年计划的生活增长的计划、在第三个五年计划内新的建设计划及其分布、在第三个五年计划内进一步提高劳动者的物质与文化水平的计划。

收藏单位：重庆馆、广东馆、广西馆、国家馆、湖南馆、山东馆、中科图

03233
法国社会经济史 伍纯武著
上海：商务印书馆，1936.12，346页，32开（各国社会经济史丛书）
上海：商务印书馆，1937.2，再版，346页，25开（各国社会经济史丛书）
上海：商务印书馆，1937.3，3版，346页，32开（各国社会经济史丛书）

本书共9章，内容包括：封建时期之法国社会经济、法国大革命及第一帝国时代之社会经济、第二共和与第二帝国时代之法国社会经济、世界大战期中之法国社会经济、大战以后之法国社会经济等。

收藏单位：安徽馆、重庆馆、东北师大馆、广西馆、贵州馆、国家馆、黑龙江馆、湖南馆、吉林馆、江西馆、近代史所、辽大馆、辽宁馆、南京馆、内蒙古馆、宁夏馆、山西馆、上海馆、首都馆、天津馆、西南大学馆、浙江馆、中科图

03234
法国社会经济史（上）（法）施亨利（Henri Eugène Sée）著 陆侃如译
上海：大江书铺，1933.10，39+241页，32开

本书分4卷：古代、封建时代、中古末年、十六世纪。分别叙述各时期法国社会经济发展状况、生产力水平及商业、科技、文化等方面的情况。著者原题：赛昂里。

收藏单位：重庆馆、广西馆、国家馆、湖南馆、南京馆、山西馆、浙江馆

03235
法国在华文化经济事业调查 徐公肃 蒋恩铠编
出版者不详，[1911—1949]，油印本，1册，16开

收藏单位：南京馆

03236
法国战后经济建设（法）梅里蔼讲述
南京：法国大使馆新闻处，[1948]，13页，36开

本书据法国驻华大使梅里蔼于1948年6月3日在南京扶轮社所作关于法国战后经济建设的演说词编成。

收藏单位：重庆馆、国家馆、江西馆、南京馆

03237
法国之产业政策 陈彬龢著
上海：世界书局，1927.7，61页，32开

本书共3章：法国之产业状态与政治组织、法国之社会运动与劳动运动、法国社会党及劳动总联盟主义之政策。

收藏单位：重庆馆、广西馆、河南馆、江西馆、南京馆、首都馆、天津馆、浙江馆

03238
法国之经济统计 李之凡著
实业部统计长公办厅，1935.8，21页，16开

本书内容包括：法国统计机关的组织、法国统计教育、法国统计资料的主要来源等。为《实业统计》双月刊第3卷第3—4号抽印本。

收藏单位：国家馆

03239
法西斯的经济政策（现代最大思想潮流） 郑英中 张一梦著
青岛：中国政治经济学社，1933.10，105页，22开（现代政治经济学丛书1）

本书共5编：法西斯主义概论、意大利法西斯的经济政策、评德国民主社会主义之经济政策、我国经济问题及应采之国家经济

政策、结论。附意国现任首相莫索里尼小传、德国希特拉之生平及其活动、法西斯与共产两大思想之对抗下的世界之将来、参考书籍。

收藏单位：重庆馆、国家馆、南京馆、人大馆、上海馆

03240

法西斯经济政策　（英）爱恩济格（Paul Einzig）著　吴兴周译

汉口：精一书店，1934.6，116 页，32 开

本书论述意大利法西斯主义的经济制度和各项措施，包括生产、劳资调解、分配、货币制度等。

收藏单位：重庆馆、黑龙江馆、内蒙古馆

03241

法西斯统制经济　（英）爱恩济格（Paul Einzig）著　周之鸣译

北平：人民评论社，1934.4，[12]+230 页，32 开（独裁政治统制经济全集 1）

收藏单位：国家馆、吉林馆、首都馆

03242

法西斯主义之经济基础　（英）爱恩济格（Paul Einzig）著　陈中行译

外文题名：The economic foundations of Fascism

上海：新生命书局，1933.10，194 页，32 开

本书共 13 章，内容包括：意大利的试验、团体国家、法西斯蒂意大利之生产、实业的和平、法西斯主义之将来等。

收藏单位：重庆馆、广东馆、广西馆、贵州馆、国家馆、江西馆、南京馆、上海馆、首都馆、西南大学馆、浙江馆

03243

法西斯主义之经济基础　（英）爱恩济格（Paul Einzig）著　李冠儒编译　朱敏章校阅

上海：新中国建设学会，1934.11，96+36 页，22 开（新中国建设学会丛书 16）

收藏单位：重庆馆、东北师大馆、国家馆、黑龙江馆、江西馆、辽大馆、南京馆、西南大学馆、浙江馆

03244

法西斯主义之经济基础　（英）爱恩济格（Paul Einzig）著　曲万森　孙澄方译

外文题名：The economic foundation of Fascism

上海：黎明书局，1936.2，140 页，32 开

收藏单位：重庆馆、广西馆、国家馆、吉林馆、江西馆、南京馆、上海馆、西南大学馆

03245

法西斯主义之经济基础　（英）爱恩济格（Paul Einzig）著　阎实译

上海：光明书局，1934.4，150 页，32 开

收藏单位：重庆馆、贵州馆、国家馆、江西馆、近代史所、天津馆、浙江馆

03246

反利润制度　（美）华德（Harry F. Ward）著　陈泽译

上海：青年协会书局，1935.1，380 页，22 开（青年丛书 19）

本书论述苏联社会主义经济制度。共 17 章，分 5 部分，内容包括：转变中的原动力、统制的新形态、思想和理想等。

收藏单位：广东馆、国家馆、吉林馆、上海馆、首都馆、浙江馆

03247

非常时日本之国防经济　（日）森武夫著　张白衣译

南京：正中书局，1935.10，210 页，32 开（时代丛书）

南京：正中书局，1936.11，再版，210 页，32 开（时代丛书）

本书为日本国防经济研究资料。共 7 章：战时经济与金融、战时的农业与食粮政策、列强之国防与资源、日本国防之资源、国防与工业生活、非常时之国防与财政经济、非常时与日本国民生活之再检讨。

收藏单位：重庆馆、广东馆、广西馆、贵州馆、国家馆、湖南馆、江西馆、近代史所、南京馆、宁夏馆、天津馆、浙江馆、中科图

03248
菲律宾工商业考察记 吴承洛编
上海：中华书局，1929.12，1册，22开
本书共6编：菲岛之地理政治建设与教育、菲岛移民问题与华侨、菲岛之富力物产与农工商、华侨在菲岛之工商业、嘉年华会与国货展览。
收藏单位：重庆馆、国家馆、湖南馆、江西馆、近代史所、辽大馆、南京馆、内蒙古馆、上海馆、绍兴馆、首都馆、中科图

03249
赴日视察报告书 福州电气公司董事会编
福州电气公司董事会，1934.4，130页，16开
本书共11部分，内容包括：绪言、电业调查报告、农业调查报告、日本产业组合调查报告、本次会见人名录等。
收藏单位：国家馆

03250
革命以前俄国经济 西门宗华著
重庆：商务印书馆，1943.11，66页，32开（中苏文化协会社会科学丛书）
赣县（赣州）：商务印书馆，1944.4，66页，32开（中苏文化协会社会科学丛书）
本书共5章：战前俄国经济概况、战前俄国人民生活、第一次世界大战期间的俄国经济、战时俄国人民经济、十月革命前夜的俄国经济。附帝俄时代俄罗斯工业分布图（1913年）。
收藏单位：安徽馆、重庆馆、广东馆、国家馆、吉林馆、南京馆、宁夏馆、陕西馆、上海馆

03251
古代中世经济史 刘侃元编述
北平：中国大学，1936，134页，16开（中国大学讲义）
本书共两部分：叙论、西洋古代中世经济史本论。
收藏单位：首都馆

03252
关于发展苏联国民经济之第三个五年计划［在联共（波）第十八次代表大会上的报告和结论］（苏）莫洛托夫（Вячеслав Михайлович Молотов）［著］
莫斯科：外国文书籍出版局，1939，86页，22开
本书共5部分：第二个五年计划底总结、苏联底基本经济任务、关于更加提高国民经济的计划、关于更加提高劳动者物质生活水平和文化水平的计划、第三个五年计划底意义。
收藏单位：广东馆、贵州馆、国家馆、南京馆

03253
国际视线下之日本战时经济 叶甫编
上海：怒吼出版社，1938.4，71页，32开
本书为译文集。收文8篇：《半年来"日本"的战时经济》《走上绝路的日本》《侵略者的代价》《过去的回顾》《日本战时经济的困难》《日本究竟有多少力量》《未来与前瞻》《上海战争中日人财产损失》。
收藏单位：广西馆、国家馆

03254
国社党治下德国经济复兴史 国民新闻社编译
上海：国民新闻图书印刷公司，1943.6，202页，32开（国民新闻丛书22）
本书论述德国在第一次世界大战战败与赔款的重压下，经过两个四年计划迅速复兴强盛，进而发动第二次世界大战的经过。共6章，内容包括：第一四年计划、第二四年计划、国社主义经济制度之特点、全部就业之德国现在及将来的问题等。
收藏单位：国家馆、南京馆、上海馆、首都馆、中科图

03255
行业组合论 刘文岛著
重庆：正中书局，1942.6，212页，22开（社会科学丛刊）

金华：正中书局，1942，212页，25开（社会科学丛刊）
重庆：正中书局，1943.10，3版，212页，25开（社会科学丛刊）

本书分上、下两卷：理论（时代精神）、实行（时代制度）。共10章。附义大利的教育，据著者在中央政治学校教育班的演讲稿编成。

收藏单位：重庆馆、东北师大馆、广东馆、贵州馆、桂林馆、国家馆、湖南馆、辽大馆、辽宁馆、南京馆、浙江馆

03256
豪门美国 （美）赛尔提斯（George Seldes）著　杜若等译
上海：世界知识社，1948.6，356页，32开（世界知识丛书6）
上海：世界知识社，1948.7，再版，356页，32开（世界知识丛书6）
上海：世界知识社，1948，3版，356页，32开（世界知识丛书6）
上海：世界知识社，1948.11，4版，356页，32开（世界知识丛书6）
上海：世界知识社，1949.1，5版，356页，32开（世界知识丛书6）
上海：世界知识社，1949.2，6版，356页，32开（世界知识丛书6）
上海：世界知识社，1949.3，7版，356页，32开（世界知识丛书6）

本书论述美国富豪阶层对美国政治、经济、新闻及国民生活的影响与控制。分4篇，共17章。附美国最大势力的十三个家族、十二个美国工业的最高统治者、八大银行的权力等。

收藏单位：重庆馆、东北师大馆、广东馆、广西馆、贵州馆、国家馆、黑龙江馆、吉林馆、江西馆、绍兴馆、首都馆、天津馆

03257
活跃的苏俄（俄国五年计划画刊） 良友图书印刷公司编
上海：良友图书印刷公司，[1930]，207页，23开

本书内容包括：工业、建设中之顿巴斯、新顿巴斯、库兹巴斯等。

收藏单位：北师大馆、重庆馆、吉林馆、宁夏馆、上海馆、首都馆、浙江馆

03258
己未考察日本实业见闻录 季新益著
出版者不详，[1919]，116页，18开

本书共10部分，内容包括：考察行程、博览会之由来与进步、染织工业博览会之大概、维新后之农业等。

收藏单位：安徽馆、广东馆、上海馆

03259
计划经济 蔡丹华编
上海：南强书局，1933.10，261页，32开

本书共12章，内容包括：苏联计划底历史地位及其演进、苏联底经济组织、工业、农业、财政、商业、交通、劳动等。

收藏单位：安徽馆、重庆馆、东北师大馆、广东馆、广西馆、国家馆、黑龙江馆、吉林馆、内蒙古馆、上海馆、首都馆、中科图

03260
建设中的苏联 萧月宸著
上海：青年协会书局，1934.8，25页，50开（社会问题小丛书10）

本书介绍苏联第二个五年计划中的经济建设概况。

收藏单位：重庆馆、人大馆

03261
节约是社会主义经济的方法 （苏）蒲榛等著
哈尔滨：光华书店，1947.7，71页，32开（财政经济丛书）

本书收文7篇：《节约是社会主义经济的方法》（蒲榛）、《论苏联的劳动生产力问题》（吴清友）、《社会主义竞赛是全国经济文化高涨的有力杠杆》（柯尔斯基）、《苏联社会主义竞赛与职工会的任务》（库茨涅佐夫）、《社会主义的物质鼓励》（布勒格）、《集体协议是组织劳动高涨的重要手段》（库茨涅佐夫）、《苏

联的职工运动》(摘译《苏联百科全书》)。

收藏单位：重庆馆、东北师大馆、国家馆、山东馆、天津馆

03262
节约是社会主义经济的方法　(苏)蒲棒等著
华北财经办事处，1948，71页，32开(参考资料1)
收藏单位：重庆馆、广东馆、国家馆、近代史所、南京馆、山东馆、山西馆、上海馆、天津馆

03263
节约是社会主义经济的方法　(苏)蒲棒等著
[天津]：知识书店，1949.5，10页，32开(知识文选10)
天津：知识书店，1949，1册，32开(知识文选10)
收藏单位：东北师大馆、国家馆

03264
节约是社会主义经济的方法　(苏)蒲棒等著　华耕等译
大连：光华书局，1948，84页，32开(社会科学小译4)
收藏单位：东北师大馆、山东馆、山西馆

03265
节约是社会主义经济的方法　(苏)蒲棒等著　华耕等译
扬州：苏北新华书店，1949，96页，32开
收藏单位：重庆馆、国家馆、吉林馆

03266
捷克社会经济的改造　(俄)哈卡图洛夫著　朱葆光译
北平：中外出版社，1949.9，36页，36开(新民主国家介绍丛书)
本书论述捷克社会经济从资本主义到社会主义过渡时期的改造任务。
收藏单位：东北师大馆、国家馆、天津馆

03267
近代欧洲经济史　(美)纳德(Melvin Moses Knight)等著　区克宣　章植译
外文题名：Economic history of Europe in modern times
上海：黎明书局，1935.7，10+542页，22开(社会科学名著译丛)
本书共15章，内容包括：欧洲扩张一八〇〇的开始、商业革命、产业革命、工厂制度、一八〇〇年以来英国农业之发展、一八〇〇年以来德国农业之发展、一七八九年以来法国农业之发展、一八〇〇年以来英国工业之发展、一八〇〇年以来德国工业之发展、革命后的法国工业等。
收藏单位：安徽馆、重庆馆、东北师大馆、广东馆、广西馆、国家馆、河南馆、黑龙江馆、吉林馆、江西馆、近代史所、辽大馆、南京馆、山西馆、西南大学馆、浙江馆

03268
近代欧洲经济史讲义大纲　方显廷编
天津：南开大学经济学院，1933.1，99页，16开

03269
近世欧洲经济发达史　(美)奥格(Frederic Austin Ogg)著　李光忠译　吴贯因校
外文题名：Economic development of modern Europe
上海：商务印书馆，1924.8，728+55+26页，22开(经济名著4)
上海：商务印书馆，1925.7，再版，728+55+26页，22开，精装(经济名著4)
上海：商务印书馆，1926，3版，728+55+26页，22开，精装(经济名著4)
上海：商务印书馆，1927.7，4版，728+55+26页，22开，精装(经济名著4)
上海：商务印书馆，1931，5版，728+55+26页，22开(经济名著4)
上海：商务印书馆，1932.9，国难后1版，728+55+26页，22开，精装(经济名著4)
上海：商务印书馆，1933.11，2版，782页，32开，精装(经济名著)

本书分3编：十九世纪发达之来历、一八一五年以来之农工商业、人口与劳动。共25章。附中西年历大事对照表、英德法俄元首宰相表。

收藏单位：安徽馆、重庆馆、东北师大馆、广东馆、广西馆、贵州馆、国家馆、河南馆、黑龙江馆、湖南馆、吉林馆、江西馆、近代史所、辽大馆、南京馆、内蒙古馆、山西馆、首都馆、天津馆、西南大学馆、浙江馆、中科图

03270

近世欧洲经济史 （英）葆尼（A. Birnie）著 沈光沛 李宗文译

外文题名：An economic history of Europe

上海：民智书局，1932.12，392页，25开（经济名著丛书2）

本书论述18世纪末以来英德法三国的经济发展史。共15章，内容包括：工业革命、农业革命、商业政策之变迁、产业上之劳动运动等。

收藏单位：重庆馆、国家馆、南京馆、上海馆、天津馆、浙江馆、中科图

03271

经济丛稿（第6册） 陈重民等译

国务院，1920.2，1册，大32开

收藏单位：南京馆

03272

经济建设论文选 太岳新华书店编

太岳新华书店，1949.5，252页，32开

本书收录《新经济政策下职工会底作用与任务》[联共（布）中央1922年1月12日决议案]、《新的环境和新的经济建设任务》（斯大林1931年6月23日的演说）及战后苏联报刊上登载的苏联党、政领导人和经济学者有关苏联工资政策、领导方法、政治工作、劳动生产率、精简节约、物质鼓励等问题的论文21篇。附《社会主义时代个人利益与公共利益的结合》（贾波奇卡）。

收藏单位：重庆馆、国家馆、南京馆、山东馆、山西馆、天津馆

03273

经济考察报告（意大利部、德意志部） 郑介民编著

出版者不详，1935，190页，22开

本书意大利部介绍法西斯的经济统制、财政整理、经济建设及合作事业，德意志部叙述国社党执政前德国经济概观及执政后德国经济的改造情况。附国社党执政后每月生产统计表、义务工役队制度、劳工联合线。

收藏单位：国家馆、湖南馆

03274

经济恐慌下之日本 陈启修等著

战时出版社，[1940—1949]，178页，32开（战时小丛刊63）

本书收录中外报刊所载有关日本经济恐慌的论文31篇。著者原题：陈豹隐等。

收藏单位：重庆馆、广东馆、广西馆、国家馆、南京馆、上海馆

03275

经济日本 （日）小岛精一著 包俊如译

[上海]：中日文化研究所，1943.11，154页，32开

收藏单位：上海馆

03276

经济战争 （英）爱恩济格（Paul Einzig）著 王藏修译

永安（三明）：福建省研究院编译室，1942.7，103页，32开（福建省研究院社会科学丛刊3）

本书共16章，内容包括：攻势与守势的经济战争、海上封锁战、亟待改善的英国抢购政策、闪电战下的经济封锁、前途的展望等。

收藏单位：重庆馆、东北师大馆、福建馆、广东馆、贵州馆、国家馆、吉林馆、江西馆、南京馆、山西馆、天津馆

03277

经济战争 （英）爱恩济格（Paul Einzig）著 谢菊曾译

外文题名：Economic warfare
上海：世界书局，1941.7，129 页，32 开

本书共 17 章，内容包括：上次大战的教训、上次战事的教训如何应用于这次战事、战事与生产容量、战争与消费等。著者原题：爱因西格。

收藏单位：安徽馆、重庆馆、桂林馆、国家馆、湖南馆、江西馆、上海馆、天津馆、浙江馆

03278
经济战争与战争经济　（德）海尔法里耶（Helfferich）著　王光祈译
上海：中华书局，1933.2，122 页，32 开（国防丛书第 1 种）
上海：中华书局，1936.2，再版，122 页，25 开（国防丛书第 1 种）

本书分上、下两编：经济战争、战争经济。共 5 篇：内务部、德国之围困、德国对付中立各国之手段、战争经济中之科学效用、救国服役条例与兴登堡计画。译自著者《世界大战》第 2 册中的第 3 部分。

收藏单位：安徽馆、重庆馆、东北师大馆、广东馆、广西馆、贵州馆、桂林馆、国家馆、黑龙江馆、湖南馆、吉林馆、江西馆、辽大馆、辽宁馆、南京馆、内蒙古馆、绍兴馆、天津馆、浙江馆

03279
军事占领状态中之东亚政治经济（第 1 集）
孙秉乾　杨殿镳编译　马永发校
出版者不详，1935，油印本，1 册，16 开，环筒页装

本书共 34 章，内容包括：日本对东亚投资之总额、东亚水产物与盐之产额、伪国新建七铁路之详报、东亚航空十三线概要、东亚伪组织与列国之贸易关系、热河发现十大金山等。

收藏单位：重庆馆

03280
考查比利时建设事业报告　戴占奎编
出版者不详，1934，晒印本，115 页，13 开，精装

收藏单位：国家馆

03281
考察苏联经济建设之建议　谭炳训著
江西省民生印刷厂，1939，10 页，22 开

本书建议政府组织经济技术专家研究团赴苏考察建设实况。共 3 部分：考察之需要、考察之原则、考察之计划。

收藏单位：国家馆

03282
恐慌笼罩下的敌国　金散编辑
出版者不详，1940.6，14 页，25 开

收藏单位：广东馆、江西馆

03283
联共（布）党关于经济建设问题的决议（上册 国民经济恢复时期）　施滨　伊真编译
沈阳：东北新华书店，1949，178 页，25 开

本书共 15 部分，内容包括：俄共党纲中关于经济的部份、关于新经济政策、关于财政政策等。

收藏单位：安徽馆、东北师大馆、国家馆、辽宁馆、山西馆

03284
两次大战间美国国民经济之发展　吴致平著
南京：新中国出版社，1947.11，82 页，32 开

本书共 7 部分：美国国民经济的一般特征、工业经济、农村经济（附林业和渔业）、交通运输事业、财政与金融、对外经济关系、美国经济地理的研究。书前有代序《美国的昨日今日和明日》。

收藏单位：广东馆、国家馆、南京馆、人大馆、天津馆

03285
两个五年计划　苏联研究社编
上海：春申书店，1932.11，21 页，32 开

03286
两种制度（社会主义经济与资本主义经济）

（苏）瓦尔加（E. C. Варга）著　祝伯英译
外文题名：Two systems: socialist economy & capitalist economy
重庆：大时代书局，1940.9，339 页，32 开

本书共 15 章，内容包括：资本主义的累积与社会主义的累积、资本主义国家与苏联的生产、资本主义下与在苏联之劳动出产等。

收藏单位：重庆馆、广东馆、广西馆、贵州馆、桂林馆、国家馆、黑龙江馆、湖南馆、吉林馆、南京馆、宁夏馆、上海馆、首都馆、浙江馆、中科图

03287
列宁论粮食税（新政策的意义及其条件）（苏）列宁（Владимир Ильич Ленин）著
莫斯科：外国文书籍出版局，1949，48 页，32 开

收藏单位：南京馆、山西馆

03288
列宁论新经济政策　（苏）列宁（Владимир Ильич Ленин）著
北平：中外出版社，1949.4，221 页，32 开

本书内容包括：论粮食税、俄国革命五周年与世界革命底前途、论合作制、新经济政策时期的商业问题、新经济政策下职工会底作用与任务等。附灾祸临头和防止之法。书前有代序《苏联由新经济政策到第一个五年计划》[摘录《联共（布）党史简明教程》第 9 章、第 10 章]。

收藏单位：安徽馆、国家馆、山西馆、天津馆、浙江馆

03289
六十年来日本经济发达史　[（日）高桥龟吉等著]　查士骥译
上海：华通书局，1931.10，295 页，22 开（日本研究丛书）

本书共 4 编：明治维新与经济革命、经济发展时代、产业革命的进展、经济的整理改造时代。附最近六十年来日本经济发达史年表。据高桥龟吉等人编著《最近日本经济史》《明治大正经济史》等书辑译。

收藏单位：东北师大馆、广西馆、国家馆、吉大馆、近代史所、辽大馆、辽宁馆、南京馆、上海馆、首都馆、浙江馆

03290
论经济工作人员的任务　（苏）斯大林（И. В. Сталин）著
北京：中华全国总工会，[1949]，49 页，25 开（工运丛书 3）

本书内容包括：论经济工作人员底任务、新的环境和新的经济建设任务、论经济工作人员的党性等。

收藏单位：重庆馆、广东馆、国家馆

03291
论经济工作人员底任务　（苏）斯大林（И. В. Сталин）撰　华北总工会筹委会编
天津新华书店，1949.3，13 页，32 开（职工运动丛书 6）

本书据著者于 1931 年 2 月 4 日在第一次全苏联社会主义工业工作人员代表会议上的演说词编成。

收藏单位：国家馆、宁夏馆、天津馆

03292
论马歇尔计划　（美）艾伦著　陶大镛译
上海：世界知识社，1948.10，69 页，32 开（世界知识丛书 9）

本书共 9 部分：起源与目的、主义与计划、谁在分裂欧洲、内容与条件、这是谁的计划、鲁尔兵工厂、资本主义的危机、一种战争经济、那一条是出路。

收藏单位：东北师大馆、广东馆、国家馆、上海馆、绍兴馆、首都馆、中科图

03293
论美帝扩张政策　（苏）列昂节夫（Лев Абрамович Леонтьев）等著　雷励等译
大连：关东中苏友好协会，1949.2，101 页，32 开（友谊丛书 15）

本书收录短论 15 篇，内容包括：《美国扩张主义的经济基础》（列昂节夫）、《美国垄断集团的战争利润》（沙拉波夫）、《美国猎取

战略原料》（瓦支莫夫）、《美国的军事预算》（捷布拉科夫）等。著者原题：列昂吉夫等。

收藏单位：长春馆、东北师大馆、国家馆、南京馆、内蒙古馆、山东馆、上海馆、天津馆

03294

论日本经济崩溃　冯次行著

长沙：商务印书馆，1939.1，49 页，32 开（日本知识丛刊）

长沙：商务印书馆，1940，再版，49 页，32 开（日本知识丛刊）

本书分析日本的经济实力，指出日本发生经济危机与走向经济崩溃的趋势。共 10 部分，内容包括：概述、日本的经济耐战力、军需和民需、动用准备现金等。

收藏单位：重庆馆、广东馆、贵州馆、国家馆、湖南馆、南京馆、宁夏馆

03295

论苏联经济制度　陈山　李征合编

大连：旅大中苏友好协会，1949.9，71 页，25 开（友谊丛书 26）

本书共两部分：社会主义经济制度及其经济法则的特质、社会主义经济的生产方法。

收藏单位：广东馆、国家馆、吉大馆、宁夏馆、山西馆

03296

罗斯福的经济政策与复预算制　王北辰著

中国计政学会，1937.4，38 页，32 开（中国计政学会丛刊）

本书论述罗斯福的经济政策（货币银行政策、工业复兴政策等）与复预算制。附中国计政学会会员消息。

收藏单位：南京馆

03297

马来亚华侨经济概况　姚枬著

南京：南洋经济协进会，1946.10，52 页，32 开（南洋经济丛书 第 1 种）

本书共 7 节：绪论、马来亚华侨分布状况、马来亚资源概述、马来亚对华贸易之回顾、战前马华经济概况、战后复兴马华经济之计划、结论。

收藏单位：国家馆、吉林馆、近代史所、南京馆

03298

美帝国的金元外交　（美）倪埃林（Scott Nearing）（美）傅礼孟（Joseph Freeman）著　柳克述　陈汉平译

上海：商务印书馆，1931.2，339 页，22 开，精装

本书分 3 编：美国帝国主义的经济的背景、美国帝国主义的活动、帝国主义政策的成长。著者“倪埃林”原题：倪尔林，“傅礼孟”原题：弗里门。

收藏单位：东北师大馆、广东馆、国家馆、湖南馆、吉林馆、江西馆、南京馆、山西馆、上海馆、首都馆、天津馆、浙江馆、中科图

03299

美帝国主义的前途（原名，美洲资本主义的矛盾）　鲁宾斯坦（M. Rubinstein）著　钟灵秀译

上海：明月书局，1930.7，206 页，32 开

本书共 12 部分，内容包括：美国经济力及其在世界经济中的地位、技术的改进与生产合理化、生产机关之“再发展”、生产工具之生产、失业工人、资本之进攻等。

收藏单位：重庆馆、广东馆、国家馆、南京馆、上海馆、浙江馆

03300

美帝经济危机　大连经济研究会编

大连经济研究会，1949.7，131 页，32 开（参考资料 乙 第 6 号）

本书内容包括：资本主义的总危机、美国目前的经济危机、萧条在爬到美国头上来了、美国经济危机的信号、美国面临经济的风暴等。

收藏单位：国家馆、近代史所、南京馆

03301

美国产业动员计划　汪益堃译

出版者不详，[1936]，234页，16开（军需学校丛书）

本计划分两编：采购计划、经济资源之统制与产业动员。于1933年由美国陆、海军部批准。

收藏单位：安徽馆、重庆馆、国家馆

03302

美国大王六十家　（美）伦德堡（Ferdinand Lundberg）著　张冀声译

中美出版社，1946.7，366页，32开

本书引用大量材料、实例，论述近百年来美国60个大富豪家族对美国政治、金融、商业的控制和影响，揭示资本主义制度的本质。共11章，内容包括：富豪六十家、黑幕重重、金融寡头底新闻事业等。

收藏单位：长春馆、国家馆、近代史所

03303

美国的图书馆　美国新闻处编

美国新闻处，[1939—1949]，98页，12开，精装

本书为介绍美国的画册。内容包括：美国的图书馆、美国汽车业的进展、依渥华州农科大学、美国最早的合作医院、马歇尔将军的功绩、救济物资运往中共区、人造玻璃眼睛、美国的民主教育、美国民用航空管理处的实验站等。

收藏单位：重庆馆

03304

美国的战时经济　国民新闻社译述

上海：国民新闻图书印刷公司，1942.12，116页，32开（国民新闻丛书12）

本书收文14篇，内容包括：《美国战争经济的分析》《美国经济的脆弱性》《罗斯福三任总统与美国经济》《战时体制下的美国》《美国的世界政策和战时体制》等。

收藏单位：国家馆、近代史所、南京馆、山西馆

03305

美国复兴问题　何炳贤　陆忠义著

上海：商务印书馆，1936.9，3册（[302]页），32开（万有文库 第2集107）（现代问题丛书）

上海：商务印书馆，1936.12，302页，32开（现代问题丛书）

本书论述1929年世界经济危机后，美国经济的复兴情况。共11章，内容包括：复兴运动以前之经济恐慌与政府措置、银行制度问题、货币信用与物价问题、国际贸易与关税问题、农业调整问题、工业复兴条例之背景与目标、国家复兴委员会与工业统制、劳工问题、政府财政问题等。附一九三五年之美国复兴法规、专门名词对照表、参考书报。

收藏单位：安徽馆、重庆馆、大理馆、大连馆、大庆馆、甘肃馆、广东馆、广西馆、贵州馆、国家馆、河南馆、黑龙江馆、湖南馆、江西馆、辽大馆、辽师大馆、柳州馆、南京馆、内蒙古馆、宁夏馆、陕西馆、天津馆、西南大学馆、浙江馆、中科图

03306

美国复兴运动　蒋恭晟编

上海：中华书局，1937.7，148页，32开（现代经济丛书）

上海：中华书局，1941.2，3版，148页，32开（现代经济丛书）

本书论述1933年罗斯福任总统后美国的经济复兴运动。共8部分，内容包括：复兴运动之开端、复兴运动之经过、复兴运动之成绩等。

收藏单位：重庆馆、广东馆、贵州馆、国家馆、吉林馆、江西馆、近代史所、辽宁馆、南京馆、内蒙古馆、首都馆、西南大学馆、浙江馆、中科图

03307

美国工商发达史　叶建柏编纂

外文题名：Development of American industry and commerce

上海：商务印书馆，1918，11+333页，22开，精装

上海：商务印书馆，1919.11，再版，11+333页，22开，精装
上海：商务印书馆，1925.2，3版，11+333页，22开，精装

本书共6卷：美国工商业之幼稚时代、国内外商务之发达、工业之发达、工商业一致之发达、美国之国家富力、结论。

收藏单位：安徽馆、广西馆、贵州馆、国家馆、河南馆、江西馆、南京馆、内蒙古馆、山西馆、上海馆、首都馆、天津馆、浙江馆

03308
美国国家动员计划 Tobin and Bidwell著 吴泽炎编译
国防研究院，1945，213页，32开（国防研究院丛书3）

本书分两编，共11章，内容包括：民主国家的动员、今日的计画、宣传与检查、军队的动员、工业劳力的动员、物价与利润的统制、计画的执行等。

收藏单位：重庆馆、国家馆、近代史所、南京馆

03309
美国经济成功之秘密 （英）厄力斯·帕刻（Ellis Parker）著 汤浩译
上海：民智书局，1930.2，496页，25开

本书共19章，内容包括：美国的经济地位及其前途、美国的工人、保护政策及其结果、美国的教育、美国的农业、美国的铁路、美国的电气、美国的银行、福特汽车的奇迹、世界最大的钢业工厂等。

收藏单位：重庆馆、广东馆、广西馆、国家馆、吉林馆、近代史所、南京馆、陕西馆、上海馆、首都馆、天津馆、浙江馆、中科图

03310
美国经济的动态 蒋乃镛 荆磐石编
重庆：独立出版社，1943.1，208页，32开

本书共5章：一般经济政策的动态、产业统制的动态、农业统制的动态、贸易统制的动态、财政金融统制的动态。

收藏单位：安徽馆、重庆馆、广东馆、广西馆、国家馆、河南馆、吉林馆、南京馆、内蒙古馆、上海馆、浙江馆

03311
美国经济的危机与转机 （法）西格夫利德（A. Siegfried）著 孟兰译
国魂书店，[1929—1949]，[26]页，25开（国论经济丛刊72）

本书论述美国经济繁荣的原因。

收藏单位：重庆馆

03312
美国经济地理 胡焕庸编著
[金华]：正中书局，1941.12，124页，32开（史地丛刊）
[金华]：正中书局，1943，4版，124页，32开（史地丛刊）

本书共28章，内容包括：概论、地形、气候、自然植物农业区域、对外贸易、交通、居民、海外属地、美国与中国日本之经济关系等。

收藏单位：重庆馆、东北师大馆、广东馆、国家馆、江西馆、南京馆、上海馆、首都馆、西南大学馆、浙江馆

03313
美国经济动员及其经济战斗力 徐培根编著
陆军大学，1945，108页，25开

本书共5章：美国经济动员之经过、美国工业动员之经过、军需资源之状况、海洋运输问题现在与将来、对外租借问题之现况及美国对此问题处理之基本偏见。

收藏单位：国家馆、湖南馆、南京馆、上海馆

03314
美国经济复兴运动 王纪元著
上海：生活书店，1933.10，62页，36开（时事问题10）

本书介绍1929年美国经济危机简况及1933年罗斯福当选总统后的新政执行情况。

共 10 部分，内容包括：恐慌的深入与复兴运动的抬头、复兴运动的意义、四大法案、各方的批评等。

收藏单位：广西馆、国家馆、湖南馆、南京馆、山西馆、上海馆、天津馆、浙江馆

03315
美国经济概况（一九三九年） 李植泉纂辑　刘铁孙审查　刘大钧核定
出版者不详，1940.4，晒印本，7 张，大 16 开（中国经济统计研究所 总字第 378 号 经济门国际类 第 23 号）

收藏单位：上海馆

03316
美国经济关系之研究　陈玉祥　郑德如编
金华：正中书局，1943，83 页，32 开

03317
美国经济生活史　（美）毕宁（A. C. Bining）著　王育伊译述
外文题名：Rise of American economic life
上海：商务印书馆，1947.5，504 页，25 开（美国文化丛书）

本书共 29 章，分 4 编：殖民地时代、实业的发展、经济的扩张、机器时代。

收藏单位：安徽馆、重庆馆、东北师大馆、广东馆、广西馆、国家馆、湖南馆、吉林馆、近代史所、辽大馆、辽宁馆、南京馆、内蒙古馆、宁夏馆、上海馆、西南大学馆、浙江馆、中科图

03318
美国经济史　熊大经编著
长沙：商务印书馆，1938.4，265 页，32 开（社会科学小丛书）

本书介绍美国从 1775 年反英斗争到 20 世纪 30 年代近 160 年的社会经济发展史。共 32 章，分 4 编：殖民时代、独立奋斗时代、南北战争时代、欧战及战后时代。

收藏单位：重庆馆、广东馆、广西馆、贵州馆、国家馆、湖南馆、柳州馆、南京馆、上海馆、中科图

03319
美国经济之解剖　雷声洪编
上海：华风书店，1932.10，168 页，32 开（经济丛书 1）

本书分两编：美国经济发展之诸形态、美国金元之世界略侵。

收藏单位：国家馆、河南馆、湖南馆、吉林馆、近代史所、宁夏馆、浙江馆

03320
美国六十大家族　（美）伦德堡（Ferdinand Lundberg）著　张冀声译
大连：大众书店，[1947]，306 页，32 开

收藏单位：东北师大馆、国家馆、黑龙江馆、辽宁馆、山东馆、中科图

03321
美国六十家　（美）伦德堡（Ferdinand Lundberg）著　张冀声　叶笃庄译
重庆：五十年代出版社，1943.5，366 页，32 开（国际问题文库 第 4 种）
重庆：五十年代出版社，1944.8，再版，366 页，32 开（国际问题文库 第 4 种）

收藏单位：重庆馆、东北师大馆、广东馆、贵州馆、国家馆、黑龙江馆、湖南馆、吉林馆、近代史所、辽大馆、辽宁馆、南京馆、上海馆、浙江馆

03322
美国实业发展史　（美）格罗弗（John George Glover）（美）康乃尔（William Bouck Cornell）编　中国计划建设学会译
外文题名：Development of American industries
上海：商务印书馆，1947.5，2 册（962 页），25 开

本书共 41 章，内容包括：劳工对于美国实业之贡献、出版业、近代纺织业、钢铁业、水泥业、造船与航运业、电影业、无线电业、零售业、同业公会等。

收藏单位：安徽馆、重庆馆、东北师大馆、广东馆、广西馆、国家馆、河南馆、湖南馆、吉林馆、江西馆、近代史所、辽大馆、辽宁馆、南京馆、宁夏馆、上海馆

03323
美国现今的经济革命　（美）卡佛尔（T. N. Carver）著　陈长蘅译
外文题名：Present economic revolution in the United States
上海：商务印书馆，1928.11，134页，22开，精装（中国经济学社丛书）
上海：商务印书馆，1933.3，国难后1版，134页，22开，精装（中国经济学社丛书）

本书共9章：序论、美国人之理想、劳动问题之起源、劳动者财力之进展、劳动阶级之理财政策、阶级战争之尾声、劳动阶级较高之致富方略、资本主义为何及其作用如何、平衡的经济制度之数种效果。著者原题：嘉惠尔。

收藏单位：安徽馆、重庆馆、东北师大馆、广东馆、广西馆、贵州馆、国家馆、河南馆、湖南馆、江西馆、辽大馆、辽宁馆、南京馆、宁夏馆、上海馆、首都馆、天津馆、浙江馆

03324
美国战后经济恐慌　（苏）瓦尔加（E. C. Bapra）等著
国际资料社，[1947]，64页，32开（国际问题参考资料 第1辑）

本书收文8篇，内容包括：《美国战后的经济恐慌》（James S. Allen著，执之译）、《美国最近工人运动鸟瞰》（Jack Stachel著，尼铭译）、《美共征收党员运动的教训》（丁达译）、《巴勒斯坦问题》（左拾遗辑）、《美国七月份读者文萃新闻信》（康牧译）等。

收藏单位：重庆馆、国家馆、南京馆、上海馆

03325
美国战后经济恐慌　（苏）瓦尔加（E. C. Bapra）等著
华北新华书店，1947.1，38页，32开（国际问题参考资料 第1辑）

收藏单位：重庆馆、国家馆、黑龙江馆、近代史所、辽宁馆、南京馆、山东馆

03326
美国战时计划经济　（日）森武夫著　陈文鹭译
上海：申报，1933.8，14+274页，32开（申报丛书13）

本书介绍第一次世界大战前后美国经济状况。共17章，内容包括：战前美国的军械工业、工业动员的准备、劳动的统制、铁路的统制、海上运输的统制、战时财政及金融等。

收藏单位：重庆馆、广东馆、国家馆、江西馆、南京馆、内蒙古馆、上海馆、天津馆、浙江馆、中科图

03327
美国之透视　江康黎著
上海：商务印书馆，1935.5，91页，32开

本书共3章：美国政治背景之透视、美国经济发展之背景的探讨、美国之劳工状况。附留美杂感一束。

收藏单位：重庆馆、广东馆、国家馆、河南馆、湖南馆、吉林馆、辽宁馆、南京馆、上海馆、首都馆、浙江馆

03328
美国之战时经济
驻美商务参事处，1942.7，3册，16开

收藏单位：南京馆

03329
美国资本主义发达史　（日）石滨知行著　陈绥荪译
上海：新世纪书局，1931.9，336页，25开

本书共9章：序论、有史以前的亚美利加、亚美利加发见底经济的背景、殖民地时代底亚美利加、亚美利加革命前后、资本主义底胎生期、资本主义底成熟期、世界大战与北美合众国、结论。

03330
美国资本主义发达史　（日）石滨知行著　施复亮　周伯棣译
上海：春秋书店，1930.9，428页，32开

本书译者“周伯棣”原题：周白棣。

收藏单位：重庆馆、广西馆、国家馆、上海馆、首都馆、浙江馆

03331

美国资本主义发达史 （日）石滨知行著 施复亮 周伯棣译

上海：新生命书局，1931.9，428页，32开

收藏单位：重庆馆、东北师大馆、广东馆、广西馆、贵州馆、湖南馆、近代史所、上海馆、天津馆、浙江馆

03332

美国资本主义之胜利 （美）哈克（Louis M. Hacker）著 陈瘦石译

外文题名：Triumph of American capitalism

重庆：商务印书馆，1946.1，361页，25开

上海：商务印书馆，1946.9，360页，25开（中山文库）

本书共3卷：欧洲的渊源、美国商业资本主义在革命中的胜利、美国工业资本主义在南北战争中的胜利。附1850—1880年美国制造业之发展。

收藏单位：安徽馆、重庆馆、东北师大馆、广东馆、广西馆、国家馆、河南馆、黑龙江馆、湖南馆、江西馆、近代史所、辽大馆、南京馆、内蒙古馆、宁夏馆、山西馆、上海馆

03333

美国资本主义之危机 （德）邦尼（M. J. Bonn）著 邓毅生 章克译

上海：民智书局，1933.12，182页，25开

本书论述美国资本主义由盛而衰的转变过程及其危机之产生等。

收藏单位：广东馆、国家馆、河南馆、上海馆、天津馆

03334

美国总动员计画 训练总监部军学编译处译

南京：军用图书社，1935.10，268页，22开

南京：军用图书社，1936.7，再版，268页，24开

本书共4章：美国产业动员计画、美国总动员计画、排除战时获利、战时方策委员会文书。

收藏单位：安徽馆、重庆馆、国家馆、湖南馆、吉林馆、江西馆、南京馆、上海馆、浙江馆

03335

美国总动员计画 周之鸣 詹北辰编译

[南京]：中国文化学会，1934.7，86页，32开（国民军事丛书6）

南京：中国文化学会，1935，再版，86页，32开（国民军事丛书6）

[南京]：中国文化学会，1936.7，86页，32开（国民军事丛书6）

本书介绍美国战备计划的内容。共3章：美国产业动员计画、美国总动员计画、战时利得之排除。

收藏单位：重庆馆、东北师大馆、国家馆、江西馆、南京馆、上海馆、西南大学馆

03336

美日经济关系之研究 陈玉祥 郑德如编著

金华：正中书局，1943.2，78页，32开（时代丛书）

本书共5章：美日对外贸易及工业构成的比较、美日通商关系的剖析、日本军需品的对美依存性、日本侵略与美国、美日战前美国经济制日之进展。

收藏单位：安徽馆、重庆馆、东北师大馆、广东馆、贵州馆、国家馆、吉大馆、吉林馆、江西馆、浙江馆、中科图

03337

缅甸社会经济史纲要 （英）佛尼威尔（J. S. Furnivall）原著 王泰译述

外文题名：An introduction to the political economy of Burma

重庆：商务印书馆，1944.2，238页，36开

本书共11章，内容包括：缅甸之富源、物产与耕植、缅甸人统治下之农村经济、现代缅甸经济发展之重要特点、三角洲之垦拓、资本与债务、工商业、缅甸需要什么、缅甸

之税收等。

收藏单位：重庆馆、东北师大馆、广东馆、广西馆、贵州馆、国家馆、河南馆、黑龙江馆、湖南馆、吉林馆、近代史所、南京馆、宁夏馆、上海馆、中科图

03338

名古屋商工概观　名古屋商业会议所编

名古屋商业会议所，[1922]，23+36 页，22 开

本书介绍日本名古屋工商业、金融、交通等方面的发展概况。

收藏单位：国家馆

03339

莫洛托夫在联共（布）第十八次代表大会上关于发展苏联国民经济的第三个五年计划的报告和结论　（苏）莫洛托夫（Вячеслав Михайлович Молотов）著

重庆：新华日报馆，1939，117 页，32 开（新群丛书 31）

收藏单位：重庆馆、东北师大馆、国家馆

03340

目前抗战形势与日本经济危机　周恩来 [等] 著

上海：时论社，1938，44 页，32 开（时论丛书 1）

本书内容包括：论目前抗战形势、日本经济将崩溃、日本国民经济生活读本、中日纸币战等。

收藏单位：南京馆、浙江馆

03341

南美洲乌鲁圭国长期救国捐款征文录　华侨救国后援会编

华侨救国后援会，1947.6，1 册，16 开

收藏单位：南京馆

03342

南洋行名录（1941—1942 年）　许晚成编

上海：龙文书店，1941，18+672+125 页，32 开

本书收录各厂商业主姓名、地址、营业内容等。附南洋商业公会公共团体名录。

收藏单位：重庆馆、南京馆、上海馆

03343

南洋荷属东印度之经济　刘士木译

上海：国立暨南大学南洋文化事业部，1929.8，68 页，32 开（南洋丛书 第 8 集）

本书共 25 部分，内容包括：爪哇农业之发达、爪哇之一般形势、由工业化趋向政治问题、战时爪哇银行之活动、船舶之缺乏、战时农产之增加、新税之创成与资本及劳力之争斗等。

收藏单位：国家馆、吉林馆、南京馆、上海馆、西交大馆、浙江馆

03344

南洋华侨经济　南洋华侨协会秘书处编

南洋华侨协会秘书处，1944，油印本，6 页，16 开，环筒页装（南洋问题参考资料 3）

本书内容包括：华侨在南洋之经济地位、华侨在南洋之投资、华侨在南洋之商业、华侨在南洋之工业等。

收藏单位：重庆馆

03345

南洋华侨经济发展方案　丘瑾璋著

南洋研究所，1944.5，油印本，1 册，16 开

收藏单位：南京馆

03346

南洋华侨与经济之现势　张荫桐译述

重庆：商务印书馆，1946.1，136 页，32 开（南洋丛书 第 1 集）

上海：商务印书馆，1946.9，136 页，32 开（南洋丛书 第 1 集）

本书分上、下两编：南洋华侨现势、南洋经济形势。上编共 8 章，介绍南洋华侨的分布、原籍、职业、团体、文化发展、经济地位等情况；下编共 8 章，分述南洋经济的结构、性质，当地的民族经济、白人殖民经济、华侨经济及当时的财政金融、商业、工业、劳工状况等。

收藏单位：重庆馆、东北师大馆、广东馆、广西馆、国家馆、河南馆、近代史所、

南京馆、上海馆、首都馆、天津馆、中科图

03347
南洋经济丛刊（第 1 辑） 傅子樵著
新加坡：庸言广告社，1947.12，36 页
本书内容包括：南洋市场与我国经济、马来亚经济概况、爪哇华侨经济的发展等。
收藏单位：近代史所

03348
南洋经济地理 严青萍编著
重庆：正中书局，1942.6，122 页，32 开（历地丛刊）
重庆：正中书局，1943.12，3 版，122 页，32 开（历地丛刊）
本书共 8 章：概说、自然环境、农林、渔牧、矿产、工业、交通、贸易。
收藏单位：重庆馆、东北师大馆、广东馆、贵州馆、国家馆、湖北馆、湖南馆、吉林馆、南京馆、上海馆、西南大学馆、浙江馆

03349
南洋印度之产业 李裕编著
重庆：中华书局，1944.4，174 页，32 开
上海：中华书局，1946.7，再版，174 页，32 开
本书共 5 章：总论、荷属东印度、马来群岛、中南半岛、印度。
收藏单位：重庆馆、东北师大馆、广西馆、贵州馆、国家馆、湖南馆、吉林馆、辽大馆、南京馆、上海馆、首都馆、天津馆、西南大学馆、中科图

03350
南洋与日本 （日）井上清著 黄率真译
上海：中华书局，1914.11，16+332 页，24 开
本书共 6 章："南进论概说""南洋之咽喉——新加坡""马来半岛之开发""荷属诸岛之情形""各岛视察之概要""南洋之五大产业"。原著意在敦促日本政府鼓动日人从速开发南洋，中译本删去第 7—8 章。
收藏单位：黑龙江馆、近代史所、上海馆、天津馆、中科图

03351
南洋资源表述 南洋华侨协会秘书处编
南洋华侨协会秘书处，1943，油印本，12 页，16 开，环筒页装（南洋问题参考资料 2）
本书共 4 部分：农产、矿产、林产、水产。附我国与南洋间之贸易、各国在南洋之投资。
收藏单位：重庆馆、国家馆

03352
南洋资源论
北京：北京新闻协会，1942.3，46 页，32 开（时局小丛书 12）
本书内容包括：南洋资源的重要性、南洋食粮资源、荷印的石油、对南洋资源的一点意见等。
收藏单位：国家馆

03353
欧战后各国经济问题概论 张云伏著
上海法学院，[1931—1949]，256 页，23 开
本书分 7 章论述第一次世界大战后至 1930 年间苏、德、法、英、日等国的经济概况。

03354
欧战中美国外交政策之经济因素 李植泉翻译 刘铁孙审查 刘大钧核定
出版者不详，1939.11，晒印本，9 张，大 16 开（中国经济统计研究所 总字第 343 号 经济门国际类 第 13 号）
收藏单位：上海馆

03355
欧洲的危机 （法）西格夫利德（A. Siegfried）著 樊仲云译
上海：商务印书馆，1936.11，93 页，32 开（新时代史地丛书）
本书列举近代欧洲经济演进的种种事实，论述欧洲霸权的树立、欧洲和其他大陆关系的变化、帝国主义政策制定的经济背景、欧

洲的文明制度、美国的独立对欧洲的影响、世界大战等，阐明现代欧洲在产业组织、生活标准、技术创造上的变化与危机。共3篇：十九世纪、二十世纪、今日问题。著者原题：薛格弗利特。

收藏单位：重庆馆、广东馆、贵州馆、国家馆、湖南馆、吉林馆、江西馆、南京馆、宁夏馆、首都馆、浙江馆

03356
欧洲复兴计划　美国新闻处著
美国新闻处，1948，15+28页，25开

本书内容包括：什么是马歇尔计划、欧洲复兴计划的主要成份是什么、美国对该计划有什么保证等。

收藏单位：重庆馆、广东馆、广西馆、贵州馆、国家馆、河南馆、湖南馆、吉林馆、江西馆、辽宁馆、南京馆、天津馆

03357
欧洲和议后之经济　（英）凯恩斯（John Maynard Keynes）著　陶孟和　沈性仁译
上海：新青年社，1920.11，219页，32开（新青年丛书6）

本书论述第一次世界大战后欧洲的经济概况，着重批评协约国的经济政策。共7章：绪言、战前的欧洲、和会、条约、赔偿、和约后之欧洲、补救。著者原题：坎斯。

收藏单位：安徽馆、重庆馆、广东馆、国家馆、湖南馆、江西馆、近代史所、浙江馆

03358
欧洲经济史　（美）纳德（Melvin Moses Knight）等著　王亚南　郭大力译
外文题名：Economic history of Europe
上海：世界书局，1935.3，777页，25开

本书分两编：古代与中世、现代。第1编共6章：欧洲经济生活之基础、罗马的经济生活、中世纪之欧洲地中海沿岸、北欧之经济勃兴、庄园、中世纪之北欧商工业；第2编共15章，内容包括：欧洲扩大之开始、商业革命、产业革命、工厂制度、工商业之联合等。据两种美国大学讲义编成。著者原题：乃特等。

收藏单位：安徽馆、重庆馆、东北师大馆、贵州馆、国家馆、吉林馆、江西馆、辽大馆、南京馆、上海馆、天津馆、浙江馆

03359
欧洲经济史纲　（日）石滨知行著　陈绶荪　邓伯粹译
上海：中华书局有限公司，1936.9，392页，22开

本书共两部：欧洲经济史概说、经济史概论。

收藏单位：重庆馆、广西馆、贵州馆、国家馆、黑龙江馆、湖南馆、吉林馆、江西馆、辽大馆、辽宁馆、南京馆、内蒙古馆、上海馆、首都馆、浙江馆、中科图

03360
欧洲经济史纲要
北京：中国大学，1943，132页，大16开（中国大学讲义）

本书共6章：经济史概论、史前期之生活概况、古代近东各国之经济概况、希腊经济进展之检讨、罗马各时代之经济演变、中世纪之经济制度。

收藏单位：国家馆

03361
欧洲经济史讲义　刘侃元编述
北平：中国大学，1934.5，135页，16开

03362
欧洲经济通史　（日）东晋太郎著　熊得山译
上海：商务印书馆，1936，17+334页，22开

本书论述欧洲各主要民族经济发展的历史。共3编：古代及中世、近世、最近世。

收藏单位：重庆馆、广东馆、广西馆、贵州馆、国家馆、河南馆、湖南馆、吉林馆、江西馆、近代史所、辽大馆、南京馆、内蒙古馆、上海馆、天津馆、浙江馆、中科图

03363
欧洲战后改造计划　（英）达彻（Oswald

Dutch）著 俞宝书译
外文题名：Economic peace aims
重庆：独立出版社，1943.12，226 页，32 开（战后世界建设研究丛书）

本书共 20 章，内容包括：和平条约铸成大错、和平条约的经济反响、生活恐惧、世界在危险中、经济计划的政治前提、计划经济与经济计划、工作权利、赔款及国外负债、心理前提等。

收藏单位：重庆馆、广东馆、广西馆、贵州馆、国家馆、黑龙江馆、吉林馆、南京馆、内蒙古馆、宁夏馆、上海馆、天津馆、西南大学馆、浙江馆

03364
贫血的日本 国民出版社编辑
金华：国民出版社，1940.6，110 页，32 开（国民知识丛书）

本书收录各报刊所登有关日本国情的文章。共 7 章：综合的考察、军需资源的依赖性、人力的缺乏、粮食恐慌、经济的窘迫、财政的穷途、金融之危机。

收藏单位：安徽馆、重庆馆、广东馆、国家馆、近代史所、上海馆、浙江馆

03365
评马歇尔计划 光华书店编
香港：光华书店，1947.2，64 页，32 开（国际时事小丛书 2）

本书收录塔斯社等对美国马歇尔计划的评论 11 篇。

收藏单位：重庆馆、东北师大馆、国家馆、辽宁馆、山东馆、上海馆、天津馆

03366
亲仁录（关于日本经济考察团来华后之记载） 国讯社编辑
上海：国讯社，1937.4，211 页，32 开

本书内容包括：日本经济考察团来华之缘起、日本经济考察团来华之意义、日本经济考察团来华之行动、中国对日本经济考察团之舆论等。

收藏单位：国家馆、近代史所、南京馆、浙江馆

03367
日本北海道经营 陈大宁编纂
出版者不详，[1932—1949]，1 册，22 开

本书逐页题名：日本北海道之经营。

收藏单位：广西馆、桂林馆

03368
日本财阀史论 郑学稼著
上海：生活书店，1936.7，14+10+617 页，25 开

本书论述日本资本主义是怎样从封建社会经济制度中产生、发展，并达到帝国主义阶段的。共 14 卷，内容包括：三井王国、三菱王国、住友王国、安田王国等。书前有参考书目录、日本年号表、年号与西历对照表等。附著者社会科学书籍著译年表。

收藏单位：安徽馆、重庆馆、东北师大馆、广东馆、贵州馆、国家馆、湖南馆、吉林馆、近代史所、南京馆、上海馆、天津馆、西南大学馆、浙江馆、中科图

03369
日本财阀之南洋投资·日本财阀资本与军需工业 中国国民经济研究所译
[上海]：中国国民经济研究所，[1940]，30 页，22 开（中外经济拔萃 第 55 辑）

本书为合订本。《日本财阀之南洋投资》内容包括：第一次欧战与南洋、最近在南洋进出之性格、新兴财阀之南洋事业等。《日本财阀资本与军需工业》内容包括：与德国形态之相比、资本之构成、战争经济与财阀资本等。译自 1940 年出版的日本杂志《东洋》及《国际经济选报》。

收藏单位：国家馆、上海馆

03370
日本产业概论 陈湜编译
南京：正中书局，1936.12，181 页，32 开（时代丛书）

本书共 11 章，内容包括：日本之面积及人口、自然资源之贫乏、农林业、水产业、

矿业、工业、商业、交通事业、殖民地之产业等。

收藏单位：重庆馆、贵州馆、国家馆、河南馆、湖南馆、江西馆、南京馆、上海馆、浙江馆

03371
日本产业之现状　日本评论社编辑
外文题名：The present position of the industry in Japan
南京：日本评论社，1934.3，68 页，32 开（日本研究会小丛书 46）

本书共 6 部分：绪论、最近日本经济界的素描、日本产业界变化的实况、日本产业界变化的要因及特质、产业变化与劳动阶级、结论。

收藏单位：重庆馆、国家馆、上海馆、天津馆

03372
日本产业总览　（日）川岛信太郎著
外文题名：Japan industrial directory
东京：日本商业通信社，1940.10，819+99 页，18 开

本书为汉英对照。共 5 部分，内容包括：最近经济界发展之回顾、上年度产业发展之分析及战时经济力之问题、欧洲大战后我国贸易情势之洞察等。

收藏单位：国家馆、上海馆

03373
日本的产业　曙梦编辑
上海：日本研究社，1931.11，89 页，50 开（日本问题一角丛书）

本书概述日本农业、矿业、水产业、工业、商业的发展状况。

收藏单位：广东馆、国家馆、吉林馆

03374
日本的经济能否持久作战　郑森禹著
汉口：生活书店，1938.5，79 页，32 开（世界知识战时丛书 4）
广州：生活书店，1938，再版，79 页，32 开（世界知识战时丛书 4）

本书收文 5 篇：《从经济资源上观察日本作战力量》《从日本输出的病态到抵制日货》《长期战与日本经济力的强韧性》《日本经济的作战力果是强韧吗》《日本财政经济的依赖性》。

收藏单位：安徽馆、重庆馆、广东馆、国家馆、江西馆、南京馆、宁夏馆、上海馆、首都馆、浙江馆

03375
日本的经济区域　高佣　子春编
南京：日本评论社，1934.5，40 页，32 开（日本研究会小丛书 56）

本书共 4 部分，内容包括：旧时日本的区划、日本的北方领土、日本的南方领土等。

收藏单位：重庆馆、国家馆、江西馆、南京馆

03376
日本的经济危机　时与潮社编
[重庆]：时与潮社，1939，88 页，32 开

本书为该社增刊第 3 号。收文 8 篇：《日本经济在总崩溃中》《日本通货膨胀的新检讨》《战时日本输出贸易的衰退》《日本黑市交易的横行》《日本开发华北经济资源的困难》《日本侵略东北得不偿失》《日本在沦陷区内推行经济政策的困难》《日本经济繁荣已成过去》。

收藏单位：重庆馆、东北师大馆、贵州馆、吉林馆、江西馆、辽大馆、南京馆、上海馆、天津馆、浙江馆、中科图

03377
日本的战时经济　郭晓岚著
长沙：商务印书馆，1938.7，98 页，32 开（国际时事问题丛书）

本书共 7 章，内容包括：绪论、战时体制的形成、空前的庞大财政、畸形发展的金融、集中军需品生产的产业、威胁国民生活的物价等。

收藏单位：重庆馆、东北师大馆、广东馆、贵州馆、国家馆、湖南馆、吉林馆、南

京馆、上海馆、西南大学馆

03378
日本帝国主义的危机 日本问题研究会编
日本问题研究会，1933.5，136页，32开
本书共9部分：前言、日本财政的危机、日本社会经济的危机、日本对华贸易前途的危机、日本军事的危机、日本属地的危机、日本政治的危机、日本思想的危机、尾声。
收藏单位：安徽馆、重庆馆、东北师大馆、广西馆、贵州馆、国家馆、湖南馆、吉林馆、江西馆、近代史所、辽宁馆、南京馆、内蒙古馆、宁夏馆、陕西馆、上海馆、首都馆、天津馆、浙江馆、中科图

03379
日本帝国主义殁落之必然性 汪润堃著
北平：东北青年学社，1934.12，58页，64开（东北青年丛书8）
本书主要分析日本资本主义基础之脆弱及其危机。
收藏单位：重庆馆、上海馆

03380
日本帝国主义之复活 陈琴著
上海：新知书店，1947.10，179页，32开
本书分3编：麦克阿瑟管制下的日本、日本独占资本之复活、日本的农村问题。共13章，内容包括：日本之通货膨胀及其原因、恢复金融资本独裁之阴谋、日本劳动阶级之斗争、日本土地问题之政治性格、日本土地所有制之特质、独占资本之农村掠夺、日本土地改法案之批评等。
收藏单位：重庆馆、福建馆、广东馆、广西馆、国家馆、黑龙江馆、湖南馆、吉林馆、近代史所、辽大馆、南京馆、山东馆、上海馆、首都馆、天津馆、浙江馆

03381
日本国力的检阅 无瑕编
时事研究社，1938.1，66页，32开
本书共6章，内容包括：日本的透视、日本的经济机构、外强中干之日本等。
收藏单位：广西馆、国家馆、近代史所

03382
日本国力的剖视 邬翰芳编著
上海：国际书局，1938.11，218页，32开
上海：国际书局，1941.12，再版，125页，32开
本书分两编：日本国力之来源与自然界、日本人力与物力之总汇。
收藏单位：安徽馆、重庆馆、广东馆、广西馆、国家馆、江西馆、浙江馆

03383
日本国力的剖视 邬翰芳编
重庆：中华书局，1943.7，134页，32开
重庆：中华书局，1944.4，再版，134页，32开
收藏单位：安徽馆、重庆馆、东北师大馆、广东馆、贵州馆、国家馆、近代史所、南京馆、内蒙古馆

03384
日本国力的再估计 张友渔著
桂林：远方书店，1942.6，52页，32开（国际问题丛刊3）
本书共10篇：如何估计日本的国力、日本国力的基本弱点、从资源估计日本的国力、从工业估计日本的国力、从农业估计日本的国力、从对外贸易估计日本的国力、从财政金融估计日本的国力、从军备估计日本的国力、从阶层关系估计日本的国力、如何促成日本帝国主义崩溃。
收藏单位：重庆馆、广东馆、桂林馆、国家馆、河南馆、南京馆

03385
日本国民经济发展概况 日本评论社编辑
南京：日本评论社，1934.4，40页，32开（日本研究会小丛书51）
本书共6部分：日本国民经济发展的飞跃、日本经济的发展阶段、资本的集积与集中、日本的托拉斯、战后日本国民经济的合理化、一九二九年的恐慌与日本。

收藏单位：重庆馆、国家馆、江西馆、南京馆、上海馆、天津馆

03386
日本国内的恐慌　瞿洛琛编
武昌：战争丛刊社，1937.12，76页，32开（战争丛刊10）
本书共9部分：经济恐慌、财政危机、国际孤立、社会恐慌、军民反战、军人内讧、资源缺乏、军事失利、后顾堪忧。
收藏单位：重庆馆、东北师大馆、国家馆、湖南馆、南京馆、内蒙古馆、上海馆

03387
日本国势图解（一名，日本国力图解）（日）矢野恒太　（日）白崎享一著　李择一译
上海：商务印书馆，1936.11，20+446页，22开
上海：商务印书馆，1937.3，再版，20+446页，22开
收藏单位：安徽馆、重庆馆、东北师大馆、广东馆、贵州馆、国家馆、黑龙江馆、湖南馆、江西馆、辽大馆、辽师大馆、南京馆、上海馆、首都馆、西南大学馆、浙江馆、中科图

03388
日本经济　潘文安编著
正中书局，1938.2，27页，50开（抗战常识讲话）
本书简述日本经济畸形发展的状况，指出我国抗日战争将取得最后胜利的必然性。共9部分，内容包括："日本的国富——先天不足的患者""公债——竭泽而渔的滥发""资源——经济上一最大的缺陷"等。
收藏单位：重庆馆、南京馆

03389
日本经济地理　（苏）波波夫著　（日）松崎敏太郎译　顾志坚重译
昆明：中华书局，1931.11，506页，23开，精装（社会科学丛书）
昆明：中华书局，1939.3，14+506页，22开（社会科学丛书）
本书共3编：日本的自然资源与住民、日本之经济的区划、日本的国民经济及其最重要部门的地理。附日本重要都市概况。
收藏单位：重庆馆、广东馆、国家馆、江西馆、辽宁馆、南京馆、上海馆

03390
日本经济地理　陈湜撰述
上海：商务印书馆，1935.7，241页，32开（新时代史地丛书）
上海：商务印书馆，1937，再版，241页，32开（新时代史地丛书）
本书分上、下两编。上编共3章：绪说、日本经济地理之特征、日本各地方地理之特征；下编分述日本各地区经济地理概况。附日本重要都市概况、日本贸易概况。
收藏单位：安徽馆、重庆馆、东北师大馆、广东馆、广西馆、贵州馆、国家馆、湖南馆、江西馆、辽大馆、南京馆、内蒙古馆、宁夏馆、上海馆、首都馆

03391
日本经济复兴实况　香港各侨团反对扶植日本工业复兴运动委员会编
香港各侨团反对扶植日本工业复兴运动委员会，1949.1，160页，16开
本书共4章：美国扶植日本经济复兴的史实、日本工业复兴实况、日本贸易的复兴、日本经济复兴与香港。
收藏单位：国家馆、吉林馆

03392
日本经济概况　赵兰坪编译
上海：黎明书局，1931.3，10+330页，22开
本书共8章，内容包括：日本的经济发展、日本经济的资本主义化、日本的产业等。
收藏单位：重庆馆、广东馆、广西馆、国家馆、河南馆、湖南馆、吉林馆、江西馆、南京馆、上海馆、绍兴馆、首都馆、天津馆、西南大学馆、浙江馆、中科图

03393
日本经济论 （苏）波波夫著 赵南柔译述
上海：商务印书馆，1937.1，15+472 页，22 开（日本研究会丛书）
上海：商务印书馆，1937.3，再版，472 页，22 开（日本研究会丛书）

本书分 3 编：日本的自然资源与居民、日本的经济底区划、日本国民经济及其最重要部门的地理。共 27 章。著者原题：波朴夫。

收藏单位：重庆馆、东北师大馆、广东馆、贵州馆、国家馆、黑龙江馆、湖南馆、辽大馆、南京馆、内蒙古馆、宁夏馆、上海馆、首都馆、浙江馆

03394
日本经济史 （日）土屋乔雄著 郑合成译
长沙：商务印书馆，1941.3，235 页，36 开（社会科学小丛书）

本书共 5 编：原始时代、上古、中古、中世、近世。附中西日年代简略对照表。

收藏单位：重庆馆、广东馆、广西馆、贵州馆、国家馆、湖南馆

03395
日本经济史纲 陈冬野编著
太平洋出版社，1946.3，战后 1 版，66 页，32 开

本书分上、下两编：日本经济发展史观、日本资本主义发展史。上编共 4 节：氏族社会的崩溃与大化革新、庄园的发生与封建社会的成立、封建制度的发展过程、封建社会的崩溃；下编共 4 节：明治维新、产业革命、日本产业革命的特征及其对政治社会的影响、日本资本主义生产的矛盾及其前途。

收藏单位：国家馆

03396
日本经济史论 （日）福田德三著 金奎光译
上海：华通书局，1930.4，10+270 页，32 开

本书共 4 章：原始时代、帝权扩张时代、封建时代、专制的警察国家时代。

收藏单位：长春馆、重庆馆、国家馆、吉林馆、江西馆、辽宁馆、南京馆、上海馆、首都馆、天津馆、浙江馆、中科图

03397
日本经济往那里去？ （日）乡诚之助等著 华华译
上海：一心书店，1938.4，89 页，32 开（日本动态 2）

本书为译文集。收文 6 篇：《日本经济动向与其指导政策》（乡诚之助）、《战争与日本资本主义》（土屋乔雄）、《日本的新预算》（U.M）、《日本国际收支的回顾》（S.Y）、《日本提高赋税的准备》（C.S）、《日本战争公债的进行方法》（阿部贤一）。

收藏单位：重庆馆、广东馆、广西馆、国家馆、江西馆

03398
日本经济与经济制裁 赵洵 黄一然译著
汉口：上海杂志公司，1938.4，206 页，32 开

本书分两部：日本经济、经济制裁。第 1 部共 7 章：太平洋沿岸与日本、日本在华势力的伸张、日本势力伸张的新范围、日本之委任统治群岛、日本对外贸易及日货倾销、日本入口之赖于世界经济及支付差额、日苏在经济上之相互关系；第 2 部共 5 章：引言、经济制裁在国联盟约中的根据、经济制裁之本质的问题、日本军需工业原料的资源地、日本军需工业原料之国外依存性。

收藏单位：重庆馆、广西馆、贵州馆、国家馆、湖南馆、吉林馆、江西馆、南京馆、内蒙古馆、上海馆、浙江馆、中科图

03399
日本经济状况视察实记 胡通海著
出版者不详，1940，28 页，32 开

本书记录著者于 1940 年随东亚经济恳谈会华北本部经济视察团访问日本期间的见闻。

收藏单位：国家馆

03400
日本“军用手票”
财政部货币发行局，1945 印，17 张，18 开

收藏单位：国家馆

03401
日本能持久么　耿亮编
汉口：全民出版社，1938.2，66页，36开
汉口：全民出版社，1938，再版，68页，36开

本书共7章，内容包括：日本军备实力之估计、日本军火生产力之略述、日本财政之分析等。

收藏单位：安徽馆、重庆馆、广东馆、国家馆、吉林馆、江西馆、近代史所、南京馆、陕西馆

03402
日本人之新南洋发展策　（日）堤林数卫著　刘士木译
上海：中华南洋协会筹备处，1924.5，再版，37页，50开

本书共7部分：南洋之真价、日本人发展之状态与贸易之现状、南洋贸易发展所必须之日本移民、南洋工业发展所必须之日本移民、有利之南洋土地事业投资、金融机关整备之必要、以上各项实行之可能性。原载于日本《太阳》杂志第28卷第14号。

03403
日本社会经济发达史　周宪文编
上海：民智书局，1932.6，106页，32开

本书论述近代日本经济的发展。共5章：绪论、日本政治社会组织的变迁、农业及土地制度、工业、商业。

收藏单位：广东馆、广西馆、国家馆、湖南馆、浙江馆

03404
日本实业概观　（日）白石重太郎编纂
东京：白石重太郎，1911.11，12+140页，16开，精装

本书共29章，内容包括：绪论、财政、对外贸易、日清贸易、银行、会社、工业等。

收藏单位：国家馆

03405
日本统制经济概要　（日）波多野鼎著　舒贻上译
北京：国立华北编译馆，1943.4，16+250页，32开

本书共18章，内容包括："生产力扩充问题（一）——资金之统制""生产力扩充问题（二）——生产财之统制""生产力扩充问题（三）——劳动之统制""生产力扩充问题（四）——积极的助成"等。

收藏单位：国家馆、黑龙江馆、南京馆、首都馆、中科图

03406
日本现代经济史论　（日）高桥龟吉等著　霍本一译
北平：求是学社，1932.4，162页，32开

本书收文两篇：《明治维新之经济革命》《现代日本经济的穷困》。

收藏单位：重庆馆、国家馆、河南馆、南京馆

03407
日本在崩溃途中　林建著
武昌：日本问题研究社，1938.7，62页，36开（日本问题研究丛书）

本书收文4篇：《最近日本经济危机之检讨》《最近敌国的姿态》《日本工农在饥馑与死亡的道途中》《日本在崩溃途中》。

收藏单位：国家馆

03408
日本在太平洋上之经济战　日本评论社编辑
南京：日本评论社，1934.4，56页，32开（日本研究会小丛书49）

本书共8部分：绪言、日本帝国主义之成长、战后太平洋上的经济阵容、经济恐慌中之日本、九一八以来日本在太平洋上之经济战、英美在太平洋上之经济现势、太平洋上经济争霸中日本的新武器、结论。

收藏单位：重庆馆、国家馆、江西馆、南京馆、上海馆、天津馆

03409
日本战时经济　罗叔和编译

上海：申报，1933.5，208 页，32 开（申报丛书 1）

本书共 5 章：战争与国家总动员计划、日本军需品工业状态、日本官营事业的解剖、战时经济的构成、战时金融政策的动向。附日本主要资源的需要供给统计表。

收藏单位：广东馆、广西馆、国家馆、湖南馆、吉林馆、江西馆、近代史所、辽大馆、南京馆、上海馆、天津馆、浙江馆、中科图

03410

日本战时经济　中央电讯社出版所编纂部编辑

南京：中央电讯社出版所总务部，1944.12，222 页，32 开（时局丛书 4）

本书共 8 章，内容包括：决战经济之性格、决战经济机构之强化、企业整理等。

收藏单位：南京馆

03411

日本战时经济（一）　第七战区司令长官司令部编纂委员会编

曲江（韶关）：新建设出版社，1942，78 页，32 开（时事小丛书 5）

本书收文 4 篇：《战争四年来的日本经济》（淡路二郎著，冯河清节译）、《日本战时统制经济全貌》（陈寿奇）、《日本工业构成的变动》（K. 伯伯夫著，孙亚明译）、《一九四〇年日本经济的总检讨》（孙礼榆）。

收藏单位：国家馆、南京馆

03412

日本战时经济概况　马垚　杨尔程著　赵兰坪校阅

重庆：中央银行经济研究处，1943.2，[14]+362 页，16 开（中央银行经济研究处丛书）

本书共 8 章：日本战时经济总论、日本战时财政、日本战时金融、日本战时对外贸易、日本战时工矿、日本战时资源、日本战时劳工、太平洋战事爆发以来日本之战时经济。

收藏单位：重庆馆、东北师大馆、广东馆、贵州馆、国家馆、河南馆、黑龙江馆、吉林馆、江西馆、近代史所、辽宁馆、南京馆、内蒙古馆、上海馆、中科图

03413

日本战时统制制度　台湾行政干部训练班编

台湾行政干部训练班，1945.4，2 册，32 开

本书为中央训练团台湾行政干部训练班参考资料。内容包括：铁钢统制会、煤炭统制会、贸易统制会、山矿统制会等。

收藏单位：重庆馆、南京馆

03414

日本政治经济的崩溃　龙潜著

桂林等：新知书店，1939.8，48 页，32 开

本书共 6 部分，内容包括：军费大大的增高了、对外贸易的不振与黄金滚滚的流出、工商业的疲敝、物价的上升与人民生活的困难等。

收藏单位：重庆馆、贵州馆、国家馆、吉林馆、近代史所

03415

日本政治经济研究　许兴凯编

天津：百城书局，1932.10，26+450+16 页，25 开

本书共 9 章：日本资本主义之史的发展、日本经济的横截面、日本的金融资本与国家财政、大集中倾向及财阀的形成、日本的政治制度、日本的政党、日本帝国主义、日本资本主义经济的没落、日本法西斯运动及最近政变。附日本度量衡、西洋度量衡、近百年来中西日年代对照表。

收藏单位：重庆馆、东北师大馆、广西馆、贵州馆、国家馆、江西馆、近代史所、天津馆、浙江馆

03416

日本之产业　日本三菱经济研究所编　郑君平译述

长沙：商务印书馆，1937，5 册（1400 页），36 开

本书共 4 部。第 1 部为日本产业发展的背景，内容包括：日本产业之基础及特性、原料供给、产业统制之现况、产业合理化等；第

2 部为基础产业，共 4 章：农业、渔业、矿业、电气事业；第 3 部为主要工业，共 6 章：纤维工业、机械工业、化学工业、窑业、食料品工业、其他工业；第 4 部为金融保险仓库及运输业。

收藏单位：广东馆、贵州馆、湖南馆、近代史所、内蒙古馆、天津馆

03417

日本之国有产业 刘百闵编辑

外文题名：The government enterprise of Japan

南京：正中书局，1933.10，28 页，32 开（日本研究会小丛书 30）

本书共 4 部分：专卖事业、电话电报及无线电、简易生命保险、邮政贮金。

收藏单位：东北师大馆、国家馆、江西馆、南京馆、上海馆

03418

日本之军事经济统制 刘百闵编辑

外文题名：The regulation of military economy in Japan

南京：正中书局，1933.8，22 页，32 开（日本研究会小丛书 23）

本书共两部分：资源统制之现状、各种法规中的军事的特权。

收藏单位：重庆馆、东北师大馆、国家馆、江西馆、南京馆、上海馆

03419

日本之南生命线 （日）松村金助原著 刘士木译述

上海：中南文化协会，1936，再版，[20]+[156] 页，32 开（中南丛书）

本书共 6 章：序论、南洋群岛之经济的展望、南洋经济建设之秘史、秘密境之新几尼亚、极乐境之爪哇、铁之生命线与马来半岛。附南洋旅行须知。

收藏单位：重庆馆、国家馆、湖南馆、吉林馆

03420

日本之战时资源 孔志澄著

长沙：商务印书馆，1938，58 页，32 开（日本知识丛刊）

本书共 3 部分：战争与资源、日本重要战时资源之解剖、资源掠夺与侵略战争。

收藏单位：重庆馆、东北师大馆、广东馆、广西馆、贵州馆、国家馆、湖南馆、辽大馆、上海馆

03421

日本主义的没落 谢南光撰

重庆：国民图书出版社，1944.6，67 页

本书共 6 章，内容包括：日本主义的起源、日本主义的演变、神道与武士道、日本主义的没落等。

收藏单位：南京馆

03422

日本资本主义发达史 （日）高桥龟吉著 刘家鋆译

上海：大东书局，1932.10，468 页，32 开

本书共 7 章：幕末时代封建制度的倒坏、明治维新的资本主义革命、日本资本制度初期的发达、日本产业革命的进展、日本资本制度的成熟、日本金融资本的发达、日本经济的资本主义发展之穷绝和阶级对立的激烈化。

收藏单位：安徽馆、重庆馆、东北师大馆、广东馆、国家馆、湖南馆、吉林馆、江西馆、上海馆、西南大学馆

03423

日本资本主义发展简史 （苏）波波夫著 孙亚明译

桂林：新知书店，1939.11，94 页，25 开

本书概述 1868—1929 年间日本资本主义各阶段的发展历程。共两部分：一般的特征、几个基本阶段的特征。著者原题：K. 伯伯夫。

收藏单位：安徽馆、重庆馆、广东馆、广西馆、国家馆、吉林馆、南京馆、上海馆、天津馆

03424

日本资本主义发展史 （苏）波波夫著 成之

译
上海：无名出版社，1940，98 页，32 开
[上海]：无名出版社，1941.6，98 页，32 开
本书分上、下两篇：日本资本主义发展的一般特征、日本资本主义发展的基本阶段的特征。著者原题：朴波夫。
收藏单位：广东馆、国家馆

03425
日本资本主义论战　（日）内田穰吉著　宋斐如译
上海：上海杂志公司，1939.2，273 页，25 开
本书共 8 章，内容包括：日本资本主义论战前史、介绍“日本资本主义的分析”、爱尔兰的土地制度、徭役劳动论、劳动工资论等。
收藏单位：重庆馆、东北师大馆、贵州馆、国家馆、吉林馆、近代史所、辽大馆、南京馆、内蒙古馆、首都馆、西南大学馆、浙江馆、中科图

03426
日本资本主义论争史　日本经济劳动研究所编　金学成　卫瑜译
上海：中国建设印务股份有限公司，1948.9，146 页，32 开（日本研究丛书 2）
本书共 6 章，内容包括：“序论——资本主义论争的前提和意义”“论争本史（一九三二至三七）”“结论——资本主义论争的现阶段”等。所涉时间为 1930—1945 年。
收藏单位：大庆馆、东北师大馆、国家馆、近代史所、上海馆、天津馆

03427
日本资本主义研究　巴克编著
上海：现代书局，1929，10+227 页，22 开
本书共 10 章，内容包括：日本资本主义发展之原因、日本资本主义史的发展、日本资本集中之形势、日本最近之金融状况、日本最近之对外贸易状况等。
收藏单位：重庆馆、桂林馆、国家馆、吉林馆、上海馆、浙江馆

03428
日本资源缺乏的检讨　文少和编著
成都：开明书店，1939.3，50 页，32 开
本书简述世界各国资源概况，分析日本矿产、动力、木材等资源缺乏的原因及化学资源对日本军需所起的重要作用等。
收藏单位：重庆馆、东北师大馆、南京馆、天津馆

03429
日本资源要览　参谋本部第二厅第一处编
参谋本部第二厅第一处，[1936]，82 页，16 开
本书共 8 部分：人口、国富、财政、粮食、牲畜、工业、原料、交通。
收藏单位：安徽馆、重庆馆、广东馆、浙江馆

03430
日本最近经济概况　参谋本部第二厅第一处编
参谋本部第二厅第一处，[1911—1949]，206 页，大 32 开
收藏单位：南京馆

03431
日本最近经济概要　周季煌编译　参谋本部第二厅第一处编
参谋本部第二厅第一处，[1935]，206 页，23 开
本书共 6 部分：农工商业概况、渔业概况、国富、财政、金融状况、日本最近经济政策。
收藏单位：重庆馆、广西馆

03432
日本最近之经济　（日）神原周平著　潘文安　殷师竹译
上海：文艺书局，1932.1，96 页，32 开
本书共 12 章，内容包括：世界经济之大势、日本不景气之概观、日本对外之贸易、日本之商业状态、日本之工业状态、日本之劳工状态等。

收藏单位：广东馆、广西馆、国家馆、江西馆、山西馆、陕西馆、天津馆、浙江馆

03433

日本作战力 （苏）塔宁（O. Tanin）（苏）约翰（E. Yohan）著 张肖梅译述

外文题名：When Japan goes to war

上海：商务印书馆，1937.10，252页，22开（中国国民经济研究所丛书）

长沙：商务印书馆，1938.5，再版，10+252页，22开（中国国民经济研究所丛书）

本书共5章：日本作战一年之需要、日本国民经济之军事组织、日本工业之战时生产及其主要战用原料品、大战中日本之经济措施、结论。

收藏单位：重庆馆、东北师大馆、广东馆、贵州馆、国家馆、湖南馆、吉林馆、江西馆、近代史所、辽宁馆、南京馆、上海馆、西南大学馆、中科图

03434

日帝国主义的经济状况 朱少轩著

上海：昆仑书店，1931.10，67页，32开（反日帝国主义丛书1）

本书论述第一次世界大战后，日本资本主义经济的勃发及战后第三期经济恐慌的特征。

收藏单位：广东馆、广西馆、陕西馆

03435

瑞典之中道 （美）柴尔兹（M. W. Childs）著 王清彬译

外文题名：Sweden, the middle way

长沙：商务印书馆，1940，214页，25开（中山文库）

本书共12章，内容包括：瑞典合作运动之滥觞、合作事业之功绩、经济住宅、瑞典的国营工业、国营电力事业、丹麦土地制度改革运动等。

收藏单位：重庆馆、广东馆、贵州馆、国家馆、湖南馆、吉林馆、江西馆、辽大馆、南京馆、宁夏馆、上海馆、天津馆

03436

瑞士及其工业 瑞士公使馆编

上海：瑞士公使馆，[1937—1949]，32页，32开（瑞士研究丛书3）

本书共4部分：瑞士国家经济之一般情况、瑞士与外国之经济关系、瑞士之生产、游览事业与教育。

收藏单位：东北师大馆、南京馆

03437

瑞士之实业心理学 吴襄著

出版者不详，[1934.10]，12页，16开

本书简论瑞士实业心理学的学理及其实际应用问题。

收藏单位：国家馆

03438

谁掌握美国 （美）艾伦著 托夫译

山东新华书店，1949.9，67页，42开

本书收录短评10篇，内容包括：《发战争财》《大企业》《世界托拉斯与卡特尔》《资本家的战时怠工》《世界危机》《过度膨胀》等。著者原题：爱伦。

收藏单位：长春馆、国家馆、辽宁馆、山东馆、天津馆

03439

斯大林论工业生产中的几个问题 （苏）沙左诺夫等著

哈尔滨：东北书店，1948.9，30页，32开

本书收文4篇：《斯大林论工业生产中的几个问题》《掌握布尔塞维克领导经济的方法》《党的政治工作是经济工作成功的基础》《节约是社会主义经济的方法》。

收藏单位：长春馆、东北师大馆、广东馆、国家馆、南京馆、山东馆

03440

四年来日本经济的透视 李荣廷著

军事委员会政治部，1941.9，66页，32开（时事问题15）

收藏单位：安徽馆、重庆馆、广东馆、国家馆、吉林馆、南京馆

03441
苏俄的经济组织　（美）倪埃林（Scott Nearing）（美）哈定（Jack Hardy）著　蒋国炎译
上海：太平洋书店，1929.5，232 页，32 开
本书共 3 编：经济的背景、苏联的经济机关及其关系、结论。著者“倪埃林”原题：尼林。
收藏单位：安徽馆、重庆馆、广西馆、国家馆、河南馆、湖南馆、南京馆、上海馆、西南大学馆、浙江馆

03442
苏俄第二次五年计划　（苏）莫洛托夫（Вячеслав Михайлович Молотов）著　李荣廷译
新新通讯社出版部，1933.8，72 页，32 开（新新通讯社丛书 2）
本书为文言体，加圈点。附第二个五年计划案指导原则。系著者在联共（布）第十七次党代表大会上的报告。据英译本转译。
收藏单位：国家馆、南京馆

03443
苏俄第一次、第二次五年计划论战　（苏）斯大林（И. В. Сталин）等著　潘天觉　陈清晨译
上海：神州国光社，1934.6，215 页，32 开
本书收文 5 篇：《第一次五年计划之总成绩》（史达林）、《第一次五年计划的完成与第二次五年计划的基本原则》（满奴尔斯基）、《第二次五年计划起草大纲》（莫洛托夫、魁比雪夫）、《第二次五年计划第一年之任务》（莫洛托夫）、《苏联经济之危机》（托罗斯基）。逐页题名：五年计划论战。著者原题：史达林等。
收藏单位：重庆馆、国家馆、南京馆、上海馆、天津馆、浙江馆

03444
苏俄革命后之新建设　（苏）毛劳道夫著　王季子译
新时代出版社，[1940—1949]，269 页，32 开
本书分上、下两编：革命之由来及其经过、苏联革命后的建设。上编共 3 章：“第一次革命——1905 年”“1917 年二月革命——第二次革命”“十月革命”；下编共 9 章，内容包括：苏维埃政权的建设、苏联红军的建设、苏联的工业建设、苏联农业经济的建设、苏联的商业建设等。
收藏单位：安徽馆、重庆馆、东北师大馆、国家馆、宁夏馆、上海馆、浙江馆

03445
苏俄积极建设论　张毓宾著
长春：张毓宾 [发行者]，1932.1，162 页，32 开
本书共 12 章，内容包括：五年计划根据之理论、五年计划对内之目的、五年计划与西进政策、五年计划之状况、五年计划与共产主义、五年计划与农民政策等。
收藏单位：广西馆、国家馆

03446
苏俄计划经济　黄卓著
上海：世界书局，1934.3，3 册（281+284+251 页），25 开，精装
本书分上、中、下 3 卷。上卷共 4 章：苏俄的生产动机、苏俄的生产组织、苏俄的生产计划、苏俄的生产问题；中卷共 7 章，内容包括：苏俄的国民所得、苏俄无产阶级所得与工资、苏俄的私人储蓄等；下卷共 5 章，内容包括：苏俄的货币制度、苏俄的银行制度、苏俄的国内贸易等。
收藏单位：重庆馆、东北师大馆、广东馆、广西馆、贵州馆、国家馆、湖南馆、江西馆、辽大馆、南京馆、宁夏馆、上海馆、西南大学馆

03447
苏俄经济地理　（日）川西勇　（日）国松久弥著　许亦非　许达年译
上海：中华书局，1936.2，392 页，22 开（社会科学丛书）
本书从经济地理的角度，介绍苏联在十月革命胜利后，特别是五年计划实施后，在

经济领域所取得的成就和发生的变化。共 3 编：农业、森林、原动力。

收藏单位：重庆馆、东北师大馆、广西馆、国家馆、黑龙江馆、湖南馆、吉林馆、辽大馆、辽宁馆、内蒙古馆、宁夏馆、上海馆、天津馆、浙江馆

03448

苏俄经济生活　[（美）胡佛（C. B. Hoover）著]　刘炳藜　赵演编译

外文题名：Economic life of Soviet Russia

上海：中华书局，1933.10，333 页，32 开（国际丛书）

本书为节译本。共 13 章，内容包括：苏联经济的一般特征、工业的组织、国内贸易、银行制度、合作制度、社会保险等。

收藏单位：重庆馆、东北师大馆、广东馆、广西馆、贵州馆、国家馆、黑龙江馆、湖南馆、吉林馆、江西馆、辽大馆、辽宁馆、南京馆、上海馆、天津馆、西南大学馆

03449

苏俄经济政策概论　宗华著

南京：中国与苏联杂志社，1934.10，58 页，32 开（中国与苏俄杂志社丛书 2）

本书共 5 部分：从十月革命到军事共产主义、军事共产主义、自新经济政策到第一届五年计划、第一届五年计划、第二届五年计划。

收藏单位：国家馆、吉林馆、江西馆、上海馆、浙江馆

03450

苏俄经济政治状况　任弼时著

出版者不详，[1911—1949]，4 张，32 开

本书附苏俄与青年。

收藏单位：国家馆

03451

苏俄经济组织与实业政策　陈彬龢著

[上海]：共和书局，1927.7，73 页，25 开

本书共两编：苏俄的经济组织和实业情形、苏俄的共产党的实业政策。

收藏单位：重庆馆、广西馆、国家馆、南京馆、首都馆、天津馆、浙江馆

03452

苏俄劳动之保护　（美）乔奇·普列斯（George Ward Price）著　游宇译

民声书局，1929.9，123 页，32 开

本书共 11 章，内容包括：俄皇时代的工人、临时政府和军事共产主义统治下的工人、职工会在劳动保护中的任务、女工和童工的保护、社会保险等。

收藏单位：国家馆、内蒙古馆、上海馆

03453

苏俄收支差额之好转　陈忠桀翻译　刘铁孙审查　刘大钧核定

出版者不详，1939.4，晒印本，7 张，大 16 开（中国经济统计研究所 总字第 299 号 经济门国际类 第 9 号）

收藏单位：上海馆

03454

苏俄五年计划概论（五年计划的理论与实际）　周宪文编译

上海：中华书局，1932，158 页，32 开（国际丛书）

上海：中华书局，1934.6，再版，158 页，32 开（国际丛书）

上海：中华书局，1935，3 版，158 页，32 开（国际丛书）

本书共 4 章：苏俄当局的理想、五年计划的目的、五年计划的内容、结论。

收藏单位：安徽馆、重庆馆、广东馆、贵州馆、国家馆、黑龙江馆、吉林馆、江西馆、辽大馆、辽宁馆、南京馆、上海馆、浙江馆

03455

苏俄五年经济计划之研究及其国力调查　参谋本部第二厅第二处编

参谋本部第二厅第二处，[1932]，124 页，22 开

本书共 3 章：计划实施前之国力、计划内容、计划实施后之成绩。书中题名：苏俄第一

次五年计划的研究及其国力调查。

收藏单位：广东馆、国家馆

03456

苏俄现阶段之经济的检讨与批评　郑江南著

国魂书店，[1932—1949]，36 页，25 开（国论经济丛刊 68）

本书论述苏俄现阶段统制经济的意义、变迁，第一次五年计划的实施和成果，第二次五年计划的轮廓等。

收藏单位：重庆馆

03457

苏俄新经济政策　顾树森编

上海：中华书局，1927.12，[633] 页，25 开（欧游丛刊第 7 集）

上海：中华书局，1929.6，再版，1 册，25 开（欧游丛刊第 7 集）

上海：中华书局，1934.8，3 版，1 册，25 开（欧游丛刊第 7 集）

本书为文言体，加标点。内容包括：总论、苏俄对内的新经济政策、苏俄对外的新经济政策、苏俄在共产主义时代的合作运动、苏俄新经济政策的过渡等。

收藏单位：安徽馆、重庆馆、东北师大馆、广西馆、贵州馆、国家馆、河南馆、黑龙江馆、湖南馆、吉林馆、江西馆、近代史所、辽大馆、辽宁馆、南京馆、内蒙古馆、宁夏馆、山西馆、上海馆、绍兴馆、天津馆、西南大学馆、浙江馆

03458

苏俄之东方经济政策　科诺黎（Violet Conolly）著　宦乡译

上海：商务印书馆，1935.8，185 页，32 开（社会科学小丛书）

上海：商务印书馆，1936，再版，185 页，32 开（社会科学小丛书）

本书共 7 章，内容包括：苏俄东方经济政策之发展、苏俄与土耳其之经济关系、苏俄与波斯之经济关系、苏俄东方经济政策之结果等。

收藏单位：重庆馆、广东馆、广西馆、国家馆、湖南馆、辽宁馆、南京馆、上海馆、浙江馆

03459

苏俄之国民经济建设　祝平　徐思予编著

南京、上海：正中书局，1937.2，352 页，32 开（时代丛书）

本书共 3 编：苏俄国民经济建设之史的发展、苏俄国民经济的机构、苏俄国民经济建设的推进。

收藏单位：安徽馆、重庆馆、东北师大馆、贵州馆、国家馆、湖南馆、吉林馆、江西馆、南京馆、上海馆、天津馆、浙江馆

03460

苏俄之前途　（苏）托洛茨基（Лев Давидович Троцкий）著　梁鉴舜译

上海：新宇宙书店，1930.5，114 页，32 开

本书共 13 章，内容包括：数目字的说明、新经济政策与农民、生产力之增长、社会化工业之健全、城市与乡村之调剂、工业中社会主义之成就、苏俄与资本主义世界等。

收藏单位：国家馆、湖南馆、吉林馆、上海馆、绍兴馆、浙江馆

03461

苏俄之设计经济　刘秉麟著

出版者不详，[1911—1949]，52 页，32 开

本书论述苏联计划经济的性质、特征、内容及组织设计等。

03462

苏俄制度泛系制度与资本制度　（美）康慈（G. S. Counts）等著　林光澂等译

外文题名：Bolshevism, fascism and capitalism

上海：商务印书馆，1933.4，279 页，32 开（社会科学小丛书）

上海：商务印书馆，1934.3，再版，279 页，32 开（社会科学小丛书）

上海：商务印书馆，1939，3 版，279 页，32 开（社会科学丛书）

本书收录 1931 年美国政治学会特别会议上的论文 4 篇：《苏俄设计制度与五年计划》

《泛系主义之经济制度》《资本主义之经济制度》《世界经济计划》。

收藏单位：重庆馆、东北师大馆、广东馆、国家馆、河南馆、黑龙江馆、湖南馆、吉林馆、南京馆、内蒙古馆、上海馆、天津馆

03463

苏联的计画配给　张一凡著

上海：中华书局股份有限公司，1947.7，110页，25开（社会科学丛书）

本书共20章，分5编。第1编概述苏联十月革命胜利初期的分配制度；第2—4编分别介绍三个五年计划的计划配给情况；第5编为配给组织，论述计划经济指导下的商业金融、自由市场、农产征收制度等。

收藏单位：重庆馆、东北师大馆、贵州馆、国家馆、辽大馆、辽宁馆、南京馆、内蒙古馆、上海馆、西南大学馆、中科图

03464

苏联的建设　黎烈文　周学普等编译

永安（三明）：改进出版社，1940，136页，32开（改进文库3）

本书为译文集。收录《苏联底经济和世界现势》（E. 勃劳著，周学普译）、《苏联生产工具的生产》（S. 顾洛维夫著，乐生译）、《苏联的电气工业》（茨罕诺夫斯基著，魏湛译）、《一九三八年的苏联农业》（莫斯科新闻，沈炼之译）、《苏联的都市设计》（特拉卡著，俞庆赉译）等。

收藏单位：重庆馆、福建馆、广东馆、广西馆、贵州馆、国家馆、湖南馆、吉林馆、江西馆、南京馆、西南大学馆

03465

苏联的经济　焦敏之编

北平：中外出版社，1946.2，再版，53页，32开

本书介绍苏联各加盟共和国的经济概况。内容包括：总论、苏俄、乌克兰、亚美尼亚、白俄罗斯、结语等。据《苏联各民族友爱的经济基础》（M. 库特里阿佛佐夫）、《苏联计划经济》（库尔斯克）等书编辑。

收藏单位：国家馆

03466

苏联的经济建设　陈史坚著

上海：生活·读书·新知上海联合发行所，1949.7，93页，36开（新中国百科小丛书）

本书共13部分，内容包括：俄国的翻身、复兴中的白俄罗斯、列宁格勒和波罗的海、环绕莫斯科的周围、各共和国之间等。

收藏单位：重庆馆、东北师大馆、国家馆

03467

苏联的经济建设　陈史坚著

上海：士林书店，1949.3，93页，42开

收藏单位：重庆馆、东北师大馆、广东馆、吉林馆、南京馆、内蒙古馆、上海馆、天津馆

03468

苏联的经济建设　陈史坚著

香港：新中国书局，1949.6，93页，36开（新中国百科小丛书）

收藏单位：广西馆

03469

苏联的经济建设　孙冶方著

大众文化社，1937.1，84页，32开（大众文化丛书 第1辑 第12种）

本书共4部分：导言、苏联的社会经济机构底特征、苏联经济建设底几个主要阶段、苏联经济建设底现状和前途。

收藏单位：重庆馆、国家馆、黑龙江馆、南京馆、内蒙古馆、上海馆、浙江馆

03470

苏联的经济组织　（美）倪埃林（Scott Nearing）（美）哈定（Jack Hardy）著　汉钟译

上海：大东书局，1929.5，266页，32开

本书共3编：经济背景、苏联的经济职能和经济关系、结果。著者“倪埃林”原题：司各特·尼埃林，“哈定”原题：哈代。

收藏单位：东北师大馆、国家馆、湖南馆、南京馆

03471
苏联的经济组织 （美）倪埃林（Scott Nearing）（美）哈定（Jack Hardy）著 魏学智译
上海：春潮书局，1929.6，317页，32开
收藏单位：广东馆、国家馆、黑龙江馆、江西馆、南京馆、宁夏馆、上海馆

03472
苏联的农工和交通 王文萱著
长沙：商务印书馆，1939.2，166页，32开（苏联小丛书）
本书介绍苏联十月革命后的经济地理状况。共4章：今日的苏联、农业、工业、交通。
收藏单位：重庆馆、东北师大馆、广东馆、广西馆、国家馆、湖南馆、南京馆、西南大学馆、云南馆、浙江馆

03473
苏联的五年计划 喆人著
上海：世界书局，1938.5，173页，32开（苏联丛刊）
本书介绍苏联计划经济的萌芽、缺陷、特征、沿革、程序、原则及五年计划的动机、任务、内容、总结等。
收藏单位：重庆馆、东北师大馆、广东馆、贵州馆、国家馆、南京馆、上海馆、西南大学馆

03474
苏联第二次五年计划 （英）柯兹（W. P. Coates）（英）柯兹（Z. K. Coates）著 包玉珂译
外文题名：The Second Five-Year Plan
上海：商务印书馆，1937.11，224页，32开（苏联小丛书）
长沙：商务印书馆，1937，224页，32开（苏联小丛书）
长沙：商务印书馆，1938.3，再版，224页，32开（苏联小丛书）
长沙：商务印书馆，1940.1，3版，224页，32开（苏联小丛书）
本书共3章：第一次五年计划的成绩的总检讨、第二次五年计划、第二次五年计划的内容的表解。
收藏单位：重庆馆、东北师大馆、广东馆、广西馆、国家馆、湖南馆、江西馆、南京馆、山西馆、西南大学馆、浙江馆

03475
苏联第二次五年计划 （苏）莫洛托夫（Вячеслав Михайлович Молотов）著 韩起译
上海：世界出版合作社，1933.7，134页，32开
本书内容包括：第一次五年计划的结果、第二次五年计划之政治目标、技术的改造与布尔雪维克的步调等。
收藏单位：广东馆、黑龙江馆、湖南馆、江西馆、南京馆、上海馆、浙江馆

03476
苏联第二五年计划 樊英著
上海：申报，1933.5，68页，32开（申报丛书7）
本书共12部分，内容包括：第二次五年计划实绩之回顾、第二次五年计划之基本任务、第二次五年计划中之工业纲领、第二次五年计划中之交通运输业纲领、第二次五年计划中工农的福利水平等。目录页题名：苏联第二次五年计划。
收藏单位：安徽馆、重庆馆、广东馆、广西馆、贵州馆、国家馆、湖南馆、江西馆、上海馆、浙江馆

03477
苏联第三次五年计划 （苏）莫洛托夫（Вячеслав Михайлович Молотов）著 大笠译
上海：知识书店，1939.4，62页，36开（国际丛刊第1种）
本书内容包括：第二次五年计划的成果与

第三次五年计划的基本任务、第三次五年计划中生产增进计划、第三次五年计划中新建设工作及其分配计划、第三次五年计划中再步提高劳动民众的物质与文化水准划。为著者在联共（布）第十八代表大会上的报告。

收藏单位：上海馆

03478

苏联第一第二五年计划之技术分析　（美）维清（Zara Witkin）著　谭炳训译

[上海]：新中国建设学会，1935.6，62 页，22 开

本书共 3 章：苏联五年计划之经济的与技术的阻碍、苏联五年计划之建设小于美国一年之建设、建设计划中之合理化纲领。

收藏单位：国家馆

03479

苏联对外经济政策　谢爱群编译

国防部史政局，1947.11，42 页，32 开（国防丛刊第 3 种）

本书共 4 章：前言、苏联贸易之独占国营、苏联国外贸易之方式、将来之展望。附苏联第四次五年计划概要。为 1947 年 2 月 1 日美国《外交政策报导半月刊》上 V. M. 德恩的专稿。

收藏单位：重庆馆、广东馆、吉林馆、近代史所、南京馆、上海馆、浙江馆

03480

苏联发展之新阶段　岳渔著

世界科学研究学会，1930.12，188 页，32 开

本书共 4 编：社会主义工业之进展、农业之社会主义改造、新政策、余论。

03481

苏联国防经济　黄卓讲述

国防研究院，1942.12，12 页，32 开

本书内容包括：国防经济之意义、苏联国防经济发展的程度、苏联国防经济的内容等。

收藏单位：国家馆、南京馆

03482

苏联国力的基础　（美）葛德石（G. B. Gressey）著　王勤堉译

外文题名：Basic of Soviet strength

上海：开明书店，1947.11，214 页，25 开

上海：开明书店，1948.4，再版，214 页，25 开

本书共 10 章，内容包括：亚欧大陆的风光、苏联的人民、自然的基础、苏联的矿产、苏联的工业化等。

收藏单位：重庆馆、东北师大馆、广东馆、广西馆、国家馆、黑龙江馆、湖南馆、吉林馆、江西馆、辽宁馆、宁夏馆、上海馆、首都馆、天津馆、西南大学馆、浙江馆

03483

苏联国民经济　吴清友撰

上海：杂志公司，1949.4，314 页，36 开（自我教育丛书）

上海：杂志公司，1949，再版，314 页，36 开（自我教育丛书）

本书共 5 章，内容包括：苏联的工业建设、苏联的农业建设、苏联的运输建设等。

收藏单位：重庆馆、东北师大馆、广东馆、国家馆、南京馆、上海馆、云南馆

03484

苏联国民经济复兴与发展的五年计划（1946—1950 年）　吴清友译

南京：苏联大使馆新闻处，1946.11，192 页，32 开

本书共两部分：一九四六至一九五〇年苏联国民经济复兴与发展的五年计划（伏兹涅森斯基报告）、一九四六至一九五〇年苏联国民经济复兴与发展的五年计划法规等。

收藏单位：重庆馆、东北师大馆、广西馆、国家馆、南京馆、上海馆

03485

苏联国民经济复兴与发展的五年计划（1946—1950 年）

哈尔滨：东北书店，1948.10，3 版，146 页，32 开

收藏单位：重庆馆、国家馆

03486
苏联国民所得与生活水准 （英）克拉克（C. Clark）著 吴韦戈译
出版者不详，[1941—1949]，[68] 页，16 开
本书为《广东省银行季刊》抽印本。
收藏单位：重庆馆

03487
苏联何以如此强 基塞尔（G. Kieser）著 金烨译
外文题名：Why is Russia so strong
金烨，[1939]，手抄本，305 页，16 开
收藏单位：国家馆

03488
苏联计划经济 （苏）科志敏诺夫等著 吴清友译
上海：天下图书公司，1946.11，127 页，32 开（中苏文化协会研究丛书）
北平：天下图书公司，1949.3，127 页，32 开
上海：天下图书公司，1949，127 页，32 开（中苏文化协会研究丛书）
北平：天下图书公司，1949，3 版，127 页，36 开
北平：天下图书公司，1949，4 版，127 页，32 开（苏联研究丛书）
北平：天下图书公司，1949，5 版，127 页，32 开
本书收录苏联学者的论文 3 篇：《战争结束与苏联经济转向和平的发展》（I. 科志敏诺夫）、《苏联新五年计划的任务与内容》（A. 瓦志尼辛斯基）、《苏联计划经济的本质和特征》（M. 贾托夫斯基）。
收藏单位：重庆馆、东北师大馆、广西馆、国家馆、黑龙江馆、辽宁馆、南京馆、山东馆、山西馆、上海馆、天津馆

03489
苏联计划经济问题 李炳焕 沈麟著
上海：商务印书馆，1936.9，2 册（234 页），32 开（万有文库 第 2 集 106）（现代问题丛书）
上海：商务印书馆，1937，2 册（234 页），36 开（万有文库 第 2 集 106）（现代问题丛书）
上海：商务印书馆，1937.12，2 册（234 页），32 开（现代问题丛书）
本书共 10 章，内容包括：苏联计划经济的理论基础、苏联计划经济史的发展、苏联的工业问题、苏联的农业问题、苏联的劳动问题等。
收藏单位：安徽馆、重庆馆、大理馆、大连馆、大庆馆、广东馆、广西馆、贵州馆、国家馆、黑龙江馆、湖南馆、江西馆、辽大馆、辽师大馆、柳州馆、南京馆、内蒙古馆、宁夏馆

03490
[苏联建设剪报资料]
出版者不详，[1934—1939]，剪贴本，1 册，16 开
收藏单位：国家馆

03491
苏联经济 国防部第二厅编
国防部第二厅，1948.10，76 页，32 开（苏联丛书 5）
本书共 6 章，内容包括：苏联经济发展过程、战时经济、战后经济、美苏两大集团经济力之比较等。
收藏单位：国家馆

03492
苏联经济地理 胡焕庸 袁著编著
重庆：青年书店，1940，350 页，32 开
本书共 26 章，内容包括：疆域、民族、气候、林地及耕地、农业、矿藏、石油、工业、交通、贸易等。附中国与苏联、苏联地理译名对照表。
收藏单位：安徽馆、重庆馆、广东馆、广西馆、贵州馆、国家馆、湖南馆、吉林馆、南京馆、上海馆、浙江馆

03493
苏联经济地理 （日）平竹传三著 陈此生

廖璧光译
上海：商务印书馆，1936.11，346 页，22 开
　　本书共两篇：苏联概观及根据五年计画的国家经济的发展、五年计画下之苏联地方经济建设。
　　收藏单位：重庆馆、东北师大馆、广东馆、桂林馆、国家馆、湖南馆、吉林馆、辽师大馆、南京馆、内蒙古馆、陕西馆、上海馆、首都馆、浙江馆、中科图

03494
苏联经济发展　西门宗华著
重庆：中华书局，1944.9，38 页，32 开（苏联建设小丛书 1）
上海：中华书局，1945.11，再版，38 页，32 开（苏联建设小丛书 1）
上海：中华书局，1949，3 版，38 页，32 开（苏联建设小丛书 1）
　　本书共 4 部分：苏联是个新型的工业国家、苏联的计画经济、苏联抗战的经济基础、苏联经济发展的趋势。
　　收藏单位：重庆馆、广西馆、贵州馆、国家馆、河南馆、吉林馆、辽大馆、南京馆、内蒙古馆、上海馆、首都馆、浙江馆

03495
苏联经济概况　实业部商业司第二科编辑
南京：实业部总务司第四科，1933.11，190 页，22 开（国外商情调查报告汇编 2）
　　本书选录中国政府驻苏联各领事馆的商务报告，论述苏联在 20 世纪 20 年代到 30 年代初期间的经济发展状况。共 3 类：经济概况类、实业建设类、国际贸易类。
　　收藏单位：广东馆、国家馆、南京馆、上海馆、首都馆、西南大学馆

03496
苏联经济概论　（日）桥木胜彦　（日）加田哲二著　徐渊若译
上海：申报，1934.5，128 页，32 开（申报丛书 6）
　　本书分 17 部分介绍苏联经济、工业、农业、运输、对外贸易、合作社、国家银行等。
　　收藏单位：江西馆、上海馆

03497
苏联经济概要　编译处编译
编译处，[1940—1949]，2 册（78 页），32 开
　　收藏单位：国家馆

03498
苏联经济概要
解放报社，[1940—1949]，78 页，32 开
　　收藏单位：重庆馆、东北师大馆、国家馆、宁夏馆、山东馆、山西馆

03499
[苏联经济建设成功之因素及其解决困难之方法]　吴铸人著
出版者不详，1945.7，33 页，32 开
　　收藏单位：南京馆

03500
苏联经济建设的工作方法　中原新华书店编
辽东新华书店，1949 翻版，79 页，32 开
　　本书收文 10 篇，内容包括：《新的环境和新的经济建设任务》（斯大林）、《斯大林论工业生产中的几个问题》（阿沙佐诺夫）、《苏联的工资政策》（达布拉哈塔夫）、《精简与节约》（《真理报》社论）、《节约是社会主义经济方法》（德米特里·普琴科）等。附苏联的四个五年计划。
　　收藏单位：广东馆、国家馆、辽宁馆

03501
苏联经济建设的工作方法　中原新华书店编
中原新华书店，1949.4，78 页，32 开
　　收藏单位：重庆馆、广东馆、国家馆、河南馆、山西馆、天津馆、西南大学馆

03502
苏联经济论　（德）都拔（Gerhard Dobbert）著　杨华日译述
上海：商务印书馆，1935.10，262 页，32 开（社会科学小丛书）
　　本书为译文集。收录《计划经济》《经济

生活之组织》《苏联工业领袖》《货币信用及银行》《国家财政》等。

收藏单位：重庆馆、广东馆、广西馆、贵州馆、国家馆、河南馆、黑龙江馆、湖南馆、吉林馆、江西馆、南京馆、陕西馆、上海馆、浙江馆

03503

苏联经济生活　威廉原著　蒋学楷译

汉口：黎明书局，1938.4，117 页，32 开

汉口：黎明书局，1938，再版，117 页，32 开

本书共 25 部分，内容包括：苏联有些什么天赋资源、五年计画的目的何在、历届五年计画有否成功、大工业如何经营、手工业如何经营、人民的衣食怎样、人民的居住怎样等。

收藏单位：重庆馆、广东馆、广西馆、贵州馆、国家馆、吉林馆、江西馆、南京馆

03504

苏联经济小史　（苏）史迁宾著　林秀译

上海：士林书店，1948.12，151 页，36 开

上海：士林书店，1949.2，再版，151 页，32 开

本书共 9 部分，内容包括：一九一七年以前的俄国经济状况、苏联计划经济和计划化的开始、第三次五年计划、战争的年代、侵略者所造成的破坏、第四次五年计划是复兴的计划、初步总结等。

收藏单位：东北师大馆、广东馆、广西馆、国家馆、黑龙江馆、南京馆、内蒙古馆、上海馆、浙江馆

03505

苏联经济小史　（苏）史迁宾著　什之　林秀译

香港：生活·读书·新知联合发行所，1949.9，151 页，32 开（新中国青年文库）

上海：生活·读书·新知联合发行所，1949，151 页，32 开（新中国青年文库）

收藏单位：重庆馆、东北师大馆、广东馆、广西馆、国家馆、辽宁馆、天津馆、云南馆

03506

苏联经济新论　（英）多布（Maurice Herbert Dobb）著　梁纯夫译

重庆：生活书店，1946.3，174 页，32 开

重庆：生活书店，1947，胜利后 3 版，191 页，32 开

本书共 4 章：苏联经济计划发展的路向、苏联为什么也有财政问题、劳动自发性与工资差别、战时经济动员。附苏联资本主义化问题论战。

收藏单位：重庆馆、东北师大馆、广西馆、国家馆、河南馆、黑龙江馆、辽大馆、山东馆、山西馆、上海馆、天津馆

03507

苏联经济新论　（英）多布（Maurice Herbert Dobb）著　梁纯夫译

重庆：五十年代出版社，1944.12，214 页，32 开

收藏单位：重庆馆、广东馆、贵州馆、国家馆、黑龙江馆、辽宁馆、南京馆、山西馆、上海馆、西南大学馆

03508

苏联经济政策及社会政策　施复亮　钟复光译

上海：春秋书店，1930.9，340 页，25 开

本书分两篇：苏联经济政策、苏联“社会政策”。上篇共 5 章，内容包括：苏联经济底由来、苏联经济底现状、五年经济计画概观等；下篇共 10 章，内容包括：苏维埃联邦内阶级的不平等底种种形相、工会、工钱、劳动时间、社会保险等。两篇分别译自日本改造社版《经济学全集》第 16、18 卷。

收藏单位：安徽馆、重庆馆、国家馆、宁夏馆、上海馆

03509

苏联经济政策及社会政策　施复亮　钟复光译

上海：新生命书局，1931，再版，340 页，22 开

上海：新生命书局，1932.5，3 版，340 页，22

开

收藏单位：重庆馆、广东馆、广西馆、国家馆、黑龙江馆、湖南馆、吉林馆、辽大馆、南京馆、上海馆、西南大学馆、浙江馆

03510

苏联经济之史的发展其现况及其前途 雷用中编著

北平：导群书店，1932，165 页，32 开

本书分 8 章论述苏联工业、农业、商业、财政、金融、交通等方面的发展状况及前途。

收藏单位：国家馆

03511

苏联经济制度 陈伯庄著

重庆：商务印书馆，1943.3，51 页，32 开

重庆：商务印书馆，1943.7，再版，51 页，32 开

上海：商务印书馆，1947.1，51 页，32 开

本书共 7 章，内容包括：新秩序之概观、经济行政系统、计划经济、金融制度等。附苏联经济平衡算式（英文）及苏联世界经济政治学院院长瓦加博士复函（原函德文及英译）、建立中心力量来保证民生主义的实况。

收藏单位：安徽馆、重庆馆、东北师大馆、广东馆、广西馆、贵州馆、国家馆、河南馆、黑龙江馆、湖南馆、吉林馆、江西馆、辽宁馆、南京馆、陕西馆、上海馆、首都馆、西南大学馆、浙江馆

03512

苏联经济制度 章友江著

北美书店，1934.9，18+22+650 页，25 开

本书分上、下两编：历史部分、政策部分。上编内容包括：苏联对资本主义演化的见解、苏联政党在革命前的经济纲领、军事共产主义时期的经济政策、新经济政策的采用、第一届五年经济计划等；下编内容包括：工业政策、财政政策、国家垄断对外贸易政策、苏联社会经济计划的方式和方法等。据著者在北京大学、清华大学等校的授课讲义修订编成。

收藏单位：重庆馆、东北师大馆、国家馆、南京馆

03513

苏联经济制度的基本特点 （俄）卡把夫斯基著 秋江译

北平：三联书店，1949，45 页，36 开（苏联介绍丛书）

本书摘译自《苏联新大百科全书》中的“苏维埃社会主义共和国联盟”。

收藏单位：重庆馆、国家馆、辽宁馆、南京馆、绍兴馆、天津馆

03514

苏联经建的工作方法 （苏）斯大林（И. В. Сталин）[等] 著

大连：大众书店，1948.10，104 页，32 开（干部学习丛书 5）

本书为有关经济建设的论文与讲话汇编。分 4 类：任务与政策、党的工作、精简与节约、职工会工作。收录《新的环境和新的经济建设任务》（斯大林）、《苏联的工资政策》（达布拉哈塔夫）、《政治工作是巩固经济成绩的条件》（斯·饶尔宁）、《精简与节约》（《真理报》社论）、《苏联职工干部的培养》（亚历山大罗夫）等。附《社会主义时代个人利益与公共利益的结合》《关于一个经济学问题的论战》。

收藏单位：国家馆、吉林馆、辽宁馆、山东馆、陕西馆

03515

苏联经建的工作方法 （苏）斯大林（И. В. Сталин）[等] 著

[无锡]：苏南新华书店，1949，126 页，32 开

收藏单位：广东馆、湖北馆

03516

苏联力量的基础 （美）葛德石（G. B. Gressey）著 程鸿 叶立群译

外文题名：The basis of Soviet strength

上海：中华书局，1948.4，252 页，36 开

本书共 10 部分，内容包括：欧亚大陆的

剪影、苏联的人民、自然的基础、苏联的矿产富源、苏联的工业化等。

收藏单位：长春馆、重庆馆、东北师大馆、国家馆、湖南馆、江西馆、南京馆、中科图

03517

苏联人民的生活水准 （苏）布拉金斯基（Б. И. Брагинский）（苏）维庚齐耶夫（А. А. Викентьев）合著 姚宏奎译

上海：中华书局，1949，74页，32开（新时代小丛书11）

上海：中华书局，1949，再版，74页，32开（新时代小丛书11）

本书内容包括：帝俄时代的工农生活、战后苏联人民生活水准的提高等。著者“布拉金斯基”原题：勃拉金斯基，“维庚齐耶夫”原题：维根季耶夫。

收藏单位：重庆馆、东北师大馆、广东馆、国家馆、吉林馆、辽宁馆、南京馆、内蒙古馆、山西馆、云南馆

03518

苏联十六国的经济 焦敏之编

重庆：中外出版社，1945.8，55页，32开

上海：中外出版社，1945，再版，55页，32开

收藏单位：重庆馆、广东馆、国家馆、黑龙江馆、湖南馆、吉林馆、南京馆、内蒙古馆、山东馆、上海馆、首都馆、浙江馆

03519

苏联十五年计划 王依平译

上海：光明书店，1932，123页，25开

本书收文3篇：《十五年计画问题》（枯依林）、《十五年计画的争论》（枯尔西詹诺夫斯基）、《十五年计画的完成》（科来夫斯基）。据高山洋吉日译本转译。目录页题名：苏联十五年计画。

收藏单位：国家馆

03520

苏联五年计划 苏联国家设计委员会编 吴寿彭译

上海：平凡书局，1930，321页，25开

上海：平凡书局，1932.1，324页，25开

上海：平凡书局，1932，再版，324页，25开

本书共10章，内容包括：苏联经济概况、五年发展规程、技术工人的问题、生产总数与国家工人的生产力之增长、劳动问题、财政规程、社会规程、国际贸易等。附各国对于苏联五年计划的意见及其批判、苏联经济设计系统等。

收藏单位：重庆馆、东北师大馆、广东馆、广西馆、国家馆、湖南馆、吉林馆、南京馆、上海馆、天津馆、西南大学馆、浙江馆

03521

苏联五年计划 谭炳训编译

外文题名：The Soviet Union looks ahead: the Five-Year Plan for economic construction

上海：新中国建设学会出版科，1933.5，284页，22开（新中国建设学会丛书3）

本书共10章，内容包括：苏联经济状况概论、五年发展纲领、熟练劳动队问题、生产量与国民劳动生产力之增长、劳动问题等。附苏联经济设计的体系、苏联地名中英对照表等。

收藏单位：重庆馆、国家馆、湖南馆、绍兴馆、首都馆、浙江馆

03522

苏联五年计划 吴寿彭译

外文题名：The Five-Year Plan for economic construction

出版者不详，1942.1，324页，25开

收藏单位：浙江馆

03523

苏联五年计划的故事（写给小朋友们看的） 陆静山编

上海：儿童书局，1933，142页，32开

上海：儿童书局，1937.7，5版，142页，32开

本书以故事形式通俗讲述苏联第一个和第二个五年计划。共15部分，内容包括：有计划的国家和无计划的国家、考察队、工人

军队、发动力、取得燃料的工作等。

收藏单位：广东馆、黑龙江馆、湖南馆、江西馆、浙江馆

03524

苏联五年计画奋斗成功史　王印川著

上海：北新书局，[1932]，340页，32开

本书分9章介绍五年计画的动议、内容、第一至四年的奋斗与成绩等。

收藏单位：国家馆

03525

苏联五年计画奋斗成功史　王印川著

天津：大公报社，1932.9，340页，32开

收藏单位：安徽馆、重庆馆、东北师大馆、广东馆、广西馆、国家馆、黑龙江馆、湖南馆、吉林馆、江西馆、近代史所、南京馆、内蒙古馆、上海馆、天津馆、西南大学馆、浙江馆

03526

苏联五年计画概论　（苏）格林科（G. F. Grinko）著　沈君实译述

天津[等]：国际文化学会，1932.12，404页，22开（国际文化学会丛书）

本书共12章，内容包括：苏联计划经济和计划工作的展望、工业建设、社会主义合理化问题和工人问题、技术教育问题和提高民众文化问题、五年计划的财政问题等。附苏联五年计划表解、苏联五年计划的经济建设地图。书中题名：苏联五年计划概论。

收藏单位：东北师大馆、广东馆、国家馆、湖南馆、吉林馆、江西馆、南京馆、中科图

03527

苏联五年实业计画　张复生著

国际协报，1930.7，145页，32开

本书内容包括：苏联五年实业计画之新创作、西伯利亚五年实业计画与政治、五年实业计画与政治宗教及社会教育。附远东各种统计。

收藏单位：国家馆、吉林馆、辽宁馆

03528

苏联现状论　陈彬龢编译

上海：申报，1933，1册，32开（申报丛书36）

本书共4编：苏联社会主义建设之世界历史的意义、社会主义的发展之基础、社会主义工业之发展、运输之社会主义的发展。据柏林汉堡卡尔洛意姆书局1931年版《苏联》（Herman Remmele）第1卷编译。逐页题名：苏联现状论第一集。

收藏单位：重庆馆、广东馆、广西馆、国家馆、湖南馆、江西馆、上海馆、天津馆、浙江馆

03529

苏联新建设　国民出版社编

金华：国民出版社，1939.10，3版，68页，32开（国民知识丛书 第1辑）

金华：国民出版社，1939，4版，68页，32开（国民知识丛书 第1辑）

本书为译文集。收录登载于报章杂志的论文11篇：《第三次五年计划全貌》《产业科学化》《生产工具之生产》《工业建设》《轻工业》《电气工业》《史塔哈诺夫运动》《文化教育》《人民生活的改善》《国民经济的发展》《财政之特质及其趋势》。

收藏单位：重庆馆、贵州馆、国家馆、江西馆、西南大学馆

03530

苏联新五年计划（一九四六至一九五〇年）　苏联大使馆新闻处编

南京：苏联大使馆新闻处，1946.11，192页，32开

本书分两部分介绍1946—1950年苏联国民经济复兴及发展的五年计划和相关法规。

收藏单位：广东馆、国家馆、南京馆

03531

苏联新五年计划的基本任务　（苏）贾托夫斯基著　达克译

光华书店，1947.8，51页，36开（国际问题译丛）

光华书店，1948，再版，51 页，36 开（国际问题译丛）

本书内容包括：两个经济体系互相竞赛的几点总结、扩大再生产条件的保证、生产力之地区分配将助成、论积蓄之源泉、论苏维埃国家之经济杠杆等。据著者于 1946 年 4 月 16 日在莫斯科的演讲稿译出。著者原题：L. 贾拓夫斯基。

收藏单位：东北师大馆、国家馆、山东馆、山西馆

03532

苏联战时经济 （苏）沃兹涅先斯基（Николай Алексеевич Вознесенский）著 达克译

沈阳：光华书店，1949.1，148 页，32 开（社会科学丛书）

本书内容包括：卫国战争底前夜、苏联战时经济底基础、国民经济底改造、扩大再生产、工业与军事生产、农业与粮食、运输与运输组织、劳动组织与工资、战后社会主义经济等。著者原题：伏兹涅辛斯基。

收藏单位：重庆馆、东北师大馆、贵州馆、国家馆、河南馆、吉林馆、辽宁馆、内蒙古馆、山东馆、上海馆、云南馆、浙江馆

03533

苏联战时经济 （苏）沃兹涅先斯基（Николай Алексеевич Вознесенский）著 达克译

香港：生活·读书·新知三联书店，1949，148 页，32 开

收藏单位：重庆馆

03534

苏联之经济组织 （美）倪埃林（Scott Nearing）（美）哈定（Jack Hardy）著 张民养译

外文题名：Economic organization of the Soviet Union

上海：泰东图书局，1929.3，298 页，32 开

本书共 3 编：经济的背景、苏联之经济的职能与其关系、结论。

收藏单位：重庆馆、东北师大馆、广东馆、桂林馆、国家馆、上海馆、首都馆、西南大学馆、浙江馆

03535

苏联之资源及远东国防 中央宣传部国际宣传处编译

贵阳：文通书局，1942.3，24 页，32 开（国际时事丛刊 第 1 辑 第 7 种）

本书收录译文两篇：《苏联的资源及其分布状况》（译自 1941 年 7 月 12 日英国《国际新闻公报》）、《苏联远东区的国防情形》（译自 1941 年 8 月 9 日的英国《国际新闻公报》）。

收藏单位：重庆馆、东北师大馆、广东馆、贵州馆、国家馆、南京馆、陕西馆、西南大学馆

03536

苏联制度泛系与资本制度 （美）康慈（G. S. Counts）等著 林光澂等译

上海：商务印书馆，1934，再版，279 页，32 开（社会科学小丛书）

收藏单位：广东馆

03537

苏联作战力图解 （英）斯吞布里吉著 季叔亮译制

[重庆]：五十年代出版社，1943，33 页，16 开

本书共 16 部分，内容包括：苏联之鸟瞰、社会主义者苏维埃联邦共和国、农业、矿产资源、五年计划生产比较表、运输、人口之分布等。

收藏单位：重庆馆、贵州馆、国家馆、吉林馆、南京馆、上海馆

03538

苏联作战之基础 （苏）马林科夫 （苏）伏兹聂森斯基（H. A. Вознесенский）著 方耀 丁宗恩 列御寇译

北社，1941.8，126 页，36 开

本书收录《党组织在工业和运输部门的

工作任务》[马冷可夫在联共（布）第十八大会上的报告]、《一九四〇年苏联经济实况与国民经济发展计划》[伏生纳夫斯基在联共（布）第十八次大会上的报告]等。著者“马林科夫”原题：马冷可夫，“伏兹聂森斯基”原题：伏生纳夫斯基。

收藏单位：广东馆、国家馆、上海馆

03539

苏维埃经济与世界经济　力人编译

华兴书店，1932.6，36页，32开（苏联社会主义建设小丛书第1册）

本书共3部分：世界恐慌与苏联（苏联代表李维诺夫在1931年5月18日欧洲委员会会议上的演说）、世界机械工业的危机与苏联的输入机械、争夺苏维埃煤油的战争。译自1931年《苏联之友》所载爱鲁·沙麦尔的论文。

收藏单位：国家馆

03540

统制经济下日本经济组织的变迁　郑允恭著

[中国经济研究会]，[1940—1949]，24页，16开（中国经济研究会丛刊3）

本书论述晚近日本经济组织之特质、实业重心之转移、企业组织之剧变、国家资本的发展及自给经济的推进等。

收藏单位：上海馆

03541

土耳其经济现状　曾广勋编译

外文题名：Economic conditions in Turkey

上海：太平洋书店，1935.3，18+149+11页，32开

本书共5章：导言、财政、工业与生产、国际贸易、公用事业与交通。取材于英国驻土耳其大使馆商务参赞武慈上校给英国海外贸易局的报告书。书前有代序《土耳其之复兴》。

收藏单位：重庆馆、广西馆、贵州馆、国家馆、湖南馆、吉林馆、南京馆、上海馆、西南大学馆、浙江馆

03542

唯物史观经济史（上册 资本主义以前经济史）　（日）山川均著　熊得山译

上海：昆仑书店，1927.7，179页，32开

上海：昆仑书店，1929.7，176页，25开

上海：昆仑书店，1929.11，再版，176页，25开

上海：昆仑书店，1929.12，3版，176页，25开

上海：昆仑书店，1933.4，4版，176页，25开

本书共4章：原始共产制、古代社会、封建社会、资本主义社会的端绪。

收藏单位：安徽馆、重庆馆、东北师大馆、甘肃馆、广东馆、贵州馆、国家馆、湖南馆、吉林馆、江西馆、近代史所、南京馆、宁夏馆、山西馆、首都馆、天津馆、西交大馆、西南大学馆、浙江馆

03543

唯物史观经济史（中册 资本主义经济史）　（日）石滨知行著　施复亮译

上海：昆仑书店，1929.9，422页，25开

上海：昆仑书店，1930，再版，421页，25开

上海：昆仑书店，1932，3版，422页，25开

上海：昆仑书店，1937，4版，422页，25开

本书共8章，内容包括：资本主义底概念、资本主义底起源、产业革命、产业革命底结果及其影响、资本主义底发展及其各种问题等。

收藏单位：重庆馆、东北师大馆、广东馆、贵州馆、国家馆、吉林馆、江西馆、近代史所、辽大馆、宁夏馆、山西馆、上海馆、首都馆、天津馆、西交大馆、浙江馆

03544

唯物史观经济史（下册 社会主义经济之发展）　（日）河野密著　钱铁如译

上海：昆仑书店，1929.10，344页，25开

上海：昆仑书店，1930.7，改译再版，344页，22开

上海：昆仑书店，1936，3版，344页，25开

本书共4部分：资本主义经济与社会主义经济、社会主义经济的孕育期、转形期、苏俄经济之发展。

收藏单位：重庆馆、东北师大馆、广东馆、贵州馆、国家馆、湖南馆、吉林馆、江西馆、近代史所、辽大馆、宁夏馆、山西馆、上海馆、首都馆、天津馆、西交大馆、西南大学馆、浙江馆

03545
唯物史观日本经济 （苏）纪莽著 刘披云译
上海：刘披云[发行者]，1937.6，188页，32开

本书内容包括：日本资本主义发展底基本的诸阶段、日本底地势与自然的富源、农业、工业、运输、国家财政、日本帝国主义底特殊性等。据日译本转译。

收藏单位：重庆馆、广东馆、国家馆、湖南馆、南京馆、上海馆、天津馆、浙江馆

03546
卫国战争期内的苏联战时经济 （苏）沃兹涅先斯基（Николай Алексеевич Вознесенский）著
莫斯科：外国文书籍出版局，1948，175页，32开

收藏单位：重庆馆、国家馆、江西馆、南京馆、宁夏馆、山东馆

03547
卫国战争期内的苏联战时经济 （苏）沃兹涅先斯基（Николай Алексеевич Вознесенский）著 唯真译
山东新华书店，1949，210页，32开

收藏单位：国家馆、山东馆、天津馆

03548
卫国战争期内的苏联战时经济 （苏）沃兹涅先斯基（Николай Алексеевич Вознесенский）著 唯真译
北平：新华书店，1949.8，210页，32开

收藏单位：广东馆、广西馆、国家馆、云南馆

03549
无产阶级专政时代的经济和政治 （苏）列宁（Владимир Ильич Ленин）著 中共中央马克思恩格斯列宁斯大林著作编译局译
人民出版社，1927，13页，32开

03550
五年计划的故事 张方文节译
上海：良友图书印刷公司，1931.10，53页，60开（一角丛书7）
上海：良友图书印刷公司，1932.9，4版，53页，60开（一角丛书7）

本书介绍苏联第一个五年计划的成就。

收藏单位：江西馆、上海馆

03551
武力经济学 （捷）芒克（Frank Munk）著 徐宗士译
重庆：财政评论社，1943.4，117页，22开（财政评论社译丛 第1种）
重庆：财政评论社，1944.8，再版，117页，22开（财政评论社译丛 第1种）

本书共28章，内容包括：肉眼不见的革命、资本主义与福利经济、革命的竞争、推动力、战时经济学、新阶层制度、劳工与武力经济等。

收藏单位：重庆馆、东北师大馆、广东馆、广西馆、贵州馆、桂林馆、国家馆、吉林馆、江西馆、辽大馆、南京馆、上海馆、首都馆、浙江馆

03552
西洋近代经济史 王次南著
北平：民国大学，1936，416页

本书共8章，内容包括：资本主义底概念、资本主义底起源、产业革命、产业革命底结果及其影响、资本主义底发展及其各种问题等。

收藏单位：近代史所

03553
暹罗之物产 周汇潇译
上海：国立暨南大学海外文化事业部，1936.5，92页，32开（海外丛书 南洋之部 第6种）

本书共5节：农产物、畜牧物产、林产物、矿产物、水产物。

收藏单位：重庆馆、国家馆、湖南馆、江西馆、近代史所、南京馆、内蒙古馆、山西馆、陕西馆、上海馆、首都馆、天津馆、浙江馆

03554

现代欧洲经济问题 （英）普赖斯（Philips M. Price）著 刘穆 曾豫生译

外文题名：The economic problems of Europe prewar and after

上海：远东图书公司，1929.10，266页，32开（远东社会科学丛书）

本书共13章，内容包括：英国工业过去的恐慌、英国的初期投资状况、新的集资地域、欧战闭幕后经济问题的解决、战后的殖民地开发问题、新的产业革命与国内市场、演化还是革命等。

收藏单位：广东馆、广西馆、国家馆、河南馆、南京馆、陕西馆、上海馆、首都馆、天津馆、西南大学馆

03555

现代欧洲社会经济史 （法）勒纳尔（Georges Francois Renard）（法）乌尔累斯（G. Weulersse）著 宋衡之译述

外文题名：Life and work in modern Europe

长沙：商务印书馆，1940.9，10+363页，25开（世界文化史丛书）

本书论述15世纪后半期至18世纪末欧洲经济及社会的变迁。共9章：西班牙及葡萄牙、那化兰、英格兰、法兰西、意大利、瑞士、日耳曼与奥匈帝国、斯堪的那维亚三国、波兰与俄国。著者“勒纳尔”原题：累那尔，“乌尔累斯”原题：乌儿累斯。

收藏单位：重庆馆、贵州馆、国家馆、吉林馆、南京馆、宁夏馆、上海馆、浙江馆

03556

现代之日本——农村经济·金融资本·对外贸易 太平洋书店编

上海：太平洋书店，1933.3，150页，32开（现代百科文献7）

本书收文5篇：《日本农业的特质》（那须皓）、《日本农业恐慌之分析与展望》（林秋）、《饥荒的日本》（Japonicus）、《日本帝国主义金融支配网之解剖》（高桥龟吉）、《十年来之日本对外贸易》（刘絜敖）。

收藏单位：安徽馆、重庆馆、东北师大馆、贵州馆、国家馆、湖南馆、上海馆

03557

现阶段的德国经济 郑江南著

国魂书店，[1911—1949]，32页，23开（国论经济丛刊）

本书共3部分：德国经济的统制机构、德国统制经济案、结论。

收藏单位：重庆馆

03558

现阶段的日本战时经济 袁汝南著

[中国经济研究会]，[1940—1945]，10页，16开（中国经济研究会丛刊6）

本书简述日本战时的财政、金融、物价及劳务问题。

03559

现阶段的日本战时生产 [袁汝南著]

[中国经济研究会]，[1944.12]，19页，16开（中国经济研究会丛刊9）

本书简述日本战时食粮、煤、棉纺织业、航空工业等生产状况。

03560

现阶段日本的资本（第3辑） 刘世模译 军事委员会政治部编

军事委员会政治部，1943，32页，36开（对敌伪宣传参考资料）

本书内容包括：关于研究方面、概观、政府企业及各财阀、官营事业等。

收藏单位：重庆馆

03561

新德意志帝国建设之际的暴力与经济 （德）恩格斯（Friedrich Engels）著 曹汀译 何思

敬校
八路军军政杂志社，1940.12，92页，25开，精装（抗日战争参考丛书13）
　　收藏单位：南京馆

03562
新的环境和新的经济建设任务　（苏）斯大林（И. В. Сталин）著　华北总工会筹备委员会辑
天津：人民出版社，1949，26页，32开（职工运动丛书）
　　收藏单位：国家馆

03563
新的环境和新的经济建设任务　（苏）斯大林（И. В. Сталин）著　华北总工会筹备委员会编
天津：新华书店，1949.3，26页，32开（职工运动丛书5）
　　本书收录著者于1931年6月23日在经济工作人员会议上的演说词。
　　收藏单位：重庆馆、广东馆、国家馆、湖南馆、南京馆、宁夏馆、山东馆

03564
新帝国主义论　（德）桑特尔（R. Sonter）原著　刘沁仪翻译
上海：春秋书店，1930.8，360页，32开
　　本书共5章，内容包括：新德国帝国主义之经济的基础、经济基础在德国资本的新政策中之贯澈、世界战争的危机与其对策等。
　　收藏单位：广东馆、广西馆、国家馆、湖南馆、近代史所、南京馆、上海馆、浙江馆

03565
新嘉坡工商业全貌　许云樵　许直编
[新加坡]：华侨出版社，1948，265页，25开
　　本书共5编：总论、商业、工业、劳工、附录。编者“许云樵”原题：许钰。
　　收藏单位：东北师大馆、广西馆、国家馆、吉林馆、近代史所、南京馆、上海馆

03566
新经济　（英）波兹贝（Robert Boothby）著　余长河译
外文题名：The new economy
重庆：商务印书馆，1945.9，119页，32开
上海：商务印书馆，1946，119页，32开
　　本书共两部分：回顾、展望。内容包括：自由放任之资本主义的崩溃、凡尔赛与热内亚、失败的后果、限制政策、就业、贸易、粮食等。
　　收藏单位：重庆馆、广东馆、广西馆、桂林馆、国家馆、河南馆、黑龙江馆、辽大馆、辽宁馆、南京馆、上海馆、天津馆、西南大学馆、浙江馆

03567
新经济政策施行后苏俄最近实况　（美）亨保罗（Paul Haensel）著　李百强译述　陆思红校阅
外文题名：Economic policies of Soviet Russia
上海：新声通讯社出版部，1932.6，284页，25开
　　本书共9章，内容包括：苏俄之现状、苏俄之农业及农民之经济地位、苏俄之工业、苏俄国内贸易、苏俄之交通等。
　　收藏单位：重庆馆、国家馆、黑龙江馆、湖南馆、上海馆、浙江馆

03568
新民主国家论　陶大镛著
上海：世界知识社，1948.9，96页，32开（世界知识丛书8）
上海：世界知识社，1948，再版，96页，32开（世界知识丛书8）
上海：世界知识社，1949.3，4版，96页，32开（世界知识丛书8）
上海：世界知识社，1949.5，5版，增订本，129页，32开（世界知识丛书8）
　　本书共7部分，内容包括：欧洲的苦难与新生、论新民主国家的经济计划、论新民主国家的土地改革、论新民主国家的国有化政策等。
　　收藏单位：重庆馆、东北师大馆、广东

馆、国家馆、辽大馆、南京馆、内蒙古馆、山东馆、上海馆、绍兴馆、首都馆、天津馆、武大馆

03569
新资本主义　（美）牟尼（James David Mooney）著　李功尚译述
外文题名：New capitalism
上海：商务印书馆，1937.5，181页，22开
本书共3编：美国之经济实况、经济法则、新美国资本主义。
收藏单位：重庆馆、东北师大馆、广东馆、国家馆、湖南馆、吉林馆、江西馆、近代史所、辽宁馆、南京馆、内蒙古馆、上海馆、浙江馆

03570
一九二三年瑞典之家庭生计调查　希伯来（Nils Cederborg）著　钟兆璇译
国定税则委员会，[1930.1]，12页，16开（经济统计丛书2）

03571
一九三八年至一九四二年五年计划
[上海]：国际书店，1941，62页
本书介绍苏联第三个五年计划的基本任务。

03572
一九三九年日本经济概况　李竹溪翻译　刘铁孙审查　刘大钧核定
出版者不详，1940.2，晒印本，5张，大16开（中国经济统计研究所 总字第357号 经济门国际类 第15号）
收藏单位：上海馆

03573
一九四二年的日本国力　龚德柏著
重庆：商务印书馆，1943.2，162页，22开
[南昌]：商务印书馆，1943.6，162页，22开
本书分上、下两编。共16项，内容包括：船舶、钢铁、石油、煤炭、粮食、财政、海军、陆军、开发东北计划等。
收藏单位：安徽馆、重庆馆、东北师大馆、广东馆、贵州馆、国家馆、黑龙江馆、湖南馆、吉林馆、近代史所、南京馆、上海馆、西南大学馆、中科图

03574
一九四六年度苏联经济计划执行之实绩　国防部第二厅编
国防部第二厅，1947，42页，32开
收藏单位：广东馆

03575
意大利的统制经济　（日）五来欣造著　薛衡之译
国魂书店，[1911—1949]，12页，28开（国论经济丛刊69）
本书共5章：统制经济之创造、一种改良的资本主义、生产的统制与分配的统制、统制经济之成绩、独裁政治。
收藏单位：重庆馆

03576
荫棠旅美通信（卅四年二月十四日）　恽震著
出版者不详，[1945]，6页，25开
本书以书信形式介绍战后美国向中国进行投资、技术援助及开展贸易所采用的方法等。著者原题：恽荫棠。
收藏单位：国家馆

03577
印度经济建设计划纲要　（印）撒克达斯（Purushotamdas Thakurdas）等编　戴鼎译述
重庆：商务印书馆，1944.8，64页，32开（战后建设丛书）
重庆：商务印书馆，1945.9，再版，64页，36开（战后建设丛书）
上海：商务印书馆，1946.5，64页，32开（战后建设丛书）
本书共5章：引言、最低限度的需要、计划说明、经济来源、建设期程。
收藏单位：重庆馆、东北师大馆、广东馆、国家馆、近代史所、辽大馆、南京馆、内蒙古馆、上海馆、天津馆、西南大学馆、

浙江馆

03578

印度经济建设计划纲要及提要 中央训练团党政高级训练班编

中央训练团党政高级训练班，1944.6，70 页，32 开

收藏单位：国家馆、天津馆

03579

英国的实力 （德）普克勒（C. E. von Puckler）著 祝伯英译

外文题名：How strong is Britain

重庆：复旦大学文摘出版社，1940.6，72 页，32 开

本书共 11 章，内容包括：英国与新世界、英国经济制度、英国工业、英国农业、英国轮船业、英国军力、英国的人口难题等。

收藏单位：重庆馆、广西馆、国家馆、湖南馆、浙江馆

03580

英国复兴运动 蒋恭晟 [编]

上海：中华书局，1937.7，148 页，32 开（现代经济丛书）

收藏单位：南京馆

03581

英国经济的回顾与展望 蒋乃镛著

[上海]：世界书局，1947.2，54 页，32 开（世界集刊）

本书分上、下两编：战时经济的回顾、战后经济的展望。上编共 9 部分，内容包括：统制政策、行政缺陷、劳工政策、粮食供应、物价政策等；下编共 8 部分，内容包括：绪言、财政和金融、输入和输出、工矿和劳工、国营事业等。

收藏单位：重庆馆、广东馆、国家馆、南京馆、上海馆

03582

英国经济史 （英）雷斐德（A. E. Levett）著 熊大经译

外文题名：English economic history

上海：商务印书馆，1930.9，109 页，32 开（社会科学丛书）

本书共 7 章：绪论、诺曼征服以前之时代、中古时代、条达时代、第十七世纪、第十八世纪、第十九世纪。附英王传统年代表（译者补编）。

收藏单位：东北师大馆、广东馆、广西馆、国家馆、河南馆、黑龙江馆、吉林馆、江西馆、近代史所、南京馆、首都馆、天津馆、浙江馆

03583

英国四年计划 英国驻华大使馆新闻处编

外文题名：Four years' plan for Britain: the Prime Minister's broadcast speech

英国驻华大使馆新闻处，1943.3，17 页，16 开

本书为中英对照。为英国首相丘吉尔于 1943 年 3 月 22 日所作关于英国四年计划的广播演讲词。

收藏单位：国家馆

03584

英国有多么强 （德）皮克拉尔著 李春霖译

重庆：时与潮社，1940.6，48 页，32 开

本书共 13 章，内容包括：英国与新世界、英国的经济组织、英国的工业、英国的农业、英国海运业、英国银行业、英国战斗力、英国军备的实际情形、英国的人口问题、英国的外交等。

收藏单位：安徽馆、重庆馆、湖南馆、江西馆、辽宁馆、南京馆、浙江馆

03585

英国战时动员物资统制概况 刘但为 左世彦编述

军政部军需署，1945.6，88 页，25 开

收藏单位：江西馆

03586

英国战时计画经济 谢劲健编著

正中书局，1943.6，191 页，25 开

本书共 6 章，内容包括：英国战时计画经济之意义、英国战时计画经济之组织、英国战时计画经济下之物力动员问题等。

收藏单位：重庆馆、东北师大馆、广东馆、国家馆、湖南馆、吉林馆、辽宁馆、南京馆、宁夏馆、上海馆、浙江馆

03587

英国战时经济统制　（英）劳伊德（E. M. H. Lloyd）著　孟广厚编译

外文题名：Experiments in state control at the War Office and the Ministry of Food

南京：正中书局，1937.3，189 页，32 开（时代丛书）

本书共 10 章，内容包括：战时组织问题、战时工业之组织、规定物价之学理及其机构、输入之国家统制、估定成本制度、农产物之统制等。原著共 4 部分，分 30 章，中译本仅选译第 4 部分的最后 10 章。

收藏单位：贵州馆、国家馆、河南馆、湖南馆、江西馆、南京馆、浙江馆

03588

英国战时社会政治经济的改革　格林（James Frederick Green）著　中央宣传部国际宣传处编译

贵阳：文通书局，1942.3，28 页，32 开（国际时事丛刊 第 1 辑 第 8 种）

本书收文两篇：《战时英国社会和政治的改革》《英国的战时经济（一九四〇年至一九四一年）》。

收藏单位：重庆馆、东北师大馆、贵州馆、国家馆、南京馆、陕西馆、西南大学馆

03589

[英国战时食物供给统制]

出版者不详，[1941]，油印本，11 页，16 开，环筒页装

本书内容包括：英国食物供给之特质、食物统制之原则、食物收购办法、供给之地点配给等。

收藏单位：国家馆

03590

英国最近之社会与经济政策（原名，今后十年不列颠社会及经济政策）（英）科尔（George Douglas Howard Cole）著　汤浩译

外文题名：Next ten years in British social and economic policy

上海：民智书局，1930.6，18+562 页，25 开

本书共 19 章，内容包括：英国政治之今昔、英国的贸易及其前途、失业问题、工业之恢复、新资本主义、合理化、社会化等。

收藏单位：重庆馆、广东馆、国家馆、湖南馆、南京馆、上海馆、首都馆、天津馆、浙江馆、中科图

03591

英美产业界对战后经济复员之意见　中国工业经济研究所编

中国工业经济研究所，1944.12，8 页，16 开（工业经济参考资料 第 3 号）

本书共 4 部分：私人企业的重要、工业化问题、国内购买力与消费的关系、关税与保护国内产业。

收藏单位：国家馆、近代史所、南京馆、上海馆

03592

英美合作经济制日的研究　陈玉祥著

重庆：中山文化教育馆，1939.7，32 页，36 开（抗战丛刊 88）

本书共 4 部分：引言、英美合作制日的必要、英美合作经济制日的威力、英美关系的现阶段。

收藏单位：重庆馆、国家馆、江西馆、南京馆

03593

英美经济关系　（苏）瓦尔加（E. C. Bapra）著　陈威译

光华书店，1947.11，30 页，36 开（国际问题译丛）

本书内容包括：第二次大战中英国向美国的贷款、英美经济关系史、战后英美经济关系、英美的竞争和矛盾等。

收藏单位：长春馆、重庆馆、东北师大馆、国家馆、近代史所、辽大馆、辽宁馆、山东馆、天津馆

03594
英美资本战 孙晓村著
上海：水沫书店，1929.7，141 页，32 开
本书共 3 章：世界第二次大战的政治上和经济上的准备、美帝国主义的世界独占形态、英帝国主义自经济的解体以至统治的没落。
收藏单位：重庆馆、国家馆、辽大馆、天津馆、浙江馆、中科图

03595
英人对苏联经济建设之批评 李植泉翻译 刘铁孙审查 刘大钧核定
出版者不详，1940.4，晒印本，4 张，大 16 开（中国经济统计研究所 总字第 379 号 经济门国际类 第 24 号）
收藏单位：上海馆

03596
友邦日本 中国留日同学会编
北京：中国留日同学会，[1938]，70 页，22 开
本书共 7 章：总说、产业、交通及通信、贸易及金融、政治及财政、国防及教育、日本帝国之世界的地位。
收藏单位：国家馆、内蒙古馆、首都馆

03597
在国际舞台上的美国 （苏）塔宁（M. Tanin）著 萧梨译
上海：生路社，1929，114 页，32 开
本书共 8 部分，内容包括：国家财富、工业、农业、对外贸易、国外债款等。据原著的第 1 部分译出。
收藏单位：国家馆、河南馆、江西馆、山西馆、天津馆

03598
战后德国之经济 王光祈编
上海：中华书局，1928.3，52 页，50 开（国民外交小丛书）
上海：中华书局，1928.9，再版，52 页，50 开（国民外交小丛书）
上海：中华书局，1933.1，3 版，52 页，48 开（国民外交小丛书）
本书共 6 章，内容包括：凡尔赛和约及伦敦赔款条约、金融之紊乱与整理、道斯计画等。
收藏单位：安徽馆、重庆馆、广西馆、国家馆、河南馆、黑龙江馆、南京馆、山西馆、陕西馆、天津馆、浙江馆

03599
战后德意志之复兴 （美）安格尔（James W. Angell）著 曹盛德译
上海：神州国光社，1931.11，406 页，25 开
本书共 11 章，内容包括：“赔偿问题，币额膨胀与经济崩溃”“道威斯计划与恢复”“煤，钢与动力”“主要制造工业”“外国资本，经济恢复与金融市场”等。附大战与条约之损失、人口、财政、国民所得和国民积蓄等。
收藏单位：安徽馆、重庆馆、广东馆、国家馆、湖南馆、近代史所、南京馆、上海馆、天津馆、西南大学馆、浙江馆、中科图

03600
战后东欧的经济改造 陶大镛著
上海：中华书局股份有限公司，1948.8，194 页，32 开
本书分 6 篇论述第二次世界大战后波兰、捷克斯拉夫、南斯拉夫、保加利亚、匈牙利、罗马尼亚 6 国的经济改造情况。附译文《波兰的三年计划》（H.Mine）、《捷克二年经济计划》、《南斯拉夫五年计划》（摘译）、《保加利亚二年计划》（摘译）、《匈牙利三年计划》（摘译）。
收藏单位：重庆馆、广东馆、国家馆、吉林馆、江西馆、近代史所、辽宁馆、南京馆、首都馆、天津馆、浙江馆、中科图

03601
战后经济复员中的苏联和美国 高明宣编译

[哈尔滨]：光华书店，1947.6，34 页，36 开

本书共 5 部分，内容包括：战后美国经济复员标志着资本主义经济的没落、战后苏美经济复员中的几个重要问题、两条国际政治路线的斗争等。据苏联真理报社出版的《战后苏联经济向和平转变》，并参考《新时代》杂志所载《美国财阀与外交政策》《美国军国主义生长》等论文编译。

收藏单位：重庆馆、东北师大馆、国家馆、辽大馆、辽宁馆、山东馆、天津馆

03602

战后美国经济剖视 陈原编译

上海：生活·读书·新知上海联合发行所，1949.6，196 页，22 开

北平：生活·读书·新知三联书店，1949.8，东北初版，196 页，25 开

本书共 9 章，内容包括：经济的趋势、经济实况、劳动条件、黑人的情况、职工会的发展等。据美国劳工研究会编辑的 *Labour Fact Book* 第 8 号编译。

收藏单位：重庆馆、东北师大馆、国家馆、湖南馆、吉大馆、吉林馆、近代史所、内蒙古馆、天津馆

03603

战后南洋经济问题 姚枬著

重庆：商务印书馆，1945.9，110 页，25 开（中央银行经济研究处丛书）

上海：商务印书馆，1946.12，110 页，25 开（中央银行经济研究处丛书）

本书共 6 章：论战后中国与南洋经济合作之必要、战后南洋资源分配问题、战后南洋华侨经济问题、战后国货南销问题、战后吾国发展南洋金融事业问题、战前发展中南交通问题。

收藏单位：长春馆、重庆馆、东北师大馆、广东馆、广西馆、国家馆、河南馆、近代史所、辽大馆、辽宁馆、南京馆、内蒙古馆、上海馆、首都馆、天津馆、浙江馆、中科图

03604

战后欧洲经济史 （美）沙普（W. R. Sharp）著 林光澂译

外文题名：The World War and its aftermath

上海：商务印书馆，1933.3，338 页，22 开，精装（经济名著）

本书共 6 章：一九一四年以来的人口粮食和土地改良、战时的工业和航业、一九一八年后工商的复兴、过去十年中的劳动经济、劳工运动和社会政治、战时和战后的财政问题。为《欧洲经济发达史》（奥格）的补编。

收藏单位：长春馆、重庆馆、东北师大馆、广东馆、贵州馆、国家馆、黑龙江馆、吉大馆、吉林馆、辽大馆、南京馆、内蒙古馆、宁夏馆、上海馆、天津馆、浙江馆、中科图

03605

战后欧洲之经济 侯厚培著

上海：世界书局，1930，2 册（168+170 页），32 开（经济学丛书）

本书共 7 章，内容包括：欧战之经济上损失、战时之金融政策与通货之膨胀、战后之人口问题及农业情形、欧洲之生产力及工业之发展、战后劳动运动之发展等。

收藏单位：安徽馆、重庆馆、东北师大馆、广东馆、广西馆、国家馆、河南馆、湖南馆、吉林馆、江西馆、近代史所、南京馆、内蒙古馆、山西馆、上海馆、天津馆、西南大学馆、浙江馆

03606

战后日本的财政经济 中华学艺社编译

上海：大成出版公司，1947.12，32 页，32 开（日本研究资料 3）

本书共 8 章：盟国的根本方针、财政政策、通货膨胀、赔偿问题、财阀解散、农地改革、劳动运动、管理贸易。

收藏单位：重庆馆、国家馆、吉林馆、南京馆、上海馆

03607

战后日本的实业状况 中华学艺社编译

上海：大成出版公司，1947.12，31页，32开（日本研究资料4）

本书共7章：农业、工业、矿业、动力、贸易、运输、通信。

收藏单位：重庆馆、国家馆、吉林馆、南京馆、上海馆

03608

战后苏联经济建设　林平编

大连东北书店，1949.6，225页，32开

本书共5编：总论、苏联工业的发展、苏联农业的新发展、苏联城市的复兴和发展、战后苏联国民经济计划总结。

收藏单位：东北师大馆、国家馆、山东馆、天津馆

03609

战后苏联新五年计划（一九四六至一九五〇年）　吴清友译

上海：书林出版公司，1946.10，143+67页，32开

本书共4部分：苏联国民经济恢复及发展的五年计划之基本任务、生产及基本建设增长的计划、提高人民物质及文化生活水准的计划、各加盟共和国国民经济恢复及发展的计划。

收藏单位：广东馆、广西馆、湖南馆、南京馆、山西馆、上海馆

03610

战时德国物资政策　（德）韦德费尔德著　董问樵译

陆军大学，1943，66页，25开

本书共4章：平时情形、转变到战时经济、战时物资管理政策中之临时措施、建设成绩。

收藏单位：重庆馆

03611

战时的日本经济　彭迪先著

汉口：生活书店，1938.7，151页，32开

本书分9章论述日本战时财政、金融、贸易、工业、农业、物价、劳动等。附抗战爆发前的日本军费、公债发行额、工业生产指数等统计表。

收藏单位：重庆馆、广东馆、贵州馆、国家馆、江西馆、南京馆、上海馆、浙江馆

03612

战时及战后苏联经济　（苏）沃兹涅先斯基（Николай Алексеевич Вознесенский）原著　吴清友译

上海：中华书局股份有限公司，1949.5，162页，32开（苏联研究丛书）

本书共16章，内容包括：卫国战争的前夜、苏联战时经济的基础、国民经济的重建、扩大再生产、战争进程中经济的复兴、生产的计划化、社会主义经济的胜利、战后的社会主义经济等。著者原题：伏兹聂森斯基。

收藏单位：东北师大馆、国家馆、黑龙江馆、湖南馆、内蒙古馆、上海馆、绍兴馆、首都馆、天津馆、西南大学馆

03613

战时日本　国民新闻社译述

上海：国民新闻图书印刷公司，1942.8，184页，32开（国民新闻丛书9）

本书共26部分，内容包括：东条内阁经济政策的进路、日本经济现势、日本战时经济的展望、日本的战时财政、日本战时的食粮问题、十年来之日本重工业、日本的汽油问题、战时体制下的日本舆论等。

收藏单位：东北师大馆、国家馆、吉林馆、南京馆

03614

战时日本经济　史邦燮著述

成都：建国出版社，1940.7，50页，32开（建国丛书第3辑 敌情研究3）

本书共6部分：导言、日本的财政及金融、日本的工业及农业、日本的资源及贸易、日本的物价及民生、结论。

收藏单位：重庆馆、贵州馆、国家馆、南京馆、内蒙古馆

03615
战时日本经济之透视 中央银行经济研究处编
中央银行经济研究处，1941，31 页，16 开（经济情报丛刊 第 3 辑）
本书共 4 部分：战时日本经济之新动向、日本经济之将来、结论、附录。
收藏单位：国家馆

03616
战时日本之财阀 中国国民经济研究所译
上海：中国国民经济研究所，1942.1，30 页，25 开（中外经济拔萃 第 55 辑）
本书收文两篇：《日本财阀之南洋投资》《日本财阀资本与军需工业》。

03617
战时苏联经济 （苏）沃兹涅先斯基（Николай Алексеевич Вознесенский）著 施宾译
哈尔滨：东北书店，1948.11，114 页，32 开
本书著者原题：渥兹涅辛斯基。
收藏单位：东北师大馆、国家馆、南京馆、内蒙古馆、宁夏馆、山东馆、山西馆、上海馆、天津馆

03618
战时英国经济 王云五著
出版者不详，[1944]，14 页，16 开
本书论述英国战时人民生活、增进生产、节约消费、利用国内外资本等问题。为《东方杂志》第 40 卷第 5 号抽印本。
收藏单位：国家馆

03619
掌握布尔塞维克领导经济的方法 （苏）古萨洛夫等著
沈阳、长春：东北书店，1949.4，57 页，32 开
本书收文 8 篇，内容包括：《斯大林论工业生产中的几个问题》《掌握布尔塞维克领导经济的方法》《党的政治工作是经济工作成功的基础》《节约是社会主义经济的方法》《精简与节约》等。著者原题：古萨列夫等。
收藏单位：东北师大馆、国家馆、山东馆

03620
掌握布尔什维克领导经济的方法 （苏）古萨洛夫等著
香港：新民主出版社，1949.8，100 页，32 开
本书较东北书店 1949 年版增加文章 3 篇：《党务工作者应当掌握经济知识》《按劳取酬的社会主义分配原则》《论共产主义的劳动态度》。
收藏单位：国家馆、山西馆

03621
正在到来的美国恐慌 乔木编译
上海：生活·读书·新知上海联合发行所，1949.7，229 页，22 开
本书共 7 章：资本主义恐慌研究、一九二九年的大恐慌、帝国主义的扩张、恐慌与战争之间的世界、未来恐慌在美国、未来恐慌时的世界政治、未来恐慌的前途。较宋伯辉译本增加了译者乔木的序：《战后美国资本主义之发展》。
收藏单位：重庆馆、东北师大馆、广东馆、国家馆、湖南馆、近代史所、辽宁馆、山西馆、天津馆

03622
正在到来的美国恐慌 宋伯辉编译
上海：士林书店，1938，229 页，25 开
上海：士林书店，1948.12，229 页，25 开
收藏单位：重庆馆、国家馆、吉林馆、江西馆、南京馆、上海馆

03623
中古欧洲社会经济史 （比）彼楞（Henri Pirenne）著 胡伊默译
长沙：商务印书馆，1940.6，191 页，36 开（汉译世界名著）
本书论述 11—15 世纪欧洲经济及社会的变迁。共 8 章：导论、商业的复兴、都市、土地与乡村诸阶级、十三世纪末期以前的商业、十三世纪末期以前的国际贸易、都市经济与工业管理、十四十五世纪的经济变革。

收藏单位：重庆馆、大庆馆、广东馆、广西馆、贵州馆、国家馆、湖南馆、江西馆、辽大馆、南京馆、内蒙古馆、上海馆、首都馆、天津馆、浙江馆、中科图

03624
中国南洋经济协会成立纪念特刊　张瘦石主编
香港：中国南洋经济协会，1947.2，83页，16开
本书共3部分：国内经济特辑、南洋经济特辑、会务特辑。收录《一年来上海金融市场》（汤心仪）、《南洋经济现势鸟瞰》（张礼千）、《纱布与南洋》（石安）等论文。
收藏单位：国家馆、吉林馆、南京馆

03625
中南半岛经济地理　蔡文星著
重庆：国民图书出版社，1943.9，118页，32开
本书共6章：中南半岛总说、自然地理、物产、工商业、交通、中南半岛之重要城市。
收藏单位：安徽馆、重庆馆、广东馆、国家馆、黑龙江馆、吉林馆、江西馆、南京馆、内蒙古馆、山西馆、陕西馆、上海馆、天津馆、西南大学馆、浙江馆

03626
中南贸易与华侨　南洋华侨协会秘书处编
南洋华侨协会秘书处，1944，油印本，8页，16开，环筒页装（南洋问题参考资料4）
本书主要为图表。内容包括：中国与英属马来亚贸易关系表、马来亚输华主要货物价额表、中国输往荷印主要货物价额表、中国和菲律宾贸易关系表等。
收藏单位：重庆馆

03627
中日问题批判　吕振羽著
北平：导群书店，1932.8，134页
本书共4个问题：世界资本主义经济恐慌中日本资产阶级的企图、"九一八"前后日本经济恐慌之一般情势、日本资本主义的特质及其对半殖民地中国的依存关系、中国民族资本的抬头和日本帝国主义间矛盾的激化。
收藏单位：近代史所

03628
中世欧洲经济史　（日）泷本诚一著　徐天一译
上海：国民政府立法院编译处，1929.10，212页，25开
本书共8章：采邑、基尔特、贸易公司、中产阶级与犹太人在经济上之地位、海恩萨同盟、公认定期大市场与公认定期常市、劳动者之黄金世界、大陆及英国之一般经济状态。
收藏单位：重庆馆、广东馆、广西馆、国家馆、江西馆、南京馆、山西馆、上海馆、浙江馆

03629
资本的霸权　（美）倪埃林（Scott Nearing）著　温盛光译
上海：启智书局，1930，298页，32开
本书共5篇："美洲实体""帝国的基础""伟大的使命""美洲合众国——世界帝国""对帝国主义的挑战"。
收藏单位：重庆馆、国家馆、江西馆、南京馆、天津馆

03630
资本主义的浪费　蔡斯（Stuart Chase）著　黄澹哉译
外文题名：The tragedy of waste
上海：新生命书局，1930.5，294页，22开
本书论述第一次世界大战后美国资本主义生产的无政府状态及浪费情况。共13章，内容包括：工业的统制、四大浪费、人类的欲望、消费界的浪费、生产界的浪费、分配的浪费、天然资源等。其他题名：浪费的悲剧。
收藏单位：安徽馆、重庆馆、广东馆、广西馆、国家馆、河南馆、黑龙江馆、湖南馆、吉林馆、辽大馆、南京馆、宁夏馆、山西馆、上海馆、天津馆、西南大学馆、浙江馆、中科图

03631
资本主义与社会主义条件下技术的发展
（苏）罗宾斯坦（M. И. Рубинштейн）著　阿真译
上海：中华书局，1949.6，57 页，32 开（新时代小丛书 3）
上海：中华书局，1949.8，再版，57 页，32 开（新时代小丛书 3）

本书共两部分：资本主义条件下的技术发展、苏联社会主义经济条件下的技术发展。

收藏单位：安徽馆、国家馆、南京馆、山东馆、山西馆

03632
最近日本经济动态　李竹溪翻译　刘铁孙审查　刘大钧核定
外文题名：General economic survey
出版者不详，1940.5，晒印本，18 张，大 16 开（中国经济统计研究所 总字第 384 号 经济门国际类 第 25 号）

收藏单位：上海馆

03633
最近日本之经济概况（原名，金解禁后之日本）（日）青野健夫著　程文蔼译
上海：民智书局，1932.4，200 页，32 开

本书共 8 节：绪论、国外汇兑之固定、金解禁后第一年贸易之入超、金融市场之巨大变动、工业合理化与收缩政策、金解禁对于日本金融上之影响、日本金解禁后经济大事日志、“日圆”贬价需要之研究。

收藏单位：广东馆、广西馆、国家馆、上海馆、天津馆、浙江馆

经济计划与管理

国民经济管理

03634
改订国民经济学原论 （日）津村秀松著 马凌甫译
上海：启智书局，1932.10，改订版，2册（36+872页），22开
上海：启智书局，1935，改订版，2册（872页），21开
本书为文言体，加圈点。共7编：总论、国民经济发达要件论、生产论、交易论、分配论、消费论、结论。
收藏单位：安徽馆、重庆馆、东北师大馆、广东馆、贵州馆、国家馆、南京馆、人大馆、绍兴馆、首都馆

03635
工商管理
出版者不详，[1911—1949]，20页，36开
本书共6部分，内容包括：工作人员的志趣与兴趣、组织、管理上几个主要的问题、贤明的管理者等。
收藏单位：国家馆

03636
国家经济学原理 （德）狄尔（K. Diehl）著 林和成译述
重庆：立信会计图书用品社，1944.2，11+171页，32开（立信商业丛书）
重庆：立信会计图书用品社，1947，再版，11+171页，32开（立信商业丛书）
本书共4卷：生产论（财货的生产）、流通论（财货的流通）或称交换论、分配论、消费。著者原题：笛尔。
收藏单位：重庆馆、广东馆、广西馆、贵州馆、国家馆、吉林馆、南京馆、内蒙古馆、西南大学馆、浙江馆

03637
国民经济学原理 （德）狄尔（K. Diehl）著 张丕介译
长沙：商务印书馆，1938.5，14+197页，32开（汉译世界名著）
收藏单位：重庆馆、广东馆、贵州馆、桂林馆、国家馆、湖南馆、吉大馆、吉林馆、南京馆、上海馆、天津馆、浙江馆

03638
国民经济学原论 （日）津村秀松原著 马凌甫译
上海：启智书局，1920.6，再版，订正本，1册，22开，精装
上海：启智书局，1937.10，改订版，872页，22开
收藏单位：东北师大馆、南京馆、绍兴馆

03639
国民经济学原论 （日）津村秀松著 马凌甫译
上海：群益书社，1915.12，20+842页，22开，精装
上海：群益书社，1920.6，再版，订正本，20+842页，22开
收藏单位：安徽馆、重庆馆、东北师大馆、广东馆、桂林馆、国家馆、黑龙江馆、吉大馆、近代史所、辽宁馆、南京馆、宁夏馆、上海馆、首都馆、浙江馆

03640
国民经济学原论 （日）津村秀松著 马凌甫译
上海：源记书庄，1926.2，订正版，2册（842页），22开
上海：源记书庄，1932.10，订正6版，2册（842页），22开
收藏单位：安徽馆、重庆馆、东北师大馆、广东馆、广西馆、桂林馆、国家馆、黑

龙江馆、吉林馆、江西馆、南京馆、宁夏馆、上海馆、绍兴馆、首都馆

03641
国民经济学原论　（日）津村秀松著　马凌甫译
北京：自强书局，上海：东泰图书局，1924，订正4版，842页，25开，精装
上海、北平：自强书局，1934.1，7版，842页，25开
　　收藏单位：东北师大馆、国家馆、中科图

03642
国民经济学原论（上册）（日）津村秀松著　陈绍谟译
上海：明月书局，1931.2，538页，32开
　　本书共3编：总论、国民经济发达要件论、生产论。附折表。
　　收藏单位：重庆馆、广西馆、河南馆、上海馆

03643
经济情况测变　国民政府主计处统计局编
国民政府主计处统计局，[1925]，62页，16开（统计丛刊1）
　　本书收文两篇：《经济情况测变》（译自《国际劳工局研究报》N类5号）、《各国经济情况预测概述》（李蕃）。
　　收藏单位：国家馆

经济计划

03644
计划经济　陈宜夫著
上海：良友图书印刷公司，1933.9，60页，64开（一角丛书72）
　　收藏单位：南京馆

03645
计划经济理论之研究　陈志让著　边逸士校订
南京：时代出版社，1947.11，154页，32开
　　本书分两部分，共6章，内容包括：绪论、均衡与稳定、动态均衡、计划经济的发展、制度选择、转变政策。附社会主义经济理论简史、计划的国际贸易等。
　　收藏单位：重庆馆、广东馆、桂林馆、国家馆、河南馆、吉大馆、近代史所、南京馆、宁夏馆、首都馆

03646
计划经济通论　胡今编
上海：中华书局，1949.2，124页，32开
　　本书共4章：计划经济的原理、苏联社会主义的计划经济、资本主义的统制经济、东欧新民主主义的计划经济。
　　收藏单位：安徽馆、重庆馆、东北师大馆、广东馆、辽大馆、辽宁馆、南京馆、内蒙古馆、上海馆、天津馆

03647
计划经济学大纲　沈志远著
上海：申报，1933.6，136页，32开（申报丛书14）
　　本书共6章，内容包括：当做科学看的计划经济学、社会主义计划经济之内部的矛盾、苏联底经济计划等。
　　收藏单位：重庆馆、广西馆、桂林馆、国家馆、湖南馆、江西馆、南京馆、上海馆、天津馆、浙江馆、中科图

03648
计划政治与计划经济　张希哲编
重庆：独立出版社，1944.5，230页，32开
　　本书收文23篇，内容包括：《计划政治与计划经济》（张希哲）、《中国计划政治导论》（甘乃光）、《论计划政治及其实现》（陈豹隐）等。
　　收藏单位：重庆馆、广东馆、广西馆、国家馆、吉林馆、南京馆、内蒙古馆、上海馆

03649
计画经济论（一名，统制经济论）　东北行健学会编辑

北平：民友书局，1933，366页，18开（行健丛书）

本书分上、下两编：总论、分论。上编收文6篇，内容包括：《计画经济之理论与实际》（周天放）、《经济计画之限度与可能》（Flanders）、《世界经济会议在计画经济上之意义》（王丕烈）等；下编收文13篇，内容包括：《苏俄计划经济概况》（Brown）、《苏俄第一次五年计划之检讨》（白世昌）、《美国产业复兴计划之研讨》（吴惠人）等。

收藏单位：桂林馆、国家馆、辽大馆、南京馆、浙江馆

03650

计画经济之理论　（英）萨威格（Ferdynand Zweig）著　彭荣仁译

重庆：中华书局，1945.5，264页，22开（中山文化教育馆社会科学丛书）

上海：中华书局，1946.8，再版，264页，22开（中山文化教育馆社会科学丛书）

本书共7编，内容包括：计划经济的本质、计划经济的推动力、目的与统制、计划经济的施行等。

收藏单位：重庆馆、广东馆、广西馆、桂林馆、国家馆、湖南馆、辽宁馆、南京馆、内蒙古馆、上海馆、西南大学馆、浙江馆

03651

经济计划的原理　（英）科尔（George Douglas Howard Cole）著　黄澹哉译

上海：商务印书馆，1936.9，403页，32开（万有文库第2集100）（汉译世界名著）

上海：商务印书馆，1936.12，403+16页，32开，精装（汉译世界名著）

本书共15章，内容包括：我们为什么要有计划、生产的资源、自由市场中的生产与分配、无计划的经济的批评、有计划的资本主义等。著者原题：柯尔。

收藏单位：安徽馆、重庆馆、大理馆、大连馆、大庆馆、东北师大馆、甘肃馆、广东馆、广西馆、贵州馆、国家馆、河南馆、黑龙江馆、湖南馆、江西馆、辽大馆、辽师大馆、柳州馆、南京馆、内蒙古馆、宁夏馆、上海馆、天津馆、浙江馆

经济计算、经济数学方法

03652

编制经济研究　夏隆台[著]

出版者不详，1935，106页

收藏单位：近代史所

03653

工资计算法浅说　施穆编

上海：中华书局，1930.10，21页，32开（民众工业丛书）

上海：中华书局，1933.1，再版，21页，36开（民众工业丛书）

本书共5部分：绪论、工资理论、最低工资法、工资计算法、利润分配制度。

收藏单位：长春馆、重庆馆、广西馆、桂林馆、国家馆、吉林馆、江西馆、内蒙古馆、上海馆、天津馆、浙江馆

03654

工资问题研究　郑独步著

国魂书店，[1938—1939]，30页，25开（国论经济丛刊76）

本书论述工资问题的意义、最低工资的法定、各国最低工资法的制定等。

收藏单位：重庆馆

03655

几何经济学　（英）克宁汉（H. H. Cunynghame）著　李植泉译

外文题名：A geometrical political economy

长沙：商务印书馆，1939.4，120页，32开（汉译世界名著）

本书共13章，内容包括：几何图式的用途、供给曲线和价格的决定、剩余价值、经济学的代数研究等。

收藏单位：重庆馆、东北师大馆、广东馆、贵州馆、桂林馆、国家馆、河南馆、吉林馆、南京馆、内蒙古馆、上海馆、浙江馆

03656
经济统计　（美）戴维斯（George R. Davies）著　郭垣译
重庆：三友书店，1944，178 页，32 开
本书共 6 章：制表、离中趋势的种类和测定、工资与物价指数、数量指数与其功用、时间数列、相关。据美国普林斯顿大学教本《经济统计绪论》译出。
收藏单位：重庆馆、贵州馆、国家馆、辽大馆、南京馆、浙江馆

03657
经济统计　（美）斯密史著　曾鲲化译
北京：共和印刷公司，1914，621 页，22 开
本书分 3 编：消费及生产、交换、分配。共 13 章，内容包括：经济上应用之统计、消费统计、论劳力之人口、生产要素之土地、资本组织及富、物价、赁金等。
收藏单位：国家馆、吉林馆

03658
经济统计　萧伟信编
安徽大学，[1928—1949]，138 页，16 开
收藏单位：南京馆

03659
经济统计学　吴藻溪编
重庆：南方印书馆，1943，123 页，32 开
本书共 14 章，内容包括：经济统计学的意义、人口统计、职业统计、企业统计、生产统计、农业统计、工业统计、商业统计等。
收藏单位：安徽馆、重庆馆、复旦馆、国家馆、吉林馆、辽大馆、南京馆、内蒙古馆、浙江馆

03660
经济统计学　郑仲陶著
郑仲陶 [发行者]，[1934—1949]，389 页，22 开
本书共 4 编：统计资料、一般的分析方法、指数之编制、时间数列之分析。附计算表、译名对照、符号表等。
收藏单位：国家馆、南京馆

03661
经济统计学
出版者不详，[1911—1949]，140 页，23 开，精装
本书论述经济统计学的意义、范围、方法、统计资料、长期趋势、节季变异等。
收藏单位：重庆馆、南京馆

03662
经济学之数量研究论　（瑞典）卡塞尔（Karl Gustav Cassel）著　夏炎德译
外文题名：On quantitative thinking in economics
上海：商务印书馆，1937，145 页，32 开（汉译世界名著）
本书共 7 章：经济学系一数量科学、生产、价值与货币、进款及其使用、次第近似值、生产物与生产要素间之数量关系、均衡价格论。
收藏单位：重庆馆、东北师大馆、广东馆、广西馆、贵州馆、国家馆、河南馆、湖南馆、吉大馆、吉林馆、江西馆、辽大馆、南京馆、上海馆、首都馆、武大馆、浙江馆

03663
劳动统计　（日）森数树著　李致远译
上海：商务印书馆，1934.5，215 页，32 开（社会科学小丛书）
上海：商务印书馆，1934.6，2 版，215 页，32 开（社会科学小丛书）
本书共 14 章，内容包括：劳动量、劳动者之分类、劳动团体统计、劳动协约统计、工资统计等。
收藏单位：重庆馆、复旦馆、广东馆、广西馆、贵州馆、国家馆、河南馆、湖南馆、吉林馆、江西馆、辽宁馆、南京馆、内蒙古馆、上海馆、首都馆、天津馆、浙江馆

03664
劳工统计　军需学校编
军需学校，1933，106 页，22 开
本书内容包括：怎样去解决劳工问题、劳工统计的范围、编制劳工统计的途径等。
收藏单位：国家馆、南京馆

03665
生活费研究法的讨论 陈达著
北京：清华学校，1926.12，[60] 页，16 开
本书为《清华学报》第 3 卷第 2 期抽印本。
收藏单位：国家馆

03666
生活费指数编制法 杨西孟编
上海：社会调查所，1931.7，134 页，22 开（社会研究丛刊）
上海：社会调查所，1934.5，国难后 1 版，134 页，22 开（社会研究丛刊）
上海：社会调查所，1935.4，国难后 2 版，134 页，23 开（社会研究丛刊）
本书共 6 章：绪论、基本预算表、物价调查、指数之计算、基本预算表及指数计算法举例、各国生活费指数编制之比较。附各国编制生活费指数之机关、披露指数之刊物及指数包括之区域一览表、北平生活费指数。
收藏单位：重庆馆、东北师大馆、广东馆、国家馆、河南馆、黑龙江馆、湖南馆、吉大馆、江西馆、辽大馆、首都馆、天津馆、西南大学馆、浙江馆

03667
生活费指数编制法说略 盛俊编述
财政部国定税则委员会，1931.4，16 页，16 开（经济统计丛刊 5）
本书共 7 部分：何谓指数、何谓生活费、生活费指数之目的何在、分类及各类之品目、如何测定消费状态、搜集物价、计算公式及基期。附各国生活费指数食物类、燃料灯火类、衣着类所包含物品一览表等。
收藏单位：广东馆、国家馆、上海馆、浙江馆、中科图

03668
生活费指数及工资指数编制办法 社会部统计处编
社会部统计处，1946.1，18 页，22 开
本书共两部分：生活费指数编制办法、工资指数编制办法。
收藏单位：重庆馆、国家馆、吉林馆、南京馆、内蒙古馆

03669
生活费指数是怎样计算的 中华政治经济学会编
上海：中华书局，1949.4，52 页，32 开
本书收录专论 9 篇：《生活费指数是怎样计算的》（张韵秀）、《物价调查经验谈》（邹君扬）、《上海职工生活费指数的编制和决定》（于峻源）、《工资物价与生活费指数》（胡福成）、《生活指数在今天》（魏友棐）、《从生活费指数说到福利指数》（褚一飞）、《改编生活费指数之建议》（李蕃）、《“八一九”与生活费指数》（朱鹤龄）、《关于生活费指数公开答复的一封信》（褚一飞）。
收藏单位：广东馆、国家馆、辽大馆、辽宁馆、南京馆、上海馆

03670
生活费指数之编制法 国际劳工局著 丁同力译
外文题名：Methods of compiling cost of living index numbers
上海：商务印书馆，1929.5，96 页，32 开（上海市政府社会局丛书 劳工类 1）
上海：商务印书馆，1933.9，国难后 1 版，13+97 页，32 开（上海市政府社会局丛书 劳工类 1）
本书共 4 部分：通论、生活费指数之标准、物价之征集、指数之计算方法。附生活费指数内包括直接税之法、各国生活费统计之概要。
收藏单位：重庆馆、东北师大馆、广东馆、广西馆、国家馆、河南馆、湖南馆、辽大馆、辽宁馆、南京馆、内蒙古馆、上海馆、天津馆、浙江馆、中科图

03671
失业统计法 国际劳工局著 丁同力译
外文题名：Methods of statistics of unemployment
上海：商务印书馆，1929.11，95 页，32 开（上海特别市政府社会局丛书 劳工类 2）

上海：商务印书馆，1933.9，国难后 1 版，95 页，32 开（上海特别市政府社会局丛书 劳工类 2）

本书分两部分：通论、结论。共 4 节：完全失业、部分失业、就国家之目标而改良失业统计、失业统计应国际一致。附各国定期出版之失业统计。

收藏单位：重庆馆、广东馆、广西馆、贵州馆、桂林馆、国家馆、河南馆、黑龙江馆、湖南馆、吉林馆、南京馆、上海馆、天津馆、浙江馆

03672

实用经济统计学总论 秦古温编著

广州：秦庆钧会计师事务所，1934.3，3 版，1 册，32 开（计学丛书）

本书共 5 编：绪论、搜罗材料方法、统计材料整理方法、指数、经济现象之预测。附关于各种统计法规摘要、国际经济统计公约、计算用表。

收藏单位：复旦馆、南京馆

03673

数理经济学大纲 （英）麦塔（J. K. Mehta）著 胡泽译

外文题名：Elements of economics mathematically interpreted

上海：商务印书馆，1935.4，318 页，22 开（大学丛书）

本书共 20 章，内容包括：图解法、体积法、线解法、对数曲线法、消费论、生产论、交易论等。

收藏单位：安徽馆、重庆馆、东北师大馆、广东馆、广西馆、贵州馆、国家馆、黑龙江馆、湖南馆、吉林馆、江西馆、近代史所、辽大馆、辽宁馆、南京馆、内蒙古馆、宁夏馆、山西馆、上海馆、首都馆、天津馆、浙江馆

03674

数理经济学的基础概念 刘絜敖著

出版者不详，[1911—1949]，[10] 页，16 开

03675

指数 吴元训编著 闻亦有主编

正中书局，1947.6，152 页，32 开

正中书局，1947，4 版，152 页，32 开

本书共 8 章，内容包括：物价指数、物价指数编制方法、指数的测验与选择、工资指数、生活费指数等。附物价查报办法、中国之指数、总练习题。

收藏单位：重庆馆、东北师大馆、广东馆、国家馆、吉林馆、辽大馆、南京馆、浙江馆

03676

指数编制方法之研究与我国指数之编制 王家栋著

出版者不详，1935.2，25 页，16 开

收藏单位：上海馆

03677

指数之编制与应用 唐启贤著

[上海]：中华书局，1936，226 页，大 32 开，精装

上海：中华书局，1939.8，226 页，22 开，精装

上海：中华书局，1941.4，再版，226 页，25 开，精装

上海：中华书局，1948.4，增订本，466 页，22 开

本书共 25 章，内容包括：指数之意义、指数之历史、公式之矫正、指数之特征、修整指数等。附南京零售物价及生活费指数计算表、费霞物价指数公式表、公式计算速度比较表等。

收藏单位：重庆馆、东北师大馆、贵州馆、国家馆、辽大馆、辽宁馆、南京馆、内蒙古馆、山西馆、上海馆、天津馆、浙江馆

03678

指数之研究 张以忠著

上海：文通书局，1948，67 页，32 开

本书共 5 章：绪论、指数的分类和应用、指数的编制程序和方法、指数公式的研究和测验、结论。

收藏单位：广东馆、贵州馆、宁夏馆、上海馆、中科图

会计

03679
币值变动时之会计　（美）司温雷（H. W. Sweeney）著　杨天全译
外文题名：Stabilization accounting
重庆：文信书局，1944.10，122 页，32 开（中国财政学会丛书）

本书共 5 章：通常会计评议、根据原始成本之稳定会计、根据重置成本之稳定会计、稳定会计之实际问题、对于反对稳定会计方法之答复。为原著的选译本。

收藏单位：重庆馆、广东馆、国家馆、南京馆

03680
簿记　叶春墀著
上海：商务印书馆，1916.4，77 页，25 开
上海：商务印书馆，1917，再版，77 页，25 开
上海：商务印书馆，1921.10，6 版，77 页，25 开
上海：商务印书馆，1923.4，7 版，77 页，25 开

本书为师范学校本科用书。分前、后两编：单记式簿记、复记式簿记。前编共 3 章：总论、帐簿及记入法、决算；后编共 5 章：复记式簿记之原理、计算款目、复记式帐簿之记帐法、结算、现金记帐法。书中题名：师范学校新教科书簿记。

收藏单位：国家馆、首都馆、浙江馆

03681
簿记百日通　顾宗骞编
上海：大华书局，1935.4，66 页，32 开
上海：大华书局，1936.12，再版，66 页，32 开

本书共 5 章：总论、单式簿记、家用簿记、学校簿记、复式簿记。

收藏单位：广西馆、国家馆

03682
簿记初阶　李文杰编著
重庆：立信会计图书用品社，1942，新 1 版，136 页，32 开（立信会计丛书）
重庆：立信会计图书用品社，1944.11，136 页，32 开（立信会计丛书）
上海：立信会计图书用品社，1946，9 版，136 页，32 开（立信会计丛书）
上海：立信会计图书用品社，1948.1，136 页，32 开（立信会计丛书）
上海：立信会计图书用品社，1948，7 版，136 页，32 开
上海：立信会计图书用品社，1949.1，8 版，136 页，32 开（立信会计丛书）

本书共 14 章：绪论、商店的资产负债和收益费用、总帐和总帐帐户、交易的记载、分录簿、过帐、试算表、商品帐户、结帐、决算表、现金簿、销货簿、进货簿、总复习。

收藏单位：重庆馆、广东馆、广西馆、国家馆、黑龙江馆、辽大馆、辽宁馆、南京馆、宁夏馆、山西馆、上海馆、首都馆、浙江馆

03683
簿记初阶　李文杰编著
上海：商务印书馆，1937，136 页，25 开（立信会计丛书）
长沙：商务印书馆，1938，再版，136 页，32 开（立信会计丛书）
长沙：商务印书馆，1939.2，3 版，136 页，32 开（立信会计丛书）
长沙：商务印书馆，1940.3，4 版，136 页，32 开（立信会计丛书）
长沙：商务印书馆，1940.6，5 版，136 页，32 开（立信会计丛书）

收藏单位：重庆馆、广东馆、贵州馆、国家馆、辽大馆、南京馆、首都馆、天津馆

03684
簿记概要　姚肖廉编
[东南高级商业职业学校]，[1913—1949]，1 册，32 开（东南高级商业职业学校丛书）

收藏单位：江西馆

03685
簿记基础知识　谢允庄编著
重庆：大东书局，1945.10，108页，32开
上海：大东书局，1946.11，108页，32开
重庆：大东书局，1947，再版，108页，32开
本书共12章：企业组织、交易、帐户、记帐和过帐、试算和月结、决算和期结、日记簿的分割、工业简易簿记、农业簿记、合作企业簿记、公司企业簿记、合作社簿记。
收藏单位：重庆馆、广东馆、国家馆、吉大馆、辽大馆、南京馆、山西馆、浙江馆

03686
簿记及会计　王雨生编著
上海：商务印书馆，1938.5，72页，16开
本书共3编：绪论、簿记及会计之程序、分录帐总帐之分割及统驭表。
收藏单位：重庆馆

03687
簿记简说　吴冠人编
上海：寰信会计用品社，1949，36页，32开
收藏单位：广东馆

03688
簿记教科书　叶春墀著
乙种商业学校教科书编纂会，1919，增订4版，95页，22开
收藏单位：广东馆

03689
簿记会计实习　曾邦熙编译
上海：民智书局，1934.4，316页，22开（民智商学丛书）
本书共5章：绪论、商业交易、柴煤生意零售、合伙会计、公司会计。
收藏单位：国家馆、浙江馆

03690
簿记会计学　军需学校第一分校编
军需学校第一分校，[1911—1949]，1册，32开
本书为《簿记会计学》第2编“各种企业之会计”的抽印本。
收藏单位：广东馆、国家馆

03691
簿记会计学　梅岭涵编著
出版者不详，1940.9，2册，32开
出版者不详，[1911—1949]，2册（298+171页），32开
收藏单位：广东馆、广西馆、南京馆

03692
簿记会计学（第3册）　邹守征[编]
出版者不详，1943，修订版，478页，32开
收藏单位：南京馆

03693
簿记浅说　高伯时编
上海：中华书局，1930，20页，32开（民众商业丛书）
上海：中华书局，1936，4版，21页，36开（民众商业丛书）
本书共10部分：引言、簿记的意义、簿记的目的、簿记的种类、财产、会计科目、帐簿的组织、记录的程序、结算的方法、结算的报告表。
收藏单位：长春馆、黑龙江馆、江西馆、内蒙古馆、首都馆、天津馆

03694
簿记浅说　郭文正编
[西安]：中国文化服务社陕西分社，1943，123页，32开
本书共16章，内容包括：簿记之基本概念、交易之借贷、帐户及分类帐、资产负债及资本、决算表等。附会计学各种问答、复习题。
收藏单位：国家馆

03695
簿记学　黄逸峰等著
光华书店，1948.9，修订初版，246页，32开（铁路学院丛书）
北平[等]：新中国书局，1949.4，再版，246

页，32 开（东北铁路学院丛书）

本书为解放区教本。共 12 章，内容包括：绪论、单式簿记与复式簿记、借贷原理、账户、试算等。再版增加了习题及单式簿记的例证。

收藏单位：重庆馆、东北师大馆、国家馆、内蒙古馆、宁夏馆、山西馆、首都馆、云南馆

03696

簿记学　嵇储英　程云桥编

上海：商务印书馆，1931.1，309 页，32 开

上海：商务印书馆，1932.1，国难后 1 版，309 页，32 开

上海：商务印书馆，1933，国难后 2 版，309 页，32 开

上海：商务印书馆，1947.2，8 版，266 页，32 开（新中学文库）

本书共 17 章，内容包括：簿记之概论、簿记之要素、会计报告、帐户、信用交易之帐户、总帐记载之来源、利息及贴现息等。附借贷原理、中英名对照、英文省略名词及符号。

收藏单位：安徽馆、长春馆、重庆馆、广东馆、广西馆、国家馆、河南馆、黑龙江馆、湖南馆、江西馆、柳州馆、南京馆、内蒙古馆、绍兴馆、首都馆、中科图

03697

簿记学　万长祺　曾和笙著　中华会计事务所编

成都：中华会计事务所，1945.6，3 版，修订本，352 页，32 开（中华会计丛书）

收藏单位：南京馆

03698

簿记学　赵富华编

上海：三民图书公司，1935.7，增订再版，49 页，32 开

本书共 9 章，内容包括：簿记学之意义及其种类、簿记上应有之知识、账簿之类别及其他必需之表格、账项之分类、开始与结算记账法、收付票据记账法、中式簿记之一般、官厅簿记之大要等。版权页题名：簿记学问答，目录页题名：簿记学考试问答。

收藏单位：国家馆

03699

簿记学概要　龚斯明编著

上海：世界书局，1929，2 册，50 开（社会经济概要丛书）（考试准备各科概要丛书）

本书以问答形式介绍簿记学知识，内容包括：我们为什么研究簿记学、什么是簿记的意义和目的、簿记的种类有几、什么是簿记和会计的区别等。

收藏单位：重庆馆、南京馆、浙江馆

03700

簿记学讲义　职业函授学校编辑部编

上海：职业函授学校，[1911—1949]，48 页，22 开

收藏单位：广东馆

03701

簿记学讲义（第 1 编 原理）　张竞立讲述

[北京]：亚东制版印刷局，1920.8，96 页，22 开，精装

本书共 11 章，内容包括：簿记之定义、簿记之功用、簿记之种类、资产与负债及其纯净额、资产及债务之增减记载方式、财产出入一览表之记载方式、纯净额增减所由来之记载方式、同时并记资产债务及纯净额增减之方式、借主与贷主之意义等。

收藏单位：国家馆

03702

簿记学讲义（上册）　龙江贸易局会计研究委员会编

东北贸易管理总局，1947，68 页，25 开

收藏单位：黑龙江馆

03703

簿记学教程　中央军校驻川军需训练班编

中央军校驻川军需训练班，[1928—1949]，[532] 页，24 开（中央军校驻川军需训练班教程）

本书分两编：商业簿记概要、官厅簿记。

收藏单位：重庆馆、南京馆

03704

簿记易知　佟灿章著

北京：佟灿章会计师事务所，1940.11，214页，25开

本书共14章，内容包括：簿记思想的发展和簿记学、财产和财产变动、收支和收支的分析、会计科目、账簿的登记法、账簿的核对、账簿的结算等。

收藏单位：国家馆、首都馆

03705

簿记与会计　国立暨南商科大学会计学会编

上海：民智书局，1925.2，2册（294+238页），13开

上海：民智书局，1930.3，237页，16开

上海：民智书局，1930.12，再版，2册（294+238页），13开

本书上册内容包括：中国旧式簿记、新式商业簿记及会计等；下册收录《银行簿记及会计》（蒋沧浪）、《寄售会计》（蒋沧浪）、《官厅簿记及会计述要》（丘瑞曲）等。

收藏单位：重庆馆、广东馆、广西馆、南京馆、内蒙古馆、天津馆、浙江馆

03706

簿记原理　安徽省地方行政干部训练团编

安徽省地方行政干部训练团，1941.8，160页，36开

收藏单位：重庆馆

03707

簿记原论　陈威著

上海：商务印书馆，1913，108页，22开（志学斋丛著）

收藏单位：首都馆

03708

财务报告的分析与解释　朱通九著

中国计政学会，1934.11，56页，32开（中国计政学会丛刊）

本书共两部分：财务报告的分析、财务报告之解释。

收藏单位：国家馆、南京馆

03709

财务报告分析　许本怡著

成都：金陵大学文学院，1940.3，187页，18开，环筒页装（私立金陵大学文学院社会科学丛刊2）

本书共16章，内容包括：资产负债表、损益计算书、盈余表、运用资本分析、比率分析方法、盈余分析、比较财务报告表格、资金运用表、净值变动表、纯利分析表、预算统制、财务预算报告表格等。附标准比率。

收藏单位：重庆馆、国家馆、南京馆

03710

财务经济人员养成所一览　财务经济人员养成所编

财务经济人员养成所，1945.6，118页，18开

本书共14部分，内容包括：像片及插图、本所成立经过志略、本所组织大纲、本所行政系统表、本所各项规章等。附本所第一届毕业生论文题。

收藏单位：国家馆

03711

财政部、前工商部、实业部核准会计师登记一览表　中华民国会计师协会编

中华民国会计师协会，[1930—1939]，93页，32开

本书收录1927—1935年间经核准登记的会计师名录。

收藏单位：国家馆

03712

查帐报告书及工作底稿　顾询　钱迺澂著

上海：立信书局，1936.2，315页，22开，精装（立信会计丛书）

上海：立信书局，1943，再版，315页，22开（立信会计丛书）

重庆：立信会计图书用品社，1944.10，281页，25开（立信会计丛书）

上海：立信书局，1944.11，再版，315页，22开（立信会计丛书）
上海：立信书局，1944，315页，22开，精装（立信会计丛书）

本书共4编：编制全部报告书及工作底稿举例、资产负债表审计、详细审计、特种审计。

收藏单位：安徽馆、重庆馆、广东馆、国家馆、河南馆、黑龙江馆、湖北馆、江西馆、南京馆、首都馆、天津馆

03713
查帐报告书及工作底稿 顾询 钱迺澂编纂
上海：商务印书馆，1936.2，315页，22开，精装（立信会计丛书）
上海：商务印书馆，1936，再版，315页，22开，精装（立信会计丛书）
长沙：商务印书馆，1938.3，3版，315页，22开（立信会计丛书）
长沙：商务印书馆，[1940—1949]，4版，315页，25开（立信会计丛书）

收藏单位：广东馆、国家馆、湖南馆、吉林馆、辽大馆、南京馆、上海馆、天津馆、浙江馆

03714
查帐法 钱素君编著
长沙：商务印书馆，1939.5，200页，32开（实用商业丛书）
长沙：商务印书馆，1940.4，再版，200页，32开（实用商业丛书）

本书共9章，内容包括：查帐程序、详细审查之实务、资产负债表审计之实务、查帐报告书等。

收藏单位：重庆馆、广东馆、国家馆、江西馆、南京馆、上海馆、天津馆、浙江馆

03715
查帐要义 徐广德编
上海：商务印书馆，1924，73页，32开（百科小丛书65）
上海：商务印书馆，1926.11，再版，73页，36开（百科小丛书65）
上海：商务印书馆，1929.10，61页，32开（万有文库第1集658）（商学小丛书）
上海：商务印书馆，1932.10，国难后1版，61页，32开（商学小丛书）
上海：商务印书馆，1934.7，61页，32开（万有文库 第1集）（商学小丛书）
上海：商务印书馆，1934.7，再版，61页，32开（万有文库 第1集658）（商学小丛书）
上海：商务印书馆，1935，2版，61页，36开（商学小丛书）
上海：商务印书馆，1939.12，61页，25开（万有文库 第1、2集简编500种252）（商学小丛书）

本书共14章，内容包括：银行往来帐现金出纳帐及有价券据帐之查核、过帐有否谬误之查核、帐簿上各项票据登入确否之查核、各项基本资产之查核及存货之查验、贷借对照表之查核、表册及报告书之编制、查核合资公司帐目之研究、查核股份有限公司帐目之研究、会计制度组织之要点等。

收藏单位：安徽馆、长春馆、重庆馆、大连馆、东北师大馆、广东馆、广西馆、贵州馆、国家馆、河南馆、黑龙江馆、湖南馆、惠州馆、江西馆、辽大馆、内蒙古馆、宁夏馆、山东馆、上海馆、首都馆、天津馆、西南大学馆、浙江馆

03716
成本会计 陈文麟编译
外文题名：Introductory cost accounting
桂林：立信会计图书用品社，1941.10，3版，282页，32开（立信会计教科书）
重庆：立信会计图书用品社，1943.5，5版，282页，32开
桂林：立信会计图书用品社，1943.9，3版，282页，32开（立信会计丛书）
上海：立信会计图书用品社，1947.6，12版，282页，32开（立信会计丛书）
上海：立信会计图书用品社，1949.2，14版，282页，32开（立信会计丛书）
上海：立信会计图书用品社，1949.9，15版，282页，32开（立信会计丛书）

本书适用于高级中学及职业学校。共15章，内容包括：材料之会计处理、人工之会计

处理、制造费用之会计处理、统制帐户、结帐与造表、分步成本、标准成本等。

收藏单位：重庆馆、广东馆、广西馆、贵州馆、国家馆、黑龙江馆、吉大馆、吉林馆、绍兴馆

03717

成本会计　福建省地方行政干部训练团编

福建公训服务社，1940.12，82页，32开

本书共4章：成本会计之概念、成本之分类、成本会计基本记录原理、成本会计记录之应用。

收藏单位：福建馆

03718

成本会计　（美）吉雷斯比（C. Gillespie）著　陈文麟译

外文题名：Introductory cost accounting

重庆：立信会计图书用品社，1941，再版，282页，32开（立信会计教科书）

重庆：立信会计图书用品社，1942，4版，282页，32开（立信会计教科书）

重庆：立信会计图书用品社，1943，5版，282页，32开（立信会计教科书）

重庆：立信会计图书用品社，1944，6版，282页，32开（立信会计教科书）

重庆：立信会计图书用品社，1948，8版，282页，32开（立信会计教科书）

上海：立信会计图书用品社，1948，13版，282页，32开（立信会计丛书）

重庆：立信会计图书用品社，1949，9版，282页，32开（立信会计教科书）

收藏单位：安徽馆、重庆馆、贵州馆、湖南馆、南京馆

03719

成本会计　（美）劳伦斯（William Beaty Lawrence）著　潘序伦译

外文题名：Cost accounting

上海：商务印书馆，1934.2，[633]页，22开，精装（立信会计丛书）

上海：商务印书馆，1934.5，再版，[633]页，22开，精装（立信会计丛书）

上海：商务印书馆，1935.1，2册（[633]页），25开（立信会计丛书）

上海：商务印书馆，1935，3版，[633]页，23开（立信会计丛书）

长沙：商务印书馆，1938.4，5版，[633]页，23开（立信会计丛书）

长沙：商务印书馆，1938.6，3版，2册（[633]页），25开（立信会计丛书）

本书共29章，内容包括：成本会计之概念、成本之分类、分步成本会计制度、分批成本会计制度、成本记录之应用等。附问题及习题、实习题、中译英文会计名词。

收藏单位：重庆馆、广东馆、广西馆、贵州馆、国家馆、南京馆、内蒙古馆、首都馆、浙江馆

03720

成本会计　梁润身编著

广州：韶光计政图书用品社，1946.10，176页，32开（韶光计政丛书）

本书分3编概述成本会计制度、各种成本的计算及会计处理程序等。各章末均附习题。

收藏单位：国家馆

03721

成本会计　王国忠讲

北平：北平大学，1934，204页，18开

本书共10章，内容包括：成本会计的概念、成本的分类、分步成本会计、分批成本会计制度、成本记录的应用、帐户的分类与编号、材料的计价等。附纺织厂成本会计概要。

收藏单位：国家馆

03722

成本会计　王玮编著

军需学校，1933，18+372页，22开

本书共19章，内容包括：成本之分类、单序成本会计、复序成本会计概论、制造费理论及成本帐簿之效用、统制帐户与随时盘存、帐户之分类、材料会计、材料之储藏及取用等。目录页题名：成本会计学（成本会计

讲义），封面题名：成本会计学讲义。

收藏单位：广东馆、国家馆、上海馆

03723

成本会计的基本原理之研究　江理中著

中国计政学会，1937.3，54 页，32 开

收藏单位：南京馆

03724

成本会计的基本原理之研究　江理中著

北京：中华印书局，1937.11，109 页，32 开

本书共 8 章，内容包括：绪论、成本会计之新意义及其种类、成本会计在会计学中之地位、成本会计之功用等。

收藏单位：国家馆

03725

成本会计概要　潘上元编著

丽水：元庆会计师事务所，1941.10，208 页，25 开（元庆丛书 5）

本书共 15 章，内容包括：成本分类、成本会计制度、生产额成本制度、定单成本制度、成本记录、材料成本、人工成本、决算报表等。附修正工厂法等。

03726

成本会计概要　杨肇遇著

上海：商务印书馆，1924.3，66 页，36 开（百科小丛书 47）

上海：商务印书馆，1926.5，再版，66 页，36 开（百科小丛书 47）

上海：商务印书馆，1930，53 页，32 开（万有文库 第 1 集 659）（商学小丛书）

上海：商务印书馆，1933.3，国难后 1 版，53 页，32 开（商学小丛书）

上海：商务印书馆，1934.1，国难后 2 版，53 页，32 开（万有文库 第 1 集 659）（商学小丛书）

上海：商务印书馆，1934.6，国难后 3 版，53 页，32 开（商学小丛书）

上海：商务印书馆，1938.5，国难后 4 版，53 页，36 开（商学小丛书）

上海：商务印书馆，1939.12，53 页，36 开（万有文库 第 1、2 集简编 500 种）

本书共 5 章：绪论、原料计算、人工计算、间接费用计算、结论。

收藏单位：安徽馆、重庆馆、大理馆、大连馆、东北师大馆、广西馆、贵州馆、国家馆、河南馆、黑龙江馆、湖南馆、惠州馆、江西馆、辽大馆、辽师大馆、柳州馆、南京馆、内蒙古馆、宁夏馆、山东馆、上海馆、首都馆、天津馆、西南大学馆、浙江馆

03727

成本会计纲要　（日）渡部寅二　（日）渡部义雄著　陆善炽编译

上海：徐永祚会计师事务所，1933.12，[18]+180 页，25 开，精装（会计丛书 4）

本书共 11 章，内容包括：成本与企业利润之间的关系、成本构成诸要素、制造指定书的格式及内容、成本计算单位、使用原料的手续、工资的性质、核算工资的标准等。各章末均附习题。

收藏单位：广东馆、国家馆、上海馆、天津馆、浙江馆

03728

成本会计讲义　华东财办工矿部编

华东财办工矿部，[1948]，135 页，32 开（会计业务材料 2）

本书共 5 章：成本会计概况、营业部手续及其记录、仓务部手续及其记录、造产部手续及其记录、会计部实务及其记录。

收藏单位：国家馆

03729

成本会计教科书　潘序伦编

重庆：立信会计图书用品社，1936.1，4 版，254 页，32 开（立信会计丛书）

重庆：立信会计图书用品社，1941，新 1 版，254 页，24 开（立信会计丛书）

重庆：立信会计图书用品社，1943.8，[新]3 版，254 页，25 开（立信会计丛书）

桂林：立信会计图书用品社，1943.9，254 页，25 开（立信会计丛书）

本书适用于高级中学及职业学校。共 15

章，内容包括：成本会计之概念、成本之意义及其分类、成本会计之制度、分批成本会计制度等。为作者所译劳伦斯《成本会计》的节本。

收藏单位：重庆馆、广东馆、广西馆、贵州馆、国家馆、南京馆

03730
成本会计教科书 潘序伦编
上海：商务印书馆，1934.9，294 页，25 开
长沙：商务印书馆，1938，6 版，294 页，24 开
长沙：商务印书馆，1940.2，8 版，294 页，25 开（立信会计丛书）
长沙：商务印书馆，1940，9 版，294 页，24 开

收藏单位：重庆馆、广东馆、贵州馆、国家馆、湖南馆、吉林馆、江西馆、南京馆、山西馆、绍兴馆、浙江馆

03731
成本会计教科书习题详解 潘序伦编
长沙：商务印书馆，1939.10，石印本，28 页，32 开（立信会计丛书）
长沙：商务印书馆，1940.5，再版，石印本，28 页，25 开（立信会计丛书）

收藏单位：国家馆、辽宁馆

03732
成本会计实习题应用簿册 （美）劳伦斯（William Beaty Lawrence）著 潘序伦译
上海：商务印书馆，1934.3，2 册（56+36 页），16 开（立信会计丛书）
上海：商务印书馆，1935.7，再版，2 册（56+36 页），16 开（立信会计丛书）
长沙：商务印书馆，1938，4 版，2 册（56+36 页），16 开（立信会计丛书）

本书为空白表式。内容包括：总清帐、材料分清帐、制成品分清帐、在制品成本单、制造费用单、推销费用分析表、管理费用分析表、工资单、试算表及决算表、销货簿、分录簿等。

收藏单位：重庆馆、广东馆、国家馆、南京馆

03733
成本会计提要 林华锦编著 赵灼校阅
广州：实用高级会计科职业学校，1946.12，76 页，25 开

本书共 8 章，内容包括：会计成本的概念、材料的处理、工资的会计处理等。

收藏单位：广西馆

03734
成本会计题解
出版者不详，[1911—1949]，油印本，25 页，16 开

收藏单位：浙江馆

03735
成本会计习题答解 （美）劳伦斯（William Beaty Lawrence）著 施仁夫 唐文瑞演译
上海：商务印书馆，1934.3，油印本，147 页，16 开（立信会计丛书）
上海：商务印书馆，1935.6，再版，147 页，16 开（立信会计丛书）

收藏单位：重庆馆、广东馆、国家馆、辽大馆、南京馆、内蒙古馆、浙江馆

03736
成本会计习题详解
出版者不详，[1911—1949]，油印本，194 页，32 开

收藏单位：安徽馆、南京馆

03737
成本会计学 沈立人编
上海：中华会计函授学校，1933.11，[408] 页，25 开，精装（中华会计职业学校成本会计科讲义）

收藏单位：广东馆、广西馆、国家馆

03738
成本会计学 汪育春编著
上海：商务印书馆，1948.10，242 页，32 开
上海：商务印书馆，1949.6，再版，242 页，32 开

本书共 16 章，内容包括：成本与成本计

算、工业普通会计、成本会计之目的与功能、分批成本会计、人工会计、制造费用等。各章末均附习题。

收藏单位：安徽馆、重庆馆、国家馆、河南馆、辽宁馆、南京馆、浙江馆

03739

成本会计学　章长卿编撰

军需学校，[1912—1949]，2 册，32 开

收藏单位：广东馆、南京馆

03740

成本会计学　章长卿编著

上海：正中书局，1947.12，222 页，16 开

上海：正中书局，1948.10，2 版，222 页，16 开

本书适用于高级商业职业学校。共 15 章，内容包括：分批成本会计制度的意义、总帐帐户、材料、制造费用、推销费用与管理费用、财务报表、分步成本会计制度、副产品与联产品、估计成本会计制度、标准成本会计制度、成本分析等。各章末均附习题。

收藏单位：重庆馆、国家馆、吉林馆、辽宁馆、南京馆

03741

成本会计学大纲　归润章编著

重庆：正中书局，1944.3，254 页，16 开

上海：正中书局，1946.9，254 页，16 开

上海：正中书局，1947.6，3 版，12+254 页，18 开

本书共 17 章，内容包括：成本会计之概念、材料成本、人工成本、制造费用、分布成本、估计成本等。据《成本会计学概要》（吉勒斯伯）编成。

收藏单位：重庆馆、广东馆、贵州馆、国家馆、黑龙江馆、江西馆、辽大馆、辽宁馆、南京馆、上海馆、浙江馆

03742

成本会计学研究　杨笃因编

杨笃因 [发行者]，1930，75 页，32 开

03743

成本会计研究　杨笃因编著

上海：世界书局，1930.1，75 页，32 开

上海：世界书局，1931.6，再版，75 页，32 开

本书共 8 章，内容包括：成本会计之概要、成本会计应用之单据、费用摊派法之研究等。

收藏单位：广西馆、贵州馆、国家馆、河南馆、湖南馆、吉林馆、江西馆、南京馆、内蒙古馆、首都馆、浙江馆

03744

成本会计要义　黄文衮著

曲江（韶关）：中国计政书局，1942.5，112 页，25 开（平正会计丛书）

曲江（韶关）：中国计政书局，1944，再版，112 页，25 开（平正会计丛书）

本书共 6 章：概论、分批成本制度（一、二）、相对帐户之运用、分步成本制度、会计报告表。各章末均附习题。

收藏单位：重庆馆、南京馆

03745

成本会计原理与实用　张学文著

上海：忠明成本会计师事务所，1937.6，618 页，23 开，精装

本书共 7 编，内容包括：材料之管理与成本之计算、人工之管理及其成本之计算、分步成本制与分批成本制、预算与标准成本、成本报表及成本制度之设置等。

收藏单位：南京馆、浙江馆

03746

成本会计之理论与实务　朱国璋编著

上海：中华书局，1948.7，326 页，22 开

本书为大学用书，分 4 编：总论、成本因素、制度、专论。共 13 章，内容包括：成本会计之特征、材料、分批成本会计制度、再生产成本、副产品与联产品等。

收藏单位：安徽馆、重庆馆、广西馆、贵州馆、国家馆、吉大馆、江西馆、南京馆、内蒙古馆、上海馆、天津馆、浙江馆

03747
成本会计制度设计方法　张文中编
上海：立信会计图书用品社，1947.11，233页，25开（立信会计丛书）
上海：立信会计图书用品社，1949.1，2版，233页，25开（立信会计丛书）
本书共17章，内容包括：成本制度设计程序概说、设计成本制度之考察、会计科目及编号用法、成本表单之设置、补助分类帐之设置等。
收藏单位：国家馆、辽宁馆、南京馆

03748
成本会计专题集
出版者不详，[1911—1949]，476页，32开
本书共10章，内容包括：工厂总帐、制造上各种损失问题、企业预算、估计成本会计、标准成本会计、标准成本与企业预算比较论、成本分析、成本统计等。
收藏单位：重庆馆

03749
初级簿记学　郭秉权编辑
中国计政学社，1941.10，再版，26页，25开（会计速成科讲义1）
中国计政学社，1941.11，26页，32开
本书介绍一般簿记原理。各章末均附习题。
收藏单位：江西馆、浙江馆

03750
初级簿记学　何士芳编著
标准会计图书帐表社，1942.7，218页，18开（实用会计丛书）
本书共15章，内容包括：进货、销货、现金、现金调节表、退货和折让等。各章末均附习题。
收藏单位：重庆馆、国家馆、南京馆

03751
初级成本会计　何士芳编
何士芳[发行者]，1940，12+224页，18开，环筒页装（实用会计丛书）
本书共15章，内容包括：基本概念、原料会计、人工会计、工厂费用会计、货物制造成本及销售成本、估计成本、费用科目之统一分类等。据美国西北大学讲义编成。
收藏单位：国家馆

03752
初级成本会计实习题　何士芳编
何士芳[发行者]，[1930—1949]，石印本，[32]页，22开（实用会计丛书）
收藏单位：国家馆

03753
初级会计学　何士芳编著
标准会计图书帐表社，1942，再版，14+228页，18开（实用会计丛书）
标准会计图书帐表社，1942.9，修订再版，14+228页，18开（实用会计丛书）
标准会计图书帐表社，1945.8，3版，修订本，242页，24开（实用会计丛书）
本书共15章，内容包括：基本原则、分录及过帐、结算表及简单财务报表、商品帐户及商品记录簿、商业票据、调整记录等。各章末均附习题。
收藏单位：重庆馆、国家馆

03754
初级会计学　何士芳编著
上海：公正会计图书帐表社，1948.9，增订4版，228页，24开（实用会计丛书）
收藏单位：广东馆

03755
初级会计学　何士芳编
成都：金陵大学，1939.1，1册，大32开
收藏单位：贵州馆、南京馆

03756
初级会计学　嵇储英　程云桥编
上海：商务印书馆，1931.8，326页，32开
上海：商务印书馆，1934.4，国难后2版，12+326页，32开
上海：商务印书馆，1935.7，国难后3版，12+

326页，32开
长沙：商务印书馆，1938，国难后5版，[17]+326页，32开
长沙：商务印书馆，1940.7，国难后6版，12+326页，32开
上海：商务印书馆，1946.10，7版，12+326页，32开
上海：商务印书馆，1948.1，8版，326页，32开

本书共11章，内容包括：会计学、单式簿记与复式簿记、盈余及盈余分配等。附中英名词对照。各章末均附习题。

收藏单位：安徽馆、重庆馆、广东馆、广西馆、贵州馆、国家馆、黑龙江馆、吉林馆、江西馆、辽大馆、南京馆

03757
初级会计学　王逢辛编著
桂林：立信会计图书用品社，1941.12，661页，25开（立信会计丛书）
重庆：立信会计图书用品社，1942.5，再版，661页，25开（立信会计丛书）
上海：立信会计图书用品社，1947，3版，661页，25开（立信会计丛书）
桂林：立信会计图书用品社，1948，4版，661页，25开（立信会计丛书）

本书共30章，内容包括：会计之基本概念、资产负债及资本净值、结帐、购货与销货业务、购货销货及存货帐户、特种日记簿、期终帐目之调整、应付凭单制度、股份有限公司、现金与银行往来、存货、固定资产、会计报告之分析等。据《会计学概要》（H.A.Finney）增订编成。

收藏单位：重庆馆、广东馆、贵州馆、桂林馆、国家馆、吉林馆、江西馆、辽大馆、南京馆、内蒙古馆

03758
初级会计学纲要　吴世瑞编
吴世瑞[发行者]，[1947]，76页，16开

本书共14章，内容包括：基本原则、分录及过帐、商品帐及商品记录簿、商业票据、整理分录、财务报表、合伙、统制帐、存货、总复习等。

收藏单位：国家馆

03759
从理论上及事实上研究吾国主观记帐法之根据　阎柯耳著
[中国计政学会]，1937，42页，32开（中国计政学会丛刊）

收藏单位：广东馆

03760
大小数定位命名问题商榷　郑礼明著
经济部，1940，石印本，4页，18开，环筒页装

收藏单位：国家馆

03761
读杨汝梅先生近著之改良统一会计制度方案及登记实例　闻亦有编
出版者不详，[1911—1949]，26页，大32开

收藏单位：南京馆

03762
对于改良统一会计制度方案及登记实例之意见　张心澂著
[中国计政学会]，1935，8页，32开（中国计政学会丛刊）

收藏单位：广东馆

03763
二十二年高等考试会计人员试题解答　中国计政学会编
长沙：商务印书馆，1939.4，314页，22开

本书共7部分，内容包括：正试必试科目、正试选试科目、现行考试法规辑要等。附练习题。

收藏单位：重庆馆、广东馆、国家馆、吉林馆、南京馆、浙江馆

03764
斐律滨华侨簿记与税律　蔡大训编著
[上海]：中国簿记研究社，1932.9，16+557页，23开

本书共4编：单记式簿记、复记式簿记、特种会计问题、厘务局关于华侨重要之税则。

03765

斐南氏会计学原理　（美）斐南（H. A. Finney）著　张更生　吴鑫译

外文题名：Principles of accounting

上海：世界书局，1943，462页，25开

上海：世界书局，1946.7，再版，462页，25开

上海：世界书局，1948.4，462页，25开

本书共30章，内容包括：会计学之基本处理程序、计算表、决算表、公司、会计数学、存货、寄销、分期付价销货、有形固定资产、无形固定资产、投资、负债、基金与准备等。

收藏单位：重庆馆、国家馆、湖南馆、江西馆、南京馆

03766

改良中国簿记　潘上元编著

丽水：元庆会计师事务所，1942，158页，32开（元庆丛书6）

本书根据我国旧式记帐方法，参考会计原理编制而成，可作小规模商店及合作社改进参考用。每章附实例及练习题。

收藏单位：重庆馆、浙江馆

03767

改良中式簿记　焦超然　李景和编

焦超然[发行者]，[1930—1949]，56页，32开（中国直接税会计丛书）

本书共6章：总论、旧式簿记之缺点、改良旧式商业簿记之要点、记账规则、改良簿记实例、总习题。其它题名：改良旧式商业簿记概要。

收藏单位：国家馆

03768

改良中式簿记　邬大兴编

出版者不详，[1911—1949]，130页，32开

收藏单位：广东馆

03769

改良中式簿记概说　徐永祚著

上海：徐永祚会计师事务所，1933.12，94页，22开（会计丛书5）

上海：徐永祚会计师事务所，1933.12，再版，94页，22开（会计丛书5）

上海：徐永祚会计师事务所，1934.12，6版，修订本，94页，22开（会计丛书5）

上海：徐永祚会计师事务所，1935，修订版，134页，21开（会计丛书5）

上海：徐永祚会计师事务所，1935.1，修订7版，134页，22开

上海：徐永祚会计师事务所，1935，[修订]8版，134页，22开

上海：徐永祚会计师事务所，1937.1，[修订]10版，134页，22开

上海：徐永祚会计师事务所，1940.10，13版，94页，22开（会计丛书）

本书共5章：总论、帐户分类、帐簿组织、帐簿表单格式及登记法、记帐规则。

收藏单位：重庆馆、广东馆、国家馆、南京馆、内蒙古馆、绍兴馆、浙江馆

03770

改良中式簿记讲习科同学录

出版者不详，1934.9，73页，24开

03771

改良中式簿记讲义　徐永祚会计师事务所服务部编

[上海]：徐永祚会计师事务所服务部，[1938—1939]，4册（[1000]页），32开，精装

本书分上、中、下3编：总论、各论、余论。上编共4章：簿记与改良中式簿记、记帐法则、帐户分类、帐簿组织；中编共9章，内容包括：决算、补助簿、凭单等；下编共3章：制造业簿记、金融业簿记、公益团体簿记。

收藏单位：南京馆、上海馆

03772

改良中式簿记论集　徐永祚等著

上海：徐永祚会计师事务所，1935.12，432

页，25 开

本书收文 26 篇，内容包括:《改良中式簿记总论》(徐永祚)、《现金式分录法与现金收付法之异同》(陆善炽)、《中国帐簿之由来及其改革之成功》(冯柳堂)、《中式簿记与西式簿记之比较》(潘士浩)、《改良帐户分类方法的商榷》(谢允庄)等。另有杨汝梅等人写的评论 13 篇。附二十二年之改良中式簿记运动、二十三年改良中式簿记展览会及讲演会纪盛、改良中式簿记讲习科之经过、改良中式簿记函授科之开办等。

收藏单位：国家馆、吉林馆、南京馆、内蒙古馆、上海馆、浙江馆

03773

改良中式簿记实例　徐永祚著

上海：徐永祚会计师事务所，1935.12，1 册，22 开

上海：徐永祚会计师事务所，1936.6，2 版，260+ 29 页，22 开

本书共 4 部分：改良纲要、帐户分类表、帐簿组织表、记帐规则。附补助簿、记帐凭单。实例后均有练习题。

收藏单位：安徽馆、国家馆、吉林馆、南京馆、内蒙古馆

03774

“改良中式簿记”之讨论　潘序伦编

上海：立信会计师事务所，1935，96 页，22 开(立信会计丛书)

本书收录《为讨论“改良中式簿记”致徐永祚君书》(潘序伦)、《评徐永祚氏“改良中式簿记”》(顾准)、《对于改良中式簿记之管见》(张心澂)、《对于徐永祚君“改良中式簿记”之批评》(钱乃澂)、《四柱结算表与铁路总原簿之异同》(张心澂)、《中西会计沟通问题》(李云良)等。

收藏单位：国家馆、南京馆、内蒙古馆、浙江馆

03775

改良中帐说例　高生大帐簿服务部编订

上海：高生大印刷纸号，[1911—1949]，64 页，64 开

03776

高等考试会计人员试题解答　中国计政学会编著

中国计政学会，1934.4，346 页，22 开

本书共 7 部分，内容包括：序文、解答各试题人员一览表、各试科目之试题及解答等。附中国计政学会第一届理事干事一览表、中国计政学会会员著述分类一览表、中国计政学会略史、中国计政学会之宗旨。

收藏单位：国家馆、湖南馆、南京馆、上海馆、浙江馆

03777

高等会计学　邹曾侯编著

中央政治学校，1940，216 页，16 开

收藏单位：南京馆

03778

高等会计学(上编) [张永宣] 黄其杰著

财政部直接税署经济研究室，1944.12，213 页，21 开(中国直接税实务丛书 9)

本书共 8 章：财产估价、流动资产、存货、递延资产、投资、折旧、固定资产、无形资产。

收藏单位：重庆馆、广西馆、南京馆

03779

高级簿记学　何士芳编

标准会计图书帐表社，1944.3，337 页，19 开(实用会计丛书)

本书共 15 节，内容包括：簿记方程式、分录法及分录簿、现金记录、会计期间终结时之工作、统驭帐等。

收藏单位：重庆馆、南京馆

03780

高级会计学　何士芳编

标准会计图书帐表社，1941.12，1 册，18 开，环筒页装(实用会计丛书)

本书共 15 章，内容包括：实业机关与非实业机关之资产负债表之格式与内容、合并资

产负债表之编制问题、合并损益计算书、破产会计、代管会计、精算、无面值股之问题等。

收藏单位：重庆馆、国家馆

03781

高级会计学　沈立人　沈克念编著

上海：商学书局，1936.10，[44]+786 页，25 开（会计全书 第 2 部）

本书共 21 章，内容包括：科目之分类、决算报告表之分析、资本支出与费用支出等。附各章习题及所得税暂行条例、所得税施行细则。

收藏单位：国家馆、南京馆

03782

高级会计学（潘著会计学节本）　潘序伦　王澹如著

上海：商务印书馆，1934.9，14+598 页，22 开（立信会计丛书）

上海：商务印书馆，1934.12，再版，14+598 页，25 开，精装（立信会计丛书）

上海：商务印书馆，1935.5，3 版，14+598 页，25 开，精装（立信会计丛书）

本书共 22 章，内容包括：会计之基本观念、簿记之方法、帐簿之组织、帐户之分类与排列、决算表之编制、商业之组织、创立企业之记录等。

收藏单位：安徽馆、重庆馆、广东馆、广西馆、国家馆、江西馆、南京馆、上海馆、浙江馆

03783

高级会计学习题答解　陈文麟　甘允寿答解

上海：商务印书馆，1935，石印本，122 页，16 开（立信会计丛书）

上海：商务印书馆，1935.6，再版，石印本，122 页，16 开（立信会计丛书）

本书共 22 章，收录《高级会计学》习题答解 114 题。

收藏单位：贵州馆、国家馆、黑龙江馆、辽宁馆、南京馆、宁夏馆、天津馆

03784

个人会计　黄文衮著

曲江（韶关）：中国计政书局，1942.4，10 页，32 开

本书内容包括：简单之现金记录、详明之收支记录、收支记录之用法、收支记录之划结、费用备忘录等。

收藏单位：重庆馆

03785

各类会计制度汇编　辽宁省政府会计处编

沈阳：大义公司，1946.8，376 页，18 开

本书共 8 部分，内容包括：各省市会计统制记录及综合报告之一致规定、暂行公有营业会计制度之一致规定、财政部特种公务征课会计制度之一致规定等。目录页题名：政府会计制度一致规定。

收藏单位：国家馆

03786

广大计政（复刊 第一卷）　广大计政月刊编纂委员会编辑

广州大学计政班，1946—1947，1 册，18 开

收藏单位：浙江馆

03787

广东南华会计职业讲习所周年纪念特刊　广东南华会计讲习所编

广东南华会计讲习所，1941.7，32 页，16 开

本书收文 10 篇，内容包括：《回顾与展望》（梁苏）、《略谈施政计画何以要与预算配合》（李之衍）、《计划与预算在行政上的重要性》（梁一民）等。另有小品文两篇。附本所现任教职员一览表、本所历届毕业生姓名录。

收藏单位：国家馆

03788

贵州省会计师公会周年纪念特刊　贵州省会计师公会编辑委员会编

贵州省会计师公会，1943.4，52 页，16 开

本书收录专论 19 篇，内容包括：《我国会计师事业》（奚玉书）、《我国新兴的会计职业》（潘序伦）、《贵州省会计师公会今后应行

努力之工作》(王复炎)、《固定资产之折旧与重置问题》(孙宝廉)、《公库法与现金管理》(徐曾渊)、《抗战期中会计师之责任》(谢叔莹)、《会计师在农业经济中之地位》(程遒丰)等。附大事记、会计师公会章程、会计师公会成立大会会议纪录等。书前有《一年来之贵州省会计师公会》(陈伟)。

收藏单位:国家馆、南京馆

03789
桂岭会计丛刊 广西省政府会计处编
出版者不详,[1911—1949],1册,32开

本书收录《会计人员与长官及同事摩擦问题》(张心澂)、《企业会计与政府会计之异点》(张心澂)、《工业会计与工业管理》(黄逸峰)等。

收藏单位:南京馆

03790
基本会计 许本怡著
重庆:时与潮书店,1944,179页,22开

本书共13章,内容包括:会计学之目的、会计学中之基本公式、商品记录、现金记录、特种分类簿与多栏式分录簿等。

收藏单位:重庆馆、贵州馆、国家馆、吉林馆、南京馆

03791
基本会计学习题答解 欧阳锐铃作
立信会计图书用品社,[1941—1949],油印本,2册(101+205页),18开,环筒页装(立信会计丛书)

本书为《基本会计》(潘序伦)习题解答。

收藏单位:重庆馆、贵州馆

03792
基本资产负债表读法 黄文衮著
广州大学,1939.10,39页,32开(广大计政增刊5)

本书共21部分,内容包括:导论、资产负债表概说、资产负债表之格式、资产总额与负债总额、资本与盈余、存货、固定资产、折旧与空竭等。

收藏单位:国家馆

03793
稽核帐目研究 杨笃因编
上海:世界书局,1930.5,166页,32开

本书分上、下两编:查帐理论、查帐实例。共18章,内容包括:查帐之目的、检查现金法、检查损益帐、整理火灾损失、临时清查帐目等。

收藏单位:广东馆、广西馆、国家馆、河南馆、湖南馆、江西馆、上海馆、首都馆、天津馆、浙江馆

03794
计算作业教程 黄钟澄编
出版者不详,[1937—1949],70页,32开

本书共5章:计算概说、办理计算应行注意各点、各费计算与各科目之说明、平时与战时计算书类、单据说明。

收藏单位:重庆馆、南京馆

03795
记帐单位论(一名,中国会计学之根本问题) 杨端六著
上海:商务印书馆,1922.10,77页,32开
上海:商务印书馆,1923.9,再版,77页,32开
上海:商务印书馆,1927.7,3版,增补本,114页,25开
上海:商务印书馆,1932.12,国难后1版,114页,25开

本书共7章:记帐单位之选择、一记帐单位之研究、记帐单位之应用、国际贸易之记帐单位、辅币之记帐单位、分店之记帐单位、整理帐与统驭帐。

收藏单位:安徽馆、重庆馆、广东馆、广西馆、国家馆、湖南馆、江西馆、南京馆、上海馆、首都馆、天津馆、浙江馆

03796
记帐方法 黄文衮著
香港:大行书局,1947.2,5版,367页,32开

收藏单位：南京馆

03797
记帐方法　黄文衮著
曲江（韶关）：中国计政书局，1943.3，4版，[13]+317页，23开（平正会计丛书）
本书内容包括：双式记帐、分录与过帐、试算方法、现金记帐法、购买日记簿记帐法、销售日记簿记帐法等。各章末均附习题。
收藏单位：重庆馆、广西馆

03798
记帐须知　嵇储英著
上海：商务印书馆，1930.10，244页，32开（万有文库 第1集 655）（商学小丛书）
上海：商务印书馆，1933.11，244页，32开（商学小丛书）
上海：商务印书馆，1934，再版，244页，32开（商学小丛书）
上海：商务印书馆，1934.6，3版，244页，36开（万有文库 第1集 655）（商学小丛书）
上海：商务印书馆，1935.6，4版，244页，32开（商学小丛书）
上海：商务印书馆，1939，5版，244页，32开（万有文库 第1集 655）（商学小丛书）
本书共6章：记帐法或簿记学、会计规程及记帐细则、记帐实践、例题、帐簿、结算。
收藏单位：安徽馆、重庆馆、大理馆、大连馆、东北师大馆、广东馆、广西馆、贵州馆、国家馆、黑龙江馆、湖南馆、江西馆、辽大馆、辽师大馆、柳州馆、南京馆、内蒙古馆、宁夏馆、上海馆、浙江馆

03799
记帐学　刘树梅编辑
上海：商务印书馆，1926.11，3版，204页，22开
上海：商务印书馆，1930.12，再版，204页，22开
上海：商务印书馆，1933.4，国难后1版，204页，22开
上海：商务印书馆，1938，3版，204页，22开
本书分上、下两编：原理、节工。共38部分，内容包括：记帐基本、东家帐、流水帐、商店现值、存货、特殊簿、统辖帐等。
收藏单位：安徽馆、重庆馆、广东馆、广西馆、贵州馆、国家馆、河南馆、湖南馆、浙江馆

03800
简易簿记会计概要　黄君默编著
新中国出版社，1944，60页，25开
收藏单位：江西馆

03801
间接成本之研究　（日）吉田良三原著　安子介译述
上海、长沙：商务印书馆，1937.12，224页，25开（现代商业丛书）
长沙：商务印书馆，1938.6，再版，224页，22开（现代商业丛书）
本书分3编：间接成本总论、间接成本资格论、间接成本分配论。共15章，内容包括：间接成本之意义、间接成本之分类、折旧费、资本利息、分配总论、成本部等。附会计名词索引。
收藏单位：重庆馆、广东馆、贵州馆、国家馆、吉大馆、辽大馆、辽宁馆、南京馆、首都馆、天津馆、浙江馆、中科图

03802
近世簿记法大纲　（日）东奭五郎著　陈掖神译
上海：商务印书馆，1924.4，132页，32开
上海：商务印书馆，1927，再版，132页，32开
本书论述一般会计原理与方法。共15章，内容包括：总论及财政一览表、财政一览表中各种扣除金额之记录法、贷借对照表之解释、贷借对照表编制之方法、帐户科目及其分类等。
收藏单位：重庆馆、国家馆、湖南馆、吉林馆、南京馆、内蒙古馆、浙江馆

03803
近世会计学　刘葆儒译

上海：商务印书馆，1924.3，1 册，25 开
上海：商务印书馆，1926.10，[2 版]，1 册，25 开
上海：商务印书馆，1930.11，3 版，1 册，25 开

本书为新学制高级商业学校教科书。共 4 编：绪论、记入各项之研究、应用会计、资产损益详论。

收藏单位：安徽馆、重庆馆、广东馆、国家馆、辽宁馆、南京馆、内蒙古馆、首都馆、天津馆、浙江馆

03804
近世应用会计　潘上元著
丽水：元庆会计师事务所，1940，189 页，25 开

本书共 12 章：概论、会计科目、簿记组织系统、决算报表、资产的估价、折旧、合并、资本的调整、解散与清算、成本会计、政府会计、审计。各章末均附练习题。附所得税暂行条例及其施行细则、资产折旧调整办法、非常时期过分利得税条例施行细则、遗产税暂行条例及施行条例等 10 种。

收藏单位：重庆馆、广东馆、江西馆、浙江馆

03805
京津会计师公会年刊
北平：京津会计师公会，1927.8，84 页，16 开

本书收录该公会成立启事及创立大会记、章程、会员录、会务报告、提议案、往来文牍、会计报告等。

03806
会计报告表分析法　黄文衮著
曲江（韶关）：中国计政书局，1942.6，56 页，22 开（平正会计丛书）

本书共 4 章：会计报告表分析法（一、二、三、四）。各章末均附习题。

收藏单位：重庆馆、国家馆

03807
会计报告分析　（美）吉曼（Stephen Gilman）著　沈立人编译
中华会计学校，1939.7，14+306 页，25 开（会计全书 第 5 部）

本书分两编：资产负债表之分析、损益计算书之分析。第 1 编共 19 章，内容包括：会计报告分析应如何研究、分析资料之收集、比率法、存货之分析、外界分析固定资产、资本不足之分析等；第 2 编共 10 章，内容包括：盈利与管理、销售不足之测验、制造成本之分析、营业费用过多、费用分析之实践等。

收藏单位：国家馆

03808
会计财务册报须知　教育部青年复学就业辅导委员会编
教育部青年复学就业辅导委员会，1947.1，9 页，32 开

本书内容包括：会计表报之种类、会计表报之格式及说明、会计科目、财务事项应行注意要点等。于 1947 年 1 月颁行。

收藏单位：南京馆

03809
会计单位　冯大钊著
重庆：北斗书店，1943.10，127 页，32 开

本书共 5 章，内容包括：“会计单位——实体”“会计单位与帐务处理”“会计单位——数字”等。

收藏单位：重庆馆、广东馆、国家馆、南京馆

03810
会计独立与事务独立　汉口市政府教育局编
汉口市政府教育局，1930.12，14 页，32 开

收藏单位：南京馆

03811
会计概要　姚肖廉编
出版者不详，[1911—1949]，110 页，32 开

收藏单位：南京馆

03812
会计及审计　钱祖龄编著
上海：世界书局，1934.3，16+454 页，22 开

上海：世界书局，1934.9，再版，16+454页，22开

本书为高级商科职业学校教本。共两部分：会计、审计。“会计”部分共21章，分4编：绪论、商业会计、成本会计、官厅会计；“审计”部分共17章，分5编：绪论、帐册之稽核、决算报告书之稽核、报告书、会计师。附会计师条例。

收藏单位：重庆馆、广东馆、贵州馆、国家馆、湖南馆、江西馆、辽大馆、南京馆、上海馆、浙江馆

03813
会计及审计 杨汝梅编
上海：新国民图书社，1935.8，再版，392页，25开

本书参照教育部颁布的高中商科课程暂行标准编辑。分两部分：会计、审计。“会计”部分共4编：总论、商工会计提要、公司会计、官厅会计大要；“审计”部分共3编：总论、各种帐表的分析审查、官厅审计大要。各章末均附习题。

收藏单位：重庆馆、国家馆、江西馆、辽大馆、南京馆、上海馆、绍兴馆、首都馆、浙江馆

03814
会计记帐学说之历史的发展 [欧阳瀚存著]
南昌：中国兴业出版社，1946.5，20页，25开

收藏单位：江西馆

03815
会计监查 韩白秋编译
北京：银行月刊社，1924，[14]+62页，22开

本书分两编：总论、检查铁道与银行之会计。共12章，内容包括：监察之意义及其发达、监察之目的、监察之种类、监察常规、检查铁道会计等。

收藏单位：国家馆、首都馆、天津馆

03816
会计监督及预算制度 殷公武著
南京：仁德印刷所，1931，116页，32开

本书共12章，内容包括：会计监督制度之发达及其范围、各国会计之行政监督制度、审计机关之地位及组织、审计机关之权限、各国审计机关之事前监督、审计机关之审查方法与审查内容、立法机关之会计监督、预算制度及施行手续等。

收藏单位：重庆馆

03817
会计简说 程公达著 李鸿寿校订
上海：联华图书出版公司，1947.2，104页，22开

本书共12部分，内容包括：会计的基本原则、借贷法则的应用、会计上的基础问题、日记帐的用法、工作底稿等。附所得税法、营业税法、特种过分所得税等。

收藏单位：安徽馆、广西馆、南京馆、内蒙古馆、上海馆

03818
会计科目名词 [北京特别市财政局编]
北京特别市财政局，[1911—1949]，24页，32开

本书附编制概算程序。目录页题名：北京特别市财政局市会计科目。

收藏单位：国家馆

03819
会计名词试译 朱祖晦等编
出版者不详，[1911—1949]，42页，24开

本书为汉英对照工具书。分英文名称、旧译、拟译3项。

03820
会计名词英汉对照表 朱祖晦编
外文题名：Accounting terms in English and Chinese
昆明、上海：中华书局，1934.7，53页，32开
上海：中华书局，1935.2，2版，53页，32开
昆明：中华书局，1939.4，3版，53页，32开

本书为工具书。按英文字母顺序排列，分英文名称、旧译、拟译3项。

收藏单位：广东馆、广西馆、贵州馆、江西馆、南京馆、内蒙古馆、上海馆、首都馆、浙江馆

03821
会计名辞汇译 潘序伦 顾准编译
重庆：立信会计图书用品社，1942.11，94页，25开（立信会计丛书）
重庆：立信会计图书用品社，1944.8，2版，94页，25开（立信会计丛书）
上海：立信会计图书用品社，1947.2，6版，94页，32开（立信会计丛书）
上海：立信会计图书用品社，1947.6，7版，94页，32开（立信会计丛书）
上海：立信会计图书用品社，1949.2，8版，94页，32开（立信会计丛书）

本书据商务印书馆1941年3版改订。封面题：民国三十年改订本。

收藏单位：长春馆、重庆馆、广西馆、国家馆、黑龙江馆、吉林馆、江西馆、辽大馆、南京馆、内蒙古馆、陕西馆、首都馆、浙江馆

03822
会计名辞汇译 潘序伦 顾准编著
长沙：商务印书馆，1939.2，改订1版，141页，25开（立信会计丛书）
长沙：商务印书馆，1940.12，改订2版，141页，25开（立信会计丛书）
长沙：商务印书馆，1941.7，改订3版，141页，25开（立信会计丛书）

本书按英文字母顺序收录词条2000种，每词分英文原文、原有译名、选定译名、拟定译名、备注5项。据商务印书馆1938年4版改订。封面题：民国二十七年改订本。

收藏单位：国家馆、吉林馆、南京馆、内蒙古馆、上海馆、首都馆、浙江馆

03823
会计名辞汇译 潘序伦等编著 立信会计师事务所编
上海：立信会计师事务所，1934.3，175页，22开（立信会计丛书）
重庆：立信会计师事务所，1934.4，再版，175页，22开（立信会计丛书）

收藏单位：国家馆、湖南馆、浙江馆

03824
会计名辞汇译 潘序伦等编著 立信会计师事务所编
上海：商务印书馆，1934.12，3版，230页，22开，精装（立信会计丛书）
长沙：商务印书馆，1938.4，4版，230页，22开，精装（立信会计丛书）

收藏单位：重庆馆、广东馆、国家馆、河南馆、江西馆、南京馆、内蒙古馆、浙江馆

03825
会计浅说 吴宗焘编
上海：商务印书馆，1924.12，206页，23开（经济丛书社丛书7）
上海：商务印书馆，1926.8，再版，206页，22开（经济丛书社丛书7）
上海：商务印书馆，1928.11，3版，206页，22开（经济丛书社丛书7）
上海：商务印书馆，1930.4，163页，32开（万有文库第1集656）（商学小丛书）
上海：商务印书馆，1931.4，4版，206页，22开（经济丛书社丛书7）
上海：商务印书馆，1933，国难后1版，206页，22开（经济丛书社丛书7）
上海：商务印书馆，1934.7，国难后2版，163页，32开（万有文库 第1集656）（商学小丛书）
上海：商务印书馆，1939.12，163页，25开（万有文库 第1、2集简编500种253）（商学小丛书）
上海：商务印书馆，1940，国难后4版，163页，32开（万有文库 第1集656）（商学小丛书）

本书共9章，内容包括：财产、交易、会计科目、帐簿、双笔式簿记收付原理、结算诸表解析等。

收藏单位：安徽馆、长春馆、重庆馆、大理馆、大连馆、东北师大馆、广东馆、广西馆、贵州馆、国家馆、黑龙江馆、湖南馆、

惠州馆、江西馆、辽大馆、辽师大馆、南京馆、内蒙古馆、宁夏馆、上海馆、天津馆、西南大学馆、浙江馆

03826
会计燃犀录　秦镜撰
出版者不详，[1946—1949]，21 页，32 开
本书内容包括：会计员生的补品、公余课余的消闲、贪污的现形记等。
收藏单位：桂林馆

03827
会计人员手册　陆邦明编著
桂林：大同出版社，1943.10，258 页，32 开
本书介绍有关商业会计、县政府机关会计的基本知识。
收藏单位：重庆馆、广西馆、湖南馆、江西馆

03828
会计师公费标准规则
上海：会计师公会，1934.7，修订版，11 页，32 开

03829
会计师条例
出版者不详，[1930]，18 页，22 开
出版者不详，[1935]，17 页，大 32 开
本条例共 25 条。附施行细则暨审查规则、会计师审查委员会规则、呈请补发会计师证书办法。于 1930 年 1 月 25 日公布。
收藏单位：国家馆、南京馆

03830
会计师同业会计规程草案　[全国会计师协会编]
上海：全国会计师协会，1937.1，43 页，18 开
收藏单位：广东馆、上海馆

03831
会计师业概况　潘序伦著
上海：中华职业教育社，1928，22 页，32 开（研究职业分析）（职业概况丛辑 11）
上海：中华职业教育社，1930，再版，22 页，32 开（研究职业分析）（职业概况丛辑 11）
本书内容包括：中国之会计师执业、会计师业项目、会计师应具之资格、会计师查帐之应用等。附《会计师秘诀》（潘序伦）。
收藏单位：国家馆

03832
会计师制度之调查及研究　徐永祚著
上海：徐永祚会计师事务所，1923.11，64 页，25 开（会计丛书 1）
本书分上、下两编：会计师制度、会计师法规。上编共 8 章，内容包括：各国会计师之沿革、会计师之资格及养成、会计师之职务及报酬等；下编共 6 部分，内容包括：美国密执安公许会计师法、新南威尔士公许会计师法、日本会计师会章程等。
收藏单位：北大馆、重庆馆、国家馆、吉林馆、内蒙古馆、上海馆、浙江馆

03833
会计数学　何士芳编
标准会计图书账表社，1944，350+42 页，18 开（实用会计丛书）
本书共 15 章，内容包括：财务报表之统计及分析、毛利测验、统计图、有价证券之估价等。附中英美度量衡币表、对数表、复利终值表、复利现值表、年金终值表、年金现值表、年赋金表。
收藏单位：重庆馆、南京馆

03834
会计数学　李鸿寿　莫启欧编译
重庆：立信会计图书用品社，1942.4，新 1 版，479 页，25 开（立信会计丛书）
重庆：立信会计图书用品社，1943.10，2 版，479 页，23 开（立信会计丛书）
重庆：立信会计图书用品社，1944，3 版，479 页，25 开（立信会计丛书）
重庆：立信会计图书用品社，1947，4 版，479 页，25 开（立信会计丛书）
上海：立信会计图书用品社，1947，12 版，

450 页，25 开（立信会计丛书）
重庆：立信会计图书用品社，1949，5 版，增订本，[18]+479 页，25 开（立信会计丛书）

收藏单位：重庆馆、东北师大馆、广东馆、贵州馆、河南馆、南京馆

03835
会计数学 李鸿寿 莫启欧编译
上海：商务印书馆，1935.8，1 册，22 开（立信会计丛书）
上海：商务印书馆，1935.11，再版，13+313+213 页，23 开，精装（立信会计丛书）
长沙：商务印书馆，1938.9，3 版，13+313+ 213 页，22 开（立信会计丛书）
长沙：商务印书馆，1940，增订 4 版，12+450 页，25 开（立信会计丛书）
长沙：商务印书馆，1940.10，增订 5 版，12+450 页，25 开（立信会计丛书）
上海：商务印书馆，1946.6，再版，12+450 页，25 开（立信会计丛书）
上海：商务印书馆，[1947.2]，12+450 页，25 开（立信会计丛书）

本书共 12 章，内容包括：利息、确定年金、偿债基金、债券、折旧、房产放款合作社投资等。各版本内容有增减。据 *Mathematics of Finance*（Rietz Crathorne 等著）并参考其他相关书籍编译。

收藏单位：重庆馆、东北师大馆、广东馆、广西馆、国家馆、黑龙江馆、湖南馆、江西馆、辽大馆、内蒙古馆、天津馆、浙江馆

03836
会计数学讲义
军需学校计政人员训练班，1940.1，102 页，32 开

收藏单位：南京馆

03837
会计数学入门 余介石 余子扬著 谢霖校
上海：中华书局，1946.2，82 页，25 开（数学研究小丛书）
上海：中华书局，1948.8，再版，82 页，25 开（数学研究小丛书）

本书共 5 部分：绪论、单贴现、复利、年金、应用。附等值日期问题之讨论、重要参考书目、表。

收藏单位：重庆馆、广东馆、广西馆、贵州馆、国家馆、吉大馆、江西馆、辽大馆、辽宁馆、上海馆、首都馆、浙江馆

03838
会计数学习题详解 陈楚胥演习 李鸿寿 莫启欧校
立信会计图书用品社，[1941—1949]，油印本，269 页，18 开，环筒页装（立信会计丛书）

收藏单位：重庆馆、辽大馆

03839
会计数学习题详解 陈楚胥编 李鸿寿 莫启欧校
长沙：商务印书馆，1940，石印本，240 页，25 开（立信会计丛书）

收藏单位：国家馆、浙江馆

03840
会计数学用表 李鸿寿编
上海 [等]：立信会计图书用品社，1947.8，4 版，213 页，22 开（立信会计丛书）

本书共 17 部分，内容包括：复利终价表、复利现价表、年金终价表、年金现价表、利率对数表、生存年金与人寿保险计算表等。

收藏单位：重庆馆、贵州馆、国家馆

03841
会计数学用表 李鸿寿编
长沙：商务印书馆，1940.3，213 页，22 开（立信会计丛书）
长沙：商务印书馆，1940.10，再版，213 页，25 开（立信会计丛书）
上海：商务印书馆，1948.1，5 版，213 页，25 开（立信会计丛书）

收藏单位：重庆馆、广东馆、贵州馆、国家馆、河南馆、黑龙江馆、辽大馆、南京馆、内蒙古馆、上海馆、浙江馆

03842
会计岁计法规制度
[广西省政府],[1911—1949],232 页,32 开
本书共 5 章:概论、中央颁行的会计岁计法规、广西省会计岁计概要、广西省县地方会计岁计、长官对会计岁计应有的认识。附广西省各县政府会计室组织章程、广西省县属机关简易会计制。
收藏单位:广西馆

03843
会计问题　施仁夫　唐文瑞编著
桂林:立信会计图书用品社,1943,33 页,32 开
上海:立信会计图书用品社,1948.1,8 版,2 册(662+635 页),25 开(立信会计丛书)
本书依会计程序与程度深浅编排,含问题 300 则。分 12 编:企业之开始、会计之记录、帐目之决算、损益之分配、企业之改组、合并表之编制、成本之计算、财产之估价、决算表之分析、企业之解散、遗产会计、其它。
收藏单位:长春馆、广东馆、贵州馆、国家馆、辽大馆、南京馆、浙江馆

03844
会计问题　施仁夫　唐文瑞编
上海:商务印书馆,1936.2,2 册(662+635 页),25 开(立信会计丛书)
上海:商务印书馆,1936,再版,2 册(662+635 页),25 开(立信会计丛书)
上海:商务印书馆,1936,3 版,2 册(662+635 页),22 开,精装(立信会计丛书)
收藏单位:重庆馆、广东馆、广西馆、贵州馆、国家馆、湖南馆、吉大馆、江西馆、辽大馆、南京馆、内蒙古馆、上海馆、首都馆、天津馆、浙江馆

03845
会计学　(美)斐南(H. A. Finney)著　卢怀道　王哲镜译
南平:国民出版社,1945.4—1945.7,2 册(180+189 页),18 开
收藏单位:贵州馆、国家馆、绍兴馆

03846
会计学　公曼连编
浙江财务人员养成所,1931.6,46 页,18 开
本书内容包括:会计学之沿革、会计学之意义、会计学与簿记学之区别、会计学之发达、会计学与经济界之关系等。
收藏单位:浙江馆

03847
会计学　归润章编
中国会计图书公司,[1943],2 册(513 页),16 开
本书为大学用书。上册共 12 章,内容包括:资产负债及资本、交易之记载、簿记之基本步骤、商品帐户、费用及收益帐户、票据帐户、特种日记簿、付款凭单制度等;下册共 14 章,内容包括:合伙之组织与解散、公司之组织、公司股本之会计记录、公司盈余之分配、制造业会计、资产负债表估价流动资产、决算表之分析及解释、股权公司与附属公司等。附帐簿错误之检发及更正。
收藏单位:重庆馆

03848
会计学　(日)吉田良三著　吴应图译
上海:商务印书馆,1928.9,再版,203 页,32 开
上海:商务印书馆,1929.5,3 版,241 页,25 开
上海:商务印书馆,1931.3,4 版,203 页,32 开
上海:商务印书馆,1932.12,国难后 2 版,241 页,32 开
本书为新学制高级商业学校教科书。共 16 章,内容包括:贷借对照表、财产评估法、折旧、损益计算、公积金、减价基金等。国难后 2 版题:吴应图、嵇储英译。
收藏单位:重庆馆、广东馆、贵州馆、国家馆、江西馆、南京馆、首都馆、浙江馆

03849
会计学　（日）吉田良三原著　张永宣译述
上海：商务印书馆，1917.7，248 页，22 开
上海：商务印书馆，1920，再版，248 页，25 开，精装
上海：商务印书馆，1929.5，3 版，203 页，25 开
上海：商务印书馆，1932，国难后 1 版，203 页，32 开
收藏单位：安徽馆、重庆馆、国家馆、江西馆、首都馆、天津馆、浙江馆

03850
会计学　李鸿寿编
上海：立信会计师事务所，1934.1，[15]+427 页，25 开
上海：立信会计师事务所，1934，2 版，[15]+427 页，22 开
上海：立信会计师事务所，1937.3，3 版，445 页，24 开
本书共 20 章，内容包括：会计学之性质及范围、资产负债及资本、借贷原理、会计科目之设置与应用、资产之估价、投资、折旧、商誉、负债、公司债、资本、成本会计大意、政府会计大意、审计学大意等。
收藏单位：重庆馆、广东馆、贵州馆、国家馆、湖南馆、南京馆、内蒙古馆、山西馆、上海馆、首都馆、天津馆

03851
会计学　陆椿荫编
浙江财务人员养成所，1931.6，68 页，16 开
本书内容包括：资本主之利益、独资营业、合伙营业、合伙营业会计上之特殊问题等。
收藏单位：浙江馆

03852
会计学　潘序伦著
上海：立信会计图书用品社，1938—1949，修订 1—21 版，4 册（302+363+406+303 页），32 开（立信会计丛书）
重庆：立信会计图书用品社，1944—1948，新 1—4 版，2 册（[668]+808 页），32 开（立信会计丛书）
本书共 10 编：绪论、会计之记录、会计之实务、合伙会计、公司会计、工业会计、财产之估价及其会计上之处理、决算表之分析与解释、企业之解散清算与和解破产、遗产及信托会计。各版本内容有增减。
收藏单位：长春馆、重庆馆、贵州馆、国家馆、黑龙江馆、吉林馆、辽大馆、南京馆、内蒙古馆、宁夏馆、绍兴馆、首都馆、浙江馆

03853
会计学　潘序伦著
上海：商务印书馆，1934—1935，1—2 版，2 册（676+879 页），22 开，精装（立信会计丛书）
上海、长沙：商务印书馆，1938—1949，修订 1—21 版，4 册（302+363+406+303 页），25 开（立信会计丛书）
收藏单位：安徽馆、长春馆、重庆馆、广东馆、广西馆、贵州馆、国家馆、河南馆、湖南馆、江西馆、南京馆、内蒙古馆、上海馆、绍兴馆、天津馆

03854
会计学　钱素君　夏治濬著
重庆：立信会计图书用品社，[1941]，313 页，32 开
上海：立信会计图书用品社，1947.2，6 版，313 页，32 开（立信会计丛书）
上海：立信会计图书用品社，1948.10，9 版，313 页，32 开
本书共 16 章，内容包括：资产负债表、损益表、合伙会计、公司会计、制造业会计、财产之估价、负债及资本之估价等。
收藏单位：重庆馆、广东馆、国家馆、江西馆、辽大馆、辽宁馆、南京馆、宁夏馆、山西馆、上海馆、绍兴馆

03855
会计学　沈立人　张晓风编著
上海：商学书局，1934.9，16+626 页，25 开（会

计全书第1部）

本书共21章，内容包括：概论、总账、试算、分录簿、损益表及资产负债表、结束总账、初步记录之分簿等。

收藏单位：国家馆

03856

会计学　苏皖边区政府教育所编审室编

大连：大众书店，1948.9，151页，32开

本书共5编：个人记账、政府会计、商业会计、工业会计、财务会计。

收藏单位：国家馆

03857

会计学　苏皖边区政府教育所编审室编

山东新华书店，1947.8，151页，32开

收藏单位：国家馆、山东馆

03858

会计学　苏皖边区政府教育所编审室编

中原新华书店，1949.4，151页，36开

收藏单位：重庆馆、广西馆

03859

会计学　（日）太田哲三著　唐文樾编译

上海：昌明书屋，1946，再版，378页，25开

本书共21章，内容包括：会计及会计学、会计学之发达、复式簿记之机构、决算整理、复会计制、资产评价、折旧等。附标准贷借对照表、折旧及德国评价法规、日本计理士法。

收藏单位：重庆馆

03860

会计学　屠补山编

浙江财务人员养成所，1931.6，44页，18开

本书内容包括：预算、收入、支出、决算期满免除、工程及买卖贷借等。

收藏单位：浙江馆

03861

会计学　万长祺　曾和笙著

成都：中华会计图书用品社，1944.12，320页，大32开（中华会计丛书）

收藏单位：安徽馆、南京馆

03862

会计学　王文林　朱承俊编

西安：西北青年会计学校，1942，244页，32开（青年会计丛书7）

本书共12章，内容包括：会计学的基本原理、会计学的原则、会计记录的普通方法、财产估价的共同原理、财产估价的原则等。

收藏单位：重庆馆

03863

会计学　吴应图编

上海：商务印书馆，1926.9，203页，28开

上海：商务印书馆，1929.5，203页，25开

收藏单位：安徽馆、重庆馆、辽大馆、浙江馆

03864

会计学　杨端六著

文化印书馆，[1911—1949]，240页，25开，环筒页装

本书共8章：单据制度、分店会计、银行会计、成本会计、标准会计、政府会计、外币处理方法、国币价值变动问题。

收藏单位：重庆馆

03865

会计学　杨佑之著

成都：兴华印刷所，1942.9，288页，22开

本书共14章，内容包括：绪论、财产与损益、交易、借贷原理、记帐程序及帐簿组织等。据著者在大学授课的讲稿编成。

收藏单位：重庆馆、国家馆

03866

会计学　虞中望著

上海：会文堂新记书局，1932，318页，32开

上海：会文堂新记书局，1937.1，318页，32开

本书共4篇：簿记原理、帐簿及帐簿组织、资产负债表论、会计监查。附会计师条例。

收藏单位：国家馆、江西馆、南京馆

03867
会计学
出版者不详，[1911—1949]，92 页，32 开
本书内容包括：预算、收入、支出、决算、会计之意义、会计法规、会计法释义等。
收藏单位：重庆馆、广东馆、南京馆

03868
会计学（第 2 学期）
中央政治学校，[1929—1946]，190 页，16 开
收藏单位：南京馆

03869
会计学（第 1 册 习题答解）
上海：立信会计图书用品社，[1941—1949]，油印本，1 册，18 开（立信会计丛书）
收藏单位：重庆馆、辽大馆、天津馆

03870
会计学（上册 习题答解） 唐文瑞 沈慰萍答解
上海：商务印书馆，1934.10，石印本，180 页，16 开（立信会计丛书）
本书对应《会计学》（潘序伦）上册。共 29 章。
收藏单位：重庆馆、广东馆、国家馆、江西馆、南京馆、宁夏馆、浙江馆

03871
会计学 ABC 竺家饶著
上海：ABC 丛书社，1929.8，149 页，32 开（ABC 丛书）
上海：ABC 丛书社，1930.6，再版，149 页，32 开（ABC 丛书）
上海：ABC 丛书社，1931.1，3 版，149 页，32 开（ABC 丛书）
上海：ABC 丛书社，1931.11，4 版，149 页，32 开（ABC 丛书）
上海：ABC 丛书社，1933.3，5 版，149 页，32 开（ABC 丛书）
上海：ABC 丛书社，1934.9，6 版，149 页，32 开（ABC 丛书）
上海：ABC 丛书社，1935，7 版，149 页，32 开（ABC 丛书）
上海：ABC 丛书社，1937，9 版，149 页，32 开
本书共 10 章：绪论、会计科目之分类、资产论、负债论、损益论、估值论、折旧论、个人企业及合伙企业会计论、公司会计论、表册编制论。
收藏单位：安徽馆、重庆馆、广东馆、国家馆、河南馆、湖南馆、吉林馆、江西馆、辽大馆、辽宁馆、南京馆、内蒙古馆、宁夏馆、首都馆、天津馆、浙江馆

03872
会计学大纲 郭秉权编辑
中国计政学社，1942.2，58 页，25 开（会计速成科讲义 2）
收藏单位：江西馆

03873
会计学大纲 罗介邱讲述
安徽大学，[1928—1949]，144 页，16 开
收藏单位：南京馆

03874
会计学大纲 张忠亮编
上海：南华书店，1934，316 页，32 开
收藏单位：国家馆、湖南馆、首都馆

03875
会计学大纲 赵灼编著
广州：实用高级会计科职业学校，1935.12，250 页，25 开
广州：实用高级会计科职业学校，1938.9，再版，250 页，25 开
广州：实用高级会计科职业学校，1946.12，4 版，250 页，25 开
本书分两编：总论、各论。共 14 章，内容包括：会计之概念、会计学、会计之分类、会计组织、会计帐簿及帐簿组织、会计科目等。
收藏单位：广西馆

03876

会计学概论 （日）太田哲三著 袁愈佺译

上海：中华书局，1935.1，16+429 页，22 开

上海：中华书局，1939.9，再版，16+429 页，22 开

上海：中华书局，1941.2，3 版，16+429 页，25 开

本书共 21 章，内容包括：会计及会计学、复式簿记之组织、财产计算及损益计算、复会计制、决算整理、资产估价、固定资产、决算诸表之综合等。附标准贷借对照表、德国商法之估价规则等 4 种。

收藏单位：重庆馆、广东馆、贵州馆、国家馆、黑龙江馆、湖南馆、吉大馆、吉林馆、江西馆、辽大馆、南京馆、内蒙古馆、首都馆、天津馆、西南大学馆、浙江馆

03877

会计学概要 李鸿寿编纂

长沙、上海：立信会计图书用品社，1938.9，10+380 页，25 开（立信会计丛书）

长沙：立信会计图书用品社，1939，[2 版]，12+380 页，22 开（立信会计丛书）

重庆：立信会计图书用品社，1942.1，新 1 版，10+380 页，25 开（立信会计丛书）

重庆：立信会计图书用品社，1944，新 2 版，10+380 页，25 开（立信会计丛书）

上海：立信会计图书用品社，1947.4，[新]10 版，10+380 页，25 开（立信会计丛书）

本书共 26 章，内容包括：概说、资产负债表、损益计算书、统制帐户与补助分类簿、整理与结帐、制造业之帐户及决算、财产估价概说、审计概说等。

收藏单位：重庆馆、广东馆、广西馆、贵州馆、国家馆、山西馆、首都馆、天津馆

03878

会计学概要 李鸿寿编纂

上海、长沙：商务印书馆，1938.9，10+380 页，32 开（立信会计丛书）

长沙：商务印书馆，1939.2，2 版，12+380 页，22 开（立信会计丛书）

收藏单位：国家馆、南京馆、内蒙古馆、宁夏馆、首都馆、天津馆

03879

会计学概要 施洒征编

上海：世界书局，1929，87 页，40 开（社会经济概要丛书）（考试准备各科概要丛书）

本书共 8 章，内容包括：会计学总说、资产、普通簿记之系统概说、中西会计制度之比较、改良中式簿记之意见等。

收藏单位：重庆馆、浙江馆

03880

会计学概要 王逸轩编 高等普通考试全书编纂委员会主编

上海：三民图书公司，1948，173 页，36 开

本书共 21 章，内容包括：簿记的方法、帐簿的设置、帐户的分类、决算表的编制、单式簿记、合伙会计、公司组织、存货等。

收藏单位：江西馆、绍兴馆

03881

会计学概要习题答解 储宝敏 陈福安编

上海：商务印书馆，1939，91 页，25 开（立信会计丛书）

收藏单位：贵州馆、国家馆、吉林馆、辽大馆、南京馆、浙江馆

03882

会计学纲要 瞿荆洲著

上海：商务印书馆，1934.8，12+258 页，32 开（学艺丛书 20）

上海：商务印书馆，1935.1，再版，12+258 页，32 开，精装（学艺丛书 20）

上海：商务印书馆，1939，3 版，12+258 页，32 开，精装（学艺丛书 20）

本书共 10 章：会计学之成立、财产及资本、收支及损益、科目之体系、帐簿之组织、会计之实务、资产负债表、损益计算书、成本计算、会计审查。

收藏单位：重庆馆、广东馆、国家馆、黑龙江馆、湖南馆、辽大馆、南京馆、上海馆、首都馆、天津馆、浙江馆

03883
会计学纲要　张徐谷编著
上海：广益书局，1928.12，156页，50开（考试丛书7）
上海：广益书局，1929.3，再版，156页，50开（考试丛书7）

本书共12章：引论、资产、负债、试算表与结算表、商号、折旧、股本、投益、准备金与减债基金、应用会计、商品、查账。

收藏单位：安徽馆、国家馆、天津馆、浙江馆

03884
会计学讲义　税警官佐教练所编
税警官佐教练所，[1936]，32页，22开

本书内容包括：盐务稽核所编制岁出概算书规则、财政部盐务稽核所经费支出科目表、支出凭证单据证明规则、编制送部支出计算书收支对照表规则等。

收藏单位：国家馆

03885
会计学讲义　章长卿编
军需学校计政人员训练班，1940，447页，32开

收藏单位：安徽馆、广东馆

03886
会计学讲义　邹曾侯　王逢辛编
出版者不详，[1940—1949]，460页，18开

本书共28章，内容包括：资产负债及净值、进货与销货业务、固定资产、报表之分析等。

收藏单位：国家馆、南京馆

03887
会计学教科书　潘序伦　王澹如著
重庆：立信会计图书用品社，1940，第2次修订本，11+419页，25开（立信会计丛书）
重庆：立信会计图书用品社，1943，3版，第2次修订本，11+419页，25开（立信会计丛书）
重庆：立信会计图书用品社，1944.2，4版，第2次修订本，11+419页，22开（立信会计丛书）
重庆：立信会计图书用品社，1947.2，7版，第2次修订本，11+419页，25开（立信会计丛书）
重庆：立信会计图书用品社，1947.11，8版，第2次修订本，11+419页，25开（立信会计丛书）
上海：立信会计图书用品社，1948.1，第3次修订本，10+427页，22开（立信会计丛书）
上海：立信会计图书用品社，1948.1，2版，第3次修订本，427页，25开（立信会计丛书）
哈尔滨：立信会计图书用品社，1948.11，修订版，11+419页，25开（立信会计丛书）
重庆：立信会计图书用品社，1949.8，再版，修订本，[16]+427页，25开（立信会计丛书）

本书共21章。前3章论述会计学基本原理、原则，第4—11章讨论一般企业会计记录方法，第12—19章研究各项资产负债及损益，第20章分析与解释资产负债表与损益表，第21章讨论企业收束时的会计原则与方法。据著者1934年版《会计学》编成。初版名为《高级会计学》，为《高级商业簿记教科书》的衔接本。1935年修订重版后更名为《会计学教科书》，由商务印书馆出版。1940年第2次修订及1948年第3次修订本，立信会计图书用品社亦有出版。

收藏单位：长春馆、重庆馆、广东馆、广西馆、贵州馆、国家馆、湖南馆、江西馆、辽大馆、南京馆、宁夏馆、山东馆、绍兴馆

03888
会计学教科书　潘序伦　王澹如著
[上海]：商务印书馆，[1935]，修订版，482页，25开（立信会计丛书）
上海：商务印书馆，1936.10，6版，修订本，482页，25开（立信会计丛书）
长沙：商务印书馆，1938，10版，修订本，482页，25开（立信会计丛书）
长沙：商务印书馆，1939.4，11版，修订本，482页，25开（立信会计丛书）
长沙：商务印书馆，1940.2，12版，修订本，

482页，25开（立信会计丛书）
长沙：商务印书馆，1940，13版，修订本，482页，25开（立信会计丛书）
长沙：商务印书馆，1941.3，15版，修订本，11+419页，25开（立信会计丛书）
桂林、重庆：商务印书馆，1943.8，修订版，419页，25开（立信会计丛书）
长沙：商务印书馆，1944，15版，修订本，419页，25开（立信会计丛书）

收藏单位：重庆馆、甘肃馆、广西馆、贵州馆、国家馆、南京馆、绍兴馆、浙江馆

03889
会计学教科书：习题详解 顾晨曦演译
立信会计图书用品社，[1941—1949]，油印本，135页，16开（立信会计丛书）

收藏单位：南京馆

03890
会计学精义 秦庆钧编著
上海：世界书局，1942，104页，25开
上海：世界书局，1946.10，58页，25开
上海：世界书局，1947.9，58页，25开
上海：世界书局，1947，再版，104页，25开

本书共9章：概论、财产泛论、资产、负债、资本、损失、利益、会计制度之设计、会计程序。

收藏单位：重庆馆、广东馆、广西馆、国家馆、吉大馆、南京馆、上海馆、浙江馆

03891
会计学名词（英华对照） 杜义田编
天津：南开大学商学院，1934.3，62页，长20开

03892
会计学问答 瞿世镇 潘肇邦编校
上海：三民图书公司，1932，再版，18页，36开
上海：三民图书公司，1935，3版，1册，36开
上海：三民图书公司，1936，[52]页，36开

本书共7章，内容包括：导言、财产的意义和变化、交易的意义和要素、会计科目的意义和分类等。附会计法规。

收藏单位：重庆馆、国家馆、河南馆、湖南馆、南京馆

03893
会计学：习题详解 沈慰萍 陈福安演译
立信会计图书用品社，[1941—1949]，油印本，258页，16开（立信会计丛书）

收藏单位：南京馆

03894
会计学详解 许士沅编著
上海：大东书局，1926.6，112页，32开
上海：大东书局，1930.2，再版，112页，32开
上海：大东书局，1932.10，112页，32开

本书共12章：绪言、贷借对照表、财产评价法、增补减价、关于负债之会计上问题、关于股银之会计上问题、损益计算、原价计算、破产清算法、会计法规、审计法规、审计法施行规则。

收藏单位：重庆馆、广东馆、国家馆、江西馆、南京馆、上海馆、首都馆、天津馆、浙江馆

03895
会计学原理 （美）斐南（H. A. Finney）著 卢怀道译
外文题名：Principles of accounting
[建阳（南平）]：战地图书出版社，1945.2—1945.5，4册，22开

本书内容包括：会计上之基本法则、工作底稿、决算表、公司、有形之固定资产、投资等。

收藏单位：国家馆、江西馆、浙江馆

03896
会计学原理 何士芳编著
标准会计图书帐表社，1940，239页，18开（实用会计丛书）
标准会计图书帐表社，1942，再版，234页，18开（实用会计丛书）

本书共15章，内容包括：大企业之会计记录、费用均摊法、资产准备法、制造成本与销货成本、财务报表股、股息、工厂总帐制度、公司债券发行之程序等。为《初级会计学》（何士芳）之续编。

收藏单位：重庆馆、国家馆、南京馆

03897

会计学原理 （美）佩顿（William Andrew Paton）著 陈俊译

四川文化印书馆，1945.11，226页，22开

本书分上、下两编。上编内容包括：会计项目之基本分类、资本主所有权与负债、资产帐户及分配权帐户等；下编内容包括：纯利、营业前之收益、商誉及"继续营业"价值、最初评价问题、所有主与企业等。

收藏单位：重庆馆、国家馆

03898

会计学原理 沈维经著

沈维经[发行者]，1943，2册（177页），16开

本书第1册内容包括：绪论、复式簿记、试算表科目之分类、结帐计算表与简易财务报告、商业票据、财务报告书等；第2册内容包括：合伙组织、有限公司、付款凭单制、制造成本之计算、估价准备、盈余与股利等。

收藏单位：上海馆

03899

会计学原理 苏宁著

北平：外交月报社印刷所，1934.8，128+18页，25开

本书共12章，内容包括：概论、单独企业及支店、折旧、估价及成本合伙企业、公司营业、帐簿之组织及分析、帐簿之审查、中式簿记之讨论等。附习题、会计名词中西对照表。

收藏单位：国家馆、首都馆

03900

会计学原理（上册） （美）凯斯脱（R. B. Kester）著 薛少岷 包玉墀编译

上海：信华图书公司，1941.10，381页，24开，精装

本书内容包括：财产资金与利益、资产负债表、分类帐记录、帐户内容之汇总论、日记帐及其分类、普通日记帐等。

收藏单位：清华馆

03901

会计学原理（初级） （美）斐南（H. A. Finney）著 卢怀道 王哲镜译

外文题名：Principles of accounting introductory

上海：龙门联合书局，1947，553页，23开（大学教本）

上海：龙门联合书局，1948.12，再版，553页，22开（大学教本）

本书论述公司会计和独资企业会计。共30章，内容包括：资产负债及资本净值帐户、与贸易有关之帐户、本票、汇票等。书脊题名：斐氏会计学原理。

收藏单位：重庆馆、广东馆、贵州馆、国家馆、黑龙江馆、吉林馆、辽大馆、辽师大馆、内蒙古馆

03902

会计学原理（中级）（美）斐南（H. A. Finney）著 卢怀道等译

外文题名：Principles of accounting intermediate

上海：龙门联合书局，1948.1，2册（817页），22开

本书上册内容包括：结帐、决算表、公司、会计学之基本原则、现金等；下册内容包括：投资、负债、基金与准备、比较决算表、运用资本之分析、损益之分析等。附各章复习资料。书脊题名：斐氏会计学原理。

收藏单位：广东馆、国家馆、辽大馆、辽宁馆、辽师大馆、上海馆

03903

会计学原理及实务 江万平著

江万平[发行者]，[1940]，手写本，4册（793页），16开

本书内容包括：损益计算书、评价之一般原理、无形资产、负债之评价等。

收藏单位：国家馆

03904
会计学原理及实务　（美）凯斯脱（R. B. Kester）著　薛迪符等译
外文题名：Accounting theory and practice
上海：世界书局，1935.5，624+272 页，25 开

本书分 3 编。第 1 编共 20 章，说明会计学的基本原理、原则；第 2 编共 10 章，详论各种不同企业组织（如合伙、公司）及制造业的会计处理方法；第 3 编共 10 章，论述会计学的应用及企业管理问题，如进货、销货、理财和普通行政管理等。译自著者《会计学》（3 卷）中之第 1 卷。

收藏单位：重庆馆、广东馆、广西馆、国家馆、湖南馆、辽大馆、南京馆、陕西馆、天津馆、浙江馆

03905
会计学原理及实务　（美）斯特累脱夫（Frank H. Streightoff）著　李鸿寿　张忠亮译
外文题名：Elementary accounting
上海：黎明书局，1931.5，584 页，22 开（黎明商业丛书）
上海：黎明书局，1932.5，再版，584 页，22 开（黎明商业丛书）
上海：黎明书局，1933.3，3 版，584 页，22 开（黎明商业丛书）
上海：黎明书局，1934.9，4 版，584 页，22 开（黎明商业丛书）
上海：黎明书局，1937.3，5 版，584 页，22 开（黎明商业丛书）
上海：黎明书局，1942.1，6 版，584 页，22 开（黎明商业丛书）

本书分两卷。共 28 章，内容包括：会计学的性质和功用、进货与销货、资产负债对照表、有限公司大意、股本金、制造成本计算书等。

收藏单位：重庆馆、广东馆、广西馆、贵州馆、国家馆、湖南馆、吉林馆、辽大馆、南京馆、山西馆、首都馆、天津馆、西南大学馆、浙江馆、中科图

03906
会计学原理与实务　（美）海密布朗（D. M. Himmelblau）著　徐谦译
兰州：兴陇公司印刷厂，1943 印，276 页，25 开

03907
会计要旨纲要　杨汝梅讲
[中央训练团党政训练班]，1943，6 页，36 开（中央训练团党政训练班讲演录）

本书内容包括：现行财务管理内之会计组织及办理程序、吾国会计人员之法定权责等。

收藏单位：重庆馆

03908
会计与职业　黄文衮著
曲江（韶关）：中国计政书局，1942.4，16 页，32 开

本书为会计从业人员参考用书。内容包括：会计专门职业之性质，从事会计职业者应了解的知识等。

收藏单位：重庆馆

03909
会计整理及结帐之研究　崔汝惠著
济南：会计训练所，1935，152 页，25 开（中国计政学会丛书）

本书共两部分：“绪论——结算之程序”“结论——结算与借贷平衡之关系”。

收藏单位：重庆馆

03910
会计制度　墨林翰著
中国计政学会，1936.6，1 册，32 开（中国计政学会丛刊）

收藏单位：南京馆

03911
会计制度设计　沈立人　雷平一编
[上海]：商学书局，1936.5，44+670 页，25 开，精装（会计全书第 6 部）

本书共 30 章，内容包括：会计制度设计之内容、会计制度之演进、账簿之组织及设

计之要素、内部牵制组织之原理、现金之设计、服务业会计制度之设计等。附练习题。

收藏单位：重庆馆、国家馆、上海馆

03912
会计制度设计方法　黄文衮著
曲江（韶关）：中国计政书局，1942，3版，224页，23开（平正会计丛书）

本书内容包括：设计之先决问题、初步探讨、征集资料方法、帐户之分类、分类簿及补助分类簿之设计、表格之设计等。

收藏单位：重庆馆、南京馆

03913
会计制度设计之研究　黄文衮著
重庆：中国计政学会，1940.3，19+266页，25开（中国计政学会丛书）

本书共12章，内容包括：设计之先决问题、初步探讨、征集资料方法、帐户之分类、总帐及补助帐之设计、程序之设计等。

收藏单位：国家馆

03914
会计制度之设计　何士芳编著
上海：公正会计图书帐表社，1942.11，276页，18开（实用会计丛书）
上海：公正会计图书帐表社，1949.1，修订2版，280页，22开（实用会计丛书）

本书共15章，内容包括：设计会计学之范围、管理及会计统制、制度机构之原则、分录簿之构造、总帐之构造、会计科目分类之原则等。

收藏单位：重庆馆、国家馆、黑龙江馆、吉大馆、上海馆、首都馆

03915
会计专刊汇编　南京会计师公会编辑委员会编辑
南京：会计师公会，1935.4，316页，22开
南京：会计师公会，1936.4，300页，25开
南京：会计师公会，1937，284页，21开

本书为论文集。共7部分，内容包括：会计师业务、会计及审计原理、会计及审计制度、超然主计制度、政府审计及会计等。目录页题名：会计专刊。

收藏单位：重庆馆、广东馆、国家馆、南京馆、内蒙古馆、浙江馆

03916
劳氏成本会计　（美）劳伦斯（William Beaty Lawrence）著　潘序伦译
外文题名：Cost accounting
重庆：立信会计图书用品社，1941，改译本，432页，25开（立信会计丛书）
重庆：立信会计图书用品社，1943，新2版，432页，25开（立信会计丛书）
上海：立信会计图书用品社，1948.1，14版，432页，25开（立信会计丛书）

本书共30章，内容包括：成本会计之重要及功用、成本制度及成本之分类、帐户之分类及编号、补助分类帐及成本记录、分批成本会计制度概说、材料之管理与会计等。附中译英文会计名词。

收藏单位：重庆馆、贵州馆、国家馆、南京馆、武大馆

03917
劳氏成本会计　（美）劳伦斯（William Beaty Lawrence）著　潘序伦译
外文题名：Cost accounting
长沙：商务印书馆，1939，2版，改译本，432页，25开（立信会计丛书）
长沙：商务印书馆，1940，4版，432页，25开（立信会计丛书）
上海：商务印书馆，1949，13版，432页，25开（立信会计丛书）

收藏单位：安徽馆、重庆馆、广东馆、国家馆、湖南馆、南京馆、内蒙古馆、武大馆

03918
劳氏成本会计习题　（美）劳伦斯（William Beaty Lawrence）著　潘序伦译
上海：立信会计图书用品社，1948.12，5版，改译本，127页，25开（立信会计丛书）
上海：立信会计图书用品社，1949.9，6版，改译本，127页，25开（立信会计丛书）

收藏单位：贵州馆、国家馆、上海馆

03919
劳氏成本会计习题　（美）劳伦斯（William Beaty Lawrence）著　潘序伦译
重庆：商务印书馆，1939.2，改译本，127 页，25 开（立信会计丛书）
重庆：商务印书馆，1942，改译本，127 页，25 开（立信会计丛书）
　　收藏单位：重庆馆、广东馆

03920
劳氏成本会计习题答解　夏治濬演译
长沙：商务印书馆，1939，改订版，179 页，22 开
　　收藏单位：广东馆

03921
劳氏成本会计习题详解　夏治濬编
立信会计图书用品社，[1941—1949]，油印本，198 页，16 开（立信会计教科书）
　　收藏单位：重庆馆、贵州馆、南京馆

03922
理论簿记学　李觉鸣著　郭兰斌　李钟熙校
重庆：李辟会计师事务所，1944.10，12+222 页，22 开
　　本书共 10 章，内容包括：理论产生之由来、理论簿记学之本质、理论簿记学之目的、理论簿记学之对象、复式簿记之任务与帐户之本质、簿记理论之研究法等。附复式簿记在经济生活上之效用、借方贷方之由来等 16 种及著者小传。
　　收藏单位：重庆馆、国家馆、黑龙江馆

03923
立信会计师事务所概况（五周年纪念刊）　潘序伦编
[上海]：[立信会计师事务所]，1932.7，46 页，32 开
　　本书内容包括：职员一览表、办理业务章程、承办业务项目、征收公费标准规则、历年经办事务统计表等。附该所编辑出版书籍目录。
　　收藏单位：上海馆

03924
立信会计学校概况　立信会计学校编
上海：立信会计学校，1948，88 页，25 开
　　本书共 8 章，内容包括：立信会计专科学校（上海校本部）、北碚立信高级会计职业学校、广州立信高级会计职业学校（附短期训练）、上海立信高级会计职业补习学校等。
　　收藏单位：国家馆、上海馆

03925
立信会计专科学校职训班毕业纪念　立信会计专科学校编辑室编
上海：立信会计专科学校编辑室，1947，53 页，16 开，精装
　　本书收录校景、论著、文艺作品等。

03926
立信帐簿表单样本　立信会计师事务所设计
上海：立信会计图书用品社股份有限公司，[1941—1949]，8 页，16 开
　　收藏单位：浙江馆

03927
利用统计工具的会计　赵希献著
[中国计政学会]，1937.5，66 页，32 开（中国计政学会丛刊）
　　本书共两部：统计的机器之研究、利用统计机器于普通会计上。
　　收藏单位：重庆馆、国家馆、南京馆

03928
律师应有之会计智识　袁际唐编
上海：黎明书局，1935.9，254 页，32 开（黎明商业丛书）
　　收藏单位：国家馆、辽大馆、南京馆、上海馆

03929
麦氏簿记与会计学（上册）　（美）麦肯锡（J. O. McKinsey）著　郑世察译

上海：沪江大学，[1938.8]，391页，16开（沪江大学商学院丛书）

本书为沪江大学商学院第一学年教材。

03930

名人会计言论集　广西省政府会计处编

广西省政府会计处，[1937—1945]，120页，32开（桂岭会计丛刊18）

本书收录蒋中正、林森、胡汉民、戴传贤、于右任、孔祥熙等19人的言论、训词约30篇，内容包括：《无论何种机关必须彻底施行审计会计制度》《全国主计会议预备会议训词》《防止营私的三道防线》《第一次全国主计会议讲演词》《视察广西省会计在欢迎会中训词》等。

收藏单位：重庆馆、桂林馆

03931

南京立信会计学校速成班第二届同学通讯录

出版者不详，1948，1册，32开

收藏单位：南京馆

03932

南京市会计师公会年报

出版者不详，1936，102页，32开

收藏单位：南京馆

03933

南京市农工商各业团体会计通则

南京市社会局，1934，51页，16开

收藏单位：南京馆

03934

潘志杰会计师事务所业务章程　潘志杰会计师事务所编

上海：潘志杰会计师事务所，[1911—1949]，16页，32开

本书介绍该所承办业务的范围、项目等。附会计师公费标准规则（上海会计师公会）。

03935

潘著会计学习题答解　沈慰萍　陈福安答解

长沙：商务印书馆，1939.8，石印本，372页，25开（立信会计丛书）

长沙：商务印书馆，1940，再版，石印本，372页，25开（立信会计丛书）

本书附解题过程及答案。答解者“沈慰萍”原题：沈尉苹。

收藏单位：广东馆、广西馆、贵州馆、国家馆、南京馆、浙江馆

03936

普通簿记　蒋汝堂编

上海：中华书局，1936.2，60页，32开（初中学生文库）

上海：中华书局，1941.1，4版，60页，32开（初中学生文库）

本书共5章：概论、账册、票据、报告表、结账。

收藏单位：重庆馆、广西馆、江西馆、南京馆、天津馆

03937

普通簿记教程　李蓉荪编著

陆军军需学校，1917.5，134页，22开

本书为文言体，加圈点。第1编共8章：总论、簿记计算之要素、贷借及分录之原理、款项名目及分录之实例、簿记组织及记录法、帐簿练习及结算之次序、练习例题、简略之会计方法。书中题名：陆军军需学校簿记学教程。

收藏单位：国家馆

03938

普通会计学　石毓符编著

重庆：正中书局，1945.6，343页，16开

上海：正中书局，1946.10，343页，16开

本书共30章，内容包括：绪论、资产负债表、损益计算书、借贷原理及应用、简易簿记组织及方法、会计职业与人员等。

收藏单位：重庆馆、贵州馆、国家馆、江西馆、辽大馆、南京馆、山西馆、天津馆、浙江馆

03939

普通会计原理　叶彦弘编著

财政部全国财务人员训练所川康区盐务人员训练班，1943.3，74页，32开

收藏单位：南京馆

03940

钱业簿记　刘昌宪著

长沙：宏文社，1914.4，12+184页，25开

本书内容包括：例言、复式簿记之由来及贷借原理、簿记之特质、钱业簿记之款项名目、帐房帐簿之组织、钱房帐簿之组织、钱店分课及事务通则等。

收藏单位：国家馆、湖南馆

03941

钱著会计学习题详解

上海：立信会计图书用品社，[1941—1949]，油印本，1册，18开（立信会计丛书）

收藏单位：天津馆

03942

商业簿记（上编）　[邵福勋著]

广州：韶光计政图书用品社，1947，4版，58页，32开

收藏单位：广东馆

03943

上海会计师公会章程　[上海会计师公会编]

上海会计师公会，[1930]，14页，32开

上海会计师公会，[1935]，修订版，16页，32开

本章程于1930年10月由工商部核准实行。修订本于1936年1月由实业部核准实行。

03944

上海会计专门学校章程　上海会计专门学校编

上海：上海会计专门学校，[1925]，[46]页，32开

03945

上海中华民国会计师公会年报　上海中华民国会计师公会年报委员会编

上海中华民国会计师公会年报委员会，1926.4，128页，18开

本书内容包括：缘起、章程、提议案、公牍、决议录、决算报告、会员名录等。

03946

社团会计　黄文衮著

曲江（韶关）：中国计政书局，1942.5，10页，32开

收藏单位：重庆馆

03947

实用簿记　（美）柯尔（W. M. Cole）著　邹祖烜译

外文题名：Book keeping

上海：商务印书馆，1929.10，141页，32开（万有文库 第1集657）（商学小丛书）

上海：商务印书馆，1932，141页，32开（商学小丛书）

上海：商务印书馆，1933.3，再版，141页，32开（商学小丛书）

上海：商务印书馆，1934，再版，141页，32开（万有文库 第1集657）（商学小丛书）

上海：商务印书馆，1934.1，3版，141页，32开（商学小丛书）

上海：商务印书馆，1935.5，5版，141页，32开（商学小丛书）

上海：商务印书馆，1938，7版，141页，32开（商学小丛书）

上海：商务印书馆，1939.9，141页，25开（万有文库 第1、2集简编500种251）（商学小丛书）

本书共5章："借与贷""基本帐""特项科目之意义""试算表　六桁报告书　贷借对照表""节工方法"。

收藏单位：安徽馆、长春馆、重庆馆、大理馆、大连馆、东北师大馆、广东馆、广西馆、贵州馆、国家馆、黑龙江馆、湖南馆、江西馆、辽大馆、辽师大馆、南京馆、内蒙古馆、宁夏馆、上海馆、天津馆、浙江馆

03948

实用簿记　谢霖　徐炎编

成都：彬明印刷所，1938.12，204页，32开

收藏单位：南京馆

03949

实用簿记常识（甲种） 刘金墉著

赣县（赣州）：立新会计研究社，1941.11，32页，窄24开

收藏单位：重庆馆

03950

实用簿记学 张心雄编著

上海：商务印书馆，1949.6，146页，32开（职业学校教科书）

本书分上、下两编，共14章，内容包括：簿记的概念、复式簿记的基础、分录借贷的法则、帐簿组织和会计科目、商品帐处理法、日记簿的分化等。

收藏单位：国家馆、内蒙古馆

03951

实用成本会计 梁孝通著

上海：商务印书馆，1935.5，[14]+112页，32开（商学小丛书）

上海：商务印书馆，1935.8，再版，[14]+112页，32开（商学小丛书）

本书共15章，内容包括：总论、制造事业成本会计制度、制造事业成本会计实施前之准备、原料、工资、费用、货物帐与损益帐、制造事业成本会计计算法等。

收藏单位：重庆馆、广东馆、广西馆、国家馆、湖南馆、南京馆、首都馆、浙江馆

03952

实用成本会计学 黄兆瑄著

重庆：军政部兵工专门学校，1938.5，16+498页，22开

本书共16章，内容包括：绪论、工厂举办成本会计必具之条件、会计组织、成本会计制度、成本之要素、制造以前应注意之事项等。附关于成本会计学中西参考书籍之介绍。

收藏单位：重庆馆、国家馆

03953

实用改良中式帐簿 谢霖编著

成都、上海：正则会计事务所，1937.12，再版，2册（416页），32开

上海：正则会计事务所，1938.12，3版，2册（416页），32开

本书上册内容包括：绪论、会计科目、传票、帐簿、表、结算等；下册内容包括：日记帐（用传票者、不用传票者之记法）、分类帐、负债类分户帐、资产类分户帐、利益类分户帐、损失类分户帐等。其他题名：改良中式帐簿。

收藏单位：重庆馆

03954

实用高级会计科职业学校高级第一届甲班毕业同学录 广东实用高级会计科职业学校编

广州：广东实用高级会计科职业学校，[1936]，[70]页，24开，精装

本书收录师生照片和通讯录。

03955

实用高级会计科职业学校三周年纪念特刊

广东实用高级会计科职业学校编

广州：广东实用高级会计科职业学校，1936.4，[293]页，16开

本书内容包括：校训、题词、图像、统计图表、本校三周年之沿革及将来之计划、著述、演讲录、学生论坛、学校概况、专载、文艺等。附本校历届毕业生、在学学生姓名籍贯一览表。

收藏单位：国家馆

03956

实用会计数学 杜穆著

商务印书馆，[1929—1949]，410页，25开

本书分上、下两卷。共8编：普通计算、商业计算、单利法、复利计算、年金法、汇兑、人寿保险、公债。

收藏单位：重庆馆

03957

实用会计学 钱祖龄 袁际唐编

上海：民智书局，1933.7，424页，22开（民智商学丛书）
上海：民智书局，1933，再版，16+424页，23开（民智商学丛书）
上海：民智书局，1934.10，3版，424页，22开（民智商学丛书）

本书共16章，内容包括：会计基本方程式与科目、合伙会计、公司会计、成本会计述要、官厅会计述要、审计原理述要等。

收藏单位：安徽馆、重庆馆、国家馆、南京馆、天津馆、浙江馆

03958
实用会计学 袁际唐 谢霖 陈德荣合编
上海：正则会计事务所，1938.10，10+250页，18开
重庆：正则会计事务所，1942.2，3版，10+250页，22开

本书共19章，内容包括：绪论、资产负债表、资本增减之分析、损益计算书、财产目录、会计科目之设置及应用、分录及过帐、试算表等。

收藏单位：重庆馆、国家馆

03959
实用新式商业簿记 姚丹编著
大连：大连日报社，1948.4，136页，32开

本书共3章：论说、原理、帐簿之组织及实习例题。附记帐注意事项。

收藏单位：辽大馆、山东馆、山西馆

03960
适用改良中式会计 张心澂著
桂林：计能出版合作社，1947.5，150页，32开

本书共11章，内容包括：会计科目、传票、会计簿籍、日记簿等。附营利事业资产估价方法、所得税税率、特种过分利得税税率。

收藏单位：广东馆、广西馆、桂林馆

03961
收支簿记会计法 （日）下野直太郎著 萧学海 钟恺译述
南京：中国计政学会常务理事，1935.10，100页，32开（中国计政学会丛书）

本书共25节，内容包括：何谓簿记会计、单式簿记计算法、单式决算、复式簿记计算法、单式复式之优劣、清结借贷之交易等。附论收支簿记法、中国计政学会现任职员一览。

收藏单位：国家馆、南京馆

03962
私经济的会计观与经营经济的会计观 杨体志著
中国计政学会，1935.6，18页，32开（中国计政学会丛刊）

收藏单位：国家馆

03963
私立立信会计专科学校第一届毕业同学纪念刊 立信会计专科学校编
上海：立信会计专科学校，1941，95页，16开，精装

本书收录校史、级史、通讯录等。

收藏单位：上海馆

03964
私立立信会计专科学校复校第一届毕业纪念刊 立信会计专科学校编
上海：立信会计专科学校，1947.6，63页，16开，精装

本书收录校史、级史、通讯录等。

03965
私立立信会计专科学校复员后第三届毕业纪念刊 立信会计专科学校编
上海：立信会计专科学校，1948，46页，16开，精装

03966
太平经国书会计篇今释 （宋）郑伯谦著
广西省政府会计处，1939.1，14页，32开（桂岭会计丛刊）

收藏单位：广东馆、南京馆

03967
统计会计方面的基本算学 徐燮均编
上海：商务印书馆，1936.6，13+278 页，22 开，精装
上海：商务印书馆，1936.11，再版，13+279 页，22 开，精装

本书共 9 章：统计的图示法、直线的定律、抛物线的定律、对数、等差级数与等比级数、指数曲线的定律、乘方曲线的定律、曲线配合法、排列组合机率。附对数表、练习题答数。据 *Mathematics Preparatory to Statistics and Finance*（G. N. Bauer）编译。

收藏单位：重庆馆、广东馆、广西馆、贵州馆、国家馆、河南馆、湖南馆、辽大馆、南京馆、山西馆、首都馆、浙江馆

03968
统计会计计算应用表 褚凤仪编
上海：正言出版社，1945.9，再版，97 页，25 开

本书大部分为表。内容包括：目数推算表、对数表、倒数表、累积倒数表、立方表、年金终值表等。

收藏单位：南京馆

03969
陀氏成本会计 （美）多尔（James Lewis Dohr）等著 施仁夫译
外文题名：Cost accounting: principles and practice
重庆：立信会计图书用品社，1942.1，4 版，2 册（828 页），25 开（立信会计丛书）
上海：立信会计图书用品社，1946，再版，2 册（828 页），22 开（立信会计丛书）

本书分 4 编：绪论、制造企业成本会计、制造企业之特殊成本问题、成本会计制度。共 33 章，内容包括：成本会计之意义及其范围、成本之分类、成本会计之功用、工厂生产能力之获得、成本会计下之预算统制、成本会计制度之计划及设置等。各章后均附练习题。

收藏单位：重庆馆、广西馆、贵州馆、国家馆、河南馆、南京馆、内蒙古馆

03970
陀氏成本会计 （美）多尔（James Lewis Dohr）等著 施仁夫译
外文题名：Cost accounting: principles and practice
长沙：商务印书馆，1938.3，2 册（828 页），25 开（立信会计丛书）
长沙：商务印书馆，1938，再版，2 册（828 页），25 开（立信会计丛书）
上海：商务印书馆，1939.2，3 版，2 册（828 页），22 开（立信会计丛书）
长沙：商务印书馆，1940.4，4 版，2 册（828 页），22 开（立信会计丛书）
长沙：商务印书馆，1940.9，5 版，2 册（828 页），25 开（立信会计丛书）
上海：商务印书馆，1941，6 版，2 册（13+827 页），25 开（立信会计丛书）
上海：商务印书馆，1947，3 版，2 册（828 页），25 开（立信会计丛书）

收藏单位：重庆馆、广东馆、贵州馆、国家馆、湖南馆、吉大馆、吉林馆、南京馆、天津馆、浙江馆

03971
陀氏成本会计习题详解 （美）多尔（James Lewis Dohr）著 夏治濬演译
外文题名：Cost accounting practice problems
长沙：商务印书馆，1939.10，石印本，332 页，32 开（立信会计丛书）

收藏单位：重庆馆、广东馆、贵州馆、国家馆

03972
汪氏簿记学 汪正琈编
利利会计事务所，1942.8，3 版，石印本，146 页，18 开，环筒页装

本书为专科职业教育用书。共 19 章，内容包括：什么叫复式簿记、记分录簿的方法、过帐、试算、结帐、决算表等。各章后均附练习题。

收藏单位：重庆馆

03973
无形资产 （美）佩顿（William Andrew Paton）

原著　潘序伦译
上海：立信会计图书用品社，1949，45 页，25 开（立信会计译丛）

本书著者原题：裴登。

收藏单位：重庆馆、国家馆、辽大馆、辽宁馆、南京馆

03974
无形资产论　杨众先著　施仁夫译
上海：立信会计图书用品社，[1936.6]，163 页，32 开（立信会计丛书）
重庆：立信会计图书用品社，1944.10，163 页，32 开（立信会计丛书）
上海：立信会计图书用品社，1948，4 版，163 页，32 开（立信会计丛书）

本书共 9 章，内容包括：总论、商誉之性质、商誉与企业收益之关系、其他无形资产及其与商誉之关系、商誉与额外收益能力之关系等。

收藏单位：重庆馆、广东馆、国家馆、黑龙江馆、辽大馆、南京馆、上海馆

03975
无形资产论　杨众先原著　施仁夫译述
外文题名：Good will and other intangibles
上海：商务印书馆，1936，163 页，22 开，精装（立信会计丛书）

收藏单位：重庆馆、广西馆、贵州馆、国家馆、黑龙江馆、湖南馆、吉林馆、江西馆、辽大馆、辽宁馆、南京馆、内蒙古馆、上海馆、浙江馆、中科图

03976
物品会计法　陈杕编
上海：世界书局，1932.10，88 页，32 开

本书共 14 部分，内容包括：总论、物品名词、物品会计应用簿记、物品分类表格、物品票据上程序、物品出纳计算书等。

收藏单位：广西馆、国家馆、湖南馆、南京馆、首都馆、浙江馆

03977
现代簿记　汪育春著
上海：中华书局，1948.10，112 页，32 开（数学研究小丛书）

本书共 21 章，内容包括：释借贷、财产与产权、损益、帐簿与记帐、日记簿、分户帐与过帐、试算表、结帐等。

收藏单位：重庆馆、国家馆、吉大馆、辽大馆、南京馆、内蒙古馆、上海馆

03978
现代簿记　赵克明著
重庆：中心书局，1944.5，148 页，32 开（中复会计丛书）

本书共 14 章，内容包括：借贷原则与原理、日记簿、试算与较复杂的损益事项、财务事项、结帐决算表、决算报告表等。

收藏单位：重庆馆、国家馆

03979
现代会计学　杨端六著
重庆：商务印书馆，1943.2，198 页，25 开
重庆：商务印书馆，1943，再版，198 页，25 开
重庆：商务印书馆，1945.7，3 版，198 页，25 开
上海：商务印书馆，1946.5，198 页，25 开
上海：商务印书馆，1946.10，再版，198 页，25 开（新中学文库）

本书共 9 章：整理帐与统驭帐、单据制度、分店会计、银行会计、成本会计、标准会计、政府会计、外币处理方法、国币价值变动问题。

收藏单位：安徽馆、长春馆、重庆馆、广东馆、贵州馆、国家馆、黑龙江馆、湖南馆、江西馆、辽大馆、辽东学院馆、柳州馆、南京馆、内蒙古馆、上海馆、首都馆、西交大馆、西南大学馆、浙江馆、中科图

03980
新旧会计之基本知识　徐敏惠著
青田（丽水）：文衡出版社，1945.7，189 页，22 开

本书共 10 章，内容包括：会计学之意义、借与贷、会计科目与会计凭证、帐簿、决算、

帐簿之分化等。

收藏单位：浙江馆

03981

新制簿记教本 秦开编

上海：中华书局，1917.4，126页，25开

上海：中华书局，1918.5，再版，126页，32开

上海：中华书局，1922.7，13版，126页，32开

本书适用于中学校、师范学校。内容包括：簿记之重要、簿记之种类、复式簿记原理、帐项及帐位、帐簿及其记法、结算等。

收藏单位：国家馆、江西馆、南京馆、首都馆、浙江馆

03982

新中华会计及审计 杨汝梅编

上海：新国民图书社，1932.7，392页，25开

上海：新国民图书社，1932.9，再版，392页，25开

本书适用于高级中学商科。分两部分：会计、审计。第1部分共4编：总论、商工会计提要、公司会计、官厅会计大要；第2部分共3编：总论、各种帐表的分析审查、官厅审计大要。书中题名：高级中学商科用会计及审计。

收藏单位：安徽馆、重庆馆、甘肃馆、广东馆、广西馆、贵州馆、国家馆、河南馆、湖南馆、江西馆、辽大馆、南京馆、内蒙古馆、清华馆

03983

新中式簿记论 孙乐先著

北平：力生会计师事务所，1949.8，20页，32开

本书共5章，内容包括："收付簿记比借贷簿记的优点是什么?""推行收付簿记究竟有什么好处呢?""推行收付簿记应用什么步骤呢?""由借贷簿记和由中国旧帐改成收付簿记应该怎样入手呢?"等。其他题名：收付簿记论。

收藏单位：国家馆、首都馆

03984

选印高等考试会计人员试题解答（第1分册） 杨汝梅等解答

中国计政学会，[1934]，48页，32开（中国计政学会丛刊）

收藏单位：国家馆

03985

学生簿记 卓定谋著

北平：大慈商店，1930.9，1册，横22开，精装

收藏单位：国家馆

03986

学校会计学大要 许元新编著

宜兴印务局，1937.7，170页，32开

本书其他题名：学校会计学。

收藏单位：南京馆

03987

英美会计师事业 徐永祚编

上海：徐永祚会计师总事务所，1925.12，305页，25开，精装（会计丛书2）

本书分上、下两编：英国之部、美国之部。分别介绍其历史、法律、组织、业务等。附日本会计士法草案、中国会计师暂行章程等7种。

收藏单位：重庆馆、广东馆、广西馆、国家馆、吉林馆、南京馆、内蒙古馆、陕西馆、上海馆、天津馆

03988

应用簿记 陈平葆编

江西省地方政治讲习院，1939，28页，32开（分组训练教材10）

本书内容包括：簿记之意义、簿记之种类、单式簿记与复式簿记、簿记之组织等。

收藏单位：浙江馆

03989

应用簿记讲义（第5届后期） 漆意若编

浙江省地方自治专修学校，[1927—1949]，180页，22开

本书内容包括：总论、财产、会计科目之设定、贷借分录等。

收藏单位：浙江馆

03990

应用公信帐簿概说（通用新式） 龚懋德编著

上海：公信会计师事务所，1939.12，34 页，32 开

上海：公信会计师事务所，1947.8，增订 2 版，66 页，36 开

收藏单位：重庆馆、上海馆

03991

应用会计学 王文钧著

上海：商务印书馆，[1945.4]，300 页，25 开

上海：商务印书馆，1947，再版，300 页，25 开

本书分 6 编：基本原理、日常账务处理、年度决算、事业组织与会计、个别项目之会计、会计本质之探讨。

收藏单位：安徽馆、重庆馆、甘肃馆、广东馆、广西馆、贵州馆、国家馆、黑龙江馆、湖南馆、江西馆、辽大馆、南京馆、内蒙古馆、上海馆、浙江馆

03992

语体近世应用簿记 潘上元编著

[丽水]：[元庆会计师事务所]，1933.1，167 页，22 开（元庆丛书 1）

丽水：元庆会计师事务所，1939，3 版，116 页，32 开（元庆丛书 1）

丽水：元庆会计师事务所，1940.4，4 版，116 页，32 开（元庆丛书 1）

本书为专科职业教学用书。共 13 章，内容包括：概论、借贷原理、会计科目、决算、组织、统制帐户等。

收藏单位：重庆馆、江西馆、浙江馆

03993

再生产成本会计理论与实务 于心潭编

桂林：立信图书用品社，1943.6，16+109 页，32 开（立信会计丛书）

重庆：立信图书用品社，1945.6，16+109 页，32 开（立信会计丛书）

本书共 8 章，内容包括：再生产成本涨价之概说、再生产原料成本涨价之调整、再生产制造费用成本涨价之调整、再生产成本制度之决算等。

收藏单位：重庆馆、广东馆、国家馆、辽大馆、南京馆

03994

浙江省会计师公会会刊（第 2 期） 浙江省会计师公会编

杭州：浙江省会计师公会，1946.12，98 页，13 开

本书内容包括：法规、公文摘录、大会纪录、会员名录等。

收藏单位：浙江馆

03995

中国复式簿记 谪仙后裔编 古棠醉夫校

上海：中国簿记研究社，1922.5，再版，246 页，16 开

本书为文言体。主张用西式簿记原理改良中式簿记。

03996

中国会计学社广东分社成立特刊 中国会计学社广东分社编

广州：中国会计学社广东分社，1947.1，12 页，16 开

本书收文 5 篇：《政府会计在广东》（冯毅）、《会计大众化》（蔡经济）、《为什么工商界需要会计师》（倪希明）、《述联请层宪仍准计政班或训练班一年毕业生得以委任职任用之经过》（赵灼）、《会计数理在应用上之价值》（梁涣康）。附中华民国全国会计师公会联合会宣言、中国会计学社广东分社组织章程草案。

收藏单位：国家馆

03997

中国会计学社社员录 中国会计学社编

[广州]：中国会计学社，1942.12，14 页，32 开

本书以姓名笔画为序。附职员录。

收藏单位：国家馆

03998

中国之会计师制度　谢霖编

上海：正则会计事务所，1942.1，92 页，大 32 开

收藏单位：南京馆

03999

中华会计函授学校成本会计科讲义　中华会计函授学校编辑部编　沈立人主编

[上海]：[中华会计函授学校编辑部]，1931.7，15 册（19+21+25+25+30+44+40+24+24+58+22+36+44+42+57 页），25 开

本书共 15 册，每册分述一会计主题。共 15 个主题：成本会计之价值及要素、进货及收货之手续、原材成本之计算与记录、原料成本之始末、人工成本之计算与记录、厂务费用之预算与分派、厂务费用之计算与记录、出品之制本、营业费用之成本、成本之归总、自给原料之成本会计、全工性工业之成本会计、成本会计之剖析工作、成本会计之设计工作、成本会计问题。该校原名：中华会计职业学校。

04000

中华会计职业学校章程

[出版者不详]，[1929]，1 册，22 开

收藏单位：山东馆

04001

中华会计专科学校高级会计科讲义　[中华会计专科学校编]

[中华会计专科学校]，[1911—1949]，26 册，25 开，活页装

本书所述主题包括：无限公司会计、成本会计、存货、科目之分类、非贸易事业之会计、支店及代理会计、资产负债表之分析、损益表及财源施用之分析、折旧之计算法、公债证券投资及其估值、股息、市政会计、审计原理等。

收藏单位：重庆馆

04002

中华民国会计师协会第一届会刊　中华民国会计师协会编

中华民国会计师协会，1935.9，[112] 页，18 开

本书内容包括：公牍摘要、筹备会议决案、代表大会议决案、执监委员会议决案、常务委员会议决案、会计报告等。

04003

中级会计学　何士芳编

出版者不详，1941.4，10+336 页，18 开，环筒页装（实用会计丛书）

本书共 15 章，内容包括：资产负债表、损益计算书、资金来源运用表、利益变动之分析、短期合伙会计等。

收藏单位：国家馆、南京馆

04004

中式簿记学　孙乐先著

北平：立生出版社，1945.11，72 页，32 开

本书共 5 章，内容包括：中式簿记学之定义、中式簿记之程序及原理、新中式簿记方法之实例等。

收藏单位：国家馆、南京馆、内蒙古馆、首都馆、天津馆

04005

中式会计学　何源来著

上海：长城书局，1937.6，442 页，25 开

本书共 14 章，内容包括：总论、日流与誊清、存该表、损益表、分类日流簿、分户誊清簿、票据记账法等。

收藏单位：重庆馆、广东馆、国家馆、河南馆、吉林馆、内蒙古馆、首都馆、天津馆、浙江馆

04006

中西簿记会通法　张鹏编

上海：文明书局，1922.4，再版，石印本，121 页，32 开，环筒页装

本书共 4 章，内容包括：簿记原则、簿记组织等。附中西簿记举例。

收藏单位：天津馆

04007
主观记帐标准与客观记帐标准之研究 李亚陶著
中国计政学会，[1933—1949]，13 页，32 开（中国计政学会丛刊）
收藏单位：广西馆、南京馆

04008
资产负债表概论 吴士瑜编 吴宗焘校
上海：吴士瑜，1931.7，139 页，32 开
本书分 18 章论述资产负债表之名称、定义、原则、功用、格式、排列等。
收藏单位：南京馆、上海馆

04009
资力负担释义 蔡经济著
广西省政府会计处，1939.10，28 页，32 开（桂岭会计丛刊 8）
收藏单位：广西馆、南京馆

04010
最新查帐学 （日）三边金藏著 袁愈佺译
上海：商务印书馆，1935，209 页，22 开（现代商业丛书）
上海：商务印书馆，1935.5，再版，209 页，22 开（现代商业丛书）
上海：商务印书馆，1938，再版，209 页，22 开（现代商业丛书）
本书分 4 编：总论、贷借对照表之查帐、损益计算书之查帐、帐簿之检查。附商工业贷借对照表检查方法之指示、各项目上特殊之指示及注意、贷借对照表式样、损益比较表。
收藏单位：重庆馆、广东馆、广西馆、国家馆、河南馆、黑龙江馆、湖南馆、吉林馆、江西馆、辽大馆、南京馆、上海馆、首都馆、天津馆、浙江馆

04011
最新中式帐簿组织 上海市纸商业同业公会简簿会员创办编
上海：中国帐簿印制社，1946.10，56 页，25 开
收藏单位：江西馆

审计

04012
安徽省审计之回顾与瞻望 许祖烈著
安徽省审计处，[1911—1949]，24 页，32 开
本书附中华民国宪法。
收藏单位：安徽馆、南京馆

04013
财务会计及审计 杨泽章编
中国审计学会，1935.1，58 页，32 开
收藏单位：南京馆、宁夏馆

04014
第一次全国主计会议报告 [财政部主计处编]
财政部主计处，[1941.2]，156 页，16 开
本书内容包括：例言、会议始末纪要、宣言、训词、演词、法规、会议纪录、议案索引、关系文件等。
收藏单位：重庆馆、国家馆、南京馆

04015
对于国营事业审计制度之改进意见 杨体志著
[中国计政学会]，1935.9，58 页，32 开（中国计政学会丛刊）
本书共 4 部分：我国现行审计制度概述、国营事业审计之特点、对于国营事业审计制度之商榷、国营事业审计机关分组办事之改进办法。附检查铁路会计方法、本会会员消息。
收藏单位：国家馆、南京馆

04016
福建审计分处各种规章表格
出版者不详，[1911—1949]，40 页，18 开
本书共 18 部分，内容包括：审计处颁定

暂行章程、财政部疑问各条、审计处解释各条、审计分处说明一则、财政司发款凭单说明等。附各种表式。

收藏单位：国家馆

04017

公库法实施后与岁计会计审计事务之演变

军需学校计政人员训练班，1940.7，76页，32开

收藏单位：南京馆

04018

顾著审计学习题详解 杨国树编

出版者不详，[1941—1949]，油印本，1册，16开（立信会计丛书）

收藏单位：南京馆

04019

官厅审计 黄凤铨编

中国计政学会，1937.2，79页，32开

本书共3章：总论、各论、结论。附编会计员毕业典礼致辞、审计部江苏省审计处第二组工作概况。据作者在江苏省县教育机关会计员训练班上的讲义编成。

收藏单位：广东馆、国家馆、南京馆

04020

官厅审计 李余生编

出版者不详，[1911—1949]，油印本，1册，16开

收藏单位：南京馆

04021

广东省主计制度之推行 杜之英讲

广东省政府会计处，1938.5，30页，32开

本书为作者于1938年5月在广州大学的演讲词。

收藏单位：国家馆

04022

广西省县地方款事后审计报告（中华民国二十五年度） 广西省政府审计委员会编

广西省政府审计委员会，[1936—1949]，216页，16开

本书大部分为表。收录该省桂林、全县、兴安、灵川、汉阳、阳朔等99县该年度审计报告等。

收藏单位：国家馆

04023

广西省政府审计报告（中华民国二十四年度） [广西省政府审计处编辑]

广西省政府，[1937]，2册（13+399+410页），16开

本书分上、下两集：国省款部份、县地方款部份。内容包括：广西省审计条例、广西省政府审计处二十四年度工作纪要、事前审计、事后审计、广西省二十四年度县地方普通岁入各项预算总数与核准计算总数比较表、统计图表等。

收藏单位：桂林馆、国家馆、江西馆、南京馆、浙江馆

04024

贵州省审计处公报 贵州省审计处[编]

贵州省审计处，1947.1，198页，32开

收藏单位：贵州馆

04025

合作审计概要 新民合作社中央会编辑股编辑

北京：[新民合作社中央会]，1939.12，24页，32开（新民合作社中央会丛刊 第1类）（合作丛书12）

本书共4章：绪论、查帐、现金检查、帐册单据的分析审查。

收藏单位：国家馆

04026

计政制度大要 杨汝梅著

中国计政学会，[1942—1949]，98页，32开（中国计政学会丛刊）

本书共6章：现行计政组织概论、现行预算制度、现行会计制度、现行公库制度、现行决算制度、现行审计制度。附著者于1942年11月在重庆广播大厦所作题为《中国财政

学会学术讲演（现行计政制度）》的演讲稿。本文又被收入题为《计政制度大要》的文集内，作为“中央政治学校公务员训练部高等科讲义”出版。

收藏单位：重庆馆、国家馆、南京馆、浙江馆

04027

计政制度大要 杨汝梅［等］讲述

［中央政治学校］，[1940—1946]，104 页，18 开（中央政治学校公务员训练部高等科讲义）

本书收录演讲稿 4 篇：《计政制度大要》（杨汝梅）、《会计行政制度概述》（闻亦有）、《统计》（吴大钧）、《计政制度概论（审计篇）》（何启澧）。其中，《计政制度大要》另有中国计政学会出版的单行本。

收藏单位：国家馆、南京馆

04028

计政制度论 卫挺生著

重庆：中国文化服务社，1944.5，170 页，32 开（中国财政学会丛书）

重庆：中国文化服务社，1944.7，再版，170 页，32 开（中国财政学会丛书）

本书收录著者论文、报告 14 篇，内容包括：《主计制度及联综组织缘起及说明》《民国计政之过去与将来》《主计制度释疑》《主计制度再释疑》等。

收藏单位：重庆馆、东北师大馆、广东馆、广西馆、国家馆、南大馆、南京馆、西南大学馆

04029

近代各国审计制度 杨汝梅著

上海：中华书局，1931.8，254+247 页，32 开

上海：中华书局，1940，再版，[254]+247 页，32 开

本书分两编：本编、附编。本编共 10 章，内容包括：审计机关应如何组织、审计职员应如何产生、审计之范围如何决定、审计制度之派别、吾国现行审计制度之治标办法等；附编共 4 章，内容包括：吾国现行审计法令之对照、中英审计及会计名词对照表等。附中华民国训政时期约法。

收藏单位：安徽馆、重庆馆、东北师大馆、甘肃馆、广东馆、广西馆、贵州馆、国家馆、黑龙江馆、湖南馆、江西馆、辽大馆、南京馆、内蒙古馆、上海馆、武大馆、浙江馆

04030

会计审计概要 闻亦有讲

中央训练团党政训练班，1943.2，18 页，36 开（中央训练团党政训练班讲演录）

本书共 6 部分：前言、会计审计制度之理论基础、会计审计机构之组织职掌、会计审计制度推行之现况、会计审计制度未来之瞻望、结论。

收藏单位：重庆馆、广东馆、国家馆、辽宁馆、南京馆

04031

会计师查核决算表之原则与程序 潘序伦译

上海：立信会计图书用品社，1949.9，48 页，27 开（立信会计译丛）

本书据 1936 年美国会计师公会原刊及历年审计程序公报修正。

收藏单位：吉林馆、辽宁馆、天津馆

04032

论审计制度 杨汝梅著

军需学校，1930，214 页，22 开（军需学校丛书）

本书内容与著者《近代各国审计制度》一书相似。书中题：中国财政问题之一。

收藏单位：重庆馆、广东馆、国家馆、南京馆、武大馆

04033

论世界各国审计新制及吾国审计制度 杨汝梅著

出版者不详，[1928]，22 页，16 开

收藏单位：湖南馆

04034

审查决算报告方法 （日）石山贤吉著 陈元

畅节译
志城高级商业职业学校，1938，68页，25开，环筒页装
本书为专科学校用书。共5编，内容包括：考查公司变迁之方法、鉴别决算真伪之方法、考查公司金融状态之方法等。
收藏单位：重庆馆

04035
审计备览 湖北省审计委员会编
华中印刷公司，1930，[166]页，16开
收藏单位：南京馆

04036
审计部二十年三月至六月事后监督审计工作报告 审计部编
审计部，[1930—1939]，[704]页，16开

04037
审计部二十一年度各机关之事后审计工作报告 审计部编
审计部，[1933]，[812]页，16开
收藏单位：南京馆

04038
审计部福建省审计处训政时期工作概况 [福建省审计处编]
福建省审计处，1948.12，34页，32开
本书共3部分：关于工作效率者、关于工作数量者、关于审计行政者。附福建省审计处八年来大事记、三十六年度审计报告书（节录）、本处职员录、本处历年简荐任离职人员表。
收藏单位：福建馆、南京馆

04039
审计部工作报告 审计部编
审计部，1939.8，3册，16开
本书共3部分：事前审计、事后审计、稽察。所涉时间为1939年1—7月。
收藏单位：国家馆、南京馆

04040
审计部工作简要报告 审计部编
审计部，[1948]，28页，32开
本书共4部分：创造时期、推进时期、改进时期、今后审计工作之展望。附办理就地审计经过情形等。所涉时间为1928—1947年。
收藏单位：广东馆、国家馆、南京馆

04041
审计部广东省审计处对于县财务第一次抽查及调查工作报告 广东省审计处编
广东省审计处，[1940]，139页，25开
本书为该处对罗定、开平、新兴、高要、云浮5县财务工作的调查报告。统计时间截至1939年。

04042
审计部河南省审计处工作概况 审计部河南省审计处编
审计部河南省审计处，[1938]，1册，16开
本书共7部分：总述、事前审计、事后审计、稽察、总务、报告表、覆审会议纪录。所涉时间为1936年8月至1937年4月。
收藏单位：国家馆、上海馆

04043
审计部河南省审计处应用书表簿据格式汇刊 审计部河南省审计处编
审计部河南省审计处，1937.4，[146]页，10开
本书共4部分：第一组（事前审计）应用表格式二十八种、第二组（事后审计）应用表式十八种、第三组（稽察）表格二十八种、总务组表册五十一种。
收藏单位：国家馆、南京馆

04044
审计部河南省审计处章则汇编 审计部河南省审计处编
审计部河南省审计处，1937.4，31页，16开
本书收录章则21种，内容包括：审计处组织法、审计法、审计法施行细则、审计部

河南省审计处处务规程草案、审计部河南省审计处统计室办事规则等。

收藏单位：国家馆、近代史所、南京馆、首都馆

04045

审计部稽察工作报告（民国二十二至二十三年度）［审计部第三厅编］

审计部第三厅，[1934—1935]，2 册（58+50 页），16 开

本书内容包括：总述、监视开标决标及验收、稽察各机关职员兼职兼薪及调查物价、调察收入、调查经管款项、调查国库收支等。

收藏单位：广东馆、国家馆、南京馆

04046

审计部津浦铁路审计办事处职员录　审计部津浦铁路审计办事处编

审计部津浦铁路审计办事处，1937.5，[20] 页，16 开

收藏单位：国家馆

04047

审计部三十一年度工作考察总评、提要、对照简表、报告

［审计部］，1942，油印本，6 页，18 开，环筒页装

收藏单位：国家馆

04048

审计部审计成例　审计部审定

审计部，1941，136 页

收藏单位：南京馆

04049

审计部施政概要　审计部编

审计部，1939.1，40 页，16 开

收藏单位：国家馆

04050

审计部事后审计工作报告（中华民国二十三年度）［审计部编］

［审计部］，[1935]，318 页，16 开

收藏单位：南京馆

04051

审计部事前监督审计工作报告（十九年度）

审计部编

审计部，1931，[252] 页，横 16 开

本书大部分为表。内容包括：报告总述、制表例言、审核各机关十九年度每月支付命令金额一览表、核签补发各机关十七年度每月支付命令金额一览表、十九年度支出经费分类表、补发十七年度经费分类表等。

收藏单位：国家馆、湖南馆、上海馆

04052

审计部职员录　审计部编

审计部，1946.11，1 册，16 开

本书收录该部秘书室、审计室、专员室、总务处、会计室等机构职员录。

收藏单位：国家馆

04053

审计成例　审计部编

审计部，1948.4，2 册（86+92 页），32 开

本书取材于审计会议决议案及审计部各厅室处理案件中有解释法令并具成例性质的材料。两册所收成例分别截至 1939 年及 1946 年 12 月。

收藏单位：安徽馆、国家馆、辽宁馆、南京馆

04054

审计成例（第 5 期）　审计部编

审计部，1943，12 页，32 开

本书所收成例截至 1943 年 6 月底。

收藏单位：南京馆

04055

审计概要　徐概吴编讲

出版者不详，1943，1 册，25 开（梧州尚信会计职业学校讲义）

收藏单位：广东馆

04056
审计概要讲义 谢柏坚编
广西地方行政干部训练团，1941，195页，46开
本书共5章：概论、吾国审计制度之演进、吾国现行审计制度、本省实施审计之近况、执政人员对于审计制度及审计应用法令应有之认识。
收藏单位：重庆馆、桂林馆、南京馆

04057
审计实务 王国鼎编著
审计部陕西省审计处，1946.12，10+94页，18开
本书共5章：事前审计、事后审计、稽察、就地审计、公有营业审计。
收藏单位：国家馆

04058
审计实习题 唐文瑞编
上海：商务印书馆，1939.8，胶版影印本，87页，16开（立信会计丛书）
上海：商务印书馆，1940.11，再版，87页，16开（立信会计丛书）
本书可作大学商科、会计专科学校或高中商科实习教材用。
收藏单位：重庆馆、贵州馆、国家馆、黑龙江馆、辽大馆、辽宁馆、南京馆、上海馆、首都馆、浙江馆

04059
审计委员会审计条例施行细则
出版者不详，[1911—1949]，22页，大32开
本书附稽察证使用规则。
收藏单位：南京馆

04060
审计问题 钱迺徵编
上海：立信会计图书用品社，1946，3版，302页，23开（立信会计丛书）
上海：立信会计图书用品社，1947，4版，302页，23开（立信会计丛书）
上海：立信会计图书用品社，1949.7，5版，302页，22开（立信会计丛书）
本书收录问题55个，内容包括：现金收入之审核、现金记录之检查、银行往来存款及库存现金之审查、挪用现金之检举、查帐工作底稿及报告书之编制、查帐报告书之批评等。附总习题3种。
收藏单位：重庆馆、广东馆、国家馆、吉林馆、辽大馆、南京馆、天津馆

04061
审计问题 钱迺徵编
长沙：商务印书馆，1940.12，302页，22开（立信会计丛书）
收藏单位：重庆馆、国家馆、辽宁馆、武大馆、浙江馆

04062
审计问题答解 钱迺徵编
上海：立信会计图书用品社，[1911—1949]，152页，27开（立信会计丛书）
上海：立信会计图书用品社，1948.7，再版，152页，25开（立信会计丛书）
收藏单位：重庆馆、广东馆、国家馆、吉大馆、辽大馆、辽宁馆、南京馆、上海馆、天津馆

04063
审计学 陈宪谟编著
上海法政学院，[1929—1949]，110页，16开
收藏单位：南京馆

04064
审计学 顾询 唐文瑞编
上海：立信会计图书用品社，1941.7，257页，32开（立信会计教科书）
重庆：立信会计图书用品社，1941.10，再版，257页，32开（立信会计教科书）
重庆：立信会计图书用品社，1944，4版，257页，32开（立信会计丛书）
上海、重庆：立信会计图书用品社，1946.12，8版，257页，32开（立信会计丛书）
上海[等]：立信会计图书用品社，1947.6，9版，257页，32开（立信会计丛书）

上海[等]：立信会计图书用品社，1948.6，10版，257页，32开（立信会计丛书）

本书适用于高级中学及职业学校。共16章，内容包括：审计之意义与目的、审计之种类、审计之基本法则、现金及银行存款、投资及递延资产、固定资产、各项负债、资本等。附习题。

收藏单位：安徽馆、重庆馆、广东馆、国家馆、河南馆、吉林馆、南京馆、宁夏馆、浙江馆

04065

审计学 归润章编译

[上海]：商务印书馆，1944.11，165页，25开（新中学文库）

上海：商务印书馆，1946.7，165页，25开

上海：商务印书馆，1947.2，再版，165页，25开（新中学文库）

上海：商务印书馆，1947.7，3版，165页，25开（新中学文库）

上海：商务印书馆，1948，4版，165页，25开

上海：商务印书馆，1949，5版，165页，25开

本书共12章，内容包括：查帐之准备、现金及现款基金、应收款项、存货、损益、查帐之结束等。附查帐报告书本文实例、问题及习题、参考文献。

收藏单位：安徽馆、长春馆、重庆馆、甘肃馆、广东馆、广西馆、贵州馆、国家馆、黑龙江馆、湖南馆、吉林馆、江西馆、辽大馆、辽东学院馆、柳州馆、南京馆、内蒙古馆、宁夏馆、上海馆、首都馆、浙江馆、中科图

04066

审计学 郭定荣编

[国立北京女子师范学院]，[1940—1949]，[12+202]页，18开

本书共5章：总论、审计员之资格及对于被查机关职员之态度、审计工作之开始、各种帐表的分析审计之方法、查帐报告书之编制。书前附现行会计师条例。书中题名：审计学讲义，逐页题名：国立北京女子师范学院审计学。

04067

审计学 郭铁汉讲述

广东省地方行政干部训练团，1940.11，76页，32开（财政类8）

本书共7章，内容包括：审计原理、查帐程序、帐册单据、检查及资产之审计等。

收藏单位：重庆馆

04068

审计学 何士芳编

何士芳[发行者]，1941.3，1册，18开，环筒页装（实用会计丛书）

本书共14章，内容包括：概论、审计机械、现金及现款基金、应收款项、证明书、实业界之特点等。主要据《审计学》（丁宁）编译。

收藏单位：国家馆

04069

审计学 河南省训练团编

河南省训练团，1947.3印，94页，32开

本书共15章，内容包括：审计学之意义、审计之种类、查帐之开始、现金及银行存款、固定投资、查帐报告书等。

收藏单位：国家馆

04070

审计学 潘序伦 顾询著

重庆：立信会计图书用品社，1940.6，5版，2册（669页），25开（立信会计教科书）

长沙：立信会计图书用品社，1941.5，6版，2册（669页），25开（立信会计教科书）

重庆：立信会计图书用品社，1942.2，再版，2册（669页），25开（立信会计丛书）

重庆：立信会计图书用品社，1944.7，2册（669页），32开（立信会计丛书）

本书共31章，内容包括：审计之意义、审计之目的及效益、审计之种类、内部牵制组织、查帐程序总复习、我国之会计师职业等。附会计师条例、参考书目录。

收藏单位：重庆馆、广西馆、贵州馆、国家馆、湖南馆、内蒙古馆

04071
审计学 潘序伦 顾询著
上海：商务印书馆，1935.5，2 册（669 页），25 开（立信会计丛书）
上海：商务印书馆，1936.1，再版，2 册（669 页），22 开，精装（立信会计丛书）
上海：商务印书馆，1936.10，3 版，2 册（669 页），22 开（立信会计丛书）
长沙：商务印书馆，1938.11，4 版，2 册（669 页），22 开，精、平装（立信会计丛书）
上海：商务印书馆，1946.8，8 版，2 册（493 页），22 开（立信会计丛书）
上海：商务印书馆，1948.9，13 版，2 册（493 页），22 开（立信会计丛书）

收藏单位：安徽馆、重庆馆、广东馆、贵州馆、国家馆、河南馆、湖南馆、吉林馆、江西馆、辽大馆、南京馆、内蒙古馆、天津馆、浙江馆

04072
审计学 沈立人编
上海：商学书局，1935.9，36+448+160 页，25 开（会计全书 第 4 部）

本书共 20 章，内容包括：概论、审计者之责任、审计者受任之手续、审计上例务工作、账目分析及核对、事业之调查等。附中华钢铁制造股份有限公司之审计、练习题。

收藏单位：重庆馆、广东馆、广西馆、国家馆、黑龙江馆、辽大馆、上海馆

04073
审计学 徐以懋编著 闻亦有主编
重庆：正中书局，1943.12，206 页，36 开
上海：正中书局，1946.7，206 页，36 开

本书适用于高级商业职业学校。共 20 章，内容包括：总论、审计的种类、审计的目的、内部牵制制度、审计人员、查帐工作的事前准备等。各章后均附习题。

收藏单位：重庆馆、国家馆、辽大馆、辽宁馆、南京馆、山西馆、浙江馆

04074
审计学 曾雨辰讲述
江西省县政人员训练所，1936.3，68 页，22 开（县训丛刊 财政类 第 6 种）

收藏单位：江西馆

04075
审计学 张忠亮著
上海：黎明书局，1935.6，14+256+[83] 页，22 开（黎明商业丛书）
上海：黎明书局，1937，再版，14+256+[83] 页，22 开（黎明商业丛书）

本书共 18 章，内容包括：会计师事业、审计之意义与功用、查账之准备与开始、查账工作、现金检查、应收票据及应收账款之检查等。附查帐底稿实例、查帐报告书实例。

收藏单位：重庆馆、贵州馆、国家馆、黑龙江馆、湖南馆、吉林馆、辽大馆、南京馆、上海馆、首都馆、天津馆、西南大学馆、浙江馆

04076
审计学
出版者不详，[1947]，80 页，32 开

本书共 3 编：绪论、审计原则、审计资料的搜集。

收藏单位：国家馆

04077
审计学（一名，会计监查） 吴应图编译
上海：商务印书馆，1925.1，295 页，25 开
上海：商务印书馆，1927.7，再版，295 页，24 开
上海：商务印书馆，1929，4 版，295 页，24 开
上海：商务印书馆，1932.11，国难后 2 版，295 页，32 开

本书为新学制高级商业学校教科书。共 5 编：总论、帐簿检查、贷借对照表监查、损益科目监查、监查人。附中华民国会计师暂行章程。

收藏单位：重庆馆、广东馆、国家馆、湖南馆、南京馆、上海馆、浙江馆

04078

审计学 ABC　郑行巽著

上海：ABC 丛书社，1929.5，89 页，32 开（ABC 丛书）

上海：ABC 丛书社，1934.9，3 版，89 页，32 开（ABC 丛书）

上海：ABC 丛书社，1935，4 版，89 页，32 开（ABC 丛书）

上海：ABC 丛书社，1937.5，5 版，89 页，32 开（ABC 丛书）

本书共 8 章：通论、分录簿、总帐、流动资产、固定资产、负债、纯值、损益计算表。

收藏单位：重庆馆、甘肃馆、广东馆、广西馆、贵州馆、国家馆、河南馆、湖南馆、江西馆、辽大馆、内蒙古馆、宁夏馆、首都馆、天津馆、浙江馆

04079

审计学概要　龚树森编著

南京：正中书局，1936.1，115 页，25 开（商学丛刊）

南京：正中书局，1937，115 页，25 开（商学丛刊）

上海：正中书局，1947.9，115 页，25 开（商学丛刊）

本书共 9 章：审计之意义、审计之效果、审计之种类、内部牵制组织、审计师、审计技术、审计实务、审计工作底稿、审计报告书。

收藏单位：安徽馆、重庆馆、广西馆、贵州馆、国家馆、湖南馆、辽大馆、南京馆、内蒙古馆、宁夏馆、天津馆

04080

审计学纲要　秦庆钧编著

联合书局，1947.6，5 版，70 页，25 开（立信会计丛书）

本书共 3 编：审计原理、企业审计、政府审计。

收藏单位：贵州馆

04081

审计学讲义　军需学校计政人员训练班编

军需学校计政人员训练班，1940.7，142 页，32 开

收藏单位：重庆馆

04082

审计学讲义（上册）　杨汝梅讲

军需学校，[1912—1949]，176 页，32 开

收藏单位：广东馆、贵州馆

04083

审计学教科书　潘序伦　顾询著

上海：商务印书馆，1936.7，229 页，22 开（立信会计丛书）

长沙：商务印书馆，1938.6，4 版，229 页，23 开（立信会计丛书）

长沙：商务印书馆，1939，5 版，229 页，23 开（立信会计丛书）

上海：商务印书馆，1940.2，7 版，229 页，25 开（立信会计丛书）

长沙：商务印书馆，1940，8 版，229 页，25 开（立信会计丛书）

重庆：商务印书馆，1943，7 版，229 页，23 开（立信会计丛书）

本书适用于高中商科三年级，商科大学三、四年级。共 12 章，内容包括：总论、查帐工作之开始、帐册单据之审核等。各章后均附问答题。

收藏单位：重庆馆、广东馆、广西馆、国家馆、湖南馆、吉林馆、江西馆、辽大馆、南京馆、首都馆、西南大学馆、浙江馆

04084

审计学原理　（美）蒙特哥美利（P. H. Montgomery）（美）斯陶伯（W. A. Staub）著　张蕙生　钱素君译

外文题名：Auditing principles

上海：生活书店，1934.8，39+431 页，22 开

上海：生活书店，1944.8，39+431 页，大 32 开

本书共 28 章，内容包括：查帐员之资格及其对于委托人之态度、查帐之目的及其利益、查帐之种类与内部牵制组织、查帐之开始、资产负债表、现金等。

收藏单位：北师大馆、重庆馆、广东馆、

广西馆、国家馆、辽大馆、南京馆、内蒙古馆、上海馆、天津馆

04085
审计院关于监督预算执行之审计工作报告（十八年度） 审计院编
审计院，[1930]，1册，横4开
本书大部分为表。收录该院监督及核签的中央及所属各机关1928—1929年预算与预算执行统计表11种。书前有报告总纲。附各种工作表之简要说明。其他题名：审计院拾八年度关于监督预算执行之审计工作报告。
收藏单位：国家馆、首都馆

04086
审计院审定各部主管全国各机关民国六年度支出金额表 审计院编
审计院，[1918—1949]，504页，16开
本书全部为表。收录该院审定外交部、内务部、财政部豫算，陆军部、海军部、司法部主管各机关民国六年七月至七年六月支出金额表等。
收藏单位：上海馆

04087
审计院职员录 审计院编
审计院，1924.11，40页，36开
本书收录该部审查决算委员会、外债室、顾问室等机构职员录。
收藏单位：国家馆、上海馆

04088
审计制度 韩同管编
浙江财务人员养成所，1929，140页，32开
收藏单位：南京馆

04089
审计制度 行政院新闻局编
行政院新闻局，1947.11，46页，32开
本书共4部分：现行审计法之立法意义、审计机构之沿革、审计制度之实际运用、历年办理审计之成果。
收藏单位：安徽馆、长春馆、重庆馆、大庆馆、广东馆、广西馆、国家馆、河南馆、湖南馆、吉林馆、江西馆、近代史所、辽宁馆、南京馆、宁夏馆、上海馆、首都馆、天津馆、浙江馆

04090
审计制度与建设事业 陈元瑛著
出版者不详，[1911—1949]，16+22页，32开
本书共4部分：关于审计法规方面、关于事前审计方面、关于障碍事例方面、结论。附《现行制度对于建设事业所生障碍之检讨》（凌鸿勋）。
收藏单位：国家馆、南京馆

04091
四川省政府审计委员会工作报告书（二十六、二十八年） 四川省政府审计委员会编
四川省政府审计委员会，[1937—1939]，2册（24+38页），22开
本书大部分为表。共3部分：文书、会议纪录、统计表。
收藏单位：国家馆

04092
我国现行事前审计制度 黄凤铨著
南京：黄凤铨[发行者]，1934，122页，22开
本书共4章：总论、我国事前审计制度之沿革、我国现行事前审计之方法、国民政府历年度事前审计之实况与成绩。附审计法规、预算概论之函序。
收藏单位：广东馆、国家馆、江西馆、南京馆、上海馆

04093
现金之详细审查法 陆善炽著
中国计政学会，1935.5，60页，32开（中国计政学会丛刊）
收藏单位：南京馆、内蒙古馆、上海馆

04094
一年来工作概况 审计部上海市审计处编
审计部上海市审计处，1936，[322]页，18开

本书共7部分，内容包括：总述、推行制度经过、本处法规、工作报告、会议记录等。所涉时间为1935年3月至1936年3月。

收藏单位：广东馆、国家馆

04095

银行内部审计 陈成耀著

上海：立信会计图书用品社，1941.1，78页，32开（立信会计丛书）

重庆：立信会计图书用品社，1944.11，再版，78页，32开（立信会计丛书）

上海：立信会计图书用品社，1946.8，3版，78页，32开（立信会计丛书）

上海：立信会计图书用品社，1947.6，4版，78页，32开

本书共10章，内容包括：概说、会计记录之错误、职员之舞弊、内部牵制制度、一般帐务审核等。

收藏单位：安徽馆、重庆馆、广东馆、广西馆、国家馆、黑龙江馆、吉大馆、辽大馆、内蒙古馆、上海馆、天津馆

04096

银行审计学 陈成耀编

广东省地方行政干部训练团，1941，62页，36开（金融类7）

本书共6章：概说、银行之内部牵制组织、实物检查、帐务检查、业务检查、赴外稽查。逐页题名：银行审计学概要。

收藏单位：重庆馆

04097

英文审计学原理 Friedrich Otte著

上海：商务印书馆，1933，国难后1版，124页，32开

本书封面题名：审计学原理。

收藏单位：广东馆

04098

应用审计学 张辑颜著

上海：中华书局，1939.8，14+506页，32开

上海：中华书局，1941.8，再版，14+506页，32开

本书分两编：总论、审计之实物。第1编共11章，内容包括：审计学之意义、审计学与会计学之关系、审计学之功用、审计之种类、商业审计之特质等；第2编共14章，内容包括：审计方法之概述、资产项目之审查、负债项目之审查、资本项目之审查、资产负债表之编制等。附1935年实业部公布的有关会计师条例规则等。

收藏单位：重庆馆、广东馆、贵州馆、国家馆、江西馆、辽大馆、辽宁馆、南京馆、浙江馆

04099

云南省政府审计报告书（二十三至二十五年度） [云南省政府审计处编]

云南省政府审计处，[1936—1938]，3册（[224]+[310]+[350]页），36×40cm

收藏单位：国家馆

04100

战时岁计会计审计 张心澂著

广西省政府会计处，1939.1，56页，32开（桂岭会计丛刊6）

本书讨论现行岁计、会计、审计制度在战时环境下的适用性及其改革。

收藏单位：重庆馆、桂林馆、南京馆

04101

政府审计 曹颂彬编著 中央训练委员会内政部审定

中央训练委员会、内政部，1941.12，128页，32开（县各级干部人员训练教材）

本书共7章，内容包括：政府审计之意义、政府审计之职能、财政监督系统、审计机构程序、公库审计等。附审计法规7种。

收藏单位：重庆馆、广东馆、广西馆、贵州馆、国家馆、湖南馆、江西馆、南京馆

04102

政府审计 孟宪侨编著

[西安]：大公报西安分馆，1941，108页，32开

本书共6章：通论、审计职务执行方式

及程序、审计职权、审计须知、公库之审计、县财务之审计。附审计法、陆军预决算规程、省市县公库审计暂行办法等 14 件。

收藏单位：重庆馆、国家馆、江西馆、南京馆、天津馆、浙江馆

04103

政府审计 [陕西省地方行政干部训练团编]

陕西省地方行政干部训练团，1942，128 页，32 开（训练教材）

本书共 7 章，内容包括：政府审计之意义及范围、审计机关之组织、审计程序及审核方法、公库审计、现行县财务审计、审计问题等。

收藏单位：重庆馆、南京馆

04104

政府审计 郑仲陶编

军需学校，[1940]，349 页，32 开

本书共 10 章，内容包括：绪论、我国政府审计之史略、各国现行审计制度、审计程序、审核须知、公库审计等。

收藏单位：广西馆、河南馆、南京馆

04105

政府审计大纲 王国鼎编著

西安：标准出版社，1943.1，10+154 页，32 开（青年会计丛书 14）

本书共 7 编，内容包括：政府审计概念、政府审计制度、政府审计实务、政府审计应用等。据作者在西北青年会计学校任教时的讲义编成。

收藏单位：国家馆

04106

政府审计概要 刘树东编 江西省地方行政干部训练团编

江西省地方行政干部训练团，1941，56 页，36 开（分组训练教材 54）

本书内容包括：政府审计之意义及其效用、审计之种类、我国政府审计机关之组织、事前事后审计等。

收藏单位：重庆馆、江西馆

04107

政府审计实务 蒋明祺著

重庆：立信会计图书用品社，1942.8，340 页，25 开（立信会计丛书）

上海：立信会计图书用品社，1947.3，2 版，340 页，25 开（立信会计丛书）

本书共 5 编：政府审计之准备事项、应用技术、标准实务、统制记录、参考资料。

收藏单位：安徽馆、重庆馆、广东馆、广西馆、国家馆、辽大馆、南京馆、上海馆、首都馆、天津馆

04108

政府审计述要 张汉卿编著

杭州：正中书局，1939.10，[19]+342 页，22 开

本书共 5 章：概述、事前审计、事后审计、稽察、就地审计。附审计部组织法、公库法等 9 种。

收藏单位：广东馆、国家馆、浙江馆

04109

政府审计原理 蒋明祺编著

重庆：立信会计图书用品社，1941，376 页，25 开（立信会计丛书）

重庆：立信会计图书用品社，1944，再版，376 页，25 开（立信会计丛书）

上海：立信会计图书用品社，1947.3，3 版，376 页，23 开（立信会计丛书）

本书共 7 编：政府审计之意义、机构、法规、程序、人员、制度、评议。

收藏单位：重庆馆、甘肃馆、广东馆、广西馆、贵州馆、国家馆、湖南馆、吉林馆、南京馆

04110

政府审计原理与实务 谢柏坚著

桂林：建设书店，1942.3，[14]+306 页，25 开

本书共 6 章：概论、吾国政府审计制度之演进、现行吾国政府审计制度、事前审计、事后审计、稽察。各章后均附审计问题。附审计法规 8 种。

收藏单位：广东馆、广西馆、贵州馆、国

家馆、江西馆

04111
中国计政学会简章　[中国计政学会编]
中国计政学会，1934，18页，22开
中国计政学会，1936.4，18页，32开
本书附会员一览表。
收藏单位：广西馆

04112
中国计政学会年会报告（第二至三届）　中国计政学会编
中国计政学会，1935—1936，2册（82+86页），32开
本书内容包括：现任职员一览表、理事会会议纪录、本会收支报告等。
收藏单位：南京馆、上海馆

04113
中国审计制度概要　钟震岳著
四川省训练团，1930，20页，36开（四川省训练团讲义）
本书共4章：概论、审计职权之分类、审计方法及实施、审计机关之组织。
收藏单位：重庆馆、南京馆

04114
中国审计制度论　何君淹著
[南京]：仁德印刷所，1937，184页，23开
本书共10章，内容包括：中国审计制度之沿革、中国审计制度之组织、中国审计制度之程序、中国现行审计法规之检讨等。
收藏单位：重庆馆

04115
中国事后审计制度　黄凤铨著
江苏省政府广播无线电台，1936.8，1册，16开
收藏单位：南京馆

04116
中国事前审计制度　王培驪著
南京：正中书局，1936.6，22+789页，22开
本书共8章：总论、史略、审计报告、审计须知及实例、案牍、法规、书表、会议纪录。
收藏单位：安徽馆、重庆馆、广东馆、国家馆、吉林馆、辽大馆、辽宁馆、南京馆、上海馆、天津馆、浙江馆、中科图

04117
中国现行审计制度　范士舆讲述
出版者不详，[1911—1949]，油印本，19页，16开
本书内容包括：古代审计之沿革、近代审计制度之演进、现行审计制度等。
收藏单位：浙江馆

04118
中国现行审计制度　许祖烈著
上海：立信会计图书用品社，1947.6，[20]+226+64页，25开（立信会计丛书）
本书共13章，内容包括：我国古代审计之沿革、前清末叶审计制度概况、民国以来之审计、现行审计制度概述、事前审计、事后审计等。附现行审计法令、与审计有关各重要法令之条文、旧审计法。
收藏单位：河南馆、辽大馆、南京馆、上海馆、天津馆、浙江馆

04119
中国现行主计制度　卫挺生　杨承厚著
重庆：国立编译馆，1946.8，[23]+415页，25开（部定大学用书）
上海：国立编译馆，1946.11，18+415页，25开（部定大学用书）
本书共5篇："绪论——主计制度之概说""本论一——岁计制度""本论二——会计制度""本论三——统计制度""余论——主计制度之动向"。
收藏单位：安徽馆、重庆馆、东北师大馆、甘肃馆、广东馆、广西馆、贵州馆、国家馆、黑龙江馆、湖南馆、辽大馆、南京馆、宁夏馆、上海馆、首都馆、天津馆、浙江馆

04120
中国政府审计 陶元琳编著
重庆：大时代书局，1942.9，10+380页，32开
本书共8章：概论、事前审计、事后审计、稽察、决算之审核、就地审计、公有营业机关之审计、审计成例。
收藏单位：安徽馆、重庆馆、广东馆、广西馆、贵州馆、国家馆、南京馆、浙江馆

04121
主计人事制度 陈其祥编
省政府会计处，[1911—1949]，24页，32开（计政论丛2）
收藏单位：南京馆

04122
主计与审计 闻亦有讲
[中央训练团党政训练班]，1941.11，54页，32开（中央训练团党政训练班讲演录）
本书共4部分：绪言、主计、审计、结论。
收藏单位：重庆馆、广东馆、国家馆、南京馆

04123
最近六年审计工作之统计 审计部统计室编
审计部统计室，1947.6，40页，横16开
本书为1941年编辑的《审计部十年来工作之统计》的续编。
收藏单位：国家馆

04124
最新审计学 王蕴秋 赵灼编著
[广州]：实用高级会计科职业学校，[1933—1949]，[126]页，32开
收藏单位：广西馆

劳动经济

04125
安徽省合肥县工人生活费指数 安徽省社会处编
安徽省社会处，1946.7，14页，16开，环筒页装（实业统计特刊2）
收藏单位：安徽馆

04126
安徽省会国民义务劳动服务团三十五年度工作报告 安徽省会劳动服务团编
安徽省会劳动服务团，[1946]，52页，16开
本书介绍该团的筹备经过及工作概况。附该团职员一览表。
收藏单位：安徽馆

04127
罢工权研究 （法）吉德（Charles Gide）等著 孔宪铿译
上海：华通书局，1930.5，218页，22开
本书共9讲，每讲为论文1篇。内容包括：《罢工权概论》（季特）、《罢工权和公的职任》（特彼里弥）、《罢工权和工作自由》（伯鲁）、《罢工时合法的和犯法的行为》（格非）、《罢工是劳工契约的断绝抑或停顿》（卑鲁）等。著者原题：季特等。
收藏单位：重庆馆、国家馆、河南馆、湖南馆、吉大馆、江西馆、南京馆、山西馆、上海馆、天津馆、浙江馆

04128
罢工权研究 （法）吉德（Charles Gide）等著 孔宪铿译
广州：民强印务局，1928.7，207页，25开
收藏单位：重庆馆、东北师大馆、上海馆、天津馆

04129
罢工与怠业 （日）野口著 黄昌言译
上海：中山书局，1928.7，67页，32开
本书共15章，内容包括：绪言、英国罢工的状况、罢工的史实、法国罢工的状况、德国罢工的状况、比利时罢工的状况等。
收藏单位：重庆馆、国家馆、江西馆、上海馆、浙江馆

04130
报酬法　（美）威尔逊著　寿熹译
外文题名：Methods of remuneration
上海：商务印书馆，1934.12，110 页，32 开（商学小丛书）
上海：商务印书馆，1935.4，再版，110 页，32 开（商学小丛书）

本书共 11 章，内容包括：标准工资、计件工与计成绩支付、科学管理法等。

收藏单位：安徽馆、重庆馆、广东馆、广西馆、贵州馆、桂林馆、国家馆、南京馆、上海馆、首都馆、天津馆、浙江馆

04131
北京大学劳工问题及劳工立法纲要　李光忠编
出版者不详，[1923—1949]，93 页，18 开

本书分 4 编：劳工问题之性质及其发展、工艺的原因、心理关系、经济的及社会的方面。

收藏单位：国家馆

04132
比较劳动政策　马超俊　余长河著
重庆：商务印书馆，1945.6，2 册（737 页），22 开（中山文库）
上海：商务印书馆，1946.8，2 册（737 页），25 开（中山文库）

本书共 9 编，内容包括：总论、劳动组织、团体协约、劳动调整策、劳动保护策等。

收藏单位：重庆馆、东北师大馆、广东馆、广西馆、贵州馆、国家馆、河南馆、黑龙江馆、湖南馆、吉大馆、近代史所、辽大馆、辽宁馆、南京馆、内蒙古馆、宁夏馆、上海馆、首都馆、天津馆、西南大学馆、浙江馆

04133
察省人民服工役计划书　察哈尔省建设厅秘书处编
察哈尔省建设厅秘书处，1935.12，1 册，10 开

本书内容包括：察哈尔省人民服工役办法大纲、察哈尔省各县政府暨设治局人民服工役管理及考察规则等。附折图。附万金、蔚、宣化、张北、延庆、怀来、阳原、涿鹿、怀安、龙关、赤城、商都等 16 个县以及化德、崇礼、尚义 3 个设治局实有壮丁人数和建设事项。

收藏单位：国家馆

04134
厂场及技术员工分类　社会部劳动局编
社会部劳动局，[1911—1949]，4 页，22 开

收藏单位：南京馆

04135
冲击队　何声清译
南京：拔提书店，1936.3，354 页，32 开

本书共 6 篇，内容包括：社会主义竞争与冲击队运动、二年半完成的五年计划、列宁勋章及劳动赤旗章、报告文学等。

收藏单位：重庆馆、国家馆

04136
重庆工人所得及生活费　郑孝齐　张发锐著　中国农民银行经济研究处编
重庆：中国农民银行经济研究处，1942，22 页，16 开

本书共 7 部分，内容包括：调查之进行、家庭人口、工作与收入、家庭支出、工资之变动等。据中国农民银行和重庆市社会局联合调查所得结果编成。

收藏单位：重庆馆、山西馆

04137
重庆市工人服务队总队部奉令协办征雇第二批赴印运输工人报告书　重庆市工人服务队总队部编
重庆市工人服务队总队部，[1944.1]，47 页，16 开

本书共 6 章：概述、征雇、体格检查、编组、出发、检讨。附大事记。

收藏单位：国家馆

04138
重庆市工资指数 社会部统计处编
社会部统计处，1942，1 册，16 开
收藏单位：广东馆、南京馆

04139
出席第二十届国际劳工大会我国劳方代表报告书 朱学范编
出版者不详，[1936]，[90] 页，25 开
本书为汉英对照。
收藏单位：上海馆

04140
德国工役制度 王光祈译
上海：中华书局，1936.6，84 页，32 开（国防丛书 第 10 种）
中华书局，1937.6，84 页，32 开（国防丛书 第 14 种）
本书共 5 章：工役之组织、工役之作用、工役惩戒法及全国工役局中之工役法庭、德国女子工役、酬工协会。附德国工役法。据《德国工役》（何思曼）的下半部分译出。
收藏单位：重庆馆、广东馆、国家馆、黑龙江馆、吉林馆、辽宁馆、南京馆、内蒙古馆、上海馆、浙江馆

04141
德国劳动动员 方秋苇著
重庆：军政部陆军经理杂志社，1942.5，54 页，25 开（陆军经理杂志社国防丛书 2）
本书共 6 章，内容包括：兴登堡计划与全体劳动动员运动、第一次欧战时的劳动服务制度、战后的自动劳动服务制度、劳动服务的事业范围、结论等。附《德国国家劳动服务法》、《劳动服务的精神》（希尔上校）。
收藏单位：重庆馆、贵州馆、国家馆、南京馆

04142
德国劳动服务制度 （日）下松桂马著 张云汉译
成都：中华民国留日同学会，1940.7，157 页，32 开
本书共 11 章，内容包括：序论、什么是劳动服务制度、德国国社党与劳动服务制度、劳动服务制度之基本问题、劳动服务之国民经济的意义等。附关于劳动服务制度之文献。
收藏单位：安徽馆、重庆馆、广东馆、贵州馆、国家馆、湖南馆、吉林馆、南京馆

04143
德国劳动服役的路线 （德）H. 克雷厅曼（H. Kretzschmann）（德）埃德鲁（F. Edel）著 夏明钢译
上海：大公通讯社出版部，1935.4，50 页，32 开（大公社丛书）
收藏单位：上海馆

04144
德意志国社主义国家之劳动理论与劳动制度 朱通九调查 刘大钧审查 / 核定
出版者不详，1939.2，晒印本，41 张，大 16 开（中国经济统计研究所 总字第 279 号 工业门劳工类 第 14 号）
收藏单位：上海馆

04145
德意志劳动服务之一般 军事委员会办公厅第四处编译
南京：军用图书社，1936.7，88 页，32 开
本书共 9 部分，内容包括：实行劳动服务、劳动服务的宗旨、劳动服务的营房情形、劳动服务就是做工、一个德人及两个外籍人士的谈话等。
收藏单位：安徽馆、南京馆、浙江馆

04146
第三届全国工作竞赛给奖典礼优胜者题名录 工作竞赛推行委员会编
工作竞赛推行委员会，1945，100 页，36 开
本书收录生产事业、交通事业、社会文化、机关业务部门优胜单位名录。
收藏单位：重庆馆

04147
第四届工作竞赛优胜结奖特刊 工作竞赛推

行委员会编
工作竞赛推行委员会，1946，1 册，16 开
收藏单位：广东馆

04148
第一次调查在法华工情形书　国务院侨工事务局编
国务院侨工事务局，1918，12 页，18 开
收藏单位：近代史所

04149
对于我国劳动问题之建议　朱通九调查　刘大钧审查 / 核定
出版者不详，1939.2，晒印本，5 张，大 16 开（中国经济统计研究所 总字第 285 号 工业门劳工类 第 20 号）
收藏单位：上海馆

04150
法西斯主义下之劳资关系　海德尔著　王斐荪译
民众运动月刊社，[1911—1949]，12+342 页，32 开（民众运动研究丛书 4）
本书共 12 章，内容包括：劳工问题即世界问题、引起法西斯主义产生之事件、法西斯主义之基本特性、法西斯蒂工团之发展等。
收藏单位：安徽馆、重庆馆、国家馆、湖南馆、江西馆、南京馆、人大馆、上海馆

04151
非常时期之工人　何汉文著
上海：中华书局，1937.3，74 页，32 开（中国新论社非常时期丛书）
上海：中华书局，1937.8，再版，74 页，32 开（中国新论社非常时期丛书）
上海：中华书局，1938.7，3 版，74 页，32 开，精装（中国新论社非常时期丛书）
本书共 4 章：非常时期之工业与工人、非常时期之劳动供求问题、非常时期之劳动保护、非常时期工人之责任。
收藏单位：重庆馆、广东馆、广西馆、贵州馆、桂林馆、国家馆、江西馆、南京馆、内蒙古馆、天津馆

04152
各地劳资新旧合约类编　工商部劳工局编
南京：工商部总务司编辑科，1930，[562] 页，18 开（工商丛刊 劳工类）
本书收录 1928 年以前广东、浙江、江苏、广西、江西、湖北、云南、新疆、吉林、河南、山西 11 省及上海、南京、广州、汉口、北平、天津 6 个特别市的合约 467 种。分 20 类，内容包括：饮食、衣着、建筑、交通、运输、机械等。逐页题名：各地劳资新旧合约汇编。
收藏单位：重庆馆、国家馆、湖南馆、华东师大馆、江西馆、近代史所、辽宁馆、南京馆、上海馆、首都馆、天津馆

04153
各省市征工服役成绩考核及奖惩办法　行政院公布
内政部，1937，6 页，36 开
本办法于 1936 年 12 月由行政院公布。
收藏单位：重庆馆

04154
各重要城市工资指数　社会部统计处编
外文题名：Index numbers of wages of leading cities
社会部统计处，1948.8，30 页，16 开
本书为汉英对照，大部分为表。共 5 部分：职业工人工资指数、产业工人工资指数、指数变动说明、各业工人工资率对基期之比较、各业工人实际收入对基期之比较。
收藏单位：东北师大馆、国家馆

04155
各重要市县工资指数合订本　社会部统计处编
社会部统计处，1946，1 册，18 开
本书所涉时间为 1946 年 1—12 月。
收藏单位：广东馆

04156
各重要县市简易工人生活费指数　社会部统计处编

社会部统计处，1946，1 册，16 开

收藏单位：广东馆

04157

各主要城市工资指数　社会部统计处编

[社会部统计处]，[1911—1949]，3 册，16 开

收藏单位：南京馆

04158

工厂技术人员及产业工人静态普查表　[社会部统计处编]

社会部统计处，[1947]，1 册，18×24cm

收藏单位：国家馆、南京馆

04159

工厂组织与工人劳动条件研究报告　郭士沅提出

社会部劳动局，[1911—1949]，37 页，32 开（学术会议研究丛书 1）

收藏单位：南京馆

04160

工人人数及工资统计　铁道部业务司劳工科编

铁道部业务司劳工科，[1930—1949]，80 页，16 开（铁路工人统计专刊 1）

本书大部分为表。共两部分：各路工人人数统计表、各路工资统计表。

收藏单位：广东馆、国家馆、南京馆、上海馆

04161

工业化与中国劳工问题　刘鸿万著

重庆：商务印书馆，1945.4，73 页，32 开（国民经济研究所丙种丛书 第 6 编）

本书共 5 章：绪论、战前我国劳工状况之特点、战时劳工状况之变迁、战后改进劳工状况之方针、结论。

收藏单位：重庆馆、广东馆、广西馆、桂林馆、国家馆、吉林馆、南京馆、陕西馆、天津馆、浙江馆

04162

工业劳资纠纷统计编辑法　国际劳工局著　莫若强译

外文题名：Method of compiling statistics of industrial disputes

上海：商务印书馆，1929.4，42 页，32 开（上海特别市政府社会局丛书 劳工类 3）

本书共 4 章：工业劳资纠纷统计之普通问题、根据工业劳资纠纷之性质分类、根据劳资纠纷之重要分类、工业劳资纠纷次数率与利害率之计算。

收藏单位：重庆馆、东北师大馆、广东馆、国家馆、黑龙江馆、吉林馆、南京馆、上海馆、天津馆、浙江馆

04163

工役　贵州省地方行政干部训练委员会编

贵州省地方行政干部训练委员会，1942，48 页，32 开

本书共 6 章：国民工役之意义、本省奉行之工役法令、整理工役之计划、实施工役之程序、役工之管理及待遇、工役成绩之考核。

收藏单位：重庆馆

04164

工运政策汇集

陕甘宁边区新华书店，1948，125 页，32 开

本书收录文章、社论 14 篇，内容包括：《毛泽东论工商业政策与职工政策》《中国共产党中央委员会发布“五一”劳动节口号》《任弼时论保护工商业的政策》《陈云同志在沈阳工人代表大会上的讲话》《发展工商业的劳动政策与税收政策》等。附《什么是交叉累进工资制》《关于轻重工业的区别》。

收藏单位：国家馆、黑龙江馆、近代史所

04165

工资理论之发展　樊弘著

上海：社会调查所，1934.2，87 页，22 开（社会研究丛刊）

上海：社会调查所，1935，再版，87 页，22 开（社会研究丛刊）

本书共 8 章，内容包括：总论、重商学派

和重农学派的工资理论、斯密士的工资理论、马尔萨斯和里嘉图的工资理论、马克思和佐治的工资理论、结论等。

收藏单位：重庆馆、广东馆、贵州馆、桂林馆、国家馆、吉林馆、江西馆、近代史所、南京馆、内蒙古馆、上海馆、天津馆、浙江馆

04166

工资论 朱通九著

上海：南华图书局，1929.8，[14]+136 页，25 开

本书收文 6 篇:《甚么是工资》《关于工资的各种学说》《增加工资的计画》《功能工资说》《工资政策》《最低工资立法》。附《经济学的科学方法》。

收藏单位：重庆馆、贵州馆、国家馆、湖南馆、南京馆、天津馆、浙江馆

04167

工资问题参考材料 华东总工会筹备会编

[华东总工会筹备会]，1948.7，25 页，32 开

收藏单位：国家馆、山东馆

04168

工资制度中的几个问题 工商业会议秘书处著

工商业会议秘书处，1948.6，20 页，32 开(参考材料)

收藏单位：国家馆

04169

工作竞赛 王世宪著

重庆：商务印书馆，1943.7，134 页，32 开

赣县（赣州）：商务印书馆，1943.11，134 页，32 开

本书共 5 部分：苏联史塔汉脑夫运动、工作竞赛运动的发展、工作竞赛的理论基础、工作竞赛的技术研究、附录说明。附录工作竞赛推行委员会组织规程、煤矿工人工作竞赛通则、交通部办理公文稿件工作竞赛暂行办法等 19 种。

收藏单位：重庆馆、东北师大馆、广东馆、广西馆、贵州馆、国家馆、湖南馆、惠州馆、吉大馆、吉林馆、江西馆、南京馆、内蒙古馆、山西馆

04170

工作竞赛（工作竞赛推行委员会报告） [工作竞赛推行委员会编]

[工作竞赛推行委员会]，1947，18 页，22 开

本书介绍工作竞赛的推行方法和效果。

收藏单位：重庆馆、南京馆、首都馆

04171

工作竞赛刍议 中国国民党中央执行委员会训练委员会编

中国国民党中央执行委员会训练委员会，1940.2，36 页，36 开

中国国民党中央执行委员会训练委员会，1940.4，再版，52 页，32 开

本书共 9 部分，内容包括：绪论、竞赛分类、竞赛程序、竞赛与奖惩、服务队与工作竞赛等。

收藏单位：重庆馆、国家馆、湖南馆、吉大馆、吉林馆、南京馆、内蒙古馆、天津馆、浙江馆

04172

工作竞赛刍议 中央训练委员会编

中央训练团，1940.3，36 页，32 开

中央训练团，1940.5，再版，52 页，32 开

中央训练团，1941，4 版，52 页，32 开

中央训练团，1942.6，52 页，32 开

收藏单位：重庆馆、广东馆、贵州馆、国家馆、吉林馆、南京馆、上海馆

04173

工作竞赛的理论与实施 三民主义青年团中央团部编

三民主义青年团中央团部，1940，64 页，36 开（训练丛书 17）

本书共 7 章，内容包括：什么是工作竞赛、工作竞赛与斯塔哈诺夫运动、工作竞赛的实施、工作竞赛与奖惩等。

收藏单位：重庆馆、南京馆

04174

工作竞赛汇编　工作竞赛推行委员会编

工作竞赛推行委员会，1948，1 册，32 开

本书内容包括：绪言、主席对工作竞赛之训词、论文汇编、章则汇编、工作竞赛推行概况等。“论文汇编”部分收文 56 篇。内容包括:《运用工作竞赛增进建国的速度》(陈果夫)、《工作竞赛之理论与实施》(李宗黄)、《工作竞赛与行政三联制》(甘乃光)、《效率观念之研究》(朱奉信)、《技术训练的几条基本原则》(方辰)等。

收藏单位：重庆馆、国家馆、吉林馆、南京馆、内蒙古馆

04175

工作竞赛辑要　工作竞赛推行委员会编

工作竞赛推行委员会，1946.2，252 页，32 开

本书内容包括：工作竞赛制度大纲、言论辑要、四年来推行概况、法规辑要等。附工作竞赛前后效率比较举例表、工作竞赛书刊论著目录。

收藏单位：重庆馆、广东馆、贵州馆、国家馆、吉林馆、南京馆、内蒙古馆、上海馆、浙江馆

04176

工作竞赛论文集(第 1 辑)　工作竞赛推行委员会编

工作竞赛推行委员会，1943.7，94 页，32 开(工作竞赛丛刊)

本书收文 12 篇，内容包括:《工作竞赛与抗战前途》(陈果夫)、《工作竞赛与精神动员》(李中襄)、《工作竞赛运动之前途》(王世颖)、《工作竞赛从那里做起》(薛光前)、《工作竞赛运动的发展》(王世宪)等。

收藏单位：重庆馆、广东馆、国家馆、吉林馆、南京馆、内蒙古馆、上海馆

04177

工作竞赛实施纲要　工作竞赛推行委员会编

工作竞赛推行委员会，1942.1，54 页，32 开

本书共两部分：总论、工作竞赛实施计划。

收藏单位：重庆馆、广东馆、国家馆、南京馆、上海馆

04178

工作竞赛推行委员会工作报告　[工作竞赛推行委员会编]

工作竞赛推行委员会，1942.11，30 页，32 开

本书分 5 部分介绍工作竞赛之任务与组织、理论基础、推行程序、实施成绩、检讨与展望等。所涉时间为 1942 年 1—10 月。

收藏单位：重庆馆、广东馆、吉林馆、南京馆

04179

工作竞赛推行委员会职员录　[工作竞赛推行委员会编]

[工作竞赛推行委员会]，1942，油印本，4 页，25 开，环筒页装

收藏单位：国家馆

04180

工作竞赛研讨专辑　工作竞赛推行委员会编

工作竞赛推行委员会，1944.3，216 页，32 开(工作竞赛丛书)

本书分上、下两篇：主讲正文、历次研讨会议纪录。上篇收录 10 篇论文，内容包括:《工作竞赛与行政三联制》(甘乃光)、《工作竞赛理论之检讨》(王世颖)、《国父实业计划与工作竞赛》(叶秀峰)、《工作竞赛与工业化》(欧阳仑)、《科学管理与合理化运动》(顾毓瑔)等。

收藏单位：重庆馆、广东馆、贵州馆、国家馆、黑龙江馆、吉林馆、江西馆、南京馆、内蒙古馆、陕西馆、上海馆、西南大学馆、浙江馆

04181

工作竞赛章则　工作竞赛推行委员会编

工作竞赛推行委员会，[1943]，[182] 页，36 开

本书收录机关、工业、农业、电讯、财政、公安、地方自治等工作的竞赛章则。

04182
工作竞赛章则辑要　工作竞赛推行委员会编
工作竞赛推行委员会，[1942—1949]，3 册，32 开（工作竞赛丛刊）
收藏单位：国家馆、吉林馆、南京馆、天津馆

04183
工作竞赛之理论与实施　李宗黄讲
工作竞赛推行委员会，1945，22 页，32 开（工作竞赛丛书）
本书论述工作竞赛的定义、目的、理论、实施要点等。为作者于 1945 年 9 月 17 日在中央联合纪念周上所作的报告。
收藏单位：重庆馆、南京馆

04184
工作竞赛之理论与实施　汪昭声著
重庆：青年出版社，1943.11，10+157 页，32 开
本书共 3 章："工作竞赛的理论""工作竞赛的实施原则、奖励办法""青年人在工作竞赛中的地位与重要性"。各章后均有附录，内容包括：苏联的工作竞赛、工作竞赛奖励办法大纲、各级机关设立工作竞赛机构原则等。
收藏单位：重庆馆、国家馆、吉林馆、南京馆、上海馆

04185
工作竞赛座谈纪要　工作竞赛推行委员会编辑
工作竞赛推行委员会，1941.1，104 页，32 开（工作竞赛丛刊）
工作竞赛推行委员会，1942.8，104 页，32 开（工作竞赛丛刊）
本书共两部分：座谈纪事、谈话纪要。第 2 部分共 4 节：重要建议、原理讨论、竞赛经验、工作竞赛运动之经过。
收藏单位：重庆馆、广东馆、国家馆、吉林馆、南京馆、上海馆

04186
雇中国佣工合同（泥水工）　陶履德订
出版者不详，1916，10 页
本书为汉法对照。
收藏单位：近代史所

04187
雇中国佣工合同（普通工）　陶履德订
出版者不详，1916，10 页
收藏单位：近代史所

04188
雇中国佣工合同（铁木工）　陶履德订
出版者不详，1916，10 页
收藏单位：近代史所

04189
关于工资与工人待遇问题的调查　石家庄市总工会编
石家庄市总工会，1948.4，油印本，14 页，24 开
收藏单位：国家馆

04190
关于职工福利实施意见之一（职工合作社）
出版者不详，1948.6，10 页，32 开
收藏单位：国家馆

04191
广东省工作竞赛专刊　广东省政府设计考核委员会编
广东省政府设计考核委员会，1946.12，76 页，32 开
本书共 18 部分，内容包括：工作竞赛言论辑要、工作竞赛制度大纲、广东省三十五年度地方自治工作竞赛实施办法、广东省三十五年度机关管理工作竞赛实施办法等。
收藏单位：国家馆、吉林馆、南京馆

04192
广西省桂柳邕梧龙贺简易工人生活费指数
广西省政府社会处编
广西省政府社会处，[1946]，25 页，横 16 开
本书收录广西省桂林、柳州、邕宁、梧州、龙州、贺县的工人生活费指数表。所涉

时间为1946年1—6月。

收藏单位：广东馆、桂林馆、浙江馆

04193

广州劳资争议底分析（民国十二年至民国二十二年） 余启中编 傅尚霖 黄荫普校

广州：国立中山大学出版部，1934.10，[118]页，16开（国立中山大学经济调查处丛刊）

本书分两编：编制的说明、案件的分析。附广州市历年劳资争议案件统计表、广东省历年适用之劳资争议处理法令、历年劳资签订条约择录。目录页题名：民国十二年至廿二年广州劳资争议底分析。

收藏单位：国家馆、上海馆

04194

国民工役 梁桢著

长沙：商务印书馆，1941.7，134页，36开

重庆：商务印书馆，1945.3，134页，36开

本书共7章，内容包括：我国国民工役之特殊含义及其重要性、我国国民工役之史的演变、我国国民工役之内容述要等。附国民工役法、国民工役法施行细则（附表式7种）。

收藏单位：安徽馆、重庆馆、广东馆、广西馆、国家馆、湖南馆、吉林馆、江西馆、南京馆、上海馆

04195

国民工役浅说 广东省政府秘书处编译室编

广东省政府秘书处第二科，1939.9，54页，大64开

收藏单位：江西馆

04196

国民勤劳奉公制度问答 国民勤劳奉公局编

国民勤劳奉公局，1943，28页，32开

本书收录问答40条。分13部分，内容包括：勤劳奉公制实施的理由、勤劳观、奉公义务者、奉公义务的内容、勤劳奉公的对象事业等。

收藏单位：国家馆

04197

国民义务劳动干部手册 中央训练团义务劳动高级人员训练班编

中央训练团义务劳动高级人员训练班，1947.6，88页，32开

收藏单位：广东馆、湖南馆、江西馆、内蒙古馆、浙江馆

04198

国民义务劳动手册 福建省社会处编

福建省社会处，1945.5，86页，32开

本书共4部分：法令、工作计划、工作指导、表式。

收藏单位：福建馆、国家馆

04199

国民义务劳动五年建设计划 社会部劳动局编

社会部劳动局，1946.10，42+64页，32开

本书共4部分：本案旨趣、本案说明、劳动事项（即预定兴办工程之种类）、附则。目录页题名：国民义务劳动五年建设计划书。

收藏单位：重庆馆、东北师大馆、广东馆、国家馆、湖南馆、吉林馆、南京馆、上海馆、浙江馆

04200

国民义务劳动须知 社会部劳动局编

社会部劳动局，1944，78页，32开

社会部劳动局，1945.3，78页，32开

社会部劳动局，1946.8，78页，32开

社会部劳动局，1946，61页，32开

本书共3章：推行义务劳动应有之认识、推行义务劳动的初步工作、义务劳动之实施。附总理地方自治开始实行法、公务员义务劳动实施办法、乡镇义务劳动应征人员名册等13种。

收藏单位：安徽馆、重庆馆、广东馆、国家馆、吉林馆、南京馆、上海馆、浙江馆

04201

国营工厂工资制度提纲草案（第1稿） 工商业会议秘书处编

工商业会议秘书处，1948.6，32 页，32 开

本书附职工福利实施意见、关于国营工厂（矿）职工抚恤救济办法、工商业负担问题、为什么提出严格公营工厂的经济纪律问题。

收藏单位：国家馆

04202

哈尔滨劳资分红合同汇解　[哈尔滨总工会编]

哈尔滨总工会，1946.11，45 页，64 开

本书内容包括：哈尔滨油厂劳资合作契约书、双合盛面粉厂劳资合作契约等。

收藏单位：黑龙江馆、浙江馆

04203

汉口市三十五年度国民义务劳动实施报告

汉口国民义务劳动服务团编

[汉口国民义务劳动服务团]，1947 印，42 页，32 开

本书共 4 部分：前言、实施前之准备工作、国民义务劳动之实施、总结。附汉口市卅五年度国民义务劳动计划纲要、汉口市国民义务劳动督导委员会组织简则、汉市民义务劳役参观记等 6 种。

收藏单位：广东馆、国家馆

04204

汉口特区管理局职员服务待遇章程・汉口特区管理局养老储金规则　汉口特区管理局编

汉口特区管理局，1926，2 册（[16] 页），16 开

本书为合订本。《汉口特区管理局职员服务待遇章程》共 28 条。分 6 章：职员、薪俸、职务、权利、给假、附则。于 1925 年 12 月 15 日董事会通过。《汉口特区管理局养老储金规则》共 13 条，于 1926 年 4 月 16 日董事会通过。

04205

河北省及平津两市劳资争议底分析（十六年一月至十八年六月）　吴半农编

北平：社会调查所，1930.2，72 页，18 开

本书大部分为表。共 4 部分：总论、根据案件底性质分析劳资争议、根据案件底重要性分析劳资争议、十六年一月至十八年六月各期争议统计表。逐页题名：十六年一月至十八年六月河北省及平津两市劳资争议底分析。原载于北大《社会科学季刊》第 4 卷第 3—4 号。

收藏单位：安徽馆、重庆馆、广东馆、广西馆、桂林馆、国家馆、近代史所、上海馆、天津馆、浙江馆

04206

湖北省政府复员工作报告　湖北省政府秘书处编

湖北省政府秘书处，1946.2，22 页，16 开

本书共两部分：复员之准备、复员之实施。

收藏单位：国家馆、南京馆

04207

湖北省政府复员工作计划　湖北省政府编

湖北省政府，1945.9，148 页，16 开

本书共 9 部分：民政、财政、教育及文化、建设、社会、卫生、人事、保安、田粮。

收藏单位：国家馆、南京馆

04208

湖南省政府湘南行署复员计划　湖南省政府湘南行署编

[长沙]：湖南省政府湘南行署，1945，96 页，32 开

本书共 6 部分：民政、财政、教育、建设、警政、保安。

收藏单位：国家馆

04209

华工赴法　惠民公司报告

出版者不详，1918.3，64 页，18 开

本书共 3 部分：图画、杂纪、附件。第 3 部分内容包括：招工条款、上外交部存案禀及批、上侨工局呈文等。

收藏单位：安徽馆、近代史所

04210
冀东二十二县等级暨县政府职员薪俸表 冀东政府民政厅编
冀东政府民政厅，1938.1，59 页，16 开
本书内容包括：冀东二十二县划分等级表、特等甲级县县政府职员薪俸表、特等乙级县县政府职员薪俸表、一等甲级县县政府职员薪俸表、一等乙级县县政府职员薪俸表等。
收藏单位：国家馆

04211
简易工人生活费指数 社会部统计处编
社会部统计处，[1948]，5 页，16 开
本书全部为表。所涉时间为 1948 年 1—6 月。
收藏单位：南京馆

04212
讲义汇编 [中央训练团义务劳动高级人员训练班编]
中央训练团义务劳动高级人员训练班，[1947]，1 册，25 开
收藏单位：广东馆、广西馆、江西馆、内蒙古馆

04213
蒋主席义务劳动言论 社会部劳动局编
社会部劳动局，1944，44 页，32 开（劳动训练丛书 7）
收藏单位：重庆馆

04214
蒋主席义务劳动言论 中央训练团义务劳动高级人员训练班编
中央训练团义务劳动高级人员训练班，1946.5，40 页，32 开
本书收录电文、文章等 15 种，内容包括：《现代国家的生命力》《中国青年之责任》《劳动与服务》等。
收藏单位：安徽馆、重庆馆、国家馆、湖南馆、吉林馆、南京馆、天津馆

04215
解决增加薪工问题的一个最简捷办法（又名，对于伙友工友们的一个提议） 国民政府财政部驻沪调查货价处编
国民政府财政部驻沪调查货价处，1927.5，10 页，32 开
收藏单位：上海馆

04216
今日中国劳工问题 骆传华著
上海：青年协会书局，1933.7，12+462 页，32 开
本书共 14 章，内容包括：中国经济的危机、中国劳工运动的起源及发展、中国重要工会的研究、国民党的劳工政策、中国劳动法的过去与现在等。附工厂法、工会法、工会法施行法等 9 种。
收藏单位：东北师大馆、广东馆、国家馆、近代史所、辽大馆、南京馆、上海馆、首都馆、浙江馆

04217
今日中国之劳工问题（对第二十届国际劳工大会之报告） 朱学范编
出版者不详，1936.4，55 页，32 开
本书共 9 章，内容包括：中国工业化之程度、国民经济之状况、失业问题之严重、工资降低的趋势、社会立法与劳工行政等。
收藏单位：重庆馆、南京馆、上海馆、浙江馆

04218
近八年来国内罢工的分析 陈达著
[北京]：清华学校，[1926.6]，1 册，18 开
本书所涉时间为 1918 年 1 月至 1925 年 12 月。为《清华学报》第 3 卷第 1 期抽印本。
收藏单位：国家馆、近代史所

04219
近六年来上海市工人生活费指数及零售物价 国际劳工局中国分局编
国际劳工局中国分局，[1938]，33 页，16 开
本书所涉时间为 1930 年 4 月至 1937 年 7

月。原载于《国际劳工通讯》第5卷第7期。
收藏单位：上海馆

04220
近三年来上海之劳资争议 上海市社会局编计室编
上海市社会局编计室，1948，1册，8开
本书所涉时间为1945年8月至1948年7月。
收藏单位：南京馆

04221
近十五年来上海之罢工停业 上海市政府社会局编制
外文题名：Strikes and lockouts in Shanghai since 1918
上海：中华书局，1933.12，1册，16开，精装
本书为汉英对照，大部分为表。共4部分：绪论、时代的背景、案件的分析、总述和结论。附统计图、表。附上海市罢工停业案件表、劳工法令、上海市罢工停业案件厂号名称索引等7种。
收藏单位：重庆馆、广东馆、国家馆、黑龙江馆、吉林馆、江西馆、近代史所、辽宁馆、南京馆、内蒙古馆、上海馆、天津馆、西交大馆、中科图

04222
近四年来上海的劳资纠纷 国际劳工局中国分局编
国际劳工局中国分局，[1937]，264页，16开
本书所涉时间为1933—1936年。为《国际劳工通讯》第2卷第6期抽印本。

04223
近五年来上海之劳资纠纷 上海市政府社会局编
外文题名：Industrial disputes in Shanghai since 1928
上海：中华书局，1934.7，252页，16开，精装
本书为汉英对照。附上海市劳资纠纷案件表（民国十七年至二十一年），调解笔录和仲裁裁决书（附索引），上海市劳资纠纷案件的厂名、原因、结果、业务分析索引。
收藏单位：重庆馆、广东馆、国家馆、黑龙江馆、湖南馆、吉林馆、近代史所、辽大馆、南京馆、上海馆、首都馆、中科图

04224
决战下日本劳动体制 中央电讯社出版委员会编辑
南京：中央电讯社出版委员会，1943.11，50页，32开
本书共3章：确立决战体制、战时劳务体制、关于动劳之各法令。为中央电讯社《时事通信》第7期抽印本。
收藏单位：广东馆

04225
军队复员与国民义务劳力编成计划刍议 贺衷寒著
社会部劳动局，1936，76页，64开
社会部劳动局，[1946.5]，76页，32开
本书共3部分：前言、办法、本计划所依据之重要文献及法令。前言共3部分：我国与美英苏各国对人力动员与复员有关措施之比较、复员官兵安置之困难、国民义务劳动与军队复员；办法共6部分，内容包括：人力管理业务之确定、退役干部之训练与派遣、施工区域之划分等。
收藏单位：安徽馆、重庆馆、广东馆、国家馆、湖南馆、吉林馆、江西馆、南京馆、内蒙古馆、上海馆、浙江馆

04226
劳动服务 冯自荣讲
新国民运动暑期集训委员会，1943.7，24页，32开
收藏单位：南京馆

04227
劳动服务 朱元懋编著
重庆：正中书局，1938，22页，大64开（抗战常识讲话）（战时国民义务）
本书共4部分："什么叫做服务？什么

叫做劳动服务”“劳动服务和国家有什么关系”“劳动服务在前方应该做那些工作”“劳动服务在后方应该做那些工作”。

收藏单位：重庆馆、国家馆

04228

劳动服务与工役宣传纲要 中国国民党中央执行委员会宣传部编

中国国民党中央执行委员会宣传部，1939.6，36页，32开

本书共6章，内容包括：我国现行劳役制度、如何加紧推行劳动服务、如何加紧推行工役等。

收藏单位：重庆馆、国家馆、吉林馆、南京馆、上海馆

04229

劳动服务与征工办法通令 中央训练团编

中央训练团，[1939.9]，36页，大64开

收藏单位：江西馆

04230

劳动服务与征工办法通令辑要 [中央训练团编]

中央训练团，1939，36页，72开

本书共4部分：令各省府主席分别规定人民服工役办法、令各省府妥拟人民服工役办法、令鄂豫湘皖赣等省府实施人民服工役、令各省市军政长官规定二十四年冬令征工服务办法。附国民工役法。

收藏单位：重庆馆、贵州馆

04231

劳动服役 窦燕山编译

上海：国民图书编译社，[1943]，48页，36开

本书共8章，内容包括：何谓劳动服役、德国劳动服役经历纪、劳动服役的组织和配置、德国劳动服役学校、战时的德国劳动服役等。

收藏单位：国家馆、南京馆、上海馆

04232

劳动管制（人力动员与劳动行政） 贺衷寒讲

社会部劳动局，1944.7，14页，32开（劳动训练丛书5）

本书内容包括：有关人力的各项问题、我国劳动行政的几个方针等。

收藏单位：广东馆、国家馆、南京馆

04233

劳动技术标准标定法 （苏）尤苏波夫讲 王炳昕译

旅大行政公署工业厅计划处，1949，油印本，59页，横36开

收藏单位：国家馆

04234

劳动经济概论 朱通九著

上海：大东书局，1933.4，96页，32开（社会科学基础丛书）

本书共8章：绪论、劳动运动、基尔特制度、工厂制度、资本主义与劳动经济、阶级立法、劳工组织及其技术、结论。

收藏单位：重庆馆、国家馆、湖南馆、江西馆、近代史所、南京馆、上海馆、天津馆、西南大学馆、浙江馆

04235

劳动经济论 （日）北泽新次郎著 朱应祺 朱应会译

上海：泰东图书局，1928.4，16+276页，25开

本书共7章：劳动问题之发生及其特征、失业问题、关于工资之各种问题、工会、劳动争议解决之诸制度、工厂法、关于劳动问题之诸思潮。附主要工会之纲领、同盟罢工统计、治安维持法等10种。

收藏单位：安徽馆、重庆馆、东北师大馆、国家馆、河南馆、湖南馆、吉林馆、南京馆、内蒙古馆、宁夏馆、上海馆、首都馆、浙江馆

04236

劳动经济学 朱通九著

上海：黎明书局，1931.10，26+532页，22开（国立暨南大学法学院丛书）

本书共20章，内容包括：什么叫劳动经济、经济学的科学方法、劳动运动的背境、工业革命与劳动运动、基尔特制度与工厂制度、社会思潮与社会变迁等。附德国工厂会议法、劳资争议处理法等5种。据著者历年讲稿编成。封面题名：劳动经济。

收藏单位：重庆馆、贵州馆、国家馆、湖南馆、吉林馆、江西馆、南京馆、上海馆、天津馆、西南大学馆、中科图

04237

劳动竞赛与新的劳动态度　中华全国总工会编

北京：中华全国总工会，[1949]，172页，25开（工运丛书6）

本书收文17篇，内容包括：《斯大林在第一次全苏联斯达哈诺夫工作者会议上的演说》《伟大的创举》《提高劳动生产率》《组织竞赛》《怎样组织比赛》《社会主义竞赛》《斯达哈诺夫运动》《论共产主义的劳动态度》等。

收藏单位：国家馆

04238

劳动契约法　顾炳元校勘

上海：会文堂新记书局，1937.1，38页，25开

本法共43条。附最低工资法、工人储蓄暂行章程。

收藏单位：重庆馆、内蒙古馆、上海馆

04239

劳动统计简编（民国三十三年度）　社会部劳动局统计室编

社会部劳动局统计室，[1945—1949]，32页，横18开

本书大部分为表。分5部分：绪言、国民义务劳动、工作管制、厂场概况、人力需要预计。所涉时间为1942年9月至1944年12月。

收藏单位：国家馆、近代史所、南京馆

04240

劳动问题　徐弦著

生活书店，[1948.3]，75页，18开（新知识初步丛刊）

本书共6部分，内容包括：劳动问题的发生、劳动问题的内容、劳动问题的发展和解决、国际劳工组织等。

收藏单位：国家馆

04241

劳动问题研究　黄霖生编

中央政治学校，[1929—1946]，174+[28]页，16开

本书分两编。前编论述我国劳动问题产生的原因、特征及各种思潮，分析法国大革命思想的影响与近代产业组织的弊端；后编论述劳动保护、救济、组织、争议、保险、工资与福利事业设施等问题。

收藏单位：国家馆

04242

劳动问题研究　阮子平编著

天津：华北劳动出版社，1947.5，106页，32开（劳动丛书2）

本书共6章：国际劳工组织、劳动政策与劳动理论、劳工管理与劳工训练、劳工福利问题、工资问题、劳动效率问题。

收藏单位：广东馆、国家馆

04243

劳动协约统计法　国际劳工局著　丁同力译

外文题名：Methods of statistics of collective agreements

上海：商务印书馆，1931.4，42页，32开（上海市政府社会局丛书 劳工类5）

上海：商务印书馆，1933，国难后1版，42页，32开（上海市政府社会局丛书 劳工类5）

本书共3章：劳动协约统计概论、劳动协约数与其重要程度之计算法、劳动协约之分析。附各国劳动协约统计概略。

收藏单位：重庆馆、广东馆、国家馆、河南馆、湖南馆、江西馆、南京馆、内蒙古馆、上海馆、浙江馆

04244

劳动之改造　（法）吉德（Charles Gide）著

姚伯麟译
上海：学术研究会总会，[1923.12—1926.12]，2册（324+276页），32开（学术研究会丛书）

本书分上、下两卷，每卷两编，共4编：工资、赈恤、生活之保安、劳动者之独立。书前有总论《十九世纪之社会经济学》。著者原题：锡亚鲁尔·季特。

收藏单位：北师大馆、重庆馆、河南馆、湖南馆、江西馆、近代史所、南京馆、上海馆、天津馆、浙江馆

04245
劳动组合与劳动争议 胡毅著
上海：三民书店，1930.8，114页，32开

本书共7章，内容包括：绪论、劳动组合成立之原因及其目的、劳动组合之沿革、产业争议之意义等。

收藏单位：国家馆、南京馆、上海馆

04246
劳工福利概述 社会部福利局编
社会部福利局，[1936—1949]，石印本，9页，32开，环筒页装

本书共4部分：意义、方针、法规、设施。

收藏单位：重庆馆、国家馆、南京馆

04247
劳工福利规章汇编 中国纺织建设公司劳工福利委员会编
中国纺织建设公司劳工福利委员会，1947，260页，64开，精装

本书内容包括：工厂管理、工会组织及争议处理、惠工事项、附录等。

收藏单位：国家馆

04248
劳工检查 国际劳工组织美洲会员国大会编 社会部工矿检查处译
出版者不详，[1944—1949]，66页，32开（国际劳工组织美洲会员国大会报告3）

本书共10章，内容包括：起源、问题概况、劳工检查的意义、检查员的业务性质与范围、行政组织问题、检查报告等。

收藏单位：重庆馆、广东馆、国家馆、湖南馆、南京馆、上海馆、西交大馆

04249
劳工统计工作和计划 上海市社会局编
上海市社会局，1930.2，16页，16开（上海特别市社会局刊物 第9辑）

04250
劳工问题 陈宗城等著
上海：商务印书馆，1933.12，99页，42开（东方文库续编）
上海：商务印书馆，1934.4，再版，99页，42开（东方文库续编）

本书为东方杂志社三十周年纪念刊。收文3篇：《国际劳工组织与中国》（陈宗城）、《各国调解劳资冲突方法之比较》（颂华）、《中国工会法问题》（王世杰）。

收藏单位：安徽馆、重庆馆、大庆馆、东北师大馆、广东馆、国家馆、河南馆、黑龙江馆、湖南馆、辽大馆、南京馆、内蒙古馆、宁夏馆、陕西馆、上海馆

04251
劳工问题 刘星晨著
上海：大东书局，1933，80页，32开（社会科学基础丛书）

本书共8章：工资、工作时间、女工与童工、劳工运动、失业、劳动保险、工人储蓄、工人教育。

收藏单位：重庆馆、广东馆、国家馆、湖南馆、华东师大馆、江西馆、近代史所、南京馆、上海馆、天津馆、武大馆、浙江馆

04252
劳工问题 徐宗泽编著
上海：圣教杂志社，1925.10，24页，32开（圣教杂志丛刊2）
上海：圣教杂志社，1926.4，再版，24页，32开（圣教杂志丛刊2）

本书共11篇，内容包括：绪言、劳工之困苦、各派学说、劳工之状况、同盟罢工、

各种之劳资组织等。

收藏单位：国家馆、内蒙古馆

04253

劳工问题 祝世康著

上海：商务印书馆，1931.12，93 页，32 开（万有文库第 1 集 192）（百科小丛书）

上海：商务印书馆，1934.3，90 页，25 开（百科小丛书）

上海：商务印书馆，1935.1，再版，90 页，25 开（百科小丛书）

本书共 10 章，内容包括：绪论、劳工运动之发展、失业问题、工会之组织、劳资纠纷之消弭、劳动立法等。

收藏单位：安徽馆、重庆馆、大理馆、大连馆、大庆馆、东北师大馆、广东馆、广西馆、贵州馆、国家馆、黑龙江馆、湖南馆、江西馆、辽大馆、辽师大馆、柳州馆、南京馆、内蒙古馆、宁夏馆、上海馆、绍兴馆、武大馆、浙江馆

04254

劳工问题论丛 大同大学商学会编

上海：大同大学商学会，1932，130 页，16 开

本书收录该校学生论文 9 篇，内容包括：《中国劳工问题的起源》（沈鸿来）、《中国劳工问题的特征和解决方策》（戴摛文）、《中国之失业现象及救济失业之方策》（程海峰、沈鸿来）、《中国失业情形与欧美日本诸国失业情形之比较》（方岳、陆嘉南）、《中国劳工工作时间问题》（胡范、方朝柱）、《中国农工问题》（朱文卿、沙诚）等。

收藏单位：国家馆、近代史所

04255

劳工问题论丛 国民政府财政部驻沪调查货价处编

国民政府财政部驻沪调查货价处，1928.5，[64] 页，32 开（劳工问题丛书 25）

本书收录发表于印、法、美等国杂志上的论文 7 篇：《法国新职工会法》《加拿大劳工立法之一斑》《印刷工厂保护法》《国际劳工局关于工厂稽查所拟之诸问题》《近世职工同盟主义》《工资原理》《德兰斯瓦之防止工业争议法》。

收藏单位：重庆馆、贵州馆、国家馆、河南馆、南京馆

04256

劳工问题之面面观 上海银行业联合会编

上海银行业联合会，1927.6，12 页，32 开（上海银行业联合会丛刊 1）

本书共 12 部分，内容包括：劳工保护、劳工生活、劳工效率、劳工教育、劳工福利问题、劳资协调问题等。

收藏单位：近代史所

04257

劳工政策纲领研究报告（初稿） 社会部研究室编

社会部研究室，1942，9 页，32 开（研究报告 3）

本书内容包括：劳工政策之目标、劳工政策大纲等。附非常时期劳工政策实施原则。书中题名：劳工政策纲领草案。

收藏单位：国家馆、吉林馆、南京馆

04258

劳工政策与劳工问题 史维焕讲

中央训练团党政高级训练班，1944.3，12 页，32 开（编教 18）

本书共 3 部分：劳工政策与劳工问题大纲、我国战时及战后之劳动问题、劳工政策实施纲要草案。

收藏单位：重庆馆、国家馆、南京馆、天津馆

04259

劳力供给与国防 社会部研究室主编 魏布罗克（P. Waelbroeck）著 张永懋译

重庆：正中书局，1943.12，297 页，32 开（社会行政丛书 民众组训类）

重庆：[正中书局]，1946.5 印，274 页，32 开（社会行政丛书 民众组训类）

上海：正中书局，1946，297 页，32 开（社会行政丛书 民众组训类）

本书分上、下两编：劳力供给问题、调查与组织问题。共 6 章，内容包括：军队与工业间之人力分配、就业统制、劳力供给之职业的适应、劳力动员等。

收藏单位：安徽馆、重庆馆、广东馆、国家馆、河南馆、湖南馆、江西馆、辽宁馆、南京馆、上海馆、天津馆

04260

劳资冲突问题 三民公司编

上海：三民公司，1927.5，1 册，32 开

本书共 4 部分：引言、政府处置劳资争端之方法、实行调节劳资之初步、工会条例。附上海劳资调节条例临时执行委员会组织大纲草案。

收藏单位：北师大馆、国家馆、武大馆

04261

劳资对立的必然性 （日）河上肇著 汪伯玉译

上海：北新书局，1929.10，68 页，36 开

本书概述商品的属性、劳动力的商品化及资本与劳动力的关系等。

收藏单位：重庆馆、广东馆、江西馆

04262

劳资合一论（民权小册） 徐谦著

民权出版社，1931，再版，124 页，50 开

本书共 7 部分，内容包括：何谓劳资合一、劳资合一与中国、何谓资本、打倒资本家的意义等。附中国的土地问题。

收藏单位：上海馆

04263

劳资交涉中的团体议价 （美）潘琦（K. Page）著 青年协会书报部译

外文题名：Collective bargaining

上海：青年协会书局，1930.1，32 页，32 开（潘琦丛书 4）

本书共 4 章：团体议价的原理、工会工厂、公开工厂运动、基督教义之应用。

收藏单位：国家馆、湖南馆、吉林馆、近代史所、南京馆

04264

劳资纠纷参考资料（二十一至二十三年度）

中国国民党中央民众运动指导委员会编

中国国民党中央民众运动指导委员会，[1933—1935]，3 册（288+68+168 页），32 开（民运丛刊 1）

本书大部分为表。收录该委员会对南京、天津、上海等地劳资纠纷案件的分析和统计材料。

收藏单位：重庆馆、国家馆、湖南馆、近代史所、南京馆、上海馆

04265

劳资协调论 （美）纽藩（Oscar Newfang）著 李謩译

外文题名：Harmony between labor and capital

上海：中华书局，1937，198 页，32 开（现代经济丛书）

上海：中华书局，1941，3 版，198 页，32 开（现代经济丛书）

本书共 3 编：劳资纠纷之原因、劳资协调之试验、劳资协调之具体计划。

收藏单位：安徽馆、重庆馆、东北师大馆、广东馆、贵州馆、桂林馆、国家馆、黑龙江馆、湖南馆、江西馆、辽大馆、南京馆、陕西馆、上海馆、浙江馆

04266

劳资仲裁轨程 胡颖之编

上海：新学会社，1927.8，66 页，32 开

本书内容包括：劳工仲裁会条例、国民政府组织解决雇主雇工争执仲裁会条例、上海劳资调节条例、上海解决劳资纠纷暂行条例、解决雇佣争执办法、广东修正解决工商纠纷暂行条例等。附政府处置劳资争端之方法。

收藏单位：重庆馆

04267

论革命工厂中的职工问题 齐华著

太行文化教育出版社，1941.5，72 页，64 开（太行丛书 2）

收藏单位：国家馆

04268
美国劳工统计局之沿革职务及组织 （美）韦勃（Gustavus A. Weber）著 郭崇阶译述 国民政府财政部驻沪调查货价处编
国民政府财政部驻沪调查货价处，1927，16页，32开（劳工问题丛书1）

本书共4部分：沿革、职务、组织、薪俸。

收藏单位：重庆馆、国家馆、辽大馆、南京馆

04269
美国劳工状况 邵元冲著
上海：民智书局，1924.5，276页，18开
上海：民智书局，1926.11，3版，276页，22开
上海：民智书局，1928，4版，276页，25开，精装

本书共16章，内容包括：美国劳工的类别、劳工的不安及其影响、雇工机关和职业绍介机关、劳工的工作时间、劳工的报酬等。

收藏单位：安徽馆、重庆馆、东北师大馆、广东馆、广西馆、国家馆、河南馆、湖北馆、湖南馆、近代史所、南京馆、山西馆、上海馆、天津馆、西南大学馆、浙江馆、中科图

04270
民国二十五年春季山东省征工服役报告书
山东省征工服役实施委员会编
山东省征工服役实施委员会，[1936]，306页，16开，精装

本书共3部分：章则及施工办法、施工计划、施工报告。附山东省征工服役实施委员会会议纪录、职员一览表等4种。

收藏单位：国家馆、近代史所

04271
民国二十一年之劳动界 林颂河编
北平：社会调查所，[1933—1949]，[63]页，16开

本书共5部分，内容包括：绪论、劳动状况、劳动法令与设施等。为《社会科学杂志》第4卷第2期抽印本。

收藏单位：重庆馆、国家馆、南京馆、上海馆

04272
民国念六年上海市工人生活费指数和零售物价 国际劳工局中国分局编
国际劳工局中国分局，[1937]，14页，16开

本书书中题名：民国二十六年上海市工人生活费指数和零售物价。原载于《国际劳工通讯》第5卷第12期。

04273
民生主义国家之工资与生活费 朱通九调查 刘大钧审查/核定
出版者不详，1939.2，晒印本，17张，大16开（中国经济统计研究所 总字第282号 工业门劳工类 第17号）

收藏单位：上海馆

04274
民生主义国家之劳动理论 朱通九调查 刘大钧审查/核定
出版者不详，1939.2，晒印本，9张，大16开（中国经济统计研究所 总字第280号 工业门劳工类 第15号）

收藏单位：上海馆

04275
民生主义国家之劳资纠纷 朱通九调查 刘大钧审查/核定
出版者不详，1939.2，晒印本，22张，大16开（中国经济统计研究所 总字第283号 工业门劳工类 第18号）

收藏单位：上海馆

04276
欧美之雇主组织 国际劳工局中国分局编
国际劳工局中国分局，[1940—1949]，20页，16开

本书介绍意、法、美等国雇主组织。为《国际劳工通讯》第8卷第2期抽印本。

04277

前晋冀鲁豫边区政府审检厅检查组关于工资问题的调查报告书　工商业会议秘书处编

工商业会议秘书处，1948.5，104 页，32 开

本书共 12 部分，内容包括：现行工资制度的几个历史特点、工资制度里面两个基本问题、各行业工资标准的规定、等级差别待遇问题、关于职工福利事业问题等。目录页题名：工资问题调查报告。

收藏单位：国家馆

04278

青岛市社会局劳动统计　青岛市社会局编

青岛市社会局，1933.5，[24] 页，16 开

本书全部为表。

收藏单位：近代史所

04279

青岛市政府复员计划　青岛市政府秘书处编审室编

青岛：青岛市政府秘书处编审室，1946.12，102 页，16 开

本书共 14 部分：绪论、民政、社会、教育、工务、港务、财政、地政、卫生、警察、人事、农林、气象、保安。

收藏单位：重庆馆、国家馆、南京馆、陕西馆

04280

青年谋业指南　蔡萼编辑

上海：语溪书社，1927，160 页，32 开

收藏单位：河南馆、内蒙古馆、天津馆

04281

全国工作竞赛第四届给奖典礼特刊　工作竞赛推行委员会编

工作竞赛推行委员会，1946，52+74 页，16 开

本书内容包括：论文、题词、照片、漫画、优胜者题名录等。封面题名：第四届工作竞赛优胜给奖特刊。

收藏单位：国家馆、南京馆、浙江馆

04282

全国工作竞赛给奖典礼纪念特刊　全国工作竞赛给奖典礼大会编

重庆：全国工作竞赛给奖典礼大会，1943.7，112 页，16 开

本书内容包括：论文、训词、题词、优胜者题名录、给奖典礼大会纪事等。

收藏单位：重庆馆、国家馆、湖南馆、吉林馆、南京馆

04283

人力登记须知　社会部劳动局编

社会部劳动局，1944.6，20 页，32 开

本书收录技术员工、厂矿工人、机关公役登记表及登记细则。附战时全国技术员工管制条例、非常时期厂矿工人受雇解雇限制办法、机关工役限制及登记办法。

收藏单位：国家馆、南京馆、上海馆

04284

人力动员论　朱敩春著

重庆：国民图书出版社，1943.9，44 页，32 开

本书共 6 部分，内容包括：怎样完成人力动员的使命、兵役第一（论《国家总动员法》第九条）、支配人力的要点（论《国家总动员法》第十条）、强化一切劳力管制（论《国家总动员法》第十四条）等。

收藏单位：重庆馆、东北师大馆、广东馆、国家馆、湖南馆、吉林馆、辽宁馆、南京馆

04285

人力复员问题　任扶善译述

上海：正中书局，1945.10，85 页，32 开（社会行政丛书 民众组训类）

上海：正中书局，1946.11，85 页，32 开（社会行政丛书 民众组训类）

本书分两编：战争期间发生的变迁、各种变迁对于战后就业计画的意义。原著为国际劳工局的研究报告。

收藏单位：重庆馆、广东馆、国家馆、河南馆、辽宁馆、南京馆、天津馆

04286
上海的工资统计 国际劳工局中国分局编
国际劳工局中国分局，[1936]，128 页，16 开

本书与 1929 年版《上海特别市工资和工作时间》（上海特别市政府社会局）、1935 年版《上海市之工资率》（上海市政府社会局）两书衔接。所涉时间为 1930 年至 1936 年 7 月。原载于《国际劳工通讯》第 5 卷第 8 期。

收藏单位：近代史所

04287
上海的劳资纠纷（民国二十六年） 国际劳工局中国分局编
国际劳工局中国分局，[1939—1949]，44 页，16 开

本书为《国际劳工通讯》第 6 卷第 2 期抽印本。

04288
上海工厂劳工统计（中华民国三十五年） 上海社会局编
上海社会局，[1947]，126 页，16 开

本书共 9 部分，内容包括：总述、工人种类、工资统计、工作时间、休息休假与请假等。

收藏单位：安徽馆、重庆馆、广西馆、国家馆、近代史所、南京馆、上海馆

04289
上海劳工统计（民国十九年至二十八年） 国际劳工局中国分局编
国际劳工局中国分局，1938—1940，3 册，16 开

本书收录有关上海工人罢工停业、劳资纠纷、生活费指数及零售物价、工资等方面的统计资料。

收藏单位：南京馆

04290
上海市罢工停业及劳资纠纷统计（民国廿八年）
出版者不详，[1939—1949]，1 册，16 开

本书所涉时间为 1918—1939 年。目录页题名：民国二十八年上海市罢工停业及劳资纠纷统计。

04291
上海市工人人数统计（民国二十三年） 上海市社会局编
上海市社会局，[1934]，318 页，16 开

本书全部为表。共 5 部分：编制经过、全市工人、工业工人、商业工人、交通工人。

收藏单位：重庆馆、国家馆、南京馆、上海馆

04292
上海市工人生活费指数（民国十五年至二十年） 上海市政府社会局编
外文题名：The cost of living index numbers of laborers: greater Shanghai (January 1926—December 1931)
上海：中华书局，1932.9，[101] 页，16 开，精装

本书为汉英对照。共两部分：上海市工人生活费指数的编制和说明、指数和物价。附国内重要都市生活费指数和零售物价指数表。逐页题名：工人生活费指数。

收藏单位：重庆馆、广东馆、国家馆、湖南馆、近代史所、辽大馆、南京馆、内蒙古馆、上海馆、首都馆、天津馆、西南大学馆、浙江馆、中科图

04293
上海市劳资纠纷统计（民国十九年） 上海市政府社会局编辑
上海：中华书局，1932.11，1 册，16 开，精装

本书为汉英对照。共 4 节：十九年劳资纠纷案件的分析、几个重要案件的研究、十八年与十九年案件的比较、案件表。附劳资纠纷案件原因、结果分析索引。

收藏单位：重庆馆、东北师大馆、广东馆、桂林馆、国家馆、黑龙江馆、湖南馆、吉林馆、近代史所、辽宁馆、南京馆、内蒙古馆、上海馆

04294

上海市之工资率　上海市政府社会局编

外文题名：Wage rates in Shanghai

上海：商务印书馆，1935，178 页，16 开，精装

本书为汉英对照。共 4 节：引言、材料的征集和处理、指数的编制、材料的分析。附历年各业工人之平均工资率指数等图 12 种，历年各业工人之平均工资率和工作时间等 20 种表。所涉时间为 1930—1935 年。

收藏单位：安徽馆、重庆馆、东北师大馆、广东馆、广西馆、贵州馆、国家馆、吉林馆、南京馆、内蒙古馆、上海馆、首都馆、浙江馆、中科图

04295

上海特别市罢工停业统计（民国十八至十九年）　上海特别市社会局编

外文题名：Strikes and lockouts: greater Shanghai

上海：商务印书馆，1930—1931，2 册（[253]+[182] 页），16 开，精装

本书为汉英对照。收录该年度罢工停业案件的研究、罢工停业案件月报表以及劳工法令等。

收藏单位：重庆馆、东北师大馆、广东馆、国家馆、湖南馆、江西馆、近代史所、辽宁馆、南京馆、天津馆、中科图

04296

上海特别市工资和工作时间（民国十八年）　上海特别市政府社会局编

外文题名：Wages and hours of labor: greater Shanghai, 1929

上海：商务印书馆，1931，139+152 页，16 开，精装

本书共 3 编：工资与工作时间统计编制法、十八年工资率及工作时间统计、十八年工人实际收入统计。附锯木业、翻砂业、机器业工厂及工人数表等 47 种。

收藏单位：重庆馆、广东馆、广西馆、国家馆、湖南馆、江西馆、辽大馆、内蒙古馆、上海馆、天津馆、浙江馆、中科图

04297

上海特别市工资指数之试编　上海特别市政府社会局编

外文题名：The index numbers of earnings of the factory laborers in greater Shanghai

上海特别市政府社会局，1929，1 册，18 开

本书内容包括：本局举办劳工统计一年来之经过、上海特别市工资指数编制法说明、上海特别市各业工厂工人工资表、一年来工作经过情形述要、编制工资指数方法之研究、编制工资指数的讨论等。

收藏单位：重庆馆、国家馆、宁夏馆、上海馆

04298

上海特别市劳资纠纷统计（民国十八年）　上海特别市政府社会局编

上海：商务印书馆，1931.9，[269+164] 页，16 开，精装

本书为汉英对照。共 5 部分：总论、劳资纠纷案件的分析、劳资纠纷案件月报表、调解决定书和仲裁裁决书、劳工法令。附劳资纠纷案件原因、结果分析索引。

收藏单位：重庆馆、广东馆、国家馆、黑龙江馆、湖南馆、江西馆、近代史所、辽大馆、内蒙古馆、山西馆、天津馆、中科图

04299

上海特别市劳资纠纷统计报告　上海特别市政府社会局编

外文题名：Report on industrial disputes in greater Shanghai, 1928

上海特别市政府社会局，1929.7，[319] 页，16 开

本书为汉英对照。内容包括：劳资纠纷案件之分析法、上海特别市十七年下半年劳资纠纷案件之分析、上海特别市十七年下半年劳资纠纷月报表、上海特别市劳资纠纷调解决定书等。

收藏单位：广东馆、广西馆、国家馆、河南馆、南京馆、宁夏馆

04300
社会主义竞赛在苏联　中外出版社辑
北平：中外出版社，1949.5，112页，36开
北平：中外出版社，1949，再版，118页，42开

本书收文10篇，内容包括：《伟大的创举》《提高劳动生产率》《组织竞赛》《怎样组织比赛》《社会主义竞赛》《斯达汉诺夫运动》等。

收藏单位：北师大馆、东北师大馆、广西馆、国家馆、天津馆

04301
社约论考　张奚若著
上海：商务印书馆，1926.1，80页，36开（百科小丛书108）
上海：商务印书馆，1931.4，67页，32开（万有文库第1集175）（百科小丛书）
上海：商务印书馆，1933.9，国难后1版，68页，32开（百科小丛书）
上海：商务印书馆，1936，80页，36开（百科小丛书108）

本书共12章：总论、希腊哲学家、中世纪、十六世纪、自政约至社约间之过渡时代、霍布斯、陆克、卢梭、社约论与美法革命、康德与斐希特、社约之评论者、结论。

收藏单位：安徽馆、北师大馆、重庆馆、大理馆、大连馆、大庆馆、东北师大馆、广东馆、广西馆、贵州馆、国家馆、河南馆、黑龙江馆、湖南馆、吉林馆、江西馆、辽大馆、辽师大馆、柳州馆、南京馆、内蒙古馆、宁夏馆、山东馆、上海馆、首都馆、武大馆、西南大学馆、浙江馆、中科图

04302
什么是斯达哈诺夫运动　沈阳中苏友好协会编
沈阳中苏友好协会，[1945—1949]，48页，32开（国际主义学习材料3）

本书共3部分："什么是斯达哈诺夫运动？""怎样认识'中苏友好同盟条约'及其他关系协定""苏联对日作战是中国抗战胜利的决定因素"。

收藏单位：广东馆、国家馆、吉林馆

04303
世界各国劳动服务　（德）罗伯兹（S. H. Robberts）著　杨昌溪译
重庆：青年书店，1940.7，15+382页，32开

本书分绪编、上编、下编3编：劳动服务与人生、世界各国的劳动服务、中国劳动服务的昨今明。共21章，内容包括：欧战后各国劳动服务的产生及二次大战、希特勒的劳动服务制度、苏俄的全民劳动与服务、中国历代劳动服务精神的表现、中国劳动服务的将来等。

收藏单位：安徽馆、重庆馆、广东馆、贵州馆、国家馆、湖南馆、吉林馆、江西馆、南京馆、上海馆、浙江馆

04304
世界劳动状况　丁同力编
汉口：大东书局，1930.6，382页，32开（世界经济丛书7）

本书共7章：英国、美国、法国、德国、日本、俄国、中国。分别介绍其劳工的工资、生活费、工作时间、失业问题、劳动组织等。

收藏单位：安徽馆、重庆馆、东北师大馆、广东馆、国家馆、黑龙江馆、湖南馆、江西馆、辽大馆、辽宁馆、南京馆、上海馆、绍兴馆、天津馆、西南大学馆、中科图

04305
私营企业工资材料汇集（不包括加工的工资）　哈尔滨市总工会编
哈市职工总会，1948，36页，32开

收藏单位：辽宁馆

04306
四川省各重要县市工资指数　社会部统计处编
社会部统计处，1942，油印本，1册，16开，环筒页装

本书所涉时间为1942年9—10月。

收藏单位：国家馆

04307
苏俄劳动理论与劳动制度对于世界之影响 朱通九调查 刘大钧审查/核定
出版者不详，1939.1，晒印本，20张，大16开（中国经济统计研究所 总字第272号 工业门劳工类 第12号）
收藏单位：上海馆

04308
苏联工作竞赛论文选 （苏）叶·瓦西列夫等著 刘光曙译
重庆：中国工作竞赛推行委员会，1943，104页，32开
本书收文7篇，内容包括：《苏联社会主义劳动纪律之理论与实际》（叶·瓦西列夫）、《苏联工作竞赛检讨——实例三则》（斯达哈诺夫）、《努力于工作竞赛之具体领导》（雅兹文）等。附苏联工作竞赛运动论文目录。
收藏单位：重庆馆、贵州馆、黑龙江馆、南京馆、西南大学馆

04309
苏联劳动效率 （苏）A. E. Grigoryff著 刘曙光译
外文题名：Economics of Soviet industry
重庆：中华书局，1945.2，32页，32开（苏联建设小丛书6）
上海：中华书局，1945.11，再版，32页，32开（苏联建设小丛书6）
重庆：中华书局，1945.12，再版，32页，32开（苏联建设小丛书6）
上海：中华书局，1949.7，3版，32页，32开（苏联建设小丛书6）
本书共3章：劳动与劳动生产率、苏联工业生产效率的源泉、劳动生产率的设计。
收藏单位：重庆馆、广东馆、广西馆、国家馆、河南馆、吉林馆、辽大馆、南京馆、上海馆、首都馆、天津馆

04310
苏联劳动政策 余长河著
重庆：中华书局，1944.11，116页，32开（中苏文化协会社会科学丛书）
重庆：中华书局，1946.3，再版，116页，32开（中苏文化协会社会科学丛书）
本书共10章，内容包括：苏联劳动政策之基本精神、工会、团体协约、劳力管制政策、社会主义竞赛、工资政策等。
收藏单位：安徽馆、重庆馆、广西馆、国家馆、河南馆、湖南馆、江西馆、近代史所、辽大馆、辽宁馆、南京馆、内蒙古馆、上海馆、首都馆、天津馆、浙江馆

04311
太原市大北关实验工商农矿编组报告总结 山西省军管区司令部[编]
山西省军管区司令部，1946.7，10页，32开
本书附折表。
收藏单位：国家馆

04312
太岳工商会议确定办法 工商会议通过
工商会议秘书处，1948.6，21页，32开
本书收录有关工厂经营、职工福利及矿工工资等办法草案。
收藏单位：国家馆

04313
我国工人之工作效率 程海峰著
国际劳工局中国分局，1937，32页
本书共10部分，内容包括：工作时间、工资、生产工具、工作环境、工作制度、生产合理化与工作效率等。原载于《国际劳工通讯》第5卷第3期。
收藏单位：近代史所

04314
无锡工人生活费及其指数 实业部统计长办公室处编
南京：华东印务局，1935，51页，16开（实业统计特刊2）
本书共3章：导言、无锡工人家计之调查与分析、无锡工人生活费指数之编制。附无锡工人生活费指数表、无锡零售物价表。
收藏单位：广东馆、国家馆、江西馆、近代史所、南京馆、首都馆、浙江馆

04315

西班牙商人私招华工赴斐洲凡能杜波岛开垦一案续编 国民政府行政院侨务委员会编

国民政府行政院侨务委员会，1929.1，[130]页，32开

本书共6部分：弁言、会议纪录、公牍、报告、公论、各报纪载。

收藏单位：国家馆

04316

厦门支会电灯工人加薪始末记 中华全国机器总工会宣传处编

广州：中华全国机器总工会发行所，1930.9，109页，32开

本书共9部分，内容包括：加薪运动之动机、加薪事件之酝酿、愈演愈烈之形势、资方破坏三次仲裁、武力高压之种种、对厦电灯工潮之舆论等。

收藏单位：国家馆

04317

县市国民义务劳动计划范本 社会部劳动局编

社会部劳动局，1945.5，9页，32开

本计划共47条，分9章，内容包括：总则、组织、征召及服务、劳动事项、工作准备等。

收藏单位：重庆馆、广东馆、国家馆、湖南馆、浙江馆

04318

现代劳动思潮及劳动制度之趋势 朱通九著

昆明：国民经济研究所，1939.3，10+312页，22开（国民经济研究丛书2）

本书共4编：资本主义国家之劳动理论与劳动制度、社会主义国家之劳动理论与劳动制度、法西斯蒂主义与国社主义国家之劳动理论与劳动制度、民生主义国家之劳动理论与劳动制度。

收藏单位：重庆馆、国家馆、吉大馆、吉林馆、近代史所、南京馆、上海馆

04319

现代劳动问题论丛（第1辑） 陈振鹭著

上海：书报合作社，1933.10，220页，25开（中国劳工学术研究社丛书）

本书收文15篇，内容包括：《中国劳动立法总评》《工厂法修正后新旧条文之比较》《应注意之特区工厂检查权》《评新修正后的工厂法》《工厂灾害预防及其救济》等。

收藏单位：国家馆、近代史所、上海馆

04320

学习与训练·教育与学习·记忆与学习 贺衷寒讲

中央训练团义务劳动高级人员训练班，1947，26页，32开

本书为合订本。

收藏单位：重庆馆、湖南馆

04321

一九三九年日本之劳动状况 李竹溪翻译 刘铁孙审查 刘大钧核定

出版者不详，1940.3，晒印本，5张，大16开（中国经济统计研究所 总字第361号 经济门国际类 第19号）

收藏单位：上海馆

04322

一九三五年之中国劳工界 [国际劳工局中国分局编]

国际劳工局中国分局，[1935]，18页，16开

本书介绍当年的经济环境、就业与失业、物价与劳工生活、劳资争议、劳工福利设施等。

收藏单位：重庆馆

04323

一九三六年之中国劳工界 程海峰著

[国际劳工局中国分局]，[1936]，39页，16开

收藏单位：上海馆

04324

一九三七年之中国劳工界 程海峰著

国际劳工局中国分局，1937，43 页

本书为《国际劳工通讯》第 5 卷第 4 期抽印本。

收藏单位：近代史所

04325

一九三九年之中国劳工界 程海峰著

国际劳工局中国分局，[1939]，50 页，16 开

本书为《国际劳工通讯》第 7 卷第 7 期抽印本。

收藏单位：国家馆

04326

一九四〇年之中国劳工界 程海峰著

国际劳工局中国分局，[1940]，60 页，16 开

本书为《国际劳工通讯》第 8 卷第 9 期抽印本。

收藏单位：上海馆

04327

义务劳动服务之实施 金辂编著

重庆：商务印书馆，1943.4，171 页，22 开

赣县（赣州）：商务印书馆，1944.3，171 页，25 开

本书共 15 章，内容包括：德国劳动服务生活、德国劳动服务团史、德国劳动服务法、劳动服务团之社会的意义、劳动服务团与国家经济、国防与劳动服务团等。据《集团勤劳读书》（米本正君）编成。

收藏单位：重庆馆、东北师大馆、广东馆、广西馆、贵州馆、国家馆、黑龙江馆、吉林馆、江西馆、南京馆、宁夏馆

04328

义务劳动之理论与实际 阮子平编著

天津：华北劳动出版社，1946.2，157 页，32 开（劳动丛书）

本书共 6 章。前 3 章阐述我国历代劳动服务的理论与史实，后 3 章介绍中国、德国、日本、苏联、美国、英国、保加利亚等国劳动服务的概况，以供我国实行国民义务劳动参考，并进一步说明义务劳动在地方经济建设上的价值。附国民义务劳动法等 9 种。

收藏单位：广东馆、国家馆、南京馆、天津馆

04329

义务征工讲义 张鸿士辑

巴县保长训练班，[1934—1949]，1 册，32 开

本书内容包括：义务征工之要谛、行营颁布冬季征工服役办法大纲、川陕公路义务征工筑路施行纲要、各县义务征工收支代工金暂行规则等。

收藏单位：重庆馆、广东馆、南京馆

04330

意大利法西斯蒂主义国家之劳动理论与劳动制度 朱通九纂辑 刘大钧审查 / 核定

出版者不详，1939.1，晒印本，31 张，13 开（中国经济统计研究所 总字第 275 号 工业门劳工类 第 13 号）

收藏单位：上海馆

04331

印度劳工状况 佛礼诗（Hermann Frisch）著

出版者不详，[1938—1949]，55 页，32 开

本书共 3 部分：穷困三百年、工业劳动阶级之状况、向自由解放之途迈进。

收藏单位：国家馆、南京馆、上海馆

04332

英、加拿大、新西兰劳资争议调解及仲裁法 国民政府财政部驻沪调查货价处编

国民政府财政部驻沪调查货价处，1927.6，22 页，32 开（劳工问题丛书 2）

本书共 4 部分：英国一八九六年调解法、英国一九一九年实业法院法、加拿大一九〇七年实业争议调查法、新西兰一九〇八年实业调解与仲裁法。

收藏单位：南京馆

04333

怎样办理征工 梁上燕著

南宁：民团周刊社，1938.10，26 页，32 开（丙种丛刊 第 2 种）（基层建设丛刊 第 4 辑 6）

本书共 3 部分：造产运动与征工的需要、

办理征工事前的准备、工作实施中应注意的问题。

收藏单位：国家馆、南京馆

04334

怎样带领民工

华中新华书店盐阜分店，1948.11，32页，64开

收藏单位：国家馆

04335

怎样动员民工

华中新华书店盐阜分店，1948.11，54页，32开

收藏单位：国家馆

04336

战后国际人力复员 朱学范著

重庆：商务印书馆，1945.3，179页，25开

上海：商务印书馆，1946.5，179页，25开

本书分上、下两编：战时国际人力动员概况、战后国际人力复员问题。附国际人力统计。

收藏单位：重庆馆、广东馆、广西馆、国家馆、河南馆、黑龙江馆、湖南馆、江西馆、近代史所、辽宁馆、南京馆、宁夏馆、上海馆、天津馆、武大馆、中科图

04337

战后瑞典劳力计划（二十七条纲要与评注） 杨恩赐译

社会部劳动局，1947.5，114页，32开（劳动行政丛书）

本计划共27条，分3类：充分就业、公平分配与较高的生活水准、较大的生产效能与增加经济的民主。

收藏单位：安徽馆、重庆馆、广东馆、国家馆、湖南馆、南京馆、浙江馆

04338

战时工役制度 黄嗣崇著

上海：汗血书店，1936.12，106页，32开（国防实用丛书8）

本书共3章：绪论、我国战时工役制度的商榷、各国战时工役制度。

收藏单位：重庆馆、广东馆、广西馆、国家馆、吉林馆、南京馆

04339

战时工资问题之检讨 中央银行经济研究处编

中央银行经济研究处，1941.5，21页，16开（经济情报丛刊 第4辑）

本书共6部分：前言、工资变动及其原因、工资变动与物价涨落、实际工资、劳工调整、结论。

收藏单位：国家馆、南京馆

04340

战时劳动统制 朱通九著

重庆：独立出版社，1940.4，69页，32开

本书共4部分：我国劳动概况、战时劳动统制之原则、战前劳动统制之准备、战时劳动统制实施之步骤。

收藏单位：安徽馆、重庆馆、东北师大馆、贵州馆、国家馆、吉林馆、南京馆

04341

战时劳动政策 周敦礼著

社会劳动局，1945.2，192页，32开，环筒页装（劳动丛书）

本书共4章：战时劳动政策之意义及其重要性、各国战时劳力动员概况、各国战时劳动政策内容之分析、中国战时劳动政策。

收藏单位：安徽馆、重庆馆、广东馆、国家馆、湖南馆、南京馆、内蒙古馆、上海馆、浙江馆

04342

战时宜昌劳动状况调查 陈建棠调查 国民经济研究所具拟

[国民经济研究所]，1938，油印本，7页，13开（总第42号 劳动门一般状况类 第1号）

本书共4部分：工人总数、店员总数、失业人数、各业工资举例。

收藏单位：国家馆

04343
征工服役工程计划书　山东省征工服役实施委员会编
山东省征工服役实施委员会，1937.2，1 册，16 开，精装
收藏单位：南京馆

04344
职工事业丛刊　中华基督教青年会全国协会职工部编
中华基督教青年会全国协会职工部，1925.7，27 页，25 开
本书内容包括：国内劳动消息、国外劳动要闻、劳动教育消息、合作消息等。

04345
职业分类法　国际劳工局著　丁同力译
外文题名：Systems of classification of industries and occupations
中央政法学校，1935.1，54 页，16 开
本书内容包括："职" 和 "业" 的区别、职业分类法对劳工统计的适用等。附《职业分类法草案》（裴德龙）、《英帝国统计会议议决案》、《各国分类法举例》等。
收藏单位：南京馆

04346
职业分类纲要
实业部统计处，1937.3，40 页，32 开
本书附全国行政区域表。
收藏单位：南京馆

04347
中国妇女劳动问题　钟贵阳著
上海：女子书店，1932.12，160 页，32 开（妇女问题丛书）
上海：女子书店，1935.2，160 页，32 开（女子文库）（现代中国妇女问题丛书）
本书分前、中、后 3 编：总论、中国妇女劳动的各问题、中国妇女劳动问题今后解决的方法。附参考书、工厂法。
收藏单位：广东馆、广西馆、贵州馆、桂林馆、国家馆、吉林馆、江西馆、南京馆、首都馆、西南大学馆、浙江馆

04348
中国国民党劳工政策　马超俊著
出版者不详，1948，28 页，32 开
本书共 6 部分：序言、理论基础、基本原则、历次决议、政策内容、结论。
收藏单位：重庆馆、国家馆

04349
中国国民党劳工政策　朱子爽著
重庆：国民图书出版社，1941.11，86 页，32 开（中国国民党政策丛书）
重庆：国民图书出版社，1943.9，126 页，32 开（中国国民党政策丛书）
本书共 6 章：绪言、中国劳工问题概述、中国国民党劳工政策的指导原则、中国国民党劳工政策的方针和纲领、中国国民党劳工政策的实施、结语。
收藏单位：安徽馆、重庆馆、广西馆、贵州馆、国家馆、河南馆、湖南馆、吉林馆、江西馆、近代史所、南京馆、内蒙古馆、陕西馆、上海馆、浙江馆

04350
中国国民党劳工政策的研究　张廷灏著
上海：大东书局，1930.10，20+214 页，32 开（中国劳工政策学会丛书）
上海：大东书局，1931.8，再版，20+214 页，32 开（中国劳工政策学会丛书）
本书共 5 章：导言、中国国民党劳工政策的四大基础、主要纲领（上、下）、余论。附俄英美德法日六国劳工政策概况、劳资争议处理法等 5 种。
收藏单位：重庆馆、广西馆、国家馆、湖南馆、江西馆、南京馆、西南大学馆、浙江馆

04351
中国劳动年鉴（第 1 次）　王清彬等编辑　陶孟和校订
北平社会调查部，1928.12，1 册，22 开，精装

本书共3编：劳动状况、劳动运动、劳动设施及政策。书中题名：第一次中国劳动年鉴。所收资料截至1927年12月底。

收藏单位：安徽馆、重庆馆、东北师大馆、广东馆、广西馆、贵州馆、国家馆、黑龙江馆、湖南馆、江西馆、近代史所、南京馆、内蒙古馆、宁夏馆、山西馆、上海馆、首都馆、天津馆、西南大学馆、浙江馆、中科图

04352

中国劳动年鉴（第2次） 邢必信等编辑 陶孟和校订

北平社会调查所，1932，3册（238+204+277页），25开

本书所涉时间为1928年1月至1931年12月。书中题名：第二次中国劳动年鉴。

收藏单位：安徽馆、重庆馆、东北师大馆、广东馆、贵州馆、国家馆、黑龙江馆、湖南馆、近代史所、南京馆、山西馆、上海馆、首都馆、西南大学馆、浙江馆、中科图

04353

中国劳动年鉴（二十一至二十二年） 实业部劳动年鉴编纂委员会编

实业部劳动年鉴编纂委员会，1933—1934，2册，16开，精装

本书介绍该年度劳动状况、劳动运动、劳动设施、中国参加国际劳工组织状况等。

收藏单位：重庆馆、广东馆、贵州馆、国家馆、湖南馆、吉林馆、近代史所、辽大馆、辽东学院馆、南京馆、内蒙古馆、上海馆、天津馆、浙江馆

04354

中国劳动问题 唐海著

上海：光华书局，1926.12，16+536页，25开

上海：光华书局，1927.5，再版，16+536页，22开

本书共5编：总论、我国劳动者之工资工作时间与能率、劳动者幸福的设施、劳动运动、我国劳动运动之概况。

收藏单位：安徽馆、重庆馆、东北师大馆、广东馆、广西馆、国家馆、河南馆、湖南馆、江西馆、近代史所、辽大馆、南京馆、上海馆、首都馆、西南大学馆、浙江馆

04355

中国劳动问题之现状 国民政府财政部驻沪调查货价处编

国民政府财政部驻沪调查货价处，1928，34页，32开（劳工问题丛书15）

本书共3部分：劳工立法之缺陷、中国劳工之现状、将来改善之方法。原载于国际劳工局1927年1月版《国际劳工评论》，著者为亨利（P. Henry）。

收藏单位：重庆馆、国家馆

04356

中国劳动状况 周宏基著 胡崇基校

周宏基，1933.1，164页，25开

本书共10章：劳工分类、工资与工时、劳动能率、劳工生活、失业之救济与设施、女工童工状况及保护、劳资双方之缺点、劳工运动与组织、劳动争议与罢工、劳动立法运动与法令。

收藏单位：国家馆

04357

中国劳工福利事业之现状 吴至信著

出版者不详，1936.10，25页，16开

本书介绍中国劳工生活设施、教育设施、工作设施及救助设施等。原载于《民族杂志》第4卷第10期。

收藏单位：国家馆

04358

中国劳工问题 陈达著

外文题名：The labor problems in China

上海：商务印书馆，1929.9，626页，22开，精装（中国经济学社丛书）

上海：商务印书馆，1933.2，国难后1版，626页，22开，精装（中国经济学社丛书）

本书共9章，内容包括：绪论、工人生活状况、劳工团体、罢工、工资和工作时间、生活费等。附劳工运动。

收藏单位：安徽馆、长春馆、重庆馆、东北师大馆、广东馆、广西馆、国家馆、黑龙江馆、湖南馆、吉林馆、江西馆、辽大馆、辽宁馆、南京馆、内蒙古馆、宁夏馆、山西馆、上海馆、首都馆、天津馆、西南大学馆、浙江馆、中科图

04359

中国劳工问题 何德明编著 吴泽霖校订

上海：商务印书馆，1936.9，2册（224页），32开（万有文库第2集108）（现代问题丛书）

上海：商务印书馆，1937.1，224页，32开（现代问题丛书）

上海：商务印书馆，1937.3，再版，224页，32开（现代问题丛书）

上海：商务印书馆，1938.5，3版，224页，32开（万有文库 第2集108）（现代问题丛书）

长沙：商务印书馆，1939.9，2册（224页），32开（万有文库 第1、2集）（现代问题丛书）

本书共9章，内容包括：中国劳工问题导论、女工与童工问题、工资与工作时间问题、工会问题、罢工问题等。

收藏单位：安徽馆、长春馆、重庆馆、大理馆、大连馆、大庆馆、东北师大馆、广东馆、广西馆、贵州馆、国家馆、黑龙江馆、湖南馆、江西馆、辽大馆、辽师大馆、柳州馆、南京馆、内蒙古馆、宁夏馆、山西馆、陕西馆、上海馆、绍兴馆、首都馆、天津馆、西南大学馆、中科图

04360

中国劳工问题 马超俊著

上海：民智书局，1925.12，114页，32开

上海：民智书局，1927.2，3版，114页，22开

上海：民智书局，1927.9，4版，114页，22开

本书共10章，内容包括：绪论、中国劳动者的种类、工作问题、女工与童工、失业问题、工人教育等。

收藏单位：安徽馆、重庆馆、广东馆、广西馆、贵州馆、国家馆、河南馆、黑龙江馆、湖南馆、江西馆、近代史所、南京馆、上海馆、浙江馆、中科图

04361

中国劳工问题概要 邓裕志著

上海：青年协会书局，1934.10，30页，长48开（社会问题小丛书14）

本书内容包括：工作时间问题、卫生设备、职业病问题、工业灾害、童工问题、劳工运动等。

04362

中国重要劳工问题简答 社会部组织训练司编

社会部组织训练司，1947.10，12页，32开

本书收录问题40个，内容包括："中国现行劳工政策之主要原则如何?""宪法上有保护劳工的规定内容为何?""中国现行的劳工法规有若干种?""工会法是否允许工人有罢工权?""工会的基层组织如何?"等。

收藏单位：重庆馆、广东馆、国家馆、南京馆

04363

中华全国总工会发布关于处理劳资问题的三大文件 中华全国总工会常务委员会通过

中国海员工会武汉委员会，1949，24页，32开

收藏单位：国家馆

04364

中山主义劳工浅说 韩德光编

上海：中央图书局，1927.4，70页，32开

本书共11部分，内容包括：绪论、劳工的种类、工厂制度底下的劳工状况、工作的时间问题、工资和其他报酬、失业和救济等。附工会条例。

收藏单位：重庆馆、国家馆、湖南馆、近代史所、上海馆

04365

驻法华工队青年会事业略说

驻法华工队青年会，1920.1，47页，32开

收藏单位：南京馆

04366
组织劳动力的参考材料
晋察冀边区各界抗日救国联合会，1944.1，油印本，37 页，32 开
收藏单位：国家馆

04367
最低工资办法公约 中华民国国民政府外交部编
外文题名：Convention concerning the creation of minimum wage fixing machinery
中华民国国民政府外交部，[1936.9]，1 册，18 开（白皮书 第 49 号）
本书为汉英对照。共 3 部分：最低工资公约、关于适用规定最低工资办法之建议案、批准文件。
收藏单位：上海馆

04368
最近上海罢工原因之分析 朱通九著
出版者不详，[1911—1949]，29 页，16 开
收藏单位：南京馆

物资经济

04369
采购学 丁馨伯编著
上海：商务印书馆，1936.10，[11]+235 页，25 开
上海：商务印书馆，1947.7，再版，235 页，25 开
本书共 20 章，内容包括：采购之性质、采购与市场之关系、采购部之组织、采购部在组织中之地位、采购手续等。附康元制罐厂物料管理（节录康元厂科学管理实况）、交通部购料委员会章程及表格、中央信托局购料规则及业务要点。
收藏单位：重庆馆、广东馆、贵州馆、国家馆、河南馆、黑龙江馆、湖南馆、吉林馆、江西馆、辽大馆、辽宁馆、南京馆、内蒙古馆、上海馆、首都馆、天津馆、浙江馆

04370
采购与建筑之监察 中央训练团监察官训练班编
出版者不详，1947.9，10 页，25 开
本书共 3 章：概说、监察应注意事项、结论。
收藏单位：吉林馆

04371
仓库经营论 中央银行经济研究处编
上海：商务印书馆，1935.11，12+329 页，22 开（中央银行丛刊）
上海：商务印书馆，1936，再版，12+329 页，22 开（中央银行丛刊）
上海：商务印书馆，1938，3 版，12+329 页，23 开（中央银行丛刊）
本书共 11 章，内容包括：仓库业之沿革、仓库之功用、仓库对于国民经济之供献、仓库之种类、冷藏之原理、仓库与保险等。附上海市银行业仓库营业规则、中国银行货栈章程、海关关栈章程等 22 种。
收藏单位：重庆馆、广东馆、贵州馆、国家馆、河南馆、黑龙江馆、湖南馆、吉林馆、近代史所、辽大馆、辽宁馆、南京馆、上海馆、天津馆、西南大学馆、浙江馆

04372
仓库实务与会计 卞宗濂著
上海：立信会计图书用品社，1942.1，68 页，25 开（立信会计丛书）
上海：立信会计图书用品社，1947.3，再版，68 页，25 开（立信会计丛书）
上海：立信会计图书用品社，1948.2，3 版，68 页，25 开（立信会计丛书）
本书共 8 部分：仓库业务与组织、仓库会计概论、货物之入仓与出仓、存仓货物之管理、仓货之记载、业务收支及其记录、业务会计之科目与帐簿、代理投保火险。
收藏单位：广东馆、广西馆、国家馆、辽大馆、南京馆、内蒙古馆、宁夏馆、上海馆

04373
仓库手册 银行学会编

[上海]：银行学会，1949.4，43 页，32 开

本书内容包括：上海市银钱信托业仓库营业规则、上海市公用局管理民营仓库标准、上海市公用局审核民营仓库标准、上海保险业规定危险品细目、各种度量衡比较表、上海市银钱信托业仓库一览表等。

收藏单位：内蒙古馆、山西馆、上海馆

04374

仓库之原理及实务　张伟勋编著

福建省银行金融研究室，1942.1，184 页，32 开（银行基础知识丛书）

本书分首、次两编：仓库原理、仓库实务。首编内容包括：仓库概念、仓库业起源和沿革、仓库种类、法规与政策等；次编内容包括：仓库证券、组织及管理、仓库会计、仓库的建筑等。

收藏单位：福建馆、国家馆、浙江馆

04375

仓运管理　孙育万著

浙江省油茶棉丝管理处茶叶部，1939.6，8 页，32 开（茶人通讯副刊 第 2 辑）

本书内容包括：意义、目标、机构、办法等。

收藏单位：浙江馆

04376

第一期国家经济建设总方案物资建设五年计画草案（提要）　中央设计局编

中央设计局，1945.12，77 页，18 开

本书共两部分：总论、分论。总论共 8 节，内容包括：引言、编拟经过、施行地域与时期、建设区域之划分、经营方式等；分论为各部门计划，共 6 部门：交通、动力、矿冶、工业、农业、水利。附表 130 种。

收藏单位：重庆馆、广东馆、广西馆、国家馆、吉林馆、南京馆、上海馆、天津馆

04377

东北物资调节委员会工作总报告　东北物资调节委员会编

[沈阳]：东北物资调节委员会，1948.12，143 页，32 开

本书共 6 部分：组织、业务、会计、设计、总务、附录。所涉时间为 1946 年 7 月 13 日至 1947 年 12 月 31 日。

收藏单位：安徽馆、国家馆、近代史所、辽宁馆、南京馆、首都馆

04378

经济部管制物资及物价工作报告　经济部[编]

经济部，1941.11，油印本，1 册，18 开，环筒页装

本书共 3 部分：分配用途、增裕供给、稳定价格。

收藏单位：国家馆

04379

经济部物资局第一期奉拨物价平准基金财务报告　[经济部物资局编]

[经济部物资局]，[1942]，6 页，32 开

本书附收支报告表。所涉时间为 1942 年 2 月 1 日至 4 月 30 日。

收藏单位：南京馆

04380

经济部物资局第二期奉拨物价平准基金财务报告　经济部物资局编

经济部物资局，[1942]，6 页，22 开

本书附收支报告表。所涉时间为 1942 年 5 月 1 日至 6 月 30 日。

收藏单位：国家馆、南京馆

04381

配给经济手册　吴报锦著

上海：进步出版社，1948.11，85 页，32 开

本书共 5 章：配给及配给组织之基本理论、自由配给制与其机构、配给统制之原理及机构、战时配给统制之进展、结论。附有关法令。

收藏单位：广东馆、国家馆、南京馆

04382

配给制度研究　江苏省立经济研究所编辑

江苏省立经济研究所，1945.6，12+154 页，25 开（江苏经济丛书）

本书共 3 篇：总论、各国配给制度、我国配给制度。

收藏单位：北师大馆、国家馆

04383

日本之物资配给统制 郑允恭著

[上海]：[中国经济研究会]，[1943.11]，17 页，16 开（中国经济研究会丛刊 5）

收藏单位：上海馆

04384

日本之物资消费统制 郑允恭著

[中国经济研究会]，[1911—1949]，15 页，16 开（中国经济研究会丛刊 7）

04385

三十五年度工作报告 东北物资调节委员会编

[沈阳]：东北物资调节委员会，1946.12，171 页，25 开

本书共 8 篇：业务、设计、财务、总务、章则、会报摘要、参考资料、三十六年度工作计划。

收藏单位：长春馆、黑龙江馆、江西馆、南京馆

04386

太原物资接管工作总结 太原市军管会办公室编

[太原市军管会办公室]，1949.8，26 页，32 开

收藏单位：南京馆

04387

倭国生活必需物资统制之现况 中央调查统计局特种经济调查处编

中央调查统计局特种经济调查处，1942.4，1 册，16 开（敌伪经济参考资料 52）

本书共 8 部分：由临时措置法到生活必需品统制令、现行票券制之解剖与综合票券制、实施票券制之衣料、实施票券制之食品、实施票券制之居住品、实施票券制之卫生材料及其他、分配过程之统制、统制事务之统一。

收藏单位：南京馆

04388

物资管理（物资管理及对外贸易之最近情形） 邹秉文讲

中央训练团印刷所，1941，28 页，36 开（中央训练团党政训练班讲演录）

本书内容包括：一般物资管理机构、一般物资管理办法、对外贸易行政机构一元化、我国战时管理物资机构等。

收藏单位：重庆馆

04389

物资管理课目纲要 庞松舟讲

中央训练团印刷所，1941 印，68 页，32 开（中央训练团党政训练班讲演录）

本书共 4 部分：物资管理之目的、现行管理项目、现行管理法令及其主管机关、目前所当研究之问题。附厘订查禁辽吉黑热四省所产物品表、禁止进口物品表、医药用品及治疗器材品目表等 12 种。

收藏单位：重庆馆、国家馆、南京馆

04390

物资管制问题 何浩若讲

[中央训练团党政训练班]，1942.3，18 页，32 开（中央训练团党政训练班讲演录）

本书共 4 部分：从物价统制到物资管制、物资管制政策之三方面、物资管制实施办法、结论。

收藏单位：重庆馆、广东馆、贵州馆、国家馆

04391

行政院处理美国救济物资委员会报告书 行政院编

行政院，1948，124+30 页，32 开

本书分 4 编介绍中美救济协定的签订，美国救济物资的接收、储运、加工、分发等。

收藏单位：重庆馆、南京馆

04392
行政院处理美国救济物资委员会手册 行政院编
行政院，[1948]，1 册
本书介绍相关法规、业务工作及职员录等。
收藏单位：广东馆

04393
行政院美援运用委员会工作季报（第 1 期） [行政院美援运用委员会编]
出版者不详，[1948]，21 页，25 开
本书介绍美援拨款计划、美援物资运用原则及分配情况等。所涉时间为 1948 年 4 月 3 日至 9 月 30 日。

04394
行政院物资供应局华西办事处物资要目 行政院物资供应局华西办事处编
行政院物资供应局华西办事处，1948.5，26 页，16 开
本要目分钢铁材料、动力机、工作机等类目。
收藏单位：重庆馆

04395
行政院物资供应委员会工作报告 行政院物资供应委员会秘书处编
行政院物资供应委员会，1948.9，16 页，16 开
本书共 3 部分：业务报告、账务报告、总务报告。所涉时间为 1948 年 5 月 1 日至 9 月 10 日。
收藏单位：国家馆

企业经济

04396
安徽省合作讲习会讲义 安徽省建设厅合作科编
安徽省建设厅合作科，1941.10，144 页，32 开
本书共 4 部分：合作概说、合作组织、合作经营、合作法规。
收藏单位：安徽馆

04397
安徽省战时合作事业推进概况 蔡灏著
蔡灏，1941.2，24 页，16 开
本书共 4 部分：指导方面、社务方面、业务方面、金融方面。
收藏单位：重庆馆、国家馆、南京馆

04398
办事处会计解说 华北合作事业总会编
[华北合作事业总会]，[1911—1949]，18 页，22 开
本书共 3 部分：设置办事处之理由、无独立会计单位之办事处之会计处理、有独立会计单位之办事处之会计处理。
收藏单位：国家馆

04399
宝元通兴业股份有限公司章程 [宝元通兴业股份有限公司编]
[宝元通兴业股份有限公司]，[1948]，[12] 页，16 开，环筒页装
本章程附组织大纲、股东职工公约。
收藏单位：重庆馆

04400
北京市场股份有限公司概况 事务课调查股编
[北京市场股份有限公司]，1942.10，[24] 页，23 开
本书共 14 部分，内容包括：设立目的、资本股数、开业登记、组织系统、买卖物品等。
收藏单位：国家馆

04401
北平市合作总社半年工作总结报告 北平市合作总社编
[北平市合作总社]，1949，油印本，1 册，

16 开，环筒页装

收藏单位：国家馆

04402

北平市庆祝第二十五届国际合作节纪念刊

北平市第二十五届国际合作节庆祝大会编

北平市社会局合作室，1947.7，31 页，25 开

本书收录《北平市合作事业概况》《中央合作金库北平分库概况》《半年来的全国合作物品供销处北平办事处》《萌芽的平津工合》《北平市合作社联合社业务概况》等。版权页题名：第二十五届国际合作节特刊。

收藏单位：国家馆

04403

渤海物产公司计画书 [渤海物产公司编]

[渤海物产公司]，[1911—1949]，48 页，22 开

本书内容包括：农业部计划大纲、渔业部计划大纲、矿业部计划大纲、盐业部计划大纲等。

收藏单位：国家馆

04404

产销合作 [江西省地方行政干部训练团编]

江西省地方行政干部训练团，1940，56 页，32 开（分组训练教材 74）

本书共 3 章：概说、产销合作社的组织、产销合作业务的经营。

收藏单位：重庆馆、国家馆

04405

产销合作经营 甘肃省合作事业管理处编

[甘肃省合作事业管理处]，[1930—1949]，[114] 页，32 开（合作丛书）

本书内容包括：各种产销合作社业务计划、各种产销合作社业务计划乙式说明、各种产销社业务计划说明等。

收藏单位：国家馆

04406

产销业务须知 江西省农村合作委员会编

江西省农村合作委员会，[1933]，146 页，22 开（合作训练教材 5）

本书共两部分：生产部分、运销部分。附参考资料。

收藏单位：国家馆、江西馆

04407

产业合理化统制经济和计划经济 王达夫著

大众文化社，1936.8，69 页，32 开（大众文化丛书 第 1 辑 第 7 种）

大众文化社，1937，2 版，69 页，40 开（大众文化丛书 第 1 辑 第 7 种）

本书共 3 部分：产业合理化、统制经济、计划经济。

收藏单位：重庆馆、国家馆、吉林馆、南京馆、内蒙古馆、上海馆

04408

产业合作讲义 王嘉谟编

王嘉谟 [发行者]，[1940]，油印本，352 页，16 开

本书分上、下两编：合作概论、合作各论。上编共 5 章：合作的性质、合作的机能、合作的源起、合作思想的演进、合作运动的现势；下编共 14 章，内容包括：信用合作社、贩卖合作社、合作社之组织、合作社之章程、合作社之监督等。

收藏单位：国家馆

04409

长期抗战中之合作事业与国计民生 王寿迹著

[怀化]：湘西战时合作事业促进会，1938.5，70 页，25 开，环筒页装

本书内容包括：我国社会旧有的合作组织之形态、合作社究竟是什么、合作社的组织是社员们自主的、目前中国是有积极推进合作运动之必要、我国现今的合作组织负有长期抗战之特殊使命等。

收藏单位：重庆馆、国家馆

04410

常熟合作社四周纪念特刊 中国合作社常熟支社编

中国合作社常熟支社，1942.11，1 册，16 开

收藏单位：南京馆

04411

常熟县合作社一周纪念特刊　常熟县产业合作社编

常熟县产业合作社，1939.11，141+10 页，16 开

本书收录该社准备会自 1937 年 11 月 22 日成立起一年来的各项统计图表、工作月计比较表、大事记、合作周刊有关文章汇编、工作日记等。附社员一览表、委员一览表、该会代办广野部队军票物资交换购买用品数量表。版权页题名：合作社一周纪念特刊。

收藏单位：国家馆

04412

重庆市工商名录　唐幼峰编

重庆旅行指南社，1941.4，211 页，32 开

收藏单位：重庆馆、国家馆、南京馆

04413

重庆市合作事业一览　[重庆市社会局编]

重庆市社会局，[1941—1949]，68 页，16 开

本书共 5 部分：重庆市合作事业概况、重庆市合作社分布图、重庆市合作社统计图表、重庆市消费合作社业务报告、重庆市社会局有关合作法令。

收藏单位：重庆馆、国家馆、南京馆

04414

初级合作读本（上册）　中国合作事业协会云南省分会主编

昆明：云南省建设厅合作事业管理处，1941.12，25 页，32 开

本书共 16 课，内容包括：国旗和合作旗、合作旗的由来、中国的合作导师、政府为甚么推行合作、合作和人生等。

收藏单位：国家馆

04415

处属合作事业视察随感　徐渊若著

丽水：徐渊若，1940.6，24 页，32 开（浙江省合作金库丛刊 3）

收藏单位：重庆馆、国家馆、江西馆、南京馆、浙江馆

04416

创业之路　（美）伯恩汉（A. C. Burnham）著　沈学文编译

大漠出版社，1943，80 页，36 开

本书收录 46 个小事业家的自传。分 9 章，内容包括：怎样去发现创业的机会、怎样把小事业计划和组织起来、怎样经营小事业、创业与教育等。附小事业家自传之分析与统计。为《怎样创业》的编译本。著者原题：布尔汉姆。

收藏单位：重庆馆、南京馆

04417

大中实业股份有限公司（汉英合刊）　大中实业股份有限公司编

大中实业股份有限公司，[1925.2]，[37] 页，16 开，精装

本书内容包括：呈请农商部注册呈文、农商部批文、公司章程等。

收藏单位：上海馆

04418

丹阳合作　江苏省建设厅丹阳合作实验区编

镇江：江苏省建设厅丹阳合作实验区，1935，50 页，32 开

本书为该实验区的工作报告。

收藏单位：重庆馆、国家馆、南京馆、浙江馆

04419

丹阳合作实验报告　江苏丹阳合作实验区编

镇江：江苏省丹阳合作实验区编辑部，1937.7，174 页，16 开

本书共 15 部分，内容包括：丹阳县合作社分布图、本区设立之缘起及其旨趣、本区组织及其经费、本区二年来之工作纲领、丹阳社会及其自然环境、本区划分指导区之意义及其经过等。

收藏单位：国家馆

04420
到新合作运动之路　罗虔英　李乡朴著
上海：中国建设服务社，1948.1，32 页，32 开（中建丛书）

本书介绍该运动实施的步骤及方法。共 3 部分：解题、进度、结论。

收藏单位：安徽馆、国家馆、南京馆、上海馆

04421
德商礼和洋行　礼和洋行编
礼和洋行，[1911—1949]，[32] 页，18 开

本书介绍该行在中国各地的分行。

04422
地方合作社组织要言　马伯援著
马伯援 [发行者]，[1931]，78 页，23 开

本书分上、下两卷。上卷收文 6 篇，内容包括：《弱者之呼声》《创设保安合作社刍议》《对于土地合作社之意见》等；下卷为合作社浅说，共 3 篇：《合作社之意义与目的》《组织与设立》《经营与实务》。附《我之思想经验及对于合作社之计画》。下卷据《合作社浅说》（野田兵一）译出。书中题名：对于合作运动的几点贡献。

收藏单位：南京馆、上海馆

04423
第一次合作讲习会汇刊　[中国华洋义赈救灾总会编]
中国华洋义赈救灾总会，1926.1，106 页，25 开（中国华洋义赈救灾总会丛刊 乙种 17）

本书共 4 部分：序、组织及管理、讲义、附录。第 3 部分收录讲义 7 种，内容包括：《我们为什么在此听讲》（章元善）、《合作制度》（唐有恒）、《中国合作问题之起源与发展》（赵润泽）、《农民合作概论》（于树德）、《信用合作社讲义》（于树德）等。

收藏单位：国家馆、上海馆、天津馆

04424
第二次合作讲习会汇刊　章元善编
中国华洋义赈救灾总会，1927.2，72 页，25 开（中国华洋义赈救灾总会丛刊 乙种 23）

本书收录讲义 11 种，内容包括：《农人的两个救星（购买合作及售卖合作）》（刘运筹）、《农具与农民幸福之关系》（刘运筹）、《和农家讨论农学》（陈宰均）、《中国农民之地位及责任》（许璇）、《农村调查运动》（李景汉）等。

收藏单位：国家馆、南京馆、宁夏馆、上海馆、天津馆

04425
第三次合作讲习会汇刊　章元善编
中国华洋义赈救灾总会，1928.2，1 册，25 开（中国华洋义赈救灾总会丛刊 乙种 25）

本书收录讲义 17 种，内容包括：《农业经济纲要》（陈岱荪）、《现在农村问题》（虞振镛）、《普通簿记学》（邸昕庭）、《会计学大纲》（顾翊群）、《查帐学大纲》（顾翊群）等。

收藏单位：安徽馆、国家馆、南京馆、西南大学馆

04426
第四次合作讲习会汇刊　中国华洋义赈救灾总会编
中国华洋义赈救灾总会，1929.8，32 页，25 开（中国华洋义赈救灾总会丛刊 乙种 33）

本书共两部分：总会筹办四合讲经过述要、四合讲各组开会纪事。

收藏单位：国家馆

04427
第五次合作讲习会汇刊　[中国华洋义赈救灾总会编]
中国华洋义赈救灾总会，1930.6，1 册，25 开（中国华洋义赈救灾总会丛刊 乙种 44）

本书共 5 部分：插图、筹备及管理、纪事、讲义、附录。第 4 部分为《中国之合作运动》（董时进）。

收藏单位：重庆馆、国家馆

04428
第六次合作讲习会汇刊　[中国华洋义赈救灾总会编]

中国华洋义赈救灾总会，1931.8，112页，25开（中国华洋义赈救灾总会丛刊 乙种46）

本书共4部分：摄影、筹备及管理、纪事、附录。

收藏单位：重庆馆、国家馆、西南大学馆

04429

第七次合作讲习会汇刊　[中国华洋义赈救灾总会编]

中国华洋义赈救灾总会，1932.12，140页，22开（中国华洋义赈救灾总会丛刊 乙种52）

收藏单位：重庆馆、国家馆、南京馆、西南大学馆

04430

第八次合作讲习会汇刊　[中国华洋义赈救灾总会编]

中国华洋义赈救灾总会，1933.9，196页，22开（中国华洋义赈救灾总会丛刊 乙种54）

收藏单位：重庆馆、国家馆、南京馆、西南大学馆

04431

第九次合作讲习会汇刊　[中国华洋义赈救灾总会编]

中国华洋义赈救灾总会，1934.11，132页，25开（中国华洋义赈救灾总会丛刊 乙种62）

本书共3部分：简评、纪事、附录。

收藏单位：国家馆、南京馆、西南大学馆

04432

第十次合作讲习会汇刊　中国华洋义赈救灾总会编

中国华洋义赈救灾总会，1935.10，48页，25开（中国华洋义赈救灾总会丛刊 乙种72）

本书共3部分：简评、纪事、"十合讲"概况统计。

收藏单位：国家馆、近代史所

04433

第一次合作讲习会汇刊　[中国华洋义赈救灾总会湖北分会编]

中国华洋义赈救灾总会湖北分会，1934.4，16+14页，25开（中国华洋义赈救灾总会湖北分会丛刊1）

本书共4部分：摄影、筹备及管理、纪事、附录。第2部分共6节，内容包括：湖北分会第一届合作讲习会简章、听讲须知、格式摘载等；第3部分共4节：合讲的进展、合讲的回顾、合讲概况统计表、报告摘录。

收藏单位：国家馆

04434

第二次合作讲习会汇刊　中国华洋义赈救灾总会湖南省分会编

中国华洋义赈救灾总会湖南省分会，1935.10，80页，大32开（中国华洋义赈救灾总会湖南省分会丛刊 甲种5）

收藏单位：南京馆

04435

第二十四届国际合作节纪念专刊　湖北各界庆祝第二十四届国际合作节纪念大会编

湖北各界庆祝第二十四届国际合作节纪念大会，[1946]，82页，32开

本书内容包括：专论、计划、报告、章则等。"专论"部分收文15篇，内容包括：《合作事业是民主政治的桥梁》（方觉慧）、《合作供销之意义》（喻志东）、《论合作事业的推广》（杨锦昱）、《谈本省合作事业复员》（杨福东）、《纪念二十四届国际合作节感言》（喻林炎）等。

收藏单位：国家馆、南京馆

04436

第二十五届国际合作节纪念专刊　武汉各界庆祝第二十五届国际合作节纪念大会编

武汉各界庆祝第二十五届国际合作节纪念大会，1947，52页，16开

本书"专论"部分收文14篇，内容包括：《纪念第二十五届国际合作节有望于地方行政主官者》（邓翔海）、《合作事业在现阶段经济中之重要性》（马怀璋）、《合作供销的前瞻》（李其坚）、《湖北省合作社联合社业务之设施与展望》（王达夫）、《合作事业的发展与我们的责任》（柴寿康）等。

收藏单位：国家馆、南京馆

04437
第二十六届国际合作节纪念专刊　武汉各界庆祝第二十六届国际合作节纪念大会编
[武汉各界庆祝第二十六届国际合作节纪念大会]，1948.7，72页，32开
收藏单位：南京馆

04438
第六分区合委会会计工作指示　第六分区合委会编发
第六分区合委会，1945.4，油印本，10页，32开
收藏单位：国家馆

04439
第十五届国际合作节纪念册　河南省农村合作委员会编
[河南省农村合作委员会]，1937.7，[42]页，32开
本书收文3篇：《合作事业之内容及其前途》（徐晴岚）、《国际合作运动概说》（王文田）、《合作社之要义与实施》（刘统勋、阚家楠）。

04440
第四期决算报告书（民国三十三年度）　[华北合作事业总会编]
华北合作事业总会，[1945]，46页，16开

04441
第一次合作会计训练班特刊　[中国华洋义赈救灾总会四川分会编]
中国华洋义赈救灾总会四川分会，1940，油印本，7页，16开，环筒页装（中国华洋义赈救灾总会四川分会丛刊10）
收藏单位：国家馆

04442
第一届合作讲习会汇刊　周晋熙编辑
绥远省农村合作事业指导委员会，1935.4，128页，18开（绥远省农村合作事业指导委员会丛刊1）
本书内容包括：序词、筹备、训话、讲义、各社问题讨论、经费等。"讲义"部分内容包括：《合作概论》《信用合作社经营论》《消费合作社经营论》等。
收藏单位：重庆馆、国家馆

04443
第一届合作讲习会农仓常识　广西省政府编
出版者不详，[1911—1949]，20页，32开
收藏单位：南京馆

04444
奠定民主政治的基础　袁守成著
成都：活力文化出版社，1947.6，134页，32开（活力丛书1）
本书收文23篇，内容包括：《现阶段中本省合作事业之推进办法》《四川合作事业之回顾与前瞻》《建设实验区中之合作事业》《关于三十五年度合作事业辅导工作的提示》《庆祝第二十四届国际合作节》等。
收藏单位：国家馆

04445
东北局关于公营企业中职员问题决定　[中共中央东北局编]
中共沈阳特别市工委宣传部，[1948]翻印，8页，32开（政策介绍3）
收藏单位：重庆馆、国家馆、南京馆

04446
东亚工商名录　东亚工商名录社编
外文题名：The East Asiatic classified directory
天津：东亚工商名录社，1941，204页，13开
收藏单位：国家馆

04447
俄国合作运动史　（法）吉德（Charles Gide）著　吴克刚译
上海：商务印书馆，1931.10，170页，32开（社会科学小丛书）
上海：商务印书馆，1933，国难后1版，175页，32开（社会科学小丛书）

本书共6章：俄国革命前的合作运动、多数党革命后的合作运动、新经济制度下的合作社、消费合作的各种形式、土地问题、俄国合作运动的现状。附本书译名对照表。著者原题：季德。

收藏单位：安徽馆、重庆馆、东北师大馆、广东馆、广西馆、贵州馆、国家馆、湖南馆、吉林馆、江西馆、辽大馆、南京馆、山西馆、上海馆、首都馆、浙江馆

04448

二十四届国际合作节纪念特刊　广东省建设厅合作事业管理处　中国合作事业协会广东分会编

广东省建设厅合作事业管理处、中国合作事业协会广东分会，1946.7，18页，16开

本书收文11篇，内容包括：《发展合作事业与实现民生主义》（张发奎）、《纪念廿四届国际合作节吾人应有之努力》（谢文龙）、《论合作经济制度》（谢哲声）、《合作事业与资本主义》（林昌宗译）、《广东省合作视导之今昔》（龙超）等。书中题名：廿四届国际合作节纪念特刊。

收藏单位：国家馆

04449

二十四年度之浙江合作事业　浙江省建设厅编

浙江省建设厅，[1936]，127页，22开

本书主要介绍该省棉花、桐油、烘茧等方面的合作情况。

收藏单位：国家馆、南京馆、浙江馆

04450

发展合作事业之管见　丁鹏翥编

长沙：群益合作社、华新羽绒公司，1931.6，16页，32开（合作小册2）

收藏单位：湖南馆、南京馆

04451

法国合作运动史　吴克刚著

上海：商务印书馆，1933.12，273页，32开

本书共21章，内容包括：法国合作运动的起源、几位先驱者、生产合作的黄金时代、生产合作的目的及问题、生产合作社的现状等。

收藏单位：安徽馆、重庆馆、东北师大馆、广东馆、广西馆、贵州馆、国家馆、黑龙江馆、湖南馆、吉林馆、江西馆、辽大馆、南京馆、宁夏馆、上海馆、天津馆、浙江馆

04452

范吾合作法　厉鼎模著

南京：厉鼎模[发行者]，1929.4，90页，16开

本书共8章：总说、资本合作、经济合作、职工互助、平民合作、市民合作、农民合作、结说。

收藏单位：广东馆、南京馆、上海馆

04453

分馆会计科目　商务印书馆总管理处主计部编

上海：商务印书馆总管理处主计部，1935，重订版，14页，18开

收藏单位：广东馆

04454

凤凰集　[上海老凤祥银楼职工编辑]

上海老凤祥银楼，1947，[100]页，16开，精装

本书内容包括：职工照片、小传、文艺作品等。附凤祥银楼同人福利会章程。

04455

福建省公务统计方案合作事业类　福建省合作事业管理处编

福建省合作事业管理处，[1911—1949]，107页，横8开

本书共3部分：合作事业类统计方案总说明、合作行政组织系统图、应用表册。附合作法规一览、合作社种类、合作社业务之分类等。

收藏单位：福建馆

04456
福建省合作事业五年计划 福建省政府建设厅合作事业管理局编
福建省政府建设厅合作事业管理局，1940.11印，62页，32开

本书共4部分：合作组织、合作业务、合作训练教育、合作金融。

收藏单位：重庆馆、福建馆、国家馆、南京馆

04457
福建省合作行政 福建省政府建设厅合作事业管理局编
福建省政府建设厅合作事业管理局，1940.11，26页，32开

本书内容包括：合作行政机构之演进、实行合作视导制度、组织合作督导队、训练指导人员等。附本省合作事业大事记、福建省政府建设厅合作事业管理局职员一览表等。

收藏单位：重庆馆、国家馆、南京馆

04458
福建省合作业务 福建省政府建设厅合作事业管理局编
福建省政府建设厅合作事业管理局，1940.11，34页，32开

本书共7部分，内容包括：生产业务、农仓业务、供销业务、储蓄业务、保险业务等。

收藏单位：重庆馆、福建馆、南京馆

04459
福建省合作章则汇编 福建省政府建设厅合作事业管理局编
福建省政府建设厅合作事业管理局，1939.9，307页，36开

本书所收章则分4类：行政类、社务类、业务类、贷放类。

收藏单位：国家馆、南京馆

04460
福建省合作指导 福建省政府建设厅合作事业管理局编
福建省政府建设厅合作事业管理局，1940.11印，28页，32开

本书共15部分，内容包括：前言、指导原则、实行视导制度、推行分区指导、组织合作督导队等。

收藏单位：重庆馆、福建馆、国家馆

04461
福建省合作组织 福建省政府建设厅合作事业管理局编
福建省政府建设厅合作事业管理局，1940印，6页，32开

本书共5部分：合作组织之原则、合作组织之发展、中心社之创设、社员分组制度之实施、附录。

收藏单位：重庆馆、福建馆、国家馆、南京馆

04462
福建省企业公司三十四年度业务报告 福建省企业特种股份有限公司编
[福建省企业特种股份有限公司]，1945.12，[32]页，16开

本书共8部分，内容包括：引言、工作项目、原计划及进度、实施经过及成果、三十五年度业务计划纲要等。

收藏单位：福建馆

04463
福建省企业特种股份有限公司报告书 孙世华著
福建省企业特种股份有限公司，[1943]，44页，25开，环筒页装

本书共3部分：概述、业务、大事记。附福建省企业特种股份有限公司经营方针、董监姓名一览表等。

收藏单位：国家馆

04464
福建省企业特种股份有限公司概况 福建省企业特种股份有限公司编
福建省企业特种股份有限公司，[1941]，10页，22开

本书共6部分：绪言、创办经过、组织概

况、经营概况、事业概况、结语。

收藏单位：国家馆

04465

福建省企业特种股份有限公司会计制度（会计科目及说明） 福建省企业特种股份有限公司会计室编

福建省企业特种股份有限公司会计室，[1911—1949]，19页，16开

本书收录该公司10类会计科目的名称、简名、说明。

收藏单位：福建馆

04466

福建省企业特种股份有限公司章程草案 [福建省企业特种股份有限公司编]

[福建省企业特种股份有限公司]，[1911—1949]，5册，25开

本书为合订本。合订书还有4册:《福建省企业特种股份有限公司组织规程草案》《福建省企业特种股份有限公司董事会议事规程》《福建省企业特种股份有限公司监察人办事规则》《福建省企业特种股份有限公司会议规程》。

收藏单位：福建馆

04467

福建省战时合作事业纲领 福建省战时合作事业管理处编

福建省战时合作事业管理处，1938.7，26页，22开

本书共5部分：合作行政、合作组织、合作训练、合作业务、合作金融。

收藏单位：福建馆、国家馆、南京馆

04468

福建省之合作事业 福建省政府秘书处编

福建省政府秘书处，[1940]，10+30页，32开（闽政丛刊17）

收藏单位：重庆馆、福建馆、广东馆、广西馆、国家馆、南京馆

04469

福建四年来之合作述要 福建省政府建设厅合作事业管理局编

福建省政府建设厅合作事业管理局，1940.11，16页，32开

本书内容包括：合作的方针、工作进度、结语等。

收藏单位：重庆馆、国家馆

04470

辅导江宁县秣陵区合作社联合社概况 南京中国农民银行编

中国农民银行，1947，20页，36开（农民服务丛书2）

本书共4章：秣陵区经济情形、本社创办经过、本行辅导工作概况、今后之希望。

收藏单位：重庆馆、南京馆

04471

妇女合作 喻志东编

社会部合作事业管理局全国合作社物品供销处各机关公务员工眷属生产合作推广部，1945.12，128页，32开

本书收文17篇，内容包括:《眷属生产合作的重要及其展望》（寿勉成）、《眷属生产合作推进的目标与困难的补救》（喻志东）、《发展妇女合作运动的途径》（喻志东）、《眷合运动的兴起及组织问题》（喻林炎）、《眷合会计制度》（周天浩）等。

收藏单位：重庆馆、广西馆、国家馆、吉林馆、南京馆

04472

复兴企业股份有限公司组织章程及业务计划 复兴企业股份有限公司编

复兴企业股份有限公司，[1946]，13页，32开

本书共3部分：复兴企业股份有限公司增资缘起、复兴企业股份有限公司业务计划、复兴企业股份有限公司章程。

收藏单位：国家馆

04473
甘肃合作事业报告　甘肃省合作事业管理处编
甘肃省合作事业管理处，[1943]，44 页，32 开

本书共 3 部分：过去及现在情况、将来之展望、总结。第 1 部分共 4 节：演进中之合作行政机构、发展中之合作组织、进步中之合作业务、急待解决之合作症结。

收藏单位：国家馆、南京馆

04474
各国合作社组织概观　康锡祺译
[北京]：[新民合作社中央会]，1939.9，214 页，32 开（新民合作社中央会丛刊 第 1 类）（合作丛书 4）

本书介绍英吉利、比利时、捷克斯拉夫、荷兰、匈牙利、美利坚等 19 个国家的合作社理论及组织概况。

收藏单位：国家馆、人大馆、首都馆

04475
各国合作事业概况　李敬民编著
东南合作印刷厂，[1911—1949]，34 页，16 开（中国合作经济函授学校讲义）

本书分 8 章介绍合作运动之发生与发展，中、英、法、德等国合作事业概况等。书中著者题：李敬民、钱江编。

收藏单位：国家馆、南京馆

04476
各国合作事业概况　朱朴编
上海：中国合作学社，1929，再版，26 页，32 开（合作小丛书 历史之部 2）
南京：中国合作学社，1933.11，3 版，26 页，32 开（合作小丛书 历史之部 2）

本书涉及英国、比利时、法国、德国、匈牙利等国。据 *Co-operative Democracy*（韦拔斯）编成。

收藏单位：安徽馆、重庆馆、广西馆、国家馆、吉林馆、南京馆、上海馆、首都馆

04477
各国合作事业史　（日）高须虎六著　杨智译
上海：商务印书馆，1936.7，274 页，32 开（社会科学小丛书）
上海：商务印书馆，1939，再版，274 页，42 开（社会科学小丛书）

本书共 4 章：总说、消费合作运动、信用合作运动、农业合作运动。附日本合作制度之沿革及其现况。

收藏单位：长春馆、重庆馆、东北师大馆、广东馆、广西馆、贵州馆、国家馆、河南馆、黑龙江馆、湖南馆、吉林馆、辽大馆、南京馆、上海馆、首都馆、天津馆、浙江馆

04478
各国合作制度　彭师勤著
出版者不详，[1948—1949]，48 页，32 开

本书共 9 章，内容包括：合作与工资制度、合作与产业革命、合作与公平分配、合作与合理生产、合作与国际贸易等。

收藏单位：广东馆、国家馆、南京馆、浙江馆

04479
各国合作制度
河南省训练团，1947.3 印，22 页，32 开（河南省合作事业管理处训练丛书 第 2 种）

本书共 6 讲：各国合作制度概论、各国消费合作制度、各国工业合作制度、各国信用合作制度、各国农业合作制度、我国之合作制度。

收藏单位：国家馆

04480
各机关公务员工眷属生产合作推广部一年来工业概况　[生产合作推广部编]
生产合作推广部，1943.10，34 页，22 开

本书共 4 部分：沿革及组织、推广组织、业务经营、技术辅导。

收藏单位：重庆馆、国家馆、吉林馆

04481
各级党部下层工作纲领实施方案（四 合作运

动）
中国国民党中央执行委员会组织委员会，1934.5，66页

本书分两部分：导言、总则。第2部分共5节：合作运动概况、合作运动的计划、合作运动的实施、与其他机关之联络和党员工作要项、附录。

收藏单位：国家馆

04482
各省市合作事业工作报告（三十一至三十三年度） 社会部合作事业管理局编
社会部合作事业管理局，[1943—1945]，3册（100+131+103页），16开

本书收录该年度各省市合作工作总检讨，浙江、安徽、江西等17省及重庆市该年度合作事业工作报告。

收藏单位：安徽馆、重庆馆、广东馆、国家馆、吉林馆、南京馆、上海馆、西南大学馆、浙江馆、中科图

04483
各业会计制度（第1—2集） 潘序伦编
重庆：立信会计图书用品社，1938.4，增订4版，2册（399+348页），25开，精装（立信会计丛书）
重庆、长沙：立信会计图书用品社，1940.2，增订6版，2册（399+348页），25开（立信会计丛书）
重庆、上海：立信会计图书用品社，1942.1，新1版，2册（399+348页），25开（立信会计丛书）
重庆：立信会计图书用品社，1944，2册（399+348页），25开（立信会计丛书）
重庆、上海：立信会计图书用品社，1947.2，11版，2册（399+348页），25开（立信会计丛书）

本书分两集。第1集收文9篇，内容包括：《航业会计》（李云良）、《国外汇兑会计》（章乃器）、《农业仓库会计》（王士企）、《电影院会计》（李鸿寿）、《私立中学会计》（郭庆林）等；第2集收文10篇，内容包括：《卷烟厂成本会计》（娄廷桢）、《出版业会计》（赵叔诚、梁明铨）、《电厂会计》（许敦楷、郭驹）、《纱厂成本会计》（吴石城）、《牛奶业会计》（陈述之）等。

收藏单位：重庆馆、广东馆、贵州馆、国家馆、河南馆、辽大馆、南京馆、内蒙古馆、山西馆、首都馆、浙江馆

04484
各业会计制度（第1—2集） 潘序伦编
上海：商务印书馆，1934.8，1册（371页），22开，精装（立信会计丛书）
上海：商务印书馆，1935，增订再版，2册（399+348页），25开，精装（立信会计丛书）
长沙：商务印书馆，1940，增订6版，2册（399+348页），25开，精装（立信会计丛书）
长沙：商务印书馆，1940，增订7版，2册（399+348页），25开，精装（立信会计丛书）

收藏单位：重庆馆、广东馆、贵州馆、国家馆、湖南馆、吉林馆、江西馆、辽大馆、南京馆、首都馆

04485
各业会计制度（原名，专业会计制度）（第3集） 李鸿寿编
上海：立信会计图书用品社，1947，再版，184页，25开（立信会计丛书）
上海：立信会计图书用品社，1948.6，3版，184页，25开（立信会计丛书）
上海：立信会计图书用品社，1949.2，4版，184页，25开（立信会计丛书）

本书收文8篇，内容包括：《缫丝厂会计制度》（殷继武、姚守仁）、《植物油厂成本会计制度》（许萃林等）、《造纸业会计制度》（周慧娟等）、《日报业会计制度》（朱杏珍等）、《医院会计制度》（郁曾培等）等。

收藏单位：国家馆、辽大馆、浙江馆

04486
各业统一会计科目 福建省政府会计处［编］
福建省政府会计处，[1940]，64页，16开

本书共两部分：实施应行注意各点、统一会计科目。

收藏单位：福建馆

04487
工商档案管理学 陆时万著
上海文化函授学校，[1911—1949]，2 册（212 页），32 开
本书共 12 章，内容包括：工商档案管理的概念、工商档案的种类、档案管理中的用品和设备、资料档案的皮藏、档案管理的组织工作等。
收藏单位：安徽馆、上海馆

04488
工商管理 卢作孚讲
[中央训练团党政训练班]，1944.1，16 页，32 开（中央训练团党政训练班讲演录）
收藏单位：重庆馆、南京馆

04489
工商管理 上海法政学院编
上海法政学院，[1929—1949]，78 页，16 开（上海法政学院讲义）

04490
工商管理 王逸轩编
上海：三民图书公司，1948，120 页，25 开
本书分 8 章论述工商事业的性质、筹创、组织、计划、经营等。
收藏单位：江西馆

04491
工商管理 许哲士著
财政部财务人员训练所盐务人员训练班，1943，206 页，32 开（盐训丛书 6）
本书共 4 编：概论、工商组织、工商管理、商业管理。
收藏单位：重庆馆、广东馆、国家馆、南京馆

04492
工商管理 ABC 张家泰著
上海：ABC 丛书社，1929.1，132 页，32 开（ABC 丛书）
上海：ABC 丛书社，1929.11，再版，132 页，32 开（ABC 丛书）
上海：ABC 丛书社，1934，3 版，132 页，32 开（ABC 丛书）
本书共 10 章，内容包括：引论、管理人或经理、工商组织法、工商地点的选择、工商建筑的计划等。
收藏单位：安徽馆、重庆馆、广东馆、广西馆、国家馆、河南馆、湖南馆、华东师大馆、江西馆、辽大馆、南京馆、内蒙古馆、宁夏馆、山西馆、上海馆、首都馆

04493
工商管理概论 徐百益著
上海：人生出版社，1947.6，314 页，32 开
本书共 10 章，内容包括：创业的准备、创业的步骤、事业的经营、主管人员的必备条件、生产机械等。
收藏单位：重庆馆、国家馆、南京馆、内蒙古馆、陕西馆、上海馆、首都馆、天津馆、浙江馆

04494
工商管理术 王伊曾编著
上海：世界书局，1931，151 页，32 开
上海：世界书局，1932.11，再版，119 页，32 开
上海：世界书局，1934，3 版，151 页，32 开
上海：世界书局，1939，新 1 版，119 页，32 开
上海：世界书局，1947.9，新再版，119 页，32 开
本书共 8 章，内容包括：导言、管理的方法、养成忠心的方法、管理业务、治下的困难等。
收藏单位：重庆馆、广东馆、广西馆、国家馆、河南馆、湖南馆、吉林馆、辽大馆、南京馆、内蒙古馆、人大馆、山西馆、上海馆、绍兴馆、首都馆、天津馆、浙江馆

04495
工商管理问题演讲录选刊 中国工商管理协会编
中国工商管理协会，[1933—1949]，2 册（76+76 页），32 开
本书收录讲稿 20 篇，内容包括：《工

厂法推行问题》（孔祥熙）、《最近上海的劳工》（蔡正雅）、《工商管理人才的训练》（徐佩璜）、《考察欧美实业情形报告》（孔祥熙）、《欧美考察回国后之感想》（朱懋澄）、《劳工问题》（骆传华）等。

收藏单位：国家馆

04496
工商管理一瞥　王云五著
重庆：商务印书馆，1943.6，68 页，32 开
重庆：商务印书馆，1943.7，再版，68 页，32 开
赣县（赣州）：商务印书馆，1943.7，5 版，68 页，32 开，精装
上海：商务印书馆，1946.12，4 版，68 页，32 开（新中学文库）
上海：商务印书馆，1947.5，5 版，68 页，32 开（新中学文库）

本书共 9 部分，内容包括：起原、组织、工作、工资、人事等。据著者在党政军人事管理人员训练班及社会部社会工作人员训练班上的讲稿编成。

收藏单位：安徽馆、长春馆、重庆馆、甘肃馆、广东馆、广西馆、贵州馆、国家馆、黑龙江馆、湖南馆、吉林馆、江西馆、辽大馆、辽东学院馆、柳州馆、南京馆、内蒙古馆、山西馆、陕西馆、绍兴馆、首都馆、西南大学馆、浙江馆

04497
工商领袖新路线　程守中编著
上海机联会，1935.6，28 页，22 开（上海机联会丛刊 3）

本书论述工商领袖之立场、领袖应具之条件、领袖应具之知识、领袖应具之立场等。

收藏单位：浙江馆

04498
工商企业管理　屠哲隐编著
上海：世界书局，1939，356 页，精装
上海：世界书局，1946.11，3 版，356 页，22 开，精装
上海：世界书局，1947，4 版，356 页，25 开

本书分 7 编论述工商性质以及企业的筹划、组织、计画、经营、统制、调整等。附中、英文参考书目。

收藏单位：重庆馆、广东馆、贵州馆、河南馆、湖南馆、吉林馆、江西馆、辽大馆、南京馆、上海馆、天津馆

04499
工商人事管理　潘惟勤著
上海：世界书局，1949.3，175 页，25 开

本书分上、下两编：总论、各论。共 20 章，内容包括：人事管理的意义、人事管理的重要性、人事管理与组织的关系、职员的进退、员工的假期、分支机关的人事管理等。

收藏单位：重庆馆、国家馆、黑龙江馆、南京馆、上海馆、首都馆、浙江馆

04500
工商组织与管理　杨端六著
重庆：商务印书馆，1944.7，295 页，25 开
上海：商务印书馆，1945.11，295 页，25 开
上海：商务印书馆，1946.12，再版，295 页，25 开
重庆：商务印书馆，1947.4，5 版，295 页，25 开
上海：商务印书馆，1947.6，3 版，295 页，25 开（新中学文库）
上海：商务印书馆，1948.2，4 版，295 页，25 开（新中学文库）
上海：商务印书馆，1948.8，5 版，295 页，25 开
上海：商务印书馆，1949.4，6 版，295 页，25 开

本书共 5 编：概论、公司组织及其发展、公司财政、内部行政、商业组织与经营。附商务印书馆同人奖励金分配暂行章程、政府文件及档案的处理方法等 4 种。

收藏单位：安徽馆、长春馆、重庆馆、广东馆、广西馆、贵州馆、国家馆、河南馆、黑龙江馆、湖南馆、华东师大馆、吉大馆、吉林馆、江西馆、近代史所、辽大馆、辽东学院馆、辽宁馆、柳州馆、南京馆、内蒙古馆、宁夏馆、上海馆、首都馆、天津馆、浙

江馆

04501
公司财政 孔涤庵编著
上海：商务印书馆，1932.11，128 页，32 开（百科小丛书）
上海：商务印书馆，1933.12，126 页，32 开（万有文库 第 1 集 666）（商学小丛书）
上海：商务印书馆，1933，再版，128 页，32 开（百科小丛书）
上海：商务印书馆，1934.4，3 版，128 页，32 开（商学小丛书）
长沙：商务印书馆，1939.2，5 版，128 页，32 开，精装
长沙：商务印书馆，1940.5，7 版，128 页，32 开，精、平装

本书为职业学校教科书。共 8 章：公司之性质、公司之设立、公司之股本、公司债、公司盈利之分派、公积、公司之合并、公司之清算。

收藏单位：安徽馆、重庆馆、大理馆、大连馆、东北师大馆、广东馆、广西馆、贵州馆、国家馆、黑龙江馆、湖南馆、江西馆、辽大馆、辽宁馆、辽师大馆、南京馆、内蒙古馆、宁夏馆、上海馆、首都馆、天津馆、西南大学馆、浙江馆

04502
公司服务 现代经济研究所编
上海：中国文化服务社，1947.4，97 页，32 开（国民文库）

本书共 5 章：股份资本、股本之处理、股东之权益、盈余之分配、股息与股利。

收藏单位：重庆馆、国家馆、辽宁馆、南京馆、人大馆、上海馆

04503
公司会计 潘序伦编著
上海：立信会计师事务所，1930.8，增订再版，625 页，22 开
上海：立信会计师事务所，1933.3，3 版，625 页，22 开

本书共 19 章，内容包括：公司之概念、公司之设立、公司之股本、公司之机关与集会、公司之特备册簿等。附公司条例、公司法。

收藏单位：国家馆、江西馆、南京馆

04504
公司会计 潘序伦编著
上海：商务印书馆，1933.8，625 页，25 开
上海：商务印书馆，1934.1，2 版，625 页，23 开，精装（立信会计丛书）
上海：商务印书馆，1934.11，3 版，16+625 页，25 开（立信会计丛书）

收藏单位：重庆馆、贵州馆、国家馆、湖南馆、吉林馆、辽大馆、辽宁馆、内蒙古馆、上海馆、首都馆

04505
公司会计 潘序伦编著 王澹如助编
上海：潘序伦会计事务所，1929.12，561 页，大 32 开

收藏单位：广东馆、南京馆

04506
公司会计 浙江财务人员养成所编
浙江财务人员养成所，1931.6，70 页，18 开

本书介绍公司进货、销货、出纳、会计等方面的知识。

收藏单位：安徽馆、浙江馆

04507
公司会计准则绪论（一名，会计学精义）
（美）佩顿（William Andrew Paton）（美）利特尔吞（A. B. Littleton）著 潘序伦译
外文题名：An introduction to corporate accounting standards
上海：立信会计图书用品社，1949.8，160 页，25 开（立信会计丛书）

本书共 7 章：准则、观念、成本、营业收入、收益、盈余、解释。

收藏单位：贵州馆、国家馆、辽大馆、南京馆、上海馆、天津馆

04508
公司理财　现代经济研究所编
上海：中国文化服务社，1947.4，164页，32开（国民文库）

本书共6章：绪论、企业组织与理财、股份有限公司之理财、公司资本之构成、公司财产之构成、公司之财务计划。附我国一百家公司资本结构之分析。

收藏单位：重庆馆、广东馆、国家馆、吉林馆、南京馆、上海馆、天津馆

04509
公司理财　朱国璋著
重庆：中华书局，1945.10，214页，22开
上海：中华书局，1946.10，再版，214页，22开
上海：中华书局，1948.8，3版，214页，25开

本书为大学用书。共8章，内容包括：导论、公司创立时之理财办法、公司扩充时之理财问题等。

收藏单位：重庆馆、东北师大馆、广东馆、贵州馆、国家馆、江西馆、辽大馆、辽宁馆、南京馆、内蒙古馆、天津馆

04510
公司浅说　魏泽悦编著
北平：中华平民教育促进会定县实验区，1933.7，34页，50开（平民读物160）

收藏单位：国家馆

04511
公司实务　郑世贤编著
上海：立信会计图书用品社，1944.1，225页，32开（立信商业丛书）

本书分两编：公司法要义、公司设立实务。

收藏单位：国家馆、黑龙江馆、湖南馆、内蒙古馆

04512
公司实务　郑世贤编著　陈克成校订
上海：新业书局，1947.1，225页，32开（商业实务丛书）

收藏单位：南京馆、上海馆

04513
公营企业的管理问题　林平编
大连：东北书局，1949.4，154页，32开（工业生产丛书4）

本书收录资料、论文等22种，内容包括:《东北局批准东北铁路党委关于乘务负责制的决定》、《企业管理中一个极其重要的改革》、《公营企业的管理问题》（金士允）、《公营企业的管理与群运工作》（郭林军）、《关于工厂行政管理》（向平）等。

收藏单位：国家馆、山东馆、天津馆

04514
公营事业董事会特别注意事项　[阎锡山讲]
出版者不详，[1933]，6页，长20开，环筒页装

本书收录1933年9月阎锡山对公营事业董监会章程起草委员会“特嘱注意”的18点意见。

04515
公用合作概要　新民合作社中央会编辑股编辑
北京：[新民合作社中央会]，1939.4印，12页，32开（新民合作社中央会丛刊 第1类）（合作丛书9）

本书共3章：公用合作的本质、公用合作事业的种类和经营、结论。

收藏单位：国家馆

04516
公用利用合作经营　蔡日秋著
正中书局，1948.10，64页，32开（合作指导丛书）

本书共5章：公用合作及利用合作的意义、公用合作与利用合作的筹备工作、公用合作经营举例、利用合作经营举例、公用利用合作联合社的经营。

收藏单位：国家馆、吉林馆、辽大馆、南京馆

04517
公用与利用合作经营 [蔡日秋著]
河南省训练团，1947.3 印，30 页，32 开
收藏单位：河南馆

04518
公有营业会计 余肇池编
重庆：立信会计图书用品社，1943，130 页，25 开（立信会计丛书）
重庆：立信会计图书用品社，1943.11，再版，130 页，25 开（立信会计丛书）
西安：立信会计图书用品社，1945，3 版，130 页，25 开（立信会计丛书）
上海：立信会计图书用品社，1947.3，4 版，130 页，25 开（立信会计丛书）
本书共 16 章，内容包括：引言、公有营业会计制度释义、公有营业之岁计法规、公有营业之会计法规、现行公有营业会计中几个特殊问题等。
收藏单位：安徽馆、重庆馆、广东馆、贵州馆、国家馆、湖南馆、辽大馆、南京馆、宁夏馆、天津馆

04519
公有营业统一会计科目 国民政府主计处会计局编
国民政府主计处会计局，1947.12，92 页，32 开
本书共 13 部分，内容包括：公有营业会计制度设计之要点、各业统一会计科目实施应行注意事项、制造业统一会计科目、贸易业统一会计科目、银行业统一会计科目等。
收藏单位：重庆馆、国家馆、吉林馆、南京馆

04520
股分公司经济论 （日）上田贞次郎著 周沉刚译
上海：商务印书馆，1923.7，1 册，25 开
上海：商务印书馆，1924.8，再版，1 册，25 开
上海：商务印书馆，1927.8，3 版，1 册，25 开
上海：商务印书馆，1933.2，国难后 1 版，1 册，25 开
本书为新学制高级商业学校教科书。分上、中、下 3 编：股分公司之历史、股分公司之本质及组织、股分公司之财政。附股分公司的起源、关于公司之课税上疑问二点。
收藏单位：安徽馆、重庆馆、广东馆、国家馆、河南馆、黑龙江馆、江西馆、辽大馆、南京馆、内蒙古馆、上海馆、天津馆、浙江馆

04521
股份有限公司会计 潘序伦著
长沙：商务印书馆，1938.8，民国二十七年修订本，649+34 页，25 开（立信会计丛书）
长沙：商务印书馆，1940，修订 4 版，649+34 页，25 开（立信会计丛书）
长沙：商务印书馆，1940，民国二十七年修订本，修订 5 版，649+34 页，25 开（立信会计丛书）
收藏单位：重庆馆、广东馆、国家馆、黑龙江馆、辽大馆、上海馆、浙江馆

04522
股份有限公司会计（上册） 高永康编著
[曲江（韶关）]：中国计政书局，1943.1，3 版，145 页，25 开（平正会计丛书）
本书共 9 章：概论、设立、组织、创立记录、股份、盈余与亏绌、盈余之分配与亏绌之弥补、决算、股利与分红。
收藏单位：广西馆

04523
股份有限公司会计（原名，公司会计） 潘序伦著
重庆：立信会计图书用品社，1942，民国二十七年修订本，新 1 版，2 册（649+34 页），25 开（立信会计丛书）
重庆：立信会计图书用品社，1943，民国二十七年修订本，再版，2 册（649+34 页），25 开（立信会计丛书）
重庆：立信会计图书用品社，1947，民国三十六年修订本，新 7 版，2 册（649+34 页），25

开（立信会计丛书）
上海：立信会计图书用品社，1947.9，民国三十六年修订本，修订后1版，2册（643+44页），25开（立信会计丛书）
上海：立信会计图书用品社，1948，民国三十六年修订本，修订后2版，2册（649+34页），25开（立信会计丛书）

本书共14章，内容包括：概论、设立、创立记录、股份、组织及管理决算及盈余之分配等。附公司法、股份有限公司之股本帐户等4种。

收藏单位：重庆馆、贵州馆、国家馆、黑龙江馆、辽大馆、南京馆、内蒙古馆、宁夏馆、清华馆、山西馆、首都馆、武大馆

04524
股份有限公司会计习题详解　陈福安编
长沙：商务印书馆，1939.2，98页，25开（立信会计丛书）

收藏单位：长春馆、国家馆、吉林馆、辽宁馆、内蒙古馆、浙江馆

04525
股份有限公司设立须知　中国工业银行设计处编
上海：中国工业银行，1944.2，增订再版，52页，24开（中国工业银行丛书）

本书介绍股份有限公司的章程及资本募集、建立登记、发行股票等问题。

04526
广东工商业固有簿记调查汇编（上编）　黄荫普编
[广州]：国立中山大学经济调查处，1934.11，377页，16开

本书分业介绍，内容包括：银业、金业、典当业、茶庄、米业、绸缎业等。

收藏单位：国家馆、上海馆、西南大学馆

04527
广东合作　广东省政府秘书处编译室编
广东省政府秘书处编译室，1933，70页，32开（广东省政丛书11）
广东省政府秘书处编译室，1942，41页，32开（广东省政丛书11）
广东省政府秘书处编译室，1943，41页，32开（广东省政丛书11）

本书共6章：绪论、广东合作事业史略、广东合作行政及组织概况、广东合作事务概况、广东合作教育、论结。

收藏单位：安徽馆、重庆馆、国家馆、近代史所、南京馆

04528
广东合作协会第一次会务报告　广东合作协会编
[广州]：广东合作协会，1938，10页，25开

本书内容包括：设立协会之动机、协会之筹备及成立、二个月时间经办之会务等。附全体职员及会员名录。

收藏单位：重庆馆

04529
广东合作协会二十七年会务纲要　[广东合作协会编]
广州：[广东合作协会]，1938.6，7页，25开

本书共8部分：征求会员及增加基层组织、发动组织合作社、设立农村服务部、宣传、教育、指导、创立农工贷放基金、研究工作。

收藏单位：国家馆、南京馆

04530
广东建设厅合作事业管理处三十年度施政计划主要工作　[广东建设厅合作事业管理处编]
[广东省建设厅合作事业管理处]，1941，油印本，1册，16开

收藏单位：南京馆

04531
广东企业公司三十一年度业务报告　广东企业公司编
[广东企业公司]，1943，1册

收藏单位：南京馆

04532
广东省建设厅合作事业管理处与有关机关团体工作联系办法 广东省建设厅合作事业管理处编
广东省建设厅合作事业管理处，1941.3，8 页，32 开

本书内容包括：广东省战时促进农业生产金融技术合作三方联系办法、广东省建设厅合作事业管理处农林局共同促进农林生产办法等。

收藏单位：国家馆

04533
广东省建设厅合作事业管理处组织规程·广东省建设厅合作事业管理处办事细则 广东省建设厅合作事业管理处编
广东省建设厅合作事业管理处，1941.3，2 册，32 开

本书为合订本。《广东省建设厅合作事业管理处组织规程》共 15 条。《广东省建设厅合作事业管理处办事细则》共 44 条。

收藏单位：贵州馆、国家馆、吉林馆、南京馆

04534
广东省之合作事业 广东省建设厅合作事业管理处编
广东省建设厅合作事业管理处，1941.3，14 页，32 开（合作丛刊 1）

本书共两部分：过去实施情形、今后实施方针。

收藏单位：重庆馆、国家馆

04535
广东省之合作视导制度 广东省建设厅合作事业管理处编
广东省建设厅合作事业管理处，1941.3，8 页，32 开（合作丛刊 4）

本书共 4 部分：绪言、组织、指导、视察。

收藏单位：国家馆

04536
广东实业公司概况 广东实业公司编
广东实业公司，1947.7，61 页，32 开

本书共 3 部分：概述、组织、业务。

收藏单位：国家馆、南京馆、上海馆

04537
广东实业公司概况 广东实业公司经济研究室编
经济建设出版社，1948，155 页，25 开（广东经济调查丛书）

本书共 3 编：绪论、管理制度之变迁、历年业务之进展。

收藏单位：国家馆、吉林馆、近代史所、南京馆、首都馆、浙江馆

04538
广西人民生产合作社暂行通则 [广西农工厅编]
广西农工厅，1928，10 页，32 开

收藏单位：广东馆

04539
广西省合作讲习会讲义集 广西省政府编
广西省政府，1939.10，160 页，32 开（合作丛刊 5）

本书共 10 编，内容包括：合作概论、合作法规、信用合作、组织程序、生产合作、运销合作等。

收藏单位：桂林馆、国家馆

04540
广西省营业机关会计组织 广西省政府编
广西省政府，1936，134 页，16 开
广西省政府，1936.7，增订再版，152 页，16 开

本书共 4 部分：会计科目、簿记组织、材料会计、成本会计。附营业机关编制概算书办法、各机关每月计算书分别寄发办法。

收藏单位：桂林馆、国家馆、南京馆

04541
贵州企业公司成立三周年纪念特刊 贵州企

业公司成立三周年纪念会筹备委员会宣传组编
贵州企业公司成立三周年纪念会筹备委员会，1942.6，1册，16开

本书共4部分：概论、专题讨论、各业动态、特载。

收藏单位：重庆馆、广东馆、贵州馆、国家馆、吉林馆、南京馆、浙江馆

04542
贵州企业公司统计手册 贵州企业公司专员室编
贵州企业公司，1940，晒印本，1册，横16开

本书大部分为图表。内容包括：本公司股额分配图、本公司对于有关事业所投资比较图、本公司组织系统表、贵州玻璃厂各月产销数量比较图、贵州企业木行各种木料购销统计图、本公司各有关事业出品一览等。

收藏单位：重庆馆

04543
贵州企业公司周年纪念特刊 贵州企业公司编
贵州企业公司，1940.1，58页，16开

本书共4部分：摄影、题词、专载、附录。第2部分内容包括：《贵州企业公司之诚恳希望》（何辑五）、《一年来之贵州企业公司》（彭湖）、《本公司之会计行政概述》（王复炎）、《企业公司是生产建设的最好方式》（静涛）、《建立贵州重工业问题》（王新元）等。

收藏单位：国家馆、吉林馆、近代史所、南京馆

04544
贵州企业股份有限公司统计概要 贵州企业股份有限公司编
贵州企业股份有限公司，[1941]，29页，横18开

本书共两部分：总公司、有关事业统计。所涉时间为1940年7月至1941年6月。

收藏单位：国家馆、南京馆

04545
贵州企业股份有限公司暂行会计规章 贵州企业股份有限公司编
贵州企业股份有限公司，[1940—1949]，134页，16开

本书内容包括：贵州企业股份有限公司暂行会计规程、自办及合办各事业单位处理会计事务通则、自办及合办各事业单位款项收支暂行办法、自办及合办各事业单位材料及货品管理暂行办法等。逐页题名：会计规程，目录页题名：贵州企业股份有限公司会计规章。

收藏单位：国家馆

04546
贵州企业股份有限公司章则汇编 贵州企业股份有限公司编
贵州企业股份有限公司，1942.4，26页，18开

本书收录该公司章程、董事会规则、常务董事会规则、组织规程等。

收藏单位：国家馆

04547
贵州省合作讲习会讲义集 贵州省农村合作委员会编
贵州省农村合作委员会，1938，138页，32开

本书共8编，内容包括：合作概要、组社和社务处理方法、信用合作社经营方法、运销合作社经营方法、消费及供给合作社经营方法等。附合作社应用书表一览表、歌曲等4种。

收藏单位：重庆馆、广东馆、国家馆

04548
贵州省合作委员会附设合作函授学校讲义集 于永滋等编
贵州省合作委员会附设合作函授学校，1940.3，2册（[416]+[370]页），32开
贵州省合作委员会附设合作函授学校，1941.6，再版，2册，46开

本书收录讲义12种，内容包括：《合作概论》（于永滋、谭传福）、《合作法规》（张畏

凡)、《农村经济》(翁祖善、胡坚)、《合作金融》(李鸿钧、陈世敏)、《公共合作经营论》(胡坚)等。

收藏单位：重庆馆、广东馆、贵州馆、国家馆、南京馆

04549

贵州省合作业务代营局三十二年度业务报告书 贵州省合作业务代营局编

贵州省合作业务代营局，[1944]，32页，18开

本书共5部分：引言、业务、辅导工作、其他、结论。附本局三十二年度销货、代理销货、代理购货分类统计表等。

收藏单位：重庆馆、国家馆、南京馆

04550

国难时期之合作运动 陈燮林撰

中国国民党湖南省祁阳县党务指南委员会，1938.5，20页，32开

本书共3部分：酿成国难之原因、解除国难之方法、推行合作运动的计划。

收藏单位：国家馆

04551

国营事业的范围问题 吴半农著

重庆：中国文化服务社，1941，47页，32开(国立中央研究院社会科学研究所中国社会经济问题小丛书 第4种)

重庆：中国文化服务社，1942，再版，47页，32开(国立中央研究院社会科学研究所中国社会经济问题小丛书 第4种)

本书共4部分：国营民营应否划分范围、划分国营范围的两派主张、国人对于划分国营范围的意见、划分我国国营范围的原则建议。

收藏单位：重庆馆、广东馆、贵州馆、国家馆、河南馆、吉林馆、南京馆、浙江馆

04552

国营事业论 吴半农著

上海：中国文化服务社，1944.2，156页，32开(青年文库)

上海：中国文化服务社，1945，156页，32开(青年文库)

上海：中国文化服务社，1946.1，156页，32开(青年文库)

本书共6部分，内容包括：国营事业在我国经济建设中之地位、国营事业的范围问题、国营与省营、国营事业的效率问题等。

收藏单位：重庆馆、东北师大馆、广东馆、贵州馆、国家馆、辽大馆、辽宁馆、南京馆、天津馆

04553

国营事业现行财务管理制度修订计划

出版者不详，[1911—1949]，油印本，1册

收藏单位：国家馆

04554

哈尔滨特别市工商业名簿(中华民国三十六年度) 哈尔滨特别市工商局编

哈尔滨特别市工商局，1948，2册([259]+[174]页)，横16开，精装

本书分上、下两编：工业之部、商业之部。据1948年哈尔滨市工商业登记材料编成。

收藏单位：国家馆、中科图

04555

合并决算表 (美)佩顿(William Andrew Paton)著 潘序伦译

上海：立信会计图书用品社，1949.9，95页，25开(立信会计译丛)

本书共5章：概说、无少数权利时之合并、有少数权利时之合并、公司间损益项目之合并、合并决算表编制工作示例。据《高等会计学》(W.A.Paton)第34—36章译出。

收藏单位：重庆馆、国家馆、辽大馆、天津馆

04556

合伙会计 李达钊编译

上海：世界书局，1943，173页，32开

上海：世界书局，[1947.4]，2版，173页，32开

本书共6章：合伙开业之会计处理、合伙企业在营业期间之会计处理、合伙结帐之会计处理、合伙解散之会计处理、合伙推盘及改组之会计处理、合伙清算之会计处理。

收藏单位：重庆馆、广东馆、广西馆、国家馆、南京馆、内蒙古馆、上海馆

04557

合理化问题 张素民 温之英编著

上海：商务印书馆，1937，197页，32开（万有文库 第2集 379）（现代问题丛书）

长沙：商务印书馆，1938.7，197页，32开（现代问题丛书）

长沙：商务印书馆，1939，再版，197页，32开（现代问题丛书）

本书共8章，内容包括：导言、合理化与出产、合理化与工作时间、合理化与工资、合理化与失业等。据国际劳工局出版的 *The social aspects of Rationalization* 编成。

收藏单位：重庆馆、大连馆、广东馆、广西馆、贵州馆、国家馆、黑龙江馆、湖南馆、惠州馆、辽大馆、宁夏馆、天津馆

04558

合理化要义 （英）包威（James Alexander Bowie）著 王抚洲译

上海：商务印书馆，1933.12，46页，32开（万有文库第1集351）（商学小丛书）

上海：商务印书馆，1934.2，46页，32开（商学小丛书）

本书共10章，内容包括：基本观念、纵的联合与横的联合、合理化的机构、生产计画、合理化的将来等。

收藏单位：安徽馆、重庆馆、大理馆、大连馆、东北师大馆、广东馆、广西馆、贵州馆、国家馆、黑龙江馆、湖南馆、惠州馆、江西馆、辽大馆、辽师大馆、南京馆、内蒙古馆、宁夏馆、上海馆、天津馆、西南大学馆、浙江馆

04559

合作 梁庆椿主编 中国农民银行汉译社会科学百科全书译辑委员会编译

正中书局，1947.10，195页，32开（汉译社会科学百科全书 农业篇7）

本书收文32篇，内容包括：《农业合作》（地格比著，魏执中译）、《印度之合作》（安斯特著，魏执中译）、《巴勒斯坦之合作》（凡特尔著，魏执中译）、《消费合作》（基德著，李惟峨译）、《信用合作》（奥纪拉里比著，李惟峨译）等。

收藏单位：重庆馆、贵州馆、国家馆、吉林馆、辽大馆、南京馆、陕西馆、天津馆、西南大学馆、浙江馆

04560

合作 刘童博著

出版者不详，[1929]，156页，32开

本书共7章：绪论、中国农业经济的现势及其分析、中国固有合作组织的形态、合作的起源及其史的发展、合作的意义及其分类、合作社的组成、结论。

收藏单位：国家馆

04561

合作 沙千里译

上海：北新书局，1929.7，72页，36开

本书共6章：意义、起源、状况、种类、原则、作用。

收藏单位：重庆馆、广西馆、国家馆、河南馆、吉林馆、江西馆、辽宁馆、南京馆、上海馆、首都馆、浙江馆

04562

合作簿记 河南省训练团编

河南省训练团，1947.3，96页，32开

本书共7章：中式簿记概说、记帐举例、帐簿、试算及月结、决算及期结、单据、中式簿记原理。

收藏单位：国家馆

04563

合作簿记 江西省农村合作委员会编

江西省农村合作委员会，1941.7，98页，32开（合作教材4）

收藏单位：贵州馆、南京馆

04564
合作簿记 李子敬编
青岛：合作供销处，1946.12，218 页，32 开
收藏单位：南京馆

04565
合作簿记 谢允庄编著
重庆：正中书局，1945.6，218 页，32 开（合作指导丛书）
上海：正中书局，1947.10，218 页，32 开（合作指导丛书）
本书分 3 编：消费合作社簿记、工业合作社簿记、农业合作社簿记。
收藏单位：重庆馆、广东馆、广西馆、国家馆、辽大馆、南京馆、内蒙古馆

04566
合作簿记
贵州省地方行政干部训练委员会，1941.5，114 页，42 开
本书共 15 章，内容包括：收付簿记的理论、财务状况的内容、帐户、结帐前的整理、决算等。附习题。
收藏单位：国家馆

04567
合作簿记
江西省地方行政干部训练团，1940.8，88 页，32 开（分组训练教材 72）
本书共 7 章：绪论、收付、收付簿记原理、会计科目、传票、账簿组织、决算。
收藏单位：国家馆

04568
合作簿记
出版者不详，[1911—1949]，油印本，61 页，14 开，环筒页装
本书内容包括：簿记的意义、合作社簿记的重要、记帐的程序、通用科目说明、消费合作社特用科目说明等。
收藏单位：重庆馆

04569
合作簿记讲义（第 1 编） 郭白民编著
西康省训练团，[1947]，1 册，18 开
本书共 9 章，内容包括：合作簿记会计之基本概念、帐户及统帐、日记簿、决算报告表、传票等。
收藏单位：安徽馆、国家馆

04570
合作簿记实习 福建省政府建设厅合作事业管理局编
福建省政府建设厅合作事业管理局，1939.7，44 页，25 开（福建省合作训练小丛书）
本书为实习辅助教材。分 3 编论述部颁合作社会计准则甲、乙、丙 3 种簿记实习。目录页题名：合作训练小丛书（合作簿记）纲要。
收藏单位：国家馆、南京馆

04571
合作参考材料 [五寨中心专署编]
五寨中心专署，1949.8，83 页，25 开
收藏单位：山西馆

04572
合作参考资料（第 2 集） 华北供销合作委员会编辑
华北供销合作委员会，1949，78 页，32 开
本书收录短论 9 篇，内容包括：《黎城松后村供销合作社的初步总结》（太行区党委办公室）、《现阶段的苏联消费合作》（克利毛夫）、《如何建立职工消费合作社》（天津市供销合作总社）等。
收藏单位：国家馆

04573
合作常识（业务教程） 和保萃著
中国国民党中央执行委员会训练委员会西北干部训练团、甘肃省地方行政干部训练委员会，[1924—1949]，74 页，32 开
本书分 4 章论述合作的意义、分类、经营、推行。
收藏单位：重庆馆

04574
合作传习片（图画问答） 杨乘风编辑 赵德舜绘图
农村建设协进会乡政学院，1940，油印本，1册，18开（合作训练教材1）
收藏单位：国家馆

04575
合作丛刊（第1集） 邹平实验县合作事业指导委员会编
山东乡村建设研究院，1935.11，[65]页，32开
[山东乡村建设研究院]，1936，2版，增订本，80页，32开
本书分6章论述合作社的意义、特质、分类、原则、效用、组织。
收藏单位：重庆馆、国家馆、南京馆

04576
合作丛书合订本 寿勉成等著
上海：中国合作学社，[1928—1949]，1册，32开
本书为合订本。合订书有：《合作原理》《合作与主要经济问题》《合作法规》《民生主义与合作运动》《各国合作事业概况》等。
收藏单位：国家馆、南京馆

04577
合作大纲 王世颖编
中央政治学校，[1930]，520页，18开
本书共12章，内容包括：合作事业的分类、消费合作、信用合作、生产合作、非贸易的合作团体、合作社的联合等。
收藏单位：南京馆

04578
合作大意 福建省政府建设厅合作事业管理局编
福建省政府建设厅合作事业管理局，1939.7，20页，25开（福建省合作训练小丛书）
本书共10讲，内容包括：合作的意义、合作的特性、合作社的效用、合作社的组织、社员的权利与义务等。目录页题名：福建省合作训练小丛书（合作大意）纲要。
收藏单位：国家馆、南京馆

04579
合作大意 [陕西省农业合作事务局编]
[陕西省农业合作事务局]，1935.9，34页，大32开（陕西农业合作事务局丛刊7）
收藏单位：南京馆

04580
合作的国际与中国 伍玉璋编
成都：普益协社，1934.7，80页，32开
本书共8部分，内容包括：纪念十二届国际合作日并致阅者、纪念第五届合作运动宣传周、从国际合作中国合作说到四川、合作概论、世界合作运动小史等。
收藏单位：重庆馆、广西馆、国家馆、吉大馆、首都馆、天津馆、浙江馆

04581
合作的基本知识 徐侠成著
江西省地方行政干部训练团，1940.9，118页，32开（基本认识丛书7）
本书共6章：合作的概念、合作的史略、中国现行的合作社法、现阶段中国合作的重要性、中国合作之过去与目前应有的路向、江西历年推行合作的状况与今后方针。
收藏单位：重庆馆、国家馆、江西馆

04582
合作的理论与实用 陈天怀著
合作出版社，1935，90页，36开
合作出版社，1935，再版，90页，32开
本书分上、下两篇：理论概述、实施办法。
收藏单位：重庆馆、广东馆

04583
合作的历史 中国合作学社编
[上海]：中国合作学社，1931.8，11页，64开（通俗合作丛书2）
南京：中国合作学社，1934.7，再版，11页，50开（通俗合作丛书2）

本书分3部分论述合作的起源、发展、现况。

收藏单位：国家馆、南京馆

04584

合作的效用论 徐沧水著

成都：普益协社出版部，1929.5，32页，32开（普益丛书2）

本书共4部分：合作银行之研究、消费合作社的利益、生产合作社、农业合作概论。

收藏单位：国家馆、首都馆

04585

合作读本 寿勉成编

社会部合作事业管理局，[1946]印，3册，64开（民众合作小丛书）

本书分3册，每册10课。第1册内容包括：合作的意义、合作社的故事、合作社的事业（上、下）等。第3册内容包括：业务要义、计划要有条不紊、组织要机动灵活等。

收藏单位：重庆馆、广东馆、国家馆、南京馆

04586

合作读本 徐肇和编

青田县政府合作室，[1937—1945]，28页，32开

青田县政府合作室，1941，2版，订正本，28页，32开

本书为合作社社员训练用书。

收藏单位：国家馆

04587

合作读本

福建省社会处，1944.4，44页，32开（社工丛书）

收藏单位：南京馆

04588

合作方法 湖南省政府七项运动宣传委员会[编]

湖南省政府七项运动宣传委员会，1929.6，58页，32开

本书内容包括：总说、组织、名称、区域、事务所、资金、社员、股份、运用机关等。

收藏单位：东北师大馆、湖南馆

04589

合作概论 蔡日秋著

汉口：新昌印书局，1933.9，290页，32开（职业丛书）

本书共11章，内容包括：合作之意义、合作略史论述、各国合作状况述论、合作社之种类、合作之哲学基础等。附保证责任农村利用、供给、运销合作社模范章程等6种。

收藏单位：安徽馆、国家馆、湖南馆、浙江馆

04590

合作概论 程歧鸣编

仙舟合作图书馆，1938.11，51页，32开

本书共5章：绪论、合作运动的起源、合作社的组织与经营、合作事业的种类、世界合作运动概况。

收藏单位：安徽馆、国家馆

04591

合作概论 林志豪编

浙江地方银行总行农业贷款处，1940.6，286页，22开

本书分8讲论述合作社之概念、创始、分类、责任、组织、经营以及农业贷款等。

收藏单位：国家馆、南京馆

04592

合作概论 彭师勤讲

中央政治学校，[1929—1946]，82页，16开

收藏单位：南京馆

04593

合作概论 唐启宇著

上海：民智书局，1930.8，410页，25开

本书共16章，内容包括：绪言、合作的概念、合作与自由竞争及社会主义之观察、合作理论、合作之史略、合作社的种类等。

附全国合作运动方案草案、合作社会计程式、江苏省各种合作社模范章程。

收藏单位：重庆馆、广东馆、广西馆、国家馆、湖南馆、吉林馆、南京馆、山西馆、上海馆、首都馆、天津馆、浙江馆

04594

合作概论 童雪天著

上海：世界书局，1940.8，74 页，32 开（教本）

[上海]：世界书局，1943，再版，74 页，32 开（教本）

本书分上、下两编："通论""分论——各种合作社之经营"。上编共 4 章，内容包括：合作社之意义与特性、世界各国合作概况等；下编共 6 章，内容包括：信用合作社、消费合作社等。附合作社法。

收藏单位：重庆馆、广东馆、贵州馆、南京馆、上海馆、浙江馆

04595

合作概论 童玉民编

上海：中华书局，1936.5，148 页，32 开

广州：中华书局，1938.10，再版，148 页，32 开

本书共 15 章，内容包括：合作之意义、合作制度与社会主义、合作社之分类、合作社之原则、合作社之效用等。附合作社法、合作社法施行细则、江苏省合作社声请登记表等 5 种。

收藏单位：安徽馆、重庆馆、东北师大馆、甘肃馆、贵州馆、国家馆、黑龙江馆、江西馆、南京馆、内蒙古馆、上海馆、首都馆、天津馆、浙江馆

04596

合作概论 徐侠成编

江西省地方行政干部训练团，1940.8，108 页，32 开（分组训练教材 71）

本书共 5 章：合作的概念、合作的史略、现阶段中国合作的重要性、中国合作之过去与目前应有的路向、江西历年推行合作的概况与今后方针。

收藏单位：国家馆

04597

合作概论 中国农民银行行员训练班编

中国农民银行行员训练班，1941.4，104 页，32 开

本书共 7 章，内容包括：合作的起源、合作的基础理论、合作社之组织与经营、世界合作运动、中国之合作运动等。目录页题名：合作概论纲要。

收藏单位：重庆馆、国家馆、南京馆

04598

合作概论

出版者不详，[1911—1949]，75 页，32 开

本书分 12 章论述合作之意义、种类等。

收藏单位：国家馆、南京馆、浙江馆

04599

合作概论·合作社组织程序·合作社组织经营要点 丁鹏翥编

湖南合作协会，[1937—1949]，48 页，32 开（合作讲习会课本 第 1、2、3 种）

本书为合订本。《合作概论》共 4 章：意义、分类、原则、略史及现状。《合作社组织程序》共 3 章：发起、筹备、成立。《合作社组织经营要点》共 7 章：总纲、开会要点、选举要点、社员须知、理事须知、监事须知、成功要诀。

收藏单位：国家馆、南京馆

04600

合作概说 江苏省农矿厅编

江苏省农矿厅，1931.1，24 页，32 开（合作浅说 1）

收藏单位：南京馆

04601

合作概说讲义

出版者不详，1940.3，88 页，25 开

收藏单位：江西馆

04602
合作概要　陈瑞鹏编撰
台北：东方出版社，1946，95页，32开
本书附划一合作社称说明书、台湾省合作组织调整补充规则。
收藏单位：南京馆

04603
合作概要　丁鹏翥著
湖南合作协会，1937，再版，118页，25开
本书共10章，内容包括：什么是合作、合作的分类、合作社的组织、消费合作、生产合作等。
收藏单位：国家馆

04604
合作概要　丁鹏翥著
长沙：华新羽绒公司，1935.4，118页，32开
收藏单位：东北师大馆、南京馆

04605
合作概要　贵州省地方行政干部训练委员会编
贵州省地方行政干部训练委员会，1940，110页，46开
贵州省地方行政干部训练委员会，1941，75页，46开
本书内容包括：合作社的特性、合作运动的起源、我国合作社运动的开始和演进、本省合作事业的演进和现状、合作教育等。
收藏单位：重庆馆

04606
合作概要　河南省农村合作委员会编
河南省农村合作委员会，[1911—1949]，56页，32开
本书为合作讲习教材。分11章论述合作社的意义、原则、种类与效用、责任及组织合作社须知等。
收藏单位：重庆馆、河南馆

04607
合作概要　江西省农村合作委员会编
江西省农村合作委员会，1937，64页，25开（合作训练教材）
江西省农村合作委员会，[1939]，60页，25开（区讲习教材）
江西省农村合作委员会，[1940]，66页，25开（区讲习教材）
本书分6章论述合作社的意义、效能、史略、组织、经营、联合社。
收藏单位：国家馆、江西馆

04608
合作概要　江西义教师资训练教材编
江西义教师资训练教材，1939，264页，25开
本书共9章：合作社的意义、世界合作运动的起源、本国合作运动的史略、本省合作社法大意、合作社的组织及社务、合作社的教育工作、合作社业务的经营、合作社的联合社、合作金库与代办机构。
收藏单位：江西馆

04609
合作概要　青伟主编
雅安：通和印刷公司，1941印，122页，32开（雅安县政府县政小丛书）
本书共7章：合作社的概要、对于我国合作事业应有的认识、合作社的组织、合作社的经营、合作社的设立、合作社联合社的组织、合作社的登记。
收藏单位：重庆馆、国家馆

04610
合作概要　[青伟主编]　江西省地方行政干部训练团编
江西省地方行政干部训练团，1941.3，122页，25开（分组训练教材19）
江西省地方行政干部训练团，1942.6，81页，25开
收藏单位：国家馆、江西馆

04611
合作概要　寿勉成讲
盐务缉私督察人员训练班，1935，71页，32

开

本书共7章：合作社与生存、合作社的种类、合作社的制度、合作社的经营、合作社与社会经济、合作运动与中国、合作运动与世界。

收藏单位：国家馆

04612
合作概要　四川省训练团编
四川省训练团，1940.4，56页，32开（区训练班教材）

本书共4章：合作社的定义、合作社的组织与经营、合作事业的种类、保甲与合作之关系。附合作社法。

收藏单位：重庆馆、国家馆

04613
合作概要　王振武编
上海：商务印书馆，1947.8，328页，32开（职业学校教科书）
上海：商务印书馆，1948.2，再版，328页，32开（职业学校教科书）

本书为职业学校教科书。分8章论述合作的基本概念，合作运动史的检讨及合作社的种类、组织、社员等。附合作社法、县各级合作社组织大纲等5种。

收藏单位：重庆馆、东北师大馆、广西馆、国家馆、湖南馆、吉林馆、辽大馆、南京馆、绍兴馆、浙江馆

04614
合作概要　吴大业编
上海：三民图书公司，1948，59页，25开

本书内容包括：合作的意义、合作的哲理、合作和竞争、合作的历史、合作的分类等。

收藏单位：江西馆

04615
合作概要　浙江省衢县区保长训练班编
浙江省衢县区保长训练班，1936.1，30页，32开

收藏单位：浙江馆

04616
合作工作队　陆合丰著
丽水：江南出版生产合作社，1941.4，28页，32开

本书共4部分："在抗战中成长了起来""做了些什么工作?""工作的总检讨""今后动向"。附浙江省战时合作工作队组织规程、办事细则等5种。书脊题名：浙江省战时合作工作队。

收藏单位：重庆馆、国家馆

04617
合作工作人员手册　河南省合作事业管理处编
河南省合作事业管理处，1943，329页，32开（河南省合作事业管理处丛刊2）

收藏单位：南京馆

04618
合作化实验区组织方略　侯哲安著
[上海]：合作与农村出版社，1941.1，再版，42页，32开

本书分5章论述模范合作社的性质、组织系统、经济活动、非经济活动、建立方略。附合作化实验区设立办法草案。著者原题：侯哲葊。

收藏单位：安徽馆、国家馆、湖南馆、南京馆、首都馆

04619
合作化实验区组织方略　侯哲安著
上海：社会书店，1934.1，66页，32开

收藏单位：国家馆、吉大馆、南京馆

04620
合作监查概要　新民合作社中央会编辑股编辑
北京：燕尘社，1939.7，28页，32开（新民合作社中央会丛刊第1类）（合作丛书15）

本书共7章：合作社之监查机关、监查的意义及效果、发现错误及弊端、会计组织、监查事务、监查开始的手续、监查要项。附合作社事务监查空白规程。

收藏单位：国家馆、首都馆

04621
合作讲话 邵鸣九编
上海：世界书局，1934，54页，32开（小学公民训练讲话丛书）
上海：世界书局，1935，再版，54页，32开（小学公民训练讲话丛书）
本书论述什么是合作及合作与共有、共治、共享、生产、消费、贩卖、运动的关系。
收藏单位：重庆馆

04622
合作讲话 徐肇和编著
南川（重庆）：实验简报社，1945，40页，32开
收藏单位：南京馆

04623
合作讲话（上） 中央合作指导人员训练所编
中国合作青年出版社，[1934—1949]，[530]页，23开
本书收录讲义及课程参考资料17种，内容包括：《中国合作社法论》（伍玉璋）、《合作法规》等。

04624
合作讲授纲要 罗平编讲
中央政治学校康定分校，1939，油印本，27页，16开，环筒页装（西康省农村合作委员会训练丛书）（中央政治学校康定分校讲义）
收藏单位：国家馆

04625
合作讲习会讲义集 广东省政府建设厅合作事业管理处编
广东省政府建设厅合作事业管理处，1941，76页，25开（合作训练教材1）
本书共5篇：合作大意、社务须知、业务须知、记帐常识、法规章则。
收藏单位：重庆馆、国家馆

04626
合作讲习会讲义集 贵州省合作委员会编
贵阳：贵州省合作委员会，1940.1，2版，64页，25开
本书共8编，内容包括：合作概要、组社和社务处理方法、信用合作社经营方法、运销合作社经营方法、消费和供给合作社经营方法等。附合作社应用书表一览。
收藏单位：贵州馆、国家馆

04627
合作讲习会讲义集 陕西省合作事业管理处编
陕西省合作事业管理处，1941.12，214页，32开
本书收录高文俊、周立志、王振武等人所编讲义7种：《公民须知》《合作概论》《合作法规》《信用合作》《供给消费合作》《生产运销合作》《记帐须知》。附县各级合作社组织大纲。
收藏单位：重庆馆、南京馆

04628
合作讲习会讲义集 中国华洋义赈救灾总会编
中国华洋义赈救灾总会，1933，154页，25开（中国华洋义赈救灾总会丛刊 乙种15）
中国华洋义赈救灾总会，1934.11，再版，192页，25开（中国华洋义赈救灾总会丛刊 乙种66）
中国华洋义赈救灾总会，1935.10，3版，1册，25开（中国华洋义赈救灾总会丛刊 乙种17）
本书收录讲义9种，内容包括：《农村合作社是什么？》《农村信用合作社》《农村信用合作社的经营》《农仓合作》《运销合作》等。附合作社法、棉花运销合作手册、农仓合作实施手册、农村合作社组织程序。
收藏单位：安徽馆、重庆馆、广东馆、国家馆、江西馆、南京馆、首都馆

04629
合作讲习手册（第1辑） 中国华洋义赈救灾

总会编
中国华洋义赈救灾总会，1932.10，[102] 页，22 开（中国华洋义赈救灾总会丛刊 戌种 5）
收藏单位：安徽馆、江西馆

04630
合作讲习手册（第 2 辑） 中国华洋义赈救灾总会湖南省分会编
中国华洋义赈救灾总会湖南省分会，1935，110 页，25 开（中国华洋义赈救灾总会湖南省分会丛刊）
收藏单位：广东馆

04631
合作讲义 贵州省地方行政干部训练委员会编
贵州省地方行政干部训练委员会，1943.4，[468] 页，32 开
本书内容包括：合作概论、重要合作法规释义、合作指导与登记、合作金融、农村经济问题与合作等。
收藏单位：重庆馆

04632
合作讲义 [江苏省区长训练所编]
江苏省区长训练所，[1911—1949]，[81] 页，23 开
本书内容包括：建筑合作、消费合作、运销合作等。
收藏单位：南京馆

04633
合作讲义（第 2 种） 安徽省政府建设厅第五科编
安徽省政府建设厅，[1940—1949]，1 册，36 开
本书适用于合作社普通职员讲习。共 4 部分：合作概说、合作实务、合作法规、查帐须知。
收藏单位：安徽馆、国家馆

04634
合作讲义（第 3 种） 安徽省政府建设厅第五科编
安徽省政府建设厅，[1911—1949]，1 册，36 开
本书适用于合作社记帐人员讲习。共 4 部分：合作实务、合作会计、合作法规、查帐须知。
收藏单位：安徽馆、国家馆、南京馆

04635
合作讲义（上册）
中国合作青年出版社，[1934]，1 册，25 开（中央合作指导人员训练所讲义）
本书内容包括：中华民国合作社法、欧洲合作法一瞥、北平清华消费合作社之研究、合作教育等。
收藏单位：国家馆

04636
合作讲义纲要 庐山暑期训练团军训组印编
庐山暑期训练团军训组，1937.7，156 页，25 开
本书共 6 章：概论、吾国合作事业（上、下）、合作社经营、合作设施及关系问题、合作事业者修养。
收藏单位：重庆馆、广东馆、国家馆、江西馆、南京馆

04637
合作讲义集 贵州省合作事业管理处编
[贵阳]：贵州省合作事业管理处，1943.3，3 版，1 册，32 开
收藏单位：贵州馆

04638
合作经济导论 陈颖光著
重庆：青年书店，1944.7，154 页，32 开
本书共 10 章，内容包括：合作经济制度之本质及其发展、改进农业经营与农业合作、加强管制物价与消费合作、我国工业合作进展之途径、我国运销合作业务之推进等。
收藏单位：重庆馆、广西馆、国家馆、南京馆、浙江馆

04639
合作经营 蔡日秋编著
东南合作印刷厂，[1947]，42 页，18 开（中国合作经济函授学校讲义）
本书共 8 章，内容包括：合作宣传品及各项章则的拟定、合作社经营原则及装潢设计、合作社的人事管理、各种合作社的纵横关系、各种合作的工作竞赛等。
收藏单位：国家馆、南京馆

04640
合作经营（第 1 册） 李中舒辑
[兰州]：[甘肃合管处]，1941，226 页，32 开
本书共 5 章：关于合作事业经营经济的几个原则、消费合作社之经营、生产合作社之经营、产销合作社之经营、运输合作社之经营。
收藏单位：国家馆

04641
合作经营讲话 冯紫岗著
河南省合作事业管理处，1943.2，104 页，32 开
本书分 9 讲论述合作经营各项要义。
收藏单位：安徽馆、重庆馆、南京馆

04642
合作经营原论 吴藻溪著
重庆：农村科学出版社，1940.7，34 页，32 开（农村合作丛书）
本书共 5 章：“合作社的要素”“合作社的设立”“合作社的实务”“合作社的解散、合并及清算”“政府对合作社的优待和监督”。
收藏单位：安徽馆、重庆馆、广东馆、国家馆、吉林馆、南京馆、西南大学馆

04643
合作会计 蔡劲仁编
上海：立信会计图书用品社，1948.10，82 页，25 开（立信会计丛书）
本书共 3 编：合作会计概述、合作会计上之问题、兼营会计。
收藏单位：内蒙古馆、浙江馆

04644
合作会计 [广西省政府建设厅合作事业管理处编]
广西省政府建设厅合作事业管理处，1940，1 册，32 开
收藏单位：国家馆

04645
合作会计问题 谢允庄编著
重庆：正中书局，1945.1，64 页，32 开（合作指导丛书）
上海：正中书局，1947，64 页，32 开（合作指导丛书）
本书适用于合作会计人员训练。共 13 章，内容包括：研究方针问题、普通股本问题、保证股本问题、优先股本问题、循环基金问题等。
收藏单位：重庆馆、广东馆、广西馆、国家馆、湖南馆、辽大馆、南京馆

04646
合作会计问题 谢允庄编著
南昌：中国农村合作合作出版社，1937.10，66 页，32 开（合作丛书）
本书共 5 章：股本记录问题、分社会计问题、净盈余处理问题、兼营盈余分配问题、净亏损处理问题。
收藏单位：安徽馆、国家馆、江西馆

04647
合作会计学 谢允庄著
经济部合作事业管理局全国合作人员训练所，[1935—1945]，[250] 页，25 开
本书共 7 编：农村合作社簿记、消费合作会计、工业生产合作会计、农业生产合作会计、运销合作会计、信用合作会计、合作会计问题。
收藏单位：重庆馆、国家馆、南京馆

04648
合作理论

[河南省训练团]，1947.3 印，36 页，32 开

本书共 6 章：合作的哲学、合作的性能、合作的范畴、合作制度、合作运动之史的发展、我国合作运动概观。

收藏单位：国家馆

04649

合作理论与实际 王石英著

西安：中正学生出版社，1943.10，150 页，32 开

本书内容包括：合作运动之起源、合作运动之发展合作的实际问题等。

收藏单位：安徽馆

04650

合作理论与实务（第 1 辑） 谢哲声著

广东省政府建设厅合作事业管理处，1946.10，122 页，32 开（合作丛刊 8）

收藏单位：广东馆、国家馆、南京馆

04651

合作理论与实务（第 2 辑） 谢哲声著

广州：社会部全国合作社物品供销处广州分处，1947，178 页，32 开（合作丛刊 9）

本书共 6 部分，内容包括：计划及检讨、各国合作事业概况、民生经济与建设、视察要义及观感、工作指示与生活慰问等。

收藏单位：贵州馆、国家馆

04652

合作论 洪孟博著

上海法政学院，[1931.7]，128 页，16 开（上海法政学院讲义）

本书分 5 章介绍消费、信用、生产合作社的形式及中国合作运动的发展。目录页题名：合作论讲义。

04653

合作论丛 郑奕盛著

南平：中国合作事业协会福建省分会出版部，1941.8，220 页，32 开（中国合作事业协会福建省分会研究部丛书）

本书收录《非常时期的经济组织与合作》《合作主义之生产制度》《合作与抗战建国》《合作社与社员生活的改善》《消费合作及其推行的研究》《革新的合作政策与合作运动》等。

收藏单位：重庆馆、国家馆、吉林馆、南京馆、上海馆

04654

合作论集 文群讲述

中国合作图书社，[1932—1949]，2 册（104+78 页），22 开，环筒页装

本书收文 15 篇，内容包括：《农村合作事业在国民经济建设中的地位》《国民经济建设与合作运动》《农村合作三讲》《合作的方式》《鄂豫皖赣四省农村合作运动之内容及其目的》等。

收藏单位：重庆馆、贵州馆、国家馆、吉林馆、江西馆、南京馆

04655

合作论文集 陈维藩著

上海：荣华印书馆，1940.4，129 页，32 开

本书收录著者发表在报刊上的短文 25 篇，内容包括：《中国合作事业之考证》《合会概论》《保险合作论》《谈农业金融》《农业信用论》《合作人才之训练问题》等。

收藏单位：南京馆、上海馆

04656

合作论文集 王作田著

赣县（赣州）：中国工业合作协会赣闽粤区供销业务代营处，1942.7，132 页，25 开（中国工业合作协会赣闽粤区丛书）

收藏单位：重庆馆、贵州馆、国家馆

04657

合作论文集（1） 王作田著

中国工业合作协会西北区办事处，1939.3，142 页，25 开（中国工业合作协会西北区丛书）

本书收录著者论文 27 篇，内容包括：《非常时期合作运动与复兴中华民族》《论战时合作资金问题》《怎样展开合作社的新生命》

《合作指导人员怎样在农村工作》《抗战建国中之工业合作运动》等。附中国粮食问题之检讨、农村复兴声中之土地问题。

收藏单位：国家馆、西南大学馆

04658
合作论文集（第1辑） 步毓森编
华北合作事业总会，1944.6，174页，32开（华北合作事业总会合作丛书2）

本书收文20篇，内容包括：《建设途上之华北合作社》（山根惠）、《关于乡村合作社的研究》（陈国藩）、《中国信用合作社发达的原因》（青甫）、《对华北合作事业总会之期望》（刘炳藜）、《最近之日本合作运动》（林陵译）等。

收藏单位：近代史所

04659
合作企业的理论与实际 （罗）姆拉德拉兹（G. Mladenatz）等著　彭师勤译
崇安（武夷山）：中国合作经济研究社，1944.7，282页，22开（合作经济译丛）

本书收文6篇：《合作经济制度》（G. 姆拉德拉慈）、《合作经济论》（G. 佛格）、《论合作主义》（D. 班色）、《英国公营合作之孟晋》（B. 拉维纽）、《平抑物价与合作》（C. 季特）、《欧战中法国的合作社》（C. 季特）。

收藏单位：东北师大馆、国家馆、上海馆、浙江馆

04660
合作浅说　河南大学农业推广处编
河南大学农业推广处，1936.11，22页，25开

收藏单位：湖南馆、江西馆

04661
合作浅说　曾同春编
[广州]：广东合作协会，1938.8，1册，32开（民众合作读物1）

收藏单位：南京馆

04662
合作浅说　沾化县政府编
沾化县政府，[1911—1949]，36页，32开

本书共6章，内容包括：合作的理论、合作的定义、合作社的利益、合作社组织程序等。

收藏单位：重庆馆

04663
合作浅说　中国合作学社编
南京：中国合作学社，1934，再版，10页，50开（通俗合作丛书2）

本书共3部分：合作是一件极平常的事、我们所谓合作的意义、为什么要提倡合作。

收藏单位：国家馆

04664
合作浅说
江苏省建设厅淮阴县合作实验区训练班，1936.1，18页，32开（江苏省建设厅淮阴县合作实验区训练丛书2）

收藏单位：南京馆

04665
合作青年读本（原名，产业组合青年联盟读本）（日）西尾爱治著　张包增元译
上海：中国合作图书用品生产合作社，1947.11，142页，32开（中国合作经济研究社丛书）

本书共20章，内容包括：合作事业与青年、合作的经济组织、合作事业的系统机关、合作事业扩充五年计划、合作事业的大众化、合作青年联盟等。

收藏单位：广东馆、国家馆、南京馆

04666
合作社　钮长耀编著
上海：商务印书馆，1937.6，71页，32开（社会教育小丛书）

本书共4章：绪论、社务进行、业务经营、合作训练。

收藏单位：重庆馆、东北师大馆、广东馆、贵州馆、国家馆、湖南馆、辽大馆、南京馆、天津馆、浙江馆

04667
合作社 吴景新著
上海：商务印书馆，1935.9，29 页，50 开（民众基本丛书 第 1 集 社会类）
上海：商务印书馆，1935.11，3 版，29 页，50 开（民众基本丛书 第 1 集 社会类）
本书介绍合作社的历史、种类、组织、资本等。
收藏单位：重庆馆、广东馆、辽大馆

04668
合作社表解 屈凌汉等著
山东省第一民众教育辅导区，1936.3，52 页，32 开（合作丛刊 10）
本书收录表 42 种，分概论、信用、产销、供给、利用等部分。
收藏单位：国家馆、首都馆

04669
合作社簿记 [王士贤编]
浙江省合作金库，[1940]，314 页，32 开（浙江省合作金库丛书）
本书共 10 章：概论、帐户、流水帐、总清帐、补助帐、登记簿、试算表、月报、决算、合并会计报告。附利息、经济部颁合作社会计规程准则三种等。
收藏单位：国家馆、江西馆、上海馆、浙江馆

04670
合作社簿记讲义 董汰生编
贵州省地方行政干部训练委员会，1943.3，65 页，32 开
贵州省地方行政干部训练委员会，1943，修订版，66 页，32 开
本书共 10 讲，内容包括：会计科目、帐簿的组织、帐簿的记法、会计报告、全部记帐程序、成本帐簿的组织与计算等。各讲均附练习题。
收藏单位：重庆馆、贵州馆

04671
合作社簿记解说 （日）伊藤信义 于德敏著
出版者不详，1942，246 页，25 开
本书共 9 章，内容包括：绪论、会计科目及分录、传票、县合作社联合会会计科目及传票登记例、帐簿等。
收藏单位：国家馆

04672
合作社簿记学 阎柯耳著
[重庆]：合作评论社，[1911—1949]，[83] 页，32 开
本书共 5 章：绪论、会计科目、传票的性质种类及编制方法、各种账簿之性质格式及记账方法、各科报表之性质格式及编制方法。
收藏单位：国家馆、南京馆

04673
合作社大意
教育部民众读物编审委员会，[1911—1949]，42 页，46 开（民众文库）
本书分 10 部分论述合作社的种类、责任、社员、成立、结账和盈余分配等。
收藏单位：重庆馆

04674
合作社的经营 周君若编
上海：民众教育研究社，1932.12，58 页，42 开（注音符号民众万有丛书 经济类）
收藏单位：江西馆、首都馆

04675
合作社的组织方法 中国合作学社编
南京：中国合作学社，1934.7，再版，15 页，50 开（通俗合作丛书 4）
本书共 4 部分：组织程序、社员、社股、职员。
收藏单位：国家馆

04676
合作社的组织和经营 陈醉云编
上海：中华书局，1948.5，26 页，36 开（中华文库 民众教育 第 1 集）
收藏单位：南京馆、上海馆、天津馆

04677
合作社登记须知 社会部合作事业管理局编
社会部合作事业管理局，1939.7 印，30 页，大 32 开（福建省合作训练小丛书）
社会部合作事业管理局，1941.11 印，26 页，22 开
社会部合作事业管理局，1942.4 印，1 册，32 开
本书共 9 章，内容包括：登记意义、登记种类、登记法令、登记书类、事前调查等。附各种有关登记法规。
收藏单位：重庆馆、广东馆、国家馆、吉林馆、南京馆

04678
合作社概论 李绍忠编著
上海：知行编译社，1944.4，284 页，32 开
本书共 4 篇：合作总论、合作社的组织及经营、合作法规、中国合作运动。
收藏单位：安徽馆、南京馆、浙江馆

04679
合作社记帐及计算法 高凤桐编
北平：中央合作干部学校，[1949]，82 页，32 开
收藏单位：国家馆

04680
合作社记帐须知 河南省农村合作委员会编
河南省农村合作委员会，[1911—1949]，68 页，32 开
本书介绍记帐的意义、重要性、常识及单据、帐户、帐簿的分类和记法等。
收藏单位：重庆馆

04681
合作社监事制度的研究 张绍书著
出版者不详，[1911—1949]，1 册，32 开
收藏单位：南京馆

04682
合作社讲义 河南自治训练所编
河南自治训练所，[1911—1949]，油印本，80 页，16 开，环筒页装
本书共 6 章：绪言、消费合作社、生产合作社述略、信用合作社述略、合作联合会述略、合作之组织与经营。
收藏单位：国家馆

04683
合作社经管积谷手册 杨国宪编著
[昆明]：云南省合作事业管理处，1947.8，86 页，32 开
本书共 5 章：仓储概况、新制仓储经管运用办法、建仓问题、云南省合作事业管理处各县指导员办事处卅六年度实施计划、有关仓储改制文献。
收藏单位：广西馆、南京馆

04684
合作社会计规则准则三种 [经济部农本局编]
经济部农本局，1939.2，111 页，25 开
本书内容包括：合作社会计制度设计计划、合作社采用会计规则准则标准、合作社会计规则准则（甲、乙、丙种）等。附应用簿表格式及说明。
收藏单位：重庆馆、国家馆、江西馆、南京馆、浙江馆

04685
合作社会计甲种详解及实例 [张心澂著]
桂林计能出版合作社，1947.5，102 页，32 开
本书共 3 章：总论、帐簿、报表。附实例。
收藏单位：广西馆、桂林馆

04686
合作社会计与簿记格式 舒嗣芬拟订
江苏省建设厅，1935.5，70 页，16 开
本书共 5 章：合作会计与簿记、信用合作社会计与簿记、生产合作社会计与簿记、购买合作社或推销合作社会计与簿记、利用合作社会计与簿记。
收藏单位：南京馆

04687
合作社论 邝震鸣编述
北平：中国大学，1936，14+248 页，16 开
本书内容包括：合作社之定义、合作之特质与效尤、合作之起源等。
收藏单位：东北师大馆

04688
合作社论·经营经济学 熊传泽讲述·罗集谊讲述
北平：聚魁堂装订讲义书局，1934，2 册（202+120 页），16 开
本书为合订本。《合作社论》书中题名：中国大学合作社论讲义。《经营经济学》书中题名：中国大学经营经济学讲义。
收藏单位：重庆馆

04689
合作社浅说 林光瑞编述
江苏省立民众教育馆编辑部，1930.6，20 页，24 开（民众教育设施丛刊 5）
本书介绍合作社的类别、功用、组织、创办的步骤等。
收藏单位：南京馆、浙江馆

04690
合作社社务须知 福建省政府建设厅编
福建省政府建设厅，1937 印，50 页，32 开
收藏单位：福建馆

04691
合作社社员职员须知 江苏省建设厅编
出版者不详，[1911—1949]，14 页，32 开（合作丛刊 2）
收藏单位：南京馆

04692
合作社社员职员训练大纲 江苏省实业厅编
江苏省实业厅，[1911—1949]，12 页，32 开（合作浅说 2）
收藏单位：国家馆

04693
合作社事业报告书 中国合作社嘉兴支社编
中国合作社嘉兴支社，1944，1 册，16 开
收藏单位：南京馆

04694
合作社是什么 广东建设厅农林局经济系编
广东建设厅农林局推广课宣传股，1933，3 版，6 页，32 开（推广丛书 19）
广东建设厅农林局推广课宣传股，1935，5 版，6 页，32 开（推广丛书 19）
本书共 3 部分：讲义、表格、附录。
收藏单位：重庆馆

04695
合作社是什么 浙江省政府建设厅编
浙江省政府建设厅，1930.2，18 页，32 开（合作丛刊 3）
收藏单位：南京馆

04696
合作社问答 益都县合作社指导所编
益都县合作社指导所，1932.3，17 页，32 开
收藏单位：南京馆

04697
合作社务 广东省建设厅合作事业管理处编
广东省建设厅合作事业管理处，1942.4，23 页，32 开（合作训练教材 3）
本书共 6 章：组织、登记、会议、社务设备、年度报告和盈余分配、训练。
收藏单位：国家馆

04698
合作社系统说明书 [实业部合作司编]
实业部合作司，1937.8，18 页，32 开
实业部合作司，1938.9 仿印，12 页，25 开
本书共 4 部分：本书旨趣、合作社、联合社、结论。
收藏单位：安徽馆、重庆馆、国家馆、南京馆、首都馆、浙江馆

04699
合作社业务监查纲要　中国华洋义赈救灾总会编
[中国华洋义赈救灾总会]，1936.9，22页，32开（中国华洋义赈救灾总会丛刊 乙种80）（技术专刊）
本书共7章，内容包括：合作社之监查机关、监查的意义及效果、发现错误及弊端、会计组织、监查事务等。
收藏单位：近代史所

04700
合作社应用账簿　向大炎编
湖南合作协会，[1911—1949]，40页，16开（合作讲习会课本 第20种）
本书共7章，内容包括：账簿种类、记账凭证、账户名称、记账须知、结账要点等。
收藏单位：重庆馆

04701
合作社与合作金库概述　贵州省松桃县合作金库编
贵州省松桃县合人金库，1940.3，16页，32开
本书共11节，内容包括：合作的意义、合作社的种类、合作社的组织程序、设立合作金库的意义、合作金库与合作社的关系等。
收藏单位：重庆馆

04702
合作社章程样式
浙江省政府建设厅，1930.1，24页，32开（合作丛刊2）
收藏单位：南京馆

04703
合作社章程准则六种　实业部合作司拟
实业部合作司，1936，70页，22开
实业部合作司，1937.3，2版，70页，32开
实业部合作司，1937.7仿印，70页，25开
实业部合作司，1938.9仿印，48页，25开
实业部合作司，1939.9仿印，58页，24开
本书收录合作社章程准则5种、联合社章程准则1种。均据1935年9月实行的《合作社法》及其细则拟订。
收藏单位：安徽馆、重庆馆、广东馆、国家馆、南京馆、浙江馆

04704
合作社之理论与经营　于树德著
武汉：中国国民党农民运动讲习所，1926.8，100页，16开
本书分两编：绪论、本论。第1编共5章：合作社之性质、产业合作社、职工生产合作社、消费合作社、实行案；第2编共8章，内容包括：总说、社员、股份、机关、业务等。附欧洲各国合作运动之大势等。

04705
合作社之理论与经营　于树德著
上海：中华书局，1927.3，200页，32开
上海：中华书局，1929.10，12+326页，32开（经济丛书）
上海：中华书局，1932.9，再版，11+326页，32开，精装（经济丛书）
上海：中华书局，1933.3，3版，11+326页，32开（经济丛书）
上海：中华书局，1933.9，4版，11+326页，25开
上海：中华书局，1936.2，5版，12+326页，32开
香港：中华书局，1938.10，[12]+326页，32开
上海：中华书局，1938.10，6版，12+326页，32开
收藏单位：安徽馆、重庆馆、东北师大馆、广东馆、广西馆、贵州馆、国家馆、河南馆、黑龙江馆、湖南馆、江西馆、近代史所、辽大馆、辽宁馆、南京馆、内蒙古馆、山西馆、上海馆、首都馆、天津馆、浙江馆

04706
合作社之理论与实际　冯绍文著
北平：佩文斋书店，1937.5，254页，32开
北京：佩文斋书店，1939.5，再版，12+340页，32开
本书分7章论述合作社的性质、沿革、

种类、要素、设立解散合并清算及监督、联合机关、经营。附合作社法、合作社法施行细则、标准章程。

收藏单位：国家馆、吉林馆、近代史所、辽大馆、首都馆、天津馆

04707

合作社之意义与实施　王元铮撰

出版者不详，[1938]，28+384 页，32 开

本书共 3 编：合作概论、各种合作社的释义、合作组织。附合作社法、各省县市办理合作社登记须知、组织合作社须知等 8 种。

收藏单位：国家馆、南京馆

04708

合作社之组织与登记　社会部合作事业管理局编

社会部合作事业管理局，1945.12，65+82 页，32 开

社会部合作事业管理局，1946.9，再版，增订本，65+90 页，32 开

社会部合作事业管理局，1946.9，3 版，增订本，1 册，32 开

社会部合作事业管理局，1947.4，4 版，增订本，65+90 页，32 开

本书共 3 部分：合作社的组织、合作社的登记、合作社及联合社的章程准则。附设置合作农场办法等 27 种。封面题名：合作手册。

收藏单位：重庆馆、广西馆、国家馆、河南馆、辽大馆、南京馆、上海馆、绍兴馆、首都馆、天津馆

04709

合作社之组织与经营述略　中国国民党青岛特别市党务指导委员会宣传部编

中国国民党青岛特别市党务指导委员会宣传部，1931，56 页，32 开

本书共 4 部分：合作之基本信念、合作之定义及其特征、合作社之分类、合作社之组织与经营。附消费合作社模范章程。

收藏单位：重庆馆

04710

合作社职员讲习会讲义集　贵州省合作事业管理处编

贵阳：贵州省合作事业管理处，1942.9，4 版，56 页，25 开

本书共 8 编：合作概要、组社和社务处理方法、信用合作社经营方法、运销合作社经营方法、消费和供给合作社经营方法、生产合作社经营方法、简易农仓、合作社簿记。附合作社应用书表一览。

收藏单位：贵州馆、国家馆、南京馆

04711

合作社组织程序　江宁自治实验县政府编

江宁自治实验县政府，1935.6，70 页，32 开（合作宣传书类 1）

收藏单位：南京馆

04712

合作社组织程序　山东省合作事业管理处编

山东省合作事业管理处，1947.8，20 页，32 开

本书共 7 部分，内容包括：发起筹备、召开创立会、内部组织、申请登记、年度报告等。附各类合作社刊制图记大小尺寸表、合作社个人社员名册等。

收藏单位：国家馆、吉林馆、南京馆、山东馆

04713

合作社组织须知　潘鼎元编

南京：中国合作学会，1941.5，32 页，25 开

本书附合作社法、划一合作社名称说明书等。其他题名：组社须知。

收藏单位：南京馆、浙江馆

04714

合作生活　徐肇和著

丽水：浙江农村生活社，1940.5，85 页，32 开

本书共 4 部分：论著、浅说、计划、报告。第 1 部分收文 8 篇，内容包括：《合作运动与三民主义》《合作事业与农业推广》《合作金库与普通银行》《论现阶段之县合作金库

问题》《如何实施合作社员的训练》等；第2部分共12节，内容包括：合作概说、怎样合作、合作抗战等；第3部分共6节，内容包括：松阳县政府二十六年度合作事业行政计划、松阳县推进战时合作事业计划纲要等。

收藏单位：国家馆

04715

合作实施新法 丁鹏翥著

长沙：华新羽绒公司、群益合作社，1933.5，64页，25开

本书共11部分，内容包括：交易分数、特约、物价测验、品质测验、辅助社员生产等。

收藏单位：国家馆、南京馆

04716

合作实务 蔡日秋编

东南合作印刷厂，[1947.3]印，40页，16开（中国合作经济函授学校讲义）

本书共5章：合作力行的决心与表现、合作的发起与筹备、合作的创立与登记、合作业务的实施、合作社的清算与整理。

04717

合作实用簿记 江西省农村合作委员会编

江西省农村合作委员会，1940，348页，22开（区讲习教材）

收藏单位：江西馆

04718

合作事业 郭世勋编

陕西省地方行政干部训练团，1943，32页，36开（训练教材）

本书共6章：绪论、合作事业的种类、合作指导、合作社的组织、合作社的经营、对于现时我国合作事业应有的认识。

收藏单位：重庆馆、南京馆

04719

合作事业 焦雨亭 刘光炎编

上海：世界书局，1932.8，200页，25开

上海：世界书局，1933.2，再版，200页，25开

上海：世界书局，1933.5，3版，208页，25开

本书适用于高级中学商科。共8章：合作的原理、消费合作、生产合作、信用合作、合作社的联合、合作事业的组织与经营、合作事业的历史与现状、结论。

收藏单位：重庆馆、东北师大馆、广东馆、贵州馆、国家馆、河南馆、吉林馆、南京馆、农大馆、首都馆、西南大学馆、浙江馆

04720

合作事业 经济部合作事业管理局绘制

[经济部合作事业管理局]，[1911—1949]，1册，大16开

收藏单位：南京馆

04721

合作事业 唐城译

出版者不详，[1927—1949]，46页，横大32开

本书为中国国民党中央党务学校合作社理论及组织参考材料。

收藏单位：南京馆

04722

合作事业 王世颖著

上海：黎明书局，1930.9，242+18页，32开

上海：黎明书局，1931，再版，242+18页，32开

上海：黎明书局，1933.5，3版，242+56页，32开

上海：黎明书局，1934，4版，242+56页，32开

上海：黎明书局，1935.3，5版，242+56页，32开

上海：黎明书局，1936.9，6版，242+56页，32开

上海：黎明书局，[1941]，7版，244+56页，32开

上海：黎明书局，1943.10，8版，242页，32开

上海：黎明书局，1947.12，9版，增订本，14+244页，32开

本书为高级商科职业学校用书。共8章，内容包括：合作底哲学、合作社底分类、消费合作述略、生产合作述略、信用合作述略等。

收藏单位：安徽馆、重庆馆、广东馆、广西馆、国家馆、河南馆、湖南馆、江西馆、辽大馆、南京馆、内蒙古馆、上海馆、首都馆、天津馆、西南大学馆、浙江馆

04723

合作事业　杨申编

安徽省地方行政干部训练团，1943.12，64页，32开

本书分6章概述合作社及其简史及合作的功效、组织事业、特性、组社程序等。附合作社法、县各级合作社组织大纲、县各级合作社组织大纲安徽省实施方法。

收藏单位：安徽馆、重庆馆

04724

合作事业工作概况（第1集）　全国经济委员会　合作事业委员会编

全国经济委员会、全国合作事业委员会，1936.4，14页，16开（全国经济委员会合作事业委员会刊物 丙类1）

本书共5部分：绪言、皖赣湘鄂四省之农贷及合作、西北合作事业、华北合作事业、研究与训练。附全国经济委员会合作事业委员会暂行组织条例、委员名单等。

收藏单位：广东馆、国家馆、南京馆、山西馆、上海馆、首都馆

04725

合作事业和长期抗战　顾凌云著

重庆：中山文化教育馆，1939.1，34页，36开（抗战丛刊77）

本书共4部分：前奏、抗战期间合作事业之使命、抗战期间合作事业的业务经营、现阶段应如何推进合作事业以配合抗战。

收藏单位：重庆馆、国家馆、吉林馆、南京馆

04726

合作事业讲义　甘肃省地方行政干部训练委员会编

甘肃省地方行政干部训练委员会，1944.3，20页，32开

本书共7章，内容包括：合作的意义与目的、合作社的内容、合作社的种类、现行合作事业及合作行政概况、今后合作事业推进方向等。

收藏单位：国家馆

04727

合作事业经营概论　许道夫著

出版者不详，[1941]，72页，32开

本书共10章，内容包括：总论、合作之理想、合作之分类、合作社社员、合作活动之范围等。

收藏单位：国家馆、南京馆

04728

合作事业浅说　广东省政府秘书处编译室编

广东省政府秘书处编译室，1942.12，42页，32开（政治常识小丛书16）

本书共6部分，内容包括：合作事业的意义、合作行政、合作金融、合作事业与地方自治等。

收藏单位：重庆馆、国家馆、西南大学馆

04729

合作事业实施要领补充教材　魏竞初著

广西省地方行政干部训练团，1941.11，49页，32开（广西省地方行政干部训练团各区训练班教材）

本书介绍广东省推行县各级合作社的方式、步骤、要点等。附合作社的一般组织程序。

收藏单位：重庆馆

04730

合作事业统计提要　社会部合作事业管理局统计室编

社会部合作事业管理局统计室，1945.9，油印本，7页，横16开

收藏单位：国家馆

04731
合作事业统计图 社会部合作事业管理局统计室编制
外文题名：Cooperative statistics
社会部合作事业管理局统计室，1946，6页，横16开
收藏单位：国家馆

04732
合作事业统计资料 社会部合作事业管理局统计室编
社会部合作事业管理局统计室，[1946]，油印本，1册，横8开
本书收录1942—1945年各月统计资料。
收藏单位：国家馆

04733
合作事业五年计划（民国三十六年至民国四十年）
出版者不详，[1946]，35页，8开，活页装
本书书中题名：全国合作事业五年计划。
收藏单位：国家馆

04734
合作事业与计划经济 黄慎怀著
广州：进化书局，1947.6，108页，32开
本书收录《合作事业与计划经济》《实现民生主义的经济基础》《经济建设的目标》《当前我国经济危机与其对策》《加强合作事业建立民生经济制度》《如何发展农村经济事业》等。
收藏单位：重庆馆、国家馆

04735
合作事业与计划经济 寿勉成等著
出版者不详，[1911—1949]，204页，16开
本书收录《合作事业与计划经济》（寿勉成）、《合作计划建设在各省》（陈仲明等）、《合作训练与计划建设》（秦亦文）、《合作供销与计划建设》（屠绍祯）、《三十年度合作事业统计之分析》（谢杰民）、《各省市合作事业三年计划与新县制》（林嵘）等。
收藏单位：重庆馆、南京馆

04736
合作手册 董东复编著
左权（晋中）：华北书局，1943.6，49页，32开（晋冀鲁豫边区工商管理总局新经济丛书1）
本书内容包括：合作社的任务、合作社的组织、组社工作步骤、合作社模范社章、工业合作社的几种组织形式、合作社社员分红暂行办法、工商管理局实行优待合作社办法等。为作者在太行区的实际工作总结。
收藏单位：国家馆、浙江馆

04737
合作手册 广东省建设厅合作事业管理处编
[广东省建设厅合作事业管理处]，1933，402页，25开
广东省建设厅合作事业管理处，1941.12，402页，32开
本书共7编：行政类、组织类、金融类、教育类、社务类、业务类、附录。
收藏单位：国家馆、南京馆

04738
合作手册 浙江省建设厅合作事业管理处编
浙江省建设厅合作事业管理处，[1940—1949]，485页，32开
本书分上、中、下3篇：合作工作人员须知、法令章则、有关合作规章。书前有浙江省三年施政计划纲领（政治建设之部 经济类）。
收藏单位：国家馆、内蒙古馆、上海馆、浙江馆

04739
合作特刊 工商月报社编
上海：工商月刊社，1949，36页，25开
收藏单位：广东馆

04740
合作图表与合作歌咏 社会部合作事业管理局编
社会部合作事业管理局，[1941—1949]，10页，16开

本书内容包括：中国合作运动表解、合作运动之原理体系与目标、国民经济建设运动表解、新生活运动纲要表解、合作歌、合作进行曲等。

收藏单位：安徽馆、重庆馆、国家馆、南京馆

04741

合作文存 章元善著

中国合作图书社，1940.10，2 册（106+160 页），32 开

本书上册内容包括：于树德著合作讲义序、合作社法草案意见、我的合作经验及感想、政府办合作应怎样下手、农村运动之今日等；下册内容包括：组织与力量、代拟全国合作事业实施方案纲要、如何运用合作组织以适应目前需要案、史梯芬“对中国合作运动之意见”引言、合作行政原则（代拟）等。

收藏单位：重庆馆、广东馆、贵州馆、国家馆、江西馆、南京馆

04742

合作问答 广西省政府编

广西省政府，1938.5—1939.3，2 册（19+20 页），32 开

本书分两册，每册 1 集。每集收录问题 50 个，内容包括：“什么是合作社?”“合作社有几种?”“信用合作社办些什么事?”“农村信用合作社是什么?”“什么人可以加入信社为社员?”等。

收藏单位：桂林馆、国家馆

04743

合作问答 王作田编

宝鸡：西北区工业合作社联合供销处，1939.1，38 页，36 开（中国工业合作协会西北区丛书）

本书共 4 部分：总论、信用合作社、工业合作社、后言。

收藏单位：国家馆

04744

合作问答 王作田著

[赣县（赣州）]：中国工业合作协会赣闽粤区供销业务代营处，1942，再版，44 页，36 开（中国工业合作协会赣闽粤区丛书）

收藏单位：重庆馆

04745

合作问题解答五十则 经济部合作事业管理局编

经济部合作事业管理局，1938.9，24 页，25 开（经济部农本局前合作指导室刊物 2）

经济部合作事业管理局，1939 仿印，24 页，24 开（经济部农本局前合作指导室刊物 2）

本书共 12 部分，内容包括：合作社之设立、合作社之名称及业务区域、合作社之社员、合作社之代表及职员、合作社之股金等。

收藏单位：重庆馆、国家馆、吉林馆、南京馆、浙江馆

04746

合作行政 曾茂林编

四川省农村合作指导人员训练所，1937.11，224 页，32 开

本书共 4 章：总论、指导、登记、结论。逐页题名：合作行政讲义。

收藏单位：国家馆

04747

合作行政 张逵编著

东南合作印刷厂，[1912—1949]，24 页，16 开（中国合作经济函授学校讲义）

收藏单位：湖南馆、南京馆

04748

合作行政 张逵编著

浙江省地方行政干部训练团，1944.5，28 页，32 开（县各级干部人员训练教材）（县各级干部训练丛书 11）

收藏单位：浙江馆

04749

合作行政 张逵编著

中央训练委员会、内政部，1943.5，184 页，32 开（县各级干部人员训练教材）

本书共10章，内容包括：绪论、合作政策、合作法规、合作行政机关、合作行政人事制度等。附县各级合作社组织大纲、中国合作化方案等4种。

收藏单位：重庆馆、东北师大馆、广东馆、广西馆、贵州馆、国家馆、南京馆、西南大学馆

04750

合作行政

出版者不详，[1911—1949]，油印本，16页，16开，环筒页装

本书内容包括：合作政策、合作人事问题、合作行政讲义、合作事业的经费等。

收藏单位：重庆馆

04751

合作行政注意事项 甘肃省合作事业管理处编

甘肃省合作事业管理处，[1942]，52页，32开

本书分3部分：前言、合作概念、合作行政。共9章，内容包括：合作社的意义、合作社的内容、合作社的种类、合作行政的终极目标、合作行政的推进步骤等。

收藏单位：国家馆、吉林馆、南京馆

04752

合作研究集 中山文化教育馆编

重庆：中华书局，1945，104页，16开（中山文化教育馆民生专刊2）

本书为论文集。内容包括：《世界合作运动史略》（尹树生）、《我国合作事业之演进》（彭莲棠）、《新县制之合作组织与我国合作化问题》（林嵘）、《社会经济合作化与三民主义宪政之实施》（彭莲棠）、《合作指导的理论与实施》（张逵）等。

收藏单位：广东馆、广西馆、国家馆、湖南馆、吉林馆、南京馆

04753

合作业务 广东省政府建设厅合作事业管理处编

广东省政府建设厅合作事业管理处，1942.4，22页，32开（合作训练教材4）

本书介绍合作业务的种类，资金、盈亏的处理，及信用、生产、运销、消费与供给、公用及保险业务经营的基本知识。

收藏单位：重庆馆

04754

合作业务讲习会讲义集 贵州省合作事业管理处编

[贵阳]：贵州省合作事业管理处，1943.4，150页，32开

本书分6编介绍合作概要及信用合作业务、生产合作业务、运销合作业务的经营方法等。

收藏单位：南京馆

04755

合作应用统计 居秉英编著

重庆：正中书局，1944.12，109页，32开（合作指导丛书）

上海：正中书局，1947，109页，32开（合作指导丛书）

本书共6章：绪论、合作统计之调查与登记、材料之整理与汇编、合作统计图表之绘制、统计分析与运用、公务统计。附统计法等。

收藏单位：重庆馆、广西馆、贵州馆、国家馆、湖南馆、辽大馆、南京馆、内蒙古馆、上海馆、天津馆

04756

合作与国民经济建设（一名，合作事业） 寿勉成讲

中央训练团党政训练班，1939.6，58页，32开（中央训练团党政训练班讲演录）

中央训练团党政训练班，1939.12，56页，32开（中央训练团党政训练班讲演录）

中央训练团党政训练班，1940.5，56页，32开（中央训练团党政训练班讲演录）

中央训练团党政训练班，1941.2，56页，32开（中央训练团党政训练班讲演录）

中央训练团党政训练班，1943.4，56页，32

开（中央训练团党政训练班讲演录）

本书共5部分：中国合作运动之史的发展、合作与经济建设的理想、合作与经济建设的制度、合作与经济建设的实施、如何完成中国的合作组织。再版时增加附录，内容包括：全国合作会议总决议案、合作运动之原理体系与目标图、全国合作社及社员历年之增加概况表等。

收藏单位：安徽馆、重庆馆、广东馆、广西馆、贵州馆、国家馆、南京馆、西南大学馆、浙江馆

04757

合作与经济建设　章元善著

长沙：艺文研究会，1938.7，121页，32开（艺文丛书6）

本书共10章，内容包括：概论、吾国合作事业之既往、使命、设施方针、法规、分类及系统等。

收藏单位：安徽馆、重庆馆、广东馆、广西馆、贵州馆、国家馆、湖南馆、吉林馆、江西馆、南京馆、上海馆、浙江馆

04758

合作原论　卢守耕　吴耕民编

上海：中华书局，1931.4，244页，32开

本书分14章论述合作社之原义、种类、组织、设立、章程、社员、机关、合并、解散、清算等。

收藏单位：重庆馆、广东馆、国家馆、河南馆、湖南馆、江西馆、辽宁馆、上海馆、天津馆

04759

合作运动　王世颖编

杭州：中国国民党浙江省党务指导委员会宣传部总务科，1928.11，106页，32开（浙江省党务指导委员会宣传部丛书11）

本书共7章：合作底哲学、合作社底分类、消费合作述略、生产合作述略、信用合作述略、合作社联合会述略、合作运动之一百年。

收藏单位：重庆馆、国家馆、吉大馆、南京馆、浙江馆

04760

合作运动的理论与实际　罗琼　马麟彩编

渤海新华书店，1947.8，181页，32开

本书收录《臧家庄子合作社最近发展及其发生的几个具体问题》（舒政海等）、《朱葛区联社介绍》（罗琼）、《怎样办合作社》（薛暮桥）、《山东合作事业的回顾与瞻望》（薛暮桥）、《城市合作社的特点》（李隆、耿骏）、《论合作社》（列宁）等。

收藏单位：国家馆、山东馆

04761

合作运动发展史论　尹树生著

重庆：合作评论社，1943.5，142页，32开（合作评论社丛书2）

本书共4章：合作运动的起源、合作运动的类型、各国合作运动的形态、合作运动的演化。附中国合作运动的特质。

收藏单位：重庆馆、东北师大馆、广西馆、国家馆、吉林馆、南京馆、浙江馆

04762

合作运动方案　实业部劳工司编

实业部总务司编辑科，1931.5，12页，16开

本方案共4部分：特殊宣传、常时宣传、实施、目的。附合作社信条。

收藏单位：国家馆、首都馆

04763

合作运动辅导者必携（主要者为农村调查）

苏淮特别区合作社联合会编

苏淮特别区合作社联合会，1943，1册，32开（苏淮特别区合作社联合会参考资料2）

收藏单位：国家馆

04764

合作运动概观　沙千里著

上海特别市合作运动宣传周委员会，[1929.4]印，12页，23开

收藏单位：南京馆

04765
合作运动概论　朱懋澄著
上海：青年协会书报部，1924.6，32 页，32 开
本书介绍合作事业之意义、起源、发展、种类等。
收藏单位：重庆馆、上海馆、天津馆

04766
合作运动纲要　童玉民著
上海：新学会社，1931.7，150 页，25 开
本书共 16 章，内容包括：合作之意义、合作社之特性、合作制度与他种社会主义、合作制度与三民主义、合作社之分类、合作社之效用等。附中央规定合作运动之情形、中央规定合作运动宣传周之情形、江苏省农矿厅合作社指导所简章等 21 种。
收藏单位：重庆馆、广东馆、国家馆、江西馆、天津馆、浙江馆

04767
合作运动鸟瞰
中国国民党中央陆军军官学校武汉分校特别党部执行委员会，1930.7，52 页，32 开
本书共 5 章：合作运动的意义、合作运动的历史与原则、合作运动的比较、合作运动与三民主义、结论。
收藏单位：广西馆

04768
合作运动实施法　陈友琴编著
[上海]：民智书局，1927.3，106 页，32 开（广州大学丛书 2）
本书介绍合作社的组织和经营方法。
收藏单位：浙江馆

04769
合作运动史
河南省训练团，1947.3 印，66 页，32 开
本书共 4 章：我国固有之合作制度、我国现代合作运动之初期、我国现代合作运动之中期、抗战以来之合作运动。
收藏单位：国家馆

04770
合作运动须知　中国国民党中央执行委员会民众运动指导委员会编
中国国民党中央执行委员会民众运动指导委员会，[1935]，44 页，32 开
本书共 7 章，内容包括：合作运动的意义及其历史、消费合作、生产合作、信用合作、合作运动的推进等。
收藏单位：国家馆、南京馆

04771
合作运动宣传纲要　[湖南省政府七项运动宣传委员会编]
[湖南省政府七项运动宣传委员会]，1929.6，14 页，32 开
本书共 7 部分，内容包括：合作运动的意义、合作运动在本党党义上的立场、合作运动与地方自治、合作社的效用、民众应赶快自己提倡合作事业等。
收藏单位：东北师大馆

04772
合作运动宣传纲要
[中国国民党山西省执行委员会宣传部]，1929.4，42 页，32 开
中国国民党山西省执行委员会宣传部，1931.7，42 页，32 开
收藏单位：安徽馆、重庆馆、福建馆、广东馆、湖南馆、南京馆、山西馆、浙江馆

04773
合作运动与产销合作　王一蛟著
武昌：农业经济学会，1946，208 页，32 开（湖北省立农学院丛书）
本书共 14 章，内容包括：合作及合作社的意义、合作社的种类及其性质、产业革命与合作思想等。附合作社法、合作社法施行细则、县各级合作社组织大纲等。
收藏单位：重庆馆

04774
合作运动与国家建设　寿勉成著
庐山暑期训练团，1937.7 印，47 页，60 开

本书介绍合作运动的目的、方式，并对中国合作运动的前景作了分析。

04775
合作运动与合作英雄　太行二届群英大会编辑委员会编
太行群众书店，1947，66页，32开（太行二届群英大会丛书5）
本书共两部分：合作社几个问题的整理与研究、合作英雄的典型材料。
收藏单位：重庆馆、广东馆、国家馆、河南馆、辽宁馆、宁夏馆

04776
合作运动与世界改造　（美）韦拔斯（James Peter Warbasse）著　许超　钱江译
南京：中央合作金库，1948，128页，32开（中央合作金库合作研究丛书1）
本书共6章：战后的情形、合作的方法和意义、合作与政府的关系、情况的演变、合作活动、维护民主。
收藏单位：广东馆、国家馆、南京馆、上海馆、浙江馆

04777
合作运动与政治工作（浙江省第五区政工会议合作问题讨论大纲）　罗良能编拟
浙江省第五区行政督察专员公署，1940.4，36页，32开
本书内容包括：合作的定义、合作的种类、合作的责任、合作与计划经济、合作与政工的关系等。附抗战建国经济论纲、合作运动与宪政运动、中国合作运动史的发展。
收藏单位：国家馆、内蒙古馆

04778
合作运动之理论与实际　侯哲安著
上海：太平洋书店，1929.6，220页，32开
上海：太平洋书店，1934.10，2版，220页，32开
本书共6章：绪论、合作运动之历史的演进、消费合作、生产合作、信用合作、合作运动的将来。附江苏省拟定合作法规、首都模范消费合作社草章。著者原题：侯哲葊。
收藏单位：重庆馆、东北师大馆、广东馆、广西馆、国家馆、湖南馆、江西馆、南京馆、内蒙古馆、上海馆、首都馆、天津馆、浙江馆、中科图

04779
合作运动专刊　江苏省会宣传委员会编
江苏省会宣传委员会，[1930]，42页，16开
本书为文集。内容包括：《合作运动宣传周的意义及由来》（童玉民）、《社会经济组织与合作运动》（童玉民）、《地方自治与合作运动》（李树棠）、《都市民众与合作运动》（宋倜）、《劳工自救与合作运动》（李浩然）等。
收藏单位：广东馆、国家馆

04780
合作之理论与经营　杨甲著
安庆：华中出版社，1944.9，262页，32开
本书共15章，内容包括：合作运动的起源、合作的基本认识、合作的配合性、我国合作概述、合作的内务与组成、工业生产合作、农业生产合作等。
收藏单位：安徽馆、重庆馆、国家馆

04781
合作知识　李绍雄编著
桂林：白虹[发行者]，1938.3，128页，32开
本书共6章：绪说、消费合作社、生产合作社、信用合作社、合作联合会及特殊性之合作社、结语。附合作社法。
收藏单位：广西馆、国家馆

04782
合作指导　陈颖光著
东南合作印刷厂，[1948]印，40页，18开（中国合作经济函授学校讲义）
本书共5章：绪论、合作指导制度之形成、我国之合作指导制度、合作指导制度之实施、合作指导之实施。著者原题：陈颖光。
收藏单位：国家馆、南京馆、浙江馆

04783
合作指导 [河南省训练团编]
河南省训练团，1947.2 印，40 页，32 开
本书共 6 章：合作的概说、合作的机能、合作社的组织、合作社的登记、如何指导合作社、如何指导绥靖区合作社。
收藏单位：国家馆

04784
合作指导 寿勉成编著
[重庆]：正中书局，1941.9，76 页，32 开（民众教育馆实施小丛书 6）
重庆：正中书局，1943.3，3 版，75 页，32 开（民众教育馆实施小丛书 6）
上海：正中书局，1947.2，75 页，32 开（民众教育馆实施小丛书 6）
本书共 6 章：合作的概说、合作的机能、合作社的组织、合作社的经营、我国合作事业的历史和现状、结论。
收藏单位：安徽馆、重庆馆、东北师大馆、甘肃馆、广西馆、贵州馆、国家馆、河南馆、湖南馆、江西馆、辽大馆、辽宁馆、南京馆、天津馆、浙江馆

04785
合作指导 中国国民党河北省党部编
中国国民党河北省党部，1935.5，324 页，32 开
本书共 3 编：合作指导工作纲要、法规及章程、组织程序示例。第 2 编收录法规与章程 28 种。
收藏单位：国家馆

04786
合作指导技术的实际问题 邹枋著
昆明：中国合作事业协会云南分会研究组，1941.8，48 页，32 开（合作专刊 1）
本书共 6 讲，内容包括：合作指导技术的基本概念、合作指导技术基本方式示例、登记的指导技术示例、合作社社务的指导技术示例等。
收藏单位：安徽馆、重庆馆、广东馆、国家馆、南京馆

04787
合作指导讲义 曾茂林编
出版者不详，[1911—1949]，124 页，23 开，环筒页装
本书共 7 章，内容包括：概论、合作指导的初步工作、指导组织、社务指导、业务指导等。
收藏单位：重庆馆

04788
合作指导人员工作手册 尹树生著
陕西省合作事业管理处，[1942]，266 页，32 开（陕西省合作事业管理处丛刊 3）
本书共 3 部分：中央法令、本省法令、有关规章。附合作法令解释简编、中国合作事业大事年表。目录页题名：陕西省合作指导人员工作手册。
收藏单位：国家馆、南京馆

04789
合作指导人员手册 山西省政府编
山西省政府，1946.2，104 页，36 开
本书共 10 部分：合作社的意义、合作社的种类、组织程序、登记程序、合作社务、合作业务、合作财务、合作金融、合作行政、经放农贷办法及手续。附村合作社章程准则、收复地区假登记及假登记合作社推进办法。
收藏单位：国家馆、吉林馆、南京馆

04790
合作指导人员手册 社会部合作事业管理局编
社会部合作事业管理局，[1942]，368 页，32 开
本书共 5 章：合作纲领、行政机构、人事制度、合作组织、合作金融。附各国合作概述、县各级合作社组织大纲析疑、世界合作运动简要年表等 5 种。
收藏单位：安徽馆、重庆馆、甘肃馆、广西馆、贵州馆、国家馆、吉林馆、江西馆、南京馆、内蒙古馆、西南大学馆、浙江馆

04791
合作制度 东方杂志社编
上海：商务印书馆，1923.12，88页，50开（东方文库 第22种）
上海：商务印书馆，1924.9，2版，88页，50开（东方文库 第22种）
上海：商务印书馆，1925.6，3版，88页，50开（东方文库 第22种）

本书为《东方杂志》二十周年纪念刊。收文3篇：《论消费合作》（孙锡麒）、《说协济会》（罗罗）、《俄国之协济事业》（J.V.Bubnoff著，罗罗译）。

收藏单位：安徽馆、重庆馆、东北师大馆、广东馆、广西馆、桂林馆、国家馆、河南馆、湖南馆、辽大馆、南京馆、内蒙古馆、山东馆、上海馆、绍兴馆、天津馆、西南大学馆、浙江馆、中科图

04792
合作制度 文公直编著
上海：时还书局，1933，206页，32开（区乡镇自治丛书 5）

本书共9章，内容包括：合作制度之起源、合作制度之分类及其业务、地方自治与合作制度、农村与合作、农村合作造产等。目录页题名：区乡镇自治合作制度。

收藏单位：重庆馆、广东馆、广西馆、江西馆、南京馆

04793
合作制度论 阮模著
崇安（武夷山）：社会部全国合作社物品供销处东南分处，1945.12，212页，32开（合作丛书 3）

本书共8章，内容包括：合作本质论、合作体制论、合作建设论、合作动员论、合作政策论等。附合作社法、合作运动纲领、各级合作社管理规则等7种。

收藏单位：重庆馆、国家馆、南京馆、上海馆、浙江馆

04794
合作制度与民生主义 刘梅庵著
上海特别市合作运动宣传周委员会，[1927—1930]，16页，32开

收藏单位：安徽馆

04795
合作资料（1—10）
出版者不详，[1936—1939]，油印本，10册，13开，环筒页装

本书共10册，每册1辑。第7辑为四川省合作金库，第9辑为日本，第10辑为陕西合化委员会报表格式。

收藏单位：国家馆、南京馆

04796
合作总论 刘炳藜编
出版者不详，1942，油印本，1册，16开

收藏单位：国家馆

04797
合作组导技术 吴志铎著
重庆：商务印书馆，1943.8，190页，32开（社会行政丛书 合作事业类）
赣县（赣州）：商务印书馆，1944.1，190页，36开（社会行政丛书 合作事业类）

本书分3编：总论、本论、结论。本论共6章，内容包括：县各级合作社之组导、组导合作社程序、指导理事经营社务业务等。

收藏单位：安徽馆、重庆馆、广东馆、广西馆、贵州馆、国家馆、湖南馆、吉林馆、江西馆、南京馆、上海馆、西南大学馆、浙江馆

04798
合作组织讲义 河南省立民众师范院编
河南省立民众师范院，1930，90页，25开

本书共5章，内容包括：消费合作、生产合作、合作运动的将来等。附江苏省拟定合作法规等。本讲义除第1章外，完全采自《合作运动之理论与实际》（侯哲安）。

收藏单位：重庆馆

04799
合作组织与战后救济 国际劳工局编 张国

维译
外文题名：Cooperative organizations and post war relief
[南京]：中国合作事业协会，[1946]，172页，32开
本书共3编：合作运动的特质、世界各国的合作组织、合作社在救济工作中的地位。
收藏单位：重庆馆、广西馆、桂林馆、国家馆、黑龙江馆、吉大馆、吉林馆、南京馆、浙江馆

04800
河北合作（优良社之实况） [中国华洋义赈救灾总会编]
中国华洋义赈救灾总会，1935.9，186页，25开（中国华洋义赈救灾总会丛刊 乙种71）
本书介绍河北省60余个经该会考核为优良的合作社概况。
收藏单位：重庆馆、广东馆、国家馆、吉林馆、近代史所、浙江馆

04801
河北省合作社暂行条例
河北省政府工商农矿厅，1930，20页，32开
收藏单位：南京馆

04802
河北省农矿厅合作讲习班概览　李竟容编
出版者不详，1930.4，36页，32开
收藏单位：南京馆

04803
河北省玉田县合作社联合会经营概况 [华北合作事业总会指导局调查科编]
[华北合作事业总会指导局调查科]，1943.12，36页，25开（调查资料 甲 第14辑）
收藏单位：首都馆

04804
河北省正定县合作社联合会经营概况　华北合作事业总会调查科编
北京：华北合作事业总会调查科，1944.3，65页，22开（调查资料 甲 第11辑）
本书大部分为统计表。分两章：总说、事业。书前有县地图、概况、县势概况、县合作社联合会经营概况。统计时间为1943年12月。
收藏单位：国家馆、首都馆

04805
河南省合作社会计规则准则　河南省合作事业管理处编
河南省合作事业管理处，1940.5，1册，36开
本书共8章：总则、单据、帐户、帐簿、记帐、结帐、会计报告、附则。附应用簿表格式及帐例。简称：会计准则。
收藏单位：国家馆

04806
河南省合作事业管理处三十一年度工作简报　河南省合作事业管理处编
河南省合作事业管理处，[1942—1943]，16页，32开
本书共6部分：工作准则、工作方式、调整机构、进度标准、指导原则、工作成绩。附河南省三十一年度各县各种合作社数统计表、河南省各种合作社组织进度统计表等9种。
收藏单位：重庆馆、国家馆

04807
河南省合作事业管理处施政报告（中华民国二十九年）　河南省合作事业管理处编
河南省合作事业管理处，[1940]，18页，16开，环筒页装
本书共7章：绪言、合作行政机构调整、合作工作设施之确定、合作教育之推进、合作组织之加强、合作业务之发展、合作协会组织之建立。附河南省各县合作金库、合作协会概况表等6种。
收藏单位：国家馆、南京馆

04808
河南省合作事业统计　河南省合作事业管理处统计室编
河南省合作事业管理处统计室，[1911—

1949]，油印本，31页，32开
收藏单位：广东馆

04809
河南省企业公司实施计划草案 河南省贸易公司拟订
河南省贸易公司，1945.8，14页，32开，环筒页装
本书共5部分：前言、资金、业务、组织、结语。
收藏单位：国家馆

04810
衡阳市工商名录 龚怒潮编
衡阳：松吟印刷局，1943，1册，32开
本书收录该市党政机关、军警机关、工商机关、人民团体、商业同业公会、商业、工业、公司、自由职业名录及该市街道易名对照表等。
收藏单位：重庆馆

04811
湖北省各县市合作社业务指导课长讲习会讲义汇编 湖北省各县市合作社业务指导课长讲习会编
湖北省各县市合作社业务指导课长讲习会，1943.8，[128]页，16开
本书内容包括：合作社法、农业经济、世界合作史、节约消费与增产生产、仓储与运输、关于物资之配给、物资搜集、会计处理、战时经济体制、本省合作现状等。
收藏单位：国家馆

04812
湖北省合作事业概况 刘寿朋著
刘寿朋，[1936]，21页，16开
本书共6部分，内容包括：湖北省合作事业之缘起、湖北省合作事业指导委员会成立之经过、湖北省农村合作指导人员之养成、前农村金融救济处及中国农民银行办理合作经过等。
收藏单位：国家馆

04813
湖北省合作事业概况报告 湖北省农村合作委员会编
湖北省农村合作委员会，1934.9，50页，25开
湖北省农村合作委员会，1935.2，16页，22开
本书介绍该省合作事业沿革及概况等。
收藏单位：重庆馆、国家馆

04814
湖北省合作事业指导委员会工作概况 [湖北省合作事业指导委员会编]
湖北省合作事业指导委员会，1932.11，110页，23开
本书介绍该会成立经过、工作概况等，并收录该会颁布的章则17种。
收藏单位：安徽馆、南京馆

04815
湖北省乡政人员训练所合作概要讲义 蔡日秋编著
湖北省乡政人员训练所，[1935]，354页，32开
本书共11章，内容包括：合作的意义、合作在各学派中所占的地位、合作与各方面的关系、合作的先导、合作事业的发达情况等。
收藏单位：国家馆

04816
湖南合作事业概况 湖南省建设厅编
湖南省建设厅，1936.9，22页，16开
本书共8部分：引言、法规及章则、行政及指导、教育及宣传、合作金融、合作经费、推行合作之重要团体、结论。附湖南省各县市合作社分布图、湖南省合作社进度表。
收藏单位：国家馆、湖南馆、南京馆

04817
湖南合作协会 湖南合作协会编
湖南合作协会，[1911—1949]，28页，32开
本书共4部分：成立宣言、第一期工作计

划纲要、本会章程、第一任职员名单。
收藏单位：国家馆

04818
湖南合作协会概况　湖南合作协会编
湖南合作协会，1936.10，36 页，25 开
本书共 6 部分：沿革、湖南合作协会成立宣言、第一期工作计划纲要、湖南合作协会章程、湖南合作协会第一任职员名单、第二任职员名单。
收藏单位：国家馆

04819
湖南省合作社暂行规程施行细则　[湖南省建设厅合作事业设计委员会编]
湖南省建设厅合作事业设计委员会，1932，28 页，32 开（合字 第 2 号）
本细则共 77 条。附设立许可簿、合作社等级总簿等。
收藏单位：国家馆、南京馆

04820
湖南省合作事业报告　湖南省建设厅编
湖南省建设厅，1934.7，20 页，18 开
本书共 8 部分，内容包括：沿革及概况、法规及章则、行政及指导、教育及宣传、推行合作之重要团体等。
收藏单位：国家馆、上海馆

04821
湖南省合作事业报告　湖南省建设厅第二科合作课编
湖南省建设厅第二科合作课，1935.2，22 页，25 开
本书共 12 部分，内容包括：沿革及概况、法规及章则、行政及指导、教育及宣传、合作金融、推行合作之重要团体、湖南省政府合作事业三年计画等。
收藏单位：重庆馆、国家馆、西南大学馆

04822
湖南省合作事业概况　湖南省建设厅合作委员会编
湖南省建设厅合作委员会，1941.3，10 页，13 开
本书共 7 部分，内容包括：沿革、行政指导机构、事业概况、金融协助、供销代营等。
收藏单位：国家馆

04823
湖南省合作指导人员训练班概览　湖南省合作指导人员训练班编
湖南省合作指导人员训练班，1933.9，54 页，16 开
本书介绍该训练班的成立经过、章程、办事规则、大事记，并收录教务部、训练部的工作报告等。附学员年龄、籍贯、学历统计表，毕业学员分发各市县工作办法，湖南合作指导人员训练班同学会章程。
收藏单位：国家馆

04824
湖南省建设厅合作事业设计委员会会务报告书　湖南省建设厅合作事业设计委员会编
湖南省建设厅合作事业设计委员会，1932.9，34 页，32 开
本书共 6 部分：概述、过去完成工作、现在进行工作、未来计划工作、结语、附录。所涉时间为 1932 年 2—9 月。
收藏单位：国家馆、南京馆

04825
湖南省建设厅合作事业设计委员会四月来工作报告书　湖南省建设厅合作事业设计委员会编
湖南省建设厅合作事业设计委员会，1932，20 页，32 开
本书共 4 部分：成立概述、工作经过、结论、附录。所涉时间为 1932 年 2—6 月。
收藏单位：国家馆、南京馆

04826
湖南省民生实业特种股份有限公司章程
[湖南省民生实业特种股份有限公司]，[1911—1949]，14 页，32 开
收藏单位：南京馆

04827
湖南省农林特种股份有限公司章程
[湖南省农林特种股份有限公司]，[1911—1949]，24页，32开
收藏单位：南京馆

04828
湖南省庆祝合作日讲演纲要 湖南省庆祝合作筹备会编
湖南省庆祝合作筹备会，[1911—1949]，1册，64开（小册5）
收藏单位：南京馆

04829
华北各县合作社组织要览 华北合作事业总会编
华北合作事业总会，1942.12，11页，22开（调查资料 甲 第1辑）
本书全部为表。统计项目包括：县名、社员总数、出资总数、出资总额、已缴额、未缴额等。统计对象共6个：河北省、山西省、山东省、河南省、苏淮特别市、青岛地区。
收藏单位：国家馆、吉林馆

04830
华北合作社协议会议案 华北合作事业总会编
华北合作事业总会，1944，44页，32开
本书共列议案26种，其中第16号佚。

04831
华北合作社一览 华北合作事业总会编
华北合作事业总会，1944.10，14页，16开
收藏单位：南京馆

04832
华北合作社运营新方针与紧急对策 华北合作事业总会编
华北合作事业总会，1944，12页，32开

04833
华北开发公司的剖析 卜千里著 外交部亚洲司研究室译
外交部亚洲司研究室，1940.3，73页，32开
本书共6部分：事变后日本在华北的经济活动、华北开发股份公司的条例、华北开发股份公司的概况、华北开发股份公司章程、华北开发公司事业的内容、一九三九年度事业之成绩。
收藏单位：国家馆、南京馆

04834
华北开发公司概况 中央电讯社出版委员会编
南京：中央电讯社出版委员会，1944.7，36页，32开（中央电讯社时事通信32）
收藏单位：南京馆

04835
华北实业公司志略 华北实业公司编
华北实业公司，[1933]，1册，22开
本书介绍该公司经营的绥远农垦畜牧事业情况。附绥远概况。
收藏单位：广东馆、国家馆、近代史所、天津馆

04836
华北实业股份有限公司章程 华北实业股份有限公司编
华北实业股份有限公司，1944.3，[10]页，32开
收藏单位：国家馆

04837
华北新华书店会计制度 华北新华书店编
华北新华书店，[1947]，33页，32开
本书共6部分：总则、会计科目、会计凭证、帐簿组织、月结制度、决算制度。附记帐规则、交接制度、现金出纳制度、成本会计制度的几个要点等。
收藏单位：国家馆

04838
华东财办管理公营企业资本暂行办法 华东财办编
华东财办，1948.8，9页，32开

本办法共 14 条。附华东财办管理公营企业资本暂行办法实施细则。

收藏单位：国家馆、山东馆

04839
华中开发公司之附属公司及资本　李植泉翻译　刘铁孙审查　刘大钧核定
出版者不详，1940.6，晒印本，3 张，大 16 开（中国经济统计研究所 总字第 390 号 经济门概况类 第 28 号）

收藏单位：上海馆

04840
黄岩合作手册　黄岩县政府合作指导室编
黄岩县政府合作指导室，1942.2，134 页，32 开

本书内容包括：国民公约、党员守则、合作歌、合作社法、合作社法施行细则、县各级合作社组织大纲、农仓业法、非常时期简易农仓暂行办法、组织合作社须知等。

收藏单位：国家馆

04841
机关合作社之组织与经营　广东省建设厅编
广东省建设厅，[1941]，100 页，32 开（合作丛刊 5）

本书共 4 章：绪言、组织步骤、业务经营、社务处理。附合作社会计规则准则 3 种。

收藏单位：国家馆

04842
纪念第十八届国际合作节
出版者不详，1940，30 页，22 开

收藏单位：浙江馆

04843
冀中德茂公司下半年工作计划　[冀中财经办事处编]
冀中财经办事处，1947.9，油印本，30 页，25 开，环筒页装

本书为冀中区党委第二届财经会议附件之一。共 3 部分：总的任务与要求、资金运用、各总店具体任务。

收藏单位：国家馆

04844
冀中分公司指示（叶字第一号 关于建立与健全业务报告制度的）　冀中分公司颁发
冀中分公司，1948.3，油印本，2 页，32 开

收藏单位：国家馆

04845
简易合作簿记　谢允庄编著
上海：中国合作学社，1935.5，192 页，22 开（教本）
南京、上海：中国合作学社，1936.9，再版，192 页，22 开（教本）

本书共 3 编：记帐基本、记帐分工、补助记录。

收藏单位：安徽馆、重庆馆、贵州馆、国家馆、吉林馆、江西馆、辽大馆、辽宁馆、南京馆、宁夏馆、首都馆、天津馆、西南大学馆、浙江馆

04846
简易合作读本（下册）　瞿明宙　邹枋　陈梅编　中国合作事业协会云南省分会主编
[昆明]：云南省建设厅合作事业管理处，[1941]，1 册，25 开，环筒页装

本书共 16 课，内容包括：合作社的工作、社务、业务、业务的兼营和专营、保合作社等。

收藏单位：国家馆、南京馆

04847
建国经济制度与合作运动　彭师勤著
重庆：黎明书店，1940.2，66 页，32 开（合作运动丛刊）

本书共 5 章：我国的建国经济制度、建国经济制度企业形态、现代企业与合作化问题、建国经济制度中的合作运动（上、下）。

收藏单位：安徽馆、重庆馆、东北师大馆、广东馆、国家馆、吉林馆、南京馆、浙大馆、浙江馆

04848
建设川康合作事业五步计划 伍玉璋著
北碚农村银行，1936，再版，62 页，32 开
（北碚农村银行丛刊第 5 种）
本书分两篇：总论、分论。五步计划为：建设川康合作事业设计委员会、建设合作事业实验区、建设合作社指导员训练班、建设川康各县合作指导、建设川康农业金融。
收藏单位：重庆馆

04849
江苏省各县办理合作社登记须知 江苏省建设厅编
江苏省建设厅，1936.12，1 册，32 开
收藏单位：南京馆

04850
江苏省合作社统计表（二十至二十一年度末） 江苏省建设厅编
江苏省建设厅，[1932—1933]，2 册（[7]+[10]页），16 开
本书全部为表。内容包括：江苏省历年合作事业进展概况比较表、江苏省合作事业分类比较表、该年度末江苏省各县合作社职员人数分类表等。
收藏单位：国家馆、南京馆

04851
江苏省合作社暂行条例施行细则
江苏省农矿厅，[1928]，48 页，32 开
收藏单位：南京馆

04852
江苏省合作事业概况 中国合作事业协会江苏省分会编
中国合作事业协会江苏省分会，1947，192 页，36 开
本书共 4 部分：引言、行政设施、事业推动、推进绥靖区合作事业。附合作社法、合作社法施行细则、法令解释等。
收藏单位：贵州馆、国家馆、南京馆

04853
江苏省合作事业会议汇编 江苏省农矿厅编
江苏省农矿厅，1930.9，88 页，18 开
本书内容包括：宣言、规则、纪录、演说及报告、图表、议案选载等。为《江苏合作》半月刊第 7—9 期合刊。
收藏单位：重庆馆、国家馆、南京馆、上海馆

04854
江苏省合作事业近况 江苏省建设厅编
江苏省建设厅，1934.10，74 页，16 开
本书共 4 部分：促进各县合作事业、续办吴县光福合作实验区、清理镇江丹阳武进县合作社、各种合作社表格章则。
收藏单位：国家馆、南京馆

04855
江苏省合作事业之纵切与横剖 江苏省建设厅合作课编
江苏省建设厅合作课，1936.10，14 页，22 开
本书内容包括：创设合作实验区、推进特产品产销合作事业等。
收藏单位：南京馆、浙江馆

04856
江苏省合作学会一览 江苏省合作学会编辑
镇江：江苏省合作学会，1933，再版，31 页，32 开
本书内容包括：缘起、章程、会议纪录、会员录等。

04857
江苏省政府农矿厅合作社指导员养成所毕业纪念刊 江苏省政府农矿厅合作社指导员养成所编
江苏省政府农矿厅合作社指导员养成所，[1928]，90 页，16 开，精装
本书内容包括：本所教职员、本所同学、学生会全体职员、同学录、论文、文艺等。
收藏单位：国家馆、南京馆

04858
江苏省政府农矿厅合作社指导员养成所概览
江苏省农矿厅合作社指导员养成所编
江苏省农矿厅合作社指导员养成所，1928.9，52 页，18 开
本书共 10 部分，内容包括：题签、本所成立经过、章则、图表、本所大事记、附录等。
收藏单位：国家馆、南京馆、上海馆

04859
江西第四届合作讲习会汇刊　驻赣事务所刊行编
驻赣事务所，1936.6，110 页，25 开（中国华洋义赈救灾总会丛刊 12）
收藏单位：江西馆、南京馆、西南大学馆

04860
江西合作事业报告撮要　江西省农村合作委员会编
江西省农村合作委员会，1940，50 页，18 开
本书共 5 部分：前言、合作组织、合作业务、合作金融、战时服务。
收藏单位：国家馆、江西馆

04861
江西省公有营业机关会计科目之一致规定
江西省政府会计处，1940.1，19 页，16 开
收藏单位：南京馆

04862
江西省合作事业概况　江西省政府建设厅编
江西省政府建设厅，1938.7，134 页，22 开
本书共 5 部分：沿革、机关组成、事业近况、未来计划、工作实效。附本会刊物一览表、江西省各县合作社概况统计表、江西省各县合作社分类统计表等 27 种表。
收藏单位：重庆馆、国家馆、江西馆、南京馆

04863
江西省合作事业简报（三十年度）　江西省合作事业管理处编
江西省合作事业管理处，1942.9，24 页，22 开
本书分 5 部分论述合作行政、组织、业务、金融、训练。
收藏单位：贵州馆、国家馆、南京馆、浙江馆

04864
交通大学实业管理学会会刊（汉英合刊）　交通大学实业管理学会编
上海：交通大学实业管理学会，1939，[230] 页，16 开
本书收文 16 篇，内容包括：《国际劳工组织与中国之关系》（程海峰）、《人事管理概要》（顾炳元）、《实业运输管理问题》（郁仁充）、《战时工厂应注意的几个问题》（吕联元）等。
收藏单位：上海馆

04865
介绍南区合作社　冀南书店编辑部编
冀南书店，1946.6，43 页，32 开
收藏单位：国家馆、近代史所

04866
介绍南区合作社　中共西北中央局调查研究室编
东北书店，1947，48 页，32 开（陕甘宁边区生产运动丛书）
本书共 9 部分，内容包括：南区合作社的发展历史、南区合作社的组织现状、消费及供销事业、股金及盈余的分配、结语等。
收藏单位：国家馆、辽宁馆、南京馆

04867
介绍南区合作社　中共西北中央局调查研究室编
山东新华书店，1945，54 页，32 开（生产运动丛书 35）
收藏单位：国家馆、山东馆

04868
介绍南区合作社

香港：新民主出版社，1949.6，60页，32开

收藏单位：国家馆

04869

今日之中国合作运动 陈惠武编著

重庆：黎明书店，1940，手写本，1册，18开，环筒页装（合作运动丛刊）

本书共9章，内容包括：战前中国合作运动的概述、抗战期中的合作学术团体与合作教育、工业合作运动的兴起、经济部合作事业管理局的成立、最近我国的合作事业概况等。附修正合作社法。

收藏单位：国家馆

04870

经济部合办事业机关概况表（2）

经济部合办事业监理委员会，1939.10，油印本，1册，16开

收藏单位：南京馆

04871

经济落后国家之合作事业 （英）甘贝尔（W. K. H. Campbell）著 孔宪书译

中国合作图书社，1940.11，12+118页，32开（世界合作名著选译）

本书共11章，内容包括：合作之需要及其初步方法、信用、无限责任信用合作社、政府之功能、银行贷款等。

收藏单位：安徽馆、重庆馆、国家馆、江西馆、南京馆

04872

经理作业计划 吴世瑞讲

中央训练团，1942.11，14页，32开

本书为中央训练团党政训练班业务演习教材。共7部分，内容包括：计划、讲话纲要、科目及实例、习题、研讨问题等。

收藏单位：重庆馆、国家馆、南京馆

04873

经营经济学 （日）增地庸治郎著 潘念之译

上海：中华书局，1931.10，12+306页，32开（新文化丛书）

本书共7章：经营经济学底发达、经营经济学底本质及体系、经营企业底概念、企业形态、企业结合及合同企业、劳力论、财政论。

收藏单位：重庆馆、广东馆、广西馆、国家馆、河南馆、黑龙江馆、吉林馆、江西馆、辽大馆、南京馆、内蒙古馆、天津馆、西南大学馆

04874

经营经济学纲要 何孝怡编著

上海：中华书局，1935.7，144页，32开（中华百科丛书）

上海：中华书局，1941.2，3版，144页，32开（中华百科丛书）

本书共3章：总论、外部结构论（企业论）、内部结构论（经营论）。

收藏单位：重庆馆、广东馆、国家馆、河南馆、江西馆、辽大馆、南京馆、内蒙古馆、宁夏馆、上海馆、天津馆、浙江馆

04875

经营经济学引论 （日）增地庸治郎著 阮有秋译述

上海：商务印书馆，1931，[13]+216+17页，32开（社会科学丛书）

本书分5章论述经营经济学之名称、发达、任务等。附《经营经济学之发达》(《斯特龙教授七十纪念论文集》介绍)。

收藏单位：安徽馆、重庆馆、东北师大馆、广东馆、国家馆、河南馆、湖南馆、吉大馆、江西馆、辽大馆、内蒙古馆、上海馆、绍兴馆、浙江馆

04876

经营统计 （日）小林新著 李致远译

上海：商务印书馆，1934.10，172页，32开（社会科学小丛书）

上海：商务印书馆，1934.11，再版，172页，32开（社会科学小丛书）

本书共5章：企业经营与统计学的功用、经营统计学的方法（一、二、三）、利用预算的企业经营法。

收藏单位：安徽馆、重庆馆、广东馆、广西馆、贵州馆、国家馆、河南馆、黑龙江馆、吉林馆、辽大馆、辽宁馆、南京馆、内蒙古馆、上海馆、天津馆、浙江馆

04877
经营业务须知（第1册） 江西省农村合作委员会编
江西省农村合作委员会，[1911—1949]，64页，32开
收藏单位：南京馆

04878
抗战建国中之闽省合作事业 徐学禹编
福建省政府建设厅，[1911—1949]，20页，32开
收藏单位：福建馆、贵州馆

04879
抗战以来之合作运动 中国合作事业协会编
南京：中国合作事业协会，1946.5，74页，32开
本书共9部分：前言、制度之建立、计划之厘定、组织之开展、业务之充实、金融之调查、教育之推行、社团之活动、结语。
收藏单位：安徽馆、重庆馆、广东馆、广西馆、国家馆、吉林馆、江西馆、南京馆、上海馆、浙江馆

04880
科学管理法 唐庆永讲述
浙江财务人员养成所，1932.6，1册，18开（正科第2期讲义）
本书内容包括：管理之意义、管理之科学方法及科学管理等。
收藏单位：浙江馆

04881
科学管理法的原则 王云五讲演 黄孝选速记
中国工商管理协会，1930，25页，32开（中国工商管理协会丛刊1）
收藏单位：国家馆

04882
科学管理之实施 法意格等著 曹云祥译
中国工商管理协会，1931.6，140页，32开（中国工商管理协会丛刊2）
本书内容包括：什么叫科学管理、如何使工人提高生产效率之方法等。
收藏单位：国家馆、湖南馆、上海馆、浙江馆

04883
会计丛刊（资产重估价问题专号） 赵棣华 闻亦有编
重庆：中国会计学社，1943.10，106页，16开
本书收文15篇，内容包括：《固定资产重估价值之会计处理办法》（邹曾侯）、《资产重估价问题的研究》（闻亦有）、《对于资产重估价问题之管见》（张直夫）、《资产增值在会计上之处理》（许本怡）、《资产增值与资本》（刁本卿）、《战时流动资产估价问题》（杨泽章）、《商品估价标准述要》（蒋汝堂）、《币值变动中会计之根本问题》（石毓符）等。
收藏单位：重庆馆、广东馆、国家馆、吉林馆、南京馆、上海馆

04884
会计科目 商务印书馆股份有限公司总管理处主计部编
[上海]：商务印书馆股份有限公司总管理处主计部，1934.5，修订版，13页，14开
本书为该公司内部自用会计科目表。

04885
会计与企业管理 黄文衮著
曲江（韶关）：中国计政书局，1942.4，44页，32开
本书内容包括：会计如何辅助企业管理并成为管理之重心、如何运用会计以统制企业之经营以求改进与成功等。
收藏单位：重庆馆

04886
会计制度 （美）本涅特（George E. Bennett）

原著　王雨生译
外文题名：Accounting systems: principles and problems of installation
上海：商务印书馆，1936.5，381 页，32 开
上海：商务印书馆，1936.8，再版，381 页，32 开

本书共 11 章：绪论、帐册扩充之原理、材料管理及进货纪录、销货纪录、现金纪录、制造成本帐、内部稽核之原则、筹备编制会计制度之程序、厂地楼层布置与组织等之图表及计划、普通会计科目、营业会计科目与成本会计科目之比较。据原著前半部分译出。

收藏单位：重庆馆、甘肃馆、广东馆、贵州馆、国家馆、湖南馆、吉林馆、辽大馆、南京馆、上海馆、首都馆、天津馆、浙江馆

04887
昆山县二十五年度合作事业概况　昆山县合作社编
昆山县合作社，1937.7，24 页，16 开

本书共 4 部分：关于合作社之重新登记者、关于合作教育及宣传者、关于合作社社务业务者、关于合作社之组织者。附章则、其他。封面题名：昆山县廿五年度合作事业概况。

收藏单位：国家馆、南京馆

04888
两广实业考察团报告　中华工业总联合会主办两广实业考察团编
上海：中华工业总联合会主办两广实业考察团，1936.7，123 页，22 开

本书内容包括：本团组织之经过、本团至粤桂两省之宣言、本团在粤桂两省考察后之宣言、考察报告、参观感想等。逐页题名：中华工业总联合会两广实业考察团报告。

收藏单位：国家馆、吉林馆、近代史所、上海馆

04889
鲁北企业股份有限公司招股章程认股书
[鲁北企业股份有限公司]，[1911—1949]，1 册，32 开

收藏单位：南京馆

04890
论合作社　毛泽东著
北安新华书店，[1944]，13 页，32 开

本书收录讲话两篇：《论合作社》（1943 年 10 月在边区高干会上的讲话）、《组织起来》（1943 年 11 月 29 日在招待陕甘宁边区劳动英雄会上的讲话）。

收藏单位：国家馆

04891
论合作社　毛泽东著
冀中新华书店，1943.10，4+42 页，32 开

收藏单位：东北师大馆

04892
论合作社　毛泽东等著
苏中出版社，1945.3，78 页，64 开（生产运动小丛书）

本书收录《论合作社》（毛泽东）及邓岗等同志的论述、西北局的决定、《解放日报》社论等。

收藏单位：南京馆

04893
论合作社
冀东新华书店，1949，23 页，32 开

收藏单位：国家馆、辽宁馆、山东馆

04894
论合作社（2）　薛暮桥等著
绥远省供销合作总社，[1949]，34 页，32 开

本书收文 5 篇，内容包括：《新民主主义的合作社》（薛暮桥）、《新民主主义的合作经济》（狄超白）、《论城乡交换》（狄超白）等。

收藏单位：国家馆

04895
罗虚戴尔公平先驱社概史　（英）霍利约克（G. J. Holyoake）著　彭师勤译
南京：中国合作图书用品生产合作社，1944.12，102 页，32 开（中国合作事业协会丛书）

南京：中国合作图书用品生产合作社，1947.2，增订再版，20+100 页，32 开（中国合作事业协会丛书）

本书共 16 章，内容包括：先驱社的背景与目的、先驱社的开幕、照购买额分配盈余、小组的办法徒劳无功、反对派的社员等。附罗虚戴尔公平先驱社小史。

收藏单位：安徽馆、广东馆、国家馆、吉林馆、南京馆、绍兴馆、天津馆、浙江馆

04896

罗虚戴尔先驱公平社概史　（英）霍利约克（G. J. Holyoake）著　彭师勤译

全国合作社物品供销处，1944.12，101 页，32 开

收藏单位：重庆馆、广西馆、国家馆

04897

民国三十六、三十七年度业务报告书、计划书合订本　通县合作社 [编]

北平：通县合作社，1948，油印本，1 册，16 开

收藏单位：国家馆

04898

民间原有的合作组织　萧赞猷著

[昆明]：云南省合作事业管理处，1943.7，11 页，32 开（合作读物 9）

本书共 12 部分：信用合作、保险合作、生产合作、消费合作、公用合作、水利合作、娱乐合作、公安合作、教育合作、旅行合作、米粮储蓄合作、公益事业合作。

收藏单位：安徽馆、重庆馆、国家馆、南京馆

04899

民生合作社经营概况　民生合作总社编

民生合作总社，1934.11，82 页，16 开

本书介绍该社的筹备经过，柴米厂、被服厂、西南印书局的组织系统和业务概况，并收录该社颁布的章则、公牍等。附筹备委员会会议录摘要、监事会工作报告、全体监事会议日期表等。

04900

民生经济建设与合作　彭莲棠编著

重庆：正中书局，1945.1，262 页，32 开（中山文教研究丛书）

上海：正中书局，1945.11，262 页，32 开（中山文教研究丛书）

上海：正中书局，1946.11，3 版，262 页，32 开（中山文教研究丛书）

本书共 6 章：由资本主义到社会主义、苏联如何走向社会主义之路、中国应如何走上民生主义之路、合作事业与平均地权及其与中国农业之出路、合作事业与节制资本及其与中国工业之出路、新县制县合作社组织大纲与中国之合作化问题。

收藏单位：重庆馆、广东馆、广西馆、贵州馆、国家馆、湖南馆、吉大馆、吉林馆、近代史所、辽大馆、辽宁馆、南京馆、上海馆、天津馆、西南大学馆、浙江馆

04901

民生实业公司第十七周年纪念日所盼望于各界指导的　民生实业公司编

民生实业公司，1942.10，[5] 页，72 开

本书附各航线轮船停泊码头及售票地点表、各航线客票价目表。

收藏单位：上海馆

04902

民生实业公司十一周年纪念刊　民生实业公司十一周年纪念刊编辑委员会编

重庆：民生实业股份有限公司，1937.3，294 页，16 开，精装

本书收文 8 篇，内容包括:《本公司之航业》（郑璧成）、《本公司之机器业》（张挽澜）、《本公司之电气业》（李育才）、《本公司之染织业》（王莱山）、《本公司之人事》（甘南引）等。附本公司章程、组织系统表、事业概况表等。逐页题名：民生实业股份有限公司十一周年纪念刊。

收藏单位：重庆馆、广东馆、国家馆、吉林馆、近代史所、南京馆、山西馆、首都馆、天津馆

04903

民生实业股份有限公司二十八年概况　民生实业股份有限公司编

民生实业股份有限公司，[1940]，12 页，16 开

本书共 19 部分，内容包括：本公司历年资产之递增、本公司历年股本之递增、本公司历年公积、本公司各项折旧准备、本公司历年之开支、本公司之航业等。

收藏单位：国家馆、南京馆

04904

民生实业股份有限公司概况　民生实业股份有限公司编

民生实业股份有限公司，1928.4，20 页，40 开

本书介绍该公司 1926—1927 年的财政概况。

04905

民生实业股份有限公司给假规程　民生实业股份有限公司编

民生实业股份有限公司，[1935]，石印本，3 页，16 开，环筒页装

本规程共 25 条，分 4 章：例假、放假、请假、销假。

收藏单位：国家馆

04906

民生实业股份有限公司决算报告书（民国二十二至二十三、二十五、二十八、三十七年 第 8—9、11、14、23 届）　民生实业股份有限公司编

民生实业股份有限公司，[1934—1949]，5 册，16 开

本书介绍该年度营业概况，内容包括：总资产负债表、总损益表等。

收藏单位：重庆馆、国家馆、南京馆

04907

民生实业股份有限公司会计规程　民生实业股份有限公司编

民生实业股份有限公司，1937，98 页，32 开

民生实业股份有限公司，1945，修订版，69 页，32 开

本书内容包括：记帐通则、凭证、单位、会计科目、总分处转帐通知单、折旧计算等。

收藏单位：重庆馆

04908

民生主义的合作制度　吴美继著

上海：三民书店，1930.5，116 页，32 开

本书论述该合作制度的沿革、种类、办理方法以及功效等。

收藏单位：浙江馆

04909

民生主义合作问题　寿勉成讲

盐务缉私督察人员训练班，1935.10，10 页，32 开（党义 6）

本书共 4 节：民生主义所代表之经济政策、为何使中国经济政策充分三民主义化、合作事业与民生主义经济政策、对于中国合作事业的几个疑问及其解答。

收藏单位：国家馆

04910

民生主义与合作运动　侯源峻著

上海：中国合作学社，1929.2，32 页，32 开（合作小丛书 研究之部 1）

上海：中国合作学社，1933，2 版，32 页，32 开（合作小丛书 研究之部 1）

本书共 6 部分：绪言、民生主义的经济组织、合作运动的理论、平均地权与合作运动、节制资本与合作运动、结论。

收藏单位：安徽馆、重庆馆、国家馆、南京馆、上海馆、浙江馆

04911

民营经济建设事业丛刊　国民经济建设运动委员会总会编

南京：国民经济建设运动委员会总会，1937，2 册，22 开（国民经济建设运动委员会总会丙种丛刊 第 1 册）

本书第 1 册共 5 部分，内容包括：商务印书馆、章华毛绒纺织有限公司、一个过来人

所述的永利化学工业公司事迹等；第2册共8部分，内容包括：启新洋灰有限公司、中国水泥股份有限公司、新亚化学制药厂、中国毛绒纺织厂等。

收藏单位：广东馆、国家馆、河南馆、近代史所、南京馆、上海馆、武大馆、浙江馆

04912

民众合作读本　步毓森编著

华北合作事业总会，1944.10，54页，32开

收藏单位：南京馆

04913

民众合作读本　湘西战时合作事业促进会编

长沙：湘西战时合作事业促进会，1938，16页，32开

本书共6部分，内容包括：什么是合作社、为什么要办合作社、有那儿种合作社、中国合作运动的将来等。附前实业部合作社组织须知节录。

收藏单位：国家馆

04914

民主的精神　（美）渥利斯（Jerry Voorhis）著　汝及人译

外文题名：The morale of democracy

重庆市沙坪坝消费合作社生产部，1945，98页，32开（合作丛书第1集）

本书收录演说词3篇：《廿五年来实行有效的真正的民主》《美国新世界的预约》《合作——民主精神》。书后有跋：《世界危机中的合作事业》（J.P. 瓦塞巴）。

收藏单位：重庆馆、国家馆

04915

闽海水产股份有限公司章程草案

[闽海水产股份有限公司]，[1911—1949]，11页，13开

收藏单位：福建馆

04916

南京市文化事业信用合作社章程

[南京市文化事业信用合作社]，[1911—1949]，24页，64开

收藏单位：南京馆

04917

南区合作社组织运输合作的经验　中共西北中央局调查研究室编

中共西北中央局调查研究室，1944，17页，32开（陕甘宁边区生产运动丛书）

本书分3个时期：1937—1940年、1940年—1942年11月、1942年—1943年12月。

收藏单位：重庆馆、国家馆、辽宁馆

04918

内蒙古实业公司章程　内蒙古实业公司编

内蒙古实业公司，[1911—1949]，[24]页，32开

本章程为汉蒙对照。共24条，分7章：总则、业务、股东、组织及职责、会议、决算与分红、附则。

收藏单位：国家馆

04919

能率增进法　黄士恒　萨君陆编译

上海：商务印书馆，1919.2，75页，25开（商业丛书6）

上海：商务印书馆，1921，再版，75页，25开（商业丛书6）

上海：商务印书馆，1923，3版，75页，25开（商业丛书6）

上海：商务印书馆，1925.9，4版，75页，25开（商业丛书6）

上海：商务印书馆，1926.11，5版，75页，32开（商业丛书6）

本书共7章，内容包括：能率增进法的基础、科学的经营法原理、能率增进法之创行、能率增进法之实例等。

收藏单位：重庆馆、广东馆、广西馆、国家馆、湖南馆、江西馆、辽宁馆、内蒙古馆、陕西馆、上海馆、首都馆、天津馆、浙江馆

04920

能率增进法　（日）上中甲堂著　刘新民译

上海：商务印书馆，1930.5，16+323页，32

开

本书分14章论述工厂、事务所的能率增进方法等。

收藏单位：重庆馆、广东馆、广西馆、国家馆、湖南馆、江西馆、南京馆、上海馆、天津馆、西南大学馆、浙江馆

04921

念五个月的合作社（上海县闵行民众教育馆指导） 上海县闵行民众教育馆推行部编辑

上海县第一区合作社，1933.7，24页，25开

本书共4部分：经过情形、营业概况、社员概况、附则。

收藏单位：上海馆

04922

宁夏合作事业 宁夏省合作事业管理处编

宁夏省合作事业管理处，1944.5，[8]页，18开，环筒页装

本书介绍该省合作事业概况。附该处组织系统图、该省合作事业概况表等11种。

收藏单位：重庆馆、吉林馆、南京馆

04923

宁夏合作事业（1） 宁夏省政府建设厅编

宁夏省政府建设厅，1941.1，18页，25开（建设丛书）

本书共4部分：绪言、合作行政、合作事业概况、结论。附统计图表11种。目录页题名：宁夏省政府建设厅二十九年度推行合作事业概况。

收藏单位：重庆馆、甘肃馆、国家馆、吉林馆、南京馆

04924

宁夏合作事业（2） 宁夏省政府建设厅编

宁夏省政府建设厅，1942.1，石印本，72页，32开，环筒页装（建设丛书）

本书共7部分：绪言、合作行政、合作组织、合作业务、合作教育、合作计划、结论。附本省合作视察员服务规则、本省合作视察员工作大纲、本省各县政府办理合作社登记事务暂行办法等22种。目录页题名：宁夏省政府建设厅三十年度推行合作事业概况。

收藏单位：重庆馆、贵州馆、国家馆、吉林馆

04925

宁夏合作事业（3） 陈乐亭编

宁夏省政府建设厅，1943.1，石印本，72页，32开，环筒页装（建设丛书）

本书共5部分：编者前言、绪言、三十一年度宁夏合作事业之工作总报告、对本省合作事业今后动向之检讨、附录。

收藏单位：国家馆

04926

农工合作政策 蒋学楷译

上海：红叶书店，1930，96页，32开

本书内容包括：过去失败的原因、劳动者及其生产品、高价的因果、政治真相等。

收藏单位：北师大馆、重庆馆、广东馆、国家馆、上海馆、浙江馆

04927

欧洲合作事业考察记 陈仲明著

上海：中国合作学社，1930.9，270页，22开

本书分4篇介绍对法国、英国、丹麦、捷克斯纳夫合作组织的参观情况。

收藏单位：安徽馆、重庆馆、广东馆、广西馆、贵州馆、国家馆、吉林馆、江西馆、辽宁馆、南京馆、陕西馆、上海馆、首都馆、浙江馆

04928

陪都暨迁建区各机关公务员工眷属生产合作推广须知 社会部合作事业管理局 全国合作社物品供销处各机关公务员工眷属生产合作推广部编

社会部合作事业管理局、全国合作社物品供销处各机关公务员工眷属生产合作推广部，1942.7，44页，22开

本书共8部分，内容包括：推广的意义、组织合作社的手续、生产合作的经营、推广部办理贷款的手续、推广部指导工作的实施等。逐页题名：各机关公务员工眷属生产合作

推广须知。

收藏单位：重庆馆、国家馆、南京馆

04929

平民学社三周纪念册　平民学社 [编]

上海：平民学社合作购买部，1923.9，174 页，18 开（合作专刊）

本书收录《合作社的种类及其经济上之关系》（王世颖）、《国际合作与世界和平》（许绍棣）、《合作主义之伦理的基础》（吴颂皋）、《从经济结果上观察合作主义》（侯厚培）、《合作与倚存》（张东荪）等。版权页题名：平民三周纪念册。

收藏单位：国家馆

04930

评合作运动　朱朴著

上海：南华丛书社，1932.11，127 页，32 开（南华丛书）

本书收文 10 篇，内容包括：《评合作运动》《国际合作运动》《解决中国农工问题的一个根本办法》《我们应该怎样提倡合作运动》《农民问题与合作运动》等。附呈中央民众训练委员会报告欧洲合作运动书等。

收藏单位：重庆馆、国家馆、南京馆、上海馆

04931

浦东地方建设股份有限公司章程　浦东地方建设股份有限公司编

[上海]：浦东地方建设股份有限公司，[1946.1]，7 页，32 开

本书共 6 部分：总则、股份、股东会、董事及监察人、会计、附则。附招股简则。

04932

普遍发展小型合作社　太行行署办公室编

太行群众书店，1946，33 页，32 开

收藏单位：广东馆、国家馆

04933

企业管理的民主化与科学化　苏南新华书店辑

无锡：苏南新华书店，1949.8，60 页，32 开

本书收文 13 篇，内容包括：《企业管理民主化是改进生产的重要保证》（《东北日报》社论）、《工厂管理民主化问题》（陆灏）、《机车厂是怎样走向科学管理的》（戈更）、《走向企业化的延吉化学厂》（海涛）、《生产量与成分计算》（许英年）、《试行计件工资制与超额奖励制中的几个问题》（高潮）等。

收藏单位：重庆馆、国家馆、南京馆、山东馆、天津馆

04934

企业回忆录　童世亨著

光华印书馆，[1941]，3 册（149+170+12+170+16 页），22 开

本书共 18 章，内容包括：山东沿海实测情形、考察国内电业情形、合组上海商办公用事业联合会、恢复铸丰兵灾损失、其他企业经过情形等。附铸丰搪瓷公司新厂平面图、历任董事监察人表、现任职员表等 5 种。

收藏单位：国家馆、近代史所、上海馆

04935

企业会计与政府会计之异点　张心澂著

广西省政府会计处，1938.11，8 页，32 开（桂岭会计丛刊 3）

本书从定义、目的、收支原则、科目设置等方面对两种会计进行比较。

收藏单位：重庆馆、桂林馆、南京馆、陕西馆

04936

企业组织　王澹如编

上海：中华书局，1936.4，322 页，32 开

上海：中华书局，1939，再版，322 页，32 开

上海：中华书局，1946.5，3 版，322 页，32 开

本书共 13 章：企业组织之意义、企业之外形组织、独资企业、合伙、公司、信托企业、合作社、复合组织、企业之设立、企业之内部组织、行政组织、作业组织、企业之组织系统图表。

收藏单位：安徽馆、重庆馆、甘肃馆、广西馆、贵州馆、国家馆、吉大馆、辽大馆、

南京馆、内蒙古馆、陕西馆、上海馆、首都馆、天津馆、浙江馆

04937
覃寿公先生之合作计划 覃寿公原著 ［侯哲安编］
昆明：中国合作学社附设中国合作通讯社，1940，36页，32开（合作与农村小丛书）
本书附日本德意志产业结合法令汇编例言。为著者于1916年出版的《救危三策》《德意志日本产业结合法令汇编》两书的合刊。
收藏单位：安徽馆、重庆馆、国家馆、湖南馆、南京馆

04938
青岛工商学会会员录 青岛工商学会编
青岛工商学会，1934.7重印，54页，25开
本书收录该学会职员、会员名录。
收藏单位：广东馆、国家馆

04939
青岛工商学会简章 青岛工商学会编订
青岛工商学会，[1911—1949]，10页，25开
本简章共26条，分7章：总则、会员、组织、各部职掌、会议、经费、附则。
收藏单位：国家馆

04940
青岛工商学会简章暨各项组织简则 青岛工商学会编
青岛工商学会，1934.10，30页，32开
本书收录该学会组织缘起、简章及该学会总务部、研究部、调查部组织简则等。
收藏单位：广东馆、国家馆

04941
青岛市合作社章则 青岛市合作社编
青岛市合作社，[1911—1949]，[140]页，窄21开，环筒页装
本书收录章则14种。

04942
青岛市合作事业概况 ［青岛市社会局编］
青岛市社会局，1934，56+91页，18开，环筒页装
本书介绍该市合作事业的过去、当时情况等。附表式、章则等17种。
收藏单位：上海馆

04943
庆祝第十六届国际合作节专刊 广东合作协会编
［广州］：广东合作协会，1937.7，49页，25开
本书收文6篇，内容包括：《庆祝第十六届国际合作节宣言》（本会）、《庆祝国际合作节声中对各方面之希望》（徐元堃）、《广东合作的中心事业》（邱文清）、《合作指导员应有之观念》（绍谷）等。附广东合作协会章程、广东合作协会告合作社书等4种。
收藏单位：国家馆

04944
区乡镇自治合作制度 文公直编
上海：东南新书局，1931.9，修订版，206页，27开（自治丛书）
本书分9章介绍合作制度的起源、分类、业务及消费、生产、信用合作的意义等。

04945
全国合作会议提案 ［社会部编］
［社会部］，[1941]，油印本，2册，16开，环筒页装
本书收录4组共103条提案。附特种审查案21条。
收藏单位：重庆馆、国家馆、南京馆

04946
全国合作社统计 中央统计处编
南京：中央统计处、正中书局，1934.11，23页，16开
本书共7部分：弁言、民国二十年之初次调查、民国二十一年之全国统计、民国二十二年之详细分析、民国二十三年之全国

概计、历年进步之视察与比较、我国合作事业在世界诸国中之地位。

收藏单位：重庆馆、广东馆、国家馆、河南馆、黑龙江馆、江西馆、近代史所、南京馆、上海馆、中科图

04947

全国合作社物品供销处七周年纪念特刊　全国合作社物品供销处合作供销通讯社编

上海：全国合作社物品供销处合作供销通讯社，1947.11，27 页，16 开

本书为《合作供销通讯》第 1 卷第 4 期抽印本。

收藏单位：南京馆

04948

全国合作事业讨论会

全国合作事业讨论会，1935.3，[365] 页，16 开

本书内容包括：全国合作事业讨论会第一次大会议事日程、全国合作事业讨论会议案、各组审查报告等。

收藏单位：国家馆

04949

全国合作事业讨论会汇编　全国合作事业讨论会办事处编

行政院农村复兴委员会、全国经济委员会、实业部，1936，24+[394] 页，16 开

本书共 4 编：会议之经过、审查报告及原议案、图表、附录。该会会议日期为 1935 年 3 月 13—17 日。

收藏单位：重庆馆、国家馆、江西馆、近代史所、南京馆、上海馆、中科图

04950

全国合作事业讨论会章则备览　全国合作事业讨论会编

全国合作事业讨论会，[1936]，12 页，16 开

本书收录该会规程、议事规则、提案格式、办事简章、筹备委员会名单等。

收藏单位：国家馆

04951

全国经济委员会合作事业委员会章则汇编（第 1 集）　全国经济委员会合作事业委员会编

全国经济委员会合作事业委员会，1936.3，46 页，16 开（全国经济委员会合作事业委员会刊物 甲类 1）

本书收录该委员会组织条例、服务规程、办事细则、行文程式等。附江西合作基金保管委员会章程。

收藏单位：广东馆、国家馆、湖南馆、南京馆、上海馆

04952

全民新经济建设（合作事业的三大政策 缩本）　孙其铭著

重庆：中国铸魂学社，1939.11，94 页，32 开（战时合作丛书）

本书共 6 章：全民新经济建设的提出、全民新经济的研究过程、全民新经济的基本认识、全民新经济的实施原则、经济战争中的最好对策、我们实施的经验与教训。

收藏单位：国家馆、上海馆

04953

全省合作会议手册　会议秘书处编

出版者不详，1941.1，26 页，25 开

本书共 9 部分：序言、调整地方合作行政机构、推进地方合作事业、准备实施五年计划、准备实施县各级合作组织、推行合作供销组织、举办合作教育、进行合作实验、视察各省合作事业。附各省市合作事业进展概况统计。

收藏单位：浙江馆

04954

群益合作社第一年度业务报告书　丁鹏翥编

长沙：群益合作社，1930.9，36 页，32 开

收藏单位：南京馆

04955

人事管理　何清儒著

上海：商务印书馆，1933，145 页，32 开（万

有文库 第 1 集 649）（商学小丛书）
上海：商务印书馆，1934.4，3 版，145 页，32 开（商学小丛书）
上海：商务印书馆，1935.5，4 版，145 页，32 开（商学小丛书）
上海：商务印书馆，1939.9，145 页，25 开（万有文库 第 1、2 集简编 500 种 255）（商学小丛书）
长沙：商务印书馆，1939，5 版，145 页，32 开（商学小丛书）

本书共 14 章，内容包括：概论、职工的选择、面洽、测验、工作分析、职工的训练、职工的调剂、分等评量法等。

收藏单位：安徽馆、长春馆、重庆馆、大理馆、大连馆、大庆馆、东北师大馆、广东馆、广西馆、贵州馆、国家馆、河南馆、黑龙江馆、湖南馆、吉林馆、江西馆、辽大馆、辽师大馆、柳州馆、南京馆、内蒙古馆、宁夏馆、山西馆、上海馆、首都馆、天津馆、西南大学馆、浙江馆

04956
人事管理 蒋应先著
出版者不详，[1911—1949]，[170] 页，18 开

本书其他题名：谈企业人事管理。

收藏单位：安徽馆

04957
日本产业合作社的事业 丁炜文编著
长沙：商务印书馆，1939.7，12+299 页，22 开，精装（经济丛书）

本书共 14 章，内容包括：日本产业合作社运动的本质、日本产业合作社的种类、日本产业合作社的组织、日本产业合作社的设立、日本消费供给合作社的任务与事业等。附保证责任神科信用运销供给消费公用合作社章程等。

收藏单位：长春馆、重庆馆、广东馆、贵州馆、国家馆、吉林馆、南京馆、上海馆、首都馆、浙江馆

04958
日本产业合作与农村经济 陈颖光著
上海：正中书局，1937.5，13+224 页，32 开（时代丛书）
上海：正中书局，1939.5，再版，13+224 页，32 开（时代丛书）

本书分上、下两编：日本产业合作之回顾与展望、日本农村经济。上编共 9 章，内容包括：日本产业合作之本质及其展开、日本产业合作之展开与普及、日本产业合作之整备与扩充、现阶段日本产业合作之情势、日本产业合作与农业改进等；下编共 4 章，内容包括：近年日本农村恐慌之概况、农村经济问题解决之途径等。

收藏单位：重庆馆、广东馆、国家馆、黑龙江馆、南京馆、宁夏馆、浙江馆

04959
日本合作事业考察记 陈子密著
上海市合作事业促进会，1936.10，111 页，32 开

本书共 10 部分，内容包括：日本合作事业之演进、产业合作社中央会、日政府之奖励政策、日本之反合作运动、日本之合会事业等。

收藏单位：重庆馆、贵州馆、国家馆、吉林馆、南京馆、陕西馆、上海馆、浙江馆、中科图

04960
日本合作事业起源之研究 唐野夫著
中华书局，1940.12，26 页，32 开

本书共两部分：合作事业之发生史、产业合作法之公布。

收藏单位：重庆馆、东北师大馆、国家馆、南京馆、内蒙古馆、首都馆

04961
日本合作制度论 杨智著
重庆：正中书局，1941.6，259 页，22 开（社会科学丛刊）

本书共 5 章：日本合作运动之沿革及发展、日本合作社之种类与特质、单位合作社之业务与概况、合作社联合机关之机能与业务、合作社扩充运动及其展望。

收藏单位：安徽馆、重庆馆、广东馆、贵州馆、国家馆、吉林馆、辽宁馆、南京馆、内蒙古馆、首都馆、西南大学馆

04962
日本之合作运动　日本评论社编辑
外文题名：The cooperative movement in Japan
南京：日本评论社，1933，48 页，32 开（日本研究会小丛书 10）

本书共 4 部分：总论、消费合作运动之现状、农村的合作团体、其他各种合作社。

收藏单位：国家馆、江西馆、南京馆、上海馆、天津馆

04963
三角之花
[上海]：三友实业社广告部，[1912—1949]，128 页，32 开

收藏单位：南京馆

04964
三角志　三友实业社编
上海：三友实业社，1936.4，6 版，64 页，32 开
上海：三友实业社，1936.4，7 版，64 页，32 开
上海：三友实业社，1936.5，8 版，64 页，32 开，精装
上海：三友实业社，1936.5，10 版，64 页，32 开
上海：三友实业社，1936.7，12 版，64 页，32 开，精装
上海：三友实业社，1936.8，13 版，64 页，32 开

本书为该公司的宣传品。

收藏单位：江西馆、绍兴馆、浙江馆

04965
三门湾兴业股份有限公司招股章程　三门湾兴业股份有限公司驻沪筹备处编
三门湾兴业股份有限公司驻沪筹备处，1931.6，17 页，16 开

本书内容包括：公司定名、办事处地点、经营范畴、章程等。附营业设计提要。

收藏单位：浙江馆

04966
三年来之陕西省合作事业（民国三十年至三十二年）　尹树生 [著]
陕西省合作事业管理处，[1944]，34 页，32 开

本书共 3 部分：《三年来之陕西省合作事业》（尹树生）、陕西省合作事业管理处三年来工作纪要、陕西省合作事业简要统计。

收藏单位：贵州馆、国家馆、南京馆

04967
三十年度安化合作事业工作概况　社会部合作事业管理局湖南省安化合作实验区编
社会部合作事业管理局湖南省安化合作实验区，1942.3，72 页，25 开，环筒页装

本书内容包括：工作计划与实施、社务方面、业务方面、财务方面、安化合作社分布图、本区工作人员一览表等。封面题名：卅年度安化合作事业工作概况。

收藏单位：国家馆

04968
山东合作事业报告　山东省政府建设厅编
山东省政府建设厅，1936.9，18 页，16 开

本书共 3 部分：合作行政、办理方针、办理经过及现状。

收藏单位：广东馆、国家馆、南京馆

04969
山东省高密县合作社联合会实绩概况调查报告　华北合作事业总会编
[华北合作事业总会]，1944.3，41 页，16 开

收藏单位：南京馆

04970
山东省政府农矿厅合作社指导员养成所概况　山东省农矿厅合作社指导员养成所编
济南：山东省农矿厅合作社指导员养成所，1929.11，72 页，16 开

本书共 10 部分，内容包括：本所筹备经

过情形、章则、教务科报告、实习报告、开学纪事等。

收藏单位：国家馆、南京馆

04971

陕西区长训练所合作讲义 李干卿编述

陕西区长训练所，1931.6，71 页，32 开

本书共 6 部分，内容包括：意义、合作事业应注意之点、真正合作社、合作社的类别等。附震泽市养蚕合作之经过、农村合作造产社法草案等 6 种。逐页题名：合作讲义。

收藏单位：国家馆

04972

陕西省各县合作指导室概览

[陕西合作事业管理处]，[1941]，36 页，36 开（陕西省合作事业管理处丛刊 1）

本书介绍该指导室组织规程、办事细则、各级人员服务规则等。

收藏单位：国家馆、南京馆、陕西馆

04973

陕西省合作规章汇编 陕西省合作委员会办事处编

陕西省合作委员会办事处，1940.1，[146] 页，16 开（陕西省合作委员会办事处丛刊 甲种 4 号）

本书收录规章约 60 种。附审查合作社帐目办法、合作事业奖励规则等 5 种。

收藏单位：重庆馆、国家馆、南京馆

04974

陕西省合作事业概况 尹树生著

陕西省合作事业管理处，1942，68 页，32 开（陕西省合作事业管理处丛刊 2）

本书共 6 部分：行政设施、合作组织、合作业务、合作金融、合作教育、合作辅导。

收藏单位：国家馆、南京馆

04975

陕西省合作事业简要报告 陕西省合作事业管理处编

陕西省合作事业管理处，1942.8，油印本，1 册，16 开

收藏单位：南京馆

04976

陕西省企业公司三十年度业务报告

陕西省企业公司，1941，油印本，1 册，18 开，环筒页装

本书共 3 部分：生产业务进行概况、贸易业务概况、财务概况。

收藏单位：国家馆

04977

陕西省卅五年度合作工作提要 陕西省合作事业管理处编

陕西省合作事业管理处，[1946]，16 页，32 开

本书共 6 部分，内容包括：健全合作组织、办理合作教育、加强合作管制、发展合作业务等。附陕西省最近四年组织各种合作社概况表等。书中题名：陕西省三十五年度合作工作提要。

收藏单位：国家馆

04978

上海恒产股份有限公司第四期营业报告书、收支对照表、财产目录、损益计算书、利益金处分 上海恒产股份有限公司编

上海恒产股份有限公司，1941.6，22 页，22 开

本书所涉时间为 1940 年 11 月 1 日至 1941 年 3 月 31 日。

收藏单位：国家馆

04979

上海市合作社组织纲要 上海市社会局编

上海市社会局，[1911—1949]，63 页，32 开

本书共 14 章，内容包括：合作社创立的程序、合作社登记的手续、合作社的社员、合作社的责任、合作社的股金等。

收藏单位：上海馆

04980

上海市合作事业委员会业务报告 上海市社

会局编
上海市社会局，[1934]，71 页，18 开
　　本书共 4 部分：会务纪要、工作实施、调查统计、合作社法规。所涉时间为 1932 年 9 月至 1933 年 12 月。
　　收藏单位：国家馆、上海馆、浙江馆

04981
上海市暨附近各县合作事业概览　中央合作金库上海分库编
上海：中央合作金库上海分库，1947.10，131 页，32 开
　　本书内容包括：合作金融、合作业务、合作工厂、合作农场、合作社、调查统计等。
　　收藏单位：广东馆、国家馆、南京馆、绍兴馆

04982
上海新兴企业财团底轮廓与批判　石灏著
中国经济研究会，[1932—1949]，13 页，16 开（中国经济研究会丛刊 8）
　　收藏单位：上海馆

04983
上市股票公司概况　上海证券交易所调查研究处编
上海证券交易所，1946.11，118 页，32 开
　　收藏单位：首都馆

04984
绍曹嵊股份有限公司第五届报告　[绍曹嵊股份有限公司编]
[绍曹嵊股份有限公司]，[1911—1949]，石印本，[45] 页，16 开
　　本书收录该公司损益计算书等。
　　收藏单位：浙江馆

04985
社会部合作事业管理局工作概况　社会部合作事业管理局编
社会部合作事业管理局，1941.1，56 页，25 开
　　本书共 9 部分，内容包括：绪言、调整地方合作行政机构、推进地方合作事业、举办合作实验、视察各省合作事业等。
　　收藏单位：贵州馆、国家馆、南京馆、浙江馆

04986
社会部合作事业管理局工作概况　社会部合作事业管理局编
社会部合作事业管理局，1943.3，102 页，32 开
　　本书共 8 部分，内容包括：加强合作行政、推进合作组织、充实合作业务、推进合作竞赛、办理调查统计等。附本局组织系统图、本局组织条例、本局全国合作人员训练所组织规程等 9 种。
　　收藏单位：安徽馆、重庆馆、国家馆

04987
社会部合作事业管理局湖南办事处工作概况　社会部合作事业管理局湖南办事处编
社会部合作事业管理局湖南办事处，1941.1，4 页，25 开
　　本书共 3 部分：沿革、本处组织、经办事业。附合作社社数分布图、合作社分类统计表等。
　　收藏单位：国家馆、南京馆

04988
社会部全国合作会议总报告　社会部编
社会部，[1941]，234 页，16 开
　　本书内容包括：全国合作会议纪要、会议规章、议事纪录、各种议案等。附会员一览、审查委员一览、决议案分类表。目录页题名：全国合作会议总报告。
　　收藏单位：重庆馆、国家馆、吉林馆、近代史所、南京馆、浙江馆

04989
社会部所属各社会服务处公有事业会计制度　社会部编
社会部，1943.10，58 页，32 开
　　本书共 7 部分：总说明、簿记组织系统图、会计报告、会计科目、会计簿籍、记帐

凭证、原始凭证。据国民政府主计处 1943 年 8 月 4 日渝会字第 402 号函修正。

收藏单位：重庆馆、国家馆、吉林馆、南京馆

04990

社务指导

江西省地方行政干部训练团，1940.8，[155] 页，32 开（分组训练教材 77）

本书共 6 章：组织、登记、会议、报告、簿记文件之处理、训练社员。附合作社股份证书、联合社股份证书、职员一览表等 36 种。

收藏单位：国家馆

04991

社务指导训练讲本

出版者不详，[1911—1949]，122 页，32 开

收藏单位：重庆馆

04992

什么是合作　董汰生编辑

山东省第一民众教育辅导区，1936.1，39 页，32 开（合作丛刊 1）

收藏单位：南京馆

04993

什么是合作运动　丁鹏翥著

长沙：群益合作社、华新羽绒公司，1931.6，18 页，32 开（丁鹏翥合作小册 1）

本书共 9 部分，内容包括：合作运动总说明、废除利润、减少寄生、消费者与自行生产、合作社的原则等。

收藏单位：国家馆、湖南馆、南京馆

04994

什么是合作运动

首都合作运动宣传委员会，1930.5，58 页，64 开（首都合作运动宣传周宣传丛刊 2）

收藏单位：南京馆

04995

神农企业股份有限公司章程草案业务计划

[神农企业股份有限公司]，1947，9 页，32 开

收藏单位：广东馆

04996

慎昌洋行廿五周年纪念册　弗格森（C. J. Ferguson）编

上海：[慎昌洋行]，[1931]，381 页，8 开，精装

本书共 3 部分：本行之历史、本行之组织、本行代理各制造厂之自述概略。所涉时间为 1906 年 3 月 30 日至 1931 年 3 月 30 日。

收藏单位：国家馆、上海馆

04997

生产合作　丁鹏翥著

长沙：群益合作社、华新羽绒公司，[1933]，42 页，32 开

本书共 7 章：生产合作之意义、生产合作社的组织、农业生产合作社、工人生产合作社、运销合作社、购买合作社、利用合作社。

收藏单位：国家馆

04998

生产合作概要　新民合作社中央会编辑股编

北京：福生印刷局，1939.4，10 页，32 开（新民合作社中央会丛刊 第 1 类）（合作丛书 10）

本书共 6 部分，内容包括：农村生产合作之意义、农村生产合作社的源起、农村生产合作社的效用等。

收藏单位：国家馆

04999

生产合作和消费合作　陈醉云编

上海：中华书局，1948.5，22 页，36 开（中华文库 民众教育 第 1 集）

收藏单位：广东馆、上海馆、天津馆

05000

生产合作经营论　丁鹏翥著

出版者不详，[1911—1949]，111 页，32 开

本书附共同耕种合作社章程样本等 7 种。

收藏单位：南京馆

05001
生产合作经营论　[王作田著]
贵州省地方行政干部训练委员会，1941.5，62页，42开
本书共11章，内容包括：概论、生产合作之意义及效用、生产合作之范围及分类、生产合作之组织、苏联集体农场及丹麦农业合作社等。
收藏单位：国家馆

05002
生产合作经营论讲义　王作田著
赣县（赣州）：中国工业合作协会赣闽粤区供销业务代营处，1942.7，98页，32开
收藏单位：重庆馆、国家馆

05003
生产合作浅说　河南省农村合作委员会编
河南省农村合作委员会，[1911—1949]，8页，32开
本书为合作讲习教材。介绍生产合作的意义、使命、种类、效用、特性、重要性等。
收藏单位：重庆馆

05004
生产合作浅说　曾同春著
南京：中国合作学社，1930.9，60页，32开（合作小丛书 总论之部1）
南京：中国合作学社，1933，再版，60页，32开（合作小丛书 总论之部1）
南京：中国合作学社，1934.12，3版，59页，32开（合作小丛书 总论之部1）
本书共4章：生产合作社发生之原因、生产合作社之定义、生产合作社之种类、国家对生产合作之扶助问题。
收藏单位：安徽馆、重庆馆、东北师大馆、广东馆、国家馆、河南馆、湖南馆、吉林馆、南京馆、浙江馆

05005
生产合作社底沿革　于树德编
成都：普益协社出版部，1929.7，24页，32开（普益丛书3）
本书分上、下两篇：产业者生产合作社、劳动者生产合作社。上篇共4部分：牛酪制造合作社、熏肉制造合作社、养鸡合作社、利用合作社；下篇共3部分：法国底劳动者生产合作社、英国底劳动者生产合作社、意国底劳动者生产合作社。
收藏单位：国家馆、首都馆

05006
生产合作社经营法　福建省政府建设厅合作事业管理局编
福建省政府建设厅合作事业管理局，1939.7，32页，25开（福建省合作训练小丛书）
本书共3章：概论、生产合作的业务计划、经营。
收藏单位：国家馆

05007
生产合作社浅说　四川省农村合作委员会编
四川省农村合作委员会，[1911—1949]，48页，32开（训练丛书3）
本书分6部分论述生产合作社的意义、效能、种类、组织、经营及经营生产合作社之困难及其解决方法。
收藏单位：国家馆

05008
生产合作社章程
出版者不详，[1911—1949]，12页，32开
本章程共50条，分9章：总则、社员、社股、职员、会议、业务、结算、解散、附则。
收藏单位：国家馆

05009
省县合作　陈岩松　殷之谦著
上海：大东书局，1949，102页，36开（地方行政实务丛书8）
本书共8章，内容包括：绪论、合作行政、合作社务、合作业务、合作金融等。
收藏单位：重庆馆

05010
十年合作事业大事记 中国华洋义赈救灾总会编
中国华洋义赈救灾总会，1933.12，36 页，25 开（中国华洋义赈救灾总会丛刊乙种 57）

本书收文 3 篇:《十年合作事业大事记》《本会农村合作事业之鸟瞰》《农赈后之皖赣合作》。

收藏单位：重庆馆、国家馆、湖南馆、西南大学馆

05011
实业部合作人员养成所毕业纪念特刊 实业部合作人员养成所同学会编辑委员会编
实业部合作人员养成所，1941.10，107 页，16 开

本书内容包括：本所章程、学员活动写真、调查统计、实验合作社报告、论文、教职员一览表等。论文部分共 5 篇，内容包括：《合作教育》《合作理想》《筹设试验区计划》等。

收藏单位：国家馆、南京馆

05012
实业部合作人员养成所概览 实业部合作人员养成所编
实业部合作人员养成所，1943.6，60 页，32 开

本书共 18 部分，内容包括：所训、引言、学员信条、本所组织系统、本所现任讲师一览、本所各种章则等。

收藏单位：重庆馆、国家馆、南京馆

05013
实业合理化 程振钧著
浙江省建设厅，[1930]，26 页，16 开（建设丛刊）

本书内容包括：研究论、人造系问题、简单化与标准化、美国农村信用借款之制度、房屋建筑费之筹集方法等。

收藏单位：浙江馆

05014
实业家之修养 陆费逵著
上海：中华书局，1914.11，46 页，50 开
上海：中华书局，1915.12，再版，46 页，50 开
上海：中华书局，1920，4 版，46 页，50 开
上海：中华书局，1921.7，[5 版]，46 页，50 开
上海：中华书局，1926.10，6 版，46 页，50 开
上海：中华书局，1929，8 版，46 页，50 开

本书为文言体，加圈点。所述修养内容包括：勤俭、正直、安分、进取、常识、技术等。

收藏单位：重庆馆、广东馆、广西馆、桂林馆、国家馆、河南馆、黑龙江馆、吉林馆、江西馆、南京馆、内蒙古馆、上海馆、首都馆、浙江馆

05015
实业致富新书 卢寿篯编辑
上海：中华书局，1916.12，2 册（254+252 页），25 开
上海：中华书局，1918，2 版，2 册（254+252 页），25 开
上海：中华书局，1924，3 版，2 册（254+252 页），25 开

本书为文言体，加圈点。共 11 类，内容包括：实业修养类、商业经营类、商店用人类、商业广告类、工业制造类、农业经营类等。每类辑录国内有关著述。

收藏单位：重庆馆、国家馆、河南馆、湖南馆、江西馆、南京馆、首都馆

05016
实用工商管理 （美）斯托卫尔（H. G. Stockwell）原著 吴廉铭译
外文题名：Introduction to business management
上海：中华书局，1933.11，378 页，25 开
上海：中华书局，1937.2，再版，378 页，25 开
上海：中华书局，1939.8，3 版，378 页，25 开
上海：中华书局，1941.6，4 版，378 页，25 开，精装
上海：中华书局，1948.9，5 版，352 页，25 开，精装

本书共18章，内容包括：商业与商人、商业的科学思想、商店所有权的方式、管理的组织、工场经理、会计主任等。

收藏单位：重庆馆、广东馆、广西馆、贵州馆、国家馆、河南馆、黑龙江馆、湖南馆、吉大馆、吉林馆、江西馆、辽大馆、辽宁馆、南京馆、内蒙古馆、首都馆、天津馆、浙江馆

05017

实用合作簿记 谢允庄著

重庆：商务印书馆，1944.9，286页，32开（社会行政丛书 合作事业类）

上海：商务印书馆，1946.9，286页，32开（社会行政丛书 合作事业类）

重庆：商务印书馆，1946，286页，32开（社会行政丛书 合作事业类）

上海：商务印书馆，1947.7，再版，286页，32开（社会行政丛书 合作事业类）

本书共15章，内容包括：记帐概说、记帐开户、记帐举例、单据保管、日记簿、分类簿等。附记帐规则、合作社查帐需知、审查合作社帐目方法。

收藏单位：安徽馆、长春馆、重庆馆、广东馆、广西馆、贵州馆、国家馆、黑龙江馆、湖南馆、江西馆、辽大馆、辽宁馆、南京馆、上海馆、首都馆、天津馆、浙江馆

05018

世界大战中各国合作运动总检阅 陈仲明 罗虔英著

崇安（武夷山）：社会部全国合作社物品供销处东南分处，1943.1，97页，32开（合作丛书）

本书共5章：同盟国合作运动阵营、轴心国合作运动阵营、轴心铁蹄下各国合作运动阵营、中立国合作运动阵营、国际合作运动鸟瞰。书脊题名：各国合作运动总检阅。

收藏单位：安徽馆、重庆馆、国家馆、南京馆、内蒙古馆、上海馆、浙江馆

05019

世界合作史 杨伟昌著

湖北全省合作联合社，1943.7，298页，32开（中国合作事业协会丛书2）

本书共9章，内容包括：英国合作史、法国合作史、苏俄合作史、德国合作史、意大利合作史、中国合作史等。

收藏单位：国家馆、南京馆

05020

世界合作运动 （俄）道图门慈（V. F. Totomiants）著 卫惠林译

上海：民智书局，1929.11，230页，32开

本书共11章，内容包括：合作之起源、合作运动之先驱者与其理论的先进者、合作之原则、各国合作运动之现状、合作运动之经济与道德的结果等。著者原题：Totomiantz。

收藏单位：重庆馆、广东馆、广西馆、国家馆、湖南馆、吉林馆、江西馆、南京馆、上海馆、首都馆、天津馆、浙江馆

05021

世界合作运动百年史纲 谭天恩 万行浩著

[重庆]：合作与农村出版社，1945.6，46页，32开

南京：合作与农村出版社，1947.6，再版，36页，32开

本书共10部分，内容包括：合作运动的起源、初期合作运动、合作的再生与罗须特尔制度、中国的合作运动、合作主义的建立等。

收藏单位：重庆馆、广东馆、国家馆、湖南馆、近代史所、南京馆、西南大学馆

05022

世界合作运动鸟瞰 （法）吉德（Charles Gide）著 王世颖译

上海：中国合作学社，1928.8，17页，32开（合作小丛书 历史之部1）

上海：中国合作学社，1929.4，再版，17页，32开（合作小丛书 历史之部1）

上海：中国合作学社，1933.2，3版，17页，32开（合作小丛书 历史之部1）

本书为著者于1925年12月在巴黎大学合作学科所作的演讲词。

收藏单位：安徽馆、重庆馆、东北师大馆、国家馆、吉林馆、南京馆、浙江馆

05023
世界合作运动史 尹树生编
上海：中华书局，1937.10，10+340 页，32 开（现代经济丛书）
上海：中华书局，1941.2，3 版，10+340 页，32 开（现代经济丛书）
本书共 5 章：总说、消费合作运动、信用合作运动、农业合作运动、余论。附世界合作运动简要年表、人名索引。主要据《海外产业组合史》（高须虎六）编译而成。
收藏单位：重庆馆、东北师大馆、广东馆、广西馆、国家馆、江西馆、辽大馆、辽宁馆、南京馆、天津馆、西南大学馆

05024
世界合作运动之进展 缪时译
上海：中国合作学社，1933.6，22 页，16 开
本书内容包括：各种合作社之分布、消费合作之地位、合作批发社、消费者合作社之生产品、合作雇用者等。
收藏单位：国家馆

05025
世界之合作运动 彭巨觉著
南京：彭巨觉，1936.1，154 页，32 开
本书分上、下两编：各国之合作运动、中国之合作运动。上编共 5 章，内容包括：工业革命后之经过与恐慌及其对策、资本主义社会的合作运动之意义与目的、社会主义社会的合作运动之意义与目的等；下编共 5 章，内容包括：鸦片战争后之经过与危机及其对策、中国合作运动之意义与目的、中国合作运动之理论与实施等。附中央合作指导人员训练所教职员一览表。
收藏单位：重庆馆、国家馆、湖南馆、南京馆

05026
事业管理论 易希亮 漆意若编
浙江省地方自治专修学校，[1911—1949]，108 页，22 开（第 6 届后期）
本书内容包括：公营事业概论、公企业管理概论、科学管理法、事务管理各论等。
收藏单位：浙江馆

05027
事业计划书（民国三十二至三十三年度） 河北省合作社联合会编
河北省合作社联合会，[1943—1944]，2 册（[33]+45 页），16 开，环筒页装
本书大部分为表。内容包括：基本方针、会员、资金计画及损益预计、调查、购买及贩卖斡旋等。
收藏单位：国家馆

05028
事业应否创办的问题 曹云祥著
中国工商管理协会，[1935]，12 页，32 开
本书共两部分：“何时应开办事业”“如何可以有投机性质之事业?”。
收藏单位：国家馆

05029
收益之决定 （美）佩顿（William Andrew Paton）著 潘序伦译
上海：立信会计图书用品社，1949.9，63 页，25 开（立信会计译丛）
本书共两部分：营业收入、营业支出。据著者 *Advanced accounting* 第 20—21 章译出。
收藏单位：重庆馆、国家馆、辽大馆、辽宁馆、天津馆

05030
四川合作事业概览 四川省合作事业管理处编
四川省合作事业管理处，1941.3，112 页，16 开
本书分 7 部分论述合作行政、指导、组织、金融、业务、教育等问题。
收藏单位：重庆馆、广东馆、国家馆、南京馆、浙江馆

05031
四川隆圣企业股份有限公司创立周年纪念特刊 四川隆圣企业股份有限公司秘书室编
四川隆圣企业股份有限公司秘书室，[1947]，64页，16开

本书收文14篇，内容包括:《隆圣企业公司成立一周年纪念感言》(郑福楠)、《祝望隆圣公司成为川省实业之巨擘》(陈仲谊)、《隆圣公司与地方金融》(王敬修)、《四川隆圣公司创立本末》(陈能芬)、《企业人员应具备之企业精神》(郑守平)等。

收藏单位：重庆馆、国家馆

05032
松江县合作事业概况 丁枕亚编
丁枕亚[发行者]，[1934.12]，[128]页，18开

本书收录有关合作、农业常识、民众教育等的讲义9种。

收藏单位：国家馆

05033
苏俄的合作社 刘侃元译述
上海：太平洋书店，1930.4，252页，32开

本书共4章：历史的概观、战时共产主义时代的对协同组合政策、新经济政策下的协同组合、国民经济上的协同组合之地。

收藏单位：重庆馆、广东馆、国家馆、河南馆、上海馆、首都馆、天津馆、浙江馆

05034
苏俄的企业 （美）斯特朗（A. L. Strong）著 张仕章译
上海：南华图书局，1929.9，124页，50开（苏俄研究小丛书1）

本书介绍十月革命后的苏俄企业经济。著者原题：斯特龙。

收藏单位：湖南馆、天津馆

05035
苏俄合作制度 （日）泽村康著 唐易庵 孙九录译
上海：商务印书馆，1935.11，294页，22开，精装（经济丛书）

本书分前、后两编：革命前之合作运动、革命后之合作运动。前编共5章，内容包括：消费合作社、信用合作社、农业合作社等；后编共4章：战时共产制度与合作社、新经济政策与消费合作社、农业合作社、手工业合作社及合作社银行。

收藏单位：安徽馆、重庆馆、广东馆、广西馆、贵州馆、国家馆、黑龙江馆、湖南馆、吉林馆、近代史所、辽大馆、南京馆、宁夏馆、上海馆、首都馆、天津馆、浙江馆

05036
苏淮特别区之合作运动 苏淮特别区合作社联合会指导科编
苏淮特别区合作社联合会指导科，1943.6，170页，32开（乡村建设者炼成会教材）

本书共4章：合作社之基本要因、合作社之本质与其指导之原理、合作社之组织构成、合作社之职能。附参考资料、苏淮之农业事情等。

收藏单位：上海馆

05037
苏联的合作社 （苏）瓦托夫著 戚桂华译
北平：新中国书局，1949.3，73页，32开（苏联财政经济小丛书）

本书共6部分：引言、一九一七年以后合作社的发展、消费合作社、集体农庄、生产合作社、战时苏联的合作社。

收藏单位：长春馆、重庆馆、东北师大馆、国家馆、山东馆、上海馆、天津馆

05038
苏联合作社 何理良译
华东新华书店，1949.4，渤海版，15页，32开

本书共6部分，内容包括：苏联信贷合作社、苏联消费合作社、苏联工人合作社、苏联农业合作社等。

收藏单位：国家馆、山东馆

05039
苏联合作社　何理良译
太岳新华书店，1949，17 页，32 开
收藏单位：广东馆、国家馆、山东馆、山西馆

05040
苏联合作事业　派维尔著　达辛译
外文题名：Co-operation in the U.S.S.R.
上海：商务印书馆，1937，142 页，32 开（苏联小丛书）
长沙：商务印书馆，1941，再版，142 页，32 开（苏联小丛书）
本书共 7 章：合作社为革命社会事业、苏联消费合作社的历史、俄国合作制度之结构、合作活动的种类、合作社对于文化与教育的工作、合作与经济战争、国际的关系。
收藏单位：重庆馆、广东馆、广西馆、贵州馆、国家馆、湖南馆、江西馆、南京馆、陕西馆、首都馆、西南大学馆

05041
绥靖区合作工作人员手册　社会部合作事业管理局编
社会部合作事业管理局，1947.2，154 页，32 开
本书共 5 部分：认识合作的重要、如何指导合作社、如何办理合作社登记、合作社及联合社章程准则、重要合作法规。
收藏单位：重庆馆、国家馆、吉林馆、南京馆

05042
绥靖区合作事业之推行　国防部政工局编
国防部政工局，1948.12，14 页，32 开
本书共 6 部分：合作政策的建立、合作运动的目标、合作事业的实施、合作金融的调整、合作工作的辅导、推进合作业务要点。
收藏单位：国家馆、吉林馆、南京馆

05043
台湾合作事业（第 1 辑）　台湾省行政长官公署民政处编
台湾省行政长官公署民政处，1947.1，62 页，32 开
收藏单位：南京馆

05044
台湾省公有营业统一会计制度（甲种）　台湾省政府会计处编
台湾省政府会计处，1948.9，105 页，16 开
收藏单位：浙江馆

05045
台湾省公有营业统一会计制度（甲种 台湾省各制造业矿业统一会计制度）　台湾省行政长官公署会计处编
台湾省行政长官公署会计处，1947，92 页，16 开
收藏单位：重庆馆

05046
台湾省学术企业联合会议专刊　台湾省行政长官公署教育处编
台湾省行政长官公署教育处，1946.10，279 页，16 开
本书收录该联合会会议宗旨、工作报告、议案、大会宣言等。
收藏单位：安徽馆、东北师大馆、广东馆、贵州馆、桂林馆、国家馆、江西馆、近代史所、南京馆、宁夏馆、浙江馆

05047
太行合作会议总结　太行区军政联合财经办事处编
太行区军政联合财经办事处，1947.10，17 页，32 开
收藏单位：山西馆

05048
桃源境（合作须知）　欧先哲编著
南京：正中书局，1936，71 页，32 开（国民说部 第 6 集 国民生产经济集 5）
收藏单位：湖南馆、南京馆、首都馆、浙江馆

05049

调整企业公司刍议 陈骅声著

[福建企业公司]，1941，复写本，1册，13开

收藏单位：福建馆

05050

通惠实业股份有限公司章程 通惠实业股份有限公司编

通惠实业股份有限公司，[1911—1949]，22页，18开

本章程共65节，分16章，内容包括：总则、股分、股东会、选举、董事会、监察员等。

收藏单位：国家馆

05051

通益一年 通益公司进修科编审股编

[上海]：中国建设服务社，1945.3，90页，16开

上海：中国建设服务社，1946.7，再版，92页，16开

本书内容包括：《回顾与前瞻》（王艮仲）、《公司概况》（杨昌炽）、通益之今日与明日、读书会记录选辑、座谭会记录选辑、附录等。再版题名：中建一年。

收藏单位：广东馆、国家馆、湖南馆、近代史所、南京馆、上海馆

05052

通资联营组织与发展经济之关系 徐青甫著

徐青甫[发行者]，1946.10，20页，16开

本书共两部分：通资联营组织与发展经济之关系、再讲通资联营组织与发展经济之关系。

收藏单位：安徽馆、重庆馆、广东馆、国家馆、河南馆、南京馆、浙江馆

05053

同业公会研究 李森堡著

[重庆]：青年书店，[1944]，184页，32开

青岛：青年书店，1947.2，236页，32开

本书共12章，内容包括：导论、同业公会的渊源、同业公会与行业结合、同业公会的组织、有关同业公会的法令研究等。附本书参考书目、同业公会法令。

收藏单位：国家馆、南京馆

05054

推行合作事业须知 浙江省平阳县政府合作指导室编

浙江省平阳县政府合作指导室，1940.3，50页，32开

本书共16部分，内容包括：为什么组织合作社、怎样着手工作、发起筹备、召集创立会、职员就职、举行会议等。

收藏单位：国家馆

05055

皖赣合作讲习会汇刊（第一至三届） 中国华洋义赈救灾总会编

中国华洋义赈救灾总会，1933.12，3册（[168]+[82]+85页），22开（中国华洋义赈救灾总会丛刊戌种）

收藏单位：安徽馆、江西馆、南京馆

05056

万县合作事业视察报告 郭敏学著

成都：四川印刷局，1938，8页，16开

本书共4部分：视察经过、一般情形、合作概况、视察意见。

收藏单位：重庆馆

05057

汪清县一年来合作社工作总结 汪清县委编

吉林省委民运部，1947.7，24页，32开

本书共5部分，内容包括：罗兴塘农民合作社、合作社运动的发展、发展纺织等。

收藏单位：辽宁馆

05058

为什么组织合作社·怎么样组织合作社 江苏省党部合作事业委员会编辑

江苏省党部，1934，54页，32开

本书为合订本。附合作社法全文、江苏省农民银行放款章程等6种。

收藏单位：国家馆

05059
我们的设计 ［云南省合作事业管理处编］
［昆明］：云南省合作事业管理处，1943，36页，64开（云南省合作事业管理处合作小丛刊1）

本书共5部分，内容包括：贯彻合作教育实施三级训练案、建树合作供销系统以便社员物资分配借作管制物价之机构准备案、完成金融体系增加自集资金以奠定合作事业基础案等。

收藏单位：重庆馆

05060
我怎样做一个理事主席 李绳先著
昆明：中国合作事业协会云南省分会，1943.7，16页，32开（合作读物10）

本书著者为永安县文盛乡合作社理事主席。

收藏单位：安徽馆、国家馆、南京馆

05061
无锡工商业名录 章兰如编
无锡工商业名录社，1934.4，172页，22开，精装

收藏单位：国家馆

05062
无锡县合作事业概况 刘之驹编
无锡县政府，1948.3，1册，32开

本书共11部分，内容包括：统计图表、转载、文稿、无锡县合作社一览表、无锡县合作社贷款一览表、无锡县各合作社业务调查等。"文稿"部分收文10篇，内容包括：《中国合作事业之回顾与前瞻》（刘之驹）、《中国农业金融政策之检讨》（闻仁）、《合作运动概说》（黄君兴）、《无锡县合作事业之概况》（刘之驹）、《中央合作金库无锡支库现况》（陈鸿猷）等。附索引、中国合作事业协会无锡县支会会员录。

收藏单位：国家馆、浙江馆

05063
吾国合作事业建设计划纲要拟议 谢哲声著
广东省建设厅合作事业管理处，1944.9，32页，32开（合作丛刊7）

本书共两部分：概论、计划。第1部分共两章：吾国合作事业建设纲领、建设计划要项；第2部分共10章，内容包括：调整行政机构、建立指导制度、推广合作组织、健全合作社务、发展合作业务等。

收藏单位：国家馆、吉林馆、南京馆

05064
吴县合作事业状况（十九至二十年度） 吴县合作事业指导所编
吴县合作事业指导所，[1931—1932]，2册（153+174页），16开

本书内容包括：工作经过、各合作社办理状况、调查统计等。

收藏单位：国家馆、南京馆、上海馆

05065
西安工商征信录
出版者不详，[1911—1949]，257页，32开

收藏单位：重庆馆

05066
西北公营企业联席会议汇编 西北财政经济委员会编
西北财政经济委员会，[1949]，72页，32开

本书收录《习仲勋同志在西北工会工作会议暨公营企业联席会议联合开幕大会上的讲话》《贾拓夫同志在公营企业联席会议上关于加强公营企业管理与调整工资问题的讲话》《关于工厂管理问题的讲话》《西北公营企业工资暂行办法》《西北国营企业集体劳动合同纲要》等。

收藏单位：重庆馆

05067
西北区工合事业之现状与今后推进计划 卢广绵著
中国工业合作协会西北区办事处，1939，18页，36开（西北区工合丛书11）

本书共3部分：序言、西北区工作之过去与现在、本区今后工作之方针与计划。附本区各事务所成立日期表。

收藏单位：重庆馆

05068

西北实业公司概况　[西北实业公司编]

太原：西北实业公司，1935.11，38页，18开

本书内容包括：公司及各厂地址、各厂创设年月、资本、职员人数、工人人数等。

收藏单位：重庆馆、国家馆、近代史所、南京馆、天津馆

05069

西北实业公司各厂概况　西北实业公司编

太原：西北实业公司，1947.1，14页，16开

本书全部为表。内容涉及公司所属各厂的主要设备、生产能力、员工人数等。

收藏单位：天津馆

05070

西北实业公司历年概况　西北实业公司编

太原：西北实业公司，1946.12，10页，18开

本书大部分为表。内容包括：西北实业公司战前所属各厂概况表、抗战时期陕西西北实业公司所属各厂情况表、西北实业公司现在所属各厂概况表等。

收藏单位：东北师大馆、国家馆、南京馆、天津馆

05071

西北实业建设公司介绍　西北实业建设公司编

太原：西北实业建设公司，1948.12，6页，24开

本书介绍该公司的创立经过、组织特点以及抗战胜利后生产恢复的情况等。为该公司经理在欢迎西北经济考察团座谈会上的致辞。

05072

西南国产实业股份有限公司云南分公司、民业分银行创立第一次筹备大会暨组织委员会第一次开会纪录　西南国产实业股份有限公司云南分公司　西南国产实业股份有限公司民业分银行编

昆明：西南国产实业股份有限公司云南分公司、西南国产实业股份有限公司民业分银行，1932.7，14+8页，32开

本书附表决各议案全文。会议召开时间为1932年7月12—13日。

收藏单位：国家馆

05073

西南国产实业股份有限公司章程　西南国产实业股份有限公司编

西南国产实业股份有限公司，[1911—1949]，16页，窄32开

05074

西南实业协会贵州分会一览　[西南实业协会贵州分会编]

[西南实业协会贵州分会]，[1939—1949]，14页，25开

本书收录该分会章程、职员名单、入会资格等。

收藏单位：贵州馆

05075

县单位合作社组织方案大纲　河北省县政建设研究院编

河北省县政建设研究院，1934.10，46页，22开

本书共4部分：县区村之合作社组织、合作训练、合作指导、县单位合作金融机关。附定县农村合作社模范简章、联合社简章、借款自助社简章等6种。

收藏单位：国家馆、南京馆

05076

县各级合作社　广东省地方行政干部训练团编

广东省地方行政干部训练团，1942，88页，32开

05077
县各级合作社簿记　河南省训练团编
河南省训练团，1947.2，1 册，32 开
本书共 8 章：簿记的基本概念、记帐、帐簿组织、帐户、试算及结算、决算表、单据、实例。附合作会计年度及办理决算注意事项。
收藏单位：国家馆

05078
县各级合作社记帐须知　社会部合作事业管理局编
社会部合作事业管理局，1944.4，312 页，25 开
本书共 22 部分，内容包括：保社记帐之程序、保社应设之帐户、保社记帐举例、单据、日记簿、分类簿等。
收藏单位：安徽馆、重庆馆、国家馆、南京馆

05079
县各级合作社章程准则　社会部合作事业管理局编
社会部合作事业管理局，1941.1，84 页，22 开
本书共 4 部分：乡（镇）合作社、保合作社、县合作社、专营合作社。
收藏单位：重庆馆、福建馆、国家馆、湖南馆、吉林馆、南京馆、浙江馆

05080
县各级合作社章程准则·专营业务合作社章程准则　山东省合作事业管理处编
山东省合作事业管理处，1946，52 页，32 开
本书为合订本。《县各级合作社章程准则》共 33 条，分 7 章，内容包括：总则、社员及社股、组织、结算等。《专营业务合作社章程准则》共 43 条，分 9 章，内容包括：总则、社员、社股、组织、会议等。
收藏单位：国家馆、吉林馆、南京馆

05081
县各级合作社组社须知　社会部合作事业管理局编
社会部合作事业管理局，1941.2，62 页，22 开
[社会部合作事业管理局]，1941.2 印，仿印本，44 页，36 开
[社会部合作事业管理局]，1941.9 印，79 页，32 开
[社会部合作事业管理局]，1942 印，石印本，64 页，36 开
本书共 8 部分，内容包括：合作社的意义、合作事业在新县制的地位、县各级合作社组织的特点、乡（镇）合作社、保合作社等。附县各级合作社组织大纲、合作社法、县各级合作社组织析疑。
收藏单位：安徽馆、重庆馆、贵州馆、国家馆、湖南馆、吉林馆、南京馆、陕西馆、浙江馆

05082
县各级合作社组社须知·县各级合作社章程准则　广东省地方行政干部训练团编
广东省地方行政干部训练团，1942，2 册（67+88 页），32 开（合作类）
本书为合订本。
收藏单位：重庆馆

05083
县各级合作组织大纲释义　邹枋编
云南省建设厅合作事业管理处中国合作事业协会云南省分会，[1911—1949]，45 页，64 开（合编新县制合作丛刊 1）
收藏单位：南京馆

05084
县政建设与合作事业　徐肇和著
南京：中国合作图书用品生产合作社，1948.12，36 页，32 开
本书分上、下两编：县政建设论、县合作事业建设计划方案。上编共 6 章，内容包括：地方自治之项目、开始自治之要点、实施方案之意见、必须完成之标准等；下篇共 4 章，内容包括：计划论据、建设原则等。
收藏单位：重庆馆、广东馆、贵州馆、国家馆、江西馆、南京馆、浙江馆

05085
现代股份有限公司的特质 左宗纶著
中国计政学会，1936，64页，32开
收藏单位：广东馆、南京馆

05086
现代合作运动 王云五 李圣五主编
上海：商务印书馆，1933.12，111页，50开（东方文库续编）
上海：商务印书馆，1934.4，[再版]，111页，50开（东方文库续编）
本书为东方杂志社三十周年纪念刊。收文4篇：《英国合作运动之体系与组织》（G.E.Griffiths著，程君青译）、《战后之德国合作运动》（D.N.Dannerjea著，程致廉译）、《法兰西合作运动之现势》（龙大均）、《丹麦的合作制度》（雷宝南）。
收藏单位：安徽馆、重庆馆、大庆馆、东北师大馆、广东馆、国家馆、河南馆、黑龙江馆、湖南馆、辽大馆、南京馆、内蒙古馆、宁夏馆、上海馆、天津馆、浙江馆

05087
现代实业组织之学说与方式 （英）科尔（George Douglas Howard Cole）原著 孙斯鸣译
外文题名：Modern theories and forms of industrial organization
上海：商务印书馆，1934.10，82页，32开（社会科学小丛书）
本书共12部分，内容包括：现代实业的构造、社会主义的新途径、资本主义下的劳工、工人的管理、劳动的诱因、合理化、“联合管理”和“罢工权”、合作运动、实业与金融等。著者原题：柯尔。
收藏单位：重庆馆、东北师大馆、广东馆、广西馆、国家馆、吉林馆、江西馆、辽大馆、南京馆、上海馆、首都馆、浙江馆

05088
乡镇公共造产浅说 广东省政府秘书处编译室编
广东省政府秘书处第二科，1943.8，64页，32开（政治常识小丛书21）
本书共10部分，内容包括：乡镇造产的意义、乡镇造产的功效、乡镇造产的组织、乡镇造产的程序、乡镇造产的种类、乡镇造产经费的筹措办法等。附中央颁布乡镇造产办法、广东乡镇造产办法实施细则。
收藏单位：重庆馆、国家馆、南京馆

05089
乡镇公共造产事业 陈洪进等著
重庆：农林部农产促进委员会，1943.9，22页，16开（研究专刊8）
本书共6部分：引言、公共造产之法令根据、公共造产事业之种类、公产之经营、公产之管理、结论。
收藏单位：重庆馆、国家馆、浙江馆

05090
乡镇造产须知 广东省政府民政厅编
广东省政府民政厅，1943，40页，36开
本书内容包括：乡镇造产的意义、造产委员会的组织、造产宣传、造产计划、造产实施、造产收益及纯利的分配等。附乡镇造产办法等。
收藏单位：重庆馆

05091
乡镇造产研究 汪镕三著
余一民[发行者]，1943.2，90页，36开
余一民[发行者]，1945.7，6版，122页，32开
本书共8章，内容包括：乡镇造产之意义、乡镇造产之机构、乡镇造产之种类、乡镇造产之要素、乡镇造产与拟定造产规章等。附本省法规、中央法规、法令摘要。
收藏单位：重庆馆、国家馆、南京馆

05092
香港工商手册 经济资料社编
香港：经济资料社，1946，1册，32开
收藏单位：重庆馆、首都馆

05093

香港工商通讯录　许晚成编

上海：龙文书店，1940.6，134 页，64 开

收藏单位：南京馆

05094

消费、生产合作经营　[李中舒编]

甘肃省合作事业管理处，[1941]，110 页，32 开（合作丛刊）

本书共 3 章：关于合作事业经营经济的几个原则、消费合作社之经营、生产合作社之经营。

收藏单位：国家馆

05095

消费、运销、利用保证合作社模范章程

出版者不详，1932，油印本，1 册，16 开

收藏单位：广东馆

05096

小资本筹集法（最新实用）　吴瑞书著

上海：大通图书社，1927.3，158 页，32 开

本书为文言体，加圈点。共 3 章：筹集资本之方法、筹集资本之计画、筹集资本之条件。

收藏单位：国家馆、河南馆、江西馆、浙江馆

05097

协作社的效用　戴季陶著

广州、上海：中国国民党中央执行委员会宣传部，1924，70 页，32 开（国民党丛刊 5）

广州、上海：中国国民党中央执行委员会宣传部，1925.8，再版，70 页，32 开（国民党丛刊 5）

广州、上海：中国国民党中央执行委员会宣传部，1926，3 版，70 页，32 开（国民党丛刊 5）

广州、上海：中国国民党中央执行委员会宣传部，1926.8，4 版，70 页，32 开（国民党丛刊 5）

广州、上海：中国国民党中央执行委员会宣传部，1927.4，5 版，70 页，32 开（国民党丛刊 5）

本书附产业协作社法草案及其理由书。

收藏单位：重庆馆、广西馆、国家馆、河南馆、湖南馆、南京馆、浙江馆

05098

新乐企业股份有限公司决算报告（第一至三届）　新乐企业股份有限公司编

新乐企业股份有限公司，[1939—1941]，3 册（[6]+[6]+[6] 页），16 开

本书全部为表。共 5 部分：营业报告书、资产负债表、损益计算书、财产目录资产类、财产目录负债类。

收藏单位：上海馆

05099

新民主主义国家企业应以学习苏联经验为主

冀南新华书店，1949.1 翻印，57 页，32 开

收藏单位：国家馆、山东馆

05100

新中国的合作社　狄超白著

香港：新民主出版社，1949，40 页，36 开（新民主知识丛书）

本书共 8 节，内容包括：合作社在新中国经济中的地位、消费合作社、供销合作社、信用合作社等。

收藏单位：重庆馆

05101

信用运销及公用合作　陈醉云编

上海：中华书局，1948.5，34 页，36 开（中华文库 民众教育 第 1 集）

本书介绍信用、运销、公用合作的组织形式及业务。

收藏单位：重庆馆、广东馆、上海馆、天津馆

05102

寻常实业公司之普通问题　曹云祥著

中国工商管理协会，[1935]，14 页，22 开

本书共 3 部分：公共事业与实业公司之比较、实业公司经济问题之区别、普通实业公

司之经济问题。

收藏单位：国家馆

05103

业外生利法五百种　魏权予编

上海：大通图书社，1935，3册（88+95+92页），32开

本书分上、下两编：业外生利法总论、业外生利法分类。上编共4部分：业外生利法之原因、业外生利法之要旨、业外生利法之选择、业外生利法之手续；下编共100部分，内容包括：银行职员之业外生利法、洋行职员之业外生利法、木行伙友之业外生利法、药行伙友之业外生利法、钱庄伙友之业外生利法等。封面题名：业外生利法。

收藏单位：广东馆、国家馆、江西馆

05104

业外生利法五百种　魏权予编

上海：中西书局，1928，3册（88+95+91页），32开

收藏单位：河南馆

05105

业务经营　江西省农村合作委员会编

江西省农村合作委员会，1941，74页，32开（合作教材3）

本书分5章论述消费合作、生产合作、运销合作、信用合作、供给公用保险合作的经营。

收藏单位：重庆馆、贵州馆

05106

一个理想的标准合作社　王绍光著

[昆明]：云南省合作事业管理处，1943.7，20页，32开（合作读物8）

本书共4部分：业务、社务、社员生活情形、对抗战建国的贡献。

收藏单位：安徽馆、国家馆、南京馆

05107

一年来的我国合作事业　行政院新闻局编

行政院新闻局，1947.7，18页，32开

本书共6部分：简史、合作行政、合作组织、合作业务、合作金融、结语。

收藏单位：安徽馆、重庆馆、东北师大馆、广东馆、广西馆、贵州馆、国家馆、河南馆、湖南馆、吉林馆、江西馆、近代史所、辽宁馆、南京馆、内蒙古馆、山西馆、上海馆、首都馆、天津馆、西交大馆、浙江馆

05108

一年来之东南合作供销概况　社会部合作事业管理局全国合作社物品供销处东南分处编

社会部合作事业管理局全国合作社物品供销处东南分处，1943.7，12页，32开

收藏单位：南京馆

05109

一年来综合性合作社的经验介绍　晋绥边区行政公署编

晋绥边区行政公署，[1940—1949]，35页，32开（晋绥边区第四届群英大会丛书5）

本书共6部分，内容包括：民办公助、生产为主、对敌经济斗争、业务问题等。

收藏单位：山西馆

05110

一桩惨淡经营的事业——民生实业公司　卢作孚著

出版者不详，1943，40页，36开

收藏单位：南京馆

05111

益友社三届社友大会分组名录　益友社三届大会筹备会编

上海：益友社三届大会筹备会，1940，15页，32开

本书共10余类，内容包括：五金业、百货业、呢绒业、花纱业、海味业、煤业等。

05112

意大利协作运动　E. A. Uoyd著　胡品芳　程芳译

上海：民智书局，1930.11，210页，32开

本书共7章，内容包括：协作运动之起源

及其发展、劳工协社、工业生产协社、农业协作况等。版权页题名：意大利合作运动。

收藏单位：重庆馆、广东馆、贵州馆、国家馆、湖南馆、江西馆、南京馆、上海馆、浙江馆

05113

印度合作运动 （美）霍夫（E. M. Houghp）著 赵恩廊译

外文题名：The cooperative movement in India

长沙：商务印书馆，1939.7，346页，22开，精装（经济丛书）

本书共5章：印度之现时国家经济、合作、印度合作运动、印度合作运动之估价、印度合作运动之储存的贡献。附印度合作社法案、统计表。

收藏单位：重庆馆、广东馆、广西馆、贵州馆、国家馆、黑龙江馆、吉林馆、辽大馆、南京馆、上海馆、首都馆、浙江馆

05114

英国合作事业中央会全貌 康锡祺编译

[北京]：福生印刷局，1939.3，30页，32开

本书介绍该会组织机构、活动情况等。

05115

英国合作运动 （英）陶番姆（E. Topham）（英）霍乌（J. A. Hough）著 章元善译

外文题名：The cooperative movement in Britain

上海：商务印书馆，1948.8，59页，25开（英国文化丛书）

本书共12部分，内容包括：一个念头、不流血革命、消费者的控制、主顾的信托、无利的生产、自己雇用等。

收藏单位：重庆馆、东北师大馆、广东馆、广西馆、贵州馆、国家馆、黑龙江馆、吉林馆、南京馆、宁夏馆、山西馆、上海馆、浙江馆

05116

英国合作运动史 （法）吉德（Charles Gide）著 吴克刚译

上海：商务印书馆，1931.2，34+164页，32开（社会科学小丛书）

上海：商务印书馆，1933.9，国难后1版，34+161页，25开（社会科学小丛书）

本书共7章，内容包括：何瓦斯剩余分配制、社会主义的影响、批发合作社、消费者组织生产、联合主义与个人主义等。附本书译名对照表。著者原题：季德。

收藏单位：重庆馆、东北师大馆、广东馆、广西馆、贵州馆、国家馆、河南馆、湖南馆、吉林馆、江西馆、辽大馆、南京馆、宁夏馆、上海馆、首都馆、西南大学馆、浙江馆

05117

营业预算论 刘絜敖著

上海：商务印书馆，1936，259页，32开（商学小丛书）

本书分两编：总论、各论。第1部分共5章，内容包括：营业预算运动、营业预算之本质、营业预算之科学的地位等；第2部分共4章：销售预算、制造预算、财务预算、综合预算之编造。

收藏单位：安徽馆、重庆馆、广东馆、贵州馆、国家馆、吉大馆、吉林馆、辽大馆、辽宁馆、南京馆、陕西馆、上海馆、首都馆、浙江馆

05118

元旦特刊 中国合作学会编

[南京]：中国合作学会，1942.1，100页，23开

本书收文21篇，内容包括：《写在前面》（树望）、《合作运动之前途》（朱朴）、《合作救国论》（张鹃声）、《合作与经济建设》（孙育才）、《推行信用合作复兴农村》（周树望）等。

收藏单位：国家馆、南京馆、浙江馆

05119

云南合作事业委员会三年来之工作概况 云南合作事业委员会编

云南合作事业委员会，1941.1，54页，22开

本书共4章：总论、合作组织、合作金

融、合作教育。附云南全省经济委员会合作事业委员会暂行组织规程、云南合作事业实施原则、云南合委会工作计划纲要等。

收藏单位：国家馆

05120

云南人民企业公司筹备委员会报告书　云南人民企业公司筹备委员会编

云南人民企业公司筹备委员会，[1911—1949]，1册，16开

本书共3部分：纲要、综合报告、各单位报告。

收藏单位：重庆馆

05121

云南人民企业股份有限公司筹备委员会工作报告　云南人民企业股份有限公司编

云南人民企业股份有限公司，[1911—1949]，14页，16开

本书内容包括：成立缘起及组织、章则之奉发及拟订、接受概况、公司章程之草拟、创立会之召开等。

收藏单位：重庆馆

05122

云南人民企业股份有限公司第一次股东大会会议纪录　云南人民企业股份有限公司编

云南人民企业股份有限公司，[1947]，74页，16开

本书收录第1—10次大会纪录、开幕典礼纪录等。

收藏单位：重庆馆

05123

云南省合作年鉴（中华民国三十年度）　中国合作事业协会云南省分会研究组编

昆明：云南省合作事业管理处，[1942—1943]，2册（46+36页），32开

本书共12章，内容包括：云南合作事业委员会、云南省建设厅合作事业管理处、呈贡合作实验区、昆明县合作事业委员会、云南合作保健会等。

收藏单位：安徽馆、重庆馆、贵州馆、国家馆、南京馆、西南大学馆

05124

云南省之合作行政　云南省建设厅合作事业管理处编

[昆明]：云南省建设厅合作事业管理处，1941.1，6页，25开（云南省建设厅合作事业管理处参考资料 甲4）

本书共5部分：合作事业管理处之设立、合作事业管理处之组织、管理处四月来之工作、三十年度工作计划、结论。

收藏单位：重庆馆、国家馆、吉林馆

05125

云南实业公司营业计划书　童振藻拟

出版者不详，[1911—1949]，手写本，112页，16开，环筒页装

收藏单位：国家馆

05126

暂行公有营业会计制度之一致规定　上海市政府会计处编

上海市政府会计处，[1941]，98页，16开

[上海市政府会计处]，1942.11印，146页，32开

本书共5部分：总说明、会计报告、会计科目、簿记组织系统图、公有营业成本会计事务处理通则。

收藏单位：安徽馆、重庆馆、广西馆、国家馆、南京馆、陕西馆

05127

怎样办合作社　薛暮桥等著

哈尔滨：光华书店，1948，77页，32开（财政经济丛书）

本书收文5篇：《怎样办合作社》（薛暮桥）、《山东合作事业的回顾与瞻望》（薛暮桥）、《太行合作会议总结》（李一清）、《太行区百日纺织运动总结》、《开展信用合作中的几个问题》（邓肇祥）。

收藏单位：长春馆、东北师大馆、国家馆、山东馆、天津馆

05128
怎样办合作社 薛暮桥等著
合江日报，1948.6，58页，64开
收藏单位：国家馆

05129
怎样办合作社 薛暮桥等著
华北财经办事处，1948.1，65页，32开（参考材料2）
收藏单位：国家馆

05130
怎样办合作社 薛暮桥等著
新华书店，1949，85页，32开（财政经济丛书）
收藏单位：重庆馆

05131
怎样办合作社 薛暮桥等著
香港：新中国书局，1949.6，119页，32开
[香港]：新中国书局，1949，再版，78页，32开（财政经济丛书）
本书收文7篇，较1948年光华书店版增加两篇：《滨海合作推进社上半年总结》（新华社华东八月十六日电）、《鲁中合作事业及其中几个问题》（李隆）。
收藏单位：重庆馆、国家馆、吉大馆、天津馆

05132
怎样办合作社
哈尔滨特别市生产合作社总社，1948.2，37页，64开（合作社丛书1）
本书共3部分：论合作社、组织起来、怎样办合作社。
收藏单位：浙江馆

05133
怎样办合作社
冀南书店，1946，45页，32开
收藏单位：国家馆

05134
怎样办理合作社 郑厚博著
南京：中国合作学社合作出版部，1946.8，124+132页，32开
南京：中国合作学社合作出版部，1946.12，再版，124+122页，32开
南京：中国合作学社合作出版部，1947.6，3版，124+114页，32开
南京：中国合作学社合作出版部，1947.8，4版，124+114页，32开
本书共6章：什么是合作、怎样组织合作社（上、下）、怎样处理合作社社务、怎样经营合作社的业务书（上、下）。附合作社法、合作社法施行细则、信用合作推进办法等。
收藏单位：安徽馆、重庆馆、国家馆、吉林馆、辽大馆、南京馆、上海馆、首都馆、天津馆、浙江馆

05135
怎样创业 （美）伯恩汉（A. C. Burnham）著 李培林译
外文题名：Building your own business
上海：长城书局，1937，300页，32开
上海：长城书局，1940.8，再版，300页，32开
本书共9章，内容包括：怎样去发现创业的机会、怎样去实验你的理想、怎样把小事业计划和组织起来、怎样经营小事业、创业与教育等。附小事业家自传之分析与统计。著者原题：褒汉姆。
收藏单位：重庆馆、广东馆、国家馆、湖南馆、吉大馆、南京馆、上海馆、首都馆、浙江馆

05136
怎样创造事业 （美）马尔腾（Orison Swett Marden）著 念初译
上海：晨光书局，1941，2版，104页，32开
收藏单位：广东馆、贵州馆、江西馆

05137
怎样管理工厂 东北总工会编
沈阳：东北新华书店，1949，2版，84页，32开（工运丛书2）

哈尔滨：东北新华书店，1949.9，再版，84页，32开（工运丛书2）

本书收文12篇，内容包括：《不要打乱原来的企业机构》（陈伯达）、《企业管理民主化是改进生产的重要保证》（《东北日报》社论）、《“锤头与镰刀”工厂工人怎样管理工厂》（M.鲍特泡夫作，梅林译）、《我怎样学习管理工厂——记金志明同志的经验》（姚周杰、霍遇吾）、《建立与充实沈阳地区工厂代表会》（《东北日报》专论）等。

收藏单位：国家馆、山东馆、天津馆

05138

怎样设立各种合作社　寿勉成著

金华：正中书局，1942.10，102页，32开（宪政小丛书）

重庆：正中书局，1943.11，3版，102页，32开（宪政小丛书）

本书共12章，内容包括：合作的意义、合作的演进、怎样组织各种合作社、合作社的事业、什么是合作金库、怎样使合作社成功、合作社普遍以后、合作运动等。附合作社法、合作社法施行细则、县各级合作社组织大纲、全国合作会议总决议案。

收藏单位：重庆馆、广西馆、贵州馆、国家馆、湖南馆、吉林馆、南京馆

05139

怎样是一个真正的合作社　江苏农民银行编

江苏省农民银行，1928.7，10页，32开（江苏省农民银行丛刊3）

江苏省农民银行，1929.6，再版，10页，32开（江苏省农民银行丛刊3）

本书内容包括：社员应有共同的需要、是经济组织非慈善机关、是人的组织非资本组织、个人为全体全体为个人等。

收藏单位：国家馆、上海馆

05140

怎样推进地方合作事业　尹耕南编著

教育部国民教育司国民教育辅导研究委员会，1943.4，74页，32开（国民教育实际问题小丛书）

收藏单位：重庆馆、贵州馆、国家馆、南京馆

05141

怎样推进地方合作事业　尹耕南编著

上海：正中书局，1947.12，60页，32开（国民教育辅导丛书）

上海：正中书局，1948.6，再版，60页，32开（国民教育辅导丛书）

本书共8部分，内容包括：新县制与地方合作事业、地方合作事业的特点与任务、地方合作事业经营的基本原则、推进地方合作事业的方法、地方合作事业经营的经济原则等。附合作法、县各级合作社组织大纲。

收藏单位：安徽馆、重庆馆、广东馆、广西馆、贵州馆、国家馆、江西馆、辽大馆、南京馆、上海馆、天津馆、浙江馆

05142

怎样推行乡镇造产　潘仰之编著

赣县（赣州）：新赣南出版社，1942.6，18页，大64开（乡镇建设小丛书）

本书共6部分：乡镇为什么要造产、乡镇造产的资源、乡镇造产的方法、乡镇造产的内容（上、下）、造产设计与公产管理。

收藏单位：重庆馆、国家馆

05143

怎样指导办理合作社　裴友萍著

南宁：民团周刊社，1938.7，44页，32开（丙种丛刊第2种）（基层建设丛刊第3辑2）

本书共5部分：怎样使农民了解合作、怎样使合作社质的健全、怎样使合作社的资金自立、怎样办理社员的储蓄、怎样进行组织合作社。

收藏单位：广东馆、广西馆、国家馆、南京馆

05144

怎样组织合作社　中国国民党江苏省党务整理委员会编

中国国民党江苏省党务整理委员会，1931.3，138页，24开

本书内容包括：什么是合作、什么是合作社、合作社的种类、组织合作社的步骤和应注意之点、合作社的营业、江苏省党部消费有限合作社组织经过等。

收藏单位：上海馆

05145
战区合作动员　陈颖光　林嵘著
重庆：黎明书局，1940.6，74 页，32 开（合作运动丛刊）

本书共 5 章：绪论、接近战地区之合作动员、作战区之合作动员、游击区之合作动员、战区合作动员之检讨与展望。

收藏单位：重庆馆、广西馆、贵州馆、国家馆、吉林馆、南京馆、宁夏馆、上海馆、浙江馆

05146
战时的合作社　李安民编著
长沙：中华平民教育促进会，1938.6，28 页，50 开（农民抗战丛书）

本书共两部分：合作的组织和经费、合作社在战时的贡献。

收藏单位：国家馆

05147
战时福建合作建设之实况　徐学禹编
福建省政府建设厅，[1938] 印，28 页，32 开

收藏单位：福建馆

05148
战时合作社组织须知　浙江省战时合作工作队总队部编著
浙江省战时合作工作队总队部，1939.6，52 页，32 开
浙江省战时合作工作队总队部，1939.8，再版，52 页，32 开

本书内容包括：为什么组织合作社、怎样着手工作、发起筹备、召集创立会等。

收藏单位：浙江馆

05149
战时合作事业　王武科著
重庆：正中书局，1942.12，86 页，32 开（时代丛书）

本书共 4 章：战时合作行政、战时合作金融、战时工业合作、战时农业合作。

收藏单位：重庆馆、东北师大馆、广西馆、贵州馆、国家馆、湖南馆、吉大馆、吉林馆、近代史所、南京馆

05150
战时首都合作事业从业员名录　刘昆水编
重庆：中国合作事业协会，1945.11，90 页，22 开

本书收录社会部合作事业管理局，社会部合作事业管理局合作工作辅导团总团部，社会部合作事业管理局合作工作辅导团第一、二、三团，全国合作人员训练所，重庆市社会局合作指导室，中国合作事业协会，合作评论社，民力周报社等 65 个组织的从业人员名录。

收藏单位：重庆馆、国家馆、南京馆

05151
赵忠合作社
出版者不详，1947，油印本，1 册，32 开，环筒页装

收藏单位：国家馆

05152
折旧研究　叶中允著
上海：建国书局，1943.6，110 页，25 开

本书研究会计学中的折旧问题及其具体的计算与处理方法等。

收藏单位：上海馆

05153
浙江省第九区战时合作事业概况　浙江省战时物产调整处第九区分处编
丽水：浙江省战时物产调整处第九区分处，1938.11，45 页，32 开

本书共 5 部分：本区分处办理战时合作事业概况、本区各县合作事业室筹设经过、本区各县战时合作事业经费状况、本区各县战时合作事业推进概况、本区各县办理战时合

作事业之其他情形。

收藏单位：国家馆

05154

浙江省第九区战时合作事业计划汇编 浙江省战时物产调整处第九区分处编

丽水：浙江省战时物产调整处第九区分处，1938.11，100页，32开

本书共3部分：本区分处办理战时合作事业计划、本区各县办理战时合作事业计划、附各县办理合作事业之其他章则。

收藏单位：国家馆、浙江馆

05155

浙江省合作社规程

浙江省政府建设厅，1929印，30页，32开（合作丛刊1）

收藏单位：南京馆

05156

浙江省合作事业促进会 浙江省建设厅合作事业管理处合作事业促进会编

出版者不详，1940.3，40页，32开（战时合作事业报告丛刊第2辑）

本书共5部分：前言、经费、组织、工作、附录。

收藏单位：重庆馆、国家馆

05157

浙江省合作事业促进会概况 浙江省合作事业促进委员会编

浙江省合作事业促进委员会，1936.9，[89]页，16开

本书共4章：引言、章程、会议、业务。附各区分会概况。

收藏单位：国家馆

05158

浙江省合作事业促进会工作报告 浙江省建设厅合作事业管理处合作事业促进会合编

浙江省建设厅合作事业管理处合作事业促进会，1940.3，40页，32开（战时合作事业报告丛刊）

收藏单位：南京馆

05159

浙江省合作事业促进会合作服务团 浙江省建设厅合作事业管理处 浙江省建设厅合作事业促进会合作服务团编

浙江省建设厅合作事业管理处、浙江省建设厅合作事业促进会合作服务团，1940.3，21页，32开（战时合作事业报告丛刊第3辑）

本书共6部分：我们的使命、我们的经费、我们的阵容、我们的工作目标、我们做过的工作、尾语。

收藏单位：国家馆、南京馆

05160

浙江省合作事业促进会缙云县分会三月工作报告 何宏基编

出版者不详，1939，32页，32开

本书共4章：本会小史、活动、会议纪实、附录。封面题名：浙江省合作事业促进会缙云县分会报告。

收藏单位：国家馆

05161

浙江省合作事业单行法规汇编 浙江省建设厅合作事业管理处编

浙江省建设厅合作事业管理处，1943.7，242页，32开

收藏单位：上海馆、浙江馆

05162

浙江省合作事业概况 浙江省政府建设厅合作事业管理处编

丽水：浙江省政府建设厅合作事业管理处，1941.3，169页，32开

本书共8部分：引言、合作行政、合作组织、合作事业、合作金融、合作教育、合作辅导、附录。

收藏单位：重庆馆、国家馆、南京馆、上海馆、浙江馆

05163

浙江省省单位合作事业计划纲要草案

出版者不详，1936.9，12 页，16 开
　　收藏单位：广东馆、南京馆、浙江馆

05164
浙江省战时合作工作队　浙江省建设厅合作事业管理处　战时合作工作队编
出版者不详，1940.3，46 页，32 开（战时合作事业报告丛刊 第 2 辑）
　　本书共 6 部分：成立经过、组社状况、事业进行之一般、困难问题之一般、今后动向、附录。
　　收藏单位：安徽馆、国家馆、南京馆、浙江馆

05165
职工生产合作社浅说·职工生产合作社应用章程　丁鹏翥编
湖南合作协会，[1911—1949]，24 页，32 开（合作讲习会课本 第 12、13 种）
　　本书为合订本。《职工生产合作社浅说》分 7 部分，内容包括：意义及效用、业务、管理等。《职工生产合作社应用章程》共 54 条，分 8 章，内容包括：会议、业务、解散及清算等。
　　收藏单位：国家馆、南京馆

05166
职工生产合作社应用账簿　丁鹏翥编
湖南合作协会，[1911—1949]，68 页，32 开（合作讲习会课本 第 14 种）
　　本书共 4 章：说明、账簿、记账须知、账例。逐页题名：合作讲习会课本。
　　收藏单位：国家馆、南京馆

05167
职工同盟
外文题名：Trade unions
出版者不详，[1911—1949]，21 页，36 开
　　收藏单位：广东馆

05168
指导制度及其实施办法　经济部合作事业管理局编
经济部合作事业管理局，1939.2，79 页，25 开（经济部农本局前合作指导室刊物 3）
经济部合作事业管理局，1939.8，仿印本，74 页，22 开（经济部农本局前合作指导室刊物 3）
经济部合作事业管理局，1940.7，80 页，25 开（经济部农本局前合作指导室刊物 3）
　　本书共 6 章：说明指导制度、单位社之直接指导、登记后之指导、社员训练、单位社社员讲习会、结语。
　　收藏单位：重庆馆、国家馆、南京馆、浙江馆

05169
志城实业股份有限公司（缘起、章程、沿革、现状）　志城实业股份有限公司编
北平：志城实业股份有限公司，[1932.8]，14 页，32 开
　　本书所述公司由中华乐社、立达书局、和济印书局组成，经营乐器、文具，并出版图书资料。
　　收藏单位：国家馆、天津馆

05170
中国产业合作社常熟县准备会一周纪念特刊　常熟县产业合作社编
常熟县产业合作社，1939，110 页，16 开
　　本书收录该社准备会自 1937 年 11 月 22 日成立起一年来的各项统计图表、工作月计比较表、大事记、《合作周刊》有关文章汇编、工作日记及会议录等。附社员、委员一览表，该会代办广野部队军票物资交换购买用品数量表。版权页题名：合作社一周纪念特刊。
　　收藏单位：山西馆

05171
中国当前合作经济问题之研究　寿勉成著
社会部合作事业管理局，[1911—1949]，48 页，32 开
　　收藏单位：重庆馆、广东馆、国家馆、南京馆

05172
中国当前合作经济问题之研究 寿勉成讲
中央训练团党政高级训练班，1944.5，48页，32开（编教53）
本书共10部分，内容包括：关于合作事业之终极目标、关于合作事业之计划建设、关于合作制度之宪法规定、关于合作组织之指导制度、关于合作经济之中心事业等。
收藏单位：重庆馆、东北师大馆、广东馆、广西馆、国家馆、辽宁馆、天津馆

05173
中国的合作运动 牛亦未著
出版者不详，[1935—1949]，13页，16开
收藏单位：南京馆

05174
中国的合作运动 社会部合作事业管理局编
社会部合作事业管理局，1947.7，25页，16开
本书共7部分：中国合作运动史略、合作行政制度的建立、合作组织的推进、合作业务的充实、合作金融的调整、推行绥靖区合作事业、中国合作运动的成就与前瞻。
收藏单位：重庆馆、国家馆、南京馆

05175
中国国民党推行合作事业概述 中央组织部编
中央组织部，1946.10，38页，32开
本书共12部分，内容包括：下层工作纲领案、中央执行委员会下层党部工作设计委员会组织条例、县党部推进合作事业六个月工作试行计划、中央民众训练部合作事业指导委员会组织规程、指导合作运动纲领、本党党员参加合作运动办法等。
收藏单位：国家馆、吉林馆、南京馆

05176
中国合作大事记（自民国纪元前起至民国三十一年底止） 林嵘编述
社会部合作事业管理局，[1942—1949]，146页，64开（民众合作小丛书）
本书内容包括：中华民国七年北京大学消费公社成立、中华民国八年上海国民合作储蓄银行成立等。
收藏单位：重庆馆、国家馆、吉林馆、南京馆、西南大学馆

05177
中国合作化的方案 薛仙舟著
上海：中国合作学社，1931.8，29页，32开
南京：中国合作学社，1936.5，再版，29页，32开
本书共4节，导言、全国合作社的组织方案、合作训练院组织大纲、全国合作银行。
收藏单位：安徽馆、重庆馆、甘肃馆、国家馆、南京馆、浙江馆

05178
中国合作建设 蔡日秋著
重庆：合作与农村出版社，1941.3，52页，36开（建国丛书 第1辑 中国建设7）
本书共10部分：各种合作社共同组织办法、生产合作、运销合作社、供给合作社、消费合作社、公用合作、信用合作社、保险合作社、战时合作、合作事业之前途。
收藏单位：重庆馆

05179
中国合作建设 蔡日秋著
成都：建国出版社，1941.3，52页，32开（建国丛书 第1辑 中国建设7）
收藏单位：国家馆、南京馆

05180
中国合作经济问题 林葆忠著
林葆忠，[1945.12]，66页，32开
本书内容包括：合作的性质、合作与经济建设的关系、合作与金融的关系、合作与社会进化的关系、合作与中国社会生活的关系、合作制度与财富分配关系等。
收藏单位：国家馆、上海馆

05181
中国合作经济问题 寿勉成著

重庆：正中书局，1938.6，229 页，32 开（合作丛书）
重庆：正中书局，1940.2，4 版，229 页，32 开（合作丛书）
重庆：正中书局，1944.2，6 版，229 页，32 开（合作丛书）

本书共 17 章，内容包括：合作运动与国家建设、心理建设与合作事业、合作运动的动因是什么、合作社制度与财富分配、关于中国合作事业的体系、合作事业与经济建设、如何推广我国的合作事业等。附中国合作运动纲领草案。

收藏单位：安徽馆、长春馆、重庆馆、东北师大馆、广东馆、广西馆、贵州馆、国家馆、湖南馆、吉林馆、辽大馆、南京馆、宁夏馆、首都馆、天津馆、浙江馆

05182
中国合作经济政策研究 寿勉成著
[南京]：中国合作事业协会，1944.5，516 页，32 开（中国合作事业协会丛书）

本书共 10 部分，内容包括：合作理论与三民主义、合作事业与经济建设、合作金融与金融建设、合作行政与合作运动、合作教育、合作组织、合作业务、合作动员等。

收藏单位：重庆馆、广东馆、广西馆、贵州馆、国家馆、江西馆、南京馆、上海馆、浙江馆、中科图

05183
中国合作经济政策研究 寿勉成著
南京：中国合作图书用品生产合作社，1947.4，增订再版，382 页，22 开

本书共 8 部分：合作理论、合作经济、合作金融、合作行政、合作教育、合作组织、合作业务、合作动员。

收藏单位：安徽馆、长春馆、重庆馆、东北师大馆、广东馆、国家馆、吉林馆、南京馆、上海馆、天津馆、西南大学馆

05184
中国合作社宝山区支社年刊 中国合作社宝山区支社编
中国合作社宝山区支社，1943，84 页，16 开

本书收文 8 篇，内容包括：《谈谈关于合作社的重要性》（严光恩）、《一年来之业务与今后的动向》（邹文贤）、《一年来之会计工作》（周树屏）、《合作组织与改造社会》（卢士宜）、《农村合作与复兴农业》（苏昶）、《消费合作社分配利剩之商榷》（支寿昌）等。另收该年度的业务报告、章则、统计、图表、会议记录等。

收藏单位：国家馆、南京馆

05185
中国合作社会计论 章鼎峙 程养廉著
出版者不详，[1911—1949]，41 页，大 32 开

收藏单位：南京馆

05186
中国合作事业 行政院新闻局编
行政院新闻局，1948.4，70 页，32 开

本书共 8 部分：我国合作运动史略、合作行政、合作组织、合作业务、合作金融、合作教育、合作社团、绥靖区合作事业。

收藏单位：重庆馆、大庆馆、广东馆、广西馆、贵州馆、国家馆、湖南馆、吉林馆、江西馆、近代史所、南京馆、内蒙古馆、宁夏馆、上海馆、首都馆、天津馆、浙江馆

05187
中国合作事业考察报告 梁思达等编
天津：南开大学经济研究所，1936.11，168 页，16 开

本书共 5 部分：引论、合作事业推进机构、各种合作事业、特殊问题、结语。附天津南开大学经济研究所出版合作文献目录。作者于 1935 年 12 月起在河北、河南、陕西、山东、江苏、浙江、江西、安徽 8 省进行了为期 5 个月的合作事业考察，之后写成该报告。

收藏单位：重庆馆、国家馆、辽大馆、辽宁馆、上海馆、天津馆、中科图

05188
中国合作事业协会浙江分会主办抗战以来国

内期刊展览手册
[中国合作事业协会浙江分会]，1943，油印本，1 册，16 开
　　收藏单位：国家馆

05189
中国合作问题研究　山东乡村建设研究院编辑部编
山东乡村建设研究院，1935.11，210 页，32 开
　　本书共 12 部分，内容包括：合作事业研究纲要、中国合作运动之路向、中国合作实施问题、乡村合作事业之推进问题、乡村学在合作运动上的功能、关于农村合作的几个问题、谈办合作社问题、合作社与农村经济等。
　　收藏单位：重庆馆、国家馆、江西馆、辽宁馆、南京馆、内蒙古馆、首都馆

05190
中国合作问题研究　山东乡村建设研究院出版股编
邹平（滨州）：乡村书店，1936，再版，增订本，238 页，32 开
　　收藏单位：重庆馆、国家馆

05191
中国合作新论　尹树生著
[重庆]：合作评论社，1944.2，135 页，32 开（合作评论社丛书 3）
　　本书共 5 部分：总论、合作机能、合作业务、合作推进、附录。收文 20 篇，内容包括：《中国合作运动的特质》《合作事业与县政建设》《合作事业与难民垦殖》《合作业务的出路》《合作行政与合作指导》《合作问题漫谈》等。
　　收藏单位：广西馆、国家馆、南京馆

05192
中国合作新论　尹树生著
陕西省合作社物品供销处，[1944.1]，135 页，32 开（陕西省合作社物品供销处丛书 4）
　　本书收录有关合作机能、合作业务、合作推进方面的论文 17 篇。
　　收藏单位：国家馆

05193
中国合作学社第四届社员大会便览　中国合作学社编
南京：中国合作学社，1934.10，88 页，32 开
　　本书共 9 部分，内容包括：合作歌、中国合作学社史略、组织及职员、社务报告、收支报告等。附中国合作学社出版书目、火车时刻表、备忘录。
　　收藏单位：国家馆、南京馆

05194
中国合作学社合作研究班章程　[中国合作学社合作研究班编]
中国合作学社合作研究班，[1928—1949]，15 页，32 开
　　本书介绍该班创办缘起及章程，并有特约导师及指导员名录。
　　收藏单位：南京馆

05195
中国合作学社江苏省吴县光福合作实验区合作讲习会讲义　中国合作学社江苏省吴县光福合作实验区合作讲习会编
中国合作学社江苏省吴县光福合作实验区合作讲习会，[1928—1949]，[230] 页，21 开
　　本书共 10 讲。

05196
中国合作学社社员大会报告（第二至五届）　中国合作学社编
上海：中国合作学社，1931.11—1936.10，4 册，16 开
　　本书收录该届年会的纪要、报告、方案、论文、相关舆论等。
　　收藏单位：重庆馆、国家馆、近代史所、南京馆、西南大学馆

05197
中国合作运动概观　新民合作社中央会编辑股编

北京：福生印刷局，1939.4，18 页，32 开（新民合作社中央会丛刊 第 1 类）（合作丛书）
北京：福生印刷局，1941.5，再版，18 页，32 开（新民合作社中央会丛刊 第 1 类）（合作丛书）

本书共 8 部分，内容包括：中国合作运动之进展、全国合作社数量之进展、全国各类合作社之分配等。

收藏单位：国家馆

05198

中国合作运动史 寿勉成 郑厚博编

南京：正中书局，1937.3，350 页，32 开，精装（合作丛书 第 13 种）
南京：正中书局，1940.3，4 版，10+350 页，32 开（合作丛书第 13 种）
重庆：正中书局，1943，6 版，10+350 页，32 开（合作丛书 第 13 种）
[南京]：正中书局，1944，7 版，350 页，32 开（合作丛书 第 13 种）
上海：正中书局，1947.7，10+350 页，32 开（合作丛书 第 13 种）

本书共 10 章，内容包括：初期合作运动、国民政府奠都南京后之合作运动、合作社状况、促进合作运动之机关团体、合作行政与合作领导等。

收藏单位：安徽馆、重庆馆、东北师大馆、广东馆、广西馆、贵州馆、国家馆、河南馆、湖南馆、江西馆、辽大馆、辽宁馆、南京馆、宁夏馆、上海馆、首都馆、天津馆、浙江馆

05199

中国合作运动小史 伍玉璋编著

上海：中国合作学社出版部，1929.12，114 页，32 开（合作丛书）

本书共 7 章，内容包括：合作与中国的经济关系、合作的初期运动等。

收藏单位：安徽馆、重庆馆、广东馆、广西馆、国家馆、河南馆、湖南馆、江西馆、近代史所、辽宁馆、南京馆、内蒙古馆、上海馆、首都馆、西南大学馆、浙江馆

05200

中国合作运动之研究（一名，中国之合作运动） 郑厚博著

[镇江]：农村经济月刊社，1936.4，17+758 页，25 开（农村经济月刊社丛书 4）

本书共 3 编：绪论、中国合作运动之现况、中国合作运动之批判。第 1 编共两章：合作与中国、中国合作运动之史的发展；第 2 编共 10 章，内容包括：合作社之进展、合作社业务之分析、合作教育等；第 3 编共 6 章，内容包括：合作行政上之缺陷及其改进、合作指导上之缺陷及其改进、合作金融上的缺陷及其改进等。附中华民国合作社法、中华民国合作社法施行细则。

收藏单位：重庆馆、国家馆、吉林馆、江西馆、南京馆、宁夏馆、上海馆、首都馆、浙江馆、中科图

05201

中国合作运动之展望 罗虔英著

成都：普益协社，1941.4，62 页，32 开（普益研究小丛书 2）

本书共 3 章：中国合作运动底理论基础、抗战与中国合作运动、中国合作运动实施纲领。

收藏单位：重庆馆、吉林馆、南京馆

05202

中国合作运动诸问题 侯哲安著

上海：黎明书局，1938，38 页，36 开（合作与农村小丛书）

本书共 4 章：中国问题与合作运动、中国合作运动指导原理、中国合作社的类型、中国合作运动的前路。著者原题：侯哲莽。

收藏单位：重庆馆、国家馆

05203

中国合作之路线 熊在渭著

农村合作委员会，1936.12，88 页，32 开（农村合作研究集）

本书共 6 部分：今日之中国合作运动、中国农村合作事业应走的路线及其前程、建筑民族经济的防御阵线、非常时期的消费与分

配、党员目前应努力的方向与农业合作事业、土地问题与农村合作。

收藏单位：国家馆、江西馆、辽大馆、浙江馆

05204

中国合作之研究　殷之谦著

[重庆]：合作评论社，1944，130页，32开（合作评论社丛书4）

本书共6章：合作的史的观察、合作的基本概念、我国合作运动检讨、合作社的组织、合作社的经营、合作行政问题。

收藏单位：重庆馆、广西馆、贵州馆、国家馆

05205

中国原有之合作制度　李积新著

江苏省政府农工厅合作社指导员养成所，1928.8，24页，18开（江苏省政府农工厅合作社指导员养成所丛书6）

本书共3部分：首述、次述、末述。首述介绍合作之意义、起源、功用及研究原有合作制度之方法等，次述介绍我国合作胚胎时期及进步时期，末述介绍近今我国各地之合作事业。

05206

中国之合作事业　寿勉成著

重庆：独立出版社，1941.4，90页，32开（中央政治学校研究部新政丛书）

本书共5章：绪论、合作事业与经济建设、中国合作事业之回顾、战时国内合作事业的演进、今后合作事业的进展与前途。

收藏单位：安徽馆、重庆馆、广东馆、广西馆、贵州馆、国家馆、湖南馆、吉林馆、南京馆、宁夏馆、首都馆、浙江馆

05207

中国之合作运动　陈果夫著

上海：中国合作学社，1932.12，14页，18开

本书大部分为表。共6部分，内容包括：合作社社数、合作社社员数、合作社股本等。附合作社数量统计图、各种合作社统计图、各省市合作社数量统计图等图12种，各省县市合作社数量统表、成立时期统计总表、社员人数统计总表等表14种。

收藏单位：安徽馆、重庆馆、国家馆、黑龙江馆、南京馆、上海馆、首都馆

05208

中国之合作运动　方显廷著

天津：南开大学经济学院，1934，38页，22开

本书介绍中国合作运动的现状及发展趋势。

收藏单位：广东馆、国家馆、湖南馆

05209

中国之合作运动　李树基著

安庆：安徽省农村合作委员会，1937.6，214页，25开（合作研究丛书）

本书共12章，内容包括：总说、中国合作运动的发轫及其演进、中国合作事业发展的现况、新式农业金融机关之兴起与合作运动、合作行政与合作指导机关、中国合作运动一般问题的检讨、结论等。

收藏单位：安徽馆、贵州馆、江西馆

05210

中国之合作运动　汤仓园编

出版者不详，1921.2，油印本，1册，32开

收藏单位：南京馆

05211

中国之合作运动　中国合作学社编

南京：中国合作学社出版部，1947.7，22页，22开

本书共9部分，内容包括：中国合作运动史略、合作行政制度的建立、合作组织的推进、合作事业的充实等。为《中国之合作运动》（陈果夫）1933年英文版的中译本。

收藏单位：重庆馆、广西馆、国家馆、吉林馆、南京馆、浙江馆

05212

中国之合作运动（战前与战后）　钱承绪编著

上海：中国经济研究会，1942.1，296页，18开

本书共3编：世界各国合作事业之概观、中国合作运动之今昔、改进中国合作组织之对策。内容包括：合作经济之理论与其实施、合作事业之发展与其体制、合作运动之开始与其发展、工协运动之推进与其现况、合作金库组织与其体系、合作社业务之剖析、对法制上应加修正之点等。

收藏单位：国家馆

05213

中华国货产销协进股份有限公司概览　中华国货产销协进公司编

中华国货产销协进公司，1948.6，52页，窄36开

本书介绍该公司所属各厂概况、职工人数、产品种类及行销地点等。

05214

中华民国登记公司名录　工商部编

[工商部]，1938，油印本，42页，16开，环筒页装

收藏单位：国家馆

05215

中华民众合作社细则　中华民众社编

上海：中华民众社，[1911—1949]，18页，50开

05216

中华生产事业互助会章程

出版者不详，[1911—1949]，8页，32开

收藏单位：南京馆

05217

中建二年　中国建设服务社编

上海：中国建设服务社，1946.3，70页，16开

上海：中国建设服务社，1946.5，再版，70页，16开

本书为中国建设服务社成立两周年纪念特刊。收录《我们的任务与方针》（王艮仲）、《团体怎样求进步》（顾秉之、赵心梅）、《中国革命问题研究》（张霞飞）、《培养建国风尚》（高柳桥）等。附中国建设服务社社章、中国建设服务社社员进修办法大纲、中国建设服务社社员礼节纲要。

收藏单位：广东馆、桂林馆、国家馆、湖南馆、吉林馆、近代史所、南京馆、浙江馆

05218

中央合作指导人员训练所讲义　中央合作指导人员训练所编

中央合作指导人员训练所，[1935—1949]，2册（[797]+[810]页），24开

本书收录讲义及课程参考资料17种，内容包括：《中华民国合作社法》（中央合作指导人员训练所合作课程参考资料之一）、《中国合作社法论》（伍玉璋）、《合作法规》（娄桐荪译）、《欧洲合作法一瞥》（娄桐荪）、《合同概论》（寿勉成）、《消费合作经营论》（中央合作指导人员训练班讲义）、《消费合作金融》（侯哲葊）等。

收藏单位：广西馆

05219

中央合作指导人员训练所开学词

出版者不详，[1935—1949]，1册，32开

本书讲述合作之意义、种类等。

收藏单位：浙江馆

05220

重要工商名录　四联总处秘书处编

四联总处秘书处，[1937—1949]，167页，16开

本书为抗战时期后方重要工商名录。

收藏单位：重庆馆、上海馆、中科图

05221

朱朴之合作论文集　中国合作学会丛书编纂委员会编

南京：中国合作学会，1940.9，[111]页，32开（中国合作学会丛书）

本书收文12篇，内容包括：《评合作运动》《国际合作运动》《解决中国农工问题的

一个根本办法》《我们应该怎样提倡合作运动》《农民问题与合作运动》等。附呈中央民众训练委员会报告欧洲合作运动书、呈行政院农村复兴委员会报告丹麦农村合作运动书等。

收藏单位：国家馆、南京馆

05222
主席精神讲话
西康省合作事业管理处，1940.3，34 页，32 开，环筒页装

本书共两部分：合作指导员训练班精神讲话（3 讲）、对合训班及财训班学员训话。

收藏单位：国家馆

05223
专业会计制度　殷继武等著
[上海]：立信书局，[1943]，184 页，24 开（立信会计丛刊 1）

本书收文 8 篇，内容包括:《缫丝厂会计制度》(殷继武、姚守仁)、《植物油厂成本会计制度》(许萃林、严瑞奎、陈慧贞)、《造纸业会计制度》(周慧娟等)等。

收藏单位：内蒙古馆、宁夏馆、上海馆、浙江馆

05224
资本的折旧　弗勒（R. F. Fowler）著　黄澹哉译
外文题名：The depreciation of capital
上海：商务印书馆，1937.3，133 页，32 开（商学小丛书）

本书共 7 章，内容包括：绪论、折旧与不适用、资本货物的耐久性与投资率之间的关系、折旧基金与利率等。

收藏单位：安徽馆、重庆馆、广东馆、国家馆、湖南馆、吉林馆、山西馆、上海馆、首都馆、浙江馆

05225
总裁合作言论集　中国合作文化协社编译部编辑
中国合作文化协社，1942.5，116 页，32 开

收藏单位：国家馆、南京馆

05226
总务行政管理　陆仁寿著
重庆：中华书局，1945，183 页，32 开
上海：中华书局，1945.11，再版，184 页，32 开
中华书局，1947.9，再版，184 页，32 开

本书分两编：总论、分论。共 17 章，内容包括：意义、组织、科学管理、行政效率、六大对象、文书、人事、事务、出纳、福利、治安、医药、编印等。

收藏单位：重庆馆、广东馆、贵州馆、桂林馆、国家馆、湖南馆、辽大馆、南京馆、内蒙古馆、宁夏馆、上海馆、首都馆、天津馆、浙江馆

05227
邹平二十五年度各种合作社概况报告　山东乡村建设研究院编
山东乡村建设研究院，[1936]，1 册，16 开

本书内容包括：梁邹美棉运销合作社第五届概况报告、邹平蚕业产销合作社第五届概况报告、邹平林业生产合作社第四届概况报告、邹平信用庄仓合作社第三届报告等。

收藏单位：重庆馆

05228
组织合作社的步骤　湖南省建设厅合作事业设计委员会编
湖南省建设厅合作事业设计委员会，[1911—1949]，15 页，32 开

收藏单位：安徽馆、国家馆、湖南馆

05229
组织合作社须知　衢县政府建设科编
衢县政府建设科，1939.9，82 页，32 开

本书共两章：组织合作社程序、组织简易仓库程序。附合作社法、合作社法施行细则、修正浙江省合作社暂行办法。

05230
组织合作社须知　[实业部合作司编]

实业部合作司，1936.2，42 页，25 开
实业部合作司，1936.5，2 版，48 页，22 开
实业部合作司，1938.9，3 版，42 页，25 开

本书共 17 部分，内容包括：认识合作、发起筹备、召集创立会、理事监事就职、增加社员等。附合作社法、合作社法施行细则、划一合作社名称说明书。各版本内容有增删。

收藏单位：安徽馆、广东馆、国家馆、湖南馆、江西馆、南京馆、上海馆、首都馆、天津馆、浙江馆

05231
组织合作社须知
兰溪实验县平民习艺所，1936，64 页，32 开（兰溪实验县县政府出版物 5）

城市与市政经济

05232
北平市工务局民国二十、二十一年份工务合刊 北平市政府工务局编
北平市政府工务局，[1931—1949]，384 页，16 开

本书共 13 部分，内容包括：行政、工程、测绘、取缔、登记、法规、会计、统计、公牍、会议录等。

收藏单位：国家馆、河南馆

05233
北平特别市工务局工务特刊（中华民国十八年份）［北平特别市工务局编］
北平特别市工务局，[1929]，302 页，16 开

本书共 9 部分，内容包括：沿革、论著、取缔、公牍、统计等。

收藏单位：国家馆、陕西馆、中科图

05234
北平特别市公用局暨附属机关职员录［北平特别市公用局编］
北平特别市公用局，1929，[16] 页，22 开

收藏单位：国家馆

05235
北平土地局特刊 北平特别市土地局秘书室编
北平特别市土地局秘书室，1929.1，176 页，16 开

本书内容包括：论文专载、法规、命令、呈文、公函等。附北平特别市土地局局务会议议决录。

收藏单位：国家馆

05236
不动产登记谈 浙江高等审判厅编
浙江高等审判厅，1922.11，20 页，16 开

本书内容包括：绪言、登记的由来、登记的利益等。

收藏单位：浙江馆

05237
不动产登记条例详解 郑爰诹编
上海：世界书局，1922.10，1 册，32 开
上海：世界书局，1924.4，再版，增修本，1 册，32 开

本书内容包括：不动产登记条例、不动产登记条例施行细则、不动产登记声请书记载例、不动产登记保证书记载例、不动产登记图式记载例。

收藏单位：河南馆、南京馆、浙江馆

05238
漕泾区地价册 上海市地政局编
上海市地政局，[1947]，506 页，18 开

收藏单位：吉林馆

05239
成都市建筑规则
四川省政府，1935.11，1 册，16 开

收藏单位：南京馆

05240
城市地籍整理人员手册 江西省地政局编
江西省地政局，1943.2，[10]+74 页，25 开

本书附有关地籍整理、地价评定、地价申报、外国教会租用土地的章程等 12 种。

收藏单位：重庆馆、广西馆、江西馆、南京馆

05241
城市政策与工商业政策　新华日报资料室编
华中新华书店，1949.5，3版，88页，32开（干部学习丛书）
本书共3辑，收录《新民主主义经济》（毛泽东）、《新民主主义三大经济纲领》（毛泽东）、《工业问题》（毛泽东）、济南军管会重要文告、临汾襄樊两战役中执行城市政策经验、解放后的临汾、华北工商会议决议等。
收藏单位：国家馆、南京馆

05242
城市政策与工商业政策　新华日报资料室编
苏北新华书店，1949.2，88页，32开（干部学习丛书）
收藏单位：南京馆

05243
重庆郊外市场营造委员会工作报告　重庆郊外市场营造委员会编
[重庆郊外市场营造委员会]，1940，油印本，11页，16开，环筒页装
本书内容包括：唐家沱市场施工经过、道路工程施工概况、房屋工程之施工概况、防空洞工程之施工概况、下水道与水井之施工概况、公构建筑工程之施工概况等。所涉时间为1940年9月至1941年2月。
收藏单位：重庆馆

05244
重庆市营建委员会工作报告　重庆市营建委员会编
[重庆市营建委员会]，1940，油印本，14页，16开，环筒页装
本书内容包括：平民住宅之施工经过、唐家沱市场之施工经过、黄桷坪市场之施工经过、征租土地事项、租佃情形、经费收支情形等。所涉时间为1940年3—8月。
收藏单位：重庆馆

05245
重庆市自来水厂会计规程　谢霖编
出版者不详，1936.5，103页，16开
本书共5编：总则、总会计、营业会计、材料会计、水表会计。
收藏单位：国家馆

05246
川沙新市建设纪念刊　川沙县商会等合编
川沙县商会，1931，121页，16开
本书记述川沙新市建设情况，并收录公牍、布告、会议录、计划书等。

05247
促进市政计画书　国民政府内政部编
国民政府内政部，1928.10，18页，16开
本书内容包括：市政设施、市财政、未设市地方市政的改进办法等。
收藏单位：国家馆

05248
党的城市政策与工商业政策
江淮日报社，1949.1，39页，10开
收藏单位：重庆馆

05249
都市经济与农村经济　（日）中泽辨次郎著　邱致中译
上海：有志书屋，1936.1，233页，22开（都市社会学丛书5）
本书共7章：总和的观察、金融关系、人口关系、交换关系、租税关系、财政关系、文化关系。
收藏单位：国家馆、人大馆、浙江馆

05250
都市经营论　（日）矢田七太郎著　吴剑秋译
上海：商务印书馆，1925.12，212页，23开（都市丛书）
本书共4编：都市发达史、都市实务论、都市财政论、都市机关论。版权页题名：市政经营论。
收藏单位：重庆馆、上海馆

05251
都市行政费与事业费 董修甲著
镇江江南印书馆，1933.8，175 页，22 开
本书共 15 部分，内容包括：发端、都市行政与都市事业之定义、都市行政费与都市事业费之标准、我国都市划分经费之方法、划分市政府经费之方法等。
收藏单位：国家馆、南京馆、内蒙古馆、上海馆、浙江馆

05252
二年来之北平地政 北平市政府地政局编
北平市政府地政局，1947.9，36 页，16 开
本书共 7 部分，内容包括：地籍测量、土地登记、规定地价、救济房荒、整理公产等。
收藏单位：广西馆、国家馆、近代史所、南京馆

05253
发展北平之根本政策 白陈群著
北平：达诚印刷所，[1929.9] 印，36 页，32 开
本书共 3 部分：总论、开放北平之标准办法、结论。
收藏单位：国家馆、天津馆

05254
发展厦门商埠计划书 王弼卿著
出版者不详，1934，127 页，16 开
收藏单位：河南馆

05255
法华区地价册 上海市地政局编
上海市地政局，[1947]，274 页，18 开
本书全部为表。目录页题名：上海市法华区地价册。

05256
繁荣北平市计画书提纲案 朱清华著
北平市筹备自治委员会，[1930]，18 页，32 开
本案于 1930 年 11 月第 5 次常会提出。
收藏单位：国家馆、吉林馆

05257
繁荣厦门市工商业计画书 宋深源等著
[厦门市政府]，[1937]，90 页，32 开
本书收文 10 篇，内容包括：《繁荣厦门市工商业计划》（宋深源）、《厦门市区萧条的原因及补救的办法》（李稽）、《繁荣厦门市工商业意见及具体计划》（陈铭新）等。
收藏单位：国家馆

05258
非常时期公用事业之统制 李明铠著
上海：汗血书店，1937.1，102 页，32 开（国防实用丛书 9）
本书共 4 章：公用事业的制度、中国公用事业之现阶段、各国市营公用事业及其取缔与监督、公用事业统制方案。
收藏单位：重庆馆、广东馆、广西馆、国家馆、吉林馆、江西馆、南京馆、上海馆

05259
粉碎敌人封锁，为建设新上海而斗争（在上海首届各界人民代表会议上的报告） 饶漱石[等讲]
[华东人民革命大学教务处]，1949，21 页，25 开
本书收录饶漱石讲话稿两篇：《粉碎敌人封锁，为建设新上海而斗争》《在上海各界代表会议上的报告》，陈毅讲话稿两篇：《上海市各界代表会议的闭幕词》《在庆祝“八一”慰劳战斗英雄会上的讲话志要》。
收藏单位：国家馆

05260
福建省之公用事业 福建省政府秘书处编
福建省政府秘书处，[1939.3]，32 页，32 开（闽政丛刊）
本书共 3 章：福建省电气、福建省气象、福建省水利。
收藏单位：重庆馆、广东馆、国家馆、南京馆、浙江馆

05261
福州市政建设计划完成与未完成之概况

出版者不详，[1930]，32 页，16 开

本书介绍该市 1929 年的市政建设情况。共 16 项，内容包括：市政、公路、各县建设行政、工业、商业、劳工、国货、度量衡、农林、垦务等。

收藏单位：国家馆

05262

改良劳工住宅与社会建设运动　朱懋澄著

上海：朱懋澄 [发行者]，[1935.12]，12 页，16 开

收藏单位：国家馆

05263

改造南京市计画书　张武著

张武 [发行者]，1926.3，46 页，32 开

本书共 12 章，内容包括：区域之划分、南京市之公园化、交通、水、防火、都市与防御等。

收藏单位：河南馆

05264

各国之土地分配　郭汉鸣著

南京：中国地政学会，1936.3，98 页，25 开（地政丛刊 5）

本书共 5 章：土地分配与人口概论、西欧各国之土地分配、中欧东南欧及波罗的海沿岸诸国之土地分配、美菲澳三洲各国之土地分配、日本及苏俄之土地分配。附各国人口与土地比例表、各国土地利用分配表等。

收藏单位：南京馆、西交大馆、浙江馆

05265

公用事业调查委员会报告

出版者不详，[1948.7]，46 页，16 开

收藏单位：上海馆

05266

公用事业论　孙怀仁著

长沙：商务印书馆，1941.10，442 页，32 开

上海：商务印书馆，1947.6，再版，10+442 页，32 开

本书共 14 章，内容包括：公营公用事业之创设与其收得、公用事业之营业费、公用事业之折旧、公用事业之非常准备金利息减债基金及各项税款、公用事业之收费等。

收藏单位：重庆馆、贵州馆、内蒙古馆、天津馆

05267

关于城市房产房租的性质和政策

华东：新华书店，1949，8 页，32 开

收藏单位：广东馆

05268

广州市地政报告　广州市土地局编

广州：华东印务局，1933，1 册

收藏单位：南京馆

05269

广州市公用局行政概况规程汇刊　广州市公用局编

广州市公用局，1929.2，93 页，16 开

本书共两部分：图像、行政概况及规程。第 2 部分内容包括：广州市车轿交通规则、广州市船舶交通规则、修正取缔电力公司罚则等。

收藏单位：国家馆、南京馆

05270

广州市土地局年刊（民国十七年）　广州市土地局宣传股编

广州市土地局宣传股，1929.2，1 册，18 开

本书共 7 类：插图、专载、杂纪、登记、地税、测绘、法规。内容包括：中央立法院土地原则全文、广州市土地局沿革情况、本局现任职员统计录、保护已登记产业办法案、征收十七年度第一期临时地税案、调查测量官有空地案、广州市不动产登记章程等。目录页题名：广州市土地局十七年年刊。

收藏单位：国家馆、南京馆、首都馆

05271

汉口既济水电公司财产估价表译稿　汉口既济水电有限公司编

汉口既济水电有限公司，[1911—1949]，73

页，16开，环筒页装

05272
汉口市建设概况（第1期） 汉口市政府编
汉口市政府，1930.9，[348]页，13开，环筒页精装
本书共9编：总务、工务、公用、卫生、社会、教育、公安、土地、财政。
收藏单位：重庆馆、广东馆、广西馆、国家馆、南京馆、山西馆、上海馆、天津馆、浙江馆

05273
汉口特区民国十五年纳税人常年大会议事录
出版者不详，[1911—1949]，[29]页，18开
收藏单位：近代史所

05274
杭州市重估标准地价区段等级表
杭州市地籍整理处，1948.10，35页，32开
收藏单位：浙江馆

05275
杭州市各区地价查估等级草册 杭州市地籍整理处编
杭州市地籍整理处，1948，48页，32开
收藏单位：浙江馆

05276
杭州市土地分类统计 浙江省民政厅测丈队编
浙江省民政厅测丈队，1933.6，17+176页，16开
收藏单位：国家馆、南京馆、上海馆

05277
杭州市自来水厂工作报告 杭州市自来水厂编
杭州市自来水厂，1947，1册，13开
本书所涉时间为1937年6—10月。
收藏单位：浙江馆

05278
杭州市自来水厂供水章程 杭州自来水厂编
杭州自来水厂，1934.1，[20]页，36开
本书内容包括：总则、装接、保证金、装置工料费等。书中题名：杭州市自来水厂修订供水章程（二十三年一月修订）。
收藏单位：国家馆、浙江馆

05279
杭州市自来水厂十个月工作概况 杭州市自来水厂编
杭州市自来水厂，1946.8，10页，32开
收藏单位：浙江馆

05280
杭州市自来水筹备情形 杭州市自来水筹备委员会编
杭州市自来水筹备委员会，1930.7，292页，16开
本书共10部分，内容包括：水源及厂基、工程计划、工程招标及承揽、工程实施、土地征收等。
收藏单位：国家馆、宁夏馆、浙江馆

05281
杭州市自来水筹备委员会工料契约一览及价目比较 杭州市自来水筹备委员会编
杭州市自来水筹备委员会，[1931]，32页，9开
收藏单位：国家馆、湖南馆、浙江馆

05282
杭州自来水创始纪念刊 杭州市自来水筹备委员会编
杭州市自来水筹备委员会，1931.9，[850]页，16开
杭州市自来水筹备委员会，1932，[850]页，16开
本书共上、下两编：总务、工务。上编共5章，内容包括：事务管理、自来水公债、财务等；下编共3章：水源及厂基、工程计划、工程实施。
收藏单位：国家馆、河南馆、湖南馆、近

代史所、天津馆、浙江馆、中科图

05283
湖北省政府建设厅武昌水厂落成报告　[湖北省政府建设厅编]
湖北省政府建设厅，1934.5，36页，16开，环筒页装
　　本书共6部分，内容包括：筹备经过、施工概要、营业方法、计划得失等。附图样8种、表册4种。
　　收藏单位：上海馆

05284
沪南区地价册　上海市地政局编
上海市地政局，[1947]，276页，16开
　　本书全部为表。目录页题名：上海市沪南区地价册。
　　收藏单位：吉林馆

05285
黄埔港土地登记特刊　黄埔港土地登记处编
广州：黄埔港土地登记处，1936.1，98页，16开
　　本书共5部分：法规、文件摘要、登记案件、土地价格、各种书表册簿格式。
　　收藏单位：国家馆

05286
黄浦区地价册　上海市地政局编
上海市地政局，[1947]，313页，18开
　　本书全部为表。目录页题名：上海市黄浦区地价册。
　　收藏单位：吉林馆

05287
建设中之衡阳工业新市区　衡阳市地政整理委员会编
刚直出版社，1944.3，32页，32开
　　收藏单位：南京馆

05288
江苏省各县整理街道标准暂行建筑规则
江苏建设厅，[1911—1949]，35页，16开
　　收藏单位：南京馆

05289
江苏省会建设工程处沿革及其组织　江苏省会建设工程处编
[江苏省会建设工程处]，1931.2，10页，大32开
　　收藏单位：南京馆、宁夏馆

05290
江浙市政考察记　傅荣恩编著
上海：新大陆印刷公司，1931.1，174页，25开
　　收藏单位：东北师大馆、广东馆、国家馆、近代史所、南京馆、上海馆、天津馆、浙江馆

05291
交通银行经理房地产规则
出版者不详，[1911—1949]，18页，36开
　　收藏单位：上海馆

05292
解放前后的天津市自来水厂　天津市人民政府公用局自来水厂编
[天津市人民政府公用局自来水厂]，1949，24页，32开
　　收藏单位：天津馆

05293
京都市承揽工程厂商取缔规则　北平特别市工务局编
北平特别市工务局，1928.1，4页，16开
　　收藏单位：国家馆

05294
经理房地产规则　交通银行编
交通银行，[1936]，18页，44开

05295
抗战与公用事业　徐佩璜著
长沙：商务印书馆，1938.1，50页，32开（抗战小丛书）

长沙：商务印书馆，1938，再版，50 页，32 开（抗战小丛书）
长沙：商务印书馆，1938.2，3 版，50 页，32 开（抗战小丛书）

本书共 4 部分：总论、自来水、电气、交通。

收藏单位：安徽馆、重庆馆、广东馆、广西馆、贵州馆、国家馆、江西馆、南京馆、内蒙古馆、陕西馆、武大馆、西南大学馆

05296
论城乡关系　读者书店编辑部编
天津：读者书店，1949.8，38 页，32 开

本书收文 7 篇，内容包括：《关于城乡关系的问题》（《人民日报》社论）、《把消费城市变成生产城市》（《人民日报》社论）、《逐步转变农村纺织让机器代替手工业》（张冲）、《到农村去！到农民群众中去》（《长江日报》社论）、《贯澈二中全会的路线，贯澈由乡村到城市的转变》（李富春）等。

收藏单位：国家馆、吉大馆、南京馆

05297
论城乡关系　中共天津市委总学委会编
中共天津市委总学委会，1949.7，44 页，32 开（干部学习参考材料）
中共天津市委总学委会，1949.9，58 页，32 开（干部学习参考材料）

本书附论城乡交换、粉碎敌人封锁为建设新上海而斗争。

收藏单位：广东馆、湖北馆、天津馆

05298
美国住宅问题概观　国际劳工局著　上海市社会局译
外文题名：The housing situation in the United States
上海：商务印书馆，1931.8，75 页，25 开（上海市政府社会局丛书 社会类 1）
上海：商务印书馆，1933.9，国难后 1 版，75 页，32 开（上海市政府社会局丛书 社会类 1）

本书共 6 章：引论、住宅概况、住宅之改良法、捐税豁免条例、限制房租条例、结论。

收藏单位：东北师大馆、广东馆、贵州馆、国家馆、湖南馆、南京馆、上海馆、天津馆、浙江馆

05299
美国专家希尔氏调查上海自来水公司致工部局之报告及附录五项　（美）希尔氏著
[公用委员会]，[1931]，54 页，16 开

本书共 21 部分，内容包括：历史、管理、工程、生产成本、已往之盈利等。

收藏单位：国家馆

05300
民国三十六年七月广州市第二次重估中心区地价册　广州市政府地政局编
广州市政府地政局，1947.7，1 册，16 开

本书全部为表。附各种建筑物价值损耗百分率表、码头地价表等 5 种。

收藏单位：国家馆、近代史所

05301
南昌城北新住宅区领地建筑须知
出版者不详，[1911—1949]，20 页，23 开

本书共 6 节，内容包括：建设新住宅区之需要、城北新住宅区之特色、建设进行步骤、地价之规定等。附南昌城北新住宅区领地及建筑规则、南昌城北新住宅区领地办法。

收藏单位：重庆馆

05302
南昌示范市建设草案
出版者不详，1946.9，油印本，1 册，16 开

收藏单位：南京馆

05303
南京市工务局　郭培师作
南京：[郭培师]，1933.11，1 册，16 开

收藏单位：南京馆

05304
南京市工务局实习总报告　李灵芝等编
南京：[李灵芝]，1931.12，1 册，16 开，精装

收藏单位：南京馆

05305
南京市建筑管理规则
南京市工务局，1948.6，38 页，16 开
收藏单位：南京馆

05306
南京市实习总报告（工务行政） 贾宗复编
南京：[贾宗复]，1933.11，1 册，16 开
收藏单位：南京馆

05307
南京市土地估价表 南京市地政局编
南京市地政局，1937.1，72 页，16 开

05308
南京市土地行政 [南京市地政局编]
南京市地政局，[1937]，222 页，16 开
本书内容包括：法规、计划、工作纪要、会议记录等。所涉时间为 1935 年 7 月至 1937 年 4 月。
收藏单位：广东馆、国家馆、河南馆、湖南馆、南京馆、天津馆

05309
南京市土地行政概况 南京市土地局编
南京市土地局，1936.3，60 页，32 开
收藏单位：南京馆

05310
南京市土地行政概况 南京市政府秘书处编
南京市政府秘书处，1935.11，80 页，16 开
本书内容包括：本市地政机关组织沿革、土地清丈、土地登记、土地整理等。附南京市土地局组织规则、修正南京市土地登记暂行规则等。
收藏单位：国家馆、吉林馆、南京馆、上海馆

05311
南京市政府地政局工作报告 南京市地政局编
南京市地政局，1945，油印本，1 册，13 开
本书共两部分：工作概况、工作检讨。所涉时间为 1945 年 9 月至 1946 年 11 月。
收藏单位：国家馆、南京馆

05312
南京市之地价与地价税 高信编著
外文题名：Land value and land value tax of Nanking municipality
南京：正中书局，1935.4，92 页，16 开（中央政治学校地政学院研究报告 1）
本书共 4 章："市地的意义及其特性""南京市地价问题""解决京市地价问题之对策""土地税能转嫁吗?"。附第一区土地评价、第一登记区土地估价等 44 个表。
收藏单位：重庆馆、广东馆、贵州馆、桂林馆、国家馆、湖南馆、吉林馆、南京馆、宁夏馆、上海馆、西南大学馆、浙江馆、中科图

05313
南京市自来水管理处工作报告
南京市自来水管理处，[1911—1949]，6 页，16 开
本报告于南京市参议会第一届第二次大会宣读。
收藏单位：南京馆

05314
南京特别市土地局工作纪要
出版者不详，1929.12，1 册，16 开
收藏单位：南京馆

05315
南京特别市土地局整理土地计划书 南京特别市土地局编
南京特别市土地局，[1911—1949]，20 页，32 开
本书内容包括：土地测量、土地登记、土地清理、土地使用、地税征收等项。目录页题名：土地局土地行政计划书。

05316

南京特别市政府土地局土地行政汇刊 [南京特别市土地局编]

南京特别市土地局，1928.12，[130]页，16开

本书内容包括：法规、公牍摘录、公函、布告、通知、计划、业务报告、统计、纪事等。

05317

青岛市工务局自来水厂给水征费规则

青岛市工务局自来水厂，1933.4，17页，32开

收藏单位：南京馆

05318

青岛之工务行政 李才翊编

出版者不详，[1911—1949]，1册，16开，精装

收藏单位：南京馆

05319

日本之农村都市 吴孝侯编译

上海：大东书局，1931.1，224页，32开（市政丛书）

本书共13部分，内容包括：农村都市的设计、农村都市的卫生、农村都市的住居、农村都市的教育、农村都市的风俗、农村都市的娱乐等。

收藏单位：安徽馆、重庆馆、广东馆、广西馆、贵州馆、国家馆、河南馆、黑龙江馆、湖南馆、辽大馆、辽宁馆、南京馆、陕西馆、首都馆、天津馆、西南大学馆、浙江馆

05320

商办汉镇既济水电股份有限公司报告股东书 龚云青撰

出版者不详，[1928]，[14]页，16开

本书为该公司1928年4月报告股东书。附该公司本年正月报告股东书。

05321

商办汉镇既济水电股份有限公司报告书（1909—1931 第二至十七届） 汉镇既济水电公司编

汉口：中华印务公司，[1917—1931]，16册，18开

本书大部分为表。内容包括：报告书、全体股民户数、资产负债表、损益表等。

05322

商办汉镇既济水电股份有限公司股东协会报告书 汉镇既济水电股份有限公司编

汉镇既济水电股份有限公司，[1932.4]，38页，16开

本书收录股东协会报告书及股东临时会、常委例会的报告事项与讨论事项纪录等。

05323

商办汉镇既济水电股份有限公司会计规程 谢霖编

[商办汉镇既济水电股份有限公司]，1936.6，102页，13开

本书共4编：总则、总会计、营业会计、材料会计。

收藏单位：国家馆

05324

商办汉镇既济水电股份有限公司会计规程帐簿、表单、格式 谢霖编

商办汉镇既济水电股份有限公司，1936.6，92页，16开

本书全部为表。内容包括："总会计帐簿，表单，格式""营业会计帐簿，表单，格式""材料会计帐簿，表单，格式"等。

收藏单位：国家馆

05325

商办汉镇既济水电股份有限公司业务报告（中华民国二十二、二十五至二十六年度 第十八、二十一至二十二届） 商办汉镇既济水电股份有限公司编

商办汉镇既济水电股份有限公司，1934—1938.5，3册，16开

本书大部分为表。内容包括：弁言、工程、营业、附录等。

收藏单位：国家馆、上海馆

05326
商办上海内地自来水股份有限公司第二十四、五届业务报告（民国二十六年至三十五年） 商办上海内地自来水股份有限公司编
上海：商办上海内地自来水股份有限公司，[1946.12]，2 册（11+13 页），32 开

05327
商办闸北水电公司重估固定资产价值调整资本方案 闸北水电公司编
上海：闸北水电公司，[1911—1949]，9 页，32 开

05328
商办闸北水电公司建设概况 闸北水电公司编
上海：闸北水电公司，[1929.5]，34 页，横 32 开

本书内容包括：沿革、新水厂建设经过与现状等。

收藏单位：上海馆

05329
商办闸北水电股份有限公司规章汇存 闸北水电股份有限公司编
上海：闸北水电股份有限公司，[1936—1949]，1 册，16 开

本书内容包括：商办闸北水电公司常务董事办事章程、商办闸北水电公司办事细则、业务会议暂行规则、闸北水电公司购料委员会办事规程等。

收藏单位：国家馆

05330
商办闸北水电股份有限公司业务报告（中华民国二十至三十五年度 第八至十五届） 商办闸北水电股份有限公司编
上海：商办闸北水电股份有限公司，[1931.5—1947]，8 册，16 开，环筒页装

收藏单位：国家馆、近代史所、南京馆、上海馆

05331
商办闸北水电股份有限公司营业报告（民国十七至十九年 第五至七届） 闸北水电股份有限公司编
上海：闸北水电股份有限公司，[1929—1931]，3 册，16 开

本书内容包括：营业报告书、财产目录、贷借对照表、损益计算书、盈余分配草案、会计师查帐报告等。

收藏单位：国家馆、南京馆

05332
商办闸北水电股份有限公司章程 商办闸北水电股份有限公司编
上海：商办闸北水电股份有限公司，[1936—1949]，[8] 页，32 开

05333
商办闸北水电股份有限公司帐略（民国十四至十六年 第二至四届） 闸北水电股份有限公司编
上海：闸北水电股份有限公司，[1925—1928]，3 册，18 开，活页装

收藏单位：国家馆

05334
上海地产大全 陈炎林编著
上海地产研究所，1933.11，56+926 页，22 开，精装

本书共 78 章，内容包括：上海疆域及名称、开辟租界略史、上海市市中心区域计划、上海市政、上海地价增高及租界扩大之原因等。附建筑物规则两则：公共租界（译文）、法租界（译文）。

收藏单位：安徽馆、重庆馆、广西馆、桂林馆、国家馆、黑龙江馆、湖南馆、江西馆、近代史所、南京馆、上海馆、首都馆、浙江馆、中科图

05335
上海地产大全（样本） 陈炎林编著
上海地产研究所，[1933.11]，1 册，22 开

本书为《上海地产大全》的目次索引和

正文样张。

收藏单位：国家馆

05336

上海地价增涨趋势　上海市地政局编

上海市地政局，1947，12 页，50 开

本书内容包括：上海地价一般的直线增涨、局部的特殊增涨、抗战后的变态增涨、地价增涨与物价增涨比较等。

05337

上海地政概况　上海市地政局编

上海市地政局，1947.4，7 页，18 开

本书共 8 部分，内容包括：土地登记、土地测量、公地清查、地价调查等。

收藏单位：国家馆、南京馆、浙江馆

05338

上海房产公会重要文件

上海房产公会，1932，2 册，16 开

收藏单位：上海馆

05339

上海房产公会自来水问题专刊　上海房产公会编

上海房产公会，1931.9，104+36 页，24 开

上海房产公会，1940.9，1 册，32 开

本书内容包括：抗议英商上海自来水公司加价之经过情形、本会关于自来水问题往来要件、其他关于自来水问题重要文件、审查美商上海自来水公司帐目报告书、装置水表问题、上海自来水公司股东会情形、调查自来水专门委员会名衔、本会关于自来水问题英文要件等。

收藏单位：南京馆

05340

上海各种公用事业概况　江南问题研究会编

江南问题研究会，1949，150 页，32 开（上海调查资料 公用事业篇 2）

收藏单位：广东馆、国家馆

05341

上海公共租界工部局实习总报告（工务行政）　王慕曾

出版者不详，[1911—1949]，1 册，16 开

收藏单位：南京馆

05342

上海公共租界纳税华人会重要文件

上海公共租界纳税华人会，1937.4，104 页，32 开

本书共 8 部分，内容包括：交涉增加公共租界工部局华董事四席案、函公共租界工部局取消增加市政总捐案、函公共租界工部局减轻地捐案、公共租界工部局估租征捐案等。

收藏单位：广东馆、广西馆、国家馆、吉林馆、近代史所、上海馆、浙江馆

05343

上海市参议会房屋租赁问题资料特辑　上海市参议会秘书处编

上海市参议会秘书处，1947.5，52 页，32 开

本书共 11 节，内容包括：临参会对于房屋租赁问题之议案、本会第二次大会对于鼓励新建房屋之议案、本会各参议员对房屋租赁问题之意见、上海市黄浦等六区卅五年度标准地价表等。

收藏单位：广东馆、上海馆

05344

上海市参议会公用事业调查委员会报告　上海市参议会公用事业调查委员会编

上海市参议会公用事业调查委员会，1948.7，46 页，16 开

05345

上海市仓库落成志略　[上海市公用局编]

上海市公用局，[1937]，8 页，25 开，环筒页装

本书共 5 部分：筹建经过、设计情形、内部设备、施工大概、结论。

收藏单位：国家馆、上海馆

05346
上海市地价研究　张辉编著
南京：正中书局，1935.7，96 页，16 开（中央政治学校地政学院毕业论文集 第 2 种）
本书共 6 章：绪言、上海市地价分布状况、上海市地价之比较、上海市地价之分析、上海市地价之预测、结论。
收藏单位：重庆馆、广东馆、贵州馆、国家馆、湖南馆、吉林馆、近代史所、南京馆、上海馆、浙江馆、中科图

05347
上海市地政　[上海市地政局编]
上海市地政局，[1947]，311 页，16 开，精装
本书共 3 部分：弁言、图照、地政概况。地政概况内容包括：土地测量、土地登记、图籍整理、土地使用、公地清查、地权处理、规定地价、征收契税、省市划界等。
收藏单位：重庆馆、广东馆、国家馆、近代史所、南京馆、上海馆、中科图

05348
上海市地政局工作报告　上海市地政局编
上海市地政局，1946.3，6 页，16 开
上海市地政局，1947，16 页，16 开
本书共 6 部分：整理图籍、测量土地、开办登记、规定地价、清理地权、清查公地。
收藏单位：上海馆

05349
上海市地政局施政报告　上海市地政局编
上海市地政局，1946.9，16 页，16 开
本书内容包括：土地测量、土地登记、清理地权、管理公地、规定地价、土地征收等。
收藏单位：上海馆

05350
上海市第一届参议会地政委员会工作报告
[上海市第一届参议会秘书处编]
[上海市第一届参议会秘书处]，[1946—1949]，3 册，32 开
本书共 3 辑。第 1 辑收第 1—5 次会议纪录，第 2 辑收第 6—10 次会议纪录，第 3 辑收第 18—22 次会议纪录。
收藏单位：国家馆、上海馆、浙江馆

05351
上海市电力问题　上海市电力公司述
上海市电力公司，1946.9，7+10 页，22 开
本书为汉英对照。共 5 部分：电厂设备之恢复及供应电量之需要、燃料缺乏之补救、职工薪给之调整、计划经济之平衡、发电容量问题。
收藏单位：国家馆、上海馆

05352
上海市房屋租赁问题参考资料（合辑）　上海市房地产商业同业公会房屋租赁问题研究委员会编
上海市房地产商业同业公会房屋租赁问题研究委员会，1947，28 页，18 开
本书内容包括：拟定处理上海市房租参考办法、重估地价等级表等。

05353
上海市各区地价调查表（第 1 册）
出版者不详，[1911—1949]，200 页，32 开

05354
上海市公地清册（第 1 辑）　上海市地政局编
上海市地政局，[1947]，49 页，16 开，精装
本书全部为表。分列公地字号、地籍、坐落、面积、使用概况、权源等。
收藏单位：上海馆

05355
上海市公用局概况　上海市公用局编
上海市公用局，1935，[19] 页，16 开
本书介绍该局组织、政务、事务等。

05356
上海市公用局工作报告　[上海市公用局编]
[上海市公用局]，[1946]，2 册，16 开
本书内容包括：治标整理概况、治本初步计划概要等。所涉时间为 1945 年 9 月至 1946 年 8 月。

收藏单位：南京馆、上海馆

05357

上海市公用局行政管理实况 上海市公用局编

上海市公用局，1931，292 页，16 开，环筒页装

本书共 20 部分，内容包括：各部分编制及其关系、收文、发文、收发文关系事项、档案、典职、考勤、管理图书、物品会计等。

收藏单位：广东馆、广西馆、国家馆、吉林馆、南京馆、上海馆、中科图

05358

上海市公用局业务报告 上海市公用局编

上海市公用局，1931.8—1932.10，3 册，16 开，环筒页装

本书共 9 章，内容包括：政务、公营业、给水、电气、交通、路灯等。所涉时间为 1931 年 1 月至 1932 年 6 月。

收藏单位：广东馆、国家馆、吉林馆、南京馆、宁夏馆、上海馆、浙江馆

05359

上海市公用局职员录 [上海市公用局编]

[上海市公用局]，1934.4，24 页，18 开，环筒页装

收藏单位：国家馆

05360

上海市公用局职员录 上海市公用局人事室编

出版者不详，1948.3，168 页，32 开

收藏单位：上海馆

05361

上海市公用事业各项公告汇辑 上海市人民政府公用局编

上海市人民政府公用局，1949，油印本，20 页，16 开

收藏单位：国家馆

05362

上海市公用事业统计年报（三十五至三十六年度） 上海市公用局统计室编

上海市公用局统计室，1947.5—1948.10，2 册，16 开

本书内容包括：给水类、供电类、煤气类、交通类、码头类等。

收藏单位：安徽馆、重庆馆、国家馆、吉林馆、近代史所、南京馆、浙江馆

05363

上海市公用事业指南 上海市公用局编

上海市公用局，1947.5，[164] 页，32 开

本书收录该市给水、电气、煤气、电话、陆上交通、水上交通等方面的规章、图表等。

收藏单位：南京馆

05364

上海市管理电料店及电器承装人规则 · 上海市检验公共场所电气设备规则 · 管理电匠及电气学徒规则 上海市公用局编

上海市公用局，1946，12 页，32 开

本书为合订本。

05365

上海市给水规则 上海市公用局编

上海市公用局，[1945.12]，26 页，32 开

本书共 9 章，内容包括：总则、上水道、经营给水事业人、凿井商、附则等。

05366

上海市民营公用事业合约总编 上海市公用局编

上海市公用局，1937.1，266 页，23 开，活页精装

本书内容包括：特许商办闸北水电股份有限公司经营水电事业合约、特许浦东电气股份有限公司经营电气事业合约、特许翔华电气股份有限公司经营电气事业合约等。所辑合约截至 1936 年底。

收藏单位：贵州馆、上海馆、浙江馆

05367

上海市内煤气交涉纪要　上海市公用局编

上海市公用局，1933.6，石印本，56 页，13 开，环筒页装

本书内容包括：市政府与上海自来火公司订立合约草案、公用局驳覆上海自来火公司总董向《文汇报》记者发表谈话文、市政府允准上海自来火公司在市区供给煤气合同等。

收藏单位：国家馆

05368

上海市内民营公用事业合约汇编　上海市公用局编

上海市公用局，1932.8，65 页，32 开

本书内容包括：内地自来水公司合约、闸北水电公司合约、华商电气公司合约、浦东电气公司合约、翔华电气公司合约等。

收藏单位：南京馆、上海馆

05369

上海市市中心第一次招领土地说明书　上海市土地局辑

上海市土地局，1931，12 页，23 开

05370

上海市市中心区域第三次招领土地办法　上海市市政府编

上海市市政府，[1932—1949]，[6] 页，16 开

05371

上海市市中心区域招领土地说明书　[上海市土地局编]

[上海市土地局]，1931.6，12 页，22 开

本书共 5 部分：缘起、特点一斑、工程计划、领地规则、领地办法。附领地申请书。书中题名：上海市市中心第一次招领土地说明书。

收藏单位：广东馆、上海馆

05372

上海市市中心区住宅分期付款购买章程

出版者不详，[1911—1949]，52 页，32 开

本书内容包括：分期付款购买市中心区住宅之利益、章程摘要、住宅图样、扩充租界经过、上海开辟商埠之由来、旧昔上海乱事记等。

05373

上海市土地局办理调单换证敬告市民书　上海市土地局编

上海市土地局，1935.4，8 页，32 开

本书介绍调田单换土地证的手续与内容等。

05374

上海市土地局测绘细则　上海市土地局编

上海市土地局，[1911—1949]，38 页，16 开

本书共 5 章：总纲、测丈、绘图、考工、规约。

收藏单位：国家馆

05375

上海市土地局换证须知　上海市土地局编

上海市土地局，1933.1，28 页，25 开，环筒页装

本书共 3 部分：上海市旧有的土地凭证、上海市土地执业证、附语。附上海市土地局发给土地执业证规则、上海市土地局办理溢地标准等。

收藏单位：国家馆、上海馆

05376

上海市土地局年刊（中华民国二十年后期）

上海市土地局编

上海市土地局，[1931]，202 页，16 开

本书内容包括：议录、总务、赋税、契证、测绘、地产、章则、附录等。

收藏单位：国家馆

05377

上海市土地局章则汇编　上海市土地局编

上海市土地局，1931.10，56 页，16 开

本书内容包括：上海市使用公地规则、上海市市民使用岸线规则、上海市土地局处理人民举发隐匿契价简则等。所涉时间为 1927 年 7 月至 1931 年 10 月。

收藏单位：国家馆、南京馆

05378
上海市土地局职员录　上海市土地局编
上海市土地局，1932.12，[60] 页，24 开，环筒页装

05379
上海市兴业信托社浦东自来水厂开幕纪念册　上海市兴业信托社浦东自来水厂编
上海市兴业信托社浦东自来水厂，1937.6，[21] 页，横 32 开

05380
上海市兴业信托社章则　上海市兴业信托社编
上海市兴业信托社，[1911—1949]，38 页，32 开

05381
上海市之电荒问题　上海电力公司述
上海电力公司，1947.3，[9] 页，23 开

本书为中英文合刊。记述战时电厂被破坏，战后虽修复但仍不能正常供电的情况。

收藏单位：上海馆

05382
上海特别市房地产业同业公会章程　上海特别市房地产业同业公会编
上海特别市房地产业同业公会，[1927—1930]，[8] 页，16 开，环筒页装

05383
上海特别市房地图册（第 1 集 前北区及前闸北区一部分地册地契面积估价对照表）　上海特别市房地产业同业公会编
上海特别市房地产业同业公会，1944.9，42 页，16 开

本书全部为表。内容包括：地册地契面积及估计表、闸北区号丘面积表等。

收藏单位：上海馆

05384
上海特别市公用局业务报告（十七至十九、三十至三十一年）　上海特别市公用局编
上海特别市公用局，1929.1—1943.1，9 册，16 开，环筒页装

本书每年两册，上、下半年各 1 册。内容包括：政务、给水、电气、交通、路灯、广告、门牌等。

收藏单位：重庆馆、东北师大馆、广东馆、国家馆、吉林馆、近代史所、南京馆、宁夏馆、上海馆

05385
上海特别市公用局职员录
出版者不详，[1930]，18 页，16 开

05386
上海特别市给水规则　上海特别市公用局编
上海特别市公用局，1929，[52] 页，32 开

本书共 8 章，内容包括：总则、上水道、商办自来水公司、凿井公司、附则等。

05387
上海特别市内华法水电交涉汇编　上海特别市公用局编
上海特别市公用局，1929.5，36+98 页，16 开，环筒页装

本书内容包括："收回法电厂越界供给沪南区法华区水电权——追订法水厂第三号水管合同""核准法水厂添设第四号水管合同——加订遵守市政府法令合同""核准华商电厂与法商电厂互馈电气"等。附交涉谈话纪录、统计图等。

收藏单位：重庆馆、国家馆、南京馆

05388
上海特别市市政府土地局章程
出版者不详，[1927—1949]，4 页，18 开

本章程于 1927 年 7 月 27 日第 6 次市政会议通过。

05389
上海特别市土地局办事细则　上海特别市土

地局编
上海特别市土地局，[1927—1930]，15 页，21 开

05390
上海特别市土地局年刊（中华民国十六至十九年前期） 上海特别市土地局编
上海特别市土地局，1927—1930，4 册，16 开
本书内容包括：议事录、公牍、报告、调查、事件、附录等。
收藏单位：安徽馆、重庆馆、国家馆、南京馆

05391
上海闸北水电公司与引翔乡翔华电气公司区域纠葛案 翔华电气股份有限公司编
翔华电气股份有限公司，[1911—1949]，12 页，18 开
本书内容包括：闸北水电公司请划区域之部批、引翔乡各公团上部省委员意见书、翔华电气公司电南京省长实业厅长公文、交通部训令闸北水电厂公司、引翔乡商民敬告闸北水电厂与翔华电气公司争电情形、各公团电呈部省厅公文等。

05392
上海之房地产业 王季深编著
上海经济研究所，1944.7，61 页，25 开（上海经济丛书）
本书共 5 章：地利的重要性、阅尽沧桑的一百年、现阶段的房地产投资、重要房地产公司概况、房地产与房地产从业员。附上海洋泾浜北首租界章程、上海土地凭证类别、上海特别市房地产同业公会会员录。
收藏单位：上海馆

05393
上海置产租屋指南 郑毅生编著
上海：中国工商服务社，1948，58 页，32 开
本书为《京沪宝鉴》的抽印本。
收藏单位：南京馆

05394
上海自来水公司概况画册（公共租界） 上海自来水公司编
上海自来水公司，1930，36 页，横 16 开
本书为英商所办自来水公司摄影集。逐页题名：上海自来水公司概况。
收藏单位：上海馆

05395
上海租界纳税华人会重要文件 [上海租界纳税华人会编]
[上海租界纳税华人会]，1930—1937，8 册，32 开
本书收录该会与上海租界工部局所属机构及上海自来水公司、电话公司、电力公司等单位的来往资料。
收藏单位：广东馆、广西馆、国家馆、吉林馆、近代史所、南京馆、山西馆、上海馆、浙江馆

05396
社员名簿 华中水电股份有限公司编
上海：华中水电股份有限公司，1943.1，144 页，32 开
本书收录该公司上海本部及各地办事处社员名录。

05397
沈阳市地政局概况 沈阳市地政局编
沈阳市地政局，[1947—1949]，41 页，16 开
本书介绍该局 1946—1947 年度工作概况。

05398
沈阳市地政局历年地政工作报告 沈阳市地政局编
沈阳市地政局，1947.9，17 页，16 开
本书介绍该局概况及工作情况。
收藏单位：广西馆

05399
省县公营事业 胡次威　薛次莘编著
上海：大东书局，1948.9，100 页，32 开（地方行政实务丛书）

本书共 5 章：电气事业、给水工程、轮船轮渡、码头仓库、公路汽车运输。

收藏单位：重庆馆、广东馆、国家馆、南京馆、上海馆、浙江馆

05400

十年来上海市公用事业之演进　上海市公用局编

上海市公用局，1937.7，154+47 页，16 开，精装

本书内容包括：给水概况、电气、陆上交通、水上交通、煤气、电话、码头仓库等。

收藏单位：重庆馆、广东馆、国家馆、近代史所、南京馆、上海馆、首都馆、中科图

05401

市地评价之研究　蒋廉编著

南京：正中书局，1935.2，104 页，16 开（中央政治学校地政学院毕业论文集 第 1 种）

本书共 12 章，内容包括：市地之意义及其特性、市地之价值与价格、影响市地价值重要因子之分析、地价之类别及市地评价之重要性、以市地收益为根据之评价法等。

收藏单位：重庆馆、广东馆、广西馆、贵州馆、国家馆、湖南馆、吉林馆、南京馆、内蒙古馆、天津馆、浙江馆

05402

市行政经济合理之标准　钟耀天编

广州：大中工业社，1935.9，34 页，22 开

本书共 13 部分：市政管理原则、办公手续、人事行政、城市设计、财政、警政、教育、工务、公用、社会、卫生、消防、娱乐。

收藏单位：国家馆、南京馆

05403

市预算（美）巴克（A. E. Buck）著　孙树兴译

外文题名：Municipal budgets and budget making

上海：商务印书馆，1933.12，90 页，32 开（万有文库 第 1 集 213）（百科小丛书）

上海：商务印书馆，1934.1，90 页，32 开（百科小丛书）

上海：商务印书馆，1935.1，90 页，32 开（百科小丛书）

本书根据美国实况，讨论大城市编制预算的机构、程序及方法等问题。共 8 章，内容包括：预算及其编制机关、预算资料之性质及分类、概算表格、预算之编制及修正、预算之格式及内容等。著者原题：柏克。

收藏单位：安徽馆、重庆馆、大理馆、大连馆、东北师大馆、广东馆、广西馆、贵州馆、国家馆、河南馆、湖南馆、江西馆、辽大馆、辽师大馆、柳州馆、南京馆、内蒙古馆、宁夏馆、上海馆、首都馆、天津馆、西南大学馆、浙江馆

05404

市政述要　白敦庸著

外文题名：Topics on municipal administration

上海：商务印书馆，1928.3，135 页，32 开

本书共 4 篇：城市不动产课税法、街衢交通管理法、泄秽系浅说、北京城墙改善计画。

收藏单位：重庆馆、广东馆、国家馆、河南馆、黑龙江馆、湖南馆、江西馆、南京馆、内蒙古馆、宁夏馆、上海馆、天津馆、浙江馆

05405

首都建设

行政院新闻局，1947.12，24 页，32 开

本书共 6 部分：首都建设计划最初的轮廓、战前十年首都建设的进展、胜利复员时首都劫余的建设、两年来首都复员工作的检讨、首都建设初步计划、首都建设的展望。

收藏单位：安徽馆、重庆馆、大庆馆、广东馆、广西馆、贵州馆、国家馆、湖南馆、吉林馆、江西馆、近代史所、南京馆、内蒙古馆、宁夏馆、陕西馆、上海馆、首都馆、西南大学馆

05406

首都建设委员会首都房产合作社入社须知

首都房产合作社筹备处编

首都房产合作社筹备处，1931.9，[72] 页，横 16 开

本书共 14 项，内容包括：缘起、筹备大

纲、第一期建筑住宅概说、社员注意事项等。附建筑图案、入社志愿书。版权页题名：首都房产合作社入社须知。

收藏单位：国家馆

05407

首都自来水建设 南京建设委员会编

南京建设委员会，[1911—1949]，8页，32开（建设小丛刊10）

收藏单位：国家馆

05408

苏联城乡关系 （苏）柯锡列夫（Ф. П. Кошелев）著 潘公昭译

中外出版社，1949，43页，36开

本书共8部分，内容包括：城乡关系的基本认识、苏联城乡关系的主要特点、农业机械化和电气化的成果、工业和农业生产力之合理的配置等。原载于1948年12月出版的俄文期刊《布尔塞维克》第22期，原题名：苏联怎样克服城市与乡村的对立。

收藏单位：重庆馆、东北师大馆、国家馆、吉林馆、近代史所、辽宁馆、天津馆

05409

苏州市地价调查及统计 苏州市政府土地科编

苏州市政府土地科，1930，1册，16开（苏州市政府土地科丛著）

本书分两编：地价调查、地价统计。

收藏单位：国家馆、吉林馆

05410

特创房产合作投资 中国新村建设社编

上海：中国新村建设社，1935.4，再版，21页，32开

本书共5部分，内容包括：新村房产合作投资之优点、如何实现投资房产者与住户之愿望、一般房产投资之缺点与本社改良方法之比较等。

收藏单位：国家馆

05411

天津特别市公署公用处行政工作暨事业计划汇刊 [天津特别市公署公用处编]

[天津特别市公署公用处]，1941.8，218页，16开

本书共5部分：组织、行政、统计、章则、计划。附天津电车电灯公司合同、华北电业供电规则等5种。

收藏单位：国家馆、天津馆、中科图

05412

天津特别市土地局土地行政汇刊 [天津特别市土地局编]

[天津特别市土地局]，1929.6，1册，16开

本书内容包括：契照、法规、计画、报告、议事录、公牍摘要、公函、布告、批示、通知书、统计、宣传、特载等。

收藏单位：国家馆、中科图

05413

天津特别市土地局土地行政汇刊（第2期）

[天津特别市土地局编]

[天津特别市土地局]，1930.6，1册，16开

收藏单位：国家馆

05414

武汉三镇交通系统、土地使用计划纲要 鲍鼎执笔

出版者不详，[1947]，20页，16开

本书共5部分，内容包括：武汉未来之人口、土地使用、交通系统等。书前有武汉区域规划委员会委员名录。

收藏单位：国家馆、南京馆

05415

新益纪念刊 新益地产股份有限公司编

上海：新益地产股份有限公司，1944.4，60页，25开

本书介绍该公司业务，并收录《上海租界略史》《六十年前上海风土记》等文章。

收藏单位：上海馆

05416

修正北京特别市土地房屋评价规则

出版者不详，[1939.12]，22页，32开

出版者不详，[1942.4]，18 页，32 开

本书附田地价值等级表、城区宅地等级表等。该规则于 1939 年 12 月 30 日公布，1942 年 4 月 18 日修订。

收藏单位：国家馆

05417

引翔区地价册（上海市地政局）　上海市地政局编

上海市地政局，[1947]，421 页，18 开

本书全部为表。目录页题名：上海市引翔区地价册。

收藏单位：吉林馆

05418

英国住宅政策　东京市政调查会编　刘光华译

上海：华通书局，1929.11，113 页，32 开

本书共 3 部分："序论——英国住宅问题概观""上编——战前及战时的住宅政策""下编——战后的住宅政策"。

收藏单位：重庆馆、广东馆、国家馆、南京馆、上海馆、浙江馆

05419

英国住宅政策　[东京市政调查会编]　吴家振译

上海：南华图书局，1929.11，160 页，32 开（市政丛书 1）

收藏单位：湖南馆、南京馆

05420

云南昆明市之自来水业　曹立瀛　范金台具拟

经济部工业司，1939.12，油印本，8 页，18 开（云南经济研究报告 11）

本书共 7 节，内容包括：沿革、组织、资本、设备、营业情况、参观后记等。

收藏单位：国家馆、南京馆、中科图

05421

怎样用基数计算法计算房租　上海市人民政府财政局编制

上海市人民政府财政局，1949，30 页，32 开

收藏单位：山西馆

05422

闸北区地价册　上海市地政局编

上海市地政局，[1947.7]，141 页，18 开

本书全部为表。目录页题名：上海市闸北区地价册。

收藏单位：吉林馆

05423

战后首都与全国都市复员计划大纲

出版者不详，[1945—1949]，油印本，1 册，16 开

收藏单位：南京馆

05424

战时与战后之市政工程　张峻著

上海：世界书局，1941.9，80 页，32 开

收藏单位：南京馆

05425

中共的城市工商业政策　毛泽东等著　热风出版社编辑

[汉口]：天南书店，[1949]，60 页，32 开

本书共两部分：城市政策之部、工商业政策之部。内容包括：中共第七届二中全会讨论事项、论城市的社会改革、新民主主义革命的经济纲领、中共中央对工商业政策的指示等。

收藏单位：广东馆、湖南馆

05426

中共的城市工商业政策　许涤新[等]著

出版者不详，[1949]，50 页，32 开

收藏单位：湖北馆

05427

自来水业统一会计科目　国民政府主计处会计局编

国民政府主计处会计局，1943.5，18 页，32 开

收藏单位：南京馆